2012 年
全国高校社科统计资料汇编

2012 Nian

Quanguo Gaoxiao Sheke Tongji

Ziliao Huibian

教育部社会科学司　编

高等教育出版社·北京
HIGHER EDUCATION PRESS　BEIJING

图书在版编目（CIP）数据

2012年全国高校社科统计资料汇编/教育部社会科学司编. --北京：高等教育出版社，2013. 11

ISBN 978-7-04-038560-1

Ⅰ. ①2… Ⅱ. ①教… Ⅲ. ①高等学校-社会科学-统计资料-汇编-中国-2012 Ⅳ. ①G649. 28-66

中国版本图书馆CIP数据核字（2013）第239582号

策划编辑 王 楠　　责任编辑 王 楠　　封面设计 李卫青　　版式设计 王艳红
责任校对 刁丽丽　　责任印制 田 甜

出版发行 高等教育出版社
社　　址 北京市西城区德外大街4号
邮政编码 100120
印　　刷 北京铭成印刷有限公司
开　　本 787 mm×1092 mm 1/16
印　　张 51.25
字　　数 1240千字
购书热线 010-58581118
咨询电话 400-810-0598
网　　址 http://www.hep.edu.cn
http://www.hep.com.cn
网上订购 http://www.landraco.com
http://www.landraco.com.cn
版　　次 2013年11月第1版
印　　次 2013年11月第1次印刷
定　　价 112.00元

物 料 号 38560-00

出 版 说 明

本资料汇编的统计范围是：截止到2012年12月31日按国家规定审批程序批准的全日制普通高等学校中的社会科学、综合、师范、体育类院校（包括大学、专门学院和高等专科学校），以及工、农、林、医、本科院校的数据。其中，学校的名称和分类是以教育部2012年12月底公布的数据为依据。

教育部社会科学司

2013年10月

目　　录

一、2012年全国高等学校人文、社会科学学校分布表

省市自治区名称	合计	按规格划分		按隶属关系划分			按类型划分								
		本科院校	专科院校	教育部直属院校	部委院校	地方院校	综合大学	理工农医院校	师范院校	语言院校	财经院校	政法院校	艺术院校	民族院校	体育院校
合计	1 090	750	340	73	30	987	217	471	160	25	102	41	41	15	18
北京市	62	53	9	23	9	30	4	23	2	7	7	7	8	1	3
天津市	19	18	1	2	1	16	2	9	2	1	2	0	2	0	1
河北省	32	30	2	0	1	31	4	13	10	0	3	1	0	0	1
山西省	17	16	1	0	0	17	6	6	3	0	2	0	0	0	0
内蒙古自治区	12	12	0	0	0	12	6	3	2	0	1	0	0	0	0
辽宁省	47	38	9	2	3	42	7	24	5	1	4	2	2	1	1
吉林省	39	26	13	2	0	37	5	18	6	2	3	2	2	0	1
黑龙江省	37	26	11	1	2	34	8	16	6	0	3	1	1	1	1
上海市	30	29	1	8	1	21	3	12	2	1	6	3	2	0	1
江苏省	119	44	75	7	3	109	11	83	10	0	8	2	4	0	1
浙江省	32	30	2	1	0	31	6	14	5	3	2	1	1	0	0
安徽省	101	33	68	1	1	99	10	53	17	2	15	1	2	0	1
福建省	21	20	1	1	1	19	7	7	4	0	2	1	0	0	0
江西省	22	20	2	0	0	22	8	9	3	0	1	1	0	0	0
山东省	44	41	3	2	0	42	17	16	4	0	2	2	2	0	1
河南省	45	33	12	0	0	45	5	22	13	0	3	2	0	0	0
湖北省	48	35	13	7	1	40	8	22	6	0	5	1	3	2	1
湖南省	40	30	10	2	0	38	16	12	3	2	5	1	1	0	0
广东省	43	34	9	2	2	39	18	13	5	1	2	1	2	0	1
广西壮族自治区	24	21	3	0	0	24	6	8	5	0	2	0	1	1	1
海南省	16	6	10	0	0	16	1	5	3	2	4	1	0	0	0
重庆市	44	17	27	2	0	42	14	16	3	2	6	2	1	0	0
四川省	35	32	3	4	2	29	8	15	6	0	1	1	1	2	1
贵州省	33	17	16	0	0	33	12	9	8	0	2	1	0	1	0
云南省	43	22	21	0	0	43	7	15	9	0	6	1	3	1	1
西藏自治区	2	2	0	0	0	2	1	0	0	0	0	0	0	1	0
陕西省	31	31	0	5	1	25	5	14	6	1	1	1	2	0	1
甘肃省	18	13	5	1	1	16	5	4	6	0	1	1	0	1	0
青海省	4	3	1	0	0	4	1	0	1	0	0	1	0	1	0
宁夏回族自治区	10	5	5	0	1	9	2	2	1	0	2	1	0	2	0
新疆维吾尔自治区	20	13	7	0	0	20	4	8	4	0	1	2	1	0	0

1. 各省、市、自治区高等学校人文、社会科学研究与发展概况表(一)

省市名称	社科活动人员(人)													
	合计		按职称划分								其他人员		合计	
			小计		高级		中级		初级					
合计	482 050		477 100		183 482		211 274		82 344		4 950		329 799	
北京市	32 239	2	32 208	2	15 601	1	13 463	2	3 144	12	31	26	35 244	1
天津市	9 614	22	9 511	22	4 024	21	4 084	23	1 403	26	103	15	9 901	16
河北省	15 967	14	15 895	14	6 607	13	6 990	14	2 298	18	72	20	11 514	12
山西省	9 213	24	9 069	24	2 896	25	4 001	24	2 172	19	144	14	7 366	22
内蒙古自治区	7 066	27	6 994	27	2 636	26	2 636	27	1 722	23	72	20	2 030	27
辽宁省	21 643	9	21 330	9	9 211	6	9 640	8	2 479	17	313	5	13 440	9
吉林省	15 606	15	15 528	15	6 027	14	5 925	18	3 576	8	78	19	13 095	10
黑龙江省	15 126	16	15 119	16	6 731	12	6 618	15	1 770	22	7	30	7 934	19
上海市	18 071	12	17 977	12	7 814	9	8 239	12	1 924	21	94	17	13 504	8
江苏省	35 280	1	35 270	1	13 602	2	17 457	1	4 211	5	10	29	25 927	2
浙江省	22 227	7	22 065	7	8 426	7	10 416	6	3 223	11	162	13	20 470	4
安徽省	22 134	8	21 722	8	5 973	16	9 620	9	6 129	1	412	2	10 406	15
福建省	12 861	19	12 829	19	4 769	18	5 199	19	2 861	15	32	25	7 932	20
江西省	12 113	20	12 070	20	4 490	20	4 959	21	2 621	16	43	24	5 061	25
山东省	27 460	3	27 228	3	10 349	3	12 473	3	4 406	3	232	8	11 124	13
河南省	24 040	5	23 723	5	7 466	10	10 994	4	5 263	2	317	4	12 038	11
湖北省	23 117	6	22 744	6	9 491	5	9 706	7	3 547	9	373	3	14 117	7
湖南省	21 336	10	21 047	10	7 996	8	9 130	10	3 921	6	289	7	17 144	5
广东省	25 584	4	24 884	4	9 748	4	10 919	5	4 217	4	700	1	20 695	3
广西壮族自治区	11 240	21	11 063	21	3 940	22	5 074	20	2 049	20	177	12	8 876	18
海南省	4 709	28	4 417	28	1 229	28	1 732	28	1 456	24	292	6	1 938	28
重庆市	14 508	17	14 436	17	4 876	17	6 486	16	3 074	13	72	20	10 455	14
四川省	19 562	11	19 463	11	7 148	11	8 558	11	3 757	7	99	16	15 726	6
贵州省	9 348	23	9 290	23	3 708	23	4 133	22	1 449	25	58	23	5 263	24
云南省	14 202	18	13 987	18	4 646	19	6 020	17	3 321	10	215	10	7 423	21
西藏自治区	1 042	31	1 041	31	373	31	463	31	205	30	1	31	744	30
陕西省	16 622	13	16 418	13	6 016	15	7 484	13	2 918	14	204	11	9 330	17
甘肃省	7 787	26	7 770	25	3 087	24	3 566	26	1 117	28	17	28	3 790	26
青海省	1 692	30	1 662	30	995	30	479	30	188	31	30	27	619	31
宁夏回族自治区	2 746	29	2 667	29	1 091	29	992	29	584	29	79	18	1 269	29
新疆维吾尔自治区	7 895	25	7 673	26	2 516	27	3 818	25	1 339	27	222	9	5 424	23

研究发展人员(人)										研究发展经费(百元)					
按职称划分						其他人员		折合全时人员(人年)		当年拨入		其中:科研事业费		当年内部支出	
高级		中级		初级											
137 204		112 105		29 155		4 158		81 619		99 813 674.21		42 767 324		93 031 343	
14 791	1	8 698	2	1 116	11	453	2	8 330.1	1	17 865 722.89	1	8 624 204.9	1	16 185 011.55	1
3 750	17	2 813	19	688	21	130	11	2 783.6	13	2 607 459.3	12	1 129 576.01	10	2 527 532.22	11
4 832	12	4 876	8	1 205	9	52	18	2 681.3	15	1 278 491.23	19	371 097.97	24	1 260 476.52	19
2 623	23	2 581	22	893	16	108	13	1 628.9	22	1 175 795.46	21	518 146	21	1 192 793.11	20
954	27	807	27	201	29	3	28	549.7	27	495 656.1	27	238 973	27	359 935.83	27
6 235	7	4 580	9	831	17	229	5	3 327.6	10	2 571 087.92	13	1 046 463.95	12	2 331 828.25	14
5 274	10	3 909	13	1 526	7	223	6	2 939.1	11	2 519 371.52	14	1 140 535.96	9	2 480 449.39	12
3 523	20	3 437	14	652	22	0	30	2 374.9	17	936 226.94	23	314 739.2	26	877 695.03	24
5 623	9	3 311	16	516	23	154	10	4 611.5	5	9 192 129.43	3	5 170 288.74	2	8 248 114.7	4
10 307	2	8 836	1	1 479	8	2	29	5 745.3	2	6 738 485.23	5	2 975 453.62	4	6 212 222.65	5
7 979	4	8 228	3	1 772	3	158	9	4 755	4	8 753 721.86	4	2 558 921.55	5	8 881 147.25	3
3 799	16	4 262	12	1 645	5	78	14	2 928.2	12	2 226 409.98	16	782 036.6	16	2 072 275.43	16
3 599	19	2 688	20	949	14	75	15	2 007.2	19	2 348 854.58	15	937 654.58	14	2 089 904.35	15
2 295	24	1 960	25	769	19	12	25	1 169.6	23	1 219 829	20	569 742	20	1 056 527.96	21
5 037	11	4 412	10	1 196	10	50	21	3 412.5	9	2 759 944.02	11	943 026.35	13	2 635 238.81	10
4 365	14	5 300	7	2 045	1	58	17	2 451.1	16	1 688 709.1	18	617 047	18	1 612 126.67	17
6 266	6	4 321	11	1 038	12	130	11	4 046.4	7	5 981 860.71	6	2 530 693.61	6	5 838 686.16	6
7 163	5	5 712	5	1 631	6	209	7	4 124.3	6	3 835 333.85	8	1 915 202.85	7	3 239 060.74	8
9 290	3	6 859	4	1 652	4	986	1	5 187.7	3	9 582 629.67	2	4 187 786.15	3	9 173 638.12	2
3 924	15	3 428	15	914	15	182	8	1 928.1	20	1 775 470.84	17	710 602.58	17	1 575 117.59	18
808	28	701	28	328	26	51	20	372.7	28	230 651	28	96 608	28	216 490.64	28
4 578	13	3 205	17	785	18	52	18	2 777.2	14	2 937 095.1	9	893 801	15	2 905 646.95	9
5 826	8	5 403	6	1 994	2	39	22	3 655.3	8	4 389 974.31	7	1 076 702.98	11	4 034 086.93	7
2 780	22	2 007	24	441	25	23	24	1 121	25	888 427.44	24	383 324.4	23	846 782.62	25
2 809	21	2 585	21	1 000	13	367	3	1 654	21	1 128 607.27	22	589 476.99	19	986 580.62	22
358	31	298	30	69	30	11	26	191.2	31	111 850	30	70 240	29	91 170.8	31
3 749	18	3 086	18	761	20	60	16	2 239	18	2 764 502.26	10	1 476 389.02	8	2 450 241.01	13
1 416	26	1 114	26	302	27	0	30	965.7	26	814 843.7	25	357 228.74	25	885 899.62	23
427	30	103	31	34	31	4	27	192.7	30	107 750	31	64 260	31	97 366.9	30
569	29	414	29	223	28	29	23	342.5	29	182 516	29	65 890	30	165 891.54	29
2 255	25	2 171	23	500	24	230	4	1 125.9	24	704 267.5	26	411 210.3	22	501 403.35	26

2. 各省、市、自治区高等学校人文、社会科学研究与发展概况表(二)

省市名称	研究与发展课题								著作	
	课题总数(项)		当年投入人数(人年)		当年拨入经费(百元)		当年支出经费(百元)		著作(部)	
合计	291 606		81 206.3		63 619 953.34		53 699 133.86		26 700	
北京市	30 642	1	8 309.2	1	13 656 992.27	1	10 879 884.81	1	4 418	1
天津市	7 124	19	2 766.7	14	1 561 189	13	1 430 782.26	11	544	18
河北省	8 895	14	2 678.3	15	573 898.86	22	619 221.32	21	420	21
山西省	3 593	24	1 622.4	22	492 570.02	24	401 398.07	25	356	24
内蒙古自治区	2 465	27	549.2	27	401 521.1	27	266 800.83	27	313	25
辽宁省	11 047	11	3 316.1	10	1 645 614.59	12	1 345 712.64	13	1 552	6
吉林省	7 919	17	2 934	11	1 321 748.52	15	1 084 632.21	15	654	15
黑龙江省	4 582	22	2 374.2	17	463 557.35	25	405 493.94	24	763	12
上海市	18 176	5	4 570.2	5	5 050 572.26	3	4 030 729.09	6	2 354	2
江苏省	19 393	3	5 741.8	2	4 334 342.17	6	4 039 439.79	5	1 660	3
浙江省	21 700	2	4 747.1	4	4 900 426.65	5	4 484 187.33	4	1 184	8
安徽省	10 173	12	2 923.1	12	994 819.52	16	854 791.62	16	627	17
福建省	8 037	15	2 002.2	19	1 498 772.75	14	1 311 703.52	14	533	19
江西省	8 028	16	1 119.2	25	797 158	19	621 772.58	20	409	22
山东省	11 263	10	3 403.9	9	1 874 476.89	10	1 707 342.31	9	1 224	7
河南省	11 563	9	2 389.9	16	882 450.7	18	799 601.68	17	1 133	9
湖北省	15 225	7	4 039.8	6	4 911 341.65	4	4 513 900.59	3	1 628	4
湖南省	16 015	6	4 026.8	7	1 957 565.55	9	1 528 141.23	10	799	10
广东省	19 342	4	5 148.7	3	6 412 239.53	2	5 353 390.1	2	1 580	5
广西壮族自治区	6 711	20	1 927.5	20	960 668.85	17	723 399.06	18	461	20
海南省	1 489	28	372.7	28	149 849	28	130 881.06	28	228	27
重庆市	7 436	18	2 771	13	1 964 105.62	8	1 808 408.65	8	748	13
四川省	13 712	8	3 650.6	8	2 509 556.34	7	1 823 521.44	7	774	11
贵州省	4 240	23	1 120.8	24	460 108.94	26	408 101.47	23	284	26
云南省	5 099	21	1 652.9	21	790 336.5	20	634 563.19	19	696	14
西藏自治区	418	30	190	31	79 180	30	58 500.8	30	50	30
陕西省	9 766	13	2 234.8	18	1 701 302.45	11	1 397 318.2	12	650	16
甘肃省	3 286	25	965.2	26	602 646.46	21	594 919.38	22	385	23
青海省	347	31	192.3	30	69 420	31	50 961.5	31	33	31
宁夏回族自治区	1 114	29	342.6	29	106 920	29	90 295.54	29	78	29
新疆维吾尔自治区	2 806	26	1 123.1	23	494 601.8	23	299 337.65	26	162	28

研究与发展成果								获奖成果数(项)			
学术论文(篇)				研究与咨询报告(篇)							
合计		其中:国外学术刊物发表		提交有关部门数		其中:被采纳数		合计		其中:国家级和部级	
320 638		9 106		8 878		4 407		3 850		303	
34 191	1	1 638	1	775	5	202	8	78	18	71	1
6 233	22	126	17	134	17	124	11	1	30	1	22
9 283	15	78	21	207	13	117	12	153	14	1	22
3 400	27	18	28	110	18	72	17	159	13	0	27
3 476	26	51	24	7	30	4	29	164	11	1	22
14 015	8	695	4	471	7	104	13	192	8	22	4
8 878	16	394	9	145	15	92	14	243	7	0	27
8 030	17	124	18	64	25	22	24	334	3	1	22
18 944	4	1 142	2	430	10	282	5	340	2	8	9
25 238	2	506	6	867	4	544	2	373	1	2	20
12 914	11	739	3	876	3	260	7	178	9	3	18
10 639	13	139	16	89	20	76	16	8	24	7	12
7 261	20	289	12	232	12	159	10	4	27	4	16
6 801	21	170	15	84	22	29	23	0	31	0	27
14 110	7	406	7	290	11	195	9	252	6	7	12
16 403	6	124	18	451	9	65	18	170	10	10	7
19 243	3	402	8	552	6	438	3	49	19	47	2
13 112	10	184	14	80	23	41	21	161	12	8	9
18 187	5	672	5	999	1	675	1	11	22	10	7
7 616	19	86	20	54	26	32	22	268	5	19	6
2 048	28	23	27	18	29	14	28	85	17	0	27
9 952	14	318	11	886	2	337	4	18	21	2	20
13 560	9	392	10	454	8	277	6	285	4	33	3
5 454	24	27	25	137	16	62	19	28	20	3	18
7 928	18	77	22	108	19	19	25	139	15	20	5
498	31	1	30	0	31	0	31	6	25	5	14
11 557	12	195	13	153	14	78	15	6	25	5	14
5 653	23	61	23	35	27	16	27	4	27	4	16
731	30	0	31	19	28	4	29	2	29	1	22
1 253	29	3	29	85	21	19	25	11	22	8	9
4 030	25	26	26	66	24	48	20	128	16	0	27

3. 本科学校人文、社会科学研究与发展概况表(一)

学校名称	社科活动人员(人)													
	合计		按职称划分								其他人员		合计	
			小计		高级		中级		初级					
北京大学	1 428	12	1 428	12	1 160	2	266	277	2	747	0	447	1 848	19
中国人民大学	1 763	3	1 763	3	1 205	1	538	30	20	690	0	447	1 651	22
清华大学	1 292	24	1 292	22	790	10	475	57	27	645	0	447	2 379	5
北京交通大学	803	149	803	145	400	104	354	147	49	525	0	447	1 430	32
北京工业大学	627	245	627	234	254	215	318	189	55	485	0	447	1 264	39
北京航空航天大学	485	381	485	377	220	270	226	360	39	581	0	447	317	318
北京理工大学	495	366	495	361	188	343	252	308	55	485	0	447	594	147
北京科技大学	454	416	450	418	226	260	213	393	11	730	4	234	473	208
北方工业大学	327	582	327	575	130	497	168	516	29	635	0	447	272	374
北京化工大学	340	562	340	558	150	437	179	482	11	730	0	447	176	514
北京工商大学	644	227	641	222	286	188	290	236	65	429	3	264	799	91
北京服装学院	340	562	340	558	124	513	194	443	22	679	0	447	682	119
北京邮电大学	343	558	343	555	112	554	138	577	93	286	0	447	723	107
北京印刷学院	281	631	281	631	87	632	133	593	61	447	0	447	203	478
北京建筑工程学院	203	699	203	698	70	678	89	691	44	548	0	447	217	460
北京石油化工学院	237	676	237	672	84	639	135	585	18	702	0	447	115	613
中国农业大学	391	494	391	488	280	191	92	688	19	692	0	447	1 235	40
北京农学院	176	722	176	719	84	639	84	702	8	735	0	447	82	665
北京林业大学	410	472	410	467	180	362	176	490	54	494	0	447	228	443
首都医科大学	315	597	313	594	124	513	149	557	40	570	2	319	281	361
北京中医药大学	165	727	165	726	65	691	77	718	23	666	0	447	121	600
北京师范大学	1 098	60	1 098	58	777	11	313	195	8	735	0	447	2 113	9
首都师范大学	1 073	70	1 073	67	569	39	459	71	45	540	0	447	2 222	7
首都体育学院	275	641	274	638	144	455	116	640	14	719	1	382	240	426
北京外国语大学	822	139	822	137	377	113	389	104	56	482	0	447	626	135
北京第二外国语学院	566	295	566	292	276	201	268	271	22	679	0	447	624	136
北京语言大学	780	155	780	153	350	128	389	104	41	565	0	447	655	123
中国传媒大学	1 263	30	1 263	29	527	49	644	7	92	290	0	447	1 064	56
中央财经大学	990	89	990	86	603	32	337	166	50	515	0	447	1 158	46
对外经济贸易大学	938	103	937	100	517	53	341	162	79	360	1	382	1 094	52
北京物资学院	422	458	422	448	165	403	223	367	34	617	0	447	554	170
首都经济贸易大学	726	184	726	181	415	90	249	317	62	442	0	447	1 018	62
外交学院	251	659	251	658	135	481	100	676	16	710	0	447	263	391

研究发展人员(人)										研究发展经费(百元)					
按职称划分						其他人员		折合全时人员(人年)		当年拨入				当年内部支出	
高级		中级		初级								其中:科研事业费			
788	14	145	265	3	683	13	52	506.1	13	2 440 382.54	2	1 225 656.17	2	2 110 107.97	3
1 093	4	383	34	15	463	4	122	627.7	6	1 794 513.04	5	684 302.1	7	1 293 825.63	7
723	19	253	101	2	699	2	179	516.6	12	2 392 743.67	3	813 329	5	2 097 158.98	4
449	58	229	125	20	398	18	37	217.4	82	571 737.49	38	268 996.34	34	607 138.43	27
457	54	316	65	52	162	1	227	285.7	46	396 733.2	62	238 673.87	42	342 990.47	63
116	361	134	289	8	601	0	338	66.7	379	160 693	143	139 506	69	142 652.96	151
144	294	91	417	11	535	1	227	193.3	100	302 842	75	175 558	58	301 750	70
218	181	120	330	9	580	16	41	82.3	306	204 053.75	109	103 705	93	205 417.06	104
76	492	88	430	7	625	0	338	71.6	360	70 436	299	23 930	289	68 046	297
84	462	36	641	4	670	0	338	61.8	407	40 222	409	17 593	341	35 104.15	415
290	124	161	230	21	385	20	33	176.1	121	224 480.18	99	55 401.2	162	180 717.92	116
171	239	253	101	37	251	0	338	128.7	179	255 305.1	89	45 180	191	253 290.05	87
276	132	223	134	72	87	3	142	147.7	153	135 711.55	174	41 900	202	156 904.73	135
101	412	84	448	14	478	1	227	91.4	275	83 973.41	250	32 672.95	235	85 296.47	234
83	466	95	398	12	512	2	179	62.9	399	28 094.05	482	14 327.19	378	33 204.35	425
67	533	40	627	2	699	0	338	40.6	527	44 540.16	390	16 845.83	349	59 935.64	318
349	92	66	507	5	655	0	338	209.6	91	488 123.99	46	261 631.93	38	413 438.86	53
44	613	28	672	0	740	2	179	25.3	615	76 855.32	274	48 278	181	49 254.56	349
125	344	75	472	25	337	0	338	48.8	480	125 062.91	185	74 177.73	130	150 931.43	144
107	391	117	340	11	535	6	95	81.2	312	43 582.61	395	25 346.4	280	39 406.24	394
42	625	51	583	6	641	0	338	17.2	672	5 680	700	2 740	639	7 105	679
1 088	5	520	11	11	535	138	5	566.3	8	1 413 342.03	8	617 583.5	10	1 320 749.23	6
921	8	485	15	42	215	6	95	347.3	28	326 099.15	71	216 483.01	46	335 070.05	65
130	331	60	545	8	601	5	108	51.1	457	106 231.93	208	94 031.93	105	93 686.59	221
354	85	227	129	17	436	10	64	88.8	285	243 319.38	94	221 680	45	239 899	93
323	107	225	132	36	257	0	338	104.4	234	152 993.46	155	95 957	102	136 976.61	157
264	142	195	165	57	140	9	70	189.1	109	173 851.85	133	86 533	114	292 334.54	72
402	72	326	56	44	205	3	142	163.1	132	372 699.4	64	29 069.6	258	297 256.26	71
459	52	345	46	21	385	12	56	206.2	93	689 743.89	24	376 666.03	22	566 768.58	33
387	78	211	147	43	209	7	83	439.4	20	610 084.8	34	381 088.34	19	687 625.67	22
232	170	193	172	21	385	19	36	120.4	199	263 650.31	87	117 423.09	79	290 270.29	74
527	40	227	129	23	362	29	25	244.8	66	372 398.77	65	226 451.24	43	273 774.2	82
148	283	94	406	6	641	8	78	42.7	520	74 050	290	46 560	184	70 153.34	287

学校名称	社科活动人员(人)													
	合计		按职称划分								其他人员		合计	
			小计		高级		中级		初级					
中国人民公安大学	413	467	413	461	239	233	167	519	7	740	0	447	582	156
国际关系学院	235	679	235	675	112	554	96	683	27	645	0	447	210	468
北京体育大学	561	298	561	295	236	242	174	496	151	118	0	447	323	309
中央音乐学院	354	546	354	541	154	424	127	610	73	377	0	447	102	640
中国音乐学院	289	622	289	620	106	569	141	572	42	560	0	447	145	567
中央美术学院	381	511	381	505	181	358	127	610	73	377	0	447	67	685
中央戏剧学院	297	613	297	609	128	503	114	645	55	485	0	447	26	737
中国戏曲学院	295	617	295	612	119	527	136	582	40	570	0	447	34	728
北京电影学院	355	544	349	546	171	389	141	572	37	600	6	180	270	379
北京舞蹈学院	280	634	280	633	88	628	131	600	61	447	0	447	28	734
中央民族大学	1 100	59	1 100	55	411	95	557	19	132	158	0	447	610	144
中国政法大学	995	86	995	84	679	23	254	302	62	442	0	447	1 901	16
华北电力大学	530	327	528	320	232	247	207	412	89	306	2	319	273	371
南开大学	1 280	27	1 270	26	895	6	356	144	19	692	10	110	2 889	2
天津大学	460	406	457	405	219	273	183	471	55	485	3	264	430	227
天津科技大学	403	481	401	478	153	426	204	417	44	548	2	319	193	488
天津工业大学	623	251	623	243	277	198	334	172	12	725	0	447	554	170
中国民航大学	334	569	331	567	96	604	170	509	65	429	3	264	272	374
天津理工大学	505	352	501	350	177	369	223	367	101	250	4	234	248	409
天津农学院	274	642	272	644	95	609	158	534	19	692	2	319	198	484
天津医科大学	186	707	182	712	52	718	83	706	47	533	4	234	125	591
天津中医药大学	166	725	159	728	37	735	76	720	46	537	7	155	160	539
天津师范大学	1 023	80	1 023	78	397	106	458	72	168	82	0	447	1 365	34
天津职业技术师范大学	309	601	307	602	135	481	129	602	43	554	2	319	157	545
天津外国语大学	818	140	797	149	278	196	294	227	225	25	21	40	249	406
天津商业大学	721	188	718	186	296	180	303	214	119	194	3	264	560	166
天津财经大学	825	136	799	148	319	149	382	113	98	264	26	28	1 081	53
天津体育学院	403	481	391	488	144	455	152	548	95	278	12	88	616	140
天津音乐学院	329	577	329	571	100	589	149	557	80	348	0	447	38	724
天津美术学院	330	575	327	575	131	492	128	606	68	408	3	264	225	448
河北大学	1 426	13	1 421	13	649	26	564	16	208	36	5	204	1 305	38
河北工程大学	488	376	488	371	191	333	214	389	83	331	0	447	438	217
石家庄经济学院	591	275	591	270	220	270	250	316	121	184	0	447	314	323

研究发展人员(人)										研究发展经费(百元)					
按职称划分						其他人员		折合全时人员(人年)		当年拨入				当年内部支出	
高级		中级		初级								其中:科研事业费			
306	113	189	176	11	535	30	23	106	230	54 777	344	31 657	241	71 191.43	282
107	391	71	486	20	398	0	338	47.9	490	52 736	350	37 500	215	48 578.77	353
149	279	88	430	50	170	5	108	111.3	219	429 597	55	320 881	30	421 959.01	50
69	520	22	692	11	535	0	338	37	542	19 740	544	8 110	494	29 758.57	451
67	533	36	641	6	641	1	227	19.1	662	168 230.67	137	163 098.67	61	172 187.74	121
29	673	13	723	3	683	0	338	25	617	83 728.69	252	59 373.5	150	70 466.82	284
22	695	4	744	0	740	0	338	11	709	40 760.42	407	31 450.42	242	37 083.75	406
23	693	6	738	1	724	0	338	4.7	740	16 480	574	15 500	365	12 700	609
113	373	59	549	9	580	6	95	52.5	452	46 750.91	379	40 420.29	206	64 655.51	307
13	733	1	752	2	699	1	227	6.6	731	57 821.28	336	56 721.28	155	58 171.28	322
327	104	172	210	7	625	4	122	155	139	315 364.48	73	192 423.23	57	290 412.71	73
818	10	312	67	28	314	0	338	391.1	25	650 050.54	27	241 981.24	40	578 234.72	31
98	423	78	463	13	491	0	338	72.5	355	85 209.62	247	36 824	220	68 425.08	294
947	7	297	74	6	641	0	338	911.6	2	1 089 630	12	653 438	9	993 764.81	13
198	202	117	340	31	294	3	142	151.1	150	105 952	209	44 448	192	83 712	236
85	459	88	430	20	398	0	338	60.9	411	20 239	539	7 401	506	20 133.86	522
252	152	214	142	9	580	0	338	185.6	111	175 365	132	16 802	351	174 898	120
103	409	95	398	20	398	1	227	72.1	357	143 872.42	162	32 372.92	240	175 013.22	119
96	430	88	430	44	205	0	338	77.7	326	109 037	205	16 745	352	109 167	191
75	493	116	342	7	625	0	338	76.9	332	23 860	505	5 942	553	21 677.97	509
41	634	57	557	25	337	2	179	33.8	559	12 483	626	6 790	525	9 696.9	644
69	520	68	501	12	512	1	227	39.6	533	16 370	577	3 370	625	14 010.32	585
513	42	522	10	245	2	0	338	289.3	45	159 418.19	145	61 758	143	166 703.52	126
93	438	40	627	24	349	0	338	44.9	510	22 955	515	7 843	500	21 246	516
106	400	89	425	41	226	1	227	48.2	487	65 102.8	319	10 052	447	64 929.2	305
264	142	201	159	35	264	0	338	146.8	155	120 790.27	191	20 855	304	116 780.26	182
408	70	332	51	60	123	108	7	259.6	57	256 428.54	88	120 417.84	78	259 782.45	85
195	207	179	194	48	178	10	64	143.2	161	161 022.83	141	90 646	109	169 334.93	125
22	695	11	729	5	655	0	338	9.5	717	21 650	530	590	733	24 092	486
52	583	50	587	21	385	2	179	97.7	255	39 010	417	10 480	438	41 650	384
546	36	526	9	129	18	18	37	237.8	71	285 184.36	79	95 014.97	104	332 135.03	66
184	221	181	191	73	86	0	338	102.9	238	25 100	497	4 520	585	25 338	477
102	410	153	245	41	226	0	338	91.8	274	157 324.5	149	14 922	373	171 714	122

学校名称	社科活动人员(人)													
	合计		按职称划分								其他人员		合计	
			小计		高级		中级		初级					
华北水利水电学院	276	637	274	638	73	672	134	588	67	414	2	319	90	652
河北工业大学	511	342	508	338	190	337	271	266	47	533	3	264	416	237
河北联合大学	658	220	647	219	225	262	350	153	72	384	11	96	538	176
河北科技大学	711	194	709	192	287	187	327	178	95	278	2	319	620	138
河北建筑工程学院	157	729	157	729	53	717	89	691	15	715	0	447	139	574
河北农业大学	493	369	493	365	190	337	222	371	81	340	0	447	265	388
河北医科大学	244	668	242	666	80	648	112	653	50	515	2	319	49	709
河北北方学院	397	487	396	483	169	396	150	555	77	366	1	382	344	280
承德医学院	133	738	133	738	59	702	34	747	40	570	0	447	98	645
河北师范大学	1 341	17	1 333	16	755	14	541	27	37	600	8	135	793	92
保定学院	512	341	510	336	193	329	208	411	109	225	2	319	454	213
河北民族师范学院	294	618	294	613	109	563	134	588	51	508	0	447	248	409
唐山师范学院	543	316	543	312	221	268	267	275	55	485	0	447	152	553
廊坊师范学院	752	171	752	169	309	162	331	175	112	215	0	447	486	198
衡水学院	409	475	408	471	93	615	115	643	200	41	1	382	274	369
石家庄学院	444	431	444	427	195	321	211	398	38	591	0	447	392	253
邯郸学院	366	525	366	522	176	373	173	500	17	706	0	447	338	293
邢台学院	493	369	493	365	173	381	237	338	83	331	0	447	45	721
沧州师范学院	304	607	299	607	148	445	121	628	30	634	5	204	223	452
石家庄铁道大学	239	675	237	672	128	503	92	688	17	706	2	319	228	443
山西大学	1 085	66	1 073	67	467	68	426	85	180	62	12	88	2 087	10
太原科技大学	453	418	452	413	129	499	214	389	109	225	1	382	323	309
中北大学	478	387	475	387	131	492	307	206	37	600	3	264	250	402
太原理工大学	694	199	683	203	237	239	344	161	102	243	11	96	698	114
山西农业大学	234	680	216	686	83	642	65	731	68	408	18	49	82	665
长治医学院	124	740	101	748	25	745	32	749	44	548	23	33	9	751
山西师范大学	867	124	860	126	304	168	379	120	177	69	7	155	1 210	43
太原师范学院	655	223	631	231	232	247	298	218	101	250	24	31	174	516
山西大同大学	763	166	761	166	234	244	324	181	203	39	2	319	206	474
晋中学院	448	427	445	426	91	623	196	439	158	104	3	264	88	656
长治学院	321	588	308	600	66	687	151	553	91	294	13	77	137	576
运城学院	534	322	524	323	118	533	202	420	204	38	10	110	62	692
忻州师范学院	490	374	485	377	117	536	202	420	166	87	5	204	183	497
山西财经大学	1 041	76	1 039	74	461	69	466	64	112	215	2	319	908	75
内蒙古大学	814	142	800	146	302	173	351	152	147	127	14	66	246	412

续表

研究发展人员（人）										研究发展经费（百元）					
按职称划分						其他人员		折合全时人员（人年）		当年拨入				当年内部支出	
高级		中级		初级								其中：科研事业费			
22	695	55	564	12	512	1	227	14.2	690	20 580	537	12 500	409	17 685	546
125	344	155	242	14	478	4	122	206	94	27 395	486	8 515	482	26 215	470
162	258	228	126	55	146	0	338	133.3	173	32 601	450	7 051	519	31 242.01	441
277	131	259	96	58	135	0	338	102.2	240	32 534	451	5 801	555	32 486	431
40	639	91	417	8	601	0	338	22.1	635	7 915	671	4 600	582	7 160	678
97	427	87	439	27	324	0	338	87.6	287	28 465	479	12 040	415	26 607	468
14	728	22	692	13	491	0	338	9.5	717	3 955	719	2 038	667	3 955	718
157	267	121	329	66	99	0	338	58.1	425	15 692	584	5 617	559	15 444	561
34	662	28	672	36	257	0	338	12.9	696	2 482	740	475	735	2 548.19	735
474	50	278	87	16	447	5	108	175.4	122	172 512.47	134	99 565	98	115 513.5	183
193	210	197	162	64	106	0	338	119.8	201	28 560.4	478	748	728	24 993.92	479
106	400	106	373	36	257	0	338	36.1	547	9 292	659	980	716	9 312	650
79	480	62	529	11	535	0	338	37.5	537	12 260	627	1 820	675	11 118	624
177	230	249	107	60	123	0	338	81.3	311	22 362.5	523	1 498	695	23 102.5	492
77	487	106	373	81	72	10	64	48	489	6 672	687	824	723	6 642	685
171	239	207	152	14	478	0	338	77.1	330	15 540	585	5 065	571	15 148.5	571
133	325	181	191	24	349	0	338	62.1	404	11 055	637	1 460	697	12 186	615
14	728	23	686	8	601	0	338	12.2	700	3 692	724	1 740	680	2 409	739
107	391	100	391	16	447	0	338	31.5	577	5 900	697	290	744	5 160	703
128	334	82	455	15	463	0	338	48.7	481	22 911	516	2 455	649	18 170.97	541
711	21	590	2	137	12	37	19	411	23	470 602.02	49	279 307	33	449 020.09	46
73	503	114	350	55	146	0	338	96.1	258	49 173	359	9 385	460	48 465	354
91	446	150	249	9	580	0	338	40	532	10 698	641	1 830	674	10 847	630
270	137	281	84	91	58	1	227	213.9	86	76 139.39	281	20 177	310	69 539.54	290
46	599	12	724	23	362	1	227	15.3	682	6 744	686	3 490	622	8 021.9	667
8	741	0	753	1	724	0	338	2	752	465	753	300	742	796	752
477	48	433	21	99	41	38	18	308.6	41	218 420.05	103	111 492	85	177 627.72	118
106	400	65	512	2	699	0	338	29.1	588	61 289	329	18 340	330	56 526	327
129	332	64	517	11	535	2	179	61	409	15 481	588	7 230	513	16 179	554
26	685	41	618	21	385	0	338	9.3	720	4 435	716	2 580	643	3 844.06	719
35	658	79	461	23	362	0	338	26.8	600	10 390	645	2 500	648	10 422	636
42	625	10	733	10	562	0	338	13.2	695	8 931	662	6 355	542	5 840	697
73	503	63	524	47	183	0	338	49.4	474	26 282	491	4 680	581	17 448.8	547
344	94	240	115	66	99	9	70	215.7	83	181 952	124	42 180	199	287 134	75
96	430	118	338	16	447	1	227	135.2	171	158 831.1	146	92 338	107	77 500.9	256

学校名称	社科活动人员(人)												合计	
	合计		按职称划分								其他人员			
			小计		高级		中级		初级					
内蒙古科技大学	391	494	386	496	116	539	136	582	134	148	5	204	65	690
内蒙古工业大学	460	406	460	402	180	362	211	398	69	398	0	447	151	556
内蒙古农业大学	521	333	520	329	198	315	169	513	153	111	1	382	148	561
内蒙古医科大学	217	688	208	691	45	727	75	723	88	311	9	121	52	704
内蒙古师范大学	1 033	78	1 033	76	452	74	388	108	193	45	0	447	394	251
内蒙古民族大学	668	213	664	211	248	219	226	360	190	52	4	234	93	649
赤峰学院	594	273	594	268	244	225	220	376	130	169	0	447	83	661
内蒙古财经大学	1 103	56	1 093	59	409	97	410	93	274	10	10	110	615	142
辽宁大学	1 214	35	1 186	39	580	35	522	36	84	329	28	23	581	157
大连理工大学	592	274	576	283	279	195	274	257	23	666	16	56	488	197
沈阳工业大学	486	379	486	375	187	345	234	345	65	429	0	447	180	503
沈阳航空航天大学	281	631	281	631	110	561	120	630	51	508	0	447	166	527
沈阳理工大学	475	394	467	395	147	447	260	289	60	455	8	135	252	398
东北大学	687	203	667	209	270	205	293	231	104	240	20	43	736	106
辽宁科技大学	387	499	387	494	111	558	165	523	111	217	0	447	160	539
辽宁工程技术大学	556	303	555	300	209	293	295	224	51	508	1	382	150	559
沈阳化工大学	241	671	241	667	78	654	129	602	34	617	0	447	134	580
大连交通大学	340	562	335	564	107	567	172	505	56	482	5	204	111	619
大连海事大学	444	431	441	430	274	202	152	548	15	715	3	264	266	387
大连工业大学	635	234	635	229	170	392	365	137	100	256	0	447	207	471
沈阳建筑大学	461	405	461	401	149	442	216	383	96	273	0	447	13	746
辽宁工业大学	283	628	282	627	163	408	96	683	23	666	1	382	58	699
沈阳农业大学	245	666	232	678	96	604	113	648	23	666	13	77	122	597
大连海洋大学	210	693	206	695	71	677	100	676	35	613	4	234	161	536
中国医科大学	179	716	177	717	48	721	106	667	23	666	2	319	75	673
辽宁医学院	236	678	235	675	72	675	132	596	31	630	1	382	88	656
大连医科大学	186	707	186	706	88	628	83	706	15	715	0	447	119	606
辽宁中医药大学	116	745	115	744	50	719	43	744	22	679	1	382	24	740
沈阳药科大学	185	710	185	708	59	702	111	657	15	715	0	447	52	704
辽宁师范大学	926	106	868	122	429	84	372	129	67	414	58	4	568	162
沈阳师范大学	1 340	18	1 323	21	618	30	540	29	165	88	17	53	1 898	17
渤海大学	885	121	879	119	409	97	374	126	96	273	6	180	675	121
鞍山师范学院	471	398	466	397	218	276	176	490	72	384	5	204	134	580
大连外国语学院	508	347	507	342	219	273	229	354	59	460	1	382	205	476

续表

研究发展人员(人)										研究发展经费(百元)					
按职称划分						其他人员		折合全时人员(人年)		当年拨入				当年内部支出	
高级		中级		初级								其中:科研事业费			
20	705	28	672	17	436	0	338	18.4	665	8 832	665	5 920	554	10 712	632
56	563	78	463	16	447	0	338	32.6	569	17 040	570	10 980	431	15 931.5	558
81	471	55	564	12	512	0	338	17.2	672	45 412	384	12 740	406	33 659.8	419
22	695	16	711	14	478	0	338	23.1	628	3 722	723	450	736	3 542	724
209	187	138	285	24	349	0	338	105.6	233	148 613	159	55 720	159	113 618.63	185
47	596	34	652	11	535	0	338	16.4	679	23 835	506	21 375	301	21 755	506
45	607	31	660	7	625	0	338	40.6	527	12 745	623	6 670	530	10 555	634
297	120	238	119	53	156	2	179	112.2	216	61 220	330	24 700	285	59 695	319
286	127	164	224	7	625	2	179	190.4	107	204 395.67	107	112 835.42	83	149 052.5	147
182	223	210	148	7	625	5	108	105.7	232	189 674	116	73 064	131	226 077.01	98
92	443	49	590	5	655	0	338	69.3	370	51 101	354	27 991	265	52 647.53	335
90	449	45	604	10	562	0	338	49.2	476	25 790	493	8 260	490	30 270.7	446
99	421	120	330	32	281	0	338	33.6	561	28 576.2	477	11 225	428	21 950.17	502
243	159	242	112	21	385	4	122	192.6	104	444 033.06	51	213 812	47	517 295.02	42
36	652	66	507	58	135	0	338	25.2	616	10 510	644	1 740	680	10 660	633
63	548	65	512	12	512	0	338	25.4	609	18 306	561	9 066	469	26 498	469
51	585	70	492	13	491	0	338	47.8	492	17 780	569	8 220	491	13 042	603
56	563	53	576	2	699	0	338	31.7	572	14 290	605	6 890	523	14 275	581
141	303	53	576	0	740	0	338	82.3	306	123 449.5	188	27 605	269	107 533.58	195
96	430	95	398	16	447	0	338	42.4	523	23 515	508	9 330	462	18 772	536
6	746	5	741	2	699	0	338	2.3	751	466	752	160	748	786	753
38	647	19	701	0	740	0	338	13.9	692	10 127	648	1 410	701	9 715.9	642
46	599	54	572	11	535	2	179	38	536	36 800	433	29 020	259	21 705.5	508
84	462	66	507	11	535	0	338	28.4	594	11 417	636	4 930	573	10 774	631
29	673	44	608	2	699	0	338	23.5	626	18 202.61	563	5 190	569	30 778.55	442
33	666	46	600	3	683	0	338	26.7	602	9 366	656	800	725	9 623	645
59	556	36	641	4	670	0	338	24.4	619	7 060	684	1 580	693	5 900.06	695
19	709	4	744	1	724	0	338	5.5	736	4 550	715	3 340	626	1 981.48	744
17	716	12	724	0	740	0	338	20.9	644	13 525	614	2 636	641	13 317.75	595
349	92	166	221	13	491	9	70	119.2	204	80 601	266	43 445	195	76 652	261
777	15	566	3	136	13	47	14	573	7	192 190	114	18 035	338	186 552.31	112
329	101	254	100	45	195	2	179	193.3	100	129 681.6	180	38 953	210	79 215.35	249
75	493	38	634	21	385	0	338	19.3	661	8 348.53	669	1 710	683	8 155.5	666
126	341	68	501	11	535	0	338	59.7	419	37 040	431	13 500	395	18 318.67	539

学校名称	社科活动人员(人)													
	合计		按职称划分								其他人员		合计	
			小计		高级		中级		初级					
东北财经大学	1 026	79	1 007	82	569	39	386	110	52	504	19	45	1 027	60
中国刑事警察学院	418	464	415	459	213	284	132	596	70	395	3	264	270	379
沈阳体育学院	605	262	604	259	249	218	294	227	61	447	1	382	179	507
沈阳音乐学院	987	91	987	87	307	164	521	37	159	103	0	447	224	450
鲁迅美术学院	525	332	517	331	208	295	233	349	76	367	8	135	132	583
吉林大学	1 833	2	1 833	2	1 006	4	667	6	160	99	0	447	3 112	1
延边大学	1 127	49	1 127	46	391	109	450	74	286	7	0	447	392	253
长春理工大学	476	390	475	387	213	284	209	407	53	499	1	382	250	402
东北电力大学	385	503	374	517	139	466	150	555	85	322	11	96	136	578
长春工业大学	614	258	613	254	248	219	277	251	88	311	1	382	1 070	55
吉林建筑工程学院	179	716	179	715	77	657	63	734	39	581	0	447	125	591
吉林化工学院	183	712	183	710	54	714	89	691	40	570	0	447	227	446
吉林农业大学	357	541	357	536	133	488	160	532	64	438	0	447	232	436
长春中医药大学	226	684	226	682	103	579	74	724	49	525	0	447	168	523
东北师范大学	1 272	28	1 258	30	678	24	499	47	81	340	14	66	1 983	14
北华大学	810	146	805	144	310	161	381	116	114	209	5	204	720	108
通化师范学院	385	503	383	503	113	549	99	680	171	78	2	319	357	273
吉林师范大学	767	162	766	162	262	208	325	179	179	63	1	382	556	167
吉林工程技术师范学院	378	517	378	509	139	466	128	606	111	217	0	447	199	482
长春师范学院	664	216	661	214	159	417	159	533	343	1	3	264	549	172
白城师范学院	362	531	361	529	125	510	121	628	115	206	1	382	316	321
吉林财经大学	692	202	689	200	243	227	321	185	125	179	3	264	478	204
吉林体育学院	265	651	262	652	59	702	111	657	92	290	3	264	123	595
吉林艺术学院	476	390	475	387	168	400	124	619	183	59	1	382	48	713
黑龙江大学	1 088	64	1 088	62	505	56	482	56	101	250	0	447	738	105
哈尔滨工业大学	491	373	491	370	317	150	162	528	12	725	0	447	223	452
哈尔滨理工大学	363	529	363	527	227	255	133	593	3	746	0	447	273	371
燕山大学	740	175	740	175	262	208	339	164	139	140	0	447	852	81
哈尔滨工程大学	609	260	609	258	312	156	297	221	0	750	0	447	460	209
黑龙江科技学院	479	386	479	381	203	300	254	302	22	679	0	447	275	366
东北石油大学	356	543	356	537	184	349	132	596	40	570	0	447	163	532
佳木斯大学	921	109	921	105	393	107	488	53	40	570	0	447	518	184
黑龙江八一农垦大学	309	601	309	599	145	451	133	593	31	630	0	447	107	631
东北农业大学	418	464	418	456	138	471	223	367	57	476	0	447	284	359

续表

研究发展人员(人)										研究发展经费(百元)					
按职称划分						其他人员		折合全时人员(人年)		当年拨入				当年内部支出	
高级		中级		初级								其中:科研事业费			
449	58	174	201	19	410	116	6	278.2	49	336 962.26	68	209 416.11	49	240 229.62	92
151	277	83	453	36	257	0	338	68.7	372	39 576	415	18 076	336	30 176	448
111	383	62	529	6	641	0	338	50.8	460	81 062.5	261	65 111.5	140	40 900.26	387
157	267	57	557	10	562	0	338	49.9	469	15 530	587	6 200	548	6 180	691
56	563	52	580	19	410	3	142	22.2	634	18 100	564	8 650	480	11 700	618
1 119	3	527	8	85	68	153	4	492.1	14	950 094.02	16	561 075.8	15	891 093.89	15
198	202	87	439	5	655	0	338	140.5	165	75 530	283	37 110	218	66 459.54	301
144	294	89	425	15	463	2	179	68.6	373	33 044	447	13 768	387	30 198	447
69	520	45	604	21	385	1	227	28.2	595	18 030	565	4 020	602	13 180	600
441	60	379	36	99	41	1	227	251.7	61	68 680	303	19 975	314	66 293.5	303
54	573	43	612	28	314	0	338	29.3	586	8 130	670	4 330	592	7 465.2	675
93	438	101	389	32	281	1	227	50.2	466	8 771	667	42	752	9 173.4	652
106	400	75	472	25	337	2	179	47.9	490	7 020	685	6 320	545	19 748	527
89	451	37	636	42	215	0	338	21.7	639	4 650	714	1 290	707	4 407	714
811	11	566	3	100	40	53	12	455.7	18	721 626.5	22	335 643.16	27	772 096.02	16
328	102	293	75	41	226	0	338	127.2	182	38 790	421	15 010	372	37 620	404
117	360	96	396	144	10	0	338	76.9	332	41 550	404	28 065	264	29 532	453
228	171	230	123	97	46	1	227	153.6	143	82 480	256	13 860	385	80 899	243
66	536	72	481	61	119	0	338	102.2	240	28 350	480	6 750	526	28 350	459
184	221	192	173	154	7	1	227	109.2	223	100 176	219	13 125	401	99 220.5	207
127	339	120	330	69	95	0	338	137.7	168	23 282	510	2 867	634	23 589	489
147	285	149	251	57	140	0	338	126.6	184	62 770	327	28 770	261	60 674	316
36	652	55	564	32	281	0	338	26.9	599	7 855	674	3 755	616	12 325	613
15	724	11	729	22	378	0	338	23	630	39 610	413	12 420	410	42 599	378
351	88	305	69	31	294	0	338	236	73	139 025.35	170	78 113.2	126	95 607.09	214
142	300	76	471	3	683	0	338	74.7	343	96 865	227	33 495	233	129 241	164
167	246	103	383	3	683	0	338	82.5	305	25 355	495	8 652	479	24 103.3	485
307	111	352	41	101	37	1	227	118.7	206	80 959	262	31 340	244	73 373.9	275
201	195	214	142	0	740	0	338	101.2	243	107 272	206	55 656	160	95 655	213
105	406	102	386	22	378	0	338	90.5	276	29 826	467	4 771	579	28 919	456
83	466	62	529	15	463	0	338	43.4	515	16 476	575	7 060	518	16 071.98	557
221	176	279	85	18	417	0	338	180.2	116	45 706	383	4 000	604	43 121	377
45	607	54	572	8	601	0	338	33.8	559	16 619	572	6 475	537	13 533	593
116	361	130	301	36	257	0	338	89.1	283	30 399	462	4 027	601	26 940.6	465

学校名称	社科活动人员(人)													
	合计		按职称划分								其他人员		合计	
			小计		高级		中级		初级					
东北林业大学	545	314	545	310	245	224	252	308	48	529	0	447	307	331
哈尔滨医科大学	276	637	276	636	113	549	104	670	59	460	0	447	124	594
黑龙江中医药大学	161	728	161	727	108	565	25	750	28	641	0	447	54	701
牡丹江医学院	166	725	166	724	92	617	52	739	22	679	0	447	28	734
哈尔滨师范大学	1 457	9	1 450	9	751	15	618	11	81	340	7	155	909	74
齐齐哈尔大学	863	128	863	125	347	132	396	100	120	189	0	447	497	193
牡丹江师范学院	582	281	582	278	181	358	262	286	139	140	0	447	259	396
哈尔滨学院	602	263	602	260	307	164	263	283	32	626	0	447	244	418
大庆师范学院	463	402	463	400	114	546	278	249	71	391	0	447	180	503
绥化学院	410	472	410	467	100	589	241	334	69	398	0	447	213	466
哈尔滨商业大学	676	206	676	205	339	137	300	217	37	600	0	447	444	216
哈尔滨体育学院	360	534	360	531	139	466	141	572	80	348	0	447	117	610
哈尔滨金融学院	410	472	410	467	167	401	155	542	88	311	0	447	198	484
复旦大学	1 332	19	1 332	17	772	12	491	51	69	398	0	447	1 999	11
同济大学	818	140	813	140	507	55	294	227	12	725	5	204	531	179
上海交通大学	812	144	807	142	461	69	304	211	42	560	5	204	364	269
华东理工大学	555	305	553	303	281	190	255	301	17	706	2	319	273	371
上海理工大学	728	182	716	188	216	277	400	98	100	256	12	88	207	471
上海海事大学	459	409	457	405	170	392	222	371	65	429	2	319	248	409
东华大学	578	288	567	291	243	227	274	257	50	515	11	96	431	225
上海电力学院	342	559	342	556	96	604	210	401	36	608	0	447	117	610
上海应用技术学院	426	453	419	453	120	520	251	313	48	529	7	155	232	436
上海海洋大学	282	629	282	627	118	533	151	553	13	723	0	447	317	318
上海中医药大学	285	626	285	623	90	626	169	513	26	650	0	447	180	503
华东师范大学	1 328	20	1 328	19	703	20	561	17	64	438	0	447	2 777	3
上海师范大学	1 228	34	1 226	34	573	37	542	26	111	217	2	319	548	173
上海外国语大学	723	187	721	183	376	116	319	187	26	650	2	319	304	334
上海财经大学	900	115	900	112	472	65	373	127	55	485	0	447	702	112
上海对外贸易学院	772	158	772	156	410	96	275	256	87	317	0	447	523	181
上海海关学院	173	723	166	724	55	707	84	702	27	645	7	155	146	563
华东政法大学	661	218	658	215	302	173	277	251	79	360	3	264	427	229
上海体育学院	419	463	416	458	191	333	184	467	41	565	3	264	304	334
上海音乐学院	316	595	311	598	108	565	113	648	90	297	5	204	152	553
上海戏剧学院	308	603	307	602	97	599	137	580	73	377	1	382	106	634

研究发展人员(人)										研究发展经费(百元)					
按职称划分						其他人员		折合全时人员(人年)		当年拨入				当年内部支出	
高级		中级		初级								其中:科研事业费			
109	387	77	466	8	601	0	338	82	308	37 210	429	16 580	354	39 065	396
51	585	41	618	23	362	0	338	34.8	554	18 962	553	11 322	424	13 750.13	591
20	705	12	724	2	699	0	338	18.6	663	2 010	744	310	741	2 040	742
14	728	12	724	2	699	0	338	8.5	723	2 435	741	140	750	2 465	738
415	69	400	28	94	52	0	338	265.7	55	105 078	211	35 420	226	94 076	218
194	209	250	106	38	248	0	338	172.8	124	42 280	401	5 500	563	42 380	380
107	391	105	377	47	183	0	338	75.8	340	23 004	513	5 270	567	21 176	517
144	294	91	417	9	580	0	338	65.5	384	10 340	646	1 210	710	10 015	640
44	613	107	367	26	330	0	338	56.5	433	16 070	580	3 895	608	14 601	580
59	556	120	330	34	266	0	338	60.4	415	15 696	583	2 565	645	15 595.4	560
236	167	195	165	12	512	0	338	136.9	169	42 970	398	15 590	361	43 597	375
57	560	40	627	8	601	0	338	27.9	596	7 668	677	2 335	653	6 765.24	681
119	355	59	549	20	398	0	338	65.7	383	16 505	573	3 165	629	14 852	575
746	17	426	23	22	378	105	9	928.1	1	1 489 997.02	6	907 127.21	4	1 222 146.02	9
252	152	127	310	4	670	1	227	210.3	90	331 680	69	168 578	59	328 340	67
257	149	67	504	9	580	3	142	205.5	95	986 628.03	14	612 927.9	11	744 792.53	19
189	214	70	492	2	699	0	338	79.6	318	175 417.69	131	80 536	123	123 180.82	171
93	438	91	417	17	436	1	227	76.3	337	119 911	194	51 174	170	106 116.8	196
89	451	88	430	11	535	1	227	50.8	460	124 793	187	33 782	232	122 753.88	173
181	224	84	448	13	491	0	338	183.7	112	268 396.11	85	35 282.87	228	198 947.09	107
65	540	51	583	1	724	0	338	22.5	631	62 435	328	10 905	432	49 396.2	347
85	459	126	313	18	417	3	142	61.8	407	81 481.17	260	34 267.17	231	76 866.17	260
147	285	156	238	8	601	1	227	56.2	437	79 323	269	32 386	239	74 247	269
54	573	92	411	18	417	0	338	49.8	470	93 838	230	80 590	122	53 518	333
711	21	164	224	8	601	2	179	745.4	4	1 301 822.11	10	594 181.3	14	1 445 191.3	5
307	111	127	310	9	580	0	338	183	113	524 032.08	42	306 471.94	31	517 523.65	41
207	190	92	411	5	655	0	338	164.3	130	194 785.4	112	38 236	214	158 233.4	133
372	79	145	265	2	699	1	227	252.1	60	688 958.9	25	404 401.24	18	561 648.83	34
287	125	130	301	43	209	12	56	144.3	159	183 421.12	123	135 436.64	72	219 764.28	99
64	544	59	549	20	398	3	142	37.2	539	29 108.31	473	16 070	355	40 013.09	390
234	169	172	210	18	417	1	227	86	294	427 468	57	368 770	26	276 484	80
108	389	69	497	10	562	0	338	126	186	140 635	167	95 815	103	207 133.55	103
65	540	28	672	25	337	1	227	60.9	411	298 363.57	77	264 933.57	37	219 761.74	100
29	673	35	649	29	307	0	338	59.8	418	158 260.55	148	141 290.55	67	116 881.65	181

学校名称	社科活动人员（人）												合计	
	合计		按职称划分								其他人员			
			小计		高级		中级		初级					
上海大学	1 441	11	1 439	11	516	54	713	3	210	35	2	319	1 142	47
南京大学	1 004	84	1 004	83	721	18	272	264	11	730	0	447	1 572	26
苏州大学	1 199	39	1 199	37	700	21	413	91	86	320	0	447	1 597	25
东南大学	725	185	725	182	377	113	348	155	0	750	0	447	1 339	35
南京航空航天大学	447	428	447	423	229	251	191	450	27	645	0	447	309	327
南京理工大学	386	501	386	496	200	312	167	519	19	692	0	447	571	161
江苏科技大学	504	355	504	347	181	358	265	279	58	469	0	447	303	337
中国矿业大学	440	436	440	432	192	331	210	401	38	591	0	447	495	194
南京工业大学	450	423	450	418	183	354	249	317	18	702	0	447	238	428
常州大学	347	553	347	550	133	488	182	475	32	626	0	447	272	374
南京邮电大学	406	477	406	473	177	369	203	418	26	650	0	447	347	278
河海大学	385	503	385	499	201	308	179	482	5	743	0	447	713	109
江南大学	814	142	814	139	368	121	396	100	50	515	0	447	778	96
南京林业大学	317	594	317	588	104	572	213	393	0	750	0	447	286	357
江苏大学	694	199	694	197	301	175	353	149	40	570	0	447	539	175
南京信息工程大学	636	232	636	228	233	246	384	112	19	692	0	447	771	98
南通大学	830	134	830	133	399	105	389	104	42	560	0	447	811	90
盐城工学院	472	397	472	393	191	333	222	371	59	460	0	447	199	482
南京农业大学	598	266	598	263	243	227	302	215	53	499	0	447	997	64
南京医科大学	189	705	189	705	58	705	112	653	19	692	0	447	173	518
徐州医学院	206	697	206	695	62	696	126	614	18	702	0	447	67	685
南京中医药大学	304	607	304	605	70	678	117	636	117	201	0	447	99	643
中国药科大学	210	693	210	689	68	683	116	640	26	650	0	447	121	600
南京师范大学	1 266	29	1 266	28	762	13	423	87	81	340	0	447	1 618	23
江苏师范大学	953	98	953	97	402	101	523	34	28	641	0	447	1 314	37
淮阴师范学院	731	181	731	180	278	196	319	187	134	148	0	447	168	523
盐城师范学院	468	400	468	394	170	392	218	379	80	348	0	447	370	265
南京财经大学	781	153	781	152	376	116	316	192	89	306	0	447	584	155
江苏警官学院	440	436	440	432	173	381	207	412	60	455	0	447	351	276
南京体育学院	246	664	246	662	80	648	97	682	69	398	0	447	166	527
南京艺术学院	539	318	539	314	234	244	254	302	51	508	0	447	417	235
苏州科技学院	563	297	563	294	215	280	291	235	57	476	0	447	479	202
常熟理工学院	323	586	323	583	131	492	169	513	23	666	0	447	205	476

研究发展人员(人)										研究发展经费(百元)					
按职称划分						其他人员		折合全时人员(人年)		当年拨入				当年内部支出	
高级		中级		初级								其中:科研事业费			
452	55	330	53	31	294	6	95	336.7	31	728 130.1	21	473 719.75	16	689 247.31	21
642	29	241	114	13	491	0	338	336.2	32	1 107 373.79	11	609 764	12	1 214 149.09	10
690	25	417	24	114	29	0	338	344.2	29	434 169.36	53	156 969	63	327 342.32	68
489	45	348	45	13	491	0	338	270.5	53	190 016	115	83 703	119	156 611.35	136
158	265	80	458	4	670	0	338	116.2	212	68 519	305	26 860	273	63 190	310
73	503	103	383	6	641	0	338	124.2	191	128 994	182	75 211	129	136 575	158
91	446	91	417	3	683	0	338	84.1	300	50 391	355	30 388	250	37 772	401
133	325	154	243	19	410	0	338	99.4	248	180 546.2	127	44 438	193	178 236.3	117
126	341	77	466	2	699	0	338	50.4	463	39 001	418	20 018	312	58 325.89	320
118	357	136	287	18	417	0	338	50.8	460	43 441	397	12 361	413	42 106	382
134	320	120	330	15	463	0	338	81.2	312	55 111	342	18 355	329	55 391	329
221	176	149	251	39	241	0	338	209.6	91	515 942.01	43	163 647	60	419 562.01	51
391	77	228	126	43	209	0	338	218.5	81	432 805.84	54	68 416.6	134	383 463.37	57
98	423	125	317	18	417	0	338	55.7	439	25 550	494	13 020	403	21 430	512
147	285	180	193	24	349	0	338	189.9	108	157 094.1	150	61 290	145	152 782.9	143
303	116	415	25	13	491	0	338	214.5	84	123 274.5	189	50 692	172	143 335.54	150
430	65	289	78	46	189	0	338	117.4	210	73 220	292	31 070	247	65 586	304
107	391	79	461	12	512	0	338	43.7	513	29 157.87	472	7 020	520	29 742.37	452
225	173	168	216	24	349	0	338	191.5	106	857 612.38	17	669 627.2	8	734 232.28	20
55	570	55	564	8	601	0	338	27.4	598	27 359.6	487	12 541	408	25 121.01	478
19	709	40	627	8	601	0	338	11.8	704	3 520	726	960	717	3 334	728
44	613	41	618	12	512	0	338	15.2	683	25 125	496	18 140	334	24 728	481
55	570	48	591	5	655	0	338	25.4	609	11 824	631	5 655	558	32 846	429
720	20	350	43	39	241	0	338	364.2	27	188 787.12	118	87 700	113	200 355.12	105
305	114	225	132	33	272	0	338	267.6	54	237 332	96	59 712	149	227 190.5	97
106	400	56	562	6	641	0	338	34.4	556	99 116	223	20 800	305	83 400	238
134	320	166	221	70	93	0	338	86.6	292	58 756	334	14 406	377	49 765	343
310	110	182	190	51	167	0	338	131.7	176	154 050	153	50 270	175	164 274	128
208	188	104	379	34	266	0	338	62.1	404	30 083	466	6 210	547	29 139.37	455
47	596	55	564	42	215	0	338	31.2	579	10 275	647	2 165	663	13 103	601
181	224	153	245	54	150	0	338	71.1	362	223 316	101	204 066	53	156 345.63	137
237	166	194	169	22	378	1	227	151.2	149	57 170.15	338	21 254.15	302	49 575.17	345
101	412	92	411	12	512	0	338	52.9	448	33 981.39	442	9 610	456	28 841.09	457

学校名称	社科活动人员(人)													
	合计		按职称划分								其他人员		合计	
			小计		高级		中级		初级					
浙江大学	1 181	40	1 181	40	798	8	369	133	14	719	0	447	1 056	57
杭州电子科技大学	598	266	595	267	222	266	304	211	69	398	3	264	592	148
浙江工业大学	1 112	54	1 099	56	425	85	545	24	129	170	13	77	640	131
浙江理工大学	811	145	811	141	343	135	429	84	39	581	0	447	812	89
浙江海洋学院	462	403	459	404	146	449	234	345	79	360	3	264	426	231
浙江农林大学	770	160	759	167	238	235	359	140	162	96	11	96	946	72
温州医学院	250	660	250	659	55	707	152	548	43	554	0	447	299	345
浙江中医药大学	363	529	345	552	79	653	186	463	80	348	18	49	429	228
浙江师范大学	1 327	21	1 327	20	623	29	551	22	153	111	0	447	779	95
杭州师范大学	1 244	33	1 244	32	519	51	546	23	179	63	0	447	1 117	50
湖州师范学院	939	102	933	101	240	232	447	76	246	20	6	180	347	278
绍兴文理学院	618	256	597	266	257	212	311	201	29	635	21	40	587	152
台州学院	631	241	626	237	192	331	386	110	48	529	5	204	409	242
温州大学	1 090	63	1 061	70	418	89	523	34	120	189	29	22	814	87
丽水学院	513	340	508	338	175	377	236	339	97	269	5	204	459	211
浙江工商大学	1 282	26	1 269	27	572	38	541	27	156	107	13	77	1 025	61
嘉兴学院	639	228	637	226	216	277	289	238	132	158	2	319	664	122
中国美术学院	767	162	767	161	313	155	358	143	96	273	0	447	512	186
中国计量学院	476	390	467	395	150	437	244	326	73	377	9	121	642	129
安徽大学	996	85	992	85	439	80	446	77	107	232	4	234	655	123
中国科学技术大学	181	715	172	721	88	628	77	718	7	740	9	121	230	440
合肥工业大学	511	342	511	335	292	181	217	382	2	747	0	447	330	299
安徽工业大学	623	251	620	246	224	264	348	155	48	529	3	264	261	395
安徽理工大学	349	551	349	546	102	583	191	450	56	482	0	447	275	366
安徽工程大学	475	394	475	387	116	539	274	257	85	322	0	447	355	275
安徽农业大学	359	537	359	533	68	683	154	544	137	143	0	447	102	640
安徽医科大学	182	713	182	712	66	687	93	687	23	666	0	447	118	608
蚌埠医学院	195	703	195	702	35	737	106	667	54	494	0	447	106	634
皖南医学院	178	718	176	719	27	744	78	714	71	391	2	319	108	627
安徽中医学院	169	724	169	723	55	707	89	691	25	657	0	447	111	619
安徽师范大学	1 092	61	1 086	64	453	73	501	46	132	158	6	180	826	84
阜阳师范学院	424	456	393	486	145	451	163	527	85	322	31	20	320	314
安庆师范学院	626	246	624	241	183	354	325	179	116	205	2	319	215	462

续表

研究发展人员(人)										研究发展经费(百元)					
按职称划分						其他人员		折合全时人员(人年)		当年拨入				当年内部支出	
高级		中级		初级								其中:科研事业费			
545	37	218	138	10	562	1	227	272.1	52	2 671 565.78	1	972 115.34	3	2 828 450.32	1
258	146	252	103	22	378	1	227	224.4	80	181 400	125	49 863	176	184 480.28	113
253	151	323	60	59	131	4	122	106	230	275 691.07	81	57 835	153	285 555.95	76
362	84	414	26	15	463	0	338	205.4	96	440 029.96	52	64 813.74	141	430 307.91	48
186	217	188	177	52	162	0	338	92.7	270	48 019.4	369	7 282	511	53 162.17	334
265	141	374	37	131	17	2	179	199.3	99	141 648	164	30 018	255	117 164.44	180
111	383	161	230	27	324	0	338	49.3	475	21 631	531	5 766	557	19 179	530
104	408	215	140	63	112	8	78	71.5	361	27 261	488	12 263	414	26 705.31	467
370	81	313	66	75	80	7	83	213.6	87	406 063.2	60	84 132	118	411 010	54
587	35	396	31	75	80	18	37	311.8	38	455 786.04	50	99 678.3	97	370 772.72	58
121	352	174	201	51	167	1	227	96.8	256	102 187	215	11 822	419	111 943	187
243	159	293	75	41	226	10	64	162.1	133	76 113.35	282	18 281.6	331	77 303.35	257
157	267	240	115	10	562	2	179	130	178	72 061	296	6 745	527	72 789	277
350	89	319	63	59	131	26	28	146.3	156	427 588.8	56	60 445	147	493 395.3	44
180	226	204	153	72	87	1	227	111.6	218	74 575.4	286	8 195	492	72 612.3	279
503	43	340	49	53	156	0	338	335.7	33	653 048.26	26	197 703.67	55	630 481.3	24
302	117	263	95	98	44	1	227	133.4	172	176 467.75	130	26 941	272	170 956.4	123
170	241	195	165	91	58	0	338	98.3	252	271 507.27	82	201 720.5	54	391 466.7	55
199	200	283	81	71	91	4	122	153.5	144	199 141.95	111	43 371	197	182 706.91	114
334	98	215	140	33	272	0	338	241.6	69	310 130.47	74	101 459	94	281 420.79	79
46	599	25	681	2	699	3	142	103.2	236	118 089	196	68 694	132	87 722.19	229
140	304	41	618	0	740	0	338	83	303	120 348	192	82 868	120	100 888	202
105	406	107	367	6	641	0	338	156.8	137	78 990	271	34 595	230	77 560	255
77	487	134	289	39	241	0	338	42.7	520	39 151	416	10 162	446	39 808	392
116	361	145	265	32	281	0	338	73.4	348	42 773	399	7 420	505	38 544	399
41	634	45	604	16	447	0	338	17.8	666	77 366	273	8 070	495	79 680	248
42	625	43	612	12	512	0	338	50.9	459	35 471.99	436	13 530	391	32 802.41	430
19	709	62	529	25	337	0	338	49.5	473	19 590	547	6 060	551	16 868	550
8	741	41	618	58	135	1	227	20	654	9 210	660	3 950	606	6 619	686
47	596	57	557	7	625	0	338	34.4	556	13 595	612	2 175	661	13 827	590
394	75	288	80	79	74	2	179	231.9	76	234 830.78	97	53 805	166	199 594.8	106
116	361	109	364	64	106	31	21	70.5	365	76 590	277	54 610	164	80 090	247
77	487	116	342	21	385	1	227	146.9	154	117 813	197	43 413	196	118 663	179

学校名称	社科活动人员(人)													
	合计		按职称划分								其他人员		合计	
			小计		高级		中级		初级					
淮北师范大学	633	239	627	234	277	198	307	206	43	554	6	180	231	439
黄山学院	392	492	388	493	86	634	174	496	128	173	4	234	241	422
皖西学院	428	450	422	448	137	475	172	505	113	211	6	180	183	497
滁州学院	452	421	446	424	111	558	173	500	162	96	6	180	126	588
安徽财经大学	987	91	985	89	328	143	483	54	174	74	2	319	969	66
宿州学院	452	421	452	413	85	638	181	479	186	57	0	447	181	502
巢湖学院	507	351	507	342	127	506	197	437	183	59	0	447	176	514
淮南师范学院	480	384	476	385	107	567	194	443	175	73	4	234	274	369
铜陵学院	550	311	536	315	151	434	244	326	141	136	14	66	457	212
厦门大学	1 378	15	1 366	14	730	17	443	78	193	45	12	88	1 372	33
华侨大学	1 091	62	1 091	60	402	101	496	49	193	45	0	447	746	102
福州大学	828	135	828	135	349	129	379	120	100	256	0	447	575	159
福建工程学院	404	480	403	476	139	466	184	467	80	348	1	382	324	308
福建农林大学	768	161	768	159	263	207	364	138	141	136	0	447	392	253
集美大学	894	117	894	114	376	116	354	147	164	91	0	447	388	258
福建医科大学	287	624	284	625	61	699	122	625	101	250	3	264	83	661
福建中医药大学	276	637	274	638	76	658	127	610	71	391	2	319	411	239
福建师范大学	1 200	37	1 197	38	566	41	507	42	124	181	3	264	691	116
闽江学院	612	259	610	257	238	235	254	302	118	197	2	319	297	349
武夷学院	353	547	352	544	97	599	124	619	131	165	1	382	164	531
宁德师范学院	274	642	273	642	67	685	111	657	95	278	1	382	67	685
泉州师范学院	783	151	783	151	229	251	270	268	284	8	0	447	479	202
漳州师范学院	748	173	748	171	170	392	271	266	307	3	0	447	155	549
南昌大学	1 126	51	1 125	49	431	83	381	116	313	2	1	382	460	209
华东交通大学	436	440	436	435	175	377	209	407	52	504	0	447	79	669
东华理工大学	510	345	510	336	190	337	252	308	68	408	0	447	321	313
南昌航空大学	532	324	528	320	172	385	239	335	117	201	4	234	474	206
江西理工大学	264	653	264	650	127	506	96	683	41	565	0	447	82	665
景德镇陶瓷学院	527	329	523	326	169	396	191	450	163	93	4	234	411	239
江西农业大学	344	557	341	557	139	466	152	548	50	515	3	264	177	510
江西中医学院	118	744	118	743	32	741	51	741	35	613	0	447	53	702
赣南医学院	137	737	135	737	28	743	38	746	69	398	2	319	62	692
江西师范大学	1 143	46	1 138	44	369	120	474	58	295	6	5	204	373	264
上饶师范学院	476	390	476	385	177	369	179	482	120	189	0	447	307	331

续表

研究发展人员(人)										研究发展经费(百元)					
按职称划分						其他人员		折合全时人员(人年)		当年拨入				当年内部支出	
高级		中级		初级								其中:科研事业费			
128	334	89	425	14	478	0	338	71.1	362	29 344	471	11 820	420	38 854	397
75	493	123	325	42	215	1	227	39	534	18 229.78	562	4 850	574	16 292.87	553
71	512	61	541	50	170	1	227	72.9	352	42 210	402	15 570	362	37 951	400
39	642	41	618	45	195	1	227	40.6	527	18 622	559	3 550	621	18 928	533
433	61	433	21	84	69	6	95	227.9	79	270 114	84	139 506	69	245 943.71	91
33	666	87	439	61	119	0	338	53.1	447	50 107	356	6 490	534	46 178	364
44	613	67	504	65	103	0	338	52.6	451	20 645	536	5 975	552	19 776	525
79	480	124	322	71	91	0	338	95.6	262	30 440	460	3 940	607	29 893.85	450
219	180	183	186	55	146	0	338	83.3	302	74 346	287	11 770	422	69 653.2	289
704	24	234	121	55	146	6	95	530.7	11	1 024 000	13	377 006	21	947 243.86	14
343	96	303	70	41	226	20	33	192.3	105	146 008.53	160	36 280	223	155 413.53	139
258	146	190	175	48	178	1	227	108.1	226	112 117	201	79 815	124	112 420.92	186
129	332	161	230	32	281	2	179	79.8	316	22 675	519	7 360	508	20 350.97	519
156	271	154	243	82	71	0	338	96.3	257	76 210	280	45 530	188	74 700	266
215	183	114	350	30	304	3	142	46.2	497	44 090.64	393	14 482.6	376	48 679.98	352
27	683	39	631	15	463	0	338	23.8	623	7 218	682	1 350	703	8 338.5	664
115	366	170	214	109	33	14	47	66	382	13 220	617	2 820	635	13 307.37	596
328	102	218	138	41	226	7	83	212	89	391 112.08	63	238 734.08	41	268 102.12	83
143	298	124	322	28	314	2	179	52.8	449	156 038	151	35 440	225	118 851	178
60	553	62	529	41	226	1	227	45	508	43 460	396	7 100	515	47 239	357
34	662	29	668	4	670	0	338	9.7	716	4 870.23	712	3 032.5	633	4 735.73	709
201	195	178	195	89	65	9	70	102.6	239	33 581	443	19 460	320	32 881.5	428
73	503	50	587	32	281	0	338	35.8	549	96 888	226	10 448	439	94 018.5	219
252	152	143	270	65	103	0	338	70.3	366	268 082	86	108 832	88	233 152	95
51	585	28	672	0	740	0	338	8.5	723	68 283	306	23 857	291	58 323	321
177	230	112	359	32	281	0	338	64.9	389	51 445	353	25 810	277	50 922	340
138	312	202	157	113	30	0	338	124.8	189	74 620	285	17 160	345	80 215.73	244
48	594	23	686	11	535	0	338	12.1	701	13 214	618	8 454	485	13 894	588
126	341	167	218	117	25	1	227	76.1	339	47 762	370	25 642	279	32 205	434
79	480	85	445	13	491	0	338	28.6	593	34 858	438	19 401	321	33 100	426
27	683	23	686	3	683	0	338	23.8	623	3 004	735	624	731	2 921.2	732
13	733	11	729	38	248	0	338	14.5	687	4 840	713	1 440	700	4 021	716
142	300	167	218	64	106	0	338	79.2	320	114 098	200	52 800	169	114 098	184
146	289	114	350	47	183	0	338	75	341	49 999	357	13 495	396	40 553.7	388

学校名称	社科活动人员(人)													
	合计		按职称划分								其他人员		合计	
			小计		高级		中级		初级					
宜春学院	503	356	500	353	202	305	247	322	51	508	3	264	169	522
赣南师范学院	824	138	823	136	336	138	335	169	152	116	1	382	272	374
井冈山大学	555	305	554	301	229	251	267	275	58	469	1	382	245	416
江西财经大学	1 135	48	1 130	45	501	57	410	93	219	31	5	204	320	314
山东大学	2 003	1	1 980	1	1 051	3	677	5	252	17	23	33	555	168
中国海洋大学	492	372	492	368	222	266	205	414	65	429	0	447	66	688
山东科技大学	958	97	958	96	304	168	473	59	181	61	0	447	710	110
中国石油大学(华东)	519	336	517	331	232	247	256	300	29	635	2	319	262	392
青岛科技大学	633	239	625	239	216	277	278	249	131	165	8	135	243	421
济南大学	1 047	74	1 042	73	421	87	508	41	113	211	5	204	820	85
青岛理工大学	553	308	553	303	212	287	259	293	82	337	0	447	84	660
山东建筑大学	521	333	521	328	221	268	295	224	5	743	0	447	250	402
山东轻工业学院	413	467	413	461	178	366	210	401	25	657	0	447	294	353
山东理工大学	714	192	710	191	290	183	257	298	163	93	4	234	200	481
山东农业大学	497	361	464	399	161	412	227	359	76	367	33	17	148	561
青岛农业大学	516	337	514	333	131	492	281	245	102	243	2	319	83	661
潍坊医学院	325	584	324	581	106	569	148	561	70	395	1	382	241	422
泰山医学院	367	523	366	522	94	611	199	429	73	377	1	382	162	534
滨州医学院	380	513	379	507	122	518	197	437	60	455	1	382	177	510
山东中医药大学	124	740	124	740	34	738	78	714	12	725	0	447	6	753
济宁医学院	219	686	219	684	82	644	117	636	20	690	0	447	60	695
山东师范大学	1 210	36	1 200	35	551	46	461	68	188	55	10	110	814	87
曲阜师范大学	1 061	73	1 055	72	388	111	421	88	246	20	6	180	235	435
聊城大学	922	108	918	106	331	139	373	127	214	33	4	234	620	138
德州学院	579	284	577	282	239	233	312	199	26	650	2	319	91	651
滨州学院	696	198	693	199	195	321	370	132	128	173	3	264	213	466
鲁东大学	899	116	899	113	357	125	403	96	139	140	0	447	299	345
临沂大学	1 018	81	1 009	81	346	133	460	69	203	39	9	121	311	326
泰山学院	596	270	587	274	225	262	260	289	102	243	9	121	522	182
济宁学院	408	476	401	478	125	510	184	467	92	290	7	155	198	484
菏泽学院	598	266	583	277	143	461	220	376	220	30	15	61	180	503
山东财经大学	1 603	5	1 578	5	796	9	725	2	57	476	25	29	751	100
山东体育学院	496	363	495	361	173	381	235	341	87	317	1	382	312	325
山东艺术学院	370	521	369	519	114	546	157	538	98	264	1	382	75	673

续表

研究发展人员(人)										研究发展经费(百元)					
按职称划分						其他人员		折合全时人员(人年)		当年拨入		其中:科研事业费		当年内部支出	
高级		中级		初级											
97	427	71	486	1	724	0	338	35.3	551	22 368	522	18 132	335	15 317.68	566
132	328	107	367	32	281	0	338	89.6	280	56 930	339	23 440	293	56 920	324
115	366	118	338	12	512	0	338	34.7	555	58 351	335	50 477	174	21 781	504
203	192	106	373	11	535	0	338	95.9	260	137 830	172	75 220	128	133 012	161
332	99	184	183	19	410	12	56	172.7	125	513 769	45	287 010	32	524 641.71	40
29	673	16	711	2	699	0	338	25.4	609	48 814.49	363	19 807.49	315	32 921	427
252	152	289	78	136	13	0	338	161.2	134	66 439	316	19 259	322	67 792	299
146	289	107	367	9	580	0	338	46.4	496	109 518.33	204	22 207.37	297	125 808.8	167
107	391	66	507	25	337	1	227	57.1	430	66 834	314	13 176	399	57 705	323
421	68	352	41	44	205	2	179	177.5	119	82 225.99	258	37 035.99	219	70 000.25	288
54	573	25	681	5	655	0	338	57.9	428	22 612	520	6 482	535	22 912	494
96	430	126	313	1	724	1	227	45.7	504	24 282.4	502	7 400	507	22 195	498
149	279	142	274	2	699	0	338	67.9	376	183 675	122	7 310	510	181 439.48	115
114	369	63	524	23	362	0	338	26.7	602	99 235	222	21 880	299	85 882	233
64	544	53	576	24	349	7	83	51.1	457	20 995	534	14 200	380	15 255	568
46	599	31	660	6	641	0	338	42.2	524	34 352	440	15 972	357	39 972	391
113	373	90	424	37	251	1	227	48.6	483	23 004	513	8 460	484	23 173	491
43	620	92	411	26	330	1	227	62.2	402	20 896	535	7 166	514	21 286	514
66	536	87	439	23	362	1	227	38.2	535	14 374	603	4 222	595	14 274	582
2	751	3	748	1	724	0	338	3.7	744	1 270	749	160	748	1 360	747
22	695	35	649	3	683	0	338	17.1	674	5 628	701	840	722	5 208	701
422	67	221	136	29	307	2	179	309.4	40	151 700	156	38 720	212	119 743.49	177
93	438	95	398	45	195	1	227	138.6	167	83 990	249	32 460	238	74 667	267
208	188	197	162	124	19	1	227	238.3	70	46 675	380	10 575	435	47 125	358
43	620	31	660	17	436	0	338	33	565	30 425.6	461	9 700	454	45 992	365
71	512	102	386	38	248	2	179	88	286	29 539	469	2 800	637	33 498	422
148	283	95	398	54	150	2	179	92.8	269	133 505.68	177	68 460	133	148 045.68	148
124	346	143	270	43	209	1	227	40.2	531	67 023	312	14 180	381	35 565	411
269	138	188	177	60	123	3	142	132.2	175	39 643	411	8 010	498	35 995.25	409
75	493	86	443	36	257	1	227	45.1	507	11 700	632	1 000	715	13 844	589
50	591	80	458	50	170	0	338	48.4	485	13 020	621	2 540	647	12 950	605
433	61	270	89	13	491	3	142	166.1	128	246 874	92	89 910	110	161 176.75	130
135	319	126	313	23	362	1	227	154	142	80 730.5	265	10 265	444	99 801.3	204
39	642	18	706	18	417	0	338	10	713	6 146	694	2 300	654	7 506	674

学校名称	社科活动人员(人)												合计	
	合计		按职称划分								其他人员			
			小计		高级		中级		初级					
郑州大学	1 392	14	1 330	18	487	63	625	9	218	32	62	3	773	97
河南理工大学	671	207	657	216	195	321	372	129	90	297	14	66	448	214
郑州轻工业学院	499	360	499	354	147	447	228	356	124	181	0	447	591	150
河南工业大学	659	219	643	221	227	255	336	167	80	348	16	56	369	266
河南科技大学	617	257	613	254	155	422	324	181	134	148	4	234	343	283
中原工学院	635	234	614	250	175	377	286	242	153	111	21	40	504	191
河南农业大学	280	634	273	642	96	604	136	582	41	565	7	155	208	470
河南科技学院	508	347	497	357	129	499	215	385	153	111	11	96	113	616
河南中医学院	155	730	153	730	62	696	68	728	23	666	2	319	46	718
新乡医学院	253	658	253	656	69	680	125	616	59	460	0	447	75	673
河南大学	1 529	7	1 489	7	747	16	594	13	148	124	40	11	591	150
河南师范大学	1 118	53	1 113	53	472	65	575	15	66	423	5	204	1 079	54
信阳师范学院	671	207	670	206	236	242	316	192	118	197	1	382	506	190
周口师范学院	654	224	641	222	164	406	298	218	179	63	13	77	534	177
安阳师范学院	735	178	733	177	202	305	276	254	255	16	2	319	532	178
许昌学院	658	220	641	222	151	434	265	279	225	25	17	53	427	229
南阳师范学院	694	199	694	197	150	437	243	330	301	4	0	447	215	462
洛阳师范学院	782	152	773	155	220	270	375	123	178	67	9	121	519	183
商丘师范学院	836	132	835	131	258	210	380	119	197	43	1	382	188	491
河南财经政法大学	1 111	55	1 111	54	528	48	466	64	117	201	0	447	406	244
郑州航空工业管理学院	740	175	738	176	194	325	355	146	189	53	2	319	269	383
武汉大学	1 502	8	1 480	8	944	5	469	60	67	414	22	36	1 909	15
华中科技大学	842	130	829	134	457	72	313	195	59	460	13	77	688	118
武汉科技大学	735	178	708	193	305	167	336	167	67	414	27	27	282	360
长江大学	577	290	576	283	203	300	273	261	100	256	1	382	69	683
武汉工程大学	520	335	520	329	212	287	270	268	38	591	0	447	184	496
中国地质大学	578	288	556	299	244	225	244	326	68	408	22	36	390	256
武汉纺织大学	629	242	622	245	290	183	308	205	24	661	7	155	581	157
武汉工业学院	360	534	360	531	148	445	153	546	59	460	0	447	323	309
武汉理工大学	887	120	881	118	552	44	313	195	16	710	6	180	318	317
湖北工业大学	480	384	477	384	200	312	210	401	67	414	3	264	402	246
华中农业大学	422	458	408	471	188	343	196	439	24	661	14	66	586	154
华中师范大学	1 147	44	1 123	50	661	25	369	133	93	286	24	31	567	163
湖北大学	634	237	631	231	280	191	286	242	65	429	3	264	679	120

续表

研究发展人员（人）										研究发展经费（百元）					
按职称划分						其他人员		折合全时人员（人年）		当年拨入				当年内部支出	
高级		中级		初级								其中:科研事业费			
325	106	270	89	83	70	0	338	236.1	72	241 285.85	95	124 125	76	232 378.88	96
152	274	220	137	48	178	0	338	80.1	315	87 625	240	11 273	427	75 643.8	264
192	212	237	120	108	34	6	95	123.5	193	54 500.2	346	9 600	457	47 935.3	355
165	248	173	205	28	314	3	142	98.3	252	47 443	373	12 760	404	49 815	342
113	373	173	205	54	150	0	338	48.5	484	54 670.05	345	13 940	384	35 535.45	412
174	236	203	155	119	23	8	78	116.9	211	91 163	236	17 150	346	103 464	197
92	443	104	379	12	512	0	338	55.8	438	21 012	533	8 910	473	22 006	501
39	642	55	564	18	417	1	227	36.7	543	13 498	616	8 888	475	9 595	646
25	687	18	706	1	724	2	179	7.4	727	4 910	711	1 770	678	3 780	720
19	709	44	608	12	512	0	338	8.6	722	5 348	704	2 370	652	5 228	700
350	89	178	195	17	436	1	227	120.6	198	253 322	90	104 572	91	254 632	86
476	49	515	12	62	118	0	338	234.5	74	219 950	102	67 740	137	211 695.5	102
200	198	214	142	92	55	0	338	107.9	228	52 022	351	14 100	382	50 140	341
178	229	246	108	101	37	9	70	98.5	251	22 116	524	2 246	656	21 770	505
152	274	183	186	197	3	0	338	94	263	83 090	254	27 870	267	88 884	225
149	279	162	228	116	27	0	338	78.3	323	48 513	367	27 908	266	49 406	346
53	576	65	512	97	46	0	338	73.1	350	28 640	475	12 370	412	25 907	472
161	262	257	97	96	50	5	108	79.2	320	46 420	381	24 380	286	43 380	376
64	544	82	455	42	215	0	338	70.6	364	47 334	374	17 490	342	46 804.5	359
242	161	130	301	13	491	0	338	60.8	413	46 866	378	30 220	254	35 340	414
83	466	122	327	63	112	1	227	31.4	578	28 020	483	17 440	343	18 795	535
988	6	325	58	28	314	22	30	690	5	1 396 466.46	9	609 457.2	13	1 276 164.4	8
239	163	127	310	15	463	3	142	213.3	88	188 880.47	117	55 523.2	161	263 066.37	84
166	247	105	377	9	580	2	179	87.2	288	76 849.7	275	25 338	281	76 447.47	262
43	620	24	684	2	699	0	338	23.1	628	13 750	611	9 710	453	8 000	668
118	357	65	512	1	724	0	338	54.2	443	63 695	322	12 650	407	62 886	311
196	206	119	337	26	330	9	70	90.3	277	186 039	119	92 176	108	191 602.5	109
263	145	252	103	47	183	7	83	131.5	177	155 626	152	8 270	489	158 576	132
165	248	133	291	21	385	0	338	58.6	422	45 060	387	11 070	429	39 584.08	393
200	198	64	517	3	683	0	338	74.8	342	103 521.8	214	60 532	146	77 037.22	259
198	202	157	235	20	398	0	338	123.9	192	101 687.49	217	32 533.2	237	100 507.62	203
162	258	161	230	12	512	7	83	142.9	162	145 869.81	161	112 604.81	84	137 219.32	156
353	86	128	305	8	601	4	122	403.2	24	984 473.4	15	763 378.4	6	1 126 665.4	11
251	156	172	210	57	140	0	338	122.6	195	184 070.69	121	42 025	201	170 580.19	124

学校名称	社科活动人员（人）													
	合计		按职称划分								其他人员		合计	
			小计		高级		中级		初级					
湖北师范学院	556	303	550	307	211	290	213	393	126	176	6	180	342	287
黄冈师范学院	497	361	493	365	141	463	225	363	127	175	4	234	146	563
湖北民族学院	421	461	420	450	133	488	187	459	100	256	1	382	186	494
湖北文理学院	580	282	579	280	212	287	304	211	63	440	1	382	140	573
中南财经政法大学	1 298	23	1 282	24	645	27	557	19	80	348	16	56	1 137	48
武汉体育学院	555	305	540	313	280	191	166	521	94	283	15	61	183	497
湖北美术学院	390	496	375	515	103	579	112	653	160	99	15	61	436	221
中南民族大学	639	228	639	225	303	171	296	223	40	570	0	447	587	152
湖北汽车工业学院	250	660	248	661	61	699	124	619	63	440	2	319	121	600
湖北工程学院	527	329	524	323	153	426	252	308	119	194	3	264	378	261
湘潭大学	923	107	923	104	438	81	441	80	44	548	0	447	1 822	20
吉首大学	835	133	835	131	370	119	318	189	147	127	0	447	446	215
湖南大学	1 102	58	1 090	61	558	43	425	86	107	232	12	88	1 861	18
中南大学	1 064	71	1 061	70	518	52	467	62	76	367	3	264	740	104
湖南科技大学	910	112	906	109	409	97	443	78	54	494	4	234	1 540	27
长沙理工大学	749	172	746	172	317	150	339	164	90	297	3	264	640	131
湖南农业大学	560	300	552	305	226	260	235	341	91	294	8	135	786	93
中南林业科技大学	764	165	763	163	265	206	298	218	200	41	1	382	267	385
湖南中医药大学	123	742	123	741	39	731	65	731	19	692	0	447	35	727
湖南师范大学	1 157	43	1 155	42	590	33	483	54	82	337	2	319	1 754	21
湖南理工学院	597	269	569	289	196	319	268	271	105	237	28	23	121	600
湘南学院	553	308	545	310	185	347	224	364	136	145	8	135	302	339
衡阳师范学院	579	284	576	283	184	349	284	244	108	230	3	264	343	283
邵阳学院	516	337	506	345	202	305	171	507	133	153	10	110	344	280
怀化学院	625	248	623	243	167	401	229	354	227	24	2	319	146	563
湖南文理学院	511	342	507	342	172	385	178	485	157	105	4	234	511	187
湖南科技学院	712	193	697	196	191	333	281	245	225	25	15	61	338	293
湖南人文科技学院	436	440	432	440	182	356	158	534	92	290	4	234	343	283
湖南商学院	865	126	837	129	390	110	333	173	114	209	28	23	437	219
南华大学	454	416	429	443	194	325	190	453	45	540	25	29	113	616
中山大学	1 046	75	878	120	606	31	266	277	6	742	168	1	2 208	8
暨南大学	1 322	22	1 288	23	641	28	510	40	137	143	34	16	1 462	31
汕头大学	503	356	452	413	238	235	128	606	86	320	51	5	432	223

续表

研究发展人员(人)										研究发展经费(百元)					
按职称划分						其他人员		折合全时人员(人年)		当年拨入				当年内部支出	
高级		中级		初级								其中:科研事业费			
157	267	141	276	42	215	2	179	111	220	87 155	242	18 600	327	86 938	231
33	666	72	481	40	237	1	227	28.9	589	30 314	464	15 460	366	27 704	461
70	516	92	411	24	349	0	338	51.4	455	37 423	427	23 753	292	31 273	439
70	516	62	529	8	601	0	338	49.2	476	71 120	297	11 860	417	68 830	292
458	53	292	77	32	281	4	122	366.1	26	472 344.28	48	204 260	52	443 516.9	47
112	378	23	686	11	535	4	122	74.7	343	74 000	291	31 300	245	71 350	281
96	430	71	486	91	58	13	52	114.2	214	530 030	41	68 120	136	529 596	39
296	121	214	142	23	362	3	142	152.1	146	140 049.31	168	99 774.79	96	97 287	210
42	625	69	497	10	562	0	338	50.2	466	31 399	455	4 250	594	31 269	440
153	273	165	223	60	123	0	338	61	409	17 825	568	6 675	529	23 513	490
724	18	509	13	90	61	0	338	331.6	35	402 976.22	61	134 000	73	414 665	52
242	161	173	205	31	294	0	338	92.2	273	103 686	212	85 270	116	103 446.5	198
908	9	330	53	33	272	5	108	427.1	21	616 059.15	32	378 408.15	20	606 464.76	28
352	87	159	234	20	398	13	52	304.6	42	638 849	29	370 377	25	252 857	88
464	51	469	17	61	119	0	338	334.2	34	163 427	140	85 352	115	156 093	138
286	127	183	186	40	237	2	179	255	58	158 551	147	61 607	144	119 991	176
314	108	326	56	132	16	5	108	200.2	98	80 493.5	267	39 160.5	209	78 781.6	250
107	391	88	430	58	135	1	227	89.4	282	41 157	405	29 820	256	74 100.5	270
11	739	16	711	8	601	0	338	3.8	743	1 817	747	620	732	1 786	745
707	23	470	16	75	80	102	10	413.8	22	514 911.2	44	250 253.2	39	422 407.63	49
52	583	54	572	15	463	0	338	18.5	664	54 981	343	42 134	200	64 097	308
106	400	147	259	49	176	0	338	40.5	530	28 282.5	481	9 060	470	21 669.5	510
113	373	167	218	63	112	0	338	87.2	288	139 120.98	169	77 285	127	95 125.98	216
197	205	93	408	53	156	1	227	119.9	200	38 390	423	14 680	374	40 470	389
61	551	73	477	12	512	0	338	68	374	45 710	382	20 660	306	46 690	360
172	237	178	195	157	6	4	122	58	426	48 750	365	13 710	388	49 750	344
128	334	131	297	72	87	7	83	49.1	478	67 210	311	35 300	227	46 227	363
162	258	128	305	53	156	0	338	56.3	435	38 180	426	8 535	481	39 139.7	395
239	163	149	251	45	195	4	122	251.3	62	138 791.55	171	56 700	156	99 324.24	205
77	487	36	641	0	740	0	338	49	479	60 100	332	23 400	294	44 170	371
1 146	2	361	40	10	562	673	1	545.5	9	2 225 844.73	4	1 627 237.38	1	2 553 105.99	2
605	32	412	27	25	337	30	23	474.8	16	689 892.59	23	209 175.23	50	621 464.82	26
212	185	109	364	33	272	42	15	124.9	188	203 076.4	110	140 587.5	68	154 955	141

学校名称	社科活动人员(人)												合计	
	合计		按职称划分								其他人员			
			小计		高级		中级		初级					
华南理工大学	739	177	733	177	353	127	311	201	69	398	6	180	1 107	51
华南农业大学	988	90	982	90	325	145	536	31	121	184	6	180	651	127
广东海洋大学	628	243	626	237	178	366	353	149	95	278	2	319	511	187
广州医学院	139	736	138	735	45	727	79	713	14	719	1	382	98	645
广东医学院	259	657	256	655	44	729	170	509	42	560	3	264	170	521
广州中医药大学	197	701	195	702	55	707	89	691	51	508	2	319	111	619
广东药学院	281	631	277	635	90	626	168	516	19	692	4	234	215	462
华南师范大学	1 679	4	1 607	4	829	7	631	8	147	127	72	2	1 995	13
韶关学院	544	315	501	350	164	406	205	414	132	158	43	8	122	597
惠州学院	431	448	429	443	119	527	189	455	121	184	2	319	555	168
韩山师范学院	671	207	664	211	195	321	309	203	160	99	7	155	344	280
湛江师范学院	724	186	719	185	253	216	318	189	148	124	5	204	289	356
肇庆学院	658	220	657	216	277	198	247	322	133	153	1	382	331	298
嘉应学院	577	290	568	290	209	293	263	283	96	273	9	121	228	443
广州体育学院	430	449	420	450	174	380	157	538	89	306	10	110	436	221
广州美术学院	495	366	494	364	187	345	232	351	75	370	1	382	494	195
星海音乐学院	313	599	313	594	140	464	137	580	36	608	0	447	121	600
广东技术师范学院	765	164	754	168	237	239	333	173	184	58	11	96	177	510
海南大学	945	101	927	103	385	112	350	153	192	48	18	49	648	128
深圳大学	1 036	77	1 031	77	492	60	389	104	150	120	5	204	613	143
广东商学院	1 127	49	1 116	52	485	64	463	66	168	82	11	96	1 183	44
广西大学	1 136	47	1 127	46	448	77	524	33	155	108	9	121	874	80
广西工学院	441	435	441	430	177	369	252	308	12	725	0	447	377	262
桂林电子科技大学	414	466	406	473	194	325	178	485	34	617	8	135	438	217
桂林理工大学	271	646	269	646	158	418	106	667	5	743	2	319	219	456
广西医科大学	337	568	335	564	103	579	123	623	109	225	2	319	23	743
右江民族医学院	207	696	207	693	73	672	98	681	36	608	0	447	105	636
广西中医药大学	241	671	238	670	84	639	117	636	37	600	3	264	41	723
桂林医学院	91	751	89	751	29	742	52	739	8	735	2	319	37	725
广西师范大学	1 257	32	1 238	33	583	34	492	50	163	93	19	45	1 315	36
广西师范学院	698	197	698	195	317	150	306	208	75	370	0	447	963	69
广西民族师范学院	332	571	316	591	93	615	138	577	85	322	16	56	377	262
河池学院	296	615	296	610	75	667	198	432	23	666	0	447	264	390
玉林师范学院	636	232	614	250	180	362	279	248	155	108	22	36	652	126
广西艺术学院	515	339	506	345	153	426	242	331	111	217	9	121	77	670

续表

研究发展人员(人)										研究发展经费(百元)					
按职称划分						其他人员		折合全时人员(人年)		当年拨入				当年内部支出	
高级		中级		初级								其中:科研事业费			
491	44	370	38	117	25	22	30	260.2	56	748 230.2	20	211 275.2	48	763 038.8	17
266	140	327	55	37	251	2	179	170.2	126	292 428.82	78	97 628	101	164 260.4	129
180	226	279	85	52	162	0	338	118.7	206	80 422	268	39 415	208	69 142.72	291
41	634	41	618	5	655	0	338	20.8	645	14 090	606	9 980	450	18 042.1	542
42	625	99	393	29	307	0	338	37.2	539	12 719	624	1 190	711	12 915.5	606
38	647	36	641	18	417	1	227	17	675	14 786.5	596	9 204	465	11 306.5	620
87	457	113	356	13	491	1	227	32.6	569	9 297	658	4 400	589	7 824.74	671
752	16	563	6	90	61	107	8	491.4	15	627 798.7	30	374 995	24	626 023.7	25
79	480	34	652	8	601	1	227	28.7	590	19 705	546	13 780	386	21 827	503
221	176	243	111	90	61	1	227	103	237	66 249	317	19 035	324	72 220	280
180	226	132	295	29	307	3	142	55.2	441	70 901	298	11 854	418	73 757.72	272
144	294	95	398	49	176	1	227	65.3	386	129 225.87	181	38 677.2	213	88 622.83	227
164	254	125	317	42	215	0	338	47	493	80 955	263	45 425	189	62 527.25	312
111	383	97	395	20	398	0	338	65	388	85 368	245	13 530	391	78 510	251
203	192	141	276	50	170	6	95	106.4	229	31 271.3	456	13 134	400	31 943.98	436
149	279	194	169	72	87	14	47	121.3	197	796 544.07	18	108 261.05	89	593 375.9	30
68	528	31	660	14	478	1	227	23.2	627	21 340	532	11 300	425	25 477.47	475
72	507	71	486	32	281	2	179	65.5	384	63 898	321	30 265	253	63 614	309
363	83	203	155	31	294	1	227	99.2	249	83 945	251	41 529	203	78 426.6	252
304	115	195	165	46	189	3	142	327.7	36	406 284	59	115 036	82	391 409	56
637	30	298	72	37	251	14	47	294.9	44	327 888.73	70	106 171.6	90	303 284.43	69
406	71	245	109	13	491	40	16	167.4	127	142 215.43	163	65 290.08	138	124 040.55	170
177	230	187	179	7	625	0	338	64.5	390	33 178.8	446	6 435	539	33 314.26	424
204	191	174	201	28	314	0	338	99.1	250	135 475.29	175	38 893	211	127 670.59	166
139	310	77	466	1	724	2	179	48.1	488	97 790	224	60 040	148	64 702	306
14	728	4	744	5	655	0	338	5.7	735	3 310	730	1 600	692	5 845	696
35	658	59	549	11	535	0	338	20	654	5 010	708	1 610	690	4 305	715
20	705	17	708	4	670	0	338	4.8	738	1 470	748	190	747	4 613.8	712
15	724	19	701	1	724	2	179	5.5	736	2 225	742	1 510	694	1 080	749
789	13	364	39	60	123	15	43	249.9	64	613 501.65	33	327 764.5	29	602 227.32	29
451	57	343	47	66	99	28	26	234.2	75	184 432.18	120	13 521	394	139 401.51	153
137	314	168	216	59	131	9	70	58.4	424	19 731	545	8 760	477	19 144.6	531
80	477	131	297	53	156	0	338	77.8	325	20 390	538	4 490	586	19 514.5	528
271	136	264	94	116	27	1	227	118.4	208	48 868.95	361	15 687	359	45 412.66	369
24	690	33	654	10	562	10	64	20.2	651	23 371.49	509	9 632	455	12 719.49	608

学校名称	社科活动人员（人）													
	合计		按职称划分								其他人员		合计	
			小计		高级		中级		初级					
广西民族大学	932	104	890	115	357	125	341	162	192	48	42	9	755	99
百色学院	280	634	278	634	63	695	132	596	83	331	2	319	111	619
四川大学	1 546	6	1 546	6	686	22	699	4	161	98	0	447	1 998	12
重庆大学	762	168	762	165	362	123	375	123	25	657	0	447	851	82
西南交通大学	626	246	625	239	329	141	249	317	47	533	1	382	633	134
电子科技大学	455	415	448	422	196	319	215	385	37	600	7	155	301	342
西南石油大学	384	506	384	500	140	464	177	489	67	414	0	447	595	146
成都理工大学	705	195	682	204	215	280	347	159	120	189	23	33	396	250
重庆邮电大学	436	440	436	435	169	396	201	424	66	423	0	447	401	247
重庆交通大学	470	399	466	397	119	527	201	424	146	133	4	234	292	355
西南科技大学	756	169	745	173	246	223	323	183	176	71	11	96	1 121	49
成都信息工程学院	488	376	488	371	184	349	203	418	101	250	0	447	168	523
四川理工学院	777	156	769	158	288	185	294	227	187	56	8	135	499	192
西华大学	776	157	776	154	298	176	328	176	150	120	0	447	947	71
中国民用航空飞行学院	241	671	241	667	76	658	120	630	45	540	0	447	48	713
四川农业大学	332	571	332	566	99	595	152	548	81	340	0	447	253	397
西昌学院	287	624	285	623	129	499	103	672	53	499	2	319	219	456
重庆医科大学	186	707	186	706	65	691	87	698	34	617	0	447	88	656
泸州医学院	293	621	293	616	73	672	127	610	93	286	0	447	202	479
成都中医药大学	202	700	202	699	76	658	101	673	25	657	0	447	202	479
川北医学院	296	615	293	616	43	730	108	662	142	135	3	264	145	567
西南大学	1 456	10	1 450	9	705	19	621	10	124	181	6	180	2 564	4
四川师范大学	1 287	25	1 278	25	459	71	554	21	265	11	9	121	883	79
重庆师范大学	951	100	951	99	363	122	455	73	133	153	0	447	841	83
西华师范大学	806	147	800	146	314	153	368	135	118	197	6	180	422	234
绵阳师范学院	865	126	865	124	227	255	462	67	176	71	0	447	530	180
内江师范学院	567	293	560	296	201	308	293	231	66	423	7	155	241	422
宜宾学院	486	379	486	375	189	341	200	426	97	269	0	447	368	267
重庆文理学院	596	270	593	269	171	389	320	186	102	243	3	264	351	276
重庆三峡学院	505	352	504	347	201	308	213	393	90	297	1	382	330	299
四川文理学院	478	387	478	382	122	518	185	466	171	78	0	447	654	125
长江师范学院	558	302	558	298	203	300	248	320	107	232	0	447	270	379
乐山师范学院	564	296	564	293	207	297	313	195	44	548	0	447	431	225

续表

研究发展人员(人)										研究发展经费(百元)					
按职称划分						其他人员		折合全时人员(人年)		当年拨入				当年内部支出	
高级		中级		初级								其中:科研事业费			
335	97	244	110	64	106	58	11	180.8	115	178 945	129	68 260	135	125 723.8	168
28	680	42	615	41	226	0	338	24	621	10 940	640	6 820	524	7 769	673
393	76	391	32	63	112	0	338	471.9	17	1 442 016	7	268 845	35	1 051 008	12
287	125	178	195	11	535	3	142	303.5	43	550 959.35	39	192 645.46	56	543 268.46	36
327	104	228	126	28	314	1	227	164.9	129	217 951	104	88 050	111	237 781	94
81	471	55	564	2	699	0	338	86.9	291	101 036	218	30 375	251	123 149	172
155	272	208	150	68	98	1	227	152.3	145	140 736.1	166	5 510	562	137 981.33	155
162	258	157	235	46	189	4	122	89.5	281	93 241.5	233	25 890	276	83 500.3	237
165	248	131	297	45	195	0	338	83.8	301	76 475	279	23 240	295	70 278	285
176	235	81	457	11	535	0	338	60.6	414	131 601	179	65 140	139	138 536	154
296	121	386	33	194	4	3	142	242.1	68	66 871.5	313	17 889	340	70 274	286
83	466	62	529	15	463	0	338	33.6	561	63 332	324	31 341	243	73 295.5	276
291	123	139	282	60	123	1	227	84.7	296	68 615.5	304	16 824.5	350	68 024.5	298
431	64	308	68	110	32	7	83	179.1	117	125 038.5	186	7 536.5	503	127 847.21	165
13	733	22	692	11	535	2	179	15.7	681	6 270	692	430	737	6 720	682
72	507	120	330	60	123	0	338	50.1	468	48 816.43	362	8 925	472	51 459.63	338
116	361	70	492	33	272	0	338	50.4	463	19 780	543	3 860	609	20 017.5	523
44	613	29	668	12	512	0	338	12	703	3 330	729	3 080	632	5 922	694
42	625	106	373	48	178	6	95	46.1	499	11 545.02	635	2 110	666	10 185	638
69	520	102	386	31	294	0	338	35.2	553	18 666	557	6 322	544	14 730.6	578
40	639	58	555	46	189	1	227	43	517	13 209	619	1 994	670	14 976	573
1 243	1	654	1	98	44	12	56	747.5	3	643 886.25	28	116 166	81	679 865.82	23
433	61	336	50	102	36	2	179	201	97	368 403.99	66	56 294	157	337 128.98	64
400	73	300	71	42	215	1	227	124.6	190	230 456	98	47 688	182	160 846	131
201	195	192	173	29	307	0	338	155.2	138	153 099.53	154	50 582.99	173	155 148.52	140
186	217	268	93	75	80	1	227	118.9	205	43 839.7	394	7 813	501	42 488.9	379
107	391	116	342	18	417	0	338	73.2	349	88 377.8	238	6 892.5	522	87 165.38	230
165	248	139	282	64	106	0	338	125.7	187	79 000	270	7 274	512	77 050.5	258
124	346	202	157	25	337	0	338	93.7	265	80 911	264	9 862	452	73 616.46	273
188	215	125	317	17	436	0	338	69.4	369	85 651	244	28 526	262	82 561	241
134	320	232	122	288	1	0	338	109.2	223	87 511	241	4 575	584	88 299	228
140	304	113	356	14	478	3	142	46	500	22 056	525	15 080	371	14 831	576
185	219	212	146	18	417	1	227	145.6	157	84 785	248	8 114	493	88 689.5	226

学校名称	社科活动人员(人)														
	合计		按职称划分								其他人员		合计	
			小计		高级		中级		初级					
四川外语学院	727	183	720	184	272	204	328	176	120	189	7	155	548	173
西南财经大学	1 080	69	1 080	66	522	50	381	116	177	69	0	447	1 518	28
西南政法大学	915	110	915	107	452	74	405	95	58	469	0	447	782	94
成都体育学院	428	450	428	445	213	284	181	479	34	617	0	447	507	189
四川音乐学院	584	280	584	276	251	217	215	385	118	197	0	447	358	272
四川美术学院	405	478	391	488	138	471	198	432	55	485	14	66	225	448
西南民族大学	1 200	37	1 200	35	413	94	593	14	194	44	0	447	567	163
贵州大学	1 144	45	1 144	43	552	44	518	38	74	374	0	447	1 213	42
贵阳医学院	144	733	142	733	38	732	71	726	33	623	2	319	34	728
遵义医学院	237	676	232	678	92	617	94	686	46	537	5	204	165	530
贵阳中医学院	144	733	144	732	55	707	51	741	38	591	0	447	108	627
贵州师范大学	1 013	83	1 010	80	469	67	432	82	109	225	3	264	636	133
遵义师范学院	490	374	488	371	210	292	198	432	80	348	2	319	239	427
铜仁学院	442	433	442	428	145	451	215	385	82	337	0	447	207	471
兴义民族师范学院	299	612	292	619	92	617	148	561	52	504	7	155	116	612
安顺学院	345	554	345	552	120	520	147	564	78	365	0	447	218	458
毕节学院	362	531	362	528	104	572	186	463	72	384	0	447	146	563
凯里学院	321	588	320	585	116	539	175	493	29	635	1	382	151	556
黔南民族师范学院	357	541	354	541	184	349	149	557	21	687	3	264	237	432
贵州财经大学	839	131	836	130	393	107	322	184	121	184	3	264	697	115
贵州民族大学	621	255	613	254	298	176	289	238	26	650	8	135	328	304
云南大学	1 088	64	1 088	62	415	90	439	81	234	23	0	447	702	112
昆明理工大学	763	166	763	163	303	171	376	122	84	329	0	447	340	288
云南农业大学	526	331	513	334	199	314	254	302	60	455	13	77	120	605
西南林业大学	345	554	337	562	94	611	171	507	72	384	8	135	71	679
昆明医科大学	94	749	92	749	38	732	22	751	32	626	2	319	12	748
大理学院	447	428	411	465	134	484	145	567	132	158	36	12	483	200
云南中医学院	94	749	92	749	36	736	43	744	13	723	2	319	34	728
云南师范大学	1 081	67	1 068	69	415	90	512	39	141	136	13	77	742	103
昭通学院	333	570	331	567	102	583	178	485	51	508	2	319	107	631
曲靖师范学院	537	319	536	315	211	290	210	401	115	206	1	382	437	219
普洱学院	223	685	218	685	65	691	80	712	73	377	5	204	22	744
保山学院	267	649	267	648	99	595	66	730	102	243	0	447	71	679

续表

研究发展人员(人)										研究发展经费(百元)					
按职称划分						其他人员		折合全时人员(人年)		当年拨入				当年内部支出	
高级		中级		初级								其中:科研事业费			
217	182	112	359	18	417	0	338	128.2	181	125 484	184	42 350	198	124 947.6	169
678	26	399	29	135	15	1	227	243.9	67	475 162.23	47	265 256.99	36	499 094.88	43
400	73	139	282	61	119	3	142	342.1	30	270 790	83	116 500	80	248 963.68	89
165	248	131	297	52	162	0	338	128.5	180	120 005.5	193	48 450	180	132 024.36	162
101	412	162	228	90	61	5	108	144.8	158	52 974.77	348	10 850	434	54 682.06	332
67	533	63	524	27	324	1	227	81.6	309	121 687.5	190	25 786.5	278	157 437.55	134
264	142	204	153	27	324	0	338	126.8	183	110 694	202	52 870	168	108 029	193
796	12	399	29	16	447	2	179	273.2	51	244 297.96	93	92 678.4	106	284 365.69	78
12	736	15	718	7	625	0	338	9.3	720	3 186.5	734	1 740	680	2 482.5	737
84	462	70	492	10	562	0	338	20.5	648	19 553	548	8 978	471	7 770	672
36	652	45	604	27	324	0	338	20	654	4 970	709	1 800	677	4 608	713
350	89	242	112	41	226	3	142	112.2	216	95 859.98	229	45 788	187	80 127.92	246
123	350	92	411	24	349	0	338	28.7	590	15 540	585	8 040	497	8 942	655
112	378	71	486	24	349	0	338	29.3	586	13 505	615	5 210	568	11 058.45	625
44	613	53	576	18	417	1	227	31.1	581	11 622	634	4 418	588	10 225.16	637
75	493	112	359	31	294	0	338	29.4	584	15 275	589	7 081	517	15 322	565
55	570	72	481	18	417	1	227	33.3	563	39 000	419	18 060	337	37 330	405
68	528	64	517	12	512	1	227	23.9	622	27 532	485	19 716	316	32 322	433
140	304	74	475	23	362	0	338	31.2	579	24 049	504	13 549	390	8 791.4	657
371	80	230	123	88	66	3	142	173.6	123	211 014	105	78 904	125	195 790	108
168	243	146	262	11	535	3	142	187.9	110	92 282	234	43 760	194	91 378	222
185	219	164	224	75	80	212	2	84.5	297	72 897.21	293	30 305	252	46 674.61	361
119	355	68	501	7	625	0	338	84.5	297	106 961.81	207	45 928	186	109 875.46	190
66	536	48	591	6	641	0	338	35.3	551	18 992	552	9 340	461	18 906	534
29	673	32	655	4	670	0	338	12.8	697	11 630	633	9 070	468	7 383.37	676
9	740	3	748	0	740	0	338	4	741	3 520	726	2 800	637	4 619	711
152	274	150	249	140	11	39	17	118	209	48 760	364	17 210	344	35 340.55	413
19	709	14	720	1	724	0	338	15	685	5 380	703	2 380	650	5 198.29	702
269	138	223	134	46	189	1	227	250.9	63	171 080.45	135	98 625	100	165 260.5	127
42	625	47	595	18	417	0	338	25.4	609	5 392	702	820	724	5 614.5	699
223	174	133	291	76	76	5	108	126.4	185	76 810	276	27 608	268	75 788	263
15	724	7	736	0	740	0	338	4.8	738	1 990	745	1 270	708	1 277	748
37	649	26	680	8	601	0	338	25	617	8 480	668	2 190	660	7 991	669

学校名称	社科活动人员(人)															
	合计		按职称划分								其他人员		合计	
			小计		高级		中级		初级					
红河学院	493	369	492	368	173	381	257	298	62	442	1	382	108	627
云南财经大学	928	105	928	102	401	103	412	92	115	206	0	447	1 512	29
云南艺术学院	561	298	528	320	193	329	162	528	173	76	33	17	177	510
云南民族大学	771	159	768	159	311	159	309	203	148	124	3	264	399	249
西藏大学	534	322	533	319	208	295	228	356	97	269	1	382	416	237
西藏民族学院	508	347	508	338	165	403	235	341	108	230	0	447	328	304
西北大学	866	125	848	128	404	100	375	123	69	398	18	49	944	73
西安交通大学	981	93	968	93	497	58	403	96	68	408	13	77	1 168	45
西北工业大学	395	488	376	511	198	315	164	526	14	719	19	45	174	516
西安理工大学	358	538	356	537	124	513	193	445	39	581	2	319	280	362
西安电子科技大学	413	467	413	461	214	283	157	538	42	560	0	447	323	309
西安工业大学	379	515	379	507	100	589	199	429	80	348	0	447	95	647
西安建筑科技大学	622	253	614	250	203	300	233	349	178	67	8	135	195	487
西安科技大学	401	484	401	478	112	554	234	345	55	485	0	447	238	428
西安石油大学	386	501	380	506	119	527	222	371	39	581	6	180	178	509
陕西科技大学	355	544	346	551	91	623	122	625	133	153	9	121	105	636
西安工程大学	508	347	503	349	176	373	218	379	109	225	5	204	244	418
长安大学	531	325	523	326	203	300	280	247	40	570	8	135	130	585
西北农林科技大学	468	400	452	413	136	478	259	293	57	476	16	56	172	520
陕西中医学院	178	718	171	722	46	725	78	714	47	533	7	155	59	697
陕西师范大学	952	99	952	98	495	59	399	99	58	469	0	447	1 028	59
延安大学	628	243	617	249	238	235	245	325	134	148	11	96	338	293
陕西理工学院	589	277	588	273	178	366	335	169	75	370	1	382	426	231
宝鸡文理学院	601	265	598	263	131	492	335	169	132	158	3	264	326	306
咸阳师范学院	622	253	618	248	150	437	221	375	247	19	4	234	267	385
渭南师范学院	435	443	435	437	152	432	224	364	59	460	0	447	269	383
西安外国语大学	825	136	816	138	304	168	391	103	121	184	9	121	403	245
西北政法大学	789	150	786	150	377	113	359	140	50	515	3	264	340	288
西安体育学院	567	293	554	301	184	349	273	261	97	269	13	77	516	185
西安音乐学院	276	637	276	636	98	597	125	616	53	499	0	447	49	709
西安美术学院	434	444	424	447	134	484	143	570	147	127	10	110	75	673
兰州大学	733	180	733	177	312	156	382	113	39	581	0	447	885	77
兰州理工大学	340	562	328	572	101	586	165	523	62	442	12	88	115	613

研究发展人员(人)										研究发展经费(百元)					
按职称划分						其他人员		折合全时人员(人年)		当年拨入		其中:科研事业费		当年内部支出	
高级		中级		初级											
45	607	54	572	9	580	0	338	33	565	21 659	529	14 279	379	18 265	540
665	28	564	5	123	20	49	13	245.9	65	205 675.04	106	99 852	95	213 582.16	101
74	500	42	615	46	189	15	43	63.4	395	14 865.37	595	7 854	499	11 403.26	619
122	351	114	350	34	266	4	122	76.3	337	167 035.99	138	154 939.99	65	90 073.32	224
215	183	156	238	26	330	11	61	97.9	254	66 500	315	45 280	190	49 062	351
143	298	142	274	43	209	0	338	93.3	267	45 350	385	24 960	283	42 108.8	381
311	109	282	82	52	162	37	19	149.8	151	159 762	144	121 585	77	96 903	211
364	82	174	201	8	601	0	338	283.3	47	572 378.08	37	375 126.52	23	556 148.08	35
70	516	39	631	1	724	0	338	67.1	378	13 940	608	5 320	565	12 410.85	610
51	585	84	448	10	562	1	227	66.4	381	110 405.82	203	49 535	177	102 366.82	199
128	334	85	445	13	491	0	338	133	174	69 768.5	302	26 092.5	275	72 641.7	278
29	673	47	595	19	410	0	338	34	558	14 748	597	9 425	459	12 057	616
97	427	29	668	21	385	0	338	32.7	567	44 575.5	389	18 242.5	332	74 043.37	271
68	528	95	398	9	580	0	338	33.3	563	67 366	310	21 825	300	55 736.9	328
84	462	88	430	5	655	1	227	32.3	571	39 596.96	414	10 523	436	30 275.01	445
60	553	30	666	15	463	0	338	14.5	687	25 804	492	4 440	587	15 360	563
100	416	83	453	15	463	0	338	92.3	272	88 857	237	15 800	358	83 867	235
36	652	36	641	2	699	0	338	53.6	445	135 890	173	81 305	121	135 943.3	160
68	528	62	529	10	562	5	108	45.8	503	60 450.5	331	33 259.5	234	62 177.3	313
20	705	27	679	12	512	0	338	20	654	4 960	710	1 960	671	3 661	722
529	39	323	60	41	226	4	122	193.3	100	600 042	35	411 300	17	451 722.02	45
137	314	138	285	63	112	0	338	100.1	247	24 390	500	10 230	445	22 702	496
165	248	226	131	35	264	0	338	92.6	271	75 006	284	16 050	356	73 480.25	274
108	389	173	205	45	195	0	338	60.4	415	39 626	412	9 880	451	37 731	403
75	493	93	408	99	41	0	338	45.4	505	13 916	609	3 800	613	12 353	612
114	369	130	301	24	349	1	227	90.2	278	21 715	527	6 220	546	22 781.5	495
160	263	148	256	76	76	0	338	62.9	399	82 466.2	257	50 890	171	82 410.91	242
228	171	107	367	4	670	1	227	96.1	258	132 041.7	178	62 350	142	130 406.5	163
187	216	194	169	33	272	1	227	159.8	136	67 475	309	16 625	353	61 705.5	315
28	680	19	701	2	699	0	338	23.6	625	9 528	653	1 760	679	8 828	656
35	658	23	686	16	447	0	338	26.1	606	70 371	300	55 300	163	19 854	524
195	207	122	327	6	641	0	338	254.8	59	299 064.06	76	104 284.74	92	347 304.57	62
53	576	46	600	9	580	0	338	31.7	572	31 979.4	453	11 800	421	28 779.4	458

学校名称	社科活动人员(人)													
	合计		按职称划分								其他人员		合计	
			小计		高级		中级		初级					
兰州交通大学	457	411	457	405	157	420	235	341	65	429	0	447	214	465
甘肃农业大学	261	655	261	654	124	513	115	643	22	679	0	447	127	587
西北师范大学	877	122	877	121	422	86	368	135	87	317	0	447	689	117
兰州城市学院	460	406	460	402	185	347	190	453	85	322	0	447	94	648
陇东学院	366	525	366	522	125	510	183	471	58	469	0	447	188	491
天水师范学院	552	310	552	305	247	221	234	345	71	391	0	447	183	497
河西学院	358	538	358	535	163	408	184	467	11	730	0	447	123	595
兰州商学院	662	217	662	213	307	164	290	236	65	429	0	447	381	259
西北民族大学	717	190	715	189	298	176	244	326	173	76	2	319	294	353
青海大学	481	383	478	382	284	189	158	534	36	608	3	264	160	539
青海师范大学	585	279	576	283	346	133	158	534	72	384	9	121	275	366
青海民族大学	510	345	499	354	312	156	125	616	62	442	11	96	173	518
宁夏大学	993	87	973	92	447	78	356	144	170	80	20	43	481	201
宁夏医科大学	150	731	140	734	62	696	46	743	32	626	10	110	46	718
宁夏师范学院	213	689	207	693	55	707	69	727	83	331	6	180	49	709
新疆大学	1 062	72	1 034	75	420	88	504	43	110	223	28	23	1 618	23
塔里木大学	358	538	356	537	66	687	211	398	79	360	2	319	297	349
新疆农业大学	297	613	286	622	101	586	145	567	40	570	11	96	152	553
石河子大学	871	123	868	122	321	147	502	45	45	540	3	264	598	145
新疆医科大学	187	706	183	710	54	714	113	648	16	710	4	234	46	718
新疆师范大学	893	118	887	116	292	181	382	113	213	34	6	180	820	85
喀什师范学院	529	328	498	356	145	451	200	426	153	111	31	20	286	357
伊犁师范学院	379	515	371	518	112	554	193	445	66	423	8	135	270	379
新疆财经大学	993	87	986	88	348	130	504	43	134	148	7	155	475	205
新疆艺术学院	331	574	325	579	92	617	174	496	59	460	6	180	238	428
天津城市建设学院	294	618	294	613	120	520	145	567	29	635	0	447	237	432
河北科技师范学院	635	234	627	234	257	212	305	209	65	429	8	135	408	243
吕梁学院	244	668	240	669	58	705	84	702	98	264	4	234	22	744
呼伦贝尔学院	449	426	434	438	176	373	168	516	90	297	15	61	37	725
辽宁对外经贸学院	411	470	410	467	197	317	175	493	38	591	1	382	592	148
上海工程技术大学	427	452	419	453	115	543	236	339	68	408	8	135	246	412
浙江万里学院	579	284	572	287	201	308	348	155	23	666	7	155	265	388
安徽建筑工业学院	380	513	375	515	114	546	156	541	105	237	5	204	329	302

续表

研究发展人员(人)										研究发展经费(百元)					
按职称划分						其他人员		折合全时人员(人年)		当年拨入				当年内部支出	
高级		中级		初级								其中:科研事业费			
100	416	73	477	20	398	0	338	51.2	456	41 039.23	406	22 001	298	33 326.64	423
72	507	42	615	10	562	0	338	27.7	597	18 924	555	13 075	402	12 403	611
274	134	173	205	39	241	0	338	178.6	118	223 368	100	87 766	112	284 956	77
45	607	41	618	8	601	0	338	22.3	633	11 035	638	7 690	502	10 033.5	639
81	471	65	512	42	215	0	338	32.7	567	10 526	643	3 610	619	10 422.5	635
69	520	86	443	28	314	0	338	73	351	17 882	566	9 230	464	26 799.5	466
42	625	51	583	30	304	0	338	25.4	609	18 841	556	11 300	425	14 166	584
128	334	113	356	17	436	0	338	54.1	444	28 588	476	15 570	362	26 173	471
124	346	95	398	44	205	0	338	72.7	353	47 006	377	31 115	246	33 517	421
112	378	35	649	13	491	0	338	76.5	335	33 430	444	17 990	339	29 447.4	454
191	213	50	587	16	447	4	122	63.1	398	34 190	441	22 250	296	29 944.5	449
115	366	16	711	5	655	0	338	51.9	453	39 912	410	23 970	288	37 757	402
235	168	169	215	53	156	1	227	154.5	141	76 560	278	32 640	236	80 147	245
17	716	11	729	7	625	3	142	10.2	711	3 840	722	1 050	714	4 739.54	708
7	743	17	708	23	362	2	179	7	729	5 300	705	2 720	640	4 847	706
622	31	538	7	56	143	174	3	280.8	48	181 231.3	126	98 876.3	99	110 251.28	189
53	576	183	186	59	131	2	179	37.4	538	30 356	463	19 700	317	22 079	499
65	540	62	529	18	417	7	83	43	517	23 240	511	14 500	375	17 851.8	545
286	127	282	82	20	398	3	142	148.8	152	93 818	231	48 810	179	68 348.5	295
21	701	20	699	3	683	2	179	10.2	711	5 230	706	3 190	628	5 052.49	704
330	100	298	72	145	9	14	47	229.5	78	180 000	128	133 200	74	154 135	142
121	352	116	342	36	257	13	52	56.6	432	30 759.5	457	12 415	411	18 609.6	537
109	387	120	330	37	251	4	122	46	500	32 780	448	17 090	347	21 441	511
282	130	177	199	16	447	0	338	101.2	243	63 035	325	41 114	205	27 224.78	464
94	436	116	342	25	337	3	142	48.7	481	16 227.7	579	4 105	598	14 231.7	583
107	391	94	406	12	512	0	338	81.6	309	44 425	391	15 114	369	44 235.9	370
168	243	210	148	27	324	3	142	155	139	23 615.5	507	1 610	690	24 555.5	483
12	736	6	738	4	670	0	338	3.5	747	2 890	737	900	720	2 153	741
34	662	3	748	0	740	0	338	19.6	659	6 360	691	3 420	623	6 320	689
300	119	251	105	30	304	11	61	151.5	148	42 360.1	400	1 300	706	41 550.1	385
86	458	88	430	16	447	0	338	108.1	226	149 022.9	157	59 210	151	150 541.5	145
112	378	143	270	7	625	3	142	82.8	304	99 786.5	220	46 215	185	94 965.83	217
93	438	148	256	66	99	3	142	121.6	196	48 570	366	10 340	440	46 416	362

学校名称	社科活动人员(人)													
	合计		按职称划分								其他人员		合计	
			小计		高级		中级		初级					
安徽科技学院	313	599	312	596	76	658	148	561	88	311	1	382	308	328
枣庄学院	495	366	495	361	138	471	165	523	192	48	0	447	90	652
山东工艺美术学院	395	488	395	484	153	426	193	445	49	525	0	447	193	488
黄淮学院	537	319	534	318	151	434	264	281	119	194	3	264	486	198
平顶山学院	591	275	591	270	104	572	209	407	278	9	0	447	13	746
湖北理工学院	341	561	340	558	76	658	128	606	136	145	1	382	222	454
湖北科技学院	502	358	488	371	136	478	264	281	88	311	14	66	319	316
湖北医药学院	318	592	317	588	50	719	135	585	132	158	1	382	61	694
安徽三联学院	294	618	289	620	34	738	129	602	126	176	5	204	142	570
吉林华桥外国语学院	457	411	454	409	119	527	113	648	222	29	3	264	276	364
贵阳学院	340	562	337	562	126	509	210	401	1	749	3	264	157	545
六盘水师范学院	240	674	238	670	76	658	101	673	61	447	2	319	73	678
新疆工程学院	109	748	104	747	34	738	62	736	8	735	5	204	66	688
昌吉学院	339	567	331	567	97	599	154	544	80	348	8	135	279	363
唐山学院	349	551	348	549	94	611	143	570	111	217	1	382	103	639
沈阳大学	668	213	654	218	362	123	242	331	50	515	14	66	252	398
上海立信会计学院	550	311	550	307	176	373	263	283	111	217	0	447	160	539
淮阴工学院	384	506	384	500	115	543	200	426	69	398	0	447	339	291
常州工学院	405	478	405	475	153	426	214	389	38	591	0	447	150	559
浙江科技学院	488	376	482	380	124	513	305	209	53	499	6	180	245	416
宁波工程学院	345	554	345	552	120	520	176	490	49	525	0	447	252	398
合肥学院	422	458	418	456	135	481	260	289	23	666	4	234	182	501
厦门理工学院	595	272	590	272	163	408	277	251	150	120	5	204	575	159
青岛大学	1 168	41	1 165	41	436	82	600	12	129	170	3	264	139	574
烟台大学	718	189	715	189	227	255	431	83	57	476	3	264	299	345
潍坊学院	914	111	901	111	324	146	497	48	80	348	13	77	329	302
洛阳理工学院	637	230	637	226	181	358	292	234	164	91	0	447	126	588
新乡学院	570	292	570	288	160	414	258	296	152	116	0	447	394	251
江汉大学	781	153	772	156	348	130	363	139	61	447	9	121	417	235
三峡大学	637	230	630	233	314	153	262	286	54	494	7	155	703	111
长沙学院	378	517	376	511	144	455	182	475	50	515	2	319	317	318
广州大学	975	94	975	91	566	41	372	129	37	600	0	447	906	76
成都学院	806	147	806	143	228	254	353	149	225	25	0	447	308	328

研究发展人员(人)										研究发展经费(百元)					
按职称划分						其他人员		折合全时人员(人年)		当年拨入				当年内部支出	
高级		中级		初级								其中:科研事业费			
95	435	141	276	69	95	3	142	64.1	392	32 603	449	18 143	333	32 157	435
37	649	36	641	17	436	0	338	31.6	576	9 710	650	3 585	620	9 710	643
81	471	91	417	21	385	0	338	89	284	56 706.53	340	4 400	589	56 801	325
146	289	240	115	97	46	3	142	79.8	316	24 506	499	8 440	486	24 669.49	482
7	743	4	744	2	699	0	338	4	741	3 345	728	1 860	673	1 770	746
58	559	77	466	87	67	0	338	93	268	23 011.1	512	6 700	528	18 425.6	538
112	378	163	227	39	241	5	108	90.1	279	29 023	474	9 315	463	24 218	484
16	721	16	711	29	307	0	338	12.4	698	7 540	679	2 000	669	11 251	623
23	693	64	517	54	150	1	227	25.4	609	10 987	639	1 318	705	10 968	626
75	493	104	379	92	55	0	338	53.3	446	13 806	610	390	738	13 915	586
69	520	77	466	11	535	0	338	20.7	646	20 030	540	8 890	474	16 641	552
28	680	29	668	16	447	0	338	15.8	680	6 045	696	3 100	631	4 972	705
34	662	22	692	9	580	1	227	11.6	705	3 548	725	1 100	713	3 446	725
120	354	108	366	50	170	1	227	63.5	394	18 925	554	5 565	561	19 762	526
37	649	46	600	20	398	0	338	28.7	590	5 092	707	500	734	5 800	698
134	320	103	383	14	478	1	227	60.3	417	37 040	431	2 300	654	20 340	520
88	454	59	549	13	491	0	338	58.5	423	85 265	246	34 925	229	96 266.38	212
127	339	172	210	40	237	0	338	72.7	353	37 326.01	428	6 190	549	27 310.64	463
74	500	61	541	15	463	0	338	24.2	620	47 236	376	6 480	536	45 881	366
79	480	157	235	9	580	0	338	36.1	547	99 635	221	18 980	325	95 149.65	215
100	416	133	291	19	410	0	338	62.4	401	57 174.5	337	6 632.5	531	51 878.06	337
81	471	100	391	1	724	0	338	25.7	608	11 871.82	630	3 120	630	17 971.32	543
244	158	255	99	76	76	0	338	140.4	166	67 947.1	308	10 005	448	54 848.44	330
71	512	61	541	7	625	0	338	59.4	421	44 129	392	20 654	307	34 449	418
92	443	144	268	56	143	2	179	144.2	160	72 166	295	28 800	260	83 366	239
131	330	185	182	13	491	0	338	141.9	163	101 797	216	36 370	222	101 797	200
44	613	70	492	12	512	0	338	21.6	640	6 085	695	1 685	686	6 075	692
101	412	198	161	94	52	1	227	63.3	396	13 020	621	360	739	13 000	604
246	157	156	238	9	580	0	338	74.3	347	414 984	58	84 786	117	353 351.5	60
276	132	149	251	11	535	14	47	119.5	203	164 242.75	139	30 731.01	248	141 632.45	152
146	289	147	259	23	362	1	227	67.5	377	34 640	439	26 960	271	35 704	410
602	33	186	180	32	281	5	108	160.3	135	752 891	19	328 341	28	758 734.27	18
164	254	125	317	17	436	2	179	84.4	299	96 000	228	13 700.5	389	99 223	206

学校名称	社科活动人员(人)														
	合计		按职称划分								其他人员		合计	
			小计		高级		中级		初级					
西安文理学院	646	225	632	230	232	247	274	257	126	176	14	66	244	418
琼州学院	505	352	497	357	120	520	230	353	147	127	8	135	136	578
中国人民武装警察部队学院	392	492	392	487	150	437	209	407	33	623	0	447	224	450
广东警官学院	387	499	386	496	158	418	134	588	94	283	1	382	218	458
成都工业学院	246	664	246	662	76	658	120	630	50	515	0	447	161	536
扬州大学	1 081	67	1 081	65	440	79	543	25	98	264	0	447	410	241
三江学院	250	660	250	659	46	725	183	471	21	687	0	447	52	704
中华女子学院	282	629	282	627	104	572	149	557	29	635	0	447	424	233
齐齐哈尔医学院	177	721	177	717	65	691	78	714	34	617	0	447	126	588
北京信息科技大学	446	430	446	424	98	597	246	324	102	243	0	447	400	248
河北体育学院	360	534	353	543	152	432	182	475	19	692	7	155	238	428
大连大学	634	237	598	263	330	140	259	293	9	734	36	12	951	70
吉林工商学院	477	389	474	392	205	298	202	420	67	414	3	264	359	271
南京工程学院	383	508	383	503	129	499	223	367	31	630	0	447	85	659
南京审计学院	717	190	717	187	329	141	347	159	41	565	0	447	379	260
蚌埠学院	425	454	420	450	94	611	161	531	165	88	5	204	70	682
池州学院	352	548	349	546	75	667	141	572	133	153	3	264	125	591
三明学院	496	363	496	359	149	442	180	481	167	85	0	447	276	364
龙岩学院	302	611	302	606	101	586	100	676	101	250	0	447	128	586
江西科技师范大学	850	129	850	127	297	179	348	155	205	37	0	447	304	334
南昌工程学院	403	481	403	476	113	549	188	457	102	243	0	447	89	654
山东警察学院	421	461	414	460	128	503	173	500	113	211	7	155	119	606
安阳工学院	318	592	299	607	80	648	130	601	89	306	19	45	110	624
湖北警官学院	211	692	211	688	104	572	81	710	26	650	0	447	24	740
荆楚理工学院	531	325	524	323	137	475	288	240	99	263	7	155	59	697
湖南工程学院	316	595	314	593	113	549	173	500	28	641	2	319	216	461
仲恺农业工程学院	303	609	296	610	75	667	111	657	110	223	7	155	166	527
五邑大学	329	577	326	577	106	569	166	521	54	494	3	264	307	331
梧州学院	366	525	359	533	100	589	187	459	72	384	7	155	193	488
攀枝花学院	434	444	431	441	132	491	199	429	100	256	3	264	108	627
玉溪师范学院	457	411	454	409	169	396	192	448	93	286	3	264	76	672
楚雄师范学院	411	470	411	465	134	484	189	455	88	311	0	447	145	567

续表

研究发展人员(人)										研究发展经费(百元)					
按职称划分						其他人员		折合全时人员(人年)		当年拨入				当年内部支出	
高级		中级		初级								其中:科研事业费			
139	310	78	463	18	417	9	70	86.5	293	24 740	498	6 435	539	22 054	500
62	550	63	524	11	535	0	338	35.7	550	18 630	558	4 050	600	19 243	529
98	423	88	430	17	436	6	95	77.9	324	48 286	368	8 670	478	47 777	356
124	346	69	497	13	491	7	83	62.2	402	47 293.5	375	10 340	440	21 705.75	507
57	560	62	529	42	215	0	338	30	583	14 653	599	2 200	659	14 820	577
193	210	98	394	5	655	0	338	110.7	221	192 370.79	113	57 220	154	188 653.9	110
18	715	28	672	4	670	0	338	13.3	694	19 341	550	15 106	370	11 257	622
158	265	201	159	45	195	15	43	94	263	74 094.18	288	25 030	282	49 381.06	348
42	625	62	529	22	378	0	338	43.2	516	9 488	655	848	721	9 426	648
160	263	140	281	28	314	0	338	108.9	225	74 060.78	289	27 537.76	270	56 705.77	326
89	451	124	322	22	378	3	142	56.3	435	14 930	594	2 140	665	15 022	572
429	66	270	89	14	478	22	30	135.5	170	68 223.37	307	19 123	323	77 646	254
168	243	149	251	39	241	3	142	58	426	17 843	567	5 360	564	15 410	562
46	599	37	636	2	699	0	338	17.5	670	15 122.5	591	4 830	575	16 102.16	556
221	176	141	276	17	436	0	338	103.8	235	160 990.8	142	59 204.91	152	99 149.07	208
21	701	30	666	18	417	1	227	31.7	572	8 978	661	1 370	702	9 189	651
39	642	52	580	34	266	0	338	65.3	386	22 519	521	4 790	577	21 147	518
137	314	85	445	54	150	0	338	56.5	433	15 855	581	2 555	646	13 297.5	597
60	553	21	696	47	183	0	338	42.8	519	21 862.4	526	16 846.4	348	20 336	521
140	304	110	362	54	150	0	338	63.3	396	47 762	370	20 140	311	13 084	602
33	666	52	580	4	670	0	338	10	713	24 298	501	1 456	698	25 831	473
45	607	72	481	2	699	0	338	51.9	453	16 463.5	576	6 402.5	541	22 479.68	497
22	695	59	549	25	337	4	122	19.5	660	7 690	676	1 700	684	6 575	688
16	721	6	738	2	699	0	338	2.5	750	4 370	717	3 750	618	4 670	710
16	721	32	655	11	535	0	338	16.9	676	3 940	720	270	745	3 984	717
72	507	110	362	32	281	2	179	44.1	511	27 968	484	13 527.5	393	27 859.6	460
49	593	64	517	48	178	5	108	42.5	522	52 895.3	349	37 415	216	50 990.3	339
118	357	141	276	41	226	4	122	49.6	471	117 089	198	10 340	440	68 620.95	293
81	471	84	448	26	330	2	179	29.4	584	10 675	642	3 240	627	8 653	661
53	576	44	608	11	535	0	338	19.7	658	7 277.74	680	2 815	636	4 784.68	707
43	620	25	681	8	601	0	338	14.4	689	7 912	672	5 320	565	7 376.3	677
51	585	63	524	31	294	0	338	45	508	31 620	454	8 820	476	31 337	438

学校名称	社科活动人员(人)												合计	
	合计		按职称划分								其他人员			
			小计		高级		中级		初级					
云南警官学院	342	559	325	579	161	412	126	614	38	591	17	53	109	626
昆明学院	704	196	703	194	243	227	388	108	72	384	1	382	564	165
榆林学院	394	490	394	485	102	583	202	420	90	297	0	447	133	582
商洛学院	262	654	262	652	54	714	118	634	90	297	0	447	47	715
安康学院	425	454	419	453	83	642	187	459	149	123	6	180	156	547
甘肃政法学院	501	359	501	350	189	341	251	313	61	447	0	447	302	339
北方民族大学	580	282	580	279	237	239	253	307	90	297	0	447	272	374
中国矿业大学(北京)	182	713	181	714	67	685	87	698	27	645	1	382	49	709
中国石油大学	228	682	228	680	88	628	118	634	22	679	0	447	137	576
中国地质大学(北京)	191	704	191	704	82	644	85	700	24	661	0	447	316	321
北京联合大学	1 362	16	1 362	15	451	76	737	1	174	74	0	447	975	65
北京城市学院	328	580	328	572	78	654	175	493	75	370	0	447	100	642
河北金融学院	376	519	376	511	134	484	187	459	55	485	0	447	303	337
集宁师范学院	423	457	413	461	149	442	170	509	94	283	10	110	99	643
辽宁科技学院	233	681	233	677	72	675	124	619	37	600	0	447	250	402
长春工程学院	314	598	312	596	119	527	119	633	74	374	2	319	118	608
吉林农业科技学院	210	693	209	690	76	658	81	710	52	504	1	382	55	700
吉林警察学院	270	647	269	646	80	648	108	662	81	340	1	382	179	507
上海电机学院	308	603	294	613	66	687	162	528	66	423	14	66	50	707
南京晓庄学院	475	394	475	387	197	317	260	289	18	702	0	447	151	556
江苏技术师范学院	602	263	602	260	241	231	276	254	85	322	0	447	325	307
浙江财经学院	1 103	56	1 099	56	488	62	460	69	151	118	4	234	1 233	41
浙江警察学院	323	586	316	591	97	599	116	640	103	242	7	155	333	296
福建警察学院	197	701	197	701	82	644	76	720	39	581	0	447	28	734
莆田学院	442	433	442	428	205	298	178	485	59	460	0	447	301	342
江西警察学院	330	575	330	570	137	475	88	697	105	237	0	447	246	412
新余学院	332	571	320	585	109	563	113	648	98	264	12	88	71	679
山东交通学院	368	522	365	525	87	632	212	397	66	423	3	264	262	392
河南工程学院	456	414	456	408	136	478	220	376	100	256	0	447	154	550
武汉音乐学院	265	651	264	650	95	609	108	662	61	447	1	382	50	707
湖南城市学院	579	284	579	280	190	337	258	296	131	165	0	447	362	270
湖南工学院	272	645	271	645	86	634	140	576	45	540	1	382	110	624
湖南财政经济学院	450	423	450	418	182	356	198	432	70	395	0	447	232	436

续表

研究发展人员(人)										研究发展经费(百元)					
按职称划分						其他人员		折合全时人员(人年)		当年拨入				当年内部支出	
高级		中级		初级								其中:科研事业费			
63	548	37	636	8	601	1	227	20.6	647	29 600	468	13 980	383	25 630.02	474
222	175	272	88	47	183	23	29	119.7	202	36 337	434	13 268	397	34 888.85	416
51	585	66	507	16	447	0	338	14.9	686	14 343	604	7 090	516	12 292	614
17	716	21	696	9	580	0	338	7.3	728	2 960	736	1 330	704	2 564	734
45	607	60	545	51	167	0	338	20.5	648	19 965	541	10 515	437	15 330	564
140	304	123	325	31	294	0	338	114.5	213	49 905.01	358	28 310	263	43 724.51	374
138	312	116	342	14	478	1	227	74.5	346	65 186	318	24 040	287	45 488	368
25	687	16	711	3	683	0	338	20.2	651	32 361	452	8 070	495	16 666.11	551
36	652	37	636	2	699	0	338	66.7	379	105 802	210	41 449	204	70 539.1	283
100	416	93	408	18	417	0	338	76.5	335	204 249.8	108	137 029.84	71	187 220.5	111
483	46	349	44	69	95	1	227	313	37	277 089	80	111 389.5	86	274 454.19	81
32	671	47	595	8	601	0	338	12.4	698	12 614	625	4 400	589	15 839	559
114	369	156	238	33	272	0	338	77	331	56 559	341	9 559	458	52 383	336
32	671	44	608	23	362	0	338	17.6	669	3 290	732	650	729	3 305	729
91	446	128	305	31	294	0	338	72.4	356	29 439	470	2 020	668	25 468.2	476
56	563	38	634	24	349	0	338	21.9	637	19 925	542	2 600	642	12 786.37	607
26	685	19	701	10	562	0	338	6.2	734	2 680	739	1 700	684	2 522	736
69	520	71	486	39	241	0	338	41.2	526	69 926	301	6 600	532	68 263	296
24	690	17	708	8	601	1	227	15.1	684	33 417.3	445	9 200	466	33 522.3	420
88	454	51	583	12	512	0	338	49.6	471	15 000	592	4 590	583	13 287	598
172	237	132	295	21	385	0	338	64	393	51 761.36	352	19 980.56	313	43 953.75	372
532	38	380	35	92	55	1	227	231.5	77	573 389.5	36	155 672.9	64	567 836.9	32
147	285	114	350	45	195	27	27	55.3	440	93 275	232	19 595	319	93 759	220
25	687	2	751	1	724	0	338	3.6	746	3 865	721	1 680	687	3 749.4	721
164	254	91	417	37	251	8	78	48.4	485	22 695	518	13 200	398	16 119.93	555
114	369	69	497	50	170	11	61	78.6	322	86 455	243	56 130	158	86 455	232
39	642	23	686	9	580	0	338	9.5	717	8 879	664	5 137	570	8 958	654
71	512	147	259	43	209	1	227	95.8	261	38 343	425	6 355	542	22 958.9	493
57	560	74	475	23	362	0	338	52.7	450	14 000	607	2 240	657	13 197.25	599
21	701	19	701	9	580	0	338	21.4	641	9 530	652	950	718	9 388	649
77	487	184	183	101	37	0	338	46.2	497	13 539	613	10 002	449	13 539	592
40	639	60	545	9	580	0	338	26.2	605	7 820	675	4 960	572	10 895	627
133	325	84	448	13	491	2	179	56.8	431	72 511.05	294	26 230	274	75 587	265

学校名称	社科活动人员(人)														
	合计		按职称划分								其他人员		合计	
			小计		高级		中级		初级					
湖南警察学院	267	649	267	648	153	426	83	706	31	630	0	447	185	495
湖南工业大学	754	170	749	170	341	136	273	261	135	147	5	204	1 011	63
湖南女子学院	462	403	426	446	157	420	226	360	43	554	36	12	122	597
广东金融学院	645	226	644	220	256	214	293	231	95	278	1	382	641	130
广西财经学院	893	118	882	117	280	191	359	140	243	22	11	96	751	100
重庆科技学院	439	438	439	434	127	506	205	414	107	232	0	447	167	526
文山学院	274	642	274	638	69	680	114	645	91	294	0	447	163	532
西安财经学院	975	94	961	94	321	147	449	75	191	51	14	66	340	288
甘肃民族师范学院	328	580	328	572	113	549	155	542	60	455	0	447	93	649
湖北经济学院	671	207	669	207	309	162	315	194	45	540	2	319	343	283
钦州学院	432	447	431	441	78	654	272	264	81	340	1	382	262	392
中国青年政治学院	305	606	305	604	154	424	123	623	28	641	0	447	241	422
北华航天工业学院	244	668	237	672	86	634	84	702	67	414	7	155	162	534
沈阳工程学院	228	682	228	680	100	589	92	688	36	608	0	447	302	339
上海金融学院	453	418	453	411	144	455	224	364	85	322	0	447	141	571
淮海工学院	485	381	485	377	194	325	248	320	43	554	0	447	161	536
宁波大学	1 015	82	1 015	79	490	61	490	52	35	613	0	447	2 314	6
浙江传媒学院	908	113	908	108	247	221	396	100	265	11	0	447	965	68
南阳理工学院	624	249	614	250	171	389	288	240	155	108	10	110	314	323
广东石油化工学院	375	520	367	520	104	572	174	496	89	306	8	135	252	398
海南师范大学	669	212	620	246	288	185	242	331	90	297	49	6	301	342
重庆理工大学	624	249	624	241	223	265	297	221	104	240	0	447	330	299
四川民族学院	329	577	324	581	76	658	117	636	131	165	5	204	206	474
西安邮电大学	361	533	356	537	160	414	67	729	129	170	5	204	68	684
山东工商学院	670	211	668	208	258	210	231	352	179	63	2	319	333	296
呼和浩特民族学院	393	491	389	492	117	536	112	653	160	99	4	234	47	715
长春大学	536	321	535	317	215	280	153	546	167	85	1	382	474	206
河南城建学院	381	511	376	511	104	572	129	602	143	134	5	204	222	454
辽东学院	608	261	602	260	274	202	295	224	33	623	6	180	132	583
河南警察学院	247	663	243	664	86	634	138	577	19	692	4	234	65	690
武汉东湖学院	212	690	200	700	7	751	135	585	58	469	12	88	77	670
重庆工商大学	903	114	903	110	415	90	467	62	21	687	0	447	1 035	58
黑龙江工程学院	367	523	367	520	162	411	183	471	22	679	0	447	295	351

续表

研究发展人员（人）										研究发展经费（百元）					
按职称划分						其他人员		折合全时人员（人年）		当年拨入				当年内部支出	
高级		中级		初级								其中：科研事业费			
132	328	39	631	14	478	0	338	36.2	546	11 908	628	3 755	616	8 749	659
479	47	341	48	123	20	17	40	214	85	77 815	272	29 295	257	97 840.5	209
53	576	60	545	6	641	3	142	20.2	651	37 210	429	8 410	487	41 700	383
301	118	269	92	64	106	7	83	141.4	164	134 778.96	176	30 530	249	110 500.2	188
273	135	322	62	154	7	2	179	193	103	148 816.8	158	48 880	178	136 447.3	159
80	477	64	517	23	362	0	338	31.7	572	30 693	458	11 874	416	31 475.6	437
59	556	72	481	25	337	6	95	26.7	602	7 870	673	2 380	650	8 261	665
199	200	116	342	25	337	0	338	93.6	266	119 035	195	23 885	290	121 605	174
43	620	37	636	13	491	0	338	10.7	710	9 517	654	6 977	521	9 437	647
177	230	152	247	13	491	0	338	87	290	83 355	253	37 240	217	66 317	302
70	516	177	199	14	478	1	227	72.1	357	15 250	590	6 090	550	15 250	569
85	459	62	529	10	562	0	338	74.6	345	168 253.28	136	109 359.65	87	149 876.76	146
53	576	89	425	19	410	1	227	50.3	465	17 010	571	3 860	609	17 134	548
142	300	126	313	33	272	0	338	44.1	511	14 718	598	2 210	658	14 702	579
56	563	73	477	12	512	0	338	85.1	295	47 670	372	19 600	318	45 528	367
69	520	58	555	34	266	0	338	22.5	631	8 890	663	4 270	593	10 868.7	628
668	27	459	18	45	195	0	338	539.2	10	546 782.06	40	205 246	51	539 370.25	37
344	94	449	19	168	5	4	122	177.4	120	141 466.74	165	24 885	284	147 441.34	149
100	416	148	256	65	103	1	227	69.7	368	21 690	528	3 850	611	17 885	544
90	449	116	342	45	195	1	227	43.7	513	24 115.1	503	4 772	578	21 279.42	515
177	230	80	458	24	349	20	33	76.7	334	59 669	333	40 349	207	54 765	331
140	304	96	396	14	478	0	338	100.8	245	103 673.63	213	20 380	309	120 026.13	175
56	563	75	472	74	85	1	227	46.5	495	30 234.5	465	6 500	533	27 555.5	462
46	599	10	733	12	512	0	338	7.6	726	38 380	424	8 290	488	38 830	398
151	277	101	389	78	75	3	142	112.9	215	87 950	239	36 770	221	108 832.82	192
15	724	24	684	8	601	0	338	11.2	707	5 756	699	4 010	603	3 341	727
210	186	144	268	118	24	2	179	151.8	147	44 770	388	8 470	483	43 864	373
53	576	57	557	111	31	1	227	41.4	525	6 632	688	1 240	709	6 651	684
79	480	47	595	5	655	1	227	36.3	545	27 105	489	2 170	662	23 650	488
33	666	28	672	3	683	1	227	13.9	692	2 883	738	360	739	2 883	733
21	701	43	612	6	641	7	83	17.7	667	10 035	649	650	729	10 011.64	641
452	55	325	58	56	143	8	78	276.3	50	360 994.13	67	157 825	62	354 938.65	59
136	318	152	247	7	625	0	338	77.7	326	26 817	490	2 142	664	24 906	480

学校名称	社科活动人员(人)												合计	
	合计		按职称划分								其他人员			
			小计		高级		中级		初级					
海南医学院	140	735	137	736	38	732	76	720	23	666	3	264	53	702
东莞理工学院	389	497	387	494	138	471	192	448	57	476	2	319	230	440
桂林航天工业学院	261	655	253	656	69	680	111	657	73	377	8	135	246	412
河北经贸大学	1 124	52	1 118	51	576	36	417	89	125	179	6	180	968	67
黄河科技学院	587	278	587	274	179	365	312	199	96	273	0	447	295	351
上海政法学院	450	423	449	421	172	385	238	337	39	581	1	382	489	196
贺州学院	398	486	390	491	103	579	170	509	117	201	8	135	154	550
浙江树人学院	350	549	350	545	117	536	195	441	38	591	0	447	249	406
九江学院	961	96	961	94	327	144	469	60	165	88	0	447	299	345
广东工业大学	1 161	42	1 126	48	311	159	558	18	257	14	35	15	623	137
广东外语外贸大学	1 260	31	1 257	31	539	47	529	32	189	53	3	264	1 506	30
佛山科学技术学院	459	409	453	411	160	414	214	389	79	360	6	180	237	432
徐州工程学院	743	174	743	174	219	273	417	89	107	232	0	447	616	140
大连民族学院	383	508	361	529	155	422	182	475	24	661	22	36	339	291
湖南第一师范学院	549	313	547	309	165	403	269	270	113	211	2	319	357	273
上海第二工业大学	453	418	452	413	130	497	239	335	83	331	1	382	154	550
上海商学院	308	603	308	600	92	617	147	564	69	398	0	447	32	732
四川警察学院	303	609	293	616	143	461	107	666	43	554	10	110	105	636
南京森林警察学院	185	710	185	708	61	699	108	662	16	710	0	447	114	615
安徽新华学院	560	300	560	296	74	671	228	356	258	13	0	447	226	447
湖南涉外经济学院	667	215	666	210	97	599	268	271	301	4	1	382	209	469
海口经济学院	540	317	508	338	120	520	218	379	170	80	32	19	89	654
山东女子学院	382	510	378	509	100	589	198	432	80	348	4	234	33	731
中国劳动关系学院	321	588	321	584	110	561	173	500	38	591	0	447	308	328
宁夏理工学院	56	752	54	752	9	750	21	752	24	661	2	319	11	749
齐齐哈尔工程学院	148	732	148	731	24	746	63	734	61	447	0	447	25	739
新疆警察学院	285	626	283	626	91	623	134	588	58	469	2	319	107	631
重庆警察学院	133	738	129	739	47	724	65	731	17	706	4	234	47	715

续表

研究发展人员（人）										研究发展经费（百元）					
按职称划分						其他人员		折合全时人员（人年）		当年拨入				当年内部支出	
高级		中级		初级								其中：科研事业费			
17	716	32	655	4	670	0	338	11.5	706	4 320	718	1 820	675	3 634.5	723
111	383	89	425	28	314	2	179	54.8	442	42 202.8	403	15 512.8	364	41 034.59	386
72	507	114	350	58	135	2	179	69	371	18 597	560	1 950	672	15 301	567
516	41	332	51	94	52	1	227	310.7	39	97 578.5	225	35 510	224	101 244.5	201
82	470	196	164	16	447	1	227	46.8	494	8 826	666	1 650	689	8 730	660
238	165	208	150	32	281	10	64	110.6	222	249 102.8	91	129 870	75	246 533.57	90
74	500	64	517	10	562	6	95	37.1	541	19 038	551	12 760	404	19 117.47	532
98	423	128	305	23	362	0	338	45.3	506	92 005.8	235	18 740	326	77 751.8	253
137	314	128	305	34	266	0	338	122.8	194	38 940	420	20 520	308	23 952.65	487
258	146	239	118	122	22	2	179	182	114	322 210.57	72	149 525	66	352 033.69	61
600	34	435	20	95	51	12	56	445.7	19	627 218.26	31	223 680.72	44	536 035.68	38
102	410	107	367	26	330	2	179	72	359	127 820.98	183	53 126.99	167	107 944.98	194
202	194	317	64	97	46	0	338	79.5	319	62 940	326	10 320	443	67 248.44	300
163	257	146	262	29	307	1	227	70.3	366	64 480	320	11 390	423	61 794.97	314
169	242	146	262	42	215	0	338	77.2	329	53 928	347	18 500	328	49 226.44	350
65	540	55	564	33	272	1	227	62	406	63 402.6	323	5 611.6	560	60 535.64	317
17	716	12	724	3	683	0	338	6.4	733	48 953.67	360	15 600	360	36 330	408
64	544	31	660	10	562	0	338	21	642	40 600	408	6 475	537	32 375	432
48	594	56	562	10	562	0	338	16.9	676	11 887.2	629	7 427.2	504	12 011.09	617
41	634	125	317	60	123	0	338	64.4	391	14 580	600	920	719	14 887	574
66	536	104	379	23	362	16	41	81.1	314	22 700	517	4 800	576	13 900	587
46	599	31	660	11	535	1	227	17.7	667	9 324	657	1 474	696	6 614	687
19	709	14	720	0	740	0	338	12.1	701	15 780	582	4 720	580	8 760	658
145	293	143	270	15	463	5	108	77.7	326	82 760	255	54 250	165	82 760	240
2	751	5	741	4	670	0	338	3.7	744	1 190	750	300	742	915.5	751
3	749	14	720	8	601	0	338	3.2	749	1 068	751	210	746	972	750
50	591	46	600	11	535	0	338	16.5	678	6 570	689	3 765	615	6 291	690
14	728	21	696	9	580	3	142	11.1	708	5 845	698	3 780	614	8 647	662

学校名称	社科活动人员(人)													
	合计		按职称划分								其他人员		合计	
			小计		高级		中级		初级					
浙江越秀外国语学院	684	205	684	202	172	385	261	288	251	18	0	447	432	223
安徽文达信息工程学院	121	743	121	742	6	752	34	747	81	340	0	447	26	737
郑州师范学院	324	585	317	588	120	520	147	564	50	515	7	155	44	722
宁波大红鹰学院	496	363	496	359	81	647	268	271	147	127	0	447	884	78
安徽外国语学院	212	690	208	691	11	748	114	645	83	331	4	234	60	695
武汉长江工商学院	269	648	225	683	11	748	74	724	140	139	44	7	31	733
金陵科技学院	401	484	401	478	111	558	251	313	39	581	0	447	230	440
吉林动画学院	116	745	113	745	16	747	53	738	44	548	3	264	24	740
成都医学院	113	747	113	745	48	721	57	737	8	735	0	447	82	665
黑河学院	434	444	434	438	144	455	216	383	74	374	0	447	366	268
福建江夏学院	687	203	686	201	227	255	302	215	157	105	1	382	390	256
三亚学院	439	438	397	482	55	707	85	700	257	14	42	9	159	543
云南工商学院	11	753	11	753	2	753	9	753	0	750	0	447	7	752
合肥师范学院	365	528	364	526	96	604	100	676	168	82	1	382	156	547
湖北第二师范学院	388	498	384	500	144	455	195	441	45	540	4	234	159	543
山东政法学院	350	549	339	561	118	533	186	463	35	613	11	96	74	677
太原工业学院	218	687	216	686	48	721	101	673	67	414	2	319	10	750
贵州师范学院	178	718	178	716	80	648	82	709	16	710	0	447	111	619
浙江外国语学院	319	591	319	587	146	449	134	588	39	581	0	447	187	493
齐鲁师范学院	204	698	204	697	75	667	89	691	40	570	0	447	83	661
山东青年政治学院	288	623	282	627	115	543	122	625	45	540	6	180	113	616
广东第二师范学院	245	666	243	664	116	539	104	670	23	666	2	319	141	571
重庆第二师范学院	326	583	326	577	92	617	188	457	46	537	0	447	249	406

续表

研究发展人员(人)										研究发展经费(百元)					
按职称划分						其他人员		折合全时人员(人年)		当年拨入				当年内部支出	
高级		中级		初级								其中:科研事业费			
113	373	256	98	63	112	0	338	68	374	35 380	437	1 140	712	34 877	417
3	749	16	711	7	625	0	338	6.5	732	1 945	746	30	753	2 009	743
24	690	15	718	2	699	3	142	9.9	715	14 406	602	10 855	433	13 501	594
256	150	489	14	108	34	31	21	163.5	131	114 560.5	199	47 185	183	90 644.75	223
12	736	32	655	16	447	0	338	14	691	3 210	733	790	726	3 231	730
6	746	20	699	5	655	0	338	6.8	730	7 260	681	3 840	612	6 045	693
79	480	135	288	16	447	0	338	46	500	30 556	459	15 360	367	21 411.25	513
7	743	9	735	7	625	1	227	8.5	723	2 150	743	100	751	2 170	740
29	673	47	595	6	641	0	338	21	642	13 055	620	4 205	596	10 856.1	629
99	421	186	180	81	72	0	338	100.5	246	19 478	549	3 999	605	17 074.7	549
134	320	184	183	70	93	2	179	101.4	242	38 456.6	422	10 990	430	30 604.1	443
36	652	41	618	76	76	6	95	30.7	582	16 240	578	1 670	688	15 190.8	570
0	753	7	736	0	740	0	338	3.4	748	3 296.9	731	790	726	3 079.9	731
68	528	48	591	40	237	0	338	26.8	600	35 578	435	15 280	368	30 340.5	444
56	563	73	477	15	463	15	43	21.8	638	7 104	683	1 450	699	7 104	680
35	658	36	641	3	683	0	338	26	607	9 620	651	2 570	644	9 146	653
4	748	5	741	1	724	0	338	1.5	753	6 210	693	5 800	556	3 385	726
41	634	61	541	9	580	0	338	22	636	14 940	593	9 140	467	7 896	670
94	436	67	504	26	330	0	338	59.7	419	45 203.03	386	7 320	509	36 572.16	407
46	599	32	655	5	655	0	338	17.3	671	6 400	690	4 100	599	8 520	663
61	551	48	591	3	683	1	227	20.3	650	7 611	678	4 110	597	6 678	683
80	477	57	557	3	683	1	227	36.4	544	82 082.9	259	20 973.9	303	74 572.2	268
88	454	133	291	24	349	4	122	57.4	429	14 454.64	601	3 384.04	624	11 270.7	621

4. 本科学校人文、社会科学研究与发展概况表(二)

学校名称	研究与发展课题									
	课题总数（项）		当年投入人数（人年）		当年拨入经费（百元）		当年支出经费（百元）		著作（部）	
北京大学	1 324	32	505.2	13	1 626 602.54	3	1 348 487.71	3	385	3
中国人民大学	3 305	2	628.4	6	1 547 583.04	4	1 035 875.63	7	432	2
清华大学	1 760	16	515.3	12	2 338 095.67	1	2 042 510.98	1	223	7
北京交通大学	1 552	22	216.9	82	541 627.49	21	284 039.02	43	41	156
北京工业大学	498	163	285.5	46	237 448.5	63	187 876.4	67	67	89
北京航空航天大学	236	353	68.2	373	154 537	94	99 071.56	129	38	178
北京理工大学	118	537	185.3	111	286 362	48	285 270	41	53	115
北京科技大学	505	159	82.3	304	169 116.3	81	150 479.61	85	39	166
北方工业大学	178	425	71.2	358	56 176	230	53 786	208	56	109
北京化工大学	59	661	61.6	406	24 765	369	19 647.15	377	14	405
北京工商大学	503	160	175.6	121	195 733.23	73	149 886.64	86	99	60
北京服装学院	244	338	128.5	179	201 935.1	72	199 920.05	62	11	452
北京邮电大学	416	200	147.5	153	85 836.55	171	76 654.73	163	26	265
北京印刷学院	169	434	89.6	278	68 435.41	200	69 758.47	171	37	180
北京建筑工程学院	123	530	62.9	397	19 186.05	404	12 216.3	441	34	201
北京石油化工学院	80	618	40.6	524	23 532.16	378	38 927.64	266	2	668
中国农业大学	848	79	209.3	91	407 179.85	30	332 392.68	36	29	237
北京农学院	135	508	25.2	614	64 692.32	208	37 091.56	277	29	237
北京林业大学	246	335	48.8	478	109 401.92	138	116 937.49	106	39	166
首都医科大学	249	330	80.6	312	26 103.42	358	21 927.05	358	54	112
北京中医药大学	36	705	17.2	671	2 740	669	4 165	594	2	668
北京师范大学	2 789	6	567	8	1 278 142.03	6	1 220 749.23	4	369	4
首都师范大学	704	96	346.8	28	206 309.15	70	138 557.15	91	118	44
首都体育学院	165	445	50.8	456	94 031.93	155	81 486.59	155	53	115
北京外国语大学	366	230	88.8	282	68 666.5	198	38 581.28	267	110	48
北京第二外国语学院	647	110	101.5	240	72 404.46	193	54 161.25	205	97	61
北京语言大学	531	151	188.6	108	104 312.28	141	60 958.81	189	64	97
中国传媒大学	1 669	18	162.6	132	344 639.4	41	206 182.32	58	125	39
中央财经大学	1 641	19	206.8	93	560 963.89	18	415 198.33	24	160	24
对外经济贸易大学	673	103	437.6	20	398 833.87	32	230 978.77	54	145	29
北京物资学院	312	267	120	199	68 650.62	199	41 814.54	253	52	120
首都经济贸易大学	861	77	244.1	65	213 437.97	68	134 556.4	93	183	14
外交学院	145	483	42.8	515	58 100	225	50 904.07	215	113	47

研究与发展成果								获奖成果数(项)			
学术论文(篇)				研究与咨询报告(篇)							
合计		其中:国外学术刊物发表		提交有关部门数		其中被采纳		合计		其中:国家级和部级	
2 758	5	227	3	57	37	13	74	7	128	7	14
3 198	2	227	3	28	82	13	74	15	71	15	3
2 087	8	218	6	71	23	44	20	6	141	6	16
361	288	9	187	0	380	0	285	0	371	0	77
750	84	4	270	16	117	0	285	0	371	0	77
419	243	29	77	0	380	0	285	0	371	0	77
467	196	58	33	2	295	0	285	0	371	0	77
434	235	48	41	0	380	0	285	2	249	2	32
317	331	21	103	2	295	2	204	0	371	0	77
77	682	4	270	3	261	2	204	0	371	0	77
787	80	22	98	0	380	0	285	0	371	0	77
231	452	3	299	0	380	0	285	0	371	0	77
343	314	39	60	0	380	0	285	0	371	0	77
272	385	5	247	92	14	0	285	0	371	0	77
166	540	0	474	0	380	0	285	0	371	0	77
86	667	4	270	0	380	0	285	0	371	0	77
957	55	32	70	0	380	0	285	0	371	0	77
87	665	12	157	3	261	0	285	0	371	0	77
344	311	19	113	19	104	0	285	0	371	0	77
197	500	3	299	8	178	3	174	0	371	0	77
16	740	0	474	1	324	0	285	0	371	0	77
3 095	3	57	35	108	11	43	21	9	110	9	8
940	57	18	117	17	112	2	204	0	371	0	77
412	249	23	95	0	380	0	285	0	371	0	77
707	91	44	46	1	324	1	238	0	371	0	77
646	108	43	50	3	261	3	174	1	302	1	48
457	206	29	77	13	137	13	74	0	371	0	77
1 074	40	20	110	168	8	0	285	0	371	0	77
1 032	43	47	42	21	95	9	100	9	110	9	8
1 436	17	110	17	67	28	19	57	6	141	6	16
392	260	11	167	0	380	0	285	0	371	0	77
1 122	35	23	95	15	124	0	285	3	201	3	27
224	460	3	299	8	178	6	126	0	371	0	77

学校名称	研究与发展课题								著作	
	课题总数（项）		当年投入人数（人年）		当年拨入经费（百元）		当年支出经费（百元）		著作（部）	
中国人民公安大学	562	138	106	229	35 587	303	24 876.89	340	66	93
国际关系学院	122	531	47.9	487	19 156	406	10 855.7	460	17	366
北京体育大学	309	272	110.7	219	191 913	75	162 073.51	80	67	89
中央音乐学院	103	573	36.9	541	12 240	477	21 535.57	363	36	186
中国音乐学院	127	522	19.1	661	13 105.92	470	2 919.78	635	6	567
中央美术学院	144	485	24.8	617	63 416.19	211	36 083.74	283	83	71
中央戏剧学院	29	720	11	709	8 807.28	530	5 130.61	560	2	668
中国戏曲学院	30	719	4.7	739	6 500	571	4 500	582	18	352
北京电影学院	252	326	52.5	448	9 672.05	516	8 624.35	491	39	166
北京舞蹈学院	22	733	6.6	730	7 026.6	561	7 376.6	515	10	481
中央民族大学	647	110	155.8	138	256 044.48	55	217 923.82	55	70	83
中国政法大学	1 625	20	391.1	25	421 753.54	28	349 824.72	33	179	18
华北电力大学	186	413	72	355	59 909.62	219	53 212.58	211	6	567
南开大学	2 347	11	906.5	2	708 350	13	687 502.6	11	182	16
天津大学	187	411	150.7	150	88 898	164	66 658	180	39	166
天津科技大学	282	294	60.9	409	12 061	482	11 955.86	444	8	527
天津工业大学	330	252	185.4	110	133 758	109	132 091	94	36	186
中国民航大学	226	368	72.1	352	132 352.42	112	163 117.22	78	8	527
天津理工大学	387	215	77.7	323	91 177	157	91 177	137	12	441
天津农学院	107	562	76.2	334	6 942	566	4 915.4	567	11	452
天津医科大学	74	631	33.7	559	7 075	560	4 288.9	590	5	595
天津中医药大学	72	640	39.6	530	3 370	647	1 010.32	710	1	694
天津师范大学	1 136	45	289.3	45	103 608.19	143	110 893.52	116	43	150
天津职业技术师范大学	174	430	37.8	535	9 485	519	7 776	508	3	648
天津外国语大学	113	548	48.2	485	13 352	468	9 019.3	485	25	273
天津商业大学	430	194	146.7	156	36 043.77	299	32 033.76	299	47	135
天津财经大学	561	139	258.6	57	128 357.54	119	36 587.47	279	39	166
天津体育学院	254	322	141.5	162	32 678.83	325	18 207.13	388	24	286
天津音乐学院	60	659	9.5	716	18 690	412	21 132	365	1	694
天津美术学院	98	587	97.5	254	1 620	704	2 380	656	34	201
河北大学	959	61	238.4	70	166 096.36	85	213 047.03	56	54	112
河北工程大学	109	556	102.9	234	4 520	614	4 758	576	2	668
石家庄经济学院	373	225	91.4	272	87 794.5	166	102 184	123	9	503

续表

研究与发展成果								获奖成果数(项)			
学术论文(篇)				研究与咨询报告(篇)							
合计		其中:国外学术刊物发表		提交有关部门数		其中被采纳		合计		其中:国家级和部级	
446	220	3	299	0	380	0	285	2	249	2	32
195	502	3	299	0	380	0	285	0	371	0	77
517	170	22	98	0	380	0	285	0	371	0	77
122	610	0	474	0	380	0	285	0	371	0	77
127	601	0	474	0	380	0	285	0	371	0	77
152	564	7	213	0	380	0	285	0	371	0	77
85	668	0	474	0	380	0	285	0	371	0	77
67	692	0	474	0	380	0	285	0	371	0	77
95	657	0	474	4	246	0	285	0	371	0	77
39	722	0	474	0	380	0	285	0	371	0	77
1 023	46	22	98	0	380	0	285	0	371	0	77
1 203	27	77	25	8	178	8	107	7	128	7	14
122	610	3	299	0	380	0	285	7	128	0	77
2 017	9	64	31	117	10	109	3	1	302	1	48
386	265	0	474	0	380	0	285	0	371	0	77
173	528	0	474	0	380	0	285	0	371	0	77
257	402	0	474	0	380	0	285	0	371	0	77
299	350	3	299	7	193	7	116	0	371	0	77
416	247	11	167	2	295	2	204	0	371	0	77
141	580	2	344	0	380	0	285	0	371	0	77
92	661	2	344	0	380	0	285	0	371	0	77
28	735	0	474	1	324	0	285	0	371	0	77
377	274	9	187	0	380	0	285	0	371	0	77
126	604	0	474	2	295	2	204	0	371	0	77
231	452	5	247	4	246	3	174	0	371	0	77
497	181	12	157	1	324	1	238	0	371	0	77
374	278	10	177	0	380	0	285	0	371	0	77
321	325	8	201	0	380	0	285	0	371	0	77
75	684	0	474	0	380	0	285	0	371	0	77
152	564	0	474	0	380	0	285	0	371	0	77
988	49	12	157	12	146	12	82	30	31	0	77
110	635	8	201	8	178	8	107	6	141	0	77
286	365	1	394	14	132	6	126	3	201	0	77

学校名称	研究与发展课题								著作	
	课题总数（项）		当年投入人数（人年）		当年拨入经费（百元）		当年支出经费（百元）		（部）	
华北水利水电学院	38	700	14.2	689	18 880	408	15 685	409	30	230
河北工业大学	151	465	206	94	8 515	534	7 335	516	10	481
河北联合大学	340	241	133.3	173	7 401	553	6 042.01	543	17	366
河北科技大学	298	281	102.2	238	13 811	464	13 763	427	12	441
河北建筑工程学院	59	661	22.1	634	4 600	610	3 800	604	1	694
河北农业大学	565	136	87.5	285	15 115	446	13 257	432	18	352
河北医科大学	39	698	9.5	716	930	725	930	714	1	694
河北北方学院	114	545	58.1	422	5 577	586	5 329	558	4	624
承德医学院	67	647	12.9	695	547	736	613.19	729	0	718
河北师范大学	1 173	43	174.7	122	74 365	186	86 152	148	68	88
保定学院	260	317	119.5	200	2 978	663	2 263.52	661	6	567
河北民族师范学院	140	494	36.1	545	2 430	674	2 430	654	5	595
唐山师范学院	184	417	37.5	536	5 760	584	4 618	578	11	452
廊坊师范学院	311	269	81.3	308	2 093	685	2 833	640	7	548
衡水学院	108	560	47.9	487	1 047	720	1 017	709	2	668
石家庄学院	317	261	77	328	5 340	592	4 948.5	565	25	273
邯郸学院	202	393	62.1	403	1 740	697	2 871	638	6	567
邢台学院	48	682	12.2	699	1 740	697	457	734	0	718
沧州师范学院	159	453	31.5	575	0	752	0	751	27	250
石家庄铁道大学	112	550	48.6	480	14 325	455	7 158.97	523	4	624
山西大学	1 138	44	408.1	22	239 767.02	61	203 543.09	60	124	41
太原科技大学	104	569	96.1	257	30 129	340	29 421	310	23	291
中北大学	167	443	40	529	2 240	681	2 847	639	7	548
太原理工大学	311	269	213.1	87	23 277	379	16 289.54	400	26	265
山西农业大学	51	675	15.3	682	3 490	640	4 767.9	574	18	352
长治医学院	7	749	2	752	300	744	336	741	0	718
山西师范大学	618	118	306.8	41	51 752	242	23 541.98	348	29	237
太原师范学院	118	537	29.1	587	23 260	380	18 127	391	37	180
山西大同大学	244	338	60.8	410	7 230	557	7 836.5	505	22	307
晋中学院	42	692	9.3	719	2 580	671	1 855.06	675	4	624
长治学院	82	613	26.8	599	2 950	664	3 024	631	5	595
运城学院	33	715	13.2	694	3 355	649	1 188	701	11	452
忻州师范学院	94	593	49.2	473	15 390	441	6 178	540	7	548

续表

研究与发展成果								获奖成果数(项)			
学术论文(篇)				研究与咨询报告(篇)							
合计		其中:国外学术刊物发表		提交有关部门数		其中被采纳		合计		其中:国家级和部级	
314	333	11	167	0	380	0	285	8	120	8	12
264	392	0	474	3	261	3	174	5	163	0	77
592	130	11	167	6	205	4	157	3	201	0	77
280	375	1	394	3	261	2	204	11	88	0	77
81	677	0	474	0	380	0	285	0	371	0	77
304	346	4	270	7	193	6	126	9	110	0	77
35	727	0	474	0	380	0	285	1	302	0	77
152	564	0	474	1	324	1	238	3	201	0	77
54	708	0	474	0	380	0	285	0	371	0	77
623	117	6	232	1	324	1	238	23	48	0	77
584	133	3	299	10	158	0	285	2	249	0	77
127	601	0	474	0	380	0	285	0	371	0	77
172	529	0	474	2	295	2	204	0	371	0	77
168	536	1	394	10	158	4	157	0	371	0	77
370	281	1	394	0	380	0	285	1	302	0	77
417	245	5	247	0	380	0	285	3	201	0	77
138	584	0	474	9	170	0	285	1	302	0	77
291	358	1	394	2	295	2	204	0	371	0	77
237	438	0	474	0	380	0	285	0	371	0	77
71	689	0	474	6	205	5	138	11	88	1	48
519	167	2	344	57	37	31	38	69	6	0	77
207	486	3	299	12	146	11	88	11	88	0	77
271	387	0	474	0	380	0	285	2	249	0	77
217	470	4	270	20	99	20	55	10	102	0	77
65	698	0	474	0	380	0	285	0	371	0	77
11	745	0	474	0	380	0	285	0	371	0	77
332	320	1	394	1	324	0	285	32	27	0	77
217	470	2	344	7	193	0	285	23	48	0	77
234	444	0	474	0	380	0	285	5	163	0	77
82	674	0	474	0	380	0	285	0	371	0	77
126	604	0	474	0	380	0	285	0	371	0	77
169	534	0	474	0	380	0	285	0	371	0	77
118	623	0	474	0	380	0	285	2	249	0	77

学校名称	研究与发展课题								著作（部）	
	课题总数（项）		当年投入人数（人年）		当年拨入经费（百元）		当年支出经费（百元）			
山西财经大学	268	312	215.1	83	73 640	190	71 300	167	32	215
内蒙古大学	791	86	135.3	170	132 991.1	111	51 660.9	213	53	115
内蒙古科技大学	25	728	18.4	664	5 920	582	7 800	507	11	452
内蒙古工业大学	161	451	32.6	568	12 180	480	11 071.5	458	24	286
内蒙古农业大学	169	434	17.2	671	42 660	272	30 907.8	304	16	377
内蒙古医科大学	19	738	23	627	950	723	770	722	0	718
内蒙古师范大学	543	147	105.4	232	129 605	116	94 610.63	134	87	68
内蒙古民族大学	81	617	16.4	678	21 375	390	19 295	381	9	503
赤峰学院	141	490	40.5	526	6 670	568	4 480	583	18	352
内蒙古财经大学	413	201	112.1	214	40 700	278	40 175	260	69	85
辽宁大学	880	75	190.2	106	133 723.84	110	70 416.84	169	100	58
大连理工大学	576	127	105.6	231	140 534	105	176 937.01	69	52	120
沈阳工业大学	236	353	69.6	368	38 627	287	40 173.53	261	27	250
沈阳航空航天大学	90	597	49.2	473	18 290	414	22 770.7	352	0	718
沈阳理工大学	131	517	33.6	560	23 235	382	21 950.17	357	58	105
东北大学	579	125	192.3	103	334 637.06	43	350 566.37	32	36	186
辽宁科技大学	82	613	25.2	614	8 510	535	8 660	489	10	481
辽宁工程技术大学	134	509	25.4	608	11 956	485	20 148	373	15	393
沈阳化工大学	74	631	47.8	490	8 220	538	3 482	617	2	668
大连交通大学	85	606	31.7	571	9 190	523	9 175	481	11	452
大连海事大学	403	208	82.1	305	102 874.5	144	86 958.58	144	67	89
大连工业大学	88	600	42.4	520	11 065	494	6 322	537	53	115
沈阳建筑大学	6	752	2.3	750	80	751	80	750	36	186
辽宁工业大学	60	659	13.9	691	7 025	562	6 613.9	531	6	567
沈阳农业大学	72	640	38	534	29 200	342	14 105.5	419	8	527
大连海洋大学	107	562	28.4	593	6 873	567	4 377	588	19	342
中国医科大学	26	723	23.5	625	13 502.61	467	26 078.55	331	1	694
辽宁医学院	57	667	26.7	602	1 890	692	2 147	668	5	595
大连医科大学	57	667	24.4	619	2 180	682	1 020.06	708	0	718
辽宁中医药大学	36	705	5.5	735	3 340	650	771.48	721	6	567
沈阳药科大学	33	715	20.9	643	9 136	525	8 928.75	487	11	452
辽宁师范大学	242	343	118.6	205	32 340	326	32 376	298	217	10
沈阳师范大学	881	74	569.8	7	24 780	368	19 142.31	383	106	54

续表

研究与发展成果								获奖成果数(项)			
学术论文(篇)				研究与咨询报告(篇)							
合计		其中:国外学术刊物发表		提交有关部门数		其中被采纳		合计		其中:国家级和部级	
361	288	6	232	10	158	10	94	5	163	0	77
452	213	42	54	4	246	4	157	26	41	0	77
257	402	0	474	0	380	0	285	0	371	0	77
221	466	0	474	3	261	0	285	17	64	0	77
100	647	0	474	0	380	0	285	13	82	0	77
50	711	0	474	0	380	0	285	5	163	0	77
546	156	6	232	0	380	0	285	42	19	1	48
129	597	0	474	0	380	0	285	6	141	0	77
458	204	0	474	0	380	0	285	6	141	0	77
814	76	3	299	0	380	0	285	49	15	0	77
598	125	14	140	71	23	42	23	42	19	0	77
383	270	77	25	7	193	3	174	16	66	0	77
284	369	19	113	11	155	5	138	12	86	12	4
67	692	0	474	0	380	0	285	0	371	0	77
355	293	28	80	0	380	0	285	0	371	0	77
685	97	35	64	52	42	12	82	3	201	0	77
125	607	13	149	0	380	0	285	0	371	0	77
207	486	2	344	2	295	2	204	3	201	0	77
243	428	56	36	0	380	0	285	0	371	0	77
88	664	3	299	0	380	0	285	0	371	0	77
576	140	47	42	45	50	2	204	6	141	0	77
304	346	0	474	0	380	0	285	0	371	0	77
178	524	15	134	0	380	0	285	0	371	0	77
186	513	1	394	7	193	0	285	0	371	0	77
93	660	2	344	1	324	1	238	0	371	0	77
267	391	3	299	0	380	0	285	0	371	0	77
79	680	0	474	0	380	0	285	0	371	0	77
16	740	0	474	0	380	0	285	0	371	0	77
82	674	0	474	0	380	0	285	0	371	0	77
40	721	0	474	0	380	0	285	0	371	0	77
74	685	1	394	0	380	0	285	0	371	0	77
1 171	30	103	19	104	12	10	94	20	54	0	77
699	92	5	247	2	295	1	238	20	54	0	77

学校名称	研究与发展课题								著作	
	课题总数（项）		当年投入人数（人年）		当年拨入经费（百元）		当年支出经费（百元）		著作（部）	
渤海大学	1 068	51	193.3	100	94 596	154	44 129.75	243	47	135
鞍山师范学院	157	456	19.2	660	2 818.53	666	2 625.5	645	16	377
大连外国语学院	186	413	59.7	416	24 800	367	6 078.67	541	93	64
东北财经大学	1 978	13	277.7	49	289 962.26	47	193 229.62	65	181	17
中国刑事警察学院	216	382	68.3	372	19 576	402	10 176	466	18	352
沈阳体育学院	300	277	50.8	456	68 362.5	201	28 200.26	318	33	208
沈阳音乐学院	377	221	49.9	467	9 800	512	450	735	3	648
鲁迅美术学院	62	653	22.2	633	12 100	481	5 700	552	10	481
吉林大学	2 317	12	492	14	650 044.02	16	488 682.88	16	152	27
延边大学	136	505	139.7	166	35 430	306	24 761.14	341	70	83
长春理工大学	255	321	68.7	371	17 124	427	13 684	428	37	180
东北电力大学	31	718	28.2	594	10 920	498	6 070	542	0	718
长春工业大学	467	175	248.8	63	30 925	333	28 538.5	314	16	377
吉林建筑工程学院	51	675	29.3	585	4 330	620	3 665.2	609	0	718
吉林化工学院	142	488	50.2	464	739	731	1 141.4	704	2	668
吉林农业大学	151	465	47.9	487	7 020	564	19 748	376	9	503
长春中医药大学	44	687	21.7	638	1 290	713	1 047	705	0	718
东北师范大学	1 402	30	454.3	18	321 473.5	45	284 443.73	42	144	31
北华大学	339	243	127.2	181	15 230	443	13 090	433	22	307
通化师范学院	226	368	77.3	326	15 245	442	9 870	473	1	694
吉林师范大学	243	341	153.4	143	19 760	399	18 179	389	21	318
吉林工程技术师范学院	163	448	102	239	11 150	493	11 150	456	10	481
长春师范学院	290	286	109.2	222	83 826	173	82 870.5	151	16	377
白城师范学院	125	526	137.7	168	3 282	655	2 589	646	4	624
吉林财经大学	192	404	126.1	185	34 770	312	32 674	296	23	291
吉林体育学院	102	577	26.9	598	3 755	634	3 446.01	620	4	624
吉林艺术学院	137	500	22.8	629	3 710	636	1 855	676	10	481
黑龙江大学	796	85	235.2	73	89 225.35	162	45 807.09	234	125	39
哈尔滨工业大学	113	548	74.7	339	81 178	179	113 554	111	23	291
哈尔滨理工大学	130	519	82.5	302	9 699	515	8 447.3	495	17	366
燕山大学	696	98	118.7	204	60 780	217	48 042.6	228	27	250
哈尔滨工程大学	273	309	101.2	241	89 056	163	77 439	161	30	230
黑龙江科技学院	143	487	90.5	273	10 821	501	9 914	472	28	246

续表

研究与发展成果								获奖成果数（项）			
学术论文（篇）				研究与咨询报告（篇）							
合计		其中：国外学术刊物发表		提交有关部门数		其中被采纳		合计		其中：国家级和部级	
904	61	15	134	13	137	7	116	16	66	0	77
344	311	3	299	0	380	0	285	0	371	0	77
347	306	33	68	0	380	0	285	2	249	0	77
1 213	26	35	64	44	53	3	174	19	58	0	77
450	216	40	58	0	380	0	285	0	371	0	77
793	79	56	36	63	31	0	285	5	163	0	77
277	379	0	474	0	380	0	285	1	302	0	77
21	738	0	474	0	380	0	285	1	302	0	77
2 286	7	44	46	71	23	69	9	82	3	0	77
474	193	93	22	3	261	2	204	15	71	0	77
429	237	191	8	23	90	9	100	21	50	0	77
153	563	0	474	0	380	0	285	0	371	0	77
144	578	1	394	0	380	0	285	6	141	0	77
46	715	0	474	0	380	0	285	0	371	0	77
134	591	0	474	0	380	0	285	0	371	0	77
85	668	0	474	5	226	5	138	3	201	0	77
57	707	0	474	0	380	0	285	0	371	0	77
1 320	20	30	76	10	158	7	116	58	11	0	77
236	441	5	247	29	79	0	285	16	66	0	77
329	322	0	474	0	380	0	285	0	371	0	77
535	160	0	474	0	380	0	285	16	66	0	77
111	633	3	299	0	380	0	285	1	302	0	77
150	567	7	213	0	380	0	285	3	201	0	77
192	507	0	474	0	380	0	285	1	302	0	77
140	582	3	299	0	380	0	285	19	58	0	77
181	520	4	270	0	380	0	285	0	371	0	77
42	716	0	474	0	380	0	285	0	371	0	77
984	52	17	124	24	88	13	74	112	1	0	77
90	662	15	134	0	380	0	285	0	371	0	77
209	484	7	213	5	226	0	285	27	36	0	77
622	118	0	474	6	205	3	174	11	88	0	77
377	274	18	117	0	380	0	285	31	29	0	77
358	291	21	103	0	380	0	285	19	58	0	77

学校名称	研究与发展课题								著作（部）	
	课题总数（项）		当年投入人数（人年）		当年拨入经费（百元）		当年支出经费（百元）			
东北石油大学	61	656	43.4	512	6 060	579	5 384.48	557	14	405
佳木斯大学	240	347	180.2	116	6 150	577	3 565	613	60	102
黑龙江八一农垦大学	37	703	33.8	557	10 165	508	7 619	511	23	291
东北农业大学	129	520	89.1	280	11 527	486	8 068.6	500	30	230
东北林业大学	152	464	82	306	24 910	366	26 765	327	7	548
哈尔滨医科大学	54	671	34.8	552	12 002	484	6 790.13	528	2	668
黑龙江中医药大学	42	692	18.6	662	310	743	440	736	1	694
牡丹江医学院	10	748	8.5	722	140	750	170	747	2	668
哈尔滨师范大学	937	66	265.8	55	54 120	236	43 118	248	66	93
齐齐哈尔大学	226	368	172.8	124	7 720	545	7 820	506	59	104
牡丹江师范学院	106	566	75.8	337	5 570	587	3 742	606	12	441
哈尔滨学院	102	577	65.5	384	970	722	765	723	9	503
大庆师范学院	90	597	56.5	429	4 205	623	2 736	642	15	393
绥化学院	116	541	60.4	413	3 211	659	3 110.4	628	9	503
哈尔滨商业大学	165	445	136.9	169	15 590	437	16 217	401	37	180
哈尔滨体育学院	77	625	27.9	595	2 367	678	1 464.24	691	1	694
哈尔滨金融学院	78	622	65.7	382	3 365	648	1 712	683	29	237
复旦大学	2 835	5	924.4	1	686 922.02	15	419 071.02	23	269	6
同济大学	935	67	209.9	90	285 502	50	277 882	44	71	81
上海交通大学	1 390	31	204.1	96	519 763.03	22	494 027.53	15	145	29
华东理工大学	462	178	79.2	317	157 109.69	92	104 872.82	119	64	97
上海理工大学	295	283	76.1	335	103 846	142	90 051.8	139	40	161
上海海事大学	386	218	50.8	456	113 872	131	111 832.88	114	31	224
东华大学	274	307	183.1	112	239 856.11	60	170 407.09	72	69	85
上海电力学院	103	573	22.5	630	54 835	233	43 747.36	244	13	423
上海应用技术学院	183	419	62.2	400	64 795.17	207	59 580.17	191	18	352
上海海洋大学	282	294	56.2	433	58 426	223	63 350	186	23	291
上海中医药大学	201	395	49.7	468	33 388	320	33 918	293	20	330
华东师范大学	2 912	4	742.5	4	821 302.11	10	720 532.35	10	453	1
上海师范大学	1 551	23	183	113	227 717.68	65	167 549.3	73	133	36
上海外国语大学	489	167	164.3	130	73 714	188	37 162	275	160	24
上海财经大学	1 045	54	252	59	482 358.9	25	354 733.02	31	140	33
上海对外贸易学院	381	219	144.2	159	58 703.28	222	36 481.2	280	34	201

续表

研究与发展成果								获奖成果数(项)			
学术论文(篇)				研究与咨询报告(篇)							
合计		其中:国外学术刊物发表		提交有关部门数		其中被采纳		合计		其中:国家级和部级	
282	371	1	394	0	380	0	285	4	182	0	77
554	152	7	213	0	380	0	285	3	201	0	77
106	641	9	187	1	324	0	285	9	110	0	77
300	349	2	344	8	178	0	285	24	47	0	77
212	479	6	232	0	380	0	285	0	371	0	77
39	722	0	474	0	380	0	285	0	371	0	77
24	737	0	474	0	380	0	285	0	371	0	77
60	702	0	474	0	380	0	285	0	371	0	77
598	125	13	149	0	380	0	285	47	17	1	48
721	88	0	474	0	380	0	285	9	110	0	77
539	159	1	394	0	380	0	285	3	201	0	77
122	610	0	474	0	380	0	285	0	371	0	77
183	518	1	394	0	380	0	285	0	371	0	77
274	381	3	299	0	380	0	285	19	58	0	77
569	141	0	474	0	380	0	285	13	82	0	77
118	623	0	474	0	380	0	285	0	371	0	77
146	573	1	394	4	246	0	285	0	371	0	77
2 570	6	193	7	88	16	66	10	103	2	2	32
674	101	43	50	5	226	5	138	9	110	0	77
749	85	81	24	13	137	13	74	33	26	2	32
577	139	32	70	3	261	0	285	6	141	0	77
713	90	56	36	0	380	0	285	2	249	0	77
303	348	21	103	25	85	25	45	8	120	0	77
397	257	41	55	0	380	0	285	3	201	0	77
349	302	0	474	0	380	0	285	0	371	0	77
205	490	0	474	0	380	0	285	0	371	0	77
235	442	24	92	7	193	7	116	0	371	0	77
146	573	1	394	0	380	0	285	0	371	0	77
3 432	1	151	10	182	6	95	5	48	16	1	48
1 155	32	28	80	16	117	15	65	30	31	0	77
891	66	72	27	13	137	13	74	4	182	0	77
892	64	222	5	60	34	34	33	28	35	0	77
358	291	7	213	6	205	1	238	6	141	2	32

学校名称	研究与发展课题									
	课题总数（项）		当年投入人数（人年）		当年拨入经费（百元）		当年支出经费（百元）		著作（部）	
上海海关学院	104	569	37	540	16 170	434	27 074.78	326	23	291
华东政法大学	780	88	85.8	292	109 833	136	65 906	181	221	9
上海体育学院	247	332	125.2	187	106 425	139	83 828.29	149	23	291
上海音乐学院	138	497	52.3	449	86 715	170	90 845	138	20	330
上海戏剧学院	132	514	38.4	532	36 040	300	24 087.65	345	27	250
上海大学	1 271	35	337.3	31	381 278.6	35	238 762.71	52	128	38
南京大学	1 474	27	335.7	32	736 173.79	12	751 571.45	9	183	14
苏州大学	816	83	343.9	29	337 669.36	42	248 331.72	50	140	33
东南大学	547	144	269.9	53	137 916	107	104 511.35	121	94	63
南京航空航天大学	218	379	116.2	211	50 219	249	43 284.5	247	20	330
南京理工大学	467	175	124.1	191	97 174	151	104 755	120	15	393
江苏科技大学	206	391	84.1	298	31 388	327	18 272	386	4	624
中国矿业大学	365	231	99.4	247	161 526.2	86	159 216.3	82	27	250
南京工业大学	477	172	50.3	462	30 181	339	49 505.89	220	10	481
常州大学	169	434	50.8	456	37 191	293	35 856	284	8	527
南京邮电大学	206	391	81.2	309	35 895	301	34 175	291	7	548
河海大学	819	82	209.2	92	490 342	24	393 962	25	49	125
江南大学	894	71	218.5	81	365 005.84	39	332 433.37	35	48	129
南京林业大学	155	460	55.7	435	14 250	456	10 050	470	9	503
江苏大学	500	162	189.9	107	124 494.1	121	120 182.9	104	22	307
南京信息工程大学	643	112	214.5	84	72 867	192	79 394.54	158	10	481
南通大学	648	109	117.4	209	50 660	248	43 026	249	25	273
盐城工学院	162	450	43.8	510	20 397.87	394	20 982.37	367	12	441
南京农业大学	748	92	191.5	104	368 352.38	38	385 279.54	28	17	366
南京医科大学	115	542	27.4	597	21 879.6	389	19 641.01	378	8	527
徐州医学院	47	684	11.8	704	1 160	718	974	712	5	595
南京中医药大学	65	648	15.2	683	17 578	422	9 690	475	5	595
中国药科大学	133	512	25.4	608	7 024	563	28 046	320	5	595
南京师范大学	911	68	364	27	131 238.12	113	142 806.12	87	144	31
江苏师范大学	573	129	267.6	54	204 332	71	194 190.5	64	25	273
淮阴师范学院	253	325	34.4	554	28 880	345	28 105	319	17	366
盐城师范学院	185	415	86.6	289	41 436	276	32 445	297	37	180
南京财经大学	335	246	131.7	176	130 090	114	140 314	89	49	125

续表

研究与发展成果								获奖成果数（项）			
学术论文（篇）				研究与咨询报告（篇）							
合计		其中：国外学术刊物发表		提交有关部门数		其中被采纳		合计		其中：国家级和部级	
167	538	14	140	2	295	1	238	0	371	0	77
1 153	33	10	177	0	380	0	285	13	82	0	77
220	467	10	177	2	295	0	285	4	182	0	77
80	678	3	299	0	380	0	285	1	302	1	48
100	647	0	474	0	380	0	285	1	302	0	77
1 116	36	64	31	6	205	5	138	32	27	0	77
1 743	12	170	9	54	41	43	21	73	4	2	32
1 180	29	44	46	35	66	13	74	27	36	0	77
442	227	0	474	32	71	22	52	14	77	0	77
193	505	19	113	17	112	4	157	6	141	0	77
335	317	22	98	15	124	5	138	8	120	0	77
299	350	9	187	0	380	0	285	3	201	0	77
324	324	13	149	25	85	15	65	3	201	0	77
341	315	2	344	9	170	2	204	11	88	0	77
205	490	1	394	6	205	3	174	5	163	0	77
134	591	2	344	7	193	5	138	2	249	0	77
442	227	22	98	46	46	34	33	15	71	0	77
909	59	7	213	40	59	36	30	11	88	0	77
210	482	0	474	5	226	4	157	3	201	0	77
311	338	2	344	2	295	0	285	13	82	0	77
391	261	4	270	49	44	33	35	6	141	0	77
608	122	8	201	19	104	8	107	9	110	0	77
336	316	7	213	35	66	35	32	1	302	0	77
499	179	9	187	10	158	10	94	16	66	0	77
89	663	1	394	7	193	3	174	0	371	0	77
60	702	0	474	0	380	0	285	1	302	0	77
70	691	0	474	0	380	0	285	0	371	0	77
223	462	1	394	8	178	2	204	0	371	0	77
1 030	44	33	68	7	193	7	116	50	14	0	77
767	82	5	247	14	132	12	82	17	64	0	77
416	247	5	247	5	226	0	285	1	302	0	77
465	198	2	344	12	146	12	82	8	120	0	77
480	191	16	127	16	117	8	107	5	163	0	77

学校名称	研究与发展课题									
	课题总数（项）		当年投入人数（人年）		当年拨入经费（百元）		当年支出经费（百元）		著作（部）	
江苏警官学院	215	383	62.1	403	7 800	543	6 881.37	525	9	503
南京体育学院	78	622	31.2	578	3 215	658	1 743	681	4	624
南京艺术学院	310	271	71	360	17 876	417	11 184.63	455	58	105
苏州科技学院	335	246	151.7	148	30 900.15	334	28 530.17	315	25	273
常熟理工学院	163	448	52.9	444	14 432	453	15 881.09	405	4	624
浙江大学	4 280	1	270.6	52	2 174 986.78	2	1 852 585.27	2	167	20
杭州电子科技大学	659	108	223.3	80	78 885.5	181	81 965.78	154	24	286
浙江工业大学	1 457	28	106	229	179 802.07	78	178 475.65	68	73	79
浙江理工大学	965	60	204.6	95	303 188.96	46	264 111.91	45	26	265
浙江海洋学院	790	87	92.6	265	25 079.4	364	29 602.17	309	40	161
浙江农林大学	406	206	199.2	98	71 288	194	46 804.43	231	20	330
温州医学院	221	374	49.3	472	10 378	506	7 926	504	2	668
浙江中医药大学	252	326	71.7	356	4 231	622	3 675.31	608	2	668
浙江师范大学	776	89	213.4	86	141 241.2	103	152 913.02	84	116	45
杭州师范大学	1 006	57	310.4	38	254 601.14	56	255 513.75	47	107	52
湖州师范学院	339	243	96.7	255	48 827	254	56 243	199	18	352
绍兴文理学院	436	189	162.1	133	35 665.35	302	35 213.35	287	29	237
台州学院	244	338	130	178	21 161	392	21 629	361	15	393
温州大学	1 201	41	146.9	155	115 132.8	128	99 938.8	127	39	166
丽水学院	320	259	111.5	216	37 681.4	290	35 718.3	285	5	595
浙江工商大学	939	65	333.8	33	257 436.05	54	262 341.62	46	92	66
嘉兴学院	391	212	133.4	172	100 526.75	148	89 818.4	140	23	291
中国美术学院	316	262	98.3	251	30 952.27	332	55 472.19	201	95	62
中国计量学院	625	117	153.5	142	78 090.25	183	65 039.85	183	14	405
安徽大学	1 096	48	239.6	69	142 639.47	102	111 360.33	115	92	66
中国科学技术大学	103	573	102.7	236	63 589	210	43 668.4	245	10	481
合肥工业大学	642	113	83	301	110 098	135	100 888	125	22	307
安徽工业大学	329	255	155.9	137	54 460	234	49 200	222	2	668
安徽理工大学	134	509	42.7	518	27 211	350	27 868	321	8	527
安徽工程大学	274	307	74	345	32 740	323	28 511	316	25	273
安徽农业大学	141	490	17.8	665	62 366	213	66 680	179	16	377
安徽医科大学	103	573	50.6	460	25 181.99	362	19 302.41	380	31	224
蚌埠医学院	51	675	49.4	471	3 170	661	1 954	673	0	718

续表

研究与发展成果								获奖成果数(项)			
学术论文(篇)				研究与咨询报告(篇)							
合计		其中:国外学术刊物发表		提交有关部门数		其中被采纳		合计		其中:国家级和部级	
235	442	0	474	13	137	4	157	2	249	0	77
67	692	0	474	0	380	0	285	1	302	0	77
422	241	5	247	1	324	0	285	9	110	0	77
449	217	4	270	5	226	2	204	1	302	0	77
331	321	1	394	5	226	1	238	4	182	0	77
1 239	23	230	2	228	4	73	7	60	9	2	32
391	261	58	33	1	324	1	238	1	302	0	77
499	179	34	66	46	46	16	63	5	163	0	77
684	98	54	39	14	132	3	174	6	141	0	77
237	438	3	299	0	380	0	285	2	249	0	77
354	296	5	247	3	261	3	174	4	182	0	77
122	610	1	394	5	226	4	157	0	371	0	77
129	597	0	474	3	261	0	285	0	371	0	77
1 106	37	27	83	17	112	2	204	27	36	0	77
593	128	20	110	36	64	27	42	11	88	0	77
273	383	14	140	23	90	21	53	2	249	0	77
180	522	27	83	6	205	0	285	1	302	0	77
213	476	0	474	0	380	0	285	0	371	0	77
514	171	3	299	18	109	18	58	7	128	0	77
227	458	0	474	0	380	0	285	0	371	0	77
777	81	72	27	21	95	3	174	20	54	1	48
365	283	16	127	3	261	2	204	1	302	0	77
556	151	4	270	0	380	0	285	3	201	0	77
384	267	1	394	30	76	24	47	1	302	0	77
986	51	11	167	6	205	6	126	6	141	6	16
113	631	6	232	0	380	0	285	0	371	0	77
378	273	19	113	0	380	0	285	0	371	0	77
251	412	0	474	0	380	0	285	0	371	0	77
321	325	25	88	1	324	1	238	0	371	0	77
139	583	3	299	4	246	4	157	0	371	0	77
349	302	8	201	3	261	1	238	0	371	0	77
117	626	8	201	0	380	0	285	0	371	0	77
42	716	0	474	0	380	0	285	0	371	0	77

学校名称	研究与发展课题								著作	
	课题总数（项）		当年投入人数（人年）		当年拨入经费（百元）		当年支出经费（百元）		（部）	
皖南医学院	63	651	20	652	4 940	602	2 556	647	4	624
安徽中医学院	124	528	34.4	554	3 275	656	3 507	616	3	648
安徽师范大学	1 209	39	230.7	77	113 622.28	132	68 890.8	173	34	201
阜阳师范学院	321	257	70.4	363	57 390	227	59 090	193	22	307
安庆师范学院	180	423	147.3	154	42 813	271	45 663	235	32	215
淮北师范大学	283	293	71.1	359	12 280	476	21 790	360	11	452
黄山学院	299	279	39	531	8 729.78	532	4 592.87	579	11	452
皖西学院	226	368	72.8	348	16 360	433	11 101	457	7	548
滁州学院	214	384	40.6	524	6 062	578	6 506	534	13	423
安徽财经大学	807	84	227.7	79	75 559	184	58 388.71	194	17	366
宿州学院	199	396	53.1	443	3 820	632	3 820	602	4	624
巢湖学院	190	407	52.6	447	6 585	570	6 626	530	7	548
淮南师范学院	240	347	95.6	259	4 640	608	4 093.85	597	6	567
铜陵学院	258	319	83.3	300	12 190	478	9 088.2	483	9	503
厦门大学	2 666	7	527.6	11	788 740.61	11	651 926.07	12	186	13
华侨大学	761	90	191.1	105	113 248.53	133	121 123.53	102	27	250
福州大学	594	122	108	225	83 372	174	89 792.92	141	36	186
福建工程学院	202	393	80.8	311	9 200	522	8 380.97	497	18	352
福建农林大学	360	232	96.3	256	46 810	260	46 200	233	6	567
集美大学	411	205	46.2	495	36 638.3	296	41 227.64	257	14	405
福建医科大学	62	653	23.8	622	3 410	644	4 530.5	581	0	718
福建中医药大学	169	434	66	381	4 050	627	4 137.37	595	8	527
福建师范大学	663	107	211.7	89	159 512.08	89	114 055.62	110	101	57
闽江学院	233	360	52.8	445	121 447	124	99 006	130	17	366
武夷学院	98	587	44.8	507	9 500	518	13 883	422	4	624
宁德师范学院	86	604	9.7	715	3 415.23	643	3 180.73	627	6	567
泉州师范学院	280	297	102.5	237	15 085	447	14 370.5	417	15	393
漳州师范学院	156	458	35.8	547	32 818	322	45 438.5	237	14	405
南昌大学	1 577	21	70.3	364	246 082	59	211 152	57	66	93
华东交通大学	291	285	8.5	722	61 030	215	50 894.5	216	3	648
东华理工大学	377	221	64.7	388	34 945	309	34 422	290	7	548
南昌航空大学	290	286	124.2	190	56 210	229	61 805.73	187	20	330
江西理工大学	150	470	12.1	700	11 314	491	12 174	443	9	503

续表

研究与发展成果								获奖成果数（项）			
学术论文（篇）				研究与咨询报告（篇）							
合计		其中：国外学术刊物发表		提交有关部门数		其中被采纳		合计		其中：国家级和部级	
109	636	2	344	1	324	1	238	0	371	0	77
66	696	1	394	0	380	0	285	0	371	0	77
640	110	2	344	2	295	2	204	0	371	0	77
308	344	3	299	3	261	2	204	0	371	0	77
433	236	1	394	0	380	0	285	0	371	0	77
365	283	1	394	0	380	0	285	0	371	0	77
250	416	0	474	0	380	0	285	0	371	0	77
223	462	0	474	2	295	2	204	1	302	0	77
233	448	0	474	0	380	0	285	0	371	0	77
584	133	18	117	0	380	0	285	0	371	0	77
273	383	3	299	3	261	0	285	0	371	0	77
264	392	0	474	0	380	0	285	0	371	0	77
296	354	3	299	0	380	0	285	0	371	0	77
165	542	0	474	42	56	42	23	0	371	0	77
2 016	10	261	1	158	9	94	6	4	182	4	24
620	119	4	270	3	261	3	174	0	371	0	77
512	173	4	270	7	193	4	157	0	371	0	77
262	395	1	394	0	380	0	285	0	371	0	77
182	519	0	474	0	380	0	285	0	371	0	77
251	412	0	474	25	85	23	50	0	371	0	77
60	702	0	474	0	380	0	285	0	371	0	77
120	619	0	474	0	380	0	285	0	371	0	77
848	72	7	213	10	158	9	100	0	371	0	77
518	168	7	213	16	117	14	70	0	371	0	77
208	485	0	474	0	380	0	285	0	371	0	77
136	586	1	394	0	380	0	285	0	371	0	77
380	271	0	474	0	380	0	285	0	371	0	77
168	536	0	474	0	380	0	285	0	371	0	77
888	67	53	40	3	261	3	174	0	371	0	77
166	540	4	270	0	380	0	285	0	371	0	77
334	318	3	299	12	146	11	88	0	371	0	77
298	352	9	187	0	380	0	285	0	371	0	77
172	529	11	167	0	380	0	285	0	371	0	77

学校名称	研究与发展课题								著作(部)	
	课题总数(项)		当年投入人数(人年)		当年拨入经费(百元)		当年支出经费(百元)			
景德镇陶瓷学院	635	115	76.1	335	37 082	294	29 870	308	8	527
江西农业大学	211	386	28.6	592	18 620	413	13 819	424	0	718
江西中医学院	28	722	23.8	622	624	735	541.2	731	0	718
赣南医学院	43	690	14.5	687	1 795	695	976	711	0	718
江西师范大学	1 446	29	79.2	317	78 878	182	78 878	159	49	125
上饶师范学院	176	427	75	338	4 995	600	2 167.7	667	6	567
宜春学院	172	433	35.3	549	8 886	529	4 476.8	584	14	405
赣南师范学院	601	121	89.7	276	39 440	281	39 440	262	21	318
井冈山大学	147	477	34.7	553	51 411	244	14 761	412	6	567
江西财经大学	282	294	70.7	361	82 820	175	30 495	307	162	22
山东大学	1 089	49	172.3	125	453 769	26	464 641.71	18	222	8
中国海洋大学	275	304	25.4	608	44 744.49	264	28 821	311	31	224
山东科技大学	208	388	161.2	134	24 439	372	19 792	375	25	273
中国石油大学(华东)	286	289	46.3	494	99 693.33	149	111 886.8	113	35	194
青岛科技大学	276	303	57.1	427	51 746	243	41 717	255	32	215
济南大学	1 004	58	177.3	120	37 920.99	289	25 695.25	333	30	230
青岛理工大学	111	552	57.5	425	7 612	548	5 812	549	17	366
山东建筑大学	146	480	45.4	502	15 142.4	445	13 055	434	19	342
山东轻工业学院	275	304	67.7	376	166 603	83	165 059.48	77	17	366
山东理工大学	267	314	26.7	602	69 825	195	56 393.5	198	25	273
山东农业大学	198	397	50.9	454	15 025	449	9 955	471	2	668
青岛农业大学	107	562	42.2	521	27 062	352	31 192	302	4	624
潍坊医学院	80	618	48.6	480	11 340	490	11 509	451	3	648
泰山医学院	75	629	62.2	400	7 876	541	6 802	527	1	694
滨州医学院	144	485	38.2	533	4 452	616	4 452	585	11	452
山东中医药大学	7	749	3.7	743	160	749	130	748	3	648
济宁医学院	16	739	17.1	673	840	728	420	738	4	624
山东师范大学	480	171	307.4	40	90 300	159	58 343.49	195	87	68
曲阜师范大学	512	157	138.7	167	34 800	311	25 850	332	27	250
聊城大学	388	214	237.5	71	10 845	499	10 845	461	67	89
德州学院	232	362	33	565	27 080	351	37 982	270	41	156
滨州学院	224	372	87.8	283	3 220	657	7 179	522	13	423
鲁东大学	269	311	92.5	268	109 589.68	137	123 129.68	99	74	77

续表

研究与发展成果								获奖成果数(项)			
学术论文(篇)				研究与咨询报告(篇)							
合计		其中:国外学术刊物发表		提交有关部门数		其中被采纳		合计		其中:国家级和部级	
391	261	0	474	0	380	0	285	0	371	0	77
178	524	2	344	2	295	2	204	0	371	0	77
0	751	0	474	0	380	0	285	0	371	0	77
26	736	0	474	0	380	0	285	0	371	0	77
823	74	31	75	1	324	1	238	0	371	0	77
234	444	0	474	46	46	5	138	0	371	0	77
238	436	0	474	0	380	0	285	0	371	0	77
598	125	1	394	1	324	0	285	0	371	0	77
258	399	0	474	0	380	0	285	0	371	0	77
1 145	34	47	42	16	117	7	116	0	371	0	77
1 566	15	134	13	32	71	15	65	38	22	0	77
377	274	1	394	1	324	0	285	7	128	0	77
458	204	0	474	1	324	1	238	2	249	1	48
497	181	28	80	0	380	0	285	3	201	0	77
321	325	0	474	0	380	0	285	5	163	0	77
589	131	11	167	63	31	55	14	14	77	0	77
188	511	11	167	3	261	3	174	0	371	0	77
162	550	12	157	2	295	0	285	7	128	0	77
189	509	14	140	0	380	0	285	2	249	0	77
234	444	0	474	0	380	0	285	4	182	0	77
117	626	0	474	0	380	0	285	2	249	0	77
247	424	1	394	0	380	0	285	2	249	0	77
117	626	0	474	0	380	0	285	0	371	0	77
66	696	0	474	3	261	0	285	0	371	0	77
264	392	0	474	0	380	0	285	1	302	0	77
85	668	0	474	0	380	0	285	0	371	0	77
105	642	12	157	0	380	0	285	0	371	0	77
666	103	13	149	3	261	2	204	25	43	0	77
427	239	0	474	1	324	0	285	19	58	0	77
584	133	5	247	6	205	2	204	19	58	0	77
348	305	0	474	2	295	2	204	3	201	0	77
253	410	2	344	1	324	0	285	3	201	0	77
1 089	39	8	201	32	71	32	37	10	102	0	77

学校名称	研究与发展课题									
	课题总数（项）		当年投入人数（人年）		当年拨入经费（百元）		当年支出经费（百元）		著作（部）	
临沂大学	958	62	40.2	528	59 623	220	26 153	330	48	129
泰山学院	238	350	132.2	174	10 225	507	6 817.25	526	35	194
济宁学院	84	609	45.1	505	1 000	721	1 422	694	5	595
菏泽学院	72	640	48.4	483	3 340	650	3 270	624	8	527
山东财经大学	572	130	165.5	128	207 010	69	121 312.75	101	64	97
山东体育学院	249	330	153.3	144	40 185.5	279	41 720.3	254	1	694
山东艺术学院	239	349	12	702	3 870	631	870	718	25	273
郑州大学	1 311	34	236.1	72	176 246	79	167 339.03	75	109	49
河南理工大学	424	197	80.1	314	47 047	259	37 951.4	271	23	291
郑州轻工业学院	330	252	123.5	192	31 100.2	329	24 335.3	344	42	154
河南工业大学	524	153	98.3	251	24 300	374	25 207	337	14	405
河南科技大学	208	388	48.5	482	43 480	267	24 345.4	343	35	194
中原工学院	182	421	116.9	210	69 213	196	77 375	162	48	129
河南农业大学	243	341	55.8	434	7 448	552	7 307	517	3	648
河南科技学院	617	119	36.7	542	8 210	539	4 280	591	42	154
河南中医学院	34	713	7.4	726	1 770	696	2 430	654	7	548
新乡医学院	85	606	8.6	721	2 370	677	2 250	662	0	718
河南大学	379	220	120.6	198	166 782	82	166 111.81	76	81	72
河南师范大学	1 209	39	234.4	74	56 701.5	228	48 309.5	227	31	224
信阳师范学院	340	241	107.9	226	17 600	420	15 718	407	11	452
周口师范学院	351	237	98.6	250	1 440	711	1 440	693	11	452
安阳师范学院	522	155	94	261	21 970	388	20 934	368	19	342
许昌学院	585	124	78.3	320	36 768	295	37 426	273	57	107
南阳师范学院	467	175	73.1	347	12 370	473	9 637	476	14	405
洛阳师范学院	235	358	79.2	317	19 080	407	14 590	414	30	230
商丘师范学院	54	671	70.6	362	17 490	424	16 960.5	396	15	393
河南财经政法大学	413	201	60.8	410	34 870	310	23 340	350	109	49
郑州航空工业管理学院	430	194	31.4	577	17 440	425	9 365	479	35	194
武汉大学	3 098	3	687.3	5	1 244 186.45	7	1 080 684.4	6	328	5
华中科技大学	874	76	212.5	88	157 927.34	91	232 113.24	53	100	58
武汉科技大学	399	211	86.6	289	39 083.2	284	39 206.19	264	41	156
长江大学	58	664	23.1	626	11 430	488	5 680	553	9	503
武汉工程大学	313	266	54.2	439	50 755	246	49 946	219	6	567

研究与发展成果								获奖成果数(项)			
学术论文(篇)				研究与咨询报告(篇)							
合计		其中:国外学术刊物发表		提交有关部门数		其中被采纳		合计		其中:国家级和部级	
270	388	2	344	0	380	0	285	7	128	0	77
241	431	8	201	1	324	0	285	1	302	0	77
72	687	0	474	0	380	0	285	1	302	0	77
484	188	26	86	0	380	0	285	0	371	0	77
806	77	41	55	80	21	57	13	29	33	5	19
71	689	7	213	13	137	5	138	3	201	0	77
251	412	0	474	0	380	0	285	2	249	0	77
1 011	48	7	213	29	79	26	44	21	50	0	77
487	185	2	344	0	380	0	285	10	102	0	77
290	359	4	270	21	95	0	285	2	249	0	77
547	155	5	247	8	178	3	174	7	128	0	77
417	245	2	344	1	324	0	285	5	163	0	77
445	222	3	299	0	380	0	285	4	182	0	77
118	623	3	299	1	324	0	285	2	249	0	77
355	293	6	232	11	155	0	285	5	163	0	77
72	687	0	474	6	205	4	157	4	182	0	77
126	604	1	394	20	99	0	285	1	302	0	77
1 163	31	2	344	0	380	0	285	41	21	1	48
1 090	38	0	474	0	380	0	285	20	54	1	48
593	128	0	474	0	380	0	285	7	128	0	77
213	476	0	474	1	324	0	285	1	302	0	77
445	222	2	344	15	124	0	285	2	249	0	77
856	71	26	86	37	62	0	285	2	249	0	77
460	202	1	394	0	380	0	285	1	302	0	77
384	267	4	270	0	380	0	285	3	201	0	77
445	222	1	394	0	380	0	285	1	302	0	77
486	186	9	187	0	380	0	285	11	88	0	77
351	300	1	394	0	380	0	285	0	371	0	77
2 876	4	118	15	371	1	298	1	5	163	5	19
860	69	27	83	31	75	25	45	1	302	1	48
503	177	4	270	0	380	0	285	0	371	0	77
562	144	21	103	0	380	0	285	0	371	0	77
255	406	0	474	0	380	0	285	0	371	0	77

学校名称	研究与发展课题								著作（部）	
	课题总数（项）		当年投入人数（人年）		当年拨入经费（百元）		当年支出经费（百元）			
中国地质大学	706	95	89.7	276	170 039	80	175 602.5	71	27	250
武汉纺织大学	265	315	131.4	177	122 586	122	121 776	100	6	567
武汉工业学院	242	343	58.6	419	33 340	321	27 864.08	322	21	318
武汉理工大学	533	150	74.6	340	90 057.8	161	61 623.22	188	34	201
湖北工业大学	312	267	123.2	193	73 742.09	187	73 056.92	166	32	215
华中农业大学	454	181	143.7	160	121 179.81	125	115 784.32	108	14	405
华中师范大学	1 107	46	403	24	859 193.4	9	824 293.4	8	216	11
湖北大学	576	127	122.4	195	155 470.69	93	141 480.19	88	75	75
湖北师范学院	228	366	110.7	219	23 625	377	21 615	362	27	250
黄冈师范学院	377	221	28.9	588	25 754	360	23 054	351	33	208
湖北民族学院	237	351	51.4	452	26 843	353	20 693	369	18	352
湖北文理学院	110	554	49.2	473	61 680	214	59 390	192	13	423
中南财经政法大学	1 548	24	367	26	417 429.28	29	383 281.54	29	114	46
武汉体育学院	433	192	74.4	342	39 000	286	36 350	282	33	208
湖北美术学院	89	599	114.1	213	390 230	33	386 881	27	47	135
中南民族大学	486	169	152.1	146	114 049.31	129	64 787	184	33	208
湖北汽车工业学院	68	646	50.2	464	13 897	462	13 767	426	1	694
湖北工程学院	297	282	61	408	10 825	500	6 559	532	16	377
湘潭大学	1 261	36	330.5	35	151 769.82	97	153 985	83	56	109
吉首大学	493	165	92.2	270	86 910	169	86 670.5	145	15	393
湖南大学	1 701	17	425.4	21	325 773	44	309 069.82	39	71	81
中南大学	885	73	305.9	42	369 600	37	204 700	59	65	96
湖南科技大学	632	116	333.5	34	84 887	172	81 244	156	57	107
长沙理工大学	741	93	240	68	128 381	118	66 933	176	29	237
湖南农业大学	540	148	198.2	99	39 080.5	285	38 368.6	268	27	250
中南林业科技大学	441	187	89	281	30 851	336	50 426.5	218	8	527
湖南中医药大学	22	733	3.8	742	755	730	724	725	2	668
湖南师范大学	1 775	15	403.2	23	187 559.2	76	94 266.84	135	104	56
湖南理工学院	368	229	18.5	663	50 741	247	41 613	256	10	481
湘南学院	376	224	40.5	526	12 350	474	12 521	440	9	503
衡阳师范学院	454	181	87.1	286	68 920.98	197	38 225.98	269	33	208
邵阳学院	148	475	62.2	400	14 630	451	10 790	463	30	230
怀化学院	295	283	68	374	22 710	384	22 690	354	5	595

续表

研究与发展成果								获奖成果数(项)			
学术论文(篇)				研究与咨询报告(篇)							
合计		其中:国外学术刊物发表		提交有关部门数		其中被采纳		合计		其中:国家级和部级	
224	460	18	117	0	380	0	285	0	371	0	77
1 219	24	44	46	13	137	0	285	0	371	0	77
274	381	6	232	0	380	0	285	0	371	0	77
439	230	12	157	0	380	0	285	0	371	0	77
350	301	7	213	3	261	3	174	0	371	0	77
230	454	7	213	3	261	2	204	0	371	0	77
1 188	28	69	29	71	23	65	11	0	371	0	77
561	146	8	201	5	226	5	138	0	371	0	77
436	234	3	299	0	380	0	285	0	371	0	77
484	188	2	344	2	295	2	204	0	371	0	77
83	673	1	394	6	205	0	285	11	88	11	5
249	418	1	394	0	380	0	285	0	371	0	77
738	86	10	177	15	124	13	74	3	201	3	27
559	148	1	394	0	380	0	285	0	371	0	77
362	287	3	299	5	226	3	174	0	371	0	77
699	92	1	394	3	261	3	174	25	43	23	1
207	486	1	394	0	380	0	285	0	371	0	77
248	420	9	187	2	295	1	238	1	302	1	48
628	115	10	177	34	68	5	138	21	50	0	77
442	227	2	344	0	380	0	285	9	110	2	32
972	54	46	45	0	380	0	285	21	50	1	48
582	137	0	474	4	246	3	174	4	182	0	77
858	70	17	124	9	170	5	138	11	88	1	48
9	747	0	474	0	380	0	285	10	102	1	48
587	132	5	247	0	380	0	285	6	141	0	77
319	329	6	232	0	380	0	285	8	120	0	77
51	710	4	270	0	380	0	285	0	371	0	77
984	52	13	149	4	246	4	157	27	36	1	48
463	200	32	70	3	261	3	174	4	182	0	77
315	332	0	474	0	380	0	285	0	371	0	77
345	308	4	270	0	380	0	285	1	302	0	77
406	253	0	474	5	226	3	174	2	249	0	77
518	168	0	474	0	380	0	285	3	201	0	77

学校名称	研究与发展课题								著作	
	课题总数（项）		当年投入人数（人年）		当年拨入经费（百元）		当年支出经费（百元）		著作（部）	
湖南文理学院	114	545	58	423	30 750	337	30 750	305	16	377
湖南科技学院	331	249	49. 1	476	35 565	304	20 545	371	13	423
湖南人文科技学院	151	465	50. 9	454	9 902. 5	509	9 740	474	13	423
湖南商学院	681	100	250. 3	60	91 267. 55	156	50 543. 24	217	35	194
南华大学	514	156	49	477	47 400	258	44 170	242	10	481
中山大学	2 442	9	541	9	1 406 244. 73	5	1 104 885. 6	5	164	21
暨南大学	1 509	26	455. 8	17	556 892. 59	19	459 254. 8	19	119	43
汕头大学	332	248	124. 3	189	36 155. 5	298	24 928. 6	339	32	215
华南理工大学	2 379	10	259. 1	56	705 890. 2	14	617 862. 67	13	43	150
华南农业大学	958	62	169. 1	126	231 628. 82	64	100 013. 98	126	32	215
广东海洋大学	197	400	118. 5	206	59 572	221	45 641. 72	236	14	405
广州医学院	102	577	20. 7	644	2 790	668	4 929. 45	566	3	648
广东医学院	74	631	37. 2	538	1 910	691	2 826. 5	641	4	624
广州中医药大学	79	620	17. 1	673	11 044	495	7 564	513	2	668
广东药学院	101	581	32. 6	568	5 010	598	3 537. 74	614	1	694
华南师范大学	1 235	38	491	15	548 123. 7	20	543 253. 7	14	193	12
韶关学院	73	636	28. 7	589	7 740	544	9 240	480	47	135
惠州学院	231	363	102. 9	234	27 273	349	25 682	334	6	567
韩山师范学院	260	317	55. 1	437	15 508	438	13 901. 4	421	11	452
湛江师范学院	331	249	65. 3	385	49 660. 87	252	15 511. 83	410	44	148
肇庆学院	218	379	47	491	33 725	319	30 687. 25	306	34	201
嘉应学院	138	497	65	387	24 118	375	20 689	370	29	237
广州体育学院	498	163	106. 1	228	15 438. 3	440	16 110. 98	403	21	318
广州美术学院	420	199	120. 9	197	577 634. 17	17	453 924. 34	20	22	307
星海音乐学院	55	669	23	627	10 500	504	6 496. 04	535	9	503
广东技术师范学院	250	329	65. 7	382	50 028	251	37 269	274	39	166
海南大学	354	235	99. 2	248	63 113	212	57 594. 6	197	55	111
深圳大学	942	64	323. 7	36	357 659	40	342 784	34	53	115
广东商学院	838	80	293. 6	44	166 381. 73	84	120 885. 43	103	52	120
广西大学	1 085	50	167. 1	127	117 718. 43	127	99 543. 55	128	106	54
广西工学院	247	332	64. 5	389	17 559. 8	423	16 934. 76	397	18	352
桂林电子科技大学	761	90	99. 1	249	111 754. 99	134	103 562. 11	122	22	307
桂林理工大学	83	610	48. 1	486	73 540	191	40 452	259	19	342

研究与发展成果								获奖成果数(项)			
学术论文(篇)				研究与咨询报告(篇)							
合计		其中:国外学术刊物发表		提交有关部门数		其中被采纳		合计		其中:国家级和部级	
490	184	5	247	1	324	1	238	2	249	0	77
453	209	1	394	0	380	0	285	2	249	0	77
289	361	1	394	0	380	0	285	2	249	2	32
365	283	0	474	1	324	0	285	9	110	0	77
217	470	14	140	0	380	0	285	1	302	0	77
1 527	16	118	15	311	2	294	2	5	163	5	19
1 573	14	93	22	28	82	24	47	2	249	2	32
217	470	0	474	5	226	5	138	0	371	0	77
954	56	119	14	102	13	98	4	0	371	0	77
684	98	4	270	29	79	18	58	0	371	0	77
311	338	2	344	0	380	0	285	0	371	0	77
84	671	1	394	1	324	0	285	0	371	0	77
167	538	0	474	0	380	0	285	0	371	0	77
42	716	1	394	0	380	0	285	0	371	0	77
155	560	0	474	0	380	0	285	0	371	0	77
1 278	22	40	58	23	90	0	285	0	371	0	77
288	363	0	474	37	62	36	30	0	371	0	77
404	254	5	247	9	170	9	100	0	371	0	77
457	206	9	187	0	380	0	285	0	371	0	77
446	220	6	232	0	380	0	285	0	371	0	77
520	166	6	232	19	104	1	238	0	371	0	77
510	175	0	474	66	29	0	285	1	302	0	77
165	542	3	299	0	380	0	285	0	371	0	77
233	448	1	394	46	46	46	18	0	371	0	77
67	692	0	474	0	380	0	285	0	371	0	77
445	222	3	299	0	380	0	285	0	371	0	77
312	337	17	124	13	137	11	88	44	18	0	77
716	89	29	77	84	19	48	17	0	371	0	77
554	152	10	177	12	146	10	94	2	249	2	32
893	63	5	247	10	158	10	94	67	7	0	77
373	279	21	103	6	205	1	238	8	120	0	77
438	232	25	88	6	205	6	126	15	71	0	77
270	388	1	394	4	246	0	285	11	88	4	24

学校名称	研究与发展课题								著作（部）	
	课题总数（项）		当年投入人数（人年）		当年拨入经费（百元）		当年支出经费（百元）			
广西医科大学	24	730	5.7	734	1 600	707	4 135	596	5	595
右江民族医学院	25	728	20	652	1 610	705	905	716	0	718
广西中医药大学	44	687	4.8	737	690	733	3 813.8	603	3	648
桂林医学院	12	744	5.5	735	1 510	708	365	739	0	718
广西师范大学	1 062	52	249.9	62	161 099.65	87	117 775.36	105	137	35
广西师范学院	308	273	234.2	75	146 308.18	100	101 277.51	124	16	377
广西民族师范学院	168	441	58.4	421	6 990	565	5 058.6	563	2	668
河池学院	104	569	77.8	322	4 890	603	3 514.5	615	3	648
玉林师范学院	450	183	118.4	207	20 394	395	16 976.61	395	10	481
广西艺术学院	347	239	20.2	650	13 742	465	0	751	3	648
广西民族大学	572	130	180.6	115	141 025	104	87 803.8	143	45	146
百色学院	121	532	24	621	7 680	547	3 289	622	3	648
四川大学	2 598	8	470.9	16	1 082 516	8	477 508	17	150	28
重庆大学	698	97	302.8	43	505 786.57	23	419 245.2	22	50	123
西南交通大学	507	158	164.6	129	181 805	77	201 371	61	46	142
电子科技大学	151	465	86.9	288	81 610	177	107 652	118	22	307
西南石油大学	272	310	151.8	147	100 899.1	146	98 144.33	132	13	423
成都理工大学	400	209	89.5	279	66 340.5	205	60 389.3	190	47	135
重庆邮电大学	489	167	83.6	299	36 475	297	31 278	301	33	208
重庆交通大学	189	409	60.6	412	122 390	123	129 325	96	20	330
西南科技大学	578	126	242.1	67	33 917	317	36 916	278	19	342
成都信息工程学院	93	594	33.6	560	54 232	235	57 620.5	196	12	441
四川理工学院	435	191	84.6	294	43 160.5	270	42 569.5	250	5	595
西华大学	567	135	178.4	118	66 595.5	203	69 075.5	172	30	230
中国民用航空飞行学院	16	739	15.7	680	2 330	679	2 300	657	0	718
四川农业大学	141	490	50.1	466	30 966.43	331	33 584.63	294	8	527
西昌学院	219	376	50.4	461	3 960	630	4 167.5	593	13	423
重庆医科大学	37	703	12	702	3 330	653	5 922	546	9	503
泸州医学院	251	328	46.1	497	2 980	662	1 685	685	8	527
成都中医药大学	137	500	35.2	551	8 526	533	4 560.6	580	3	648
川北医学院	79	620	43	514	2 314	680	2 446	652	0	718
西南大学	1 895	14	746.1	3	438 820.75	27	452 875.82	21	177	19
四川师范大学	1 013	56	200	97	222 563.99	66	191 528.98	66	48	129

续表

研究与发展成果								获奖成果数(项)			
学术论文(篇)				研究与咨询报告(篇)							
合计		其中:国外学术刊物发表		提交有关部门数		其中被采纳		合计		其中:国家级和部级	
77	682	0	474	0	380	0	285	0	371	0	77
37	726	0	474	0	380	0	285	0	371	0	77
78	681	0	474	0	380	0	285	0	371	0	77
21	738	5	247	0	380	0	285	0	371	0	77
1 016	47	16	127	4	246	0	285	65	8	4	24
601	124	2	344	8	178	0	285	12	86	0	77
165	542	0	474	0	380	0	285	0	371	0	77
211	481	6	232	0	380	0	285	0	371	0	77
420	242	0	474	0	380	0	285	6	141	0	77
223	462	0	474	0	380	0	285	3	201	0	77
624	116	1	394	1	324	0	285	60	9	11	5
242	430	0	474	0	380	0	285	3	201	0	77
1 376	19	109	18	63	31	60	12	72	5	3	27
833	73	37	62	238	3	52	15	5	163	0	77
669	102	41	55	6	205	2	204	11	88	0	77
427	239	43	50	0	380	0	285	11	88	0	77
200	497	0	474	57	37	49	16	4	182	0	77
329	322	14	140	6	205	6	126	4	182	0	77
410	250	0	474	8	178	8	107	0	371	0	77
260	397	9	187	6	205	6	126	0	371	0	77
565	142	0	474	23	90	0	285	2	249	0	77
244	426	1	394	9	170	9	100	3	201	0	77
453	209	0	474	41	57	41	25	0	371	0	77
453	209	2	344	39	61	39	28	6	141	0	77
32	730	0	474	0	380	0	285	0	371	0	77
136	586	32	70	12	146	0	285	6	141	0	77
218	469	0	474	0	380	0	285	2	249	0	77
125	607	0	474	1	324	1	238	0	371	0	77
98	651	0	474	0	380	0	285	0	371	0	77
49	712	0	474	2	295	2	204	3	201	0	77
104	643	1	394	0	380	0	285	0	371	0	77
1 422	18	136	12	88	16	72	8	2	249	2	32
632	113	15	134	1	324	1	238	35	25	0	77

学校名称	研究与发展课题								著作（部）	
	课题总数（项）		当年投入人数（人年）		当年拨入经费（百元）		当年支出经费（百元）			
重庆师范大学	568	133	124.6	188	129 632	115	80 376	157	48	129
西华师范大学	638	114	155.2	139	66 468.49	204	48 970.49	224	28	246
绵阳师范学院	369	228	118.9	203	20 059.7	398	18 262.25	387	14	405
内江师范学院	275	304	73.2	346	16 612.5	431	14 005	420	19	342
宜宾学院	476	173	125.7	186	22 504	386	20 136.5	374	21	318
重庆文理学院	254	322	93.7	263	19 412	403	10 087.7	469	10	481
重庆三峡学院	151	465	69.3	369	34 696	314	27 756.8	324	16	377
四川文理学院	342	240	109.2	222	5 091	596	4 724	577	14	405
长江师范学院	112	550	46	498	14 080	460	6 528	533	5	595
乐山师范学院	559	140	145.6	157	24 677	370	28 581.5	313	25	273
四川外语学院	318	260	127.2	181	52 681	237	52 144.6	212	39	166
西南财经大学	972	59	243.8	66	114 037.63	130	65 397.48	182	48	129
西南政法大学	855	78	342.1	30	158 290	90	116 170	107	63	101
成都体育学院	444	186	128.5	179	57 490	226	54 177.25	204	36	186
四川音乐学院	390	213	144.4	158	16 660	430	15 707.09	408	9	503
四川美术学院	157	456	80.6	312	101 355.5	145	140 301.55	90	27	250
西南民族大学	544	145	126.5	183	90 720	158	88 055	142	14	405
贵州大学	1 199	42	272.6	51	152 787.96	96	162 855.69	79	41	156
贵阳医学院	26	723	9.3	719	1 740	697	1 036	707	0	718
遵义医学院	164	447	20.5	647	8 978	528	4 395	586	2	668
贵阳中医学院	43	690	20	652	1 950	690	1 808	679	0	718
贵州师范大学	571	132	112.1	214	58 310.98	224	42 212.22	251	25	273
遵义师范学院	230	364	28.7	589	10 968	497	4 370	589	27	250
铜仁学院	191	406	29.3	585	6 210	575	5 804.5	550	11	452
兴义民族师范学院	63	651	31.1	580	4 418	617	4 005.16	600	9	503
安顺学院	78	622	29.4	583	6 275	574	6 292	538	3	648
毕节学院	102	577	33.3	563	26 080	359	25 010	338	6	567
凯里学院	114	545	24.5	618	13 906	461	14 711	413	5	595
黔南民族师范学院	207	390	31.2	578	14 089	459	3 641.4	610	4	624
贵州财经大学	523	154	173.5	123	81 654	176	66 890	177	64	97
贵州民族大学	182	421	187.9	109	34 620	315	36 450	281	19	342
云南大学	734	94	84.5	295	60 776.21	218	34 553.61	289	129	37
昆明理工大学	150	470	84.4	296	95 301.81	152	98 215.46	131	44	148

续表

研究与发展成果								获奖成果数(项)			
学术论文(篇)				研究与咨询报告(篇)							
合计		其中:国外学术刊物发表		提交有关部门数		其中被采纳		合计		其中:国家级和部级	
691	95	15	134	85	18	37	29	0	371	0	77
1 030	44	13	149	4	246	4	157	14	77	0	77
527	164	1	394	6	205	0	285	2	249	0	77
448	218	1	394	0	380	0	285	2	249	0	77
500	178	7	213	5	226	4	157	2	249	0	77
247	424	3	299	7	193	3	174	0	371	0	77
466	197	38	61	81	20	9	100	1	302	0	77
384	267	0	474	4	246	1	238	4	182	0	77
164	547	0	474	0	380	0	285	0	371	0	77
682	100	11	167	15	124	12	82	4	182	0	77
379	272	24	92	8	178	0	285	0	371	0	77
633	112	68	30	45	50	31	38	26	41	5	19
1 054	42	16	127	76	22	7	116	3	201	0	77
148	570	4	270	89	15	1	238	6	141	0	77
156	559	0	474	4	246	0	285	3	201	0	77
164	547	1	394	27	84	27	42	0	371	0	77
686	96	14	140	12	146	8	107	51	13	23	1
496	183	10	177	18	109	7	116	4	182	1	48
15	743	0	474	0	380	0	285	0	371	0	77
109	636	0	474	0	380	0	285	0	371	0	77
34	729	0	474	0	380	0	285	0	371	0	77
564	143	2	344	1	324	1	238	3	201	1	48
306	345	0	474	0	380	0	285	2	249	0	77
278	377	1	394	0	380	0	285	0	371	0	77
259	398	0	474	0	380	0	285	0	371	0	77
238	436	0	474	1	324	0	285	3	201	0	77
122	610	0	474	0	380	0	285	0	371	0	77
254	409	0	474	0	380	0	285	0	371	0	77
277	379	0	474	0	380	0	285	0	371	0	77
988	49	12	157	58	36	45	19	15	71	1	48
444	226	1	394	0	380	0	285	0	371	0	77
804	78	21	103	40	59	0	285	52	12	10	7
364	286	9	187	0	380	0	285	2	249	0	77

学校名称	研究与发展课题								著作（部）	
	课题总数（项）		当年投入人数（人年）		当年拨入经费（百元）		当年支出经费（百元）			
云南农业大学	115	542	35.3	549	12 285	475	12 199	442	8	527
西南林业大学	54	671	12.8	696	9 070	527	4 823.37	570	1	694
昆明医科大学	12	744	4	740	2 800	667	3 899	601	0	718
大理学院	220	375	118	208	26 340	356	8 632.55	490	9	503
云南中医学院	38	700	15	685	2 380	676	2 198.29	665	2	668
云南师范大学	551	143	250.3	60	117 936.45	126	112 116.5	112	122	42
昭通学院	46	685	25.4	608	820	729	1 042.5	706	5	595
曲靖师范学院	247	332	126.4	184	29 158	343	27 289	325	16	377
普洱学院	12	744	4.8	737	1 270	715	557	730	6	567
保山学院	69	644	25	616	3 480	641	2 438	653	10	481
红河学院	119	535	33	565	15 059	448	11 665	450	21	318
云南财经大学	1 104	47	246	64	151 625.04	98	159 532.16	81	86	70
云南艺术学院	190	407	63.2	394	7 854	542	4 391.89	587	5	595
云南民族大学	286	289	76.3	333	159 739.99	88	75 513.32	164	93	64
西藏大学	134	509	97.8	253	52 490	239	35 052	288	37	180
西藏民族学院	284	292	92.2	270	26 690	354	23 448.8	349	13	423
西北大学	898	70	149.7	151	125 972	120	55 798	200	47	135
西安交通大学	1 059	53	283.1	47	378 578.08	36	362 348.08	30	49	125
西北工业大学	49	681	67.1	378	7 290	555	5 760.85	551	8	527
西安理工大学	242	343	66.4	380	106 000.41	140	97 961.41	133	21	318
西安电子科技大学	187	411	132	175	48 738.5	255	51 611.7	214	9	503
西安工业大学	36	705	33.9	556	9 135	526	7 994	502	0	718
西安建筑科技大学	195	401	32.7	567	41 650.5	274	71 118.37	168	13	423
西安科技大学	316	262	33.3	563	60 792	216	48 944.9	225	31	224
西安石油大学	325	256	32.3	570	34 751.96	313	25 430.01	335	11	452
陕西科技大学	147	477	15.4	681	23 680	376	13 536	429	40	161
西安工程大学	258	319	92.3	269	74 517	185	68 597	175	9	503
长安大学	568	133	53.4	441	129 190	117	129 243.3	97	23	291
西北农林科技大学	169	434	45.8	501	52 206.5	240	53 933.3	207	1	694
陕西中医学院	15	741	20	652	1 960	689	661	728	43	150
陕西师范大学	1 020	55	193	101	262 612	52	114 292.02	109	109	49
延安大学	149	472	100.1	245	11 030	496	10 142	467	11	452
陕西理工学院	450	183	92.6	265	50 930	245	49 404.25	221	23	291

续表

研究与发展成果								获奖成果数(项)			
学术论文(篇)				研究与咨询报告(篇)							
合计		其中:国外学术刊物发表		提交有关部门数		其中被采纳		合计		其中:国家级和部级	
248	420	0	474	0	380	0	285	0	371	0	77
131	596	3	299	6	205	0	285	1	302	0	77
3	749	0	474	1	324	0	285	0	371	0	77
288	363	0	474	0	380	0	285	1	302	0	77
11	745	0	474	1	324	0	285	0	371	0	77
1 074	40	0	474	0	380	0	285	25	43	1	48
62	700	0	474	0	380	0	285	0	371	0	77
531	163	0	474	0	380	0	285	4	182	0	77
64	699	0	474	0	380	0	285	0	371	0	77
345	308	0	474	2	295	2	204	0	371	0	77
471	195	0	474	1	324	1	238	1	302	0	77
641	109	9	187	1	324	1	238	15	71	0	77
176	526	1	394	0	380	0	285	1	302	0	77
738	86	9	187	20	99	0	285	29	33	9	8
145	576	0	474	0	380	0	285	0	371	0	77
353	297	1	394	0	380	0	285	6	141	5	19
486	186	2	344	3	261	2	204	0	371	0	77
609	121	101	20	19	104	16	63	2	249	2	32
150	567	3	299	0	380	0	285	0	371	0	77
309	342	8	201	0	380	0	285	0	371	0	77
309	342	1	394	2	295	2	204	1	302	0	77
352	298	1	394	0	380	0	285	0	371	0	77
87	665	5	247	0	380	0	285	0	371	0	77
127	601	24	92	0	380	0	285	0	371	0	77
270	388	4	270	0	380	0	285	0	371	0	77
248	420	0	474	0	380	0	285	0	371	0	77
234	444	0	474	23	90	17	61	0	371	0	77
248	420	3	299	64	30	21	53	0	371	0	77
217	470	0	474	0	380	0	285	0	371	0	77
172	529	1	394	0	380	0	285	0	371	0	77
1 292	21	25	88	1	324	1	238	0	371	0	77
282	371	0	474	0	380	0	285	0	371	0	77
452	213	0	474	21	95	18	58	0	371	0	77

学校名称	研究与发展课题									
	课题总数（项）		当年投入人数（人年）		当年拨入经费（百元）		当年支出经费（百元）		著作（部）	
宝鸡文理学院	554	142	60.4	413	9 880	510	26 255	329	10	481
咸阳师范学院	246	335	45.4	502	5 400	590	1 572	688	4	624
渭南师范学院	180	423	90.2	274	5 905	583	7 571.5	512	14	405
西安外国语大学	528	152	62.9	397	19 175	405	18 679.71	384	13	423
西北政法大学	431	193	95.8	258	40 748.5	277	37 113.3	276	60	102
西安体育学院	289	288	158.4	136	18 795	411	13 025.5	435	1	694
西安音乐学院	69	644	23.6	624	5 460	589	4 760	575	10	481
西安美术学院	82	613	25.8	606	55 000	232	4 828	569	46	142
兰州大学	664	106	254.5	58	253 200.06	57	301 440.57	40	77	73
兰州理工大学	139	496	31.7	571	25 005.4	365	21 805.4	359	7	548
兰州交通大学	169	434	51.2	453	31 301	328	23 588.41	347	19	342
甘肃农业大学	127	522	27.7	596	14 215	457	7 694	510	12	441
西北师范大学	674	102	178.6	117	145 419	101	129 389	95	40	161
兰州城市学院	44	687	22.3	632	7 690	546	6 688.5	529	12	441
陇东学院	82	613	33.4	562	4 640	608	3 636.5	611	5	595
天水师范学院	161	451	72.1	352	9 230	521	18 147.5	390	34	201
河西学院	108	560	25.4	608	14 215	457	9 540	477	18	352
兰州商学院	315	265	54.1	440	18 850	410	16 435	399	39	166
西北民族大学	427	196	72.7	349	33 920	316	20 431	372	32	215
青海大学	125	526	76.4	332	16 550	432	11 822	447	4	624
青海师范大学	83	610	63.1	395	22 250	387	18 004.5	392	17	366
青海民族大学	136	505	51.6	451	30 570	338	21 085	366	11	452
宁夏大学	503	160	154.9	140	45 580	262	49 167	223	35	194
宁夏医科大学	34	713	10.2	711	1 290	713	2 189.54	666	1	694
宁夏师范学院	35	709	7	728	3 550	639	3 097	629	2	668
新疆大学	556	141	280.1	48	139 511.3	106	68 731.28	174	23	291
塔里木大学	126	524	37.4	537	23 250	381	14 973	411	0	718
新疆农业大学	73	636	42.8	515	15 500	439	10 111.8	468	4	624
石河子大学	471	174	148.7	152	64 098	209	38 928.5	265	54	112
新疆医科大学	29	720	10.2	711	3 190	660	3 012.49	632	0	718
新疆师范大学	459	179	228.8	78	133 800	108	107 935	117	19	342
喀什师范学院	92	596	56.5	429	13 507.5	466	5 577.6	554	9	503
伊犁师范学院	115	542	46	498	19 700	400	11 241	453	3	648

续表

研究与发展成果								获奖成果数(项)			
学术论文(篇)				研究与咨询报告(篇)							
合计		其中:国外学术刊物发表		提交有关部门数		其中被采纳		合计		其中:国家级和部级	
521	165	0	474	0	380	0	285	0	371	0	77
546	156	3	299	0	380	0	285	0	371	0	77
447	219	0	474	0	380	0	285	0	371	0	77
455	208	0	474	0	380	0	285	0	371	0	77
892	64	10	177	9	170	0	285	1	302	1	48
285	366	0	474	0	380	0	285	0	371	0	77
98	651	0	474	9	170	0	285	0	371	0	77
282	371	0	474	0	380	0	285	0	371	0	77
1 823	11	37	62	8	178	8	107	3	201	3	27
100	647	0	474	5	226	4	157	0	371	0	77
255	406	12	157	0	380	0	285	0	371	0	77
158	557	0	474	1	324	1	238	0	371	0	77
663	104	4	270	9	170	3	174	0	371	0	77
313	335	0	474	0	380	0	285	0	371	0	77
219	468	0	474	0	380	0	285	0	371	0	77
174	527	0	474	0	380	0	285	0	371	0	77
171	532	0	474	1	324	0	285	0	371	0	77
408	251	1	394	0	380	0	285	0	371	0	77
372	280	5	247	0	380	0	285	1	302	1	48
82	674	0	474	0	380	0	285	0	371	0	77
226	459	0	474	14	132	3	174	1	302	0	77
359	290	0	474	5	226	1	238	1	302	1	48
452	213	2	344	15	124	6	126	0	371	0	77
16	740	1	394	2	295	0	285	3	201	0	77
115	630	0	474	0	380	0	285	0	371	0	77
559	148	2	344	1	324	0	285	36	24	0	77
104	643	0	474	8	178	0	285	1	302	0	77
122	610	0	474	0	380	0	285	6	141	0	77
533	162	0	474	18	109	14	70	7	128	0	77
54	708	0	474	0	380	0	285	0	371	0	77
474	193	1	394	0	380	0	285	38	22	0	77
255	406	1	394	0	380	0	285	1	302	0	77
311	338	8	201	1	324	0	285	3	201	0	77

学校名称	研究与发展课题								著作	
	课题总数（项）		当年投入人数（人年）		当年拨入经费（百元）		当年支出经费（百元）		著作（部）	
新疆财经大学	449	185	101	242	51 884	241	16 073.78	404	29	237
新疆艺术学院	111	552	48.7	479	5 465	588	3 469	618	8	527
天津城市建设学院	117	540	81.4	307	27 967	347	27 777.9	323	11	452
河北科技师范学院	261	316	154.7	141	1 610	705	1 305.5	698	23	291
吕梁学院	23	732	3.5	746	2 140	683	1 403	695	0	718
呼伦贝尔学院	39	698	19.5	658	3 420	642	3 380	621	11	452
辽宁对外经贸学院	223	373	151.1	149	6 305	573	2 930	634	19	342
上海工程技术大学	306	274	106.7	227	81 212.9	178	82 731.5	152	38	178
浙江万里学院	592	123	82.4	303	49 292	253	54 085.22	206	17	366
安徽建筑工业学院	246	335	121.2	196	20 170	396	17 856	393	1	694
安徽科技学院	280	297	64.1	391	19 603	401	19 157	382	28	246
枣庄学院	48	682	31.5	575	4 985	601	4 985	564	16	377
山东工艺美术学院	158	454	87.6	284	4 800	604	4 800	572	46	142
黄淮学院	154	461	79.8	315	8 440	536	8 603.49	492	6	567
平顶山学院	51	675	4	740	1 860	694	970	713	3	648
湖北理工学院	64	650	92.6	265	7 590	549	3 237.5	625	1	694
湖北科技学院	195	401	89.8	275	12 025	483	7 220	520	26	265
湖北医药学院	76	626	12.4	697	2 000	688	3 031	630	6	567
安徽三联学院	74	631	25.4	608	2 467	673	2 462	649	9	503
吉林华桥外国语学院	131	517	53.3	442	285	747	100	749	2	668
贵阳学院	132	514	20.7	644	10 440	505	11 691	448	18	352
六盘水师范学院	35	709	15.8	679	3 340	650	2 267	660	1	694
新疆工程学院	26	723	11.6	705	1 460	709	1 358	696	0	718
昌吉学院	109	556	63.1	395	7 495	551	8 332	498	2	668
唐山学院	93	594	28.7	589	500	737	1 208	700	1	694
沈阳大学	101	581	60.3	415	25 100	363	8 400	496	45	146
上海立信会计学院	437	188	58.5	420	37 580	291	48 581.38	226	33	208
淮阴工学院	277	300	72.7	349	11 306	492	12 810.63	438	9	503
常州工学院	142	488	24.2	620	43 396	268	42 041	252	23	291
浙江科技学院	339	243	36.1	545	55 217	231	53 733.65	209	18	352
宁波工程学院	242	343	62.4	399	39 390.5	282	34 094.06	292	20	330
合肥学院	146	480	25.6	607	4 525	613	10 624.5	464	1	694
厦门理工学院	404	207	140.1	165	33 738	318	24 086.84	346	16	377

续表

研究与发展成果								获奖成果数(项)			
学术论文(篇)				研究与咨询报告(篇)							
合计		其中:国外学术刊物发表		提交有关部门数		其中被采纳		合计		其中:国家级和部级	
647	107	10	177	0	380	0	285	31	29	0	77
165	542	0	474	5	226	5	138	1	302	0	77
107	640	0	474	0	380	0	285	0	371	0	77
321	325	7	213	33	69	6	126	2	249	0	77
59	705	0	474	0	380	0	285	0	371	0	77
181	520	0	474	0	380	0	285	0	371	0	77
560	147	3	299	0	380	0	285	0	371	0	77
619	120	18	117	1	324	1	238	3	201	0	77
251	412	16	127	11	155	11	88	2	249	0	77
258	399	12	157	4	246	0	285	1	302	1	48
290	359	10	177	0	380	0	285	0	371	0	77
333	319	2	344	0	380	0	285	3	201	0	77
202	493	0	474	0	380	0	285	1	302	0	77
258	399	0	474	0	380	0	285	2	249	0	77
439	230	3	299	0	380	0	285	1	302	0	77
292	357	0	474	0	380	0	285	0	371	0	77
559	148	2	344	7	193	5	138	0	371	0	77
84	671	7	213	0	380	0	285	0	371	0	77
141	580	0	474	0	380	0	285	0	371	0	77
159	556	4	270	0	380	0	285	0	371	0	77
185	515	0	474	0	380	0	285	0	371	0	77
109	636	0	474	0	380	0	285	0	371	0	77
47	713	2	344	0	380	0	285	0	371	0	77
233	448	2	344	30	76	28	41	3	201	0	77
128	600	0	474	0	380	0	285	0	371	0	77
155	560	43	50	0	380	0	285	1	302	0	77
201	494	3	299	0	380	0	285	2	249	0	77
377	274	5	247	16	117	4	157	0	371	0	77
261	396	8	201	10	158	5	138	3	201	0	77
188	511	1	394	2	295	1	238	1	302	0	77
133	594	5	247	1	324	1	238	0	371	0	77
144	578	0	474	2	295	2	204	0	371	0	77
237	438	4	270	10	158	9	100	0	371	0	77

学校名称	研究与发展课题									
	课题总数（项）		当年投入人数（人年）		当年拨入经费（百元）		当年支出经费（百元）		著作（部）	
青岛大学	690	99	59.4	418	29 009	344	19 329	379	27	250
烟台大学	137	500	143.6	161	35 480	305	46 680	232	39	166
潍坊学院	229	365	141.1	163	44 740	265	44 740	240	13	423
洛阳理工学院	86	604	21.6	639	1 685	701	1 675	686	23	291
新乡学院	109	556	2.1	751	300	744	220	744	15	393
江汉大学	680	101	74.3	343	384 846	34	322 728.5	37	41	156
三峡大学	424	197	119.2	202	146 620.28	99	123 732.45	98	20	330
长沙学院	306	274	67.4	377	27 640	348	28 704	312	12	441
广州大学	890	72	159.9	135	402 521	31	390 364.27	26	107	52
成都学院	350	238	84.4	296	50 159	250	53 382	210	32	215
西安文理学院	277	300	85.8	292	15 225	444	11 674	449	5	595
琼州学院	198	397	35.7	548	11 490	487	10 800	462	21	318
中国人民武装警察部队学院	148	475	77.9	321	9 370	520	8 161	499	21	318
广东警官学院	185	415	62.1	403	13 350	469	2 873.32	637	12	441
成都工业学院	61	656	30	582	4 750	605	4 020	599	12	441
扬州大学	412	204	110.9	218	87 465.4	167	83 217.4	150	73	79
三江学院	55	669	13.3	693	16 681	429	8 597	493	4	624
中华女子学院	233	360	93.8	262	31 025	330	18 646.37	385	47	135
齐齐哈尔医学院	42	692	43.2	513	848	727	786	720	5	595
北京信息科技大学	331	249	108.4	224	41 478.12	275	33 485.77	295	15	393
河北体育学院	136	505	56.3	432	2 140	683	2 277	659	7	548
大连大学	456	180	135.3	170	38 577.37	288	48 000	229	31	224
吉林工商学院	140	494	58	423	5 360	591	2 010	670	26	265
南京工程学院	96	590	17.4	669	11 395	489	11 226.66	454	11	452
南京审计学院	436	189	103.7	233	73 664.8	189	73 149.07	165	6	567
蚌埠学院	58	664	31.7	571	1 370	712	1 489	689	0	718
池州学院	133	512	65.3	385	6 180	576	4 808	571	7	548
三明学院	146	480	56.5	429	9 753	513	7 195.5	521	7	548
龙岩学院	149	472	42.8	515	4 170	624	6 210	539	3	648
江西科技师范大学	669	104	63.3	393	17 440	425	3 768	605	14	405
南昌工程学院	278	299	10	713	23 118	383	24 651	342	0	718
山东警察学院	147	477	51.9	450	6 602.5	569	12 618.68	439	7	548

续表

研究与发展成果								获奖成果数(项)			
学术论文(篇)				研究与咨询报告(篇)							
合计		其中:国外学术刊物发表		提交有关部门数		其中被采纳		合计		其中:国家级和部级	
222	465	2	344	17	112	11	88	10	102	0	77
313	335	20	110	5	226	5	138	10	102	1	48
289	361	0	474	0	380	0	285	4	182	0	77
578	138	2	344	0	380	0	285	1	302	0	77
534	161	0	474	0	380	0	285	0	371	0	77
908	60	8	201	4	246	4	157	0	371	0	77
879	68	7	213	5	226	5	138	3	201	3	27
201	494	3	299	0	380	0	285	2	249	0	77
897	62	34	66	36	64	33	35	0	371	0	77
507	176	13	149	3	261	1	238	5	163	0	77
632	113	0	474	0	380	0	285	0	371	0	77
186	513	2	344	2	295	0	285	5	163	0	77
390	264	14	140	44	53	23	50	0	371	0	77
249	418	2	344	1	324	1	238	0	371	0	77
134	591	1	394	3	261	2	204	0	371	0	77
605	123	1	394	41	57	24	47	10	102	0	77
98	651	0	474	3	261	3	174	0	371	0	77
257	402	12	157	12	146	11	88	0	371	0	77
94	658	0	474	0	380	0	285	0	371	0	77
345	308	18	117	0	380	0	285	0	371	0	77
120	619	1	394	0	380	0	285	0	371	0	77
460	202	7	213	1	324	0	285	6	141	1	48
453	209	0	474	0	380	0	285	0	371	0	77
201	494	0	474	3	261	3	174	0	371	0	77
349	302	0	474	6	205	6	126	6	141	0	77
282	371	0	474	0	380	0	285	0	371	0	77
169	534	0	474	0	380	0	285	0	371	0	77
185	515	0	474	3	261	3	174	0	371	0	77
94	658	0	474	0	380	0	285	0	371	0	77
256	405	2	344	0	380	0	285	0	371	0	77
213	476	2	344	0	380	0	285	0	371	0	77
108	639	1	394	6	205	1	238	2	249	0	77

学校名称	研究与发展课题								著作（部）	
	课题总数（项）		当年投入人数（人年）		当年拨入经费（百元）		当年支出经费（百元）			
安阳工学院	40	695	19.5	658	2 700	670	2 235	664	13	423
湖北警官学院	36	705	2.5	749	4 070	626	4 070	598	6	567
荆楚理工学院	33	715	16.9	675	460	738	504	732	5	595
湖南工程学院	236	353	44.1	508	14 632.5	450	14 524.1	416	4	624
仲恺农业工程学院	227	367	42.5	519	45 230.3	263	45 230.3	238	2	668
五邑大学	268	312	49.5	470	88 144	165	54 384.95	203	16	377
梧州学院	54	671	29.4	583	4 300	621	2 278	658	8	527
攀枝花学院	88	600	19.7	657	3 705	637	479.94	733	0	718
玉溪师范学院	73	636	14.4	688	5 320	593	4 784.3	573	8	527
楚雄师范学院	138	497	45	506	22 620	385	22 237	355	6	567
云南警官学院	109	556	20.6	646	25 480	361	21 510.02	364	21	318
昆明学院	188	410	119.5	200	15 988	435	14 539.85	415	24	286
榆林学院	173	431	14.9	686	10 550	502	9 499	478	5	595
商洛学院	50	679	7.3	727	1 880	693	1 484	690	1	694
安康学院	184	417	20.5	647	14 595	452	11 405	452	5	595
甘肃政法学院	158	454	114.5	212	32 730	324	26 549.5	328	39	166
北方民族大学	286	289	74.2	344	48 170	256	28 472	317	27	250
中国矿业大学（北京）	76	626	20	652	29 487	341	13 792.11	425	13	423
中国石油大学	65	648	66.7	379	100 651	147	64 371.1	185	7	548
中国地质大学（北京）	192	404	76.5	331	193 249.8	74	176 220.5	70	18	352
北京联合大学	901	69	313.2	37	218 727	67	167 366.47	74	153	26
北京城市学院	38	700	12.4	697	12 614	472	15 839	406	3	648
河北金融学院	316	262	76.7	329	17 915	416	14 271	418	5	595
集宁师范学院	24	730	17.6	668	650	734	665	727	6	567
辽宁科技学院	124	528	72.3	351	15 859	436	11 888.2	446	12	441
长春工程学院	97	589	21.9	636	17 600	420	10 461.37	465	2	668
吉林农业科技学院	21	737	6.2	733	1 700	700	1 592	687	6	567
吉林警察学院	73	636	41.2	523	3 300	654	2 454	651	4	624
上海电机学院	58	664	15.1	684	30 880.5	335	30 985.5	303	11	452
南京晓庄学院	99	585	49.6	469	5 000	599	3 287	623	35	194
江苏技术师范学院	387	215	64	392	39 281.36	283	31 473.75	300	7	548
浙江财经学院	1 317	33	231.4	76	259 700	53	254 147.4	48	50	123
浙江警察学院	149	472	55.3	436	9 720	514	7 295	518	14	405

续表

研究与发展成果								获奖成果数(项)			
学术论文(篇)				研究与咨询报告(篇)							
合计		其中:国外学术刊物发表		提交有关部门数		其中被采纳		合计		其中:国家级和部级	
240	433	1	394	24	88	0	285	0	371	0	77
121	616	0	474	0	380	0	285	0	371	0	77
121	616	0	474	0	380	0	285	0	371	0	77
123	609	0	474	0	380	0	285	1	302	0	77
463	200	0	474	0	380	0	285	0	371	0	77
136	586	0	474	8	178	1	238	0	371	0	77
195	502	0	474	0	380	0	285	0	371	0	77
228	457	0	474	1	324	0	285	0	371	0	77
119	621	0	474	0	380	0	285	3	201	0	77
199	498	0	474	0	380	0	285	0	371	0	77
98	651	0	474	0	380	0	285	1	302	0	77
355	293	21	103	12	146	12	82	3	201	0	77
241	431	0	474	0	380	0	285	0	371	0	77
161	552	0	474	0	380	0	285	0	371	0	77
347	306	0	474	1	324	0	285	0	371	0	77
399	256	2	344	5	226	0	285	0	371	0	77
429	237	0	474	60	34	5	138	8	120	8	12
112	632	0	474	0	380	0	285	0	371	0	77
132	595	16	127	3	261	0	285	1	302	1	48
100	647	6	232	0	380	0	285	2	249	2	32
1 621	13	15	134	0	380	0	285	0	371	0	77
41	720	0	474	0	380	0	285	0	371	0	77
548	154	0	474	14	132	14	70	3	201	0	77
104	643	0	474	0	380	0	285	0	371	0	77
35	727	0	474	0	380	0	285	0	371	0	77
32	730	0	474	1	324	0	285	0	371	0	77
29	733	1	394	3	261	0	285	0	371	0	77
160	554	0	474	0	380	0	285	0	371	0	77
192	507	1	394	0	380	0	285	0	371	0	77
352	298	0	474	5	226	2	204	4	182	0	77
583	136	11	167	30	76	30	40	14	77	0	77
762	83	16	127	208	5	6	126	8	120	0	77
154	562	1	394	1	324	1	238	0	371	0	77

学校名称	研究与发展课题								著作	
	课题总数（项）		当年投入人数（人年）		当年拨入经费（百元）		当年支出经费（百元）		（部）	
福建警察学院	40	695	3.6	745	1 680	702	1 844.4	677	6	567
莆田学院	156	458	48.3	484	4 600	610	8 024.93	501	10	481
江西警察学院	194	403	70	366	0	752	0	751	14	405
新余学院	74	631	9.5	716	700	732	700	726	0	718
山东交通学院	168	441	95.3	260	28 343	346	12 958.9	436	13	423
河南工程学院	210	387	52.7	446	5 690	585	4 887.25	568	11	452
武汉音乐学院	45	686	21.3	640	950	723	808	719	14	405
湖南城市学院	353	236	46.2	495	5 935	581	5 935	545	11	452
湖南工学院	96	590	26.2	605	2 390	675	4 180	592	2	668
湖南财政经济学院	277	300	56.6	428	17 780	419	9 029.23	484	11	452
湖南警察学院	236	353	33.8	557	5 030	597	1 871	674	7	548
湖南工业大学	614	120	213.9	85	35 015	308	55 040.5	202	25	273
湖南女子学院	219	376	20.2	650	5 170	595	763	724	10	481
广东金融学院	299	279	140.9	164	87 438.96	168	77 753	160	10	481
广西财经学院	564	137	193	101	98 636.8	150	86 267.3	147	27	250
重庆科技学院	88	600	31.7	571	24 618	371	25 425.6	336	15	393
文山学院	50	679	26.7	602	2 530	672	1 791	680	5	595
西安财经学院	544	145	93.1	264	42 415	273	44 985	239	21	318
甘肃民族师范学院	132	514	10.7	710	7 537	550	7 457	514	6	567
湖北经济学院	217	381	87	287	52 655	238	35 317	286	69	85
钦州学院	107	562	72.1	352	7 250	556	7 250	519	4	624
中国青年政治学院	413	201	74.6	340	153 495.28	95	135 118.76	92	75	75
北华航天工业学院	236	353	50.3	462	8 750	531	8 824	488	8	527
沈阳工程学院	105	568	44.1	508	5 998	580	5 982	544	25	273
上海金融学院	145	483	86.1	291	24 310	373	22 768	353	36	186
淮海工学院	175	428	22.5	630	4 470	615	6 448.7	536	5	595
宁波大学	1 547	25	539.2	10	238 871.69	62	240 347.75	51	74	77
浙江传媒学院	372	226	177.4	119	80 215.74	180	82 456.34	153	32	215
南阳理工学院	198	397	69.7	367	4 690	606	5 175	559	36	186
广东石油化工学院	166	444	43.6	511	10 535.1	503	7 699.42	509	9	503
海南师范大学	359	233	76.7	329	44 269	266	39 365	263	40	161
重庆理工大学	219	376	100	246	46 383.63	261	40 991.13	258	26	265
四川民族学院	119	535	46.5	493	7 150	558	2 249	663	15	393

续表

研究与发展成果								获奖成果数(项)			
学术论文(篇)				研究与咨询报告(篇)							
合计		其中:国外学术刊物发表		提交有关部门数		其中被采纳		合计		其中:国家级和部级	
31	732	0	474	0	380	0	285	0	371	0	77
149	569	0	474	0	380	0	285	0	371	0	77
129	597	1	394	3	261	0	285	0	371	0	77
102	646	0	474	0	380	0	285	0	371	0	77
165	542	14	140	0	380	0	285	1	302	0	77
295	355	0	474	0	380	0	285	0	371	0	77
38	725	0	474	0	380	0	285	0	371	0	77
562	144	7	213	0	380	0	285	3	201	0	77
74	685	0	474	0	380	0	285	0	371	0	77
233	448	2	344	0	380	0	285	3	201	0	77
193	505	0	474	0	380	0	285	1	302	0	77
402	255	0	474	2	295	0	285	5	163	0	77
145	576	0	474	17	112	17	61	1	302	0	77
272	385	4	270	0	380	0	285	0	371	0	77
513	172	0	474	15	124	15	65	10	102	0	77
310	341	13	149	16	117	15	65	0	371	0	77
212	479	0	474	0	380	0	285	0	371	0	77
658	105	4	270	1	324	1	238	2	249	2	32
138	584	0	474	0	380	0	285	0	371	0	77
640	110	3	299	1	324	1	238	0	371	0	77
196	501	0	474	0	380	0	285	5	163	0	77
437	233	4	270	1	324	0	285	0	371	0	77
119	621	0	474	1	324	1	238	0	371	0	77
244	426	3	299	8	178	7	116	2	249	0	77
253	410	18	117	0	380	0	285	0	371	0	77
297	353	4	270	3	261	1	238	3	201	0	77
935	58	100	21	20	99	20	55	11	88	0	77
481	190	4	270	6	205	6	126	0	371	0	77
318	330	6	232	20	99	0	285	0	371	0	77
206	489	2	344	0	380	0	285	0	371	0	77
396	258	2	344	2	295	2	204	27	36	0	77
464	199	0	474	43	55	41	25	2	249	0	77
250	416	1	394	4	246	4	157	2	249	2	32

学校名称	研究与发展课题								著作（部）	
	课题总数（项）		当年投入人数（人年）		当年拨入经费（百元）		当年支出经费（百元）			
西安邮电大学	76	626	7.6	725	37 240	292	37 690	272	7	548
山东工商学院	177	426	111.2	217	65 470	206	86 352.82	146	39	166
呼和浩特民族学院	59	661	11.2	707	4 400	619	1 985	672	9	503
长春大学	237	351	152.6	145	14 410	454	13 504	431	8	527
河南城建学院	101	581	41.4	522	1 240	716	1 186	703	4	624
辽东学院	129	520	36.2	543	16 969	428	13 514	430	28	246
河南警察学院	88	600	13.9	691	360	742	360	740	13	423
武汉东湖学院	26	723	17.7	666	7 080	559	7 056.64	524	21	318
重庆工商大学	669	104	275.9	50	250 654.13	58	251 688.65	49	43	150
黑龙江工程学院	154	461	77.7	323	7 392	554	5 481	556	16	377
海南医学院	12	744	11.5	706	2 020	687	1 334.5	697	0	718
东莞理工学院	175	428	54.7	438	26 602.8	355	21 954.09	356	20	330
桂林航天工业学院	126	524	68.9	370	1 185	717	901	717	0	718
河北经贸大学	837	81	309.5	39	43 352	269	47 018	230	26	265
黄河科技学院	387	215	46.8	492	1 650	703	1 230	699	20	330
上海政法学院	482	170	110.3	221	94 655	153	92 540.23	136	76	74
贺州学院	99	585	37.1	539	5 215	594	5 816.67	548	11	452
浙江树人学院	300	277	45.3	504	47 430	257	43 310.2	246	8	527
九江学院	214	384	122.8	194	20 520	393	5 532.65	555	0	718
广东工业大学	493	165	181	114	279 868.57	51	312 033.69	38	26	265
广东外语外贸大学	1 236	37	443.4	19	285 612.92	49	197 035.81	63	161	23
佛山科学技术学院	330	252	71.4	357	90 220.98	160	70 344.98	170	22	307
徐州工程学院	400	209	79.5	316	39 940	280	44 248.44	241	22	307
大连民族学院	254	322	70.3	364	18 880	408	16 194.97	402	13	423
湖南第一师范学院	538	149	77.2	327	21 200	391	16 444.85	398	15	393
上海第二工业大学	121	532	61.5	407	35 227.6	307	12 956.64	437	11	452
上海商学院	83	610	6.4	732	13 073.67	471	9 142.87	482	20	330
四川警察学院	137	500	21	641	8 075	540	2 720	643	20	330
南京森林警察学院	118	537	16.9	675	8 387.2	537	8 511.09	494	10	481
安徽新华学院	61	656	64.4	390	1 100	719	1 187	702	5	595
湖南涉外经济学院	303	276	81	310	3 670	638	2 530	648	8	527
海口经济学院	104	569	17.7	666	4 554	612	1 844	678	23	291
山东女子学院	35	709	12.1	700	4 020	628	3 460	619	6	567

续表

研究与发展成果								获奖成果数(项)			
学术论文(篇)				研究与咨询报告(篇)							
合计		其中:国外学术刊物发表		提交有关部门数		其中被采纳		合计		其中:国家级和部级	
148	570	0	474	0	380	0	285	0	371	0	77
475	192	25	88	0	380	0	285	7	128	0	77
164	547	0	474	0	380	0	285	0	371	0	77
367	282	0	474	0	380	0	285	1	302	0	77
204	492	1	394	0	380	0	285	0	371	0	77
117	626	0	474	0	380	0	285	0	371	0	77
162	550	0	474	55	40	0	285	0	371	0	77
185	515	0	474	0	380	0	285	0	371	0	77
692	94	5	247	178	7	40	27	5	163	0	77
179	523	0	474	19	104	8	107	7	128	0	77
39	722	0	474	1	324	1	238	1	302	0	77
230	454	3	299	0	380	0	285	0	371	0	77
136	586	0	474	0	380	0	285	0	371	0	77
544	158	2	344	15	124	14	70	25	43	0	77
653	106	0	474	47	45	0	285	3	201	0	77
815	75	23	95	0	380	0	285	3	201	0	77
239	434	3	299	0	380	0	285	1	302	0	77
199	498	6	232	71	23	1	238	2	249	0	77
0	751	0	474	0	380	0	285	0	371	0	77
418	244	5	247	0	380	0	285	0	371	0	77
1 218	25	144	11	10	158	7	116	1	302	1	48
230	454	2	344	13	137	0	285	0	371	0	77
408	251	0	474	32	71	1	238	3	201	0	77
294	356	32	70	0	380	0	285	14	77	9	8
395	259	2	344	0	380	0	285	1	302	0	77
146	573	6	232	0	380	0	285	1	302	0	77
147	572	0	474	0	380	0	285	0	371	0	77
278	377	0	474	0	380	0	285	2	249	0	77
285	366	1	394	2	295	0	285	0	371	0	77
98	651	1	394	0	380	0	285	0	371	0	77
80	678	1	394	0	380	0	285	0	371	0	77
243	428	0	474	0	380	0	285	1	302	0	77
239	434	1	394	10	158	3	174	2	249	0	77

学校名称	研究与发展课题									
	课题总数（项）		当年投入人数（人年）		当年拨入经费（百元）		当年支出经费（百元）		著作（部）	
中国劳动关系学院	371	227	77.7	323	66 840	202	66 840	178	46	142
宁夏理工学院	3	753	3.7	743	450	739	175.5	746	2	668
齐齐哈尔工程学院	13	743	3.2	748	300	744	204	745	5	595
新疆警察学院	40	695	16.5	677	3 970	629	3 691	607	5	595
重庆警察学院	35	709	11.1	708	3 780	633	2 646	644	5	595
浙江越秀外国语学院	173	431	68	374	2 090	686	1 699	684	6	567
安徽文达信息工程学院	26	723	6.5	731	195	748	259	742	3	648
郑州师范学院	62	653	9.9	714	9 625	517	8 960	486	13	423
宁波大红鹰学院	356	234	163.5	131	18 047.5	415	11 947.51	445	7	548
安徽外国语学院	22	733	14	690	900	726	921	715	3	648
武汉长江工商学院	75	629	6.8	729	6 310	572	5 095	561	10	481
金陵科技学院	169	434	46	498	20 106	397	10 961.25	459	11	452
吉林动画学院	22	733	8.5	722	430	740	430	737	0	718
成都医学院	85	606	21	641	4 655	607	2 456.1	650	2	668
黑河学院	154	461	100.5	244	4 403	618	1 999.7	671	11	452
福建江夏学院	321	257	100.8	243	13 850	463	5 072.5	562	29	237
三亚学院	141	490	30.7	581	9 840	511	5 920.4	547	6	567
云南工商学院	7	749	3.4	747	390	741	224	743	0	718
合肥师范学院	183	419	26.8	599	12 188	479	7 984.5	503	24	286
湖北第二师范学院	70	643	21.8	637	1 450	710	1 450	692	4	624
山东政法学院	137	500	26.8	599	3 380	646	2 906	636	11	452
太原工业学院	14	742	1.5	753	2 900	665	1 720	682	1	694
贵州师范学院	96	590	22	635	9 140	524	3 596	612	1	694
浙江外国语学院	234	359	59.5	417	26 160.3	357	17 529.43	394	10	481
齐鲁师范学院	101	581	17.3	670	3 750	635	2 960	633	9	503
山东青年政治学院	106	566	20.3	649	4 160	625	3 227	626	16	377
广东第二师范学院	120	534	36.2	543	17 853.9	418	13 833.2	423	22	307
重庆第二师范学院	110	554	57.2	426	3 384.04	645	2 086.7	669	16	377

续表

研究与发展成果								获奖成果数(项)			
学术论文(篇)				研究与咨询报告(篇)							
合计		其中:国外学术刊物发表		提交有关部门数		其中被采纳		合计		其中:国家级和部级	
279	376	5	247	0	380	0	285	0	371	0	77
3	749	0	474	8	178	8	107	0	371	0	77
29	733	0	474	0	380	0	285	0	371	0	77
98	651	0	474	2	295	0	285	1	302	0	77
58	706	1	394	0	380	0	285	0	371	0	77
161	552	9	187	33	69	0	285	0	371	0	77
8	748	0	474	0	380	0	285	0	371	0	77
386	265	3	299	45	50	0	285	2	249	0	77
344	311	4	270	51	43	3	174	0	371	0	77
42	716	0	474	0	380	0	285	0	371	0	77
121	616	0	474	0	380	0	285	0	371	0	77
314	333	2	344	3	261	1	238	0	371	0	77
47	713	0	474	0	380	0	285	0	371	0	77
61	701	0	474	0	380	0	285	1	302	0	77
194	504	2	344	1	324	1	238	7	128	0	77
189	509	0	474	0	380	0	285	0	371	0	77
283	370	1	394	0	380	0	285	2	249	0	77
0	751	0	474	0	380	0	285	0	371	0	77
135	590	0	474	1	324	0	285	0	371	0	77
171	532	0	474	0	380	0	285	0	371	0	77
160	554	1	394	1	324	1	238	0	371	0	77
12	744	0	474	0	380	0	285	0	371	0	77
157	558	0	474	0	380	0	285	1	302	0	77
210	482	2	344	10	158	10	94	2	249	0	77
111	633	1	394	0	380	0	285	2	249	0	77
285	366	3	299	0	380	0	285	1	302	0	77
214	475	2	344	0	380	0	285	0	371	0	77
512	173	0	474	0	380	0	285	0	371	0	77

5. 专科学校人文、社会科学研究与发展概况表(一)

学校名称	社科活动人员(人)												合计	
	合计		按职称划分								其他人员			
			小计		高级		中级		初级					
阿坝师范高等专科学校	304	43	300	42	98	38	98	83	104	22	4	71	386	4
安徽财经大学商学院	147	163	142	165	37	158	59	169	46	132	5	59	48	143
安徽财贸职业学院	152	155	152	149	40	148	79	126	33	187	0	157	55	124
安徽城市管理职业学院	161	140	161	138	9	291	59	169	93	31	0	157	9	277
安徽大学江淮学院	105	230	99	239	3	321	25	289	71	62	6	53	36	175
安徽电气工程职业技术学院	74	280	66	287	24	220	27	285	15	291	8	39	3	311
安徽电子信息职业技术学院	140	173	132	184	28	203	60	167	44	143	8	39	71	101
安徽工程大学机电学院	110	220	110	219	40	148	61	161	9	315	0	157	26	205
安徽工贸职业技术学院	141	168	141	167	17	255	48	200	76	54	0	157	12	261
安徽工商职业学院	253	67	251	64	52	114	132	51	67	72	2	96	1	322
安徽工业大学工商学院	64	300	51	313	0	336	19	303	32	193	13	24	7	282
安徽工业经济职业技术学院	172	127	171	124	23	225	95	93	53	104	1	118	51	134
安徽工业职业技术学院	58	308	58	302	12	277	26	287	20	263	0	157	23	216
安徽广播影视职业技术学院	176	121	171	124	29	199	71	138	71	62	5	59	34	185
安徽国防科技职业学院	102	237	97	241	21	233	48	200	28	210	5	59	22	219
安徽国际商务职业学院	171	129	170	126	34	177	77	130	59	94	1	118	157	32
安徽黄梅戏艺术职业学院	61	304	44	325	12	277	14	314	18	276	17	16	0	326
安徽机电职业技术学院	137	178	137	177	25	213	49	197	63	83	0	157	122	58
安徽交通职业技术学院	77	274	77	268	18	250	42	221	17	279	0	157	6	291
安徽警官职业学院	179	119	170	126	55	103	96	91	19	269	9	35	50	137
安徽粮食工程职业学院	49	321	49	317	18	250	18	306	13	300	0	157	0	326
安徽林业职业技术学院	21	335	21	335	7	304	8	326	6	326	0	157	0	326
安徽农业大学经济技术学院	30	331	30	331	0	336	29	279	1	337	0	157	6	291
安徽商贸职业技术学院	254	66	230	76	66	76	94	96	70	66	24	9	82	83
安徽涉外经济职业学院	28	333	27	333	1	333	4	335	22	251	1	118	0	326
安徽审计职业学院	26	334	26	334	12	277	10	322	4	329	0	157	3	311
安徽师范大学皖江学院	135	181	135	179	17	255	65	149	53	104	0	157	11	267
安徽水利水电职业技术学院	66	297	66	287	23	225	32	270	11	308	0	157	28	204
安徽体育运动职业技术学院	80	267	63	294	26	211	29	279	8	319	17	16	44	157
安徽新闻出版职业技术学院	51	319	51	313	4	316	20	300	27	216	0	157	3	311
安徽冶金科技职业学院	81	264	76	274	21	233	39	237	16	285	5	59	10	273
安徽医学高等专科学校	52	316	50	316	10	288	22	296	18	276	2	96	12	261
安徽艺术职业学院	204	95	181	113	13	274	90	104	78	48	23	10	4	309

研究发展人员(人)										研究发展经费(百元)					
按职称划分						其他人员		折合全时人员(人年)		当年拨入		其中:科研事业费		当年内部支出	
高级		中级		初级											
143	4	150	8	93	2	0	73	76	6	66 729	3	2 335	45	66 776	3
15	161	17	164	16	63	0	73	8.5	153	2 155	205	275	211	2 271	189
22	115	27	113	6	144	0	73	10.3	131	9 050	59	3 590	28	8 869	47
2	276	7	242	0	275	0	73	1.2	290	9 849.54	49	2 000	57	10 500.44	38
3	260	11	201	22	45	0	73	19.1	74	4 960	116	560	162	4 637.05	113
3	260	0	310	0	275	0	73	1.6	283	1 580	224	0	303	1 580	219
19	134	41	77	10	104	1	41	9.3	142	2 400	187	350	197	2 405	180
14	170	9	218	3	182	0	73	3	247	1 426	231	550	167	1 111	248
4	243	5	263	3	182	0	73	1.2	290	1 610	222	320	201	1 660	216
1	294	0	310	0	275	0	73	0.2	325	1 000	260	800	136	700	270
0	315	2	289	3	182	2	24	4.3	218	1 180	253	200	225	1 180	243
16	157	32	96	3	182	0	73	6	189	1 600	223	30	299	1 488.2	227
7	223	11	201	5	158	0	73	6.4	180	2 234	199	380	191	2 431	177
13	179	18	154	3	182	0	73	5.3	197	2 250	197	200	225	2 329	186
8	209	12	193	2	212	0	73	3.1	244	1 561	227	230	222	1 561	221
30	84	69	36	58	10	0	73	43.3	18	22 045	13	6 640	15	21 831.5	11
0	315	0	310	0	275	0	73	0	326	0	324	0	303	0	324
32	76	46	66	44	20	0	73	24.5	53	5 222	114	370	193	5 390	101
2	276	2	289	2	212	0	73	0.7	311	445	296	285	208	335	299
25	104	18	154	5	158	2	24	5.2	199	2 207	200	385	190	2 172	194
0	315	0	310	0	275	0	73	0	326	0	324	0	303	0	324
0	315	0	310	0	275	0	73	0	326	0	324	0	303	0	324
0	315	6	253	0	275	0	73	0.6	314	180.6	319	60.6	276	180.6	317
34	72	34	89	14	77	0	73	14.3	102	14 564	30	772	139	14 419.5	28
0	315	0	310	0	275	0	73	0	326	0	324	0	303	0	324
3	260	0	310	0	275	0	73	0.7	311	260	310	60	277	238	309
5	236	4	274	2	212	0	73	1.5	285	400	299	80	269	830	263
17	145	9	218	2	212	0	73	2.9	253	1 076	257	120	257	1 027	254
15	161	17	164	6	144	6	11	16.2	92	5 980	97	50	285	5 795	93
0	315	3	281	0	275	0	73	0.9	305	340	302	40	293	340	298
6	227	2	289	2	212	0	73	1	299	1 330	241	0	303	1 330	233
1	294	11	201	0	275	0	73	1.8	273	490	291	130	255	490	289
0	315	4	274	0	275	0	73	0.9	305	1 405	236	1 180	98	1 255	239

学校名称	社科活动人员（人）													
	合计		按职称划分								其他人员		合计	
			小计		高级		中级		初级					
安徽邮电职业技术学院	48	325	45	323	3	321	11	319	31	200	3	83	5	299
安徽职业技术学院	153	150	152	149	53	108	70	141	29	207	1	118	30	196
安徽中澳科技职业学院	74	280	58	302	8	298	22	296	28	210	16	19	7	282
安徽中医药高等专科学校	68	292	66	287	4	316	16	310	46	132	2	96	29	200
安庆医药高等专科学校	47	326	47	322	7	304	8	326	32	193	0	157	3	311
安庆职业技术学院	126	196	126	194	33	182	56	179	37	164	0	157	5	299
安顺职业技术学院	109	224	109	223	21	233	45	210	43	148	0	157	5	299
巴音郭楞职业技术学院	180	118	178	118	39	151	56	179	83	40	2	96	15	246
保险职业学院	101	240	101	235	25	213	50	194	26	225	0	157	6	291
北京电子科技职业学院	227	78	219	82	76	59	130	54	13	300	8	39	400	3
北京吉利大学	402	19	401	16	52	114	71	138	278	2	1	118	59	118
北京经济管理职业学院	335	33	335	33	84	50	177	22	74	58	0	157	135	41
北京劳动保障职业学院	86	260	85	256	25	213	56	179	4	329	1	118	13	255
北京青年政治学院	269	56	269	54	80	55	152	40	37	164	0	157	278	10
北京社会管理职业学院	105	230	105	228	27	205	41	226	37	164	0	157	37	174
北京体育职业学院	53	313	53	309	12	277	33	263	8	319	0	157	16	243
北京戏曲艺术职业学院	128	191	127	190	24	220	63	153	40	152	1	118	14	251
北京政法职业学院	181	116	181	113	59	91	101	79	21	256	0	157	50	137
亳州师范高等专科学校	217	86	212	85	35	172	99	81	78	48	5	59	126	55
亳州职业技术学院	112	218	112	217	16	259	35	254	61	89	0	157	1	322
长春大学光华学院	72	284	72	280	15	265	32	270	25	230	0	157	5	299
长春金融高等专科学校	269	56	269	54	91	45	114	69	64	81	0	157	154	33
长春理工大学光电信息学院	120	205	120	203	16	259	59	169	45	139	0	157	10	273
长春汽车工业高等专科学校	6	340	6	340	2	329	2	339	2	335	0	157	2	319
长春职业技术学院	325	36	313	39	130	12	92	101	91	32	12	28	119	60
长沙民政职业技术学院	468	8	466	7	103	27	246	6	117	14	2	96	140	40
长沙师范学校	261	62	261	59	59	91	93	99	109	19	0	157	172	27
常州纺织服装职业技术学院	299	46	299	43	85	48	166	27	48	127	0	157	173	26
常州工程职业技术学院	202	97	202	94	63	82	125	57	14	295	0	157	60	117
常州机电职业技术学院	155	149	155	148	41	141	87	110	27	216	0	157	200	20
常州轻工职业技术学院	156	147	156	146	41	141	91	103	24	237	0	157	79	91
常州信息职业技术学院	166	135	166	134	46	128	79	126	41	150	0	157	45	153
朝阳师范高等专科学校	593	3	589	2	262	1	255	4	72	59	4	71	233	14

续表

研究发展人员（人）										研究发展经费（百元）					
按职称划分						其他人员		折合全时人员（人年）		当年拨入		其中：科研事业费		当年内部支出	
高级		中级		初级											
0	315	2	289	3	182	0	73	2.1	266	620	278	100	262	620	277
18	137	11	201	1	240	0	73	5.8	191	1 580	224	30	299	1 556	222
2	276	3	281	0	275	2	24	1	299	930	261	560	162	4 330	118
5	236	12	193	11	96	1	41	6	189	1 805	217	110	259	1 891	207
1	294	0	310	2	212	0	73	0.3	321	120	323	30	299	120	321
5	236	0	310	0	275	0	73	1.7	277	1 200	251	400	187	980	257
4	243	1	301	0	275	0	73	0.5	316	145	320	0	303	86	323
2	276	9	218	2	212	2	24	1.6	283	614	279	50	285	614	278
2	276	4	274	0	275	0	73	3.1	244	2 160	204	150	245	2 160	195
171	3	177	3	23	38	29	1	98	3	26 574	8	2 420	44	41 537.71	5
18	137	26	116	15	69	0	73	9.9	135	2 162	203	0	303	2 753	164
63	35	52	55	10	104	10	6	24.7	52	15 483.5	24	3 200	33	12 939.61	32
4	243	7	242	1	240	1	41	3	247	8 305	67	0	303	8 305	52
87	17	146	10	36	24	9	7	64.5	7	43 801.8	5	25 056.07	2	31 268.38	7
8	209	13	185	7	132	0	73	9.5	138	12 965	33	4 095	23	5 870	89
4	243	12	193	0	275	0	73	5	204	1 410	235	300	203	1 555.71	223
8	209	5	263	0	275	1	41	3	247	7 960	72	7 400	14	7 960	58
25	104	25	120	0	275	0	73	6.5	179	10 300	46	8 000	12	7 313	65
36	71	59	47	31	27	0	73	36.4	28	15 468	25	2 180	52	14 754.31	26
1	294	0	310	0	275	0	73	0.5	316	140	321	0	303	145	320
2	276	3	281	0	275	0	73	2.5	260	375	300	0	303	400	295
65	33	60	44	29	30	0	73	30	36	8 740	61	3 850	25	8 513	50
4	243	5	263	1	240	0	73	6.1	186	230	315	80	269	200	316
1	294	1	301	0	275	0	73	0.5	316	255	312	180	237	235	310
81	22	27	113	11	96	0	73	28.5	41	5 585	109	850	130	5 276.5	104
60	36	71	33	9	114	0	73	17.7	80	8 090	70	3 760	26	8 141	54
47	50	66	39	59	8	0	73	22.3	57	19 415	18	4 770	18	17 873	17
79	23	88	22	6	144	0	73	37.6	26	12 400	38	3 090	35	7 120.61	70
28	89	31	100	1	240	0	73	15.3	96	5 875	99	705	145	5 430	100
87	17	102	19	11	96	0	73	34.2	33	11 242	40	1 338	87	9 504	43
41	62	32	96	6	144	0	73	24.8	51	12 530	35	2 240	48	10 250	40
13	179	22	128	10	104	0	73	14.6	101	6 678	87	710	143	5 797	92
109	8	108	17	15	69	1	41	59.3	9	14 580	29	2 550	43	12 729	34

学校名称	社科活动人员（人）													
	合计		按职称划分								其他人员		合计	
			小计		高级		中级		初级					
成都纺织高等专科学校	161	140	161	138	48	125	98	83	15	291	0	157	83	80
承德石油高等专科学校	102	237	102	231	33	182	50	194	19	269	0	157	35	178
池州职业技术学院	136	179	136	178	41	141	45	210	50	116	0	157	4	309
滁州城市职业学院	107	228	107	226	22	228	32	270	53	104	0	157	5	299
滁州职业技术学院	181	116	162	135	22	228	39	237	101	25	19	12	8	280
德宏师范高等专科学校	210	90	197	98	41	141	89	106	67	72	13	24	21	226
定西师范高等专科学校	174	124	174	119	54	104	80	124	40	152	0	157	35	178
东北师范大学人文学院	273	52	273	51	69	69	171	24	33	187	0	157	70	104
鄂州职业大学	350	28	345	28	102	30	165	29	78	48	5	59	124	57
福建商业高等专科学校	246	69	245	65	79	56	80	124	86	37	1	118	90	70
阜阳师范学院信息工程学院	80	267	80	264	25	213	46	206	9	315	0	157	75	95
阜阳职业技术学院	136	179	134	181	34	177	35	254	65	78	2	96	18	237
甘肃工业职业技术学院	102	237	102	231	32	186	40	230	30	202	0	157	7	282
甘肃联合大学	296	47	296	45	100	33	140	47	56	99	0	157	24	213
广东科学技术职业学院	533	5	532	5	124	15	165	29	243	4	1	118	147	36
广东轻工职业技术学院	302	45	284	48	69	69	166	27	49	121	18	14	82	83
广东省外语艺术职业学院	433	15	415	14	109	23	224	9	82	41	18	14	132	46
广西体育高等专科学校	105	230	102	231	34	177	43	218	25	230	3	83	105	65
广州番禺职业技术学院	447	11	376	21	70	66	162	34	144	9	71	2	282	9
广州航海高等专科学校	265	59	256	60	84	50	150	43	22	251	9	35	45	153
广州民航职业技术学院	214	88	210	86	39	151	115	68	56	99	4	71	130	49
硅湖职业技术学院	59	306	55	306	3	321	43	218	9	315	4	71	11	267
贵阳护理职业学院	49	321	49	317	5	312	17	309	27	216	0	157	13	255
贵阳职业技术学院	183	111	180	116	53	108	90	104	37	164	3	83	75	95
贵州电子信息职业技术学院	79	270	79	267	17	255	42	221	20	263	0	157	30	196
贵州工业职业技术学院	139	174	139	170	48	125	31	274	60	92	0	157	31	194
贵州交通职业技术学院	68	292	66	287	15	265	12	318	39	157	2	96	12	261
贵州警官职业学院	176	121	173	120	95	41	57	175	21	256	3	83	29	200
贵州轻工职业技术学院	117	208	115	207	37	158	36	250	42	149	2	96	20	230
贵州商业高等专科学校	340	30	337	31	97	39	186	17	54	103	3	83	69	105
贵州亚泰职业学院	52	316	52	311	8	298	10	322	34	182	0	157	7	282
贵州职业技术学院	118	207	113	212	36	165	40	230	37	164	5	59	72	100
桂林旅游高等专科学校	361	25	359	25	114	22	165	29	80	43	2	96	191	22

研究发展人员(人)										研究发展经费(百元)					
按职称划分						其他人员		折合全时人员(人年)		当年拨入		其中:科研事业费		当年内部支出	
高级		中级		初级											
31	82	45	68	7	132	0	73	13.3	108	9 527	53	880	125	6 883	72
15	161	18	154	2	212	0	73	4.6	214	2 397	189	160	243	2 377	181
2	276	2	289	0	275	0	73	1.1	297	520	288	40	293	520	286
3	260	1	301	1	240	0	73	4.8	210	1 440	230	140	249	1 440	229
4	243	1	301	3	182	0	73	4.1	222	2 321	191	188	236	2 534	173
8	209	11	201	2	212	0	73	3.3	235	5 662.5	106	1 530	75	5 662.5	95
16	157	19	145	0	275	0	73	4.5	215	1 890	211	1 350	86	874	259
15	161	53	54	2	212	0	73	20.2	70	3 380	148	0	303	3 810	127
43	58	50	57	31	27	0	73	19.1	74	5 318	113	370	193	5 799	91
49	49	24	124	17	58	0	73	13	111	6 685	85	3 520	29	4 666	112
22	115	49	60	4	168	0	73	17.9	79	9 720	50	1 020	114	6 129	84
8	209	7	242	3	182	0	73	2	269	2 930	169	1 230	96	2 930	156
5	236	1	301	1	240	0	73	1	299	240	313	60	277	250	307
14	170	8	231	2	212	0	73	6.4	180	3 260	154	2 000	57	1 670	215
69	29	49	60	29	30	0	73	18.1	78	5 808	101	1 040	110	8 118.05	56
26	99	48	62	8	121	0	73	13.7	105	6 500.01	89	1 520	76	5 902.01	88
52	44	59	47	20	50	1	41	22.6	56	10 259	47	2 900	38	10 349.45	39
42	60	36	84	24	37	3	19	16.4	89	4 705.25	117	1 840	61	5 150.42	106
89	14	136	13	53	12	4	14	56.3	10	24 409.05	11	14 568.95	7	22 223.94	10
26	99	14	179	5	158	0	73	10.7	129	6 270	92	3 435	30	5 223.06	105
28	89	78	27	23	38	1	41	17.4	82	6 710	84	660	149	6 034	85
2	276	9	218	0	275	0	73	1.4	287	1 120	256	840	131	691	272
4	243	5	263	4	168	0	73	3	247	1 220	249	420	185	1 210	241
52	44	19	145	3	182	1	41	8	162	3 900	134	1 730	67	4 801	109
12	183	12	193	6	144	0	73	5	204	3 850	135	2 200	50	3 624.5	133
14	170	11	201	6	144	0	73	3.9	225	2 273	195	180	237	2 075.5	196
3	260	3	281	6	144	0	73	2.7	257	680	275	0	303	673	273
23	113	5	263	1	240	0	73	3.7	228	3 156	160	675	148	1 997	202
12	183	4	274	4	168	0	73	2.5	260	1 070	258	430	181	1 195	242
27	92	34	89	8	121	0	73	8.9	148	5 678	105	3 688	27	3 355	139
2	276	4	274	1	240	0	73	1	299	550	285	200	225	576	281
18	137	38	82	9	114	7	8	8.2	158	2 520	185	990	116	2 015.5	200
82	20	83	25	26	35	0	73	39.4	22	19 502	17	4 300	22	18 467.12	16

学校名称	社科活动人员(人)													
	合计		按职称划分								其他人员		合计	
			小计		高级		中级		初级					
哈尔滨职业技术学院	197	102	197	98	120	19	54	187	23	243	0	157	31	194
海南工商职业学院	108	225	82	262	10	288	39	237	33	187	26	7	38	171
海南经贸职业技术学院	312	40	287	47	61	86	117	66	109	19	25	8	53	129
海南科技职业学院	49	321	49	317	14	272	8	326	27	216	0	157	13	255
海南外国语职业学院	200	99	194	104	31	190	64	150	99	27	6	53	33	187
海南政法职业学院	141	168	138	173	35	172	54	187	49	121	3	83	47	149
海南职业技术学院	157	146	138	173	15	265	58	173	65	78	19	12	14	251
合肥通用职业技术学院	67	294	60	299	3	321	28	283	29	207	7	46	33	187
合肥幼儿师范高等专科学校	96	248	96	244	39	151	31	274	26	225	0	157	2	319
合肥职业技术学院	125	199	124	196	44	133	57	175	23	243	1	118	130	49
和田师范专科学校	250	68	243	66	81	53	104	77	58	97	7	46	29	200
河北工程技术高等专科学校	139	174	138	173	50	119	61	161	27	216	1	118	62	115
河海大学文天学院	67	294	61	298	6	306	18	306	37	164	6	53	12	261
河南机电高等专科学校	208	92	207	91	46	128	113	70	48	127	1	118	17	239
河南商业高等专科学校	596	2	586	3	121	17	270	3	195	5	10	34	332	7
河南司法警官职业学院	194	107	191	107	59	91	98	83	34	182	3	83	26	205
河南职业技术学院	260	63	253	63	60	88	132	51	61	89	7	46	120	59
菏泽医学专科学校	58	308	58	302	17	255	20	300	21	256	0	157	15	246
鹤岗师范高等专科学校	127	193	127	190	63	82	48	200	16	285	0	157	17	239
黑龙江建筑职业技术学院	238	74	238	70	109	23	94	96	35	178	0	157	127	52
黑龙江民族职业学院	108	225	108	225	39	151	45	210	24	237	0	157	65	111
黑龙江农业经济职业学院	182	113	182	111	50	119	109	73	23	243	0	157	54	126
黑龙江商业职业学院	97	247	97	241	27	205	40	230	30	202	0	157	15	246
黑龙江司法警官职业学院	133	184	133	182	67	74	42	221	24	237	0	157	0	326
黑龙江艺术职业学院	169	130	169	128	85	48	40	230	44	143	0	157	45	153
黑龙江幼儿师范高等专科学校	269	56	269	54	147	7	66	147	56	99	0	157	26	205
黑龙江职业学院	270	55	270	53	97	39	93	99	80	43	0	157	54	126
湖北财税职业学院	182	113	181	113	44	133	40	230	97	28	1	118	89	74
湖北交通职业技术学院	141	168	141	167	56	98	49	197	36	174	0	157	135	41
湖北职业技术学院	380	22	375	23	160	4	146	44	69	69	5	59	75	95
湖南大众传媒职业技术学院	441	13	438	11	99	36	214	10	125	13	3	83	130	49
湖南工艺美术职业学院	265	59	242	67	46	128	83	118	113	16	23	10	109	64
湖南环境生物职业技术学院	174	124	169	128	38	156	107	75	24	237	5	59	90	70

续表

研究发展人员(人)										研究发展经费(百元)					
按职称划分						其他人员		折合全时人员(人年)		当年拨入		其中:科研事业费		当年内部支出	
高级		中级		初级											
20	125	8	231	3	182	0	73	7.5	169	1 260	247	60	277	1 275	237
10	198	13	185	14	77	1	41	4	224	600	282	80	269	600	279
23	113	11	201	18	55	1	41	10.8	127	10 920	41	1 500	78	10 947.18	37
3	260	7	242	3	182	0	73	5.2	199	1 683	219	166	242	1 660	216
9	201	11	201	13	83	0	73	5.7	194	2 590	183	590	158	2 644.5	168
14	170	19	145	13	83	1	41	7.5	169	2 600	182	1 020	114	2 733	166
3	260	9	218	2	212	0	73	1.5	285	600	282	280	209	600	279
6	227	14	179	13	83	0	73	12.1	117	3 635	140	240	218	3 505	135
1	294	0	310	1	240	0	73	0.4	320	295	306	120	257	215	315
60	36	60	44	10	104	0	73	19.9	72	7 070	79	910	123	6 808.45	73
18	137	8	231	3	182	0	73	8.1	160	6 437	91	1 550	74	5 282	103
38	67	19	145	5	158	0	73	8.2	158	2 659	179	710	143	2 209	192
0	315	6	253	6	144	0	73	3.5	231	1 300	243	30	299	1 045	252
5	236	10	213	2	212	0	73	3.2	239	1 222	248	560	162	1 800	210
95	12	156	6	75	5	2	24	56.3	10	10 905	43	2 220	49	11 518	36
4	243	18	154	4	168	0	73	3.3	235	1 405	236	200	225	1 275	237
44	56	62	42	11	96	3	19	16.3	90	2 771	175	0	303	3 313	140
6	227	5	263	4	168	0	73	2.1	266	791	268	352	196	696	271
10	198	6	253	1	240	0	73	6.4	180	800	267	110	259	790	266
66	32	46	66	15	69	0	73	37.3	27	7 575	76	175	239	7 587	63
33	75	19	145	13	83	0	73	20.3	69	4 160	127	100	262	4 173	124
22	115	31	100	1	240	0	73	18.5	77	4 205	124	140	249	4 220	122
5	236	3	281	7	132	0	73	3.3	235	850	265	200	225	820	264
0	315	0	310	0	275	0	73	0	326	0	324	0	303	0	324
17	145	17	164	11	96	0	73	10.6	130	3 220	157	40	293	3 256	143
14	170	5	263	7	132	0	73	9	146	2 290	193	490	174	2 360	183
12	183	25	120	17	58	0	73	14.9	100	3 062	163	82	268	3 089	150
25	104	16	169	48	17	0	73	16.7	88	9 715	51	650	150	9 713	42
52	44	43	71	40	22	0	73	12	119	2 263	196	140	249	4 352	117
39	65	20	141	14	77	2	24	35.9	29	6 230	95	2 010	56	7 732	61
32	76	85	23	13	83	0	73	40.4	20	9 985	48	2 695	42	8 138	55
32	76	47	63	28	33	2	24	21.4	65	15 332	26	7 781	13	15 121.5	25
20	125	54	53	15	69	1	41	12.4	116	4 251.2	123	1 040	110	4 255.4	121

学校名称	社科活动人员(人)														
	合计		按职称划分								其他人员		合计	
			小计		高级		中级		初级					
湖南机电职业技术学院	153	150	145	162	34	177	86	113	25	230	8	39	142	38
湖南交通职业技术学院	221	85	209	87	52	114	125	57	32	193	12	28	82	83
湖南商务职业技术学院	258	64	242	67	66	76	125	57	51	113	16	19	215	16
湖南外贸职业学院	265	59	254	62	53	108	101	79	100	26	11	31	48	143
华中科技大学武昌分校	192	109	192	105	21	233	144	46	27	216	0	157	82	83
淮安信息职业技术学院	94	254	94	249	20	240	61	161	13	300	0	157	141	39
淮北师范大学信息学院	142	167	142	165	54	104	82	122	6	326	0	157	49	141
淮北职业技术学院	153	150	151	153	57	96	75	134	19	269	2	96	35	178
淮南联合大学	160	143	159	144	33	182	63	153	63	83	1	118	48	143
淮南职业技术学院	120	205	120	203	37	158	56	179	27	216	0	157	48	143
黄河水利职业技术学院	183	111	183	109	49	123	95	93	39	157	0	157	34	185
徽商职业学院	96	248	96	244	30	194	10	322	56	99	0	157	5	299
吉林电子信息职业技术学院	110	220	110	219	49	123	30	277	31	200	0	157	25	209
吉林工业职业技术学院	81	264	80	264	30	194	27	285	23	243	1	118	48	143
吉林建筑工程学院城建学院	95	251	94	249	6	306	36	250	52	110	1	118	5	299
吉林交通职业技术学院	117	208	115	207	42	137	40	230	33	187	2	96	47	149
吉林农业工程职业技术学院	76	278	76	274	29	199	21	298	26	225	0	157	7	282
吉林司法警官职业学院	105	230	104	229	56	98	31	274	17	279	1	118	42	161
建东职业技术学院	51	319	51	313	1	333	29	279	21	256	0	157	10	273
健雄职业技术学院	144	166	144	164	36	165	69	143	39	157	0	157	90	70
江汉艺术职业学院	194	107	192	105	16	259	116	67	60	92	2	96	17	239
江南影视艺术职业学院	179	119	179	117	22	228	23	292	134	11	0	157	7	282
江苏财经职业技术学院	227	78	227	77	71	65	104	77	52	110	0	157	144	37
江苏城市职业学院	202	97	202	94	65	79	107	75	30	202	0	157	132	46
江苏海事职业技术学院	148	160	148	157	32	186	109	73	7	323	0	157	56	123
江苏建康职业学院	67	294	67	286	22	228	23	292	22	251	0	157	6	291
江苏建筑职业技术学院	195	106	195	103	54	104	120	62	21	256	0	157	184	24
江苏经贸职业技术学院	284	49	284	48	100	33	151	42	33	187	0	157	135	41
江苏农林职业技术学院	100	241	100	237	12	277	63	153	25	230	0	157	9	277
江苏食品职业技术学院	168	134	168	133	56	98	83	118	29	207	0	157	17	239
江苏信息职业技术学院	169	130	169	128	57	96	86	113	26	225	0	157	67	109
江苏畜牧兽医职业技术学院	17	338	17	338	8	298	8	326	1	337	0	157	2	319
江阴职业技术学院	162	138	162	135	60	88	87	110	15	291	0	157	44	157

续表

研究发展人员(人)										研究发展经费(百元)					
按职称划分						其他人员		折合全时人员(人年)		当年拨入		其中:科研事业费		当年内部支出	
高级		中级		初级											
46	52	81	26	12	92	3	19	28.6	40	8 698	63	1 368	84	7 952.6	59
27	92	35	85	17	58	3	19	9.5	138	6 470	90	4 670	19	5 593.5	97
88	15	96	20	17	58	14	4	40.2	21	12 403.5	37	1 367.5	85	12 448.5	35
20	125	19	145	8	121	1	41	9.5	138	7 047	80	4 830	17	5 120.29	107
15	161	66	39	1	240	0	73	26.5	47	5 449	111	556	166	6 698	76
59	38	75	29	7	132	0	73	15.3	96	7 890	74	1 690	68	7 126.12	69
21	122	28	112	0	275	0	73	9.3	142	3 318	150	570	160	3 495	136
9	201	22	128	3	182	1	41	4.5	215	2 165	202	280	209	2 615	170
17	145	15	173	16	63	0	73	6.1	186	3 170	159	140	249	3 210	148
15	161	22	128	11	96	0	73	6.1	186	2 290	193	240	218	2 906	158
4	243	25	120	5	158	0	73	13.4	106	5 820	100	2 800	39	5 820	90
2	276	2	289	1	240	0	73	3.1	244	540	287	0	303	510	287
14	170	8	231	3	182	0	73	6.4	180	1 030	259	70	274	1 053	251
28	89	15	173	5	158	0	73	12.7	115	3 025	166	1 120	104	2 196	193
4	243	0	310	1	240	0	73	3.2	239	0	324	0	303	0	324
21	122	13	185	11	96	2	24	6.4	180	1 890	211	130	255	1 786.47	211
6	227	1	301	0	275	0	73	1.4	287	610	281	400	187	505	288
26	99	14	179	2	212	0	73	6.3	185	1 425	232	0	303	1 308	235
1	294	6	253	3	182	0	73	4.9	208	1 180	253	80	269	1 440	229
45	55	41	77	4	168	0	73	15	99	7 770	75	3 970	24	6 010	86
3	260	10	213	4	168	0	73	3.8	226	21 208	14	20 120	5	20 128	13
2	276	5	263	0	275	0	73	0.7	311	290	307	70	274	311	302
51	47	73	31	20	50	0	73	28.9	39	8 940	60	1 400	83	7 648.1	62
67	31	61	43	4	168	0	73	22.1	61	9 296	55	1 440	80	5 991.42	87
27	92	29	109	0	275	0	73	13.8	104	12 515	36	9 755	10	4 474.54	116
2	276	3	281	1	240	0	73	1.8	273	708	273	140	249	660	274
59	38	113	15	12	92	0	73	29.7	37	12 980	32	1 520	76	13 786	30
51	47	74	30	10	104	0	73	48.6	15	19 683.5	16	867.5	127	16 826.7	19
1	294	7	242	1	240	0	73	1.8	273	0	324	0	303	0	324
11	190	3	281	3	182	0	73	2	269	2 040	209	1 740	66	1 017	255
29	88	32	96	6	144	0	73	15.5	94	5 650	107	950	121	3 638.8	132
0	315	2	289	0	275	0	73	0.3	321	300	305	40	293	245	308
22	115	22	128	0	275	0	73	5.8	191	3 001.14	167	580	159	3 001.14	153

学校名称	社科活动人员（人）													
	合计		按职称划分								其他人员		合计	
			小计		高级		中级		初级					
焦作大学	309	41	308	40	79	56	179	19	50	116	1	118	53	129
焦作师范高等专科学校	440	14	431	12	144	9	236	7	51	113	9	35	89	74
揭阳职业技术学院	242	72	209	87	35	172	135	50	39	157	33	4	127	52
金肯职业技术学院	60	305	60	299	1	333	55	185	4	329	0	157	11	267
锦州师范高等专科学校	319	38	319	37	130	12	153	39	36	174	0	157	125	56
景德镇高等专科学校	271	53	269	54	115	20	96	91	58	97	2	96	76	94
九州职业技术学院	49	321	49	317	2	329	33	263	14	295	0	157	14	251
开封大学	290	48	290	46	77	58	110	72	103	23	0	157	79	91
昆明理工大学津桥学院	135	181	135	179	18	250	58	173	59	94	0	157	41	165
昆明冶金高等专科学校	412	17	412	15	172	3	152	40	88	36	0	157	170	30
昆明医科大学海源学院	62	302	62	296	6	306	19	303	37	164	0	157	25	209
昆明艺术职业学院	108	225	103	230	3	321	29	279	71	62	5	59	16	243
昆山登云科技职业学院	88	257	88	252	2	329	36	250	50	116	0	157	0	326
兰州职业技术学院	348	29	345	28	102	30	164	33	79	45	3	83	14	251
丽江师范高等专科学校	224	80	223	79	51	117	97	87	75	55	1	118	48	143
连云港师范高等专科学校	197	102	197	98	147	7	43	218	7	323	0	157	36	175
连云港职业技术学院	210	90	208	89	81	53	94	96	33	187	2	96	38	171
辽宁地质工程职业学院	141	168	140	169	58	95	62	157	20	263	1	118	35	178
辽宁经济职业技术学院	150	157	150	154	70	66	55	185	25	230	0	157	54	126
辽宁警官高等专科学校	326	35	325	35	136	11	162	34	27	216	1	118	273	11
辽宁现代服务职业技术学院	158	145	158	145	42	137	46	206	70	66	0	157	127	52
辽宁信息职业技术学院	139	174	139	170	87	47	42	221	10	311	0	157	113	62
辽阳职业技术学院	162	138	162	135	51	117	79	126	32	193	0	157	58	119
临沧师范高等专科学校	240	73	240	69	54	104	124	60	62	85	0	157	63	113
柳州师范高等专科学校	340	30	339	30	75	61	189	16	75	55	1	118	346	5
六安职业技术学院	58	308	58	302	20	240	34	259	4	329	0	157	33	187
六盘水职业技术学院	77	274	77	268	16	259	35	254	26	225	0	157	0	326
陇南师范高等专科学校	255	65	255	61	56	98	146	44	53	104	0	157	22	219
马鞍山师范高等专科学校	197	102	197	98	41	141	84	117	72	59	0	157	50	137
马鞍山职业技术学院	36	328	36	327	12	277	16	310	8	319	0	157	50	137
合肥滨湖职业技术学院	70	289	65	292	0	336	3	337	62	85	5	59	0	326
合肥财经职业学院	74	280	68	284	2	329	16	310	50	116	6	53	7	282
合肥经济技术职业学院	72	284	42	326	0	336	5	334	37	164	30	5	0	326

续表

研究发展人员(人)										研究发展经费(百元)					
按职称划分						其他人员		折合全时人员(人年)		当年拨入		其中:科研事业费		当年内部支出	
高级		中级		初级											
8	209	32	96	13	83	0	73	7	173	1 480	229	290	206	1 732.5	213
34	72	45	68	10	104	0	73	17.2	83	6 160	96	40	293	6 160	83
38	67	77	28	12	92	0	73	21.5	63	9 450	54	3 175	34	5 616	96
0	315	10	213	1	240	0	73	3.6	229	1 578	226	390	189	1 293.36	236
43	58	55	51	27	34	0	73	28.5	41	9 225.52	56	494.92	173	9 225.52	45
22	115	30	103	23	38	0	73	16.8	86	2 760	177	860	128	2 760	163
0	315	12	193	2	212	0	73	3.2	239	1 265	246	250	215	1 175	244
30	84	30	103	19	54	0	73	8.4	155	8 375	66	2 025	55	7 290	66
8	209	18	154	15	69	0	73	12.1	117	3 200	158	640	152	2 530	174
91	13	64	41	15	69	0	73	31.2	34	8 500	64	700	146	8 487	51
3	260	8	231	14	77	0	73	3.4	233	880	263	250	215	860	260
1	294	12	193	3	182	0	73	7.4	171	1 560	228	600	156	1 340	232
0	315	0	310	0	275	0	73	0	326	0	324	0	303	0	324
4	243	9	218	1	240	0	73	1.7	277	455	295	200	225	568	282
24	109	16	169	8	121	0	73	9.7	137	4 017	131	1 175	100	1 966.01	204
25	104	9	218	2	212	0	73	11.5	123	5 798	102	1 240	95	5 754	94
26	99	8	231	4	168	0	73	5.2	199	2 618	181	1 050	109	2 618	169
20	125	14	179	1	240	0	73	9.3	142	2 882	171	190	234	2 749	165
26	99	23	127	5	158	0	73	8	162	2 250	197	810	134	1 962	205
137	5	126	14	10	104	0	73	51.1	13	28 775	7	13 445	8	21 285.5	12
42	60	33	93	52	13	0	73	22.2	59	6 664	88	170	241	6 675.5	77
75	25	30	103	8	121	0	73	17.5	81	3 990	132	360	195	3 985	126
24	109	26	116	8	121	0	73	12	119	3 240	156	680	147	3 240	146
24	109	29	109	10	104	0	73	20.5	68	8 085	71	4 480	21	4 595	115
105	10	177	3	63	7	1	41	92.9	5	18 032	21	1 040	110	19 247.2	14
11	190	21	136	1	240	0	73	5.8	191	1 276	245	0	303	1 732.59	212
0	315	0	310	0	275	0	73	0	326	0	324	0	303	0	324
11	190	10	213	1	240	0	73	2.7	257	1 324	242	890	124	1 495	226
17	145	25	120	8	121	0	73	8.9	148	2 968	168	465	177	2 968	155
17	145	22	128	9	114	2	24	30.4	35	8 726	62	100	262	8 729	48
0	315	0	310	0	275	0	73	0	326	0	324	0	303	0	324
0	315	4	274	2	212	1	41	2	269	510	289	60	277	470	292
0	315	0	310	0	275	0	73	0	326	0	324	0	303	0	324

学校名称	社科活动人员(人)												合计	
	合计		按职称划分								其他人员			
			小计		高级		中级		初级					
万博科技职业学院	174	124	172	121	25	213	68	145	79	45	2	96	0	326
南京城市职业学院	161	140	161	138	41	141	74	135	46	132	0	157	40	167
南京工业职业技术学院	271	53	271	52	70	66	140	47	61	89	0	157	205	18
南京化工职业技术学院	127	193	127	190	40	148	71	138	16	285	0	157	42	161
南京机电职业技术学院	72	284	72	280	3	321	20	300	49	121	0	157	43	160
南京交通职业技术学院	222	82	222	80	76	59	130	54	16	285	0	157	112	63
南京旅游职业学院	150	157	150	154	18	250	70	141	62	85	0	157	66	110
南京视觉艺术职业学院	115	213	115	207	15	265	36	250	64	81	0	157	18	237
南京特殊教育职业技术学院	237	75	237	71	100	33	112	71	25	230	0	157	39	170
南京铁道职业技术学院	107	228	107	226	35	172	48	200	24	237	0	157	104	66
南京信息职业技术学院	114	214	113	212	36	165	73	136	4	329	1	118	68	106
南通纺织职业技术学院	148	160	148	157	31	190	98	83	19	269	0	157	71	101
南通航运职业技术学院	148	160	148	157	32	186	95	93	21	256	0	157	65	111
南通农业职业技术学院	88	257	88	252	24	220	45	210	19	269	0	157	53	129
南通职业大学	188	110	188	108	72	64	99	81	17	279	0	157	89	74
宁夏财经职业技术学院	135	181	133	182	53	108	41	226	39	157	2	96	33	187
宁夏工商职业技术学院	198	100	183	109	69	69	63	153	51	113	15	22	134	45
宁夏民族职业技术学院	125	199	113	212	53	108	48	200	12	303	12	28	5	299
宁夏司法警官职业学院	132	185	124	196	33	182	38	243	53	104	8	39	170	30
宁夏职业技术学院	164	136	160	142	73	63	57	175	30	202	4	71	68	106
萍乡高等专科学校	336	32	336	32	115	20	136	49	85	39	0	157	171	28
齐齐哈尔高等师范专科学校	205	94	205	92	105	25	56	179	44	143	0	157	73	99
黔东南民族职业技术学院	90	256	90	251	38	156	41	226	11	308	0	157	22	219
黔南民族职业技术学院	85	261	85	256	36	165	37	247	12	303	0	157	6	291
黔西南民族职业技术学院	98	245	97	241	24	220	53	191	20	263	1	118	15	246
青海警官职业学院	116	210	109	223	53	108	38	243	18	276	7	46	11	267
琼台师范高等专科学校	277	51	268	58	30	194	157	37	81	42	9	35	255	12
曲靖医学高等专科学校	36	328	34	329	6	306	18	306	10	311	2	96	5	299
三峡旅游职业技术学院	125	199	121	201	67	74	38	243	16	285	4	71	84	79
三亚城市职业学院	54	311	54	307	9	291	13	316	32	193	0	157	8	280
三亚航空旅游职业学院	104	234	87	255	9	291	7	330	71	62	17	16	85	78
三亚理工职业学院	69	290	34	329	9	291	14	314	11	308	35	3	6	291
沙洲职业工学院	72	284	72	280	31	190	39	237	2	335	0	157	23	216

续表

研究发展人员(人)										研究发展经费(百元)					
按职称划分						其他人员		折合全时人员(人年)		当年拨入		其中:科研事业费		当年内部支出	
高级		中级		初级											
0	315	0	310	0	275	0	73	0	326	0	324	0	303	0	324
19	134	18	154	3	182	0	73	4.8	210	3 270	153	570	160	2 720	167
73	27	103	18	29	30	0	73	38.2	24	9 118	58	750	140	8 681.5	49
6	227	33	93	3	182	0	73	9.3	142	3 745	138	1 220	97	2 827	161
11	190	15	173	16	63	1	41	10.1	133	510	289	100	262	278	305
70	28	42	72	0	275	0	73	28.3	43	8 430	65	1 040	110	7 255	67
17	145	31	100	18	55	0	73	15.9	93	23 210	12	15 770	6	15 742.5	22
3	260	9	218	6	144	0	73	2.4	263	3 410	146	2 070	54	3 000	154
22	115	13	185	4	168	0	73	13.1	110	10 377	45	3 065	36	6 755.64	74
34	72	47	63	23	38	0	73	41.5	19	12 341	39	1 440	80	13 601	31
20	125	44	70	4	168	0	73	8.8	150	3 061	164	1 100	106	2 338	185
20	125	50	57	1	240	0	73	23.3	55	5 718	103	645	151	5 541	99
22	115	40	79	3	182	0	73	21.4	65	5 326	112	536	171	5 593	98
20	125	30	103	3	182	0	73	6.8	178	2 770	176	350	197	2 543	172
37	70	47	63	5	158	0	73	19	76	16 640	22	11 730	9	14 594	27
16	157	9	218	7	132	1	41	7.7	166	3 400	147	1 300	92	2 833.5	160
68	30	30	103	30	29	6	11	22.3	57	4 130	128	1 500	78	4 320	119
4	243	0	310	0	275	1	41	1.2	290	690	274	300	203	525.5	284
55	41	35	85	68	6	12	5	45.1	17	16 320	23	1 560	73	15 400.5	23
27	92	22	128	17	58	2	24	16.3	90	5 900	98	480	175	6 675	78
64	34	71	33	36	24	0	73	35.3	31	5 051	115	715	142	5 051	108
44	56	29	109	0	275	0	73	20	71	4 182.59	126	592	157	4 176.59	123
18	137	4	274	0	275	0	73	5.6	195	2 110	208	1 070	108	2 517	176
6	227	0	310	0	275	0	73	0.9	305	614	279	259	214	754	267
4	243	7	242	3	182	1	41	1.7	277	760	269	430	181	733	269
9	201	2	289	0	275	0	73	1.2	290	218	316	50	285	218	313
32	76	162	5	57	11	4	14	50.3	14	14 710	28	810	134	15 232.06	24
2	276	2	289	1	240	0	73	1.7	277	475	294	190	234	475	291
47	50	24	124	13	83	0	73	12.8	114	2 426	186	40	293	2 426	178
1	294	6	253	1	240	0	73	1	299	260	310	60	277	230	311
11	190	8	231	50	14	16	3	14.1	103	4 270	122	920	122	3 807	128
1	294	5	263	0	275	0	73	1.1	297	290	307	290	206	163	318
14	170	9	218	0	275	0	73	3.2	239	880	263	240	218	2 220	191

学校名称	社科活动人员(人)												合计	
	合计		按职称划分								其他人员			
			小计		高级		中级		初级					
山东医学高等专科学校	96	248	88	252	30	194	33	263	25	230	8	39	15	246
山西大学商务学院	564	4	560	4	95	41	210	12	255	3	4	71	917	1
上海公安高等专科学校	236	76	235	73	42	137	131	53	62	85	1	118	202	19
深圳职业技术学院	660	1	649	1	251	2	282	1	116	15	11	31	495	2
沈阳职业技术学院	360	26	353	27	128	14	179	19	46	132	7	46	149	34
顺德职业技术学院	408	18	395	17	102	30	190	15	103	23	13	24	175	25
四川外语学院重庆南方翻译学院	450	10	450	8	46	128	247	5	157	8	0	157	40	167
四川职业技术学院	357	27	357	26	103	27	118	63	136	10	0	157	81	89
四平职业大学	126	196	125	195	42	137	34	259	49	121	1	118	35	178
苏州港大思培科技职业学院	46	327	45	323	0	336	11	319	34	182	1	118	0	326
苏州高博软件技术职业学院	81	264	81	263	5	312	56	179	20	263	0	157	35	178
苏州工业园区服务外包职业学院	76	278	76	274	13	274	35	254	28	210	0	157	49	141
苏州工业园区职业技术学院	80	267	80	264	15	265	37	247	28	210	0	157	12	261
苏州工业职业技术学院	146	164	146	161	37	158	97	87	12	303	0	157	30	196
苏州工艺美术职业技术学院	283	50	283	50	66	76	168	26	49	121	0	157	24	213
苏州经贸职业技术学院	203	96	203	93	63	82	118	63	22	251	0	157	149	34
苏州农业职业技术学院	129	188	129	186	36	165	79	126	14	295	0	157	237	13
苏州托普信息职业技术学院	95	251	95	247	9	291	37	247	49	121	0	157	7	282
苏州卫生职业技术学院	113	216	113	212	19	246	62	157	32	193	0	157	44	157
苏州信息职业技术学院	100	241	98	240	29	199	60	167	9	315	2	96	58	119
苏州职业大学	446	12	446	9	141	10	281	2	24	237	0	157	197	21
宿迁学院	224	80	224	78	36	165	172	23	16	285	0	157	74	98
宿迁泽达职业技术学院	36	328	36	327	5	312	3	337	28	210	0	157	0	326
宿迁职业技术学院	29	332	29	332	4	316	2	339	23	243	0	157	1	322
宿州职业技术学院	77	274	76	274	21	233	32	270	23	243	1	118	3	311
随州职业技术学院	103	236	101	235	50	119	34	259	17	279	2	96	29	200
太湖创意职业技术学院	18	337	18	337	6	306	4	335	8	319	0	157	0	326
泰州师范高等专科学校	382	20	382	18	150	6	179	19	53	104	0	157	63	113
泰州职业技术学院	111	219	111	218	39	151	62	157	10	311	0	157	20	230
天津市职业大学	331	34	330	34	103	27	157	37	70	66	1	118	304	8
桐城师范高等专科学校	145	165	145	162	36	165	23	292	86	37	0	157	82	83

续表

研究发展人员(人)										研究发展经费(百元)					
按职称划分						其他人员		折合全时人员(人年)		当年拨入		其中:科研事业费		当年内部支出	
高级		中级		初级											
7	223	6	253	2	212	0	73	2.5	260	755	270	330	199	483.7	290
176	2	428	1	293	1	20	2	132.5	1	25 694	10	1 600	70	25 544	9
55	41	70	35	76	3	1	41	45.4	16	26 410	9	9 390	11	26 670	8
259	1	187	2	45	19	4	14	111.1	2	117 859.33	1	22 067.63	3	110 181.47	1
75	25	56	49	16	63	2	24	35.8	30	14 090	31	5 050	16	14 090	29
76	24	73	31	22	45	4	14	29.2	38	46 550	4	2 306	46	47 888.26	4
6	227	26	116	8	121	0	73	13	111	2 900	170	80	269	2 808	162
39	65	21	136	21	48	0	73	25.1	50	10 920	41	2 718	41	10 063	41
24	109	8	231	3	182	0	73	4.8	210	1 288	244	440	178	1 313	234
0	315	0	310	0	275	0	73	0	326	0	324	0	303	0	324
1	294	34	89	0	275	0	73	6.9	175	1 670	220	0	303	1 550	224
15	161	27	113	7	132	0	73	8.3	156	3 350	149	1 750	65	2 228.4	190
4	243	7	242	1	240	0	73	3.8	226	2 120	206	230	222	1 925	206
12	183	16	169	2	212	0	73	5	204	3 420	145	1 300	92	2 010	201
11	190	12	193	1	240	0	73	7.1	172	2 830	172	1 410	82	2 314	187
57	40	85	23	7	132	0	73	26.3	48	10 681	44	2 730	40	9 116	46
85	19	143	11	9	114	0	73	63.3	8	18 176.5	20	2 273	47	18 660.8	15
2	276	5	263	0	275	0	73	1.2	290	290	307	50	285	325	300
15	161	22	128	7	132	0	73	5.2	199	2 796	173	860	128	2 313	188
20	125	35	85	3	182	0	73	8.6	152	3 130	161	790	137	3 086.8	151
96	11	96	20	5	158	0	73	38.4	23	18 315	19	3 030	37	17 299.18	18
16	157	56	49	2	212	0	73	12.9	113	5 710	104	2 090	53	4 748.44	110
0	315	0	310	0	275	0	73	0	326	0	324	0	303	0	324
1	294	0	310	0	275	0	73	0.6	314	320	303	0	303	220	312
1	294	1	301	0	275	1	41	0.3	321	197	318	60	277	147	319
20	125	7	242	0	275	2	24	4.1	222	3 245	155	1 925	60	3 270	141
0	315	0	310	0	275	0	73	0	326	0	324	0	303	0	324
18	137	30	103	15	69	0	73	8.5	153	6 255	93	1 315	88	6 255	82
9	201	9	218	2	212	0	73	7.7	166	2 190	201	230	222	3 239.54	147
124	6	155	7	23	38	2	24	53.5	12	19 848.25	15	4 511.25	20	16 703.88	20
27	92	21	136	32	26	2	24	15.5	94	4 628	119	328	200	4 628	114

学校名称	社科活动人员(人)												合计	
	合计		按职称划分								其他人员			
			小计		高级		中级		初级					
铜陵职业技术学院	131	186	124	196	20	240	69	143	35	178	7	46	16	243
皖西卫生职业学院	20	336	20	336	9	291	6	332	5	328	0	157	1	322
乌鲁木齐职业大学	468	8	379	20	123	16	197	14	59	94	89	1	55	124
无锡城市职业技术学院	116	210	116	206	20	240	77	130	19	269	0	157	41	165
无锡工艺职业技术学院	172	127	172	121	35	172	89	106	48	127	0	157	32	191
无锡科技职业学院	152	155	152	149	30	194	87	110	35	178	0	157	25	209
无锡商业职业技术学院	319	38	319	37	89	46	186	17	44	143	0	157	78	93
无锡职业技术学院	169	130	169	128	43	135	86	113	40	152	0	157	22	219
芜湖信息技术职业学院	116	210	114	210	25	213	45	210	44	143	2	96	32	191
芜湖职业技术学院	123	202	123	199	22	228	61	161	40	152	0	157	35	178
武汉交通职业学院	121	203	120	203	37	158	51	193	32	193	1	118	20	230
武汉商业服务学院	308	42	302	41	93	44	97	87	112	17	6	53	101	67
武汉铁路职业技术学院	153	150	148	157	29	199	50	194	69	69	5	59	20	230
武汉职业技术学院	244	71	237	71	65	79	83	118	89	34	7	46	171	28
新疆兵团警官高等专科学校	104	234	102	231	27	205	61	161	14	295	2	96	22	219
新疆农业职业技术学院	78	271	77	268	19	246	46	206	12	303	1	118	32	191
新疆职业大学	113	216	113	212	50	119	41	226	22	251	0	157	6	291
信阳农业高等专科学校	198	100	198	97	48	125	83	118	67	72	0	157	135	41
徐州工业职业技术学院	74	280	74	278	21	233	49	197	4	329	0	157	24	213
徐州生物工程职业技术学院	66	297	66	287	19	246	30	277	17	279	0	157	51	134
徐州幼儿师范高等专科学校	156	147	156	146	56	98	64	150	36	174	0	157	36	175
宣城职业技术学院	88	257	73	279	20	240	19	303	34	182	15	22	9	277
盐城纺织职业技术学院	160	143	160	142	61	86	61	161	38	162	0	157	189	23
盐城卫生职业技术学院	54	311	54	307	21	233	23	292	10	311	0	157	57	122
扬州工业职业技术学院	100	241	100	237	32	186	40	230	28	210	0	157	10	273
扬州市职业大学	474	6	474	6	159	5	236	7	79	45	0	157	229	15
伊犁职业技术学院	69	290	69	283	4	316	35	254	30	202	0	157	13	255
应天职业技术学院	129	188	129	186	11	287	72	137	46	132	0	157	12	261
云南大学滇池学院	208	92	208	89	4	316	97	87	107	21	0	157	83	80
云南大学旅游文化学院	422	16	422	13	16	259	123	61	283	1	0	157	119	60
云南国防工业职业技术学院	182	113	182	111	64	81	77	130	41	150	0	157	40	167
云南国土资源职业学院	85	261	84	259	14	272	33	263	37	164	1	118	52	132
云南机电职业技术学院	53	313	49	317	15	265	11	319	23	243	4	71	6	291

续表

研究发展人员(人)										研究发展经费(百元)					
按职称划分						其他人员		折合全时人员(人年)		当年拨入		其中:科研事业费		当年内部支出	
高级		中级		初级											
2	276	13	185	1	240	0	73	8.3	156	1 845	214	45	292	1 854	209
1	294	0	310	0	275	0	73	0.3	321	123	322	60	277	108	322
27	92	21	136	3	182	4	14	9.5	138	4 205	124	1 600	70	3 005	152
11	190	22	128	8	121	0	73	17	84	4 410	121	790	137	3 253.38	144
14	170	16	169	2	212	0	73	7.8	164	7 132.5	78	152.5	244	7 807.5	60
6	227	17	164	2	212	0	73	5.6	195	1 415	234	430	181	1 166	245
38	67	39	81	1	240	0	73	8.1	160	6 944	81	1 272	94	2 518.2	175
17	145	5	263	0	275	0	73	2.9	253	4 640.62	118	880	125	3 241.48	145
10	198	15	173	7	132	0	73	4.2	220	2 117	207	740	141	2 364	182
15	161	13	185	7	132	0	73	4.3	218	3 060	165	1 310	89	2 051.15	198
8	209	9	218	3	182	0	73	2.4	263	1 210	250	440	178	874.5	258
46	52	33	93	20	50	2	24	28.2	44	6 719	83	1 140	102	6 639	79
13	179	6	253	1	240	0	73	8.8	150	3 798	137	1 180	98	3 798	129
88	15	60	44	22	45	1	41	28.2	44	8 300.45	68	820	132	7 542	64
3	260	19	145	0	275	0	73	4.8	210	4 535	120	3 400	31	1 678.2	214
12	183	19	145	1	240	0	73	5	204	1 896	210	980	117	1 360	231
5	236	1	301	0	275	0	73	1.2	290	440	297	200	225	320	301
17	145	69	36	49	16	0	73	17	84	4 020	130	440	178	4 020	125
6	227	15	173	3	182	0	73	3.4	233	1 870	213	1 140	102	1 570	220
27	92	24	124	0	275	0	73	6.9	175	2 640	180	480	175	2 420.5	179
18	137	14	179	4	168	0	73	3.6	229	2 400	187	1 580	72	1 056	249
4	243	2	289	1	240	2	24	1.3	289	735	271	270	212	735	268
82	20	68	38	39	23	0	73	37.7	25	9 675	52	1 775	63	9 285	44
30	84	14	179	13	83	0	73	19.7	73	5 630	108	820	132	4 278	120
2	276	8	231	0	275	0	73	1.8	273	640	277	430	181	349.1	297
106	9	109	16	14	77	0	73	34.8	32	9 160	57	1 980	59	8 192	53
1	294	6	253	6	144	0	73	1.9	272	420	298	0	303	420	294
1	294	11	201	0	275	0	73	1.7	277	490	291	150	245	371.59	296
8	209	55	51	18	55	0	73	10.2	132	2 795	174	1 310	89	2 045	199
8	209	50	57	59	8	2	24	21.9	62	6 237	94	640	152	5 365.42	102
25	104	12	193	3	182	0	73	11.6	122	3 430	144	1 110	105	3 385	138
9	201	20	141	23	38	0	73	15.3	96	3 460	142	200	225	3 120	149
3	260	0	310	3	182	0	73	1.7	277	238	314	0	303	252.6	306

学校名称	社科活动人员(人)													
	合计		按职称划分								其他人员		合计	
			小计		高级		中级		初级					
云南交通职业技术学院	216	87	200	96	43	135	67	146	90	33	16	19	52	132
云南经济管理职业学院	246	69	233	74	37	158	118	63	78	48	13	24	19	235
云南林业职业技术学院	72	284	68	284	23	225	24	291	21	256	4	71	3	311
云南能源职业技术学院	78	271	77	268	26	211	39	237	12	303	1	118	23	216
云南师范大学商学院	62	302	62	296	20	240	42	221	0	339	0	157	20	230
云南师范大学文理学院	95	251	84	259	8	298	39	237	37	164	11	31	101	67
云南体育运动职业技术学院	130	187	130	185	46	128	46	206	38	162	0	157	68	106
云南艺术学院文华学院	176	121	172	121	12	277	64	150	96	29	4	71	47	149
郧阳师范高等专科学校	472	7	444	10	94	43	169	25	181	7	28	6	71	101
浙江大学城市学院	375	24	375	23	99	36	165	29	111	18	0	157	346	5
浙江水利水电专科学校	169	130	169	128	63	82	92	101	14	295	0	157	210	17
镇江市高等专科学校	320	37	320	36	121	17	159	36	40	152	0	157	58	119
郑州电力高等专科学校	16	339	16	339	10	288	6	332	0	339	0	157	0	326
郑州牧业工程高等专科学校	222	82	216	83	60	88	88	108	68	71	6	53	21	226
中州大学	379	23	376	21	104	26	205	13	67	72	3	83	83	80
钟山职业技术学院	110	220	110	219	9	291	81	123	20	263	0	157	22	219
重庆财经职业学院	163	137	161	138	41	141	45	210	75	55	2	96	131	48
重庆城市管理职业学院	222	82	221	81	69	69	85	116	67	72	1	118	88	77
重庆城市职业学院	77	274	77	268	5	312	26	287	46	132	0	157	3	311
重庆传媒职业学院	65	299	65	292	13	274	7	330	45	139	0	157	0	326
重庆大学城市科技学院	150	157	149	156	15	265	57	175	77	52	1	118	7	282
重庆电力高等专科学校	100	241	96	244	25	213	52	192	19	269	4	71	42	161
重庆电子工程职业学院	382	20	382	18	74	62	212	11	96	29	0	157	82	83
重庆房地产职业学院	214	88	214	84	27	205	54	187	133	12	0	157	51	134
重庆工程职业技术学院	141	168	138	173	34	177	54	187	50	116	3	83	30	196
重庆工贸职业技术学院	128	191	128	188	68	73	25	289	35	178	0	157	26	205
重庆工商大学融智学院	129	188	128	188	12	277	44	216	72	59	1	118	38	171
重庆工商职业学院	232	77	232	75	59	91	126	56	47	130	0	157	90	70
重庆工业职业技术学院	153	150	152	149	28	203	59	169	65	78	1	118	5	299
重庆海联职业技术学院	98	245	95	247	8	298	10	322	77	52	3	83	3	311
重庆航天职业技术学院	93	255	85	256	18	250	33	263	34	182	8	39	19	235
重庆化工职业学院	126	196	123	199	24	220	47	205	52	110	3	83	46	152
重庆建筑工程职业学院	78	271	77	268	27	205	33	263	17	279	1	118	22	219

续表

研究发展人员(人)										研究发展经费(百元)					
按职称划分						其他人员		折合全时人员(人年)		当年拨入		其中:科研事业费		当年内部支出	
高级		中级		初级											
17	145	18	154	14	77	3	19	7	173	2 550	184	1 150	101	1 880	208
4	243	6	253	9	114	0	73	6.9	175	3 670	139	1 800	62	3 655	131
2	276	0	310	1	240	0	73	0.9	305	305	304	0	303	285	304
12	183	10	213	1	240	0	73	3.5	231	828	266	233	221	847	261
9	201	11	201	0	275	0	73	5.3	197	1 765	218	970	119	1 135	247
4	243	42	72	48	17	7	8	21.2	67	6 760	82	960	120	6 550	80
30	84	18	154	20	50	0	73	11	125	4 125	129	2 190	51	1 980	203
8	209	18	154	21	48	0	73	13.2	109	2 300	192	320	201	2 340	184
17	145	38	82	15	69	1	41	10.1	133	3 935	133	300	203	3 703	130
116	7	148	9	76	3	6	11	93.2	4	103 140	2	27 382	1	82 621.52	2
54	43	140	12	16	63	0	73	26.8	46	30 137	6	20 937	4	37 836.63	6
32	76	26	116	0	275	0	73	24.2	54	7 928	73	1 090	107	8 034	57
0	315	0	310	0	275	0	73	0	326	0	324	0	303	0	324
8	209	7	242	6	144	0	73	2.4	263	1 840	216	1 310	89	1 550	224
21	122	51	56	10	104	1	41	9	146	3 300	152	3 300	32	2 891	159
3	260	15	173	4	168	0	73	9.9	135	2 347	190	137	254	2 067	197
46	52	34	89	50	14	1	41	26	49	14 800	27	610	155	16 124	21
41	62	35	85	12	92	0	73	10.8	127	8 113.6	69	1 770	64	6 718.6	75
1	294	2	289	0	275	0	73	0.5	316	480	293	0	303	802	265
0	315	0	310	0	275	0	73	0	326	0	324	0	303	0	324
2	276	2	289	3	182	0	73	0.9	305	348	301	90	267	291.5	303
14	170	19	145	9	114	0	73	7.6	168	3 089	162	550	167	3 269	142
32	76	42	72	8	121	0	73	11.2	124	7 175	77	635	154	7 134	68
19	134	20	141	5	158	7	8	22.2	59	3 840	136	550	167	6 314.3	81
9	201	11	201	9	114	1	41	3	247	1 150	255	500	172	987	256
17	145	1	301	8	121	0	73	2.9	253	674	276	150	245	660	274
3	260	11	201	23	38	1	41	4.5	215	1 845	214	560	162	1 484.7	228
41	62	42	72	7	132	0	73	11	125	5 500	110	980	117	4 721	111
3	260	0	310	2	212	0	73	0.8	310	210	317	0	303	566	283
1	294	0	310	2	212	0	73	1	299	562	284	175	239	217	314
8	209	8	231	2	212	1	41	4.9	208	1 665	221	100	262	1 618.7	218
12	183	18	154	16	63	0	73	11.8	121	3 304	151	150	245	2 915.5	157
7	223	13	185	2	212	0	73	3.2	239	900	262	50	285	521.7	285

学校名称	社科活动人员(人)													
	合计		按职称划分								其他人员		合计	
			小计		高级		中级		初级					
重庆科创职业学院	121	203	121	201	8	298	66	147	47	130	0	157	11	267
重庆旅游职业学院	84	263	84	259	3	321	15	313	66	77	0	157	21	226
重庆三峡医药高等专科学校	127	193	127	190	19	246	62	157	46	132	0	157	80	90
重庆三峡职业学院	114	214	114	210	31	190	38	243	45	139	0	157	13	255
重庆商务职业学院	110	220	110	219	37	158	28	283	45	139	0	157	42	161
重庆师范大学涉外商贸学院	303	44	299	43	16	259	88	108	195	5	4	71	95	69
重庆水利电力职业技术学院	53	313	53	309	12	277	34	259	7	323	0	157	25	209
重庆医药高等专科学校	64	300	63	294	27	205	21	298	15	291	1	118	61	116
重庆邮电大学移通学院	139	174	139	170	6	306	44	216	89	34	0	157	13	255
淄博师范高等专科学校	196	105	196	102	83	52	77	130	36	174	0	157	45	153
紫琅职业技术学院	59	306	59	301	3	321	33	263	23	243	0	157	11	267
遵义医药高等专科学校	52	316	52	311	12	277	13	316	27	216	0	157	21	226

6. 专科学校人文、社会科学研究与发展概况表(二)

学校名称	研究与发展课题									
	课题总数(项)		当年投入人数(人年)		当年拨入经费(百元)		当年支出经费(百元)		著作(部)	
阿坝师范高等专科学校	222	7	75.9	6	3 713	44	3 760	27	13	48
安徽财经大学商学院	29	147	8.5	152	355	222	471	180	0	239
安徽财贸职业学院	106	32	10.3	130	4 060	38	3 879	24	13	48
安徽城市管理职业学院	57	80	1.2	288	2 170	78	2 717.4	46	2	181
安徽大学江淮学院	32	135	19.1	74	1 140	129	753.35	144	0	239
安徽电气工程职业技术学院	2	315	1.6	280	1 040	143	1 040	107	0	239
安徽电子信息职业技术学院	30	140	9.3	141	390	214	405	188	10	68
安徽工程大学机电学院	9	256	3	246	270	239	235	227	0	239
安徽工贸职业技术学院	5	283	1.2	288	120	277	137	261	0	239
安徽工商职业学院	76	54	0.2	324	800	171	500	171	1	209
安徽工业大学工商学院	13	226	4.3	217	320	227	320	207	0	239
安徽工业经济职业技术学院	53	83	6	188	240	242	92.3	278	8	86

续表

研究发展人员(人)										研究发展经费(百元)					
按职称划分						其他人员		折合全时人员(人年)		当年拨入		其中:科研事业费		当年内部支出	
高级		中级		初级											
3	260	7	242	1	240	0	73	2.7	257	709	272	50	285	639	276
1	294	7	242	13	83	0	73	4.2	220	1 334	240	110	259	1 040	253
13	179	42	72	25	36	0	73	16.8	86	3 514	141	374	192	3 514	134
8	209	3	281	2	212	0	73	2.1	266	2 682	178	270	212	2 592	171
17	145	13	185	11	96	1	41	5.1	203	1 348	238	410	186	1 054	250
11	190	40	79	44	20	0	73	21.5	63	3 435	143	60	277	3 435	137
7	223	17	164	0	275	1	41	2.8	256	1 340	239	540	170	1 227	240
31	82	20	141	10	104	0	73	13.4	106	6 680	86	1 680	69	7 096.8	71
0	315	6	253	6	144	1	41	3	247	550	285	50	285	464.5	293
18	137	21	136	6	144	0	73	7.8	164	12 826	34	0	303	12 826	33
1	294	9	218	1	240	0	73	1.2	290	1 420	233	250	215	838	262
9	201	8	231	4	168	0	73	3.3	235	1 200	251	200	225	1 148	246

研究与发展成果								获奖成果数(项)			
学术论文(篇)				研究与咨询报告(篇)				合计		其中:国家级和省部级	
合计		其中:国外学术刊物发表		提交有关部门数		其中被采纳					
324	7	0	63	0	79	0	49	0	18	0	2
75	137	0	63	0	79	0	49	0	18	0	2
99	100	0	63	0	79	0	49	0	18	0	2
24	238	0	63	0	79	0	49	0	18	0	2
26	231	0	63	0	79	0	49	0	18	0	2
10	283	0	63	1	57	1	30	0	18	0	2
50	172	0	63	0	79	0	49	0	18	0	2
28	220	0	63	0	79	0	49	0	18	0	2
33	206	0	63	0	79	0	49	0	18	0	2
25	234	0	63	0	79	0	49	0	18	0	2
16	256	0	63	0	79	0	49	0	18	0	2
53	165	0	63	0	79	0	49	0	18	0	2

学校名称	研究与发展课题								著作	
	课题总数（项）		当年投入人数（人年）		当年拨入经费（百元）		当年支出经费（百元）		著作（部）	
安徽工业职业技术学院	7	264	6.4	179	80	287	300	211	1	209
安徽广播影视职业技术学院	20	189	5.3	196	380	216	120	265	10	68
安徽国防科技职业学院	26	157	3.1	243	910	159	910	122	7	93
安徽国际商务职业学院	82	48	43.3	18	2 430	68	2 216.5	59	12	54
安徽黄梅戏艺术职业学院	0	327	0	325	0	311	0	317	3	160
安徽机电职业技术学院	65	70	24.5	52	1 085	136	1 085	101	2	181
安徽交通职业技术学院	7	264	0.7	310	130	274	40	302	3	160
安徽警官职业学院	52	85	5.2	198	907	161	872	125	0	239
安徽粮食工程职业学院	0	327	0	325	0	311	0	317	0	239
安徽林业职业技术学院	0	327	0	325	0	311	0	317	0	239
安徽农业大学经济技术学院	2	315	0.6	313	60	297	60	294	0	239
安徽商贸职业技术学院	95	35	14.3	101	976	155	801	135	25	16
安徽涉外经济职业学院	0	327	0	325	0	311	0	317	0	239
安徽审计职业学院	3	301	0.7	310	60	297	38	305	0	239
安徽师范大学皖江学院	5	283	1.5	282	80	287	20	311	1	209
安徽水利水电职业技术学院	11	241	2.9	252	196	262	227	230	0	239
安徽体育运动职业技术学院	32	135	16.2	91	180	264	145	259	0	239
安徽新闻出版职业技术学院	3	301	0.9	303	40	309	40	302	0	239
安徽冶金科技职业学院	6	275	1	297	1 030	145	1 030	109	0	239
安徽医学高等专科学校	5	283	1.8	271	130	274	130	263	0	239
安徽艺术职业学院	9	256	0.9	303	1 180	124	1 030	109	0	239
安徽邮电职业技术学院	7	264	2.1	265	200	254	200	238	0	239
安徽职业技术学院	19	198	5.8	190	130	274	106	273	6	108
安徽中澳科技职业学院	4	293	1	297	210	250	110	270	0	239
安徽中医药高等专科学校	22	178	6	188	185	263	141	260	0	239
安庆医药高等专科学校	3	301	0.3	320	90	283	90	279	0	239
安庆职业技术学院	12	232	1.7	274	0	311	80	286	4	138
安顺职业技术学院	4	293	0.5	315	80	287	20	311	4	138
巴音郭楞职业技术学院	13	226	1.6	280	290	231	290	214	1	209
保险职业学院	9	256	3.1	243	150	270	150	254	5	120
北京电子科技职业学院	446	2	97.8	3	8 934	13	17 703.03	6	50	4
北京吉利大学	49	92	9.9	135	2 162	80	2 753	44	4	138
北京经济管理职业学院	30	140	24.7	51	5 520	19	3 182.46	33	17	30

续表

研究与发展成果								获奖成果数(项)			
学术论文(篇)				研究与咨询报告(篇)				合计		其中:国家级和省部级	
合计		其中:国外学术刊物发表		提交有关部门数		其中被采纳					
7	296	0	63	2	49	0	49	0	18	0	2
79	130	0	63	0	79	0	49	0	18	0	2
53	165	2	21	0	79	0	49	0	18	0	2
66	146	0	63	0	79	0	49	0	18	0	2
6	300	0	63	0	79	0	49	0	18	0	2
37	195	0	63	0	79	0	49	0	18	0	2
29	218	0	63	0	79	0	49	0	18	0	2
25	234	0	63	0	79	0	49	0	18	0	2
0	325	0	63	0	79	0	49	0	18	0	2
0	325	0	63	0	79	0	49	0	18	0	2
0	325	0	63	0	79	0	49	0	18	0	2
230	22	0	63	0	79	0	49	0	18	0	2
5	308	0	63	0	79	0	49	0	18	0	2
5	308	0	63	0	79	0	49	0	18	0	2
6	300	0	63	0	79	0	49	0	18	0	2
11	278	0	63	0	79	0	49	0	18	0	2
6	300	0	63	9	17	9	8	0	18	0	2
4	314	0	63	0	79	0	49	0	18	0	2
14	265	0	63	2	49	2	24	0	18	0	2
14	265	0	63	0	79	0	49	0	18	0	2
6	300	0	63	0	79	0	49	0	18	0	2
20	244	0	63	0	79	0	49	0	18	0	2
15	262	0	63	0	79	0	49	0	18	0	2
16	256	0	63	0	79	0	49	0	18	0	2
35	199	0	63	0	79	0	49	0	18	0	2
2	320	0	63	0	79	0	49	0	18	0	2
33	206	0	63	0	79	0	49	0	18	0	2
27	226	0	63	0	79	0	49	0	18	0	2
52	170	0	63	0	79	0	49	0	18	0	2
80	129	1	32	0	79	0	49	0	18	0	2
221	27	2	21	0	79	0	49	0	18	0	2
15	262	1	32	1	57	0	49	0	18	0	2
73	140	6	6	7	20	0	49	0	18	0	2

学校名称	研究与发展课题								著作（部）	
	课题总数（项）		当年投入人数（人年）		当年拨入经费（百元）		当年支出经费（百元）			
北京劳动保障职业学院	30	140	3	246	305	229	305	210	8	86
北京青年政治学院	142	21	64.5	7	16 395.74	7	7 237.25	14	37	9
北京社会管理职业学院	40	112	9.3	141	6 335	18	2 710	47	16	33
北京体育职业学院	6	275	5	203	660	179	805.71	133	0	239
北京戏曲艺术职业学院	4	293	3	246	7 400	17	7 400	13	2	181
北京政法职业学院	30	140	6.5	178	1 000	149	120	265	9	79
亳州师范高等专科学校	59	76	36.4	28	1 490	104	1 034.31	108	4	138
亳州职业技术学院	1	320	0.5	315	0	311	5	316	2	181
长春大学光华学院	17	208	2.5	259	0	311	0	317	0	239
长春金融高等专科学校	114	30	30	36	4 190	37	3 963	23	7	93
长春理工大学光电信息学院	13	226	6.1	185	80	287	50	299	2	181
长春汽车工业高等专科学校	2	315	0.5	315	90	283	80	286	0	239
长春职业技术学院	80	50	28.5	41	1 310	117	1 001.5	113	38	7
长沙民政职业技术学院	187	9	17.7	80	4 840	29	4 891	21	8	86
长沙师范学校	168	15	22.3	57	4 850	28	2 807	42	19	24
常州纺织服装职业技术学院	90	41	37.6	26	3 020	52	369.31	194	14	41
常州工程职业技术学院	71	61	15.3	95	1 515	102	1 070	103	1	209
常州机电职业技术学院	169	13	34.2	33	4 402	33	2 664	49	3	160
常州轻工职业技术学院	66	69	24.8	50	3 430	47	2 230	57	18	27
常州信息职业技术学院	20	189	14.6	100	2 758	60	1 780	76	7	93
朝阳师范高等专科学校	62	74	59.3	9	2 580	63	729	147	9	79
成都纺织高等专科学校	90	41	13.3	107	4 800	30	2 096	60	19	24
承德石油高等专科学校	17	208	4.6	213	1 627	98	1 627	78	4	138
池州职业技术学院	4	293	1.1	295	240	242	240	225	0	239
滁州城市职业学院	5	283	4.8	209	0	311	0	317	0	239
滁州职业技术学院	8	262	4.1	221	228	248	201	237	11	59
德宏师范高等专科学校	25	161	3.3	234	1 890	90	1 890	69	0	239
定西师范高等专科学校	10	245	4.5	214	1 350	114	334	203	1	209
东北师范大学人文学院	33	129	20.2	70	350	223	370	193	6	108
鄂州职业大学	41	109	19.1	74	370	218	833	128	3	160
福建商业高等专科学校	80	50	13	110	3 735	43	2 016	62	10	68
阜阳师范学院信息工程学院	58	77	17.8	79	2 720	61	869	126	2	181
阜阳职业技术学院	23	171	2	268	430	208	430	185	3	160

续表

研究与发展成果								获奖成果数(项)			
学术论文(篇)				研究与咨询报告(篇)							
合计		其中:国外学术刊物发表		提交有关部门数		其中被采纳		合计		其中:国家级和省部级	
56	161	0	63	3	40	3	21	0	18	0	2
234	20	4	10	7	20	7	9	0	18	0	2
94	103	0	63	6	26	0	49	1	7	1	1
8	292	0	63	0	79	0	49	0	18	0	2
5	308	0	63	0	79	0	49	0	18	0	2
77	133	0	63	0	79	0	49	0	18	0	2
106	92	0	63	0	79	0	49	0	18	0	2
43	182	0	63	0	79	0	49	0	18	0	2
0	325	0	63	0	79	0	49	0	18	0	2
127	73	0	63	0	79	0	49	1	7	0	2
6	300	0	63	0	79	0	49	0	18	0	2
0	325	0	63	0	79	0	49	0	18	0	2
182	39	1	32	0	79	0	49	0	18	0	2
270	11	0	63	0	79	0	49	0	18	0	2
178	41	0	63	0	79	0	49	0	18	0	2
244	17	3	15	0	79	0	49	0	18	0	2
177	42	0	63	2	49	1	30	0	18	0	2
108	90	0	63	30	6	24	4	0	18	0	2
110	88	0	63	17	10	17	6	0	18	0	2
78	132	0	63	0	79	0	49	0	18	0	2
252	13	1	32	8	19	7	9	0	18	0	2
146	64	0	63	0	79	0	49	0	18	0	2
53	165	0	63	0	79	0	49	0	18	0	2
6	300	0	63	0	79	0	49	0	18	0	2
9	291	0	63	0	79	0	49	0	18	0	2
102	96	0	63	0	79	0	49	0	18	0	2
7	296	0	63	3	40	0	49	0	18	0	2
79	130	0	63	0	79	0	49	0	18	0	2
161	53	7	4	0	79	0	49	0	18	0	2
121	79	0	63	0	79	0	49	0	18	0	2
95	102	0	63	0	79	0	49	0	18	0	2
38	193	0	63	0	79	0	49	0	18	0	2
52	170	0	63	0	79	0	49	0	18	0	2

学校名称	研究与发展课题									
	课题总数（项）		当年投入人数（人年）		当年拨入经费（百元）		当年支出经费（百元）		著作（部）	
甘肃工业职业技术学院	1	320	1	297	60	297	35	307	4	138
甘肃联合大学	44	100	6.4	179	2 150	82	330	204	12	54
广东科学技术职业学院	159	17	18.1	78	2 550	64	4 860.05	22	3	160
广东轻工职业技术学院	91	39	13.7	104	4 010.01	40	3 322.01	31	28	13
广东省外语艺术职业学院	82	48	22.6	55	4 299	34	3 443.75	28	12	54
广西体育高等专科学校	57	80	16.4	88	2 250	75	1 579.17	81	1	209
广州番禺职业技术学院	186	10	55.9	11	15 964.05	8	13 778.94	8	11	59
广州航海高等专科学校	87	45	10.7	128	3 770	41	2 723.06	45	10	68
广州民航职业技术学院	78	52	17.4	82	4 560	32	3 084	38	17	30
硅湖职业技术学院	24	165	1.4	285	840	166	411	187	0	239
贵阳护理职业学院	7	264	3	246	770	173	760	143	0	239
贵阳职业技术学院	52	85	8	161	2 900	55	3 801	25	2	181
贵州电子信息职业技术学院	11	241	5	203	2 200	77	1 974.5	66	11	59
贵州工业职业技术学院	30	140	3.9	224	570	188	372.5	192	5	120
贵州交通职业技术学院	3	301	2.7	256	110	278	103	274	1	209
贵州警官职业学院	15	220	3.7	227	675	178	497	173	1	209
贵州轻工职业技术学院	19	198	2.5	259	470	203	235	227	3	160
贵州商业高等专科学校	70	62	8.9	147	4 278	35	355	198	19	24
贵州亚泰职业学院	4	293	1	297	200	254	226	231	0	239
贵州职业技术学院	22	178	8.2	157	990	153	485.5	176	2	181
桂林旅游高等专科学校	158	18	39.4	22	12 410	11	11 375.12	10	13	48
哈尔滨职业技术学院	9	256	7.5	168	60	297	75	293	5	120
海南工商职业学院	10	245	4	223	80	287	90	279	4	138
海南经贸职业技术学院	102	33	10.8	126	7 940	16	7 619	12	14	41
海南科技职业学院	18	204	5.2	198	283	236	260	218	4	138
海南外国语职业学院	33	129	5.7	193	1 450	107	1 423.5	86	15	35
海南政法职业学院	17	208	7.5	168	1 020	147	938	119	2	181
海南职业技术学院	8	262	1.5	282	280	238	280	216	8	86
合肥通用职业技术学院	6	275	12	117	240	242	240	225	3	160
合肥幼儿师范高等专科学校	2	315	0.4	319	60	297	20	311	0	239
合肥职业技术学院	37	116	19.9	72	450	206	440.45	184	0	239
和田师范专科学校	25	161	8.1	159	4 250	36	3 095	37	0	239
河北工程技术高等专科学校	67	67	8.2	157	1 130	131	680	151	9	79

续表

研究与发展成果								获奖成果数(项)			
学术论文(篇)				研究与咨询报告(篇)							
合计		其中:国外学术刊物发表		提交有关部门数		其中被采纳		合计		其中:国家级和省部级	
33	206	0	63	0	79	0	49	0	18	0	2
91	108	0	63	0	79	0	49	0	18	0	2
233	21	0	63	0	79	0	49	0	18	0	2
172	43	6	6	0	79	0	49	0	18	0	2
236	18	1	32	4	32	2	24	0	18	0	2
62	152	0	63	0	79	0	49	0	18	0	2
189	34	1	32	13	12	5	17	0	18	0	2
136	66	3	15	0	79	0	49	0	18	0	2
99	100	1	32	0	79	0	49	0	18	0	2
16	256	0	63	0	79	0	49	0	18	0	2
16	256	0	63	0	79	0	49	0	18	0	2
42	186	0	63	40	4	0	49	0	18	0	2
28	220	0	63	0	79	0	49	0	18	0	2
31	214	0	63	0	79	0	49	0	18	0	2
20	244	0	63	0	79	0	49	0	18	0	2
90	111	0	63	7	20	6	14	0	18	0	2
10	283	0	63	2	49	2	24	0	18	0	2
188	35	1	32	0	79	0	49	0	18	0	2
4	314	0	63	0	79	0	49	0	18	0	2
77	133	0	63	1	57	1	30	0	18	0	2
248	15	1	32	0	79	0	49	2	3	0	2
43	182	0	63	0	79	0	49	0	18	0	2
27	226	0	63	0	79	0	49	0	18	0	2
165	50	0	63	0	79	0	49	3	1	0	2
7	296	0	63	0	79	0	49	0	18	0	2
64	147	1	32	0	79	0	49	0	18	0	2
129	71	0	63	0	79	0	49	1	7	0	2
32	211	0	63	0	79	0	49	0	18	0	2
5	308	0	63	0	79	0	49	0	18	0	2
0	325	0	63	0	79	0	49	0	18	0	2
53	165	0	63	0	79	0	49	0	18	0	2
93	106	0	63	0	79	0	49	0	18	0	2
94	103	0	63	0	79	0	49	0	18	0	2

学校名称	研究与发展课题									
	课题总数（项）		当年投入人数（人年）		当年拨入经费（百元）		当年支出经费（百元）		著作（部）	
河海大学文天学院	17	208	3.5	230	510	194	255	219	0	239
河南机电高等专科学校	16	216	3.2	238	870	163	1 448	84	24	17
河南商业高等专科学校	480	1	56.3	10	2 460	66	2 568	51	44	6
河南司法警官职业学院	32	135	3.3	234	200	254	90	279	0	239
河南职业技术学院	43	103	16.3	89	0	311	542	165	49	5
菏泽医学专科学校	12	232	2.1	265	69	296	38	305	0	239
鹤岗师范高等专科学校	5	283	6.4	179	100	279	90	279	1	209
黑龙江建筑职业技术学院	40	112	37.3	27	375	217	387	190	8	86
黑龙江民族职业学院	16	216	20.3	69	100	279	113	268	2	181
黑龙江农业经济职业学院	7	264	18.5	77	180	264	175	246	10	68
黑龙江商业职业学院	3	301	3.3	234	200	254	170	250	3	160
黑龙江司法警官职业学院	0	327	0	325	0	311	0	317	1	209
黑龙江艺术职业学院	12	232	10.6	129	40	309	76	292	3	160
黑龙江幼儿师范高等专科学校	7	264	9	145	490	199	560	161	11	59
黑龙江职业学院	14	224	14.9	99	82	286	109	272	68	2
湖北财税职业学院	62	74	16.7	87	490	199	490	175	15	35
湖北交通职业技术学院	9	256	12	117	500	196	500	171	38	7
湖北职业技术学院	28	151	35.8	29	2 230	76	2 230	57	7	93
湖南大众传媒职业技术学院	233	6	40.2	20	3 655	45	1 788	74	14	41
湖南工艺美术职业学院	47	97	21.4	65	1 979	88	1 814	73	4	138
湖南环境生物职业技术学院	34	125	12.4	115	1 000	149	765.8	142	0	239
湖南机电职业技术学院	65	70	28.6	40	1 598	100	729.6	146	1	209
湖南交通职业技术学院	48	95	9.5	138	4 670	31	3 761.5	26	10	68
湖南商务职业技术学院	58	77	40.2	20	1 367.5	113	1 172.88	96	7	93
湖南外贸职业学院	65	70	9.5	138	5 190	22	3 263.29	32	18	27
华中科技大学武昌分校	41	109	26.3	46	2 074	85	3 323	30	9	79
淮安信息职业技术学院	151	19	15.3	95	2 510	65	3 096.12	36	2	181
淮北师范大学信息学院	23	171	9.3	141	900	162	737	145	0	239
淮北职业技术学院	42	108	4.5	214	585	186	1 315	91	5	120
淮南联合大学	27	154	6.1	185	1 340	115	1 340	89	3	160
淮南职业技术学院	21	185	6.1	185	460	205	1 076	102	1	209
黄河水利职业技术学院	40	112	13.4	105	1 480	105	1 480	83	12	54
徽商职业学院	5	283	3.1	243	0	311	0	317	0	239

续表

研究与发展成果								获奖成果数(项)			
学术论文(篇)				研究与咨询报告(篇)							
合计		其中:国外学术刊物发表		提交有关部门数		其中被采纳		合计		其中:国家级和省部级	
11	278	0	63	0	79	0	49	0	18	0	2
188	35	1	32	0	79	0	49	0	18	0	2
430	4	2	21	55	2	0	49	1	7	0	2
82	124	0	63	11	14	0	49	0	18	0	2
166	48	4	10	0	79	0	49	2	3	0	2
17	254	0	63	0	79	0	49	0	18	0	2
35	199	0	63	0	79	0	49	0	18	0	2
39	190	0	63	0	79	0	49	0	18	0	2
19	248	0	63	0	79	0	49	0	18	0	2
39	190	0	63	0	79	0	49	0	18	0	2
62	152	0	63	0	79	0	49	0	18	0	2
24	238	0	63	0	79	0	49	0	18	0	2
24	238	0	63	0	79	0	49	0	18	0	2
111	87	0	63	0	79	0	49	0	18	0	2
197	32	0	63	2	49	0	49	0	18	0	2
115	84	0	63	0	79	0	49	0	18	0	2
63	150	0	63	0	79	0	49	0	18	0	2
163	52	1	32	0	79	0	49	0	18	0	2
284	10	0	63	0	79	0	49	0	18	0	2
88	115	1	32	0	79	0	49	0	18	0	2
49	173	0	63	0	79	0	49	0	18	0	2
87	117	1	32	0	79	0	49	0	18	0	2
132	70	3	15	0	79	0	49	0	18	0	2
125	74	2	21	0	79	0	49	1	7	0	2
118	82	1	32	0	79	0	49	0	18	0	2
75	137	0	63	1	57	1	30	0	18	0	2
121	79	0	63	6	26	2	24	0	18	0	2
32	211	0	63	0	79	0	49	0	18	0	2
70	142	0	63	0	79	0	49	0	18	0	2
43	182	0	63	0	79	0	49	0	18	0	2
57	159	0	63	0	79	0	49	0	18	0	2
115	84	0	63	0	79	0	49	0	18	0	2
0	325	0	63	0	79	0	49	0	18	0	2

学校名称	研究与发展课题									
	课题总数（项）		当年投入人数（人年）		当年拨入经费（百元）		当年支出经费（百元）		著作（部）	
吉林电子信息职业技术学院	22	178	6.4	179	70	295	93	277	2	181
吉林工业职业技术学院	22	178	12.6	114	1 120	132	391	189	0	239
吉林建筑工程学院城建学院	4	293	3.2	238	0	311	0	317	0	239
吉林交通职业技术学院	31	139	6.4	179	930	158	296.98	212	5	120
吉林农业工程职业技术学院	23	171	1.4	285	400	212	155	253	0	239
吉林司法警官职业学院	11	241	6.3	184	0	311	0	317	5	120
建东职业技术学院	10	245	4.9	207	80	287	340	201	0	239
健雄职业技术学院	50	90	15	98	4 020	39	2 260	54	2	181
江汉艺术职业学院	9	256	3.8	225	20 148	5	19 068	5	7	93
江南影视艺术职业学院	6	275	0.7	310	150	270	171	249	2	181
江苏财经职业技术学院	132	25	28.9	39	2 340	74	1 868.1	71	11	59
江苏城市职业学院	70	62	22.1	60	2 880	56	1 067.42	104	2	181
江苏海事职业技术学院	24	165	13.8	103	2 665	62	308.54	209	0	239
江苏建康职业学院	5	283	1.8	271	160	269	112	269	0	239
江苏建筑职业技术学院	111	31	29.7	37	4 920	27	5 726	19	7	93
江苏经贸职业技术学院	120	28	48.6	15	9 963.5	12	7 106.7	15	18	27
江苏农林职业技术学院	0	327	0	325	0	311	0	317	0	239
江苏食品职业技术学院	20	189	2	268	1 740	95	717	149	5	120
江苏信息职业技术学院	33	129	15.5	93	1 050	140	538.8	166	7	93
江苏畜牧兽医职业技术学院	2	315	0.3	320	240	242	185	241	0	239
江阴职业技术学院	26	157	5.8	190	770	173	770	140	0	239
焦作大学	58	77	7	172	290	231	294	213	14	41
焦作师范高等专科学校	55	82	17.2	83	80	287	80	286	30	12
揭阳职业技术学院	78	52	21.5	63	3 125	50	1 945	68	5	120
金肯职业技术学院	10	245	3.6	228	570	188	130.08	262	3	160
锦州师范高等专科学校	20	189	22.4	56	494.92	198	494.92	174	32	11
景德镇高等专科学校	72	57	0.9	303	430	208	430	185	6	108
九州职业技术学院	15	220	3.2	238	625	182	535	167	0	239
开封大学	21	185	8.4	154	1 025	146	1 025	111	10	68
昆明理工大学津桥学院	17	208	12.1	116	780	172	110	270	0	239
昆明冶金高等专科学校	184	12	31.2	34	700	177	687	150	3	160
昆明医科大学海源学院	12	232	3.4	232	370	218	350	199	0	239
昆明艺术职业学院	19	198	7.4	170	600	185	255	219	0	239

续表

研究与发展成果												获奖成果数(项)			
学术论文(篇)				研究与咨询报告(篇)											
合计		其中:国外学术刊物发表		提交有关部门数		其中被采纳						合计		其中:国家级和省部级	
10	283	0	63	0	79	0	49					0	18	0	2
26	231	0	63	0	79	0	49					0	18	0	2
8	292	0	63	0	79	0	49					0	18	0	2
14	265	0	63	0	79	0	49					0	18	0	2
20	244	0	63	0	79	0	49					0	18	0	2
27	226	0	63	0	79	0	49					0	18	0	2
12	274	0	63	0	79	0	49					0	18	0	2
133	67	0	63	6	26	6	14					0	18	0	2
38	193	0	63	0	79	0	49					0	18	0	2
19	248	0	63	0	79	0	49					0	18	0	2
203	28	0	63	4	32	4	18					0	18	0	2
150	61	0	63	0	79	0	49					2	3	0	2
53	165	1	32	0	79	0	49					0	18	0	2
17	254	0	63	0	79	0	49					0	18	0	2
123	78	2	21	7	20	7	9					0	18	0	2
160	54	0	63	30	6	30	3					0	18	0	2
0	325	0	63	0	79	0	49					0	18	0	2
109	89	0	63	0	79	0	49					0	18	0	2
34	205	0	63	2	49	0	49					0	18	0	2
5	308	0	63	0	79	0	49					0	18	0	2
102	96	0	63	0	79	0	49					0	18	0	2
71	141	0	63	0	79	0	49					0	18	0	2
153	58	2	21	43	3	32	2					0	18	0	2
94	103	0	63	0	79	0	49					0	18	0	2
32	211	0	63	0	79	0	49					0	18	0	2
89	112	0	63	0	79	0	49					0	18	0	2
201	31	4	10	0	79	0	49					0	18	0	2
10	283	0	63	0	79	0	49					0	18	0	2
87	117	2	21	0	79	0	49					0	18	0	2
19	248	0	63	0	79	0	49					0	18	0	2
64	147	0	63	3	40	0	49					0	18	0	2
15	262	0	63	0	79	0	49					0	18	0	2
4	314	0	63	1	57	0	49					0	18	0	2

学校名称	研究与发展课题									
	课题总数（项）		当年投入人数（人年）		当年拨入经费（百元）		当年支出经费（百元）		著作（部）	
昆山登云科技职业学院	0	327	0	325	0	311	0	317	2	181
兰州职业技术学院	7	264	1.7	274	200	254	313	208	22	19
丽江师范高等专科学校	20	189	9.7	137	1 325	116	253.35	222	7	93
连云港师范高等专科学校	67	67	11.5	122	1 150	127	820	129	7	93
连云港职业技术学院	51	87	5.2	198	1 418	109	1 418	87	12	54
辽宁地质工程职业学院	28	151	10.3	130	282	237	149	257	0	239
辽宁经济职业技术学院	19	198	8	161	810	170	522	169	20	22
辽宁警官高等专科学校	123	27	51.1	13	13 775	10	6 285.5	17	6	108
辽宁现代服务职业技术学院	30	140	22.2	59	290	231	367.5	195	14	41
辽宁信息职业技术学院	37	116	17.5	81	490	199	485	177	26	15
辽阳职业技术学院	13	226	12	117	840	166	840	127	4	138
临沧师范高等专科学校	69	66	20.5	68	5 010	25	1 520	82	5	120
柳州师范高等专科学校	133	24	92.9	4	1 310	117	2 525.2	52	5	120
六安职业技术学院	33	129	5.8	190	0	311	456.59	181	0	239
六盘水职业技术学院	0	327	0	325	0	311	0	317	0	239
陇南师范高等专科学校	24	165	2.7	256	934	157	1 105	100	6	108
马鞍山师范高等专科学校	47	97	8.9	147	565	191	565	159	4	138
马鞍山职业技术学院	10	245	30.4	35	100	279	103	274	3	160
合肥滨湖职业技术学院	0	327	0	325	0	311	0	317	0	239
合肥财经职业学院	7	264	2	268	0	311	0	317	1	209
合肥经济技术职业学院	1	320	0	325	0	311	0	317	0	239
万博科技职业学院	0	327	0	325	0	311	0	317	0	239
南京城市职业学院	49	92	4.8	209	2 390	71	1 840	72	1	209
南京工业职业技术学院	131	26	38.2	24	3 118	51	2 681.5	48	3	160
南京化工职业技术学院	43	103	9.3	141	1 505	103	787	138	7	93
南京机电职业技术学院	10	245	10.1	133	510	194	278	217	4	138
南京交通职业技术学院	51	87	28.3	42	2 770	58	1 595	79	6	108
南京旅游职业学院	33	129	15.9	92	19 980	6	12 562.5	9	9	79
南京视觉艺术职业学院	22	178	2.4	262	1 180	124	770	140	5	120
南京特殊教育职业技术学院	43	103	13.1	109	3 755	42	1 977.82	65	11	59
南京铁道职业技术学院	47	97	41.5	19	1 910	89	3 170	34	1	209
南京信息职业技术学院	72	57	8.8	149	1 525	101	802	134	0	239
南通纺织职业技术学院	72	57	23.3	54	1 098	135	921	121	4	138

续表

研究与发展成果								获奖成果数(项)			
学术论文(篇)				研究与咨询报告(篇)							
合计		其中:国外学术刊物发表		提交有关部门数		其中被采纳		合计		其中:国家级和省部级	
10	283	0	63	0	79	0	49	0	18	0	2
124	76	0	63	0	79	0	49	0	18	0	2
147	63	0	63	0	79	0	49	0	18	0	2
153	58	0	63	0	79	0	49	0	18	0	2
150	61	2	21	0	79	0	49	0	18	0	2
10	283	0	63	0	79	0	49	0	18	0	2
77	133	0	63	1	57	1	30	3	1	0	2
236	18	0	63	31	5	1	30	0	18	0	2
81	125	0	63	0	79	0	49	0	18	0	2
155	56	0	63	0	79	0	49	0	18	0	2
20	244	0	63	0	79	0	49	0	18	0	2
91	108	0	63	10	16	0	49	0	18	0	2
338	6	0	63	0	79	0	49	0	18	0	2
40	189	0	63	1	57	1	30	0	18	0	2
14	265	0	63	0	79	0	49	0	18	0	2
133	67	0	63	6	26	0	49	0	18	0	2
46	177	0	63	0	79	0	49	0	18	0	2
33	206	0	63	0	79	0	49	0	18	0	2
0	325	0	63	0	79	0	49	0	18	0	2
10	283	0	63	0	79	0	49	0	18	0	2
0	325	0	63	0	79	0	49	0	18	0	2
2	320	0	63	0	79	0	49	0	18	0	2
57	159	0	63	1	57	0	49	0	18	0	2
228	23	25	1	3	40	0	49	0	18	0	2
28	220	0	63	0	79	0	49	0	18	0	2
11	278	0	63	0	79	0	49	0	18	0	2
187	38	0	63	2	49	0	49	0	18	0	2
84	122	1	32	6	26	6	14	0	18	0	2
36	197	0	63	0	79	0	49	0	18	0	2
315	8	2	21	1	57	0	49	1	7	0	2
55	163	0	63	0	79	0	49	0	18	0	2
92	107	0	63	0	79	0	49	0	18	0	2
154	57	0	63	0	79	0	49	0	18	0	2

学校名称	研究与发展课题									
	课题总数（项）		当年投入人数（人年）		当年拨入经费（百元）		当年支出经费（百元）		著作（部）	
南通航运职业技术学院	70	62	21.4	65	1 046	141	1 313	92	1	209
南通农业职业技术学院	15	220	6.8	177	370	218	530	168	5	120
南通职业大学	36	119	19	76	2 080	84	1 994	63	6	108
宁夏财经职业技术学院	39	115	7.7	165	1 860	92	1 293.5	93	2	181
宁夏工商职业技术学院	51	87	22.3	57	1 830	93	2 020	61	0	239
宁夏民族职业技术学院	5	283	1.2	288	390	214	225.5	232	0	239
宁夏司法警官职业学院	75	55	45.1	17	2 790	57	1 870.5	70	0	239
宁夏职业技术学院	83	47	16.3	89	1 010	148	1 785	75	9	79
萍乡高等专科学校	101	34	35.3	31	818	169	818	130	4	138
齐齐哈尔高等师范专科学校	29	147	20	71	626	181	620	154	15	35
黔东南民族职业技术学院	23	171	5.6	194	1 070	138	1 447	85	0	239
黔南民族职业技术学院	7	264	0.9	303	259	241	199	239	0	239
黔西南民族职业技术学院	5	283	1.7	274	430	208	443	183	0	239
青海警官职业学院	3	301	1.2	288	50	305	50	299	1	209
琼台师范高等专科学校	90	41	50.3	14	1 710	96	2 232.06	56	23	18
曲靖医学高等专科学校	6	275	1.7	274	220	249	220	233	0	239
三峡旅游职业技术学院	10	245	12.8	113	0	311	0	317	2	181
三亚城市职业学院	1	320	1	297	60	297	30	309	0	239
三亚航空旅游职业学院	35	123	14.1	102	1 450	107	987	116	13	48
三亚理工职业学院	7	264	1.1	295	290	231	163	252	0	239
沙洲职业工学院	20	189	3.2	238	240	242	1 580	80	1	209
山东医学高等专科学校	10	245	2.5	259	330	225	58.7	298	3	160
山西大学商务学院	279	5	132.5	1	8 170	14	8 020	11	10	68
上海公安高等专科学校	148	20	45.4	16	15 060	9	15 320	7	4	138
深圳职业技术学院	389	3	111	2	84 529.33	1	76 381.97	1	112	1
沈阳职业技术学院	44	100	35.5	30	5 140	23	5 140	20	21	21
顺德职业技术学院	141	23	29.2	38	41 126	3	42 464.26	3	1	209
四川外语学院重庆南方翻译学院	17	208	13	110	300	230	208	236	7	93
四川职业技术学院	94	36	24.9	49	3 513	46	2 823	41	9	79
四平职业大学	13	226	4.8	209	100	279	175	246	0	239
苏州港大思培科技职业学院	0	327	0	325	0	311	0	317	0	239
苏州高博软件技术职业学院	13	226	6.9	174	290	231	170	250	2	181
苏州工业园区服务外包职业学院	41	109	8.3	155	1 750	94	628.4	153	10	68

续表

研究与发展成果								获奖成果数(项)			
学术论文(篇)				研究与咨询报告(篇)							
合计		其中:国外学术刊物发表		提交有关部门数		其中被采纳		合计		其中:国家级和省部级	
182	39	1	32	3	40	2	24	0	18	0	2
62	152	4	10	0	79	0	49	0	18	0	2
129	71	1	32	0	79	0	49	1	7	0	2
27	226	0	63	0	79	0	49	0	18	0	2
61	156	0	63	0	79	0	49	0	18	0	2
25	234	0	63	0	79	0	49	0	18	0	2
22	242	0	63	0	79	0	49	0	18	0	2
103	94	0	63	0	79	0	49	0	18	0	2
151	60	0	63	0	79	0	49	0	18	0	2
76	136	0	63	0	79	0	49	0	18	0	2
18	253	0	63	9	17	0	49	0	18	0	2
30	217	0	63	0	79	0	49	0	18	0	2
14	265	0	63	0	79	0	49	0	18	0	2
64	147	0	63	0	79	0	49	0	18	0	2
120	81	0	63	0	79	0	49	1	7	0	2
6	300	0	63	0	79	0	49	0	18	0	2
59	158	0	63	3	40	1	30	0	18	0	2
2	320	0	63	0	79	0	49	0	18	0	2
36	197	0	63	0	79	0	49	0	18	0	2
7	296	0	63	0	79	0	49	0	18	0	2
44	179	1	32	0	79	0	49	0	18	0	2
19	248	0	63	0	79	0	49	0	18	0	2
400	5	0	63	3	40	0	49	0	18	0	2
89	112	0	63	1	57	1	30	0	18	0	2
506	1	12	2	141	1	37	1	0	18	0	2
81	125	0	63	0	79	0	49	0	18	0	2
192	33	0	63	1	57	0	49	0	18	0	2
103	94	0	63	0	79	0	49	0	18	0	2
453	2	0	63	0	79	0	49	2	3	0	2
6	300	0	63	0	79	0	49	0	18	0	2
0	325	0	63	0	79	0	49	0	18	0	2
12	274	0	63	0	79	0	49	0	18	0	2
68	144	1	32	4	32	4	18	0	18	0	2

学校名称	研究与发展课题								著作（部）	
	课题总数（项）		当年投入人数（人年）		当年拨入经费（百元）		当年支出经费（百元）			
苏州工业园区职业技术学院	17	208	3. 8	225	710	175	565	159	1	209
苏州工业职业技术学院	20	189	5	203	2 420	69	1 010	112	1	209
苏州工艺美术职业技术学院	24	165	7. 1	171	1 410	111	894	123	8	86
苏州经贸职业技术学院	72	57	26. 3	46	4 961	26	3 396	29	11	59
苏州农业职业技术学院	142	21	63. 3	8	2 050	86	2 765	43	2	181
苏州托普信息职业技术学院	3	301	1. 2	288	50	305	85	284	0	239
苏州卫生职业技术学院	32	135	5. 2	198	1 040	143	557	163	0	239
苏州信息职业技术学院	34	125	8. 6	151	980	154	936. 8	120	0	239
苏州职业大学	186	10	38. 4	23	8 015	15	6 513. 56	16	14	41
宿迁学院	94	36	12. 9	112	2 910	54	1 948. 44	67	4	138
宿迁泽达职业技术学院	0	327	0	325	0	311	0	317	1	209
宿迁职业技术学院	1	320	0. 6	313	200	254	100	276	2	181
宿州职业技术学院	3	301	0. 3	320	60	297	60	294	0	239
随州职业技术学院	19	198	4. 1	221	450	206	580	158	2	181
太湖创意职业技术学院	0	327	0	325	0	311	0	317	0	239
泰州师范高等专科学校	70	62	8. 5	152	2 955	53	2 955	39	17	30
泰州职业技术学院	22	178	7. 7	165	650	180	1 699. 54	77	6	108
天津市职业大学	169	13	53. 4	12	5 403. 25	21	2 258. 88	55	15	35
桐城师范高等专科学校	21	185	15. 5	93	348	224	348	200	3	160
铜陵职业技术学院	6	275	8. 3	155	165	268	174	248	0	239
皖西卫生职业学院	1	320	0. 3	320	60	297	45	301	0	239
乌鲁木齐职业大学	50	90	9. 5	138	2 405	70	1 205	95	4	138
无锡城市职业技术学院	43	103	17	84	1 410	111	253. 38	221	3	160
无锡工艺职业技术学院	36	119	7. 8	163	5 132. 5	24	5 807. 5	18	6	108
无锡科技职业学院	21	185	5. 6	194	575	187	326	206	6	108
无锡商业职业技术学院	36	119	8. 1	159	5 424	20	998. 2	114	14	41
无锡职业技术学院	23	171	2. 9	252	2 460	66	891. 08	124	0	239
芜湖信息技术职业学院	34	125	4. 2	219	1 240	122	986	117	2	181
芜湖职业技术学院	43	103	4. 3	217	2 160	81	1 141. 15	98	5	120
武汉交通职业学院	10	245	2. 4	262	710	175	374. 5	191	0	239
武汉商业服务学院	53	83	28. 2	43	1 140	129	1 110	99	11	59
武汉铁路职业技术学院	26	157	8. 8	149	2 390	71	2 390	53	13	48
武汉职业技术学院	92	38	28. 1	44	1 610	99	2 646	50	51	3

续表

研究与发展成果								获奖成果数(项)			
学术论文(篇)				研究与咨询报告(篇)							
合计		其中:国外学术刊物发表		提交有关部门数		其中被采纳		合计		其中:国家级和省部级	
35	199	0	63	4	32	0	49	0	18	0	2
106	92	1	32	3	40	0	49	0	18	0	2
188	35	0	63	0	79	0	49	0	18	0	2
202	29	0	63	13	12	0	49	0	18	0	2
167	47	2	21	0	79	0	49	0	18	0	2
1	323	0	63	1	57	1	30	0	18	0	2
68	144	0	63	0	79	0	49	0	18	0	2
39	190	0	63	0	79	0	49	0	18	0	2
304	9	5	9	16	11	7	9	0	18	0	2
226	24	2	21	0	79	0	49	0	18	0	2
0	325	0	63	0	79	0	49	0	18	0	2
5	308	0	63	0	79	0	49	0	18	0	2
48	175	0	63	0	79	0	49	0	18	0	2
11	278	0	63	0	79	0	49	0	18	0	2
0	325	0	63	0	79	0	49	0	18	0	2
245	16	0	63	0	79	0	49	0	18	0	2
91	108	0	63	0	79	0	49	0	18	0	2
164	51	0	63	0	79	0	49	0	18	0	2
37	195	0	63	0	79	0	49	0	18	0	2
33	206	0	63	0	79	0	49	0	18	0	2
25	234	0	63	0	79	0	49	0	18	0	2
171	44	0	63	0	79	0	49	0	18	0	2
89	112	0	63	0	79	0	49	0	18	0	2
124	76	0	63	18	9	18	5	0	18	0	2
63	150	1	32	7	20	7	9	0	18	0	2
170	45	0	63	0	79	0	49	0	18	0	2
112	86	0	63	0	79	0	49	0	18	0	2
69	143	0	63	0	79	0	49	0	18	0	2
31	214	0	63	0	79	0	49	0	18	0	2
41	187	0	63	0	79	0	49	0	18	0	2
223	26	0	63	1	57	1	30	0	18	0	2
16	256	0	63	0	79	0	49	0	18	0	2
433	3	1	32	0	79	0	49	0	18	0	2

学校名称	研究与发展课题									
	课题总数（项）		当年投入人数（人年）		当年拨入经费（百元）		当年支出经费（百元）		著作（部）	
新疆兵团警官高等专科学校	20	189	4.8	209	3 400	48	543.2	164	0	239
新疆农业职业技术学院	33	129	5	203	1 046	141	510	170	1	209
新疆职业大学	3	301	1.2	288	200	254	80	286	0	239
信阳农业高等专科学校	118	29	17	84	620	183	620	154	5	120
徐州工业职业技术学院	25	161	3.4	232	1 470	106	1 170	97	4	138
徐州生物工程职业技术学院	34	125	6.9	174	1 260	121	1 040.5	106	8	86
徐州幼儿师范高等专科学校	36	119	3.6	228	1 680	97	336	202	0	239
宣城职业技术学院	5	283	1.3	287	475	202	475	179	0	239
盐城纺织职业技术学院	91	39	37.7	25	2 135	83	1 260	94	5	120
盐城卫生职业技术学院	24	165	19.7	73	820	168	248	224	0	239
扬州工业职业技术学院	7	264	1.8	271	430	208	114.1	267	2	181
扬州市职业大学	64	73	34.8	32	1 100	134	616	157	6	108
伊犁职业技术学院	6	275	1.5	282	180	264	180	242	0	239
应天职业技术学院	3	301	1.7	274	150	270	31.59	308	13	48
云南大学滇池学院	24	165	10.2	132	1 310	117	560	161	0	239
云南大学旅游文化学院	28	151	21.9	61	1 200	123	328.42	205	1	209
云南国防工业职业技术学院	16	216	11.6	121	1 110	133	785	139	20	22
云南国土资源职业学院	23	171	15.2	97	400	212	60	294	0	239
云南机电职业技术学院	3	301	1.7	274	0	311	14.6	314	1	209
云南交通职业技术学院	22	178	7	172	1 150	127	480	178	1	209
云南经济管理职业学院	19	198	6.9	174	1 080	137	1 065	105	28	13
云南林业职业技术学院	3	301	0.9	303	80	287	60	294	0	239
云南能源职业技术学院	10	245	3.5	230	233	247	252	223	1	209
云南师范大学商学院	10	245	5.3	196	970	156	150	254	3	160
云南师范大学文理学院	35	123	21.2	67	1 000	149	790	137	4	138
云南体育运动职业技术学院	26	157	11	124	2 365	73	220	233	0	239
云南艺术学院文华学院	16	216	13.2	108	320	227	360	197	1	209
郧阳师范高等专科学校	74	56	10.1	133	850	165	618	156	3	160
浙江大学城市学院	288	4	92.5	5	82 500	2	62 621.52	2	16	33
浙江水利水电专科学校	168	15	26.8	45	22 637	4	25 932.45	4	5	120
镇江市高等专科学校	89	44	24.2	53	1 878	91	1 984	64	10	68
郑州电力高等专科学校	4	293	0	325	0	311	0	317	0	239
郑州牧业工程高等专科学校	14	224	2.4	262	1 310	117	725	148	0	239

续表

研究与发展成果								获奖成果数(项)			
学术论文(篇)				研究与咨询报告(篇)							
合计		其中:国外学术刊物发表		提交有关部门数		其中被采纳		合计		其中:国家级和省部级	
35	199	0	63	0	79	0	49	0	18	0	2
23	241	0	63	0	79	0	49	0	18	0	2
41	187	0	63	1	57	1	30	0	18	0	2
101	99	7	4	0	79	0	49	0	18	0	2
28	220	0	63	1	57	1	30	0	18	0	2
28	220	0	63	0	79	0	49	0	18	0	2
21	243	0	63	0	79	0	49	1	7	0	2
3	317	0	63	0	79	0	49	0	18	0	2
202	29	0	63	0	79	0	49	0	18	0	2
46	177	0	63	0	79	0	49	0	18	0	2
107	91	0	63	0	79	0	49	0	18	0	2
166	48	4	10	23	8	0	49	0	18	0	2
13	271	0	63	0	79	0	49	0	18	0	2
55	163	1	32	0	79	0	49	0	18	0	2
48	175	1	32	0	79	0	49	0	18	0	2
83	123	1	32	0	79	0	49	0	18	0	2
62	152	1	32	0	79	0	49	0	18	0	2
35	199	0	63	0	79	0	49	0	18	0	2
3	317	0	63	0	79	0	49	1	7	0	2
61	156	1	32	4	32	0	49	0	18	0	2
139	65	0	63	2	49	2	24	0	18	0	2
0	325	0	63	0	79	0	49	0	18	0	2
14	265	0	63	0	79	0	49	0	18	0	2
86	120	0	63	0	79	0	49	0	18	0	2
35	199	0	63	0	79	0	49	0	18	0	2
19	248	0	63	1	57	1	30	0	18	0	2
56	161	0	63	0	79	0	49	0	18	0	2
160	54	0	63	0	79	0	49	0	18	0	2
168	46	6	6	4	32	3	21	1	7	0	2
85	121	0	63	4	32	0	49	0	18	0	2
102	96	0	63	4	32	4	18	0	18	0	2
3	317	0	63	0	79	0	49	0	18	0	2
12	274	0	63	1	57	0	49	0	18	0	2

学校名称	研究与发展课题								著作（部）	
	课题总数（项）		当年投入人数（人年）		当年拨入经费（百元）		当年支出经费（百元）			
中州大学	215	8	9	145	3 300	49	2 891	40	22	19
钟山职业技术学院	23	171	9.9	135	367	221	87	283	6	108
重庆财经职业学院	49	92	26	48	870	163	812	131	10	68
重庆城市管理职业学院	87	45	10.8	126	2 170	78	660	152	15	35
重庆城市职业学院	1	320	0.5	315	0	311	39	304	0	239
重庆传媒职业学院	0	327	0	325	0	311	0	317	0	239
重庆大学城市科技学院	4	293	0.9	303	90	283	76.5	291	0	239
重庆电力高等专科学校	15	220	7.6	167	1 060	139	940	118	2	181
重庆电子工程职业学院	30	140	11.2	123	1 415	110	1 335	90	7	93
重庆房地产职业学院	29	147	21.8	62	570	188	282	215	5	120
重庆工程职业技术学院	18	204	3	246	610	184	447	182	0	239
重庆工贸职业技术学院	11	241	2.9	252	210	250	180	242	7	93
重庆工商大学融智学院	25	161	4.5	214	1 170	126	809.7	132	4	138
重庆工商职业学院	44	100	11	124	2 020	87	1 356	88	36	10
重庆工业职业技术学院	6	275	0.8	309	50	305	80	286	4	138
重庆海联职业技术学院	3	301	1	297	175	267	30	309	0	239
重庆航天职业技术学院	12	232	4.9	207	205	253	197.2	240	5	120
重庆化工职业学院	27	154	11.8	120	560	192	81.5	285	1	209
重庆建筑工程职业学院	20	189	3.2	238	550	193	121.7	264	4	138
重庆科创职业学院	12	232	2.7	256	150	270	180	242	0	239
重庆旅游职业学院	18	204	4.2	219	470	203	150	254	0	239
重庆三峡医药高等专科学校	37	116	16.8	86	994	152	994	115	2	181
重庆三峡职业学院	12	232	2.1	265	270	239	180	242	0	239
重庆商务职业学院	17	208	5.1	202	498	197	234	229	15	35
重庆师范大学涉外商贸学院	48	95	21.5	63	210	250	210	235	7	93
重庆水利电力职业技术学院	18	204	2.8	255	910	159	792	136	2	181
重庆医药高等专科学校	29	147	13.4	105	2 760	59	3 149.8	35	11	59
重庆邮电大学移通学院	3	301	3	246	50	305	14.5	315	2	181
淄博师范高等专科学校	27	154	7.8	163	0	311	0	317	3	160
紫琅职业技术学院	12	232	1.2	288	330	225	363	196	0	239
遵义医药高等专科学校	12	232	3.3	234	200	254	148	258	0	239

续表

研究与发展成果								获奖成果数(项)			
学术论文(篇)				研究与咨询报告(篇)							
合计		其中:国外学术刊物发表		提交有关部门数		其中被采纳		合计		其中:国家级和省部级	
260	12	0	63	0	79	0	49	0	18	0	2
13	271	0	63	0	79	0	49	0	18	0	2
81	125	0	63	0	79	0	49	0	18	0	2
81	125	0	63	0	79	0	49	0	18	0	2
31	214	0	63	0	79	0	49	0	18	0	2
0	325	0	63	0	79	0	49	0	18	0	2
1	323	0	63	1	57	1	30	0	18	0	2
44	179	0	63	11	14	11	7	0	18	0	2
249	14	3	15	0	79	0	49	0	18	0	2
29	218	0	63	0	79	0	49	0	18	0	2
125	74	0	63	0	79	0	49	0	18	0	2
133	67	1	32	3	40	3	21	0	18	0	2
43	182	0	63	0	79	0	49	0	18	0	2
225	25	3	15	0	79	0	49	0	18	0	2
44	179	0	63	0	79	0	49	0	18	0	2
0	325	0	63	0	79	0	49	0	18	0	2
27	226	0	63	1	57	1	30	0	18	0	2
16	256	0	63	0	79	0	49	0	18	0	2
12	274	0	63	0	79	0	49	0	18	0	2
11	278	3	15	1	57	1	30	0	18	0	2
13	271	1	32	0	79	0	49	0	18	0	2
75	137	0	63	1	57	1	30	0	18	0	2
88	115	0	63	5	31	0	49	0	18	0	2
118	82	9	3	1	57	1	30	0	18	0	2
87	117	0	63	0	79	0	49	0	18	0	2
49	173	0	63	0	79	0	49	0	18	0	2
8	292	0	63	0	79	0	49	0	18	0	2
8	292	0	63	0	79	0	49	0	18	0	2
28	220	0	63	7	20	0	49	0	18	0	2
26	231	0	63	0	79	0	49	0	18	0	2
10	283	0	63	0	79	0	49	0	18	0	2

1. 全国高等学校人文、社会科学活动人员情况表

	编号	总计	女性	按职称划分 小计	教授	副教授	讲师	助教	初级
		L01	L02	L03	L04	L05	L06	L07	L08
合计	1	482 050	257 511	477 100	54 423	129 059	211 274	63 223	19 121
管理学	2	65 733	31 677	64 636	8 151	16 993	28 512	7 502	3 478
马克思主义	3	17 549	8 544	17 458	2 440	5 937	7 107	1 559	415
哲学	4	8 759	3 443	8 718	1 822	2 795	3 278	615	208
逻辑学	5	555	220	548	94	140	237	61	16
宗教学	6	464	163	460	141	130	155	24	10
语言学	7	80 322	58 887	79 857	4 920	19 464	39 458	13 658	2 357
中国文学	8	21 446	10 935	21 299	3 428	6 850	8 587	1 873	561
外国文学	9	10 467	7 459	10 388	1 074	2 456	4 803	1 771	284
艺术学	10	58 315	29 692	57 899	4 945	11 876	25 611	12 715	2 752
历史学	11	10 883	4 249	10 833	2 288	3 455	4 100	777	213
考古学	12	505	157	503	159	131	175	25	13
经济学	13	49 600	25 470	49 249	8 072	14 668	20 314	4 640	1 555
政治学	14	8 718	3 588	8 653	1 384	2 841	3 320	838	270
法学	15	25 097	11 625	24 889	3 436	7 370	10 841	2 450	792
社会学	16	6 990	3 482	6 945	991	1 832	3 064	808	250
民族学	17	1 700	778	1 684	400	451	622	152	59
新闻学与传播学	18	8 298	4 562	8 218	991	1 890	3 619	1 283	435
图书、情报与文献学	19	28 486	19 098	27 544	1 443	6 546	14 843	2 093	2 619
教育学	20	30 759	16 310	30 383	3 696	8 172	13 179	3 968	1 368
统计学	21	3 443	1 742	3 421	544	1 079	1 395	303	100
心理学	22	5 383	3 249	5 329	718	1 415	2 287	715	194
体育学	23	38 578	12 181	38 186	3 286	12 568	15 767	5 393	1 172
60 岁及以上	24	3 467	607	3 451	2 864	515	66	2	4
55 岁 ~59 岁	25	27 835	7 963	27 461	12 198	10 630	4 062	251	320
50 岁 ~54 岁	26	37 200	15 487	36 658	11 433	16 209	7 859	542	615
45 岁 ~49 岁	27	79 164	37 866	78 449	19 186	38 228	18 918	1 105	1 012
40 岁 ~44 岁	28	81 478	41 100	80 864	7 039	35 495	34 368	2 632	1 330
35 岁 ~39 岁	29	88 014	48 901	87 500	1 506	21 772	54 462	7 777	1 983
30 岁 ~34 岁	30	122 229	76 597	121 264	145	5 669	79 506	29 822	6 122
29 岁及以下	31	42 663	28 990	41 453	52	541	12 033	21 092	7 735

按最后学历划分			其他人员	按最后学位划分	
研究生	本科生	其他		博士	硕士
L09	L10	L11	L12	L13	L14
248 613	212 320	16 167	4 950	68 116	200 719
38 141	23 897	2 598	1 097	12 842	28 145
10 282	6 977	199	91	2 342	9 153
6 423	2 196	99	41	2 842	3 806
330	206	12	7	116	239
389	63	8	4	256	133
39 593	39 240	1 024	465	5 374	38 091
12 427	8 466	406	147	5 104	8 215
6 809	3 484	95	79	1 425	5 717
23 788	32 510	1 601	416	2 569	23 248
7 856	2 878	99	50	3 884	4 163
404	92	7	2	242	161
30 681	17 340	1 228	351	12 310	20 574
5 078	3 423	152	65	1 877	3 515
16 534	8 072	283	208	5 248	12 243
4 952	1 872	121	45	1 801	3 289
1 201	448	35	16	510	709
5 302	2 752	164	80	1 522	3 982
5 378	16 003	6 163	942	853	5 202
15 969	13 685	729	376	3 670	14 302
1 934	1 353	134	22	746	1 317
3 596	1 672	61	54	1 129	2 673
11 546	25 691	949	392	1 454	11 842
1 511	1 750	190	16	626	879
7 914	16 414	3 133	374	3 429	4 372
10 647	22 377	3 634	542	4 614	6 450
31 129	43 308	4 012	715	12 692	21 833
42 212	35 918	2 734	614	15 002	33 322
54 669	31 480	1 351	514	15 796	44 059
73 865	46 604	795	965	13 399	65 262
26 666	14 469	318	1 210	2 558	24 542

2. 本科学校人文、社会科学活动人员情况表

		总计		按职称划分					
			女性	小计	教授	副教授	讲师	助教	初级
	编号	L01	L02	L03	L04	L05	L06	L07	L08
合计	1	424 105	223 540	420 303	51 661	116 443	185 834	51 508	14 857
管理学	2	56 802	26 781	55 962	7 623	15 274	24 636	5 793	2 636
马克思主义	3	15 147	7 213	15 082	2 298	5 163	6 096	1 203	322
哲学	4	8 141	3 139	8 110	1 768	2 640	3 023	504	175
逻辑学	5	441	166	439	90	109	181	46	13
宗教学	6	453	157	449	141	128	151	19	10
语言学	7	70 429	51 312	70 074	4 701	17 532	34 782	11 274	1 785
中国文学	8	18 592	9 244	18 486	3 248	5 971	7 332	1 493	442
外国文学	9	9 619	6 818	9 554	1 052	2 321	4 369	1 580	232
艺术学	10	50 873	25 505	50 605	4 691	10 834	22 512	10 458	2 110
历史学	11	10 309	3 995	10 264	2 245	3 271	3 861	698	189
考古学	12	492	148	490	159	130	171	20	10
经济学	13	42 671	21 226	42 463	7 644	13 134	17 234	3 401	1 050
政治学	14	7 835	3 178	7 787	1 337	2 558	2 965	717	210
法学	15	22 546	10 214	22 393	3 305	6 791	9 652	2 017	628
社会学	16	6 429	3 166	6 394	965	1 713	2 820	696	200
民族学	17	1 613	727	1 599	395	438	587	134	45
新闻学与传播学	18	7 612	4 125	7 541	957	1 800	3 346	1 121	317
图书、情报与文献学	19	26 153	17 530	25 315	1 387	6 118	13 664	1 886	2 260
教育学	20	25 690	13 581	25 416	3 279	6 829	11 145	3 141	1 022
统计学	21	3 088	1 545	3 071	520	968	1 259	247	77
心理学	22	4 772	2 834	4 734	688	1 278	2 058	571	139
体育学	23	34 398	10 936	34 075	3 168	11 443	13 990	4 489	985
60岁及以上	24	3 237	556	3 223	2 728	435	55	1	4
55岁～59岁	25	25 677	7 492	25 358	11 662	9 581	3 603	217	295
50岁～54岁	26	33 647	13 889	33 179	10 845	14 414	6 920	458	542
45岁～49岁	27	71 338	33 878	70 734	18 163	34 004	16 740	947	880
40岁～44岁	28	73 232	36 695	72 717	6 619	31 993	30 737	2 249	1 119
35岁～39岁	29	79 568	44 080	79 171	1 456	20 103	49 024	6 917	1 671
30岁～34岁	30	105 241	65 426	104 488	139	5 408	68 800	25 153	4 988
29岁及以下	31	32 165	21 524	31 433	49	505	9 955	15 566	5 358

按最后学历划分			其他人员	按最后学位划分	
研究生	本科生	其他		博士	硕士
L09	L10	L11	L12	L13	L14
229 780	176 217	14 306	3 802	67 257	178 363
34 663	19 022	2 277	840	12 672	24 019
9 229	5 684	169	65	2 295	7 936
6 044	1 973	93	31	2 818	3 443
300	127	12	2	113	197
380	61	8	4	256	124
36 806	32 354	914	355	5 311	34 583
11 527	6 618	341	106	5 030	7 170
6 415	3 052	87	65	1 414	5 277
21 856	27 399	1 350	268	2 525	20 931
7 548	2 622	94	45	3 848	3 864
393	90	7	2	240	152
28 249	13 227	987	208	12 156	17 730
4 797	2 862	128	48	1 865	3 203
15 481	6 675	237	153	5 188	11 036
4 651	1 625	118	35	1 781	2 977
1 145	420	34	14	502	657
5 014	2 379	148	71	1 508	3 677
5 123	14 498	5 694	838	846	4 872
14 136	10 658	622	274	3 577	12 057
1 833	1 117	121	17	741	1 190
3 341	1 347	46	38	1 123	2 387
10 849	22 407	819	323	1 448	10 881
1 461	1 586	176	14	621	833
7 677	14 825	2 856	319	3 382	4 182
10 249	19 646	3 284	468	4 554	6 081
29 874	37 281	3 579	604	12 531	20 217
39 776	30 510	2 431	515	14 777	30 064
51 115	26 890	1 166	397	15 593	39 677
66 963	36 883	642	753	13 262	56 954
22 665	8 596	172	732	2 537	20 355

3. 专科学校人文、社会科学活动人员情况表

		总计		按职称划分					
			女性	小计	教授	副教授	讲师	助教	初级
	编号	L01	L02	L03	L04	L05	L06	L07	L08
合计	1	57 945	33 971	56 797	2 762	12 616	25 440	11 715	4 264
管理学	2	8 931	4 896	8 674	528	1 719	3 876	1 709	842
马克思主义	3	2 402	1 331	2 376	142	774	1 011	356	93
哲学	4	618	304	608	54	155	255	111	33
逻辑学	5	114	54	109	4	31	56	15	3
宗教学	6	11	6	11	0	2	4	5	0
语言学	7	9 893	7 575	9 783	219	1 932	4 676	2 384	572
中国文学	8	2 854	1 691	2 813	180	879	1 255	380	119
外国文学	9	848	641	834	22	135	434	191	52
艺术学	10	7 442	4 187	7 294	254	1 042	3 099	2 257	642
历史学	11	574	254	569	43	184	239	79	24
考古学	12	13	9	13	0	1	4	5	3
经济学	13	6 929	4 244	6 786	428	1 534	3 080	1 239	505
政治学	14	883	410	866	47	283	355	121	60
法学	15	2 551	1 411	2 496	131	579	1 189	433	164
社会学	16	561	316	551	26	119	244	112	50
民族学	17	87	51	85	5	13	35	18	14
新闻学与传播学	18	686	437	677	34	90	273	162	118
图书、情报与文献学	19	2 333	1 568	2 229	56	428	1 179	207	359
教育学	20	5 069	2 729	4 967	417	1 343	2 034	827	346
统计学	21	355	197	350	24	111	136	56	23
心理学	22	611	415	595	30	137	229	144	55
体育学	23	4 180	1 245	4 111	118	1 125	1 777	904	187
60 岁及以上	24	230	51	228	136	80	11	1	0
55 岁 ~59 岁	25	2 158	471	2 103	536	1 049	459	34	25
50 岁 ~54 岁	26	3 553	1 598	3 479	588	1 795	939	84	73
45 岁 ~49 岁	27	7 826	3 988	7 715	1 023	4 224	2 178	158	132
40 岁 ~44 岁	28	8 246	4 405	8 147	420	3 502	3 631	383	211
35 岁 ~39 岁	29	8 446	4 821	8 329	50	1 669	5 438	860	312
30 岁 ~34 岁	30	16 988	11 171	16 776	6	261	10 706	4 669	1 134
29 岁及以下	31	10 498	7 466	10 020	3	36	2 078	5 526	2 377

按最后学历划分			其他人员	按最后学位划分	
研究生	本科生	其他		博士	硕士
L09	L10	L11	L12	L13	L14
18 833	36 103	1 861	1 148	859	22 356
3 478	4 875	321	257	170	4 126
1 053	1 293	30	26	47	1 217
379	223	6	10	24	363
30	79	0	5	3	42
9	2	0	0	0	9
2 787	6 886	110	110	63	3 508
900	1 848	65	41	74	1 045
394	432	8	14	11	440
1 932	5 111	251	148	44	2 317
308	256	5	5	36	299
11	2	0	0	2	9
2 432	4 113	241	143	154	2 844
281	561	24	17	12	312
1 053	1 397	46	55	60	1 207
301	247	3	10	20	312
56	28	1	2	8	52
288	373	16	9	14	305
255	1 505	469	104	7	330
1 833	3 027	107	102	93	2 245
101	236	13	5	5	127
255	325	15	16	6	286
697	3 284	130	69	6	961
50	164	14	2	5	46
237	1 589	277	55	47	190
398	2 731	350	74	60	369
1 255	6 027	433	111	161	1 616
2 436	5 408	303	99	225	3 258
3 554	4 590	185	117	203	4 382
6 902	9 721	153	212	137	8 308
4 001	5 873	146	478	21	4 187

4. 教育部直属院校人文、社会科学活动人员情况表

		总计		按职称划分					
			女性	小计	教授	副教授	讲师	助教	初级
	编号	L01	L02	L03	L04	L05	L06	L07	L08
合计	1	61 278	29 364	60 788	12 421	20 306	23 871	3 061	1 129
管理学	2	9 652	3 964	9 546	1 961	3 364	3 599	389	233
马克思主义	3	1 992	916	1 986	450	732	717	64	23
哲学	4	1 726	501	1 713	574	549	535	38	17
逻辑学	5	83	19	82	35	26	17	3	1
宗教学	6	154	30	154	74	42	38	0	0
语言学	7	10 680	7 564	10 609	1 185	3 414	5 112	805	93
中国文学	8	2 013	795	2 005	644	678	608	57	18
外国文学	9	1 634	1 066	1 599	315	459	689	117	19
艺术学	10	4 561	2 064	4 546	802	1 229	1 900	509	106
历史学	11	1 827	551	1 815	659	541	564	35	16
考古学	12	217	54	216	90	52	68	5	1
经济学	13	7 495	3 092	7 469	2 027	2 692	2 508	152	90
政治学	14	1 472	505	1 465	426	514	483	25	17
法学	15	3 688	1 427	3 681	985	1 320	1 228	101	47
社会学	16	1 277	536	1 271	346	410	446	55	14
民族学	17	143	50	138	44	50	35	9	0
新闻学与传播学	18	1 686	828	1 670	313	550	673	101	33
图书、情报与文献学	19	3 701	2 433	3 603	337	1 015	1 838	129	284
教育学	20	2 444	1 189	2 433	568	732	954	127	52
统计学	21	467	198	467	108	168	173	7	11
心理学	22	673	367	671	144	218	268	33	8
体育学	23	3 693	1 215	3 649	334	1 551	1 418	300	46
60 岁及以上	24	1 230	198	1 230	1 161	64	5	0	0
55 岁～59 岁	25	5 563	1 596	5 512	3 161	1 814	477	27	33
50 岁～54 岁	26	5 908	2 238	5 858	2 423	2 410	914	40	71
45 岁～49 岁	27	11 861	5 422	11 803	3 815	5 598	2 217	64	109
40 岁～44 岁	28	11 256	5 613	11 203	1 411	5 248	4 289	147	108
35 岁～39 岁	29	11 860	6 421	11 808	408	3 824	6 942	491	143
30 岁～34 岁	30	10 802	6 168	10 677	37	1 243	7 632	1 429	336
29 岁及以下	31	2 798	1 708	2 697	5	105	1 395	863	329

按最后学历划分			其他人员	按最后学位划分	
研究生	本科生	其他		博士	硕士
L09	L10	L11	L12	L13	L14
46 174	13 330	1 284	490	25 163	21 368
7 847	1 491	208	106	4 889	2 956
1 550	423	13	6	806	784
1 541	154	18	13	1 115	420
77	5	0	1	54	24
145	8	1	0	125	19
7 817	2 710	82	71	2 187	5 773
1 732	261	12	8	1 244	456
1 399	194	6	35	622	785
2 993	1 460	93	15	867	2 197
1 666	144	5	12	1 320	329
193	21	2	1	138	52
6 594	822	53	26	4 724	1 897
1 303	153	9	7	923	380
3 239	423	19	7	2 011	1 192
1 137	123	11	6	762	366
124	14	0	5	99	25
1 361	280	29	16	792	575
1 250	1 738	615	98	411	880
1 996	406	31	11	1 155	873
380	82	5	0	272	118
618	52	1	2	425	193
1 212	2 366	71	44	222	1 074
785	432	13	0	372	397
3 055	2 113	344	51	1 722	1 299
3 287	2 203	368	50	1 928	1 375
8 299	3 197	307	58	4 875	3 475
8 908	2 127	168	53	5 076	4 009
10 081	1 669	58	52	5 547	4 673
9 352	1 304	21	125	4 736	4 638
2 407	285	5	101	907	1 502

5. 教育部直属综合大学人文、社会科学活动人员情况表

		总计		按职称划分					
			女性	小计	教授	副教授	讲师	助教	初级
	编号	L01	L02	L03	L04	L05	L06	L07	L08
合计	1	26 237	11 661	25 963	6 129	8 825	9 439	1 258	312
管理学	2	3 571	1 327	3 523	834	1 318	1 226	106	39
马克思主义	3	884	398	881	217	331	300	30	3
哲学	4	924	226	913	359	290	243	18	3
逻辑学	5	50	7	49	26	16	6	1	0
宗教学	6	120	19	120	57	33	30	0	0
语言学	7	4 035	2 795	3 982	494	1 322	1 797	352	17
中国文学	8	1 161	399	1 156	413	373	339	23	8
外国文学	9	920	603	887	182	240	383	68	14
艺术学	10	1 500	670	1 493	255	385	627	212	14
历史学	11	1 147	322	1 138	436	328	341	26	7
考古学	12	190	44	189	79	48	57	4	1
经济学	13	3 440	1 288	3 418	1 000	1 240	1 106	62	10
政治学	14	758	228	754	252	256	228	10	8
法学	15	1 555	521	1 553	487	543	478	38	7
社会学	16	698	266	695	223	225	216	27	4
民族学	17	111	32	106	37	35	25	9	0
新闻学与传播学	18	685	323	676	159	235	230	44	8
图书、情报与文献学	19	1 742	1 091	1 708	193	511	787	59	158
教育学	20	894	418	891	219	292	335	41	4
统计学	21	164	77	164	46	53	58	4	3
心理学	22	228	127	227	39	85	88	15	0
体育学	23	1 460	480	1 440	122	666	539	109	4
60 岁及以上	24	699	100	699	675	21	3	0	0
55 岁～59 岁	25	2 621	694	2 603	1 590	804	188	13	8
50 岁～54 岁	26	2 675	924	2 658	1 158	1 110	356	13	21
45 岁～49 岁	27	5 508	2 342	5 482	1 876	2 571	966	22	47
40 岁～44 岁	28	4 974	2 402	4 950	640	2 225	1 954	71	60
35 岁～39 岁	29	4 813	2 484	4 780	166	1 533	2 763	256	62
30 岁～34 岁	30	4 031	2 148	3 946	22	501	2 698	655	70
29 岁及以下	31	916	567	845	2	60	511	228	44

按最后学历划分			其他人员	按最后学位划分	
研究生	本科生	其他		博士	硕士
L09	L10	L11	L12	L13	L14
19 798	5 604	561	274	12 081	7 629
3 006	464	53	48	2 041	904
670	201	10	3	383	299
811	85	17	11	639	165
44	5	0	1	33	12
113	6	1	0	98	14
2 821	1 112	49	53	935	1 876
1 003	145	8	5	747	227
759	122	6	33	346	412
884	571	38	7	277	639
1 054	79	5	9	851	190
169	18	2	1	123	44
3 032	355	31	22	2 245	771
695	51	8	4	529	154
1 375	167	11	2	958	367
630	56	9	3	424	195
95	11	0	5	77	18
557	106	13	9	359	195
656	802	250	34	277	407
687	185	19	3	428	274
133	30	1	0	99	39
212	14	1	1	139	69
392	1 019	29	20	73	358
472	221	6	0	233	225
1 578	870	155	18	971	567
1 580	933	145	17	1 005	547
4 012	1 346	124	26	2 549	1 381
3 942	920	88	24	2 423	1 535
4 031	718	31	33	2 450	1 629
3 437	499	10	85	2 065	1 383
746	97	2	71	385	362

6. 教育部直属理工农医院校人文、社会科学活动人员情况表

		总计		按职称划分					
			女性	小计	教授	副教授	讲师	助教	初级
	编号	L01	L02	L03	L04	L05	L06	L07	L08
合计	1	18 188	9 507	18 029	2 810	6 006	7 843	984	386
管理学	2	3 977	1 686	3 927	814	1 346	1 503	183	81
马克思主义	3	696	332	694	152	252	266	16	8
哲学	4	499	185	497	123	157	191	16	10
逻辑学	5	11	3	11	3	1	5	1	1
宗教学	6	11	4	11	4	4	3	0	0
语言学	7	3 631	2 785	3 616	264	1 117	1 908	281	46
中国文学	8	274	145	274	52	97	107	15	3
外国文学	9	266	183	265	27	81	125	30	2
艺术学	10	1 182	530	1 176	187	357	509	107	16
历史学	11	243	87	241	61	83	90	4	3
考古学	12	12	5	12	5	3	4	0	0
经济学	13	1 820	876	1 817	425	658	669	40	25
政治学	14	345	160	343	68	126	137	8	4
法学	15	889	394	887	145	303	386	34	19
社会学	16	357	168	354	72	111	145	20	6
民族学	17	12	7	12	0	5	7	0	0
新闻学与传播学	18	375	189	370	58	102	179	16	15
图书、情报与文献学	19	1 307	900	1 268	96	377	664	34	97
教育学	20	514	255	511	102	145	204	43	17
统计学	21	95	40	95	15	37	40	1	2
心理学	22	145	82	145	19	41	69	9	7
体育学	23	1 527	491	1 503	118	603	632	126	24
60岁及以上	24	184	27	184	173	10	1	0	0
55岁~59岁	25	1 331	384	1 302	651	497	141	9	4
50岁~54岁	26	1 694	703	1 669	623	701	303	17	25
45岁~49岁	27	3 348	1 688	3 327	919	1 673	688	22	25
40岁~44岁	28	3 430	1 789	3 410	337	1 647	1 369	30	27
35岁~39岁	29	3 738	2 190	3 727	98	1 133	2 305	151	40
30岁~34岁	30	3 601	2 220	3 571	7	315	2 656	453	140
29岁及以下	31	862	506	839	2	30	380	302	125

按最后学历划分			其他人员	按最后学位划分	
研究生	本科生	其他		博士	硕士
L09	L10	L11	L12	L13	L14
12 761	4 835	433	159	5 347	7 741
3 190	651	86	50	1 859	1 370
537	155	2	2	247	307
453	43	1	2	270	182
11	0	0	0	8	3
9	2	0	0	6	3
2 528	1 068	20	15	314	2 331
220	53	1	0	126	95
222	43	0	1	52	174
743	417	16	6	190	583
212	29	0	2	146	64
10	2	0	0	7	3
1 562	244	11	3	945	639
265	77	1	2	146	131
750	133	4	2	344	418
297	55	2	3	172	128
9	3	0	0	2	7
293	68	9	5	139	161
381	653	234	39	72	318
400	103	8	3	163	246
68	23	4	0	29	41
120	25	0	0	54	73
481	988	34	24	56	464
114	65	5	0	46	65
565	636	101	29	269	297
805	734	130	25	397	440
2 056	1 149	122	21	963	1 174
2 482	878	50	20	1 069	1 544
3 006	702	19	11	1 249	1 829
2 998	568	5	30	1 124	1 884
735	103	1	23	230	508

7. 教育部直属师范院校人文、社会科学活动人员情况表

		总计		按职称划分					
			女性	小计	教授	副教授	讲师	助教	初级
	编号	L01	L02	L03	L04	L05	L06	L07	L08
合计	1	5 797	2 613	5 759	1 469	1 845	2 141	250	54
管理学	2	325	128	320	67	119	115	11	8
马克思主义	3	157	62	157	43	56	56	1	1
哲学	4	172	44	172	60	51	55	4	2
逻辑学	5	7	2	7	2	1	4	0	0
宗教学	6	19	5	19	11	5	3	0	0
语言学	7	909	573	908	154	270	408	68	8
中国文学	8	304	102	301	130	96	68	7	0
外国文学	9	110	59	109	36	40	26	6	1
艺术学	10	597	307	595	95	179	267	52	2
历史学	11	357	103	356	147	96	103	5	5
考古学	12	15	5	15	6	1	7	1	0
经济学	13	395	146	394	121	130	134	7	2
政治学	14	142	28	141	51	54	33	2	1
法学	15	184	75	182	53	60	65	4	0
社会学	16	134	63	134	32	43	51	5	3
民族学	17	16	7	16	6	8	2	0	0
新闻学与传播学	18	179	84	177	30	57	70	17	3
图书、情报与文献学	19	279	176	265	32	69	156	8	0
教育学	20	809	375	805	232	260	286	19	8
统计学	21	38	14	38	9	15	14	0	0
心理学	22	247	123	246	78	70	93	5	0
体育学	23	402	132	402	74	165	125	28	10
60 岁及以上	24	159	27	159	148	11	0	0	0
55 岁 ~59 岁	25	590	158	589	396	164	26	0	3
50 岁 ~54 岁	26	535	185	527	263	214	50	0	0
45 岁 ~49 岁	27	1 025	419	1 018	413	457	147	1	0
40 岁 ~44 岁	28	961	460	957	185	441	317	13	1
35 岁 ~39 岁	29	1 115	572	1 110	60	391	630	19	10
30 岁 ~34 岁	30	1 143	631	1 136	4	163	830	119	20
29 岁及以下	31	269	161	263	0	4	141	98	20

按最后学历划分			其他人员	按最后学位划分	
研究生	本科生	其他		博士	硕士
L09	L10	L11	L12	L13	L14
4 758	952	49	38	2 950	1 841
290	26	4	5	218	75
136	21	0	0	96	44
164	8	0	0	125	40
7	0	0	0	5	2
19	0	0	0	17	2
725	183	0	1	270	461
270	30	1	3	210	61
103	6	0	1	54	50
386	202	7	2	96	297
331	25	0	1	267	60
14	1	0	0	8	5
364	28	2	1	280	90
125	16	0	1	95	29
176	6	0	2	133	44
128	6	0	0	103	24
16	0	0	0	16	0
129	45	3	2	72	59
125	112	28	14	44	86
724	80	1	4	518	210
38	0	0	0	34	4
242	4	0	1	207	33
246	153	3	0	82	165
96	63	0	0	51	45
381	195	13	1	220	158
339	170	18	8	224	124
815	192	11	7	572	252
849	103	5	4	556	300
1 016	93	1	5	620	406
1 019	117	0	7	615	408
243	19	1	6	92	148

8. 教育部直属语言院校人文、社会科学活动人员情况表

		总计		按职称划分					
			女性	小计	教授	副教授	讲师	助教	初级
	编号	L01	L02	L03	L04	L05	L06	L07	L08
合计	1	3 588	2 136	3 586	511	1 119	1 741	192	23
管理学	2	407	218	407	34	134	208	24	7
马克思主义	3	46	31	46	5	20	19	2	0
哲学	4	28	10	28	7	10	11	0	0
逻辑学	5	1	0	1	0	0	1	0	0
宗教学	6	0	0	0	0	0	0	0	0
语言学	7	1 402	910	1 401	203	446	671	75	6
中国文学	8	167	95	167	27	73	63	2	2
外国文学	9	253	162	253	55	76	112	10	0
艺术学	10	355	182	355	61	72	190	28	4
历史学	11	27	15	27	3	15	9	0	0
考古学	12	0	0	0	0	0	0	0	0
经济学	13	96	60	96	12	32	44	8	0
政治学	14	75	32	75	21	30	20	4	0
法学	15	65	37	65	7	24	32	2	0
社会学	16	22	14	22	3	4	15	0	0
民族学	17	3	3	3	1	1	1	0	0
新闻学与传播学	18	336	173	336	56	115	146	17	2
图书、情报与文献学	19	115	75	114	2	23	85	4	0
教育学	20	119	84	119	8	22	77	11	1
统计学	21	6	4	6	3	1	2	0	0
心理学	22	11	8	11	1	4	6	0	0
体育学	23	54	23	54	2	17	29	5	1
60 岁及以上	24	51	16	51	42	9	0	0	0
55 岁～59 岁	25	338	125	336	150	138	46	1	1
50 岁～54 岁	26	249	111	249	95	85	67	2	0
45 岁～49 岁	27	551	315	551	150	255	139	4	3
40 岁～44 岁	28	624	388	624	58	329	230	6	1
35 岁～39 岁	29	783	503	783	16	260	501	6	0
30 岁～34 岁	30	737	503	737	0	43	635	53	6
29 岁及以下	31	255	175	255	0	0	123	120	12

按最后学历划分			其他人员	按最后学位划分	
研究生	本科生	其他		博士	硕士
L09	L10	L11	L12	L13	L14
2 915	611	60	2	1 341	1 584
244	144	19	0	92	154
39	7	0	0	10	29
23	5	0	0	15	8
1	0	0	0	1	0
0	0	0	0	0	0
1 187	206	8	1	499	694
150	17	0	0	102	48
236	17	0	0	129	108
308	47	0	0	121	186
21	6	0	0	17	4
0	0	0	0	0	0
77	19	0	0	49	29
73	2	0	0	48	25
60	5	0	0	25	36
20	2	0	0	12	8
3	0	0	0	3	0
292	40	4	0	182	109
42	44	28	1	3	39
102	16	1	0	25	78
4	2	0	0	4	0
9	2	0	0	4	5
24	30	0	0	0	24
28	23	0	0	16	12
161	161	14	2	79	81
130	100	19	0	76	51
399	140	12	0	221	184
538	77	9	0	318	225
739	42	2	0	374	367
689	44	4	0	227	463
231	24	0	0	30	201

9. 教育部直属财经院校人文、社会科学活动人员情况表

		总计		按职称划分					
			女性	小计	教授	副教授	讲师	助教	初级
	编号	L01	L02	L03	L04	L05	L06	L07	L08
合计	1	5 206	2 354	5 189	986	1 773	1 989	206	235
管理学	2	1 268	556	1 265	203	414	497	59	92
马克思主义	3	153	63	152	27	60	46	10	9
哲学	4	62	21	62	15	22	24	0	1
逻辑学	5	7	2	7	1	4	1	1	0
宗教学	6	1	1	1	0	0	1	0	0
语言学	7	521	354	520	50	190	249	23	8
中国文学	8	79	38	79	18	27	22	7	5
外国文学	9	58	39	58	11	14	29	3	1
艺术学	10	35	20	35	1	6	16	7	5
历史学	11	32	12	32	6	9	16	0	1
考古学	12	0	0	0	0	0	0	0	0
经济学	13	1 684	693	1 684	448	614	543	30	49
政治学	14	81	28	81	7	27	44	0	3
法学	15	506	179	505	120	160	203	14	8
社会学	16	50	17	50	13	20	15	2	0
民族学	17	1	1	1	0	1	0	0	0
新闻学与传播学	18	78	40	78	5	29	37	2	5
图书、情报与文献学	19	141	102	131	5	21	78	6	21
教育学	20	74	35	73	5	9	32	10	17
统计学	21	158	59	158	35	62	56	2	3
心理学	22	24	18	24	3	6	11	3	1
体育学	23	193	76	193	13	78	69	27	6
60 岁及以上	24	79	14	79	71	7	1	0	0
55 岁 ~59 岁	25	431	161	430	223	145	45	3	14
50 岁 ~54 岁	26	495	198	495	180	202	87	5	21
45 岁 ~49 岁	27	984	433	980	309	449	187	8	27
40 岁 ~44 岁	28	871	391	866	143	413	285	13	12
35 岁 ~39 岁	29	1 033	479	1 030	55	364	562	27	22
30 岁 ~34 岁	30	950	466	947	4	182	620	76	65
29 岁及以下	31	363	212	362	1	11	202	74	74

按最后学历划分			其他人员	按最后学位划分	
研究生	本科生	其他		博士	硕士
L09	L10	L11	L12	L13	L14
4 301	798	90	17	2 700	1 651
1 060	170	35	3	646	419
127	24	1	1	54	75
58	4	0	0	45	13
7	0	0	0	4	3
1	0	0	0	1	0
413	103	4	1	135	300
68	11	0	0	48	15
53	5	0	0	32	24
27	8	0	0	5	21
29	3	0	0	26	4
0	0	0	0	0	0
1 510	167	7	0	1 175	350
79	2	0	0	58	21
465	39	1	1	255	207
47	3	0	0	38	9
1	0	0	0	1	0
63	15	0	0	20	44
26	67	38	10	13	12
60	13	0	1	18	43
135	23	0	0	106	32
18	6	0	0	9	8
54	135	4	0	11	51
43	36	0	0	15	29
235	164	31	1	119	125
302	166	27	0	169	138
726	234	20	4	422	329
784	75	7	5	530	267
969	57	4	3	690	277
906	41	0	3	598	305
336	25	1	1	157	181

10. 教育部直属政法院校人文、社会科学活动人员情况表

		总计		按职称划分					
			女性	小计	教授	副教授	讲师	助教	初级
	编号	L01	L02	L03	L04	L05	L06	L07	L08
合计	1	1 230	642	1 230	308	483	350	55	34
管理学	2	74	33	74	9	30	29	4	2
马克思主义	3	43	22	43	5	8	24	5	1
哲学	4	40	14	40	10	19	10	0	1
逻辑学	5	7	5	7	3	4	0	0	0
宗教学	6	3	1	3	2	0	1	0	0
语言学	7	152	119	152	19	62	65	4	2
中国文学	8	24	13	24	3	10	8	3	0
外国文学	9	25	19	25	3	7	14	0	1
艺术学	10	9	7	9	1	2	5	0	1
历史学	11	21	12	21	6	10	5	0	0
考古学	12	0	0	0	0	0	0	0	0
经济学	13	52	24	52	20	15	10	5	2
政治学	14	71	29	71	27	21	21	1	1
法学	15	488	221	488	173	230	63	9	13
社会学	16	14	6	14	3	7	3	1	0
民族学	17	0	0	0	0	0	0	0	0
新闻学与传播学	18	33	19	33	5	12	11	5	0
图书、情报与文献学	19	75	56	75	8	12	42	10	3
教育学	20	29	19	29	2	4	17	3	3
统计学	21	6	4	6	0	0	3	0	3
心理学	22	17	9	17	4	12	1	0	0
体育学	23	47	10	47	5	18	18	5	1
60 岁及以上	24	27	7	27	26	1	0	0	0
55 岁 ~59 岁	25	136	47	136	85	36	14	1	0
50 岁 ~54 岁	26	142	78	142	62	59	18	0	3
45 岁 ~49 岁	27	266	147	266	88	127	45	3	3
40 岁 ~44 岁	28	219	109	219	36	116	57	5	5
35 岁 ~39 岁	29	224	123	224	11	112	93	5	3
30 岁 ~34 岁	30	173	105	173	0	32	107	23	11
29 岁及以下	31	43	26	43	0	0	16	18	9

按最后学历划分			其他人员	按最后学位划分	
研究生	本科生	其他		博士	硕士
L09	L10	L11	L12	L13	L14
951	247	32	0	563	407
49	23	2	0	33	24
34	9	0	0	14	25
31	9	0	0	21	11
7	0	0	0	3	4
3	0	0	0	3	0
126	25	1	0	34	94
19	3	2	0	11	8
25	0	0	0	9	16
5	4	0	0	1	4
19	2	0	0	13	7
0	0	0	0	0	0
47	4	1	0	29	17
66	5	0	0	47	20
413	72	3	0	296	120
14	0	0	0	12	2
0	0	0	0	0	0
27	6	0	0	20	7
12	43	20	0	2	10
21	6	2	0	3	20
2	4	0	0	0	2
16	1	0	0	12	4
15	31	1	0	0	12
17	10	0	0	8	8
83	45	8	0	45	37
82	53	7	0	42	41
195	62	9	0	117	85
183	28	8	0	128	60
196	28	0	0	137	68
159	14	0	0	78	81
36	7	0	0	8	27

11. 教育部直属艺术院校人文、社会科学活动人员情况表

		总计		按职称划分					
			女性	小计	教授	副教授	讲师	助教	初级
	编号	L01	L02	L03	L04	L05	L06	L07	L08
合计	1	1 032	451	1 032	208	255	368	116	85
管理学	2	30	16	30	0	3	21	2	4
马克思主义	3	13	8	13	1	5	6	0	1
哲学	4	1	1	1	0	0	1	0	0
逻辑学	5	0	0	0	0	0	0	0	0
宗教学	6	0	0	0	0	0	0	0	0
语言学	7	30	28	30	1	7	14	2	6
中国文学	8	4	3	4	1	2	1	0	0
外国文学	9	2	1	2	1	1	0	0	0
艺术学	10	883	348	883	202	228	286	103	64
历史学	11	0	0	0	0	0	0	0	0
考古学	12	0	0	0	0	0	0	0	0
经济学	13	8	5	8	1	3	2	0	2
政治学	14	0	0	0	0	0	0	0	0
法学	15	1	0	1	0	0	1	0	0
社会学	16	2	2	2	0	0	1	0	1
民族学	17	0	0	0	0	0	0	0	0
新闻学与传播学	18	0	0	0	0	0	0	0	0
图书、情报与文献学	19	42	33	42	1	2	26	8	5
教育学	20	5	3	5	0	0	3	0	2
统计学	21	0	0	0	0	0	0	0	0
心理学	22	1	0	1	0	0	0	1	0
体育学	23	10	3	10	0	4	6	0	0
60 岁及以上	24	31	7	31	26	5	0	0	0
55 岁～59 岁	25	116	27	116	66	30	17	0	3
50 岁～54 岁	26	118	39	118	42	39	33	3	1
45 岁～49 岁	27	179	78	179	60	66	45	4	4
40 岁～44 岁	28	177	74	177	12	77	77	9	2
35 岁～39 岁	29	154	70	154	2	31	88	27	6
30 岁～34 岁	30	167	95	167	0	7	86	50	24
29 岁及以下	31	90	61	90	0	0	22	23	45

按最后学历划分			其他人员	按最后学位划分	
研究生	本科生	其他		博士	硕士
L09	L10	L11	L12	L13	L14
690	283	59	0	181	515
8	13	9	0	0	10
7	6	0	0	2	5
1	0	0	0	0	1
0	0	0	0	0	0
0	0	0	0	0	0
17	13	0	0	0	17
2	2	0	0	0	2
1	1	0	0	0	1
640	211	32	0	177	467
0	0	0	0	0	0
0	0	0	0	0	0
2	5	1	0	1	1
0	0	0	0	0	0
0	1	0	0	0	0
1	1	0	0	1	0
0	0	0	0	0	0
0	0	0	0	0	0
8	17	17	0	0	8
2	3	0	0	0	2
0	0	0	0	0	0
1	0	0	0	0	1
0	10	0	0	0	0
15	14	2	0	3	13
52	42	22	0	19	34
49	47	22	0	15	34
96	74	9	0	31	70
130	46	1	0	52	78
124	29	1	0	27	97
144	21	2	0	29	114
80	10	0	0	5	75

12. 其他部委院校人文、社会科学活动人员情况表

		总计		按职称划分					
			女性	小计	教授	副教授	讲师	助教	初级
	编号	L01	L02	L03	L04	L05	L06	L07	L08
合计	1	15 055	7 906	14 949	2 116	4 438	6 643	1 185	567
管理学	2	2 286	1 089	2 245	356	691	923	162	113
马克思主义	3	479	242	475	77	176	190	28	4
哲学	4	279	108	279	58	94	107	11	9
逻辑学	5	6	3	6	2	3	1	0	0
宗教学	6	31	7	31	12	8	10	1	0
语言学	7	2 486	1 768	2 483	215	726	1 314	187	41
中国文学	8	589	305	584	143	184	208	30	19
外国文学	9	383	288	383	27	114	202	34	6
艺术学	10	1 096	575	1 092	107	210	538	209	28
历史学	11	316	130	314	79	103	113	12	7
考古学	12	30	12	30	9	11	8	2	0
经济学	13	1 308	673	1 305	258	435	518	57	37
政治学	14	239	92	238	39	72	107	10	10
法学	15	1 536	696	1 534	280	500	617	95	42
社会学	16	286	149	286	41	71	138	24	12
民族学	17	238	111	238	77	57	82	18	4
新闻学与传播学	18	333	168	333	41	93	158	32	9
图书、情报与文献学	19	946	628	924	36	219	534	57	78
教育学	20	578	292	570	65	137	264	70	34
统计学	21	69	35	69	10	26	25	6	2
心理学	22	112	77	111	10	27	63	7	4
体育学	23	1 429	458	1 419	174	481	523	133	108
60 岁及以上	24	103	22	103	89	9	3	1	1
55 岁 ~59 岁	25	1 085	343	1 072	523	368	151	20	10
50 岁 ~54 岁	26	1 377	610	1 363	475	576	272	21	19
45 岁 ~49 岁	27	2 590	1 333	2 571	714	1 220	585	31	21
40 岁 ~44 岁	28	2 651	1 366	2 639	263	1 249	1 048	44	35
35 岁 ~39 岁	29	2 860	1 668	2 844	48	778	1 807	156	55
30 岁 ~34 岁	30	3 346	1 970	3 326	4	221	2 422	495	184
29 岁及以下	31	1 043	594	1 031	0	17	355	417	242

按最后学历划分			其他人员	按最后学位划分	
研究生	本科生	其他		博士	硕士
L09	L10	L11	L12	L13	L14
9 764	4 772	413	106	3 585	6 526
1 574	591	80	41	777	855
357	113	5	4	129	239
232	45	2	0	125	107
2	4	0	0	1	2
26	3	2	0	22	6
1 722	745	16	3	282	1 492
421	155	8	5	226	208
274	106	3	0	53	229
562	488	42	4	99	493
253	61	0	2	158	95
25	5	0	0	10	14
1 024	258	23	3	529	522
180	53	5	1	97	84
1 140	370	24	2	415	748
233	49	4	0	115	116
178	57	3	0	95	86
243	88	2	0	91	161
228	560	136	22	37	228
334	210	26	8	94	268
51	15	3	0	24	30
93	16	2	1	43	51
612	780	27	10	163	492
59	36	8	0	22	41
412	540	120	13	175	230
539	714	110	14	244	307
1 415	1 072	84	19	623	842
1 767	814	58	12	758	1 126
2 238	587	19	16	864	1 467
2 559	759	8	20	749	1 884
775	250	6	12	150	629

13. 地方院校人文、社会科学活动人员情况表

		总计		按职称划分					
			女性	小计	教授	副教授	讲师	助教	初级
	编号	L01	L02	L03	L04	L05	L06	L07	L08
合计	1	405 717	220 241	401 363	39 886	104 315	180 760	58 977	17 425
管理学	2	53 795	26 624	52 845	5 834	12 938	23 990	6 951	3 132
马克思主义	3	15 078	7 386	14 997	1 913	5 029	6 200	1 467	388
哲学	4	6 754	2 834	6 726	1 190	2 152	2 636	566	182
逻辑学	5	466	198	460	57	111	219	58	15
宗教学	6	279	126	275	55	80	107	23	10
语言学	7	67 156	49 555	66 765	3 520	15 324	33 032	12 666	2 223
中国文学	8	18 844	9 835	18 710	2 641	5 988	7 771	1 786	524
外国文学	9	8 450	6 105	8 406	732	1 883	3 912	1 620	259
艺术学	10	52 658	27 053	52 261	4 036	10 437	23 173	11 997	2 618
历史学	11	8 740	3 568	8 704	1 550	2 811	3 423	730	190
考古学	12	258	91	257	60	68	99	18	12
经济学	13	40 797	21 705	40 475	5 787	11 541	17 288	4 431	1 428
政治学	14	7 007	2 991	6 950	919	2 255	2 730	803	243
法学	15	19 873	9 502	19 674	2 171	5 550	8 996	2 254	703
社会学	16	5 427	2 797	5 388	604	1 351	2 480	729	224
民族学	17	1 319	617	1 308	279	344	505	125	55
新闻学与传播学	18	6 279	3 566	6 215	637	1 247	2 788	1 150	393
图书、情报与文献学	19	23 839	16 037	23 017	1 070	5 312	12 471	1 907	2 257
教育学	20	27 737	14 829	27 380	3 063	7 303	11 961	3 771	1 282
统计学	21	2 907	1 509	2 885	426	885	1 197	290	87
心理学	22	4 598	2 805	4 547	564	1 170	1 956	675	182
体育学	23	33 456	10 508	33 118	2 778	10 536	13 826	4 960	1 018
60 岁及以上	24	2 134	387	2 118	1 614	442	58	1	3
55 岁 ~59 岁	25	21 187	6 024	20 877	8 514	8 448	3 434	204	277
50 岁 ~54 岁	26	29 915	12 639	29 437	8 535	13 223	6 673	481	525
45 岁 ~49 岁	27	64 713	31 111	64 075	14 657	31 410	16 116	1 010	882
40 岁 ~44 岁	28	67 571	34 121	67 022	5 365	28 998	29 031	2 441	1 187
35 岁 ~39 岁	29	73 294	40 812	72 848	1 050	17 170	45 713	7 130	1 785
30 岁 ~34 岁	30	108 081	68 459	107 261	104	4 205	69 452	27 898	5 602
29 岁及以下	31	38 822	26 688	37 725	47	419	10 283	19 812	7 164

按最后学历划分			其他人员	按最后学位划分	
研究生	本科生	其他		博士	硕士
L09	L10	L11	L12	L13	L14
192 675	194 218	14 470	4 354	39 368	172 825
28 720	21 815	2 310	950	7 176	24 334
8 375	6 441	181	81	1 407	8 130
4 650	1 997	79	28	1 602	3 279
251	197	12	6	61	213
218	52	5	4	109	108
30 054	35 785	926	391	2 905	30 826
10 274	8 050	386	134	3 634	7 551
5 136	3 184	86	44	750	4 703
20 233	30 562	1 466	397	1 603	20 558
5 937	2 673	94	36	2 406	3 739
186	66	5	1	94	95
23 063	16 260	1 152	322	7 057	18 155
3 595	3 217	138	57	857	3 051
12 155	7 279	240	199	2 822	10 303
3 582	1 700	106	39	924	2 807
899	377	32	11	316	598
3 698	2 384	133	64	639	3 246
3 900	13 705	5 412	822	405	4 094
13 639	13 069	672	357	2 421	13 161
1 503	1 256	126	22	450	1 169
2 885	1 604	58	51	661	2 429
9 722	22 545	851	338	1 069	10 276
667	1 282	169	16	232	441
4 447	13 761	2 669	310	1 532	2 843
6 821	19 460	3 156	478	2 442	4 768
21 415	39 039	3 621	638	7 194	17 516
31 537	32 977	2 508	549	9 168	28 187
42 350	29 224	1 274	446	9 385	37 919
61 954	44 541	766	820	7 914	58 740
23 484	13 934	307	1 097	1 501	22 411

14. 综合院校人文、社会科学活动人员情况表

		总计		按职称划分					
			女性	小计	教授	副教授	讲师	助教	初级
	编号	L01	L02	L03	L04	L05	L06	L07	L08
合计	1	134 086	69 361	132 672	17 301	37 622	56 827	16 083	4 839
管理学	2	16 143	7 568	15 807	2 140	4 307	6 831	1 665	864
马克思主义	3	4 502	2 122	4 481	742	1 560	1 702	370	107
哲学	4	2 993	1 052	2 977	787	950	1 025	167	48
逻辑学	5	157	47	154	42	35	59	14	4
宗教学	6	229	67	228	85	66	67	6	4
语言学	7	22 095	15 865	21 940	1 513	5 664	10 589	3 581	593
中国文学	8	7 335	3 512	7 300	1 377	2 387	2 838	544	154
外国文学	9	3 707	2 559	3 660	418	901	1 624	615	102
艺术学	10	14 940	7 514	14 830	1 137	3 061	6 437	3 425	770
历史学	11	4 303	1 553	4 279	1 083	1 395	1 518	225	58
考古学	12	344	96	342	119	88	115	13	7
经济学	13	13 928	6 750	13 836	2 459	4 242	5 632	1 113	390
政治学	14	3 012	1 226	2 993	584	1 007	1 091	228	83
法学	15	6 585	2 837	6 523	1 084	1 964	2 737	559	179
社会学	16	2 195	980	2 186	429	624	871	195	67
民族学	17	673	283	665	167	189	227	65	17
新闻学与传播学	18	2 846	1 481	2 815	407	693	1 224	372	119
图书、情报与文献学	19	8 257	5 504	8 018	522	2 199	4 125	512	660
教育学	20	7 994	4 167	7 900	1 081	2 295	3 327	927	270
统计学	21	709	387	703	123	180	316	66	18
心理学	22	1 358	816	1 351	178	384	570	178	41
体育学	23	9 781	2 975	9 684	824	3 431	3 902	1 243	284
60 岁及以上	24	1 269	206	1 264	1 119	130	13	1	1
55 岁～59 岁	25	8 564	2 418	8 474	3 957	3 269	1 125	57	66
50 岁～54 岁	26	11 063	4 413	10 917	3 478	4 920	2 239	124	156
45 岁～49 岁	27	24 318	11 274	24 105	6 047	11 555	5 888	322	293
40 岁～44 岁	28	23 979	12 004	23 800	2 187	10 072	10 288	821	432
35 岁～39 岁	29	24 228	13 223	24 069	455	5 932	14 688	2 360	634
30 岁～34 岁	30	30 385	18 730	30 098	46	1 537	19 480	7 457	1 578
29 岁及以下	31	10 280	7 093	9 945	12	207	3 106	4 941	1 679

按最后学历划分			其他人员	按最后学位划分	
研究生	本科生	其他		博士	硕士
L09	L10	L11	L12	L13	L14
70 055	58 093	4 524	1 414	23 782	51 706
9 629	5 532	646	336	3 739	6 427
2 631	1 797	53	21	740	2 186
2 271	661	45	16	1 224	1 101
105	45	4	3	57	54
197	26	5	1	143	57
10 722	10 884	334	155	1 885	9 969
4 424	2 739	137	35	2 072	2 617
2 413	1 218	29	47	614	1 913
5 451	8 930	449	110	604	5 444
3 225	1 020	34	24	1 844	1 447
278	59	5	2	184	93
8 937	4 545	354	92	4 147	5 297
1 750	1 190	53	19	834	1 038
4 507	1 953	63	62	1 833	2 856
1 578	571	37	9	720	880
473	184	8	8	229	240
1 809	934	72	31	653	1 228
1 709	4 611	1 698	239	418	1 497
4 107	3 590	203	94	1 081	3 648
368	298	37	6	170	224
886	445	20	7	307	653
2 585	6 861	238	97	284	2 837
672	549	43	5	299	372
2 872	4 797	805	90	1 484	1 352
3 550	6 372	995	146	1 782	1 871
10 345	12 598	1 162	213	4 887	6 327
12 669	10 314	817	179	5 193	9 289
15 086	8 585	398	159	5 129	11 422
18 516	11 354	228	287	4 240	15 388
6 345	3 524	76	335	768	5 685

15. 理工农医院校人文、社会科学活动人员情况表

		总计		按职称划分					
			女性	小计	教授	副教授	讲师	助教	初级
	编号	L01	L02	L03	L04	L05	L06	L07	L08
合计	1	146 275	81 766	144 757	13 397	37 645	68 655	19 237	5 823
管理学	2	26 299	12 637	25 969	3 546	7 050	11 449	2 831	1 093
马克思主义	3	6 785	3 395	6 748	868	2 316	2 843	587	134
哲学	4	2 721	1 187	2 708	417	886	1 128	213	64
逻辑学	5	138	61	136	8	36	65	18	9
宗教学	6	50	27	48	7	12	23	5	1
语言学	7	28 243	21 590	28 113	1 243	6 535	14 735	4 791	809
中国文学	8	3 725	2 158	3 693	378	1 157	1 657	378	123
外国文学	9	2 466	1 846	2 455	145	543	1 274	407	86
艺术学	10	13 524	7 040	13 444	930	2 452	6 558	2 915	589
历史学	11	1 630	738	1 619	223	485	722	138	51
考古学	12	41	13	41	11	13	10	4	3
经济学	13	14 674	7 954	14 556	2 017	4 199	6 413	1 438	489
政治学	14	2 183	953	2 167	259	710	884	229	85
法学	15	6 099	3 052	6 061	558	1 602	2 983	712	206
社会学	16	2 230	1 189	2 215	249	571	1 040	275	80
民族学	17	182	101	178	29	41	87	14	7
新闻学与传播学	18	1 925	1 108	1 904	194	355	930	289	136
图书、情报与文献学	19	10 731	7 204	10 347	504	2 264	5 743	778	1 058
教育学	20	8 212	4 360	8 100	830	1 988	3 749	1 130	403
统计学	21	834	460	830	118	260	361	60	31
心理学	22	1 481	946	1 463	139	321	700	236	67
体育学	23	12 102	3 747	11 962	724	3 849	5 301	1 789	299
60 岁及以上	24	611	121	609	478	113	17	0	1
55 岁 ~59 岁	25	7 058	2 035	6 918	2 727	2 810	1 229	73	79
50 岁 ~54 岁	26	10 346	4 626	10 155	2 982	4 443	2 394	157	179
45 岁 ~49 岁	27	22 471	11 366	22 243	4 961	11 134	5 547	299	302
40 岁 ~44 岁	28	24 560	12 944	24 362	1 813	10 937	10 558	690	364
35 岁 ~39 岁	29	27 442	15 779	27 281	383	6 545	17 552	2 263	538
30 岁 ~34 岁	30	40 597	25 970	40 333	43	1 534	27 567	9 247	1 942
29 岁及以下	31	13 190	8 925	12 856	10	129	3 791	6 508	2 418

按最后学历划分			其他人员	按最后学位划分	
研究生	本科生	其他		博士	硕士
L09	L10	L11	L12	L13	L14
72 625	67 004	5 128	1 518	15 822	63 992
15 858	9 287	824	330	5 245	11 782
4 032	2 643	73	37	843	3 691
1 951	729	28	13	718	1 330
64	66	6	2	14	64
41	6	1	2	20	20
13 272	14 535	306	130	942	13 870
1 959	1 669	65	32	647	1 507
1 520	915	20	11	185	1 441
5 952	7 206	286	80	621	6 100
1 154	442	23	11	498	675
31	9	1	0	19	14
8 342	5 797	417	118	2 766	6 315
1 167	960	40	16	318	955
4 108	1 898	55	38	981	3 347
1 541	627	47	15	437	1 164
121	48	9	4	26	101
1 174	686	44	21	245	1 004
2 141	5 881	2 325	384	246	2 187
3 920	3 974	206	112	599	3 885
428	358	44	4	96	363
940	506	17	18	182	817
2 909	8 762	291	140	174	3 360
242	329	38	2	87	151
1 601	4 378	939	140	568	1 028
2 705	6 275	1 175	191	1 045	1 790
8 193	12 701	1 349	228	2 682	6 674
11 974	11 540	848	198	3 445	10 533
16 465	10 395	421	161	3 869	14 363
23 262	16 825	246	264	3 474	21 738
8 183	4 561	112	334	652	7 715

16. 师范院校人文、社会科学活动人员情况表

		总计		按职称划分					
			女性	小计	教授	副教授	讲师	助教	初级
	编号	L01	L02	L03	L04	L05	L06	L07	L08
合计	1	94 119	48 857	93 283	10 730	25 319	40 164	13 594	3 476
管理学	2	6 487	2 988	6 350	559	1 497	2 876	992	426
马克思主义	3	3 126	1 422	3 109	462	1 066	1 255	246	80
哲学	4	1 795	672	1 789	389	580	656	116	48
逻辑学	5	128	42	128	24	36	53	14	1
宗教学	6	101	34	100	26	32	32	8	2
语言学	7	15 759	11 044	15 670	1 103	3 643	7 440	2 981	503
中国文学	8	7 223	3 448	7 170	1 232	2 345	2 830	598	165
外国文学	9	2 135	1 491	2 122	248	454	939	435	46
艺术学	10	14 377	7 552	14 314	1 094	3 085	6 223	3 317	595
历史学	11	3 907	1 482	3 899	817	1 233	1 454	322	73
考古学	12	83	30	83	23	20	34	5	1
经济学	13	5 570	2 690	5 538	840	1 452	2 393	641	212
政治学	14	2 225	894	2 208	338	755	829	232	54
法学	15	2 946	1 315	2 922	310	792	1 332	393	95
社会学	16	1 273	628	1 264	168	317	583	149	47
民族学	17	312	130	311	63	87	118	28	15
新闻学与传播学	18	1 600	863	1 583	170	353	641	339	80
图书、情报与文献学	19	5 023	3 343	4 838	256	1 213	2 627	348	394
教育学	20	10 088	5 253	9 997	1 462	2 996	4 020	1 147	372
统计学	21	277	122	273	42	81	113	26	11
心理学	22	1 866	1 033	1 846	336	545	727	192	46
体育学	23	7 818	2 381	7 769	768	2 737	2 989	1 065	210
60 岁及以上	24	635	91	634	533	83	18	0	0
55 岁 ~59 岁	25	5 507	1 572	5 446	2 498	2 127	713	37	71
50 岁 ~54 岁	26	6 882	2 728	6 783	2 195	3 105	1 306	78	99
45 岁 ~49 岁	27	15 394	6 929	15 273	3 820	7 574	3 554	174	151
40 岁 ~44 岁	28	15 730	7 549	15 612	1 386	7 048	6 443	524	211
35 岁 ~39 岁	29	17 055	9 165	16 961	276	4 205	10 594	1 546	340
30 岁 ~34 岁	30	24 510	15 084	24 359	18	1 113	15 337	6 774	1 117
29 岁及以下	31	8 406	5 739	8 215	4	64	2 199	4 461	1 487

按最后学历划分			其他人员	按最后学位划分	
研究生	本科生	其他		博士	硕士
L09	L10	L11	L12	L13	L14
46 901	43 497	2 885	836	11 713	38 809
3 258	2 723	369	137	765	2 737
1 796	1 279	34	17	391	1 630
1 288	484	17	6	539	805
79	48	1	0	21	56
85	15	0	1	51	34
7 438	7 997	235	89	1 135	7 016
4 176	2 846	148	53	1 669	2 811
1 276	822	24	13	239	1 112
5 122	8 869	323	63	413	5 163
2 733	1 128	38	8	1 226	1 592
63	19	1	0	28	34
3 463	1 918	157	32	1 096	2 600
1 278	893	37	17	348	1 006
1 954	930	38	24	460	1 623
901	347	16	9	302	637
214	94	3	1	82	144
976	586	21	17	192	799
816	2 967	1 055	185	109	791
5 807	4 018	172	91	1 726	4 620
146	101	26	4	61	96
1 321	515	10	20	536	837
2 711	4 898	160	49	324	2 666
273	329	32	1	121	151
1 414	3 472	560	61	619	813
1 779	4 436	568	99	791	1 079
5 500	9 074	699	121	2 257	3 960
7 758	7 297	557	118	2 668	6 281
10 067	6 624	270	94	2 630	8 314
14 579	9 625	155	151	2 270	12 983
5 531	2 640	44	191	357	5 228

17. 语言院校人文、社会科学活动人员情况表

		总计		按职称划分					
			女性	小计	教授	副教授	讲师	助教	初级
	编号	L01	L02	L03	L04	L05	L06	L07	L08
合计	1	13 655	8 568	13 545	1 624	3 331	6 188	1 809	593
管理学	2	1 396	778	1 373	139	343	649	137	105
马克思主义	3	333	213	333	26	80	160	52	15
哲学	4	135	60	135	31	41	52	8	3
逻辑学	5	12	8	12	2	0	6	3	1
宗教学	6	1	0	1	0	1	0	0	0
语言学	7	4 915	3 463	4 881	543	1 240	2 206	743	149
中国文学	8	548	323	547	90	179	206	55	17
外国文学	9	970	665	964	172	282	395	105	10
艺术学	10	1 081	583	1 075	114	187	538	173	63
历史学	11	127	54	127	19	47	43	14	4
考古学	12	4	4	4	0	0	3	0	1
经济学	13	872	531	859	144	214	383	92	26
政治学	14	240	105	239	44	69	76	40	10
法学	15	333	207	332	46	82	158	31	15
社会学	16	188	118	187	23	37	91	31	5
民族学	17	9	6	9	4	2	2	1	0
新闻学与传播学	18	627	349	626	97	173	259	78	19
图书、情报与文献学	19	478	329	468	10	73	251	50	84
教育学	20	892	545	884	83	150	472	133	46
统计学	21	44	23	44	5	10	25	3	1
心理学	22	97	67	96	9	30	45	7	5
体育学	23	353	137	349	23	91	168	53	14
60 岁及以上	24	258	63	258	179	78	1	0	0
55 岁 ~59 岁	25	911	358	897	420	355	116	2	4
50 岁 ~54 岁	26	769	356	756	298	277	164	12	5
45 岁 ~49 岁	27	1 734	953	1 720	476	854	355	17	18
40 岁 ~44 岁	28	1 913	1 159	1 906	186	887	775	31	27
35 岁 ~39 岁	29	2 551	1 684	2 542	62	703	1 619	118	40
30 岁 ~34 岁	30	3 643	2 570	3 618	3	168	2 580	706	161
29 岁及以下	31	1 876	1 425	1 848	0	9	578	923	338

按最后学历划分			其他人员	按最后学位划分	
研究生	本科生	其他		博士	硕士
L09	L10	L11	L12	L13	L14
9 126	4 125	294	110	2 681	6 874
828	475	70	23	272	591
220	106	7	0	31	201
103	31	1	0	49	59
8	4	0	0	2	8
1	0	0	0	0	1
3 430	1 410	41	34	840	2 659
414	129	4	1	211	223
838	117	9	6	282	558
668	401	6	6	166	563
102	24	1	0	43	62
4	0	0	0	1	3
588	249	22	13	204	420
196	42	1	1	96	103
261	65	6	1	81	193
144	41	2	1	38	112
7	1	1	0	4	3
490	127	9	1	225	274
130	249	89	10	3	141
463	403	18	8	93	489
32	11	1	0	15	18
79	17	0	1	22	59
120	223	6	4	3	134
86	167	5	0	35	53
395	439	63	14	156	231
352	338	66	13	156	203
1 013	654	53	14	463	616
1 372	488	46	7	593	879
2 046	471	25	9	683	1 461
2 587	1 004	27	25	503	2 234
1 275	564	9	28	92	1 197

18. 财经院校人文、社会科学活动人员情况表

		总计		按职称划分					
			女性	小计	教授	副教授	讲师	助教	初级
	编号	L01	L02	L03	L04	L05	L06	L07	L08
合计	1	51 259	28 158	50 683	6 005	13 905	21 530	6 903	2 340
管理学	2	12 134	6 141	11 943	1 496	3 145	5 235	1 447	620
马克思主义	3	1 439	756	1 427	177	452	570	171	57
哲学	4	641	281	637	101	189	255	71	21
逻辑学	5	71	37	70	4	18	39	8	1
宗教学	6	7	5	7	1	2	3	1	0
语言学	7	5 869	4 476	5 835	290	1 439	2 751	1 146	209
中国文学	8	1 325	782	1 314	128	402	561	160	63
外国文学	9	771	589	770	54	171	376	143	26
艺术学	10	2 101	1 182	2 066	78	306	873	618	191
历史学	11	444	197	444	54	147	179	53	11
考古学	12	3	1	3	0	1	1	1	0
经济学	13	13 218	6 808	13 130	2 398	4 205	4 915	1 234	378
政治学	14	532	221	529	59	152	231	69	18
法学	15	3 176	1 583	3 142	443	909	1 379	325	86
社会学	16	535	280	531	54	131	229	84	33
民族学	17	58	31	58	6	12	27	8	5
新闻学与传播学	18	660	407	652	61	149	281	112	49
图书、情报与文献学	19	2 258	1 543	2 184	77	445	1 136	249	277
教育学	20	2 171	1 238	2 126	135	437	965	423	166
统计学	21	1 379	635	1 374	240	490	486	132	26
心理学	22	291	204	287	20	56	132	55	24
体育学	23	2 176	761	2 154	129	647	906	393	79
60 岁及以上	24	359	65	353	268	72	12	0	1
55 岁 ~59 岁	25	2 664	812	2 642	1 177	954	431	39	41
50 岁 ~54 岁	26	3 954	1 749	3 918	1 189	1 688	879	83	79
45 岁 ~49 岁	27	8 676	4 384	8 615	2 249	4 121	1 965	154	126
40 岁 ~44 岁	28	8 313	4 263	8 259	849	3 569	3 411	278	152
35 岁 ~39 岁	29	9 318	5 151	9 270	222	2 553	5 503	748	244
30 岁 ~34 岁	30	12 812	8 203	12 655	26	850	7 884	3 155	740
29 岁及以下	31	5 163	3 531	4 971	25	98	1 445	2 446	957

按最后学历划分			其他人员	按最后学位划分	
研究生	本科生	其他		博士	硕士
L09	L10	L11	L12	L13	L14
28 914	20 303	1 466	576	9 098	22 360
7 127	4 432	384	191	2 475	5 382
866	548	13	12	185	803
468	164	5	4	178	302
48	21	1	1	14	37
7	0	0	0	6	1
3 043	2 742	50	34	354	2 996
701	588	25	11	233	545
510	253	7	1	67	468
885	1 139	42	35	51	907
321	121	2	0	135	198
2	1	0	0	1	1
8 537	4 398	195	88	3 750	5 452
332	192	5	3	124	221
2 214	909	19	34	690	1 652
403	123	5	4	140	272
45	12	1	0	16	30
426	217	9	8	86	360
311	1 295	578	74	46	330
1 034	1 029	63	45	87	1 063
884	478	12	5	386	550
182	97	8	4	29	164
568	1 544	42	22	45	626
122	204	27	6	50	71
885	1 498	259	22	342	503
1 290	2 283	345	36	531	845
3 756	4 496	363	61	1 568	2 629
4 925	3 105	229	54	1 970	3 606
6 445	2 703	122	48	2 250	4 854
8 339	4 243	73	157	1 868	7 174
3 152	1 771	48	192	519	2 678

19. 政法院校人文、社会科学活动人员情况表

		总计		按职称划分					
			女性	小计	教授	副教授	讲师	助教	初级
	编号	L01	L02	L03	L04	L05	L06	L07	L08
合计	1	13 214	6 235	13 102	1 682	4 030	5 564	1 208	618
管理学	2	1 621	695	1 594	131	341	729	192	201
马克思主义	3	605	280	603	64	233	244	53	9
哲学	4	240	88	239	48	94	72	17	8
逻辑学	5	43	23	43	12	15	13	3	0
宗教学	6	12	5	12	2	3	6	1	0
语言学	7	1 211	876	1 208	71	392	616	105	24
中国文学	8	302	182	298	41	101	124	25	7
外国文学	9	107	85	107	8	26	50	22	1
艺术学	10	101	69	101	4	16	55	19	7
历史学	11	116	52	115	24	39	41	8	3
考古学	12	0	0	0	0	0	0	0	0
经济学	13	461	253	461	78	125	209	31	18
政治学	14	279	98	276	57	71	123	12	13
法学	15	5 281	2 294	5 240	907	1 830	1 980	349	174
社会学	16	297	147	296	34	89	128	35	10
民族学	17	14	8	14	3	4	7	0	0
新闻学与传播学	18	234	116	234	29	71	96	30	8
图书、情报与文献学	19	637	422	625	31	141	338	73	42
教育学	20	508	234	504	44	115	228	69	48
统计学	21	93	54	91	6	18	51	7	9
心理学	22	148	89	148	22	40	52	29	5
体育学	23	904	165	893	66	266	402	128	31
60 岁及以上	24	76	15	75	64	7	2	1	1
55 岁～59 岁	25	897	231	884	352	342	145	9	36
50 岁～54 岁	26	1 291	513	1 265	368	537	265	36	59
45 岁～49 岁	27	2 478	1 176	2 453	599	1 127	611	51	65
40 岁～44 岁	28	2 483	1 084	2 468	251	1 087	964	94	72
35 岁～39 岁	29	2 421	1 219	2 411	44	717	1 445	146	59
30 岁～34 岁	30	2 731	1 516	2 719	3	199	1 906	478	133
29 岁及以下	31	837	481	827	1	14	226	393	193

按最后学历划分			其他人员	按最后学位划分	
研究生	本科生	其他		博士	硕士
L09	L10	L11	L12	L13	L14
6 898	5 699	505	112	2 181	5 279
688	755	151	27	177	600
292	306	5	2	75	258
174	65	0	1	74	103
23	20	0	0	6	19
9	3	0	0	6	3
674	523	11	3	78	669
173	121	4	4	73	109
65	41	1	0	10	59
54	45	2	0	8	50
87	28	0	1	36	57
0	0	0	0	0	0
333	111	17	0	165	171
220	51	5	3	118	101
3 071	2 085	84	41	1 095	2 236
202	83	11	1	101	106
10	4	0	0	2	8
161	72	1	0	72	94
113	378	134	12	18	93
232	249	23	4	28	223
40	42	9	2	6	34
104	41	3	0	29	78
173	676	44	11	4	208
25	43	7	1	9	16
214	542	128	13	89	97
325	813	127	26	95	227
938	1 418	97	25	330	693
1 267	1 114	87	15	469	1 042
1 547	826	38	10	560	1 187
1 981	722	16	12	526	1 506
601	221	5	10	103	511

20. 艺术院校人文、社会科学活动人员情况表

		总计		按职称划分					
			女性	小计	教授	副教授	讲师	助教	初级
	编号	L01	L02	L03	L04	L05	L06	L07	L08
合计	1	14 160	7 030	13 968	1 672	3 122	5 911	2 473	790
管理学	2	554	291	531	34	50	257	94	96
马克思主义	3	286	157	284	32	98	119	26	9
哲学	4	59	33	58	10	10	26	6	6
逻辑学	5	3	1	3	0	0	2	1	0
宗教学	6	4	1	4	1	1	2	0	0
语言学	7	500	386	493	11	113	247	90	32
中国文学	8	259	154	258	23	64	119	41	11
外国文学	9	30	22	30	3	4	16	6	1
艺术学	10	10 993	5 120	10 879	1 489	2 526	4 389	1 975	500
历史学	11	77	47	74	6	21	36	6	5
考古学	12	6	2	6	1	2	3	0	0
经济学	13	97	60	95	14	13	44	16	8
政治学	14	56	28	53	5	12	20	12	4
法学	15	42	23	41	0	8	21	5	7
社会学	16	20	11	19	0	2	13	2	2
民族学	17	30	19	30	5	4	15	3	3
新闻学与传播学	18	101	63	101	7	18	39	26	11
图书、情报与文献学	19	390	268	370	8	48	233	33	48
教育学	20	317	193	312	15	58	155	54	30
统计学	21	20	12	19	0	2	12	3	2
心理学	22	49	37	46	1	9	26	7	3
体育学	23	267	102	262	7	59	117	67	12
60 岁及以上	24	147	31	146	118	27	1	0	0
55 岁 ~59 岁	25	1 172	245	1 158	585	400	158	6	9
50 岁 ~54 岁	26	1 442	482	1 426	460	621	302	29	14
45 岁 ~49 岁	27	1 598	660	1 572	345	755	408	43	21
40 岁 ~44 岁	28	1 979	888	1 960	136	756	918	123	27
35 岁 ~39 岁	29	2 380	1 290	2 369	26	453	1 449	381	60
30 岁 ~34 岁	30	3 814	2 379	3 781	2	102	2 295	1 120	262
29 岁及以下	31	1 628	1 055	1 556	0	8	380	771	397

按最后学历划分			其他人员	按最后学位划分	
研究生	本科生	其他		博士	硕士
L09	L10	L11	L12	L13	L14
6 516	6 783	669	192	763	5 839
188	273	70	23	9	194
157	120	7	2	15	145
42	16	0	1	10	31
1	2	0	0	0	1
2	2	0	0	2	0
205	283	5	7	2	203
143	107	8	1	31	117
14	14	2	0	1	15
5 252	5 188	439	114	666	4 627
39	34	1	3	4	39
5	1	0	0	3	2
34	45	16	2	1	33
29	20	4	3	2	26
22	18	1	1	0	20
7	11	1	1	1	7
27	2	1	0	5	22
56	40	5	0	6	50
66	210	94	20	1	64
132	173	7	5	2	141
3	16	0	1	0	4
22	21	3	3	2	22
70	187	5	5	0	76
47	69	30	1	11	36
267	670	221	14	73	188
298	941	187	16	74	213
455	1 007	110	26	100	376
919	995	46	19	169	767
1 358	980	31	11	167	1 202
2 338	1 415	28	33	153	2 228
834	706	16	72	16	829

21. 民族院校人文、社会科学活动人员情况表

		总计		按职称划分					
			女性	小计	教授	副教授	讲师	助教	初级
	编号	L01	L02	L03	L04	L05	L06	L07	L08
合计	1	8 944	4 788	8 838	1 209	2 352	3 821	1 118	338
管理学	2	883	476	864	89	214	391	116	54
马克思主义	3	254	107	254	47	79	108	18	2
哲学	4	147	56	147	36	33	57	13	8
逻辑学	5	3	1	2	2	0	0	0	0
宗教学	6	60	24	60	19	13	22	3	3
语言学	7	1 408	955	1 395	133	367	685	174	36
中国文学	8	682	342	673	159	204	222	68	20
外国文学	9	264	191	263	26	74	118	34	11
艺术学	10	1 097	555	1 090	95	226	491	247	31
历史学	11	271	124	268	61	87	103	9	8
考古学	12	24	11	24	5	7	9	2	1
经济学	13	710	381	704	107	211	292	69	25
政治学	14	174	53	172	36	63	58	13	2
法学	15	604	293	597	85	178	235	71	28
社会学	16	233	121	229	29	56	101	37	6
民族学	17	419	199	416	123	111	137	33	12
新闻学与传播学	18	217	128	215	19	50	109	28	9
图书、情报与文献学	19	484	338	471	21	117	265	28	40
教育学	20	405	214	393	42	86	185	59	21
统计学	21	37	19	37	6	18	8	4	1
心理学	22	53	37	53	4	12	27	8	2
体育学	23	515	163	511	65	146	198	84	18
60 岁及以上	24	46	6	46	43	3	0	0	0
55 岁 ~59 岁	25	562	178	555	271	159	89	22	14
50 岁 ~54 岁	26	793	366	786	255	311	188	17	15
45 岁 ~49 岁	27	1 569	737	1 557	461	671	362	35	28
40 岁 ~44 岁	28	1 527	752	1 517	152	680	606	45	34
35 岁 ~39 岁	29	1 585	927	1 573	23	411	967	133	39
30 岁 ~34 岁	30	2 209	1 389	2 186	4	108	1 459	505	110
29 岁及以下	31	653	433	618	0	9	150	361	98

按最后学历划分			其他人员	按最后学位划分	
研究生	本科生	其他		博士	硕士
L09	L10	L11	L12	L13	L14
4 589	3 797	452	106	1 360	3 375
475	315	74	19	149	345
157	91	6	0	44	119
106	38	3	0	45	60
2	0	0	1	2	0
47	11	2	0	28	17
643	714	38	13	126	543
408	250	15	9	161	262
164	96	3	1	27	141
380	657	53	7	40	363
191	77	0	3	98	88
21	3	0	0	6	14
432	235	37	6	176	274
95	70	7	2	35	54
379	202	16	7	107	298
163	65	1	4	57	102
304	100	12	3	146	160
140	72	3	2	27	117
62	273	136	13	11	65
204	161	28	12	47	162
20	14	3	0	9	12
36	17	0	0	7	31
160	336	15	4	12	148
11	30	5	0	3	9
134	324	97	7	53	76
179	502	105	7	73	111
599	834	124	12	267	329
810	636	71	10	318	532
1 055	488	30	12	357	750
1 390	780	16	23	248	1 196
411	203	4	35	41	372

22. 体育院校人文、社会科学活动人员情况表

	编号	总计 L01	女性 L02	按职称划分 小计 L03	教授 L04	副教授 L05	讲师 L06	助教 L07	初级 L08
合计	1	6 338	2 748	6 252	803	1 733	2 614	798	304
管理学	2	216	103	205	17	46	95	28	19
马克思主义	3	219	92	219	22	53	106	36	2
哲学	4	28	14	28	3	12	7	4	2
逻辑学	5	0	0	0	0	0	0	0	0
宗教学	6	0	0	0	0	0	0	0	0
语言学	7	322	232	322	13	71	189	47	2
中国文学	8	47	34	46	0	11	30	4	1
外国文学	9	17	11	17	0	1	11	4	1
艺术学	10	101	77	100	4	17	47	26	6
历史学	11	8	2	8	1	1	4	2	0
考古学	12	0	0	0	0	0	0	0	0
经济学	13	70	43	70	15	7	33	6	9
政治学	14	17	10	16	2	2	8	3	1
法学	15	31	21	31	3	5	16	5	2
社会学	16	19	8	18	5	5	8	0	0
民族学	17	3	1	3	0	1	2	0	0
新闻学与传播学	18	88	47	88	7	28	40	9	4
图书、情报与文献学	19	228	147	223	14	46	125	22	16
教育学	20	172	106	167	4	47	78	26	12
统计学	21	50	30	50	4	20	23	2	1
心理学	22	40	20	39	9	18	8	3	1
体育学	23	4 662	1 750	4 602	680	1 342	1 784	571	225
60 岁及以上	24	66	9	66	62	2	2	0	0
55 岁～59 岁	25	500	114	487	211	214	56	6	0
50 岁～54 岁	26	660	254	652	208	307	122	6	9
45 岁～49 岁	27	926	387	911	228	437	228	10	8
40 岁～44 岁	28	994	457	980	79	459	405	26	11
35 岁～39 岁	29	1 034	463	1 024	15	253	645	82	29
30 岁～34 岁	30	1 528	756	1 515	0	58	998	380	79
29 岁及以下	31	630	308	617	0	3	158	288	168

按最后学历划分			其他人员	按最后学位划分	
研究生	本科生	其他		博士	硕士
L09	L10	L11	L12	L13	L14
2 989	3 019	244	86	716	2 485
90	105	10	11	11	87
131	87	1	0	18	120
20	8	0	0	5	15
0	0	0	0	0	0
0	0	0	0	0	0
166	152	4	0	12	166
29	17	0	1	7	24
9	8	0	0	0	10
24	75	1	1	0	31
4	4	0	0	0	5
0	0	0	0	0	0
15	42	13	0	5	12
11	5	0	1	2	11
18	12	1	0	1	18
13	4	1	1	5	9
0	3	0	0	0	1
70	18	0	0	16	56
30	139	54	5	1	34
70	88	9	5	7	71
13	35	2	0	3	16
26	13	0	1	15	12
2 250	2 204	148	60	608	1 787
33	30	3	0	11	20
132	294	61	13	45	84
169	417	66	8	67	111
330	526	55	15	138	229
518	429	33	14	177	393
600	408	16	10	151	506
873	636	6	13	117	815
334	279	4	13	10	327

23. 全国高等学校人文、社会科学研究与发展人员情况表

			合计	按职称划分				
				教授	副教授	讲师	助教	初级
		编号	L01	L02	L03	L04	L05	L06
合计	全时人数	1	6 401	2 293	1 982	1 622	204	64
	非全时人数	2	323 398	49 829	83 100	110 483	22 980	5 907
	非全时折合全时人数	3	75 218.3	13 172.2	20 404.3	25 433.3	4 806.4	1 188.5
管理学	全时人数	4	1 202	368	397	335	20	14
	非全时人数	5	57 786	8 884	14 280	17 864	3 169	950
	非全时折合全时人数	6	13 980.2	2 447	3 708.4	4 345.9	671.7	193.5
马克思主义	全时人数	7	91	35	22	22	4	0
	非全时人数	8	11 845	2 150	3 411	4 006	760	141
	非全时折合全时人数	9	2 579.3	521.5	763.4	848.7	141.4	24.5
哲学	全时人数	10	134	63	40	29	1	0
	非全时人数	11	5 932	1 270	1 555	1 773	209	59
	非全时折合全时人数	12	1 308.5	302.5	348.8	387	41.7	13.6
逻辑学	全时人数	13	2	1	0	1	0	0
	非全时人数	14	309	86	66	94	10	0
	非全时折合全时人数	15	64.6	19.2	13.9	19.8	1.9	0
宗教学	全时人数	16	26	8	8	10	0	0
	非全时人数	17	1 064	239	281	289	50	16
	非全时折合全时人数	18	235.6	56.9	66	64.2	9.3	3.6
语言学	全时人数	19	388	122	123	114	18	1
	非全时人数	20	23 620	2 827	6 048	9 963	2 384	359
	非全时折合全时人数	21	5 532.1	761.1	1 497.4	2 282.1	499.8	71.3
中国文学	全时人数	22	273	102	85	60	10	6
	非全时人数	23	12 444	2 324	3 524	4 093	673	211
	非全时折合全时人数	24	2 992.6	628	913	966.6	139.2	42.4
外国文学	全时人数	25	76	31	21	15	7	1
	非全时人数	26	6 097	824	1 547	2 422	678	119
	非全时折合全时人数	27	1 311.5	199.3	357.2	504.5	131.6	20.9
艺术学	全时人数	28	486	107	148	173	47	5
	非全时人数	29	22 265	2 693	5 067	8 766	2 806	581
	非全时折合全时人数	30	5 450.7	725	1 315.9	2 178.1	642.5	127.9
历史学	全时人数	31	292	132	71	72	6	0
	非全时人数	32	8 757	1 938	2 140	2 559	365	89
	非全时折合全时人数	33	2 117.5	533.1	528.7	597.8	79.6	19.2

	研究生	其中：		按学历学位划分			
其他人员	（学生）	女性	研究人员	博士毕业	硕士毕业	本科毕业	其他学历
L07	L08	L09	L10	L11	L12	L13	L14
31	205	2 206	5 957. 5	3 215	2 035	1 003	148
4 127	46 972	153 343	255 570	67 267	139 320	107 812	8 999
730	9 483. 6	34 882	61 428. 6	18 270	31 993. 1	23 026. 6	1 928. 6
5	63	422	1 121. 5	626	384	164	28
834	11 805	25 974	44 319	13 893	23 973	18 222	1 698
147. 6	2 466. 1	6 155. 9	11 177	3 948. 9	5 729. 3	3 930. 5	371. 5
0	8	28	81	41	36	12	2
110	1 267	5 293	9 818	2 393	5 571	3 607	274
17. 4	262. 4	1 140. 4	2 179	578. 8	1 211. 3	734. 3	54. 9
0	1	30	131	85	37	6	6
64	1 002	2 271	4 946	1 998	2 388	1 374	172
10. 6	204. 3	473. 8	1 107. 9	496. 1	496. 7	281. 6	34. 1
0	0	2	2	1	1	0	0
5	48	97	269	115	122	53	19
0. 6	9. 2	18. 8	58. 4	27. 6	23. 3	10. 1	3. 6
0	0	5	26	14	9	0	3
18	171	356	871	374	376	279	35
2. 4	33. 2	73. 7	200. 5	92. 9	80	56. 1	6. 6
0	10	169	367	167	162	51	8
166	1 873	15 223	19 003	3 505	11 721	7 873	521
30. 9	389. 5	3 523. 3	4 568. 7	961. 7	2 718. 1	1 744. 4	107. 9
1	9	76	253	140	84	35	14
125	1 494	5 829	10 258	3 650	4 783	3 640	371
22. 5	280. 9	1 343. 6	2 562. 4	1 017. 8	1 112. 5	776. 7	85. 6
0	1	35	68	45	19	10	2
24	483	3 963	4 845	1 098	3 043	1 852	104
3. 7	94. 3	831. 3	1 066. 1	279. 1	655	354. 1	23. 3
3	3	194	429	88	216	170	12
180	2 172	10 774	16 722	2 088	9 398	9 867	912
32	429. 3	2 600. 1	4 256. 5	540. 2	2 356. 9	2 346. 2	207. 4
1	10	58	276	176	68	45	3
117	1 549	3 271	7 200	3 010	3 269	2 212	266
19. 7	339. 4	761. 5	1 800. 2	813. 2	758. 7	490. 1	55. 5

			合计	按职称划分				
				教授	副教授	讲师	助教	初级
		编号	L01	L02	L03	L04	L05	L06
考古学	全时人数	34	21	11	4	4	1	1
	非全时人数	35	1 014	230	184	237	42	3
	非全时折合全时人数	36	228.7	55.7	41.5	49	8.5	1.1
经济学	全时人数	37	1 179	485	356	265	23	9
	非全时人数	38	45 598	7 366	11 448	13 739	2 495	673
	非全时折合全时人数	39	11 167.1	2 086.7	3 027.9	3 347.2	547.3	138.8
政治学	全时人数	40	134	52	36	32	5	1
	非全时人数	41	8 913	1 686	2 489	2 846	476	151
	非全时折合全时人数	42	1 889.6	393.9	523.2	599.3	89.6	27.1
法学	全时人数	43	532	229	171	106	10	5
	非全时人数	44	17 501	2 807	4 790	5 477	764	241
	非全时折合全时人数	45	4 376.9	835.2	1 317.5	1 355.1	173.7	52.4
社会学	全时人数	46	271	96	81	66	13	1
	非全时人数	47	18 967	3 125	4 995	6 551	1 261	324
	非全时折合全时人数	48	4 018	730.9	1 069.7	1 368	244	54.8
民族学	全时人数	49	54	19	13	19	2	0
	非全时人数	50	4 873	976	1 363	1 660	308	106
	非全时折合全时人数	51	1 053.7	235.1	290	346	63.1	22.2
新闻学与传播学	全时人数	52	164	55	61	42	1	1
	非全时人数	53	6 790	957	1 525	2 514	531	116
	非全时折合全时人数	54	1 551.7	251.8	367.6	578.5	114.7	23
图书、情报与文献学	全时人数	55	97	28	32	22	4	4
	非全时人数	56	7 018	817	1 765	2 698	425	334
	非全时折合全时人数	57	1 597.8	210	428.7	592.1	87.9	71
教育学	全时人数	58	577	204	189	130	17	13
	非全时人数	59	41 554	5 789	10 943	15 419	3 786	1 024
	非全时折合全时人数	60	8 847.9	1 398.8	2 432.9	3 237.3	736.4	200.8
统计学	全时人数	61	25	10	9	6	0	0
	非全时人数	62	2 696	483	721	823	140	34
	非全时折合全时人数	63	561.6	111.5	160.8	172.2	28.2	4.8
心理学	全时人数	64	64	30	13	13	3	0
	非全时人数	65	4 808	641	1 145	1 692	414	119
	非全时折合全时人数	66	1 029.2	155.1	250.6	368.8	82	22.8
体育学	全时人数	67	313	105	102	86	12	2
	非全时人数	68	13 547	1 717	3 813	4 998	1 234	257
	非全时折合全时人数	69	3 323.5	513.9	981.2	1 225.1	272.3	52.8

续表

其他人员	研究生（学生）	其中：		按学历学位划分			
		女性	研究人员	博士毕业	硕士毕业	本科毕业	其他学历
L07	L08	L09	L10	L11	L12	L13	L14
0	0	5	19	15	4	2	0
17	301	342	771	323	349	308	34
2.5	70.4	79.7	174	79.1	73.9	69.1	6.6
4	37	393	1 122	728	310	118	23
523	9 354	20 344	35 559	11 829	18 877	13 843	1 049
99	1 920.2	4 879.3	9 067.4	3 453.9	4 489.8	3 000.3	223.1
1	7	45	124	88	28	17	1
109	1 156	3 568	7 386	2 380	3 925	2 398	210
21.4	235.1	718.9	1 595	574.7	799.7	470.6	44.6
1	10	166	503	299	156	65	12
346	3 076	7 271	13 894	4 590	7 426	4 994	491
53.4	589.6	1 772.4	3 653.2	1 356	1 843.2	1 072.7	105
3	11	100	247	139	90	39	3
221	2 490	8 876	15 542	4 166	8 634	5 779	388
41.7	508.9	1 868.1	3 344.4	990.9	1 796.6	1 145.3	85.2
0	1	20	50	17	22	14	1
102	358	2 299	4 073	1 066	2 050	1 625	132
17.6	79.7	494.9	882.8	244	428.5	352.7	28.5
1	3	59	160	83	48	30	3
65	1 082	3 288	5 269	1 515	3 098	2 001	176
13.3	202.8	747.3	1 247.9	397	702.8	413	38.9
7	0	39	82	35	28	23	11
171	808	3 927	5 485	872	2 410	3 212	524
36.2	171.9	890.5	1 278.1	227.3	564.8	702.1	103.6
2	22	239	521	264	197	111	5
673	3 920	21 797	32 987	5 595	19 339	15 562	1 058
115	726.7	4 566.3	7 208.5	1 419.6	4 102.5	3 117.2	208.6
0	0	8	25	14	6	3	2
28	467	1 236	2 117	728	1 002	874	92
4.3	79.8	252.1	462.8	176.4	208.5	159.4	17.3
1	4	23	57	36	20	7	1
76	721	2 643	3 658	930	2 179	1 582	117
13.8	136.1	559.3	808.5	243.5	449.2	312.5	24
1	5	90	293	114	110	81	8
153	1 375	4 701	10 578	1 149	5 387	6 655	356
24.4	253.8	1 130.8	2 729.3	351.3	1 391.8	1 487.6	92.8

24. 本科学校人文、社会科学研究与发展人员情况表

			合计	按职称划分				
				教授	副教授	讲师	助教	初级
		编号	L01	L02	L03	L04	L05	L06
合计	全时人数	1	6 294	2 279	1 949	1 581	197	52
	非全时人数	2	301 466	47 923	76 894	100 628	20 090	5 098
	非全时折合全时人数	3	70 862.1	12 749.1	19 105.7	23 498.2	4 295.8	1 042.4
管理学	全时人数	4	1 179	364	391	325	18	13
	非全时人数	5	54 023	8 498	13 240	16 149	2 745	803
	非全时折合全时人数	6	13 242.2	2 360.5	3 494.4	4 009.4	602.9	168.6
马克思主义	全时人数	7	91	35	22	22	4	0
	非全时人数	8	11 136	2 101	3 185	3 697	666	116
	非全时折合全时人数	9	2 449.7	511.6	722.8	789.9	126.2	20.3
哲学	全时人数	10	134	63	40	29	1	0
	非全时人数	11	5 817	1 263	1 527	1 718	186	57
	非全时折合全时人数	12	1 280.6	300.5	342	374.5	36.1	12.6
逻辑学	全时人数	13	2	1	0	1	0	0
	非全时人数	14	299	84	63	89	10	0
	非全时折合全时人数	15	63.5	19	13.6	19.2	1.9	0
宗教学	全时人数	16	26	8	8	10	0	0
	非全时人数	17	1 047	238	279	284	41	16
	非全时折合全时人数	18	232.6	56.7	65.5	63.5	7.7	3.6
语言学	全时人数	19	380	122	121	109	17	1
	非全时人数	20	22 247	2 759	5 668	9 290	2 154	344
	非全时折合全时人数	21	5 260.5	745.7	1 417.2	2 154.7	455.4	68.7
中国文学	全时人数	22	268	102	82	59	10	5
	非全时人数	23	11 906	2 295	3 361	3 823	622	192
	非全时折合全时人数	24	2 881.1	621.4	878.1	909.5	130.7	39.6
外国文学	全时人数	25	76	31	21	15	7	1
	非全时人数	26	5 839	810	1 488	2 284	647	104
	非全时折合全时人数	27	1 265.6	196.1	346.5	481.1	125.9	18.1
艺术学	全时人数	28	475	106	146	166	46	5
	非全时人数	29	20 930	2 613	4 769	8 147	2 544	521
	非全时折合全时人数	30	5 155.7	707.3	1 242.6	2 043	588	116
历史学	全时人数	31	292	132	71	72	6	0
	非全时人数	32	8 644	1 922	2 106	2 511	352	87
	非全时折合全时人数	33	2 095.5	529.4	522.8	587.8	77.7	18.7

其他人员	研究生（学生）	其中：女性	研究人员	按学历学位划分：博士毕业	硕士毕业	本科毕业	其他学历
L07	L08	L09	L10	L11	L12	L13	L14
31	205	2 163	5 868.5	3 207	1 963	977	147
3 877	46 956	141 138	237 667	66 456	127 993	98 361	8 656
689.5	9 481.4	32 473.9	57 776.9	18 076.5	29 722.1	21 206.2	1 857.3
5	63	417	1 100.5	621	369	161	28
790	11 798	24 018	41 254	13 728	21 864	16 790	1 641
141.2	2 465.2	5 768.4	10 548.1	3 909.8	5 313.4	3 659.1	359.9
0	8	28	81	41	36	12	2
104	1 267	4 921	9 241	2 370	5 178	3 327	261
16.5	262.4	1 069.6	2 069.7	575.1	1 134.8	687.5	52.3
0	1	30	131	85	37	6	6
64	1 002	2 226	4 859	1 989	2 309	1 349	170
10.6	204.3	463.8	1 086.6	494.6	478.2	273.8	34
0	0	2	2	1	1	0	0
5	48	91	259	115	116	49	19
0.6	9.2	18.1	57.3	27.6	22.6	9.7	3.6
0	0	5	26	14	9	0	3
18	171	347	863	374	364	274	35
2.4	33.2	72.3	199.1	92.9	77.8	55.3	6.6
0	10	164	360	167	156	49	8
160	1 872	14 228	17 883	3 477	11 040	7 230	500
29.4	389.4	3 321.9	4 345.6	955.5	2 584.4	1 616.3	104.3
1	9	75	249	139	82	33	14
120	1 493	5 527	9 795	3 614	4 527	3 398	367
21.1	280.7	1 280.9	2 463.7	1 008.3	1 058.8	729.2	84.8
0	1	35	68	45	19	10	2
23	483	3 780	4 634	1 088	2 899	1 749	103
3.6	94.3	798.4	1 028.8	277.1	630.1	335.2	23.2
3	3	190	419	88	208	167	12
164	2 172	10 043	15 725	2 055	8 834	9 156	885
29.5	429.3	2 438.7	4 030.4	531.4	2 229	2 193.9	201.4
1	10	58	276	176	68	45	3
117	1 549	3 211	7 101	2 996	3 203	2 180	265
19.7	339.4	750.9	1 780.5	810.6	745.3	484.4	55.2

			合计	按职称划分				
				教授	副教授	讲师	助教	初级
		编号	L01	L02	L03	L04	L05	L06
考古学	全时人数	34	21	11	4	4	1	1
	非全时人数	35	993	229	182	228	33	3
	非全时折合全时人数	36	225.6	55.4	41.3	47.7	7.2	1.1
经济学	全时人数	37	1 171	482	355	262	22	9
	非全时人数	38	43 293	7 112	10 810	12 713	2 198	602
	非全时折合全时人数	39	10 715.1	2 035.5	2 895.7	3 145.4	496.4	125.5
政治学	全时人数	40	134	52	36	32	5	1
	非全时人数	41	8 536	1 656	2 379	2 668	440	137
	非全时折合全时人数	42	1 821.9	389.3	501.9	568	83.5	25
法学	全时人数	43	530	229	170	106	10	4
	非全时人数	44	16 834	2 756	4 594	5 160	700	209
	非全时折合全时人数	45	4 245.9	823.7	1 279.3	1 293.4	162.8	44.5
社会学	全时人数	46	263	96	78	64	11	0
	非全时人数	47	17 948	3 019	4 688	6 081	1 164	293
	非全时折合全时人数	48	3 841.7	710.3	1 017	1 284.6	229.7	50.5
民族学	全时人数	49	54	19	13	19	2	0
	非全时人数	50	4 686	951	1 305	1 579	295	97
	非全时折合全时人数	51	1 020.9	229.1	279.9	333.3	61.3	20.1
新闻学与传播学	全时人数	52	160	53	60	41	1	1
	非全时人数	53	6 577	946	1 480	2 400	500	106
	非全时折合全时人数	54	1 506.7	249.6	358.6	551.8	109.6	21.5
图书、情报与文献学	全时人数	55	97	28	32	22	4	4
	非全时人数	56	6 615	792	1 663	2 515	381	295
	非全时折合全时人数	57	1 531.9	204.7	409.4	563.7	82.2	65.4
教育学	全时人数	58	540	200	175	119	17	5
	非全时人数	59	34 332	5 125	8 775	12 343	2 837	765
	非全时折合全时人数	60	7 371	1 242.9	1 956.1	2 626.1	568.1	152.3
统计学	全时人数	61	25	10	9	6	0	0
	非全时人数	62	2 640	475	704	800	132	34
	非全时折合全时人数	63	552.4	109.3	157.8	169.2	27.2	4.8
心理学	全时人数	64	63	30	13	12	3	0
	非全时人数	65	4 348	611	1 028	1 487	337	92
	非全时折合全时人数	66	946.8	149.5	230.4	331.1	68.4	18
体育学	全时人数	67	313	105	102	86	12	2
	非全时人数	68	12 776	1 668	3 600	4 662	1 106	225
	非全时折合全时人数	69	3 155.2	501.6	932.8	1 151.3	246.9	47.5

续表

其他人员	研究生（学生）	其中：		按学历学位划分			
		女性	研究人员	博士毕业	硕士毕业	本科毕业	其他学历
L07	L08	L09	L10	L11	L12	L13	L14
0	0	5	19	15	4	2	0
17	301	334	759	323	335	301	34
2.5	70.4	78.4	172.2	79.1	71.8	68.1	6.6
4	37	389	1 115	727	304	117	23
504	9 354	19 052	33 636	11 701	17 520	13 052	1 020
96.4	1 920.2	4 632.8	8 681.7	3 420.4	4 218.4	2 860.4	215.9
1	7	45	124	88	28	17	1
100	1 156	3 379	7 066	2 364	3 701	2 268	203
19.1	235.1	686.2	1 537.4	571.5	761.5	445.7	43.2
1	10	166	502	299	155	64	12
342	3 073	6 893	13 325	4 550	7 016	4 782	486
53	589.2	1 695.4	3 541.1	1 345.7	1 758.2	1 037.8	104.2
3	11	97	242	139	83	38	3
213	2 490	8 368	14 656	4 080	8 064	5 427	377
40.7	508.9	1 782.4	3 187.4	971.6	1 698.8	1 089.1	82.2
0	1	20	50	17	22	14	1
101	358	2 213	3 909	1 061	1 957	1 546	122
17.5	79.7	480.3	854	242.7	412.1	340.3	25.8
1	3	57	156	83	46	28	3
63	1 082	3 161	5 098	1 502	2 978	1 927	170
12.8	202.8	721.1	1 209.9	393.9	676	398.6	38.2
7	0	39	82	35	28	23	11
161	808	3 687	5 174	869	2 245	3 000	501
34.6	171.9	852.1	1 225	226.8	538.2	666.4	100.5
2	22	220	492	263	173	100	4
571	3 916	17 656	27 075	5 410	15 813	12 142	967
99.4	726.1	3 730.5	5 964	1 375.2	3 364.3	2 438.8	192.7
0	0	8	25	14	6	3	2
28	467	1 213	2 069	726	971	851	92
4.3	79.8	248.8	454.6	175.5	203.9	155.7	17.3
1	4	23	56	36	19	7	1
72	721	2 359	3 306	924	1 950	1 366	108
13.3	136.1	509	745	242	410.2	272.5	22.1
1	5	90	293	114	110	81	8
140	1 375	4 431	9 980	1 140	5 109	6 197	330
21.3	253.8	1 073.9	2 594.8	349.2	1 334.3	1 388.4	83.3

25. 专科学校人文、社会科学研究与发展人员情况表

			合计	按职称划分				
				教授	副教授	讲师	助教	初级
		编号	L01	L02	L03	L04	L05	L06
合计	全时人数	1	107	14	33	41	7	12
	非全时人数	2	21 932	1 906	6 206	9 855	2 890	809
	非全时折合全时人数	3	4 356.2	423.1	1 298.6	1 935.1	510.6	146.1
管理学	全时人数	4	23	4	6	10	2	1
	非全时人数	5	3 763	386	1 040	1 715	424	147
	非全时折合全时人数	6	738	86.5	214	336.5	68.8	24.9
马克思主义	全时人数	7	0	0	0	0	0	0
	非全时人数	8	709	49	226	309	94	25
	非全时折合全时人数	9	129.6	9.9	40.6	58.8	15.2	4.2
哲学	全时人数	10	0	0	0	0	0	0
	非全时人数	11	115	7	28	55	23	2
	非全时折合全时人数	12	27.9	2	6.8	12.5	5.6	1
逻辑学	全时人数	13	0	0	0	0	0	0
	非全时人数	14	10	2	3	5	0	0
	非全时折合全时人数	15	1.1	0.2	0.3	0.6	0	0
宗教学	全时人数	16	0	0	0	0	0	0
	非全时人数	17	17	1	2	5	9	0
	非全时折合全时人数	18	3	0.2	0.5	0.7	1.6	0
语言学	全时人数	19	8	0	2	5	1	0
	非全时人数	20	1 373	68	380	673	230	15
	非全时折合全时人数	21	271.6	15.4	80.2	127.4	44.4	2.6
中国文学	全时人数	22	5	0	3	1	0	1
	非全时人数	23	538	29	163	270	51	19
	非全时折合全时人数	24	111.5	6.6	34.9	57.1	8.5	2.8
外国文学	全时人数	25	0	0	0	0	0	0
	非全时人数	26	258	14	59	138	31	15
	非全时折合全时人数	27	45.9	3.2	10.7	23.4	5.7	2.8
艺术学	全时人数	28	11	1	2	7	1	0
	非全时人数	29	1 335	80	298	619	262	60
	非全时折合全时人数	30	295	17.7	73.3	135.1	54.5	11.9
历史学	全时人数	31	0	0	0	0	0	0
	非全时人数	32	113	16	34	48	13	2
	非全时折合全时人数	33	22	3.7	5.9	10	1.9	0.5

	研究生（学生）	其中：		按学历学位划分			
其他人员		女性	研究人员	博士毕业	硕士毕业	本科毕业	其他学历
L07	L08	L09	L10	L11	L12	L13	L14
0	0	43	89	8	72	26	1
250	16	12 205	17 903	811	11 327	9 451	343
40. 5	2. 2	2 408. 1	3 651. 7	193. 5	2 271	1 820. 4	71. 3
0	0	5	21	5	15	3	0
44	7	1 956	3 065	165	2 109	1 432	57
6. 4	0. 9	387. 5	628. 9	39. 1	415. 9	271. 4	11. 6
0	0	0	0	0	0	0	0
6	0	372	577	23	393	280	13
0. 9	0	70. 8	109. 3	3. 7	76. 5	46. 8	2. 6
0	0	0	0	0	0	0	0
0	0	45	87	9	79	25	2
0	0	10	21. 3	1. 5	18. 5	7. 8	0. 1
0	0	0	0	0	0	0	0
0	0	6	10	0	6	4	0
0	0	0. 7	1. 1	0	0. 7	0. 4	0
0	0	0	0	0	0	0	0
0	0	9	8	0	12	5	0
0	0	1. 4	1. 4	0	2. 2	0. 8	0
0	0	5	7	0	6	2	0
6	1	995	1 120	28	681	643	21
1. 5	0. 1	201. 4	223. 1	6. 2	133. 7	128. 1	3. 6
0	0	1	4	1	2	2	0
5	1	302	463	36	256	242	4
1. 4	0. 2	62. 7	98. 7	9. 5	53. 7	47. 5	0. 8
0	0	0	0	0	0	0	0
1	0	183	211	10	144	103	1
0. 1	0	32. 9	37. 3	2	24. 9	18. 9	0. 1
0	0	4	10	0	8	3	0
16	0	731	997	33	564	711	27
2. 5	0	161. 4	226. 1	8. 8	127. 9	152. 3	6
0	0	0	0	0	0	0	0
0	0	60	99	14	66	32	1
0	0	10. 6	19. 7	2. 6	13. 4	5. 7	0. 3

			合计	按职称划分				
				教授	副教授	讲师	助教	初级
		编号	L01	L02	L03	L04	L05	L06
考古学	全时人数	34	0	0	0	0	0	0
	非全时人数	35	21	1	2	9	9	0
	非全时折合全时人数	36	3.1	0.3	0.2	1.3	1.3	0
经济学	全时人数	37	8	3	1	3	1	0
	非全时人数	38	2 305	254	638	1 026	297	71
	非全时折合全时人数	39	452	51.2	132.2	201.8	50.9	13.3
政治学	全时人数	40	0	0	0	0	0	0
	非全时人数	41	377	30	110	178	36	14
	非全时折合全时人数	42	67.7	4.6	21.3	31.3	6.1	2.1
法学	全时人数	43	2	0	1	0	0	1
	非全时人数	44	667	51	196	317	64	32
	非全时折合全时人数	45	131	11.5	38.2	61.7	10.9	7.9
社会学	全时人数	46	8	0	3	2	2	1
	非全时人数	47	1 019	106	307	470	97	31
	非全时折合全时人数	48	176.3	20.6	52.7	83.4	14.3	4.3
民族学	全时人数	49	0	0	0	0	0	0
	非全时人数	50	187	25	58	81	13	9
	非全时折合全时人数	51	32.8	6	10.1	12.7	1.8	2.1
新闻学与传播学	全时人数	52	4	2	1	1	0	0
	非全时人数	53	213	11	45	114	31	10
	非全时折合全时人数	54	45	2.2	9	26.7	5.1	1.5
图书、情报与文献学	全时人数	55	0	0	0	0	0	0
	非全时人数	56	403	25	102	183	44	39
	非全时折合全时人数	57	65.9	5.3	19.3	28.4	5.7	5.6
教育学	全时人数	58	37	4	14	11	0	8
	非全时人数	59	7 222	664	2 168	3 076	949	259
	非全时折合全时人数	60	1 476.9	155.9	476.8	611.2	168.3	48.5
统计学	全时人数	61	0	0	0	0	0	0
	非全时人数	62	56	8	17	23	8	0
	非全时折合全时人数	63	9.2	2.2	3	3	1	0
心理学	全时人数	64	1	0	0	1	0	0
	非全时人数	65	460	30	117	205	77	27
	非全时折合全时人数	66	82.4	5.6	20.2	37.7	13.6	4.8
体育学	全时人数	67	0	0	0	0	0	0
	非全时人数	68	771	49	213	336	128	32
	非全时折合全时人数	69	168.3	12.3	48.4	73.8	25.4	5.3

续表

	研究生	其中：		按学历学位划分			
其他人员	（学生）	女性	研究人员	博士毕业	硕士毕业	本科毕业	其他学历
L07	L08	L09	L10	L11	L12	L13	L14
0	0	0	0	0	0	0	0
0	0	8	12	0	14	7	0
0	0	1.3	1.8	0	2.1	1	0
0	0	4	7	1	6	1	0
19	0	1 292	1 923	128	1 357	791	29
2.6	0	246.5	385.7	33.5	271.4	139.9	7.2
0	0	0	0	0	0	0	0
9	0	189	320	16	224	130	7
2.3	0	32.7	57.6	3.2	38.2	24.9	1.4
0	0	0	1	0	1	1	0
4	3	378	569	40	410	212	5
0.4	0.4	77	112.1	10.3	85	34.9	0.8
0	0	3	5	0	7	1	0
8	0	508	886	86	570	352	11
1	0	85.7	157	19.3	97.8	56.2	3
0	0	0	0	0	0	0	0
1	0	86	164	5	93	79	10
0.1	0	14.6	28.8	1.3	16.4	12.4	2.7
0	0	2	4	0	2	2	0
2	0	127	171	13	120	74	6
0.5	0	26.2	38	3.1	26.8	14.4	0.7
0	0	0	0	0	0	0	0
10	0	240	311	3	165	212	23
1.6	0	38.4	53.1	0.5	26.6	35.7	3.1
0	0	19	29	1	24	11	1
102	4	4 141	5 912	185	3 526	3 420	91
15.6	0.6	835.8	1 244.5	44.4	738.2	678.4	15.9
0	0	0	0	0	0	0	0
0	0	23	48	2	31	23	0
0	0	3.3	8.2	0.9	4.6	3.7	0
0	0	0	1	0	1	0	0
4	0	284	352	6	229	216	9
0.5	0	50.3	63.5	1.5	39	40	1.9
0	0	0	0	0	0	0	0
13	0	270	598	9	278	458	26
3.1	0	56.9	134.5	2.1	57.5	99.2	9.5

26. 教育部直属院校人文、社会科学研究与发展人员情况表

			合计	按职称划分				
				教授	副教授	讲师	助教	初级
		编号	L01	L02	L03	L04	L05	L06
合计	全时人数	1	2 846	1 183	834	618	44	9
	非全时人数	2	67 273	12 634	14 152	13 923	1 259	435
	非全时折合全时人数	3	16 131.6	3 621.6	3 796.6	3 478.3	282.9	80
管理学	全时人数	4	542	202	159	135	4	2
	非全时人数	5	15 523	2 591	3 081	2 741	262	89
	非全时折合全时人数	6	3 772.7	768.2	863.2	712.3	63.9	17.9
马克思主义	全时人数	7	40	16	11	8	1	0
	非全时人数	8	2 235	559	525	493	52	13
	非全时折合全时人数	9	522	146.1	125.9	108.5	9.6	1.5
哲学	全时人数	10	77	40	23	12	1	0
	非全时人数	11	1 832	475	382	373	14	5
	非全时折合全时人数	12	448.2	128.7	98.9	95.9	4.4	1.1
逻辑学	全时人数	13	2	1	0	1	0	0
	非全时人数	14	150	53	24	23	2	0
	非全时折合全时人数	15	34.4	14.4	5.6	4.8	0.7	0
宗教学	全时人数	16	23	8	5	10	0	0
	非全时人数	17	308	84	63	41	2	1
	非全时折合全时人数	18	69.3	22.2	16.6	8.2	0.6	0.1
语言学	全时人数	19	188	64	55	57	4	0
	非全时人数	20	3 783	648	898	1 275	134	23
	非全时折合全时人数	21	926.3	182.9	236.5	314.2	30.7	4.8
中国文学	全时人数	22	86	39	30	7	2	0
	非全时人数	23	1 901	505	414	364	24	9
	非全时折合全时人数	24	467.6	140	118	88.8	5	2.3
外国文学	全时人数	25	37	15	11	7	4	0
	非全时人数	26	1 033	214	273	299	31	8
	非全时折合全时人数	27	258.9	58.3	77.2	70.6	5.6	1.5
艺术学	全时人数	28	113	37	32	38	6	0
	非全时人数	29	2 512	423	550	698	108	11
	非全时折合全时人数	30	624.7	128.4	158.5	187.2	27.4	2.3
历史学	全时人数	31	161	71	41	34	4	0
	非全时人数	32	2 490	666	442	448	22	9
	非全时折合全时人数	33	623.7	196.4	110.9	111	5.4	1.7

其他人员	研究生（学生）	其中：		按学历学位划分			
		女性	研究人员	博士毕业	硕士毕业	本科毕业	其他学历
L07	L08	L09	L10	L11	L12	L13	L14
20	138	876	2 706	1 793	667	323	63
1 352	23 518	26 798	51 084	23 703	23 790	17 179	2 601
259.2	4 613	6 248.6	13 059.9	6 773.7	5 355.7	3 510.2	492
3	37	160	512	330	131	67	14
282	6 477	5 999	11 223	5 322	5 362	4 155	684
55.9	1 291.3	1 404.9	2 950.7	1 568	1 228.6	842	134.1
0	4	13	38	21	13	5	1
35	558	892	1 817	809	871	492	63
5.4	125	198.1	435.3	205	193.2	112.6	11.2
0	1	18	77	52	20	4	1
33	550	572	1 518	858	597	324	53
6.2	113	130.4	383.6	236.3	129.1	72.7	10.1
0	0	2	2	1	1	0	0
5	43	34	125	80	44	12	14
0.6	8.3	6.3	30.3	19.8	9.8	2.1	2.7
0	0	5	23	12	8	0	3
4	113	60	234	136	77	85	10
0.6	21	14.1	56.2	34.5	16.3	16.2	2.3
0	8	78	183	90	74	20	4
62	743	2 229	3 069	1 101	1 706	810	166
11	146.2	544.5	784	326.2	392.6	177.3	30.2
1	7	20	78	55	22	7	2
37	548	714	1 496	869	531	398	103
6.4	107.1	163.4	393.4	242.6	125.7	80.5	18.8
0	0	16	34	26	8	3	0
3	205	538	857	381	413	214	25
0.3	45.4	133.8	222.6	112.7	97.1	44.5	4.6
0	0	36	111	44	41	24	4
12	710	993	2 025	632	1 065	705	110
1.7	119.2	244.9	529.8	175.9	254.8	173.7	20.3
1	10	28	148	105	31	23	2
55	848	808	1 990	1 090	768	519	113
9	189.3	192.9	525.1	307.3	182.8	115.3	18.3

			合计	按职称划分				
				教授	副教授	讲师	助教	初级
		编号	L01	L02	L03	L04	L05	L06
考古学	全时人数	34	15	7	3	3	1	1
	非全时人数	35	457	117	68	72	5	1
	非全时折合全时人数	36	100.4	29.4	18.7	18.5	1.9	0.3
经济学	全时人数	37	539	245	153	110	2	0
	非全时人数	38	11 946	2 008	2 361	2 006	108	87
	非全时折合全时人数	39	2 904.5	603.7	659.4	534.6	24.5	14
政治学	全时人数	40	84	37	20	22	0	1
	非全时人数	41	2 230	520	485	480	31	17
	非全时折合全时人数	42	524.7	138.8	112.8	116.8	5.9	2
法学	全时人数	43	279	125	95	45	3	2
	非全时人数	44	4 696	930	1 025	886	55	36
	非全时折合全时人数	45	1 154.5	282.1	286.4	225.6	11	6.3
社会学	全时人数	46	152	64	37	33	7	0
	非全时人数	47	3 915	752	769	762	79	20
	非全时折合全时人数	48	906.3	204.5	196.2	187.9	17	3.6
民族学	全时人数	49	6	0	3	2	0	0
	非全时人数	50	316	87	77	57	9	1
	非全时折合全时人数	51	71.7	21.1	19.1	12.1	2.8	0.1
新闻学与传播学	全时人数	52	101	36	37	25	0	0
	非全时人数	53	1 993	359	440	504	58	12
	非全时折合全时人数	54	459.8	99.7	113.8	118.7	13.6	2.6
图书、情报与文献学	全时人数	55	69	22	19	17	1	3
	非全时人数	56	1 617	239	349	360	31	26
	非全时折合全时人数	57	407.4	72.7	99.5	90.7	6.8	4.5
教育学	全时人数	58	252	110	81	38	3	0
	非全时人数	59	5 574	994	1 229	1 265	164	52
	非全时折合全时人数	60	1 229	272.1	306.3	280.7	32.6	11.6
统计学	全时人数	61	10	4	4	2	0	0
	非全时人数	62	605	122	155	122	3	6
	非全时折合全时人数	63	129.9	30.7	38.3	29	0.5	0.6
心理学	全时人数	64	32	19	5	5	1	0
	非全时人数	65	969	149	204	253	23	6
	非全时折合全时人数	66	219.2	41.7	51.2	62.1	4.6	0.9
体育学	全时人数	67	38	21	10	7	0	0
	非全时人数	68	1 188	139	338	401	42	3
	非全时折合全时人数	69	276.4	39.5	83.6	100.1	8.4	0.3

续表

其他人员	研究生（学生）	其中：女性	其中：研究人员	按学历学位划分：博士毕业	按学历学位划分：硕士毕业	按学历学位划分：本科毕业	按学历学位划分：其他学历
L07	L08	L09	L10	L11	L12	L13	L14
0	0	5	13	10	4	1	0
13	181	135	338	162	138	132	25
1.9	29.7	28.2	79.9	43.9	27.6	24.3	4.6
4	25	153	523	398	98	35	8
193	5 183	4 371	8 839	4 295	4 112	3 158	381
37.8	1 030.5	1 038.3	2 319.9	1 295.5	910.9	624.9	73.2
0	4	23	83	71	9	4	0
47	650	763	1 810	1 002	723	443	62
10.5	137.9	168.1	441.4	265.6	155.7	91.8	11.6
1	8	85	268	184	59	30	6
89	1 675	1 606	3 420	1 749	1 466	1 277	204
17.3	325.8	382.3	912.8	518.8	349	253	33.7
2	9	57	138	97	33	20	2
82	1 451	1 576	2 970	1 404	1 385	1 033	93
18.6	278.5	360.9	727.7	374.3	299.7	211.3	21
0	1	2	5	2	2	2	0
5	80	109	268	159	98	50	9
1.5	15	24.7	63	38.5	22.5	9.4	1.3
0	3	36	99	55	26	18	2
30	590	890	1 553	692	752	469	80
7.5	103.9	211	378.6	186.3	165.2	90.6	17.7
7	0	28	58	30	17	13	9
82	530	803	1 169	373	553	565	126
22.4	110.8	204.5	312.3	114	141.9	125.3	26.2
1	19	91	235	163	49	38	2
229	1 641	2 578	4 207	1 796	2 143	1 433	202
34.9	290.8	548.6	985.2	495.2	426.6	271.3	35.9
0	0	3	10	8	1	1	0
5	192	268	445	245	154	188	18
0.9	29.9	56.6	107.6	60.6	37.2	29.1	3
0	2	11	30	23	8	1	0
27	307	476	744	383	360	210	16
4.3	54.4	103.4	179.9	105.4	72.3	38.7	2.8
0	0	6	38	16	12	7	3
22	243	384	967	165	472	507	44
4.5	40	88.7	240.6	47.3	117.1	103.6	8.4

27. 教育部直属综合大学人文、社会科学研究与发展人员情况表

			合计	按职称划分				
				教授	副教授	讲师	助教	初级
		编号	L01	L02	L03	L04	L05	L06
合计	全时人数	1	1 757	630	537	429	33	8
	非全时人数	2	31 028	6 520	6 271	5 579	461	70
	非全时折合全时人数	3	7 768.4	1 902.1	1 753.3	1 470.9	111.7	13.9
管理学	全时人数	4	355	130	101	89	2	2
	非全时人数	5	6 509	1 183	1 203	984	97	16
	非全时折合全时人数	6	1 596.6	354.2	352.9	261.8	25.1	3.2
马克思主义	全时人数	7	25	11	7	5	1	0
	非全时人数	8	1 064	304	240	222	11	0
	非全时折合全时人数	9	261.4	83.5	57.9	48.4	3	0
哲学	全时人数	10	49	19	18	10	1	0
	非全时人数	11	1 033	315	225	196	12	2
	非全时折合全时人数	12	266	85.1	62.5	52.3	3.9	0.4
逻辑学	全时人数	13	2	1	0	1	0	0
	非全时人数	14	96	38	15	6	2	0
	非全时折合全时人数	15	24.8	11.5	3.7	1.7	0.7	0
宗教学	全时人数	16	18	5	3	10	0	0
	非全时人数	17	226	53	45	25	1	0
	非全时折合全时人数	18	49.2	15.7	11	5.6	0.4	0
语言学	全时人数	19	112	33	33	42	3	0
	非全时人数	20	1 527	282	337	461	29	2
	非全时折合全时人数	21	371.2	79.4	90	117.9	6.8	0.6
中国文学	全时人数	22	57	18	25	5	1	0
	非全时人数	23	1 155	331	234	188	13	2
	非全时折合全时人数	24	284.2	87.8	67.4	48.2	2.8	0.4
外国文学	全时人数	25	26	8	7	7	4	0
	非全时人数	26	524	108	133	144	9	3
	非全时折合全时人数	27	121.3	28.5	35.4	33.3	1.5	0.5
艺术学	全时人数	28	54	12	12	26	4	0
	非全时人数	29	998	176	227	271	55	2
	非全时折合全时人数	30	271.2	55.3	68.4	79.5	15.7	0.7
历史学	全时人数	31	119	41	32	32	4	0
	非全时人数	32	1 656	440	276	259	10	4
	非全时折合全时人数	33	432.1	133.5	71.3	66	3.4	0.7

	研究生（学生）	其中：		按学历学位划分			
其他人员		女性	研究人员	博士毕业	硕士毕业	本科毕业	其他学历
L07	L08	L09	L10	L11	L12	L13	L14
16	104	538	1 638	1 047	428	227	55
1 009	11 118	10 960	23 466	11 185	10 295	7 263	2 285
200	2 316. 5	2 726	6 264	3 323. 2	2 430. 5	1 586. 7	428
2	29	104	330	203	84	55	13
221	2 805	2 326	4 667	2 177	2 186	1 518	628
44. 4	555	554. 1	1 257	652. 8	515. 1	306. 4	122. 3
0	1	9	23	13	9	3	0
27	260	401	895	422	389	192	61
4. 4	64. 2	94. 4	225. 5	111. 6	92	46. 8	11
0	1	15	49	32	12	4	1
29	254	274	881	513	322	148	50
5	56. 8	66. 8	231. 9	148. 8	71. 3	37. 2	8. 7
0	0	2	2	1	1	0	0
5	30	15	77	50	26	6	14
0. 6	6. 6	3. 5	21. 4	14	6. 7	1. 4	2. 7
0	0	3	18	8	7	0	3
3	99	36	160	93	54	70	9
0. 4	16. 1	8. 1	39. 8	24. 5	11. 8	10. 9	2
0	1	45	110	45	52	11	4
52	364	793	1 223	463	616	309	139
9	67. 5	196. 8	316. 4	130. 5	149	66	25. 7
1	7	14	50	38	10	7	2
30	357	370	882	522	285	250	98
4. 4	73. 2	90. 4	231. 4	144. 6	67. 5	54. 9	17. 2
0	0	11	23	18	6	2	0
3	124	242	426	210	182	111	21
0. 3	21. 8	59. 5	104. 4	58. 1	40. 7	19. 2	3. 3
0	0	20	52	25	17	9	3
6	261	353	751	282	360	271	85
0. 6	51	99. 3	218. 5	83. 8	102. 4	72. 6	12. 4
0	10	24	107	78	19	20	2
50	617	505	1 291	692	499	360	105
8. 3	148. 9	126. 9	355. 4	204. 5	124. 8	85. 8	17

			合计	按职称划分				
				教授	副教授	讲师	助教	初级
		编号	L01	L02	L03	L04	L05	L06
考古学	全时人数	34	13	5	3	3	1	1
	非全时人数	35	416	101	58	65	5	1
	非全时折合全时人数	36	90.2	25.8	16.2	17.4	1.9	0.3
经济学	全时人数	37	370	157	112	74	2	0
	非全时人数	38	5 883	1 034	1 092	819	47	9
	非全时折合全时人数	39	1 510.2	319.1	330.1	238.9	10.7	1.3
政治学	全时人数	40	47	19	9	18	0	1
	非全时人数	41	1 254	328	269	226	12	1
	非全时折合全时人数	42	319.4	90.2	66.7	61.9	3	0.1
法学	全时人数	43	142	60	48	26	2	1
	非全时人数	44	1 934	458	415	368	20	2
	非全时折合全时人数	45	514.6	148.1	123.6	97.1	3.9	0.2
社会学	全时人数	46	107	39	31	24	5	0
	非全时人数	47	1 793	427	386	300	27	2
	非全时折合全时人数	48	443.8	115.4	101.3	78.8	5.8	0.6
民族学	全时人数	49	4	0	2	2	0	0
	非全时人数	50	207	59	47	30	6	1
	非全时折合全时人数	51	53.9	15.7	14	8.5	2.4	0.1
新闻学与传播学	全时人数	52	69	22	30	14	0	0
	非全时人数	53	767	155	161	153	10	0
	非全时折合全时人数	54	206	48.9	46.9	42.5	2.6	0
图书、情报与文献学	全时人数	55	55	13	18	13	1	3
	非全时人数	56	1 037	158	205	176	18	16
	非全时折合全时人数	57	265.9	52.8	61.2	44.2	3.5	2.4
教育学	全时人数	58	104	27	36	21	1	0
	非全时人数	59	1 989	415	450	405	53	6
	非全时折合全时人数	60	451.2	107.8	108.7	92.2	9.6	2.1
统计学	全时人数	61	7	3	3	1	0	0
	非全时人数	62	178	57	55	35	0	0
	非全时折合全时人数	63	47.3	15.2	14.4	10.6	0	0
心理学	全时人数	64	10	3	3	2	1	0
	非全时人数	65	301	36	61	73	7	1
	非全时折合全时人数	66	78.4	11.9	18.9	20.5	1.4	0.3
体育学	全时人数	67	12	4	4	4	0	0
	非全时人数	68	481	62	137	173	17	0
	非全时折合全时人数	69	109.5	16.7	30.8	43.6	3.6	0

续表

其他人员	研究生（学生）	其中：女性	研究人员	按学历学位划分：博士毕业	硕士毕业	本科毕业	其他学历
L07	L08	L09	L10	L11	L12	L13	L14
0	0	4	11	9	4	0	0
13	173	117	304	140	132	119	25
1.9	26.7	24.7	72.4	39.2	25.8	20.6	4.6
3	22	97	355	260	78	26	6
164	2 718	1 961	4 282	1 981	2 032	1 519	351
32.9	577.2	495.3	1 188.1	641.2	474.7	326.7	67.6
0	0	13	47	42	4	1	0
41	377	363	1 017	587	374	237	56
8.9	88.6	90.7	267.4	165.5	88	55	10.9
1	4	38	134	85	32	19	6
63	608	520	1 454	788	568	426	152
12.4	129.3	139.9	416.5	250.8	141.3	95.2	27.3
2	6	41	94	66	21	18	2
60	591	654	1 423	739	594	375	85
15.6	126.3	168.2	361.9	203	133.4	87.9	19.5
0	0	1	4	1	2	1	0
5	59	62	172	103	65	30	9
1.5	11.7	16.8	47.3	29	17.3	6.3	1.3
0	3	24	67	37	15	15	2
26	262	312	567	258	233	202	74
7	58.1	88	160.9	83.3	57.1	48.8	16.8
7	0	21	44	20	16	10	9
77	387	493	719	248	346	340	103
21.7	80.1	131.3	195.6	81.8	84.8	78	21.3
0	19	44	90	54	27	23	0
101	559	820	1 509	646	718	473	152
14	116.8	184.2	353.1	175.9	145.3	105.7	24.3
0	0	2	7	5	1	1	0
1	30	65	160	83	53	27	15
0.1	7	17.5	44	22.5	16.6	5.5	2.7
0	1	4	9	4	6	0	0
10	113	139	222	105	112	71	13
2.1	23.3	35.1	61.3	33.4	26	16.7	2.3
0	0	2	12	3	5	2	2
22	70	139	384	83	149	209	40
4.5	10.3	34.5	93.8	24.4	38.9	39.1	7.1

28. 教育部直属理工农医院校人文、社会科学研究与发展人员情况表

			合计	按职称划分				
				教授	副教授	讲师	助教	初级
		编号	L01	L02	L03	L04	L05	L06
合计	全时人数	1	259	106	69	65	7	0
	非全时人数	2	18 043	2 734	3 818	4 113	444	138
	非全时折合全时人数	3	4 204. 3	753. 8	993. 9	1 001. 5	98. 1	29. 1
管理学	全时人数	4	112	42	32	28	2	0
	非全时人数	5	6 261	928	1 255	1 134	111	26
	非全时折合全时人数	6	1 515. 7	277. 6	352. 7	296. 2	27	5. 8
马克思主义	全时人数	7	3	0	2	1	0	0
	非全时人数	8	735	148	183	161	14	5
	非全时折合全时人数	9	166. 6	36. 3	44. 4	35. 9	2. 6	0. 5
哲学	全时人数	10	5	1	4	0	0	0
	非全时人数	11	458	89	91	105	1	2
	非全时折合全时人数	12	107. 7	24. 5	23. 2	25. 2	0. 1	0. 6
逻辑学	全时人数	13	0	0	0	0	0	0
	非全时人数	14	23	10	3	2	0	0
	非全时折合全时人数	15	4. 7	1. 9	0. 6	1	0	0
宗教学	全时人数	16	2	0	2	0	0	0
	非全时人数	17	36	9	13	8	1	0
	非全时折合全时人数	18	9. 8	1. 1	4	1. 1	0. 2	0
语言学	全时人数	19	3	0	0	3	0	0
	非全时人数	20	1 025	124	273	417	59	7
	非全时折合全时人数	21	243. 7	27. 9	65. 9	97. 6	13. 1	1. 6
中国文学	全时人数	22	2	0	1	1	0	0
	非全时人数	23	129	21	32	55	7	1
	非全时折合全时人数	24	29. 4	4. 1	8. 2	12. 8	1. 2	0. 4
外国文学	全时人数	25	2	1	1	0	0	0
	非全时人数	26	197	26	47	72	11	4
	非全时折合全时人数	27	51. 7	5. 6	12. 4	16. 5	2. 1	0. 7
艺术学	全时人数	28	26	11	7	7	1	0
	非全时人数	29	743	91	152	200	26	5
	非全时折合全时人数	30	169. 2	26. 9	41. 6	53. 9	5. 7	1
历史学	全时人数	31	3	3	0	0	0	0
	非全时人数	32	264	60	58	67	5	4
	非全时折合全时人数	33	64. 3	17. 8	12. 6	16. 9	0. 9	0. 8

其他人员	研究生（学生）	其中：女性	其中：研究人员	按学历学位划分：博士毕业	硕士毕业	本科毕业	其他学历
L07	L08	L09	L10	L11	L12	L13	L14
1	11	79	250	160	73	24	2
98	6 698	7 776	13 738	5 369	7 486	5 087	101
18.6	1 309.3	1 775.4	3 327.4	1 478.3	1 622.3	1 080.6	23.1
1	7	31	107	74	30	7	1
43	2 764	2 531	4 488	1 986	2 332	1 913	30
8.4	548	591.3	1 159.8	596	518.7	393	8
0	0	0	3	3	0	0	0
0	224	312	575	225	298	211	1
0	46.9	68.6	130.3	55.3	62.1	49.1	0.1
0	0	0	5	4	1	0	0
2	168	182	358	179	170	108	1
0.8	33.3	39.6	87.9	47.1	37	23.5	0.1
0	0	0	0	0	0	0	0
0	8	7	21	11	10	2	0
0	1.2	1.6	4.4	2.9	1.5	0.3	0
0	0	2	2	2	0	0	0
0	5	11	31	17	10	9	0
0	3.4	4.3	6.4	3	2.1	4.7	0
0	0	3	3	0	3	0	0
2	143	699	847	163	602	260	0
0.4	37.2	170.9	199.7	42.6	138.3	62.8	0
0	0	1	2	1	1	0	0
0	13	71	110	59	47	22	1
0	2.7	16.5	25.3	15.3	9.2	4.6	0.3
0	0	0	2	2	0	0	0
0	37	119	160	45	103	48	1
0	14.4	29.2	40.6	11.5	27.4	12.7	0.1
0	0	7	26	6	10	9	1
1	268	308	647	144	413	180	6
0.1	40	69.3	149.3	39.1	82.7	45.9	1.5
0	0	0	3	3	0	0	0
0	70	91	221	105	99	58	2
0	15.3	20.1	55.3	28.6	22.4	12.9	0.4

			合计	按职称划分				
				教授	副教授	讲师	助教	初级
		编号	L01	L02	L03	L04	L05	L06
考古学	全时人数	34	0	0	0	0	0	0
	非全时人数	35	20	8	3	4	0	0
	非全时折合全时人数	36	6.5	1.9	1.3	0.6	0	0
经济学	全时人数	37	28	20	4	4	0	0
	非全时人数	38	3 171	443	597	586	36	22
	非全时折合全时人数	39	687.6	119.6	152.3	142.2	9.2	4.7
政治学	全时人数	40	2	1	1	0	0	0
	非全时人数	41	476	84	95	127	9	3
	非全时折合全时人数	42	96.1	19	18.9	28.5	1.1	0.5
法学	全时人数	43	17	5	4	4	0	0
	非全时人数	44	855	131	198	202	17	10
	非全时折合全时人数	45	228.3	41.5	60.5	53.8	3.3	2.6
社会学	全时人数	46	16	8	1	5	2	0
	非全时人数	47	1 278	186	214	287	43	8
	非全时折合全时人数	48	302	53.6	57.7	71.5	9.8	1.9
民族学	全时人数	49	0	0	0	0	0	0
	非全时人数	50	44	7	14	11	3	0
	非全时折合全时人数	51	8.2	2.2	2.2	1.6	0.4	0
新闻学与传播学	全时人数	52	18	7	6	5	0	0
	非全时人数	53	377	58	79	97	17	4
	非全时折合全时人数	54	93.5	17.7	23.5	23.6	4.5	1.2
图书、情报与文献学	全时人数	55	3	1	1	1	0	0
	非全时人数	56	360	54	87	102	8	7
	非全时折合全时人数	57	87.7	13.3	22.9	25.2	1.7	1.5
教育学	全时人数	58	13	4	2	5	2	0
	非全时人数	59	927	156	251	255	53	26
	非全时折合全时人数	60	196.8	39.3	53.2	50.3	11.5	4.8
统计学	全时人数	61	0	0	0	0	0	0
	非全时人数	62	91	15	25	23	2	0
	非全时折合全时人数	63	17.5	2.2	4.7	5.1	0.4	0
心理学	全时人数	64	2	1	1	0	0	0
	非全时人数	65	208	47	47	73	8	2
	非全时折合全时人数	66	38.3	8.6	8.8	13.8	1	0.3
体育学	全时人数	67	2	1	0	1	0	0
	非全时人数	68	365	39	101	125	13	2
	非全时折合全时人数	69	79	11.2	22.3	28.2	2.3	0.2

续表

	研究生（学生）	其中：		按学历学位划分			
其他人员		女性	研究人员	博士毕业	硕士毕业	本科毕业	其他学历
L07	L08	L09	L10	L11	L12	L13	L14
0	0	0	0	0	0	0	0
0	5	7	16	10	4	6	0
0	2.7	1.8	4.1	3	0.8	2.7	0
0	0	4	28	25	3	0	0
20	1 467	1 227	2 360	1 010	1 279	871	11
3.8	255.8	270.8	541.3	271.5	254.5	159.8	1.8
0	0	1	2	2	0	0	0
2	156	202	392	179	196	101	0
0.8	27.3	37.9	80.8	41	36.9	18.2	0
0	4	5	16	9	6	2	0
4	293	369	643	264	341	247	3
1	65.6	90	177.2	80	85.9	61.7	0.7
0	0	6	15	12	3	1	0
16	524	556	911	351	506	415	6
2.2	105.3	131.9	229.5	97.9	112.3	90.6	1.2
0	0	0	0	0	0	0	0
0	9	19	37	21	12	11	0
0	1.8	3.8	6.8	3.7	2.4	2.1	0
0	0	8	18	10	7	1	0
0	122	176	318	108	205	63	1
0	23	41.6	80.2	26.5	52.4	14.4	0.2
0	0	3	3	1	0	2	0
3	99	194	271	70	118	155	17
0.4	22.7	46.5	69.9	18	32.6	33.3	3.8
0	0	7	11	4	7	2	0
4	182	435	763	283	427	198	19
0.6	37.1	89.2	160.6	67.4	81.3	43.7	4.4
0	0	0	0	0	0	0	0
0	26	42	73	38	29	24	0
0	5.1	8.4	13.8	7.5	5.3	4.7	0
0	0	1	2	2	0	0	0
1	30	103	180	70	105	33	0
0.1	5.7	20.1	33.3	12.7	19.4	6.2	0
0	0	0	2	0	2	0	0
0	85	115	316	31	180	152	2
0	14.8	22	70.9	7.7	37.1	33.7	0.5

29. 教育部直属师范院校人文、社会科学研究与发展人员情况表

			合计	按职称划分				
				教授	副教授	讲师	助教	初级
		编号	L01	L02	L03	L04	L05	L06
合计	全时人数	1	510	319	116	49	2	0
	非全时人数	2	7 958	1 447	1 610	1 652	155	11
	非全时折合全时人数	3	1 853.9	443.4	460.6	424.9	29.7	2.8
管理学	全时人数	4	17	10	4	2	0	0
	非全时人数	5	607	103	124	122	13	0
	非全时折合全时人数	6	134.4	27.3	33.6	30.4	2	0
马克思主义	全时人数	7	12	5	2	2	0	0
	非全时人数	8	244	58	50	49	20	2
	非全时折合全时人数	9	55.4	17.5	13.5	10.2	2.6	0.3
哲学	全时人数	10	23	20	1	2	0	0
	非全时人数	11	245	46	41	40	1	0
	非全时折合全时人数	12	53.5	13.2	8.7	11.1	0.4	0
逻辑学	全时人数	13	0	0	0	0	0	0
	非全时人数	14	7	2	1	3	0	0
	非全时折合全时人数	15	2.3	0.7	0.6	0.9	0	0
宗教学	全时人数	16	3	3	0	0	0	0
	非全时人数	17	30	14	3	4	0	0
	非全时折合全时人数	18	7.6	3.9	1	1.1	0	0
语言学	全时人数	19	33	16	6	4	1	0
	非全时人数	20	371	71	78	111	14	0
	非全时折合全时人数	21	84.9	20.5	20.2	25.7	3.1	0
中国文学	全时人数	22	27	21	4	1	1	0
	非全时人数	23	449	112	93	78	2	1
	非全时折合全时人数	24	114.5	35.9	29.2	18.3	0.8	0.5
外国文学	全时人数	25	6	4	2	0	0	0
	非全时人数	26	104	22	25	29	4	0
	非全时折合全时人数	27	23.7	5.7	7.1	6.5	0.6	0
艺术学	全时人数	28	23	8	11	4	0	0
	非全时人数	29	348	56	85	101	13	0
	非全时折合全时人数	30	84.9	16.8	24.1	26.2	2.3	0
历史学	全时人数	31	39	27	9	2	0	0
	非全时人数	32	461	138	87	95	5	0
	非全时折合全时人数	33	113.2	41.5	23.9	24.3	0.9	0

其他人员	研究生（学生）	其中：女性	研究人员	按学历学位划分：博士毕业	硕士毕业	本科毕业	其他学历
L07	L08	L09	L10	L11	L12	L13	L14
2	22	132	501	346	112	47	5
199	2 884	3 668	6 015	2 961	2 783	2 150	64
33.9	458.6	772.9	1 570.3	869.6	609.9	356.4	18
0	1	3	17	12	4	1	0
6	239	261	447	229	204	171	3
1.2	39.9	50.2	110.7	65.2	39.9	28.5	0.8
0	3	4	12	5	4	2	1
7	58	100	181	91	101	52	0
0.9	10.4	22	46	24.3	21.5	9.6	0
0	0	3	23	16	7	0	0
2	115	81	195	106	83	54	2
0.4	19.7	17.4	45.5	26.7	16.5	9	1.3
0	0	0	0	0	0	0	0
0	1	0	6	3	3	1	0
0	0.1	0	2.2	1.3	0.9	0.1	0
0	0	0	3	2	1	0	0
1	8	7	28	15	11	3	1
0.2	1.4	1	7.4	4.8	2.2	0.3	0.3
0	6	10	31	14	13	6	0
0	97	208	307	140	151	73	7
0	15.4	41.8	74.9	39	31.6	12.6	1.7
0	0	5	26	16	11	0	0
6	157	194	359	198	148	101	2
1.6	28.2	38.3	100.5	58.7	38.1	16.9	0.8
0	0	3	6	4	1	1	0
0	24	58	87	39	46	19	0
0	3.8	12.6	21.3	10.7	10.2	2.8	0
0	0	7	23	9	9	5	0
3	90	179	286	79	138	121	10
0.8	14.7	39.8	76.1	21.8	35.4	24.7	3
1	0	4	38	24	12	3	0
3	133	167	398	245	136	77	3
0.5	22.1	40.6	103.4	67.5	31.1	14	0.6

			合计	按职称划分				
				教授	副教授	讲师	助教	初级
		编号	L01	L02	L03	L04	L05	L06
考古学	全时人数	34	2	2	0	0	0	0
	非全时人数	35	20	7	7	3	0	0
	非全时折合全时人数	36	3.6	1.6	1.2	0.5	0	0
经济学	全时人数	37	60	40	12	5	0	0
	非全时人数	38	792	139	159	136	5	0
	非全时折合全时人数	39	193.2	47.3	48.8	41.2	0.9	0
政治学	全时人数	40	22	13	5	0	0	0
	非全时人数	41	244	53	58	48	5	0
	非全时折合全时人数	42	54.5	14.1	14	10.6	1.1	0
法学	全时人数	43	19	13	4	2	0	0
	非全时人数	44	235	40	67	59	2	0
	非全时折合全时人数	45	64.3	13.6	21	16.8	0.2	0
社会学	全时人数	46	29	17	5	4	0	0
	非全时人数	47	585	83	105	91	4	1
	非全时折合全时人数	48	116.2	25.3	26.3	21.3	0.7	0.2
民族学	全时人数	49	2	0	1	0	0	0
	非全时人数	50	43	15	8	10	0	0
	非全时折合全时人数	51	7.3	2.6	2	1.4	0	0
新闻学与传播学	全时人数	52	4	3	0	1	0	0
	非全时人数	53	169	27	38	47	14	0
	非全时折合全时人数	54	36.9	7.1	9	10.5	4.1	0
图书、情报与文献学	全时人数	55	11	8	0	3	0	0
	非全时人数	56	162	18	42	53	5	2
	非全时折合全时人数	57	42.4	5.1	12.8	14.6	1.6	0.4
教育学	全时人数	58	132	77	42	12	0	0
	非全时人数	59	2 121	340	385	415	36	5
	非全时折合全时人数	60	484.5	110	117.6	106.4	6	1.4
统计学	全时人数	61	2	1	1	0	0	0
	非全时人数	62	77	9	10	11	0	0
	非全时折合全时人数	63	16.2	2.9	3.4	2.6	0	0
心理学	全时人数	64	20	15	1	3	0	0
	非全时人数	65	366	61	65	77	4	0
	非全时折合全时人数	66	90	20.4	18.8	24.1	1.3	0
体育学	全时人数	67	24	16	6	2	0	0
	非全时人数	68	278	33	79	70	8	0
	非全时折合全时人数	69	70.4	10.4	23.8	20.2	1.1	0

续表

其他人员	研究生（学生）	其中：女性	研究人员	按学历学位划分 博士毕业	硕士毕业	本科毕业	其他学历
L07	L08	L09	L10	L11	L12	L13	L14
0	0	1	2	1	0	1	0
0	3	10	17	11	2	7	0
0	0.3	1.6	3.3	1.6	1	1	0
0	3	15	59	46	11	2	1
3	350	349	583	295	260	236	1
0.3	54.7	76.8	165.2	99.5	56.5	37	0.2
0	4	4	21	16	3	3	0
3	77	110	190	112	75	56	1
0.7	14	20.4	46.4	27.7	18.3	8.4	0.1
0	0	7	19	14	5	0	0
22	45	99	189	134	55	41	5
3.9	8.8	23.2	56.5	40.2	16.1	7	1
0	3	10	29	19	9	1	0
2	299	271	416	174	221	189	1
0.4	42	45	96.6	48.3	42.5	25.2	0.2
0	1	1	1	1	0	1	0
0	10	20	38	27	11	5	0
0	1.3	3.2	6.7	4.9	1.8	0.6	0
0	0	1	4	3	0	1	0
0	43	92	129	77	54	37	1
0	6.2	19.6	29.8	19.2	12.5	5	0.2
0	0	4	11	9	1	1	0
2	40	91	126	36	71	51	4
0.3	7.6	21.8	36	11.7	19.7	10.3	0.7
1	0	40	131	103	14	13	2
119	821	1 044	1 507	718	761	623	19
19.8	123.3	223.1	394.8	224.7	154.8	99.1	5.9
0	0	0	2	2	0	0	0
4	43	45	43	21	20	36	0
0.8	6.5	8.1	11.3	6.3	4.2	5.7	0
0	1	6	19	17	2	1	0
16	143	176	275	171	113	80	2
2.1	23.3	40.7	75.8	54.3	22.3	13	0.4
0	0	4	24	13	5	5	1
0	88	106	208	40	119	117	2
0	14.9	25.7	59.9	11.2	32.8	25.6	0.8

30. 教育部直属语言院校人文、社会科学研究与发展人员情况表

			合计	按职称划分				
				教授	副教授	讲师	助教	初级
		编号	L01	L02	L03	L04	L05	L06
合计	全时人数	1	53	21	17	15	0	0
	非全时人数	2	2 596	527	662	825	84	39
	非全时折合全时人数	3	552.3	137.5	158.8	175.7	15.9	8
管理学	全时人数	4	0	0	0	0	0	0
	非全时人数	5	212	35	55	76	8	5
	非全时折合全时人数	6	36.2	7.1	11	12.8	0.9	1.1
马克思主义	全时人数	7	0	0	0	0	0	0
	非全时人数	8	41	6	16	13	0	1
	非全时折合全时人数	9	7.7	0.6	3.2	3.2	0	0.2
哲学	全时人数	10	0	0	0	0	0	0
	非全时人数	11	9	3	3	3	0	0
	非全时折合全时人数	12	1.6	0.9	0.3	0.4	0	0
逻辑学	全时人数	13	0	0	0	0	0	0
	非全时人数	14	0	0	0	0	0	0
	非全时折合全时人数	15	0	0	0	0	0	0
宗教学	全时人数	16	0	0	0	0	0	0
	非全时人数	17	10	5	2	2	0	1
	非全时折合全时人数	18	1.8	0.9	0.6	0.2	0	0.1
语言学	全时人数	19	31	13	12	6	0	0
	非全时人数	20	691	151	161	223	25	13
	非全时折合全时人数	21	186.8	50.7	47.2	60.2	6	2.4
中国文学	全时人数	22	0	0	0	0	0	0
	非全时人数	23	117	29	36	28	2	3
	非全时折合全时人数	24	26.2	8.4	7.7	6.7	0.2	0.8
外国文学	全时人数	25	2	2	0	0	0	0
	非全时人数	26	160	48	52	45	6	1
	非全时折合全时人数	27	46.8	15.7	17.4	11	1.2	0.3
艺术学	全时人数	28	1	0	0	1	0	0
	非全时人数	29	213	28	38	74	6	2
	非全时折合全时人数	30	31.5	4.2	7.2	12.2	1.1	0.2
历史学	全时人数	31	0	0	0	0	0	0
	非全时人数	32	23	6	5	8	0	1
	非全时折合全时人数	33	3.1	0.7	1	0.9	0	0.2

其他人员	研究生（学生）	其中：		按学历学位划分			
		女性	研究人员	博士毕业	硕士毕业	本科毕业	其他学历
L07	L08	L09	L10	L11	L12	L13	L14
0	0	22	53	40	12	1	0
22	437	1 315	2 120	947	1 041	573	35
3.1	53.3	282.9	485.6	265.8	191.5	90.6	4.4
0	0	0	0	0	0	0	0
2	31	100	167	63	94	51	4
0.2	3.1	16.3	31	14.5	15.1	6.2	0.4
0	0	0	0	0	0	0	0
1	4	24	37	11	19	10	1
0.1	0.4	3.4	7.2	3.2	2.9	1.5	0.1
0	0	0	0	0	0	0	0
0	0	5	9	3	5	1	0
0	0	0.8	1.6	0.6	0.9	0.1	0
0	0	0	0	0	0	0	0
0	0	0	0	0	0	0	0
0	0	0	0	0	0	0	0
0	0	0	0	0	0	0	0
0	0	6	10	7	1	2	0
0	0	0.7	1.8	1.5	0.1	0.2	0
0	0	14	31	26	5	0	0
8	110	413	555	285	260	134	12
1.6	18.7	108	161.5	99	58.1	27.7	2
0	0	0	0	0	0	0	0
0	19	57	97	60	37	20	0
0	2.4	12.8	23.5	15.7	7.5	3	0
0	0	1	2	2	0	0	0
0	8	90	147	74	68	17	1
0	1.2	24.3	44.3	29.5	13.8	3.4	0.1
0	0	1	1	0	1	0	0
2	63	84	157	58	84	70	1
0.2	6.4	14.1	25.3	9	12.9	9.5	0.1
0	0	0	0	0	0	0	0
2	1	12	21	8	15	0	0
0.2	0.1	1.3	2.9	1	2.1	0	0

			合计	按职称划分				
				教授	副教授	讲师	助教	初级
		编号	L01	L02	L03	L04	L05	L06
考古学	全时人数	34	0	0	0	0	0	0
	非全时人数	35	0	0	0	0	0	0
	非全时折合全时人数	36	0	0	0	0	0	0
经济学	全时人数	37	0	0	0	0	0	0
	非全时人数	38	86	14	32	31	1	2
	非全时折合全时人数	39	17.9	2.9	8.9	5.2	0.1	0.2
政治学	全时人数	40	12	3	5	4	0	0
	非全时人数	41	80	21	26	22	3	2
	非全时折合全时人数	42	23.2	8.1	7.2	6.1	0.5	0.3
法学	全时人数	43	0	0	0	0	0	0
	非全时人数	44	42	5	14	14	4	0
	非全时折合全时人数	45	7.7	1.4	3.1	2.2	0.5	0
社会学	全时人数	46	0	0	0	0	0	0
	非全时人数	47	52	18	13	15	1	0
	非全时折合全时人数	48	9.9	2.9	3.1	3.2	0.2	0
民族学	全时人数	49	0	0	0	0	0	0
	非全时人数	50	11	5	2	4	0	0
	非全时折合全时人数	51	1.1	0.5	0.2	0.4	0	0
新闻学与传播学	全时人数	52	7	3	0	4	0	0
	非全时人数	53	565	101	129	172	15	4
	非全时折合全时人数	54	99.1	22.3	25.4	34	2.2	0.7
图书、情报与文献学	全时人数	55	0	0	0	0	0	0
	非全时人数	56	29	6	7	13	0	0
	非全时折合全时人数	57	6.8	1.1	1.5	3.9	0	0
教育学	全时人数	58	0	0	0	0	0	0
	非全时人数	59	198	42	56	63	8	4
	非全时折合全时人数	60	34.2	8.1	10.1	10.1	1.4	1.5
统计学	全时人数	61	0	0	0	0	0	0
	非全时人数	62	4	2	1	1	0	0
	非全时折合全时人数	63	0.8	0.6	0.1	0.1	0	0
心理学	全时人数	64	0	0	0	0	0	0
	非全时人数	65	28	0	7	6	1	0
	非全时折合全时人数	66	4.2	0	1.6	1	0.2	0
体育学	全时人数	67	0	0	0	0	0	0
	非全时人数	68	25	2	7	12	4	0
	非全时折合全时人数	69	5.7	0.4	2	1.9	1.4	0

续表

其他人员	研究生（学生）	其中：女性	研究人员	按学历学位划分：博士毕业	硕士毕业	本科毕业	其他学历
L07	L08	L09	L10	L11	L12	L13	L14
0	0	0	0	0	0	0	0
0	0	0	0	0	0	0	0
0	0	0	0	0	0	0	0
0	0	0	0	0	0	0	0
0	6	52	77	34	45	7	0
0	0.6	10.7	17	11	6.2	0.7	0
0	0	4	12	10	2	0	0
1	5	28	70	38	29	13	0
0.1	0.9	7.1	21.5	15.1	4.4	3.7	0
0	0	0	0	0	0	0	0
0	5	19	34	13	18	8	3
0	0.5	3.6	6.8	3.6	3	0.8	0.3
0	0	0	0	0	0	0	0
1	4	23	46	25	13	14	0
0.1	0.4	3.8	9.2	4.7	2.6	2.6	0
0	0	0	0	0	0	0	0
0	0	6	11	0	8	3	0
0	0	0.6	1.1	0	0.8	0.3	0
0	0	2	7	2	4	1	0
1	143	242	451	201	223	139	2
0.2	14.3	47.1	86.7	42.9	37.4	18.5	0.3
0	0	0	0	0	0	0	0
0	3	11	26	7	10	12	0
0	0.3	2.6	6.5	1	3.5	2.3	0
0	0	0	0	0	0	0	0
4	21	108	167	54	89	44	11
0.4	2.6	19.8	30	12.2	14.4	6.5	1.1
0	0	0	0	0	0	0	0
0	0	2	4	1	2	1	0
0	0	0.6	0.8	0.5	0.2	0.1	0
0	0	0	0	0	0	0	0
0	14	22	13	3	11	14	0
0	1.4	2.9	2.6	0.4	2.4	1.4	0
0	0	0	0	0	0	0	0
0	0	11	21	2	10	13	0
0	0	2.4	4.3	0.4	3.2	2.1	0

31. 教育部直属财经院校人文、社会科学研究与发展人员情况表

			合计	按职称划分				
				教授	副教授	讲师	助教	初级
		编号	L01	L02	L03	L04	L05	L06
合计	全时人数	1	176	65	59	49	1	0
	非全时人数	2	5 433	932	1 298	1 343	86	146
	非全时折合全时人数	3	1 331.7	272.1	325.5	327.4	21.5	21.4
管理学	全时人数	4	58	20	22	16	0	0
	非全时人数	5	1 764	305	394	400	31	40
	非全时折合全时人数	6	459.3	94.2	103.8	106.5	8.6	6.6
马克思主义	全时人数	7	0	0	0	0	0	0
	非全时人数	8	117	28	30	40	7	2
	非全时折合全时人数	9	24.2	5.3	5.8	9.4	1.4	0.2
哲学	全时人数	10	0	0	0	0	0	0
	非全时人数	11	39	6	13	14	0	0
	非全时折合全时人数	12	11.4	2	3	3.9	0	0
逻辑学	全时人数	13	0	0	0	0	0	0
	非全时人数	14	17	0	3	10	0	0
	非全时折合全时人数	15	1.7	0	0.3	1	0	0
宗教学	全时人数	16	0	0	0	0	0	0
	非全时人数	17	2	0	0	2	0	0
	非全时折合全时人数	18	0.2	0	0	0.2	0	0
语言学	全时人数	19	8	2	4	1	0	0
	非全时人数	20	87	4	31	29	5	0
	非全时折合全时人数	21	25.8	1	9.8	7.3	1.4	0
中国文学	全时人数	22	0	0	0	0	0	0
	非全时人数	23	34	9	11	10	0	1
	非全时折合全时人数	24	10.5	3.3	4	2.1	0	0.1
外国文学	全时人数	25	1	0	1	0	0	0
	非全时人数	26	37	9	12	7	1	0
	非全时折合全时人数	27	13	2.5	4.2	3.1	0.2	0
艺术学	全时人数	28	0	0	0	0	0	0
	非全时人数	29	29	7	3	13	0	0
	非全时折合全时人数	30	4.9	1.2	0.3	2.6	0	0
历史学	全时人数	31	0	0	0	0	0	0
	非全时人数	32	30	6	4	8	0	0
	非全时折合全时人数	33	4.5	1.1	0.6	1.4	0	0

其他人员	研究生（学生）	其中：		按学历学位划分			
		女性	研究人员	博士毕业	硕士毕业	本科毕业	其他学历
L07	L08	L09	L10	L11	L12	L13	L14
1	1	73	174	136	25	14	1
24	1 604	2 220	4 180	2 458	1 564	1 366	45
3.6	360.2	530.3	1 085.6	660.7	383.9	278.8	8.3
0	0	22	58	41	13	4	0
10	584	721	1 331	803	496	448	17
1.7	137.9	181.6	367.5	225.6	130	101.3	2.4
0	0	0	0	0	0	0	0
0	10	39	100	42	55	20	0
0	2.1	6.8	20.9	7.5	13	3.7	0
0	0	0	0	0	0	0	0
0	6	11	34	23	10	6	0
0	2.5	3.4	9.4	6.6	2.7	2.1	0
0	0	0	0	0	0	0	0
0	4	7	14	13	1	3	0
0	0.4	0.7	1.4	1.3	0.1	0.3	0
0	0	0	0	0	0	0	0
0	0	0	2	2	0	0	0
0	0	0	0.2	0.2	0	0	0
0	1	5	7	4	1	3	0
0	18	62	67	32	35	20	0
0	6.3	17.9	19	11.1	8.2	6.5	0
0	0	0	0	0	0	0	0
1	2	13	32	22	7	4	1
0.4	0.6	3.6	10	7.2	1.9	1	0.4
0	0	1	1	0	1	0	0
0	8	21	30	11	10	14	2
0	3	6.7	10.8	2.5	4.3	5.1	1.1
0	0	0	0	0	0	0	0
0	6	9	26	12	11	5	1
0	0.8	1.2	4.6	2.6	1.5	0.7	0.1
0	0	0	0	0	0	0	0
0	12	16	20	16	4	8	2
0	1.4	2	3.3	2.7	0.6	1	0.2

			合计	按职称划分				
				教授	副教授	讲师	助教	初级
		编号	L01	L02	L03	L04	L05	L06
考古学	全时人数	34	0	0	0	0	0	0
	非全时人数	35	0	0	0	0	0	0
	非全时折合全时人数	36	0	0	0	0	0	0
经济学	全时人数	37	81	28	25	27	0	0
	非全时人数	38	1 916	357	457	421	17	54
	非全时折合全时人数	39	474.2	110.3	113.2	104.6	3.1	7.8
政治学	全时人数	40	0	0	0	0	0	0
	非全时人数	41	56	5	8	24	0	5
	非全时折合全时人数	42	10.9	0.9	2	4.5	0	0.5
法学	全时人数	43	24	13	6	4	1	0
	非全时人数	44	478	88	112	94	8	19
	非全时折合全时人数	45	134.9	26.3	32.1	29.3	2.7	2.9
社会学	全时人数	46	0	0	0	0	0	0
	非全时人数	47	166	26	40	57	4	9
	非全时折合全时人数	48	29.2	5.9	6.5	11.6	0.5	0.9
民族学	全时人数	49	0	0	0	0	0	0
	非全时人数	50	6	0	3	1	0	0
	非全时折合全时人数	51	0.7	0	0.4	0.1	0	0
新闻学与传播学	全时人数	52	0	0	0	0	0	0
	非全时人数	53	54	10	19	19	0	1
	非全时折合全时人数	54	11	2.1	4.6	3.3	0	0.2
图书、情报与文献学	全时人数	55	0	0	0	0	0	0
	非全时人数	56	17	2	5	9	0	0
	非全时折合全时人数	57	2.2	0.2	0.6	1.3	0	0
教育学	全时人数	58	3	2	1	0	0	0
	非全时人数	59	263	25	64	102	11	8
	非全时折合全时人数	60	50.5	4.7	12.7	17.7	3.4	1.5
统计学	全时人数	61	1	0	0	1	0	0
	非全时人数	62	249	39	61	50	1	5
	非全时折合全时人数	63	47.5	9.8	15.4	10.4	0.1	0.5
心理学	全时人数	64	0	0	0	0	0	0
	非全时人数	65	37	4	14	15	1	1
	非全时折合全时人数	66	4.1	0.6	1.5	1.6	0.1	0.1
体育学	全时人数	67	0	0	0	0	0	0
	非全时人数	68	35	2	14	18	0	1
	非全时折合全时人数	69	11	0.7	4.7	5.5	0	0.1

其他人员	研究生（学生）	其中：		按学历学位划分			
		女性	研究人员	博士毕业	硕士毕业	本科毕业	其他学历
L07	L08	L09	L10	L11	L12	L13	L14
0	0	0	0	0	0	0	0
0	0	0	0	0	0	0	0
0	0	0	0	0	0	0	0
1	0	37	81	67	6	7	1
6	604	736	1 479	938	476	486	16
0.8	134.4	175	395.2	264.2	113.8	92.8	3.4
0	0	0	0	0	0	0	0
0	14	23	45	29	15	12	0
0	3	5.5	8.7	5.6	2.8	2.5	0
0	0	7	23	21	3	0	0
0	157	186	369	183	190	104	1
0	41.6	54.4	107.4	55.5	52.1	27.2	0.1
0	0	0	0	0	0	0	0
3	27	58	139	88	45	33	0
0.3	3.5	9.9	26.3	17	8.3	3.9	0
0	0	0	0	0	0	0	0
0	2	2	5	3	2	1	0
0	0.2	0.3	0.6	0.4	0.2	0.1	0
0	0	0	0	0	0	0	0
3	2	30	48	31	17	6	0
0.3	0.5	5.9	10	7.8	2.3	0.9	0
0	0	0	0	0	0	0	0
0	1	9	16	11	2	4	0
0	0.1	1.3	2.1	1.4	0.2	0.6	0
0	0	0	3	2	1	0	0
1	52	133	196	73	115	74	1
0.1	10.4	26.3	36.4	12.3	25.1	12.9	0.2
0	0	1	1	1	0	0	0
0	93	110	160	100	46	100	3
0	11.3	21.6	37.2	23.6	10.5	13.1	0.3
0	0	0	0	0	0	0	0
0	2	22	33	18	14	4	1
0	0.2	2.4	3.7	2.1	1.5	0.4	0.1
0	0	0	0	0	0	0	0
0	0	12	34	8	13	14	0
0	0	3.8	10.9	3.5	4.8	2.7	0

32. 教育部直属政法院校人文、社会科学研究与发展人员情况表

			合计	按职称划分				
				教授	副教授	讲师	助教	初级
		编号	L01	L02	L03	L04	L05	L06
合计	全时人数	1	82	36	34	11	0	1
	非全时人数	2	2 029	407	448	372	20	27
	非全时折合全时人数	3	357	88.2	87.6	65.1	3.1	4.2
管理学	全时人数	4	0	0	0	0	0	0
	非全时人数	5	170	37	50	25	2	2
	非全时折合全时人数	6	30.5	7.8	9.2	4.6	0.3	1.2
马克思主义	全时人数	7	0	0	0	0	0	0
	非全时人数	8	29	13	5	8	0	1
	非全时折合全时人数	9	5.8	2.4	0.9	1.4	0	0.1
哲学	全时人数	10	0	0	0	0	0	0
	非全时人数	11	48	16	9	15	0	1
	非全时折合全时人数	12	8	3	1.2	3	0	0.1
逻辑学	全时人数	13	0	0	0	0	0	0
	非全时人数	14	7	3	2	2	0	0
	非全时折合全时人数	15	0.9	0.3	0.4	0.2	0	0
宗教学	全时人数	16	0	0	0	0	0	0
	非全时人数	17	4	3	0	0	0	0
	非全时折合全时人数	18	0.7	0.6	0	0	0	0
语言学	全时人数	19	1	0	0	1	0	0
	非全时人数	20	82	16	18	34	2	1
	非全时折合全时人数	21	13.9	3.4	3.4	5.5	0.3	0.2
中国文学	全时人数	22	0	0	0	0	0	0
	非全时人数	23	17	3	8	5	0	1
	非全时折合全时人数	24	2.8	0.5	1.5	0.7	0	0.1
外国文学	全时人数	25	0	0	0	0	0	0
	非全时人数	26	11	1	4	2	0	0
	非全时折合全时人数	27	2.4	0.3	0.7	0.2	0	0
艺术学	全时人数	28	0	0	0	0	0	0
	非全时人数	29	1	0	1	0	0	0
	非全时折合全时人数	30	0.2	0	0.2	0	0	0
历史学	全时人数	31	0	0	0	0	0	0
	非全时人数	32	56	16	12	11	2	0
	非全时折合全时人数	33	6.5	1.8	1.5	1.5	0.2	0

	研究生	其中：		按学历学位划分			
其他人员	（学生）	女性	研究人员	博士毕业	硕士毕业	本科毕业	其他学历
L07	L08	L09	L10	L11	L12	L13	L14
0	0	31	81	60	13	9	0
0	755	796	1 405	727	560	678	64
0	108.8	139.4	270.5	156.7	97.3	96	7
0	0	0	0	0	0	0	0
0	54	60	123	64	50	54	2
0	7.4	11.4	24.7	13.9	9.8	6.6	0.2
0	0	0	0	0	0	0	0
0	2	13	26	18	8	3	0
0	1	2.5	4.7	3.1	1.6	1.1	0
0	0	0	0	0	0	0	0
0	7	19	41	34	7	7	0
0	0.7	2.4	7.3	6.5	0.7	0.8	0
0	0	0	0	0	0	0	0
0	0	5	7	3	4	0	0
0	0	0.5	0.9	0.3	0.6	0	0
0	0	0	0	0	0	0	0
0	1	0	3	2	1	1	0
0	0.1	0	0.6	0.5	0.1	0.1	0
0	0	1	1	1	0	0	0
0	11	54	70	18	42	14	8
0	1.1	9.1	12.5	4	7.4	1.7	0.8
0	0	0	0	0	0	0	0
0	0	9	16	8	7	1	1
0	0	1.8	2.7	1.1	1.5	0.1	0.1
0	0	0	0	0	0	0	0
0	4	8	7	2	4	5	0
0	1.2	1.5	1.2	0.4	0.7	1.3	0
0	0	0	0	0	0	0	0
0	0	1	1	1	0	0	0
0	0	0.2	0.2	0.2	0	0	0
0	0	0	0	0	0	0	0
0	15	17	39	24	15	16	1
0	1.5	2	4.8	3	1.8	1.6	0.1

		编号	合计	按职称划分				
				教授	副教授	讲师	助教	初级
		编号	L01	L02	L03	L04	L05	L06
考古学	全时人数	34	0	0	0	0	0	0
	非全时人数	35	1	1	0	0	0	0
	非全时折合全时人数	36	0.1	0.1	0	0	0	0
经济学	全时人数	37	0	0	0	0	0	0
	非全时人数	38	98	21	24	13	2	0
	非全时折合全时人数	39	21.4	4.5	6.1	2.5	0.5	0
政治学	全时人数	40	1	1	0	0	0	0
	非全时人数	41	120	29	29	33	2	6
	非全时折合全时人数	42	20.6	6.5	4	5.2	0.2	0.6
法学	全时人数	43	77	34	33	9	0	1
	非全时人数	44	1 152	208	219	149	4	5
	非全时折合全时人数	45	204.7	51.2	46.1	26.4	0.4	0.6
社会学	全时人数	46	0	0	0	0	0	0
	非全时人数	47	41	12	11	12	0	0
	非全时折合全时人数	48	5.2	1.4	1.3	1.5	0	0
民族学	全时人数	49	0	0	0	0	0	0
	非全时人数	50	5	1	3	1	0	0
	非全时折合全时人数	51	0.5	0.1	0.3	0.1	0	0
新闻学与传播学	全时人数	52	3	1	1	1	0	0
	非全时人数	53	61	8	14	16	2	3
	非全时折合全时人数	54	13.3	1.6	4.4	4.8	0.2	0.5
图书、情报与文献学	全时人数	55	0	0	0	0	0	0
	非全时人数	56	12	1	3	7	0	1
	非全时折合全时人数	57	2.4	0.2	0.5	1.5	0	0.2
教育学	全时人数	58	0	0	0	0	0	0
	非全时人数	59	76	16	23	25	3	3
	非全时折合全时人数	60	11.8	2.2	4	4	0.7	0.3
统计学	全时人数	61	0	0	0	0	0	0
	非全时人数	62	6	0	3	2	0	1
	非全时折合全时人数	63	0.6	0	0.3	0.2	0	0.1
心理学	全时人数	64	0	0	0	0	0	0
	非全时人数	65	28	1	10	9	1	2
	非全时折合全时人数	66	3.9	0.2	1.6	1.1	0.3	0.2
体育学	全时人数	67	0	0	0	0	0	0
	非全时人数	68	4	1	0	3	0	0
	非全时折合全时人数	69	0.8	0.1	0	0.7	0	0

续表

其他人员	研究生（学生）	其中：女性	研究人员	按学历学位划分：博士毕业	硕士毕业	本科毕业	其他学历
L07	L08	L09	L10	L11	L12	L13	L14
0	0	0	0	0	0	0	0
0	0	1	1	1	0	0	0
0	0	0.1	0.1	0.1	0	0	0
0	0	0	0	0	0	0	0
0	38	46	58	37	20	39	2
0	7.8	9.7	13.1	8.1	5.2	7.9	0.2
0	0	1	1	1	0	0	0
0	21	37	96	57	34	24	5
0	4.1	6.5	16.6	10.7	5.3	4	0.6
0	0	28	76	55	13	9	0
0	567	413	731	367	294	451	40
0	80	71.2	148.4	88.7	50.6	61.1	4.3
0	0	0	0	0	0	0	0
0	6	14	35	27	6	7	1
0	1	2.1	4.2	3.4	0.6	1.1	0.1
0	0	0	0	0	0	0	0
0	0	0	5	5	0	0	0
0	0	0	0.5	0.5	0	0	0
0	0	1	3	3	0	0	0
0	18	38	40	17	20	22	2
0	1.8	8.8	11	6.6	3.5	3	0.2
0	0	0	0	0	0	0	0
0	0	5	11	1	6	3	2
0	0	1	2.2	0.1	1.1	0.8	0.4
0	0	0	0	0	0	0	0
0	6	38	65	22	33	21	0
0	0.6	6	10.3	2.7	5.7	3.4	0
0	0	0	0	0	0	0	0
0	0	4	5	2	4	0	0
0	0	0.4	0.5	0.2	0.4	0	0
0	0	0	0	0	0	0	0
0	5	13	21	16	4	8	0
0	0.5	1.9	3.2	2.5	0.4	1	0
0	0	0	0	0	0	0	0
0	0	1	4	1	1	2	0
0	0	0.3	0.8	0.1	0.3	0.4	0

33. 教育部直属艺术院校人文、社会科学研究与发展人员情况表

			合计	按职称划分				
				教授	副教授	讲师	助教	初级
		编号	L01	L02	L03	L04	L05	L06
合计	全时人数	1	9	6	2	0	1	0
	非全时人数	2	186	67	45	39	9	4
	非全时折合全时人数	3	64	24.5	16.9	12.8	2.9	0.6
管理学	全时人数	4	0	0	0	0	0	0
	非全时人数	5	0	0	0	0	0	0
	非全时折合全时人数	6	0	0	0	0	0	0
马克思主义	全时人数	7	0	0	0	0	0	0
	非全时人数	8	5	2	1	0	0	2
	非全时折合全时人数	9	0.9	0.5	0.2	0	0	0.2
哲学	全时人数	10	0	0	0	0	0	0
	非全时人数	11	0	0	0	0	0	0
	非全时折合全时人数	12	0	0	0	0	0	0
逻辑学	全时人数	13	0	0	0	0	0	0
	非全时人数	14	0	0	0	0	0	0
	非全时折合全时人数	15	0	0	0	0	0	0
宗教学	全时人数	16	0	0	0	0	0	0
	非全时人数	17	0	0	0	0	0	0
	非全时折合全时人数	18	0	0	0	0	0	0
语言学	全时人数	19	0	0	0	0	0	0
	非全时人数	20	0	0	0	0	0	0
	非全时折合全时人数	21	0	0	0	0	0	0
中国文学	全时人数	22	0	0	0	0	0	0
	非全时人数	23	0	0	0	0	0	0
	非全时折合全时人数	24	0	0	0	0	0	0
外国文学	全时人数	25	0	0	0	0	0	0
	非全时人数	26	0	0	0	0	0	0
	非全时折合全时人数	27	0	0	0	0	0	0
艺术学	全时人数	28	9	6	2	0	1	0
	非全时人数	29	180	65	44	39	8	2
	非全时折合全时人数	30	62.8	24	16.7	12.8	2.6	0.4
历史学	全时人数	31	0	0	0	0	0	0
	非全时人数	32	0	0	0	0	0	0
	非全时折合全时人数	33	0	0	0	0	0	0

其他人员	研究生（学生）	其中：女性	研究人员	按学历学位划分 博士毕业	硕士毕业	本科毕业	其他学历
L07	L08	L09	L10	L11	L12	L13	L14
0	0	1	9	4	4	1	0
0	22	63	160	56	61	62	7
0	6.3	21.7	56.5	19.4	20.3	21.1	3.2
0	0	0	0	0	0	0	0
0	0	0	0	0	0	0	0
0	0	0	0	0	0	0	0
0	0	0	0	0	0	0	0
0	0	3	3	0	1	4	0
0	0	0.4	0.7	0	0.1	0.8	0
0	0	0	0	0	0	0	0
0	0	0	0	0	0	0	0
0	0	0	0	0	0	0	0
0	0	0	0	0	0	0	0
0	0	0	0	0	0	0	0
0	0	0	0	0	0	0	0
0	0	0	0	0	0	0	0
0	0	0	0	0	0	0	0
0	0	0	0	0	0	0	0
0	0	0	0	0	0	0	0
0	0	0	0	0	0	0	0
0	0	0	0	0	0	0	0
0	0	0	0	0	0	0	0
0	0	0	0	0	0	0	0
0	0	0	0	0	0	0	0
0	0	0	0	0	0	0	0
0	0	0	0	0	0	0	0
0	0	0	0	0	0	0	0
0	0	1	9	4	4	1	0
0	22	59	157	56	59	58	7
0	6.3	21	55.8	19.4	19.9	20.3	3.2
0	0	0	0	0	0	0	0
0	0	0	0	0	0	0	0
0	0	0	0	0	0	0	0

			合计	按职称划分				
				教授	副教授	讲师	助教	初级
		编号	L01	L02	L03	L04	L05	L06
考古学	全时人数	34	0	0	0	0	0	0
	非全时人数	35	0	0	0	0	0	0
	非全时折合全时人数	36	0	0	0	0	0	0
经济学	全时人数	37	0	0	0	0	0	0
	非全时人数	38	0	0	0	0	0	0
	非全时折合全时人数	39	0	0	0	0	0	0
政治学	全时人数	40	0	0	0	0	0	0
	非全时人数	41	0	0	0	0	0	0
	非全时折合全时人数	42	0	0	0	0	0	0
法学	全时人数	43	0	0	0	0	0	0
	非全时人数	44	0	0	0	0	0	0
	非全时折合全时人数	45	0	0	0	0	0	0
社会学	全时人数	46	0	0	0	0	0	0
	非全时人数	47	0	0	0	0	0	0
	非全时折合全时人数	48	0	0	0	0	0	0
民族学	全时人数	49	0	0	0	0	0	0
	非全时人数	50	0	0	0	0	0	0
	非全时折合全时人数	51	0	0	0	0	0	0
新闻学与传播学	全时人数	52	0	0	0	0	0	0
	非全时人数	53	0	0	0	0	0	0
	非全时折合全时人数	54	0	0	0	0	0	0
图书、情报与文献学	全时人数	55	0	0	0	0	0	0
	非全时人数	56	0	0	0	0	0	0
	非全时折合全时人数	57	0	0	0	0	0	0
教育学	全时人数	58	0	0	0	0	0	0
	非全时人数	59	0	0	0	0	0	0
	非全时折合全时人数	60	0	0	0	0	0	0
统计学	全时人数	61	0	0	0	0	0	0
	非全时人数	62	0	0	0	0	0	0
	非全时折合全时人数	63	0	0	0	0	0	0
心理学	全时人数	64	0	0	0	0	0	0
	非全时人数	65	1	0	0	0	1	0
	非全时折合全时人数	66	0.3	0	0	0	0.3	0
体育学	全时人数	67	0	0	0	0	0	0
	非全时人数	68	0	0	0	0	0	0
	非全时折合全时人数	69	0	0	0	0	0	0

续表

其他人员	研究生（学生）	其中：		按学历学位划分			
		女性	研究人员	博士毕业	硕士毕业	本科毕业	其他学历
L07	L08	L09	L10	L11	L12	L13	L14
0	0	0	0	0	0	0	0
0	0	0	0	0	0	0	0
0	0	0	0	0	0	0	0
0	0	0	0	0	0	0	0
0	0	0	0	0	0	0	0
0	0	0	0	0	0	0	0
0	0	0	0	0	0	0	0
0	0	0	0	0	0	0	0
0	0	0	0	0	0	0	0
0	0	0	0	0	0	0	0
0	0	0	0	0	0	0	0
0	0	0	0	0	0	0	0
0	0	0	0	0	0	0	0
0	0	0	0	0	0	0	0
0	0	0	0	0	0	0	0
0	0	0	0	0	0	0	0
0	0	0	0	0	0	0	0
0	0	0	0	0	0	0	0
0	0	0	0	0	0	0	0
0	0	0	0	0	0	0	0
0	0	0	0	0	0	0	0
0	0	0	0	0	0	0	0
0	0	0	0	0	0	0	0
0	0	0	0	0	0	0	0
0	0	0	0	0	0	0	0
0	0	0	0	0	0	0	0
0	0	0	0	0	0	0	0
0	0	0	0	0	0	0	0
0	0	0	0	0	0	0	0
0	0	0	0	0	0	0	0
0	0	1	0	0	1	0	0
0	0	0.3	0	0	0.3	0	0
0	0	0	0	0	0	0	0
0	0	0	0	0	0	0	0
0	0	0	0	0	0	0	0

34. 其他部委院校人文、社会科学研究与发展人员情况表

			合计	按职称划分				
				教授	副教授	讲师	助教	初级
		编号	L01	L02	L03	L04	L05	L06
合计	全时人数	1	186	79	73	29	3	1
	非全时人数	2	11 180	1 837	2 858	3 706	398	117
	非全时折合全时人数	3	2 873.6	515.7	747.4	927.3	83.5	24.9
管理学	全时人数	4	48	18	21	8	0	0
	非全时人数	5	2 402	384	599	704	57	26
	非全时折合全时人数	6	673.8	121.4	171	194	13.3	4.8
马克思主义	全时人数	7	5	2	1	2	0	0
	非全时人数	8	378	67	97	119	6	3
	非全时折合全时人数	9	91.7	19.6	22.8	31.6	1	0.7
哲学	全时人数	10	3	1	1	1	0	0
	非全时人数	11	200	31	57	57	2	0
	非全时折合全时人数	12	53.4	6.9	13.3	17	0.2	0
逻辑学	全时人数	13	0	0	0	0	0	0
	非全时人数	14	7	1	1	5	0	0
	非全时折合全时人数	15	1.4	0.2	0.1	1.1	0	0
宗教学	全时人数	16	0	0	0	0	0	0
	非全时人数	17	75	28	18	21	3	0
	非全时折合全时人数	18	16.3	5.9	4.4	3.9	0.5	0
语言学	全时人数	19	7	3	4	0	0	0
	非全时人数	20	925	135	242	350	25	7
	非全时折合全时人数	21	231.5	37	58.7	85.4	6.4	2.3
中国文学	全时人数	22	3	2	1	0	0	0
	非全时人数	23	313	86	74	102	3	3
	非全时折合全时人数	24	87.1	26.2	19.9	27.1	0.6	0.9
外国文学	全时人数	25	1	0	1	0	0	0
	非全时人数	26	169	24	53	71	9	0
	非全时折合全时人数	27	43.5	7.9	12.1	18.3	1.5	0
艺术学	全时人数	28	6	1	3	2	0	0
	非全时人数	29	375	46	78	168	38	4
	非全时折合全时人数	30	99.8	10.5	22.3	45.5	9.5	1.2
历史学	全时人数	31	12	8	3	1	0	0
	非全时人数	32	232	53	53	51	4	2
	非全时折合全时人数	33	68.6	16	15.2	16.5	0.7	0.4

	研究生（学生）	其中：		按学历学位划分			
其他人员		女性	研究人员	博士毕业	硕士毕业	本科毕业	其他学历
L07	L08	L09	L10	L11	L12	L13	L14
1	0	54	179	123	43	20	0
138	2 126	5 097	8 701	3 399	4 327	3 151	303
27.4	547.4	1 314.4	2 247.2	954.3	1 087	773.1	59.2
1	0	14	47	35	10	3	0
60	572	1 042	1 724	781	924	649	48
14.9	154.4	288.7	489.1	237.9	261.1	165.1	9.7
0	0	3	5	4	1	0	0
7	79	167	296	101	160	110	7
1.1	14.9	41.9	77.5	28.5	38.5	22.9	1.8
0	0	1	1	2	1	0	0
2	51	86	159	77	76	46	1
0.3	15.7	21.6	40.3	20.8	21.1	11.3	0.2
0	0	0	0	0	0	0	0
0	0	5	7	4	2	1	0
0	0	0.8	1.4	1	0.2	0.2	0
0	0	0	0	0	0	0	0
1	4	25	69	36	18	15	6
0.2	1.4	4.9	14.7	8.7	3.9	3	0.7
0	0	2	7	5	1	1	0
1	165	518	719	251	424	218	32
0.4	41.3	133.4	177.8	67.2	99.5	59	5.8
0	0	1	3	3	0	0	0
0	45	135	271	145	96	52	20
0	12.4	40.3	76.3	46.2	24.8	12.6	3.5
0	0	1	1	0	0	1	0
0	12	112	152	40	99	25	5
0	3.7	28	40.2	9.6	25.7	7.3	0.9
0	0	2	6	2	3	1	0
0	41	182	294	67	185	117	6
0	10.8	48.9	77.2	16.8	49.6	31.9	1.5
0	0	0	12	11	0	1	0
2	67	81	177	94	70	52	16
0.4	19.4	23.1	54.3	30.3	20.4	15.3	2.6

			合计	按职称划分				
				教授	副教授	讲师	助教	初级
		编号	L01	L02	L03	L04	L05	L06
考古学	全时人数	34	1	1	0	0	0	0
	非全时人数	35	112	15	10	11	0	0
	非全时折合全时人数	36	43.5	5.8	3.1	2.6	0	0
经济学	全时人数	37	34	19	14	1	0	0
	非全时人数	38	1 207	204	301	393	31	8
	非全时折合全时人数	39	305.3	53.2	84.5	103.5	4.9	1.4
政治学	全时人数	40	6	2	3	1	0	0
	非全时人数	41	323	61	102	101	4	3
	非全时折合全时人数	42	76.1	15.5	21.2	24.5	0.6	0.8
法学	全时人数	43	15	7	3	5	0	0
	非全时人数	44	1 295	218	403	418	51	5
	非全时折合全时人数	45	331	64.1	117.9	94.2	8.6	0.9
社会学	全时人数	46	2	1	0	1	0	0
	非全时人数	47	633	108	154	208	34	8
	非全时折合全时人数	48	150.3	27.7	36.7	52.2	5.6	1.5
民族学	全时人数	49	4	2	2	0	0	0
	非全时人数	50	425	116	121	127	19	0
	非全时折合全时人数	51	96.5	26	25.5	26.4	3.9	0
新闻学与传播学	全时人数	52	12	4	5	2	0	1
	非全时人数	53	325	35	67	104	9	0
	非全时折合全时人数	54	95.6	12.9	21	26.6	1.8	0
图书、情报与文献学	全时人数	55	3	1	1	0	1	0
	非全时人数	56	290	24	65	125	17	6
	非全时折合全时人数	57	66	4.7	13	29.5	5.5	1.2
教育学	全时人数	58	5	3	1	0	1	0
	非全时人数	59	886	115	202	349	45	27
	非全时折合全时人数	60	182.5	26.2	42.3	70.5	8.6	5
统计学	全时人数	61	3	1	1	1	0	0
	非全时人数	62	103	12	22	36	1	0
	非全时折合全时人数	63	23.4	3	4.3	9.5	0.3	0
心理学	全时人数	64	0	0	0	0	0	0
	非全时人数	65	105	11	27	46	6	3
	非全时折合全时人数	66	22.2	2.6	5.1	9.8	1.3	0.4
体育学	全时人数	67	16	3	8	4	1	0
	非全时人数	68	400	63	112	140	34	12
	非全时折合全时人数	69	114.1	22.4	33	37.6	8.7	3.4

续表

其他人员	研究生（学生）	其中：女性	其中：研究人员	按学历学位划分：博士毕业	按学历学位划分：硕士毕业	按学历学位划分：本科毕业	按学历学位划分：其他学历
L07	L08	L09	L10	L11	L12	L13	L14
0	0	0	1	1	0	0	0
2	74	46	63	21	36	54	1
0.4	31.6	19.6	23.3	6.2	15.1	22.1	0.1
0	0	8	34	26	7	1	0
2	268	538	959	451	428	305	23
0.7	57.1	139	249.4	129.2	101.7	69	5.4
0	0	2	6	5	1	0	0
4	48	135	274	135	97	71	20
1.1	12.4	28.9	63.5	33	23.1	16.2	3.8
0	0	6	15	6	6	3	0
28	172	530	1 068	375	504	393	23
3.1	42.2	138.1	278.4	108.1	129.1	89.3	4.5
0	0	0	2	0	2	0	0
4	117	330	501	199	240	180	14
0.5	26.1	81	122.2	49.1	57.3	41	2.9
0	0	2	4	3	1	0	0
2	40	195	370	165	144	100	16
1	13.7	43.7	79.5	38.7	29.8	25.3	2.7
0	0	3	11	9	3	0	0
1	109	154	222	77	117	111	20
0.1	33.2	45.8	64.6	24.5	33.4	33.9	3.8
0	0	2	2	0	2	1	0
2	51	151	222	54	101	129	6
0.2	11.9	35.2	48.2	10.3	24.2	30.1	1.4
0	0	1	4	2	2	1	0
11	137	425	684	175	377	306	28
2.1	27.8	87.5	140.9	40.1	72	64.5	5.9
0	0	0	3	2	1	0	0
2	30	48	74	34	31	32	6
0.2	6.1	10.8	17.4	8.7	7.5	6.5	0.7
0	0	0	0	0	0	0	0
2	10	50	77	33	44	28	0
0.2	2.8	12.3	17.6	8.5	7.3	6.4	0
0	0	6	15	7	2	7	0
5	34	142	319	84	154	157	5
0.5	8.5	40.9	93.4	30.9	41.7	40.2	1.3

35. 地方院校人文、社会科学研究与发展人员情况表

			合计	按职称划分				
				教授	副教授	讲师	助教	初级
		编号	L01	L02	L03	L04	L05	L06
合计	全时人数	1	3 369	1 031	1 075	975	157	54
	非全时人数	2	244 945	35 358	66 090	92 854	21 323	5 355
	非全时折合全时人数	3	56 213.1	9 034.9	15 860.3	21 027.7	4 440	1 083.6
管理学	全时人数	4	612	148	217	192	16	12
	非全时人数	5	39 861	5 909	10 600	14 419	2 850	835
	非全时折合全时人数	6	9 533.7	1 557.4	2 674.2	3 439.6	594.5	170.8
马克思主义	全时人数	7	46	17	10	12	3	0
	非全时人数	8	9 232	1 524	2 789	3 394	702	125
	非全时折合全时人数	9	1 965.6	355.8	614.7	708.6	130.8	22.3
哲学	全时人数	10	54	22	16	16	0	0
	非全时人数	11	3 900	764	1 116	1 343	193	54
	非全时折合全时人数	12	806.9	166.9	236.6	274.1	37.1	12.5
逻辑学	全时人数	13	0	0	0	0	0	0
	非全时人数	14	152	32	41	66	8	0
	非全时折合全时人数	15	28.8	4.6	8.2	13.9	1.2	0
宗教学	全时人数	16	3	0	3	0	0	0
	非全时人数	17	681	127	200	227	45	15
	非全时折合全时人数	18	150	28.8	45	52.1	8.2	3.5
语言学	全时人数	19	193	55	64	57	14	1
	非全时人数	20	18 912	2 044	4 908	8 338	2 225	329
	非全时折合全时人数	21	4 374.3	541.2	1 202.2	1 882.5	462.7	64.2
中国文学	全时人数	22	184	61	54	53	8	6
	非全时人数	23	10 230	1 733	3 036	3 627	646	199
	非全时折合全时人数	24	2 437.9	461.8	775.1	850.7	133.6	39.2
外国文学	全时人数	25	38	16	9	8	3	1
	非全时人数	26	4 895	586	1 221	2 052	638	111
	非全时折合全时人数	27	1 009.1	133.1	267.9	415.6	124.5	19.4
艺术学	全时人数	28	367	69	113	133	41	5
	非全时人数	29	19 378	2 224	4 439	7 900	2 660	566
	非全时折合全时人数	30	4 726.2	586.1	1 135.1	1 945.4	605.6	124.4
历史学	全时人数	31	119	53	27	37	2	0
	非全时人数	32	6 035	1 219	1 645	2 060	339	78
	非全时折合全时人数	33	1 425.2	320.7	402.6	470.3	73.5	17.1

其他人员	研究生（学生）	其中：		按学历学位划分			
		女性	研究人员	博士毕业	硕士毕业	本科毕业	其他学历
L07	L08	L09	L10	L11	L12	L13	L14
10	67	1 276	3 072. 5	1 299	1 325	660	85
2 637	21 328	121 448	195 785	40 165	111 203	87 482	6 095
443. 4	4 323. 2	27 319	46 121. 5	10 542	25 550. 4	18 743. 3	1 377. 4
1	26	248	562. 5	261	243	94	14
492	4 756	18 933	31 372	7 790	17 687	13 418	966
76. 8	1 020. 4	4 462. 3	7 737. 2	2 143	4 239. 6	2 923. 4	227. 7
0	4	12	38	16	22	7	1
68	630	4 234	7 705	1 483	4 540	3 005	204
10. 9	122. 5	900. 4	1 666. 2	345. 3	979. 6	598. 8	41. 9
0	0	11	53	31	16	2	5
29	401	1 613	3 269	1 063	1 715	1 004	118
4. 1	75. 6	321. 8	684	239	346. 5	197. 6	23. 8
0	0	0	0	0	0	0	0
0	5	58	137	31	76	40	5
0	0. 9	11. 7	26. 7	6. 8	13. 3	7. 8	0. 9
0	0	0	3	2	1	0	0
13	54	271	568	202	281	179	19
1. 6	10. 8	54. 7	129. 6	49. 7	59. 8	36. 9	3. 6
0	2	89	177	72	87	30	4
103	965	12 476	15 215	2 153	9 591	6 845	323
19. 5	202	2 845. 4	3 606. 9	568. 3	2 226	1 508. 1	71. 9
0	2	55	172	82	62	28	12
88	901	4 980	8 491	2 636	4 156	3 190	248
16. 1	161. 4	1 139. 9	2 092. 7	729	962	683. 6	63. 3
0	1	18	33	19	11	6	2
21	266	3 313	3 836	677	2 531	1 613	74
3. 4	45. 2	669. 5	803. 3	156. 8	532. 2	302. 3	17. 8
3	3	156	312	42	172	145	8
168	1 421	9 599	14 403	1 389	8 148	9 045	796
30. 3	299. 3	2 306. 3	3 649. 5	347. 5	2 052. 5	2 140. 6	185. 6
0	0	30	116	60	37	21	1
60	634	2 382	5 033	1 826	2 431	1 641	137
10. 3	130. 7	545. 5	1 220. 8	475. 6	555. 5	359. 5	34. 6

			合计	按职称划分				
				教授	副教授	讲师	助教	初级
		编号	L01	L02	L03	L04	L05	L06
考古学	全时人数	34	5	3	1	1	0	0
	非全时人数	35	445	98	106	154	37	2
	非全时折合全时人数	36	84.8	20.5	19.7	27.9	6.6	0.8
经济学	全时人数	37	606	221	189	154	21	9
	非全时人数	38	32 445	5 154	8 786	11 340	2 356	578
	非全时折合全时人数	39	7 957.3	1 429.8	2 284	2 709.1	517.9	123.4
政治学	全时人数	40	44	13	13	9	5	0
	非全时人数	41	6 360	1 105	1 902	2 265	441	131
	非全时折合全时人数	42	1 288.8	239.6	389.2	458	83.1	24.3
法学	全时人数	43	238	97	73	56	7	3
	非全时人数	44	11 510	1 659	3 362	4 173	658	200
	非全时折合全时人数	45	2 891.4	489	913.2	1 035.3	154.1	45.2
社会学	全时人数	46	117	31	44	32	6	1
	非全时人数	47	14 419	2 265	4 072	5 581	1 148	296
	非全时折合全时人数	48	2 961.4	498.7	836.8	1 127.9	221.4	49.7
民族学	全时人数	49	44	17	8	17	2	0
	非全时人数	50	4 132	773	1 165	1 476	280	105
	非全时折合全时人数	51	885.5	188	245.4	307.5	56.4	22.1
新闻学与传播学	全时人数	52	51	15	19	15	1	0
	非全时人数	53	4 472	563	1 018	1 906	464	104
	非全时折合全时人数	54	996.3	139.2	232.8	433.2	99.3	20.4
图书、情报与文献学	全时人数	55	25	5	12	5	2	1
	非全时人数	56	5 111	554	1 351	2 213	377	302
	非全时折合全时人数	57	1 124.4	132.6	316.2	471.9	75.6	65.3
教育学	全时人数	58	320	91	107	92	13	13
	非全时人数	59	35 094	4 680	9 512	13 805	3 577	945
	非全时折合全时人数	60	7 436.4	1 100.5	2 084.3	2 886.1	695.2	184.2
统计学	全时人数	61	12	5	4	3	0	0
	非全时人数	62	1 988	349	544	665	136	28
	非全时折合全时人数	63	408.3	77.8	118.2	133.7	27.4	4.2
心理学	全时人数	64	32	11	8	8	2	0
	非全时人数	65	3 734	481	914	1 393	385	110
	非全时折合全时人数	66	787.8	110.8	194.3	296.9	76.1	21.5
体育学	全时人数	67	259	81	84	75	11	2
	非全时人数	68	11 959	1 515	3 363	4 457	1 158	242
	非全时折合全时人数	69	2 933	452	864.6	1 087.4	255.2	49.1

续表

	研究生（学生）	其中：		按学历学位划分			
其他人员		女性	研究人员	博士毕业	硕士毕业	本科毕业	其他学历
L07	L08	L09	L10	L11	L12	L13	L14
0	0	0	5	4	0	1	0
2	46	161	370	140	175	122	8
0.2	9.1	31.9	70.8	29	31.2	22.7	1.9
0	12	232	565	304	205	82	15
328	3 903	15 435	25 761	7 083	14 337	10 380	645
60.5	832.6	3 702	6 498.1	2 029.2	3 477.2	2 306.4	144.5
1	3	20	35	12	18	13	1
58	458	2 670	5 302	1 243	3 105	1 884	128
9.8	84.8	521.9	1 090.1	276.1	620.9	362.6	29.2
0	2	75	220	109	91	32	6
229	1 229	5 135	9 406	2 466	5 456	3 324	264
33	221.6	1 252	2 462	729.1	1 365.1	730.4	66.8
1	2	43	107	42	55	19	1
135	922	6 970	12 071	2 563	7 009	4 566	281
22.6	204.3	1 426.2	2 494.5	567.5	1 439.6	893	61.3
0	0	16	41	12	19	12	1
95	238	1 995	3 435	742	1 808	1 475	107
15.1	51	426.5	740.3	166.8	376.2	318	24.5
1	0	20	50	19	19	12	1
34	383	2 244	3 494	746	2 229	1 421	76
5.7	65.7	490.5	804.7	186.2	504.2	288.5	17.4
0	0	9	22	5	9	9	2
87	227	2 973	4 094	445	1 756	2 518	392
13.6	49.2	650.8	917.6	103	398.7	546.7	76
1	3	147	282	99	146	72	3
433	2 142	18 794	28 096	3 624	16 819	13 823	828
78	408.1	3 930.2	6 082.4	884.3	3 603.9	2 781.4	166.8
0	0	5	12	4	4	2	2
21	245	920	1 598	449	817	654	68
3.2	43.8	184.7	337.8	107.1	163.8	123.8	13.6
1	2	12	27	13	12	6	1
47	404	2 117	2 837	514	1 775	1 344	101
9.3	78.9	443.6	611	129.6	369.6	267.4	21.2
1	5	78	240	91	96	67	5
126	1 098	4 175	9 292	900	4 761	5 991	307
19.4	205.3	1 001.2	2 395.3	273.1	1 233	1 343.8	83.1

36. 综合院校人文、社会科学研究与发展人员情况表

			合计	按职称划分				
				教授	副教授	讲师	助教	初级
		编号	L01	L02	L03	L04	L05	L06
合计	全时人数	1	2 887	1 074	900	662	79	25
	非全时人数	2	98 304	16 593	24 356	29 856	5 398	1 454
	非全时折合全时人数	3	22 816.8	4 489.9	6 098.1	6 889.8	1 118.2	279
管理学	全时人数	4	533	188	166	129	6	2
	非全时人数	5	16 379	2 646	3 726	4 282	678	206
	非全时折合全时人数	6	3 888.2	740	989.3	1 046.7	142.9	42.6
马克思主义	全时人数	7	38	17	12	6	1	0
	非全时人数	8	3 675	770	1 020	1 096	187	28
	非全时折合全时人数	9	813.8	197.3	237.7	228.3	36.5	4.9
哲学	全时人数	10	87	37	31	17	1	0
	非全时人数	11	2 388	596	608	617	82	21
	非全时折合全时人数	12	562.8	152.1	152.1	144.1	18.2	5.2
逻辑学	全时人数	13	2	1	0	1	0	0
	非全时人数	14	160	46	34	36	5	0
	非全时折合全时人数	15	40	13.1	7.9	10	1.1	0
宗教学	全时人数	16	18	5	3	10	0	0
	非全时人数	17	538	113	137	123	19	3
	非全时折合全时人数	18	114.7	29	31	27.8	3.8	0.6
语言学	全时人数	19	191	60	65	59	6	0
	非全时人数	20	7 353	972	1 868	3 033	574	102
	非全时折合全时人数	21	1 715.9	263.6	473.7	699.9	118.7	17.6
中国文学	全时人数	22	127	47	42	23	5	2
	非全时人数	23	4 789	968	1 318	1 395	221	61
	非全时折合全时人数	24	1 135.2	256.6	344.9	323.6	47.9	10.4
外国文学	全时人数	25	45	14	10	12	7	1
	非全时人数	26	2 093	299	541	751	214	47
	非全时折合全时人数	27	446.3	73.1	128.9	154.5	40.3	7.8
艺术学	全时人数	28	131	31	36	50	12	2
	非全时人数	29	5 772	706	1 364	2 275	688	172
	非全时折合全时人数	30	1 397.4	192.1	352.3	565.6	153.1	31.1
历史学	全时人数	31	192	83	48	46	5	0
	非全时人数	32	4 170	947	939	1 033	127	37
	非全时折合全时人数	33	1 010.3	273.7	232.4	241	25.4	7.1

	研究生	其中：		按学历学位划分			
其他人员	（学生）	女性	研究人员	博士毕业	硕士毕业	本科毕业	其他学历
L07	L08	L09	L10	L11	L12	L13	L14
22	125	895	2 676	1 584	805	406	92
2 033	18 614	42 819	75 798	23 418	39 387	31 959	3 540
355.4	3 586.4	9 683.4	18 514.1	6 504.9	9 072.2	6 562	677.7
4	38	167	490	295	137	86	15
422	4 419	6 930	12 060	4 098	6 450	5 058	773
78.3	848.4	1 599.8	3 080.1	1 176.8	1 547.4	1 014	150
0	2	13	34	19	13	5	1
63	511	1 507	2 993	854	1 531	1 173	117
9.1	100	330	691.5	212	349.9	228.5	23.4
0	1	25	86	54	22	5	6
40	424	763	1 986	948	855	522	63
6.7	84.4	165.3	484.7	255.8	190.3	104.9	11.8
0	0	2	2	1	1	0	0
5	34	42	132	64	52	29	15
0.6	7.3	10	35.5	17.9	12.4	6.8	2.9
0	0	3	18	8	7	0	3
16	127	151	413	190	173	159	16
2	20.5	30.3	96	47.4	36.9	26.6	3.8
0	1	78	186	87	79	17	8
93	711	4 462	5 930	1 265	3 470	2 383	235
15.2	127.2	1 027.1	1 439.7	345	821	506.2	43.7
1	7	37	117	77	34	12	4
63	763	2 036	3 819	1 593	1 669	1 346	181
8.2	143.6	464.9	948.3	438.8	383.4	278.9	34.1
0	1	18	37	24	12	7	2
6	235	1 276	1 605	467	962	612	52
0.8	40.9	272.3	355.8	120.4	205.9	109.4	10.6
0	0	48	119	34	59	32	6
53	514	2 646	4 309	620	2 317	2 631	204
9.1	94.1	648.2	1 103.9	157.7	594.1	609.8	35.8
0	10	39	178	126	33	30	3
93	994	1 472	3 283	1 523	1 423	1 089	135
15.3	215.4	337.1	841.6	423.4	334.8	230.4	21.7

			合计	按职称划分				
				教授	副教授	讲师	助教	初级
		编号	L01	L02	L03	L04	L05	L06
考古学	全时人数	34	18	8	4	4	1	1
	非全时人数	35	637	149	111	146	11	2
	非全时折合全时人数	36	133.7	37.7	26	32	3.1	0.7
经济学	全时人数	37	586	261	187	104	6	2
	非全时人数	38	14 448	2 312	3 289	3 656	628	143
	非全时折合全时人数	39	3 518.1	668.7	912.4	898.9	131	25.8
政治学	全时人数	40	80	32	19	21	3	1
	非全时人数	41	3 410	713	919	896	124	37
	非全时折合全时人数	42	755	176.1	202.9	198.4	25	6.8
法学	全时人数	43	231	97	74	43	9	3
	非全时人数	44	5 167	903	1 306	1 452	156	44
	非全时折合全时人数	45	1 296.2	278.1	372	364	35.9	11.7
社会学	全时人数	46	150	59	43	30	6	1
	非全时人数	47	5 426	1 066	1 451	1 580	259	87
	非全时折合全时人数	48	1 155.7	259.7	309.4	326.9	50.3	14.9
民族学	全时人数	49	31	10	9	10	2	0
	非全时人数	50	1 699	341	497	526	91	31
	非全时折合全时人数	51	369.2	88.2	107	112.2	20	6.3
新闻学与传播学	全时人数	52	105	32	44	25	0	0
	非全时人数	53	2 245	360	460	745	135	22
	非全时折合全时人数	54	544.2	103.2	120.2	184.1	30.2	4.8
图书、情报与文献学	全时人数	55	69	16	27	15	1	3
	非全时人数	56	2 715	364	683	873	110	74
	非全时折合全时人数	57	642.1	105.8	179	194.7	21.7	16.7
教育学	全时人数	58	185	57	55	43	4	6
	非全时人数	59	10 234	1 574	2 711	3 583	751	224
	非全时折合全时人数	60	2 150.5	382.4	592.8	734.2	146.3	44.1
统计学	全时人数	61	10	4	4	2	0	0
	非全时人数	62	548	119	145	166	23	5
	非全时折合全时人数	63	114.9	27.7	31.5	34.1	2.8	0.9
心理学	全时人数	64	19	5	4	3	3	0
	非全时人数	65	1 283	197	294	439	93	18
	非全时折合全时人数	66	282.5	50	71.9	95.1	17.1	3.7
体育学	全时人数	67	39	10	17	9	1	1
	非全时人数	68	3 175	432	935	1 153	222	90
	非全时折合全时人数	69	730.1	121.7	222.8	273.7	46.9	15.3

	研究生（学生）	其中：		按学历学位划分			
其他人员		女性	研究人员	博士毕业	硕士毕业	本科毕业	其他学历
L07	L08	L09	L10	L11	L12	L13	L14
0	0	4	16	13	4	1	0
14	204	183	495	214	215	179	29
2	32.2	37.7	110.2	55.6	40.3	32.1	5.7
3	23	160	564	381	144	50	11
267	4 153	5 831	10 666	3 743	5 715	4 530	460
49.5	831.8	1 376.3	2 777.4	1 148.9	1 351.1	930.7	87.4
1	3	26	73	57	13	9	1
76	645	1 241	2 738	1 044	1 336	924	106
13.5	132.3	260	623	271	281.9	182.9	19.2
1	4	60	217	134	62	24	11
193	1 113	1 820	3 888	1 570	1 963	1 424	210
27.6	206.9	442.7	1 062	480.4	484.1	292.6	39.1
3	8	52	132	82	35	30	3
116	867	2 280	4 432	1 490	2 256	1 548	132
23.1	171.4	476.4	963.5	366.6	453.4	306.1	29.6
0	0	13	28	9	11	10	1
73	140	746	1 406	397	675	581	46
12.5	23	160.2	313.2	95.9	148.2	115	10.1
1	3	36	102	58	26	18	3
44	479	1 010	1 672	540	902	706	97
9.3	92.4	242.5	426.8	157.6	215.5	149.3	21.8
7	0	24	58	24	21	15	9
110	501	1 465	2 056	442	871	1 176	226
25.5	98.7	343.8	507	131.1	211.7	256.2	43.1
0	20	73	160	75	71	38	1
218	1 173	5 083	8 062	1 642	4 601	3 688	303
35.9	214.8	1 050.8	1 733.9	412.9	952.2	732.7	52.7
0	0	2	10	7	2	1	0
3	87	222	443	175	199	155	19
0.3	17.6	44.5	97.5	41.2	42	28.5	3.2
1	3	7	13	6	7	5	1
17	225	662	980	267	557	437	22
3.5	41.2	140.3	226.4	73.1	118.6	86.8	4
0	1	8	36	13	12	11	3
48	295	991	2 430	272	1 195	1 609	99
7.4	42.3	223.2	596.1	75.4	297.1	333.6	24

37. 理工农医院校人文、社会科学研究与发展人员情况表

			合计	按职称划分				
				教授	副教授	讲师	助教	初级
		编号	L01	L02	L03	L04	L05	L06
合计	全时人数	1	1 016	263	300	343	42	15
	非全时人数	2	92 931	11 898	23 822	35 367	7 006	1 802
	非全时折合全时人数	3	21 495. 6	3 042. 9	5 679	7 985. 3	1 455. 3	359. 1
管理学	全时人数	4	408	108	134	127	6	8
	非全时人数	5	23 366	3 339	5 774	7 611	1 245	363
	非全时折合全时人数	6	5 892. 5	958. 3	1 537. 5	1 899. 4	262. 1	77. 2
马克思主义	全时人数	7	25	7	4	8	3	0
	非全时人数	8	3 981	612	1 133	1 468	240	45
	非全时折合全时人数	9	864	143. 5	248	310	45. 4	8. 2
哲学	全时人数	10	12	4	5	3	0	0
	非全时人数	11	1 618	259	447	538	65	22
	非全时折合全时人数	12	362	59	100. 6	117. 8	12. 5	5. 7
逻辑学	全时人数	13	0	0	0	0	0	0
	非全时人数	14	36	11	7	9	0	0
	非全时折合全时人数	15	7. 6	2	1. 6	2. 6	0	0
宗教学	全时人数	16	2	0	2	0	0	0
	非全时人数	17	121	22	40	38	8	2
	非全时折合全时人数	18	26. 1	3. 5	9. 8	6. 1	1. 3	0. 3
语言学	全时人数	19	48	6	13	26	2	1
	非全时人数	20	7 156	606	1 846	3 337	822	117
	非全时折合全时人数	21	1 654. 3	160	432. 6	751. 6	175. 7	23. 7
中国文学	全时人数	22	12	1	5	4	0	0
	非全时人数	23	1 618	227	507	671	125	33
	非全时折合全时人数	24	350. 6	52. 1	114. 7	143. 4	24. 8	7
外国文学	全时人数	25	4	1	2	1	0	0
	非全时人数	26	1 489	129	365	696	199	32
	非全时折合全时人数	27	311. 7	26. 9	76. 8	141. 9	40. 7	5. 5
艺术学	全时人数	28	107	22	31	44	8	0
	非全时人数	29	6 026	614	1 266	2 564	728	118
	非全时折合全时人数	30	1 456. 2	165. 9	325. 4	631. 8	166. 6	23. 6
历史学	全时人数	31	3	3	0	0	0	0
	非全时人数	32	1 111	195	286	405	55	19
	非全时折合全时人数	33	251	46. 1	62. 7	84. 1	10. 4	3. 6

其他人员	研究生（学生）	其中：		按学历学位划分			
		女性	研究人员	博士毕业	硕士毕业	本科毕业	其他学历
L07	L08	L09	L10	L11	L12	L13	L14
2	51	439	926	388	428	179	21
459	12 577	46 669	74 440	15 668	43 027	32 215	2 021
82.8	2 891.2	10 618	17 288.9	4 158.4	9 719.5	7 172.7	445
1	24	154	383	188	164	46	10
107	4 927	10 600	17 953	5 098	10 047	7 734	487
20	1 138	2 624.8	4 623.1	1 516.1	2 453	1 799.4	124
0	3	10	19	12	9	4	0
9	474	1 845	3 308	702	1 976	1 240	63
1.8	107.1	400.9	714.2	165.7	424.9	261.9	11.5
0	0	2	10	9	3	0	0
6	281	734	1 327	432	742	416	28
1.3	65.1	156.6	292.7	107.4	157.7	92.3	4.6
0	0	0	0	0	0	0	0
0	9	15	33	12	18	6	0
0	1.4	3.9	7.1	3.4	3.4	0.8	0
0	0	2	2	2	0	0	0
0	11	55	101	43	47	30	1
0	5.1	12.3	19.8	8.5	8.5	9	0.1
0	0	30	45	5	34	9	0
19	409	5 013	5 777	604	3 803	2 633	116
4.9	105.8	1 163.7	1 341.6	156.1	877.6	596.4	24.2
0	2	8	11	8	2	2	0
1	54	875	1 409	388	687	515	28
0.2	8.4	182.1	303.7	100.3	138	106.8	5.5
0	0	2	4	2	1	1	0
8	60	1 048	1 208	169	812	491	17
1.3	18.6	213.7	250.7	40.5	169.8	97.3	4.1
1	1	50	98	13	52	41	1
21	715	3 125	4 613	494	2 846	2 540	146
3	139.9	742	1 145.8	127.8	690.4	606.3	31.7
0	0	0	3	3	0	0	0
3	148	490	941	367	443	283	18
0.5	43.6	106.1	207.6	88.6	91.2	67.3	3.9

			合计	按职称划分				
				教授	副教授	讲师	助教	初级
		编号	L01	L02	L03	L04	L05	L06
考古学	全时人数	34	1	1	0	0	0	0
	非全时人数	35	149	17	22	32	9	0
	非全时折合全时人数	36	52.6	6.1	6.1	5.9	1.2	0
经济学	全时人数	37	162	51	37	51	8	4
	非全时人数	38	13 260	1 889	3 347	4 480	730	247
	非全时折合全时人数	39	3 123.6	494.1	835.2	1 033.4	154.2	53.1
政治学	全时人数	40	6	1	1	3	1	0
	非全时人数	41	2 161	312	604	818	136	50
	非全时折合全时人数	42	424.9	66.8	114.2	161.6	23.1	8.4
法学	全时人数	43	52	17	14	15	0	0
	非全时人数	44	3 874	463	994	1 460	209	64
	非全时折合全时人数	45	943.3	128.7	257.7	335.4	49.3	12.6
社会学	全时人数	46	46	9	14	17	6	0
	非全时人数	47	6 601	880	1 675	2 514	478	121
	非全时折合全时人数	48	1 436.3	202.3	364.3	537.8	96.6	20.9
民族学	全时人数	49	0	0	0	0	0	0
	非全时人数	50	903	144	227	397	85	21
	非全时折合全时人数	51	173.7	30.6	44.6	72.9	14.8	3.7
新闻学与传播学	全时人数	52	32	11	12	8	1	0
	非全时人数	53	1 572	183	353	622	135	45
	非全时折合全时人数	54	371.7	50.1	85.6	139	29.4	8.6
图书、情报与文献学	全时人数	55	13	4	4	2	2	1
	非全时人数	56	2 122	200	521	911	139	132
	非全时折合全时人数	57	478.2	47	118.9	202.1	26.7	28.7
教育学	全时人数	58	54	10	14	23	4	1
	非全时人数	59	10 915	1 282	3 069	4 723	1 054	266
	非全时折合全时人数	60	2 246.9	277.4	647	953.7	205.1	49.9
统计学	全时人数	61	0	0	0	0	0	0
	非全时人数	62	563	88	153	212	46	12
	非全时折合全时人数	63	107.7	15.8	26.5	41.8	10.1	1.7
心理学	全时人数	64	5	2	2	1	0	0
	非全时人数	65	1 370	158	324	592	156	51
	非全时折合全时人数	66	290.9	35.6	66.8	126.8	31.3	9.2
体育学	全时人数	67	24	5	6	10	1	0
	非全时人数	68	2 919	268	862	1 269	342	42
	非全时折合全时人数	69	669.8	71.1	202.4	286.2	74	7.5

续表

	研究生（学生）	其中：		按学历学位划分			
其他人员		女性	研究人员	博士毕业	硕士毕业	本科毕业	其他学历
L07	L08	L09	L10	L11	L12	L13	L14
0	0	0	1	1	0	0	0
1	68	69	99	29	59	60	1
0.1	33.2	24.6	30.2	8.6	18.6	25.3	0.1
0	11	66	140	71	57	29	5
59	2 508	6 199	10 520	2 891	5 935	4 153	281
10.4	543.2	1 444.7	2 475.9	768.4	1 348	946.3	60.9
0	0	4	5	2	4	0	0
8	233	971	1 822	464	1 045	627	25
2.4	48.4	189.6	358.8	105.8	196.6	117	5.5
0	6	27	49	22	20	9	1
19	665	1 842	3 049	816	1 809	1 177	72
3.7	155.9	434.7	747.7	221.9	429	272.5	19.9
0	0	22	41	21	24	1	0
51	882	3 284	5 375	1 178	3 242	2 081	100
8.9	205.5	713.7	1 166.5	285.2	691.6	437.3	22.2
0	0	0	0	0	0	0	0
3	26	506	776	150	464	275	14
0.4	6.7	96.8	148.9	31.5	85.7	53.6	2.9
0	0	14	32	15	12	5	0
5	229	811	1 245	263	830	457	22
1.1	57.9	192.3	292.4	67.6	195.5	103.7	4.9
0	0	9	10	2	6	3	2
31	188	1 243	1 678	197	797	977	151
5.4	49.4	278	380.6	47	185.2	215.8	30.2
0	2	30	47	8	30	15	1
81	440	5 863	9 211	987	5 347	4 263	318
13.5	100.3	1 190.2	1 898.5	217	1 094.1	876.3	59.5
0	0	0	0	0	0	0	0
1	51	276	466	95	250	200	18
0.1	11.7	53.8	86.3	20.8	46.1	37.3	3.5
0	0	3	5	4	1	0	0
5	84	791	1 082	184	703	451	32
0.5	20.7	172.7	230.6	44.5	149.5	90	6.9
0	2	6	21	0	9	14	1
21	115	1 014	2 447	105	1 125	1 606	83
3.3	25.3	220.8	566.2	25.7	265.1	360.1	18.9

38. 师范院校人文、社会科学研究与发展人员情况表

		编号	合计 L01	按职称划分 教授 L02	副教授 L03	讲师 L04	助教 L05	初级 L06
合计	全时人数	1	1 222	508	363	264	47	11
	非全时人数	2	62 840	9 865	16 360	21 949	5 443	1 170
	非全时折合全时人数	3	14 643.5	2 569.8	3 989	5 156.3	1 169.8	260.7
管理学	全时人数	4	50	17	16	13	3	0
	非全时人数	5	4 665	684	1 203	1 664	413	110
	非全时折合全时人数	6	1 040.4	160.2	274.5	378.2	85.1	23.2
马克思主义	全时人数	7	24	10	4	7	0	0
	非全时人数	8	2 457	485	731	820	184	27
	非全时折合全时人数	9	549.9	119	166.6	180.5	35.8	5.2
哲学	全时人数	10	35	22	4	9	0	0
	非全时人数	11	1 362	295	339	410	43	10
	非全时折合全时人数	12	273.7	66.1	66.2	84	8.1	1.8
逻辑学	全时人数	13	0	0	0	0	0	0
	非全时人数	14	43	20	10	12	0	0
	非全时折合全时人数	15	7.5	2.9	2	2.5	0	0
宗教学	全时人数	16	5	3	2	0	0	0
	非全时人数	17	263	58	69	84	16	7
	非全时折合全时人数	18	63.6	14.3	16.6	20.9	3.1	2.2
语言学	全时人数	19	73	25	16	15	9	0
	非全时人数	20	4 914	635	1 238	1 917	641	80
	非全时折合全时人数	21	1 155.4	165.4	311.9	445.4	133.9	19.1
中国文学	全时人数	22	127	52	34	32	5	4
	非全时人数	23	4 696	893	1 294	1 553	245	86
	非全时折合全时人数	24	1 176.1	253.7	347	389.9	50.9	19.4
外国文学	全时人数	25	10	4	4	2	0	0
	非全时人数	26	1 595	214	384	640	202	32
	非全时折合全时人数	27	345.2	49.7	88.6	140	40	6.2
艺术学	全时人数	28	95	16	35	30	10	2
	非全时人数	29	4 892	539	1 182	2 002	735	120
	非全时折合全时人数	30	1 189.8	139.8	301.3	494	168.5	30.1
历史学	全时人数	31	93	42	23	26	1	0
	非全时人数	32	2 946	692	757	955	157	29
	非全时折合全时人数	33	741.2	193.9	198.1	233.7	38.6	7.7

其他人员	研究生（学生）	其中：		按学历学位划分			
		女性	研究人员	博士毕业	硕士毕业	本科毕业	其他学历
L07	L08	L09	L10	L11	L12	L13	L14
4	25	394	1 147	578	400	224	20
705	7 348	30 225	50 055	11 542	28 107	21 803	1 388
131	1 366. 9	6 859. 2	12 113. 5	3 102. 1	6 506. 7	4 693. 3	341. 4
0	1	18	47	24	16	10	0
46	545	2 063	3 705	932	2 127	1 518	88
8. 5	110. 7	455. 5	841. 6	228. 8	467. 2	324. 6	19. 8
0	3	5	24	9	12	2	1
21	189	1 101	2 070	448	1 244	699	66
3. 3	39. 5	246. 1	474. 6	112. 1	273. 7	149. 2	14. 9
0	0	3	35	22	12	1	0
8	257	518	1 131	391	567	330	74
1. 6	45. 9	102. 1	233	87. 4	108. 1	62. 3	15. 9
0	0	0	0	0	0	0	0
0	1	8	42	12	26	5	0
0	0. 1	1. 1	7. 4	2. 7	3. 9	0. 9	0
0	0	0	5	3	2	0	0
2	27	97	230	84	118	52	9
0. 4	6. 1	20. 8	56. 3	24. 2	27	10. 9	1. 5
0	8	26	62	24	29	20	0
31	372	3 017	3 849	713	2 450	1 663	88
6	73. 7	702. 4	938. 3	181. 3	567. 7	383. 2	23. 2
0	0	29	118	51	47	19	10
48	577	2 200	3 897	1 246	1 899	1 432	119
11. 8	103. 4	517. 4	1 023. 4	362. 3	469. 1	307. 8	36. 9
0	0	6	10	6	2	2	0
5	118	1 060	1 245	195	827	547	26
0. 9	19. 8	220. 2	274. 8	46. 8	186. 3	106. 3	5. 8
1	1	40	82	18	33	42	2
37	277	2 436	3 756	353	1 966	2 425	148
7	49. 1	575. 1	947	86. 4	489. 8	572. 9	40. 7
1	0	18	91	43	35	15	0
17	339	1 087	2 535	934	1 215	708	89
3. 4	65. 8	268. 3	653. 1	262. 6	291. 9	161. 8	24. 9

			合计	按职称划分				
				教授	副教授	讲师	助教	初级
		编号	L01	L02	L03	L04	L05	L06
考古学	全时人数	34	2	2	0	0	0	0
	非全时人数	35	163	49	41	36	15	0
	非全时折合全时人数	36	31	9.3	7.8	6.8	3	0
经济学	全时人数	37	133	65	36	20	7	2
	非全时人数	38	5 200	833	1 309	1 794	415	81
	非全时折合全时人数	39	1 318.5	240.8	352.3	458.6	97.2	18.2
政治学	全时人数	40	32	14	9	4	1	0
	非全时人数	41	2 014	406	576	687	150	29
	非全时折合全时人数	42	436.4	92.3	127	147.4	30.3	5.9
法学	全时人数	43	38	17	14	7	0	0
	非全时人数	44	1 768	247	502	627	139	17
	非全时折合全时人数	45	441.6	69.8	129.9	156.3	33.2	3.6
社会学	全时人数	46	61	22	20	15	1	0
	非全时人数	47	4 101	672	1 018	1 449	317	63
	非全时折合全时人数	48	846.3	155.6	221.4	300.8	59.3	10.3
民族学	全时人数	49	12	5	1	5	0	0
	非全时人数	50	1 090	242	326	371	56	30
	非全时折合全时人数	51	228.5	52.3	68	76.5	11.3	7.4
新闻学与传播学	全时人数	52	11	5	2	4	0	0
	非全时人数	53	1 162	147	251	460	148	18
	非全时折合全时人数	54	266.8	34.2	58.4	111.4	34.6	3.8
图书、情报与文献学	全时人数	55	15	8	1	5	1	0
	非全时人数	56	1 238	141	342	499	91	68
	非全时折合全时人数	57	277.5	32.3	82.5	109.6	20.3	14.7
教育学	全时人数	58	306	128	112	53	8	3
	非全时人数	59	13 409	1 936	3 454	4 340	1 094	283
	非全时折合全时人数	60	3 103.1	534.7	843.4	1 023.1	233.7	63.5
统计学	全时人数	61	3	1	1	1	0	0
	非全时人数	62	250	40	67	63	10	3
	非全时折合全时人数	63	46.8	7.8	14.7	11.1	1.4	0.4
心理学	全时人数	64	38	23	7	7	0	0
	非全时人数	65	1 628	228	387	470	99	28
	非全时折合全时人数	66	357.2	57.4	85.7	110.4	21.1	5.7
体育学	全时人数	67	59	27	22	9	1	0
	非全时人数	68	2 984	409	880	1 096	273	49
	非全时折合全时人数	69	747	118.3	225.1	275.2	60.4	12.3

续表

	研究生	其中：		按学历学位划分			
其他人员	（学生）	女性	研究人员	博士毕业	硕士毕业	本科毕业	其他学历
L07	L08	L09	L10	L11	L12	L13	L14
0	0	1	2	1	0	1	0
0	22	60	129	59	52	48	4
0	4.1	11.4	25.1	11	10	9.2	0.8
0	3	41	123	71	43	17	2
34	734	2 346	4 167	1 173	2 391	1 558	78
5	146.4	584.6	1 105.9	350.9	583	367.8	16.8
0	4	10	30	16	8	8	0
9	157	800	1 701	457	1 015	507	35
1.5	32	159	379	108.4	218.3	100.2	9.5
0	0	12	38	20	16	2	0
31	205	748	1 429	407	835	498	28
6	42.8	183.5	370.2	115.8	208.3	110.3	7.2
0	3	21	60	32	25	4	0
22	560	1 928	3 328	742	1 896	1 404	59
4.5	94.4	390.8	715.2	174.1	401.5	258.4	12.3
0	1	3	11	2	8	2	0
5	60	482	948	210	466	385	29
1.1	11.9	104.7	198.3	45.6	95.7	80.4	6.8
0	0	4	11	3	4	4	0
4	134	599	884	227	571	349	15
0.5	23.9	130.8	211.4	55.8	134.1	74.2	2.7
0	0	6	14	9	1	5	0
18	79	697	998	139	437	576	86
2.7	15.4	158	230.3	32	99	128.5	18
2	0	125	286	174	80	49	3
273	2 029	6 954	10 203	2 121	5 933	5 124	231
50	354.7	1 573.1	2 488.1	621.3	1 386.4	1 040.6	54.8
0	0	1	3	2	1	0	0
8	59	122	188	53	100	88	9
1.5	9.9	21.5	37.2	11.4	18.5	15.4	1.5
0	1	13	37	26	10	2	0
42	374	896	1 204	373	676	529	50
8.2	68.7	190.5	275.9	104.8	136.3	105.8	10.3
0	0	12	58	22	16	19	2
44	233	1 006	2 416	273	1 296	1 358	57
7.1	48.6	242.3	627.4	76.4	330.9	322.6	17.1

39. 语言院校人文、社会科学研究与发展人员情况表

			合计	按职称划分				
				教授	副教授	讲师	助教	初级
		编号	L01	L02	L03	L04	L05	L06
合计	全时人数	1	150	72	44	32	1	1
	非全时人数	2	9 339	1 550	2 270	3 464	678	211
	非全时折合全时人数	3	1 956. 8	398. 6	523. 5	698	114. 8	36. 2
管理学	全时人数	4	17	4	7	6	0	0
	非全时人数	5	1 207	182	309	457	63	38
	非全时折合全时人数	6	248. 4	39. 9	77. 2	91. 1	11	6. 1
马克思主义	全时人数	7	0	0	0	0	0	0
	非全时人数	8	189	22	48	81	20	9
	非全时折合全时人数	9	30. 5	4. 5	8. 8	13	2. 2	1. 1
哲学	全时人数	10	0	0	0	0	0	0
	非全时人数	11	90	22	34	26	5	1
	非全时折合全时人数	12	13. 6	3. 7	4. 3	4. 6	0. 7	0. 1
逻辑学	全时人数	13	0	0	0	0	0	0
	非全时人数	14	6	0	2	4	0	0
	非全时折合全时人数	15	0. 6	0	0. 2	0. 4	0	0
宗教学	全时人数	16	0	0	0	0	0	0
	非全时人数	17	14	5	5	3	0	1
	非全时折合全时人数	18	2. 2	0. 9	0. 9	0. 3	0	0. 1
语言学	全时人数	19	56	28	18	9	1	0
	非全时人数	20	1 964	360	485	691	122	26
	非全时折合全时人数	21	472. 6	112. 5	125. 6	155. 2	23. 1	4. 8
中国文学	全时人数	22	3	1	2	0	0	0
	非全时人数	23	357	75	98	94	23	7
	非全时折合全时人数	24	80. 9	21. 4	23. 3	21	3. 2	1. 4
外国文学	全时人数	25	13	11	2	0	0	0
	非全时人数	26	501	128	137	161	29	3
	非全时折合全时人数	27	115	36. 3	35. 5	31. 4	4. 6	0. 5
艺术学	全时人数	28	1	0	0	1	0	0
	非全时人数	29	486	62	101	201	45	11
	非全时折合全时人数	30	90. 9	12	22. 7	40. 1	7. 2	2
历史学	全时人数	31	2	2	0	0	0	0
	非全时人数	32	61	14	17	19	2	1
	非全时折合全时人数	33	10	1. 8	3. 6	3. 4	0. 2	0. 2

		其中：		按学历学位划分			
其他人员	研究生（学生）	女性	研究人员	博士毕业	硕士毕业	本科毕业	其他学历
L07	L08	L09	L10	L11	L12	L13	L14
0	0	58	148	111	37	2	0
76	1 090	5 134	7 430	2 499	4 213	2 533	94
12.1	173.6	1 051	1 647.7	654.1	841.3	446.8	14.6
0	0	8	17	14	3	0	0
18	140	605	937	352	491	339	25
2.1	21	123.2	209.6	89.5	97.4	58.4	3.1
0	0	0	0	0	0	0	0
2	7	116	153	31	97	56	5
0.2	0.7	18.3	26.5	6.2	15.4	8.4	0.5
0	0	0	0	0	0	0	0
0	2	45	83	35	41	14	0
0	0.2	6.5	12.7	4.9	6.6	2.1	0
0	0	0	0	0	0	0	0
0	0	4	6	3	3	0	0
0	0	0.4	0.6	0.3	0.3	0	0
0	0	0	0	0	0	0	0
0	0	10	14	10	2	2	0
0	0	1.1	2.2	1.8	0.2	0.2	0
0	0	21	55	45	11	0	0
12	268	1 194	1 582	579	894	474	17
2.7	48.7	270.3	403.9	189	196.6	83.9	3.1
0	0	1	3	3	0	0	0
6	54	189	274	149	129	78	1
0.7	9.9	42.6	67.1	40.6	26.2	13.9	0.2
0	0	5	13	12	1	0	0
0	43	308	433	179	242	76	4
0	6.7	67.8	104.5	50.9	49.7	13.2	1.2
0	0	1	1	0	1	0	0
3	63	236	381	108	225	151	2
0.5	6.4	45.9	76.5	20.7	42.7	27.3	0.2
0	0	1	2	2	0	0	0
2	6	21	52	24	28	9	0
0.2	0.6	2.8	9.1	4.2	4.8	1	0

			合计	按职称划分				
				教授	副教授	讲师	助教	初级
		编号	L01	L02	L03	L04	L05	L06
考古学	全时人数	34	0	0	0	0	0	0
	非全时人数	35	1	0	0	1	0	0
	非全时折合全时人数	36	0. 1	0	0	0. 1	0	0
经济学	全时人数	37	21	11	5	5	0	0
	非全时人数	38	826	130	197	271	36	14
	非全时折合全时人数	39	199	39. 1	47. 9	65. 9	7. 2	2. 7
政治学	全时人数	40	14	4	6	4	0	0
	非全时人数	41	304	55	80	101	19	5
	非全时折合全时人数	42	65	15. 5	17. 9	20. 5	2. 8	0. 6
法学	全时人数	43	8	5	2	1	0	0
	非全时人数	44	212	26	65	81	8	3
	非全时折合全时人数	45	46. 1	8. 8	13. 5	16	1. 3	0. 9
社会学	全时人数	46	1	1	0	0	0	0
	非全时人数	47	382	72	105	147	28	8
	非全时折合全时人数	48	78. 5	14. 8	21. 2	31. 3	4. 7	2
民族学	全时人数	49	0	0	0	0	0	0
	非全时人数	50	72	13	18	33	6	2
	非全时折合全时人数	51	11	1. 5	3. 9	4. 7	0. 7	0. 2
新闻学与传播学	全时人数	52	9	4	1	4	0	0
	非全时人数	53	905	147	204	324	52	15
	非全时折合全时人数	54	168. 3	36. 4	43. 4	61. 1	7. 8	2. 3
图书、情报与文献学	全时人数	55	0	0	0	0	0	0
	非全时人数	56	145	15	31	58	16	11
	非全时折合全时人数	57	32. 1	3. 2	5. 9	14	4. 8	2. 6
教育学	全时人数	58	4	0	1	2	0	1
	非全时人数	59	1 370	200	272	608	176	47
	非全时折合全时人数	60	245. 2	41. 5	55. 3	104. 9	27. 8	7
统计学	全时人数	61	0	0	0	0	0	0
	非全时人数	62	40	3	10	19	1	1
	非全时折合全时人数	63	7	0. 7	2. 1	2. 5	0. 1	0. 2
心理学	全时人数	64	0	0	0	0	0	0
	非全时人数	65	84	8	20	30	8	3
	非全时折合全时人数	66	14. 7	1. 6	4	5. 6	1. 1	0. 7
体育学	全时人数	67	1	1	0	0	0	0
	非全时人数	68	123	11	32	54	19	5
	非全时折合全时人数	69	25. 1	2. 5	6. 3	10. 9	4. 3	0. 7

续表

其他人员	研究生（学生）	其中：女性	其中：研究人员	按学历学位划分：博士毕业	硕士毕业	本科毕业	其他学历
L07	L08	L09	L10	L11	L12	L13	L14
0	0	0	0	0	0	0	0
0	0	1	1	1	0	0	0
0	0	0.1	0.1	0.1	0	0	0
0	0	5	21	16	5	0	0
6	172	428	609	229	315	275	7
1.2	35	99.9	155	66.7	73.2	57.7	1.4
0	0	4	14	11	3	0	0
5	39	138	237	115	112	76	1
1	6.7	25.9	54	29.6	20.1	15	0.3
0	0	4	8	2	5	1	0
0	29	111	173	63	93	52	4
0	5.6	23.3	38.4	16.7	19.5	9.4	0.5
0	0	1	1	0	1	0	0
5	17	225	326	101	184	95	2
0.6	3.9	45.2	67.9	21.1	38.7	18.5	0.2
0	0	0	0	0	0	0	0
0	0	36	64	19	35	17	1
0	0	5.4	10.1	3.3	5	2.6	0.1
0	0	3	9	4	4	1	0
2	161	401	724	266	410	227	2
0.5	16.8	78	145.9	59.9	72.4	35.7	0.3
0	0	0	0	0	0	0	0
2	12	85	104	12	50	76	7
0.4	1.2	20.1	23.1	2.4	13.1	15	1.6
0	0	3	3	2	2	0	0
12	55	843	1 088	190	750	414	16
1.8	6.9	148	203.8	39.6	136.4	67.3	1.9
0	0	0	0	0	0	0	0
1	5	23	33	9	18	13	0
0.2	1.2	3.9	5.5	1.6	3.4	2	0
0	0	0	0	0	0	0	0
0	15	60	59	18	39	27	0
0	1.7	10.4	11.5	4.1	7.1	3.5	0
0	0	1	1	0	1	0	0
0	2	55	97	6	55	62	0
0	0.4	11.9	19.7	0.9	12.5	11.7	0

40. 财经院校人文、社会科学研究与发展人员情况表

			合计	按职称划分				
				教授	副教授	讲师	助教	初级
		编号	L01	L02	L03	L04	L05	L06
合计	全时人数	1	575	190	192	179	7	5
	非全时人数	2	36 170	5 886	9 952	12 139	2 694	656
	非全时折合全时人数	3	8 381.7	1 559.3	2 441.6	2 770.9	551.6	116.9
管理学	全时人数	4	185	49	70	59	4	3
	非全时人数	5	10 337	1 749	2 754	3 230	617	159
	非全时折合全时人数	6	2 488.2	477.6	704.9	787.3	139.2	27.7
马克思主义	全时人数	7	3	1	2	0	0	0
	非全时人数	8	961	148	310	336	93	14
	非全时折合全时人数	9	186	31.3	64.2	64.3	13.8	2
哲学	全时人数	10	0	0	0	0	0	0
	非全时人数	11	260	44	68	118	9	2
	非全时折合全时人数	12	52.9	10.8	13.7	22.4	1.4	0.3
逻辑学	全时人数	13	0	0	0	0	0	0
	非全时人数	14	40	4	6	23	3	0
	非全时折合全时人数	15	5.5	0.6	1	3	0.5	0
宗教学	全时人数	16	0	0	0	0	0	0
	非全时人数	17	11	3	3	3	1	0
	非全时折合全时人数	18	1.9	0.7	0.6	0.3	0.1	0
语言学	全时人数	19	11	3	6	1	0	0
	非全时人数	20	1 326	123	381	594	157	19
	非全时折合全时人数	21	305.8	26.8	97.2	133	32.1	3.2
中国文学	全时人数	22	2	0	2	0	0	0
	非全时人数	23	463	58	152	189	36	11
	非全时折合全时人数	24	104.2	14.2	37.2	39	7.2	1.6
外国文学	全时人数	25	2	1	1	0	0	0
	非全时人数	26	281	38	85	111	22	4
	非全时折合全时人数	27	64.3	9.2	21.3	24.6	3.6	0.8
艺术学	全时人数	28	5	0	0	5	0	0
	非全时人数	29	654	60	142	296	121	21
	非全时折合全时人数	30	141.7	12	31.5	65.3	25.6	4.9
历史学	全时人数	31	1	1	0	0	0	0
	非全时人数	32	205	33	70	68	12	2
	非全时折合全时人数	33	40.2	6.3	14.6	14.2	1.9	0.3

	研究生	其中：		按学历学位划分			
其他人员	（学生）	女性	研究人员	博士毕业	硕士毕业	本科毕业	其他学历
L07	L08	L09	L10	L11	L12	L13	L14
1	1	239	563	333	164	68	10
534	4 309	17 891	29 233	9 640	15 165	10 718	647
91. 6	849. 8	4 056. 1	7 061. 1	2 619. 9	3 474. 4	2 149	138. 4
0	0	74	179	102	61	19	3
194	1 634	4 962	8 217	3 059	4 081	3 005	192
31. 2	320. 3	1 166. 2	2 074. 7	854. 3	980. 2	610. 4	43. 3
0	0	0	3	1	1	1	0
8	52	453	807	232	463	252	14
1. 7	8. 7	84. 9	162	49	89. 4	45. 3	2. 3
0	0	0	0	0	0	0	0
9	10	129	233	97	122	40	1
0. 9	3. 4	26	47. 7	21. 1	23. 7	8	0. 1
0	0	0	0	0	0	0	0
0	4	16	34	20	11	8	1
0	0. 4	1. 9	4. 7	2. 7	1. 6	1. 1	0. 1
0	0	0	0	0	0	0	0
0	1	4	9	5	3	3	0
0	0. 2	0. 7	1. 6	1. 1	0. 3	0. 5	0
0	1	7	10	5	3	3	0
5	47	944	1 102	184	705	413	24
1. 1	12. 4	210. 9	258	51. 4	156. 6	92. 6	5. 2
0	0	0	2	0	0	2	0
3	14	257	403	127	212	119	5
0. 8	4. 2	56	91. 4	33. 3	45. 4	24. 4	1. 1
0	0	2	2	1	1	0	0
5	16	180	238	58	136	84	3
0. 7	4. 1	36. 9	56. 4	14. 4	29. 8	18. 8	1. 3
0	0	4	5	0	2	3	0
6	8	341	503	68	317	264	5
1. 2	1. 2	70. 5	109. 5	16. 3	66. 7	57. 8	0. 9
0	0	0	1	1	0	0	0
2	18	89	174	84	68	48	5
0. 3	2. 6	16. 5	35. 5	17	13. 5	8. 4	1. 3

			合计	按职称划分				
				教授	副教授	讲师	助教	初级
		编号	L01	L02	L03	L04	L05	L06
考古学	全时人数	34	0	0	0	0	0	0
	非全时人数	35	24	3	4	11	5	1
	非全时折合全时人数	36	3.3	0.3	0.4	1.7	0.5	0.4
经济学	全时人数	37	267	94	86	83	2	1
	非全时人数	38	10 954	2 044	3 047	3 242	627	181
	非全时折合全时人数	39	2 779	600.4	810.6	815.1	145.5	37.5
政治学	全时人数	40	0	0	0	0	0	0
	非全时人数	41	448	85	134	164	30	12
	非全时折合全时人数	42	81.3	15.3	23.9	29.9	5.5	2.1
法学	全时人数	43	53	27	11	14	1	0
	非全时人数	44	2 019	329	597	648	75	30
	非全时折合全时人数	45	520.6	95.3	163.9	164.9	18.2	4.7
社会学	全时人数	46	9	3	3	3	0	0
	非全时人数	47	1 380	228	427	500	110	26
	非全时折合全时人数	48	262.7	50.2	79.9	95.3	21	3.4
民族学	全时人数	49	0	0	0	0	0	0
	非全时人数	50	222	37	65	73	19	3
	非全时折合全时人数	51	36.5	7.5	10.4	11.9	3.2	0.5
新闻学与传播学	全时人数	52	0	0	0	0	0	0
	非全时人数	53	502	65	146	205	32	9
	非全时折合全时人数	54	99.2	13.5	30.1	41.4	5.9	1.9
图书、情报与文献学	全时人数	55	0	0	0	0	0	0
	非全时人数	56	455	53	101	210	46	28
	非全时折合全时人数	57	84.7	11.6	20.8	37.1	7.7	4
教育学	全时人数	58	21	6	6	8	0	1
	非全时人数	59	3 680	493	931	1 459	530	111
	非全时折合全时人数	60	703.2	101.6	188.4	278.4	89.4	17.6
统计学	全时人数	61	12	5	4	3	0	0
	非全时人数	62	1 211	221	325	326	56	11
	非全时折合全时人数	63	267.3	56.9	82.4	73.8	12.7	1.4
心理学	全时人数	64	1	0	0	1	0	0
	非全时人数	65	197	21	50	76	32	5
	非全时折合全时人数	66	31.2	3.8	7.9	12	5.2	0.7
体育学	全时人数	67	3	0	1	2	0	0
	非全时人数	68	540	47	154	257	61	7
	非全时折合全时人数	69	122	13.4	36.7	56	11.4	1.9

其他人员	研究生（学生）	其中：		按学历学位划分			
		女性	研究人员	博士毕业	硕士毕业	本科毕业	其他学历
L07	L08	L09	L10	L11	L12	L13	L14
0	0	0	0	0	0	0	0
0	0	12	18	2	14	8	0
0	0	2. 1	2. 4	0. 2	2. 3	0. 8	0
1	0	118	264	180	60	22	5
153	1 660	5 101	8 864	3 510	4 217	3 061	166
32. 1	337. 8	1 265. 5	2 363. 5	1 043. 1	1 059. 5	638. 3	38. 1
0	0	0	0	0	0	0	0
2	21	201	395	119	208	110	11
0. 2	4. 4	38. 1	70. 9	22. 8	37. 4	19. 9	1. 2
0	0	17	52	31	18	4	0
33	307	941	1 671	595	912	485	27
5. 8	67. 8	244. 5	445	170. 5	238. 7	104. 2	7. 2
0	0	4	9	3	2	4	0
12	77	670	1 182	368	640	346	26
1. 5	11. 4	133. 1	229. 3	77. 6	119. 3	61. 3	4. 5
0	0	0	0	0	0	0	0
12	13	121	177	53	99	64	6
1. 2	1. 8	20. 9	30	9. 6	16. 4	9. 8	0. 7
0	0	0	0	0	0	0	0
8	37	270	416	129	212	138	23
1. 1	5. 3	53	85	27. 1	42. 7	24. 4	5
0	0	0	0	0	0	0	0
5	12	257	369	50	156	217	32
0. 8	2. 7	48. 6	70. 6	9. 2	29. 6	40. 3	5. 6
0	0	6	20	3	10	8	0
54	102	2 088	2 895	424	1 857	1 336	63
7. 3	20. 5	398. 5	571. 4	85. 4	363. 3	242. 7	11. 8
0	0	5	12	5	3	2	2
12	260	552	917	380	393	399	39
1. 9	38. 2	119. 2	221. 2	97. 7	88. 5	72. 8	8. 3
0	0	0	1	0	1	0	0
4	9	113	148	35	100	60	2
0. 4	1. 2	18. 5	23. 9	5. 3	16. 2	9. 5	0. 2
0	0	2	3	1	2	0	0
7	7	190	461	41	239	258	2
1. 4	1. 2	43. 6	106. 4	10. 8	53. 3	57. 7	0. 2

41. 政法院校人文、社会科学研究与发展人员情况表

			合计	按职称划分				
				教授	副教授	讲师	助教	初级
		编号	L01	L02	L03	L04	L05	L06
合计	全时人数	1	178	75	67	32	1	3
	非全时人数	2	9 161	1 648	2 731	2 830	459	260
	非全时折合全时人数	3	2 124.4	430.4	686.3	679.6	93.1	54.8
管理学	全时人数	4	6	2	3	1	0	0
	非全时人数	5	1 073	182	317	353	75	50
	非全时折合全时人数	6	251	46.6	78.3	83.3	15.3	12.2
马克思主义	全时人数	7	0	0	0	0	0	0
	非全时人数	8	277	54	81	96	13	9
	非全时折合全时人数	9	59.3	10.5	17.3	23.3	2.2	1.7
哲学	全时人数	10	0	0	0	0	0	0
	非全时人数	11	129	35	34	38	2	2
	非全时折合全时人数	12	22.2	5.8	5.9	8.6	0.2	0.2
逻辑学	全时人数	13	0	0	0	0	0	0
	非全时人数	14	24	5	7	10	2	0
	非全时折合全时人数	15	3.4	0.6	1.2	1.3	0.3	0
宗教学	全时人数	16	1	0	1	0	0	0
	非全时人数	17	16	5	4	5	0	1
	非全时折合全时人数	18	3.8	1.1	1.1	1.3	0	0.2
语言学	全时人数	19	5	0	3	2	0	0
	非全时人数	20	325	36	87	148	26	7
	非全时折合全时人数	21	69.9	7.9	19.1	32.8	6.6	1.4
中国文学	全时人数	22	0	0	0	0	0	0
	非全时人数	23	104	9	45	36	4	5
	非全时折合全时人数	24	20.8	2	10.2	5.8	0.8	0.7
外国文学	全时人数	25	1	0	1	0	0	0
	非全时人数	26	30	3	9	13	1	0
	非全时折合全时人数	27	6	0.6	1.9	2.1	0.2	0
艺术学	全时人数	28	0	0	0	0	0	0
	非全时人数	29	17	0	6	11	0	0
	非全时折合全时人数	30	5.2	0	2.7	2.5	0	0
历史学	全时人数	31	1	1	0	0	0	0
	非全时人数	32	87	23	22	23	2	0
	非全时折合全时人数	33	13.4	3	3.4	4.9	0.2	0

	研究生（学生）	其中：		按学历学位划分			
其他人员		女性	研究人员	博士毕业	硕士毕业	本科毕业	其他学历
L07	L08	L09	L10	L11	L12	L13	L14
0	0	53	163.5	102	48	28	0
122	1 111	3 940	7 602	2 175	3 762	2 766	458
19.6	160.6	893.8	1 839.3	582.5	887	553.4	101.5
0	0	1	4.5	3	1	2	0
25	71	452	873	193	459	313	108
3.5	11.8	101.4	214.7	46.1	114	64.5	26.4
0	0	0	0	0	0	0	0
2	22	124	230	75	117	81	4
0.4	3.9	23.7	44.5	20.2	24.6	13.7	0.8
0	0	0	0	0	0	0	0
0	18	45	113	60	42	27	0
0	1.5	7.1	20.3	12.2	6.5	3.5	0
0	0	0	0	0	0	0	0
0	0	12	22	4	12	5	3
0	0	1.5	3.1	0.6	1.7	0.5	0.6
0	0	0	1	1	0	0	0
0	1	4	15	6	9	1	0
0	0.1	1.3	3.7	1.4	2.3	0.1	0
0	0	4	5	1	4	0	0
1	20	211	278	47	166	87	25
0.2	1.9	45.6	60	8.4	39.6	17.5	4.4
0	0	0	0	0	0	0	0
1	4	64	94	31	47	23	3
0.3	1	13.5	19	7.3	9.2	3.8	0.5
0	0	1	1	0	1	0	0
0	4	23	25	7	17	6	0
0	1.2	4.5	4.6	1.3	3.2	1.5	0
0	0	0	0	0	0	0	0
0	0	10	17	3	5	2	7
0	0	3.1	5.2	1	1.7	0.3	2.2
0	0	0	1	1	0	0	0
0	17	33	68	32	33	21	1
0	1.9	6.1	11.3	5.3	5.6	2.4	0.1

			合计	按职称划分				
				教授	副教授	讲师	助教	初级
		编号	L01	L02	L03	L04	L05	L06
考古学	全时人数	34	0	0	0	0	0	0
	非全时人数	35	1	1	0	0	0	0
	非全时折合全时人数	36	0. 1	0. 1	0	0	0	0
经济学	全时人数	37	3	1	1	1	0	0
	非全时人数	38	339	61	99	85	16	5
	非全时折合全时人数	39	83. 9	15. 9	27. 2	26. 1	3	0. 9
政治学	全时人数	40	1	1	0	0	0	0
	非全时人数	41	417	82	126	140	12	15
	非全时折合全时人数	42	88. 2	19. 4	25. 4	32. 1	2. 3	2. 6
法学	全时人数	43	148	65	56	25	0	2
	非全时人数	44	4 112	786	1 212	1 086	152	79
	非全时折合全时人数	45	1 024	238. 8	343. 7	283	28. 6	17. 3
社会学	全时人数	46	4	2	1	1	0	0
	非全时人数	47	559	107	181	186	30	10
	非全时折合全时人数	48	128. 2	24. 1	45. 4	40. 9	5. 8	2. 1
民族学	全时人数	49	0	0	0	0	0	0
	非全时人数	50	64	8	23	27	3	2
	非全时折合全时人数	51	13. 9	2. 1	4. 6	5. 9	0. 8	0. 2
新闻学与传播学	全时人数	52	4	2	1	1	0	0
	非全时人数	53	201	30	64	65	7	3
	非全时折合全时人数	54	50	6. 9	18. 1	19. 4	1. 1	0. 5
图书、情报与文献学	全时人数	55	0	0	0	0	0	0
	非全时人数	56	123	19	29	49	12	7
	非全时折合全时人数	57	26	4. 2	5. 3	11. 4	3	1
教育学	全时人数	58	3	1	0	0	1	1
	非全时人数	59	909	155	268	331	70	45
	非全时折合全时人数	60	177. 6	30. 6	49. 3	65. 4	15. 6	10. 4
统计学	全时人数	61	0	0	0	0	0	0
	非全时人数	62	41	7	11	18	1	2
	非全时折合全时人数	63	7. 8	1. 9	2. 2	3	0. 3	0. 2
心理学	全时人数	64	1	0	0	1	0	0
	非全时人数	65	135	15	47	46	9	10
	非全时折合全时人数	66	25. 6	2. 6	8. 5	9. 1	2. 5	2
体育学	全时人数	67	0	0	0	0	0	0
	非全时人数	68	178	25	59	64	22	8
	非全时折合全时人数	69	44. 1	5. 7	15. 5	17. 4	4. 3	1. 2

续表

其他人员	研究生（学生）	其中：		按学历学位划分			
		女性	研究人员	博士毕业	硕士毕业	本科毕业	其他学历
L07	L08	L09	L10	L11	L12	L13	L14
0	0	0	0	0	0	0	0
0	0	1	1	1	0	0	0
0	0	0.1	0.1	0.1	0	0	0
0	0	0	3	2	1	0	0
0	73	163	261	122	96	103	18
0	10.8	38.7	69.9	35	25.3	19.6	4
0	0	1	1	1	0	0	0
2	40	149	362	141	155	107	14
0.7	5.7	30.6	78.1	29.2	33.9	22.8	2.3
0	0	45	137	89	34	25	0
62	735	1 645	3 392	1 053	1 653	1 263	143
8.7	103.9	396.4	901.2	324.1	416	255.5	28.4
0	0	0	4	1	3	0	0
7	38	256	480	154	217	152	36
2	7.9	62	112.5	38.1	51.6	30.2	8.3
0	0	0	0	0	0	0	0
0	1	31	58	15	37	12	0
0	0.3	7.5	12.6	3	7.7	3.2	0
0	0	1	4	3	0	1	0
1	31	99	161	52	75	66	8
0.1	3.9	27.3	44.6	18.7	17.4	11.9	2
0	0	0	0	0	0	0	0
2	5	61	99	21	44	52	6
0.2	0.9	12.3	21.1	3.8	10.5	10.2	1.5
0	0	0	1	0	3	0	0
14	26	443	759	119	429	302	59
2.9	3.4	87.8	146.5	21.2	82.5	59	14.9
0	0	0	0	0	0	0	0
2	0	19	36	6	25	7	3
0.2	0	3.3	7.1	0.8	5.6	1.1	0.3
0	0	0	1	0	1	0	0
3	5	65	109	24	58	44	9
0.4	0.5	12.6	20.5	3.5	12.2	7.7	2.2
0	0	0	0	0	0	0	0
0	0	30	149	9	66	92	11
0	0	7.4	38.7	1.2	15.9	24.4	2.6

42. 艺术院校人文、社会科学研究与发展人员情况表

			合计	按职称划分				
				教授	副教授	讲师	助教	初级
		编号	L01	L02	L03	L04	L05	L06
合计	全时人数	1	149	38	48	43	17	1
	非全时人数	2	5 270	799	1 167	1 720	623	189
	非全时折合全时人数	3	1 365. 8	222. 6	313. 5	443. 4	152. 7	45. 6
管理学	全时人数	4	0	0	0	0	0	0
	非全时人数	5	198	20	34	74	35	11
	非全时折合全时人数	6	37. 5	4	5. 3	14. 4	7. 5	2. 2
马克思主义	全时人数	7	0	0	0	0	0	0
	非全时人数	8	73	11	25	27	5	3
	非全时折合全时人数	9	18. 3	2. 1	5. 8	7. 7	1. 9	0. 4
哲学	全时人数	10	0	0	0	0	0	0
	非全时人数	11	4	1	1	0	1	1
	非全时折合全时人数	12	1. 1	0. 3	0. 1	0	0. 4	0. 3
逻辑学	全时人数	13	0	0	0	0	0	0
	非全时人数	14	0	0	0	0	0	0
	非全时折合全时人数	15	0	0	0	0	0	0
宗教学	全时人数	16	0	0	0	0	0	0
	非全时人数	17	3	1	2	0	0	0
	非全时折合全时人数	18	0. 3	0. 1	0. 2	0	0	0
语言学	全时人数	19	1	0	1	0	0	0
	非全时人数	20	86	3	18	41	8	1
	非全时折合全时人数	21	25. 1	0. 9	4. 7	9. 8	3. 1	0. 4
中国文学	全时人数	22	0	0	0	0	0	0
	非全时人数	23	60	8	11	26	8	2
	非全时折合全时人数	24	13. 3	1. 4	2. 7	5. 4	2. 2	0. 4
外国文学	全时人数	25	0	0	0	0	0	0
	非全时人数	26	2	0	1	1	0	0
	非全时折合全时人数	27	0. 4	0	0. 1	0. 3	0	0
艺术学	全时人数	28	146	38	46	42	17	1
	非全时人数	29	4 101	683	922	1 276	450	131
	非全时折合全时人数	30	1 091. 9	196. 9	260	343. 6	111. 3	34
历史学	全时人数	31	0	0	0	0	0	0
	非全时人数	32	55	9	10	17	6	0
	非全时折合全时人数	33	12. 4	2. 1	1. 5	2. 9	1. 4	0

	研究生	其中：		按学历学位划分			
其他人员	（学生）	女性	研究人员	博士毕业	硕士毕业	本科毕业	其他学历
L07	L08	L09	L10	L11	L12	L13	L14
1	1	53	126	23	71	52	3
79	693	2 396	3 694	491	2 105	2 194	480
16.2	171.8	617.5	986	138.4	555.8	561.5	110.1
0	0	0	0	0	0	0	0
7	17	84	128	12	91	81	14
1.6	2.5	16.9	23.7	1.6	16	17.4	2.5
0	0	0	0	0	0	0	0
2	0	41	63	10	41	20	2
0.4	0	10.2	15.6	2.3	10.1	5.3	0.6
0	0	0	0	0	0	0	0
0	0	2	2	1	1	2	0
0	0	0.4	0.4	0.3	0.3	0.5	0
0	0	0	0	0	0	0	0
0	0	0	0	0	0	0	0
0	0	0	0	0	0	0	0
0	0	0	0	0	0	0	0
0	0	1	3	3	0	0	0
0	0	0.1	0.3	0.3	0	0	0
0	0	1	1	0	0	1	0
0	15	65	62	3	38	38	7
0	6.2	19.3	15.4	0.4	10	12.5	2.2
0	0	0	0	0	0	0	0
2	3	26	45	10	32	18	0
0.4	0.8	6	9.5	1.9	7	4.4	0
0	0	0	0	0	0	0	0
0	0	0	2	0	1	1	0
0	0	0	0.4	0	0.3	0.1	0
1	1	50	123	23	69	51	3
56	583	1 809	2 887	410	1 594	1 714	383
10.8	135.3	471.8	806.5	123.4	439.2	438.3	91
0	0	0	0	0	0	0	0
0	13	27	36	1	22	20	12
0	4.5	7.1	6.5	0.1	4.8	5.7	1.8

			合计	按职称划分				
				教授	副教授	讲师	助教	初级
		编号	L01	L02	L03	L04	L05	L06
考古学	全时人数	34	0	0	0	0	0	0
	非全时人数	35	5	1	0	2	2	0
	非全时折合全时人数	36	1.8	0.3	0	0.8	0.7	0
经济学	全时人数	37	0	0	0	0	0	0
	非全时人数	38	22	1	4	4	9	0
	非全时折合全时人数	39	6.3	0.4	0.8	0.9	3.2	0
政治学	全时人数	40	0	0	0	0	0	0
	非全时人数	41	22	5	11	5	1	0
	非全时折合全时人数	42	4.1	1.4	1.7	0.9	0.1	0
法学	全时人数	43	1	0	0	1	0	0
	非全时人数	44	13	5	1	3	3	1
	非全时折合全时人数	45	3.9	1.2	0.2	1.1	1.1	0.3
社会学	全时人数	46	0	0	0	0	0	0
	非全时人数	47	42	8	13	13	2	2
	非全时折合全时人数	48	10.4	1.7	3.3	3.8	0.5	0.2
民族学	全时人数	49	0	0	0	0	0	0
	非全时人数	50	84	6	15	24	11	7
	非全时折合全时人数	51	19.2	1.5	2.8	4.8	2.3	1.1
新闻学与传播学	全时人数	52	1	0	1	0	0	0
	非全时人数	53	29	0	3	12	10	2
	非全时折合全时人数	54	8.5	0	0.9	3.3	3.4	0.3
图书、情报与文献学	全时人数	55	0	0	0	0	0	0
	非全时人数	56	86	4	14	45	5	10
	非全时折合全时人数	57	25.4	1.3	4.4	12.4	1.2	2.6
教育学	全时人数	58	0	0	0	0	0	0
	非全时人数	59	293	25	55	122	49	15
	非全时折合全时人数	60	59.2	4.6	12.1	23.6	7.6	2.5
统计学	全时人数	61	0	0	0	0	0	0
	非全时人数	62	2	0	0	2	0	0
	非全时折合全时人数	63	0.7	0	0	0.7	0	0
心理学	全时人数	64	0	0	0	0	0	0
	非全时人数	65	20	2	2	5	10	1
	非全时折合全时人数	66	6.1	0.9	0.2	1.8	2.9	0.3
体育学	全时人数	67	0	0	0	0	0	0
	非全时人数	68	70	6	25	21	8	2
	非全时折合全时人数	69	19.9	1.5	6.7	5.2	1.9	0.6

续表

其他人员	研究生（学生）	其中：女性	其中：研究人员	按学历学位划分：博士毕业	硕士毕业	本科毕业	其他学历
L07	L08	L09	L10	L11	L12	L13	L14
0	0	0	0	0	0	0	0
0	0	3	3	2	3	0	0
0	0	1.2	1.1	0.8	1	0	0
0	0	0	0	0	0	0	0
0	4	7	9	0	6	16	0
0	1	2.3	2.1	0	1.4	4.9	0
0	0	0	0	0	0	0	0
0	0	12	22	4	10	7	1
0	0	2	4.1	0.4	2.1	1.2	0.4
0	0	1	1	0	1	0	0
0	0	6	9	2	8	2	1
0	0	1.8	2.5	0.3	2.5	0.8	0.3
0	0	0	0	0	0	0	0
1	3	24	34	4	20	13	5
0.3	0.6	6.2	8.8	1	5.5	2.8	1.1
0	0	0	0	0	0	0	0
1	20	50	45	10	39	33	2
0.3	6.4	10.3	9.1	2.2	7.7	8.6	0.7
0	0	1	1	0	1	0	0
0	2	13	15	5	14	8	2
0	0.6	3.4	4.2	1.2	4	2.6	0.7
0	0	0	0	0	0	0	0
3	5	51	63	1	24	57	4
1.2	2.3	14.4	18.1	0.1	7.4	17.3	0.6
0	0	0	0	0	0	0	0
7	20	137	203	5	130	116	42
1.2	7.6	31.1	40.7	0.5	26.9	25.3	6.5
0	0	0	0	0	0	0	0
0	0	0	2	0	2	0	0
0	0	0	0.7	0	0.7	0	0
0	0	0	0	0	0	0	0
0	0	12	9	1	7	11	1
0	0	4.2	2.9	0.1	2.2	3.5	0.3
0	0	0	0	0	0	0	0
0	8	26	52	7	22	37	4
0	4	8.8	13.4	1.5	6.7	10.3	1.4

43. 民族院校人文、社会科学研究与发展人员情况表

			合计	按职称划分				
				教授	副教授	讲师	助教	初级
		编号	L01	L02	L03	L04	L05	L06
合计	全时人数	1	32	10	11	9	1	1
	非全时人数	2	5 082	962	1 375	1 786	331	79
	非全时折合全时人数	3	1 329	260.9	369.1	448.8	74.4	15.9
管理学	全时人数	4	3	0	1	0	1	1
	非全时人数	5	456	64	134	163	31	7
	非全时折合全时人数	6	114.3	17.4	35.3	39.1	6.7	1.3
马克思主义	全时人数	7	1	0	0	1	0	0
	非全时人数	8	167	41	50	49	12	4
	非全时折合全时人数	9	43.3	11.8	11.8	14	2.8	0.6
哲学	全时人数	10	0	0	0	0	0	0
	非全时人数	11	68	17	21	19	0	0
	非全时折合全时人数	12	18.7	4.6	5.6	4.6	0	0
逻辑学	全时人数	13	0	0	0	0	0	0
	非全时人数	14	0	0	0	0	0	0
	非全时折合全时人数	15	0	0	0	0	0	0
宗教学	全时人数	16	0	0	0	0	0	0
	非全时人数	17	98	32	21	33	6	2
	非全时折合全时人数	18	23	7.3	5.8	7.5	1	0.2
语言学	全时人数	19	2	0	1	1	0	0
	非全时人数	20	448	87	111	178	32	6
	非全时折合全时人数	21	118.9	22.7	28.8	46	6.3	0.9
中国文学	全时人数	22	1	1	0	0	0	0
	非全时人数	23	326	83	91	110	10	6
	非全时折合全时人数	24	106.3	26.2	31.7	35.1	2.1	1.5
外国文学	全时人数	25	1	0	1	0	0	0
	非全时人数	26	98	13	24	44	10	1
	非全时折合全时人数	27	21.2	3.5	3.9	8.8	2.1	0.1
艺术学	全时人数	28	1	0	0	1	0	0
	非全时人数	29	302	27	84	132	39	4
	非全时折合全时人数	30	73.5	5.6	20	32.8	10.2	1.2
历史学	全时人数	31	0	0	0	0	0	0
	非全时人数	32	117	24	38	37	3	1
	非全时折合全时人数	33	37.8	6	11.8	13.4	1.3	0.3

其他人员	研究生（学生）	其中：女性	其中：研究人员	按学历学位划分：博士毕业	按学历学位划分：硕士毕业	按学历学位划分：本科毕业	按学历学位划分：其他学历
L07	L08	L09	L10	L11	L12	L13	L14
0	0	11	30	17	10	5	0
76	473	2 456	4 186	1 287	1 803	1 706	286
14. 8	145. 1	646. 3	1 098. 1	326. 5	452. 8	471. 4	78. 3
0	0	0	1	0	2	1	0
12	45	238	369	138	176	131	11
2	12. 5	59. 9	94	33. 2	43. 6	35. 1	2. 4
0	0	0	1	0	1	0	0
3	8	69	140	33	70	61	3
0. 5	1. 8	18	37. 6	9. 3	16. 1	17	0. 9
0	0	0	0	0	0	0	0
1	10	26	60	29	12	21	6
0. 1	3. 8	8. 7	15. 1	6. 5	2. 7	7. 8	1. 7
0	0	0	0	0	0	0	0
0	0	0	0	0	0	0	0
0	0	0	0	0	0	0	0
0	0	0	0	0	0	0	0
0	4	34	86	33	24	32	9
0	1. 2	7. 1	20. 6	8. 2	4. 8	8. 8	1. 2
0	0	1	2	0	2	0	0
4	30	288	380	108	172	160	8
0. 7	13. 5	75. 4	98. 3	29. 8	40. 9	46. 4	1. 8
0	0	0	1	1	0	0	0
1	25	162	287	93	96	103	34
0. 1	9. 6	57. 8	94. 9	30. 9	32. 3	35. 8	7. 3
0	0	1	1	0	1	0	0
0	6	63	83	23	42	31	2
0	2. 8	15	17. 8	4. 8	9. 3	6. 8	0. 3
0	0	1	1	0	0	1	0
4	12	157	245	32	120	133	17
0. 4	3. 3	39. 6	59	6. 9	30. 3	31. 4	4. 9
0	0	0	0	0	0	0	0
0	14	50	106	42	35	34	6
0	5	16. 8	34. 3	11. 1	11. 8	13. 1	1. 8

			合计	按职称划分				
				教授	副教授	讲师	助教	初级
		编号	L01	L02	L03	L04	L05	L06
考古学	全时人数	34	0	0	0	0	0	0
	非全时人数	35	34	10	6	9	0	0
	非全时折合全时人数	36	6.1	1.9	1.2	1.7	0	0
经济学	全时人数	37	7	2	4	1	0	0
	非全时人数	38	532	94	154	199	30	1
	非全时折合全时人数	39	135.3	26.8	41.3	47	4.9	0.3
政治学	全时人数	40	1	0	1	0	0	0
	非全时人数	41	131	27	38	33	4	1
	非全时折合全时人数	42	32.2	6.7	9.7	7.5	0.5	0.1
法学	全时人数	43	1	1	0	0	0	0
	非全时人数	44	319	45	110	112	20	3
	非全时折合全时人数	45	98.2	13.8	35.9	33.3	5.8	1.3
社会学	全时人数	46	0	0	0	0	0	0
	非全时人数	47	400	77	101	137	32	6
	非全时折合全时人数	48	86.5	18.8	21.1	26.4	5.3	0.9
民族学	全时人数	49	11	4	3	4	0	0
	非全时人数	50	732	184	188	208	36	10
	非全时折合全时人数	51	200.5	51.3	47.9	56.9	9.9	2.8
新闻学与传播学	全时人数	52	1	1	0	0	0	0
	非全时人数	53	110	16	29	52	7	1
	非全时折合全时人数	54	28.7	4.6	7.7	12.6	1.5	0.3
图书、情报与文献学	全时人数	55	0	0	0	0	0	0
	非全时人数	56	81	17	27	30	4	2
	非全时折合全时人数	57	21	3.9	7.2	7.1	2.1	0.2
教育学	全时人数	58	2	1	0	1	0	0
	非全时人数	59	433	67	104	144	28	14
	非全时折合全时人数	60	104.4	15.4	29.9	32.4	5.4	2.3
统计学	全时人数	61	0	0	0	0	0	0
	非全时人数	62	32	4	7	13	3	0
	非全时折合全时人数	63	8	0.5	0.8	4.7	0.8	0
心理学	全时人数	64	0	0	0	0	0	0
	非全时人数	65	37	3	6	16	2	3
	非全时折合全时人数	66	6.6	0.9	1.1	2.5	0.2	0.5
体育学	全时人数	67	0	0	0	0	0	0
	非全时人数	68	161	30	31	68	22	7
	非全时折合全时人数	69	44.5	11.2	10.6	15.4	5.5	1.1

续表

其他人员	研究生（学生）	其中：女性	研究人员	按学历学位划分 博士毕业	硕士毕业	本科毕业	其他学历
L07	L08	L09	L10	L11	L12	L13	L14
0	0	0	0	0	0	0	0
2	7	13	25	15	6	13	0
0.4	0.9	2.5	4.8	2.7	1.7	1.7	0
0	0	3	7	7	0	0	0
4	50	263	451	160	198	136	38
0.8	14.2	66.3	115.7	40.6	47.4	32.9	14.4
0	0	0	1	1	0	0	0
7	21	52	105	36	42	36	17
2.1	5.6	11.9	25.2	7.5	8.5	10	6.2
0	0	0	1	1	0	0	0
8	21	148	269	82	144	87	6
1.6	6.5	44	83.7	26	43.6	26.2	2.4
0	0	0	0	0	0	0	0
6	41	171	320	118	140	114	28
0.7	13.3	34	68.4	24.2	28.9	26.4	7
0	0	4	11	6	3	2	0
8	98	323	593	211	231	256	34
2.1	29.6	88.3	159.5	52.8	61.2	79.3	7.2
0	0	0	1	0	0	1	0
1	4	52	98	21	52	30	7
0.7	1.3	14.1	25	6.4	13.2	7.6	1.5
0	0	0	0	0	0	0	0
0	1	44	74	9	22	41	9
0	0.5	11.7	18.2	1.6	5.8	10.9	2.7
0	0	1	2	1	1	0	0
11	65	231	317	78	150	183	22
2.1	16.9	57.8	78.3	17.2	34.9	46.3	6
0	0	0	0	0	0	0	0
0	5	16	24	9	12	8	3
0	1.2	4.9	6	2.7	3.2	1.7	0.4
0	0	0	0	0	0	0	0
3	4	19	25	11	15	10	1
0.4	1	3.5	4.5	2.1	2.4	2	0.1
0	0	0	0	0	0	0	0
1	2	37	129	6	44	86	25
0.1	0.6	9	37.2	2	10.2	24.2	8.1

44. 体育院校人文、社会科学研究与发展人员情况表

			合计	按职称划分				
				教授	副教授	讲师	助教	初级
		编号	L01	L02	L03	L04	L05	L06
合计	全时人数	1	192	63	57	58	9	2
	非全时人数	2	4 301	628	1 067	1 372	348	86
	非全时折合全时人数	3	1 104.7	197.8	304.2	361.2	76.5	20.3
管理学	全时人数	4	0	0	0	0	0	0
	非全时人数	5	105	18	29	30	12	6
	非全时折合全时人数	6	19.7	3	6.1	6.4	1.9	1
马克思主义	全时人数	7	0	0	0	0	0	0
	非全时人数	8	65	7	13	33	6	2
	非全时折合全时人数	9	14.2	1.5	3.2	7.6	0.8	0.4
哲学	全时人数	10	0	0	0	0	0	0
	非全时人数	11	13	1	3	7	2	0
	非全时折合全时人数	12	1.5	0.1	0.3	0.9	0.2	0
逻辑学	全时人数	13	0	0	0	0	0	0
	非全时人数	14	0	0	0	0	0	0
	非全时折合全时人数	15	0	0	0	0	0	0
宗教学	全时人数	16	0	0	0	0	0	0
	非全时人数	17	0	0	0	0	0	0
	非全时折合全时人数	18	0	0	0	0	0	0
语言学	全时人数	19	1	0	0	1	0	0
	非全时人数	20	48	5	14	24	2	1
	非全时折合全时人数	21	14.2	1.3	3.8	8.4	0.3	0.2
中国文学	全时人数	22	1	0	0	1	0	0
	非全时人数	23	31	3	8	19	1	0
	非全时折合全时人数	24	5.2	0.4	1.3	3.4	0.1	0
外国文学	全时人数	25	0	0	0	0	0	0
	非全时人数	26	8	0	1	5	1	0
	非全时折合全时人数	27	1.4	0	0.2	0.9	0.1	0
艺术学	全时人数	28	0	0	0	0	0	0
	非全时人数	29	15	2	0	9	0	4
	非全时折合全时人数	30	4.1	0.7	0	2.4	0	1
历史学	全时人数	31	0	0	0	0	0	0
	非全时人数	32	5	1	1	2	1	0
	非全时折合全时人数	33	1.2	0.2	0.6	0.2	0.2	0

	研究生	其中：		按学历学位划分			
其他人员	（学生）	女性	研究人员	博士毕业	硕士毕业	本科毕业	其他学历
L07	L08	L09	L10	L11	L12	L13	L14
1	2	64	178	79	72	39	2
43	757	1 813	3 132	547	1 751	1 918	85
6.5	138.2	456.7	879.9	183.2	483.4	416.5	21.6
0	0	0	0	0	0	0	0
3	7	40	77	11	51	43	0
0.4	0.9	8.2	15.5	2.5	10.5	6.7	0
0	0	0	0	0	0	0	0
0	4	37	54	8	32	25	0
0	0.7	8.3	12.5	2	7.2	5	0
0	0	0	0	0	0	0	0
0	0	9	11	5	6	2	0
0	0	1.1	1.3	0.5	0.8	0.2	0
0	0	0	0	0	0	0	0
0	0	0	0	0	0	0	0
0	0	0	0	0	0	0	0
0	0	0	0	0	0	0	0
0	0	0	0	0	0	0	0
0	0	0	0	0	0	0	0
0	0	1	1	0	0	1	0
1	1	29	43	2	23	22	1
0.1	0.1	8.6	13.5	0.3	8.1	5.7	0.1
0	0	1	1	0	1	0	0
0	0	20	30	13	12	6	0
0	0	3.3	5.1	2.4	1.9	0.9	0
0	0	0	0	0	0	0	0
0	1	5	6	0	4	4	0
0	0.2	0.9	1.1	0	0.7	0.7	0
0	0	0	0	0	0	0	0
0	0	14	11	0	8	7	0
0	0	3.9	3.1	0	2	2.1	0
0	0	0	0	0	0	0	0
0	0	2	5	3	2	0	0
0	0	0.7	1.2	0.9	0.3	0	0

			合计	按职称划分				
				教授	副教授	讲师	助教	初级
		编号	L01	L02	L03	L04	L05	L06
考古学	全时人数	34	0	0	0	0	0	0
	非全时人数	35	0	0	0	0	0	0
	非全时折合全时人数	36	0	0	0	0	0	0
经济学	全时人数	37	0	0	0	0	0	0
	非全时人数	38	17	2	2	8	4	1
	非全时折合全时人数	39	3.4	0.5	0.2	1.3	1.1	0.3
政治学	全时人数	40	0	0	0	0	0	0
	非全时人数	41	6	1	1	2	0	2
	非全时折合全时人数	42	2.5	0.4	0.5	1	0	0.6
法学	全时人数	43	0	0	0	0	0	0
	非全时人数	44	17	3	3	8	2	0
	非全时折合全时人数	45	3	0.7	0.7	1.1	0.3	0
社会学	全时人数	46	0	0	0	0	0	0
	非全时人数	47	76	15	24	25	5	1
	非全时折合全时人数	48	13.4	3.7	3.7	4.8	0.5	0.1
民族学	全时人数	49	0	0	0	0	0	0
	非全时人数	50	7	1	4	1	1	0
	非全时折合全时人数	51	1.2	0.1	0.8	0.2	0.1	0
新闻学与传播学	全时人数	52	1	0	0	0	0	1
	非全时人数	53	64	9	15	29	5	1
	非全时折合全时人数	54	14.3	2.9	3.2	6.2	0.8	0.5
图书、情报与文献学	全时人数	55	0	0	0	0	0	0
	非全时人数	56	53	4	17	23	2	2
	非全时折合全时人数	57	10.8	0.7	4.7	3.7	0.4	0.5
教育学	全时人数	58	2	1	1	0	0	0
	非全时人数	59	311	57	79	109	34	19
	非全时折合全时人数	60	57.8	10.6	14.7	21.6	5.5	3.5
统计学	全时人数	61	0	0	0	0	0	0
	非全时人数	62	9	1	3	4	0	0
	非全时折合全时人数	63	1.4	0.2	0.6	0.5	0	0
心理学	全时人数	64	0	0	0	0	0	0
	非全时人数	65	54	9	15	18	5	0
	非全时折合全时人数	66	14.4	2.3	4.5	5.5	0.6	0
体育学	全时人数	67	187	62	56	56	9	1
	非全时人数	68	3 397	489	835	1 016	265	47
	非全时折合全时人数	69	921	168.5	255.1	285.1	63.6	12.2

续表

其他人员	研究生（学生）	其中：女性	其中：研究人员	按学历学位划分：博士毕业	按学历学位划分：硕士毕业	按学历学位划分：本科毕业	按学历学位划分：其他学历
L07	L08	L09	L10	L11	L12	L13	L14
0	0	0	0	0	0	0	0
0	0	0	0	0	0	0	0
0	0	0	0	0	0	0	0
0	0	0	0	0	0	0	0
0	0	6	12	1	4	11	1
0	0	1	2	0.3	0.9	2.1	0.1
0	0	0	0	0	0	0	0
0	0	4	4	0	2	4	0
0	0	1.8	1.9	0	0.9	1.6	0
0	0	0	0	0	0	0	0
0	1	10	14	2	9	6	0
0	0.2	1.5	2.5	0.3	1.5	1.2	0
0	0	0	0	0	0	0	0
1	5	38	65	11	39	26	0
0.1	0.5	6.7	12.3	3	6.1	4.3	0
0	0	0	0	0	0	0	0
0	0	4	6	1	4	2	0
0	0	0.8	1.1	0.1	0.9	0.2	0
0	0	0	0	0	1	0	0
0	5	33	54	12	32	20	0
0	0.7	5.9	12.6	2.7	8	3.6	0
0	0	0	0	0	0	0	0
0	5	24	44	1	9	40	3
0	0.8	3.6	9.1	0.1	2.5	7.9	0.3
0	0	1	2	1	0	1	0
3	10	155	249	29	142	136	4
0.3	1.6	29	47.3	4.5	25.8	27	0.5
0	0	0	0	0	0	0	0
1	0	6	8	1	3	4	1
0.1	0	1	1.3	0.2	0.5	0.6	0.1
0	0	0	0	0	0	0	0
2	5	25	42	17	24	13	0
0.4	1.1	6.6	12.3	6	4.7	3.7	0
1	2	61	174	78	70	37	2
32	713	1 352	2 397	430	1 345	1 547	75
5.1	131.4	363.8	724.2	157.4	400.1	343	20.5

45. 各类高等学校人文、社会科学活动人员职称(职务)情况表

单位:人

		学校数(所)	合计	按职称划分						其他人员
				小计	教授	副教授	讲师	助教	初级	
	合计	1 090	482 050	477 100	54 423	129 059	211 274	63 223	19 121	4 950
按学校隶属关系划分	教育部直属院校	73	61 278	60 788	12 421	20 306	23 871	3 061	1 129	490
	其他部委院校	30	15 055	14 949	2 116	4 438	6 643	1 185	567	106
	地方院校	987	405 717	401 363	39 886	104 315	180 760	58 977	17 425	4 354
按学校规格划分	本科院校	750	424 105	420 303	51 661	116 443	185 834	51 508	14 857	3 802
	专科院校	340	57 945	56 797	2 762	12 616	25 440	11 715	4 264	1 148
按学校类型划分	综合大学	217	134 086	132 672	17 301	37 622	56 827	16 083	4 839	1 414
	理工农医院校	471	146 275	144 757	13 397	37 645	68 655	19 237	5 823	1 518
	师范院校	160	94 119	93 283	10 730	25 319	40 164	13 594	3 476	836
	语言院校	25	13 655	13 545	1 624	3 331	6 188	1 809	593	110
	财经院校	102	51 259	50 683	6 005	13 905	21 530	6 903	2 340	576
	政法院校	41	13 214	13 102	1 682	4 030	5 564	1 208	618	112
	体育院校	18	6 338	6 252	803	1 733	2 614	798	304	86
	艺术院校	41	14 160	13 968	1 672	3 122	5 911	2 473	790	192
	民族院校	15	8 944	8 838	1 209	2 352	3 821	1 118	338	106

46. 各省、市、自治区高等学校人文、社会科学活动人员职称(职务)情况表

单位:人

	学校数(所)	合计	按职称划分						其他人员
			小计	教授	副教授	讲师	助教	初级	
合计	1 090	482 050	477 100	54 423	129 059	211 274	63 223	19 121	4 950
北京市	62	32 239	32 208	5 577	10 024	13 463	2 008	1 136	31
天津市	19	9 614	9 511	1 399	2 625	4 084	1 070	333	103
河北省	32	15 967	15 895	2 089	4 518	6 990	2 217	81	72
山西省	17	9 213	9 069	771	2 125	4 001	1 707	465	144
内蒙古自治区	12	7 066	6 994	732	1 904	2 636	1 383	339	72
辽宁省	47	21 643	21 330	2 723	6 488	9 640	1 868	611	313
吉林省	39	15 606	15 528	1 940	4 087	5 925	2 991	585	78
黑龙江省	37	15 126	15 119	2 040	4 691	6 618	1 626	144	7
上海市	30	18 071	17 977	2 609	5 205	8 239	1 398	526	94
江苏省	119	35 280	35 270	3 549	10 053	17 457	3 769	442	10
浙江省	32	22 227	22 065	2 572	5 854	10 416	1 862	1 361	162

续表

	学校数（所）	合计	按职称划分						其他人员
			小计	教授	副教授	讲师	助教	初级	
安徽省	101	22 134	21 722	1 256	4 717	9 620	4 669	1 460	412
福建省	21	12 861	12 829	1 372	3 397	5 199	2 167	694	32
江西省	22	12 113	12 070	1 308	3 182	4 959	2 110	511	43
山东省	44	27 460	27 228	3 204	7 145	12 473	3 766	640	232
河南省	45	24 040	23 723	1 801	5 665	10 994	4 585	678	317
湖北省	48	23 117	22 744	2 784	6 707	9 706	2 703	844	373
湖南省	40	21 336	21 047	2 440	5 556	9 130	2 809	1 112	289
广东省	43	25 584	24 884	3 209	6 539	10 919	2 626	1 591	700
广西壮族自治区	24	11 240	11 063	1 268	2 672	5 074	1 378	671	177
海南省	16	4 709	4 417	335	894	1 732	1 092	364	292
重庆市	44	14 508	14 436	1 400	3 476	6 486	2 305	769	72
四川省	35	19 562	19 463	2 028	5 120	8 558	2 807	950	99
贵州省	33	9 348	9 290	892	2 816	4 133	1 116	333	58
云南省	43	14 202	13 987	1 214	3 432	6 020	2 401	920	215
西藏自治区	2	1 042	1 041	74	299	463	131	74	1
陕西省	31	16 622	16 418	1 912	4 104	7 484	2 241	677	204
甘肃省	18	7 787	7 770	796	2 291	3 566	979	138	17
青海省	4	1 692	1 662	350	645	479	130	58	30
宁夏回族自治区	10	2 746	2 667	315	776	992	355	229	79
新疆维吾尔自治区	20	7 895	7 673	464	2 052	3 818	954	385	222

47. 各省、市、自治区所属高等学校人文、社会科学活动人员职称（职务）情况表

单位：人

	学校数（所）	合计	按职称划分						其他人员
			小计	教授	副教授	讲师	助教	初级	
合计	987	405 717	401 363	39 886	104 315	180 760	58 977	17 425	4 354
北京市	30	11 353	11 330	1 164	3 198	5 406	974	588	23
天津市	16	7 540	7 453	920	1 894	3 375	984	280	87
河北省	31	15 575	15 503	2 051	4 406	6 781	2 184	81	72
山西省	17	9 213	9 069	771	2 125	4 001	1 707	465	144
内蒙古自治区	12	7 066	6 994	732	1 904	2 636	1 383	339	72
辽宁省	42	19 119	18 870	2 300	5 720	8 607	1 674	569	249
吉林省	37	12 501	12 437	1 193	3 150	4 759	2 750	585	64

续表

	学校数（所）	合计	按职称划分						其他人员
			小计	教授	副教授	讲师	助教	初级	
黑龙江省	34	13 481	13 474	1 780	4 077	5 907	1 574	136	7
上海市	21	10 852	10 790	1 174	2 770	5 284	1 133	429	62
江苏省	109	30 086	30 076	2 648	8 294	15 168	3 535	431	10
浙江省	31	21 046	20 884	2 251	5 377	10 047	1 852	1 357	162
安徽省	99	21 442	21 039	1 166	4 427	9 326	4 661	1 459	403
福建省	19	10 392	10 372	925	2 712	4 260	1 988	487	20
江西省	22	12 113	12 070	1 308	3 182	4 959	2 110	511	43
山东省	42	24 446	24 239	2 589	6 255	11 335	3 449	611	207
河南省	45	24 040	23 723	1 801	5 665	10 994	4 585	678	317
湖北省	40	15 802	15 546	1 317	4 180	6 949	2 383	717	256
湖南省	38	19 170	18 896	2 069	4 851	8 238	2 714	1 024	274
广东省	39	22 263	21 775	2 578	5 531	9 717	2 485	1 464	488
广西壮族自治区	24	11 240	11 063	1 268	2 672	5 074	1 378	671	177
海南省	16	4 709	4 417	335	894	1 732	1 092	364	292
重庆市	42	12 290	12 224	1 045	2 764	5 490	2 156	769	66
四川省	29	14 414	14 323	1 330	3 596	6 301	2 341	755	91
贵州省	33	9 348	9 290	892	2 816	4 133	1 116	333	58
云南省	43	14 202	13 987	1 214	3 432	6 020	2 401	920	215
西藏自治区	2	1 042	1 041	74	299	463	131	74	1
陕西省	25	12 882	12 734	1 380	2 893	5 822	2 070	569	148
甘肃省	16	6 337	6 322	569	1 908	2 940	783	122	15
青海省	4	1 692	1 662	350	645	479	130	58	30
宁夏回族自治区	9	2 166	2 087	228	626	739	300	194	79
新疆维吾尔自治区	20	7 895	7 673	464	2 052	3 818	954	385	222

48. 国务院各部委所属高等学校人文、社会科学活动人员中教师职称（职务）情况表

单位：人

	学校数（所）	合计	按职称划分						其他人员
			小计	教授	副教授	讲师	助教	初级	
合计	103	76 333	75 737	14 537	24 744	30 514	4 246	1 696	596
外交部	1	251	251	44	91	100	16	0	0
国家民族事务委员会	6	4 619	4 595	632	1 185	2 125	538	115	24
公安部	3	1 223	1 220	199	403	508	83	27	3

续表

	学校数（所）	合计	按职称划分						其他人员
			小计	教授	副教授	讲师	助教	初级	
工业和信息化部	7	3 308	3 289	462	1 202	1 459	131	35	19
交通部	1	444	441	99	175	152	15	0	3
教育部	73	61 278	60 788	12 421	20 306	23 871	3 061	1 129	490
海关总署	1	173	166	16	39	84	22	5	7
中国民用航空总局	3	789	782	70	141	405	128	38	7
国家林业局	1	185	185	19	42	108	15	1	0
国务院侨务办公室	2	2 413	2 379	363	680	1 006	137	193	34
国家体育总局	1	561	561	89	147	174	53	98	0
中国科学院	1	181	172	27	61	77	6	1	9
中华全国总工会	1	321	321	29	81	173	18	20	0
共青团中央	1	305	305	34	120	123	10	18	0
中华全国妇女联合会	1	282	282	33	71	149	13	16	0

49. 各类高等学校人文、社会科学研究与发展全时人员职称(职务)情况表

单位:人年

		学校数（所）	合计	按职称划分						研究生（学生）
				教授	副教授	讲师	助教	初级	其他人员	
	合计	1 090	81 619	15 465	22 387	27 055	5 011	1 252	762	9 688
按学校隶属关系划分	教育部直属院校	73	18 978	4 805	4 631	4 096	327	89	279	4 751
	其他部委院校	30	3 060	595	820	956	87	26	28	547
	地方院校	987	59 582	10 066	16 935	22 003	4 597	1 138	453	4 390
按学校规格划分	本科院校	750	77 156	15 028	21 055	25 079	4 493	1 094	721	9 686
	专科院校	340	4 463	437	1 332	1 976	518	158	41	2
按学校类型划分	综合大学	217	25 704	5 564	6 998	7 552	1 197	304	377	3 711
	理工农医院校	471	22 512	3 306	5 979	8 328	1 497	374	85	2 942
	师范院校	160	15 866	3 078	4 352	5 420	1 217	272	135	1 392
	语言院校	25	2 107	471	568	730	116	37	12	174
	财经院校	102	8 957	1 749	2 634	2 950	559	122	93	851
	政法院校	41	2 302	505	753	712	94	58	20	161
	体育院校	18	1 297	261	361	419	86	22	8	140
	艺术院校	41	1 515	261	362	486	170	47	17	173
	民族院校	15	1 361	271	380	458	75	17	15	145

50. 各省、市、自治区高等学校人文、社会科学研究与发展全时人员职称(职务)情况表

单位:人年

	学校数(所)	合计	按职称划分						研究生(学生)
			教授	副教授	讲师	助教	初级	其他人员	
合计	1 090	81 619.3	15 465.2	22 386.3	27 055.3	5 010.4	1 252.5	761	9 688.6
北京市	62	8 330.1	1 883.8	2 199.5	2 033.5	175.8	69.2	72.7	1 895.6
天津市	19	2 783.6	541.1	655.2	774.2	128.6	29.4	24.2	630.9
河北省	32	2 681.3	459.6	693.9	1 085.3	219.1	11.6	9.6	202.2
山西省	17	1 628.9	246.9	421	547.5	145.8	36.4	15.7	215.6
内蒙古自治区	12	549.7	120.2	161.9	209.2	38.4	7.1	0.5	12.4
辽宁省	47	3 327.6	689.5	978.6	1 101.2	145.3	33.9	46.6	332.5
吉林省	39	2 939.1	565.6	768.5	916.4	284.8	54.5	27.1	322.2
黑龙江省	37	2 374.9	385.5	697.2	1 019.2	177.5	4	0	91.5
上海市	30	4 611.5	1 149.7	1 190.4	1 161.6	113.6	43.7	43.6	908.9
江苏省	119	5 745.3	899.4	1 543.2	1 880.9	242.1	43.7	0.4	1 135.6
浙江省	32	4 755	787.1	1 311.7	1 878.5	209.6	132.9	22.8	412.4
安徽省	101	2 928.2	384	750.8	1 140.3	341.3	90.1	19.7	202
福建省	21	2 007.2	428.9	533	635.3	176.2	20.9	13	199.9
江西省	22	1 169.6	233.9	333	441.2	135.3	19.8	3.1	3.3
山东省	44	3 412.5	612.6	982.4	1 334.1	319	48.6	10.8	105
河南省	45	2 451.1	267.7	673.4	1 069.4	338.9	49	9.4	43.3
湖北省	48	4 046.4	890.3	1 088.7	1 157.3	193.3	42.4	29.3	645.1
湖南省	40	4 124.3	916.7	1 174.4	1 337	222.3	57.4	39.8	376.7
广东省	43	5 187.7	1 114	1 516.1	1 601.9	219.3	119.1	210.9	406.4
广西壮族自治区	24	1 928.1	354.4	527.1	735.4	130.1	56.5	29.8	94.8
海南省	16	372.7	62.7	107.1	130.2	50.5	7	9.9	5.3
重庆市	44	2 777.2	588	840.7	880.6	134.8	27.4	12	293.7
四川省	35	3 655.3	558.5	952.5	1 348.5	342.4	88.3	8.5	356.6
贵州省	33	1 121	239.3	395.8	400.9	62.5	16.5	4.8	1.2
云南省	43	1 654	212.9	451.9	585.2	163.5	46.6	50.2	143.7
西藏自治区	2	191.2	24.8	67.5	75.5	11.5	6.7	3.3	1.9
陕西省	31	2 239	394.8	600.2	722.7	123.9	21.1	9.6	366.7
甘肃省	18	965.7	163.5	238.2	279.2	54.8	9.2	0	220.8
青海省	4	192.7	58	74	32.6	9.1	0.8	1	17.2
宁夏回族自治区	10	342.5	56.4	100.6	113.1	30.5	25.4	4.8	11.7
新疆维吾尔自治区	20	1 125.9	175.4	357.8	427.4	70.6	33.3	27.9	33.5

51. 各省、市、自治区所属高等学校人文、社会科学研究与发展全时人员职称（职务）情况表

单位:人年

	学校数（所）	合计	按职称划分						研究生（学生）
			教授	副教授	讲师	助教	初级	其他人员	
合计	987	59 582.1	10 065.9	16 935.3	22 002.7	4 597	1 137.6	453.4	4 390.2
北京市	30	2 572.8	447.4	753.8	760.8	77.2	26.3	24.9	482.4
天津市	16	1 648.8	302.1	420.9	605	119	23.4	22.2	156.2
河北省	31	2 603.4	449.3	675.5	1 050.3	211.8	11.6	8.4	196.5
山西省	17	1 628.9	246.9	421	547.5	145.8	36.4	15.7	215.6
内蒙古自治区	12	549.7	120.2	161.9	209.2	38.4	7.1	0.5	12.4
辽宁省	42	2 808	579	842.2	925.3	127.9	32.8	44.7	256.1
吉林省	37	1 991.3	321.4	573.2	680.3	254.3	51.2	2.6	108.3
黑龙江省	34	2 117	337	625.4	928	174.6	3.7	0	48.3
上海市	21	1 805.3	377.2	488.5	597.4	92	36.7	6.6	206.9
江苏省	109	4 136.9	597	1 189.3	1 511.8	209.6	39	0.4	589.8
浙江省	31	4 482.9	687.9	1 245.1	1 832.1	208.6	130.8	22.7	355.7
安徽省	99	2 742	361.6	718.6	1 121.6	340.6	90.1	19.1	90.4
福建省	19	1 284.2	216.4	355.8	478.3	156.2	15.9	6.1	55.5
江西省	22	1 169.6	233.9	333	441.2	135.3	19.8	3.1	3.3
山东省	42	3 168	527.6	908.4	1 266	311.4	47.8	9.1	97.7
河南省	45	2 451.1	267.7	673.4	1 069.4	338.9	49	9.4	43.3
湖北省	40	1 913.7	289.2	582.7	689.5	159.1	33.9	15.1	144.2
湖南省	38	3 392.6	683.2	969.7	1 181.8	210	55.2	35	257.7
广东省	39	3 889.8	777.1	1 146.4	1 307.3	197	110.4	52.3	299.3
广西壮族自治区	24	1 928.1	354.4	527.1	735.4	130.1	56.5	29.8	94.8
海南省	16	372.7	62.7	107.1	130.2	50.5	7	9.9	5.3
重庆市	42	1 726.2	357.5	512.4	588.2	106	26.4	8.1	127.6
四川省	29	2 545.2	353.9	689.9	992.9	302.1	71.1	7.6	127.7
贵州省	33	1 121	239.3	395.8	400.9	62.5	16.5	4.8	1.2
云南省	43	1 654	212.9	451.9	585.2	163.5	46.6	50.2	143.7
西藏自治区	2	191.2	24.8	67.5	75.5	11.5	6.7	3.3	1.9
陕西省	25	1 462.9	262	403.6	529.9	109.4	18.6	8.2	131.2
甘肃省	16	638.2	105.1	181.4	220.5	46.3	8.7	0	76.2
青海省	4	192.7	58	74	32.6	9.1	0.8	1	17.2
宁夏回族自治区	9	268	37.8	82	81.2	27.7	24.3	4.7	10.3
新疆维吾尔自治区	20	1 125.9	175.4	357.8	427.4	70.6	33.3	27.9	33.5

52. 国务院各部委所属高等学校人文、社会科学研究与发展全时人员职称(职务)情况表

单位:人年

	学校数(所)	合计	按职称划分						研究生(学生)
			教授	副教授	讲师	助教	初级	其他人员	
合计	103	22 037.2	5 399.3	5 451	5 052.6	413.4	114.9	307.6	5 298.4
外交部	1	42.7	9.4	18	13	0.6	0.1	0.9	0.7
国家民族事务委员会	6	651.4	137.7	173.2	223.9	25.1	2.2	2.7	86.6
公安部	3	252.6	53.6	83.7	86.1	12.8	1.1	4.6	10.7
工业和信息化部	7	743.4	105.4	181	215	8.8	1.7	0.1	231.4
交通部	1	82.3	27.8	24	16.7	0	0	0	13.8
教育部	73	18 977.6	4 804.6	4 630.6	4 096.3	326.9	89	279.2	4 751
海关总署	1	37.2	8.1	10.9	14.8	2.3	0.5	0.6	0
中国民用航空总局	3	105.2	14.6	16.7	38	9.7	1.3	0.8	24.1
国家林业局	1	16.9	3.1	4.2	8.3	1.3	0	0	0
国务院侨务办公室	2	667.1	164.1	193.7	196.4	6.9	5	14	87
国家体育总局	1	111.3	22.6	34.6	29.8	8.6	7.8	0.5	7.4
中国科学院	1	103.2	10.1	11	11.2	0.7	0	0.6	69.6
中华全国总工会	1	77.7	12.5	26.1	35	1.7	1.5	0.9	0
共青团中央	1	74.6	14.5	20	22.4	0.5	1.6	0	15.6
中华全国妇女联合会	1	94	11.2	23.3	45.7	7.5	3.1	2.7	0.5

53. 各类高等学校人文、社会科学研究与发展人员职称(职务)情况表

单位:人

		学校数(所)	合计	按职称划分						研究生(学生)
				教授	副教授	讲师	助教	初级	其他人员	
	合计	1 090	329 799	52 122	85 082	112 105	23 184	5 971	4 158	47 177
按学校隶属关系划分	教育部直属院校	73	70 119	13 817	14 986	14 541	1 303	444	1 372	23 656
	其他部委院校	30	11 366	1 916	2 931	3 735	401	118	139	2 126
	地方院校	987	248 314	36 389	67 165	93 829	21 480	5 409	2 647	21 395
按学校规格划分	本科院校	750	307 760	50 202	78 843	102 209	20 287	5 150	3 908	47 161
	专科院校	340	22 039	1 920	6 239	9 896	2 897	821	250	16
按学校类型划分	综合大学	217	101 191	17 667	25 256	30 518	5 477	1 479	2 055	18 739
	理工农医院校	471	93 947	12 161	24 122	35 710	7 048	1 817	461	12 628
	师范院校	160	64 062	10 373	16 723	22 213	5 490	1 181	709	7 373
	语言院校	25	9 489	1 622	2 314	3 496	679	212	76	1 090
	财经院校	102	36 745	6 076	10 144	12 318	2 701	661	535	4 310

续表

		学校数（所）	合计	按职称划分						研究生（学生）
				教授	副教授	讲师	助教	初级	其他人员	
	合计	1 090	329 799	52 122	85 082	112 105	23 184	5 971	4 158	47 177
按学校类型划分	政法院校	41	9 339	1 723	2 798	2 862	460	263	122	1 111
	体育院校	18	4 493	691	1 124	1 430	357	88	44	759
	艺术院校	41	5 419	837	1 215	1 763	640	190	80	694
	民族院校	15	5 114	972	1 386	1 795	332	80	76	473

54. 各省、市、自治区高等学校人文、社会科学研究与发展人员职称（职务）情况表

单位：人

	学校数（所）	合计	按职称划分						研究生（学生）
			教授	副教授	讲师	助教	初级	其他人员	
合计	1 090	329 799	52 122	85 082	112 105	23 184	5 971	4 158	47 177
北京市	62	35 244	6 404	8 387	8 698	792	324	453	10 186
天津市	19	9 901	1 589	2 161	2 813	574	114	130	2 520
河北省	32	11 514	1 751	3 081	4 876	1 142	63	52	549
山西省	17	7 366	938	1 685	2 581	704	189	108	1 161
内蒙古自治区	12	2 030	367	587	807	169	32	3	65
辽宁省	47	13 440	2 388	3 847	4 580	680	151	229	1 565
吉林省	39	13 095	2 128	3 146	3 909	1 298	228	223	2 163
黑龙江省	37	7 934	1 231	2 292	3 437	632	20	0	322
上海市	30	13 504	2 544	3 079	3 311	366	150	154	3 900
江苏省	119	25 927	3 571	6 736	8 836	1 268	211	2	5 303
浙江省	32	20 470	2 845	5 134	8 228	1 071	701	158	2 333
安徽省	101	10 406	1 177	2 622	4 262	1 326	319	78	622
福建省	21	7 932	1 444	2 155	2 688	833	116	75	621
江西省	22	5 061	919	1 376	1 960	668	101	12	25
山东省	44	11 124	1 848	3 189	4 412	1 043	153	50	429
河南省	45	12 038	1 225	3 140	5 300	1 810	235	58	270
湖北省	48	14 117	2 511	3 755	4 321	845	193	130	2 362
湖南省	40	17 144	2 905	4 258	5 712	1 202	429	209	2 429
广东省	43	20 695	3 716	5 574	6 859	1 071	581	986	1 908
广西壮族自治区	24	8 876	1 539	2 385	3 428	657	257	182	428
海南省	16	1 938	282	526	701	283	45	51	50
重庆市	44	10 455	1 780	2 798	3 205	657	128	52	1 835

续表

	学校数（所）	合计	按职称划分						研究生（学生）
			教授	副教授	讲师	助教	初级	其他人员	
四川省	35	15 726	2 059	3 767	5 403	1 516	478	39	2 464
贵州省	33	5 263	929	1 851	2 007	342	99	23	12
云南省	43	7 423	909	1 900	2 585	754	246	367	662
西藏自治区	2	744	92	266	298	49	20	11	8
陕西省	31	9 330	1 443	2 306	3 086	642	119	60	1 674
甘肃省	18	3 790	492	924	1 114	267	35	0	958
青海省	4	619	197	230	103	30	4	4	51
宁夏回族自治区	10	1 269	186	383	414	122	101	29	34
新疆维吾尔自治区	20	5 424	713	1 542	2 171	371	129	230	268

55. 各省、市、自治区所属高等学校人文、社会科学研究与发展人员职称(职务)情况表

单位:人

	学校数（所）	合计	按职称划分						研究生（学生）
			教授	副教授	讲师	助教	初级	其他人员	
合计	987	248 314	36 389	67 165	93 829	21 480	5 409	2 647	21 395
北京市	30	11 527	1 709	3 099	3 473	368	133	150	2 595
天津市	16	6 310	990	1 512	2 304	538	93	126	747
河北省	31	11 290	1 721	3 013	4 788	1 125	63	46	534
山西省	17	7 366	938	1 685	2 581	704	189	108	1 161
内蒙古自治区	12	2 030	367	587	807	169	32	3	65
辽宁省	42	11 341	2 017	3 338	3 846	592	146	219	1 183
吉林省	37	8 000	1 098	2 246	2 816	1 131	210	17	482
黑龙江省	34	6 944	1 073	1 998	3 070	622	19	0	162
上海市	21	5 977	1 070	1 574	2 077	300	131	39	786
江苏省	109	18 918	2 515	5 357	7 261	1 112	191	2	2 480
浙江省	31	19 414	2 554	4 880	8 010	1 069	693	157	2 051
安徽省	99	9 846	1 110	2 503	4 196	1 324	319	75	319
福建省	19	5 814	912	1 640	2 151	766	87	49	209
江西省	22	5 061	919	1 376	1 960	668	101	12	25
山东省	42	10 241	1 595	2 935	4 105	1 018	148	38	402
河南省	45	12 038	1 225	3 140	5 300	1 810	235	58	270
湖北省	40	7 935	1 060	2 314	2 891	730	161	78	701
湖南省	38	14 543	2 257	3 646	5 223	1 164	414	191	1 648

续表

	学校数（所）	合计	按职称划分						研究生（学生）
			教授	副教授	讲师	助教	初级	其他人员	
广东省	39	15 788	2 635	4 385	5 638	958	519	260	1 393
广西壮族自治区	24	8 876	1 539	2 385	3 428	657	257	182	428
海南省	16	1 938	282	526	701	283	45	51	50
重庆市	42	7 040	1 157	1 891	2 373	549	127	37	906
四川省	29	10 661	1 346	2 724	4 104	1 371	357	35	724
贵州省	33	5 263	929	1 851	2 007	342	99	23	12
云南省	43	7 423	909	1 900	2 585	754	246	367	662
西藏自治区	2	744	92	266	298	49	20	11	8
陕西省	25	6 335	983	1 571	2 367	576	110	51	677
甘肃省	16	2 611	359	738	897	218	34	0	365
青海省	4	619	197	230	103	30	4	4	51
宁夏回族自治区	9	997	118	313	298	112	97	28	31
新疆维吾尔自治区	20	5 424	713	1 542	2 171	371	129	230	268

56. 国务院各部委所属高等学校人文、社会科学研究与发展人员职称（职务）情况表

单位：人

	学校数（所）	合计	按职称划分						研究生（学生）
			教授	副教授	讲师	助教	初级	其他人员	
合计	103	81 485	15 733	17 917	18 276	1 704	562	1 511	25 782
外交部	1	263	48	100	94	5	1	8	7
国家民族事务委员会	6	2 669	570	742	947	134	10	9	257
公安部	3	1 076	201	354	360	56	8	36	61
工业和信息化部	7	2 648	303	601	737	29	4	1	973
交通部	1	266	66	75	53	0	0	0	72
教育部	73	70 119	13 817	14 986	14 541	1 303	444	1 372	23 656
海关总署	1	146	24	40	59	17	3	3	0
中国民用航空总局	3	450	54	90	195	47	7	4	53
国家林业局	1	114	19	29	56	10	0	0	0
国务院侨务办公室	2	2 208	421	527	715	33	33	50	429
国家体育总局	1	323	58	91	88	26	24	5	31
中国科学院	1	230	20	26	25	2	0	3	154
中华全国总工会	1	308	51	94	143	7	8	5	0
共青团中央	1	241	36	49	62	5	5	0	84
中华全国妇女联合会	1	424	45	113	201	30	15	15	5

57. 各类高等学校人文、社会科学人力情况表

		学校数（所）	社科活动人员（人）						
			合计	高级	中级	初级	其他人员	合计	高级
	合计	1 090	482 050	183 482	211 274	82 344	4 950	329 799	137 204
按学校隶属关系划分	教育部直属院校	73	61 278	32 727	23 871	4 190	490	70 119	28 803
	其他部委院校	30	15 055	6 554	6 643	1 752	106	11 366	4 847
	地方院校	987	405 717	144 201	180 760	76 402	4 354	248 314	103 554
按学校规格划分	本科院校	750	424 105	168 104	185 834	66 365	3 802	307 760	129 045
	专科院校	340	57 945	15 378	25 440	15 979	1 148	22 039	8 159
按学校类型划分	综合大学	217	134 086	54 923	56 827	20 922	1 414	101 191	42 923
	理工农医院校	471	146 275	51 042	68 655	25 060	1 518	93 947	36 283
	师范院校	160	94 119	36 049	40 164	17 070	836	64 062	27 096
	语言院校	25	13 655	4 955	6 188	2 402	110	9 489	3 936
	财经院校	102	51 259	19 910	21 530	9 243	576	36 745	16 220
	政法院校	41	13 214	5 712	5 564	1 826	112	9 339	4 521
	体育院校	18	6 338	2 536	2 614	1 102	86	4 493	1 815
	艺术院校	41	14 160	4 794	5 911	3 263	192	5 419	2 052
	民族院校	15	8 944	3 561	3 821	1 456	106	5 114	2 358

研究与发展人员(人)				研究与发展人员(人年)					
中级	初级	其他人员	研究生	合计	高级	中级	初级	其他人员	研究生
112 105	29 155	4 158	47 177	81 619.3	37 851.5	27 055.3	6 262.9	761	9 688.6
14 541	1 747	1 372	23 656	18 977.6	9 435.2	4 096.3	415.9	279.2	4 751
3 735	519	139	2 126	3 059.6	1 415.1	956.3	112.4	28.4	547.4
93 829	26 889	2 647	21 395	59 582.1	27 001.2	22 002.7	5 734.6	453.4	4 390.2
102 209	25 437	3 908	47 161	77 156.1	36 082.8	25 079.2	5 587.2	720.5	9 686.4
9 896	3 718	250	16	4 463.2	1 768.7	1 976.1	675.7	40.5	2.2
30 518	6 956	2 055	18 739	25 703.8	12 562	7 551.8	1 501.2	377.4	3 711.4
35 710	8 865	461	12 628	22 511.6	9 284.9	8 328.3	1 871.4	84.8	2 942.2
22 213	6 671	709	7 373	15 865.5	7 429.8	5 420.3	1 488.5	135	1 391.9
3 496	891	76	1 090	2 106.8	1 038.1	730	153	12.1	173.6
12 318	3 362	535	4 310	8 956.7	4 382.9	2 949.9	680.5	92.6	850.8
2 862	723	122	1 111	2 302.4	1 258.7	711.6	151.9	19.6	160.6
1 430	445	44	759	1 296.7	622	419.2	107.8	7.5	140.2
1 763	830	80	694	1 514.8	622.1	486.4	216.3	17.2	172.8
1 795	412	76	473	1 361	651	457.8	92.3	14.8	145.1

58. 各省、市、自治区高等学校人文、社会科学人力情况表

	学校数（所）	社科活动人员（人）						
		合计	高级	中级	初级	其他人员	合计	高级
合计	1 090	482 050	183 482	211 274	82 344	4 950	329 799	137 204
北京市	62	32 239	15 601	13 463	3 144	31	35 244	14 791
天津市	19	9 614	4 024	4 084	1 403	103	9 901	3 750
河北省	32	15 967	6 607	6 990	2 298	72	11 514	4 832
山西省	17	9 213	2 896	4 001	2 172	144	7 366	2 623
内蒙古自治区	12	7 066	2 636	2 636	1 722	72	2 030	954
辽宁省	47	21 643	9 211	9 640	2 479	313	13 440	6 235
吉林省	39	15 606	6 027	5 925	3 576	78	13 095	5 274
黑龙江省	37	15 126	6 731	6 618	1 770	7	7 934	3 523
上海市	30	18 071	7 814	8 239	1 924	94	13 504	5 623
江苏省	119	35 280	13 602	17 457	4 211	10	25 927	10 307
浙江省	32	22 227	8 426	10 416	3 223	162	20 470	7 979
安徽省	101	22 134	5 973	9 620	6 129	412	10 406	3 799
福建省	21	12 861	4 769	5 199	2 861	32	7 932	3 599
江西省	22	12 113	4 490	4 959	2 621	43	5 061	2 295
山东省	44	27 460	10 349	12 473	4 406	232	11 124	5 037
河南省	45	24 040	7 466	10 994	5 263	317	12 038	4 365
湖北省	48	23 117	9 491	9 706	3 547	373	14 117	6 266
湖南省	40	21 336	7 996	9 130	3 921	289	17 144	7 163
广东省	43	25 584	9 748	10 919	4 217	700	20 695	9 290
广西壮族自治区	24	11 240	3 940	5 074	2 049	177	8 876	3 924
海南省	16	4 709	1 229	1 732	1 456	292	1 938	808
重庆市	44	14 508	4 876	6 486	3 074	72	10 455	4 578
四川省	35	19 562	7 148	8 558	3 757	99	15 726	5 826
贵州省	33	9 348	3 708	4 133	1 449	58	5 263	2 780
云南省	43	14 202	4 646	6 020	3 321	215	7 423	2 809
西藏自治区	2	1 042	373	463	205	1	744	358
陕西省	31	16 622	6 016	7 484	2 918	204	9 330	3 749
甘肃省	18	7 787	3 087	3 566	1 117	17	3 790	1 416
青海省	4	1 692	995	479	188	30	619	427
宁夏回族自治区	10	2 746	1 091	992	584	79	1 269	569
新疆维吾尔自治区	20	7 895	2 516	3 818	1 339	222	5 424	2 255

研究与发展人员(人)				研究与发展人员(人年)					
中级	初级	其他人员	研究生	合计	高级	中级	初级	其他人员	研究生
112 105	29 155	4 158	47 177	81 619.3	37 851.5	27 055.3	6 262.9	761	9 688.6
8 698	1 116	453	10 186	8 330.1	4 083.3	2 033.5	245	72.7	1 895.6
2 813	688	130	2 520	2 783.6	1 196.3	774.2	158	24.2	630.9
4 876	1 205	52	549	2 681.3	1 153.5	1 085.3	230.7	9.6	202.2
2 581	893	108	1 161	1 628.9	667.9	547.5	182.2	15.7	215.6
807	201	3	65	549.7	282.1	209.2	45.5	0.5	12.4
4 580	831	229	1 565	3 327.6	1 668.1	1 101.2	179.2	46.6	332.5
3 909	1 526	223	2 163	2 939.1	1 334.1	916.4	339.3	27.1	322.2
3 437	652	0	322	2 374.9	1 082.7	1 019.2	181.5	0	91.5
3 311	516	154	3 900	4 611.5	2 340.1	1 161.6	157.3	43.6	908.9
8 836	1 479	2	5 303	5 745.3	2 442.6	1 880.9	285.8	0.4	1 135.6
8 228	1 772	158	2 333	4 755	2 098.8	1 878.5	342.5	22.8	412.4
4 262	1 645	78	622	2 928.2	1 134.8	1 140.3	431.4	19.7	202
2 688	949	75	621	2 007.2	961.9	635.3	197.1	13	199.9
1 960	769	12	25	1 169.6	566.9	441.2	155.1	3.1	3.3
4 412	1 196	50	429	3 412.5	1 595	1 334.1	367.6	10.8	105
5 300	2 045	58	270	2 451.1	941.1	1 069.4	387.9	9.4	43.3
4 321	1 038	130	2 362	4 046.4	1 979	1 157.3	235.7	29.3	645.1
5 712	1 631	209	2 429	4 124.3	2 091.1	1 337	279.7	39.8	376.7
6 859	1 652	986	1 908	5 187.7	2 630.1	1 601.9	338.4	210.9	406.4
3 428	914	182	428	1 928.1	881.5	735.4	186.6	29.8	94.8
701	328	51	50	372.7	169.8	130.2	57.5	9.9	5.3
3 205	785	52	1 835	2 777.2	1 428.7	880.6	162.2	12	293.7
5 403	1 994	39	2 464	3 655.3	1 511	1 348.5	430.7	8.5	356.6
2 007	441	23	12	1 121	635.1	400.9	79	4.8	1.2
2 585	1 000	367	662	1 654	664.8	585.2	210.1	50.2	143.7
298	69	11	8	191.2	92.3	75.5	18.2	3.3	1.9
3 086	761	60	1 674	2 239	995	722.7	145	9.6	366.7
1 114	302	0	958	965.7	401.7	279.2	64	0	220.8
103	34	4	51	192.7	132	32.6	9.9	1	17.2
414	223	29	34	342.5	157	113.1	55.9	4.8	11.7
2 171	500	230	268	1 125.9	533.2	427.4	103.9	27.9	33.5

59. 各省、市、自治区所属高等学校人文、社会科学人力情况表

	学校数（所）	社科活动人员（人）						
		合计	高级	中级	初级	其他人员	合计	高级
合计	987	405 717	144 201	180 760	76 402	4 354	248 314	103 554
北京市	30	11 353	4 362	5 406	1 562	23	11 527	4 808
天津市	16	7 540	2 814	3 375	1 264	87	6 310	2 502
河北省	31	15 575	6 457	6 781	2 265	72	11 290	4 734
山西省	17	9 213	2 896	4 001	2 172	144	7 366	2 623
内蒙古自治区	12	7 066	2 636	2 636	1 722	72	2 030	954
辽宁省	42	19 119	8 020	8 607	2 243	249	11 341	5 355
吉林省	37	12 501	4 343	4 759	3 335	64	8 000	3 344
黑龙江省	34	13 481	5 857	5 907	1 710	7	6 944	3 071
上海市	21	10 852	3 944	5 284	1 562	62	5 977	2 644
江苏省	109	30 086	10 942	15 168	3 966	10	18 918	7 872
浙江省	31	21 046	7 628	10 047	3 209	162	19 414	7 434
安徽省	99	21 442	5 593	9 326	6 120	403	9 846	3 613
福建省	19	10 392	3 637	4 260	2 475	20	5 814	2 552
江西省	22	12 113	4 490	4 959	2 621	43	5 061	2 295
山东省	42	24 446	8 844	11 335	4 060	207	10 241	4 530
河南省	45	24 040	7 466	10 994	5 263	317	12 038	4 365
湖北省	40	15 802	5 497	6 949	3 100	256	7 935	3 374
湖南省	38	19 170	6 920	8 238	3 738	274	14 543	5 903
广东省	39	22 263	8 109	9 717	3 949	488	15 788	7 020
广西壮族自治区	24	11 240	3 940	5 074	2 049	177	8 876	3 924
海南省	16	4 709	1 229	1 732	1 456	292	1 938	808
重庆市	42	12 290	3 809	5 490	2 925	66	7 040	3 048
四川省	29	14 414	4 926	6 301	3 096	91	10 661	4 070
贵州省	33	9 348	3 708	4 133	1 449	58	5 263	2 780
云南省	43	14 202	4 646	6 020	3 321	215	7 423	2 809
西藏自治区	2	1 042	373	463	205	1	744	358
陕西省	25	12 882	4 273	5 822	2 639	148	6 335	2 554
甘肃省	16	6 337	2 477	2 940	905	15	2 611	1 097
青海省	4	1 692	995	479	188	30	619	427
宁夏回族自治区	9	2 166	854	739	494	79	997	431
新疆维吾尔自治区	20	7 895	2 516	3 818	1 339	222	5 424	2 255

研究与发展人员(人)				研究与发展人员(人年)					
中级	初级	其他人员	研究生	合计	高级	中级	初级	其他人员	研究生
93 829	26 889	2 647	21 395	59 582.1	27 001.2	22 002.7	5 734.6	453.4	4 390.2
3 473	501	150	2 595	2 572.8	1 201.2	760.8	103.5	24.9	482.4
2 304	631	126	747	1 648.8	723	605	142.4	22.2	156.2
4 788	1 188	46	534	2 603.4	1 124.8	1 050.3	223.4	8.4	196.5
2 581	893	108	1 161	1 628.9	667.9	547.5	182.2	15.7	215.6
807	201	3	65	549.7	282.1	209.2	45.5	0.5	12.4
3 846	738	219	1 183	2 808	1 421.2	925.3	160.7	44.7	256.1
2 816	1 341	17	482	1 991.3	894.6	680.3	305.5	2.6	108.3
3 070	641	0	162	2 117	962.4	928	178.3	0	48.3
2 077	431	39	786	1 805.3	865.7	597.4	128.7	6.6	206.9
7 261	1 303	2	2 480	4 136.9	1 786.3	1 511.8	248.6	0.4	589.8
8 010	1 762	157	2 051	4 482.9	1 933	1 832.1	339.4	22.7	355.7
4 196	1 643	75	319	2 742	1 080.2	1 121.6	430.7	19.1	90.4
2 151	853	49	209	1 284.2	572.2	478.3	172.1	6.1	55.5
1 960	769	12	25	1 169.6	566.9	441.2	155.1	3.1	3.3
4 105	1 166	38	402	3 168	1 436	1 266	359.2	9.1	97.7
5 300	2 045	58	270	2 451.1	941.1	1 069.4	387.9	9.4	43.3
2 891	891	78	701	1 913.7	871.9	689.5	193	15.1	144.2
5 223	1 578	191	1 648	3 392.6	1 652.9	1 181.8	265.2	35	257.7
5 638	1 477	260	1 393	3 889.8	1 923.5	1 307.3	307.4	52.3	299.3
3 428	914	182	428	1 928.1	881.5	735.4	186.6	29.8	94.8
701	328	51	50	372.7	169.8	130.2	57.5	9.9	5.3
2 373	676	37	906	1 726.2	869.9	588.2	132.4	8.1	127.6
4 104	1 728	35	724	2 545.2	1 043.8	992.9	373.2	7.6	127.7
2 007	441	23	12	1 121	635.1	400.9	79	4.8	1.2
2 585	1 000	367	662	1 654	664.8	585.2	210.1	50.2	143.7
298	69	11	8	191.2	92.3	75.5	18.2	3.3	1.9
2 367	686	51	677	1 462.9	665.6	529.9	128	8.2	131.2
897	252	0	365	638.2	286.5	220.5	55	0	76.2
103	34	4	51	192.7	132	32.6	9.9	1	17.2
298	209	28	31	268	119.8	81.2	52	4.7	10.3
2 171	500	230	268	1 125.9	533.2	427.4	103.9	27.9	33.5

60. 国务院各部委所属高等学校人文、社会科学人力情况表

	学校数（所）	社科活动人员（人）						
		合计	高级	中级	初级	其他人员	合计	高级
合计	103	76 333	39 281	30 514	5 942	596	81 485	33 650
外交部	1	251	135	100	16	0	263	148
国家民族事务委员会	6	4 619	1 817	2 125	653	24	2 669	1 312
公安部	3	1 223	602	508	110	3	1 076	555
工业和信息化部	7	3 308	1 664	1 459	166	19	2 648	904
交通部	1	444	274	152	15	3	266	141
教育部	73	61 278	32 727	23 871	4 190	490	70 119	28 803
海关总署	1	173	55	84	27	7	146	64
中国民用航空总局	3	789	211	405	166	7	450	144
国家林业局	1	185	61	108	16	0	114	48
国务院侨务办公室	2	2 413	1 043	1 006	330	34	2 208	948
国家体育总局	1	561	236	174	151	0	323	149
中国科学院	1	181	88	77	7	9	230	46
中华全国总工会	1	321	110	173	38	0	308	145
共青团中央	1	305	154	123	28	0	241	85
中华全国妇女联合会	1	282	104	149	29	0	424	158

研究与发展人员（人）				研究与发展人员（人年）					
中级	初级	其他人员	研究生	合计	高级	中级	初级	其他人员	研究生
18 276	2 266	1 511	25 782	22 037. 2	10 850. 3	5 052. 6	528. 3	307. 6	5 298. 4
94	6	8	7	42. 7	27. 4	13	0. 7	0. 9	0. 7
947	144	9	257	651. 4	310. 9	223. 9	27. 3	2. 7	86. 6
360	64	36	61	252. 6	137. 3	86. 1	13. 9	4. 6	10. 7
737	33	1	973	743. 4	286. 4	215	10. 5	0. 1	231. 4
53	0	0	72	82. 3	51. 8	16. 7	0	0	13. 8
14 541	1 747	1 372	23 656	18 977. 6	9 435. 2	4 096. 3	415. 9	279. 2	4 751
59	20	3	0	37. 2	19	14. 8	2. 8	0. 6	0
195	54	4	53	105. 2	31. 3	38	11	0. 8	24. 1
56	10	0	0	16. 9	7. 3	8. 3	1. 3	0	0
715	66	50	429	667. 1	357. 8	196. 4	11. 9	14	87
88	50	5	31	111. 3	57. 2	29. 8	16. 4	0. 5	7. 4
25	2	3	154	103. 2	21. 1	11. 2	0. 7	0. 6	69. 6
143	15	5	0	77. 7	38. 6	35	3. 2	0. 9	0
62	10	0	84	74. 6	34. 5	22. 4	2. 1	0	15. 6
201	45	15	5	94	34. 5	45. 7	10. 6	2. 7	0. 5

61. 教育部直属院校人文、社会科学活动人员及研究与发展人员概况表

	社科活动人员(人)						
	合计	高级	中级	初级	其他人员	合计	高级
合计	61 278	32 727	23 871	4 190	490	70 119	28 803
北京大学	1 428	1 160	266	2	0	1 848	788
中国人民大学	1 763	1 205	538	20	0	1 651	1 093
清华大学	1 292	790	475	27	0	2 379	723
北京交通大学	803	400	354	49	0	1 430	449
北京科技大学	454	226	213	11	4	473	218
北京化工大学	340	150	179	11	0	176	84
北京邮电大学	343	112	138	93	0	723	276
中国农业大学	391	280	92	19	0	1 235	349
北京林业大学	410	180	176	54	0	228	125
北京中医药大学	165	65	77	23	0	121	42
北京师范大学	1 098	777	313	8	0	2 113	1 088
北京外国语大学	822	377	389	56	0	626	354
北京语言大学	780	350	389	41	0	655	264
中国传媒大学	1 263	527	644	92	0	1 064	402
中央财经大学	990	603	337	50	0	1 158	459
对外经济贸易大学	938	517	341	79	1	1 094	387
国际关系学院	235	112	96	27	0	210	107
中央音乐学院	354	154	127	73	0	102	69
中央美术学院	381	181	127	73	0	67	29
中央戏剧学院	297	128	114	55	0	26	22
中国政法大学	995	679	254	62	0	1 901	818
华北电力大学	530	232	207	89	2	273	98
南开大学	1 280	895	356	19	10	2 889	947
天津大学	460	219	183	55	3	430	198
大连理工大学	592	279	274	23	16	488	182
东北大学	687	270	293	104	20	736	243
吉林大学	1 833	1 006	667	160	0	3 112	1 119
东北师范大学	1 272	678	499	81	14	1 983	811
东北林业大学	545	245	252	48	0	307	109
复旦大学	1 332	772	491	69	0	1 999	746
同济大学	818	507	294	12	5	531	252
上海交通大学	812	461	304	42	5	364	257
华东理工大学	555	281	255	17	2	273	189
东华大学	578	243	274	50	11	431	181
华东师范大学	1 328	703	561	64	0	2 777	711
上海外国语大学	723	376	319	26	2	304	207
上海财经大学	900	472	373	55	0	702	372
南京大学	1 004	721	272	11	0	1 572	642

研究与发展人员(人)				研究与发展人员(人年)					
中级	初级	其他人员	研究生	合计	高级	中级	初级	其他人员	研究生
14 541	1 747	1 372	23 656	18 977.6	9 435.2	4 096.3	415.9	279.2	4 751
145	3	13	899	506.1	226.7	38.3	1.5	2.2	237.4
383	15	4	156	627.7	448.1	130.3	6.9	0.4	42
253	2	2	1 399	516.6	233.9	68.1	0.8	0.8	213
229	20	18	714	217.4	97.3	43.5	2.8	2	71.8
120	9	16	110	82.3	42.9	21.5	0.9	1.8	15.2
36	4	0	52	61.8	31.7	12.1	0.7	0	17.3
223	72	3	149	147.7	58	42.5	14.4	0.7	32.1
66	5	0	815	209.6	97.6	14.3	0.8	0	96.9
75	25	0	3	48.8	27.5	14.3	6.1	0	0.9
51	6	0	22	17.2	6.2	7.9	0.6	0	2.5
520	11	138	356	566.3	327.7	144.1	2.2	23.6	68.7
227	17	10	18	88.8	55.8	28.5	1.7	1	1.8
195	57	9	130	189.1	96.9	54.1	13.8	1.7	22.6
326	44	3	289	163.1	69.1	58.4	6.3	0.4	28.9
345	21	12	321	206.2	104.6	61.2	3.1	1.2	36.1
211	43	7	446	439.4	173.7	89.6	13.2	2.1	160.8
71	20	0	12	47.9	25.4	15	4.2	0	3.3
22	11	0	0	37	25.7	7.4	3.9	0	0
13	3	0	22	25	14	4.1	0.6	0	6.3
4	0	0	0	11	9.7	1.3	0	0	0
312	28	0	743	391.1	220.4	61.1	4.1	0	105.5
78	13	0	84	72.5	28.9	22.8	2.8	0	18
297	6	0	1 639	911.6	378.6	112.7	1	0	419.3
117	31	3	81	151.1	72	36.5	9.4	1.9	31.3
210	7	5	84	105.7	40.6	43.3	1.1	1	19.7
242	21	4	226	192.6	74.8	67.7	6.6	0.6	42.9
527	85	153	1 228	492.1	216.6	102.9	14.7	16.1	141.8
566	100	53	453	455.7	222.9	133.2	19.1	8.4	72.1
77	8	0	113	82	25.2	20.7	2.5	0	33.6
426	22	105	700	928.1	398	234.8	11.4	33.5	250.4
127	4	1	147	210.3	101	56.4	1.5	0.4	51
67	9	3	28	205.5	152.3	40.5	3.3	1.9	7.5
70	2	0	12	79.6	60.9	17.2	0.2	0	1.3
84	13	0	153	183.7	71.2	34.4	4.2	0	73.9
164	8	2	1 892	745.4	411.4	59.5	2	0.5	272
92	5	0	0	164.3	112.5	49.7	2.1	0	0
145	2	1	182	252.1	148.1	56.9	1.1	0.1	45.9
241	13	0	676	336.2	176	53	2	0	105.2

	社科活动人员(人)						
	合计	高级	中级	初级	其他人员	合计	高级
东南大学	725	377	348	0	0	1 339	489
中国矿业大学	440	192	210	38	0	495	133
河海大学	385	201	179	5	0	713	221
江南大学	814	368	396	50	0	778	391
南京农业大学	598	243	302	53	0	997	225
中国药科大学	210	68	116	26	0	121	55
浙江大学	1 181	798	369	14	0	1 056	545
合肥工业大学	511	292	217	2	0	330	140
厦门大学	1 378	730	443	193	12	1 372	704
山东大学	2 003	1 051	677	252	23	555	332
中国海洋大学	492	222	205	65	0	66	29
中国石油大学(华东)	519	232	256	29	2	262	146
武汉大学	1 502	944	469	67	22	1 909	988
华中科技大学	842	457	313	59	13	688	239
中国地质大学	578	244	244	68	22	390	196
武汉理工大学	887	552	313	16	6	318	200
华中农业大学	422	188	196	24	14	586	162
华中师范大学	1 147	661	369	93	24	567	353
中南财经政法大学	1 298	645	557	80	16	1 137	458
湖南大学	1 102	558	425	107	12	1 861	908
中南大学	1 064	518	467	76	3	740	352
中山大学	1 046	606	266	6	168	2 208	1 146
华南理工大学	739	353	311	69	6	1 107	491
四川大学	1 546	686	699	161	0	1 998	393
重庆大学	762	362	375	25	0	851	287
西南交通大学	626	329	249	47	1	633	327
电子科技大学	455	196	215	37	7	301	81
西南大学	1 456	705	621	124	6	2 564	1 243
西南财经大学	1 080	522	381	177	0	1 518	678
西安交通大学	981	497	403	68	13	1 168	364
西安电子科技大学	413	214	157	42	0	323	128
长安大学	531	203	280	40	8	130	36
西北农林科技大学	468	136	259	57	16	172	68
陕西师范大学	952	495	399	58	0	1 028	529
兰州大学	733	312	382	39	0	885	195
中国矿业大学(北京)	182	67	87	27	1	49	25
中国石油大学	228	88	118	22	0	137	36
中国地质大学(北京)	191	82	85	24	0	316	100

续表

研究与发展人员(人)				研究与发展人员(人年)					
中级	初级	其他人员	研究生	合计	高级	中级	初级	其他人员	研究生
348	13	0	489	270.5	115.4	72.5	2.2	0	80.4
154	19	0	189	99.4	26.8	33.6	4.1	0	34.9
149	39	0	304	209.6	71.1	45	12.2	0	81.3
228	43	0	116	218.5	100.8	49.4	8.6	0	59.7
168	24	0	580	191.5	56.9	28.7	3	0	102.9
48	5	0	13	25.4	13	10	1	0	1.4
218	10	1	282	272.1	165.8	46.4	3.1	0.1	56.7
41	0	0	149	83	33.5	7.5	0	0	42
234	55	6	373	530.7	294.5	81.3	18.7	1.3	134.9
184	19	12	8	172.7	119.6	44.3	6.1	1.7	1
16	2	0	19	25.4	11	7.5	0.6	0	6.3
107	9	0	0	46.4	28.4	16.3	1.7	0	0
325	28	22	546	690	368.8	110	10.5	5.1	195.6
127	15	3	304	213.3	79.7	39.4	3.4	0.9	89.9
119	26	9	40	90.3	48	26.6	6.1	2.2	7.4
64	3	0	51	74.8	49.2	14	0.7	0	10.9
161	12	7	244	142.9	50.7	43.4	2.1	1	45.7
128	8	4	74	403.2	271.9	75.7	4.5	3	48.1
292	32	4	351	366.1	165	101.5	10.6	1.1	87.9
330	33	5	585	427.1	272	82.1	6.4	1.2	65.4
159	20	13	196	304.6	166.2	73.1	8.1	3.6	53.6
361	10	673	18	545.5	311.1	85.5	1.9	145	2
370	117	22	107	260.2	128.4	78.2	20.9	5.1	27.6
391	63	0	1 151	471.9	163.9	165.7	27.1	0	115.2
178	11	3	372	303.5	156.2	101.7	6.6	1.8	37.2
228	28	1	49	164.9	92.2	60	6.4	0.2	6.1
55	2	0	163	86.9	24	17.7	0.6	0	44.6
654	98	12	557	747.5	402.6	190.7	23.2	2.1	128.9
399	135	1	305	243.9	130.2	67.2	15.9	0.1	30.5
174	8	0	622	283.3	101	41.6	1.4	0	139.3
85	13	0	97	133	56.9	40.5	6	0	29.6
36	2	0	56	53.6	23.4	20.9	1.1	0	8.2
62	10	5	27	45.8	20.3	16.3	1.6	1	6.6
323	41	4	131	193.3	105.1	61.4	6.7	0.4	19.7
122	6	0	562	254.8	77.2	35.6	1.3	0	140.7
16	3	0	5	20.2	11.7	5.5	2.2	0	0.8
37	2	0	62	66.7	14.1	15.5	0.7	0	36.4
93	18	0	105	76.5	24.7	24.2	5	0	22.6

62. 教育部直属院校人文、社会科学研究与发展人员职称(职务)情况表

单位:人

	合计	按职称划分						研究生(学生)
		教授	副教授	讲师	助教	初级	其他人员	
合计	70 119	13 817	14 986	14 541	1 303	444	1 372	23 656
北京大学	1 848	470	318	145	1	2	13	899
中国人民大学	1 651	627	466	383	14	1	4	156
清华大学	2 379	423	300	253	2	0	2	1 399
北京交通大学	1 430	183	266	229	19	1	18	714
北京科技大学	473	86	132	120	7	2	16	110
北京化工大学	176	33	51	36	4	0	0	52
北京邮电大学	723	126	150	223	66	6	3	149
中国农业大学	1 235	155	194	66	5	0	0	815
北京林业大学	228	42	83	75	3	22	0	3
北京中医药大学	121	7	35	51	6	0	0	22
北京师范大学	2 113	572	516	520	11	0	138	356
北京外国语大学	626	163	191	227	17	0	10	18
北京语言大学	655	112	152	195	26	31	9	130
中国传媒大学	1 064	179	223	326	37	7	3	289
中央财经大学	1 158	160	299	345	11	10	12	321
对外经济贸易大学	1 094	161	226	211	30	13	7	446
国际关系学院	210	43	64	71	8	12	0	12
中央音乐学院	102	48	21	22	8	3	0	0
中央美术学院	67	17	12	13	2	1	0	22
中央戏剧学院	26	8	14	4	0	0	0	0
中国政法大学	1 901	400	418	312	12	16	0	743
华北电力大学	273	37	61	78	12	1	0	84
南开大学	2 889	492	455	297	3	3	0	1 639
天津大学	430	70	128	117	16	15	3	81
大连理工大学	488	84	98	210	7	0	5	84
东北大学	736	89	154	242	20	1	4	226
吉林大学	3 112	635	484	527	77	8	153	1 228
东北师范大学	1 983	395	416	566	90	10	53	453
东北林业大学	307	42	67	77	7	1	0	113
复旦大学	1 999	387	359	426	17	5	105	700
同济大学	531	106	146	127	2	2	1	147
上海交通大学	364	156	101	67	8	1	3	28
华东理工大学	273	75	114	70	2	0	0	12
东华大学	431	68	113	84	8	5	0	153
华东师范大学	2 777	394	317	164	8	0	2	1 892
上海外国语大学	304	94	113	92	4	1	0	0
上海财经大学	702	170	202	145	0	2	1	182

续表

	合计	按职称划分						研究生（学生）
		教授	副教授	讲师	助教	初级	其他人员	
南京大学	1 572	358	284	241	13	0	0	676
东南大学	1 339	197	292	348	13	0	0	489
中国矿业大学	495	55	78	154	16	3	0	189
河海大学	713	113	108	149	39	0	0	304
江南大学	778	124	267	228	35	8	0	116
南京农业大学	997	100	125	168	17	7	0	580
中国药科大学	121	13	42	48	5	0	0	13
浙江大学	1 056	291	254	218	2	8	1	282
合肥工业大学	330	47	93	41	0	0	0	149
厦门大学	1 372	384	320	234	49	6	6	373
山东大学	555	176	156	184	19	0	12	8
中国海洋大学	66	19	10	16	1	1	0	19
中国石油大学(华东)	262	58	88	107	5	4	0	0
武汉大学	1 909	571	417	325	27	1	22	546
华中科技大学	688	112	127	127	11	4	3	304
中国地质大学	390	90	106	119	19	7	9	40
武汉理工大学	318	86	114	64	0	3	0	51
华中农业大学	586	50	112	161	9	3	7	244
华中师范大学	567	202	151	128	7	1	4	74
中南财经政法大学	1 137	232	226	292	22	10	4	351
湖南大学	1 861	465	443	330	21	12	5	585
中南大学	740	183	169	159	17	3	13	196
中山大学	2 208	577	569	361	5	5	673	18
华南理工大学	1 107	220	271	370	74	43	22	107
四川大学	1 998	182	211	391	55	8	0	1 151
重庆大学	851	112	175	178	11	0	3	372
西南交通大学	633	100	227	228	26	2	1	49
电子科技大学	301	32	49	55	2	0	0	163
西南大学	2 564	511	732	654	97	1	12	557
西南财经大学	1 518	274	404	399	24	111	1	305
西安交通大学	1 168	149	215	174	3	5	0	622
西安电子科技大学	323	33	95	85	11	2	0	97
长安大学	130	20	16	36	1	1	0	56
西北农林科技大学	172	28	40	62	9	1	5	27
陕西师范大学	1 028	203	326	323	41	0	4	131
兰州大学	885	84	111	122	6	0	0	562
中国矿业大学(北京)	49	11	14	16	3	0	0	5
中国石油大学	137	19	17	37	2	0	0	62
中国地质大学(北京)	316	27	73	93	16	2	0	105

63. 教育部直属院校人文、社会科学研究与发展全时人员职称(职务)情况表

单位:人

	合计	按职称划分						研究生(学生)
		教授	副教授	讲师	助教	初级	其他人员	
合计	18 977.6	4 804.6	4 630.6	4 096.3	326.9	89	279.2	4 751
北京大学	506.1	140.7	86	38.3	0.2	1.3	2.2	237.4
中国人民大学	627.7	241.3	206.8	130.3	6.3	0.6	0.4	42
清华大学	516.6	141.8	92.1	68.1	0.8	0	0.8	213
北京交通大学	217.4	49.6	47.7	43.5	2.7	0.1	2	71.8
北京科技大学	82.3	18.3	24.6	21.5	0.7	0.2	1.8	15.2
北京化工大学	61.8	13.4	18.3	12.1	0.7	0	0	17.3
北京邮电大学	147.7	26.4	31.6	42.5	13.3	1.1	0.7	32.1
中国农业大学	209.6	47.8	49.8	14.3	0.8	0	0	96.9
北京林业大学	48.8	9.1	18.4	14.3	0.4	5.7	0	0.9
北京中医药大学	17.2	1.1	5.1	7.9	0.6	0	0	2.5
北京师范大学	566.3	190.1	137.6	144.1	2.2	0	23.6	68.7
北京外国语大学	88.8	28.5	27.3	28.5	1.7	0	1	1.8
北京语言大学	189.1	46.8	50.1	54.1	7.1	6.7	1.7	22.6
中国传媒大学	163.1	32.3	36.8	58.4	5.3	1	0.4	28.9
中央财经大学	206.2	38.8	65.8	61.2	1.7	1.4	1.2	36.1
对外经济贸易大学	439.4	74.1	99.6	89.6	9.8	3.4	2.1	160.8
国际关系学院	47.9	11.7	13.7	15	1.7	2.5	0	3.3
中央音乐学院	37	17.6	8.1	7.4	3.4	0.5	0	0
中央美术学院	25	8.8	5.2	4.1	0.5	0.1	0	6.3
中央戏剧学院	11	4.1	5.6	1.3	0	0	0	0
中国政法大学	391.1	112.5	107.9	61.1	1.4	2.7	0	105.5
华北电力大学	72.5	10.8	18.1	22.8	2.5	0.3	0	18
南开大学	911.6	203	175.6	112.7	0.3	0.7	0	419.3
天津大学	151.1	25	47	36.5	5	4.4	1.9	31.3
大连理工大学	105.7	18.1	22.5	43.3	1.1	0	1	19.7
东北大学	192.6	27.3	47.5	67.7	6.1	0.5	0.6	42.9
吉林大学	492.1	128.1	88.5	102.9	13.7	1	16.1	141.8
东北师范大学	455.7	116.1	106.8	133.2	16.8	2.3	8.4	72.1
东北林业大学	82	10.5	14.7	20.7	2.2	0.3	0	33.6
复旦大学	928.1	205.8	192.2	234.8	9.1	2.3	33.5	250.4
同济大学	210.3	41.9	59.1	56.4	0.6	0.9	0.4	51
上海交通大学	205.5	93.8	58.5	40.5	2.8	0.5	1.9	7.5
华东理工大学	79.6	25.1	35.8	17.2	0.2	0	0	1.3
东华大学	183.7	28.4	42.8	34.4	2.8	1.4	0	73.9
华东师范大学	745.4	247.5	163.9	59.5	2	0	0.5	272
上海外国语大学	164.3	50.9	61.6	49.7	1.8	0.3	0	0
上海财经大学	252.1	71	77.1	56.9	0	1.1	0.1	45.9

续表

	合计	按职称划分						研究生（学生）
		教授	副教授	讲师	助教	初级	其他人员	
南京大学	336.2	104.1	71.9	53	2	0	0	105.2
东南大学	270.5	47.8	67.6	72.5	2.2	0	0	80.4
中国矿业大学	99.4	9.5	17.3	33.6	3.7	0.4	0	34.9
河海大学	209.6	40.2	30.9	45	12.2	0	0	81.3
江南大学	218.5	29.5	71.3	49.4	6.7	1.9	0	59.7
南京农业大学	191.5	32.8	24.1	28.7	2	1	0	102.9
中国药科大学	25.4	2.5	10.5	10	1	0	0	1.4
浙江大学	272.1	99.2	66.6	46.4	1	2.1	0.1	56.7
合肥工业大学	83	12.3	21.2	7.5	0	0	0	42
厦门大学	530.7	171.4	123.1	81.3	16.8	1.9	1.3	134.9
山东大学	172.7	66	53.6	44.3	6.1	0	1.7	1
中国海洋大学	25.4	7.3	3.7	7.5	0.5	0.1	0	6.3
中国石油大学(华东)	46.4	11.7	16.7	16.3	1	0.7	0	0
武汉大学	690	205.3	163.5	110	10.4	0.1	5.1	195.6
华中科技大学	213.3	40.6	39.1	39.4	1.9	1.5	0.9	89.9
中国地质大学	90.3	23.8	24.2	26.6	4.6	1.5	2.2	7.4
武汉理工大学	74.8	20.8	28.4	14	0	0.7	0	10.9
华中农业大学	142.9	18.5	32.2	43.4	1.5	0.6	1	45.7
华中师范大学	403.2	171.1	100.8	75.7	4	0.5	3	48.1
中南财经政法大学	366.1	95	70	101.5	7.4	3.2	1.1	87.9
湖南大学	427.1	142.6	129.4	82.1	5.1	1.3	1.2	65.4
中南大学	304.6	90.9	75.3	73.1	7.2	0.9	3.6	53.6
中山大学	545.5	152.5	158.6	85.5	0.8	1.1	145	2
华南理工大学	260.2	59.5	68.9	78.2	15.6	5.3	5.1	27.6
四川大学	471.9	80.9	83	165.7	22.7	4.4	0	115.2
重庆大学	303.5	66.7	89.5	101.7	6.6	0	1.8	37.2
西南交通大学	164.9	30.6	61.6	60	5.9	0.5	0.2	6.1
电子科技大学	86.9	8.8	15.2	17.7	0.6	0	0	44.6
西南大学	747.5	163.8	238.8	190.7	22.2	1	2.1	128.9
西南财经大学	243.9	58.2	72	67.2	3.6	12.3	0.1	30.5
西安交通大学	283.3	50.7	50.3	41.6	0.7	0.7	0	139.3
西安电子科技大学	133	13.7	43.2	40.5	5.1	0.9	0	29.6
长安大学	53.6	13.6	9.8	20.9	0.3	0.8	0	8.2
西北农林科技大学	45.8	8.8	11.5	16.3	1.5	0.1	1	6.6
陕西师范大学	193.3	37.6	67.5	61.4	6.7	0	0.4	19.7
兰州大学	254.8	40.7	36.5	35.6	1.3	0	0	140.7
中国矿业大学(北京)	20.2	4.6	7.1	5.5	2.2	0	0	0.8
中国石油大学	66.7	6.1	8	15.5	0.7	0	0	36.4
中国地质大学(北京)	76.5	6.8	17.9	24.2	4.8	0.2	0	22.6

1. 全国高等学校人文、社会科学研究与发展经费情况表(一)

		合计	科研活动经费	其中:教育部科研经费	其中:中央其他部门科研经费	其中:省、市、自治区科研经费	其中:其他各类地方政府经费
	合计	99 813 674.21	42 767 324.05	10 036 585.65	15 027 099.56	9 692 332.26	8 011 306.58
按学校隶属关系划分	教育部直属院校	42 611 133.29	20 431 972.27	7 012 389.06	7 885 660.12	2 230 743.31	3 303 179.78
	其他部委院校	3 868 585.8	1 936 417.02	361 997.07	1 106 886.09	228 040.39	239 493.47
	地方院校	53 333 955.12	20 398 934.76	2 662 199.52	6 034 553.35	7 233 548.56	4 468 633.33
按学校规格划分	本科院校	97 842 904.26	42 267 044.13	10 004 541.02	14 976 271.56	9 457 909.92	7 828 321.63
	专科院校	1 970 769.95	500 279.92	32 044.63	50 828	234 422.34	182 984.95
按学校类型划分	综合大学	38 128 840.4	16 865 770.03	5 057 824.52	5 826 063.63	2 988 646.14	2 993 235.74
	理工农医院校	23 782 288.01	9 012 973.07	1 470 078.66	3 701 590.05	2 067 251.49	1 774 052.87
	师范院校	16 145 695.9	6 923 453.4	1 636 699.33	2 219 530.92	1 485 078.96	1 582 144.19
	语言院校	2 561 332.5	956 579.39	275 008	285 120.8	328 580.09	67 870.5
	财经院校	10 391 171.99	4 470 289.8	1 047 013.25	1 700 612.96	1 052 278.34	670 385.25
	政法院校	2 806 706.53	1 402 333.59	224 996.52	436 855.85	536 606.7	203 874.52
	体育院校	1 348 979.81	801 034.43	77 588	254 852	195 367.5	273 226.93
	艺术院校	3 309 846.79	1 576 734.33	121 832.42	120 124.8	955 729.81	379 047.3
	民族院校	1 338 812.28	758 156.01	125 544.95	482 348.55	82 793.23	67 469.28

与发展经费

单位:百元

拨入						
科技活动人员工资	科研基建费	企事业单位委托项目经费	金融机构贷款	自筹经费	国外资金	其他收入
15 018 862.8	484 493.1	26 371 036.04	749.2	11 998 460.38	1 507 382.87	1 665 365.77
3 322 208.67	0	13 878 385.38	0	3 275 648.91	1 237 886.62	465 031.44
574 135.5	13 500	861 475.92	0	444 489.03	20 622.55	17 945.78
11 122 518.63	470 993.1	11 631 174.74	749.2	8 278 322.44	248 873.7	1 182 388.55
14 142 893.91	478 391.6	26 179 089.24	0	11 631 276.45	1 503 557.87	1 640 651.06
875 968.89	6 101.5	191 946.8	749.2	367 183.93	3 825	24 714.71
4 738 027.34	25 284	11 231 299.42	0	4 065 126.47	677 702.99	525 630.15
3 933 494.79	3 000	8 137 368.34	300	2 092 047.99	421 533.46	181 570.36
2 984 308.81	74 682.5	2 851 409.81	449.2	2 568 804.19	192 291.66	550 296.33
387 169.29	44 000	476 478.27	0	617 147.99	4 875.67	75 081.89
1 720 709.87	86 256.6	2 189 543.42	0	1 724 280.81	64 006.42	136 085.07
478 410	36 500	293 411.3	0	444 334.92	134 943.15	16 773.57
255 383.85	39 700	84 538.13	0	115 156	829	52 338.4
279 169.85	175 070	1 005 981.31	0	211 359.53	161.77	61 370
242 189	0	101 006.04	0	160 202.48	11 038.75	66 220

2. 全国高等学校人文、社会科学研究与发展经费情况表(二)

单位:百元

		支出									
		合计	内部支出								转拨给外单位经费
			小计	科研人员费	业务费	科研基建费	仪器设备费	图书资料费	管理费	其他	
	合计	93 031 343. 31	91 866 323. 21	19 885 766. 85	42 043 093. 32	405 512. 34	8 689 511. 35	10 786 898. 01	2 910 394. 22	7 145 147. 12	1 165 020. 1
按学校隶属关系划分	教育部直属院校	40 024 219. 56	39 131 668. 8	5 139 972. 43	19 984 528. 28	3 826	3 947 440. 33	4 730 406. 71	1 542 351. 8	3 783 143. 25	892 550. 76
	其他部委院校	3 653 203. 61	3 640 438. 61	652 052. 52	1 992 783. 27	10 600	338 084. 05	410 844. 81	89 807. 64	146 266. 32	12 765
	地方院校	49 353 920. 14	49 094 215. 8	14 093 741. 9	20 065 781. 77	391 086. 34	4 403 986. 97	5 645 646. 49	1 278 234. 78	3 215 737. 55	259 704. 34
按学校规格划分	本科院校	91 208 645. 42	90 050 918. 32	18 894 063. 12	41 569 962. 33	398 120. 34	8 629 694. 84	10 640 142. 12	2 873 134. 47	7 045 801. 1	1 157 727. 1
	专科院校	1 822 697. 89	1 815 404. 89	991 703. 73	473 130. 99	7 392	59 816. 51	146 755. 89	37 259. 75	99 346. 02	7 293
按学校类型划分	综合大学	34 968 723. 02	34 697 337. 39	6 984 207. 33	15 235 376. 66	23 695	3 659 992. 94	4 406 108. 84	1 172 018. 69	3 215 937. 93	271 385. 63
	理工农医院校	22 540 356. 22	21 936 730. 21	4 817 687. 46	10 500 559. 59	9 818	1 453 295. 8	6 678 053. 75	2 126 888. 82	5 144 492. 25	603 626. 01
	师范院校	15 399 434. 6	15 263 304. 32	3 515 481. 23	6 439 426. 33	61 531	1 781 490. 51	8 839 474. 5	2 469 891. 91	6 105 443. 66	136 130. 28
	语言院校	2 401 844. 65	2 395 974. 65	589 552. 77	1 110 272. 87	33 214	192 424. 49	9 087 169. 87	2 528 783. 12	6 269 367. 6	5 870
	财经院校	9 747 575. 6	9 648 672. 29	2 370 688. 55	4 409 831. 35	84 426	777 522. 8	10 255 069. 58	2 785 031. 01	6 851 423. 59	98 903. 31
	政法院校	2 478 580. 45	2 453 483	571 417. 47	1 329 848. 83	36 500	216 619. 57	10 406 643. 99	2 818 268. 64	6 965 708. 68	25 097. 45
	体育院校	1 391 535. 85	1 372 983. 43	361 743. 78	535 496. 82	36 800	251 100. 24	10 495 198. 43	2 858 410. 2	7 024 855. 27	18 552. 42
	艺术院校	3 016 196. 32	3 010 741. 32	394 547. 76	2 013 181. 09	119 528. 34	250 218. 36	10 619 890. 77	2 890 670. 33	7 101 168. 57	5 455
	民族院校	1 087 096. 6	1 087 096. 6	280 440. 5	469 099. 78	0	106 846. 64	10 786 898. 01	2 910 394. 22	7 145 147. 12	0

3. 全国高等学校人文、社会科学研究与发展经费情况表(三)

单位:百元

		R&D经费内部支出							
		合计	基础研究支出	应用研究支出	试验发展支出	政府资金	企业资金	国外资金	其他资金
合计		91 866 323.21	36 595 856.64	54 094 781.07	1 175 685.5	46 224 126.92	35 737 907.27	1 746 074.73	8 158 214.29
按学校隶属关系划分	教育部直属院校	39 131 668.8	13 281 763.84	25 476 659	373 245.96	18 222 444.51	16 426 050.24	1 418 079.92	3 065 094.13
	其他部委院校	3 640 438.61	1 574 951.97	1 952 730.77	112 755.87	2 005 964.07	1 103 440.4	20 002.91	511 031.23
	地方院校	49 094 215.8	21 739 140.83	26 665 391.3	689 683.67	25 995 718.34	18 208 416.63	307 991.9	4 582 088.93
按学校规格划分	本科院校	90 050 918.32	35 974 672.69	52 915 951.19	1 160 294.44	45 175 053.69	35 445 097.04	1 744 002.54	7 686 765.05
	专科院校	1 815 404.89	621 183.95	1 178 829.88	15 391.06	1 049 073.23	292 810.23	2 072.19	471 449.24
按学校类型划分	综合大学	34 697 337.39	12 689 244.86	21 531 905.43	476 187.1	16 061 906.63	14 918 022.58	866 699.66	2 850 708.52
	理工农医院校	21 936 730.21	7 491 431.9	14 179 658.36	265 639.95	10 296 379.84	9 342 782.76	426 997.42	1 870 570.19
	师范院校	15 263 304.32	9 567 916.53	5 474 774.05	220 613.74	8 634 598.97	4 594 943.67	213 072.72	1 820 688.96
	语言院校	2 395 974.65	1 180 513.61	1 196 576.18	18 884.86	1 248 238.42	815 369.36	10 674.18	321 692.69
	财经院校	9 648 672.29	2 059 191.6	7 532 083.1	57 397.59	5 204 287.08	3 734 517.95	87 854.1	622 013.16
	政法院校	2 453 483	1 242 572.73	1 158 946.34	51 963.93	1 530 566.59	557 149.81	127 091.13	238 675.47
	体育院校	1 372 983.43	344 044.99	957 046.53	71 891.91	1 007 791.04	199 906.06	1 834.32	163 452.01
	艺术院校	3 010 741.32	1 252 632.85	1 750 480.27	7 628.2	1 454 963.5	1 441 177.27	22.79	114 577.76
	民族院校	1 087 096.6	768 307.57	313 310.81	5 478.22	785 394.85	134 037.81	11 828.41	155 835.53

4. 各省、市、自治区高等学校人文、社会科学研究与发展经费情况表(一)

	合计	科研活动经费	其中:教育部科研经费	其中:中央其他部门科研经费	其中:省、市、自治区科研经费	其中:其他各类地方政府经费
合计	99 813 674.21	42 767 324.05	10 036 585.65	15 027 099.56	9 692 332.26	8 011 306.58
北京市	17 865 722.89	8 624 204.9	2 070 808.13	3 654 773.72	1 475 516.85	1 423 106.2
天津市	2 607 459.3	1 129 576.01	438 609.92	451 779	188 911.09	50 276
河北省	1 278 491.23	371 097.97	50 315	156 439.47	114 917.5	49 426
山西省	1 175 795.46	518 146	100 120	81 772	221 002	115 252
内蒙古自治区	495 656.1	238 973	41 201	130 815	47 539	19 418
辽宁省	2 571 087.92	1 046 463.95	232 719	443 455.61	174 390.42	195 898.92
吉林省	2 519 371.52	1 140 535.96	341 445	412 175.71	137 526.25	249 389
黑龙江省	936 226.94	314 739.2	50 795	157 303.4	77 302.8	29 338
上海市	9 192 129.43	5 170 288.74	1 652 029.83	1 216 593.96	1 559 788.77	741 876.18
江苏省	6 738 485.23	2 975 453.62	681 562.91	1 094 214.4	822 730.5	376 945.81
浙江省	8 753 721.86	2 558 921.55	504 978.08	762 091.56	533 876.21	757 975.7
安徽省	2 226 409.98	782 036.6	153 403	262 767	223 044.6	142 822
福建省	2 348 854.58	937 654.58	221 672	353 735	132 464.58	229 783
江西省	1 219 829	569 742	86 505	310 830	132 136	40 271
山东省	2 759 944.02	943 026.35	260 045.36	383 440	168 765.5	130 775.49
河南省	1 688 709.1	617 047	117 858	215 390	210 457	73 342
湖北省	5 981 860.71	2 530 693.61	421 222.81	1 305 628.41	294 521	509 321.39
湖南省	3 835 333.85	1 915 202.85	520 244	599 048.2	503 433.5	292 477.15
广东省	9 582 629.67	4 187 786.15	711 585.4	696 612.04	1 256 855.9	1 522 732.81
广西壮族自治区	1 775 470.84	710 602.58	43 844	185 179.08	294 593	186 986.5
海南省	230 651	96 608	9 185	34 206	43 667	9 550
重庆市	2 937 095.1	893 801	147 546	344 961.04	121 591	279 702.96
四川省	4 389 974.31	1 076 702.98	437 608	407 246.99	121 335.99	110 512
贵州省	888 427.44	383 324.4	44 762	160 364.4	140 254	37 944
云南省	1 128 607.27	589 476.99	48 030	277 040	164 546	99 860.99
西藏自治区	111 850	70 240	11 280	34 490	24 470	0
陕西省	2 764 502.26	1 476 389.02	500 433.5	453 830.04	276 462.5	245 662.98
甘肃省	814 843.7	357 228.74	62 667.71	189 073.53	39 047	66 440.5
青海省	107 750	64 260	2 640	57 360	3 310	950
宁夏回族自治区	182 516	65 890	3 780	45 990	9 340	6 780
新疆维吾尔自治区	704 267.5	411 210.3	67 690	148 494	178 536.3	16 490

单位:百元

拨　　入

科技活动人员工资	科研基建费	企事业单位委托项目经费	金融机构贷款	自筹经费	国外资金	其他收入
15 018 862.8	484 493.1	26 371 036.04	749.2	11 998 460.38	1 507 382.87	1 665 365.77
1 290 942.45	11 000	5 564 106.96	0	1 507 198.18	782 689.52	85 580.88
541 053.4	0	742 813.22	0	149 810.5	19 479.77	24 726.4
410 607.47	6 700	198 583.89	0	287 501.9	0	4 000
242 851	28 700	128 804.02	0	249 444.44	6 262	1 588
91 135	0	84 237.1	0	73 031	8 080	200
731 588.2	0	509 356.53	449.2	161 467.31	17 627.86	104 134.87
488 888	35 070	446 476.41	0	321 278	20 072.83	67 050.32
470 113.34	0	75 080	0	75 494.4	300	500
944 818.84	0	2 217 517.74	0	686 225.1	130 542.88	42 736.13
1 026 869.55	2 950	1 951 846.23	0	741 276.5	24 839.41	15 249.92
986 241.33	34 000	2 961 712.65	0	1 925 789.08	126 739.76	160 317.49
702 960.82	220	312 960.8	0	384 488.04	19 751.75	23 991.97
302 774.2	0	726 049.69	0	185 013.96	24 001.14	173 361.01
192 417	2 430	320 129	0	110 295	0	24 816
691 195.6	18 173	773 971.14	0	122 496.03	27 066.9	184 015
426 423.85	300	243 936.7	0	292 984.55	46 000	62 017
723 091.57	55 769	2 205 287.54	300	237 789.04	94 403.61	134 526.34
821 180.33	15 650	420 340.79	0	576 024.45	13 354.53	73 580.9
961 835.2	219 631	2 719 928.67	0	1 226 610.59	45 400.84	221 437.22
349 988.84	0	257 285.62	0	258 403.15	1 771.65	197 419
80 742	0	6 349	0	32 537	0	14 415
468 983.38	300	912 662.77	0	635 293.9	17 394.05	8 660
713 121.53	0	1 457 063.34	0	1 109 622.44	33 464.02	0
165 372.5	50 000	76 199.23	0	207 613	0	5 918.31
303 290.67	3 600.1	126 993.95	0	75 322.31	25 068.25	4 855
32 670	0	4 500	0	2 480	0	1 960
380 098.81	0	633 502.33	0	248 218	12 608.1	13 686
166 236.22	0	236 680.72	0	44 634.01	9 864	200.01
36 890	0	1 400	0	3 800	0	1 400
75 596	0	16 980	0	23 760	0	290
198 885.7	0	38 280	0	42 558.5	600	12 733

5. 各省、市、自治区高等学校人文、社会科学研究与发展经费情况表(二)

单位:百元

	支出									
	合计	内部支出								转拨给外单位经费
		小计	科研人员费	业务费	科研基建费	仪器设备费	图书资料费	管理费	其他	
合计	93 031 343.31	91 866 323.21	19 885 766.85	42 043 093.32	405 512.34	8 689 511.35	10 786 898.01	2 910 394.22	7 145 147.12	1 165 020.1
北京市	16 185 011.55	15 915 598.35	2 063 659.53	10 656 300.72	11 926	755 635.32	1 072 829.56	587 422.34	767 824.88	269 413.2
天津市	2 527 532.22	2 520 801.36	601 507.7	1 203 592.35	0	150 122.72	249 245.74	79 387.08	236 945.77	6 730.86
河北省	1 260 476.52	1 255 590.79	485 981.71	485 624.24	6 700	88 446.51	166 553.25	22 070.08	215	4 885.73
山西省	1 192 793.11	1 192 793.11	299 425.16	322 636.57	18 200	249 392.93	254 154.91	15 368.01	33 615.53	0
内蒙古自治区	359 935.83	358 935.83	91 135	176 159.33	0	14 081.3	29 566.15	10 657.25	37 336.8	1 000
辽宁省	2 331 828.25	2 315 646.42	743 957.4	1 044 714.53	9 557.4	85 885.31	177 861.17	67 473.73	186 196.88	16 181.83
吉林省	2 480 449.39	2 450 332.58	540 820	478 848.75	35 220	387 958.13	525 744.63	45 955.92	435 785.15	30 116.81
黑龙江省	877 695.03	877 695.03	470 233.34	296 768.37	200	22 472.38	73 100.69	14 920.25	0	0
上海市	8 248 114.7	8 142 286.96	1 092 905.85	5 169 635.68	0	811 854.53	666 115.44	182 648.44	219 127.02	105 827.74
江苏省	6 212 222.65	5 982 416.91	1 038 871.75	1 569 492.68	1 500	904 341.28	1 414 413.64	348 859.15	704 938.41	229 805.74
浙江省	8 881 147.25	8 785 722.59	2 463 814.44	3 168 589.71	34 000	1 038 359.57	1 130 118.09	370 194.87	580 645.91	95 424.66
安徽省	2 072 275.43	2 055 846.43	937 821.82	489 628.42	556	173 862.6	196 848.01	56 744.74	200 384.84	16 429
福建省	2 089 904.35	2 052 969.35	396 501.2	1 160 329.45	0	62 824.95	150 332.75	80 664.1	202 316.9	36 935
江西省	1 056 527.96	1 027 984.46	219 193	269 313.25	17 058	149 037	114 425.3	39 515.2	219 442.71	28 543.5
山东省	2 635 238.81	2 592 511.31	806 566	787 103.26	19 500	274 288.43	385 913.74	78 532.01	240 607.87	42 727.5

续表

	支出									
	合计	内部支出								转拨给外单位经费
		小计	科研人员费	业务费	科研基建费	仪器设备费	图书资料费	管理费	其他	
河南省	1 612 126.67	1 609 088.67	467 498	540 925.74	200	213 992.17	230 589.76	44 513.92	111 369.08	3 038
湖北省	5 838 686.16	5 724 813.14	966 474.29	2 612 382.97	55 000	516 198.83	806 719.69	192 370.81	575 666.55	113 873.02
湖南省	3 239 060.74	3 214 707.94	1 060 126.48	1 040 773.57	12 000	292 365.19	402 879.14	78 351.85	328 211.71	24 352.8
广东省	9 173 638.12	9 075 864.13	1 159 296.06	4 041 019.5	124 693.34	1 431 642.44	825 949.73	202 437.32	1 290 825.74	97 773.99
广西壮族自治区	1 575 117.59	1 570 035.81	373 509.46	755 464.32	0	181 345.71	141 787.74	36 362.56	81 566.02	5 081.78
海南省	216 490.64	216 340.64	80 823	105 108.28	0	8 507.5	14 867.16	4 880	2 154.7	150
重庆市	2 905 646.95	2 901 796.95	782 681.33	1 276 697.52	5 514	175 686.51	302 351.62	95 103.83	263 762.14	3 850
四川省	4 034 086.93	4 031 056.93	1 230 684.27	1 567 116.1	0	353 739.24	657 336.85	87 165.07	135 015.4	3 030
贵州省	846 782.62	845 826.62	286 223.15	180 390.16	50 000	39 142	189 259.69	24 901.42	75 910.2	956
云南省	986 580.62	985 780.62	313 450.17	532 404.6	3 487.6	33 064.47	58 872.43	15 848.5	28 652.85	800
西藏自治区	91 170.8	91 170.8	32 670	35 623.1	0	3 496	7 308.9	1 601.5	10 471.3	0
陕西省	2 450 241.01	2 429 679.91	401 518.81	1 185 820.96	200	199 024.8	423 589.75	83 808.03	135 717.56	20 561.1
甘肃省	885 899.62	885 899.62	166 246.23	596 020.04	0	37 174.4	60 003.55	22 514.69	3 940.71	0
青海省	97 366.9	97 366.9	36 890	40 465.35	0	9 581.1	4 445.75	1 654.6	4 330.1	0
宁夏回族自治区	165 891.54	165 254.7	75 596	71 386.7	0	3 328	11 308	3 074	562	636.84
新疆维吾尔自治区	501 403.35	494 508.35	199 685.7	182 757.1	0	22 660.03	42 405.18	15 392.95	31 607.39	6 895

6. 各省、市、自治区高等学校人文、社会科学研究与发展经费情况表(三)

单位:百元

	R&D 经费内部支出							
	合计	基础研究支出	应用研究支出	试验发展支出	政府资金	企业资金	国外资金	其他资金
合计	91 866 323. 21	36 595 856. 64	54 094 781. 07	1 175 685. 5	46 224 126. 92	35 737 907. 27	1 746 074. 73	8 158 214. 29
北京市	15 915 598. 35	5 317 522. 05	10 356 370. 83	241 705. 47	7 954 857. 61	5 768 354. 36	856 493. 23	1 335 893. 15
天津市	2 520 801. 36	903 079. 29	1 606 059. 16	11 662. 91	1 250 456. 81	1 180 664. 74	33 121. 14	56 558. 67
河北省	1 255 590. 79	672 819. 29	557 451. 1	25 320. 4	757 678. 25	377 392. 06	0	120 520. 48
山西省	1 192 793. 11	437 773. 38	752 776. 58	2 243. 15	671 253. 34	406 234. 15	16 442. 72	98 862. 9
内蒙古自治区	358 935. 83	208 222. 61	129 309. 09	21 404. 13	227 674. 8	87 733. 21	8 550	34 977. 82
辽宁省	2 315 646. 42	790 860. 91	1 516 805. 62	7 979. 89	1 317 271. 85	725 811. 98	21 762. 85	250 799. 74
吉林省	2 450 332. 58	956 542. 45	1 484 321. 76	9 468. 37	1 411 321. 41	819 882. 61	23 765. 04	195 363. 52
黑龙江省	877 695. 03	748 432. 23	129 262. 8	0	596 309. 35	154 138. 13	564. 97	126 682. 58
上海市	8 142 286. 96	3 880 865. 33	4 191 730. 73	69 690. 9	3 940 001. 19	3 530 419. 47	55 683. 88	616 182. 42
江苏省	5 982 416. 91	2 268 406. 37	3 714 010. 54	0	3 014 082. 27	2 349 120. 92	27 899. 32	591 314. 4
浙江省	8 785 722. 59	2 309 733. 89	6 425 880. 36	50 108. 34	2 844 269. 19	5 392 873. 97	134 655. 94	413 923. 49
安徽省	2 055 846. 43	762 696. 39	1 226 564. 15	66 585. 89	1 283 409. 86	462 797. 89	18 314. 88	291 323. 8
福建省	2 052 969. 35	742 697. 63	1 304 475. 2	5 796. 52	949 016. 47	881 503. 56	19 330. 35	203 118. 97
江西省	1 027 984. 46	448 079. 52	445 474. 52	134 430. 42	450 213. 43	408 784. 29	0	168 986. 74
山东省	2 592 511. 31	1 006 222. 3	1 550 477. 52	35 811. 49	1 464 117. 68	861 499. 97	23 739. 01	243 154. 65
河南省	1 609 088. 67	1 008 850. 26	554 891. 75	45 346. 66	1 049 468. 67	374 313. 86	66 971. 18	118 334. 96

续表

	R&D 经费内部支出							
	合计	基础研究支出	应用研究支出	试验发展支出	政府资金	企业资金	国外资金	其他资金
湖北省	5 724 813.14	2 241 650.35	3 349 171.7	133 991.09	2 868 936.47	2 472 002.24	88 878.9	294 995.53
湖南省	3 214 707.94	1 949 471.16	1 206 727.31	58 509.47	2 227 646.49	603 232.29	12 386.33	371 442.83
广东省	9 075 864.13	3 187 420.11	5 777 778.54	110 665.48	4 302 887.56	3 415 697.03	185 518.27	1 171 761.27
广西壮族自治区	1 570 035.81	796 165.2	769 083.66	4 786.95	831 310.88	496 918.41	4 097.21	237 709.31
海南省	216 340.64	160 214.59	45 738.97	10 387.08	134 227.12	10 197.14	0	71 916.38
重庆市	2 901 796.95	837 073.13	2 061 393.64	3 330.18	1 346 386.09	1 174 016.39	33 391.73	348 002.74
四川省	4 031 056.93	1 515 839.03	2 515 217.9	0	1 556 174.76	2 109 744.95	45 502.48	319 634.74
贵州省	845 826.62	517 952.56	315 213.59	12 660.47	682 760.49	126 832.3	1 309.59	34 924.24
云南省	985 780.62	560 593.82	411 665.91	13 520.89	687 391.33	177 126.66	22 810.22	98 452.41
西藏自治区	91 170.8	56 684.45	31 674.27	2 812.08	76 401.97	6 298.61	0	8 470.22
陕西省	2 429 679.91	1 281 820.07	1 067 281.11	80 578.73	1 301 858.43	885 922.88	35 436.15	206 462.45
甘肃省	885 899.62	589 267.25	296 632.37	0	423 845.85	409 886.34	8 042.88	44 124.55
青海省	97 366.9	56 485.48	39 815.42	1 066	89 223.69	3 157	0	4 986.21
宁夏回族自治区	165 254.7	89 433.27	62 694.78	13 126.65	102 044.2	32 872.52	978.05	29 359.93
新疆维吾尔自治区	494 508.35	292 982.27	198 830.19	2 695.89	411 629.41	32 477.34	428.41	49 973.19

7. 各省、市、自治区所属高等学校人文、社会科学研究与发展经费情况表(一)

	合计	科研活动经费	其中:教育部科研经费	其中:中央其他部门科研经费	其中:省、市、自治区科研经费	其中:其他各类地方政府经费
合计	53 333 955.12	20 398 934.76	2 662 199.52	6 034 553.35	7 233 548.56	4 468 633.33
北京市	3 227 381.59	1 720 540.28	77 144	342 095.56	1 040 631.44	260 669.28
天津市	1 268 004.88	399 317.09	64 596	147 944	164 033.09	22 744
河北省	1 230 205.23	362 427.97	50 315	149 489.47	113 377.5	49 246
山西省	1 175 795.46	518 146	100 120	81 772	221 002	115 252
内蒙古自治区	495 656.1	238 973	41 201	130 815	47 539	19 418
辽宁省	1 709 875.36	702 516.95	118 773	277 454.61	163 240.42	143 048.92
吉林省	847 651	243 817	29 990	45 828	117 499	50 500
黑龙江省	694 879.94	209 008.2	35 835	86 125.4	71 394.8	15 653
上海市	3 725 335.86	2 312 948.22	113 265.63	405 450.42	1 289 093.49	505 138.68
江苏省	3 232 964.81	1 220 704.62	212 317.91	410 324	346 736.5	251 326.21
浙江省	6 082 156.08	1 586 806.21	206 192.94	366 303.56	482 803.21	531 506.5
安徽省	1 987 972.98	630 474.6	114 835	211 080	213 334.6	91 225
福建省	1 178 846.05	524 368.58	56 722	136 570	115 024.58	216 052
江西省	1 219 829	569 742	86 505	310 830	132 136	40 271
山东省	2 087 842.2	614 001.49	145 255.99	228 300	126 955.5	113 490
河南省	1 688 709.1	617 047	117 858	215 390	210 457	73 342
湖北省	2 364 216.18	532 987.21	79 130	171 322.01	101 835	180 700.2
湖南省	2 580 425.7	1 166 417.7	204 933	425 508.2	399 345.5	136 631
广东省	5 911 952.15	2 139 438.34	323 749.05	387 130.6	538 631.64	889 927.05
广西壮族自治区	1 775 470.84	710 602.58	43 844	185 179.08	294 593	186 986.5
海南省	230 651	96 608	9 185	34 206	43 667	9 550
重庆市	1 742 249.5	584 989.54	103 701	186 452.04	110 710	184 126.5
四川省	2 036 845.08	370 875.99	59 801	135 708	91 850.99	83 516
贵州省	888 427.44	383 324.4	44 762	160 364.4	140 254	37 944
云南省	1 128 607.27	589 476.99	48 030	277 040	164 546	99 860.99
西藏自治区	111 850	70 240	11 280	34 490	24 470	0
陕西省	1 312 033.18	543 985.5	52 820	161 195	245 190	84 780.5
甘肃省	468 773.64	221 829	36 708	99 582	34 031	51 508
青海省	107 750	64 260	2 640	57 360	3 310	950
宁夏回族自治区	117 330	41 850	3 000	24 750	7 320	6 780
新疆维吾尔自治区	704 267.5	411 210.3	67 690	148 494	178 536.3	16 490

单位:百元

拨　入

科技活动人员工资	科研基建费	企事业单位委托项目经费	金融机构贷款	自筹经费	国外资金	其他收入
		11 631 174.74	749.2	8 278 322.44	248 873.7	1 182 388.55
410 616.57	0	847 703.5	0	192 518.98	22 802.94	33 199.32
384 559.4	0	311 070.72	0	148 275.5	1 443.77	23 338.4
390 391.47	4 200	198 483.89	0	274 701.9	0	0
242 851	28 700	128 804.02	0	249 444.44	6 262	1 588
91 135	0	84 237.1	0	73 031	8 080	200
589 709.2	0	200 708.37	449.2	111 477.31	17 627.86	87 386.47
328 883	35 070	125 427	0	95 494	1 570	17 390
423 910.34	0	13 667	0	47 494.4	300	500
361 037.34	0	666 390.18	0	352 172.91	766	32 021.21
771 769.54	2 950	755 000.03	0	466 792.5	5 279.6	10 468.52
921 621.33	34 000	1 705 555.44	0	1 781 090.08	14 102.3	38 980.72
662 001.82	220	272 044.8	0	384 488.04	14 751.75	23 991.97
186 014.2	0	163 425.7	0	126 554.57	8 460	170 023
192 417	2 430	320 129	0	110 295	0	24 816
637 370.6	18 173	579 876.08	0	103 256.03	9 540	125 625
426 423.85	300	243 936.7	0	292 984.55	46 000	62 017
357 176.57	55 769	1 203 917.15	300	133 711.91	20 562.39	59 791.95
637 778.33	15 650	217 389.37	0	496 114.3	9 050	38 026
725 345.2	219 631	1 786 482.16	0	845 196.61	12 421.17	183 437.67
349 988.84	0	257 285.62	0	258 403.15	1 771.65	197 419
80 742	0	6 349	0	32 537	0	14 415
296 820.6	300	384 645.76	0	464 543.6	2 890	8 060
489 185.53	0	492 060.7	0	679 295.84	5 427.02	0
165 372.5	50 000	76 199.23	0	207 613	0	5 918.31
303 290.67	3 600.1	126 993.95	0	75 322.31	25 068.25	4 855
32 670	0	4 500	0	2 480	0	1 960
261 794.81	0	322 076.87	0	177 606	4 233	2 337
107 286.22	0	88 805.4	0	40 789.01	9 864	200.01
36 890	0	1 400	0	3 800	0	1 400
58 580	0	8 330	0	8 280	0	290
198 885.7	0	38 280	0	42 558.5	600	12 733

8. 各省、市、自治区所属高等学校人文、社会科学研究与发展经费情况表(二)

单位:百元

	支出									
	合计	内部支出								转拨给外单位经费
		小计	科研人员费	业务费	科研基建费	仪器设备费	图书资料费	管理费	其他	
合计	49 353 920.14	49 094 215.8	14 093 741.9	20 065 781.77	391 086.34	4 403 986.97	5 645 646.49	1 278 234.78	3 215 737.55	259 704.34
北京市	3 016 135.34	3 008 339.34	509 724.27	2 045 396.19	0	118 816.78	162 115.44	55 618.83	116 667.83	7 796
天津市	1 275 042.19	1 268 311.33	419 057.7	429 838.86	0	106 735.9	170 451.29	37 570.41	104 657.17	6 730.86
河北省	1 212 699.52	1 207 813.79	465 765.71	467 909.24	4 200	85 376.51	163 239.25	21 108.08	215	4 885.73
山西省	1 192 793.11	1 192 793.11	299 425.16	322 636.57	18 200	249 392.93	254 154.91	15 368.01	33 615.53	0
内蒙古自治区	359 935.83	358 935.83	91 135	176 159.33	0	14 081.3	29 566.15	10 657.25	37 336.8	1 000
辽宁省	1 388 951.67	1 374 369.84	602 078.4	547 022.08	9 557.4	40 555.48	73 880.56	27 617.15	73 658.77	14 581.83
吉林省	817 259.48	806 359.48	359 543	168 065.93	35 220	93 853.86	84 142.74	21 049	44 484.95	10 900
黑龙江省	613 734.03	613 734.03	424 030.34	124 684.37	200	18 943.38	36 798.69	9 077.25	0	0
上海市	3 425 621.62	3 422 227.62	470 974.95	2 135 170.17	0	372 346.83	281 199.17	89 221.41	73 315.09	3 394
江苏省	2 881 346.16	2 864 141.36	783 771.74	926 299.89	1 500	242 444.24	575 498.73	87 227.86	247 398.9	17 204.8
浙江省	6 052 696.93	6 050 836.93	1 968 191.44	2 266 315.86	34 000	659 396.37	599 690.07	184 968.13	338 275.06	1 860
安徽省	1 883 665.24	1 870 836.24	896 862.82	391 430.33	556	170 711.59	179 995.86	47 397.62	183 882.02	12 829
福建省	987 246.96	950 311.96	208 211.2	481 261.48	0	51 586.28	74 277.36	35 465.41	99 510.23	36 935
江西省	1 056 527.96	1 027 984.46	219 193	269 313.25	17 058	149 037	114 425.3	39 515.2	219 442.71	28 543.5
山东省	1 951 867.3	1 929 188.8	728 544	651 556.72	19 500	128 542.46	184 394.84	50 688.27	165 962.51	22 678.5

续表

	支出									
	合计	内部支出								转拨给外单位经费
		小计	科研人员费	业务费	科研基建费	仪器设备费	图书资料费	管理费	其他	
河南省	1 612 126.67	1 609 088.67	467 498	540 925.74	200	213 992.17	230 589.76	44 513.92	111 369.08	3 038
湖北省	2 226 127.05	2 212 771.05	448 776.8	1 016 264.87	55 000	182 811.27	302 879.61	54 401.46	152 637.04	13 356
湖南省	2 379 738.98	2 368 458.98	876 724.47	589 933	12 000	259 551.19	366 033.75	61 973.68	202 242.89	11 280
广东省	5 229 994.51	5 199 934.51	838 326.04	2 232 280.59	124 693.34	649 682.86	614 574.61	132 427.72	607 949.35	30 060
广西壮族自治区	1 575 117.59	1 570 035.81	373 509.46	755 464.32	0	181 345.71	141 787.74	36 362.56	81 566.02	5 081.78
海南省	216 490.64	216 340.64	80 823	105 108.28	0	8 507.5	14 867.16	4 880	2 154.7	150
重庆市	1 682 512.67	1 678 662.67	431 668.07	824 606.04	5 514	91 818.6	174 916.55	50 132.02	100 007.39	3 850
四川省	2 008 305.05	2 005 375.05	811 897.27	731 747.04	0	122 708.73	259 577.37	47 617.32	31 827.32	2 930
贵州省	846 782.62	845 826.62	286 223.15	180 390.16	50 000	39 142	189 259.69	24 901.42	75 910.2	956
云南省	986 580.62	985 780.62	313 450.17	532 404.6	3 487.6	33 064.47	58 872.43	15 848.5	28 652.85	800
西藏自治区	91 170.8	91 170.8	32 670	35 623.1	0	3 496	7 308.9	1 601.5	10 471.3	0
陕西省	1 159 197.76	1 147 866.26	283 214.81	498 240.04	200	68 103.43	220 997.78	41 796.85	35 313.35	11 331.5
甘肃省	505 078.05	505 078.05	107 296.23	343 049.07	0	14 105	30 011.35	9 902.4	714	0
青海省	97 366.9	97 366.9	36 890	40 465.35	0	9 581.1	4 445.75	1 654.6	4 330.1	0
宁夏回族自治区	120 403.54	119 766.7	58 580	53 462.2	0	1 596	3 288.5	2 278	562	636.84
新疆维吾尔自治区	501 403.35	494 508.35	199 685.7	182 757.1	0	22 660.03	42 405.18	15 392.95	31 607.39	6 895

9. 各省、市、自治区所属高等学校人文、社会科学研究与发展经费情况表(三)

单位:百元

	R&D 经费内部支出							
	合计	基础研究支出	应用研究支出	试验发展支出	政府资金	企业资金	国外资金	其他资金
合计	49 094 215.8	21 739 140.83	26 665 391.3	689 683.67	25 995 718.34	18 208 416.63	307 991.9	4 582 088.93
北京市	3 008 339.34	907 724.17	2 099 072.92	1 542.25	1 660 073	1 089 399.72	27 075.25	231 791.37
天津市	1 268 311.33	384 631.75	875 033.19	8 646.39	620 675.45	607 300.48	7 513.18	32 822.22
河北省	1 207 813.79	656 766.78	528 460.57	22 586.44	714 356.38	375 852.38	0	117 605.03
山西省	1 192 793.11	437 773.38	752 776.58	2 243.15	671 253.34	406 234.15	16 442.72	98 862.9
内蒙古自治区	358 935.83	208 222.61	129 309.09	21 404.13	227 674.8	87 733.21	8 550	34 977.82
辽宁省	1 374 369.84	473 440.3	893 622.7	7 306.84	849 370.78	312 870.52	21 467.29	190 661.25
吉林省	806 359.48	396 398.69	401 745.31	8 215.48	569 087.56	155 510.58	4 242.91	77 518.43
黑龙江省	613 734.03	542 544.03	71 190	0	496 208.28	21 838.36	564.97	95 122.42
上海市	3 422 227.62	1 792 475.33	1 581 255.77	48 496.52	1 991 613.61	1 167 007.67	1 840.61	261 765.73
江苏省	2 864 141.36	1 256 286	1 607 855.36	0	1 515 967.64	984 050.34	10 968.91	353 154.47
浙江省	6 050 836.93	1 900 611.03	4 106 501.35	43 724.55	2 094 010.73	3 751 149.6	12 808.63	192 867.97
安徽省	1 870 836.24	732 557.96	1 118 364.56	19 913.72	1 174 607.45	431 470.92	17 487.86	247 270.01
福建省	950 311.96	485 664.3	461 129.43	3 518.23	537 790.36	236 130.5	790.66	175 600.44
江西省	1 027 984.46	448 079.52	445 474.52	134 430.42	450 213.43	408 784.29	0	168 986.74
山东省	1 929 188.8	732 667.03	1 172 948.88	23 572.89	1 099 492.27	654 701.07	4 276.04	170 719.42
河南省	1 609 088.67	1 008 850.26	554 891.75	45 346.66	1 049 468.67	374 313.86	66 971.18	118 334.96

续表

	R&D 经费内部支出							
	合计	基础研究支出	应用研究支出	试验发展支出	政府资金	企业资金	国外资金	其他资金
湖北省	2 212 771.05	655 599.47	1 544 661.58	12 510	621 634.56	1 460 042.23	10 443.62	120 650.64
湖南省	2 368 458.98	1 317 245.74	992 703.77	58 509.47	1 609 519.87	465 380.75	1 297.83	292 260.53
广东省	5 199 934.51	2 204 145.27	2 893 079.52	102 709.72	2 366 524.82	2 331 566.63	16 803.05	485 040.01
广西壮族自治区	1 570 035.81	796 165.2	769 083.66	4 786.95	831 310.88	496 918.41	4 097.21	237 709.31
海南省	216 340.64	160 214.59	45 738.97	10 387.08	134 227.12	10 197.14	0	71 916.38
重庆市	1 678 662.67	652 930.31	1 024 013.97	1 718.39	964 066.87	473 029.81	13 542.58	228 023.41
四川省	2 005 375.05	1 037 566.52	967 808.53	0	898 979.04	870 864.9	5 357.61	230 173.5
贵州省	845 826.62	517 952.56	315 213.59	12 660.47	682 760.49	126 832.3	1 309.59	34 924.24
云南省	985 780.62	560 593.82	411 665.91	13 520.89	687 391.33	177 126.66	22 810.22	98 452.41
西藏自治区	91 170.8	56 684.45	31 674.27	2 812.08	76 401.97	6 298.61	0	8 470.22
陕西省	1 147 866.26	657 360.86	428 272.99	62 232.41	577 644.32	459 510.18	21 880.64	88 831.12
甘肃省	505 078.05	341 672.91	163 405.14	0	248 653.62	207 304.45	8 042.88	41 077.1
青海省	97 366.9	56 485.48	39 815.42	1 066	89 223.69	3 157	0	4 986.21
宁夏回族自治区	119 766.7	66 848.24	39 791.81	13 126.65	73 886.6	23 362.57	978.05	21 539.48
新疆维吾尔自治区	494 508.35	292 982.27	198 830.19	2 695.89	411 629.41	32 477.34	428.41	49 973.19

10. 国务院各部委所属高等学校人文、社会科学研究与发展经费情况表(一)

	合计	科研活动经费	其中:教育部科研经费	其中:中央其他部门科研经费	其中:省、市、自治区科研经费	其中:其他各类地方政府经费
合计	46 479 719.09	22 368 389.29	7 374 386.13	8 992 546.21	2 458 783.7	3 542 673.25
外交部	74 050	46 560	2 860	33 380	9 910	410
国家民族事务委员会	742 779.79	411 613.02	104 574.95	251 285.55	41 393.23	14 359.29
公安部	142 639	58 403	1 480	42 863	5 660	8 400
工业和信息化部	879 125	511 606	75 656	337 760	51 439	46 751
交通部	123 449.5	27 605	8 700	11 970	3 775	3 160
教育部	42 611 133.29	20 431 972.27	7 012 389.06	7 885 660.12	2 230 743.31	3 303 179.78
海关总署	29 108.31	16 070	810	5 970	2 250	7 040
中国民用航空总局	156 852.42	33 462.92	13 504.92	15 280	4 064	614
国家林业局	11 887.2	7 427.2	400	6 327.2	280	420
国务院侨务办公室	835 901.12	245 455.23	31 665.2	168 820.89	33 057.96	11 911.18
国家体育总局	429 597	320 881	68 928	76 993	58 852	116 108
中国科学院	118 089	68 694	22 128	45 566	430	570
中华全国总工会	82 760	54 250	5 750	23 650	2 250	22 600
共青团中央	168 253.28	109 359.65	24 650	76 130.45	1 979.2	6 600
中华全国妇女联合会	74 094.18	25 030	890	10 890	12 700	550

单位:百元

拨　入

科技活动人员工资	科研基建费	企事业单位委托项目经费	金融机构贷款	自筹经费	国外资金	其他收入
3 896 344.17	13 500	14 739 861.3	0	3 720 137.94	1 258 509.17	482 977.22
12 450	0	0	0	11 540	0	3 500
116 996	0	93 036.04	0	111 335.98	9 798.75	0
59 406	2 500	1 600	0	16 730	0	4 000
96 509	0	205 998	0	63 012	2 000	0
20 575	0	74 219.5	0	0	0	1 050
3 322 208.67	0	13 878 385.38	0	3 275 648.91	1 237 886.62	465 031.44
8 958.5	0	0	0	4 079.81	0	0
15 710	0	99 429.5	0	8 250	0	0
3 500	0	610	0	350	0	0
142 760	0	294 773.47	0	152 506.64	0	405.78
17 684	11 000	41 219	0	29 694	829	8 290
30 709	0	13 686	0	0	5 000	0
15 920	0	4 030	0	8 560	0	0
12 458	0	28 949.41	0	13 791.42	2 994.8	700
20 500	0	3 925	0	24 639.18	0	0

11. 国务院各部委所属高等学校人文、社会科学研究与发展经费情况表(二)

单位:百元

	支出									
	合计	内部支出								转拨给外单位经费
		小计	科研人员费	业务费	科研基建费	仪器设备费	图书资料费	管理费	其他	
合计	43 677 423.17	42 772 107.41	5 792 024.95	21 977 311.55	14 426	4 285 524.38	5 141 251.52	1 632 159.44	3 929 409.57	905 315.76
外交部	70 153.34	64 303.34	13 420	42 292.48	0	1 246.69	6 830.2	337	176.97	5 850
国家民族事务委员会	636 528.68	636 528.68	127 176	335 098.04	0	27 097.12	116 776.88	15 951.89	14 428.75	0
公安部	149 144.43	149 144.43	59 406	50 525.65	2 500	6 543	19 995.23	1 570.54	8 604.01	0
工业和信息化部	881 474.81	881 324.81	107 045	472 362.67	0	89 545.4	155 792.5	31 814.05	24 765.19	150
交通部	107 533.58	107 533.58	20 575	44 573.96	0	2 671	3 217.37	5 132.15	31 364.1	0
教育部	40 024 219.56	39 131 668.8	5 139 972.43	19 984 528.28	3 826	3 947 440.33	4 730 406.71	1 542 351.8	3 783 143.25	892 550.76
海关总署	40 013.09	40 013.09	8 958.5	27 416.14	0	0	2 981.45	657	0	0
中国民用航空总局	187 767.22	187 202.22	17 401	123 715.88	0	15 068.22	22 907.45	6 799.67	1 310	565
国家林业局	12 011.09	11 711.09	3 500	2 206.36	0	305.6	3 548.94	587.65	1 562.54	300
国务院侨务办公室	776 878.35	776 878.35	196 500.02	511 050.9	0	18 248.06	30 666.43	8 486.17	11 926.77	0
国家体育总局	421 959.01	421 959.01	17 684	179 279.01	8 100	173 184.27	25 589.87	11 936.82	6 185.04	0
中国科学院	87 722.19	84 122.19	30 709	41 021.09	0	3 151.01	2 126.15	4 070.12	3 044.82	3 600
中华全国总工会	82 760	82 760	15 920	49 185	0	0	16 319	20	1 316	0
共青团中央	149 876.76	147 576.76	12 458	88 240.08	0	654.3	2 622.76	2 019.49	41 582.13	2 300
中华全国妇女联合会	49 381.06	49 381.06	21 300	25 816.01	0	369.38	1 470.58	425.09	0	0

12. 国务院各部委所属高等学校人文、社会科学研究与发展经费情况表(三)

单位:百元

	R&D 经费内部支出							
	合计	基础研究支出	应用研究支出	试验发展支出	政府资金	企业资金	国外资金	其他资金
合计	42 772 107.41	14 856 715.81	27 429 389.77	486 001.83	20 228 408.58	17 529 490.64	1 438 082.83	3 576 125.36
外交部	64 303.34	19 771.34	44 532	0	49 688.25	0	0	14 615.09
国家民族事务委员会	636 528.68	361 076.05	271 000.63	4 452	420 082.14	121 243.02	10 446.52	84 757
公安部	149 144.43	64 693.65	81 716.82	2 733.96	100 839.97	2 226.5	0	46 077.96
工业和信息化部	881 324.81	426 989.98	454 334.83	0	527 031.01	284 859.71	2 833.92	66 600.17
交通部	107 533.58	20 905.56	86 628.02	0	31 247.67	75 811.67	0	474.24
教育部	39 131 668.8	13 281 763.84	25 476 659	373 245.96	18 222 444.51	16 426 050.24	1 418 079.92	3 065 094.13
海关总署	40 013.09	21 458.27	18 554.82	0	34 872.34	1 455.63	0	3 685.12
中国民用航空总局	187 202.22	6 479.08	180 723.14	0	12 876.98	153 127.97	0	21 197.27
国家林业局	11 711.09	4 353.32	7 357.77	0	11 218.09	143	0	350
国务院侨务办公室	776 878.35	340 610.08	428 312.51	7 955.76	312 235.15	328 156.29	90.85	136 396.06
国家体育总局	421 959.01	94 669.1	276 347.93	50 941.98	262 555.55	91 216.96	1 834.32	66 352.18
中国科学院	84 122.19	28 188.43	9 261.59	46 672.17	33 344.41	5 896.97	827.02	44 053.79
中华全国总工会	82 760	32 192.7	50 567.3	0	67 171.3	4 989.87	0	10 598.83
共青团中央	147 576.76	140 897.17	6 679.59	0	111 971.18	21 837.18	3 440.27	10 328.13
中华全国妇女联合会	49 381.06	12 667.24	36 713.82	0	30 830.03	12 475.63	530.01	5 545.39

13. 各类高等学校用于人文、社会科学基础研究、应用研究、实验与发展的经费情况表

单位：百元

		合计		基础研究		应用研究		实验与发展	
		当年拨入	当年支出	当年拨入	当年支出	当年拨入	当年支出	当年拨入	当年支出
	合计	63 619 953. 34	53 699 133. 86	24 386 460	20 176 467. 32	38 487 482	32 947 278. 21	746 011. 34	575 388. 33
按学校隶属关系划分	教育部直属院校	31 387 545. 72	26 187 696. 83	10 542 965. 79	8 685 715. 89	20 473 040. 81	17 216 462. 52	371 539. 12	285 518. 42
	其他部委院校	2 893 910. 31	2 556 887. 7	1 278 027. 38	1 147 183. 56	1 564 884. 13	1 376 720. 85	50 998. 8	32 983. 29
	地方院校	29 338 497. 31	24 954 549. 33	12 565 466. 83	10 343 567. 87	16 449 557. 06	14 354 094. 84	323 473. 42	256 886. 62
按学校规格划分	本科院校	62 843 195. 54	53 064 435. 3	24 179 984. 58	20 013 488. 05	37 921 888. 62	32 479 110. 85	741 322. 34	571 836. 4
	专科院校	776 757. 8	634 698. 56	206 475. 42	162 979. 27	565 593. 38	468 167. 36	4 689	3 551. 93
按学校类型划分	综合大学	25 251 751. 98	20 705 507. 05	9 056 108. 11	7 232 523. 85	15 896 639. 73	13 231 952. 75	299 004. 14	241 030. 45
	理工农医院校	17 622 695. 61	15 951 157. 81	5 966 795. 94	5 193 673. 79	11 468 907. 67	10 610 077. 15	186 992	147 406. 87
	高等师范院校	9 035 786. 1	7 883 843. 92	5 521 939. 45	4 919 477. 28	3 358 243. 42	2 858 182. 33	155 603. 23	106 184. 31
	语言院校	1 286 909. 34	867 292. 71	559 472. 04	368 699. 18	723 274. 85	495 332. 2	4 162. 45	3 261. 33
	财经院校	5 873 786. 47	4 626 565. 01	1 203 572. 28	899 355. 2	4 625 849. 19	3 696 791. 72	44 365	30 418. 09
	政法院校	1 312 231. 02	1 055 680. 18	697 273. 34	556 550. 21	606 567. 68	490 176. 23	8 390	8 953. 74
	体育院校	681 252. 06	546 859. 94	171 111. 3	122 323. 86	475 638. 76	396 695. 65	34 502	27 840. 43
	艺术院校	1 566 628. 98	1 358 782. 03	495 065. 55	395 179. 59	1 066 893. 43	958 295. 33	4 670	5 307. 11
	民族院校	988 911. 78	703 445. 21	715 121. 99	488 684. 36	265 467. 27	209 774. 85	8 322. 52	4 986

14. 各省、市、自治区高等学校用于人文、社会科学基础研究、应用研究、实验与发展的经费情况表(一)

单位:百元

	合计		基础研究		应用研究		实验与发展	
	当年拨入	当年支出	当年拨入	当年支出	当年拨入	当年支出	当年拨入	当年支出
合计	63 619 953.34	53 699 133.86	24 386 460	20 176 467.32	38 487 482	32 947 278.21	746 011.34	575 388.33
北京市	13 656 992.27	10 879 884.81	4 593 212.39	3 658 738.07	8 801 439.68	7 055 050.39	262 340.2	166 096.35
天津市	1 561 189	1 430 782.26	477 430.49	523 100.42	1 068 575.51	899 582.77	15 183	8 099.07
河北省	573 898.86	619 221.32	289 026.47	355 743.89	272 402.39	251 826.69	12 470	11 650.74
山西省	492 570.02	401 398.07	193 132	145 516.89	298 438.02	255 513.72	1 000	367.46
内蒙古自治区	401 521.1	266 800.83	254 224.1	150 230.67	128 177	98 205.16	19 120	18 365
辽宁省	1 645 614.59	1 345 712.64	528 153.85	401 600.39	1 112 710.74	938 246.6	4 750	5 865.65
吉林省	1 321 748.52	1 084 632.21	473 306.48	392 524.81	843 822.04	688 438.92	4 620	3 668.48
黑龙江省	463 557.35	405 493.94	391 009	333 887.23	72 548.35	71 606.71	0	0
上海市	5 050 572.26	4 030 729.09	2 152 081.41	1 568 377.42	2 858 460.85	2 427 971.84	40 030	34 379.83
江苏省	4 334 342.17	4 039 439.79	1 506 996.9	1 371 911.25	2 827 345.27	2 667 528.54	0	0
浙江省	4 900 426.65	4 484 187.33	1 151 233.65	1 083 083.62	3 729 971.36	3 395 191.73	19 221.64	5 911.98
安徽省	994 819.52	854 791.62	385 030.08	330 712.95	582 503.44	512 652.43	27 286	11 426.24
福建省	1 498 772.75	1 311 703.52	482 568.49	443 944.68	1 010 537.26	864 084.71	5 667	3 674.13
江西省	797 158	621 772.58	392 435	305 056.03	354 589	285 045.55	50 134	31 671
山东省	1 874 476.89	1 707 342.31	714 398.86	566 708.04	1 141 188.03	1 124 399.77	18 890	16 234.5

续表

	合计		基础研究		应用研究		实验与发展	
	当年拨入	当年支出	当年拨入	当年支出	当年拨入	当年支出	当年拨入	当年支出
河南省	882 450. 7	799 601. 68	561 505. 5	490 822. 42	296 907. 2	285 436. 01	24 038	23 343. 25
湖北省	4 911 341. 65	4 513 900. 59	1 912 536. 07	1 678 668. 64	2 903 373. 06	2 720 239. 03	95 432. 52	114 992. 92
湖南省	1 957 565. 55	1 528 141. 23	1 075 076. 68	895 150. 79	859 333. 87	607 978. 25	23 155	25 012. 19
广东省	6 412 239. 53	5 353 390. 1	2 498 468. 5	1 962 679. 19	3 839 408. 3	3 342 548. 66	74 362. 73	48 162. 25
广西壮族自治区	960 668. 85	723 399. 06	502 670. 88	360 820. 06	455 697. 97	361 219. 77	2 300	1 359. 23
海南省	149 849	130 881. 06	117 409	97 723. 16	23 630	25 755. 2	8 810	7 402. 7
重庆市	1 964 105. 62	1 808 408. 65	558 515. 56	476 209. 14	1 399 630. 06	1 330 513. 91	5 960	1 685. 6
四川省	2 509 556. 34	1 823 521. 44	738 481. 17	646 214. 43	1 771 075. 17	1 177 307. 01	0	0
贵州省	460 108. 94	408 101. 47	277 131. 4	233 256. 17	176 312. 29	167 513. 05	6 665. 25	7 332. 25
云南省	790 336. 5	634 563. 19	470 094. 31	350 852. 86	314 352. 19	274 569. 85	5 890	9 140. 48
西藏自治区	79 180	58 500. 8	41 875	34 628. 4	34 640	21 973. 4	2 665	1 899
陕西省	1 701 302. 45	1 397 318. 2	848 226. 29	680 856. 82	839 935. 16	703 540. 41	13 141	12 920. 97
甘肃省	602 646. 46	594 919. 38	390 340. 97	369 175. 87	212 305. 49	225 743. 51	0	0
青海省	69 420	50 961. 5	44 120	36 337	25 180	13 558. 5	120	1 066
宁夏回族自治区	106 920	90 295. 54	67 550	55 265. 5	37 040	32 957. 54	2 330	2 072. 5
新疆维吾尔自治区	494 601. 8	299 337. 65	298 219. 5	176 670. 51	195 952. 3	121 078. 58	430	1 588. 56

15. 各省、市、自治区所属高等学校用于人文、社会科学基础研究、应用研究、实验与发展的经费情况表(二)

单位:百元

	合计		基础研究		应用研究		实验与发展	
	当年拨入	当年支出	当年拨入	当年支出	当年拨入	当年支出	当年拨入	当年支出
合计	29 338 497.31	24 954 549.33	12 565 466.83	10 343 567.87	16 449 557.06	14 354 094.84	323 473.42	256 886.62
北京市	1 905 911.75	1 504 294.46	534 058.14	363 040.33	1 371 853.61	1 141 254.13	0	0
天津市	631 588.58	513 504.44	194 487.09	162 466.65	431 018.49	345 038.72	6 083	5 999.07
河北省	564 528.86	611 060.32	284 486.47	353 001.89	267 572.39	246 874.69	12 470	11 183.74
山西省	492 570.02	401 398.07	193 132	145 516.89	298 438.02	255 513.72	1 000	367.46
内蒙古自治区	401 521.1	266 800.83	254 224.1	150 230.67	128 177	98 205.16	19 120	18 365
辽宁省	1 029 113.03	704 879.71	374 413.45	194 515.44	650 299.58	505 005.02	4 400	5 359.25
吉林省	350 231	311 505.6	149 444	138 841.6	197 717	169 460.52	3 070	3 203.48
黑龙江省	268 413.35	187 735.94	230 914.35	165 322.42	37 499	22 413.52	0	0
上海市	1 767 874.4	1 424 966.48	931 111.95	674 744.5	815 612.45	728 809.91	21 150	21 412.07
江苏省	1 912 221.76	1 727 869.19	772 903.77	692 008.18	1 139 317.99	1 035 861.01	0	0
浙江省	2 725 439.87	2 631 602.06	755 722.27	819 944.45	1 954 601.88	1 809 851.55	15 115.72	1 806.06
安徽省	821 132.52	710 235.22	353 617.08	298 024.52	455 365.44	403 402.84	12 150	8 807.86
福建省	596 783.61	538 653.92	285 452.49	262 417.89	306 824.12	274 129.9	4 507	2 106.13
江西省	797 158	621 772.58	392 435	305 056.03	354 589	285 045.55	50 134	31 671
山东省	1 276 270.07	1 101 992.8	396 306.49	307 961.67	873 733.58	788 266.63	6 230	5 764.5

续表

	合计		基础研究		应用研究		实验与发展	
	当年拨入	当年支出	当年拨入	当年支出	当年拨入	当年支出	当年拨入	当年支出
河南省	882 450.7	799 601.68	561 505.5	490 822.42	296 907.2	285 436.01	24 038	23 343.25
湖北省	1 737 279.26	1 575 730.97	480 896.52	424 096.55	1 245 897.74	1 145 319.62	10 485	6 314.8
湖南省	1 262 192.55	1 014 371.41	654 385.68	553 987.97	584 651.87	435 371.25	23 155	25 012.19
广东省	3 738 652.01	3 168 303.03	1 481 275.01	1 274 519.31	2 188 602.55	1 851 500.68	68 774.45	42 283.04
广西壮族自治区	960 668.85	723 399.06	502 670.88	360 820.06	455 697.97	361 219.77	2 300	1 359.23
海南省	149 849	130 881.06	117 409	97 723.16	23 630	25 755.2	8 810	7 402.7
重庆市	1 019 498.3	936 287.63	438 451.06	351 038.22	580 027.24	584 679.41	1 020	570
四川省	956 537.71	881 237.96	413 890.17	359 048.91	542 647.54	522 189.05	0	0
贵州省	460 108.94	408 101.47	277 131.4	233 256.17	176 312.29	167 513.05	6 665.25	7 332.25
云南省	790 336.5	634 563.19	470 094.31	350 852.86	314 352.19	274 569.85	5 890	9 140.48
西藏自治区	79 180	58 500.8	41 875	34 628.4	34 640	21 973.4	2 665	1 899
陕西省	822 687.37	680 128.95	420 480.75	351 065.37	390 845.62	317 606.58	11 361	11 457
甘肃省	315 526.4	273 047.81	217 153.4	174 478.83	98 373	98 568.98	0	0
青海省	69 420	50 961.5	44 120	36 337	25 180	13 558.5	120	1 066
宁夏回族自治区	58 750	61 823.54	43 200	41 129	13 220	18 622.04	2 330	2 072.5
新疆维吾尔自治区	494 601.8	299 337.65	298 219.5	176 670.51	195 952.3	121 078.58	430	1 588.56

16. 国务院各部委所属高等学校用于人文、社会科学基础研究、应用理论研究、应用研究的经费情况表

单位：百元

	合计		基础研究		应用研究		实验与发展	
	当年拨入	当年支出	当年拨入	当年支出	当年拨入	当年支出	当年拨入	当年支出
合计	34 281 456.03	28 744 584.53	11 820 993.17	9 832 899.45	22 037 924.94	18 593 183.37	422 537.92	318 501.71
外交部	58 100	50 904.07	15 175	12 771.32	42 925	38 132.75	0	0
国家民族事务委员会	561 783.79	435 863.79	322 333.99	246 491.47	232 577.28	184 920.32	6 872.52	4 452
公安部	64 533	43 213.89	22 486	16 996.68	42 047	25 750.21	0	467
工业和信息化部	765 816	729 134.91	343 734.65	353 175.76	422 081.35	375 959.15	0	0
交通部	102 874.5	86 958.58	11 820	16 905.58	91 054.5	70 053	0	0
教育部	31 387 545.72	26 187 696.83	10 542 965.79	8 685 715.89	20 473 040.81	17 216 462.52	371 539.12	285 518.42
海关总署	16 170	27 074.78	12 330	14 519.7	3 840	12 555.08	0	0
中国民用航空总局	139 242.42	168 501.22	4 177.4	3 242.17	135 065.02	165 259.05	0	0
国家林业局	8 387.2	8 511.09	2 750	2 853.32	5 637.2	5 657.77	0	0
国务院侨务办公室	670 141.12	580 378.33	289 957.54	253 340.73	374 595.3	321 158.39	5 588.28	5 879.21
国家体育总局	191 913	162 073.51	42 986.3	36 362.19	125 524.7	106 144.62	23 402	19 566.7
中国科学院	63 589	43 668.4	29 393	30 738.43	19 060	10 311.59	15 136	2 618.38
中华全国总工会	66 840	66 840	26 000	26 000	40 840	40 840	0	0
共青团中央	153 495.28	135 118.76	148 133.5	129 003.04	5 361.78	6 115.72	0	0
中华全国妇女联合会	31 025	18 646.37	6 750	4 783.17	24 275	13 863.2	0	0

17. 全国高等学校人文、社会科学研究与发展经费情况表

经费名称	编号	经费(百元)
上年结转经费	1	45 706 719
当年经费收入合计	2	99 813 674
政府资金投入	3	58 270 680
科研活动经费	4	42 767 324
其中:教育部科研项目经费	5	4 842 767
教育部其他科研经费	6	5 193 819
中央其他部门科研项目经费	7	15 027 100
省市自治区社科基金项目	8	2 871 185
省教育厅科研项目经费	9	2 321 028
省教育厅其他科研经费	10	4 500 119
其他各类地方政府经费	11	8 011 307
科技活动人员工资	12	15 018 863
科研基建费	13	484 493
非政府资金投入	14	41 542 994
企事业单位委托项目经费	15	26 371 036
金融机构贷款	16	749
自筹经费	17	11 998 460
国外资金	18	1 507 383
其他收入	19	1 665 366
其中:港澳台地区合作项目经费	20	163 400
当年 R&D 经费支出合计	21	93 031 343
转拨给外单位经费	22	1 165 020
其中:对国内研究机构支出	23	194 911
对国内高等学校支出	24	272 397
对国内企业支出	25	305 025
对境外机构支出	26	8 390
R&D 内部支出经费	27	91 866 323
其中:基础研究支出	28	36 595 857
应用研究支出	29	54 094 781
试验发展支出	30	1 175 686
其中:政府资金	31	46 224 127
企业资金	32	35 737 907
国外资金	33	1 746 075
其他资金	34	8 158 214
科研人员费	35	19 885 767
业务费	36	42 043 093
科研基建费	37	405 512
仪器设备费	38	8 689 511
其中:单价在万元以上的设备费	39	1 701 339
图书资料费	40	10 786 898
管理费	41	2 910 394
其他支出	42	7 145 147
当年结余经费	43	52 489 050
银行存款	44	51 495 163
暂付款	45	993 887

18. 本科院校人文、社会科学研究与发展经费情况表

经费名称	编号	经费(百元)
上年结转经费	1	45 115 688
当年经费收入合计	2	97 842 904
政府资金投入	3	56 888 330
科研活动经费	4	42 267 044
其中:教育部科研项目经费	5	4 823 007
教育部其他科研经费	6	5 181 534
中央其他部门科研项目经费	7	14 976 272
省市自治区社科基金项目	8	2 812 827
省教育厅科研项目经费	9	2 179 833
省教育厅其他科研经费	10	4 465 250
其他各类地方政府经费	11	7 828 322
科技活动人员工资	12	14 142 894
科研基建费	13	478 392
非政府资金投入	14	40 954 575
企事业单位委托项目经费	15	26 179 089
金融机构贷款	16	0
自筹经费	17	11 631 276
国外资金	18	1 503 558
其他收入	19	1 640 651
其中:港澳台地区合作项目经费	20	163 400
当年 R&D 经费支出合计	21	91 208 645
转拨给外单位经费	22	1 157 727
其中:对国内研究机构支出	23	194 675
对国内高等学校支出	24	271 538
对国内企业支出	25	302 280
对境外机构支出	26	8 390
R&D 内部支出经费	27	90 050 918
其中:基础研究支出	28	35 974 673
应用研究支出	29	52 915 951
试验发展支出	30	1 160 294
其中:政府资金	31	45 175 054
企业资金	32	35 445 097
国外资金	33	1 744 003
其他资金	34	7 686 765
科研人员费	35	18 894 063
业务费	36	41 569 962
科研基建费	37	398 120
仪器设备费	38	8 629 695
其中:单价在万元以上的设备费	39	1 690 469
图书资料费	40	10 640 142
管理费	41	2 873 134
其他支出	42	7 045 801
当年结余经费	43	51 749 947
银行存款	44	50 792 334
暂付款	45	957 612

19. 专科院校人文、社会科学研究与发展经费情况表

经费名称	编号	经费(百元)
上年结转经费	1	591 031
当年经费收入合计	2	1 970 770
政府资金投入	3	1 382 350
科研活动经费	4	500 280
其中:教育部科研项目经费	5	19 760
教育部其他科研经费	6	12 285
中央其他部门科研项目经费	7	50 828
省市自治区社科基金项目	8	58 357
省教育厅科研项目经费	9	141 195
省教育厅其他科研经费	10	34 870
其他各类地方政府经费	11	182 985
科技活动人员工资	12	875 969
科研基建费	13	6 102
非政府资金投入	14	588 420
企事业单位委托项目经费	15	191 947
金融机构贷款	16	749
自筹经费	17	367 184
国外资金	18	3 825
其他收入	19	24 715
其中:港澳台地区合作项目经费	20	0
当年 R&D 经费支出合计	21	1 822 698
转拨给外单位经费	22	7 293
其中:对国内研究机构支出	23	236
对国内高等学校支出	24	859
对国内企业支出	25	2 745
对境外机构支出	26	0
R&D 内部支出经费	27	1 815 405
其中:基础研究支出	28	621 184
应用研究支出	29	1 178 830
试验发展支出	30	15 391
其中:政府资金	31	1 049 073
企业资金	32	292 810
国外资金	33	2 072
其他资金	34	471 449
科研人员费	35	991 704
业务费	36	473 131
科研基建费	37	7 392
仪器设备费	38	59 817
其中:单价在万元以上的设备费	39	10 870
图书资料费	40	146 756
管理费	41	37 260
其他支出	42	99 346
当年结余经费	43	739 103
银行存款	44	702 829
暂付款	45	36 275

20. 教育部直属院校人文、社会科学研究与发展经费情况表

经费名称	编号	经费(百元)
上年结转经费	1	25 799 832
当年经费收入合计	2	42 611 133
政府资金投入	3	23 754 181
科研活动经费	4	20 431 972
其中:教育部科研项目经费	5	2 262 521
教育部其他科研经费	6	4 749 868
中央其他部门科研项目经费	7	7 885 660
省市自治区社科基金项目	8	737 467
省教育厅科研项目经费	9	422 126
省教育厅其他科研经费	10	1 071 150
其他各类地方政府经费	11	3 303 180
科技活动人员工资	12	3 322 209
科研基建费	13	0
非政府资金投入	14	18 856 952
企事业单位委托项目经费	15	13 878 385
金融机构贷款	16	0
自筹经费	17	3 275 649
国外资金	18	1 237 887
其他收入	19	465 031
其中:港澳台地区合作项目经费	20	114 836
当年 R&D 经费支出合计	21	40 024 220
转拨给外单位经费	22	892 551
其中:对国内研究机构支出	23	155 593
对国内高等学校支出	24	207 416
对国内企业支出	25	258 863
对境外机构支出	26	2 595
R&D 内部支出经费	27	39 131 669
其中:基础研究支出	28	13 281 764
应用研究支出	29	25 476 659
试验发展支出	30	373 246
其中:政府资金	31	18 222 445
企业资金	32	16 426 050
国外资金	33	1 418 080
其他资金	34	3 065 094
科研人员费	35	5 139 972
业务费	36	19 984 528
科研基建费	37	3 826
仪器设备费	38	3 947 440
其中:单价在万元以上的设备费	39	557 986
图书资料费	40	4 730 407
管理费	41	1 542 352
其他支出	42	3 783 143
当年结余经费	43	28 386 746
银行存款	44	28 063 860
暂付款	45	322 886

21. 教育部直属综合大学人文、社会科学研究与发展经费情况表

经费名称	编号	经费(百元)
上年结转经费	1	15 750 370
当年经费收入合计	2	23 125 113
政府资金投入	3	12 828 691
科研活动经费	4	11 104 897
其中:教育部科研项目经费	5	1 225 458
教育部其他科研经费	6	3 060 563
中央其他部门科研项目经费	7	3 912 275
省市自治区社科基金项目	8	408 435
省教育厅科研项目经费	9	153 666
省教育厅其他科研经费	10	678 490
其他各类地方政府经费	11	1 666 011
科技活动人员工资	12	1 723 794
科研基建费	13	0
非政府资金投入	14	10 296 422
企事业单位委托项目经费	15	7 645 811
金融机构贷款	16	0
自筹经费	17	1 729 832
国外资金	18	588 250
其他收入	19	332 529
其中:港澳台地区合作项目经费	20	69 665
当年 R&D 经费支出合计	21	21 209 399
转拨给外单位经费	22	234 471
其中:对国内研究机构支出	23	78 798
对国内高等学校支出	24	56 874
对国内企业支出	25	68 854
对境外机构支出	26	2 553
R&D 内部支出经费	27	20 974 928
其中:基础研究支出	28	6 343 959
应用研究支出	29	14 441 654
试验发展支出	30	189 315
其中:政府资金	31	9 113 356
企业资金	32	9 458 517
国外资金	33	740 394
其他资金	34	1 662 661
科研人员费	35	2 875 212
业务费	36	10 007 971
科研基建费	37	0
仪器设备费	38	2 420 800
其中:单价在万元以上的设备费	39	370 219
图书资料费	40	2 639 424
管理费	41	844 336
其他支出	42	2 187 185
当年结余经费	43	17 666 084
银行存款	44	17 571 745
暂付款	45	94 339

22. 教育部直属理工农医院校人文、社会科学研究与发展经费情况表

经费名称	编号	经费(百元)
上年结转经费	1	6 491 339
当年经费收入合计	2	9 696 749
政府资金投入	3	4 903 707
科研活动经费	4	4 219 382
其中:教育部科研项目经费	5	368 689
教育部其他科研经费	6	362 460
中央其他部门科研项目经费	7	2 131 514
省市自治区社科基金项目	8	176 339
省教育厅科研项目经费	9	102 400
省教育厅其他科研经费	10	329 500
其他各类地方政府经费	11	748 481
科技活动人员工资	12	684 325
科研基建费	13	0
非政府资金投入	14	4 793 042
企事业单位委托项目经费	15	3 760 088
金融机构贷款	16	0
自筹经费	17	629 519
国外资金	18	360 175
其他收入	19	43 260
其中:港澳台地区合作项目经费	20	9 880
当年 R&D 经费支出合计	21	9 187 896
转拨给外单位经费	22	479 720
其中:对国内研究机构支出	23	52 892
对国内高等学校支出	24	64 487
对国内企业支出	25	154 364
对境外机构支出	26	0
R&D 内部支出经费	27	8 708 176
其中:基础研究支出	28	2 931 284
应用研究支出	29	5 718 624
试验发展支出	30	58 268
其中:政府资金	31	4 238 930
企业资金	32	3 471 489
国外资金	33	358 931
其他资金	34	638 826
科研人员费	35	1 074 130
业务费	36	4 787 045
科研基建费	37	0
仪器设备费	38	639 693
其中:单价在万元以上的设备费	39	95 515
图书资料费	40	807 921
管理费	41	471 115
其他支出	42	928 272
当年结余经费	43	7 000 191
银行存款	44	6 803 059
暂付款	45	197 132

23. 教育部直属师范院校人文、社会科学研究与发展经费情况表

经费名称	编号	经费(百元)
上年结转经费	1	1 480 479
当年经费收入合计	2	5 021 306
政府资金投入	3	3 159 571
科研活动经费	4	2 722 086
其中:教育部科研项目经费	5	394 899
教育部其他科研经费	6	531 200
中央其他部门科研项目经费	7	913 101
省市自治区社科基金项目	8	81 532
省教育厅科研项目经费	9	108 109
省教育厅其他科研经费	10	35 600
其他各类地方政府经费	11	657 645
科技活动人员工资	12	437 485
科研基建费	13	0
非政府资金投入	14	1 861 735
企事业单位委托项目经费	15	1 285 382
金融机构贷款	16	0
自筹经费	17	355 120
国外资金	18	146 887
其他收入	19	74 347
其中:港澳台地区合作项目经费	20	29 563
当年 R&D 经费支出合计	21	5 116 424
转拨给外单位经费	22	77 151
其中:对国内研究机构支出	23	9 650
对国内高等学校支出	24	19 675
对国内企业支出	25	18 990
对境外机构支出	26	0
R&D 内部支出经费	27	5 039 273
其中:基础研究支出	28	2 959 445
应用研究支出	29	1 968 340
试验发展支出	30	111 488
其中:政府资金	31	2 563 112
企业资金	32	1 909 902
国外资金	33	179 230
其他资金	34	387 029
科研人员费	35	524 077
业务费	36	2 519 465
科研基建费	37	0
仪器设备费	38	671 819
其中:单价在万元以上的设备费	39	43 985
图书资料费	40	823 091
管理费	41	115 291
其他支出	42	385 529
当年结余经费	43	1 385 361
银行存款	44	1 356 236
暂付款	45	29 125

24. 教育部直属语言院校人文、社会科学研究与发展经费情况表

经费名称	编号	经费(百元)
上年结转经费	1	611 318
当年经费收入合计	2	984 656
政府资金投入	3	493 811
科研活动经费	4	375 519
其中:教育部科研项目经费	5	50 090
教育部其他科研经费	6	157 000
中央其他部门科研项目经费	7	112 591
省市自治区社科基金项目	8	28 323
省教育厅科研项目经费	9	20 481
省教育厅其他科研经费	10	0
其他各类地方政府经费	11	7 034
科技活动人员工资	12	118 292
科研基建费	13	0
非政府资金投入	14	490 845
企事业单位委托项目经费	15	280 597
金融机构贷款	16	0
自筹经费	17	209 164
国外资金	18	190
其他收入	19	894
其中:港澳台地区合作项目经费	20	34
当年 R&D 经费支出合计	21	987 723
转拨给外单位经费	22	0
其中:对国内研究机构支出	23	0
对国内高等学校支出	24	0
对国内企业支出	25	0
对境外机构支出	26	0
R&D 内部支出经费	27	987 723
其中:基础研究支出	28	497 255
应用研究支出	29	490 468
试验发展支出	30	0
其中:政府资金	31	507 858
企业资金	32	334 771
国外资金	33	2 647
其他资金	34	142 447
科研人员费	35	214 942
业务费	36	489 342
科研基建费	37	0
仪器设备费	38	45 105
其中:单价在万元以上的设备费	39	2 238
图书资料费	40	96 016
管理费	41	34 525
其他支出	42	107 793
当年结余经费	43	608 251
银行存款	44	605 960
暂付款	45	2 291

25. 教育部直属财经院校人文、社会科学研究与发展经费情况表

经费名称	编号	经费(百元)
上年结转经费	1	1 156 698
当年经费收入合计	2	2 936 294
政府资金投入	3	1 904 469
科研活动经费	4	1 631 673
其中:教育部科研项目经费	5	170 256
教育部其他科研经费	6	527 000
中央其他部门科研项目经费	7	739 958
省市自治区社科基金项目	8	39 168
省教育厅科研项目经费	9	29 520
省教育厅其他科研经费	10	2 000
其他各类地方政府经费	11	123 771
科技活动人员工资	12	272 796
科研基建费	13	0
非政府资金投入	14	1 031 825
企事业单位委托项目经费	15	753 064
金融机构贷款	16	0
自筹经费	17	236 768
国外资金	18	28 309
其他收入	19	13 685
其中:港澳台地区合作项目经费	20	5 376
当年 R&D 经费支出合计	21	2 758 655
转拨给外单位经费	22	86 027
其中:对国内研究机构支出	23	14 252
对国内高等学校支出	24	64 576
对国内企业支出	25	3 320
对境外机构支出	26	0
R&D 内部支出经费	27	2 672 628
其中:基础研究支出	28	326 126
应用研究支出	29	2 335 748
试验发展支出	30	10 754
其中:政府资金	31	1 395 263
企业资金	32	1 027 630
国外资金	33	56 046
其他资金	34	193 689
科研人员费	35	344 237
业务费	36	1 615 759
科研基建费	37	0
仪器设备费	38	155 323
其中:单价在万元以上的设备费	39	44 340
图书资料费	40	341 913
管理费	41	66 072
其他支出	42	149 325
当年结余经费	43	1 334 338
银行存款	44	1 334 338
暂付款	45	0

26. 教育部直属政法院校人文、社会科学研究与发展经费情况表

经费名称	编号	经费(百元)
上年结转经费	1	219 401
当年经费收入合计	2	702 787
政府资金投入	3	351 893
科研活动经费	4	279 481
其中:教育部科研项目经费	5	33 072
教育部其他科研经费	6	98 000
中央其他部门科研项目经费	7	71 965
省市自治区社科基金项目	8	3 070
省教育厅科研项目经费	9	7 950
省教育厅其他科研经费	10	0
其他各类地方政府经费	11	65 425
科技活动人员工资	12	72 412
科研基建费	13	0
非政府资金投入	14	350 893
企事业单位委托项目经费	15	132 838
金融机构贷款	16	0
自筹经费	17	103 661
国外资金	18	114 075
其他收入	19	319
其中:港澳台地区合作项目经费	20	319
当年 R&D 经费支出合计	21	626 813
转拨给外单位经费	22	15 182
其中:对国内研究机构支出	23	0
对国内高等学校支出	24	1 805
对国内企业支出	25	13 335
对境外机构支出	26	43
R&D 内部支出经费	27	611 631
其中:基础研究支出	28	142 052
应用研究支出	29	466 159
试验发展支出	30	3 420
其中:政府资金	31	292 446
企业资金	32	202 825
国外资金	33	80 832
其他资金	34	35 528
科研人员费	35	86 815
业务费	36	466 516
科研基建费	37	0
仪器设备费	38	10 636
其中:单价在万元以上的设备费	39	385
图书资料费	40	14 542
管理费	41	10 725
其他支出	42	22 397
当年结余经费	43	295 374
银行存款	44	295 374
暂付款	45	0

27. 教育部直属艺术院校人文、社会科学研究与发展经费情况表

经费名称	编号	经费(百元)
上年结转经费	1	90 228
当年经费收入合计	2	144 229
政府资金投入	3	112 039
科研活动经费	4	98 934
其中:教育部科研项目经费	5	20 057
教育部其他科研经费	6	13 645
中央其他部门科研项目经费	7	4 257
省市自治区社科基金项目	8	600
省教育厅科研项目经费	9	0
省教育厅其他科研经费	10	25 560
其他各类地方政府经费	11	34 814
科技活动人员工资	12	13 105
科研基建费	13	0
非政府资金投入	14	32 190
企事业单位委托项目经费	15	20 605
金融机构贷款	16	0
自筹经费	17	11 585
国外资金	18	0
其他收入	19	0
其中:港澳台地区合作项目经费	20	0
当年 R&D 经费支出合计	21	137 309
转拨给外单位经费	22	0
其中:对国内研究机构支出	23	0
对国内高等学校支出	24	0
对国内企业支出	25	0
对境外机构支出	26	0
R&D 内部支出经费	27	137 309
其中:基础研究支出	28	81 644
应用研究支出	29	55 665
试验发展支出	30	0
其中:政府资金	31	111 479
企业资金	32	20 917
国外资金	33	0
其他资金	34	4 914
科研人员费	35	20 558
业务费	36	98 430
科研基建费	37	3 826
仪器设备费	38	4 064
其中:单价在万元以上的设备费	39	1 304
图书资料费	40	7 501
管理费	41	288
其他支出	42	2 642
当年结余经费	43	97 148
银行存款	44	97 148
暂付款	45	0

28. 其他部委院校人文、社会科学研究与发展经费情况表

经费名称	编号	经费(百元)
上年结转经费	1	1 786 477
当年经费收入合计	2	3 868 586
政府资金投入	3	2 524 053
科研活动经费	4	1 936 417
其中:教育部科研项目经费	5	217 834
教育部其他科研经费	6	144 163
中央其他部门科研项目经费	7	1 106 886
省市自治区社科基金项目	8	121 602
省教育厅科研项目经费	9	74 938
省教育厅其他科研经费	10	31 500
其他各类地方政府经费	11	239 493
科技活动人员工资	12	574 136
科研基建费	13	13 500
非政府资金投入	14	1 344 533
企事业单位委托项目经费	15	861 476
金融机构贷款	16	0
自筹经费	17	444 489
国外资金	18	20 623
其他收入	19	17 946
其中:港澳台地区合作项目经费	20	9 106
当年 R&D 经费支出合计	21	3 653 204
转拨给外单位经费	22	12 765
其中:对国内研究机构支出	23	7 260
对国内高等学校支出	24	3 645
对国内企业支出	25	210
对境外机构支出	26	1 500
R&D 内部支出经费	27	3 640 439
其中:基础研究支出	28	1 574 952
应用研究支出	29	1 952 731
试验发展支出	30	112 756
其中:政府资金	31	2 005 964
企业资金	32	1 103 440
国外资金	33	20 003
其他资金	34	511 031
科研人员费	35	652 053
业务费	36	1 992 783
科研基建费	37	10 600
仪器设备费	38	338 084
其中:单价在万元以上的设备费	39	126 804
图书资料费	40	410 845
管理费	41	89 808
其他支出	42	146 266
当年结余经费	43	2 001 859
银行存款	44	1 980 027
暂付款	45	21 832

29. 地方院校人文、社会科学研究与发展经费情况表

经费名称	编号	经费(百元)
上年结转经费	1	18 120 410
当年经费收入合计	2	53 333 955
政府资金投入	3	31 992 446
科研活动经费	4	20 398 935
其中:教育部科研项目经费	5	2 362 412
教育部其他科研经费	6	299 788
中央其他部门科研项目经费	7	6 034 553
省市自治区社科基金项目	8	2 012 116
省教育厅科研项目经费	9	1 823 964
省教育厅其他科研经费	10	3 397 469
其他各类地方政府经费	11	4 468 633
科技活动人员工资	12	11 122 519
科研基建费	13	470 993
非政府资金投入	14	21 341 509
企事业单位委托项目经费	15	11 631 175
金融机构贷款	16	749
自筹经费	17	8 278 322
国外资金	18	248 874
其他收入	19	1 182 389
其中:港澳台地区合作项目经费	20	39 458
当年 R&D 经费支出合计	21	49 353 920
转拨给外单位经费	22	259 704
其中:对国内研究机构支出	23	32 058
对国内高等学校支出	24	61 335
对国内企业支出	25	45 953
对境外机构支出	26	4 295
R&D 内部支出经费	27	49 094 216
其中:基础研究支出	28	21 739 141
应用研究支出	29	26 665 391
试验发展支出	30	689 684
其中:政府资金	31	25 995 718
企业资金	32	18 208 417
国外资金	33	307 992
其他资金	34	4 582 089
科研人员费	35	14 093 742
业务费	36	20 065 782
科研基建费	37	391 086
仪器设备费	38	4 403 987
其中:单价在万元以上的设备费	39	1 016 549
图书资料费	40	5 645 646
管理费	41	1 278 235
其他支出	42	3 215 738
当年结余经费	43	22 100 445
银行存款	44	21 451 275
暂付款	45	649 170

30. 综合院校人文、社会科学研究与发展经费情况表

经费名称	编号	经费(百元)
上年结转经费	1	20 627 771
当年经费收入合计	2	38 128 840
政府资金投入	3	21 629 081
科研活动经费	4	16 865 770
其中:教育部科研项目经费	5	1 923 682
教育部其他科研经费	6	3 134 143
中央其他部门科研项目经费	7	5 826 064
省市自治区社科基金项目	8	977 219
省教育厅科研项目经费	9	627 558
省教育厅其他科研经费	10	1 383 869
其他各类地方政府经费	11	2 993 236
科技活动人员工资	12	4 738 027
科研基建费	13	25 284
非政府资金投入	14	16 499 759
企事业单位委托项目经费	15	11 231 299
金融机构贷款	16	0
自筹经费	17	4 065 126
国外资金	18	677 703
其他收入	19	525 630
其中:港澳台地区合作项目经费	20	78 622
当年 R&D 经费支出合计	21	34 968 723
转拨给外单位经费	22	271 386
其中:对国内研究机构支出	23	84 194
对国内高等学校支出	24	65 828
对国内企业支出	25	76 154
对境外机构支出	26	2 583
R&D 内部支出经费	27	34 697 337
其中:基础研究支出	28	12 689 245
应用研究支出	29	21 531 905
试验发展支出	30	476 187
其中:政府资金	31	16 061 907
企业资金	32	14 918 023
国外资金	33	866 700
其他资金	34	2 850 709
科研人员费	35	6 984 207
业务费	36	15 235 377
科研基建费	37	23 695
仪器设备费	38	3 659 993
其中:单价在万元以上的设备费	39	575 622
图书资料费	40	4 406 109
管理费	41	1 172 019
其他支出	42	3 215 938
当年结余经费	43	23 787 889
银行存款	44	23 457 271
暂付款	45	330 618

31. 理工农医院校人文、社会科学研究与发展经费情况表

经费名称	编号	经费(百元)
上年结转经费	1	11 515 406
当年经费收入合计	2	23 782 288
政府资金投入	3	12 949 468
科研活动经费	4	9 012 973
其中:教育部科研项目经费	5	1 019 276
教育部其他科研经费	6	450 803
中央其他部门科研项目经费	7	3 701 590
省市自治区社科基金项目	8	778 364
省教育厅科研项目经费	9	593 694
省教育厅其他科研经费	10	695 193
其他各类地方政府经费	11	1 774 053
科技活动人员工资	12	3 933 495
科研基建费	13	3 000
非政府资金投入	14	10 832 820
企事业单位委托项目经费	15	8 137 368
金融机构贷款	16	300
自筹经费	17	2 092 048
国外资金	18	421 533
其他收入	19	181 570
其中:港澳台地区合作项目经费	20	13 237
当年 R&D 经费支出合计	21	22 540 356
转拨给外单位经费	22	603 626
其中:对国内研究机构支出	23	69 398
对国内高等学校支出	24	85 131
对国内企业支出	25	177 033
对境外机构支出	26	3 400
R&D 内部支出经费	27	21 936 730
其中:基础研究支出	28	7 491 432
应用研究支出	29	14 179 658
试验发展支出	30	265 640
其中:政府资金	31	10 296 380
企业资金	32	9 342 783
国外资金	33	426 997
其他资金	34	1 870 570
科研人员费	35	4 817 687
业务费	36	10 500 560
科研基建费	37	9 818
仪器设备费	38	1 453 296
其中:单价在万元以上的设备费	39	219 280
图书资料费	40	2 271 945
管理费	41	954 870
其他支出	42	1 928 554
当年结余经费	43	12 757 338
银行存款	44	12 382 951
暂付款	45	374 387

32. 师范院校人文、社会科学研究与发展经费情况表

经费名称	编号	经费(百元)
上年结转经费	1	5 739 643
当年经费收入合计	2	16 145 696
政府资金投入	3	9 982 445
科研活动经费	4	6 923 453
其中:教育部科研项目经费	5	996 391
教育部其他科研经费	6	640 308
中央其他部门科研项目经费	7	2 219 531
省市自治区社科基金项目	8	479 210
省教育厅科研项目经费	9	520 657
省教育厅其他科研经费	10	485 212
其他各类地方政府经费	11	1 582 144
科技活动人员工资	12	2 984 309
科研基建费	13	74 682
非政府资金投入	14	6 163 251
企事业单位委托项目经费	15	2 851 410
金融机构贷款	16	449
自筹经费	17	2 568 804
国外资金	18	192 292
其他收入	19	550 296
其中:港澳台地区合作项目经费	20	42 713
当年 R&D 经费支出合计	21	15 399 435
转拨给外单位经费	22	136 130
其中:对国内研究机构支出	23	15 652
对国内高等学校支出	24	44 692
对国内企业支出	25	23 784
对境外机构支出	26	685
R&D 内部支出经费	27	15 263 304
其中:基础研究支出	28	9 567 917
应用研究支出	29	5 474 774
试验发展支出	30	220 614
其中:政府资金	31	8 634 599
企业资金	32	4 594 944
国外资金	33	213 073
其他资金	34	1 820 689
科研人员费	35	3 515 481
业务费	36	6 439 426
科研基建费	37	61 531
仪器设备费	38	1 781 491
其中:单价在万元以上的设备费	39	377 854
图书资料费	40	2 161 421
管理费	41	343 003
其他支出	42	960 951
当年结余经费	43	6 485 905
银行存款	44	6 388 397
暂付款	45	97 507

33. 语言院校人文、社会科学研究与发展经费情况表

经费名称	编号	经费(百元)
上年结转经费	1	1 088 541
当年经费收入合计	2	2 561 332
政府资金投入	3	1 387 749
科研活动经费	4	956 579
其中:教育部科研项目经费	5	118 008
教育部其他科研经费	6	157 000
中央其他部门科研项目经费	7	285 121
省市自治区社科基金项目	8	123 311
省教育厅科研项目经费	9	65 121
省教育厅其他科研经费	10	140 148
其他各类地方政府经费	11	67 870
科技活动人员工资	12	387 169
科研基建费	13	44 000
非政府资金投入	14	1 173 584
企事业单位委托项目经费	15	476 478
金融机构贷款	16	0
自筹经费	17	617 148
国外资金	18	4 876
其他收入	19	75 082
其中:港澳台地区合作项目经费	20	34
当年 R&D 经费支出合计	21	2 401 845
转拨给外单位经费	22	5 870
其中:对国内研究机构支出	23	4 350
对国内高等学校支出	24	0
对国内企业支出	25	0
对境外机构支出	26	1 500
R&D 内部支出经费	27	2 395 975
其中:基础研究支出	28	1 180 514
应用研究支出	29	1 196 576
试验发展支出	30	18 885
其中:政府资金	31	1 248 238
企业资金	32	815 369
国外资金	33	10 674
其他资金	34	321 693
科研人员费	35	589 553
业务费	36	1 110 273
科研基建费	37	33 214
仪器设备费	38	192 424
其中:单价在万元以上的设备费	39	73 197
图书资料费	40	247 695
管理费	41	58 891
其他支出	42	163 924
当年结余经费	43	1 248 029
银行存款	44	1 245 413
暂付款	45	2 616

34. 财经院校人文、社会科学研究与发展经费情况表

经费名称	编号	经费(百元)
上年结转经费	1	3 736 466
当年经费收入合计	2	10 391 172
政府资金投入	3	6 277 256
科研活动经费	4	4 470 290
其中:教育部科研项目经费	5	518 713
教育部其他科研经费	6	528 300
中央其他部门科研项目经费	7	1 700 613
省市自治区社科基金项目	8	318 423
省教育厅科研项目经费	9	252 181
省教育厅其他科研经费	10	481 674
其他各类地方政府经费	11	670 385
科技活动人员工资	12	1 720 710
科研基建费	13	86 257
非政府资金投入	14	4 113 916
企事业单位委托项目经费	15	2 189 543
金融机构贷款	16	0
自筹经费	17	1 724 281
国外资金	18	64 006
其他收入	19	136 085
其中:港澳台地区合作项目经费	20	11 726
当年 R&D 经费支出合计	21	9 747 576
转拨给外单位经费	22	98 903
其中:对国内研究机构支出	23	16 422
对国内高等学校支出	24	70 453
对国内企业支出	25	4 150
对境外机构支出	26	180
R&D 内部支出经费	27	9 648 672
其中:基础研究支出	28	2 059 192
应用研究支出	29	7 532 083
试验发展支出	30	57 398
其中:政府资金	31	5 204 287
企业资金	32	3 734 518
国外资金	33	87 854
其他资金	34	622 013
科研人员费	35	2 370 689
业务费	36	4 409 831
科研基建费	37	84 426
仪器设备费	38	777 523
其中:单价在万元以上的设备费	39	98 640
图书资料费	40	1 167 900
管理费	41	256 248
其他支出	42	582 056
当年结余经费	43	4 380 062
银行存款	44	4 364 813
暂付款	45	15 250

35. 政法院校人文、社会科学研究与发展经费情况表

经费名称	编号	经费(百元)
上年结转经费	1	988 252
当年经费收入合计	2	2 806 707
政府资金投入	3	1 917 244
科研活动经费	4	1 402 334
其中:教育部科研项目经费	5	126 477
教育部其他科研经费	6	98 520
中央其他部门科研项目经费	7	436 856
省市自治区社科基金项目	8	48 417
省教育厅科研项目经费	9	51 545
省教育厅其他科研经费	10	436 645
其他各类地方政府经费	11	203 875
科技活动人员工资	12	478 410
科研基建费	13	36 500
非政府资金投入	14	889 463
企事业单位委托项目经费	15	293 411
金融机构贷款	16	0
自筹经费	17	444 335
国外资金	18	134 943
其他收入	19	16 774
其中:港澳台地区合作项目经费	20	7 069
当年 R&D 经费支出合计	21	2 478 580
转拨给外单位经费	22	25 097
其中:对国内研究机构支出	23	1 200
对国内高等学校支出	24	4 155
对国内企业支出	25	14 285
对境外机构支出	26	43
R&D 内部支出经费	27	2 453 483
其中:基础研究支出	28	1 242 573
应用研究支出	29	1 158 946
试验发展支出	30	51 964
其中:政府资金	31	1 530 567
企业资金	32	557 150
国外资金	33	127 091
其他资金	34	238 675
科研人员费	35	571 417
业务费	36	1 329 849
科研基建费	37	36 500
仪器设备费	38	216 620
其中:单价在万元以上的设备费	39	46 497
图书资料费	40	151 574
管理费	41	33 238
其他支出	42	114 285
当年结余经费	43	1 316 378
银行存款	44	1 310 005
暂付款	45	6 373

36. 艺术院校人文、社会科学研究与发展经费情况表

经费名称	编号	经费(百元)
上年结转经费	1	1 249 668
当年经费收入合计	2	3 309 847
政府资金投入	3	2 030 974
科研活动经费	4	1 576 734
其中:教育部科研项目经费	5	34 687
教育部其他科研经费	6	87 145
中央其他部门科研项目经费	7	120 125
省市自治区社科基金项目	8	73 959
省教育厅科研项目经费	9	113 683
省教育厅其他科研经费	10	768 088
其他各类地方政府经费	11	379 047
科技活动人员工资	12	279 170
科研基建费	13	175 070
非政府资金投入	14	1 278 873
企事业单位委托项目经费	15	1 005 981
金融机构贷款	16	0
自筹经费	17	211 360
国外资金	18	162
其他收入	19	61 370
其中:港澳台地区合作项目经费	20	2 000
当年 R&D 经费支出合计	21	3 016 196
转拨给外单位经费	22	5 455
其中:对国内研究机构支出	23	50
对国内高等学校支出	24	0
对国内企业支出	25	5 320
对境外机构支出	26	0
R&D 内部支出经费	27	3 010 741
其中:基础研究支出	28	1 252 633
应用研究支出	29	1 750 480
试验发展支出	30	7 628
其中:政府资金	31	1 454 963
企业资金	32	1 441 177
国外资金	33	23
其他资金	34	114 578
科研人员费	35	394 548
业务费	36	2 013 181
科研基建费	37	119 528
仪器设备费	38	250 218
其中:单价在万元以上的设备费	39	158 718
图书资料费	40	124 692
管理费	41	32 260
其他支出	42	76 313
当年结余经费	43	1 543 319
银行存款	44	1 386 841
暂付款	45	156 478

37. 民族院校人文、社会科学研究与发展经费情况表

经费名称	编号	经费(百元)
上年结转经费	1	249 300
当年经费收入合计	2	1 338 812
政府资金投入	3	1 000 345
科研活动经费	4	758 156
其中:教育部科研项目经费	5	88 445
教育部其他科研经费	6	37 100
中央其他部门科研项目经费	7	482 349
省市自治区社科基金项目	8	51 692
省教育厅科研项目经费	9	26 712
省教育厅其他科研经费	10	4 390
其他各类地方政府经费	11	67 469
科技活动人员工资	12	242 189
科研基建费	13	0
非政府资金投入	14	338 467
企事业单位委托项目经费	15	101 006
金融机构贷款	16	0
自筹经费	17	160 202
国外资金	18	11 039
其他收入	19	66 220
其中:港澳台地区合作项目经费	20	0
当年 R&D 经费支出合计	21	1 087 097
转拨给外单位经费	22	0
其中:对国内研究机构支出	23	0
对国内高等学校支出	24	0
对国内企业支出	25	0
对境外机构支出	26	0
R&D 内部支出经费	27	1 087 097
其中:基础研究支出	28	768 308
应用研究支出	29	313 311
试验发展支出	30	5 478
其中:政府资金	31	785 395
企业资金	32	134 038
国外资金	33	11 828
其他资金	34	155 836
科研人员费	35	280 440
业务费	36	469 100
科研基建费	37	0
仪器设备费	38	106 847
其中:单价在万元以上的设备费	39	5 575
图书资料费	40	167 007
管理费	41	19 724
其他支出	42	43 979
当年结余经费	43	501 015
银行存款	44	491 797
暂付款	45	9 218

38. 体育院校人文、社会科学研究与发展经费情况表

经费名称	编号	经费(百元)
上年结转经费	1	511 671
当年经费收入合计	2	1 348 980
政府资金投入	3	1 096 118
科研活动经费	4	801 034
其中:教育部科研项目经费	5	17 088
教育部其他科研经费	6	60 500
中央其他部门科研项目经费	7	254 852
省市自治区社科基金项目	8	20 590
省教育厅科研项目经费	9	69 878
省教育厅其他科研经费	10	104 900
其他各类地方政府经费	11	273 227
科技活动人员工资	12	255 384
科研基建费	13	39 700
非政府资金投入	14	252 862
企事业单位委托项目经费	15	84 538
金融机构贷款	16	0
自筹经费	17	115 156
国外资金	18	829
其他收入	19	52 338
其中:港澳台地区合作项目经费	20	8 000
当年 R&D 经费支出合计	21	1 391 536
转拨给外单位经费	22	18 552
其中:对国内研究机构支出	23	3 644
对国内高等学校支出	24	2 139
对国内企业支出	25	4 300
对境外机构支出	26	0
R&D 内部支出经费	27	1 372 983
其中:基础研究支出	28	344 045
应用研究支出	29	957 047
试验发展支出	30	71 892
其中:政府资金	31	1 007 791
企业资金	32	199 906
国外资金	33	1 834
其他资金	34	163 452
科研人员费	35	361 744
业务费	36	535 497
科研基建费	37	36 800
仪器设备费	38	251 100
其中:单价在万元以上的设备费	39	145 956
图书资料费	40	88 554
管理费	41	40 142
其他支出	42	59 147
当年结余经费	43	469 115
银行存款	44	467 675
暂付款	45	1 440

39. 教育部直属院校人文、社会科学研究与发展经费情况表(一)

	合计	科研活动经费	其中：教育部科研经费	中央其他部门科研经费	省、市、自治区科研经费	其他各类地方政府经费
合计	42 611 133.29	20 431 972.27	7 012 389.06	7 885 660.12	2 230 743.31	3 303 179.78
北京大学	2 440 382.54	1 225 656.17	518 824	530 465.63	19 012	157 354.54
中国人民大学	1 794 513.04	684 302.1	225 990	240 826	35 441.1	182 045
清华大学	2 392 743.67	813 329	50 676	649 481	4 568	108 604
北京交通大学	571 737.49	268 996.34	11 517.33	126 349.85	60 792.58	70 336.58
北京科技大学	204 053.75	103 705	39 700	41 360	19 180	3 465
北京化工大学	40 222	17 593	6 623	6 100	3 670	1 200
北京邮电大学	135 711.55	41 900	27 245	5 660	4 445	4 550
中国农业大学	488 123.99	261 631.93	65 620	148 121.93	370	47 520
北京林业大学	125 062.91	74 177.73	19 120	50 427.73	490	4 140
北京中医药大学	5 680	2 740	2 030	300	10	400
北京师范大学	1 413 342.03	617 583.5	138 954.49	220 650.68	29 248	228 730.33
北京外国语大学	243 319.38	221 680	164 650	41 230	15 800	0
北京语言大学	173 851.85	86 533	24 870	42 420	19 243	0
中国传媒大学	372 699.4	29 069.6	3 600	18 990.8	5 344.8	1 134
中央财经大学	689 743.89	376 666.03	141 088	186 600.58	13 590	35 387.45
对外经济贸易大学	610 084.8	381 088.34	159 133.42	178 704.92	20 420	22 830
国际关系学院	52 736	37 500	24 200	13 150	150	0
中央音乐学院	19 740	8 110	6 010	1 600	500	0
中央美术学院	83 728.69	59 373.5	12 482	1 607	10 470.5	34 814
中央戏剧学院	40 760.42	31 450.42	15 210.42	1 050	15 190	0
中国政法大学	650 050.54	241 981.24	106 871.52	58 815.2	10 870	65 424.52
华北电力大学	85 209.62	36 824	18 890	12 966	1 758	3 210
南开大学	1 089 630	653 438	351 529	258 755	16 264	26 890
天津大学	105 952	44 448	9 380	29 800	5 220	48
大连理工大学	189 674	73 064	12 814	21 000	1 350	37 900
东北大学	444 033.06	213 812	88 052	111 345	4 685	9 730
吉林大学	950 094.02	561 075.8	242 800	275 487.8	9 470	33 318
东北师范大学	721 626.5	335 643.16	68 655	90 859.91	10 557.25	165 571
东北林业大学	37 210	16 580	5 210	4 190	1 695	5 485
复旦大学	1 489 997.02	907 127.21	491 530	258 972.21	122 125	34 500
同济大学	331 680	168 578	15 550	62 910	22 055	68 063
上海交通大学	986 628.03	612 927.9	451 780	87 560	16 897.4	56 690.5
华东理工大学	175 417.69	80 536	14 936	43 640	6 670	15 290
东华大学	268 396.11	35 282.87	7 185	14 860	2 530	10 707.87
华东师范大学	1 301 822.11	594 181.3	353 620	142 579	73 004	24 978.3
上海外国语大学	194 785.4	38 236	13 970	9 950	8 416	5 900
上海财经大学	688 958.9	404 401.24	189 383.2	184 702.33	16 747.88	13 567.83

单位:百元

拨入						
科技活动人员工资	科研基建费	企事业单位委托项目经费	金融机构贷款	自筹经费	国外资金	其他收入
3 322 208.67	0	13 878 385.38	0	3 275 648.91	1 237 886.62	465 031.44
53 780	0	717 814.71	0	307 245	113 369.68	22 516.98
107 630	0	654 554.37	0	269 700	78 326.57	0
54 648	0	1 260 737	0	24 441	237 127.67	2 461
29 260	0	61 359.68	0	198 938.59	13 182.88	0
14 937.45	0	62 724.13	0	19 260	1 927.17	1 500
10 304	0	12 325	0	0	0	0
29 500	0	56 125.9	0	6 935.65	0	1 250
21 494.14	0	100 259.06	0	29 800	69 771.01	5 167.85
9 470.99	0	35 910.72	0	500	5 003.47	0
2 940	0	0	0	0	0	0
100 000	0	591 834.07	0	13 005.84	90 171.45	747.17
17 400	0	0	0	4 239.38	0	0
33 400	0	17 555.26	0	36 139.57	190.5	33.52
28 060	0	248 344.17	0	67 225.63	0	0
34 780	0	251 002.94	0	11 000	11 552.12	4 742.8
72 121.3	0	84 865.32	0	62 000	9 376.16	633.68
9 580	0	200	0	5 456	0	0
7 500	0	0	0	4 130	0	0
3 750	0	20 605.19	0	0	0	0
1 855	0	0	0	7 455	0	0
62 832	0	132 638.39	0	98 205	114 075.35	318.56
10 900	0	36 840.62	0	435	190	20
127 920	0	287 863	0	985	18 036	1 388
17 054	0	44 450	0	0	0	0
49 140	0	50 420	0	14 750	0	2 300
32 564	0	176 518.66	0	7 740	0	13 398.4
91 650	0	212 462.71	0	36 400	11 510.33	36 995.18
68 355	0	108 586.7	0	189 384	6 992.5	12 665.14
12 300	0	6 130	0	2 200	0	0
203 580	0	277 353.75	0	1 370	100 566.06	0
46 178	0	63 855	0	45 940	7 129	0
47 265	0	324 131.63	0	0	0	2 303.5
18 308	0	76 573.69	0	0	0	0
28 540	0	203 973.24	0	600	0	0
142 020	0	403 454.89	0	138 010	21 161.67	2 994.25
39 432	0	14 698	0	101 559.4	0	860
49 500	0	187 087.36	0	42 492.98	920.15	4 557.17

	合计	科研活动经费	其中：教育部科研经费	中央其他部门科研经费	省、市、自治区科研经费	其他各类地方政府经费
南京大学	1 107 373.79	609 764	228 460	311 442	65 940	3 922
东南大学	190 016	83 703	14 450	32 444	14 305	22 504
中国矿业大学	180 546.2	44 438	6 350	30 228	6 080	1 780
河海大学	515 942.01	163 647	8 840	73 010	9 596	72 201
江南大学	432 805.84	68 416.6	33 410	19 410	13 365	2 231.6
南京农业大学	857 612.38	669 627.2	152 830	153 708.2	346 798	16 291
中国药科大学	11 824	5 655	105	4 900	200	450
浙江大学	2 671 565.78	972 115.34	298 785.14	395 788	51 073	226 469.2
合肥工业大学	120 348	82 868	16 440	6 121	9 280	51 027
厦门大学	1 024 000	377 006	154 700	195 635	13 085	13 586
山东大学	513 769	287 010	101 220	141 310	33 990	10 490
中国海洋大学	48 814.49	19 807.49	4 740	8 700	870	5 497.49
中国石油大学（华东）	109 518.33	22 207.37	8 829.37	5 130	6 950	1 298
武汉大学	1 396 466.46	609 457.2	140 080	354 081	39 962	75 334.2
华中科技大学	188 880.47	55 523.2	3 560	35 750	6 690	9 523.2
中国地质大学	186 039	92 176	10 370	57 490	6 510	17 806
武汉理工大学	103 521.8	60 532	7 028	38 130	5 344	10 030
华中农业大学	145 869.81	112 604.81	19 874.81	76 590	4 490	11 650
华中师范大学	984 473.4	763 378.4	116 650	392 411.4	106 452	147 865
中南财经政法大学	472 344.28	204 260	17 580	119 654	18 540	48 486
湖南大学	616 059.15	378 408.15	150 874	99 640	35 398	92 496.15
中南大学	638 849	370 377	164 437	73 900	68 690	63 350
中山大学	2 225 844.73	1 627 237.38	325 811.15	128 200.55	641 101.23	532 124.45
华南理工大学	748 230.2	211 275.2	40 610	33 990	47 780.07	88 895.13
四川大学	1 442 016	268 845	139 876	104 153	17 000	7 816
重庆大学	550 959.35	192 645.46	11 445	81 134	5 730	94 336.46
西南交通大学	217 951	88 050	17 760	51 280	3 630	15 380
电子科技大学	101 036	30 375	17 030	11 540	1 805	0
西南大学	643 886.25	116 166	32 400	77 375	5 151	1 240
西南财经大学	475 162.23	265 256.99	190 071	70 295.99	1 390	3 500
西安交通大学	572 378.08	375 126.52	178 000	174 399.04	11 545	11 182.48
西安电子科技大学	69 768.5	26 092.5	4 830	15 250	6 012.5	0
长安大学	135 890	81 305	8 780	11 380	2 245	58 900
西北农林科技大学	60 450.5	33 259.5	3 953.5	24 206	4 800	300
陕西师范大学	600 042	411 300	248 220	66 600	5 980	90 500
兰州大学	299 064.06	104 284.74	24 879.71	62 596.53	4 176	12 632.5
中国矿业大学（北京）	32 361	8 070	1 160	6 660	0	250
中国石油大学	105 802	41 449	6 300	35 149	0	0
中国地质大学（北京）	204 249.8	137 029.84	1 950	132 489.84	540	2 050

拨入						
科技活动人员工资	科研基建费	企事业单位委托项目经费	金融机构贷款	自筹经费	国外资金	其他收入
46 200	0	303 744.26	0	137 320	6 244.13	4 101.4
52 100	0	36 410	0	16 840	963	0
19 020	0	99 457.2	0	16 951	0	680
25 600.01	0	310 165	0	14 850	1 680	0
46 800	0	295 499.24	0	22 090	0	0
23 760	0	105 742.5	0	47 810	10 672.68	0
4 800	0	1 320	0	49	0	0
64 620	0	1 256 157.21	0	144 699	112 637.46	121 336.77
10 250	0	27 230	0	0	0	0
84 000	0	492 455.46	0	51 659.39	15 541.14	3 338.01
40 000	0	104 912.1	0	11 870	15 856.9	54 120
4 000	0	16 367	0	2 700	1 670	4 270
9 825	0	72 815.96	0	4 670	0	0
135 820	0	552 693.6	0	56 360	34 775.66	7 360
25 746	0	81 490.97	0	11 707.13	7 090.78	7 322.39
16 000	0	47 558	0	20 585	4 100	5 620
13 464	0	28 785.8	0	0	0	740
14 290	0	6 750	0	9 925	0	2 300
79 680	0	67 260	0	4 800	21 714	47 641
54 915	0	202 627.5	0	630	6 160.78	3 751
128 130	0	67 951.42	0	32 910.15	1 504.53	7 154.9
55 272	0	135 000	0	47 000	2 800	28 400
82 000	0	303 127.67	0	142 906.24	32 979.67	37 593.77
42 340	0	405 713.9	0	88 901.1	0	0
106 200	0	795 022	0	246 512	25 437	0
45 172.78	0	252 127.88	0	57 354.8	3 658.43	0
29 646	0	74 755	0	23 200	2 300	0
7 596	0	57 745	0	5 320	0	0
126 990	0	275 889.13	0	113 395.5	10 845.62	600
61 480	0	27 480.64	0	120 644.6	300	0
28 800	0	138 828.46	0	27 045	1 528.1	1 050
20 480	0	13 646	0	9 550	0	0
6 700	0	42 305	0	5 580	0	0
8 244	0	2 400	0	16 547	0	0
47 430	0	114 246	0	9 920	6 847	10 299
45 864	0	145 445.32	0	3 470	0	0
2 874	0	20 917	0	0	0	500
5 151	0	59 202	0	0	0	0
11 000	0	53 886	0	2 333.96	0	0

40. 教育部直属院校人文、社会科学研究与发展经费情况表(二)

单位:百元

	支出									
	合计	内部支出								转拨给外单位经费
		小计	科研人员费	业务费	科研基建费	仪器设备费	图书资料费	管理费	其他	
合计	40 024 219.56	39 131 668.8	5 139 972.43	19 984 528.28	3 826	3 947 440.33	4 730 406.71	1 542 351.8	3 783 143.25	892 550.76
北京大学	2 110 107.97	2 098 095.97	256 520	1 237 121.69	0	136 775.27	104 619.45	79 726.91	283 332.65	12 012
中国人民大学	1 293 825.63	1 293 825.63	118 650	1 051 840.25	0	15 813.76	61 209.36	46 312.26	0	0
清华大学	2 097 158.98	1 948 772.89	345 560.28	1 404 568.94	0	47 389.89	9 705.48	141 548.3	0	148 386.09
北京交通大学	607 138.43	603 480.43	43 620	456 515.31	0	5 015.33	34 209.26	21 382.38	42 738.15	3 658
北京科技大学	205 417.06	198 332.84	14 937.45	132 544.97	0	10 654.48	20 532.23	4 768.54	14 895.17	7 084.22
北京化工大学	35 104.15	35 104.15	15 457	10 794.35	0	0	3 090.47	2 028.78	3 733.55	0
北京邮电大学	156 904.73	156 904.73	30 375	60 748.26	0	5 997.99	31 328.97	11 606.06	16 848.45	0
中国农业大学	413 438.86	392 510.43	21 494.14	322 226.29	0	3 869.63	27 180.39	17 739.98	0	20 928.43
北京林业大学	150 931.43	150 931.43	28 412.94	92 627.12	0	0	13 423.46	3 407.58	13 060.33	0
北京中医药大学	7 105	7 105	2 940	3 198	0	140	584	55	188	0
北京师范大学	1 320 749.23	1 294 184.76	100 000	903 698.98	0	11 052.71	189 927.3	63 852.43	25 653.34	26 564.47
北京外国语大学	239 899	239 899	87 000	126 063.06	0	8 487.4	17 823.54	525	0	0
北京语言大学	292 334.54	292 334.54	38 400	113 077.05	0	2 951.92	55 865.9	2 880.28	79 159.39	0
中国传媒大学	297 256.26	297 256.26	28 060.94	186 048.81	0	18 302.73	10 912.64	29 700.55	24 230.59	0
中央财经大学	566 768.58	560 835.04	34 780	373 252.09	0	22 191.29	77 317.02	26 290.91	27 003.73	5 933.54
对外经济贸易大学	687 625.67	682 075.67	87 635.87	429 412.93	0	49 772.4	77 991.42	11 286.03	25 977.02	5 550
国际关系学院	48 578.77	47 378.77	15 328	14 683.98	0	5 157.66	8 357.09	0	3 852.04	1 200
中央音乐学院	29 758.57	29 758.57	7 500	15 652.55	0	3 041	3 188.02	288	89	0

续表

	支出									
	合计	内部支出								转拨给外单位经费
		小计	科研人员费	业务费	科研基建费	仪器设备费	图书资料费	管理费	其他	
中央美术学院	70 466.82	70 466.82	3 750	55 001.86	3 826	1 022.97	4 313.25	0	2 552.74	0
中央戏剧学院	37 083.75	37 083.75	9 308.14	27 775.61	0	0	0	0	0	0
中国政法大学	578 234.72	564 252.27	71 487	451 832.07	0	5 477.87	6 184.74	10 725.14	18 545.45	13 982.45
华北电力大学	68 425.08	68 425.08	15 212.5	44 945.48	0	50	3 346.5	4 105.6	765	0
南开大学	993 764.81	993 764.81	153 500	626 199.61	0	24 358.6	30 029	28 999	130 678.6	0
天津大学	83 712	83 712	17 054	26 960	0	6 150	26 770	6 188	590	0
大连理工大学	226 077.01	226 077.01	49 140	93 556.08	0	24 608.3	30 072.13	15 476	13 224.5	0
东北大学	517 295.02	515 695.02	32 564	342 807.44	0	16 213.53	41 406.11	19 248.43	63 455.51	1 600
吉林大学	891 093.89	891 093.89	91 650	155 323.83	0	81 879	341 847.55	15 034	205 359.51	0
东北师范大学	772 096.02	752 879.21	89 627	155 458.99	0	212 225.27	99 754.34	9 872.92	185 940.69	19 216.81
东北林业大学	39 065	39 065	12 300	23 978	0	0	1 447	1 340	0	0
复旦大学	1 222 146.02	1 216 384.28	203 580	872 438.02	0	25 801.21	36 608.37	13 338.64	64 618.04	5 761.74
同济大学	328 340	328 340	46 178	179 936	0	26 354	62 402.5	13 459.5	10	0
上海交通大学	744 792.53	744 792.53	47 265	673 233.98	0	736	6 096.2	17 431.35	30	0
华东理工大学	123 180.82	123 180.82	18 308	75 737.46	0	0	14 876.12	4 324.23	9 935.01	0
东华大学	198 947.09	127 945.09	28 540	49 864.96	0	26 108.53	14 595.35	8 646.25	190	71 002
华东师范大学	1 445 191.3	1 431 321.3	142 020	646 674.97	0	333 082.47	221 202.32	26 426.44	61 915.1	13 870
上海外国语大学	158 233.4	158 233.4	61 481.4	64 153.28	0	15 363.32	11 413.53	1 419	4 402.87	0
上海财经大学	561 648.83	549 848.83	65 600	445 010.7	0	12 062.17	14 740.43	7 724.62	4 710.91	11 800
南京大学	1 214 149.09	1 205 649.09	46 200	170 990.5	0	347 306.45	390 316.42	125 722.86	125 112.86	8 500

续表

	支出									
	合计	内部支出								转拨给外单位经费
		小计	科研人员费	业务费	科研基建费	仪器设备费	图书资料费	管理费	其他	
东南大学	156 611.35	156 611.35	52 100	25 575.4	0	16 343.5	26 067.7	8 436.95	28 087.8	0
中国矿业大学	178 236.3	178 236.3	19 020	91 969.2	0	10 052.1	31 740.5	6 660.6	18 793.9	0
河海大学	419 562.01	419 562.01	25 600.01	179 327	0	22 903	82 241	45 958.2	63 532.8	0
江南大学	383 463.37	380 473.89	46 800	38 573.09	0	68 030.65	79 700.27	21 088.68	126 281.2	2 989.48
南京农业大学	734 232.28	533 590.82	23 760	87 195.74	0	180 817.34	126 654.08	38 990.25	76 173.41	200 641.46
中国药科大学	32 846	32 826	4 800	14 973	0	6 528	5 756	690	79	20
浙江大学	2 828 450.32	2 734 885.66	495 623	902 273.85	0	378 963.2	530 428.02	185 226.74	242 370.85	93 564.66
合肥工业大学	100 888	100 888	10 250	57 177	0	0	14 726	5 277	13 458	0
厦门大学	947 243.86	947 243.86	154 000	584 109.71	0	9 033.67	65 103.35	40 983.76	94 013.37	0
山东大学	524 641.71	504 592.71	60 000	75 600.77	0	139 270	145 565.4	23 250.44	60 906.1	20 049
中国海洋大学	32 921	32 921	4 100	14 519.95	0	52.05	13 205	816	228	0
中国石油大学(华东)	125 808.8	125 808.8	13 922	45 425.82	0	6 423.92	42 748.5	3 777.3	13 511.26	0
武汉大学	1 276 164.4	1 258 760.4	195 480	448 362.75	0	91 115.02	200 360.59	84 514.78	238 927.26	17 404
华中科技大学	263 066.37	260 196.37	30 953.13	83 914.29	0	97 898.46	9 309.53	14 100.76	24 020.2	2 870
中国地质大学	191 602.5	191 602.5	16 000	107 633.97	0	32 510.53	22 009	5 869	7 580	0
武汉理工大学	77 037.22	77 037.22	15 414	39 712.23	0	300	9 473.31	6 143.66	5 994.02	0
华中农业大学	137 219.32	137 219.32	21 435	84 435.93	0	6 167.3	10 271.65	5 222.5	9 686.94	0
华中师范大学	1 126 665.4	1 109 165.4	145 000	641 567	0	71 409	185 324.4	3 600	62 265	17 500
中南财经政法大学	443 516.9	380 773.88	60 235.36	158 686.93	0	28 667.25	52 786.6	14 133.65	66 264.09	62 743.02
湖南大学	606 464.76	606 464.76	128 130.01	314 883.07	0	24 370	12 591.89	12 220.97	114 268.82	0

续表

	支出									
	合计	内部支出								转拨给外单位经费
		小计	科研人员费	业务费	科研基建费	仪器设备费	图书资料费	管理费	其他	
中南大学	252 857	239 784.2	55 272	135 957.5	0	8 444	24 253.5	4 157.2	11 700	13 072.8
中山大学	2 553 105.99	2 501 318.64	92 865	1 215 066.98	0	757 660.46	177 777.24	48 793.4	209 155.56	51 787.35
华南理工大学	763 038.8	747 677.16	63 510	176 587.29	0	6 516.06	13 541.49	16 944.96	470 577.36	15 361.64
四川大学	1 051 008	1 050 908	247 800	385 993.2	0	138 171.6	208 207.4	9 547.16	61 188.64	100
重庆大学	543 268.46	543 268.46	124 023.26	198 880.46	0	71 483.62	80 663.71	28 939.66	39 277.75	0
西南交通大学	237 781	237 781	36 410	126 006	0	22 671	22 030	14 544	16 120	0
电子科技大学	123 149	123 149	15 497	61 227	0	22 210	17 457	6 638	120	0
西南大学	679 865.82	679 865.82	226 990	253 211.02	0	12 384.29	46 771.36	16 032.15	124 477	0
西南财经大学	499 094.88	499 094.88	95 986	209 395.86	0	42 629.91	119 077.08	6 636.59	25 369.44	0
西安交通大学	556 148.08	546 918.48	28 800	390 985.92	0	51 782	29 231.5	22 174.35	23 944.71	9 229.6
西安电子科技大学	72 641.7	72 641.7	20 480	44 311.5	0	2 110	4 278	1 438.2	24	0
长安大学	135 943.3	135 943.3	6 700	34 835.37	0	32 169.37	32 492.47	4 276.7	25 469.39	0
西北农林科技大学	62 177.3	62 177.3	8 244	41 994	0	680	8 314	2 369.3	576	0
陕西师范大学	451 722.02	451 722.02	47 430	172 065.02	0	44 050	126 882.5	11 539.58	49 754.92	0
兰州大学	347 304.57	347 304.57	45 864	236 829.77	0	21 025.5	28 770.25	11 588.34	3 226.71	0
中国矿业大学(北京)	16 666.11	16 666.11	2 874	13 252.6	0	0	417.51	122	0	0
中国石油大学	70 539.1	62 371.1	6 168	22 786.1	0	10 290	16 636	6 491	0	8 168
中国地质大学(北京)	187 220.5	187 220.5	11 000	153 272.52	0	6 894.38	2 855.05	10 277	2 921.55	0

41. 教育部直属院校人文、社会科学研究与发展经费情况表(三)

单位:百元

	R&D 经费内部支出							
	合计	基础研究支出	应用研究支出	试验发展支出	政府资金	企业资金	国外资金	其他资金
合计	39 131 668.8	13 281 763.84	25 476 659	373 245.96	18 222 444.51	16 426 050.24	1 418 079.92	3 065 094.13
北京大学	2 098 095.97	460 118.53	1 531 802.35	106 175.09	882 186.51	995 019.65	162 759.11	58 130.7
中国人民大学	1 293 825.63	301 993.89	991 831.74	0	389 527.58	472 485.94	76 826.67	354 985.44
清华大学	1 948 772.89	690 473.3	1 236 941.65	21 357.94	715 559.97	988 005.28	225 541.31	19 666.33
北京交通大学	603 480.43	97 652.29	505 828.14	0	498 422.9	36 398.67	8 924.62	59 734.24
北京科技大学	198 332.84	119 155.74	79 177.1	0	96 690.37	65 035.57	147.44	36 459.46
北京化工大学	35 104.15	26 578.54	8 525.61	0	16 832.23	18 271.92	0	0
北京邮电大学	156 904.73	71 501.46	85 403.27	0	31 851	99 308.98	10 439.2	15 305.55
中国农业大学	392 510.43	68 139.33	324 371.1	0	205 117.94	63 049.25	78 466.91	45 876.33
北京林业大学	150 931.43	132 087.86	16 649.38	2 194.19	99 246.57	40 150.04	6 096.37	5 438.45
北京中医药大学	7 105	1 606.94	5 498.06	0	5 929.65	0	0	1 175.35
北京师范大学	1 294 184.76	975 818.3	273 515.84	44 850.62	579 543.17	589 312.6	108 973.53	16 355.46
北京外国语大学	239 899	191 919.2	47 979.8	0	196 632.87	0	0	43 266.13
北京语言大学	292 334.54	118 977.21	173 357.33	0	210 583.72	60 835.59	142.53	20 772.7
中国传媒大学	297 256.26	76 689.94	220 566.32	0	24 546.01	231 479.75	2 504.33	38 726.17
中央财经大学	560 835.04	69 666.31	488 811.99	2 356.74	264 666.08	256 519.2	16 826.99	22 822.77
对外经济贸易大学	682 075.67	119 801.71	561 946.92	327.04	418 169.36	113 836.31	31 265.9	118 804.1
国际关系学院	47 378.77	33 834.58	13 544.19	0	22 994.63	3 906.51	281.41	20 196.22
中央音乐学院	29 758.57	27 735.57	2 023	0	24 844.77	0	0	4 913.8

续表

	R&D 经费内部支出							
	合计	基础研究支出	应用研究支出	试验发展支出	政府资金	企业资金	国外资金	其他资金
中央美术学院	70 466. 82	16 824. 36	53 642. 46	0	49 550. 19	20 916. 63	0	0
中央戏剧学院	37 083. 75	37 083. 75	0	0	37 083. 75	0	0	0
中国政法大学	564 252. 27	108 217. 57	452 614. 96	3 419. 74	269 451. 56	198 918. 85	80 550. 18	15 331. 68
华北电力大学	68 425. 08	33 936. 48	32 870. 32	1 618. 28	26 022. 13	40 066. 51	154. 31	2 182. 13
南开大学	993 764. 81	502 689. 29	488 184. 58	2 890. 94	576 426. 22	381 897. 1	25 607. 96	9 833. 53
天津大学	83 712	14 201. 08	69 385. 34	125. 58	43 587. 81	40 124. 19	0	0
大连理工大学	226 077. 01	99 214. 07	126 382	480. 94	158 620. 74	44 030. 44	0	23 425. 83
东北大学	515 695. 02	150 959. 9	364 543. 01	192. 11	221 938. 96	268 122. 08	295. 56	25 338. 42
吉林大学	891 093. 89	256 285. 67	634 808. 22	0	488 376. 68	339 326. 35	10 802. 27	52 588. 59
东北师范大学	752 879. 21	303 858. 09	447 768. 23	1 252. 89	353 857. 17	325 045. 68	8 719. 86	65 256. 5
东北林业大学	39 065	37 395. 27	1 669. 73	0	26 922. 96	9 128. 06	0	3 013. 98
复旦大学	1 216 384. 28	1 055 240. 24	157 165	3 979. 04	593 586. 79	600 526. 35	15 225. 3	7 045. 84
同济大学	328 340	75 500. 64	252 839. 36	0	198 136. 9	68 466. 69	9 226. 96	52 509. 45
上海交通大学	744 792. 53	33 221. 47	704 988. 9	6 582. 16	256 831. 16	483 746. 89	0	4 214. 48
华东理工大学	123 180. 82	35 465. 32	87 715. 5	0	62 813. 95	60 366. 87	0	0
东华大学	127 945. 09	494	127 451. 09	0	49 204. 22	77 940. 87	0	800
华东师范大学	1 431 321. 3	715 446. 34	705 241. 78	10 633. 18	431 260. 26	772 216. 82	28 029. 99	199 814. 23
上海外国语大学	158 233. 4	109 668. 41	48 564. 99	0	76 095. 82	42 455. 96	0	39 681. 62
上海财经大学	549 848. 83	41 895. 31	507 953. 52	0	245 586. 14	256 235. 72	1 361. 02	46 665. 95
南京大学	1 205 649. 09	467 229. 57	738 419. 52	0	727 228. 29	399 773. 44	6 240. 99	72 406. 37

续表

	R&D 经费内部支出							
	合计	基础研究支出	应用研究支出	试验发展支出	政府资金	企业资金	国外资金	其他资金
东南大学	156 611.35	85 177.96	71 433.39	0	87 065.33	42 132.27	977.78	26 435.97
中国矿业大学	178 236.3	21 984.07	156 252.23	0	48 518.97	110 837.52	0	18 879.81
河海大学	419 562.01	70 033.14	349 528.87	0	144 351.77	259 227	1 301.41	14 681.83
江南大学	380 473.89	14 191.17	366 282.72	0	37 317.56	341 271.3	0	1 885.03
南京农业大学	533 590.82	242 096.92	291 493.9	0	305 673.31	138 919.98	8 410.23	80 587.3
中国药科大学	32 826	6 316.66	26 509.34	0	12 013.71	20 229	0	583.29
浙江大学	2 734 885.66	409 122.86	2 319 379.01	6 383.79	750 258.46	1 641 724.37	121 847.31	221 055.52
合肥工业大学	100 888	1 950	98 938	0	75 458	25 430	0	0
厦门大学	947 243.86	198 052.78	746 912.79	2 278.29	364 543.68	548 768.57	18 539.69	15 391.92
山东大学	504 592.71	248 712.9	252 191.21	3 688.6	320 467.04	105 904.47	18 197.97	60 023.23
中国海洋大学	32 921	10 593	20 906	1 422	15 234	10 850	1 265	5 572
中国石油大学(华东)	125 808.8	14 249.37	104 431.43	7 128	28 924.37	90 044.43	0	6 840
武汉大学	1 258 760.4	563 073.7	641 382.97	54 303.73	620 941.03	536 428.24	44 733.44	56 657.69
华中科技大学	260 196.37	28 026.42	230 109.86	2 060.09	179 357.36	67 454.68	3 160	10 224.33
中国地质大学	191 602.5	37 544.79	137 952.85	16 104.86	95 051.61	80 576.97	0	15 973.92
武汉理工大学	77 037.22	28 884.54	48 152.68	0	40 735.45	35 822.25	0	479.52
华中农业大学	137 219.32	82 815.3	54 401.06	2.96	115 519.66	7 631.64	0	14 068.02
华中师范大学	1 109 165.4	716 458.25	356 220.42	36 486.73	925 748.8	86 281.35	25 590.2	71 545.05
中南财经政法大学	380 773.88	52 837.88	319 865.28	8 070.72	190 830	179 595.88	4 951.64	5 396.36
湖南大学	606 464.76	576 821.42	29 643.34	0	458 231.42	128 714.24	9 800.4	9 718.7

续表

	R&D 经费内部支出							
	合计	基础研究支出	应用研究支出	试验发展支出	政府资金	企业资金	国外资金	其他资金
中南大学	239 784.2	55 404	184 380.2	0	159 895.2	9 137.3	1 288.1	69 463.6
中山大学	2 501 318.64	262 852.02	2 238 466.62	0	1 403 883.68	486 465.53	168 064.26	442 905.17
华南理工大学	747 677.16	438 429.29	309 247.87	0	264 576.34	364 328.07	560.11	118 212.64
四川大学	1 050 908	213 713.33	837 194.67	0	163 898.4	822 518.74	36 001.91	28 488.95
重庆大学	543 268.46	23 760.55	519 110.61	397.3	207 393.47	277 606.58	3 567.5	54 700.91
西南交通大学	237 781	94 888.75	142 892.25	0	119 750.72	93 330.08	2 502.14	22 198.06
电子科技大学	123 149	38 204.65	84 944.35	0	33 096.89	89 319.98	0	732.13
西南大学	679 865.82	160 382.27	518 269.06	1 214.49	174 925.75	423 380	16 281.65	65 278.42
西南财经大学	499 094.88	41 924.97	457 169.91	0	276 011.17	221 442.89	1 640.82	0
西安交通大学	546 918.48	215 741.99	331 176.49	0	291 529.8	209 507.7	2 366.76	43 514.22
西安电子科技大学	72 641.7	42 021.44	30 620.26	0	37 080.67	22 893.84	0	12 667.19
长安大学	135 943.3	100 190.2	35 753.1	0	72 736.12	54 199.22	2 823.14	6 184.82
西北农林科技大学	62 177.3	13 714.37	48 381.08	81.85	38 375.45	2 766.85	449.61	20 585.39
陕西师范大学	451 722.02	247 863.82	185 593.73	18 264.47	272 702.83	137 045.09	7 916	34 058.1
兰州大学	347 304.57	229 580.04	117 724.53	0	143 607.74	201 331.83	0	2 365
中国矿业大学(北京)	16 666.11	670.65	9 073.86	6 921.6	968.05	15 087.83	0	610.23
中国石油大学	62 371.1	6 174.73	56 196.37	0	24 059.27	38 311.83	0	0
中国地质大学(北京)	187 220.5	8 726.11	178 494.39	0	145 784.4	36 611.96	432.13	4 392.01

五、社科研究与发展机构

1. 全国高等学校人文、社会科学研究与发展研究机构一览表(一)

学校及机构名称	成立时间	批准部门	组成方式	机构类型	学科分类	服务的国民经济行业	组成类型
			北京市				
北京大学							
东方文学研究中心	2000-03-01	学校主管部门批准	教育部社科重点研究基地	独立研究所	外国文学	研究和试验发展	政府部门办
教育经济研究所	1997-10-01	学校主管部门批准	教育部社科重点研究基地	独立研究所	教育学	研究和试验发展	政府部门办
美学与美育研究中心	1998-09-01	学校主管部门批准	教育部社科重点研究基地	独立研究所	艺术学	研究和试验发展	政府部门办
外国哲学研究所	1964-09-01	学校主管部门批准	教育部社科重点研究基地	独立研究所	哲学	科技推广和应用服务业	政府部门办
宪法与行政法研究中心	2004-11-01	学校主管部门批准	教育部社科重点研究基地	独立研究所	法学	研究和试验发展	政府部门办
政治发展与政府管理研究所	1999-07-12	学校主管部门批准	教育部社科重点研究基地	独立研究所	政治学	科技推广和应用服务业	政府部门办
中国都市经济研究中心	2004-09-01	学校主管部门批准	省级社科重点研究基地	独立研究所	经济学	研究和试验发展	政府部门办
中国古代史研究中心	1982-10-01	学校主管部门批准	教育部社科重点研究基地	独立研究所	历史学	研究和试验发展	政府部门办
中国古文献研究中心	1999-12-01	学校主管部门批准	教育部社科重点研究基地	独立研究所	语言学	研究和试验发展	政府部门办
中国经济研究中心	1994-08-01	学校主管部门批准	教育部社科重点研究基地	独立研究所	经济学	研究和试验发展	政府部门办
中国考古学研究中心	2000-01-05	学校主管部门批准	教育部社科重点研究基地	独立研究所	考古学	研究和试验发展	政府部门办
中国社会与发展研究中心	1988-03-10	学校主管部门批准	教育部社科重点研究基地	独立研究所	社会学	科技推广和应用服务业	政府部门办
中国特色社会主义理论体系研究中心	1993-05-05	学校主管部门批准	教育部社科重点研究基地	独立研究所	马克思主义	研究和试验发展	政府部门办
中国语言学研究中心	2000-01-09	学校主管部门批准	教育部社科重点研究基地	独立研究所	语言学	研究和试验发展	政府部门办
中国人民大学							
北京社会建设研究院	2009-06-30	非学校主管部门批准	省级社科重点研究基地	独立研究所	管理学	社会保障	单位自办
伦理学与道德建设研究中心	1999-02-01	学校主管部门批准	教育部社科重点研究基地	独立研究所	哲学	教育	单位自办
马克思主义研究基地	2006-12-01	非学校主管部门批准	省级社科重点研究基地	独立研究所	马克思主义	教育	单位自办
民商事法律科学研究中心	2000-09-01	学校主管部门批准	教育部社科重点研究基地	独立研究所	法学	社会保障	单位自办
欧洲问题研究中心	2000-09-01	学校主管部门批准	教育部社科重点研究基地	独立研究所	管理学	研究和试验发展	单位自办

续表

学校及机构名称	成立时间	批准部门	组成方式	机构类型	学科分类	服务的国民经济行业	组成类型
清史研究所	2000-09-01	学校主管部门批准	教育部社科重点研究基地	独立研究所	历史学	研究和试验发展	单位自办
人口与发展研究中心	2000-12-01	学校主管部门批准	教育部社科重点研究基地	独立研究所	社会学	国家机构	单位自办
人文北京研究中心	2006-02-01	非学校主管部门批准	省级社科重点研究基地	独立研究所	管理学	文化艺术业	单位自办
社会学理论与方法研究中心	2000-12-01	学校主管部门批准	教育部社科重点研究基地	独立研究所	社会学	社会工作	单位自办
新闻与社会发展研究中心	1999-11-01	学校主管部门批准	教育部社科重点研究基地	独立研究所	新闻与传播学	教育	单位自办
刑事法律科学研究中心	1999-11-02	学校主管部门批准	教育部社科重点研究基地	独立研究所	法学	教育	单位自办
应用统计科学研究中心	2000-09-01	学校主管部门批准	教育部社科重点研究基地	独立研究所	统计学	研究和试验发展	单位自办
中国财政金融政策研究中心	2000-07-01	学校主管部门批准	教育部社科重点研究基地	独立研究所	经济学	货币金融服务	单位自办
中国经济改革与发展研究院	1999-12-01	学校主管部门批准	教育部社科重点研究基地	独立研究所	经济学	教育	单位自办
中国特色社会主义理论体系研究中心	2004-12-01	学校主管部门批准	教育部社科重点研究基地	跨系所	马克思主义	中国共产党机关	单位自办
清华大学							
北京市应急管理研究基地	2004-09-10	非学校主管部门批准	省级社科重点研究基地	独立研究所	管理学	科技推广和应用服务业	政府部门办
产业发展与环境治理研究中心	2011-04-08	学校自建	校级社科重点研究基地	与校外合办研究室	管理学	科技推广和应用服务业	与境外机构合办
出土文献与中国古代文明研究中心	2011-04-19	学校主管部门批准	其他	独立研究所	历史学	教育	政府部门办
当代国际关系研究院	2010-09-08	学校自建	校级社科重点研究基地	跨系所	管理学	国家机构	与境内注册其他企业合办
高校德育研究中心	2000-09-29	学校主管部门批准	教育部社科重点研究基地	独立研究所	马克思主义	社会工作	政府部门办
工程教育研究中心	2008-12-03	学校自建	校级社科重点研究基地	跨系所	教育学	社会工作	单位自办
国际问题研究所	1997-01-06	学校自建	校级社科重点研究基地	独立研究所	政治学	科技推广和应用服务业	单位自办
国家体育总局体育社会科学重点研究基地	2001-12-28	非学校主管部门批准	部省共建社科重点研究基地	跨系所	体育学	国家机构	政府部门办
国家文化产业研究中心	2006-12-06	非学校主管部门批准	部省共建社科重点研究基地	跨系所	新闻与传播学	社会工作	政府部门办
国情研究院	2000-01-24	学校自建	校级社科重点研究基地	与校外合办所	管理学	社会工作	与国内独立研究机构合办
技术创新研究中心	2004-10-30	学校主管部门批准	教育部社科重点研究基地	独立研究所	管理学	社会工作	政府部门办

续表

学校及机构名称	成立时间	批准部门	组成方式	机构类型	学科分类	服务的国民经济行业	组成类型
教育部—清华大学教育战略决策与国家规划研究中心	2011-08-05	学校主管部门批准	部省共建社科重点研究基地	与校外合办所	教育学	教育	政府部门办
科技—教育发展战略研究中心	2005-12-24	学校主管部门批准	部省共建社科重点研究基地	独立研究所	管理学	社会工作	政府部门办
科技史暨古文献研究所	1993-10-30	学校自建	校级社科重点研究基地	跨系所	历史学	社会工作	单位自办
科学技术与社会研究中心	2004-02-20	学校自建	校级社科重点研究基地	独立研究所	哲学	社会工作	单位自办
农村研究院	2011-09-16	学校自建	校级社科重点研究基地	跨系所	经济学	农业	单位自办
清华大学—伯克利心理学研究中心	2008-05-26	学校自建	校级社科重点研究基地	与校外合办所	心理学	教育	与境外机构合办
清华人文与社会科学高等研究所	2009-10-29	学校自建	校级社科重点研究基地	跨系所	中国文学	教育	单位自办
商法研究中心	1998-09-15	学校自建	校级社科重点研究基地	跨系所	法学	科技推广和应用服务业	单位自办
台湾研究所	1999-03-10	学校自建	校级社科重点研究基地	独立研究所	政治学	社会工作	单位自办
体育健康科学研究中心	1994-03-10	学校自建	校级社科重点研究基地	跨系所	体育学	体育	单位自办
现代管理研究中心	2001-09-25	学校主管部门批准	教育部社科重点研究基地	独立研究所	管理学	社会工作	政府部门办
艺术与科学研究中心	2001-05-24	学校自建	校级社科重点研究基地	跨系所	艺术学	社会工作	单位自办
语言学研究中心	1998-05-07	学校自建	校级社科重点研究基地	跨系所	语言学	教育	单位自办
中国财政与税收研究所	2007-12-10	学校自建	校级社科重点研究基地	跨系所	经济学	租赁业	单位自办
中国发展规划研究中心	2005-04-21	学校自建	校级社科重点研究基地	跨系所	社会学	国家机构	单位自办
中国金融研究中心	2002-06-20	学校自建	校级社科重点研究基地	跨系所	经济学	租赁业	单位自办
中国经济社会数据中心	2009-06-16	学校自建	校级社科重点研究基地	跨系所	经济学	科技推广和应用服务业	单位自办
中国经济研究中心	1996-04-22	学校自建	校级社科重点研究基地	独立研究所	经济学	科技推广和应用服务业	单位自办
中国科学技术政策研究中心	2003-05-19	学校自建	校级社科重点研究基地	与校外合办所	管理学	科技推广和应用服务业	单位自办
中国科学院学部—清华大学科学与社会协同发展研究中心	2012-05-17	学校自建	校级社科重点实验室	与校外合办所	社会学	教育	与国内独立研究机构合办
中国企业成长与经济安全研究中心	2010-04-29	学校自建	校级社科重点研究基地	跨系所	马克思主义	教育	单位自办
中国与世界经济研究中心	2005-01-10	学校自建	校级社科重点研究基地	独立研究所	经济学	科技推广和应用服务业	单位自办
北京交通大学							

续表

学校及机构名称	成立时间	批准部门	组成方式	机构类型	学科分类	服务的国民经济行业	组成类型
北京产业安全与发展研究基地	2010-12-20	非学校主管部门批准	省级社科重点研究基地	独立研究所	经济学	专业技术服务业	政府部门办
北京社会建设研究院	2012-03-11	非学校主管部门批准	省级社科重点研究基地	与校外合办所	社会学	社会工作	与国内独立研究机构合办
北京交通发展研究基地	2005-12-05	非学校主管部门批准	省级社科重点研究基地	独立研究所	管理学	社会工作	单位自办
北京人文交通、科技交通、绿色交通研究基地	2012-12-02	非学校主管部门批准	其他	与校外合办所	管理学	道路运输业	与国内独立研究机构合办
基础产业研究中心	2003-11-28	学校自建	其他	跨系所	经济学	科技推广和应用服务业	单位自办
首都大学生思想政治教育研究基地	2010-05-06	非学校主管部门批准	省级社科重点研究基地	与校外合办所	政治学	社会工作	与国内高校合办
首都大学生思想政治教育研究中心	2007-12-20	非学校主管部门批准	其他	与校外合办研究室	政治学	社会工作	单位自办
司法裁判研究中心	2008-01-15	学校自建	其他	独立研究所	法学	生态保护和环境治理业	单位自办
中国产业安全研究中心	2007-11-24	学校自建	校级社科重点研究基地	独立研究所	经济学	商务服务业	单位自办
中国交通运输价格中心	2007-09-10	学校自建	其他	跨系所	经济学	批发业	单位自办
中国企业兼并重组研究中心	1998-05-15	学校自建	其他	独立研究所	管理学	租赁业	单位自办
中国企业竞争力研究中心	2007-07-14	学校自建	其他	独立研究所	管理学	科技推广和应用服务业	与境内注册其他企业合办
北京工业大学							
北京社会管理研究基地	2012-05-01	学校主管部门批准	省级社科重点研究基地	独立研究所	社会学	社会保障	单位自办
北京现代制造业发展研究基地	2004-11-01	学校主管部门批准	省级社科重点研究基地	跨系研究室	管理学	计算机、通信和其他电子设备制造业	单位自办
博物馆展陈设计与空间实现北京市重点实验室	2012-05-01	学校主管部门批准	省级社科重点实验室	独立研究所	艺术学	其他服务业	单位自办
北京理工大学							
国民经济动员中心	1998-06-01	学校自建	其他	独立研究所	管理学	群众团体、社会团体和其他成员组织	单位自办
教育科学研究所	1993-01-01	学校自建	其他	独立研究所	教育学	群众团体、社会团体和其他成员组织	单位自办

续表

学校及机构名称	成立时间	批准部门	组成方式	机构类型	学科分类	服务的国民经济行业	组成类型
北京科技大学							
北京企业低碳运营战略研究基地	2012-09-17	非学校主管部门批准	省级社科重点研究基地	独立研究所	管理学	专业技术服务业	单位自办
金属与矿冶文化遗产研究国家文物局重点科研基地	2008-03-21	非学校主管部门批准	省级社科重点研究基地	独立研究所	考古学	研究和试验发展	单位自办
北方工业大学							
高技术企业发展研究中心	2012-08-28	学校自建	校级社科重点研究基地	独立研究所	管理学	科技推广和应用服务业	单位自办
管理研究所	2002-10-18	学校自建	校级社科重点实验室	独立研究所	管理学	科技推广和应用服务业	单位自办
经济法研究所	1985-10-10	学校自建	校级社科重点实验室	独立研究所	法学	卫生	单位自办
经济研究所	1999-02-25	学校自建	校级社科重点实验室	独立研究所	经济学	租赁业	单位自办
审美文化研究所	2008-12-01	学校自建	校级社科重点实验室	独立研究所	法学	中国共产党机关	单位自办
宪法与行政法研究中心	2008-12-01	学校自建	校级社科重点实验室	独立研究所	法学	社会工作	单位自办
知识产权研究中心	2007-10-01	学校主管部门批准	校级社科重点研究基地	独立研究所	法学	教育	单位自办
北京化工大学							
安全管理研究所	2006-09-06	学校自建	校级社科重点实验室	跨系所	管理学	专业技术服务业	单位自办
北京知识产权研究基地	2009-12-31	非学校主管部门批准	省级社科重点研究基地	独立研究室	法学	卫生	政府部门办
低碳经济与管理研究中心	2010-04-06	学校自建	校级社科重点实验室	独立研究所	管理学	机动车、电子产品和日用产品修理业	单位自办
法学与知识产权研究所	2002-10-01	学校自建	其他	跨系所	法学	社会工作	单位自办
高等教育研究所	2012-01-11	学校自建	校级社科重点实验室	跨系所	教育学	社会工作	单位自办
科学技术与社会(STS)研究所	1999-01-12	学校自建	校级社科重点实验室	跨系所	哲学	社会工作	单位自办
廉政研究中心	2009-09-25	学校自建	校级社科重点研究基地	独立研究室	社会学	社会工作	单位自办
绿色创新与可持续发展研究中心	2007-01-01	学校自建	其他	与校外合办所	管理学	机动车、电子产品和日用产品修理业	其他
社会保障中心	2009-09-25	学校自建	校级社科重点研究基地	独立研究室	管理学	广播、电视、电影和影视录音制作业	单位自办

续表

学校及机构名称	成立时间	批准部门	组成方式	机构类型	学科分类	服务的国民经济行业	组成类型
思想政治教育调研基地	2008-10-07	学校自建	校级社科重点研究基地	独立研究所	政治学	社会工作	单位自办
运营管理与战略决策研究中心	2012-04-09	学校自建	校级社科重点实验室	独立研究所	管理学	其他服务业	单位自办
政治与行政研究所	2001-09-01	学校自建	校级社科重点实验室	跨系所	社会学	社会工作	单位自办
知识产权研究基地	2008-10-27	学校自建	校级社科重点研究基地	跨系研究室	法学	社会工作	单位自办
中国信息化绩效评估中心	2007-01-01	学校自建	其他	跨系研究室	管理学	卫生	单位自办
北京工商大学							
首都流通业服务基地	2005-12-25	学校主管部门批准	省级社科重点研究基地	独立研究所	管理学	专业技术服务业	政府部门办
北京服装学院							
首都服饰文化与服装产业研究基地	2004-09-10	学校主管部门批准	校级社科重点研究基地	跨系研究室	管理学	纺织服装、服饰业	政府部门办
北京邮电大学							
高校网络舆情研究咨询中心	2011-04-20	学校自建	校级社科重点研究基地	跨系所	新闻与传播学	互联网和相关服务	单位自办
互联网治理与法律研究中心	2009-08-10	学校自建	校级社科重点研究基地	独立研究所	法学	互联网和相关服务	单位自办
网络文化研究中心	2003-03-01	学校自建	校级社科重点研究基地	独立研究所	新闻与传播学	互联网和相关服务	单位自办
北京印刷学院							
北京出版产业与文化研究基地	2002-07-01	学校主管部门批准	省级社科重点研究基地	跨系所	新闻与传播学	新闻和出版业	政府部门办
跨媒体出版实验室	2010-09-16	非学校主管部门批准	省级社科重点实验室	跨系研究室	新闻与传播学	新闻和出版业	单位自办
数字媒体艺术设计研究室	2005-06-07	学校主管部门批准	省级社科重点实验室	跨系研究室	艺术学	中国共产党机关	单位自办
北京建筑工程学院							
北京建筑文化研究基地	2010-11-15	学校主管部门批准	省级社科重点研究基地	跨系所	艺术学	建筑装饰和其他建筑业	政府部门办
北京农学院							
北京新农村建设研究基地	2006-12-06	学校主管部门批准	省级社科重点研究基地	跨系研究室	管理学	农业	政府部门办
北京林业大学							
林业财务会计研究室	1985-08-13	学校自建	校级社科重点实验室	跨系研究室	经济学	林业	单位自办
林业经济研究所	1992-03-15	学校自建	校级社科重点研究基地	跨系所	经济学	林业	单位自办
森林生态经济研究所	1992-03-15	学校自建	校级社科重点研究基地	跨系所	经济学	林业	单位自办

续表

学校及机构名称	成立时间	批准部门	组成方式	机构类型	学科分类	服务的国民经济行业	组成类型
生态文明研究中心	2007-12-28	非学校主管部门批准	其他	与校外合办所	哲学	农、林、牧、渔服务业	其他
外国语言与应用语言学研究所	1995-01-10	学校自建	校级社科重点实验室	跨系所	语言学	社会工作	单位自办
性与性别研究所	2008-06-20	学校自建	校级社科重点研究基地	独立研究所	心理学	教育	单位自办
自然资源经济与政策研究中心	1992-02-01	学校自建	校级社科重点实验室	跨系所	经济学	林业	其他
首都医科大学							
首都卫生管理与政策研究基地	2005-12-23	学校主管部门批准	省级社科重点研究基地	跨系所	管理学	新闻和出版业	政府部门办
北京中医药大学							
卫生法学研究中心	2010-09-15	学校自建	其他	独立研究室	法学	卫生	单位自办
中医英语研究传播中心	2009-06-01	学校自建	其他	跨系研究室	语言学	卫生	单位自办
北京师范大学							
北京文化发展研究基地	2002-09-02	非学校主管部门批准	省级社科重点研究基地	独立研究所	中国文学	中国共产党机关	单位自办
比较教育研究中心	2001-01-09	学校主管部门批准	教育部社科重点研究基地	独立研究所	教育学	科技推广和应用服务业	政府部门办
发展心理研究所	1985-11-01	学校主管部门批准	教育部社科重点研究基地	独立研究所	心理学	科技推广和应用服务业	政府部门办
古籍与传统文化研究院	1981-05-01	学校自建	其他	独立研究所	历史学	中国共产党机关	单位自办
国民核算研究院	2011-01-23	学校自建	其他	独立研究所	统计学	社会工作	单位自办
价值与文化研究中心	2000-01-02	学校主管部门批准	教育部社科重点研究基地	独立研究所	哲学	科技推广和应用服务业	政府部门办
教师教育研究中心	2004-06-04	学校主管部门批准	教育部社科重点研究基地	独立研究所	教育学	科技推广和应用服务业	政府部门办
经济与资源管理研究院	2001-06-27	学校自建	其他	独立研究所	经济学	科技推广和应用服务业	单位自办
民俗典籍文字研究中心	1999-11-01	学校主管部门批准	教育部社科重点研究基地	独立研究所	语言学	科技推广和应用服务业	政府部门办
脑与认知科学研究院	2004-07-01	学校自建	其他	独立研究所	心理学	科技推广和应用服务业	政府部门办
社会发展与公共政策研究所	1997-01-20	学校自建	其他	独立研究所	社会学	科技推广和应用服务业	单位自办
史学理论与史学史研究中心	2000-11-01	学校主管部门批准	教育部社科重点研究基地	独立研究所	历史学	科技推广和应用服务业	政府部门办
文艺学研究中心	2000-01-01	学校主管部门批准	教育部社科重点研究基地	独立研究所	中国文学	科技推广和应用服务业	政府部门办
刑事法律科学研究院	2005-09-01	学校自建	其他	独立研究所	法学	科技推广和应用服务业	单位自办
中国社会管理研究院	2010-10-01	学校自建	校级社科重点研究基地	独立研究所	管理学	教育	单位自办

续表

学校及机构名称	成立时间	批准部门	组成方式	机构类型	学科分类	服务的国民经济行业	组成类型
首都师范大学							
北京基础教育研究基地	2012-02-02	学校主管部门批准	省级社科重点研究基地	独立研究所	教育学	社会工作	政府部门办
文明区划研究中心	2012-06-08	非学校主管部门批准	其他	独立研究所	历史学	社会工作	政府部门办
中国诗歌研究中心	2001-06-07	学校主管部门批准	部省共建社科重点研究基地	独立研究所	中国文学	社会工作	政府部门办
首都体育学院							
国家体育总局体育人文社会科学研究基地	2004-04-08	非学校主管部门批准	省级社科重点研究基地	跨系研究室	体育学	国家机构	其他
国家体育总局重点实验室	2009-09-16	非学校主管部门批准	省级社科重点研究基地	独立研究室	体育学	国家机构	政府部门办
体育赛事管理与营销研究基地	2004-09-24	学校主管部门批准	省级社科重点研究基地	独立研究所	体育学	国家机构	与国内独立研究机构合办
运动机能评定与技术分析实验室	2001-12-22	学校主管部门批准	省级社科重点实验室	与校外合办研究室	体育学	国家机构	政府部门办
北京外国语大学							
北京对外文化交流与世界文化研究基地	2012-08-20	非学校主管部门批准	省级社科重点研究基地	跨系所	民族学	教育	单位自办
国际问题研究所	1992-02-01	学校自建	其他	独立研究所	管理学	教育	单位自办
日本学研究中心	1985-09-01	学校自建	其他	独立研究所	管理学	教育	单位自办
文学研究所	1984-09-18	学校自建	其他	独立研究所	外国文学	教育	单位自办
语言研究所	1984-05-01	学校自建	其他	独立研究所	语言学	教育	单位自办
中国海外汉学研究中心	2008-04-28	学校自建	其他	独立研究所	中国文学	教育	单位自办
中国外语教育研究中心	2000-03-01	学校主管部门批准	教育部社科重点研究基地	独立研究所	教育学	教育	单位自办
北京第二外国语学院							
北京旅游研究基地	2004-09-17	学校主管部门批准	省级社科重点研究基地	跨系所	管理学	商务服务业	政府部门办
国家文化发展国际战略研究院	2010-12-19	非学校主管部门批准	其他	独立研究所	经济学	教育	单位自办
跨文化研究院	2001-04-01	学校自建	校级社科重点研究基地	与校外合办研究室	哲学	教育	单位自办
旅游发展研究院	1984-03-01	学校自建	校级社科重点研究基地	跨系研究室	管理学	商务服务业	单位自办
中国旅游人才发展研究院	2010-01-01	学校自建	校级社科重点研究基地	独立研究所	管理学	商务服务业	单位自办

续表

学校及机构名称	成立时间	批准部门	组成方式	机构类型	学科分类	服务的国民经济行业	组成类型
北京语言大学							
对外汉语研究中心	2000-09-01	学校主管部门批准	教育部社科重点研究基地	独立研究所	语言学	教育	政府部门办
汉语水平考试中心	1989-10-01	学校自建	校级社科重点研究基地	独立研究所	语言学	教育	单位自办
首都国际文化研究基地	2008-12-30	非学校主管部门批准	部省共建社科重点研究基地	与校外合办所	中国文学	社会保障	政府部门办
应用语言研究所	2003-05-01	学校自建	校级社科重点研究基地	独立研究所	语言学	教育	单位自办
语言研究所	2001-10-01	学校自建	校级社科重点研究基地	独立研究所	语言学	教育	单位自办
中国传媒大学							
高等教育研究所	2002-04-03	学校自建	校级社科重点实验室	独立研究所	教育学	教育	单位自办
公关舆情研究所	2005-12-01	学校自建	校级社科重点实验室	独立研究所	新闻与传播学	商务服务业	单位自办
广播电视研究中心	2010-05-13	学校主管部门批准	教育部社科重点研究基地	跨系所	新闻与传播学	新闻和出版业	单位自办
国家语言资源监测与研究中心有声媒体语言分中心	2005-09-15	学校自建	校级社科重点实验室	与校外合办所	语言学	广播、电视、电影和影视录音制作业	与国内独立研究机构合办
商务品牌战略研究所	2006-04-03	学校自建	校级社科重点实验室	独立研究所	新闻与传播学	新闻和出版业	单位自办
首都传媒经济研究基地	2004-11-01	学校自建	校级社科重点实验室	独立研究所	新闻与传播学	新闻和出版业	单位自办
文化发展研究院	2006-04-27	学校自建	校级社科重点实验室	独立研究所	艺术学	文化艺术业	单位自办
亚洲传媒研究中心	2010-05-13	学校自建	校级社科重点实验室	独立研究所	新闻与传播学	广播、电视、电影和影视录音制作业	单位自办
中央财经大学							
财经研究院(北京财经研究基地)	1978-10-09	非学校主管部门批准	部省共建社科重点研究基地	独立研究所	经济学	社会工作	单位自办
国防经济与管理研究院	2004-11-03	学校自建	校级社科重点研究基地	独立研究所	经济学	科技推广和应用服务业	单位自办
中国公共财政与政策研究院	2006-10-02	学校主管部门批准	教育部 985 社科创新基地	独立研究所	管理学	科技推广和应用服务业	单位自办
中国金融发展研究院	2006-09-01	学校主管部门批准	教育部 985 社科创新基地	独立研究所	经济学	科技推广和应用服务业	单位自办
中国经济与管理研究院	2005-09-01	学校主管部门批准	教育部 985 社科创新基地	独立研究所	经济学	科技推广和应用服务业	单位自办
中国精算研究院	1993-09-01	学校主管部门批准	教育部社科重点研究基地	独立研究所	经济学	科技推广和应用服务业	单位自办
中国人力资本与劳动经济研究中心	2007-12-14	学校主管部门批准	教育部 985 社科创新基地	独立研究所	管理学	科技推广和应用服务业	单位自办

续表

学校及机构名称	成立时间	批准部门	组成方式	机构类型	学科分类	服务的国民经济行业	组成类型
对外经济贸易大学							
北京企业国际化经营研究基地	2004-10-01	非学校主管部门批准	省级社科重点研究基地	跨系所	管理学	教育	政府部门办
国际经济研究院	1983-03-01	学校自建	其他	独立研究所	经济学	群众团体、社会团体和其他成员组织	单位自办
教育与开放经济研究中心	2011-01-14	学校主管部门批准	教育部社科重点实验室	独立研究所	经济学	社会工作	政府部门办
中国开放经济与国际科技合作战略研究中心	2010-04-15	学校主管部门批准	教育部社科重点研究基地	独立研究所	经济学	科技推广和应用服务业	政府部门办
中国世界贸易组织研究院	2000-08-18	学校主管部门批准	教育部社科重点研究基地	独立研究所	经济学	科技推广和应用服务业	政府部门办
北京物资学院							
北京物流系统与技术实验室	2001-11-16	学校主管部门批准	省级社科重点实验室	独立研究所	管理学	其他服务业	单位自办
北京现代物流研究基地	2004-05-12	学校主管部门批准	省级社科重点研究基地	独立研究所	管理学	其他服务业	单位自办
首都经济贸易大学							
北京市哲学社会科学 CBD 发展研究基地中心	2004-09-08	学校主管部门批准	省级社科重点研究基地	跨系研究室	经济学	国家机构	政府部门办
北京市哲学社会科学经济社会发展政策研究基地	2007-04-19	学校主管部门批准	省级社科重点研究基地	与校外合办研究室	经济学	国家机构	政府部门办
不动产研究所	1993-05-11	学校自建	校级社科重点实验室	跨系所	经济学	房地产业	单位自办
人口研究所	1974-11-08	学校自建	校级社科重点实验室	跨系所	社会学	社会保障	单位自办
首都经济研究所	1978-11-11	学校自建	校级社科重点实验室	跨系所	经济学	其他服务业	单位自办
外交学院							
北京对外交流与外事管理研究基地	2005-12-13	非学校主管部门批准	省级社科重点研究基地	与校外合办研究室	管理学	社会工作	政府部门办
中国人民公安大学							
首都社会安全研究基地	2004-10-21	非学校主管部门批准	部省共建社科重点研究基地	独立研究所	法学	国家机构	其他
国际关系学院							
公共市场与政府采购研究所	2007-08-02	学校自建	校级社科重点研究基地	独立研究所	经济学	国家机构	单位自办
国际战略与安全研究中心	2001-03-01	学校自建	校级社科重点研究基地	独立研究所	管理学	教育	单位自办

续表

学校及机构名称	成立时间	批准部门	组成方式	机构类型	学科分类	服务的国民经济行业	组成类型
中国与国际关系研究中心	2012-06-29	学校自建	校级社科重点研究基地	与校外合办所	管理学	教育	与境外机构合办
北京体育大学							
北京市机能评定与技术分析重点实验室	2003-01-09	非学校主管部门批准	省级社科重点实验室	独立研究所	体育学	国家机构	政府部门办
国家体育总局社会科学研究基地	2004-07-01	学校主管部门批准	其他	独立研究所	体育学	国家机构	政府部门办
国家体育总局体能训练与身体机能恢复重点实验室	2008-07-29	学校主管部门批准	省级社科重点实验室	独立研究室	体育学	国家机构	政府部门办
国家体育总局运动训练重点实验室	2008-07-28	学校主管部门批准	省级社科重点实验室	独立研究室	体育学	国家机构	政府部门办
国家体育总局运动应激适应重点实验室	2008-07-28	学校主管部门批准	省级社科重点实验室	独立研究室	体育学	国家机构	政府部门办
运动营养北京市高等学校工程研究中心	2008-07-28	非学校主管部门批准	省级社科重点实验室	独立研究室	体育学	国家机构	政府部门办
运动与体质健康重点实验室	2010-01-15	非学校主管部门批准	教育部社科重点实验室	独立研究室	体育学	国家机构	政府部门办
中央音乐学院							
中央音乐学院音乐学研究所	1999-11-01	学校主管部门批准	教育部社科重点研究基地	独立研究所	艺术学	中国共产党机关	政府部门办
中央美术学院							
非物质文化遗产研究中心	2002-05-15	学校自建	其他	独立研究所	艺术学	文化艺术业	单位自办
国家艺术与文化政策研究所	2009-05-25	学校自建	其他	独立研究所	艺术学	文化艺术业	单位自办
建筑学院设计研究中心	2007-02-01	学校自建	其他	独立研究所	艺术学	建筑装饰和其他建筑业	单位自办
美术教育研究中心	2007-06-15	学校自建	其他	独立研究所	艺术学	教育	单位自办
中央戏剧学院							
戏剧艺术研究所	1953-01-01	学校自建	其他	独立研究所	艺术学	中国共产党机关	单位自办
北京电影学院							
北京影视艺术研究基地	2004-09-17	非学校主管部门批准	省级社科重点研究基地	独立研究所	艺术学	娱乐业	政府部门办
电影研究所	2002-07-03	学校自建	校级社科重点研究基地	独立研究所	艺术学	教育	单位自办
数字电影技术与艺术实验室	2010-09-01	学校主管部门批准	省级社科重点实验室	跨系所	艺术学	教育	单位自办
中央民族大学							
藏学研究所	1988-01-01	学校主管部门批准	省级社科重点研究基地	跨系所	民族学	中国共产党机关	与国内高校合办

续表

学校及机构名称	成立时间	批准部门	组成方式	机构类型	学科分类	服务的国民经济行业	组成类型
民族理论政策研究所	1989-03-01	学校主管部门批准	省级社科重点研究基地	独立研究所	民族学	中国共产党机关	政府部门办
民族学人类学研究所	1980-01-01	学校主管部门批准	省级社科重点研究基地	独立研究室	民族学	中国共产党机关	与国内高校合办
少数民族经济研究所	1980-06-11	非学校主管部门批准	省级社科重点研究基地	跨系所	民族学	中国共产党机关	政府部门办
中国少数民族研究中心	2000-09-01	非学校主管部门批准	教育部社科重点实验室	独立研究所	民族学	中国共产党机关	与国内高校合办
中国少数民族语言研究所	2005-09-22	学校主管部门批准	省级社科重点实验室	独立研究所	语言学	中国共产党机关	政府部门办
宗教研究所	1981-01-01	学校主管部门批准	省级社科重点研究基地	跨系所	宗教学	中国共产党机关	与国内高校合办
中国政法大学							
比较法研究院	1988-10-01	学校自建	校级社科重点研究基地	独立研究所	法学	教育	单位自办
法和经济学研究所	2005-03-02	学校自建	校级社科重点研究基地	独立研究所	法学	教育	单位自办
法律古籍整理研究所	1984-11-01	学校自建	校级社科重点研究基地	独立研究所	法学	教育	政府部门办
法律史学研究院	2004-12-20	学校主管部门批准	教育部社科重点研究基地	独立研究所	法学	教育	政府部门办
法学教育研究与评估中心	2002-01-17	学校自建	校级社科重点研究基地	独立研究所	法学	教育	单位自办
法治政府研究院	2006-04-13	非学校主管部门批准	省级社科重点研究基地	独立研究所	法学	教育	政府部门办
全球化与全球问题研究所	2007-06-11	学校自建	校级社科重点研究基地	独立研究所	政治学	教育	单位自办
人权研究院	2001-09-09	学校主管部门批准	其他	独立研究所	法学	教育	政府部门办
诉讼法学研究院	1999-10-07	学校主管部门批准	教育部社科重点研究基地	独立研究所	法学	教育	政府部门办
证据科学研究院	2006-01-12	学校主管部门批准	教育部社科重点实验室	独立研究所	法学	教育	政府部门办
华北电力大学							
北京市能源发展研究基地	2006-11-01	非学校主管部门批准	省级社科重点研究基地	与校外合办所	管理学	电力、热力生产和供应业	政府部门办
中华女子学院							
儿童保护研究中心	2010-06-23	学校自建	校级社科重点研究基地	独立研究所	教育学	教育	单位自办
儿童发展与教育研究中心	2010-06-23	学校自建	校级社科重点研究基地	独立研究室	教育学	教育	单位自办
翻译研究中心	2012-06-04	学校自建	校级社科重点研究基地	独立研究室	外国文学	教育	单位自办
妇女儿童法律研究服务与研究中心	2013-01-05	学校自建	校级社科重点研究基地	独立研究室	法学	社会工作	单位自办
妇女发展与经济研究	2009-05-15	学校自建	校级社科重点研究基地	独立研究室	经济学	货币金融服务	单位自办

续表

学校及机构名称	成立时间	批准部门	组成方式	机构类型	学科分类	服务的国民经济行业	组成类型
妇女口述历史研究	2012-06-04	学校自建	校级社科重点研究基地	独立研究室	社会学	社会工作	单位自办
高等职业教育研究中心	2010-12-09	学校自建	校级社科重点研究基地	独立研究室	教育学	教育	单位自办
国学教育与发展研究中心	2011-03-31	学校自建	校级社科重点研究基地	独立研究所	教育学	教育	单位自办
婚姻家庭咨询研究中心	2011-10-01	学校自建	校级社科重点研究基地	独立研究室	社会学	社会工作	单位自办
计算机应用技术研究所	2012-06-04	学校自建	校级社科重点研究基地	独立研究所	管理学	计算机、通信和其他电子设备制造业	单位自办
家事法研究中心	2012-06-04	学校自建	校级社科重点研究基地	独立研究室	法学	社会工作	单位自办
旅游发展研究中心	2009-05-15	学校自建	校级社科重点研究基地	独立研究所	管理学	商务服务业	单位自办
女大学生思想政治教育研究中心	2010-12-09	学校自建	校级社科重点实验室	独立研究室	马克思主义	教育	单位自办
女大学生艺术素质教育研究中心	2010-04-20	学校自建	校级社科重点研究基地	独立研究室	艺术学	文化艺术业	单位自办
女性人力资源开发与创业研究中心	2009-05-15	学校自建	校级社科重点研究基地	独立研究所	管理学	社会工作	单位自办
女性文学研究中心	2010-04-20	学校自建	校级社科重点研究基地	独立研究室	社会学	社会工作	单位自办
社会工作行动研究中心	2011-10-01	学校自建	校级社科重点研究基地	独立研究室	社会学	社会工作	单位自办
数码艺术教学与实践研究中心	2010-06-23	学校自建	校级社科重点研究基地	独立研究室	艺术学	文化艺术业	单位自办
性别平等教育研究与推广中心	2010-06-23	学校自建	校级社科重点研究基地	独立研究室	教育学	教育	单位自办
性别研究信息中心	2010-06-09	学校自建	校级社科重点研究基地	独立研究室	社会学	社会工作	单位自办
性别与哲学研究中心	2011-10-01	学校自建	校级社科重点研究基地	独立研究室	哲学	社会工作	单位自办
性与性别研究中心	2009-05-15	学校自建	校级社科重点研究基地	独立研究所	社会学	社会工作	单位自办
职业形象研究中心	2009-11-03	学校自建	校级社科重点研究基地	独立研究室	艺术学	文化艺术业	单位自办
中国女性教育研究中心	2007-04-12	学校自建	校级社科重点研究基地	跨系所	教育学	教育	其他
中华女子学院社区发展研究中心	2009-06-16	学校自建	校级社科重点研究基地	独立研究室	社会学	教育	单位自办
北京信息科技大学							
北京市哲学社会科学知识管理研究基地	2007-04-10	学校主管部门批准	省级社科重点研究基地	独立研究所	社会学	生态保护和环境治理业	单位自办
北京青年政治学院							

续表

学校及机构名称	成立时间	批准部门	组成方式	机构类型	学科分类	服务的国民经济行业	组成类型
北京东方道德研究所	1993-09-16	学校主管部门批准	其他	独立研究所	哲学	科技推广和应用服务业	与国内独立研究机构合办
北京青年政治学院社区发展研究所	2008-12-01	学校自建	其他	独立研究所	社会学	社会工作	单位自办
北京青少年研究所	1991-06-20	学校主管部门批准	其他	独立研究所	社会学	科技推广和应用服务业	与国内独立研究机构合办
北京职业教育与人文北京研究中心	2008-06-02	学校主管部门批准	其他	与校外合办所	教育学	社会工作	政府部门办
北京戏曲艺术职业学院							
艺术研究中心	2006-02-07	学校主管部门批准	其他	独立研究所	艺术学	文化艺术业	单位自办
北京经济管理职业学院							
高等职业教育研究所	2011-09-01	学校自建	校级社科重点研究基地	独立研究所	教育学	教育	单位自办
北京社会管理职业学院							
社会工作研究所	2007-04-10	非学校主管部门批准	校级社科重点研究基地	独立研究所	社会学	社会工作	政府部门办
天津市							
南开大学							
APEC 研究中心	1995-03-29	学校主管部门批准	教育部社科重点研究基地	独立研究所	经济学	教育	政府部门办
滨海开发研究院	2008-04-19	学校自建	其他	跨系所	经济学	教育	单位自办
城市与区域经济研究所	2002-06-30	学校自建	其他	独立研究所	经济学	教育	单位自办
高等教育研究所	1984-04-06	学校自建	其他	独立研究所	教育学	教育	单位自办
公司治理研究中心	1997-11-08	学校主管部门批准	教育部社科重点研究基地	独立研究所	管理学	教育	政府部门办
古籍与文化研究所	1983-03-07	学校主管部门批准	其他	独立研究所	历史学	教育	单位自办
国际经济研究所	1986-01-18	学校主管部门批准	其他	独立研究所	经济学	教育	单位自办
环境与社会发展研究中心	2001-04-18	学校自建	其他	跨系所	经济学	教育	单位自办
教育与产业、区域发展研究中心	2011-04-15	学校主管部门批准	其他	跨系所	经济学	教育	政府部门办
金融发展研究院	2007-12-27	学校自建	其他	独立研究所	经济学	教育	单位自办
经济研究所	1927-05-06	学校主管部门批准	其他	独立研究所	经济学	教育	单位自办

续表

学校及机构名称	成立时间	批准部门	组成方式	机构类型	学科分类	服务的国民经济行业	组成类型
经济与社会发展研究院	1998-01-14	学校自建	其他	独立研究所	经济学	教育	单位自办
跨国公司研究中心	1988-09-01	学校主管部门批准	教育部社科重点研究基地	独立研究所	经济学	教育	单位自办
跨文化交流研究院	2009-07-02	学校自建	其他	跨系所	语言学	教育	单位自办
历史研究所	1978-05-16	学校主管部门批准	其他	独立研究所	历史学	教育	单位自办
欧洲问题研究中心	1996-10-30	学校主管部门批准	其他	跨系所	经济学	教育	单位自办
人口与发展研究所	1984-02-17	学校主管部门批准	其他	独立研究所	经济学	教育	单位自办
人权研究中心	2011-07-06	学校主管部门批准	其他	跨系所	政治学	教育	与国内独立研究机构合办
日本研究院	1988-05-29	学校自建	其他	独立研究所	历史学	教育	单位自办
世界近现代史研究中心	1999-12-18	学校主管部门批准	教育部社科重点研究基地	独立研究所	历史学	教育	单位自办
数量经济研究所	2007-12-23	学校自建	其他	独立研究所	经济学	教育	单位自办
台湾经济研究所	1986-09-22	学校自建	其他	独立研究所	经济学	教育	单位自办
现代管理研究所	1997-10-22	学校自建	其他	独立研究所	管理学	教育	单位自办
亚洲研究中心	2004-04-26	学校自建	其他	跨系所	政治学	教育	单位自办
政治经济学研究中心	2000-12-26	学校主管部门批准	教育部社科重点研究基地	独立研究所	经济学	教育	政府部门办
中国社会史研究中心	1986-06-05	学校主管部门批准	教育部社科重点研究基地	独立研究所	历史学	教育	政府部门办
天津大学							
公共资源管理研究中心	2004-05-12	学校主管部门批准	省级社科重点研究基地	跨系所	管理学	群众团体、社会团体和其他成员组织	政府部门办
教育科学研究中心	2010-11-18	学校主管部门批准	省级社科重点研究基地	跨系所	教育学	社会工作	政府部门办
科学技术与社会研究中心	2004-05-13	学校主管部门批准	省级社科重点研究基地	跨系所	哲学	社会工作	政府部门办
天津市反腐倡廉理论研究	2009-10-14	非学校主管部门批准	其他	跨系所	管理学	社会保障	政府部门办
中国民间美术遗产保护与研究中心	2007-09-18	非学校主管部门批准	其他	跨系所	艺术学	中国共产党机关	单位自办
中国木板年画研究基地	2007-09-18	非学校主管部门批准	其他	跨系所	艺术学	中国共产党机关	单位自办
中国社会计算研究中心	2010-11-18	学校主管部门批准	省级社科重点研究基地	跨系所	管理学	租赁业	政府部门办

续表

学校及机构名称	成立时间	批准部门	组成方式	机构类型	学科分类	服务的国民经济行业	组成类型
中国文化遗产保护国际研究中心	2010-11-18	学校主管部门批准	省级社科重点研究基地	跨系所	历史学	中国共产党机关	政府部门办
天津科技大学							
食品安全战略与管理研究中心	2010-11-09	学校主管部门批准	省级社科重点研究基地	跨系研究室	管理学	科技推广和应用服务业	单位自办
中国民航大学							
航空法律与政策研究中心	2010-11-09	非学校主管部门批准	省级社科重点研究基地	跨系所	法学	航空运输业	单位自办
航空运输经济与管理研究基地	2003-04-08	学校主管部门批准	其他	跨系所	经济学	水上运输业	单位自办
天津理工大学							
公共项目与工程造价研究中心	2004-05-08	学校主管部门批准	省级社科重点研究基地	跨系所	管理学	群众团体、社会团体和其他成员组织	单位自办
循环经济与企业可持续发展研究中心	2010-06-04	学校主管部门批准	省级社科重点研究基地	独立研究所	管理学	机动车、电子产品和日用产品修理业	单位自办
天津师范大学							
大众传播与社会发展研究所	2003-12-18	学校自建	其他	独立研究所	新闻与传播学	教育	单位自办
东方文学文化研究中心	2004-12-01	学校主管部门批准	其他	独立研究所	中国文学	教育	单位自办
翻译研究所	2002-12-12	学校主管部门批准	其他	独立研究所	语言学	教育	单位自办
公共管理研究所	2006-01-10	学校自建	其他	独立研究所	政治学	教育	单位自办
公益影像研究中心	2011-06-02	学校主管部门批准	其他	独立研究所	艺术学	教育	单位自办
古典文献研究所	1983-06-03	学校主管部门批准	其他	独立研究所	图书、文献与情报学	教育	单位自办
国际关系与全球问题研究所	2012-11-28	学校主管部门批准	其他	独立研究所	政治学	教育	单位自办
国际中国文学研究中心	2004-12-01	学校主管部门批准	其他	独立研究所	中国文学	教育	单位自办
韩国文化研究中心	2006-06-01	学校主管部门批准	其他	独立研究所	社会学	教育	单位自办
华梅服饰文化学研究所	2003-06-19	学校主管部门批准	其他	独立研究室	艺术学	教育	单位自办
精益生产研究中心	2009-01-24	学校自建	其他	独立研究所	经济学	教育	单位自办
课程与教学研究中心	2006-12-01	学校主管部门批准	其他	独立研究所	教育学	教育	单位自办

续表

学校及机构名称	成立时间	批准部门	组成方式	机构类型	学科分类	服务的国民经济行业	组成类型
历史地理与区域变迁研究中心	2012-04-08	学校主管部门批准	其他	独立研究所	历史学	教育	单位自办
挪威戏剧文化研究中心	2011-03-23	学校主管部门批准	其他	独立研究所	外国文学	教育	单位自办
欧洲经济社会史研究中心	2000-04-12	学校自建	其他	独立研究所	历史学	教育	单位自办
社会主义研究所	2003-09-01	学校主管部门批准	其他	独立研究所	政治学	教育	单位自办
思想政治教育研究所	1994-06-14	学校自建	其他	独立研究所	马克思主义	教育	单位自办
天津地方新闻史研究所	2006-02-02	学校主管部门批准	其他	独立研究所	新闻与传播学	教育	单位自办
天津近现代文化研究中心	2012-06-05	学校主管部门批准	其他	独立研究所	中国文学	教育	单位自办
心理与行为研究院	2000-09-05	非学校主管部门批准	教育部社科重点研究基地	独立研究所	心理学	教育	政府部门办
语言学研究所	1995-02-01	学校主管部门批准	其他	独立研究所	语言学	教育	单位自办
政治文化与政治文明建设研究院	2002-12-04	学校主管部门批准	其他	独立研究所	政治学	教育	单位自办
中共党史党建研究所	2006-01-01	学校主管部门批准	其他	独立研究所	政治学	教育	单位自办
中国标志设计研究中心	2003-05-23	学校主管部门批准	其他	独立研究所	艺术学	教育	单位自办
中国词曲音乐研究所	2002-08-01	学校主管部门批准	其他	独立研究所	艺术学	教育	单位自办
天津职业技术师范大学							
师范能力与职业能力研究中心	2010-12-07	学校主管部门批准	省级社科重点研究基地	独立研究所	教育学	社会工作	单位自办
职业教育研究所	1981-09-01	学校主管部门批准	其他	独立研究所	教育学	社会工作	单位自办
天津外国语大学							
比较文学研究所	2012-06-11	学校主管部门批准	校级社科重点研究基地	独立研究所	外国文学	文教、工美、体育和娱乐用品制造业	单位自办
翻译研究所	1991-09-09	学校主管部门批准	校级社科重点研究基地	独立研究所	语言学	社会工作	单位自办
高教研究所	2003-12-26	学校自建	校级社科重点研究基地	独立研究所	教育学	社会工作	单位自办
国际教育政策研究基地	2004-12-01	学校主管部门批准	其他	独立研究所	教育学	社会工作	政府部门办
拉美研究中心	2011-12-09	学校主管部门批准	校级社科重点研究基地	独立研究所	语言学	社会工作	政府部门办
美国黑人文学研究所	2004-08-02	学校自建	校级社科重点研究基地	独立研究所	外国文学	社会工作	单位自办
美国研究中心	2002-06-14	学校自建	校级社科重点研究基地	独立研究所	语言学	社会工作	单位自办

续表

学校及机构名称	成立时间	批准部门	组成方式	机构类型	学科分类	服务的国民经济行业	组成类型
欧美文化哲学研究所	2006-04-28	学校自建	校级社科重点研究基地	独立研究所	哲学	社会工作	单位自办
天津国际发展战略研究院	2010-05-21	学校主管部门批准	校级社科重点研究基地	跨系所	经济学	专业技术服务业	单位自办
外国语言文学文化研究中心	2004-05-11	学校主管部门批准	省级社科重点研究基地	独立研究所	外国文学	社会工作	政府部门办
语言符号应用传播研究中心	2011-03-01	非学校主管部门批准	省级社科重点研究基地	独立研究所	语言学	社会工作	单位自办
中央文献翻译研究基地	2011-11-21	学校自建	校级社科重点研究基地	与校外合办所	语言学	社会工作	与国内独立研究机构合办
天津商业大学							
管理创新与评价研究中心	2004-05-11	学校主管部门批准	省级社科重点研究基地	跨系研究室	管理学	专业技术服务业	政府部门办
天津财经大学							
滨海新区发展战略研究中心	2005-12-01	学校自建	校级社科重点研究基地	独立研究所	经济学	社会工作	其他
创新与创业研究中心	2010-03-10	学校自建	校级社科重点实验室	独立研究所	管理学	教育	单位自办
法律经济分析与政策评价中心	2010-03-01	学校主管部门批准	省级社科重点研究基地	独立研究所	经济学	教育	政府部门办
法学研究中心	2004-12-01	学校自建	校级社科重点实验室	独立研究所	法学	社会工作	单位自办
房地产研究所	1994-02-11	学校自建	校级社科重点研究基地	独立研究所	管理学	教育	单位自办
工商管理研究中心	2006-04-13	学校自建	校级社科重点研究基地	独立研究所	管理学	社会工作	单位自办
公共经济与管理研究中心	2006-04-13	学校自建	校级社科重点研究基地	独立研究所	经济学	教育	单位自办
国际经济贸易研究中心	2004-12-27	学校自建	校级社科重点研究基地	独立研究所	经济学	教育	单位自办
会计与财务研究中心	2006-04-01	学校自建	校级社科重点研究基地	独立研究所	管理学	社会工作	单位自办
金融与保险研究中心	2004-12-01	学校主管部门批准	省级社科重点研究基地	独立研究所	经济学	科技推广和应用服务业	政府部门办
社会问题研究中心	2006-04-13	学校自建	校级社科重点研究基地	独立研究所	社会学	社会工作	单位自办
数学经济研究中心	2004-12-01	学校自建	校级社科重点研究基地	独立研究所	管理学	教育	单位自办
天津现代无形资产研究所	1996-03-02	学校自建	校级社科重点研究基地	独立研究所	管理学	社会工作	单位自办
现代经济学研究中心	2006-04-13	学校自建	校级社科重点研究基地	独立研究所	管理学	社会工作	单位自办
中国经济统计研究中心	2007-03-01	学校自建	校级社科重点研究基地	独立研究所	统计学	社会工作	单位自办
天津体育学院							

续表

学校及机构名称	成立时间	批准部门	组成方式	机构类型	学科分类	服务的国民经济行业	组成类型
国家体育总局竞技运动心理与生理调控重点实验室	2009-10-13	非学校主管部门批准	其他	跨系研究室	体育学	体育	单位自办
体育人文社科研究中心（体育哲学社会科学研究基地）	1993-07-12	学校主管部门批准	其他	跨系所	体育学	体育	单位自办
体育文化研究中心（天津市非物质文化遗产传统体育研究中心）	2010-06-02	学校自建	校级社科重点研究基地	独立研究所	体育学	体育	单位自办
天津市运动生理学与运动医学重点实验室（天津市运动医学研究所）	2009-04-20	学校主管部门批准	其他	跨系研究室	体育学	体育	单位自办
天津体育学院运动与健康科普教育基地	2011-12-09	学校主管部门批准	其他	独立研究所	体育学	体育	单位自办
天津音乐学院							
艺术创作与表演研究中心	2010-10-09	学校主管部门批准	省级社科重点研究基地	独立研究所	艺术学	社会工作	政府部门办
河北省							
河北大学							
传媒与社会发展研究基地	2010-12-10	学校主管部门批准	省级社科重点研究基地	独立研究所	新闻与传播学	教育	政府部门办
华夏文化产业研究院	2006-04-08	学校主管部门批准	部省共建社科重点研究基地	独立研究所	经济学	教育	政府部门办
区域经济研究所	2005-05-05	学校自建	省级社科重点研究基地	独立研究所	经济学	教育	单位自办
社会计算与社会发展研究中心	2012-05-18	学校主管部门批准	省级社科重点研究基地	独立研究所	社会学	教育	单位自办
宋史研究中心	2000-02-01	学校主管部门批准	教育部社科重点研究基地	独立研究所	历史学	中国共产党机关	单位自办
现代汉字研究中心	2007-08-10	学校主管部门批准	部省共建社科重点研究基地	与校外合办所	语言学	中国共产党机关	政府部门办
石家庄经济学院							
经济研究所	1987-01-08	学校自建	校级社科重点实验室	跨系所	经济学	专业技术服务业	单位自办
现代管理研究所	2001-07-06	学校主管部门批准	校级社科重点研究基地	跨系所	管理学	专业技术服务业	单位自办
河北工业大学							
企业信息化与管理创新研究中心	2004-05-01	非学校主管部门批准	校级社科重点研究基地	跨系所	管理学	科技推广和应用服务业	单位自办
河北联合大学							
河北省城乡统筹及一体化发展研究基地	2007-06-14	非学校主管部门批准	省级社科重点研究基地	跨系所	经济学	科技推广和应用服务业	政府部门办

续表

学校及机构名称	成立时间	批准部门	组成方式	机构类型	学科分类	服务的国民经济行业	组成类型
河北科技大学							
高等教育研究所	1987-06-06	学校主管部门批准	其他	独立研究所	教育学	社会工作	单位自办
河北农业大学							
“农村、农业和农民”精品生产基地	2004-05-20	非学校主管部门批准	省级社科重点研究基地	独立研究所	管理学	农业	政府部门办
河北省农业经济发展战略研究基地	2010-12-15	非学校主管部门批准	省级社科重点研究基地	与校外合办所	哲学	科技推广和应用服务业	与国内独立研究机构合办
河北师范大学							
燕赵文化遗产保护与研究	2010-12-30	非学校主管部门批准	其他	独立研究所	历史学	教育	其他
河北民族师范学院							
避暑山庄文化国际推广研究中心	2011-11-30	学校自建	校级社科重点实验室	独立研究室	历史学	文化艺术业	单位自办
承德本土作家研究室	2011-11-30	学校自建	校级社科重点实验室	独立研究室	中国文学	社会工作	单位自办
承德旅游区土地生态研究室	2011-11-23	学校自建	校级社科重点实验室	独立研究室	经济学	生态保护和环境治理业	单位自办
承德文化旅游规划研究所	2012-06-29	学校自建	校级社科重点实验室	独立研究室	经济学	其他服务业	单位自办
旅游产品开发研究室	2011-11-30	学校自建	校级社科重点实验室	独立研究室	艺术学	其他服务业	单位自办
满族音乐舞蹈研究室	2009-07-01	学校自建	校级社科重点实验室	独立研究室	艺术学	文化艺术业	单位自办
纳兰性德研究室	1984-08-01	学校自建	校级社科重点实验室	独立研究室	中国文学	教育	单位自办
少数民族传统体育研究室	2000-05-01	学校自建	校级社科重点实验室	独立研究室	体育学	社会工作	单位自办
唐山师范学院							
城市文化与可持续发展研究基地	2012-12-13	非学校主管部门批准	省级社科重点研究基地	跨系所	管理学	文化艺术业	单位自办
教育科学研究所	1994-06-01	学校自建	其他	独立研究所	教育学	社会工作	单位自办
区域经济研究所	1999-06-01	学校自建	其他	独立研究所	经济学	专业技术服务业	单位自办
史学研究所	2000-11-20	学校自建	其他	跨系研究室	历史学	社会工作	单位自办
文学与文化研究所	2002-06-24	学校自建	其他	跨系所	中国文学	中国共产党机关	单位自办
语言与文献研究所	2006-12-01	学校自建	其他	独立研究室	语言学	中国共产党机关	单位自办
廊坊师范学院							

续表

学校及机构名称	成立时间	批准部门	组成方式	机构类型	学科分类	服务的国民经济行业	组成类型
党建与思想政治教育研究所	2008-03-03	学校自建	其他	跨系所	政治学	社会保障	单位自办
教育科学研究所	2008-03-03	学校自建	其他	跨系所	教育学	社会工作	单位自办
史学与区域史研究所	2011-04-15	学校自建	其他	跨系所	历史学	社会工作	单位自办
文学与文化研究所	2008-03-03	学校自建	其他	跨系所	中国文学	中国共产党机关	单位自办
现代管理研究所	2011-04-15	学校自建	其他	跨系所	管理学	专业技术服务业	单位自办
邯郸学院							
赵文化研究中心	2008-01-31	学校主管部门批准	省级社科重点研究基地	独立研究所	历史学	文化艺术业	单位自办
燕山大学							
邓小平理论研究中心	2001-01-01	学校主管部门批准	其他	独立研究所	马克思主义	国际组织	单位自办
地方政府改革与发展研究基地	2010-11-10	非学校主管部门批准	省级社科重点研究基地	跨系所	管理学	国家机构	与国内高校合办
管理科学与工程研究所	2006-03-09	学校自建	校级社科重点实验室	跨系研究室	管理学	研究和试验发展	单位自办
国际政治与经济研究所	2000-01-01	学校主管部门批准	其他	独立研究所	政治学	国家机构	单位自办
逻辑与认知科学研究所	2002-01-01	学校主管部门批准	其他	独立研究所	逻辑学	教育	单位自办
职业经济研究所	2004-05-06	学校自建	校级社科重点实验室	跨系研究室	经济学	专业技术服务业	单位自办
中国人民武装警察部队学院							
警卫学术中心	1996-04-24	学校主管部门批准	其他	与校外合办研究室	管理学	群众团体、社会团体和其他成员组织	政府部门办
消防软科学中心	2004-09-11	学校主管部门批准	其他	独立研究室	管理学	群众团体、社会团体和其他成员组织	政府部门办
河北体育学院							
高等教育研究中心	2009-12-22	学校自建	其他	跨系所	教育学	社会工作	单位自办
河北民间武术文化研究中心	2006-09-20	学校主管部门批准	其他	跨系所	体育学	社会工作	单位自办
体育教育训练学研究中心	2005-03-16	学校主管部门批准	其他	跨系所	体育学	社会工作	单位自办
体育人文社会学研究中心	2006-05-16	学校主管部门批准	其他	跨系所	体育学	社会工作	单位自办
运动人体科学研究中心	2006-03-13	学校主管部门批准	其他	跨系所	体育学	社会工作	单位自办

续表

学校及机构名称	成立时间	批准部门	组成方式	机构类型	学科分类	服务的国民经济行业	组成类型
河北金融学院							
河北省金融研究基地	2009-03-05	非学校主管部门批准	省级社科重点研究基地	与校外合办研究室	经济学	货币金融服务	政府部门办
河北省科技金融重点实验室	2010-02-06	非学校主管部门批准	省级社科重点实验室	与校外合办研究室	经济学	租赁业	政府部门办
金融研究所	2004-04-20	学校主管部门批准	其他	独立研究所	经济学	租赁业	单位自办
河北经贸大学							
经济研究所	1995-10-10	学校主管部门批准	其他	独立研究所	经济学	科技推广和应用服务业	单位自办
山西省							
山西大学							
地方高等教育研究中心	2009-06-17	学校主管部门批准	省级社科重点研究基地	与校外合办所	教育学	社会工作	与国内高校合办
方言与口传文化典藏研究中心	2007-03-23	学校主管部门批准	省级社科重点研究基地	独立研究所	语言学	中国共产党机关	与国内高校合办
管理与决策研究中心	2004-11-02	学校主管部门批准	省级社科重点研究基地	独立研究室	管理学	教育	与国内高校合办
国学研究中心	2007-11-28	学校主管部门批准	省级社科重点研究基地	独立研究所	中国文学	社会工作	政府部门办
晋商学研究所	2007-03-23	学校自建	校级社科重点研究基地	跨系所	经济学	教育	单位自办
科学技术哲学研究中心	2000-09-28	学校主管部门批准	教育部社科重点研究基地	独立研究所	哲学	教育	政府部门办
旅游研究中心	2004-11-02	学校主管部门批准	省级社科重点研究基地	独立研究所	管理学	教育	政府部门办
马克思主义哲学研究所	2007-03-20	学校自建	校级社科重点研究基地	独立研究所	哲学	教育	单位自办
马克思主义中国化研究中心	2007-11-28	学校主管部门批准	省级社科重点研究基地	独立研究所	政治学	社会保障	政府部门办
区域社会史研究中心	2004-11-02	学校主管部门批准	省级社科重点研究基地	独立研究室	历史学	教育	政府部门办
体育科学研究所	2007-03-23	学校自建	校级社科重点研究基地	独立研究室	体育学	国家机构	单位自办
太原理工大学							
煤炭产业科学发展研究中心	2011-12-29	学校主管部门批准	省级社科重点研究基地	独立研究所	管理学	社会工作	单位自办
人文素质研究与教育中心	2003-12-01	学校自建	校级社科重点研究基地	独立研究所	艺术学	社会工作	单位自办
山西农业大学							
新农村建设研究中心	2011-06-08	学校主管部门批准	省级社科重点研究基地	独立研究所	管理学	科技推广和应用服务业	单位自办
山西师范大学							

续表

学校及机构名称	成立时间	批准部门	组成方式	机构类型	学科分类	服务的国民经济行业	组成类型
产业转型与升级研究中心	2011-06-17	学校主管部门批准	省级社科重点研究基地	跨系所	经济学	教育	单位自办
教师教育研究中心	2009-06-17	学校主管部门批准	省级社科重点研究基地	跨系所	教育学	教育	单位自办
教育科学研究院	1996-10-05	学校自建	校级社科重点研究基地	跨系所	教育学	社会工作	单位自办
晋学研究中心	2003-09-15	学校自建	校级社科重点研究基地	独立研究所	历史学	科技推广和应用服务业	单位自办
马克思主义理论与思想政治教育研究所	2001-11-01	学校自建	校级社科重点研究基地	独立研究所	马克思主义	群众团体、社会团体和其他成员组织	单位自办
社会学研究所	2001-01-01	学校自建	校级社科重点研究基地	独立研究所	社会学	群众团体、社会团体和其他成员组织	单位自办
戏曲文物研究中心	1984-05-18	学校主管部门批准	省级社科重点研究基地	独立研究所	艺术学	中国共产党机关	单位自办
亚洲区域发展研究中心	2012-05-14	学校主管部门批准	省级社科重点研究基地	跨系所	历史学	教育	单位自办
中国书画文化研究所	2002-05-09	学校自建	校级社科重点研究基地	跨系所	艺术学	中国共产党机关	单位自办
太原师范学院							
汾河流域科学发展研究中心	2010-05-20	学校主管部门批准	省级社科重点研究基地	独立研究所	管理学	社会工作	单位自办
区域文学研究中心	2012-12-03	学校主管部门批准	省级社科重点研究基地	独立研究所	中国文学	教育	单位自办
晋中学院							
晋中文化生态研究中心	2012-12-03	学校主管部门批准	省级社科重点研究基地	独立研究所	民族学	文化艺术业	政府部门办
长治学院							
太行山生态与旅游研究中心	2011-12-20	学校主管部门批准	省级社科重点研究基地	独立研究所	历史学	中国共产党机关	单位自办
运城学院							
河东文化研究中心	2007-11-20	学校主管部门批准	省级社科重点研究基地	跨系研究室	中国文学	中国共产党机关	单位自办
忻州师范学院							
方言文化研究所	2003-03-08	学校自建	校级社科重点研究基地	独立研究所	语言学	中国共产党机关	单位自办
五台山文化研究所	2001-09-08	学校自建	校级社科重点研究基地	独立研究所	宗教学	科技推广和应用服务业	单位自办
元好问研究所	2000-12-03	学校自建	校级社科重点研究基地	独立研究所	中国文学	中国共产党机关	单位自办
山西财经大学							

续表

学校及机构名称	成立时间	批准部门	组成方式	机构类型	学科分类	服务的国民经济行业	组成类型
晋商研究院	2005-12-01	学校主管部门批准	省级社科重点研究基地	独立研究所	经济学	科技推广和应用服务业	单位自办
旅游经济研究中心	2005-12-01	学校主管部门批准	省级社科重点研究基地	独立研究所	经济学	教育	政府部门办
内蒙古自治区							
内蒙古大学							
马克思主义中国化与民族发展研究中心	2007-12-01	学校主管部门批准	省级社科重点研究基地	跨系所	马克思主义	教育	其他
蒙古学学院蒙古史研究所	1972-10-10	学校主管部门批准	其他	独立研究所	民族学	教育	其他
蒙古学学院内蒙古近现代史研究所	1982-10-20	学校主管部门批准	其他	独立研究所	历史学	教育	其他
蒙古学学院周边国家研究所	1997-12-20	学校主管部门批准	其他	独立研究所	政治学	教育	其他
蒙古学研究中心	2000-12-26	学校主管部门批准	教育部社科重点研究基地	独立研究所	民族学	教育	其他
蒙古学院蒙古文化研究所	1997-12-12	学校主管部门批准	其他	独立研究所	民族学	教育	其他
蒙古学院蒙古语文研究所	1962-10-20	学校主管部门批准	其他	独立研究所	语言学	教育	其他
民族自治地方法制建设与社会发展研究基地	2009-06-02	学校主管部门批准	省级社科重点研究基地	跨系所	图书、文献与情报学	教育	其他
内蒙古地区经济可持续发展研究基地	2011-03-02	学校主管部门批准	省级社科重点研究基地	跨系所	经济学	教育	其他
内蒙古地区社会历史文化研究中心	2007-12-01	学校主管部门批准	省级社科重点研究基地	跨系所	历史学	教育	其他
内蒙古工业大学							
管理现代化研究中心	2007-11-22	学校主管部门批准	省级社科重点研究基地	独立研究所	管理学	社会工作	单位自办
内蒙古农业大学							
林业经济研究中心	2007-03-15	学校自建	其他	独立研究所	经济学	林业	单位自办
贸易与经济发展研究所	2006-03-09	学校自建	其他	独立研究所	经济学	专业技术服务业	单位自办
蒙古族工艺美术研究中心	2008-06-09	学校主管部门批准	省级社科重点研究基地	独立研究所	艺术学	科技推广和应用服务业	单位自办
内蒙古农村牧区发展研究所	2007-11-22	学校主管部门批准	省级社科重点研究基地	独立研究所	经济学	农、林、牧、渔服务业	单位自办
畜牧业经济研究中心	2008-07-01	非学校主管部门批准	省级社科重点研究基地	独立研究所	经济学	畜牧业	单位自办
农业信息研究中心	2007-03-15	学校自建	其他	独立研究所	经济学	农业	单位自办
投资研究咨询中心	2001-03-09	学校自建	其他	独立研究所	经济学	畜牧业	单位自办

续表

学校及机构名称	成立时间	批准部门	组成方式	机构类型	学科分类	服务的国民经济行业	组成类型
内蒙古师范大学							
民族学重点研究基地	2007-11-22	学校主管部门批准	省级社科重点研究基地	跨系所	民族学	教育	单位自办
内蒙古民俗文化研究基地	2008-12-05	非学校主管部门批准	省级社科重点研究基地	跨系所	社会学	教育	单位自办
内蒙古自治区高校思想政治教育理论与实践研究基地	2009-05-12	学校主管部门批准	省级社科重点研究基地	独立研究所	马克思主义	教育	单位自办
心理教育研究中心	2001-11-22	学校主管部门批准	省级社科重点研究基地	跨系研究室	心理学	教育	单位自办
中国边疆史地研究中心	2009-08-01	学校主管部门批准	省级社科重点研究基地	跨系所	历史学	教育	单位自办
赤峰学院							
北方民族文化研究所	2005-12-06	学校自建	其他	独立研究所	历史学	社会工作	单位自办
比较文学研究中心	2008-10-21	学校自建	校级社科重点研究基地	跨系研究室	中国文学	社会工作	单位自办
赤峰市经济与信息文化发展研究中心	2011-12-01	学校主管部门批准	校级社科重点研究基地	与校外合办研究室	经济学	教育	其他
红山文化暨契丹辽文化基地	2008-12-05	非学校主管部门批准	省级社科重点研究基地	独立研究所	历史学	社会工作	政府部门办
伦理学研究所	2008-07-08	学校自建	校级社科重点研究基地	独立研究室	哲学	社会工作	单位自办
内蒙古财经大学							
内蒙古产业发展研究基地	2010-04-28	非学校主管部门批准	省级社科重点研究基地	独立研究所	经济学	其他制造业	政府部门办
内蒙古社情民意调研中心	2009-07-09	非学校主管部门批准	省级社科重点研究基地	独立研究所	社会学	社会工作	政府部门办
内蒙古中小企业发展研究基地	2009-09-16	学校主管部门批准	省级社科重点研究基地	独立研究所	管理学	汽车制造业	政府部门办
辽宁省							
辽宁大学							
经济法制研究中心	2004-06-10	学校主管部门批准	省级社科重点研究基地	独立研究所	法学	教育	单位自办
人口研究所	1983-12-01	学校主管部门批准	校级社科重点研究基地	独立研究所	社会学	广播、电视、电影和影视录音制作业	单位自办
日本研究所	1964-01-01	非学校主管部门批准	校级社科重点研究基地	独立研究所	经济学	社会工作	其他
现代公司治理与成长研究中心	2004-06-10	学校主管部门批准	省级社科重点研究基地	独立研究所	管理学	教育	单位自办
哲学基础理论研究中心	2000-04-10	学校主管部门批准	省级社科重点研究基地	独立研究所	哲学	教育	单位自办

续表

学校及机构名称	成立时间	批准部门	组成方式	机构类型	学科分类	服务的国民经济行业	组成类型
中国文艺思想史研究中心	2004-06-10	学校主管部门批准	省级社科重点研究基地	独立研究所	中国文学	教育	单位自办
转型国家经济政治研究中心	2010-12-01	学校主管部门批准	教育部社科重点研究基地	独立研究所	经济学	社会工作	其他
大连理工大学							
财务管理研究所	2002-04-02	学校自建	其他	独立研究所	管理学	专业技术服务业	单位自办
德国技术哲学中心	2003-12-18	学校自建	其他	跨系所	管理学	中国共产党机关	单位自办
金融风险与系统评价管理研究中心	2006-12-20	学校自建	其他	独立研究室	管理学	群众团体、社会团体和其他成员组织	单位自办
科技伦理与科技管理研究中心	2007-03-09	学校主管部门批准	其他	跨系所	管理学	社会工作	单位自办
欧盟研究中心	2002-12-18	学校自建	其他	跨系所	管理学	教育	与国内独立研究机构合办
中国特色社会主义研究中心	2005-12-16	学校主管部门批准	省级社科重点研究基地	独立研究所	马克思主义	社会工作	单位自办
沈阳工业大学							
微观管理理论与应用研究中心	2005-05-03	学校主管部门批准	省级社科重点研究基地	独立研究所	管理学	科技推广和应用服务业	政府部门办
沈阳航空航天大学							
辽宁省产业经济研究所	2005-01-07	非学校主管部门批准	其他	与校外合办所	管理学	科技推广和应用服务业	政府部门办
东北大学							
985 工程—经济管理创新研究哲学社会科学创新基地	2009-03-12	学校主管部门批准	教育部 985 社科创新基地	跨系所	经济学	货币金融服务	单位自办
985 工程—科技与社会(STS)哲学社会科学创新研究基地	2010-04-13	学校主管部门批准	教育部 985 社科创新基地	独立研究所	哲学	社会工作	单位自办
国家科技政策东北研究中心	2004-06-01	非学校主管部门批准	其他	跨系研究室	管理学	群众团体、社会团体和其他成员组织	单位自办
科技与社会研究中心	1993-06-01	非学校主管部门批准	省级社科重点研究基地	独立研究所	哲学	群众团体、社会团体和其他成员组织	单位自办
科技政策研究战略培育基地	2010-07-19	非学校主管部门批准	其他	独立研究所	管理学	公共设施管理业	单位自办
先进管理研究中心	2005-04-06	非学校主管部门批准	省级社科重点研究基地	跨系研究室	管理学	生态保护和环境治理业	单位自办

续表

学校及机构名称	成立时间	批准部门	组成方式	机构类型	学科分类	服务的国民经济行业	组成类型
校府合作研究基地	2011-02-03	非学校主管部门批准	其他	独立研究所	管理学	教育	单位自办
大连海事大学							
大学英语研究基地	2010-01-20	非学校主管部门批准	省级社科重点研究基地	独立研究所	语言学	社会工作	单位自办
国际海事法律研究中心	2007-10-02	非学校主管部门批准	省级社科重点研究基地	独立研究室	法学	水利管理业	单位自办
辽宁沿海开放与经济发展研究基地	2009-12-04	非学校主管部门批准	省级社科重点研究基地	独立研究室	经济学	专业技术服务业	单位自办
马克思主义中国化研究中心	2009-04-07	非学校主管部门批准	省级社科重点研究基地	独立研究所	马克思主义	社会工作	单位自办
大连工业大学							
创意产业与设计创新研究所	2008-12-01	学校自建	校级社科重点研究基地	独立研究所	艺术学	中国共产党机关	单位自办
大连工业大学创新创业研究中心	2009-06-26	非学校主管部门批准	其他	独立研究所	管理学	社会工作	政府部门办
建筑空间环境艺术研究所	2008-12-01	学校自建	校级社科重点研究基地	独立研究所	艺术学	中国共产党机关	单位自办
日韩企业经营研究所	2008-12-01	学校自建	校级社科重点实验室	独立研究所	管理学	社会工作	单位自办
外语教学与研究研究所	2008-12-01	学校自建	校级社科重点研究基地	独立研究所	语言学	社会工作	单位自办
沈阳农业大学							
高等教育研究所	2005-01-01	学校主管部门批准	其他	独立研究所	教育学	社会工作	单位自办
农村经济研究所	1993-01-01	学校主管部门批准	其他	独立研究所	管理学	社会工作	单位自办
新农村发展研究院	2012-07-12	学校主管部门批准	其他	独立研究所	经济学	农业	单位自办
大连海洋大学							
大连海洋经济与文化研究中心	2010-06-01	非学校主管部门批准	其他	跨系所	经济学	渔业	单位自办
辽宁医学院							
医学教育研究所	1991-09-01	学校主管部门批准	校级社科重点研究基地	独立研究所	教育学	社会工作	单位自办
辽宁师范大学							
海洋经济与可持续发展研究中心	2002-09-03	非学校主管部门批准	教育部社科重点研究基地	独立研究所	经济学	教育	政府部门办
基础教育课程评价研究基地	2008-06-12	非学校主管部门批准	其他	独立研究所	教育学	社会工作	政府部门办
教育部国家基础课程研究辽宁师范大学中心	2001-10-08	学校主管部门批准	其他	跨系所	教育学	社会工作	政府部门办

续表

学校及机构名称	成立时间	批准部门	组成方式	机构类型	学科分类	服务的国民经济行业	组成类型
辽海历史与旅游文化研究中心	2009-01-01	非学校主管部门批准	校级社科重点研究基地	独立研究所	历史学	社会工作	政府部门办
辽宁沿海经济带发展研究基地	2009-06-11	非学校主管部门批准	其他	独立研究所	经济学	社会工作	政府部门办
马克思主义理论与思想政治教育研究基地	2005-07-15	学校主管部门批准	校级社科重点研究基地	跨系所	马克思主义	社会工作	政府部门办
特殊需要儿童发展与教育研究基地	2008-06-26	非学校主管部门批准	其他	独立研究所	心理学	社会工作	政府部门办
体育社会科学研究基地	2009-06-01	学校主管部门批准	校级社科重点研究基地	与校外合办研究室	体育学	国家机构	政府部门办
体育文化研究基地	2008-09-10	学校主管部门批准	其他	独立研究所	体育学	国家机构	政府部门办
心理发展与教育研究中心	2005-07-15	学校主管部门批准	省级社科重点研究基地	跨系研究室	心理学	社会工作	政府部门办
学校道德教育研究中心	1984-01-12	非学校主管部门批准	省级社科重点研究基地	独立研究所	教育学	社会工作	其他
沈阳师范大学							
国家体育社会科学重点研究基地	2003-04-01	非学校主管部门批准	其他	独立研究所	体育学	社会工作	单位自办
国家体育总局体育文化发展中心体育文化研究基地	2008-10-24	非学校主管部门批准	省级社科重点研究基地	独立研究所	体育学	中国共产党机关	单位自办
辽宁省妇女理论研究基地	2006-05-21	非学校主管部门批准	省级社科重点研究基地	独立研究所	心理学	文化艺术业	单位自办
辽宁省基础教育信息化研究基地	2008-12-15	非学校主管部门批准	省级社科重点研究基地	独立研究所	教育学	社会工作	单位自办
学前教育理论与实践研究基地	2009-11-16	非学校主管部门批准	省级社科重点研究基地	独立研究所	教育学	社会工作	单位自办
职业教育专业建设与人才培养模式研究基地	2009-11-16	非学校主管部门批准	省级社科重点研究基地	独立研究所	教育学	社会工作	单位自办
渤海大学							
课程理论与教学实践研究基地	2009-03-01	学校主管部门批准	其他	独立研究所	教育学	社会工作	单位自办
古生物化石实验室	2011-03-09	非学校主管部门批准	其他	独立研究所	考古学	教育	单位自办
古生物中心	2011-03-09	非学校主管部门批准	其他	独立研究所	历史学	教育	单位自办
辽宁省大学生心理健康教育研究基地	2010-12-25	非学校主管部门批准	其他	独立研究所	心理学	教育	单位自办
辽宁省农村教育区域统筹与均衡发展研究基地	2012-06-07	非学校主管部门批准	其他	独立研究所	教育学	教育	单位自办
应用语言学研究基地	2004-08-30	学校自建	其他	独立研究所	语言学	科技推广和应用服务业	单位自办

续表

学校及机构名称	成立时间	批准部门	组成方式	机构类型	学科分类	服务的国民经济行业	组成类型
职业社会能力培养研究与实践基地	2011-11-17	非学校主管部门批准	其他	独立研究所	教育学	教育	其他
大连外国语学院							
德语语言文化研究所	1997-01-29	学校主管部门批准	其他	独立研究所	语言学	教育	单位自办
俄罗斯文化研究所	1987-01-24	学校自建	其他	独立研究所	语言学	社会工作	单位自办
韩国学研究所	1997-01-29	学校自建	其他	独立研究所	外国文学	社会工作	单位自办
汉学研究所	1997-01-29	学校自建	其他	独立研究所	中国文学	社会工作	单位自办
加拿大研究所	1997-01-29	学校自建	其他	独立研究所	外国文学	社会工作	单位自办
日本诗歌研究所	1997-01-29	学校自建	其他	独立研究所	外国文学	社会工作	单位自办
日本语教育研究所	1997-01-29	学校自建	其他	独立研究所	语言学	社会工作	单位自办
英语翻译研究所	1997-01-29	学校自建	其他	独立研究所	语言学	社会工作	单位自办
英语教育研究所	1997-01-29	学校自建	其他	独立研究所	语言学	社会工作	单位自办
英语文学研究所	1997-01-29	学校自建	其他	独立研究所	外国文学	社会工作	单位自办
中日比较语言文化研究所	1997-05-01	学校自建	其他	独立研究所	语言学	社会工作	单位自办
东北财经大学							
产业组织与企业组织研究中心	1993-05-05	学校主管部门批准	教育部社科重点研究基地	独立研究所	经济学	国家机构	单位自办
地方财政研究中心	2005-06-01	学校主管部门批准	省级社科重点研究基地	独立研究所	经济学	国家机构	单位自办
公共政策研究中心	1978-10-20	学校主管部门批准	省级社科重点研究基地	独立研究所	经济学	国家机构	单位自办
国民核算研究中心	2003-06-01	学校主管部门批准	省级社科重点研究基地	独立研究所	统计学	国家机构	单位自办
经济计量分析与预测研究中心	2007-04-17	学校主管部门批准	省级社科重点研究基地	独立研究所	经济学	国家机构	单位自办
劳动就业与人力资本开发研究中心	2009-04-07	学校主管部门批准	省级社科重点研究基地	独立研究所	经济学	国家机构	单位自办
区域经济一体化与上海合作组织研究中心	2005-06-01	学校主管部门批准	省级社科重点研究基地	独立研究所	经济学	国家机构	单位自办
应用金融研究中心	2005-05-08	学校主管部门批准	省级社科重点研究基地	独立研究所	经济学	货币金融服务	单位自办
中国内部控制研究中心	2002-10-09	学校主管部门批准	省级社科重点研究基地	与校外合办所	管理学	专业技术服务业	与国内独立研究机构合办

续表

学校及机构名称	成立时间	批准部门	组成方式	机构类型	学科分类	服务的国民经济行业	组成类型
沈阳体育学院							
冬季项目技术诊断与机能评定实验室	2006-03-30	学校主管部门批准	省级社科重点实验室	跨系所	体育学	体育	单位自办
沈阳体育学院体育教育科学研究中心	2009-11-16	学校主管部门批准	省级社科重点研究基地	跨系所	体育学	体育	单位自办
沈阳体育学院体育社会科学研究中心	2005-09-10	学校主管部门批准	省级社科重点研究基地	跨系研究室	体育学	体育	单位自办
沈阳音乐学院							
东北亚音乐舞蹈文化研究中心	2005-01-04	学校主管部门批准	省级社科重点研究基地	独立研究所	艺术学	社会工作	政府部门办
辽宁对外经贸学院							
国际商品交易分析与模拟重点实验室	2010-11-09	学校自建	其他	独立研究所	经济学	商务服务业	政府部门办
辽宁对外经贸学院高等教育研究室	2005-11-04	学校自建	其他	独立研究所	教育学	教育	单位自办
辽宁对外经贸学院国际经济与贸易研究所	2008-06-01	学校自建	其他	跨系所	经济学	商务服务业	单位自办
辽宁对外经贸学院社会福利研究所	2010-11-09	学校自建	其他	独立研究所	社会学	社会保障	单位自办
大连大学							
电子商务物流研究中心	2006-09-01	学校主管部门批准	其他	独立研究所	管理学	研究和试验发展	单位自办
东北史研究中心	2001-09-01	学校主管部门批准	校级社科重点研究基地	独立研究室	历史学	教育	单位自办
高教研究所	2005-09-01	学校主管部门批准	校级社科重点研究基地	独立研究所	教育学	教育	单位自办
体育研究所	1999-09-01	学校主管部门批准	其他	跨系研究室	体育学	体育	单位自办
语言文学研究所	2006-09-01	学校主管部门批准	其他	跨系研究室	语言学	社会工作	单位自办
中国古代社会与思想文化研究中心	2005-05-01	学校主管部门批准	省级社科重点研究基地	跨系所	历史学	社会工作	单位自办
沈阳工程学院							
辽宁省社会管理创新研究基地	2012-08-13	非学校主管部门批准	其他	与校外合办所	政治学	中国共产党机关	政府部门办
大连民族学院							
东北少数民族研究院	2003-01-01	学校自建	其他	独立研究所	民族学	社会工作	单位自办
国际语言文化研究中心	2002-06-01	学校自建	其他	独立研究所	语言学	社会工作	单位自办
民族地区可持续发展研究中心	2004-04-01	学校自建	其他	独立研究所	经济学	社会工作	单位自办

续表

学校及机构名称	成立时间	批准部门	组成方式	机构类型	学科分类	服务的国民经济行业	组成类型
沈阳职业技术学院							
高职教育研究所	2005-01-06	学校自建	校级社科重点研究基地	独立研究所	教育学	社会工作	单位自办
吉林省							
吉林大学							
边疆考古研究中心	2000-09-25	学校主管部门批准	教育部社科重点研究基地	独立研究所	考古学	教育	政府部门办
创新管理研究中心	2000-10-10	学校自建	校级社科重点研究基地	独立研究所	管理学	教育	单位自办
东北文化与社会发展研究中心	1988-01-01	学校自建	其他	独立研究所	中国文学	教育	单位自办
东北亚研究院	1994-04-01	学校自建	其他	独立研究所	管理学	教育	单位自办
东北亚研究中心	1999-12-15	学校主管部门批准	教育部社科重点研究基地	独立研究所	国际问题研究	教育	政府部门办
高等教育研究所	1992-10-29	学校自建	其他	独立研究所	教育学	教育	单位自办
古籍研究所	1983-03-20	学校自建	其他	独立研究所	历史学	教育	单位自办
国际关系研究所	2001-10-10	学校自建	其他	独立研究所	历史学	教育	单位自办
理论法学研究中心	1999-10-23	学校主管部门批准	教育部社科重点研究基地	独立研究所	法学	教育	政府部门办
社会公正与政府治理研究中心	1999-10-23	学校主管部门批准	校级社科重点研究基地	独立研究所	政治学	教育	单位自办
数量经济研究中心	2000-09-25	学校主管部门批准	教育部社科重点研究基地	独立研究所	经济学	教育	政府部门办
哲学基础理论研究中心	2004-11-26	学校主管部门批准	教育部社科重点研究基地	独立研究所	哲学	教育	政府部门办
中国国有经济研究中心	2000-12-26	学校主管部门批准	教育部社科重点研究基地	独立研究所	经济学	教育	政府部门办
中国特色社会主义理论体系研究中心	2000-08-01	学校自建	其他	独立研究所	马克思主义	教育	单位自办
长春理工大学							
高等教育研究所	1994-02-03	学校主管部门批准	其他	独立研究所	教育学	社会工作	单位自办
吉林省企业经济研究中心	2011-07-21	学校主管部门批准	省级社科重点研究基地	独立研究所	经济学	群众团体、社会团体和其他成员组织	政府部门办
马克思主义理论研究中心	2006-12-01	学校自建	其他	独立研究所	马克思主义	社会工作	单位自办
知识产权研究中心	2010-10-08	非学校主管部门批准	其他	独立研究所	法学	群众团体、社会团体和其他成员组织	政府部门办

续表

学校及机构名称	成立时间	批准部门	组成方式	机构类型	学科分类	服务的国民经济行业	组成类型
长春工业大学							
吉林产业发展与企业环境研究中心	2008-01-01	学校主管部门批准	省级社科重点研究基地	独立研究所	管理学	科技推广和应用服务业	政府部门办
吉林省人才测评研究中心	2011-01-01	学校主管部门批准	省级社科重点研究基地	独立研究所	管理学	国家机构	政府部门办
民生问题研究基地	2008-04-01	学校主管部门批准	省级社科重点研究基地	与校外合办所	社会学	社会保障	其他
吉林建筑工程学院							
吉林建筑文化研究基地	2010-03-10	学校主管部门批准	省级社科重点研究基地	独立研究所	艺术学	房屋建筑业	单位自办
中国东北建筑文化研究中心	2007-06-11	学校主管部门批准	省级社科重点研究基地	独立研究所	管理学	建筑装饰和其他建筑业	单位自办
吉林农业大学							
东北亚农业与农村发展研究中心	2004-08-16	非学校主管部门批准	其他	独立研究所	经济学	农业	单位自办
家政研究所	1997-03-04	学校自建	其他	独立研究所	社会学	农业	单位自办
粮食经济研究所	1985-04-08	学校自建	其他	独立研究所	经济学	农业	单位自办
农村发展研究中心	1990-05-24	非学校主管部门批准	其他	独立研究所	经济学	农业	单位自办
中国粮食主产区农村经济研究中心	2006-09-21	学校主管部门批准	省级社科重点研究基地	跨系研究室	管理学	农业	单位自办
东北师范大学							
比较文学研究中心	1992-01-01	学校自建	其他	独立研究所	外国文学	文化艺术业	单位自办
当代中国马克思主义研究中心	1994-06-01	学校自建	其他	独立研究所	马克思主义	中国共产党机关	单位自办
东北工作站	1999-01-01	学校自建	其他	与校外合办所	历史学	社会工作	其他
儿童发展研究中心	2004-11-01	学校自建	其他	跨系所	心理学	教育	单位自办
古籍整理研究所	1982-05-01	学校主管部门批准	其他	独立研究所	中国文学	社会工作	政府部门办
国际与比较教育研究所	1964-01-01	学校主管部门批准	其他	独立研究所	教育学	教育	政府部门办
国家基础教育实验中心	1995-01-01	学校主管部门批准	其他	独立研究所	教育学	教育	政府部门办
教育部高校辅导员培训和研修基地	2007-01-01	学校主管部门批准	其他	与校外合办所	马克思主义	教育	政府部门办
美国史研究所	1979-01-01	学校自建	其他	独立研究室	历史学	文化艺术业	单位自办
明清史研究所	1985-05-01	学校自建	其他	独立研究室	历史学	文化艺术业	单位自办
农村教育研究所	1999-08-10	学校主管部门批准	教育部社科重点研究基地	独立研究所	教育学	教育	政府部门办

续表

学校及机构名称	成立时间	批准部门	组成方式	机构类型	学科分类	服务的国民经济行业	组成类型
女性研究中心	2000-01-01	学校主管部门批准	其他	独立研究所	社会学	社会工作	政府部门办
全国中小学教师继续教育东北师范大学研究中心	1999-09-10	学校主管部门批准	其他	独立研究所	教育学	教育	政府部门办
日本研究所	1964-05-10	学校自建	其他	独立研究所	社会学	社会工作	单位自办
社会学研究所	2000-01-01	学校自建	其他	独立研究所	社会学	社会保障	单位自办
世界古典文明史研究所	1984-01-01	学校主管部门批准	其他	独立研究所	历史学	文化艺术业	政府部门办
世界文明史研究中心	1999-08-11	学校主管部门批准	教育部社科重点研究基地	独立研究所	历史学	文化艺术业	政府部门办
世界中古史研究所	1997-10-01	学校主管部门批准	其他	独立研究所	历史学	文化艺术业	政府部门办
亚洲文明研究院	2005-10-01	学校自建	其他	跨系所	历史学	文化艺术业	单位自办
中国东北研究院	2002-02-19	学校自建	其他	跨系所	历史学	文化艺术业	单位自办
北华大学							
东亚历史与文献研究中心	2006-10-01	学校主管部门批准	省级社科重点研究基地	独立研究所	历史学	教育	单位自办
吉林省长吉图旅游产业发展研究中心	2010-03-01	学校主管部门批准	省级社科重点研究基地	独立研究所	经济学	教育	单位自办
吉林省特色文化(长吉图旅游文化)研究基地	2010-09-01	学校主管部门批准	省级社科重点研究基地	独立研究所	经济学	教育	单位自办
吉林特色文化研究基地—吉林市文化研究中心	2010-04-01	学校主管部门批准	省级社科重点研究基地	独立研究所	经济学	教育	单位自办
通化师范学院							
长白山文化研究院	2004-03-08	学校主管部门批准	校级社科重点研究基地	跨系所	社会学	中国共产党机关	单位自办
高等教育研究所	1999-10-01	学校自建	其他	跨系所	教育学	社会工作	单位自办
高句丽文化研究基地	2007-10-18	学校主管部门批准	校级社科重点研究基地	跨系所	历史学	科技推广和应用服务业	单位自办
高句丽与东北民族研究中心	2007-01-17	学校主管部门批准	省级社科重点研究基地	跨系所	历史学	社会工作	单位自办
心理健康教育中心	2004-11-30	学校自建	其他	跨系所	艺术学	社会工作	单位自办
中国满族民间美术研究中心	2004-11-30	非学校主管部门批准	其他	跨系所	艺术学	中国共产党机关	单位自办
吉林师范大学							

续表

学校及机构名称	成立时间	批准部门	组成方式	机构类型	学科分类	服务的国民经济行业	组成类型
东北文化研究中心	2006-12-01	学校主管部门批准	省级社科重点研究基地	独立研究所	中国文学	中国共产党机关	政府部门办
吉林省东北谱牒文化研究基地	2008-09-01	学校主管部门批准	其他	跨系所	历史学	中国共产党机关	政府部门办
吉林省高校德育研究中心	2012-07-10	学校主管部门批准	其他	独立研究所	教育学	教育	政府部门办
吉林省马克思主义中国化研究中心	2009-04-11	学校主管部门批准	省级社科重点研究基地	与校外合办所	马克思主义	社会工作	政府部门办
吉林省满族文化研究基地	2000-06-06	学校主管部门批准	其他	独立研究所	历史学	中国共产党机关	政府部门办
吉林省语言文字应用研究中心	2011-06-16	学校主管部门批准	省级社科重点研究基地	独立研究所	语言学	社会工作	单位自办
吉林工程技术师范学院							
服装设计与加工技术吉林省高等学校重点建设工程研究中心	2007-10-25	学校主管部门批准	校级社科重点研究基地	独立研究室	艺术学	水利管理业	政府部门办
吉林省高校人文社科重点研究基地	2006-12-06	学校主管部门批准	校级社科重点研究基地	独立研究所	社会学	科技推广和应用服务业	政府部门办
长春师范学院							
东北民族与疆域研究中心	1989-01-21	学校主管部门批准	其他	跨系所	历史学	文化艺术业	政府部门办
满族文化研究所	2008-12-12	学校自建	校级社科重点研究基地	独立研究所	历史学	教育	单位自办
女性发展研究所	2009-03-29	学校自建	校级社科重点研究基地	跨系所	社会学	国家机构	单位自办
萨满文化与东北民族研究中心	2006-11-20	学校主管部门批准	其他	独立研究所	历史学	教育	政府部门办
武术搏技研究训练中心	2009-03-29	学校自建	校级社科重点研究基地	跨系所	体育学	体育	单位自办
昭明文选研究所	1987-01-07	学校自建	校级社科重点研究基地	独立研究所	中国文学	教育	单位自办
白城师范学院							
大学生经济管理实训中心	2012-07-12	学校自建	其他	独立研究所	管理学	教育	单位自办
大学生思想政治理论教育研究中心	2012-07-12	学校自建	其他	独立研究所	马克思主义	中国共产党机关	单位自办
当代思想政治教育与文化研究中心	2012-07-12	学校自建	其他	独立研究所	马克思主义	中国共产党机关	单位自办
吉林省创业教育与草原文化研究中心	2011-06-01	学校主管部门批准	省级社科重点研究基地	独立研究所	教育学	社会工作	政府部门办
吉林省创业文化研究基地	2010-10-01	非学校主管部门批准	其他	跨系所	管理学	社会工作	单位自办
吉林西部草原文化研究基地	2010-10-01	非学校主管部门批准	其他	跨系所	历史学	中国共产党机关	单位自办
吉林西部湿地文化研究中心	2012-07-12	学校自建	其他	跨系所	历史学	文化艺术业	单位自办

续表

学校及机构名称	成立时间	批准部门	组成方式	机构类型	学科分类	服务的国民经济行业	组成类型
农村法治与发展研究中心	2012-07-12	学校自建	其他	独立研究所	法学	社会工作	单位自办
湿地与草原文学研究中心	2004-10-21	学校自建	其他	独立研究所	中国文学	社会工作	单位自办
体育教育研究所	2004-10-14	学校自建	其他	独立研究所	体育学	社会工作	单位自办
英美文学研究所	2012-07-12	学校自建	其他	独立研究所	外国文学	教育	单位自办
吉林财经大学							
吉林经济研究中心	2005-11-06	学校主管部门批准	校级社科重点研究基地	独立研究所	经济学	群众团体、社会团体和其他成员组织	政府部门办
马克思主义经济学研究中心	2006-12-26	学校主管部门批准	其他	跨系所	经济学	科技推广和应用服务业	单位自办
吉林艺术学院							
东北民间艺术研究中心	2007-02-02	学校自建	校级社科重点研究基地	独立研究所	艺术学	中国共产党机关	单位自办
艺术设计研究中心	2007-09-12	学校主管部门批准	省级社科重点研究基地	独立研究所	艺术学	中国共产党机关	其他
吉林华桥外国语学院							
吉林省外语类应用型人才培养研究中心	2011-03-31	学校主管部门批准	其他	跨系所	语言学	社会工作	政府部门办
民办高等教育研究所	2004-02-23	学校自建	其他	独立研究所	教育学	国际组织	单位自办
中西文化研究中心	2003-09-01	学校自建	其他	独立研究所	语言学	国际组织	单位自办
长春工程学院							
吉林省城市发展研究中心	2011-06-16	学校主管部门批准	省级社科重点研究基地	独立研究所	管理学	研究和试验发展	单位自办
长春金融高等专科学校							
吉林省金融文化研究中心	2011-06-01	非学校主管部门批准	省级社科重点研究基地	独立研究室	经济学	其他金融业	单位自办
吉林工业职业技术学院							
高职教育研究所	2005-12-30	学校自建	其他	独立研究室	教育学	社会工作	其他
吉林市社会科学院职业教育研究所	2011-06-29	非学校主管部门批准	其他	与校外合办所	教育学	教育	政府部门办
黑龙江省							
黑龙江大学							
东北亚经济研究中心	2007-03-12	学校主管部门批准	省级社科重点研究基地	跨系所	经济学	社会工作	单位自办

续表

学校及机构名称	成立时间	批准部门	组成方式	机构类型	学科分类	服务的国民经济行业	组成类型
俄罗斯研究院	2009-07-01	学校自建	校级社科重点研究基地	独立研究所	管理学	社会工作	单位自办
俄罗斯语言文学与文化研究中心	2000-11-15	学校主管部门批准	教育部社科重点研究基地	独立研究所	语言学	社会工作	单位自办
法学理论与法治发展研究中心	2007-03-12	学校主管部门批准	省级社科重点研究基地	跨系所	法学	社会工作	单位自办
汉语研究中心	2006-02-28	学校主管部门批准	省级社科重点研究基地	跨系所	语言学	社会工作	单位自办
黑龙江流域文明研究中心	2004-10-15	学校自建	校级社科重点研究基地	跨系所	历史学	社会工作	单位自办
黑龙江旅游产业发展研究中心	2010-10-11	学校主管部门批准	省级社科重点研究基地	跨系所	管理学	社会工作	单位自办
满族语言文化研究中心	2006-02-28	学校主管部门批准	省级社科重点研究基地	独立研究所	语言学	社会工作	单位自办
民商法学研究中心	2006-02-28	学校主管部门批准	省级社科重点研究基地	跨系所	法学	社会工作	单位自办
社会管理研究基地	2011-11-25	学校主管部门批准	省级社科重点研究基地	跨系所	政治学	教育	单位自办
生产力研究中心	2007-03-12	学校主管部门批准	省级社科重点研究基地	跨系所	经济学	社会工作	单位自办
省俄语语言文学研究基地	2004-11-25	学校主管部门批准	省级社科重点研究基地	跨系所	外国文学	社会工作	单位自办
省马克思主义哲学研究基地	2004-11-25	学校主管部门批准	省级社科重点研究基地	跨系所	马克思主义	社会工作	单位自办
文化哲学研究中心	2006-02-28	学校主管部门批准	省级社科重点研究基地	跨系所	哲学	社会工作	单位自办
信息资源管理研究中心	2012-11-01	学校主管部门批准	校级社科重点研究基地	跨系所	管理学	社会工作	单位自办
行政管理研究中心	2007-03-12	学校主管部门批准	省级社科重点研究基地	跨系所	管理学	社会工作	单位自办
中国古代戏曲与宋金文化研究中心	2007-03-12	学校主管部门批准	省级社科重点研究基地	跨系所	中国文学	社会工作	单位自办
中国近现代思想文化研究中心	2010-10-11	学校主管部门批准	省级社科重点研究基地	跨系所	哲学	社会工作	单位自办
哈尔滨理工大学							
高新技术发展与管理研究中心	2005-03-10	学校主管部门批准	其他	独立研究所	管理学	科技推广和应用服务业	与国内高校合办
科学学与科技管理研究所	1996-03-28	学校主管部门批准	其他	独立研究所	管理学	生态保护和环境治理业	单位自办
系统工程研究所	1996-09-01	学校主管部门批准	其他	独立研究所	管理学	专业技术服务业	与国内高校合办
哈尔滨工程大学							
船舶工业经济管理研究所	2006-03-01	学校自建	校级社科重点研究基地	独立研究所	管理学	道路运输业	单位自办
大学德育与青年心理研究中心	2007-06-15	非学校主管部门批准	其他	独立研究所	心理学	社会工作	单位自办
技术管理研究所	2008-11-20	学校自建	校级社科重点研究基地	独立研究所	管理学	专业技术服务业	政府部门办

续表

学校及机构名称	成立时间	批准部门	组成方式	机构类型	学科分类	服务的国民经济行业	组成类型
企业创新研究所	2007-06-15	非学校主管部门批准	省级社科重点研究基地	独立研究所	管理学	租赁业	政府部门办
灾难与危机管理研究所	2010-06-24	非学校主管部门批准	校级社科重点研究基地	独立研究所	管理学	煤炭开采和洗选业	单位自办
黑龙江科技学院							
德育研究所	2003-05-09	学校自建	其他	跨系所	哲学	社会工作	单位自办
高等教育研究所	2005-10-15	学校自建	其他	跨系所	教育学	社会工作	单位自办
国际贸易研究所	2012-09-29	学校自建	其他	跨系所	经济学	研究和试验发展	单位自办
会计与财务管理研究所	2012-09-29	学校自建	其他	跨系所	经济学	研究和试验发展	单位自办
煤炭资源研究中心	2010-05-12	学校主管部门批准	校级社科重点研究基地	跨系所	管理学	煤炭开采和洗选业	单位自办
区域经济与安全经济研究所	2012-09-29	学校自建	其他	跨系所	经济学	研究和试验发展	单位自办
资源经济与安全管理研究所	2012-09-29	学校自建	其他	跨系所	管理学	研究和试验发展	单位自办
东北石油大学							
大庆精神研究中心	2010-10-04	学校主管部门批准	其他	与校外合办研究室	社会学	社会工作	与国内高校合办
石油经济管理研究所	2005-03-15	学校主管部门批准	其他	独立研究所	管理学	专业技术服务业	单位自办
佳木斯大学							
赫哲族研究基地	2012-10-26	学校主管部门批准	校级社科重点研究基地	与校外合办所	民族学	教育	其他
黑龙江八一农垦大学							
经济研究所	1996-02-08	学校自建	其他	独立研究室	经济学	卫生	单位自办
东北农业大学							
东北农业大学农业法律研究与服务中心	2004-03-06	非学校主管部门批准	校级社科重点研究基地	独立研究室	法学	农业	单位自办
黑龙江省高校农业经济研究发展中心	2006-10-30	学校主管部门批准	其他	跨系研究室	经济学	农业	单位自办
黑龙江省农村贫困地区发展研究中心	2004-04-05	学校主管部门批准	其他	独立研究室	管理学	农业	单位自办
农业与农村经济研究基地	2003-02-03	学校主管部门批准	省级社科重点实验室	跨系研究室	经济学	农业	单位自办
哈尔滨师范大学							
边疆经济与文化基地	2003-07-23	非学校主管部门批准	省级社科重点实验室	独立研究所	政治学	社会工作	政府部门办
俄语教育研究中心	2007-03-12	学校主管部门批准	其他	独立研究所	语言学	社会工作	政府部门办

续表

学校及机构名称	成立时间	批准部门	组成方式	机构类型	学科分类	服务的国民经济行业	组成类型
高校思想政治教育研究中心	2006-02-27	学校主管部门批准	省级社科重点研究基地	独立研究所	政治学	社会工作	政府部门办
基础教育课程与教学研究中心	2007-03-12	学校主管部门批准	省级社科重点研究基地	独立研究所	教育学	社会工作	政府部门办
审美文化与龙江文学研究中心	2006-02-27	学校主管部门批准	其他	独立研究所	中国文学	社会工作	政府部门办
中国古代小说与诗歌研究中心	2006-02-27	学校主管部门批准	其他	独立研究所	中国文学	社会工作	政府部门办
齐齐哈尔大学							
黑龙江省西部地域文化传承与发展研究中心	2012-07-01	学校主管部门批准	其他	跨系研究室	民族学	文化艺术业	单位自办
嫩江流域科技与社会(STS)研究中心	2009-07-01	学校主管部门批准	其他	跨系研究室	哲学	社会工作	单位自办
嫩江流域历史文化研究基地	2012-07-01	学校主管部门批准	省级社科重点研究基地	跨系所	历史学	文化艺术业	单位自办
大庆师范学院							
大庆精神研究中心	2010-05-10	学校主管部门批准	其他	与校外合办所	哲学	社会工作	与国内高校合办
法与社会研究所	2005-03-09	学校自建	校级社科重点研究基地	跨系所	法学	社会工作	单位自办
汉语文化研究基地	2008-12-28	学校自建	校级社科重点研究基地	跨系所	中国文学	社会工作	单位自办
教师教育研究所	2008-12-28	学校自建	校级社科重点研究基地	独立研究所	教育学	社会工作	单位自办
经济发展研究所	2003-09-10	学校自建	校级社科重点研究基地	跨系所	经济学	专业技术服务业	单位自办
民商法学研究中心	2008-12-28	学校自建	校级社科重点研究基地	跨系所	法学	社会工作	单位自办
现代营销管理研究中心	2008-12-28	学校自建	校级社科重点研究基地	跨系所	经济学	专业技术服务业	单位自办
学前教育研究所	2008-12-28	学校自建	校级社科重点研究基地	跨系所	教育学	社会工作	单位自办
英语应用语言学研究所	2004-12-01	学校自建	校级社科重点研究基地	跨系所	语言学	社会工作	单位自办
油田文化研究中心	2008-12-28	学校自建	校级社科重点研究基地	跨系所	中国文学	中国共产党机关	单位自办
中国古代文学研究所	2003-09-10	学校自建	校级社科重点研究基地	跨系所	中国文学	社会工作	单位自办
中国近现代史研究中心	2003-09-10	学校自建	校级社科重点研究基地	跨系所	历史学	社会工作	单位自办
哈尔滨商业大学							
法经济学研究中心	2010-02-25	学校主管部门批准	省级社科重点研究基地	独立研究所	法学	社会工作	单位自办
现代商品流通研究中心	2010-02-17	学校主管部门批准	省级社科重点研究基地	独立研究所	管理学	软件和信息技术服务业	单位自办

续表

学校及机构名称	成立时间	批准部门	组成方式	机构类型	学科分类	服务的国民经济行业	组成类型
哈尔滨体育学院							
冰雪运动文化研究中心	2012-03-04	学校主管部门批准	其他	独立研究所	体育学	体育	单位自办
国家体育总局体育人文社会科学重点研究基地	1998-03-01	学校主管部门批准	其他	独立研究所	体育学	国家机构	单位自办
黑龙江工程学院							
黑龙江省漆画创作基地	2007-07-01	非学校主管部门批准	校级社科重点研究基地	与校外合办研究室	艺术学	文化艺术业	与国内独立研究机构合办
环境艺术工作室	2010-10-01	学校自建	校级社科重点研究基地	独立研究室	艺术学	文化艺术业	单位自办
经济管理研究所	2008-07-21	学校自建	校级社科重点研究基地	跨系所	经济学	科技推广和应用服务业	单位自办
人文社会科学实训中心	2007-07-01	学校自建	校级社科重点研究基地	跨系所	法学	科技推广和应用服务业	单位自办
艺术设计创作中心	2010-04-01	学校自建	校级社科重点研究基地	独立研究室	艺术学	文化艺术业	单位自办
语言实验中心	2008-09-05	学校自建	校级社科重点研究基地	跨系所	语言学	科技推广和应用服务业	单位自办
黑河学院							
俄罗斯研究所	2004-04-10	学校自建	校级社科重点研究基地	跨系所	政治学	社会工作	单位自办
黑龙江流域历史与文化研究所	2004-04-10	学校自建	校级社科重点研究基地	跨系所	历史学	中国共产党机关	单位自办
中俄比较教育研究所	2006-11-10	学校自建	校级社科重点研究基地	跨系所	教育学	社会工作	单位自办
中国知青研究所	2011-05-16	学校自建	校级社科重点研究基地	独立研究所	历史学	社会工作	单位自办
上海市							
复旦大学							
出土文献与古文字研究中心	2005-01-20	学校主管部门批准	其他	独立研究所	语言学	科技推广和应用服务业	单位自办
当代国外马克思主义研究中心	1999-12-01	学校主管部门批准	教育部社科重点研究基地	独立研究所	马克思主义	社会工作	单位自办
党的建设理论与实践	2009-10-20	学校主管部门批准	省级社科重点研究基地	跨系所	政治学	科技推广和应用服务业	单位自办
高教研究所	1986-01-01	学校主管部门批准	其他	独立研究所	教育学	社会工作	单位自办
公共管理与公共政策研究国家哲学社会科学创新基地	2004-11-15	学校主管部门批准	教育部 985 社科创新基地	跨系所	社会学	群众团体、社会团体和其他成员组织	单位自办

续表

学校及机构名称	成立时间	批准部门	组成方式	机构类型	学科分类	服务的国民经济行业	组成类型
古籍研究所	1983-04-01	学校主管部门批准	其他	独立研究所	中国文学	社会工作	单位自办
国外马克思主义与国外思潮研究国家哲学社会科学创新基地	2004-11-15	学校主管部门批准	教育部985社科创新基地	跨系所	哲学	社会工作	单位自办
韩国研究中心	1992-10-01	学校主管部门批准	其他	跨系所	政治学	群众团体、社会团体和其他成员组织	单位自办
历史地理研究国家哲学社会科学创新基地	2004-11-15	学校主管部门批准	教育部985社科创新基地	跨系所	历史学	科技推广和应用服务业	单位自办
历史地理研究中心	1999-06-22	学校主管部门批准	教育部社科重点研究基地	独立研究所	历史学	科技推广和应用服务业	单位自办
美国研究国家哲学社会科学创新基地	2004-11-15	学校主管部门批准	教育部985社科创新基地	跨系所	管理学	群众团体、社会团体和其他成员组织	单位自办
美国研究中心	1985-02-01	学校主管部门批准	教育部社科重点研究基地	独立研究所	政治学	群众团体、社会团体和其他成员组织	单位自办
欧洲问题研究中心	1996-03-01	学校主管部门批准	其他	跨系所	经济学	群众团体、社会团体和其他成员组织	单位自办
日本研究中心	1990-07-02	学校主管部门批准	其他	独立研究所	经济学	群众团体、社会团体和其他成员组织	单位自办
上海产业结构调整	2009-10-20	学校主管部门批准	省级社科重点研究基地	跨系所	经济学	科技推广和应用服务业	单位自办
上海物流研究院	2006-05-16	学校主管部门批准	其他	独立研究所	管理学	科技推广和应用服务业	单位自办
社会科学高等研究院	2006-05-16	学校主管部门批准	其他	独立研究所	法学	科技推广和应用服务业	单位自办
社会主义核心价值体系	2009-10-20	学校主管部门批准	省级社科重点研究基地	跨系所	哲学	科技推广和应用服务业	单位自办
世界经济研究所	1964-02-01	学校主管部门批准	教育部社科重点研究基地	独立研究所	经济学	社会工作	单位自办
文化繁荣与新媒体发展	2009-10-12	学校主管部门批准	省级社科重点研究基地	跨系所	新闻与传播学	科技推广和应用服务业	单位自办
文史研究院国家哲学社会科学创新基地	2004-11-15	学校主管部门批准	教育部985社科创新基地	跨系所	中国文学	社会工作	单位自办
新闻传播与媒介社会研究国家哲学社会科学创新基地	2004-11-15	学校主管部门批准	教育部985社科创新基地	跨系所	新闻与传播学	体育	单位自办
信息与传播研究中心	2000-01-01	学校主管部门批准	教育部社科重点研究基地	跨系所	新闻与传播学	娱乐业	单位自办

续表

学校及机构名称	成立时间	批准部门	组成方式	机构类型	学科分类	服务的国民经济行业	组成类型
语言文学研究所	1981-05-01	学校主管部门批准	其他	跨系所	语言学	中国共产党机关	单位自办
中国古代文学研究中心	1999-06-01	学校主管部门批准	教育部社科重点研究基地	独立研究所	中国文学	中国共产党机关	单位自办
中国经济竞争力研究国家哲学社会科学创新基地	2004-11-15	学校主管部门批准	教育部985社科创新基地	跨系所	经济学	群众团体、社会团体和其他成员组织	单位自办
中国社会主义市场经济研究中心	2000-02-01	学校主管部门批准	教育部社科重点研究基地	独立研究所	经济学	专业技术服务业	单位自办
中外现代化进程研究中心	2004-12-29	学校主管部门批准	教育部社科重点研究基地	跨系所	历史学	社会工作	单位自办
同济大学							
城市发展战略和管理研究院	2000-03-01	学校自建	其他	跨系所	管理学	其他服务业	单位自办
联邦德国问题研究所	1985-11-25	学校自建	其他	独立研究所	社会学	社会工作	单位自办
亚洲太平洋研究中心	2001-05-31	学校自建	其他	独立研究所	管理学	中国共产党机关	单位自办
上海交通大学							
城市科学研究院	2011-11-28	学校主管部门批准	其他	独立研究室	管理学	其他服务业	单位自办
党的建设理论与实践创新研究基地	2009-09-18	非学校主管部门批准	其他	独立研究所	政治学	社会保障	其他
地方文献研究中心	2011-11-30	学校自建	校级社科重点研究基地	独立研究室	历史学	文化艺术业	单位自办
东亚边缘海联合研究所	2011-01-18	学校自建	其他	与校外合办所	法学	社会工作	其他
国家文化产业创新研究基地	1999-12-02	非学校主管部门批准	其他	独立研究所	管理学	其他服务业	政府部门办
国家形象与城市文化创新战略研究基地	2008-10-28	非学校主管部门批准	其他	独立研究所	新闻与传播学	中国共产党机关	其他
科技史与科技文化研究院	2011-12-29	学校自建	校级社科重点研究基地	独立研究所	历史学	社会工作	单位自办
上海战略发展研究所陈宪工作室	2011-05-19	非学校主管部门批准	省级社科重点研究基地	独立研究所	经济学	商务服务业	政府部门办
上海战略发展研究所顾海英工作室	2011-09-26	非学校主管部门批准	省级社科重点研究基地	独立研究所	管理学	其他服务业	政府部门办
上海战略发展研究所潘英丽工作室	2012-04-23	非学校主管部门批准	省级社科重点研究基地	独立研究所	经济学	货币金融服务	政府部门办
世界一流大学研究中心	2005-01-01	学校主管部门批准	其他	独立研究所	教育学	中国共产党机关	单位自办
知识竞争力与区域发展研究中心	2012-10-31	非学校主管部门批准	省级社科重点研究基地	独立研究所	管理学	其他服务业	政府部门办
华东理工大学							
电子商务研究所	2003-02-08	学校自建	其他	跨系所	管理学	商务服务业	单位自办

续表

学校及机构名称	成立时间	批准部门	组成方式	机构类型	学科分类	服务的国民经济行业	组成类型
经济发展研究所	1987-04-10	学校自建	其他	独立研究所	经济学	科技推广和应用服务业	单位自办
设计与艺术研究所	1986-04-01	学校自建	其他	跨系所	艺术学	科技推广和应用服务业	单位自办
应用社会学研究所	1994-10-01	学校自建	其他	跨系所	社会学	科技推广和应用服务业	单位自办
上海海事大学							
海商法研究中心	2000-11-16	学校主管部门批准	省级社科重点研究基地	独立研究所	法学	道路运输业	单位自办
上海发展战略研究所汪传旭工作室	2009-09-01	学校主管部门批准	其他	独立研究所	管理学	道路运输业	单位自办
上海国际航运研究中心	2008-07-14	学校主管部门批准	其他	与校外合办所	经济学	道路运输业	其他
东华大学							
纺织服装经济管理研究中心	2006-01-01	学校自建	校级社科重点研究基地	独立研究所	管理学	纺织业	单位自办
人文社会科学研究所	1997-01-13	学校自建	其他	独立研究所	哲学	中国共产党机关	单位自办
日本研究中心	2008-12-01	学校自建	校级社科重点研究基地	独立研究所	外国文学	中国共产党机关	单位自办
时尚与创意经济研究中心	2008-12-01	学校自建	校级社科重点研究基地	独立研究所	经济学	专业技术服务业	单位自办
旭日管理研究	1996-10-06	学校自建	其他	独立研究所	管理学	纺织业	单位自办
瀚洋投资银行研究所	2000-06-01	学校自建	其他	与校外合办研究室	管理学	租赁业	与境外机构合办
上海中医药大学							
中医药文化研究与传播中心	2010-04-02	学校主管部门批准	省级社科重点研究基地	独立研究室	社会学	新闻和出版业	单位自办
华东师范大学							
课程与教学研究所	1999-09-01	学校主管部门批准	教育部社科重点研究基地	独立研究所	教育学	社会工作	政府部门办
俄罗斯研究中心	1999-06-01	学校主管部门批准	教育部社科重点研究基地	独立研究所	综合研究	国际组织	政府部门办
中国现代思想文化研究所	1999-01-01	学校主管部门批准	教育部社科重点研究基地	独立研究所	哲学	社会工作	政府部门办
中国文字研究与应用中心	1999-12-01	非学校主管部门批准	教育部社科重点研究基地	独立研究所	语言学	社会工作	政府部门办
基础教育改革与发展研究所	2000-03-01	学校主管部门批准	教育部社科重点研究基地	独立研究所	教育学	社会工作	其他
中国现代城市研究中心	2003-03-01	学校主管部门批准	教育部社科重点研究基地	独立研究所	经济学	社会工作	政府部门办
古籍研究所	1982-01-01	非学校主管部门批准	其他	独立研究所	中国文学	社会工作	单位自办
思勉人文高等研究院	2007-11-08	学校自建	其他	独立研究所	哲学	教育	单位自办

续表

学校及机构名称	成立时间	批准部门	组成方式	机构类型	学科分类	服务的国民经济行业	组成类型
艺术研究所	2009-10-01	学校主管部门批准	其他	独立研究所	艺术学	中国共产党机关	其他
世博研究院	2007-02-01	学校自建	其他	跨系所	经济学	社会工作	单位自办
上海市社会科学创新基地“长三角区域一体化”	2009-12-01	非学校主管部门批准	省级社科重点研究基地	跨系所	经济学	社会工作	单位自办
上海市社会科学创新基地“社会主义核心价值体系创新基地”	2009-12-01	非学校主管部门批准	省级社科重点研究基地	跨系所	哲学	社会工作	单位自办
上海市政府发展研究中心“房地产与城市管理政策研究”工作室	2011-11-01	学校主管部门批准	省级社科重点研究基地	跨系所	经济学	商务服务业	单位自办
上海社会调查研究中心华东师范大学分中心	2009-01-31	非学校主管部门批准	其他	与校外合办所	社会学	社会工作	政府部门办
冷战与当代世界研究所	2001-12-01	学校主管部门批准	教育部985社科创新基地	独立研究所	历史学	群众团体、社会团体和其他成员组织	其他
国际金融与风险管理研究中心	2009-03-01	学校自建	校级社科重点研究基地	跨系所	经济学	保险业	政府部门办
教育人力资源开发与管理研究所	2008-12-01	学校自建	校级社科重点研究基地	独立研究所	管理学	社会工作	单位自办
人口研究所	1981-10-01	学校主管部门批准	其他	独立研究所	社会学	群众团体、社会团体和其他成员组织	单位自办
中国行政区划研究中心	1990-05-01	非学校主管部门批准	其他	独立研究所	政治学	社会工作	政府部门办
高等教育研究所	1982-01-01	学校主管部门批准	其他	独立研究所	教育学	社会工作	单位自办
职业教育与成人教育研究所	2002-01-01	学校自建	其他	独立研究所	教育学	社会工作	单位自办
华东师范大学—康乃尔大学比较人文研究中心	2009-07-01	学校自建	其他	与校外合办所	哲学	群众团体、社会团体和其他成员组织	其他
公民发展与现代德育研究中心	2008-05-09	学校自建	其他	独立研究所	马克思主义	社会工作	单位自办
软科学研究中心	1993-08-01	学校自建	其他	跨系所	社会学	社会工作	单位自办
品牌文化与公共关系研究中心	2010-04-01	学校主管部门批准	其他	与校外合办所	管理学	群众团体、社会团体和其他成员组织	其他
旅游规划与发展研究中心	2002-01-01	学校自建	其他	跨系所	管理学	群众团体、社会团体和其他成员组织	单位自办

续表

学校及机构名称	成立时间	批准部门	组成方式	机构类型	学科分类	服务的国民经济行业	组成类型
学前教育研究所	1997-09-01	学校自建	其他	独立研究所	教育学	社会工作	其他
哲学研究所	1985-12-01	学校自建	其他	独立研究所	哲学	社会工作	单位自办
非洲研究所	2011-05-01	学校主管部门批准	其他	跨系所	历史学	群众团体、社会团体和其他成员组织	其他
学生事务研究中心	2008-01-01	学校主管部门批准	其他	跨系所	政治学	群众团体、社会团体和其他成员组织	其他
中国非物质文化遗产保护研究中心	2000-01-01	学校自建	其他	跨系所	民族学	中国共产党机关	单位自办
自闭症研究中心	2010-01-01	学校自建	其他	独立研究所	教育学	社会工作	单位自办
经典与诠释研究中心	2011-01-01	学校自建	其他	独立研究所	中国文学	中国共产党机关	单位自办
觉群佛教文化研究所	2006-12-01	学校主管部门批准	其他	与校外合办所	哲学	群众团体、社会团体和其他成员组织	其他
自然辩证法自然科学史研究所	1985-02-01	学校自建	其他	独立研究所	哲学	社会工作	单位自办
诠释学研究所	2005-02-05	学校主管部门批准	其他	独立研究所	哲学	社会工作	单位自办
周边合作与发展协同创新中心	2012-08-16	学校主管部门批准	其他	与校外合办所	管理学	国家机构	政府部门办
上海师范大学							
地域研究所	1993-01-03	学校自建	其他	跨系所	政治学	科技推广和应用服务业	单位自办
都市文化研究中心	2004-11-01	学校主管部门批准	教育部社科重点研究基地	独立研究所	综合研究	科技推广和应用服务业	单位自办
高等教育研究所	1987-03-15	学校自建	其他	独立研究所	教育学	科技推广和应用服务业	单位自办
古籍研究所	1983-02-02	学校主管部门批准	其他	独立研究所	历史学	教育	单位自办
教育科学研究所	1983-06-09	学校主管部门批准	其他	独立研究所	教育学	教育	单位自办
慰安妇研究中心	1999-02-22	学校自建	其他	跨系所	历史学	教育	单位自办
文学研究所	1985-12-01	学校自建	其他	独立研究所	中国文学	教育	单位自办
小学教育研究所	1993-12-18	学校自建	其他	独立研究所	教育学	教育	单位自办
学科教育研究所	1996-10-16	学校自建	其他	独立研究所	教育学	教育	单位自办
应用语言学研究所	2007-12-31	学校主管部门批准	省级社科重点研究基地	跨系所	语言学	教育	单位自办

续表

学校及机构名称	成立时间	批准部门	组成方式	机构类型	学科分类	服务的国民经济行业	组成类型
语言研究所	1995-02-01	学校自建	其他	跨系所	语言学	教育	单位自办
中国传统思想研究所	2007-12-31	学校主管部门批准	省级社科重点研究基地	跨系所	哲学	教育	单位自办
中国近代社会研究中心	2007-12-31	学校主管部门批准	省级社科重点研究基地	跨系所	社会学	教育	单位自办
上海外国语大学							
俄罗斯研究中心	2012-07-01	学校自建	校级社科重点研究基地	独立研究所	政治学	文化艺术业	单位自办
国际关系与外交事务研究院	2006-11-18	学校自建	校级社科重点研究基地	独立研究所	政治学	国家机构	单位自办
跨文化研究中心	2006-09-01	学校自建	校级社科重点研究基地	独立研究所	语言学	文化艺术业	单位自办
欧盟研究中心	2012-07-01	学校自建	校级社科重点研究基地	独立研究所	政治学	文化艺术业	单位自办
文学研究院	2007-12-31	学校自建	校级社科重点研究基地	独立研究所	外国文学	文化艺术业	单位自办
英国研究中心	2012-07-01	学校自建	校级社科重点研究基地	独立研究所	政治学	文化艺术业	单位自办
语言研究院	2007-12-27	学校自建	校级社科重点研究基地	独立研究所	语言学	文化艺术业	单位自办
中东研究所	2000-12-01	学校主管部门批准	教育部社科重点研究基地	独立研究所	政治学	国家机构	单位自办
中国国际舆情研究中心	2008-02-01	学校自建	校级社科重点研究基地	独立研究所	新闻与传播学	新闻和出版业	单位自办
中亚研究中心	2010-06-27	学校自建	校级社科重点研究基地	独立研究所	语言学	国家机构	单位自办
上海财经大学							
500 强企业研究中心	2007-03-01	学校自建	校级社科重点研究基地	独立研究室	管理学	教育	单位自办
财经研究所	1984-12-20	学校自建	校级社科重点研究基地	独立研究所	经济学	教育	单位自办
高等教育研究所	2004-05-05	学校自建	校级社科重点研究基地	独立研究所	教育学	教育	单位自办
高等研究院	2005-05-01	学校自建	校级社科重点研究基地	独立研究所	经济学	教育	单位自办
公共政策研究中心	2001-09-01	学校自建	校级社科重点研究基地	独立研究室	经济学	教育	单位自办
海派经济研究中心	2003-09-01	学校自建	校级社科重点研究基地	独立研究室	经济学	教育	单位自办
会计与财务研究院	2001-12-01	学校主管部门批准	教育部社科重点研究基地	独立研究所	管理学	教育	政府部门办
经济法与社会法研究中心	2009-10-07	学校自建	校级社科重点研究基地	独立研究室	法学	教育	单位自办
马克思主义研究院	2004-06-14	学校自建	校级社科重点研究基地	独立研究室	经济学	教育	单位自办
区域经济研究中心	2001-09-01	学校自建	校级社科重点研究基地	独立研究室	经济学	教育	单位自办

续表

学校及机构名称	成立时间	批准部门	组成方式	机构类型	学科分类	服务的国民经济行业	组成类型
商务汉语研究中心	2008-02-28	学校自建	校级社科重点研究基地	独立研究室	语言学	教育	单位自办
上海发展战略研究所胡怡建工作室	2012-04-17	学校自建	校级社科重点研究基地	独立研究室	经济学	教育	政府部门办
上海发展战略研究所王洪卫工作室	2010-05-13	学校自建	校级社科重点研究基地	独立研究室	经济学	教育	政府部门办
上海发展战略研究所赵晓雷工作室	2010-09-16	学校自建	校级社科重点研究基地	独立研究室	经济学	教育	政府部门办
上海国际金融中心研究院	2012-10-25	非学校主管部门批准	省级社科重点研究基地	独立研究室	经济学	教育	政府部门办
上海社会调查研究中心上财分中心	2011-03-18	非学校主管部门批准	校级社科重点研究基地	独立研究室	统计学	教育	单位自办
上海市金融信息技术研究重点实验室	2012-04-25	非学校主管部门批准	校级社科重点实验室	独立研究室	经济学	教育	单位自办
现代服务经济研究院	2004-09-17	学校自建	校级社科重点研究基地	独立研究室	经济学	教育	单位自办
现代服务科学与技术研究中心	2009-11-26	学校自建	校级社科重点研究基地	独立研究室	管理学	教育	单位自办
现代金融研究中心	2001-09-18	学校自建	校级社科重点研究基地	独立研究室	经济学	教育	单位自办
现代经济哲学研究中心	2003-11-01	学校自建	校级社科重点研究基地	独立研究室	哲学	教育	单位自办
现代市场营销研究中心	2003-11-01	学校自建	校级社科重点研究基地	独立研究室	管理学	教育	单位自办
应用统计研究中心	2003-11-01	学校自建	校级社科重点研究基地	独立研究室	统计学	教育	单位自办
中国公共财政研究院	2012-08-30	学校自建	校级社科重点研究基地	独立研究室	经济学	教育	单位自办
中国教育支出绩效评价(研究)中心	2007-03-01	学校自建	校级社科重点研究基地	独立研究室	经济学	教育	单位自办
上海对外贸易学院							
国际经贸研究所	1978-10-01	学校主管部门批准	省级社科重点研究基地	独立研究所	经济学	研究和试验发展	单位自办
上海海关学院							
上海贸易中心建设研究基地暨石良平工作室	2009-09-15	非学校主管部门批准	省级社科重点研究基地	与校外合办研究室	经济学	国家机构	政府部门办
华东政法大学							
电子商务法研究所	2000-02-01	学校自建	校级社科重点研究基地	跨系所	法学	计算机、通信和其他电子设备制造业	与国内高校合办
经济法研究中心	1999-12-01	学校自建	校级社科重点研究基地	跨系所	法学	教育	单位自办
青少年犯罪研究所	2000-12-01	学校自建	校级社科重点研究基地	跨系所	法学	教育	单位自办

续表

学校及机构名称	成立时间	批准部门	组成方式	机构类型	学科分类	服务的国民经济行业	组成类型
外国法与比较法研究院	2004-12-31	学校主管部门批准	省级社科重点研究基地	跨系所	法学	教育	政府部门办
知识产权研究中心	2000-12-01	学校自建	校级社科重点研究基地	跨系所	法学	教育	单位自办
上海体育学院							
体育赛事研究中心	2008-01-09	学校主管部门批准	省级社科重点研究基地	独立研究所	体育学	社会工作	政府部门办
体育社会科学重点研究基地	2000-10-12	学校主管部门批准	其他	跨系研究室	体育学	体育	政府部门办
上海音乐学院							
钢琴艺术	2007-12-02	非学校主管部门批准	省级社科重点研究基地	独立研究所	艺术学	社会工作	单位自办
音乐新媒体研究实践创新团队	2009-07-22	非学校主管部门批准	省级社科重点研究基地	跨系所	艺术学	中国共产党机关	单位自办
音乐学研究创新团队	2009-03-02	非学校主管部门批准	省级社科重点研究基地	跨系所	艺术学	中国共产党机关	单位自办
音乐研究所	1949-11-27	学校主管部门批准	校级社科重点研究基地	跨系所	艺术学	社会工作	单位自办
中国仪式音乐研究中心	2007-12-05	非学校主管部门批准	省级社科重点研究基地	独立研究所	艺术学	社会工作	政府部门办
周小燕大师工作室	2007-10-01	非学校主管部门批准	省级社科重点研究基地	独立研究室	艺术学	社会工作	单位自办
上海戏剧学院							
表演艺术创新工作室	2009-10-22	学校主管部门批准	省级社科重点研究基地	独立研究室	艺术学	科技推广和应用服务业	政府部门办
舞蹈艺术创新工作室	2009-10-22	学校主管部门批准	省级社科重点研究基地	独立研究室	艺术学	科技推广和应用服务业	政府部门办
舞台美术创新工作室	2009-10-12	学校主管部门批准	省级社科重点研究基地	独立研究室	艺术学	科技推广和应用服务业	政府部门办
戏剧艺术研究所	1982-08-04	学校主管部门批准	其他	独立研究室	艺术学	科技推广和应用服务业	政府部门办
余秋雨大师工作室	2008-06-05	学校主管部门批准	校级社科重点研究基地	独立研究室	艺术学	科技推广和应用服务业	政府部门办
上海大学							
产业经济研究中心	2002-04-15	学校主管部门批准	其他	独立研究所	经济学	租赁业	单位自办
上海市发展战略研究所	2009-12-30	非学校主管部门批准	其他	独立研究所	新闻与传播学	中国共产党机关	政府部门办
影视与传媒产业研究基地	2007-10-10	非学校主管部门批准	省级社科重点研究基地	独立研究所	新闻与传播学	社会工作	政府部门办
中国服务经济研究中心	2002-12-18	学校自建	其他	独立研究所	经济学	租赁业	单位自办
中国社会转型与社会组织研究中心	2007-10-10	非学校主管部门批准	省级社科重点研究基地	独立研究所	社会学	社会工作	政府部门办
上海工程技术大学							

续表

学校及机构名称	成立时间	批准部门	组成方式	机构类型	学科分类	服务的国民经济行业	组成类型
会展艺术与技术创新中心	2009-10-20	学校主管部门批准	省级社科重点研究基地	独立研究所	艺术学	中国共产党机关	政府部门办
经济研究所	2000-09-01	学校主管部门批准	其他	独立研究所	管理学	租赁业	政府部门办
上海社会保障问题研究中心	2000-01-01	学校主管部门批准	其他	独立研究所	管理学	广播、电视、电影和影视录音制作业	政府部门办
上海立信会计学院							
开放经济与贸易研究中心	2005-10-19	学校自建	其他	独立研究所	经济学	专业技术服务业	单位自办
立信会计研究院	2006-04-04	学校自建	其他	独立研究所	管理学	社会工作	单位自办
中国立信风险管理研究院	2006-02-22	学校自建	其他	独立研究所	经济学	群众团体、社会团体和其他成员组织	单位自办
上海金融学院							
国际金融研究院	2004-10-26	学校自建	其他	跨系所	经济学	租赁业	单位自办
上海政法学院							
司法研究所	2002-03-07	学校主管部门批准	其他	独立研究所	法学	群众团体、社会团体和其他成员组织	单位自办
应用社会科学研究院	2011-06-10	学校主管部门批准	其他	独立研究所	社会学	群众团体、社会团体和其他成员组织	单位自办
上海第二工业大学							
高等教育研究所	1982-02-01	学校主管部门批准	其他	独立研究所	教育学	教育	单位自办
江苏省							
南京大学							
长江三角洲经济社会发展研究中心	2000-08-10	学校主管部门批准	教育部社科重点研究基地	独立研究所	经济学	商务服务业	政府部门办
当代外国文学与文化研究中心	2009-12-01	非学校主管部门批准	省级社科重点研究基地	独立研究所	外国文学	教育	政府部门办
当代资本主义研究中心	2004-01-01	学校主管部门批准	教育部 985 社科创新基地	跨系所	哲学	教育	政府部门办
公共事务与地方治理研究中心	2009-12-01	非学校主管部门批准	省级社科重点研究基地	独立研究所	政治学	社会保障	政府部门办
国家文化产业研究中心	2007-01-01	非学校主管部门批准	部省共建社科重点研究基地	与校外合办研究室	经济学	文化艺术业	政府部门办

续表

学校及机构名称	成立时间	批准部门	组成方式	机构类型	学科分类	服务的国民经济行业	组成类型
国家信息资源管理南京研究基地	2000-01-01	非学校主管部门批准	部省共建社科重点研究基地	与校外合办所	图书、文献与情报学	公共设施管理业	政府部门办
汉语言文学与民族认同研究中心	2004-01-01	学校主管部门批准	教育部985社科创新基地	跨系所	中国文学	文化艺术业	政府部门办
江苏基层组织建设研究基地	2011-11-01	非学校主管部门批准	省级社科重点研究基地	独立研究所	政治学	群众团体、社会团体和其他成员组织	政府部门办
江苏经济国际化研究基地	2011-11-01	非学校主管部门批准	省级社科重点研究基地	跨系所	经济学	资本市场服务	政府部门办
江苏历史文化研究基地	2011-11-01	非学校主管部门批准	省级社科重点研究基地	与校外合办所	考古学	文化艺术业	政府部门办
江苏两个率先研究基地	2011-11-01	非学校主管部门批准	省级社科重点研究基地	跨系所	经济学	资本市场服务	政府部门办
江苏民生幸福研究基地	2011-11-01	非学校主管部门批准	省级社科重点研究基地	跨系所	经济学	社会保障	政府部门办
江苏企业人才发展研究基地	2012-03-01	非学校主管部门批准	省级社科重点研究基地	与校外合办所	管理学	其他金融业	政府部门办
江苏社会管理创新研究基地	2011-11-01	非学校主管部门批准	省级社科重点研究基地	独立研究所	社会学	社会工作	政府部门办
江苏省城市现代化研究中心	2008-01-01	非学校主管部门批准	省级社科重点研究基地	跨系所	社会学	公共设施管理业	政府部门办
江苏省社会风险管理研究中心	2008-01-01	非学校主管部门批准	省级社科重点研究基地	跨系所	管理学	社会保障	政府部门办
经济全球化与国际关系研究中心	2004-01-01	学校主管部门批准	教育部985社科创新基地	独立研究所	管理学	国际组织	政府部门办
经济转型和发展研究中心	2004-01-01	学校主管部门批准	教育部985社科创新基地	跨系所	经济学	商务服务业	政府部门办
马克思主义社会理论研究中心	2003-09-08	学校主管部门批准	教育部社科重点研究基地	独立研究所	马克思主义	文化艺术业	政府部门办
南京大屠杀史研究所	2006-01-01	非学校主管部门批准	省级社科重点研究基地	独立研究所	历史学	文化艺术业	政府部门办
儒佛道与中国传统文化研究中心	2010-03-01	非学校主管部门批准	省级社科重点研究基地	独立研究所	宗教学	群众团体、社会团体和其他成员组织	政府部门办
社会科学计算实验中心	2007-06-01	学校主管部门批准	教育部社科重点实验室	独立研究所	经济学	社会保障	政府部门办
社会语言学实验室	2007-06-01	学校主管部门批准	教育部社科重点实验室	独立研究所	语言学	社会保障	政府部门办
政府新闻学研究所	2007-01-01	非学校主管部门批准	省级社科重点研究基地	独立研究所	新闻与传播学	新闻和出版业	政府部门办
中国社会科学评价研究中心	2004-01-01	学校主管部门批准	教育部985社科创新基地	独立研究所	图书、文献与情报学	其他服务业	政府部门办
中国新文学研究中心	1999-12-31	学校主管部门批准	教育部社科重点研究基地	独立研究所	中国文学	文化艺术业	政府部门办
中国语言战略研究中心	2007-01-01	非学校主管部门批准	部省共建社科重点研究基地	与校外合办研究室	语言学	文化艺术业	政府部门办

续表

学校及机构名称	成立时间	批准部门	组成方式	机构类型	学科分类	服务的国民经济行业	组成类型
中华民国史研究中心	1993-06-18	学校主管部门批准	教育部社科重点研究基地	独立研究所	历史学	文化艺术业	政府部门办
宗教与文化研究中心	2004-01-01	学校主管部门批准	教育部985社科创新基地	独立研究所	宗教学	群众团体、社会团体和其他成员组织	政府部门办
苏州大学							
公法研究中心	2009-10-27	学校主管部门批准	省级社科重点研究基地	独立研究室	法学	群众团体、社会团体和其他成员组织	单位自办
国家体育总局机能评定与体能训练重点实验室	2008-08-25	非学校主管部门批准	部省共建社科重点研究基地	独立研究室	教育学	体育	单位自办
国家体育总局体育社会科学重点研究基地	2001-05-18	非学校主管部门批准	部省共建社科重点研究基地	与校外合办所	体育学	国家机构	单位自办
红十字运动与慈善文化研究中心	2009-10-01	学校主管部门批准	其他	独立研究室	社会学	文化艺术业	单位自办
江苏省吴文化研究基地	1996-12-05	学校主管部门批准	省级社科重点研究基地	独立研究所	历史学	社会工作	单位自办
社会公共文明研究所	2009-06-08	学校自建	校级社科重点研究基地	与校外合办所	管理学	研究和试验发展	政府部门办
苏南发展研究院	1997-04-07	学校主管部门批准	其他	跨系所	社会学	社会工作	单位自办
苏州基层党建研究所	2007-06-26	学校主管部门批准	省级社科重点研究基地	与校外合办所	政治学	社会工作	政府部门办
台商投资与发展研究所	2010-06-08	学校自建	校级社科重点研究基地	与校外合办所	社会学	文教、工美、体育和娱乐用品制造业	政府部门办
新媒介与青年文化研究中心	2012-01-10	学校自建	校级社科重点研究基地	跨系所	新闻与传播学	广播、电视、电影和影视录音制作业	单位自办
中国昆曲研究中心	1988-10-06	非学校主管部门批准	其他	跨系所	艺术学	中国共产党机关	单位自办
中国特色城镇化研究中心	2003-04-28	学校主管部门批准	教育部社科重点研究基地	独立研究所	管理学	社会工作	单位自办
东南大学							
产业经济研究中心	2004-02-01	学校主管部门批准	其他	独立研究所	管理学	科技推广和应用服务业	单位自办
道德哲学与中国道德发展研究所	2009-11-01	非学校主管部门批准	省级社科重点研究基地	独立研究所	哲学	中国共产党机关	单位自办
集团经济与产业组织研究中心	1999-09-01	学校自建	其他	独立研究所	管理学	科技推广和应用服务业	单位自办
江苏创新驱动研究基地	2011-09-10	非学校主管部门批准	省级社科重点研究基地	独立研究所	经济学	社会工作	单位自办

续表

学校及机构名称	成立时间	批准部门	组成方式	机构类型	学科分类	服务的国民经济行业	组成类型
江苏经济全球化研究中心	2011-11-17	非学校主管部门批准	省级社科重点研究基地	与校外合办所	经济学	社会工作	其他
江苏民生幸福研究基地	2011-09-10	非学校主管部门批准	省级社科重点研究基地	独立研究所	经济学	社会工作	单位自办
江苏省交通运输行业政策法规重点研究基地	2012-09-05	非学校主管部门批准	省级社科重点研究基地	独立研究所	法学	公共设施管理业	政府部门办
江苏省科技创新体系建设思想库	2012-10-24	非学校主管部门批准	省级社科重点研究基地	独立研究所	管理学	社会工作	政府部门办
江苏省区域经济与发展研究基地	2008-08-20	非学校主管部门批准	省级社科重点研究基地	独立研究所	管理学	科技推广和应用服务业	单位自办
江苏省重点物流研究基地	2011-04-28	非学校主管部门批准	省级社科重点研究基地	独立研究所	管理学	住宿业	单位自办
科技发展研究中心	2007-04-16	学校自建	其他	独立研究所	管理学	水利管理业	单位自办
科学技术伦理学研究所	2006-04-10	学校自建	其他	独立研究所	社会学	社会工作	单位自办
情报科学技术研究所	1994-01-01	学校主管部门批准	其他	独立研究所	图书、文献与情报学	社会工作	单位自办
外国语言学与应用语言学研究所	2004-05-01	学校自建	其他	独立研究所	语言学	社会工作	单位自办
刑事法研究所	2008-11-13	学校自建	其他	独立研究所	法学	群众团体、社会团体和其他成员组织	单位自办
艺术学研究中心	2010-10-31	非学校主管部门批准	省级社科重点研究基地	独立研究所	艺术学	中国共产党机关	政府部门办
南京航空航天大学							
国防经济与科技研究中心	2001-12-01	学校自建	其他	独立研究所	经济学	社会工作	单位自办
国家文化产业研究中心	2006-12-07	非学校主管部门批准	部省共建社科重点研究基地	独立研究所	艺术学	社会工作	与国内独立研究机构合办
江苏省后评价研究中心	2005-09-06	非学校主管部门批准	省级社科重点研究基地	独立研究所	管理学	社会工作	其他
科技与经济法制研究中心	2001-12-01	学校自建	其他	独立研究所	法学	社会工作	单位自办
科学发展研究中心	2010-08-05	非学校主管部门批准	省级社科重点研究基地	独立研究所	管理学	科技推广和应用服务业	单位自办
能源软科学研究中心	2010-08-05	非学校主管部门批准	省级社科重点研究基地	独立研究所	管理学	科技推广和应用服务业	单位自办
企业战略与竞争力研究中心	2001-12-01	学校自建	其他	独立研究所	经济学	社会工作	单位自办
舞台美术研究所	2005-04-01	学校自建	其他	独立研究所	艺术学	社会工作	单位自办
中西语言与文化对比研究中心	2001-12-01	学校自建	其他	独立研究所	语言学	社会工作	单位自办

续表

学校及机构名称	成立时间	批准部门	组成方式	机构类型	学科分类	服务的国民经济行业	组成类型
南京理工大学							
江苏产业集群研究基地	2011-11-05	非学校主管部门批准	省级社科重点研究基地	独立研究所	经济学	商务服务业	单位自办
江苏服务型政府建设研究基地	2011-11-05	非学校主管部门批准	省级社科重点研究基地	独立研究所	社会学	基层群众自治组织	其他
江苏省科技人才思想库	2012-10-19	非学校主管部门批准	其他	独立研究所	统计学	教育	单位自办
江苏省知识产权发展研究中心	2012-01-01	非学校主管部门批准	省级社科重点研究基地	独立研究所	法学	社会工作	单位自办
网络舆情研究中心	2011-02-05	学校主管部门批准	校级社科重点研究基地	独立研究所	图书、文献与情报学	群众团体、社会团体和其他成员组织	单位自办
现代管理研究所	2000-03-01	学校主管部门批准	校级社科重点实验室	独立研究所	管理学	群众团体、社会团体和其他成员组织	单位自办
现代物流研究所	2006-03-01	学校自建	校级社科重点实验室	独立研究所	管理学	批发业	单位自办
中国矿业大学							
安生生产行政管理研究所	2004-12-21	学校自建	其他	独立研究所	政治学	煤炭开采和洗选业	单位自办
江苏省能源经济与管理研究中心	2008-11-12	非学校主管部门批准	省级社科重点研究基地	独立研究所	管理学	广播、电视、电影和影视录音制作业	政府部门办
经济与管理复杂性研究所	2004-12-21	学校自建	其他	独立研究所	管理学	租赁业	单位自办
南京工业大学							
江苏省社会管理法制建设研究基地	2011-11-20	非学校主管部门批准	省级社科重点研究基地	与校外合办所	法学	社会工作	与国内高校合办
常州大学							
常州科教城产学研创新研究中心	2010-11-18	学校自建	校级社科重点研究基地	与校外合办所	管理学	商务服务业	其他
江苏石油石化发展研究基地	2012-09-10	学校自建	校级社科重点实验室	独立研究所	管理学	石油加工、炼焦和核燃料加工业	单位自办
南京邮电大学							
电子商务与政务研究所	2007-09-19	学校自建	其他	独立研究所	管理学	邮政业	其他
江苏农业信息化研究基地	2011-11-15	学校主管部门批准	省级社科重点研究基地	独立研究所	经济学	农业	政府部门办
江苏现代信息服务业研究基地	2011-12-13	学校主管部门批准	省级社科重点研究基地	独立研究所	管理学	邮政业	政府部门办
物联网产业发展研究基地	2010-08-05	学校主管部门批准	省级社科重点研究基地	独立研究所	管理学	邮政业	政府部门办

续表

学校及机构名称	成立时间	批准部门	组成方式	机构类型	学科分类	服务的国民经济行业	组成类型
知识产权与信息法律中心	2007-07-20	学校自建	其他	独立研究所	法学	邮政业	单位自办
河海大学							
东部资源环境与持续发展研究中心	1994-12-01	非学校主管部门批准	部省共建社科重点研究基地	与校外合办所	管理学	国家机构	政府部门办
江苏企业国际化发展研究基地	2011-11-20	非学校主管部门批准	省级社科重点研究基地	独立研究所	经济学	专业技术服务业	政府部门办
江苏省科技体制改革科技思想库	2012-09-21	非学校主管部门批准	省级社科重点研究基地	独立研究所	管理学	国家机构	政府部门办
江苏省水资源与可持续发展研究中心	2010-11-11	非学校主管部门批准	省级社科重点研究基地	独立研究所	经济学	居民服务业	政府部门办
江苏省循环经济工程研究中心	2005-12-01	非学校主管部门批准	省级社科重点研究基地	独立研究所	管理学	国家机构	政府部门办
江苏沿海资源经济研究中心	2011-12-31	非学校主管部门批准	省级社科重点研究基地	与校外合办研究室	经济学	水利管理业	政府部门办
水库移民经济研究中心	1992-09-15	非学校主管部门批准	部省共建社科重点研究基地	独立研究所	社会学	社会工作	政府部门办
水利部人力资源研究院	2011-04-29	非学校主管部门批准	部省共建社科重点研究基地	与校外合办所	管理学	居民服务业	政府部门办
水利经济研究所	1985-12-28	非学校主管部门批准	部省共建社科重点研究基地	独立研究所	经济学	居民服务业	政府部门办
水利政策法制研究与培训中心	2011-10-18	非学校主管部门批准	部省共建社科重点研究基地	与校外合办研究室	法学	生态保护和环境治理业	政府部门办
中国(南京)人才发展研究中心	2012-03-28	非学校主管部门批准	省级社科重点研究基地	独立研究所	管理学	中国共产党机关	政府部门办
江南大学							
江南大学区域发展与规划研究中心	2008-09-04	学校自建	校级社科重点研究基地	与校外合办研究室	经济学	教育	其他
江苏党风廉政建设创新研究基地	2011-11-01	非学校主管部门批准	省级社科重点研究基地	与校外合办所	政治学	社会工作	与国内独立研究机构合办
江苏省产品创意与设计文化重点研究基地	2010-11-21	非学校主管部门批准	省级社科重点研究基地	跨系所	艺术学	中国共产党机关	单位自办
江苏省食品安全重点研究基地	2008-12-02	非学校主管部门批准	省级社科重点研究基地	跨系所	经济学	农副食品加工业	政府部门办
无锡创意产品研发中心	2007-12-03	非学校主管部门批准	校级社科重点研究基地	与校外合办研究室	艺术学	文化艺术业	其他
无锡节能与循环经济研究中心	2007-08-06	学校自建	校级社科重点研究基地	与校外合办研究室	管理学	生态保护和环境治理业	其他
无锡金融研究中心	2003-10-29	学校自建	校级社科重点研究基地	跨系所	经济学	租赁业	其他
无锡人才与人力资源研究中心	2007-09-04	学校自建	校级社科重点研究基地	与校外合办研究室	管理学	其他服务业	其他
无锡市旅游发展研究中心	2009-09-08	学校自建	校级社科重点研究基地	与校外合办研究室	经济学	娱乐业	其他

续表

学校及机构名称	成立时间	批准部门	组成方式	机构类型	学科分类	服务的国民经济行业	组成类型
无锡预防腐败研究中心	2009-05-01	学校自建	校级社科重点研究基地	与校外合办所	政治学	社会保障	其他
无锡中小企业管理和发展研究中心	2003-02-06	学校自建	校级社科重点研究基地	跨系所	管理学	专业技术服务业	其他
中国物联网发展战略研究基地	2012-03-15	非学校主管部门批准	省级社科重点研究基地	与校外合办研究室	经济学	仪器仪表制造业	单位自办
南京林业大学							
江苏环境与发展研究中心	2009-12-15	学校主管部门批准	省级社科重点研究基地	独立研究所	哲学	生态保护和环境治理业	政府部门办
生态经济研究中心	2010-10-28	学校主管部门批准	省级社科重点研究基地	独立研究所	经济学	生态保护和环境治理业	政府部门办
江苏大学							
高等教育研究所	1983-08-01	学校自建	其他	独立研究所	教育学	社会工作	单位自办
江苏省统计应用研究基地	2012-01-11	非学校主管部门批准	省级社科重点研究基地	与校外合办所	统计学	其他服务业	与国内独立研究机构合办
江苏省知识产权研究中心	2008-09-27	非学校主管部门批准	省级社科重点研究基地	独立研究所	管理学	专业技术服务业	单位自办
江苏省中小企业发展研究基地	2008-10-03	非学校主管部门批准	省级社科重点研究基地	跨系所	管理学	专业技术服务业	政府部门办
能源发展与环境保护战略研究中心	2009-11-11	学校主管部门批准	省级社科重点研究基地	独立研究所	经济学	机动车、电子产品和日用产品修理业	政府部门办
现代农业经济研究所	2004-05-20	非学校主管部门批准	其他	跨系所	经济学	农业	单位自办
中小企业研究中心	2002-09-01	学校自建	其他	跨系所	管理学	生态保护和环境治理业	单位自办
南京信息工程大学							
江苏人才强省建设研究基地	2011-10-22	非学校主管部门批准	省级社科重点研究基地	与校外合办所	管理学	国家机构	其他
马克思主义研究院	2008-09-18	学校自建	校级社科重点研究基地	独立研究所	马克思主义	中国共产党机关	单位自办
民国文学研究院	2008-09-18	学校自建	校级社科重点研究基地	独立研究所	中国文学	社会工作	单位自办
气候变化与公共政策研究院	2007-03-06	学校主管部门批准	省级社科重点研究基地	跨系所	政治学	国家机构	单位自办
气象工程管理研究中心	2007-10-16	学校自建	校级社科重点研究基地	跨系所	管理学	国家机构	单位自办
清华大学技术创新研究中心分中心	2008-05-15	非学校主管部门批准	校级社科重点研究基地	与校外合办所	管理学	专业技术服务业	与国内高校合办
体育科学研究所	2008-09-18	学校自建	校级社科重点研究基地	独立研究所	体育学	体育	单位自办

续表

学校及机构名称	成立时间	批准部门	组成方式	机构类型	学科分类	服务的国民经济行业	组成类型
中国科协科技人力资源研究基地	2007-06-03	非学校主管部门批准	其他	与校外合办所	管理学	科技推广和应用服务业	与国内独立研究机构合办
中国制造业发展研究院	2006-05-18	学校主管部门批准	省级社科重点研究基地	独立研究所	经济学	其他制造业	单位自办
南通大学							
楚辞研究中心	2007-04-12	学校主管部门批准	省级社科重点研究基地	独立研究所	中国文学	社会工作	单位自办
江苏先进典型研究中心	2011-04-18	学校主管部门批准	省级社科重点研究基地	与校外合办所	马克思主义	教育	单位自办
江苏沿海沿江发展研究院	2009-10-12	学校主管部门批准	其他	与校外合办所	经济学	生态保护和环境治理业	单位自办
南通廉政文化研究所	2007-04-11	学校主管部门批准	其他	与校外合办所	政治学	社会保障	其他
张謇研究所	2004-10-20	学校自建	其他	独立研究所	历史学	社会工作	单位自办
南京农业大学							
财政金融研究所	2001-10-01	学校自建	其他	独立研究所	经济学	农业	单位自办
国际食品与农业经济研究中心	2004-06-10	学校自建	其他	独立研究所	经济学	农业	单位自办
海峡两岸农业经济研究所	1998-03-01	学校自建	其他	独立研究所	经济学	农业	单位自办
江苏农村金融发展研究中心	2010-11-02	学校主管部门批准	省级社科重点研究基地	独立研究室	经济学	农业	政府部门办
江苏农业现代化研究基地	2011-11-20	非学校主管部门批准	省级社科重点研究基地	与校外合办所	管理学	农业	与国内独立研究机构合办
江苏省农村发展与土地政策研究基地	2008-10-01	非学校主管部门批准	省级社科重点研究基地	独立研究所	管理学	农业	单位自办
江苏省新农村科技创新思想库	2012-10-01	非学校主管部门批准	省级社科重点研究基地	独立研究所	管理学	农、林、牧、渔服务业	与国内独立研究机构合办
农业转基因生物安全管理政策研究中心	2009-11-02	学校自建	校级社科重点研究基地	独立研究所	管理学	农业	单位自办
日本语言文化研究所	2000-10-01	学校自建	其他	独立研究所	语言学	农业	单位自办
体育与健康研究所	1999-01-08	学校自建	其他	独立研究所	体育学	农业	单位自办
统筹城乡发展与土地管理创新研究基地	2012-01-11	学校主管部门批准	省级社科重点研究基地	与校外合办所	管理学	农业	与国内独立研究机构合办
现代信息技术研究中心	2003-06-01	学校自建	其他	独立研究所	图书、文献与情报学	农业	单位自办

续表

学校及机构名称	成立时间	批准部门	组成方式	机构类型	学科分类	服务的国民经济行业	组成类型
英语语言文化研究所	2000-10-01	学校自建	其他	独立研究所	语言学	农业	单位自办
中国农业历史研究中心	2009-11-20	学校主管部门批准	省级社科重点研究基地	独立研究室	历史学	农业	政府部门办
中国农业遗产研究室	1955-08-05	非学校主管部门批准	校级社科重点研究基地	独立研究所	历史学	农业	政府部门办
中国区域经济与金融研究中心	2007-09-18	学校自建	其他	独立研究所	经济学	农业	单位自办
中国土地问题研究中心	2004-10-21	学校自建	其他	独立研究所	管理学	农业	单位自办
中国新农村建设研究院	2006-03-25	学校自建	其他	独立研究所	管理学	农业	单位自办
南京师范大学							
词学研究中心	2012-06-30	学校自建	校级社科重点研究基地	独立研究所	中国文学	教育	单位自办
道德教育研究所	2000-09-01	学校主管部门批准	教育部社科重点研究基地	独立研究所	教育学	教育	政府部门办
东方社会主义研究所	2006-09-01	学校自建	校级社科重点研究基地	跨系研究室	马克思主义	教育	单位自办
发展与教育心理研究所	2008-06-30	学校自建	校级社科重点研究基地	独立研究所	心理学	教育	单位自办
法制现代化研究中心	1995-06-30	学校自建	校级社科重点研究基地	独立研究所	法学	教育	单位自办
符号学研究中心	2012-01-01	学校自建	校级社科重点研究基地	独立研究所	外国文学	教育	单位自办
古典文献研究中心	2005-06-30	学校自建	校级社科重点研究基地	独立研究所	中国文学	教育	单位自办
国家体育总局体育社会科学研究中心	2003-03-01	非学校主管部门批准	部省共建社科重点研究基地	独立研究所	体育学	教育	政府部门办
国家体育总局体育文化研究中心	2007-03-01	非学校主管部门批准	部省共建社科重点研究基地	独立研究所	体育学	教育	政府部门办
汉语国际教育研究所	2012-06-30	学校自建	校级社科重点研究基地	独立研究所	语言学	教育	单位自办
汉语言文字学研究中心	2012-06-30	学校自建	校级社科重点实验室	独立研究所	语言学	教育	单位自办
江苏城乡一体化研究基地	2011-11-01	非学校主管部门批准	省级社科重点研究基地	独立研究所	社会学	教育	政府部门办
江苏创新经济研究院	2008-06-30	非学校主管部门批准	省级社科重点研究基地	独立研究所	经济学	教育	政府部门办
江苏法治发展研究院	2007-11-27	非学校主管部门批准	省级社科重点研究基地	独立研究所	法学	教育	与国内独立研究机构合办
江苏民营经济研究基地	2011-06-30	非学校主管部门批准	省级社科重点研究基地	独立研究所	经济学	教育	政府部门办
江苏省老年学研究基地	2006-09-01	非学校主管部门批准	省级社科重点研究基地	跨系所	社会学	教育	政府部门办
江苏省学生体质健康促进研究中心	2011-03-01	学校主管部门批准	省级社科重点研究基地	独立研究所	体育学	教育	政府部门办

续表

学校及机构名称	成立时间	批准部门	组成方式	机构类型	学科分类	服务的国民经济行业	组成类型
教育科学研究院	2008-09-01	学校自建	校级社科重点研究基地	独立研究所	教育学	教育	单位自办
教育社会学研究中心	2006-06-30	学校主管部门批准	省级社科重点研究基地	独立研究所	教育学	教育	单位自办
教育信息工程研究所	2008-09-01	学校自建	校级社科重点研究基地	独立研究所	教育学	教育	单位自办
金陵妇女发展研究中心	2006-06-01	非学校主管部门批准	部省共建社科重点研究基地	与校外合办所	社会学	教育	政府部门办
金融工程与管理研究所	2012-06-30	学校自建	校级社科重点研究基地	独立研究所	经济学	教育	单位自办
经济伦理学研究所	2012-06-30	学校自建	校级社科重点研究基地	独立研究所	哲学	教育	单位自办
抗日战争研究中心	2012-06-30	学校自建	校级社科重点研究基地	独立研究所	历史学	教育	单位自办
课程与教学研究所	2005-06-30	学校自建	校级社科重点研究基地	跨系所	教育学	教育	单位自办
联合国教科文组织国际农村教育研究与培训中心南京基地	1999-05-01	非学校主管部门批准	部省共建社科重点研究基地	独立研究所	教育学	教育	其他
马克思主义研究院	2009-03-01	学校主管部门批准	省级社科重点研究基地	独立研究所	马克思主义	教育	政府部门办
脑认知实验与理论研究中心	2005-06-30	学校自建	校级社科重点研究基地	独立研究所	心理学	教育	单位自办
司法现代化研究中心	2012-06-30	学校主管部门批准	省级社科重点研究基地	与校外合办研究室	法学	教育	政府部门办
外国语言文化研究所	1995-11-01	学校自建	校级社科重点研究基地	独立研究所	外国文学	教育	单位自办
现代司法研究中心	2005-06-30	学校自建	校级社科重点研究基地	独立研究所	法学	教育	单位自办
学前教育研究所	2008-09-01	学校自建	校级社科重点研究基地	独立研究所	教育学	教育	单位自办
应用伦理学研究所	2005-09-01	学校自建	校级社科重点研究基地	独立研究所	哲学	教育	单位自办
语言信息科技研究中心	2010-08-01	学校主管部门批准	省级社科重点研究基地	跨系所	语言学	教育	政府部门办
中国古代文学研究中心	2007-09-01	学校自建	校级社科重点研究基地	独立研究所	中国文学	教育	单位自办
中国经济史研究所	2001-01-01	学校自建	校级社科重点研究基地	独立研究所	历史学	教育	单位自办
中国现当代文学研究中心	2005-06-30	学校自建	校级社科重点研究基地	独立研究所	语言学	教育	单位自办
江苏师范大学							
汉文化研究院	2008-12-12	学校主管部门批准	省级社科重点研究基地	独立研究所	艺术学	教育	单位自办
淮海发展研究院	1998-07-01	学校主管部门批准	省级社科重点研究基地	独立研究所	经济学	科技推广和应用服务业	政府部门办
苏北农村治理创新研究基地	2009-03-18	学校主管部门批准	省级社科重点研究基地	与校外合办研究室	社会学	社会保障	政府部门办

续表

学校及机构名称	成立时间	批准部门	组成方式	机构类型	学科分类	服务的国民经济行业	组成类型
语言研究所	1997-03-30	学校主管部门批准	省级社科重点研究基地	独立研究所	语言学	社会工作	政府部门办
中国巴基斯坦教育文化研究中心	2011-03-10	学校自建	校级社科重点研究基地	独立研究所	历史学	社会工作	单位自办
淮阴师范学院							
周恩来精神与青少年教育研究中心	2010-10-22	学校主管部门批准	校级社科重点研究基地	与校外合办研究室	哲学	社会工作	与国内独立研究机构合办
盐城师范学院							
江苏沿海发展研究基地	2011-12-09	非学校主管部门批准	省级社科重点研究基地	独立研究所	经济学	其他服务业	政府部门办
江苏沿海开发研究基地	2009-03-01	非学校主管部门批准	省级社科重点研究基地	独立研究所	经济学	农业	政府部门办
南京财经大学							
公共财政研究中心	2010-08-06	学校主管部门批准	省级社科重点研究基地	独立研究所	经济学	社会工作	单位自办
江苏产业发展研究院	2001-01-15	学校主管部门批准	省级社科重点研究基地	独立研究所	经济学	社会工作	单位自办
江苏省品牌研究院	2012-03-09	非学校主管部门批准	省级社科重点研究基地	与校外合办所	管理学	文教、工美、体育和娱乐用品制造业	其他
江苏省质量安全工程研究院	2012-03-02	非学校主管部门批准	省级社科重点研究基地	与校外合办研究室	管理学	文教、工美、体育和娱乐用品制造业	其他
江苏文化产业与市场研究中心	2012-05-11	非学校主管部门批准	省级社科重点研究基地	独立研究所	经济学	文教、工美、体育和娱乐用品制造业	单位自办
江苏现代服务业研究院	2012-01-01	非学校主管部门批准	省级社科重点研究基地	与校外合办研究室	经济学	文教、工美、体育和娱乐用品制造业	其他
粮食安全与战略研究中心	1988-04-14	学校主管部门批准	省级社科重点研究基地	独立研究所	经济学	农业	单位自办
江苏警官学院							
法化学示范中心	2000-06-20	学校主管部门批准	其他	独立研究所	法学	社会工作	单位自办
江苏现代警务研究中心	2010-07-20	学校主管部门批准	其他	独立研究所	法学	群众团体、社会团体和其他成员组织	其他
南京艺术学院							
江苏省文化艺术发展研究中心	2010-08-16	学校主管部门批准	省级社科重点研究基地	跨系所	艺术学	中国共产党机关	单位自办

续表

学校及机构名称	成立时间	批准部门	组成方式	机构类型	学科分类	服务的国民经济行业	组成类型
江苏省艺术设计材料与工艺重点实验室	2010-11-01	学校主管部门批准	省级社科重点实验室	跨系所	艺术学	中国共产党机关	单位自办
音乐学研究所	2002-07-01	学校自建	其他	独立研究所	艺术学	社会工作	单位自办
苏州科技学院							
历史文献研究所	2003-02-11	学校自建	校级社科重点研究基地	跨系所	历史学	社会工作	单位自办
苏州城乡一体化改革发展研究院	2012-09-01	学校主管部门批准	省级社科重点研究基地	与校外合办所	管理学	生态保护和环境治理业	政府部门办
南京工业职业技术学院							
高等职业教育研究所	2002-11-01	学校自建	校级社科重点研究基地	独立研究所	教育学	教育	单位自办
国际贸易与物流管理研究所	2011-05-11	学校自建	校级社科重点研究基地	独立研究所	管理学	其他金融业	单位自办
黄炎培职教思想研究中心	2005-06-18	学校自建	校级社科重点实验室	独立研究所	教育学	教育	单位自办
苏州工艺美术职业技术学院							
桃花坞木刻年画研究所	2009-04-16	非学校主管部门批准	校级社科重点研究基地	与校外合办研究室	艺术学	文化艺术业	与境内注册其他企业合办
苏州职业大学							
管理哲学研究所	2009-12-16	学校自建	校级社科重点研究基地	独立研究所	管理学	卫生	单位自办
丝绸应用技术研究所	2007-05-01	学校自建	校级社科重点研究基地	独立研究所	管理学	纺织业	单位自办
吴文化研究院	2000-12-06	学校自建	校级社科重点研究基地	独立研究所	历史学	中国共产党机关	与国内独立研究机构合办
扬州大学							
邓小平理论研究中心	1999-02-12	学校自建	校级社科重点研究基地	独立研究所	马克思主义	社会保障	单位自办
淮扬文化研究中心	2010-08-05	学校主管部门批准	省级社科重点研究基地	独立研究所	历史学	中国共产党机关	政府部门办
苏中发展研究院	1997-01-01	学校主管部门批准	校级社科重点研究基地	独立研究所	经济学	科技推广和应用服务业	政府部门办
中国近代史研究中心	1999-01-10	学校自建	校级社科重点研究基地	独立研究所	历史学	中国共产党机关	单位自办
南京审计学院							
公共管理与绩效评估研究院	2002-01-01	学校自建	其他	独立研究所	管理学	社会工作	单位自办
公共政策研究与分析中心	2012-10-30	学校自建	校级社科重点研究基地	独立研究所	经济学	教育	单位自办

续表

学校及机构名称	成立时间	批准部门	组成方式	机构类型	学科分类	服务的国民经济行业	组成类型
国民经济研究所	2006-07-03	学校自建	其他	独立研究所	经济学	社会工作	单位自办
货币研究所	2008-07-01	学校自建	其他	独立研究所	经济学	社会工作	单位自办
江苏科技金融体系创新研究基地	2011-05-01	学校主管部门批准	省级社科重点研究基地	独立研究所	经济学	其他金融业	政府部门办
金融风险管理研究中心	2010-11-01	学校主管部门批准	省级社科重点研究基地	独立研究所	经济学	租赁业	政府部门办
金融工程研究中心	2012-02-27	学校自建	其他	独立研究所	经济学	教育	单位自办
现代审计发展研究中心	2009-11-11	学校主管部门批准	省级社科重点研究基地	独立研究所	管理学	社会工作	政府部门办
中国内部审计发展研究中心	2006-04-06	非学校主管部门批准	其他	与校外合办所	经济学	专业技术服务业	政府部门办
中甸学术文化研究中心	2012-09-25	学校自建	其他	独立研究所	外国文学	教育	单位自办
南京晓庄学院							
心理健康研究所	2000-10-06	学校自建	其他	独立研究所	心理学	社会工作	单位自办
江苏技术师范学院							
江苏省职业技术教育研究中心	1989-05-01	非学校主管部门批准	省级社科重点研究基地	独立研究所	教育学	社会工作	政府部门办
淮海工学院							
江苏省大学生村官研究所	2009-04-01	非学校主管部门批准	省级社科重点研究基地	独立研究所	教育学	教育	单位自办
徐州工程学院							
淮海地区非物质文化遗产研究中心	2012-06-01	非学校主管部门批准	省级社科重点研究基地	与校外合办所	民族学	文化艺术业	与国内独立研究机构合办
南京森林警察学院							
国家林业局职业教育研究中心	1984-03-01	学校主管部门批准	其他	独立研究所	教育学	社会工作	政府部门办
常州信息职业技术学院							
高等职业技术教育研究所	2008-09-20	学校自建	校级社科重点实验室	独立研究所	教育学	教育	单位自办
南京交通职业技术学院							
交通经济与社会发展研究所	2010-12-22	学校自建	其他	独立研究所	社会学	道路运输业	单位自办
淮安信息职业技术学院							
高等教育研究所	2009-03-06	学校主管部门批准	其他	独立研究所	管理学	教育	单位自办

续表

学校及机构名称	成立时间	批准部门	组成方式	机构类型	学科分类	服务的国民经济行业	组成类型
苏州农业职业技术学院							
高职教育研究所	2002-03-01	学校自建	其他	独立研究所	教育学	教育	单位自办
南京机电职业技术学院							
心理健康教育中心	2011-09-01	学校自建	校级社科重点实验室	独立研究室	心理学	教育	单位自办
南京旅游职业学院							
旅游高等职业教育研究所	2011-01-13	学校主管部门批准	校级社科重点研究基地	独立研究所	教育学	教育	单位自办
徐州幼儿师范高等专科学校							
徐州数字音乐中心	2012-10-10	学校自建	校级社科重点研究基地	独立研究所	艺术学	教育	单位自办
浙江省							
浙江大学							
《浙江文献集成》编纂中心	2005-08-15	学校主管部门批准	省级社科重点研究基地	独立研究所	历史学	教育	单位自办
财务与会计研究所	1999-12-01	学校自建	其他	独立研究所	管理学	科技推广和应用服务业	单位自办
产业经济研究所	1999-12-01	学校自建	其他	独立研究所	经济学	科技推广和应用服务业	单位自办
传媒与文化产业研究中心	2006-12-04	学校主管部门批准	省级社科重点研究基地	独立研究所	艺术学	娱乐业	单位自办
创新管理与持续竞争力研究中心	2006-05-18	学校主管部门批准	教育部 985 社科创新基地	独立研究所	管理学	研究和试验发展	单位自办
德国文化研究所	1999-12-01	学校自建	其他	独立研究所	语言学	中国共产党机关	单位自办
地方政府与社会治理研究中心	1999-12-04	学校主管部门批准	省级社科重点研究基地	独立研究所	管理学	科技推广和应用服务业	单位自办
法理与制度研究所	2002-03-14	学校自建	其他	独立研究所	法学	中国共产党机关	单位自办
法与经济学研究所	2000-05-16	学校自建	其他	独立研究所	经济学	教育	单位自办
饭店管理研究所	1999-12-01	学校自建	其他	独立研究所	管理学	资本市场服务	单位自办
风险管理与劳动保障研究所	2005-12-29	学校自建	其他	独立研究所	经济学	教育	单位自办
高等教育研究所	2000-03-22	学校自建	其他	独立研究所	教育学	社会工作	单位自办
公法与比较法研究所	1999-12-01	学校自建	其他	独立研究所	法学	中国共产党机关	单位自办
公共经济与财政研究所	1999-12-01	学校自建	其他	独立研究所	经济学	教育	单位自办
古籍研究所	1999-12-01	学校自建	其他	独立研究所	语言学	中国共产党机关	单位自办

续表

学校及机构名称	成立时间	批准部门	组成方式	机构类型	学科分类	服务的国民经济行业	组成类型
管理工程研究所	1999-12-01	学校自建	其他	独立研究所	管理学	科技推广和应用服务业	单位自办
管理科学与信息系统研究所	1999-12-01	学校自建	其他	独立研究所	管理学	科技推广和应用服务业	单位自办
广播电影电视研究所	2001-01-17	学校自建	其他	独立研究所	艺术学	中国共产党机关	单位自办
国际经济研究所	1999-12-01	学校自建	其他	独立研究所	经济学	教育	单位自办
国际商务研究所	1999-12-01	学校自建	其他	独立研究所	经济学	教育	单位自办
国际政治研究所	1999-12-01	学校自建	其他	独立研究所	政治学	社会保障	单位自办
韩国研究所	1999-12-01	学校自建	其他	独立研究所	管理学	群众团体、社会团体和其他成员组织	单位自办
汉语史研究中心	1999-10-30	学校自建	教育部社科重点研究基地	独立研究所	语言学	科技推广和应用服务业	单位自办
汉语言研究所	1999-12-27	学校自建	其他	独立研究所	语言学	中国共产党机关	单位自办
基础教育课程研究中心	1999-12-01	学校主管部门批准	部省共建社科重点研究基地	独立研究所	教育学	社会工作	单位自办
基督教与跨文化研究中心	2006-05-18	学校主管部门批准	教育部985社科创新基地	独立研究所	哲学	群众团体、社会团体和其他成员组织	单位自办
教育科学与技术研究所	1999-12-01	学校自建	其他	独立研究所	教育学	社会工作	单位自办
金融研究所	1999-12-01	学校自建	其他	独立研究所	经济学	水利管理业	单位自办
经济法制研究所	1999-12-01	学校自建	其他	独立研究所	法学	中国共产党机关	单位自办
经济研究所	1999-12-01	学校自建	其他	独立研究所	经济学	科技推广和应用服务业	单位自办
科技与社会发展研究所	1999-12-01	学校自建	其他	独立研究所	社会学	教育	单位自办
科技与文化研究所	1999-12-01	学校自建	其他	独立研究所	社会学	教育	单位自办
科教发展战略研究中心	1999-12-05	学校自建	部省共建社科重点研究基地	独立研究所	管理学	社会工作	单位自办
劳动保障与社会政策研究中心	1999-12-01	学校主管部门批准	省级社科重点研究基地	独立研究所	管理学	科技推广和应用服务业	单位自办
旅游研究所	1999-12-01	学校自建	其他	独立研究所	管理学	人民政协、民主党派	单位自办
马克思主义理论与思想政治教育研究所	1999-12-01	学校自建	其他	独立研究所	马克思主义	教育	单位自办
美学与批评理论研究所	1999-12-01	学校自建	其他	独立研究所	哲学	中国共产党机关	单位自办
民营经济研究中心	1999-10-14	学校主管部门批准	教育部社科重点研究基地	独立研究所	经济学	教育	单位自办

续表

学校及机构名称	成立时间	批准部门	组成方式	机构类型	学科分类	服务的国民经济行业	组成类型
农业现代化与农村发展研究中心	1999-07-09	学校主管部门批准	教育部社科重点研究基地	独立研究所	管理学	农业	单位自办
农业与农村经济发展研究所	2000-01-01	学校自建	其他	独立研究所	管理学	农业	单位自办
企业投资研究所	1999-12-01	学校自建	其他	独立研究所	管理学	科技推广和应用服务业	单位自办
企业组织与战略研究所	1999-12-01	学校自建	其他	独立研究所	管理学	科技推广和应用服务业	单位自办
人口与发展研究所	1999-12-01	学校自建	其他	独立研究所	社会学	广播、电视、电影和影视录音制作业	单位自办
人类学研究所	2000-03-17	学校自建	其他	独立研究所	管理学	科技推广和应用服务业	单位自办
人力资源管理研究所	1999-12-01	学校自建	其他	独立研究所	管理学	社会工作	单位自办
社会建设研究所	1999-03-12	学校主管部门批准	其他	独立研究所	社会学	科技推广和应用服务业	单位自办
社会思想研究所	1999-12-01	学校自建	其他	独立研究所	政治学	中国共产党机关	单位自办
社会学研究所	2001-03-16	学校主管部门批准	其他	与校外合办研究室	社会学	教育	单位自办
世界历史研究所	1999-12-01	学校自建	其他	独立研究所	历史学	教育	单位自办
世界文学与比较文学研究所	1999-12-01	学校自建	其他	独立研究所	语言学	中国共产党机关	单位自办
宋学研究中心	2005-05-21	学校主管部门批准	省级社科重点研究基地	独立研究所	历史学	教育	单位自办
台湾研究所	2005-12-29	学校自建	其他	独立研究所	经济学	社会工作	单位自办
体育科学与技术研究所	1999-12-01	学校自建	其他	独立研究所	体育学	国家机构	单位自办
体育现代化发展研究中心	1999-11-19	学校主管部门批准	部省共建社科重点研究基地	独立研究所	教育学	科技推广和应用服务业	单位自办
土地科学与不动产研究所	1999-12-02	学校自建	其他	独立研究所	管理学	科技推广和应用服务业	单位自办
外国文学研究所	1999-12-01	学校自建	其他	独立研究所	语言学	中国共产党机关	单位自办
外国哲学研究所	2000-12-10	学校自建	其他	独立研究所	哲学	教育	单位自办
外语教学传媒研究所	1999-12-01	学校自建	其他	独立研究所	语言学	中国共产党机关	单位自办
文化遗产与博物馆学研究所	1999-12-01	学校自建	其他	独立研究所	历史学	中国共产党机关	单位自办
文艺学研究所	1999-12-01	学校自建	其他	独立研究所	艺术学	中国共产党机关	单位自办
物流与决策优化研究所	1999-12-01	学校自建	其他	独立研究所	管理学	科技推广和应用服务业	单位自办
新闻传媒与社会发展研究所	1999-12-01	学校自建	其他	独立研究所	新闻与传播学	教育	单位自办

续表

学校及机构名称	成立时间	批准部门	组成方式	机构类型	学科分类	服务的国民经济行业	组成类型
信息资源管理研究所	1999-12-01	学校自建	其他	独立研究所	图书、文献与情报学	教育	单位自办
行政管理研究所	1999-12-01	学校自建	其他	独立研究所	管理学	专业技术服务业	其他
应用语言研究所	1999-12-01	学校自建	其他	独立研究所	语言学	中国共产党机关	单位自办
营销管理研究所	1999-12-01	学校自建	其他	独立研究所	管理学	科技推广和应用服务业	单位自办
语言与认知研究中心	2006-05-18	学校主管部门批准	教育部985社科创新基地	独立研究所	语言学	研究和试验发展	单位自办
浙江省区域经济开放与发展研究中心	1999-12-01	学校主管部门批准	省级社科重点研究基地	独立研究所	经济学	科技推广和应用服务业	单位自办
政府与企业研究所	2005-12-29	学校自建	其他	独立研究所	管理学	教育	单位自办
政治学研究所	1999-12-01	学校主管部门批准	其他	独立研究所	政治学	教育	单位自办
证券期货研究所	1999-12-01	学校自建	其他	独立研究所	经济学	教育	单位自办
中国古代史研究所	1999-12-01	学校自建	其他	独立研究所	历史学	中国共产党机关	单位自办
中国古代文学与文化研究所	1999-12-01	学校自建	其他	独立研究所	语言学	教育	单位自办
中国近现代史研究所	1999-12-01	学校自建	其他	独立研究所	历史学	中国共产党机关	单位自办
中国思想文化研究所	1999-12-01	学校自建	其他	独立研究所	哲学	教育	单位自办
中国现当代文学与文化研究所	1999-12-01	学校自建	其他	独立研究所	历史学	教育	单位自办
中国艺术研究所	2000-05-16	学校自建	其他	独立研究所	艺术学	教育	单位自办
中外教育现代化研究所	1999-12-01	学校自建	其他	独立研究所	教育学	社会工作	单位自办
中小企业成长与城镇发展研究所	1999-12-01	学校自建	其他	独立研究所	管理学	科技推广和应用服务业	单位自办
杭州电子科技大学							
财务与财税研究所	2011-05-10	学校自建	其他	独立研究所	管理学	专业技术服务业	单位自办
产业组织与公共政策研究所	2011-05-10	学校自建	其他	独立研究所	管理学	群众团体、社会团体和其他成员组织	单位自办
法制与社会发展研究所	2006-04-06	学校自建	其他	独立研究所	经济学	教育	单位自办
翻译学研究所	2011-05-10	学校自建	其他	独立研究所	语言学	社会工作	单位自办
工业工程与管理研究所	2011-05-10	学校自建	其他	独立研究所	管理学	教育	单位自办

续表

学校及机构名称	成立时间	批准部门	组成方式	机构类型	学科分类	服务的国民经济行业	组成类型
管理决策与创新研究所	2006-04-06	学校自建	其他	独立研究所	管理学	教育	单位自办
管理科学与信息工程研究所	2006-04-06	学校自建	其他	独立研究所	管理学	教育	单位自办
国际经济与贸易研究所	2006-04-06	学校自建	其他	独立研究所	经济学	教育	单位自办
会计工程研究所	2011-05-10	学校自建	其他	独立研究所	管理学	教育	单位自办
会计与审计研究所	2006-04-03	学校自建	其他	独立研究所	经济学	教育	单位自办
金融研究所	2006-04-06	学校自建	其他	独立研究所	经济学	教育	单位自办
经济与统计研究所	2006-11-02	学校自建	其他	独立研究所	统计学	教育	单位自办
人体运动科学研究所	2006-11-02	学校自建	其他	独立研究所	体育学	国家机构	单位自办
人文与编辑研究所	2011-05-10	学校自建	其他	独立研究所	中国文学	社会工作	单位自办
思想政治教育研究所	2006-04-06	学校自建	其他	独立研究所	哲学	文教、工美、体育和娱乐用品制造业	单位自办
外国语言学及应用语言学研究所	2007-12-16	学校自建	其他	独立研究所	语言学	社会工作	单位自办
英美文学研究所	2006-11-02	学校自建	其他	独立研究所	语言学	社会工作	单位自办
战略与管理研究所	2006-04-06	学校自建	其他	独立研究所	管理学	教育	单位自办
浙江工业大学							
房地产研究所	1999-12-30	学校主管部门批准	其他	独立研究所	管理学	商务服务业	单位自办
国际贸易与国际投资研究中心	2001-05-30	学校主管部门批准	其他	独立研究所	经济学	租赁业	单位自办
企业战略研究所	1997-01-30	学校主管部门批准	其他	独立研究所	管理学	专业技术服务业	单位自办
体育科学研究所	2004-12-01	学校自建	其他	独立研究所	体育学	国家机构	单位自办
信息管理与决策化研究所	2001-05-30	学校主管部门批准	其他	独立研究所	管理学	专业技术服务业	单位自办
信息与传播研究所	2000-09-01	学校自建	其他	跨系所	新闻与传播学	娱乐业	单位自办
循环经济研究中心	2004-12-28	学校主管部门批准	其他	独立研究所	经济学	科技推广和应用服务业	与境内注册其他企业合办
浙江省技术创新与企业国际化研究中心	2010-06-01	非学校主管部门批准	省级社科重点研究基地	独立研究所	管理学	其他金融业	单位自办
浙江省中小企业发展研究所	1992-09-01	非学校主管部门批准	其他	独立研究所	管理学	专业技术服务业	单位自办

续表

学校及机构名称	成立时间	批准部门	组成方式	机构类型	学科分类	服务的国民经济行业	组成类型
之江旅游规划设计研究所	2004-01-01	学校自建	其他	独立研究所	管理学	教育	单位自办
中国文学演变与传播研究中心	2004-12-01	学校自建	校级社科重点实验室	独立研究所	中国文学	社会工作	单位自办
浙江理工大学							
区域经济研究基地	2006-02-21	学校主管部门批准	其他	跨系所	经济学	社会工作	单位自办
丝绸文化研究中心	2007-10-22	学校自建	校级社科重点研究基地	跨系所	中国文学	中国共产党机关	单位自办
中国美学和艺术理论研究中心	2011-05-18	学校自建	校级社科重点研究基地	跨系所	艺术学	社会工作	单位自办
浙江海洋学院							
港台侨研究所	2006-07-19	学校自建	其他	独立研究所	管理学	群众团体、社会团体和其他成员组织	单位自办
海洋管理研究所	2008-04-15	学校自建	校级社科重点实验室	跨系所	管理学	科技推广和应用服务业	单位自办
海洋经济研究所	2001-03-09	学校自建	其他	独立研究所	经济学	科技推广和应用服务业	单位自办
海洋旅游研究所	2005-07-28	学校自建	其他	独立研究所	经济学	科技推广和应用服务业	单位自办
海洋文化研究所	2001-03-09	学校自建	其他	独立研究所	社会学	中国共产党机关	单位自办
教育科学研究所	2001-10-02	学校自建	其他	独立研究所	教育学	社会工作	单位自办
金融研究中心	2005-06-16	学校自建	其他	独立研究所	经济学	租赁业	单位自办
浙江农林大学							
邓小平理论研究中心	2001-12-23	学校自建	其他	独立研究所	马克思主义	社会工作	单位自办
妇女与自然资源管理研究中心	2001-12-12	学校自建	其他	独立研究所	管理学	社会工作	单位自办
国际贸易研究所	2006-03-12	学校自建	其他	独立研究所	经济学	租赁业	单位自办
恒星管理研究所	2000-12-14	学校自建	其他	独立研究所	经济学	租赁业	单位自办
环境法治与社会发展研究中心	2001-12-12	学校自建	其他	独立研究所	法学	社会工作	单位自办
会计学研究所	2006-03-13	学校自建	其他	独立研究所	经济学	租赁业	单位自办
林业经济研究中心	1998-11-23	学校自建	其他	独立研究所	经济学	林业	单位自办
美术研究所	1999-01-01	学校自建	其他	独立研究所	艺术学	中国共产党机关	单位自办
农村发展研究所	1996-06-02	学校自建	其他	独立研究所	社会学	农业	单位自办

续表

学校及机构名称	成立时间	批准部门	组成方式	机构类型	学科分类	服务的国民经济行业	组成类型
思想政治教育研究所	2000-01-12	学校自建	其他	独立研究所	政治学	社会工作	单位自办
外国语言文化研究所	2003-02-28	学校自建	其他	独立研究所	语言学	科技推广和应用服务业	单位自办
吴越文化研究所	1999-07-03	学校自建	其他	独立研究所	新闻与传播学	中国共产党机关	单位自办
艺术设计研究所	2001-08-28	学校自建	其他	独立研究所	艺术学	中国共产党机关	单位自办
浙江师范大学							
非洲研究中心	2010-05-12	学校主管部门批准	省级社科重点研究基地	独立研究所	管理学	国际组织	单位自办
江南文化研究中心	2006-04-20	学校主管部门批准	省级社科重点研究基地	跨系所	中国文学	文化艺术业	单位自办
教育学	2012-09-03	学校主管部门批准	其他	独立研究所	教育学	教育	单位自办
马克思主义研究所	2005-06-01	学校自建	校级社科重点研究基地	独立研究所	马克思主义	广播、电视、电影和影视录音制作业	单位自办
农村研究中心	2003-07-03	学校自建	校级社科重点研究基地	独立研究所	社会学	广播、电视、电影和影视录音制作业	单位自办
心理研究所	2003-07-03	学校自建	校级社科重点研究基地	独立研究所	心理学	社会工作	单位自办
学前教育研究中心	2008-04-25	学校自建	校级社科重点研究基地	独立研究所	教育学	社会工作	单位自办
浙江省基础教育研究基地	2012-06-01	学校主管部门批准	其他	独立研究所	教育学	教育	单位自办
中国语言文学	2012-09-03	学校主管部门批准	其他	独立研究所	中国文学	文化艺术业	单位自办
杭州师范大学							
非物质文化遗产研究中心	2007-05-09	非学校主管部门批准	其他	跨系所	中国文学	中国共产党机关	单位自办
汉画艺术研究所	2003-12-20	学校自建	校级社科重点研究基地	跨系所	艺术学	中国共产党机关	单位自办
弘丰中心	1997-10-10	学校主管部门批准	其他	跨系所	中国文学	中国共产党机关	单位自办
艺术教育研究基地	2008-12-25	学校主管部门批准	其他	跨系所	艺术学	中国共产党机关	单位自办
浙江省民国浙江史研究中心	2006-04-24	学校主管部门批准	省级社科重点研究基地	跨系所	历史学	中国共产党机关	政府部门办
湖州师范学院							
长三角区域经济研究所	2011-11-30	学校自建	其他	独立研究所	经济学	社会工作	单位自办
儿童发展研究所	2011-11-30	学校自建	其他	独立研究所	教育学	社会工作	单位自办

续表

学校及机构名称	成立时间	批准部门	组成方式	机构类型	学科分类	服务的国民经济行业	组成类型
江南社会与历史文化研究所	2011-11-30	学校自建	其他	独立研究所	历史学	社会工作	单位自办
课程与教学研究所	2011-11-30	学校自建	其他	独立研究所	教育学	社会工作	单位自办
外国语言文学研究所	2011-11-30	学校自建	其他	独立研究所	语言学	社会工作	单位自办
文化与传播研究所	2011-11-30	学校自建	其他	独立研究所	中国文学	社会工作	单位自办
乡村旅游研究所	2011-11-30	学校自建	其他	独立研究所	管理学	社会工作	单位自办
艺术应用研究所	2011-11-30	学校自建	其他	独立研究所	艺术学	社会工作	单位自办
应用伦理学研究所	2011-11-30	学校自建	其他	独立研究所	哲学	社会工作	单位自办
绍兴文理学院							
浙江省越文化研究中心	2002-06-15	非学校主管部门批准	省级社科重点研究基地	独立研究所	中国文学	社会工作	其他
台州学院							
比较文学与世界文学研究所	1999-03-01	学校自建	校级社科重点研究基地	独立研究所	外国文学	教育	单位自办
教育研究中心	2007-07-11	学校自建	校级社科重点研究基地	独立研究所	教育学	社会工作	单位自办
经济研究所	2003-12-01	学校自建	校级社科重点研究基地	独立研究所	经济学	科技推广和应用服务业	单位自办
社会发展研究所	2007-07-11	学校自建	校级社科重点研究基地	独立研究所	社会学	科技推广和应用服务业	单位自办
台州文化研究中心	2007-07-11	学校自建	校级社科重点研究基地	独立研究所	中国文学	教育	单位自办
体育文化研究所	2007-07-11	学校自建	校级社科重点研究基地	独立研究所	体育学	教育	单位自办
英语语言文化研究所	2007-07-11	学校自建	校级社科重点研究基地	独立研究所	语言学	教育	单位自办
温州大学							
产业经济研究所	2011-03-22	学校主管部门批准	其他	独立研究所	经济学	教育	单位自办
创业发展研究所	2011-03-22	学校主管部门批准	其他	跨系所	管理学	教育	单位自办
创意设计研究所	2011-03-23	学校主管部门批准	其他	独立研究所	艺术学	中国共产党机关	单位自办
公共政策与地方治理研究所	2011-03-20	学校自建	其他	跨系所	管理学	其他服务业	单位自办
国际贸易经济合作研究所	2001-12-12	学校自建	其他	独立研究所	经济学	专业技术服务业	单位自办
国民经济研究所	2011-03-22	学校主管部门批准	其他	跨系所	经济学	教育	单位自办
国学研究所	2011-03-23	学校主管部门批准	其他	独立研究所	艺术学	中国共产党机关	单位自办

续表

学校及机构名称	成立时间	批准部门	组成方式	机构类型	学科分类	服务的国民经济行业	组成类型
韩国学研究中心	2005-05-05	学校自建	其他	跨系所	社会学	社会工作	单位自办
家族企业和企业家研究所	2011-03-21	学校主管部门批准	其他	独立研究所	经济学	教育	单位自办
教师继续教育研究所	2007-12-12	学校自建	其他	跨系所	教育学	社会工作	单位自办
教育法学研究所	2008-07-25	学校自建	其他	跨系所	法学	社会工作	单位自办
教育信息化研究所	2011-03-23	学校主管部门批准	其他	独立研究所	教育学	社会工作	单位自办
马克思主义研究所	2007-05-05	学校自建	其他	独立研究所	马克思主义	社会保障	单位自办
美国文化研究所	2011-03-23	学校主管部门批准	其他	独立研究所	外国文学	中国共产党机关	单位自办
民商经济法研究所	2011-03-19	学校自建	其他	独立研究所	法学	教育	单位自办
民营经济研究中心	2006-12-12	学校自建	其他	独立研究所	经济学	专业技术服务业	单位自办
欧美历史文化研究所	2011-03-22	学校主管部门批准	其他	跨系所	历史学	中国共产党机关	单位自办
企业文化研究所	2011-03-22	学校主管部门批准	其他	跨系所	经济学	教育	单位自办
企业信息化研究所	2005-05-05	学校自建	其他	独立研究所	管理学	教育	单位自办
区域发展与环境法治研究所	2011-03-18	学校自建	其他	跨系所	社会学	机动车、电子产品和日用产品修理业	单位自办
社会法学研究所	2007-01-05	学校自建	其他	独立研究所	法学	广播、电视、电影和影视录音制作业	单位自办
社会学民俗学研究所	2005-10-10	学校自建	其他	独立研究所	社会学	中国共产党机关	单位自办
生涯规划与人力资源开发研究所	2008-02-25	学校自建	其他	独立研究所	心理学	教育	单位自办
思想政治教育研究所	2011-03-18	学校自建	其他	跨系所	教育学	社会工作	单位自办
孙诒让研究所	2008-02-25	学校自建	其他	独立研究所	历史学	中国共产党机关	单位自办
体育社会科学研究所	2005-11-11	学校自建	其他	独立研究所	体育学	国家机构	单位自办
体育文化研究所	2011-03-22	学校主管部门批准	其他	独立研究所	体育学	国家机构	单位自办
温州历史文化研究中心	2006-06-06	学校自建	其他	跨系所	历史学	中国共产党机关	单位自办
温州人经济研究中心	2010-06-06	非学校主管部门批准	省级社科重点研究基地	独立研究所	经济学	国家机构	单位自办
文化产业研究所	2011-03-22	学校主管部门批准	其他	独立研究所	社会学	中国共产党机关	单位自办

续表

学校及机构名称	成立时间	批准部门	组成方式	机构类型	学科分类	服务的国民经济行业	组成类型
文艺学研究中心	2005-10-10	学校自建	其他	独立研究所	中国文学	中国共产党机关	单位自办
音乐表演艺术研究所	2011-03-21	学校主管部门批准	其他	跨系所	艺术学	中国共产党机关	单位自办
音乐艺术教育研究所	2011-03-21	学校主管部门批准	其他	独立研究所	教育学	社会工作	单位自办
印刷文化研究所	2011-03-22	学校主管部门批准	其他	独立研究所	社会学	中国共产党机关	单位自办
语言与认知科学研究所	2011-03-22	学校主管部门批准	其他	独立研究所	语言学	中国共产党机关	单位自办
中国经济时报·传媒与经济研究中心	2008-02-25	学校自建	其他	与校外合办所	新闻与传播学	体育	与国内独立研究机构合办
浙江工商大学							
比较文学与文化研究中心	2009-01-15	学校自建	校级社科重点研究基地	独立研究室	外国文学	中国共产党机关	单位自办
财务管理研究所	2008-10-15	学校自建	其他	跨系所	管理学	专业技术服务业	单位自办
产业经济研究所	2000-07-03	学校自建	其他	跨系所	经济学	专业技术服务业	单位自办
城乡发展与规划研究所	2011-11-16	学校自建	其他	独立研究所	管理学	专业技术服务业	单位自办
地方产业与企业转型发展研究所	2011-12-21	学校自建	其他	跨系所	管理学	专业技术服务业	单位自办
动画与艺术设计研究中心	2006-05-16	学校自建	其他	独立研究所	艺术学	中国共产党机关	单位自办
法治与伦理研究中心	2011-12-29	学校自建	校级社科重点研究基地	跨系所	法学	广播、电视、电影和影视录音制作业	单位自办
翻译与文化研究所	2006-07-19	学校自建	其他	独立研究所	语言学	中国共产党机关	单位自办
工业设计研究所	2011-11-21	学校自建	其他	独立研究所	艺术学	中国共产党机关	单位自办
国际法学重点研究基地	2010-11-25	学校自建	校级社科重点研究基地	跨系研究室	法学	社会工作	单位自办
技术经济与管理重点研究基地	2004-11-25	学校自建	校级社科重点研究基地	跨系研究室	管理学	专业技术服务业	单位自办
金融学重点研究基地	2000-07-03	学校主管部门批准	其他	独立研究所	经济学	租赁业	单位自办
旅游管理重点研究基地	1995-01-05	学校自建	校级社科重点研究基地	独立研究所	管理学	专业技术服务业	单位自办
马克思主义基本理论重点研究基地	2004-10-20	学校自建	校级社科重点研究基地	独立研究室	马克思主义	社会工作	单位自办
企业管理研究基地	2006-02-21	学校主管部门批准	其他	独立研究室	管理学	专业技术服务业	单位自办
日本文化重点研究基地	2005-05-11	学校自建	校级社科重点研究基地	跨系研究室	历史学	中国共产党机关	单位自办

续表

学校及机构名称	成立时间	批准部门	组成方式	机构类型	学科分类	服务的国民经济行业	组成类型
数量经济研究所	2004-10-20	学校自建	其他	独立研究所	统计学	专业技术服务业	单位自办
诉讼法研究基地	2008-12-24	学校主管部门批准	其他	独立研究所	法学	教育	单位自办
统计科学研究基地	2006-02-03	学校主管部门批准	其他	独立研究所	统计学	教育	单位自办
文化产业研究所	2004-10-20	学校自建	其他	跨系所	中国文学	中国共产党机关	单位自办
现代会计重点研究基地	2000-07-03	学校自建	校级社科重点研究基地	独立研究所	管理学	专业技术服务业	单位自办
现代商贸研究中心	2004-11-10	非学校主管部门批准	部省共建社科重点研究基地	跨系研究室	管理学	专业技术服务业	单位自办
应用语言学研究中心	2005-01-05	学校自建	其他	独立研究室	语言学	科技推广和应用服务业	单位自办
浙江经济社会发展研究中心	2001-12-25	学校自建	其他	独立研究室	经济学	专业技术服务业	单位自办
浙江文化研究所	2004-10-20	学校自建	其他	独立研究所	历史学	中国共产党机关	单位自办
浙商研究中心	2006-04-12	非学校主管部门批准	省级社科重点研究基地	跨系所	管理学	专业技术服务业	单位自办
政府成本与绩效评价研究所	2011-12-21	学校自建	其他	独立研究所	管理学	群众团体、社会团体和其他成员组织	单位自办
嘉兴学院							
财务管理研究所	2010-11-26	学校自建	其他	独立研究所	管理学	教育	单位自办
民商法与环境资源保护法研究所	2011-11-26	学校自建	其他	独立研究所	法学	教育	单位自办
区域经济研究所	2010-11-26	学校自建	其他	独立研究所	经济学	科技推广和应用服务业	单位自办
现代会计研究所	2010-11-26	学校自建	其他	独立研究所	管理学	社会工作	单位自办
艺术设计研究所	2011-11-26	学校自建	其他	独立研究所	艺术学	教育	单位自办
语言测试研究所	2011-11-26	学校自建	其他	独立研究所	语言学	社会工作	单位自办
政党研究所	2010-11-26	学校自建	其他	独立研究所	马克思主义	教育	单位自办
中国古代文学与地方文献研究所	2010-11-26	学校自建	其他	独立研究所	中国文学	教育	单位自办
中国美术学院							
包豪斯研究院	2012-03-01	学校自建	其他	独立研究所	艺术学	文化艺术业	单位自办
公共艺术研究中心	2004-10-15	学校自建	其他	独立研究所	艺术学	其他服务业	单位自办
色彩研究所	1994-01-01	学校自建	其他	独立研究所	艺术学	中国共产党机关	单位自办

续表

学校及机构名称	成立时间	批准部门	组成方式	机构类型	学科分类	服务的国民经济行业	组成类型
万曼壁挂研究中心	1993-01-01	学校自建	其他	独立研究所	艺术学	文化艺术业	单位自办
文化遗产研究中心	2009-03-30	学校自建	其他	跨系所	艺术学	中国共产党机关	单位自办
艺术史学史研究中心	2002-07-01	学校自建	其他	独立研究所	艺术学	中国共产党机关	单位自办
艺术现象学研究所	2001-07-01	学校自建	其他	独立研究所	艺术学	中国共产党机关	单位自办
中国计量学院							
标准化与知识产权管理	2009-06-10	学校主管部门批准	校级社科重点研究基地	跨系所	管理学	科技推广和应用服务业	单位自办
标准与质量管理研究所	2002-04-01	学校自建	其他	独立研究所	管理学	科技推广和应用服务业	单位自办
法治与社会发展研究中心	2006-01-03	学校自建	其他	独立研究所	法学	科技推广和应用服务业	单位自办
工业设计研究所	2008-02-11	学校自建	其他	独立研究所	艺术学	废弃资源综合利用业	单位自办
企业管理研究所	2004-10-10	学校自建	其他	独立研究所	管理学	科技推广和应用服务业	单位自办
体育健康研究中心	2005-04-10	学校自建	其他	独立研究所	体育学	教育	单位自办
应用经济研究所	2005-05-20	学校自建	其他	独立研究所	经济学	科技推广和应用服务业	单位自办
浙江省产业发展政策研究中心	2006-05-18	非学校主管部门批准	省级社科重点研究基地	独立研究所	管理学	研究和试验发展	其他
中国哲学研究所	2006-03-15	学校自建	其他	独立研究所	哲学	教育	单位自办
浙江万里学院							
创意设计产业与城市发展研究中心	2010-05-10	非学校主管部门批准	其他	与校外合办所	经济学	教育	与国内独立研究机构合办
民营经济研究中心	2009-09-20	非学校主管部门批准	其他	与校外合办所	管理学	教育	与国内独立研究机构合办
浙江省临港现代服务业与创意文化研究中心	2010-06-10	非学校主管部门批准	省级社科重点研究基地	独立研究所	管理学	教育	政府部门办
甬商研究基地	2007-03-20	非学校主管部门批准	其他	独立研究所	管理学	教育	政府部门办
宁波工程学院							
国际港口与物流研究中心	2008-11-01	学校主管部门批准	其他	与校外合办所	管理学	群众团体、社会团体和其他成员组织	与国内独立研究机构合办

续表

学校及机构名称	成立时间	批准部门	组成方式	机构类型	学科分类	服务的国民经济行业	组成类型
宁波市港城关系研究基地	2010-12-25	学校主管部门批准	其他	独立研究所	管理学	群众团体、社会团体和其他成员组织	政府部门办
宁波市港口城市发展与环境研究中心	2009-12-01	学校主管部门批准	其他	与校外合办所	社会学	群众团体、社会团体和其他成员组织	与国内独立研究机构合办
浙江财经学院							
财经科学研究所	2005-11-10	学校自建	其他	独立研究所	经济学	教育	单位自办
财政学	2008-12-06	学校主管部门批准	其他	独立研究所	经济学	教育	其他
产业经济学	2006-04-06	学校主管部门批准	其他	独立研究所	经济学	教育	政府部门办
产业经济与政府管制研究所	2002-04-20	学校自建	其他	独立研究所	经济学	教育	单位自办
城乡规划与环境管理研究所	2006-08-23	学校自建	其他	独立研究所	管理学	专业技术服务业	单位自办
经济与社会发展研究院	2010-09-10	学校自建	其他	独立研究所	经济学	教育	单位自办
丽水农村金融改革研究院	2012-10-08	学校自建	其他	与校外合办所	经济学	其他金融业	其他
民商法研究所	2006-08-19	学校自建	其他	独立研究所	法学	教育	单位自办
日本文化经济研究所	2007-01-05	学校自建	其他	独立研究所	语言学	教育	单位自办
社会经济综合指数与综合评价研究中心	2010-11-01	学校自建	校级社科重点研究基地	独立研究所	统计学	其他服务业	单位自办
英语国家文学研究所	2007-01-12	学校自建	其他	独立研究所	外国文学	教育	单位自办
语言文字研究所	2008-01-05	学校自建	其他	独立研究所	语言学	教育	单位自办
浙江省政府管制与公共政策研究中心	2000-01-08	非学校主管部门批准	省级社科重点研究基地	独立研究所	管理学	教育	政府部门办
政府管制研究院	2012-01-01	学校自建	校级社科重点研究基地	独立研究所	经济学	教育	单位自办
浙江警察学院							
公共理论研究中心	2010-07-01	学校自建	其他	独立研究所	法学	群众团体、社会团体和其他成员组织	单位自办
现代警务机制研究所	2006-05-21	学校自建	其他	跨系所	管理学	群众团体、社会团体和其他成员组织	单位自办
宁波大学							
城乡建设与发展研究	2012-04-20	学校自建	校级社科重点研究基地	独立研究所	社会学	土木工程建筑业	单位自办

续表

学校及机构名称	成立时间	批准部门	组成方式	机构类型	学科分类	服务的国民经济行业	组成类型
法治与和谐社会建设研究中心	2009-12-30	非学校主管部门批准	其他	与校外合办研究室	法学	群众团体、社会团体和其他成员组织	与国内独立研究机构合办
国际经济研究中心	2002-07-12	学校自建	校级社科重点研究基地	独立研究所	经济学	专业技术服务业	单位自办
会计国际发展研究中心	2012-07-19	学校自建	校级社科重点研究基地	独立研究所	经济学	商务服务业	单位自办
民营经济研究中心	2005-05-23	学校自建	校级社科重点研究基地	独立研究所	经济学	专业技术服务业	单位自办
宁波帮研究中心	2007-01-16	非学校主管部门批准	其他	跨系所	历史学	中国共产党机关	政府部门办
宁波发展战略研究中心	2012-04-20	学校自建	校级社科重点研究基地	独立研究所	经济学	研究和试验发展	单位自办
宁波方言与文化研究中心	2012-12-28	学校自建	校级社科重点研究基地	独立研究所	民族学	文化艺术业	单位自办
宁波市地方政府治理研究基地	2010-01-15	非学校主管部门批准	其他	跨系所	政治学	群众团体、社会团体和其他成员组织	政府部门办
宁波市基础教育改革研究基地	2010-01-15	非学校主管部门批准	其他	跨系所	教育学	社会工作	政府部门办
宁波市区域经济研究基地	2010-01-15	非学校主管部门批准	其他	独立研究室	经济学	科技推广和应用服务业	政府部门办
宁波市人口与社会发展研究中心	2005-09-08	非学校主管部门批准	其他	与校外合办所	社会学	文化艺术业	政府部门办
宁波市人民政府发展研究中心决策科学研究所	2006-10-26	非学校主管部门批准	校级社科重点研究基地	独立研究所	政治学	科技推广和应用服务业	政府部门办
宁波市人民政府发展研究中心区域经济所	2006-10-26	非学校主管部门批准	校级社科重点研究基地	独立研究所	经济学	水利管理业	政府部门办
宁波市浙东文化研究基地	2006-12-22	非学校主管部门批准	其他	与校外合办所	历史学	中国共产党机关	政府部门办
区域高等教育研究中心	2008-03-31	学校自建	校级社科重点研究基地	独立研究所	教育学	社会工作	单位自办
区域经济与社会发展研究院	2011-11-01	学校自建	校级社科重点研究基地	独立研究所	经济学	专业技术服务业	单位自办
人类心理与行为研究中心	2007-01-16	学校自建	校级社科重点研究基地	独立研究所	心理学	社会工作	单位自办
台湾研究中心	2011-04-01	学校自建	校级社科重点研究基地	独立研究所	经济学	专业技术服务业	单位自办
体育经济研究中心	2006-03-01	非学校主管部门批准	部省共建社科重点研究基地	跨系所	体育学	国家机构	政府部门办
外国语言文化与宁波国际化发展战略研究中心	2009-01-08	非学校主管部门批准	其他	与校外合办研究室	语言学	中国共产党机关	与国内独立研究机构合办

续表

学校及机构名称	成立时间	批准部门	组成方式	机构类型	学科分类	服务的国民经济行业	组成类型
现代高端服务业发展研究中心	2009-01-08	非学校主管部门批准	其他	与校外合办研究室	经济学	专业技术服务业	与国内独立研究机构合办
现代管理研究中心	2007-01-16	学校自建	校级社科重点研究基地	独立研究所	管理学	专业技术服务业	单位自办
现代国际贸易战略研究中心	2009-01-08	非学校主管部门批准	其他	与校外合办研究室	经济学	专业技术服务业	与国内独立研究机构合办
浙东文化研究中心	2003-07-01	学校自建	其他	独立研究所	历史学	中国共产党机关	单位自办
浙东文化与海外华人研究院	2011-11-01	学校自建	校级社科重点研究基地	独立研究所	历史学	中国共产党机关	单位自办
浙东文化与宁波文化大市建设研究中心	2009-01-08	非学校主管部门批准	其他	与校外合办研究室	中国文学	中国共产党机关	与国内独立研究机构合办
浙东中小企业研究基地	2008-07-10	非学校主管部门批准	其他	独立研究所	经济学	专业技术服务业	政府部门办
浙江省海洋文化与经济研究中心	2006-04-01	非学校主管部门批准	省级社科重点研究基地	跨系所	经济学	中国共产党机关	政府部门办
甬籍教育家研究中心	2011-02-11	学校主管部门批准	校级社科重点研究基地	与校外合办所	教育学	社会工作	与国内独立研究机构合办
浙江传媒学院							
国家动画教育研究基地	2007-08-08	非学校主管部门批准	其他	与校外合办所	新闻与传播学	教育	其他
浙江广播电视研究院	2005-12-03	非学校主管部门批准	其他	与校外合办所	新闻与传播学	教育	其他
浙江省传播与文化产业研究中心	2006-05-18	非学校主管部门批准	其他	与校外合办研究室	新闻与传播学	文化艺术业	其他
浙江省非物质文化遗产研究基地	2008-06-10	非学校主管部门批准	其他	与校外合办研究室	教育学	文化艺术业	其他
浙江省文化产业发展研究中心	2009-10-01	非学校主管部门批准	其他	独立研究所	管理学	文化艺术业	政府部门办
浙江省影视艺术研究基地	2011-06-10	学校自建	校级社科重点研究基地	跨系所	艺术学	文化艺术业	其他
中国广播电视协会媒介素养研究基地	2007-04-10	非学校主管部门批准	其他	与校外合办所	新闻与传播学	教育	其他
浙江树人学院							
茶文化研究中心	2002-10-15	学校自建	校级社科重点实验室	独立研究所	历史学	中国共产党机关	单位自办
地域文化与古籍整理研究所	2009-07-10	学校自建	其他	独立研究所	中国文学	中国共产党机关	单位自办
东亚研究所	2005-02-09	学校自建	其他	独立研究所	语言学	科技推广和应用服务业	单位自办
翻译研究所	2010-05-25	学校自建	其他	独立研究所	语言学	科技推广和应用服务业	单位自办

续表

学校及机构名称	成立时间	批准部门	组成方式	机构类型	学科分类	服务的国民经济行业	组成类型
国际贸易研究所	2009-03-12	学校自建	其他	独立研究所	经济学	专业技术服务业	单位自办
会展经济研究所	2008-04-16	学校自建	其他	独立研究所	经济学	专业技术服务业	单位自办
旅游与休闲研究所	2010-05-25	学校自建	其他	独立研究所	管理学	专业技术服务业	单位自办
民办高等教育研究所	2001-09-22	学校自建	校级社科重点研究基地	独立研究所	教育学	社会工作	单位自办
民营中小企业研究所	2002-10-05	学校自建	其他	独立研究所	管理学	专业技术服务业	单位自办
社会工作与社会建设研究所	2009-07-08	学校自建	校级社科重点研究基地	独立研究所	社会学	文化艺术业	单位自办
设计艺术与墙文化传播研究所	2010-05-25	学校自建	其他	独立研究所	艺术学	中国共产党机关	单位自办
学生体质健康指导研究中心	2010-05-25	学校自建	其他	独立研究所	体育学	国家机构	单位自办
浙江省现代服务业研究中心	2012-11-07	非学校主管部门批准	省级社科重点研究基地	独立研究所	经济学	商务服务业	政府部门办
中国服务经济研究中心	2003-06-12	学校自建	校级社科重点研究基地	独立研究所	经济学	专业技术服务业	单位自办
浙江越秀外国语学院							
大禹文化研究所	2006-09-04	学校主管部门批准	其他	独立研究所	中国文学	中国共产党机关	单位自办
高教研究所	2006-05-19	学校主管部门批准	其他	跨系所	教育学	社会工作	单位自办
区域经济研究所	2007-05-10	学校主管部门批准	其他	跨系所	经济学	租赁业	单位自办
网络传播研究所	2011-12-14	学校主管部门批准	其他	独立研究所	新闻与传播学	社会工作	单位自办
宁波大红鹰学院							
地方历史文化研究所	2011-05-06	学校主管部门批准	校级社科重点研究基地	独立研究所	历史学	中国共产党机关	单位自办
区域金融研究所	2011-05-06	学校主管部门批准	校级社科重点研究基地	独立研究所	经济学	租赁业	单位自办
设计艺术研究所	2011-05-06	学校主管部门批准	校级社科重点研究基地	独立研究所	艺术学	中国共产党机关	单位自办
数字媒体艺术研究所	2011-05-06	学校主管部门批准	校级社科重点研究基地	独立研究所	新闻与传播学	娱乐业	单位自办
现代服务业发展研究所	2011-05-06	学校主管部门批准	校级社科重点研究基地	独立研究所	经济学	卫生	单位自办
应用传播研究所	2011-05-06	学校主管部门批准	校级社科重点研究基地	独立研究所	新闻与传播学	娱乐业	单位自办
语言翻译研究所	2011-05-06	学校主管部门批准	校级社科重点研究基地	独立研究所	语言学	中国共产党机关	单位自办
中小企业管理与发展研究所	2011-05-06	学校主管部门批准	校级社科重点研究基地	独立研究所	管理学	专业技术服务业	单位自办
浙江大学城市学院							

续表

学校及机构名称	成立时间	批准部门	组成方式	机构类型	学科分类	服务的国民经济行业	组成类型
旅游发展与法制研究中心	2011-03-18	学校主管部门批准	其他	独立研究所	法学	群众团体、社会团体和其他成员组织	政府部门办
安徽省							
安徽大学							
徽学研究中心	1998-10-07	学校主管部门批准	教育部社科重点研究基地	独立研究所	历史学	教育	政府部门办
经济法制研究中心	2002-01-31	学校主管部门批准	省级社科重点研究基地	跨系所	法学	教育	政府部门办
科学发展观研究中心	2009-07-06	学校主管部门批准	省级社科重点研究基地	跨系所	马克思主义	教育	政府部门办
农村社会发展研究中心	2002-02-21	学校主管部门批准	省级社科重点研究基地	跨系所	社会学	教育	政府部门办
中国哲学与安徽思想家研究中心	2002-02-06	学校主管部门批准	省级社科重点研究基地	跨系所	哲学	教育	政府部门办
中国科学技术大学							
科学传播研究与发展中心	2003-10-09	非学校主管部门批准	省级社科重点研究基地	跨系所	新闻与传播学	研究和试验发展	政府部门办
合肥工业大学							
产业转移与创新发展研究中心	2003-10-12	非学校主管部门批准	省级社科重点研究基地	独立研究所	管理学	科技推广和应用服务业	政府部门办
现代科技发展与马克思主义理论研究中心	2005-06-20	非学校主管部门批准	省级社科重点研究基地	独立研究所	哲学	研究和试验发展	政府部门办
安徽工业大学							
ERP 研究中心	2003-09-06	学校自建	校级社科重点实验室	跨系所	管理学	教育	单位自办
大学生思想政治教育与管理研究中心	2009-04-20	学校主管部门批准	省级社科重点研究基地	独立研究所	马克思主义	教育	政府部门办
公司治理与运营研究中心	2002-04-18	学校主管部门批准	省级社科重点研究基地	跨系所	管理学	教育	政府部门办
皖江城市带承接产业转移与区域发展研究中心	2009-12-19	学校自建	校级社科重点研究基地	跨系所	经济学	教育	单位自办
安徽工程大学							
经济发展研究中心	2001-05-16	学校自建	其他	跨系研究室	经济学	科技推广和应用服务业	与国内独立研究机构合办
设计艺术研究中心	2006-01-01	学校主管部门批准	教育部社科重点研究基地	跨系研究室	艺术学	中国共产党机关	政府部门办

续表

学校及机构名称	成立时间	批准部门	组成方式	机构类型	学科分类	服务的国民经济行业	组成类型
安徽农业大学							
农科教结合研究中心	2003-10-22	学校主管部门批准	省级社科重点研究基地	跨系研究室	管理学	农业	单位自办
新农村发展研究院	2010-10-14	学校主管部门批准	其他	独立研究所	管理学	农业	政府部门办
中华茶文化研究中心	2001-05-10	学校自建	校级社科重点实验室	独立研究所	历史学	农业	单位自办
安徽医科大学							
医学哲学研究所	2002-03-01	学校自建	其他	独立研究所	哲学	社会工作	单位自办
安徽师范大学							
旅游发展与规划研究中心	2003-10-01	学校主管部门批准	省级社科重点研究基地	独立研究所	管理学	科技推广和应用服务业	单位自办
马克思主义理论与思想政治教育研究中心	2003-10-01	学校主管部门批准	省级社科重点研究基地	独立研究所	哲学	科技推广和应用服务业	单位自办
皖南历史文化研究中心	2002-06-01	学校主管部门批准	省级社科重点研究基地	独立研究所	历史学	教育	单位自办
中国诗学研究中心	2001-03-01	学校主管部门批准	部省共建社科重点研究基地	独立研究所	中国文学	教育	单位自办
阜阳师范学院						教育	
安徽武术文化研究中心	2011-07-14	学校主管部门批准	校级社科重点研究基地	独立研究所	体育学	社会工作	政府部门办
农民工研究中心	2009-05-04	非学校主管部门批准	省级社科重点研究基地	跨系所	管理学	其他服务业	单位自办
皖北文化研究中心	2003-01-01	学校主管部门批准	省级社科重点研究基地	独立研究所	社会学	教育	单位自办
安庆师范学院							
安徽省“三个代表”重要思想研究安庆师范学院研究基地	2003-10-08	非学校主管部门批准	其他	跨系研究室	马克思主义	社会工作	政府部门办
欧美研究所	2003-10-08	学校自建	校级社科重点研究基地	独立研究所	经济学	社会工作	单位自办
皖江历史文化研究中心	2008-07-03	学校主管部门批准	省级社科重点研究基地	独立研究所	历史学	社会工作	政府部门办
淮北师范大学							
安徽文献整理与研究中心	2003-02-23	学校主管部门批准	省级社科重点研究基地	独立研究所	中国文学	社会工作	单位自办
黄山学院							
非物质文化遗产研究中心	2009-05-25	学校主管部门批准	省级社科重点研究基地	独立研究所	艺术学	中国共产党机关	单位自办

续表

学校及机构名称	成立时间	批准部门	组成方式	机构类型	学科分类	服务的国民经济行业	组成类型
皖西学院							
教师教育研究所	2002-10-17	学校自建	校级社科重点研究基地	跨系所	教育学	社会工作	单位自办
皖西文化艺术中心(皖西文化研究所)	2002-06-13	学校自建	校级社科重点研究基地	跨系研究室	中国文学	社会工作	单位自办
安徽财经大学							
合作经济研究中心	2005-01-12	学校主管部门批准	省级社科重点研究基地	独立研究所	经济学	农、林、牧、渔服务业	单位自办
经济发展研究中心	2003-01-09	学校主管部门批准	省级社科重点研究基地	独立研究所	经济学	教育	政府部门办
宿州学院							
布克研究所	2011-03-04	学校自建	校级社科重点研究基地	独立研究所	民族学	社会工作	单位自办
大学文化研究中心	2011-04-01	学校主管部门批准	省级社科重点研究基地	独立研究所	教育学	中国共产党机关	单位自办
孟二冬精神与传统文化研究所	2011-03-04	学校自建	校级社科重点研究基地	独立研究所	民族学	社会工作	单位自办
赛珍珠研究所	2003-12-01	学校自建	其他	跨系所	中国文学	中国共产党机关	单位自办
宿州书画·灵璧石研究中心	2009-11-02	学校自建	校级社科重点研究基地	独立研究所	教育学	社会工作	单位自办
皖北城乡一体化研究中心	2012-12-01	学校自建	校级社科重点研究基地	独立研究所	经济学	农业	与国内独立研究机构合办
现代教育研究室	2003-09-18	学校自建	其他	跨系研究室	教育学	社会工作	单位自办
应用型高校大学文化研究中心	2009-11-01	学校自建	校级社科重点研究基地	独立研究所	教育学	社会工作	单位自办
淮南师范学院							
《淮南子》文化研究中心	2012-03-01	学校自建	校级社科重点研究基地	跨系所	社会学	教育	单位自办
发展与教育心理研究室	2013-06-01	学校自建	校级社科重点实验室	跨系所	心理学	教育	单位自办
高校应急管理研究中心	2013-03-01	学校自建	校级社科重点研究基地	跨系所	管理学	教育	单位自办
淮南地域文化研究中心	2009-06-01	学校自建	校级社科重点研究基地	跨系所	中国文学	文化艺术业	单位自办
教师教育研究与培训中心	2008-05-05	学校主管部门批准	校级社科重点研究基地	独立研究室	教育学	社会工作	单位自办
老龄问题研究中心	2012-03-01	学校自建	校级社科重点研究基地	跨系所	社会学	社会工作	单位自办
区域政治社会治理研究中心	2009-06-01	学校自建	校级社科重点研究基地	跨系所	政治学	社会工作	单位自办
芍陂历史文化研究中心	2012-03-01	学校自建	校级社科重点实验室	跨系所	历史学	教育	单位自办

续表

学校及机构名称	成立时间	批准部门	组成方式	机构类型	学科分类	服务的国民经济行业	组成类型
少儿艺术研究中心	2008-05-05	学校主管部门批准	校级社科重点研究基地	独立研究室	艺术学	中国共产党机关	单位自办
资源型城市发展研究中心	2010-09-01	非学校主管部门批准	省级社科重点研究基地	跨系研究室	经济学	科技推广和应用服务业	单位自办
铜陵学院							
教育教学研究所	2008-05-15	学校主管部门批准	其他	独立研究室	教育学	社会工作	单位自办
区域经济研究所	2008-05-15	学校主管部门批准	其他	独立研究室	经济学	群众团体、社会团体和其他成员组织	政府部门办
皖江经济发展研究中心	2011-04-12	学校主管部门批准	省级社科重点研究基地	跨系所	经济学	科技推广和应用服务业	政府部门办
安徽建筑工业学院							
建筑经济与房地产管理研究中心	2013-04-12	学校主管部门批准	省级社科重点研究基地	独立研究所	管理学	房屋建筑业	单位自办
安徽科技学院							
安徽省大学生创业教育研究中心	2010-11-01	学校主管部门批准	其他	独立研究所	教育学	社会工作	单位自办
明文化研究所	2007-08-26	学校自建	校级社科重点研究基地	独立研究所	中国文学	中国共产党机关	单位自办
农村经济发展研究所	2007-08-26	学校自建	校级社科重点研究基地	独立研究所	经济学	农、林、牧、渔服务业	单位自办
现代企业管理研究所	2007-08-27	学校自建	校级社科重点研究基地	独立研究所	管理学	科技推广和应用服务业	单位自办
安徽三联学院							
贸易与竞争政策研究中心	2010-12-15	学校自建	校级社科重点研究基地	跨系研究室	法学	社会工作	单位自办
企业创新与发展研究中心	2011-03-01	学校自建	校级社科重点研究基地	跨系研究室	管理学	社会保障	单位自办
合肥学院							
房地产研究所	2011-01-07	学校自建	其他	独立研究所	经济学	房地产业	单位自办
环巢湖文化与经济社会发展研究中心	2012-12-28	学校主管部门批准	省级社科重点研究基地	与校外合办所	经济学	国家机构	与国内高校合办
基础教育研究所	2011-05-11	学校自建	其他	独立研究室	教育学	教育	单位自办
江淮文化研究所	2011-05-11	学校自建	其他	独立研究室	中国文学	文化艺术业	单位自办
旅游咨询与规划研究所	2011-05-11	学校自建	其他	独立研究所	管理学	其他服务业	单位自办
现代管理研究所	2011-05-11	学校自建	其他	独立研究室	管理学	其他服务业	单位自办
知识产权研究所	2011-05-11	学校自建	其他	独立研究室	法学	软件和信息技术服务业	单位自办

续表

学校及机构名称	成立时间	批准部门	组成方式	机构类型	学科分类	服务的国民经济行业	组成类型
中小企业发展研究中心	2013-05-11	学校自建	其他	与校外合办研究室	经济学	资本市场服务	单位自办
池州学院							
皖南民俗文化研究中心	2011-04-01	学校主管部门批准	省级社科重点研究基地	跨系研究室	历史学	社会工作	单位自办
安徽商贸职业技术学院							
财贸经济研究所	2008-10-15	学校自建	其他	独立研究所	管理学	专业技术服务业	单位自办
安徽新华学院							
大学生素质教育研究中心	2009-01-31	学校主管部门批准	省级社科重点研究基地	独立研究所	教育学	教育	单位自办
安徽文达信息工程学院							
淮军研究所	2012-01-02	学校自建	校级社科重点研究基地	独立研究所	历史学	文化艺术业	单位自办
亳州师范高等专科学校							
亳文化研究中心	2010-04-28	学校自建	校级社科重点研究基地	跨系研究室	社会学	中国共产党机关	单位自办
合肥师范学院							
动画创意与策划研究中心	2011-05-18	学校主管部门批准	校级社科重点研究基地	独立研究所	艺术学	文化艺术业	单位自办
翻译研究所	2006-03-01	学校自建	校级社科重点研究基地	跨系所	语言学	社会工作	单位自办
古籍研究所	2006-03-01	学校自建	校级社科重点研究基地	跨系研究室	中国文学	社会工作	单位自办
徽派版画艺术研究所	2006-03-01	学校自建	校级社科重点研究基地	独立研究所	艺术学	社会工作	单位自办
基础教育改革与发展协同创新中心	2012-03-08	学校主管部门批准	校级社科重点研究基地	与校外合办研究室	教育学	教育	与国内高校合办
教师教育研究中心	2010-12-25	学校主管部门批准	省级社科重点研究基地	独立研究所	教育学	社会工作	单位自办
教育科学研究所	2006-03-01	学校自建	校级社科重点研究基地	独立研究所	教育学	社会工作	单位自办
马克思主义中国化研究所	2008-05-26	学校自建	校级社科重点研究基地	跨系所	马克思主义	社会工作	单位自办
中国画艺术研究所	2008-10-17	学校自建	校级社科重点研究基地	独立研究所	艺术学	社会工作	单位自办
中国诗学研究所	2006-03-01	学校自建	校级社科重点研究基地	独立研究所	中国文学	社会工作	单位自办
河海大学文天学院							
河海大学文天人力资源研究院	2009-10-15	学校自建	其他	独立研究所	管理学	教育	单位自办
桐城师范高等专科学校							

续表

学校及机构名称	成立时间	批准部门	组成方式	机构类型	学科分类	服务的国民经济行业	组成类型
桐城派学术研究中心	2011-04-01	学校自建	其他	独立研究所	图书、文献与情报学	文教、工美、体育和娱乐用品制造业	单位自办
福建省							
厦门大学							
财务管理与会计研究院	2005-12-01	学校主管部门批准	教育部985社科创新基地	独立研究所	管理学	科技推广和应用服务业	单位自办
财政科学研究所	1986-01-01	学校自建	其他	独立研究所	经济学	科技推广和应用服务业	单位自办
传播研究所	1993-05-01	学校自建	其他	独立研究室	新闻与传播学	科技推广和应用服务业	单位自办
道学与传统文化研究中心	2003-05-01	学校自建	其他	独立研究室	宗教学	中国共产党机关	单位自办
东南亚华文文学研究中心	1994-06-01	学校自建	其他	独立研究室	外国文学	教育	单位自办
东南亚研究中心	2000-08-01	学校主管部门批准	教育部社科重点研究基地	独立研究所	历史学	教育	单位自办
佛学研究中心	2003-07-01	学校自建	其他	独立研究所	宗教学	国际组织	单位自办
福建经济研究中心	2000-04-01	非学校主管部门批准	其他	独立研究室	经济学	科技推广和应用服务业	政府部门办
高等教育发展研究中心	1978-05-04	学校主管部门批准	教育部社科重点研究基地	独立研究所	教育学	社会工作	单位自办
高教质量与评估研究所	2009-03-01	学校自建	其他	独立研究室	教育学	社会工作	单位自办
公共财政研究中心	2007-03-01	非学校主管部门批准	省级社科重点研究基地	独立研究所	经济学	科技推广和应用服务业	单位自办
公共管理与政策分析研究中心	2003-02-01	学校自建	其他	独立研究室	管理学	国家机构	单位自办
古籍整理研究所	1983-03-01	学校主管部门批准	其他	独立研究所	历史学	科技推广和应用服务业	单位自办
国际经济法研究所	1987-10-05	学校自建	其他	独立研究所	法学	科技推广和应用服务业	单位自办
国际税法与比较税制研究中心	2007-05-01	学校自建	其他	独立研究室	法学	社会工作	单位自办
国家语言资源监测与研究中心教育教材语言分中心	2005-06-01	非学校主管部门批准	其他	独立研究所	语言学	中国共产党机关	政府部门办
国民经济与核算研究所	1983-05-01	学校自建	其他	独立研究室	统计学	科技推广和应用服务业	单位自办
国术与健身研究中心	2009-10-03	学校自建	其他	独立研究所	体育学	国家机构	单位自办
国学研究院	2006-12-22	学校自建	其他	独立研究所	历史学	文教、工美、体育和娱乐用品制造业	其他
海外华文教育研究所	1990-09-01	学校主管部门批准	其他	独立研究所	语言学	社会工作	政府部门办

续表

学校及机构名称	成立时间	批准部门	组成方式	机构类型	学科分类	服务的国民经济行业	组成类型
海峡媒体中心	2009-09-01	学校主管部门批准	校级社科重点研究基地	独立研究室	新闻与传播学	文化艺术业	单位自办
海洋考古学研究中心	2004-07-01	学校自建	其他	独立研究室	考古学	教育	单位自办
宏观经济研究中心	2005-02-01	学校主管部门批准	教育部社科重点研究基地	独立研究所	经济学	教育	单位自办
会计发展研究中心	2000-12-02	学校主管部门批准	教育部社科重点研究基地	独立研究所	管理学	科技推广和应用服务业	单位自办
经济法学研究中心	2004-07-01	学校自建	其他	独立研究室	法学	科技推广和应用服务业	单位自办
经济研究所	1937-01-01	学校主管部门批准	其他	独立研究所	经济学	专业技术服务业	政府部门办
考试研究中心	2003-01-04	学校自建	其他	独立研究室	教育学	社会工作	单位自办
劳动经济研究中心	2004-04-01	学校自建	其他	独立研究室	经济学	科技推广和应用服务业	单位自办
历史研究所	1978-12-01	学校主管部门批准	其他	独立研究室	历史学	教育	政府部门办
旅游管理与规划研究所	2005-12-01	学校主管部门批准	其他	独立研究所	管理学	科技推广和应用服务业	政府部门办
旅游人类学研究中心	2010-02-01	学校自建	其他	独立研究室	民族学	教育	单位自办
美国史研究所	1999-12-01	学校自建	其他	独立研究室	历史学	教育	单位自办
民间历史文献研究中心	2007-02-01	学校自建	其他	独立研究所	历史学	教育	单位自办
闽商研究中心	2008-02-01	学校自建	其他	独立研究室	历史学	社会工作	单位自办
南海研究院	2012-05-30	学校自建	校级社科重点研究基地	独立研究所	法学	国家机构	单位自办
南洋研究院	1956-03-01	学校主管部门批准	其他	独立研究所	历史学	社会工作	政府部门办
评估研究中心	2000-03-01	学校自建	其他	与校外合办所	经济学	租赁业	其他
企业发展战略研究中心	2006-01-01	学校主管部门批准	省级社科重点研究基地	跨系所	管理学	科技推广和应用服务业	单位自办
人类学研究中心	2006-03-01	非学校主管部门批准	省级社科重点研究基地	独立研究所	民族学	中国共产党机关	单位自办
社会发展研究中心	2001-01-01	学校自建	其他	独立研究室	社会学	广播、电视、电影和影视录音制作业	单位自办
世界经济研究中心	2004-06-28	非学校主管部门批准	省级社科重点研究基地	独立研究所	经济学	科技推广和应用服务业	单位自办
数据挖掘研究中心	2010-07-01	学校自建	其他	独立研究所	统计学	专业技术服务业	单位自办
台湾研究中心	2000-12-30	学校主管部门批准	教育部社科重点研究基地	独立研究所	经济学	科技推广和应用服务业	政府部门办
王亚南经济研究院	2005-07-01	学校主管部门批准	教育部985社科创新基地	独立研究所	经济学	租赁业	政府部门办

续表

学校及机构名称	成立时间	批准部门	组成方式	机构类型	学科分类	服务的国民经济行业	组成类型
文化创意产业研究中心	2009-07-01	学校自建	其他	独立研究所	艺术学	中国共产党机关	单位自办
现代管理科学研究所	1999-01-01	学校自建	其他	独立研究所	管理学	科技推广和应用服务业	单位自办
现代企业运营与技术管理研究中心	2010-12-01	学校自建	其他	跨系所	管理学	其他服务业	单位自办
哲学研究所	1986-03-10	学校自建	其他	独立研究室	哲学	科技推广和应用服务业	单位自办
政府绩效管理研究中心	2009-10-01	学校自建	其他	独立研究所	管理学	群众团体、社会团体和其他成员组织	单位自办
政治学与行政学研究所	1986-10-01	学校自建	其他	跨系研究室	政治学	群众团体、社会团体和其他成员组织	单位自办
证券研究中心	2002-02-01	学校自建	其他	独立研究室	经济学	其他金融业	单位自办
中国国际发展研究中心	2011-07-01	学校自建	其他	独立研究所	经济学	教育	单位自办
中国海洋文明与战略发展研究中心	2010-02-01	学校主管部门批准	校级社科重点研究基地	跨系研究室	历史学	教育	单位自办
中国民营企业战略投资与资本运作研究中心	2008-10-01	学校自建	其他	独立研究所	经济学	租赁业	单位自办
中国能源经济研究中心	2006-05-04	学校自建	其他	独立研究所	经济学	科技推广和应用服务业	单位自办
中国特色社会主义理论体系研究与培训基地	2009-10-01	学校自建	其他	与校外合办研究室	马克思主义	中国共产党机关	单位自办
中国语言文学研究所	1977-03-01	学校主管部门批准	其他	独立研究室	中国文学	中国共产党机关	政府部门办
中外合作办学研究中心	2010-03-01	学校自建	其他	独立研究室	教育学	社会工作	单位自办
中小企业与经济发展研究中心	2009-08-01	学校自建	其他	与校外合办研究室	经济学	研究和试验发展	与境内注册其他企业合办
华侨大学							
旅游景观规划设计研究中心	2002-12-12	学校自建	其他	独立研究所	管理学	科技推广和应用服务业	单位自办
福州大学							
C3(创新.创意.创业)研究所	2009-05-10	学校主管部门批准	校级社科重点研究基地	跨系所	管理学	教育	单位自办
邓小平理论基地	2009-05-10	学校自建	校级社科重点研究基地	跨系所	马克思主义	教育	单位自办

续表

学校及机构名称	成立时间	批准部门	组成方式	机构类型	学科分类	服务的国民经济行业	组成类型
福建省高校决策科学与科教管理研究基地	2006-04-10	学校主管部门批准	其他	跨系所	管理学	其他服务业	政府部门办
福建省软科学研究基地	2005-05-10	非学校主管部门批准	其他	独立研究所	管理学	科技推广和应用服务业	政府部门办
福建省物流行业技术开发基地	2009-09-23	学校主管部门批准	其他	独立研究所	管理学	社会工作	政府部门办
高等教育研究所	1988-12-15	学校自建	其他	独立研究所	教育学	社会工作	单位自办
经济管理研究所	1992-04-15	学校自建	其他	独立研究所	经济学	专业技术服务业	单位自办
决策科学研究所	2009-05-13	学校自建	校级社科重点研究基地	独立研究所	管理学	研究和试验发展	单位自办
循环经济研究所	2012-09-27	学校自建	校级社科重点研究基地	独立研究所	经济学	其他金融业	单位自办
中国思想文化史研究所	2012-10-11	学校自建	校级社科重点研究基地	独立研究所	历史学	社会工作	单位自办
福建中医药大学							
闽台中医药文化文献研究中心	2009-10-20	学校主管部门批准	省级社科重点研究基地	独立研究所	图书、文献与情报学	社会工作	单位自办
福建师范大学							
福建师大区域经济综合竞争力研究中心	2011-01-06	非学校主管部门批准	校级社科重点研究基地	与校外合办所	经济学	社会工作	与国内独立研究机构合办
福建师范大学慈善研究所	2012-05-16	学校自建	校级社科重点研究基地	跨系所	社会学	社会工作	单位自办
跨文化研究中心	2010-10-30	学校自建	校级社科重点研究基地	独立研究所	外国文学	社会工作	单位自办
美洲史研究院	2011-03-01	学校自建	校级社科重点研究基地	跨系所	历史学	教育	单位自办
闽台区域研究中心	2000-01-20	非学校主管部门批准	部省共建社科重点研究基地	跨系所	历史学	国际组织	政府部门办
体育科学研究所	1996-12-01	学校自建	其他	跨系所	体育学	国家机构	单位自办
中国基督教研究中心	2009-10-01	学校主管部门批准	校级社科重点研究基地	跨系所	宗教学	国际组织	单位自办
中琉关系研究所	1990-05-05	学校自建	其他	跨系所	历史学	群众团体、社会团体和其他成员组织	单位自办
宗教文化研究所	1993-05-01	学校自建	其他	跨系所	宗教学	国际组织	单位自办
宁德师范学院							
畲族文化研究所	2009-10-15	学校自建	其他	独立研究所	民族学	社会工作	单位自办

续表

学校及机构名称	成立时间	批准部门	组成方式	机构类型	学科分类	服务的国民经济行业	组成类型
厦门理工学院							
720 品牌研究所	2008-09-04	学校自建	其他	跨系所	新闻与传播学	商务服务业	单位自办
创新方法研究所	2009-09-01	学校自建	其他	跨系所	管理学	社会工作	单位自办
大学英语研究中心	2007-09-27	学校自建	其他	独立研究所	语言学	社会工作	单位自办
工业设计研究所	2011-09-01	学校自建	其他	独立研究所	艺术学	租赁业	单位自办
闽商与家族企业研究所	2011-09-01	学校自建	其他	独立研究所	管理学	群众团体、社会团体和其他成员组织	单位自办
闽台金融发展研究所	2009-09-07	学校自建	其他	独立研究所	经济学	群众团体、社会团体和其他成员组织	单位自办
日本语言文化研究中心	2007-09-01	学校自建	其他	独立研究所	语言学	社会工作	单位自办
社会体育研究所	2007-09-03	学校自建	其他	独立研究所	体育学	国家机构	单位自办
太极文化研究所	2011-09-01	学校自建	其他	独立研究所	体育学	体育	单位自办
投资与发展研究所	2011-09-01	学校自建	其他	独立研究所	经济学	租赁业	单位自办
厦门地方史研究所	2011-09-01	学校自建	其他	独立研究所	历史学	国际组织	单位自办
信用研究所	2007-09-01	学校自建	其他	独立研究所	社会学	社会工作	单位自办
知识管理研究所	2007-09-01	学校自建	其他	独立研究所	管理学	社会工作	单位自办
龙岩学院							
古田会议精神研究所	2008-09-10	学校自建	校级社科重点研究基地	独立研究所	马克思主义	文教、工美、体育和娱乐用品制造业	单位自办
教育科学研究所	2004-09-10	学校自建	校级社科重点研究基地	独立研究所	教育学	文教、工美、体育和娱乐用品制造业	单位自办
客家文化研究所	2004-09-10	学校自建	校级社科重点研究基地	独立研究所	民族学	文教、工美、体育和娱乐用品制造业	单位自办
客家研究中心	2008-01-08	学校主管部门批准	省级社科重点研究基地	独立研究所	民族学	文教、工美、体育和娱乐用品制造业	单位自办
闽西人口与家庭发展研究基地	2012-10-10	学校自建	校级社科重点研究基地	与校外合办所	社会学	社会工作	其他

续表

学校及机构名称	成立时间	批准部门	组成方式	机构类型	学科分类	服务的国民经济行业	组成类型
企业管理研究所	2004-09-10	学校自建	校级社科重点研究基地	独立研究所	管理学	文教、工美、体育和娱乐用品制造业	单位自办
区域经济研究所	2004-09-10	学校自建	校级社科重点研究基地	独立研究所	经济学	文教、工美、体育和娱乐用品制造业	单位自办
中外语言文化研究所	2004-09-10	学校自建	校级社科重点研究基地	独立研究所	语言学	文教、工美、体育和娱乐用品制造业	单位自办
福建商业高等专科学校							
闽商文化研究室	2004-12-01	学校自建	其他	独立研究所	民族学	社会工作	单位自办
莆田学院							
妈祖文化研究中心	2005-04-30	学校主管部门批准	省级社科重点研究基地	跨系所	民族学	国际组织	单位自办
江西省							
南昌大学							
江西省大学生思想政治教育研究中心	2005-11-01	学校主管部门批准	省级社科重点研究基地	独立研究所	马克思主义	社会工作	单位自办
江右哲学研究中心	2003-03-06	学校主管部门批准	省级社科重点研究基地	独立研究所	哲学	社会工作	政府部门办
南昌大学客赣方言及语言应用中心	2002-11-01	学校主管部门批准	省级社科重点研究基地	独立研究所	语言学	社会工作	政府部门办
影视艺术研究中心	2001-07-06	学校自建	省级社科重点研究基地	独立研究所	中国文学	娱乐业	单位自办
中国中部经济发展研究中心	2002-09-02	学校主管部门批准	教育部社科重点研究基地	独立研究所	经济学	社会工作	政府部门办
华东交通大学							
交通运输与经济研究所	2005-03-01	学校主管部门批准	省级社科重点研究基地	跨系所	管理学	研究和试验发展	单位自办
女性研究中心	2007-07-01	学校主管部门批准	省级社科重点研究基地	跨系所	社会学	社会保障	单位自办
东华理工大学							
地质资源经济管理研究中心	2006-07-26	学校主管部门批准	其他	跨系研究室	经济学	科技推广和应用服务业	政府部门办
江西戏剧资源研究中心	2007-07-16	学校主管部门批准	其他	跨系所	中国文学	中国共产党机关	政府部门办
南昌航空大学							
国家体育总局体育文化研究基地	2008-03-01	学校主管部门批准	部省共建社科重点研究基地	与校外合办研究室	体育学	体育	政府部门办

续表

学校及机构名称	成立时间	批准部门	组成方式	机构类型	学科分类	服务的国民经济行业	组成类型
江西省思想政治理论课教育教学研究中心	2005-07-16	非学校主管部门批准	省级社科重点研究基地	与校外合办研究室	马克思主义	教育	政府部门办
景德镇陶瓷学院							
中国陶瓷文化研究所	2006-06-30	学校主管部门批准	省级社科重点研究基地	独立研究所	艺术学	中国共产党机关	单位自办
江西农业大学							
边缘法学研究中心	2003-06-30	学校自建	校级社科重点研究基地	独立研究所	法学	国家机构	单位自办
邓小平理论研究中心	1995-03-20	学校自建	校级社科重点研究基地	独立研究所	马克思主义	科技推广和应用服务业	单位自办
江西农业大学“三农”问题研究中心	2006-07-26	学校主管部门批准	校级社科重点研究基地	独立研究所	经济学	农业	政府部门办
江西农业大学高等教育研究所	2002-05-14	学校自建	其他	独立研究所	教育学	社会工作	单位自办
江西农业大学景观与环境生态研究中心	2011-09-20	学校自建	校级社科重点实验室	独立研究所	管理学	农、林、牧、渔服务业	单位自办
江西农业大学移民研究中心	2010-03-20	学校自建	校级社科重点实验室	独立研究所	社会学	科技推广和应用服务业	单位自办
江西师范大学							
传统社会与江西现代化研究中心	2006-10-18	学校主管部门批准	其他	独立研究所	历史学	社会工作	其他
当代形态文艺学研究中心	2003-09-15	学校主管部门批准	其他	独立研究所	中国文学	社会工作	政府部门办
江西省红色资源开发与教育研究中心	2004-03-15	学校主管部门批准	其他	独立研究所	马克思主义	社会工作	政府部门办
教师教育研究中心	2003-09-15	学校主管部门批准	其他	独立研究所	教育学	社会工作	政府部门办
区域创新与创业研究中心	2006-10-18	学校主管部门批准	其他	独立研究所	经济学	社会工作	政府部门办
上饶师范学院							
朱子学研究所	1988-05-20	学校主管部门批准	省级社科重点研究基地	独立研究所	哲学	教育	单位自办
宜春学院							
赣西民俗文化研究所	2004-12-01	学校主管部门批准	校级社科重点研究基地	独立研究所	宗教学	中国共产党机关	单位自办
高等教育研究	2004-12-01	学校主管部门批准	校级社科重点研究基地	独立研究所	教育学	社会工作	单位自办
赣南师范学院							
教育经济研究中心	2009-12-29	学校主管部门批准	省级社科重点研究基地	跨系所	教育学	社会工作	单位自办
客家研究中心	2001-04-19	学校主管部门批准	省级社科重点研究基地	跨系所	社会学	科技推广和应用服务业	单位自办

续表

学校及机构名称	成立时间	批准部门	组成方式	机构类型	学科分类	服务的国民经济行业	组成类型
中央苏区研究中心	2007-08-06	学校主管部门批准	省级社科重点研究基地	跨系所	历史学	社会工作	其他
井冈山大学							
井冈山研究中心	2005-12-06	学校主管部门批准	省级社科重点研究基地	独立研究所	马克思主义	社会工作	单位自办
庐陵文化研究所	2009-12-12	学校主管部门批准	省级社科重点研究基地	独立研究所	中国文学	社会工作	单位自办
江西财经大学							
产业集群与企业发展研究中心	2003-05-01	学校主管部门批准	省级社科重点研究基地	独立研究所	管理学	教育	单位自办
产业经济研究院	2003-04-04	学校主管部门批准	省级社科重点研究基地	独立研究所	经济学	教育	单位自办
会计发展研究中心	2006-09-01	学校主管部门批准	省级社科重点研究基地	独立研究所	经济学	教育	单位自办
江西经济发展研究院	2000-05-01	学校主管部门批准	其他	独立研究所	经济学	教育	单位自办
金融发展与风险防范研究中心	2006-02-15	学校自建	省级社科重点研究基地	独立研究所	经济学	教育	单位自办
生态文明与生态经济研究院	2008-05-15	学校主管部门批准	省级社科重点研究基地	独立研究所	经济学	教育	单位自办
江西科技师范大学							
八一精神研究中心	2010-04-16	学校自建	校级社科重点研究基地	与校外合办所	马克思主义	中国共产党机关	其他
江西艺海设计研究所	2001-09-12	学校自建	其他	独立研究所	艺术学	中国共产党机关	单位自办
客家音乐艺术中心	2010-04-16	学校自建	校级社科重点研究基地	与校外合办所	艺术学	中国共产党机关	单位自办
文科综合实验中心	2008-02-29	学校自建	校级社科重点研究基地	跨系所	管理学	社会工作	单位自办
职教所	2002-05-01	学校主管部门批准	其他	独立研究所	教育学	社会工作	单位自办
南昌工程学院							
马克思主义社会发展理论研究所	2005-12-16	学校自建	校级社科重点研究基地	独立研究所	马克思主义	社会保障	单位自办
水文化研究中心	2010-10-16	学校主管部门批准	省级社科重点研究基地	独立研究所	哲学	科技推广和应用服务业	单位自办
江西警察学院							
公共安全研究中心	2012-06-25	非学校主管部门批准	省级社科重点研究基地	独立研究室	法学	社会工作	单位自办
江西经济犯罪侦查研究中心	2004-11-12	学校自建	校级社科重点研究基地	独立研究室	法学	社会工作	单位自办
江西警察法治研究中心	1997-12-18	学校自建	校级社科重点研究基地	独立研究所	法学	社会工作	单位自办

续表

学校及机构名称	成立时间	批准部门	组成方式	机构类型	学科分类	服务的国民经济行业	组成类型
江西警察学院公安民警忠诚教育研究中心	2010-03-10	学校自建	校级社科重点研究基地	独立研究室	法学	教育	单位自办
江西警察学院管理研究中心	2009-12-09	学校自建	校级社科重点研究基地	独立研究室	法学	社会工作	单位自办
江西警察学院计算机犯罪侦查研究中心	2009-12-10	学校自建	校级社科重点研究基地	独立研究所	法学	社会工作	单位自办
江西警察学院物证鉴定所	2001-12-21	非学校主管部门批准	校级社科重点实验室	跨系所	法学	教育	单位自办
江西警察学院应急管理及群体性事件研究中心	2009-12-09	学校自建	校级社科重点研究基地	跨系研究室	法学	社会工作	单位自办
鄱阳湖生态经济区安全研究中心	2010-12-20	学校自建	校级社科重点研究基地	跨系研究室	法学	教育	单位自办
九江学院							
庐山文化研究中心	2008-06-01	学校主管部门批准	省级社科重点研究基地	独立研究所	中国文学	中国共产党机关	政府部门办
山东省							
山东大学							
当代社会主义研究所	2000-03-01	学校主管部门批准	教育部社科重点研究基地	独立研究所	马克思主义	社会工作	单位自办
经济研究院	2001-06-25	学校主管部门批准	其他	独立研究所	经济学	社会工作	单位自办
儒学高等研究院	2010-04-21	学校主管部门批准	校级社科重点研究基地	独立研究所	哲学	社会工作	单位自办
山东发展研究院	2011-12-01	学校主管部门批准	省级社科重点研究基地	独立研究所	经济学	科技推广和应用服务业	政府部门办
卫生管理与政策研究中心	2002-07-01	学校自建	其他	独立研究所	社会学	社会工作	单位自办
文史哲研究院	2002-04-03	学校自建	其他	独立研究所	历史学	社会工作	单位自办
文艺美学研究中心	2000-12-01	学校主管部门批准	教育部社科重点研究基地	独立研究所	中国文学	社会工作	其他
易学与哲学研究中心	1988-03-20	学校主管部门批准	教育部社科重点研究基地	独立研究所	哲学	社会工作	单位自办
犹太教与跨宗教研究中心	2004-11-01	学校主管部门批准	教育部社科重点研究基地	独立研究所	宗教学	社会工作	单位自办
宗教科学与社会问题研究所	2002-03-11	学校自建	其他	独立研究所	宗教学	社会工作	单位自办
山东科技大学							
山东省矿区和谐发展研究基地	2006-12-01	学校自建	校级社科重点研究基地	跨系所	管理学	科技推广和应用服务业	单位自办

续表

学校及机构名称	成立时间	批准部门	组成方式	机构类型	学科分类	服务的国民经济行业	组成类型
山东省生态文明与经济社会发展研究基地	2009-10-01	学校自建	校级社科重点研究基地	与校外合办所	经济学	科技推广和应用服务业	单位自办
山东省资源管理与环境保护软科学研究基地	2009-07-01	学校自建	校级社科重点研究基地	跨系所	管理学	科技推广和应用服务业	单位自办
中国石油大学(华东)							
马克思主义中国化研究中心	2011-06-30	学校主管部门批准	其他	与校外合办研究室	马克思主义	社会保障	政府部门办
人才发展研究中心	2011-11-30	非学校主管部门批准	其他	跨系所	管理学	群众团体、社会团体和其他成员组织	其他
济南大学							
高等教育研究中心	2011-06-01	非学校主管部门批准	省级社科重点研究基地	独立研究所	教育学	社会工作	单位自办
软实力研究中心	2010-10-01	非学校主管部门批准	校级社科重点研究基地	跨系所	管理学	专业技术服务业	单位自办
山东省城市发展研究基地	2005-01-01	学校自建	校级社科重点研究基地	与校外合办所	经济学	铁路运输业	单位自办
山东省民俗与非物质文化遗产研究基地	2009-10-18	学校自建	校级社科重点研究基地	与校外合办所	社会学	中国共产党机关	与国内独立研究机构合办
山东省饮食文化产业开发研究基地	2009-12-24	学校自建	校级社科重点研究基地	独立研究所	管理学	资本市场服务	单位自办
音乐发展研究中心	2011-04-01	学校主管部门批准	校级社科重点研究基地	独立研究所	艺术学	社会工作	单位自办
山东建筑大学							
齐鲁建筑文化研究中心	2008-06-12	非学校主管部门批准	其他	独立研究所	艺术学	中国共产党机关	单位自办
齐鲁建筑文化与景观艺术研究基地	2011-06-28	学校主管部门批准	省级社科重点研究基地	独立研究所	艺术学	房屋建筑业	单位自办
山东轻工业学院							
道学与传统文化研究中心	2011-11-25	学校自建	其他	跨系所	宗教学	教育	单位自办
技术经济研究所	2011-03-01	学校自建	其他	跨系所	经济学	教育	单位自办
马克思主义中国化研究中心	2011-03-01	学校自建	其他	跨系所	马克思主义	教育	单位自办
美术研究所	2011-03-01	学校自建	其他	独立研究室	艺术学	教育	单位自办
企业管理研究所	2011-02-28	学校自建	其他	独立研究所	管理学	教育	单位自办
区域创新与可持续发展研究基地	2011-07-20	学校主管部门批准	省级社科重点研究基地	跨系所	经济学	教育	单位自办

续表

学校及机构名称	成立时间	批准部门	组成方式	机构类型	学科分类	服务的国民经济行业	组成类型
文化翻译研究所	2011-03-01	学校自建	其他	独立研究所	语言学	教育	单位自办
艺术理论研究所	2011-03-01	学校自建	其他	跨系所	艺术学	教育	单位自办
语言文学研究所	2011-05-25	学校自建	其他	跨系所	语言学	教育	单位自办
中国政党研究中心	2011-03-01	学校自建	其他	独立研究室	政治学	教育	单位自办
资本运营研究所	2011-03-01	学校自建	其他	跨系所	经济学	教育	单位自办
山东农业大学							
农村金融研究所	2000-07-06	学校自建	校级社科重点研究基地	独立研究所	经济学	农业	单位自办
农村社会发展研究所	1997-06-20	学校自建	其他	独立研究所	法学	农业	单位自办
三农问题研究中心	2004-08-31	学校自建	其他	独立研究所	管理学	农业	单位自办
语言研究室	1993-07-13	学校自建	其他	独立研究所	语言学	社会工作	单位自办
青岛农业大学							
财务与会计研究所	2006-08-01	学校自建	其他	独立研究所	经济学	社会工作	单位自办
韩国产业经济研究所	2006-08-01	学校自建	其他	独立研究所	经济学	农业	单位自办
农村经济研究所	1997-06-10	学校自建	其他	独立研究所	经济学	农业	单位自办
农村文化研究所	2005-11-11	学校自建	其他	独立研究所	社会学	农业	单位自办
农业国际化研究室	2002-08-08	学校自建	其他	独立研究室	管理学	农业	单位自办
外国语言学及应用语言学研究所	2005-12-08	学校自建	其他	独立研究所	语言学	社会工作	单位自办
应用统计研究所	2005-10-10	学校自建	其他	独立研究所	经济学	农、林、牧、渔服务业	单位自办
知识产权研究所	2005-10-10	学校自建	其他	独立研究所	法学	社会工作	单位自办
泰山医学院							
卫生政策与管理研究所	2011-05-20	学校自建	校级社科重点研究基地	跨系研究室	管理学	广播、电视、电影和影视录音制作业	单位自办
医学人文研究所	2011-05-20	学校主管部门批准	校级社科重点研究基地	独立研究室	社会学	新闻和出版业	其他
滨州医学院							

续表

学校及机构名称	成立时间	批准部门	组成方式	机构类型	学科分类	服务的国民经济行业	组成类型
医学人文研究中心	2011-06-10	学校主管部门批准	省级社科重点研究基地	独立研究室	哲学	文教、工美、体育和娱乐用品制造业	单位自办
山东师范大学							
WTO 研究中心	2001-06-01	学校自建	其他	独立研究所	政治学	群众团体、社会团体和其他成员组织	单位自办
东北亚发展研究中心	2006-12-08	学校主管部门批准	其他	独立研究所	综合研究	教育	单位自办
古籍所	1985-05-01	学校主管部门批准	其他	独立研究所	历史学	教育	单位自办
国际问题研究所	2004-12-02	学校自建	其他	独立研究所	政治学	教育	单位自办
环境资源法研究所	2003-04-01	学校自建	其他	独立研究室	法学	科技推广和应用服务业	单位自办
基础教育课程研究中心	2005-01-01	学校主管部门批准	其他	独立研究所	教育学	社会工作	单位自办
教育科学研究所	1979-10-01	学校主管部门批准	其他	独立研究所	教育学	社会工作	单位自办
马克思主义理论研究中心	2006-12-01	学校主管部门批准	省级社科重点研究基地	独立研究所	马克思主义	科技推广和应用服务业	单位自办
齐鲁文化研究中心	1999-01-01	学校主管部门批准	部省共建社科重点研究基地	独立研究所	历史学	研究和试验发展	单位自办
山东省可持续发展研究中心	1992-03-01	学校主管部门批准	其他	独立研究所	经济学	机动车、电子产品和日用产品修理业	单位自办
山东省文化建设研究基地	2003-06-06	学校主管部门批准	其他	独立研究所	中国文学	教育	单位自办
语言文学研究所	1991-09-10	学校主管部门批准	其他	独立研究所	语言学	教育	单位自办
仲裁疑难问题研究中心	2011-11-01	学校自建	校级社科重点研究基地	独立研究所	法学	教育	单位自办
曲阜师范大学							
国家体育总局体育社会科学重点研究基地	2003-01-22	非学校主管部门批准	部省共建社科重点研究基地	跨系研究室	体育学	国家机构	政府部门办
山东省马克思主义中国化研究基地	2006-01-12	学校主管部门批准	其他	跨系所	经济学	社会保障	政府部门办
山东省儒学研究基地	1983-09-02	学校主管部门批准	其他	跨系所	历史学	社会工作	政府部门办
山东省体育人文社会科学研究基地	1987-01-01	学校自建	其他	跨系所	体育学	国家机构	政府部门办
语言文学研究所	1985-01-02	学校主管部门批准	其他	跨系所	中国文学	科技推广和应用服务业	政府部门办
中西语言文化交流研究基地	2008-06-27	学校主管部门批准	其他	独立研究室	语言学	社会工作	政府部门办

续表

学校及机构名称	成立时间	批准部门	组成方式	机构类型	学科分类	服务的国民经济行业	组成类型
滨州学院							
安全文化研究中心	2007-09-07	学校主管部门批准	校级社科重点研究基地	跨系所	社会学	广播、电视、电影和影视录音制作业	单位自办
黄河三角洲经济研究中心	2010-04-09	学校自建	其他	跨系所	经济学	专业技术服务业	单位自办
黄河三角洲文化研究所	2000-07-01	学校主管部门批准	校级社科重点研究基地	跨系所	社会学	中国共产党机关	单位自办
中国孙子研究院	2005-09-26	学校自建	其他	跨系所	社会学	中国共产党机关	单位自办
鲁东大学							
辞书研究中心	2008-12-01	非学校主管部门批准	其他	独立研究所	语言学	研究和试验发展	政府部门办
环渤海发展研究中心	2007-12-03	非学校主管部门批准	省级社科重点研究基地	独立研究所	经济学	研究和试验发展	单位自办
胶东文化研究所	2003-04-01	非学校主管部门批准	省级社科重点研究基地	独立研究所	社会学	文化艺术业	单位自办
教育科学研究所	1992-07-02	学校主管部门批准	省级社科重点研究基地	跨系所	教育学	教育	单位自办
临沂大学							
高等教育研究院	2011-09-01	学校自建	其他	独立研究所	教育学	社会工作	单位自办
山东省羲之书法研究基地	2008-11-12	学校主管部门批准	其他	独立研究室	艺术学	社会工作	其他
沂蒙文化研究所	1996-02-01	学校自建	其他	跨系所	历史学	中国共产党机关	单位自办
中国特色社会主义理论研究所	2007-10-01	学校主管部门批准	校级社科重点研究基地	独立研究所	法学	社会保障	单位自办
泰山学院							
教育科学研究所	2004-05-16	学校自建	其他	独立研究所	教育学	社会工作	单位自办
旅游研究所	2004-05-16	学校自建	其他	独立研究所	经济学	专业技术服务业	单位自办
旅游与资源环境实验室	2011-06-29	学校主管部门批准	省级社科重点实验室	跨系所	管理学	专业技术服务业	单位自办
泰山书画艺术研究所	2004-05-16	学校自建	其他	独立研究所	艺术学	中国共产党机关	单位自办
泰山文化研究中心	2011-06-30	学校主管部门批准	省级社科重点研究基地	跨系所	民族学	中国共产党机关	单位自办
泰山研究院	2006-06-09	学校主管部门批准	其他	独立研究所	历史学	中国共产党机关	单位自办
泰山中小企业研究所	2007-06-20	学校主管部门批准	其他	与校外合办所	管理学	专业技术服务业	与境内注册其他企业合办

续表

学校及机构名称	成立时间	批准部门	组成方式	机构类型	学科分类	服务的国民经济行业	组成类型
中国现当代文学研究所	2004-05-16	学校自建	其他	独立研究所	中国文学	社会工作	单位自办
中小城市社区研究所	2004-05-16	学校自建	其他	独立研究所	社会学	教育	单位自办
山东财经大学							
财税金融研究所	1993-06-01	学校自建	校级社科重点研究基地	独立研究所	经济学	社会工作	单位自办
经济研究所	1984-12-01	学校主管部门批准	其他	独立研究所	经济学	社会工作	单位自办
山东区域经济研究院	2004-01-01	学校自建	其他	独立研究所	经济学	社会工作	单位自办
数理经济研究所	1986-02-01	学校主管部门批准	其他	独立研究所	经济学	社会工作	单位自办
山东体育学院							
体育人文社会科学研究中心	2011-06-28	学校主管部门批准	其他	跨系研究室	体育学	体育	单位自办
烟台大学							
东亚研究所	2005-05-20	学校主管部门批准	校级社科重点实验室	跨系研究室	管理学	教育	单位自办
理论与应用经济研究所	1999-04-01	学校自建	校级社科重点研究基地	跨系所	经济学	商务服务业	单位自办
民族问题研究基地	2003-05-15	非学校主管部门批准	其他	独立研究所	民族学	教育	单位自办
山东半岛蓝色经济研究院	2011-12-15	学校自建	校级社科重点研究基地	跨系所	经济学	国家机构	单位自办
山东省知识产权研究院	2007-05-18	学校主管部门批准	其他	与校外合办所	法学	群众团体、社会团体和其他成员组织	政府部门办
中国学术研究所	1998-12-01	学校自建	其他	独立研究所	历史学	社会工作	单位自办
潍坊学院							
WTO 法研究所	2004-11-18	学校自建	校级社科重点研究基地	独立研究所	法学	专业技术服务业	单位自办
北海文化研究院	2004-10-16	学校自建	校级社科重点研究基地	独立研究所	民族学	中国共产党机关	单位自办
比较文学与世界文学研究所	2004-11-18	学校自建	校级社科重点研究基地	独立研究所	中国文学	中国共产党机关	单位自办
低碳经济研究中心	2010-11-25	学校主管部门批准	校级社科重点研究基地	独立研究所	经济学	广播、电视、电影和影视录音制作业	单位自办
民俗文化研究中心	2004-11-18	学校自建	校级社科重点研究基地	独立研究所	历史学	中国共产党机关	单位自办
山东半岛经济与社会发展研究院	2006-11-03	学校自建	校级社科重点研究基地	独立研究所	经济学	专业技术服务业	单位自办

续表

学校及机构名称	成立时间	批准部门	组成方式	机构类型	学科分类	服务的国民经济行业	组成类型
山东省海盐文化研究基地	2011-06-28	非学校主管部门批准	校级社科重点研究基地	与校外合办所	民族学	教育	政府部门办
山东省民俗文化产业开发研究基地	2008-06-12	非学校主管部门批准	校级社科重点研究基地	与校外合办研究室	社会学	中国共产党机关	政府部门办
外国语言文学研究所	2004-11-18	学校自建	校级社科重点研究基地	独立研究所	外国文学	中国共产党机关	单位自办
潍坊旅游经济研究所	2010-01-11	学校自建	校级社科重点研究基地	独立研究所	历史学	卫生	单位自办
山东警察学院							
侦查对策研究中心	2011-12-30	学校主管部门批准	其他	跨系所	法学	群众团体、社会团体和其他成员组织	单位自办
山东工商学院							
半岛经济研究基地	2010-02-01	非学校主管部门批准	其他	独立研究所	经济学	专业技术服务业	单位自办
煤炭产业发展与创新研究基地	2011-02-07	学校主管部门批准	省级社科重点研究基地	独立研究所	管理学	煤炭开采和洗选业	单位自办
淄博师范高等专科学校							
教育科学研究中心	2011-01-07	学校自建	其他	独立研究所	教育学	社会工作	单位自办
社会科学研究中心	2011-01-07	学校自建	校级社科重点研究基地	独立研究所	社会学	社会工作	单位自办
山东青年政治学院							
服装研究所	2011-03-01	学校自建	其他	独立研究所	艺术学	纺织服装、服饰业	单位自办
广播电视研究中心	2011-03-01	学校自建	其他	独立研究所	新闻与传播学	广播、电视、电影和影视录音制作业	单位自办
旅游企业管理研究所	2011-03-01	学校自建	其他	独立研究所	经济学	商务服务业	单位自办
山东省青少年研究所	1991-11-06	学校主管部门批准	其他	独立研究所	社会学	教育	与国内高校合办
文化传播研修所	2011-03-01	学校自建	其他	独立研究所	艺术学	文化艺术业	单位自办
职业教育与成人教育研究所	2011-03-01	学校自建	其他	跨系所	教育学	教育	单位自办
河南省							
郑州大学							
公共管理研究中心	2003-09-24	学校主管部门批准	其他	独立研究所	管理学	社会工作	单位自办
公民教育研究中心	2003-08-13	非学校主管部门批准	其他	独立研究所	政治学	社会工作	政府部门办

续表

学校及机构名称	成立时间	批准部门	组成方式	机构类型	学科分类	服务的国民经济行业	组成类型
近现代河南与中国研究中心	2012-04-06	非学校主管部门批准	其他	跨系所	历史学	教育	单位自办
历史文化遗产保护研究中心	2005-08-01	学校主管部门批准	其他	跨系所	中国文学	社会工作	单位自办
马克思主义哲学研究中心	2004-03-01	学校主管部门批准	其他	独立研究所	哲学	社会工作	单位自办
私法研究中心	2003-01-03	学校主管部门批准	其他	独立研究所	法学	社会工作	单位自办
系统经济学研究所	2003-01-01	学校主管部门批准	其他	独立研究所	经济学	教育	政府部门办
宪法与行政法研究中心	1992-08-13	学校主管部门批准	其他	独立研究所	法学	教育	单位自办
英美文学研究中心	2003-09-25	学校主管部门批准	其他	独立研究所	语言学	中国共产党机关	政府部门办
中原文化资源与发展研究中心	2005-09-09	非学校主管部门批准	其他	跨系所	中国文学	社会工作	单位自办
河南理工大学							
安全与应急管理研究中心	2012-09-30	学校主管部门批准	省级社科重点研究基地	跨系所	管理学	社会工作	单位自办
郑州轻工业学院							
社会发展研究中心	2008-10-06	学校主管部门批准	省级社科重点研究基地	独立研究所	社会学	社会工作	政府部门办
河南工业大学							
粮食经济研究中心	2012-10-25	学校主管部门批准	其他	跨系所	经济学	农业	与国内高校合办
物流研究中心	2005-08-28	学校主管部门批准	省级社科重点研究基地	跨系所	管理学	零售业	与国内高校合办
河南科技大学							
高等教育与区域经济发展研究中心	2012-03-01	学校主管部门批准	省级社科重点研究基地	独立研究所	教育学	教育	单位自办
中原工学院							
系统与工业工程技术研究中心	2004-02-03	学校主管部门批准	教育部社科重点研究基地	独立研究所	管理学	科技推广和应用服务业	政府部门办
河南农业大学							
农业政策与农村发展研究中心	2005-05-20	学校主管部门批准	省级社科重点研究基地	独立研究所	逻辑学	农、林、牧、渔服务业	单位自办
河南科技学院							
教育科学研究所	2005-07-06	学校主管部门批准	其他	独立研究室	教育学	社会工作	单位自办
河南大学							
黄河文明与可持续发展研究中心	2004-10-10	非学校主管部门批准	教育部社科重点研究基地	独立研究所	经济学	科技推广和应用服务业	政府部门办

续表

学校及机构名称	成立时间	批准部门	组成方式	机构类型	学科分类	服务的国民经济行业	组成类型
教育改革与发展研究中心	2010-05-20	学校主管部门批准	省级社科重点研究基地	独立研究所	教育学	社会工作	政府部门办
区域发展与规划研究中心	2010-11-23	学校主管部门批准	省级社科重点研究基地	独立研究所	经济学	群众团体、社会团体和其他成员组织	单位自办
文艺学研究中心	2010-05-20	学校主管部门批准	省级社科重点研究基地	独立研究所	中国文学	社会工作	政府部门办
英语语言文学研究中心	2010-05-20	学校主管部门批准	省级社科重点研究基地	独立研究所	外国文学	社会工作	政府部门办
中国古代史研究中心	2010-05-20	学校主管部门批准	省级社科重点研究基地	独立研究所	历史学	社会工作	政府部门办
中国现当代文学研究中心	2004-05-20	学校主管部门批准	省级社科重点研究基地	独立研究所	中国文学	社会工作	政府部门办
中原发展研究院	2009-10-10	学校主管部门批准	省级社科重点研究基地	独立研究所	经济学	群众团体、社会团体和其他成员组织	单位自办
河南师范大学							
公共政策与社会研究中心	2012-10-10	学校主管部门批准	省级社科重点研究基地	跨系所	管理学	教育	单位自办
科技与社会研究所	1980-01-01	学校主管部门批准	省级社科重点研究基地	独立研究所	社会学	社会工作	单位自办
青少年问题研究中心	2005-09-01	学校主管部门批准	省级社科重点研究基地	跨系所	社会学	社会工作	单位自办
信阳师范学院							
当代马克思主义研究所	2004-02-13	学校主管部门批准	省级社科重点研究基地	独立研究所	马克思主义	社会工作	单位自办
淮河文明研究中心	2009-12-02	学校主管部门批准	省级社科重点研究基地	跨系所	社会学	中国共产党机关	单位自办
课程与教学改革研究所	2004-09-15	学校主管部门批准	省级社科重点研究基地	独立研究所	教育学	社会工作	单位自办
周口师范学院							
豫东南文化传承与发展研究中心	2008-12-20	学校自建	校级社科重点研究基地	独立研究所	马克思主义	社会工作	单位自办
安阳师范学院							
甲骨学与殷商文化研究中心	2004-11-01	学校主管部门批准	省级社科重点研究基地	独立研究所	历史学	社会工作	政府部门办
南阳师范学院							
汉文化研究中心	2005-03-01	学校主管部门批准	其他	独立研究所	历史学	国际组织	单位自办
洛阳师范学院							
河洛文化国际研究中心	2002-07-01	学校主管部门批准	省级社科重点研究基地	独立研究室	历史学	社会工作	单位自办

续表

学校及机构名称	成立时间	批准部门	组成方式	机构类型	学科分类	服务的国民经济行业	组成类型
河南文化传播与社会发展研究中心	2012-11-14	学校主管部门批准	省级社科重点研究基地	独立研究所	中国文学	教育	单位自办
商丘师范学院							
汉梁文化研究中心	2010-03-12	学校主管部门批准	省级社科重点研究基地	独立研究所	历史学	教育	单位自办
河南财经政法大学							
产业与金融发展研究中心	2012-10-01	学校主管部门批准	省级社科重点研究基地	独立研究所	经济学	其他金融业	政府部门办
河南经济伦理研究中心	2006-03-01	学校主管部门批准	省级社科重点研究基地	独立研究所	社会学	社会工作	与国内高校合办
河南经济研究中心	2004-09-01	学校主管部门批准	省级社科重点研究基地	独立研究所	经济学	社会保障	政府部门办
诉讼法研究中心	2008-10-01	学校主管部门批准	省级社科重点研究基地	独立研究所	法学	教育	政府部门办
河南工程学院							
经济研究所	2010-03-23	学校自建	其他	独立研究所	经济学	科技推广和应用服务业	单位自办
湖北省							
武汉大学							
财政金融研究中心	2010-01-10	学校主管部门批准	其他	独立研究所	经济学	教育	单位自办
发展研究院	2000-03-02	非学校主管部门批准	省级社科重点研究基地	独立研究所	哲学	教育	单位自办
法国问题研究中心	1982-12-24	学校自建	校级社科重点研究基地	独立研究所	语言学	教育	单位自办
妇女与性别研究中心	2007-01-01	学校自建	其他	独立研究所	社会学	教育	单位自办
国际法研究所	1980-06-15	学校主管部门批准	教育部社科重点研究基地	独立研究所	法学	教育	政府部门办
国际问题研究院	2006-04-07	学校自建	其他	跨系所	管理学	国家机构	政府部门办
汉语言文学典籍整理与研究中心	1984-03-10	学校自建	校级社科重点研究基地	独立研究所	语言学	教育	单位自办
环境法研究所	1981-04-17	学校主管部门批准	教育部社科重点研究基地	独立研究所	法学	教育	政府部门办
会计信息质量研究中心	2005-06-28	学校自建	校级社科重点研究基地	独立研究所	经济学	教育	单位自办
基督宗教与西方宗教文化研究中心	2004-11-25	学校自建	校级社科重点研究基地	独立研究所	哲学	教育	单位自办
简帛研究中心	2005-03-30	学校自建	省级社科重点研究基地	独立研究所	历史学	教育	单位自办
金融研究中心	2004-11-26	学校自建	校级社科重点研究基地	独立研究所	经济学	教育	单位自办
经济发展研究中心	2000-01-27	学校主管部门批准	教育部社科重点研究基地	独立研究所	经济学	教育	政府部门办

续表

学校及机构名称	成立时间	批准部门	组成方式	机构类型	学科分类	服务的国民经济行业	组成类型
经济思想史研究所	2005-09-12	学校自建	校级社科重点研究基地	独立研究所	经济学	教育	单位自办
科技考古研究中心	2004-11-25	非学校主管部门批准	省级社科重点研究基地	独立研究所	历史学	教育	单位自办
媒体发展研究中心	2002-07-01	学校主管部门批准	教育部社科重点研究基地	独立研究所	新闻与传播学	教育	政府部门办
欧洲问题研究中心	1997-09-10	学校主管部门批准	校级社科重点研究基地	跨系所	管理学	教育	单位自办
企业战略管理研究所	2004-11-25	学校自建	校级社科重点研究基地	独立研究所	管理学	教育	单位自办
人口·资源·环境经济研究中心	2004-11-25	学校自建	省级社科重点研究基地	独立研究所	经济学	生态保护和环境治理业	单位自办
社会保障研究中心	1993-12-28	学校主管部门批准	教育部社科重点研究基地	跨系所	管理学	教育	政府部门办
世界史研究所	2004-11-25	学校自建	校级社科重点研究基地	独立研究所	历史学	教育	单位自办
文化创新研究中心	2009-06-29	学校主管部门批准	其他	独立研究所	历史学	教育	单位自办
金融工程与风险管理研究中心	2005-05-19	学校自建	省级社科重点研究基地	跨系所	经济学	货币金融服务	单位自办
科学评价研究中心	2002-12-05	非学校主管部门批准	省级社科重点研究基地	独立研究所	图书、文献与情报学	教育	单位自办
全球健康研究中心	2011-07-21	学校自建	省级社科重点研究基地	跨系所	管理学	卫生	单位自办
中国产学研合作问题研究中心	2009-04-23	学校自建	省级社科重点研究基地	跨系所	经济学	教育	单位自办
宪政与法治国家研究中心	2004-11-25	学校自建	校级社科重点研究基地	独立研究所	法学	教育	单位自办
信息资源研究中心	1984-10-19	学校主管部门批准	教育部社科重点研究基地	独立研究所	图书、文献与情报学	教育	政府部门办
刑事法研究中心	2001-10-30	学校自建	校级社科重点研究基地	独立研究所	法学	教育	单位自办
语言与信息研究中心	2004-11-25	学校自建	校级社科重点研究基地	独立研究所	语言学	教育	单位自办
政治文明与政治发展研究中心	2005-09-12	学校自建	校级社科重点研究基地	独立研究所	政治学	教育	单位自办
知识产权高级研究中心	2002-12-05	学校自建	校级社科重点研究基地	独立研究所	图书、文献与情报学	教育	单位自办
质量发展研究院	2007-12-27	学校主管部门批准	其他	独立研究所	管理学	教育	单位自办
中国边界研究院	2007-04-09	学校自建	其他	跨系所	法学	研究和试验发展	政府部门办
中国传统文化研究中心	1996-03-20	学校主管部门批准	教育部社科重点研究基地	跨系所	历史学	教育	政府部门办

续表

学校及机构名称	成立时间	批准部门	组成方式	机构类型	学科分类	服务的国民经济行业	组成类型
中国高校哲学社会科学发展与评价研究中心	2006-07-20	学校自建	其他	跨系所	管理学	教育	单位自办
中国中部发展研究院	2007-04-09	学校自建	其他	跨系所	经济学	研究和试验发展	单位自办
中西比较哲学研究中心	2004-11-25	学校自建	校级社科重点研究基地	独立研究所	宗教学	教育	单位自办
华中科技大学							
非传统安全研究中心	2008-12-01	非学校主管部门批准	省级社科重点研究基地	与校外合办所	管理学	群众团体、社会团体和其他成员组织	与国内高校合办
公共传播研究所	2010-09-10	学校自建	校级社科重点研究基地	独立研究所	新闻与传播学	广播、电视、电影和影视录音制作业	单位自办
近代法学研究所	2008-05-01	学校自建	校级社科重点研究基地	独立研究所	法学	科技推广和应用服务业	单位自办
媒介技术与传播发展研究中心	2006-04-01	非学校主管部门批准	省级社科重点研究基地	独立研究所	新闻与传播学	科技推广和应用服务业	单位自办
南亚经济与管理研究所	2005-09-01	学校自建	校级社科重点研究基地	独立研究所	管理学	研究和试验发展	单位自办
农村健康服务研究中心	2011-01-01	非学校主管部门批准	省级社科重点研究基地	独立研究所	社会学	教育	其他
区域高等教育发展研究中心	2009-01-01	非学校主管部门批准	省级社科重点研究基地	与校外合办所	教育学	社会工作	政府部门办
生命伦理学研究所	2003-04-01	学校自建	校级社科重点研究基地	跨系所	哲学	社会工作	单位自办
现代信息管理研究中心	2005-06-15	非学校主管部门批准	省级社科重点实验室	跨系所	管理学	邮政业	政府部门办
应用现象学研究所	2005-07-01	学校自建	校级社科重点研究基地	跨系所	哲学	社会工作	单位自办
院校发展研究基地	2004-06-15	非学校主管部门批准	省级社科重点研究基地	跨系所	教育学	社会工作	政府部门办
哲学研究所	2008-10-01	学校自建	校级社科重点研究基地	独立研究所	哲学	社会工作	单位自办
知识产权与知识创新研究中心	2009-04-01	学校主管部门批准	教育部社科重点研究基地	跨系所	管理学	专业技术服务业	政府部门办
中国南方减贫与发展研究院	2012-12-01	学校自建	校级社科重点研究基地	与校外合办所	管理学	研究和试验发展	单位自办
武汉科技大学							
湖北产业政策与管理研究中心	2004-07-01	学校主管部门批准	省级社科重点研究基地	独立研究所	管理学	教育	单位自办
湖北非营利组织研究中心	2011-04-25	学校主管部门批准	省级社科重点研究基地	跨系研究室	社会学	广播、电视、电影和影视录音制作业	单位自办

续表

学校及机构名称	成立时间	批准部门	组成方式	机构类型	学科分类	服务的国民经济行业	组成类型
湖北省中小企业研究中心	2002-01-01	学校主管部门批准	省级社科重点研究基地	跨系所	经济学	教育	单位自办
长江大学							
湖北省荆楚文化研究中心	2003-04-09	学校主管部门批准	省级社科重点研究基地	独立研究所	中国文学	文化艺术业	政府部门办
湖北省农村经济发展研究中心	2003-04-09	学校主管部门批准	省级社科重点研究基地	与校外合办所	经济学	农业	与国内高校合办
武汉工程大学							
湖北企业竞争力研究中心	2005-06-23	学校主管部门批准	省级社科重点研究基地	独立研究所	管理学	研究和试验发展	政府部门办
中国地质大学							
大学生发展与创新教育研究中心	2011-12-24	学校主管部门批准	省级社科重点研究基地	跨系所	教育学	教育	单位自办
资源环境经济研究中心	2007-11-01	学校主管部门批准	省级社科重点研究基地	跨系所	经济学	生态保护和环境治理业	单位自办
武汉纺织大学							
湖北省服饰艺术文化研究中心	2007-12-01	学校主管部门批准	其他	跨系研究室	艺术学	文化艺术业	单位自办
湖北省服装技术研究开发中心	1996-04-02	学校主管部门批准	校级社科重点研究基地	独立研究所	艺术学	纺织服装、服饰业	单位自办
科学发展观与两型社会研究基地	2009-08-13	学校主管部门批准	校级社科重点研究基地	独立研究所	马克思主义	社会工作	单位自办
企业决策研究中心	2011-03-03	学校主管部门批准	其他	独立研究所	管理学	文教、工美、体育和娱乐用品制造业	单位自办
时尚与美学研究中心	2010-09-01	学校主管部门批准	校级社科重点研究基地	独立研究所	哲学	文化艺术业	单位自办
武汉纺织大学企业信息管理研究中心	2011-06-02	学校主管部门批准	校级社科重点研究基地	独立研究所	管理学	租赁业	单位自办
武汉工业学院							
湖北省非传统安全研究中心	2009-12-01	学校主管部门批准	省级社科重点研究基地	与校外合办所	经济学	农、林、牧、渔服务业	政府部门办
湖北县域经济发展研究中心	2005-06-20	学校主管部门批准	省级社科重点研究基地	跨系所	管理学	农、林、牧、渔服务业	政府部门办
武汉理工大学							
湖北省产品创新管理研究中心	2006-12-31	非学校主管部门批准	省级社科重点研究基地	跨系所	管理学	群众团体、社会团体和其他成员组织	单位自办
湖北省危机与灾害应急管理研究中心	2007-09-12	非学校主管部门批准	省级社科重点研究基地	跨系所	管理学	群众团体、社会团体和其他成员组织	单位自办

续表

学校及机构名称	成立时间	批准部门	组成方式	机构类型	学科分类	服务的国民经济行业	组成类型
科技创新与经济发展研究中心	2008-12-31	非学校主管部门批准	省级社科重点研究基地	跨系所	经济学	群众团体、社会团体和其他成员组织	单位自办
湖北工业大学							
湖北农村社会管理创新研究中心	2011-12-30	学校主管部门批准	省级社科重点研究基地	跨系所	管理学	群众团体、社会团体和其他成员组织	单位自办
湖北文化创意产业化设计研究中心	2011-12-30	学校主管部门批准	省级社科重点研究基地	跨系所	艺术学	中国共产党机关	单位自办
湖北循环经济发展研究中心	2011-12-30	学校主管部门批准	省级社科重点研究基地	跨系所	经济学	金属制品、机械和设备修理业	单位自办
湖北职业教育发展研究院	2012-12-20	学校主管部门批准	省级社科重点研究基地	独立研究所	教育学	教育	单位自办
华中农业大学							
湖北农村发展研究中心	2003-04-14	非学校主管部门批准	省级社科重点研究基地	与校外合办所	经济学	农业	政府部门办
华中师范大学							
长江书法研究院	2011-10-20	非学校主管部门批准	其他	与校外合办所	艺术学	教育	政府部门办
城市社区建设研究中心	2005-05-20	非学校主管部门批准	省级社科重点研究基地	独立研究所	政治学	广播、电视、电影和影视录音制作业	政府部门办
地方政府治理与地方发展研究中心	2011-03-09	非学校主管部门批准	省级社科重点研究基地	独立研究所	管理学	研究和试验发展	与国内高校合办
国家文化产业研究中心	2006-12-20	非学校主管部门批准	其他	独立研究所	管理学	中国共产党机关	政府部门办
汉语国际推广工作研究基地	2006-10-12	非学校主管部门批准	省级社科重点研究基地	独立研究所	语言学	社会工作	政府部门办
湖北省道家道教研究中心	2009-03-12	非学校主管部门批准	省级社科重点研究基地	跨系所	宗教学	中国共产党机关	政府部门办
湖北省电子商务研究中心	2007-08-22	非学校主管部门批准	省级社科重点研究基地	独立研究所	图书、文献与情报学	社会工作	政府部门办
湖北省基础教育研究中心	2007-09-26	非学校主管部门批准	省级社科重点研究基地	独立研究所	教育学	社会工作	政府部门办
湖北省社会发展与社会政策研究中心	2009-03-12	非学校主管部门批准	省级社科重点研究基地	跨系所	社会学	社会工作	政府部门办
湖北省文学理论与批评研究中心	2012-03-01	非学校主管部门批准	省级社科重点研究基地	独立研究所	中国文学	教育	与国内高校合办
青少年心理健康教育中心	2005-03-30	非学校主管部门批准	省级社科重点实验室	跨系所	心理学	社会工作	政府部门办
体育文化产业研究中心	2007-11-27	非学校主管部门批准	其他	独立研究所	体育学	社会工作	政府部门办

续表

学校及机构名称	成立时间	批准部门	组成方式	机构类型	学科分类	服务的国民经济行业	组成类型
语言与语言教育研究中心	2001-03-08	学校主管部门批准	教育部社科重点研究基地	独立研究所	语言学	社会工作	政府部门办
中国近代史研究所	2000-09-10	学校主管部门批准	教育部社科重点研究基地	独立研究所	历史学	社会工作	政府部门办
中国旅游研究院武汉分院	2011-05-11	非学校主管部门批准	其他	独立研究所	经济学	研究和试验发展	政府部门办
中国农村研究院	1984-06-05	学校主管部门批准	教育部社科重点研究基地	跨系所	政治学	社会工作	政府部门办
中国农村综合改革协同创新研究中心	2012-09-26	非学校主管部门批准	其他	独立研究所	政治学	研究和试验发展	政府部门办
湖北大学							
湖北当代文化研究中心	2004-10-09	学校主管部门批准	省级社科重点研究基地	独立研究所	历史学	中国共产党机关	政府部门办
湖北青少年思想道德教育研究中心	2011-12-30	学校主管部门批准	省级社科重点研究基地	独立研究所	马克思主义	教育	政府部门办
湖北省道德与文明研究中心	2006-09-14	学校主管部门批准	省级社科重点研究基地	独立研究所	哲学	社会工作	政府部门办
湖北省开放经济研究中心	2005-06-20	学校主管部门批准	省级社科重点研究基地	独立研究所	经济学	专业技术服务业	政府部门办
湖北省旅游开发与管理研究中心	2002-07-14	学校主管部门批准	省级社科重点研究基地	独立研究所	管理学	卫生	政府部门办
湖北休闲体育发展研究中心	2011-12-30	学校主管部门批准	省级社科重点研究基地	独立研究所	体育学	体育	政府部门办
湖北师范学院							
长江中游矿冶文化与经济社会发展研究中心	2010-01-01	学校主管部门批准	省级社科重点研究基地	独立研究所	历史学	专业技术服务业	与国内高校合办
湖北师范学院语言学研究中心	2009-03-13	学校主管部门批准	省级社科重点研究基地	独立研究所	语言学	教育	单位自办
资源枯竭城市转型与发展研究中心	2011-04-11	学校主管部门批准	省级社科重点研究基地	独立研究所	经济学	群众团体、社会团体和其他成员组织	单位自办
黄冈师范学院							
大别山红色文化研究中心	2009-12-08	学校主管部门批准	省级社科重点研究基地	独立研究所	政治学	社会工作	单位自办
大别山旅游经济与文化研究中心	2011-12-05	学校主管部门批准	省级社科重点研究基地	独立研究所	经济学	教育	单位自办
鄂东教育与文化研究中心	2008-04-12	学校主管部门批准	省级社科重点研究基地	独立研究所	教育学	社会工作	单位自办
黄梅戏艺术研究中心	2009-12-08	学校主管部门批准	省级社科重点研究基地	独立研究所	艺术学	社会工作	单位自办
湖北民族学院							
鄂西生态旅游文化研究中心	2012-02-02	学校主管部门批准	省级社科重点研究基地	独立研究所	经济学	生态保护和环境治理业	其他

续表

学校及机构名称	成立时间	批准部门	组成方式	机构类型	学科分类	服务的国民经济行业	组成类型
湖北民族民间文化艺术研究中心	2008-09-18	非学校主管部门批准	省级社科重点研究基地	与校外合办所	艺术学	中国共产党机关	与国内高校合办
湖北民族研究所、南方少数民族研究中心	1988-10-05	学校主管部门批准	其他	独立研究所	民族学	社会工作	其他
湖北文理学院							
鄂北区域发展研究中心	2007-06-08	学校主管部门批准	其他	独立研究所	社会学	社会工作	单位自办
神学美学研究所	2007-01-06	学校自建	其他	独立研究所	宗教学	社会工作	单位自办
宋玉研究所	2012-10-18	学校自建	校级社科重点研究基地	独立研究所	中国文学	社会工作	单位自办
襄阳及三国文化历史研究所	2007-01-06	学校自建	其他	独立研究所	历史学	社会工作	单位自办
中南财经政法大学							
WTO 与湖北发展研究中心	2002-12-01	非学校主管部门批准	省级社科重点研究基地	跨系所	经济学	社会工作	政府部门办
创业与就业研究中心	2003-07-16	非学校主管部门批准	省级社科重点研究基地	跨系所	管理学	教育	政府部门办
法治发展与司法改革研究中心	2012-07-01	非学校主管部门批准	省级社科重点研究基地	独立研究所	法学	国家机构	政府部门办
湖北财政与发展研究中心	2003-12-26	非学校主管部门批准	省级社科重点研究基地	独立研究所	经济学	社会工作	政府部门办
湖北金融研究中心	2004-03-01	非学校主管部门批准	省级社科重点研究基地	独立研究所	经济学	保险业	政府部门办
科技金融创新软科学研究基地	2011-07-15	非学校主管部门批准	其他	与校外合办所	经济学	租赁业	政府部门办
知识产权研究中心	2004-12-20	学校主管部门批准	教育部社科重点研究基地	独立研究所	法学	社会工作	政府部门办
武汉体育学院							
国家体育总局体育工程重点实验室	1965-03-03	学校主管部门批准	其他	与校外合办研究室	体育学	国家机构	其他
湖北体育产业研究中心	2004-08-15	学校主管部门批准	省级社科重点研究基地	独立研究所	体育学	国家机构	政府部门办
体育社会科学研究中心	2002-05-15	学校主管部门批准	省级社科重点研究基地	独立研究所	体育学	国家机构	政府部门办
体育文化研究中心	2009-10-10	学校主管部门批准	其他	独立研究所	体育学	国家机构	政府部门办
运动训练监控实验室	2011-08-29	非学校主管部门批准	省级社科重点实验室	独立研究所	体育学	国家机构	政府部门办
运动与健康创新发展研究中心	2011-12-14	学校主管部门批准	省级社科重点研究基地	独立研究所	体育学	国家机构	政府部门办
湖北美术学院							
长江流域文化遗产研究所	2005-10-24	学校自建	校级社科重点研究基地	独立研究室	艺术学	中国共产党机关	单位自办

续表

学校及机构名称	成立时间	批准部门	组成方式	机构类型	学科分类	服务的国民经济行业	组成类型
当代版画研究及应用研究所	2011-06-08	学校自建	校级社科重点研究基地	独立研究室	艺术学	中国共产党机关	单位自办
雕塑艺术研究所	1998-04-24	学校自建	校级社科重点研究基地	独立研究室	艺术学	中国共产党机关	单位自办
湖北民间美术研究所	2005-10-24	学校自建	校级社科重点研究基地	独立研究室	艺术学	中国共产党机关	单位自办
环境艺术研究所	2001-09-01	学校自建	校级社科重点研究基地	独立研究室	艺术学	中国共产党机关	单位自办
民俗艺术研究所	2011-04-13	学校自建	校级社科重点研究基地	独立研究室	艺术学	中国共产党机关	单位自办
少数民族艺术研究所	2011-03-02	学校自建	校级社科重点研究基地	独立研究室	艺术学	中国共产党机关	单位自办
时尚艺术研究所	2011-03-01	学校自建	校级社科重点研究基地	独立研究室	艺术学	中国共产党机关	单位自办
数字图像研究所	2010-03-01	学校自建	校级社科重点研究基地	独立研究所	艺术学	中国共产党机关	单位自办
水彩艺术研究所	2007-10-17	学校自建	校级社科重点研究基地	独立研究室	艺术学	中国共产党机关	单位自办
陶瓷艺术研究所	1999-06-20	学校自建	校级社科重点研究基地	独立研究室	艺术学	中国共产党机关	单位自办
纤维艺术研究所	2011-06-23	学校自建	校级社科重点研究基地	独立研究室	艺术学	中国共产党机关	单位自办
现代公共视觉艺术设计研究中心	2003-04-14	学校主管部门批准	省级社科重点研究基地	跨系所	艺术学	文化艺术业	单位自办
中南民族大学							
高校风险预警防控研究中心	2011-05-09	学校自建	省级社科重点研究基地	跨系研究室	管理学	教育	单位自办
管理信息工程研究中心	2010-05-01	学校自建	校级社科重点研究基地	跨系研究室	管理学	其他服务业	单位自办
湖北民族地区经济社会发展研究中心	2012-12-20	学校自建	省级社科重点研究基地	跨系研究室	经济学	社会工作	单位自办
民族法制研究中心	2009-06-01	学校自建	校级社科重点研究基地	跨系所	法学	国家机构	单位自办
民族政策与社会发展研究中心	2011-12-24	学校自建	省级社科重点研究基地	跨系研究室	政治学	社会工作	单位自办
南方少数民族研究中心	2003-10-01	非学校主管部门批准	省级社科重点研究基地	独立研究所	民族学	社会工作	单位自办
企业管理研究所	2001-11-01	学校自建	校级社科重点研究基地	跨系研究室	经济学	商务服务业	单位自办
少数民族大学生思想教育研究中心	2012-12-20	学校自建	省级社科重点研究基地	跨系研究室	教育学	教育	单位自办
少数民族教育发展研究基地	2011-03-11	学校主管部门批准	省级社科重点实验室	独立研究室	教育学	教育	单位自办
思想政治教育研究中心	2009-01-14	学校自建	校级社科重点研究基地	跨系研究室	马克思主义	教育	单位自办
中国共产党与民族问题研究中心	2010-02-01	学校自建	校级社科重点研究基地	跨系所	马克思主义	中国共产党机关	单位自办
中南少数民族审美文化研究中心	2009-12-01	非学校主管部门批准	省级社科重点实验室	独立研究所	民族学	文化艺术业	单位自办

续表

学校及机构名称	成立时间	批准部门	组成方式	机构类型	学科分类	服务的国民经济行业	组成类型
湖北工程学院							
湖北小城镇发展研究中心	2004-12-08	学校主管部门批准	省级社科重点研究基地	独立研究所	管理学	教育	单位自办
中华孝文化研究中心	2011-12-26	学校主管部门批准	省级社科重点研究基地	独立研究所	哲学	社会工作	单位自办
江汉大学							
高等教育研究所	2002-02-06	学校主管部门批准	其他	独立研究所	教育学	社会工作	单位自办
武汉城市圈制造业发展研究中心	2012-12-07	学校主管部门批准	省级社科重点研究基地	跨系所	管理学	其他制造业	单位自办
武汉语言文化研究中心	2012-12-07	学校主管部门批准	省级社科重点研究基地	跨系所	语言学	文化艺术业	单位自办
三峡大学							
长江三峡发展研究中心	2008-07-15	学校自建	校级社科重点研究基地	跨系所	社会学	教育	单位自办
高等教育研究所	2000-06-04	学校自建	校级社科重点研究基地	跨系所	教育学	社会工作	单位自办
湖北省非物质文化遗产保护基地	2007-01-13	非学校主管部门批准	校级社科重点研究基地	独立研究所	民族学	中国共产党机关	单位自办
区域社会管理创新与发展研究中心	2012-12-15	学校主管部门批准	省级社科重点研究基地	与校外合办所	社会学	社会工作	政府部门办
三峡文化与经济社会发展研究中心	2002-10-04	学校主管部门批准	省级社科重点研究基地	独立研究所	社会学	中国共产党机关	政府部门办
水库移民研究中心	2005-06-07	学校主管部门批准	省级社科重点研究基地	独立研究所	管理学	科技推广和应用服务业	政府部门办
鄂州职业大学							
鄂州经济社会改革发展研究中心	2012-12-26	学校自建	其他	独立研究所	经济学	国家机构	单位自办
湖南省							
湘潭大学							
传媒科学研究所	2007-01-17	学校自建	校级社科重点研究基地	跨系所	中国文学	娱乐业	单位自办
大学生心理健康研究所	2007-01-17	学校自建	其他	跨系所	心理学	社会工作	单位自办
非洲法律与社会研究中心	2007-01-17	学校自建	校级社科重点研究基地	跨系所	法学	社会工作	单位自办
公共管理研究基地	2007-01-17	学校自建	校级社科重点研究基地	跨系所	管理学	其他服务业	单位自办
湖南省调解理论研究与人才培训	2010-01-01	非学校主管部门批准	校级社科重点实验室	跨系所	法学	社会工作	政府部门办
湖南省法学研究基地	2002-06-13	学校主管部门批准	省级社科重点研究基地	跨系所	法学	社会工作	政府部门办
湖南省检查理论研究基地	2009-05-07	非学校主管部门批准	其他	独立研究所	法学	社会工作	政府部门办

续表

学校及机构名称	成立时间	批准部门	组成方式	机构类型	学科分类	服务的国民经济行业	组成类型
湖南省经济安全研究基地	2010-09-15	学校主管部门批准	省级社科重点研究基地	独立研究所	管理学	社会工作	政府部门办
湖南省旅游研究基地	2007-01-01	学校主管部门批准	省级社科重点研究基地	跨系所	管理学	社会工作	政府部门办
湖南省湘学研究基地	2010-09-15	学校主管部门批准	省级社科重点研究基地	独立研究所	哲学	社会工作	政府部门办
湖南省政府绩效评估研究中心	2008-01-08	学校主管部门批准	其他	跨系所	管理学	群众团体、社会团体和其他成员组织	政府部门办
湖南省知识产权司法保护理论研究基地	2012-04-12	非学校主管部门批准	其他	独立研究所	法学	社会工作	政府部门办
湖南省中外文学与文化研究基地	2002-06-13	学校主管部门批准	省级社科重点研究基地	跨系所	中国文学	社会工作	政府部门办
湖南省专利分析与评估中心	2012-02-09	非学校主管部门批准	其他	跨系所	法学	专业技术服务业	政府部门办
旅游科学应用研究所	2007-01-17	学校自建	其他	跨系所	管理学	教育	单位自办
毛泽东思想研究中心	2004-11-24	学校主管部门批准	部省共建社科重点研究基地	跨系所	马克思主义	社会工作	政府部门办
企业管理研究中心	2007-01-17	学校自建	其他	跨系所	经济学	社会工作	单位自办
人口、资源与环境经济研究所	2007-01-17	学校自建	校级社科重点研究基地	跨系所	经济学	水利管理业	单位自办
人力资源管理研究所	2009-02-25	学校自建	其他	独立研究所	管理学	教育	单位自办
社会主义经济理论研究中心	2005-08-01	学校主管部门批准	省级社科重点研究基地	跨系所	经济学	社会工作	政府部门办
诉讼法学研究中心	2008-07-01	学校主管部门批准	省级社科重点研究基地	跨系所	法学	专业技术服务业	政府部门办
湘潭大学知识产权研究中心	2009-02-25	学校自建	其他	跨系所	法学	专业技术服务业	单位自办
湘学研究所	2007-01-17	学校自建	校级社科重点研究基地	跨系所	哲学	中国共产党机关	单位自办
消费经济研究所	2007-01-17	学校自建	校级社科重点研究基地	跨系所	经济学	社会工作	单位自办
信息资源管理研究所	2007-01-17	学校自建	其他	跨系所	管理学	教育	单位自办
英语语言文学研究基地	2007-01-17	学校自建	校级社科重点研究基地	跨系所	外国文学	社会工作	单位自办
语言文字学研究所	2007-01-17	学校自建	其他	跨系所	语言学	教育	单位自办
曾国藩研究中心	2007-01-17	学校自建	校级社科重点研究基地	跨系所	历史学	社会工作	单位自办
政府绩效评估与管理创新研究基地	2008-06-18	学校主管部门批准	省级社科重点研究基地	跨系所	管理学	群众团体、社会团体和其他成员组织	政府部门办

续表

学校及机构名称	成立时间	批准部门	组成方式	机构类型	学科分类	服务的国民经济行业	组成类型
中国农村发展研究中心	2009-10-22	学校自建	其他	独立研究所	经济学	农业	单位自办
中国特色社会主义理论体系研究中心	2009-05-07	学校主管部门批准	省级社科重点研究基地	跨系所	政治学	社会工作	政府部门办
中国韵文与古籍研究所	2007-01-17	学校自建	其他	跨系所	中国文学	社会工作	单位自办
吉首大学							
差异与和谐社会研究中心	2005-08-01	学校主管部门批准	其他	跨系所	哲学	社会工作	政府部门办
湖南省高校科技创新团队“区域旅游发展与管理”	2008-05-10	学校主管部门批准	其他	跨系所	管理学	社会工作	政府部门办
湖南省民族学研究基地	2002-06-23	学校主管部门批准	省级社科重点研究基地	跨系所	民族学	社会工作	政府部门办
湖南省自然与文化遗产研究基地	2008-08-15	学校主管部门批准	省级社科重点研究基地	跨系所	历史学	社会工作	政府部门办
湖南西部经济研究中心	2006-06-01	非学校主管部门批准	其他	跨系所	经济学	教育	其他
民族传统体育研究所	1999-06-23	非学校主管部门批准	其他	跨系所	体育学	社会工作	政府部门办
湖南大学							
财政税收研究所	2001-03-07	学校自建	其他	跨系所	经济学	商务服务业	单位自办
产业经济研究所	2003-03-01	学校自建	其他	独立研究所	经济学	商务服务业	单位自办
产业与区域发展战略研究所	2007-05-31	学校自建	其他	独立研究所	经济学	商务服务业	单位自办
城镇发展规划研究所	2004-07-01	学校自建	其他	独立研究所	统计学	教育	单位自办
池田大作研究中心	2006-06-27	学校自建	其他	跨系所	政治学	文化艺术业	单位自办
创新与创业管理研究所	2010-11-16	学校自建	其他	跨系所	管理学	其他服务业	单位自办
创业投资研究所	2010-12-08	学校自建	其他	跨系所	经济学	其他服务业	单位自办
大学英语教学研究所	2001-03-07	学校自建	其他	跨系所	语言学	教育	单位自办
低碳经济与社会发展研究所	2009-09-01	学校自建	其他	跨系所	经济学	其他服务业	单位自办
对外汉语教学研究中心	2001-03-07	学校自建	其他	跨系所	语言学	教育	单位自办
多媒体日语教学研究中心	2004-11-12	学校自建	其他	跨系所	语言学	教育	单位自办
多元文化与应用哲学研究所	2009-02-20	学校自建	其他	跨系所	哲学	文化艺术业	单位自办
法律援助与诊断教育中心	2001-03-07	学校自建	其他	跨系所	法学	其他服务业	单位自办

续表

学校及机构名称	成立时间	批准部门	组成方式	机构类型	学科分类	服务的国民经济行业	组成类型
非营利组织研究所	2005-09-01	学校自建	其他	独立研究所	经济学	研究和试验发展	单位自办
风险管理与保险精算研究所	2001-03-07	学校自建	其他	跨系所	经济学	保险业	单位自办
公共安全研究中心	2010-07-07	学校自建	其他	跨系所	社会学	教育	单位自办
公共艺术研究所	2008-07-31	学校自建	其他	跨系所	艺术学	文化艺术业	单位自办
管理科学研究院	2009-12-14	学校自建	其他	跨系所	管理学	教育	单位自办
国际问题研究所	2004-07-01	学校自建	其他	跨系所	管理学	教育	单位自办
国家麻类产业现代技术体系——产业经济研究中心	2009-02-20	学校自建	其他	跨系所	管理学	农、林、牧、渔服务业	单位自办
国民经济学研究所	2001-03-07	学校自建	其他	跨系所	统计学	教育	单位自办
湖南经济与社会发展法律研究中心	2008-06-24	非学校主管部门批准	省级社科重点研究基地	跨系所	法学	教育	政府部门办
湖南省“两型社会”研究基地	2010-09-10	非学校主管部门批准	省级社科重点研究基地	独立研究所	社会学	教育	政府部门办
湖南省风险导向审计研究基地	2008-06-24	非学校主管部门批准	省级社科重点研究基地	独立研究所	经济学	商务服务业	政府部门办
湖南省国际贸易研究基地	2002-03-04	非学校主管部门批准	省级社科重点研究基地	跨系所	经济学	教育	政府部门办
湖南省湖湘文化研究基地	2002-06-05	非学校主管部门批准	省级社科重点研究基地	跨系所	历史学	文化艺术业	政府部门办
湖南省廉政研究基地	2003-03-01	非学校主管部门批准	省级社科重点研究基地	跨系所	政治学	教育	政府部门办
湖南省思想政治工作研究基地	2005-03-01	非学校主管部门批准	省级社科重点研究基地	独立研究所	教育学	教育	政府部门办
湖南省文化产业研究基地	2004-11-01	非学校主管部门批准	省级社科重点研究基地	跨系所	新闻与传播学	文化艺术业	政府部门办
湖南省物流信息与仿真技术重点实验室	2005-03-18	非学校主管部门批准	省级社科重点实验室	跨系所	经济学	其他服务业	政府部门办
湖南省信用研究基地	2007-01-12	非学校主管部门批准	省级社科重点研究基地	独立研究所	经济学	教育	政府部门办
湖南省语言与认知研究基地	2010-09-10	非学校主管部门批准	省级社科重点研究基地	独立研究所	语言学	教育	政府部门办
会计研究所	2001-03-07	学校自建	其他	跨系所	经济学	其他服务业	单位自办
活动产业研究中心	2010-04-08	学校自建	其他	跨系所	经济学	文化艺术业	单位自办
纪实文学研究所	2008-05-28	学校自建	其他	独立研究所	中国文学	文化艺术业	单位自办
交通运输与物流研究所	2006-04-14	学校自建	其他	跨系所	管理学	其他服务业	单位自办
金融法研究所	2001-03-07	学校自建	其他	跨系所	法学	教育	单位自办

续表

学校及机构名称	成立时间	批准部门	组成方式	机构类型	学科分类	服务的国民经济行业	组成类型
金融管理研究中心	2001-03-08	学校自建	其他	独立研究所	经济学	商务服务业	单位自办
金融与投资管理研究中心	2006-10-25	学校自建	其他	跨系所	管理学	商务服务业	单位自办
金融政策研究中心	2001-03-08	学校自建	其他	跨系所	经济学	教育	单位自办
经济法与社会法研究中心	2004-03-25	学校自建	其他	跨系所	法学	教育	单位自办
经济研究中心	2003-03-01	学校自建	其他	跨系所	经济学	教育	单位自办
竞争法研究中心	2004-03-25	学校自建	其他	跨系所	法学	教育	单位自办
科技、经济与社会发展研究所	2001-03-07	学校自建	其他	跨系所	马克思主义	教育	单位自办
科技新闻与传播研究所	2004-06-23	学校自建	其他	跨系所	新闻与传播学	新闻和出版业	单位自办
快乐购媒体零售研究中心	2008-07-31	学校自建	其他	与校外合办所	管理学	商务服务业	其他
旅游可持续发展研究所	2008-07-31	学校自建	其他	独立研究所	管理学	其他服务业	单位自办
罗马法系研究中心	2004-03-25	学校自建	其他	独立研究所	法学	教育	单位自办
毛泽东思想与邓小平理论研究所	2001-03-07	学校自建	其他	跨系所	政治学	教育	单位自办
媒介文化研究中心	2010-11-16	学校自建	其他	跨系所	新闻与传播学	文化艺术业	单位自办
能源经济研究中心	2009-09-29	学校自建	其他	跨系所	经济学	教育	单位自办
诺丁汉国际金融研究中心	2001-03-07	学校自建	其他	与校外合办所	经济学	教育	其他
品牌形象研究所	2008-05-28	学校自建	其他	跨系所	经济学	其他服务业	单位自办
期货证券研究中心	2010-09-13	学校自建	其他	独立研究所	经济学	资本市场服务	单位自办
企业并购研究中心	2001-03-07	学校自建	其他	跨系所	管理学	商务服务业	单位自办
企业管理与决策支持技术实验室	2006-08-12	非学校主管部门批准	省级社科重点实验室	跨系所	管理学	商务服务业	政府部门办
企业国有资产管理研究所	2009-02-20	学校自建	其他	与校外合办所	管理学	其他服务业	其他
企业绩效评价研究中心	2008-05-28	学校自建	其他	跨系所	管理学	商务服务业	单位自办
企业领导力研究所	2009-09-29	学校自建	其他	跨系所	管理学	商务服务业	单位自办
人才战略与经济发展国际研究中心	2008-09-11	学校自建	其他	与校外合办所	经济学	教育	其他
人口发展战略研究基地	2004-03-31	学校自建	其他	跨系所	社会学	教育	单位自办
人口资源环境与区域经济研究所	2003-03-01	学校自建	其他	跨系所	经济学	教育	单位自办

续表

学校及机构名称	成立时间	批准部门	组成方式	机构类型	学科分类	服务的国民经济行业	组成类型
人力资源管理与开发研究中心	2008-05-28	学校自建	其他	跨系所	管理学	教育	单位自办
人权与教育中心	2010-12-08	学校自建	其他	独立研究所	法学	教育	单位自办
认知科学研究所	2003-05-06	学校自建	其他	跨系所	语言学	教育	单位自办
日本研究中心	2010-04-08	学校自建	其他	跨系所	语言学	教育	单位自办
日本语言文化研究所	2001-03-07	学校自建	其他	跨系所	语言学	教育	单位自办
商事法与投资法研究所	2008-05-28	学校自建	其他	跨系所	法学	教育	单位自办
社会保障研究所	2007-10-10	学校自建	其他	跨系所	社会学	保险业	单位自办
社会经济统计研究中心	2010-07-07	学校自建	其他	独立研究所	统计学	教育	单位自办
审计研究中心	2001-03-07	学校自建	其他	跨系所	经济学	商务服务业	单位自办
市场调查研究所	2005-06-17	学校自建	其他	跨系所	统计学	商务服务业	单位自办
数理经济研究所	2003-12-01	学校自建	其他	独立研究所	统计学	教育	单位自办
税收筹划研究所	2008-07-31	学校自建	其他	跨系所	经济学	商务服务业	单位自办
碳金融研究中心	2010-07-07	学校自建	其他	跨系所	社会学	教育	单位自办
体育科学研究所	2001-03-07	学校自建	其他	跨系所	体育学	体育	单位自办
投资研究中心	2001-03-08	学校自建	其他	跨系所	经济学	商务服务业	单位自办
图像传媒研究所	2006-12-30	学校自建	其他	跨系所	艺术学	新闻和出版业	单位自办
文化创意产业研究中心	2010-04-08	学校自建	其他	跨系所	经济学	文化艺术业	单位自办
文化建设与思想政治工作研究所	2008-11-21	学校自建	其他	独立研究所	教育学	文化艺术业	单位自办
物联网研究中心	2010-07-07	学校自建	其他	跨系所	经济学	商务服务业	单位自办
物流管理与电子商务中心	2003-03-01	学校自建	其他	跨系所	经济学	商务服务业	单位自办
项目管理研究中心	2000-10-10	学校自建	其他	跨系所	管理学	商务服务业	单位自办
校园网络文化研究中心	2009-04-28	学校自建	其他	独立研究所	马克思主义	文化艺术业	单位自办
校园文化艺术研究所	2005-06-17	学校自建	其他	跨系所	艺术学	文化艺术业	单位自办
信息工程研究所	2001-03-07	学校自建	其他	跨系所	管理学	商务服务业	单位自办
信息研究所	2004-03-25	学校自建	其他	独立研究所	管理学	商务服务业	单位自办

续表

学校及机构名称	成立时间	批准部门	组成方式	机构类型	学科分类	服务的国民经济行业	组成类型
刑事法律科学研究中心	2010-11-16	学校自建	其他	跨系所	法学	教育	单位自办
亚太研究所	2002-05-20	学校自建	其他	跨系所	社会学	教育	单位自办
应用统计研究所	2003-12-01	学校自建	其他	跨系所	统计学	商务服务业	单位自办
营销战略与品牌研究所	2008-05-28	学校自建	其他	跨系所	管理学	商务服务业	单位自办
影视艺术研究所	2007-11-20	学校自建	其他	跨系所	艺术学	文化艺术业	单位自办
战略新兴产业发展研究中心	2012-06-30	学校自建	其他	独立研究所	管理学	商务服务业	单位自办
政府财务管理咨询研究中心	2001-03-07	学校自建	其他	跨系所	经济学	商务服务业	单位自办
知识产权法研究中心	2004-03-25	学校自建	其他	跨系所	法学	教育	单位自办
中澳报酬递增与经济组织研究中心	2003-03-01	学校自建	其他	与校外合办所	经济学	商务服务业	其他
中国村落文化研究基地	2012-05-31	非学校主管部门批准	省级社科重点研究基地	跨系所	历史学	文化艺术业	政府部门办
中国法制评价研究中心	2001-03-07	学校自建	其他	跨系所	法学	教育	单位自办
中国公益创业研究中心	2007-04-27	学校自建	其他	跨系所	管理学	教育	单位自办
中国近现代史研究所	2001-03-07	学校自建	其他	跨系所	马克思主义	教育	单位自办
中国历史研究所	2004-03-27	学校自建	其他	跨系所	历史学	教育	单位自办
中国书院研究中心	2004-03-27	学校自建	其他	与校外合办所	历史学	教育	其他
中国思想文化研究所	2004-03-27	学校自建	其他	跨系所	历史学	文化艺术业	单位自办
中国特色社会主义理论体系研究基地	1999-06-05	非学校主管部门批准	省级社科重点研究基地	跨系所	马克思主义	教育	政府部门办
中国文化软实力研究基地	2009-09-01	非学校主管部门批准	省级社科重点研究基地	跨系所	马克思主义	文化艺术业	政府部门办
中国哲学研究所	2004-03-27	学校自建	其他	跨系所	历史学	教育	单位自办
中科预测科学研究中心	2006-04-14	学校自建	其他	跨系所	管理学	教育	单位自办
中西语言文化比较研究所	2001-03-07	学校自建	其他	跨系所	语言学	文化艺术业	单位自办
资本市场研究中心	2004-03-25	学校自建	其他	跨系所	经济学	资本市场服务	单位自办
中南大学							
湖南省翻译研究基地	2006-11-01	学校主管部门批准	省级社科重点研究基地	跨系所	语言学	社会工作	单位自办

续表

学校及机构名称	成立时间	批准部门	组成方式	机构类型	学科分类	服务的国民经济行业	组成类型
湖南省社会主义核心价值体系建设研究基地	2010-02-24	学校主管部门批准	省级社科重点研究基地	独立研究所	管理学	社会工作	单位自办
湖南省网络德育研究基地	2002-05-01	非学校主管部门批准	省级社科重点研究基地	跨系所	马克思主义	社会工作	单位自办
湖南省网络文学研究基地	2003-12-01	学校主管部门批准	省级社科重点研究基地	跨系所	中国文学	中国共产党机关	单位自办
湖南省中部崛起发展战略研究基地	2005-01-01	学校主管部门批准	省级社科重点研究基地	跨系所	管理学	教育	单位自办
湖南省中小企业研究基地	1996-01-01	非学校主管部门批准	省级社科重点研究基地	跨系所	管理学	专业技术服务业	单位自办
应用伦理学研究中心	2007-07-01	学校主管部门批准	省级社科重点研究基地	跨系所	哲学	社会工作	单位自办
中国特色社会主义理论体系研究中心	2003-12-01	非学校主管部门批准	省级社科重点研究基地	跨系所	马克思主义	社会工作	单位自办
中南大学知识产权研究院	2011-03-18	学校主管部门批准	省级社科重点研究基地	与校外合办所	法学	专业技术服务业	其他
湖南科技大学							
湖南省党建理论研究基地	2004-11-10	非学校主管部门批准	省级社科重点研究基地	跨系所	政治学	社会保障	政府部门办
湖南省高校农村教育改革与发展研究基地	2008-06-24	学校主管部门批准	省级社科重点研究基地	跨系所	教育学	社会工作	政府部门办
湖南省高校中国古代文学与社会文化研究基地	2004-10-10	学校主管部门批准	省级社科重点研究基地	跨系所	中国文学	社会工作	政府部门办
湖南省思想政治工作研究基地	2007-07-12	非学校主管部门批准	省级社科重点研究基地	与校外合办所	政治学	社会工作	政府部门办
湖南省湘方言与民俗文化研究基地	2010-09-09	非学校主管部门批准	省级社科重点研究基地	独立研究所	语言学	社会工作	政府部门办
湖南省新型工业化研究基地	2007-01-11	非学校主管部门批准	省级社科重点研究基地	跨系所	管理学	教育	政府部门办
湖南省战略性新兴产业研究基地	2002-06-05	非学校主管部门批准	省级社科重点研究基地	跨系所	经济学	教育	政府部门办
湖南省中国特色社会主义理论体系研究中心湖南科技大学基地	2000-06-08	非学校主管部门批准	省级社科重点研究基地	与校外合办所	马克思主义	社会保障	政府部门办
长沙理工大学							
湖南服务业发展研究中心	2007-05-13	非学校主管部门批准	其他	与校外合办所	经济学	卫生	与国内高校合办
湖南省邓小平理论研究中心	2000-05-16	非学校主管部门批准	其他	跨系所	马克思主义	社会工作	政府部门办
湖南省现代服务业研究基地	2010-09-09	非学校主管部门批准	省级社科重点研究基地	跨系所	经济学	卫生	政府部门办

续表

学校及机构名称	成立时间	批准部门	组成方式	机构类型	学科分类	服务的国民经济行业	组成类型
湖南循环经济研究基地	2007-01-11	非学校主管部门批准	教育部社科重点研究基地	跨系所	经济学	金属制品、机械和设备修理业	政府部门办
教育与应用心理研究所	2004-12-21	学校自建	其他	跨系所	教育学	社会工作	单位自办
金融工程与金融管理研究中心	2008-06-01	学校主管部门批准	省级社科重点研究基地	跨系所	经济学	租赁业	政府部门办
企业战略管理与投资决策研究基地	2007-01-11	非学校主管部门批准	其他	与校外合办所	管理学	卫生	政府部门办
现代企业管理研究中心	2005-08-11	学校主管部门批准	其他	跨系所	管理学	卫生	政府部门办
湖南农业大学							
高等教育研究所	2004-07-01	学校自建	校级社科重点研究基地	独立研究所	教育学	教育	与境内注册其他企业合办
湖南省“三农”问题研究基地	2004-07-01	学校主管部门批准	省级社科重点研究基地	独立研究所	经济学	农、林、牧、渔服务业	政府部门办
湖南省人口发展战略研究基地	2004-07-01	非学校主管部门批准	其他	独立研究所	社会学	农、林、牧、渔服务业	单位自办
湖南省涉农企业发展研究中心	2012-05-31	学校主管部门批准	省级社科重点研究基地	独立研究所	管理学	农、林、牧、渔服务业	政府部门办
湖南省新农村建设研究基地	2007-07-01	学校主管部门批准	省级社科重点研究基地	与校外合办所	社会学	农、林、牧、渔服务业	与国内独立研究机构合办
农村发展研究所	2004-07-01	学校主管部门批准	省级社科重点研究基地	独立研究所	经济学	农、林、牧、渔服务业	政府部门办
省中国特色社会主义理论体系研究中心湖南农业大学基地	2012-06-28	非学校主管部门批准	其他	独立研究所	马克思主义	教育	政府部门办
中南林业科技大学							
湖南绿色发展研究院	2012-10-15	非学校主管部门批准	其他	与校外合办所	管理学	科技推广和应用服务业	与国内高校合办
湖南省旅游业可持续发展研究基地	2006-10-01	学校主管部门批准	其他	跨系所	社会学	社会工作	单位自办
环境法研究所	2006-12-01	学校自建	校级社科重点研究基地	跨系所	法学	社会工作	与境内注册其他企业合办
农林经济管理中心	2008-06-24	学校主管部门批准	省级社科重点研究基地	独立研究所	管理学	社会工作	单位自办
商学研究所	2007-02-01	学校自建	校级社科重点研究基地	跨系所	管理学	社会工作	单位自办
语言与教育研究所	2007-01-01	学校自建	校级社科重点研究基地	跨系所	语言学	社会工作	单位自办
中南城市经济发展与房地产管理研究院	2007-06-01	学校自建	校级社科重点研究基地	跨系所	管理学	社会工作	单位自办

续表

学校及机构名称	成立时间	批准部门	组成方式	机构类型	学科分类	服务的国民经济行业	组成类型
湖南师范大学							
WTO 法律保护研究中心	2008-06-24	学校主管部门批准	省级社科重点研究基地	跨系所	法学	社会工作	单位自办
比较文学与世界文学研究所	1998-07-01	学校自建	校级社科重点研究基地	跨系所	外国文学	教育	单位自办
池田大作研究所	2001-12-01	学校自建	校级社科重点研究基地	跨系所	哲学	文化艺术业	单位自办
出版科学研究所	2005-09-01	学校自建	校级社科重点研究基地	跨系所	新闻与传播学	新闻和出版业	单位自办
传媒伦理与法制研究所	2008-06-30	学校自建	校级社科重点研究基地	跨系所	新闻与传播学	新闻和出版业	单位自办
高等教育学研究所	1992-01-01	学校自建	校级社科重点研究基地	跨系所	教育学	教育	单位自办
公民道德建设研究基地	2002-06-01	学校主管部门批准	省级社科重点研究基地	跨系所	哲学	教育	单位自办
古典文献研究所	1996-08-01	学校自建	校级社科重点研究基地	跨系所	中国文学	教育	单位自办
国际法研究所	2011-03-03	学校自建	校级社科重点研究基地	跨系研究室	法学	社会工作	单位自办
汉文佛经语言研究所	2003-11-01	学校自建	校级社科重点研究基地	跨系所	语言学	教育	单位自办
湖南方言研究所	2003-12-01	学校自建	校级社科重点研究基地	跨系所	语言学	教育	单位自办
湖南省传媒发展研究基地	2010-09-01	学校主管部门批准	省级社科重点研究基地	跨系所	新闻与传播学	新闻和出版业	单位自办
湖南师范大学道德文化研究中心	1993-06-01	学校主管部门批准	教育部社科重点研究基地	独立研究所	哲学	教育	单位自办
湖南师范大学体育社会科学重点研究中心	2005-06-01	非学校主管部门批准	部省共建社科重点研究基地	跨系所	体育学	体育	单位自办
湖湘文化研究基地	2002-06-01	学校主管部门批准	省级社科重点研究基地	跨系所	中国文学	文化艺术业	单位自办
环境与资源法研究所	1997-02-02	学校自建	校级社科重点研究基地	跨系所	法学	社会工作	单位自办
会展与休闲文化研究中心	2006-12-01	学校自建	校级社科重点研究基地	跨系所	管理学	文化艺术业	单位自办
基础教育课程研究中心	2000-10-01	学校自建	校级社科重点研究基地	跨系所	教育学	教育	单位自办
科技哲学与科技政策研究所	1999-01-01	学校自建	校级社科重点研究基地	跨系所	哲学	社会工作	单位自办
科学社会主义研究所	2003-03-01	学校自建	校级社科重点研究基地	跨系所	马克思主义	社会工作	单位自办
课程与教学改革研究基地	2004-11-01	学校主管部门批准	省级社科重点研究基地	跨系所	教育学	教育	单位自办
旅游研究所	1999-09-01	学校自建	校级社科重点研究基地	跨系所	经济学	文化艺术业	单位自办
旅游与休闲研究基地	2006-10-30	学校主管部门批准	省级社科重点研究基地	跨系所	管理学	商务服务业	单位自办

续表

学校及机构名称	成立时间	批准部门	组成方式	机构类型	学科分类	服务的国民经济行业	组成类型
社会学研究所	2002-09-01	学校自建	校级社科重点研究基地	跨系所	社会学	社会工作	单位自办
史学研究所	1938-01-01	学校自建	校级社科重点研究基地	跨系所	历史学	教育	单位自办
外国哲学研究所	1999-12-01	学校自建	校级社科重点研究基地	跨系所	哲学	教育	单位自办
文化与传播研究所	2002-09-01	学校自建	校级社科重点研究基地	跨系所	新闻与传播学	新闻和出版业	单位自办
文学研究所	1998-09-01	学校自建	校级社科重点研究基地	跨系所	中国文学	教育	单位自办
县域发展研究中心	2004-10-01	学校主管部门批准	省级社科重点研究基地	跨系所	政治学	社会工作	单位自办
消费经济研究所	2000-01-01	学校自建	校级社科重点研究基地	跨系所	经济学	社会工作	单位自办
心理学研究所	1996-01-01	学校自建	校级社科重点研究基地	跨系所	心理学	教育	单位自办
中共党史研究所	1982-09-01	学校自建	校级社科重点研究基地	跨系所	马克思主义	中国共产党机关	单位自办
中国传播与现代化研究中心	2008-06-24	学校主管部门批准	省级社科重点研究基地	跨系所	新闻与传播学	新闻和出版业	单位自办
中国近现代史研究所	2003-04-01	学校自建	校级社科重点研究基地	跨系所	历史学	教育	单位自办
中国生态文明发展战略研究中心	2008-03-08	学校自建	校级社科重点研究基地	跨系所	哲学	社会工作	单位自办
中国文学研究所	1985-09-20	学校自建	校级社科重点研究基地	跨系研究室	中国文学	教育	单位自办
中国现代文学研究中心	2005-08-11	学校主管部门批准	省级社科重点研究基地	跨系所	中国文学	文化艺术业	单位自办
中外文化传播研究基地	2002-06-01	学校主管部门批准	省级社科重点研究基地	跨系所	语言学	教育	单位自办
湖南理工学院							
湖南省公共艺术教育研究基地	2010-02-09	非学校主管部门批准	省级社科重点研究基地	独立研究所	教育学	中国共产党机关	单位自办
中国当代学术史研究基地	2007-01-09	非学校主管部门批准	省级社科重点研究基地	独立研究所	历史学	教育	单位自办
中国文学批评学研究中心	2008-04-18	非学校主管部门批准	省级社科重点研究基地	独立研究所	中国文学	社会工作	单位自办
衡阳师范学院							
湖南省船山学研究基地	2006-09-08	非学校主管部门批准	省级社科重点研究基地	独立研究所	中国文学	中国共产党机关	政府部门办
湖南省环境教育研究中心	2008-06-08	学校主管部门批准	省级社科重点研究基地	独立研究所	教育学	社会工作	政府部门办
湖南省人居环境学研究基地	2002-02-08	非学校主管部门批准	省级社科重点研究基地	独立研究所	经济学	教育	政府部门办
邵阳学院							
湖南省民营经济研究基地	2005-03-05	非学校主管部门批准	省级社科重点研究基地	跨系研究室	经济学	教育	政府部门办

续表

学校及机构名称	成立时间	批准部门	组成方式	机构类型	学科分类	服务的国民经济行业	组成类型
湖南省全民健身服务体系建设研究基地	2010-05-26	非学校主管部门批准	省级社科重点研究基地	跨系所	体育学	国家机构	政府部门办
龙狮文化研究所	2008-09-22	学校自建	其他	跨系所	教育学	国家机构	单位自办
民营经济研究所	2005-09-08	学校自建	其他	跨系所	经济学	社会工作	单位自办
区域经济研究中心	2008-10-12	学校主管部门批准	省级社科重点研究基地	独立研究所	经济学	科技推广和应用服务业	单位自办
社会哲学与人本工程研究所	2005-09-15	学校自建	其他	跨系所	管理学	社会工作	单位自办
魏源研究所	2005-09-16	学校自建	其他	跨系所	历史学	社会工作	单位自办
魏源与湘西南文史研究基地	2006-12-01	非学校主管部门批准	省级社科重点研究基地	跨系所	中国文学	社会工作	政府部门办
湘西南民间美术研究所	2008-09-22	学校自建	其他	跨系所	艺术学	中国共产党机关	单位自办
湘西南民族民间音乐研究所	2008-09-22	学校自建	其他	跨系所	艺术学	国家机构	单位自办
英语语言文学研究所	2008-09-22	学校自建	其他	跨系所	语言学	社会工作	单位自办
怀化学院							
湖南民族民间非物质文化研究基地	2007-01-11	非学校主管部门批准	其他	独立研究所	民族学	中国共产党机关	政府部门办
湖南省和平文化研究基地	2010-09-10	非学校主管部门批准	省级社科重点研究基地	与校外合办研究室	历史学	中国共产党机关	与国内高校合办
湖南省教育科学农村学前教育	2012-12-01	学校主管部门批准	其他	独立研究所	教育学	教育	单位自办
民族民间文化艺术研究中心	2012-05-31	学校主管部门批准	其他	独立研究所	艺术学	文化艺术业	单位自办
湖南文理学院							
产业经济研究所	2002-12-02	学校自建	其他	跨系所	经济学	农、林、牧、渔服务业	单位自办
城市文化研究所	2006-03-08	学校自建	其他	跨系所	历史学	其他服务业	单位自办
古籍整理研究所	2002-12-02	学校自建	其他	独立研究所	中国文学	中国共产党机关	单位自办
湖南省农村居民社会化发展研究基地	2010-05-08	学校主管部门批准	省级社科重点研究基地	独立研究所	社会学	农、林、牧、渔服务业	单位自办
环洞庭湖社会发展研究所	2001-02-18	学校自建	其他	跨系所	经济学	教育	单位自办
经济法学研究所	2002-12-02	学校自建	其他	独立研究所	法学	专业技术服务业	单位自办
美术研究所	2006-03-08	学校自建	其他	独立研究所	艺术学	中国共产党机关	单位自办
文艺鉴赏美学研究所	1999-11-21	学校自建	其他	独立研究所	中国文学	中国共产党机关	单位自办
细菌战罪行研究所	2001-09-18	学校自建	其他	独立研究所	历史学	国际组织	单位自办

续表

学校及机构名称	成立时间	批准部门	组成方式	机构类型	学科分类	服务的国民经济行业	组成类型
英语语言文学研究所	2000-12-05	学校自建	其他	独立研究所	外国文学	中国共产党机关	单位自办
中国常德诗墙文化研究所	1999-10-15	学校自建	其他	跨系所	中国文学	中国共产党机关	单位自办
湖南科技学院							
教育科学研究所	2000-08-01	学校自建	其他	跨系所	教育学	社会工作	单位自办
柳宗元研究所	2000-08-01	学校自建	其他	跨系所	中国文学	教育	单位自办
女书暨瑶文化研究所	2003-12-01	学校自建	其他	跨系所	中国文学	教育	单位自办
舜文化研究所	2000-08-08	学校自建	其他	跨系所	中国文学	教育	单位自办
新农村建设研究所	2006-04-06	学校自建	其他	跨系所	经济学	科技推广和应用服务业	单位自办
濂溪研究所	2005-07-05	学校自建	其他	跨系所	中国文学	教育	单位自办
湖南人文科技学院						教育	
核心价值视域下的湖湘生态文化研究基地	2012-05-17	非学校主管部门批准	省级社科重点研究基地	跨系所	马克思主义	中国共产党机关	单位自办
区域文化研究基地	2012-05-31	学校主管部门批准	省级社科重点研究基地	跨系研究室	社会学	文化艺术业	单位自办
曾国藩研究基地	2007-09-12	非学校主管部门批准	省级社科重点研究基地	独立研究所	历史学	教育	与国内独立研究机构合办
湖南商学院							
湖南经济改革与发展研究中心	2008-06-24	学校主管部门批准	省级社科重点研究基地	跨系研究室	经济学	专业技术服务业	单位自办
湖南省廉政建设研究基地	2009-09-03	非学校主管部门批准	省级社科重点研究基地	与校外合办研究室	法学	教育	单位自办
湖南省区域战略与规划研究基地	2007-01-12	非学校主管部门批准	省级社科重点研究基地	与校外合办研究室	经济学	专业技术服务业	单位自办
湖南省现代流通理论研究基地	2002-07-01	非学校主管部门批准	省级社科重点研究基地	跨系研究室	经济学	专业技术服务业	单位自办
湖南省现代物流研究基地	2010-06-16	非学校主管部门批准	省级社科重点研究基地	跨系研究室	管理学	专业技术服务业	单位自办
南华大学							
船山学研究所	2004-03-05	学校自建	校级社科重点研究基地	独立研究所	哲学	社会工作	单位自办
发展战略与区域经济研究所	2002-02-14	非学校主管部门批准	省级社科重点研究基地	独立研究所	经济学	电力、热力生产和供应业	单位自办
国家贸易研究室	2004-02-18	学校自建	其他	独立研究所	经济学	专业技术服务业	单位自办

续表

学校及机构名称	成立时间	批准部门	组成方式	机构类型	学科分类	服务的国民经济行业	组成类型
核能经济与管理研究中心	2005-08-08	非学校主管部门批准	省级社科重点研究基地	跨系所	管理学	电力、热力生产和供应业	单位自办
衡湘文化研究所	2007-05-18	学校自建	其他	独立研究所	社会学	中国共产党机关	单位自办
会计研究所	2003-02-05	学校自建	其他	独立研究所	管理学	社会工作	单位自办
企业经济与管理研究所	1997-02-22	学校自建	其他	独立研究所	经济学	教育	单位自办
人权与公法理论研究所	2007-05-19	学校自建	其他	独立研究所	法学	社会工作	单位自办
人文社科研究所	2004-02-26	学校自建	其他	独立研究所	哲学	社会工作	单位自办
人因研究所	1998-03-03	学校自建	其他	独立研究所	管理学	教育	单位自办
审计与内部控制研究所	2008-07-01	学校自建	其他	独立研究所	经济学	教育	单位自办
信息管理研究中心	2001-02-05	学校自建	其他	独立研究所	管理学	社会工作	单位自办
英语语言文化研究所	2007-01-30	学校自建	其他	独立研究所	语言学	社会工作	单位自办
应急管理研究所	2009-04-06	学校自建	其他	独立研究所	管理学	社会工作	单位自办
应用语言研究所	2003-01-27	学校自建	其他	独立研究所	语言学	社会工作	单位自办
政策法规研究室	2000-02-08	学校自建	其他	独立研究所	法学	社会工作	单位自办
长沙学院							
长沙市文化研究基地	2007-03-07	非学校主管部门批准	其他	独立研究所	民族学	中国共产党机关	单位自办
长沙文化研究所	2007-03-07	非学校主管部门批准	其他	独立研究所	民族学	中国共产党机关	政府部门办
长沙学院应用法学(法律事务)研究所	2007-03-07	学校自建	其他	独立研究所	法学	水利管理业	单位自办
翻译文化研究所	2007-03-07	学校自建	其他	独立研究所	语言学	水利管理业	单位自办
高等教育研究所	2007-03-07	学校自建	其他	独立研究所	教育学	社会工作	单位自办
国学与思想政治教育研究所	2007-03-07	学校自建	其他	跨系所	哲学	社会工作	单位自办
物业管理研究所	2007-12-20	学校自建	其他	跨系所	管理学	教育	单位自办
学习型社会研究基地	2007-01-11	非学校主管部门批准	其他	跨系研究室	教育学	社会工作	单位自办
循环经济与复杂性管理研究所	2007-03-07	学校自建	其他	独立研究所	经济学	专业技术服务业	单位自办
艺术设计研究所	2007-12-20	学校自建	其他	独立研究所	艺术学	中国共产党机关	单位自办
湖南工程学院							

续表

学校及机构名称	成立时间	批准部门	组成方式	机构类型	学科分类	服务的国民经济行业	组成类型
物流研究所	2002-05-20	学校自建	其他	与校外合办所	管理学	教育	其他
湖南城市学院							
湖南城市化战略研究基地	2007-01-30	非学校主管部门批准	其他	跨系所	管理学	群众团体、社会团体和其他成员组织	政府部门办
湖南省城市经济研究基地	2010-09-08	非学校主管部门批准	省级社科重点研究基地	跨系所	经济学	科技推广和应用服务业	政府部门办
湖南工学院							
大学生发展研究中心	2010-06-30	学校自建	校级社科重点研究基地	独立研究所	管理学	教育	单位自办
衡阳经济发展研究中心	2010-06-30	学校自建	校级社科重点研究基地	独立研究所	经济学	教育	单位自办
旅游规划与设计研究所	2010-06-30	学校自建	校级社科重点研究基地	独立研究所	经济学	教育	单位自办
湖南财政经济学院							
产权财务与会计研究所	2006-02-01	学校自建	其他	独立研究所	管理学	教育	单位自办
工程与项目管理研究所	2009-01-01	学校自建	其他	独立研究所	管理学	其他服务业	单位自办
国际经济与贸易标准化研究	2009-06-03	学校自建	其他	独立研究所	经济学	其他服务业	单位自办
湖南财税发展研究中心	2011-06-01	学校自建	其他	独立研究所	经济学	其他服务业	单位自办
湖南财政与会计研究基地	2007-04-01	非学校主管部门批准	省级社科重点研究基地	与校外合办研究室	经济学	其他服务业	与国内独立研究机构合办
湖南省法务会计研究基地	2012-05-31	学校主管部门批准	省级社科重点研究基地	与校外合办研究室	法学	其他服务业	其他
湖南省政府非税收入研究基地	2010-09-01	非学校主管部门批准	省级社科重点研究基地	与校外合办研究室	经济学	教育	政府部门办
经济法研究所	2008-10-08	学校自建	其他	独立研究所	法学	教育	单位自办
经济数学研究所	2008-10-10	学校自建	其他	独立研究所	经济学	教育	单位自办
能源经济研究所	2006-01-06	学校自建	其他	独立研究所	经济学	其他服务业	单位自办
企业财务信息与资本效应湖南省重点实验室	2009-04-01	非学校主管部门批准	其他	与校外合办研究室	管理学	其他服务业	其他
人力资源管理研究所	2009-02-02	学校自建	其他	独立研究所	管理学	其他服务业	单位自办
审计理论与实务研究所	2009-02-06	学校自建	其他	独立研究所	管理学	其他服务业	单位自办

续表

学校及机构名称	成立时间	批准部门	组成方式	机构类型	学科分类	服务的国民经济行业	组成类型
思想政治教育研究所	2008-10-08	学校自建	其他	独立研究所	政治学	其他服务业	单位自办
体育经济与产业研究所	2009-05-26	学校自建	其他	独立研究所	经济学	国家机构	单位自办
中小企业营销研究所	2005-05-05	学校自建	其他	独立研究所	管理学	其他服务业	单位自办
专门用途英语(ESP)教学与应用研究所	2009-01-05	学校自建	其他	独立研究所	语言学	社会工作	单位自办
湖南警察学院							
湖南省公安理论与公共安全研究基地	2010-10-10	非学校主管部门批准	省级社科重点研究基地	独立研究所	法学	教育	政府部门办
警察公共关系研究所	2008-03-14	学校自建	其他	独立研究所	管理学	科技推广和应用服务业	单位自办
警务射击研究所	2008-03-12	学校自建	其他	独立研究所	体育学	科技推广和应用服务业	单位自办
警务心理研究所	2005-03-09	学校自建	其他	独立研究所	心理学	科技推广和应用服务业	单位自办
恐怖犯罪对策研究所	2005-03-10	学校自建	其他	独立研究所	法学	科技推广和应用服务业	单位自办
青少年犯罪研究所	2004-03-02	学校自建	其他	独立研究所	心理学	科技推广和应用服务业	单位自办
群体性事件预防与处置研究所	2009-03-13	学校自建	其他	独立研究所	法学	科技推广和应用服务业	单位自办
侦查对策研究所	2003-01-06	学校自建	其他	独立研究所	管理学	科技推广和应用服务业	单位自办
湖南工业大学							
包装设计理论与应用研究基地	2005-09-12	学校主管部门批准	省级社科重点研究基地	独立研究所	艺术学	科技推广和应用服务业	其他
高等教育研究所	2002-02-10	学校自建	其他	独立研究所	教育学	社会工作	其他
湖南省包装经济研究基地	2002-12-10	学校主管部门批准	其他	独立研究所	经济学	科技推广和应用服务业	其他
湖南省包装设计艺术研究基地	2010-01-01	非学校主管部门批准	省级社科重点研究基地	独立研究所	艺术学	中国共产党机关	政府部门办
湖南省体育文化研究基地	2010-01-01	非学校主管部门批准	省级社科重点研究基地	独立研究所	艺术学	教育	其他
省中国特色社会主义理论体系研究中心	2012-06-25	非学校主管部门批准	省级社科重点研究基地	独立研究所	马克思主义	教育	其他
湖南女子学院							
妇女/性别研究与女性教育中心	2002-10-10	学校自建	校级社科重点研究基地	跨系所	社会学	社会工作	单位自办
高等教育学科(女性教育)基地	2008-06-19	非学校主管部门批准	其他	跨系所	教育学	社会工作	其他
湖南女子学院中国重彩艺术研究所	2012-03-01	学校自建	校级社科重点研究基地	独立研究所	艺术学	教育	单位自办
湖南省公民礼仪素质研究基地	2007-01-11	非学校主管部门批准	省级社科重点研究基地	跨系所	哲学	社会工作	其他

续表

学校及机构名称	成立时间	批准部门	组成方式	机构类型	学科分类	服务的国民经济行业	组成类型
湖南省湖湘女性文化研究基地	2011-04-15	非学校主管部门批准	省级社科重点研究基地	独立研究所	社会学	中国共产党机关	单位自办
湖南省教育科学现代家政教育研究基地	2012-12-01	学校主管部门批准	其他	独立研究所	教育学	教育	政府部门办
女性经济研究所	2006-05-30	学校自建	校级社科重点研究基地	跨系所	经济学	社会工作	单位自办
女性人类学研究所	2006-05-30	学校自建	校级社科重点研究基地	跨系所	社会学	社会工作	单位自办
女性体育研究所	2008-02-28	学校自建	校级社科重点研究基地	跨系所	心理学	国家机构	单位自办
女性政治与人才学研究所	2009-10-15	学校自建	校级社科重点研究基地	跨系所	政治学	社会工作	单位自办
全国妇联、中国妇女研究会妇女性别研究与培训湖南女子大学基地	2006-06-09	非学校主管部门批准	其他	跨系所	社会学	社会工作	其他
生活科学教育与管理研究所	2006-05-30	学校自建	校级社科重点研究基地	跨系所	社会学	国家机构	单位自办
心理健康教育研究中心	2003-12-20	学校自建	校级社科重点研究基地	独立研究所	心理学	教育	单位自办
应用数学与数字技术研究所	2012-03-09	学校自建	校级社科重点研究基地	独立研究所	教育学	教育	单位自办
湖南第一师范学院							
湖南省青年毛泽东研究基地	2010-03-25	学校主管部门批准	省级社科重点研究基地	与校外合办所	马克思主义	社会保障	与国内独立研究机构合办
小学教师教育研究基地	2012-10-31	学校主管部门批准	省级社科重点研究基地	跨系研究室	教育学	教育	单位自办
湖南大众传媒职业技术学院							
传媒管理研究所	2004-03-02	学校自建	其他	跨系所	新闻与传播学	教育	单位自办
传媒教育与职业研究所	2004-03-01	学校自建	其他	跨系所	教育学	教育	单位自办
传媒艺术研究所	2007-03-02	学校自建	其他	跨系所	艺术学	娱乐业	单位自办
动漫游戏研究所	2007-03-05	学校自建	其他	独立研究所	艺术学	中国共产党机关	单位自办
网络传播与舆情研究所	2011-01-20	学校主管部门批准	校级社科重点研究基地	独立研究所	新闻与传播学	文教、工美、体育和娱乐用品制造业	单位自办
现代传播研究所	2004-03-02	学校自建	其他	跨系所	新闻与传播学	教育	单位自办
现代远程教育研究所	2001-03-02	学校自建	其他	跨系所	新闻与传播学	社会工作	单位自办
长沙师范学校							

续表

学校及机构名称	成立时间	批准部门	组成方式	机构类型	学科分类	服务的国民经济行业	组成类型
徐特立研究所	2012-12-01	学校主管部门批准	校级社科重点实验室	独立研究所	教育学	教育	单位自办
学期教育研究所	2011-12-01	学校主管部门批准	校级社科重点实验室	独立研究所	教育学	教育	单位自办
艺术研究所	2012-12-01	学校主管部门批准	校级社科重点实验室	独立研究所	艺术学	教育	单位自办
广东省							
中山大学							
城市社会研究中心	2008-07-01	学校主管部门批准	省级社科重点研究基地	独立研究所	社会学	社会工作	政府部门办
法学理论与法律实践研究中心	2009-03-17	学校主管部门批准	省级社科重点研究基地	独立研究所	法学	社会工作	政府部门办
港澳珠江三角洲研究中心	2000-09-01	学校主管部门批准	教育部社科重点研究基地	独立研究所	社会学	社会工作	政府部门办
华南农村研究中心	2001-07-01	学校主管部门批准	省级社科重点研究基地	独立研究所	社会学	社会工作	政府部门办
金融工程与风险管理研究中心	2010-01-01	学校主管部门批准	省级社科重点研究基地	独立研究所	经济学	社会工作	政府部门办
经济研究所	2003-03-17	学校主管部门批准	省级社科重点研究基地	独立研究所	经济学	社会工作	政府部门办
历史人类学研究中心	2001-03-17	学校主管部门批准	教育部社科重点研究基地	独立研究所	历史学	社会工作	政府部门办
廉政与治理研究中心	2009-09-01	学校主管部门批准	省级社科重点研究基地	独立研究所	政治学	社会工作	政府部门办
逻辑与认知研究所	1997-01-01	学校主管部门批准	教育部社科重点研究基地	独立研究所	逻辑学	社会工作	政府部门办
马克思主义哲学与中国现代化研究所	2000-01-01	学校主管部门批准	教育部社科重点研究基地	独立研究所	马克思主义	社会工作	政府部门办
现代会计与财务研究中心	2000-02-17	学校主管部门批准	省级社科重点研究基地	独立研究所	经济学	社会工作	政府部门办
移民与族群研究中心	2011-09-01	学校主管部门批准	省级社科重点研究基地	独立研究所	民族学	社会工作	政府部门办
中国非物质文化遗产研究中心	2004-09-01	学校主管部门批准	教育部社科重点研究基地	独立研究所	民族学	社会工作	政府部门办
中国公共管理研究中心	2000-12-25	学校主管部门批准	教育部社科重点研究基地	独立研究所	管理学	社会工作	政府部门办
暨南大学							
产业经济研究院	2006-06-06	学校自建	其他	独立研究所	经济学	租赁业	单位自办
东南亚研究所	1958-10-08	非学校主管部门批准	其他	独立研究所	政治学	科技推广和应用服务业	单位自办
古籍研究所	1984-11-03	非学校主管部门批准	其他	独立研究所	历史学	国家机构	单位自办
广东产业发展与粤港澳台区域合作研究中心	2009-01-10	学校自建	省级社科重点研究基地	独立研究所	经济学	专业技术服务业	单位自办

续表

学校及机构名称	成立时间	批准部门	组成方式	机构类型	学科分类	服务的国民经济行业	组成类型
海外华文文学与汉语传媒研究中心	2007-06-20	学校自建	省级社科重点研究基地	跨系所	中国文学	国家机构	单位自办
汉语方言研究中心	2008-05-15	学校自建	省级社科重点研究基地	跨系所	语言学	中国共产党机关	单位自办
华侨华人研究院	2006-11-16	学校自建	其他	独立研究所	历史学	国际组织	单位自办
金融研究所	1998-01-10	学校自建	省级社科重点研究基地	独立研究所	经济学	租赁业	单位自办
企业发展研究所	2003-07-10	学校自建	省级社科重点研究基地	跨系所	管理学	专业技术服务业	单位自办
特区港澳经济研究所	1982-10-12	非学校主管部门批准	其他	独立研究所	经济学	专业技术服务业	单位自办
应急管理研究中心	2010-09-10	学校自建	省级社科重点研究基地	与校外合办研究室	管理学	群众团体、社会团体和其他成员组织	与国内独立研究机构合办
知识产权与法治研究中心	2009-07-10	学校自建	省级社科重点研究基地	独立研究所	法学	专业技术服务业	单位自办
资源环境与可持续发展研究所	2012-03-26	学校自建	省级社科重点研究基地	跨系所	经济学	生态保护和环境治理业	单位自办
汕头大学							
地方政府发展研究所	2005-09-05	学校主管部门批准	省级社科重点研究基地	独立研究所	管理学	社会工作	政府部门办
妇女研究中心	2009-09-01	学校自建	校级社科重点研究基地	独立研究所	社会学	社会工作	单位自办
高等教育研究所	1986-01-01	学校自建	校级社科重点研究基地	独立研究所	教育学	社会工作	单位自办
国际研究中心	2007-01-01	学校自建	校级社科重点研究基地	独立研究所	历史学	社会工作	单位自办
海外华文文学研究中心	1984-02-19	学校自建	校级社科重点实验室	独立研究室	中国文学	社会工作	其他
台湾研究所	2001-11-02	学校自建	校级社科重点研究基地	独立研究所	经济学	社会工作	单位自办
新国学研究中心	2004-01-01	学校自建	校级社科重点研究基地	独立研究所	中国文学	社会工作	单位自办
粤台企业合作研究院	2011-12-08	学校主管部门批准	省级社科重点研究基地	与校外合办所	管理学	社会工作	单位自办
华南理工大学							
广东地方法制研究中心	2006-05-20	学校主管部门批准	省级社科重点研究基地	独立研究所	法学	社会工作	政府部门办
广东省软科学研究基地	2011-12-03	学校主管部门批准	省级社科重点研究基地	独立研究所	管理学	教育	政府部门办
广东省体育产业发展研究基地	2006-11-01	非学校主管部门批准	校级社科重点研究基地	与校外合办所	体育学	国家机构	政府部门办
广东省中小企业研究咨询中心	2003-11-04	非学校主管部门批准	校级社科重点研究基地	与校外合办所	管理学	专业技术服务业	政府部门办
广东现代服务业研究基地	2011-11-04	学校主管部门批准	省级社科重点研究基地	与校外合办所	管理学	商务服务业	政府部门办

续表

学校及机构名称	成立时间	批准部门	组成方式	机构类型	学科分类	服务的国民经济行业	组成类型
广州国际旅游研究中心	2007-04-01	学校自建	省级社科重点研究基地	跨系所	管理学	社会工作	单位自办
技术创新评估研究中心	2003-12-01	非学校主管部门批准	校级社科重点研究基地	与校外合办所	管理学	专业技术服务业	政府部门办
建筑历史文化研究中心	2005-08-01	学校主管部门批准	省级社科重点研究基地	独立研究所	历史学	房屋建筑业	政府部门办
金融工程研究中心	2004-12-15	学校主管部门批准	省级社科重点研究基地	独立研究所	经济学	租赁业	政府部门办
新媒体发展研究中心	2008-08-02	学校自建	校级社科重点研究基地	独立研究所	新闻与传播学	文化艺术业	单位自办
新型工业化发展研究院	2003-12-01	学校主管部门批准	教育部985社科创新基地	独立研究所	管理学	社会工作	单位自办
政府决策与绩效评价研究所	2009-10-01	学校主管部门批准	省级社科重点研究基地	独立研究所	政治学	群众团体、社会团体和其他成员组织	政府部门办
中国企业战略管理研究中心	2006-10-01	学校自建	校级社科重点研究基地	独立研究所	管理学	专业技术服务业	单位自办
华南农业大学							
广东农村经济研究中心	2003-12-18	学校主管部门批准	省级社科重点研究基地	独立研究所	经济学	农、林、牧、渔服务业	单位自办
广东农村政策研究中心	2005-01-20	学校主管部门批准	校级社科重点研究基地	独立研究所	经济学	科技推广和应用服务业	政府部门办
广东农业企业发展研究中心	2008-05-12	学校主管部门批准	省级社科重点研究基地	独立研究所	管理学	农业	单位自办
广东省地方法制研究中心	2003-05-13	学校自建	校级社科重点研究基地	独立研究室	法学	群众团体、社会团体和其他成员组织	单位自办
广东省科技管理与规划研究院	2011-12-20	学校自建	校级社科重点研究基地	与校外合办所	管理学	科技推广和应用服务业	单位自办
广东新农村法制服务研究中心	2010-04-08	学校主管部门批准	校级社科重点研究基地	跨系所	法学	社会工作	其他
经济发展研究所	1998-06-10	学校自建	校级社科重点研究基地	独立研究所	经济学	农、林、牧、渔服务业	单位自办
劳资关系研究中心	2010-09-30	学校自建	校级社科重点研究基地	跨系所	社会学	社会保障	单位自办
林业经济研究中心	2008-05-15	学校自建	校级社科重点研究基地	跨系所	管理学	林业	单位自办
农业文化与乡村旅游研究中心	2009-04-16	学校自建	校级社科重点研究基地	独立研究室	历史学	教育	单位自办
人力资源与战略发展研究中心	2007-03-09	学校自建	校级社科重点研究基地	独立研究所	管理学	教育	单位自办
土地与经济管理研究中心	2008-05-22	学校自建	校级社科重点研究基地	跨系所	管理学	农业	单位自办
中国农业历史遗传研究室	1978-04-06	学校主管部门批准	校级社科重点研究基地	独立研究室	历史学	农业	单位自办
宗教与文化交流研究中心	2009-03-26	学校自建	校级社科重点研究基地	跨系所	宗教学	教育	单位自办

续表

学校及机构名称	成立时间	批准部门	组成方式	机构类型	学科分类	服务的国民经济行业	组成类型
广东海洋大学							
海洋经济与管理研究中心	2000-09-20	学校主管部门批准	其他	独立研究所	经济学	农业	单位自办
华南师范大学							
城市休闲与旅游规划研究中心	2007-01-01	学校自建	校级社科重点研究基地	独立研究室	管理学	群众团体、社会团体和其他成员组织	单位自办
华南市场经济研究中心	2006-04-18	学校主管部门批准	省级社科重点研究基地	独立研究所	经济学	社会工作	单位自办
经济行为与制度研究中心	2008-05-01	学校自建	其他	跨系所	经济学	其他服务业	单位自办
劳动法和社会保障法研究所	2010-05-08	学校自建	其他	与校外合办所	法学	教育	与境内注册其他企业合办
现代教育研究与开发中心	2003-12-01	学校主管部门批准	省级社科重点研究基地	独立研究所	教育学	社会工作	单位自办
心理应用研究中心	2001-03-30	学校主管部门批准	部省共建社科重点研究基地	独立研究所	心理学	群众团体、社会团体和其他成员组织	政府部门办
信息传播与文化创意研究中心	2010-05-06	非学校主管部门批准	其他	跨系所	新闻与传播学	人民政协、民主党派	单位自办
韶关学院							
韶文化研究院	2010-07-15	非学校主管部门批准	校级社科重点研究基地	与校外合办研究室	中国文学	中国共产党机关	政府部门办
韩山师范学院							
潮学研究中心	2010-07-01	学校主管部门批准	省级社科重点研究基地	与校外合办所	历史学	教育	单位自办
湛江师范学院							
广州湾研究所	2012-12-05	学校自建	其他	跨系所	经济学	生态保护和环境治理业	单位自办
海上丝绸之路研究所	2012-12-05	学校自建	其他	跨系所	民族学	纺织服装、服饰业	单位自办
雷州美术研究所	2012-12-05	学校自建	其他	跨系所	艺术学	文化艺术业	单位自办
雷州民间艺术研究所	2012-12-05	学校自建	其他	跨系所	艺术学	文化艺术业	单位自办
雷州体育文化研究所	2012-12-05	学校自建	其他	跨系所	体育学	体育	单位自办
吴川文化研究所	2012-12-05	学校自建	其他	跨系所	民族学	文化艺术业	单位自办
粤西教师教育研究中心	2011-12-05	学校主管部门批准	省级社科重点实验室	独立研究所	教育学	社会工作	单位自办

续表

学校及机构名称	成立时间	批准部门	组成方式	机构类型	学科分类	服务的国民经济行业	组成类型
粤西宗教研究所	2012-12-05	学校自建	其他	跨系所	宗教学	其他服务业	单位自办
肇庆学院							
广东省砚文化研究基地	2008-08-08	学校主管部门批准	校级社科重点研究基地	独立研究所	历史学	教育	单位自办
广东实践科学发展观研究基地	2012-11-05	非学校主管部门批准	校级社科重点研究基地	独立研究所	经济学	研究和试验发展	政府部门办
嘉应学院							
客家研究院	2007-06-19	学校主管部门批准	省级社科重点研究基地	独立研究所	民族学	教育	政府部门办
广州美术学院							
港台文化艺术研究所	2010-10-01	学校自建	校级社科重点研究基地	独立研究所	艺术学	文化艺术业	单位自办
广东省创意产业研发中心	2009-09-09	非学校主管部门批准	校级社科重点研究基地	独立研究所	艺术学	文化艺术业	单位自办
广东省工业设计创意与应用研究重点实验室	2012-08-27	非学校主管部门批准	省级社科重点实验室	独立研究所	艺术学	文化艺术业	政府部门办
广东现代广告创意中心(国家广告产业园)	2010-05-01	非学校主管部门批准	其他	独立研究所	艺术学	文化艺术业	政府部门办
家具研究院	2012-06-01	学校自建	校级社科重点研究基地	独立研究所	艺术学	家具制造业	单位自办
岭南中国画研究院	2011-01-30	学校自建	校级社科重点研究基地	独立研究所	艺术学	文化艺术业	单位自办
美术教育研究所	2010-10-01	学校自建	校级社科重点研究基地	独立研究所	艺术学	教育	单位自办
视觉文化研究所	2010-10-01	学校自建	校级社科重点研究基地	独立研究所	艺术学	文化艺术业	单位自办
视觉与媒体设计研究所	2012-06-01	学校自建	校级社科重点研究基地	独立研究所	艺术学	文化艺术业	单位自办
书法研究所	2012-06-01	学校自建	校级社科重点研究基地	独立研究所	艺术学	文化艺术业	单位自办
数字化影像创意产学研结合示范基地	2008-05-01	学校主管部门批准	省级社科重点研究基地	与校外合办研究室	艺术学	文化艺术业	政府部门办
陶瓷艺术与科学研究所	2011-01-30	学校自建	校级社科重点研究基地	独立研究所	艺术学	文化艺术业	单位自办
艺术学研究所	2009-12-01	学校自建	校级社科重点研究基地	独立研究所	艺术学	文化艺术业	单位自办
星海音乐学院							
岭南音乐文化研究中心	2005-08-24	学校主管部门批准	省级社科重点研究基地	独立研究所	艺术学	社会工作	单位自办
广东技术师范学院							

续表

学校及机构名称	成立时间	批准部门	组成方式	机构类型	学科分类	服务的国民经济行业	组成类型
民族研究所	1984-02-01	学校主管部门批准	省级社科重点研究基地	跨系所	民族学	中国共产党机关	与国内高校合办
深圳大学							
传媒与文化发展研究中心	2005-04-13	学校主管部门批准	省级社科重点研究基地	独立研究所	新闻与传播学	社会保障	单位自办
当代中国政治研究所	1999-12-21	学校主管部门批准	省级社科重点研究基地	独立研究所	政治学	国家机构	单位自办
港澳基本法研究中心	2009-07-11	非学校主管部门批准	其他	与校外合办所	法学	社会保障	其他
深圳国际化发展研究中心	2011-04-09	非学校主管部门批准	其他	独立研究所	管理学	群众团体、社会团体和其他成员组织	单位自办
深圳现代艺术与设计研究中心	2004-06-10	学校主管部门批准	其他	跨系所	艺术学	文化艺术业	单位自办
体育文化研究所	2008-06-21	学校主管部门批准	其他	独立研究所	体育学	新闻和出版业	单位自办
文化产业研究院	2009-05-13	学校自建	其他	独立研究所	中国文学	文化艺术业	单位自办
印度研究中心	2005-08-13	学校主管部门批准	校级社科重点研究基地	独立研究所	外国文学	群众团体、社会团体和其他成员组织	单位自办
中国经济特区研究中心	2001-12-26	学校主管部门批准	部省共建社科重点研究基地	独立研究所	经济学	国家机构	单位自办
中国知识产权司法保护理论研究基地	2011-03-12	非学校主管部门批准	其他	独立研究所	法学	群众团体、社会团体和其他成员组织	单位自办
广东商学院							
法治与经济发展研究所	2004-01-01	学校主管部门批准	省级社科重点研究基地	独立研究所	法学	研究和试验发展	单位自办
国民经济研究中心	2008-05-12	学校主管部门批准	省级社科重点研究基地	独立研究所	经济学	研究和试验发展	单位自办
流通经济研究所	2005-01-01	学校自建	校级社科重点研究基地	独立研究所	经济学	研究和试验发展	单位自办
旅游管理与规划所	2008-07-01	学校自建	校级社科重点研究基地	独立研究所	管理学	研究和试验发展	单位自办
民营经济研究所	2005-01-01	学校自建	校级社科重点研究基地	独立研究所	经济学	研究和试验发展	单位自办
县域经济研究所	2005-01-01	学校自建	校级社科重点研究基地	独立研究所	经济学	研究和试验发展	单位自办
顺德职业技术学院							
高职教育研究所	2002-02-21	学校自建	校级社科重点实验室	独立研究所	教育学	教育	单位自办
广州大学							

续表

学校及机构名称	成立时间	批准部门	组成方式	机构类型	学科分类	服务的国民经济行业	组成类型
法治广州研究中心	2012-07-12	学校主管部门批准	其他	跨系所	法学	国家机构	政府部门办
高等教育研究所	2000-09-01	学校自建	其他	独立研究所	教育学	教育	单位自办
广府文化研究基地	2012-09-13	学校主管部门批准	其他	跨系所	中国文学	文化艺术业	单位自办
广州发展研究院	2005-09-01	学校主管部门批准	省级社科重点研究基地	独立研究所	经济学	商务服务业	单位自办
广州市“十三行”重点研究基地	2012-07-12	学校主管部门批准	其他	跨系所	历史学	文化艺术业	单位自办
广州市廉政建设重点研究基地	2012-07-12	学校主管部门批准	其他	跨系所	政治学	国家机构	政府部门办
广州市社会工作研究中心	2012-07-12	学校主管部门批准	其他	独立研究所	社会学	社会工作	政府部门办
国家人权教育与培训基地	2011-07-01	学校主管部门批准	其他	独立研究所	法学	群众团体、社会团体和其他成员组织	单位自办
人权研究中心	2007-11-01	学校主管部门批准	省级社科重点研究基地	独立研究所	法学	国家机构	单位自办
俗文化研究中心	2009-02-02	学校主管部门批准	省级社科重点研究基地	独立研究所	中国文学	文化艺术业	单位自办
体育产业研究中心	2005-05-05	非学校主管部门批准	其他	跨系所	体育学	体育	单位自办
深圳职业技术学院							
创新设计研究中心	2012-07-16	学校自建	校级社科重点研究基地	独立研究室	艺术学	文化艺术业	单位自办
经济与社会发展研究中心	2001-12-01	学校自建	其他	独立研究所	经济学	专业技术服务业	单位自办
农业文化创意与营销研发中心	2012-07-16	学校自建	校级社科重点研究基地	跨系研究室	管理学	文化艺术业	单位自办
人文社会科学研究室	2000-04-01	学校自建	其他	独立研究室	哲学	社会工作	单位自办
台湾研究室	2003-03-01	学校自建	其他	独立研究室	经济学	社会工作	单位自办
现代产业研究中心	2012-07-18	学校自建	校级社科重点研究基地	独立研究室	管理学	商务服务业	单位自办
职业技术教育研究所	1994-04-01	学校主管部门批准	校级社科重点研究基地	独立研究所	教育学	社会工作	单位自办
五邑大学							
广东侨乡文化研究中心	2006-12-26	学校主管部门批准	省级社科重点研究基地	跨系所	历史学	中国共产党机关	单位自办
企业管理研究中心	2008-03-28	学校自建	校级社科重点研究基地	独立研究所	管理学	租赁业	单位自办
广东金融学院							
保险研究所	2002-05-09	学校自建	校级社科重点实验室	独立研究所	经济学	房地产业	其他

续表

学校及机构名称	成立时间	批准部门	组成方式	机构类型	学科分类	服务的国民经济行业	组成类型
广州区域金融政策研究中心	2010-06-30	非学校主管部门批准	其他	与校外合办研究室	经济学	群众团体、社会团体和其他成员组织	政府部门办
国际经济与贸易研究所	2006-09-28	学校自建	校级社科重点实验室	独立研究所	经济学	科技推广和应用服务业	单位自办
华南金融研究所	1998-09-18	学校自建	校级社科重点实验室	独立研究所	经济学	科技推广和应用服务业	单位自办
劳动经济与人力资源研究所	2002-05-14	学校自建	校级社科重点实验室	独立研究所	经济学	教育	单位自办
知识产权研究所	2002-05-15	学校自建	校级社科重点实验室	独立研究所	法学	教育	单位自办
广东石油化工学院							
南方诗歌研究所	2009-06-10	学校自建	校级社科重点研究基地	独立研究所	中国文学	中国共产党机关	单位自办
粤西经济发展研究所	2009-06-10	学校自建	校级社科重点研究基地	独立研究所	经济学	专业技术服务业	单位自办
冼夫人文化研究中心	2009-06-10	学校主管部门批准	校级社科重点研究基地	独立研究所	历史学	中国共产党机关	单位自办
东莞理工学院							
城市文化发展研究中心	2004-02-06	学校自建	其他	独立研究所	社会学	中国共产党机关	单位自办
东莞经济法律研究咨询中心	2005-02-03	学校自建	其他	独立研究所	经济学	教育	单位自办
东莞市生命教育研究中心	2006-10-01	学校自建	其他	独立研究所	教育学	社会工作	单位自办
高等教育发展研究中心	2011-03-10	学校自建	校级社科重点研究基地	独立研究所	教育学	社会工作	单位自办
社会发展研究院	2008-07-15	学校自建	校级社科重点研究基地	独立研究所	社会学	教育	单位自办
广东外语外贸大学							
词典学研究中心	2002-06-01	学校自建	其他	独立研究所	语言学	社会工作	单位自办
翻译学研究中心	2008-06-05	学校主管部门批准	省级社科重点研究基地	独立研究所	语言学	社会工作	政府部门办
广东国际战略研究院	2009-11-13	学校主管部门批准	其他	独立研究所	管理学	国家机构	政府部门办
广州国际商贸研究中心	2010-10-20	非学校主管部门批准	其他	独立研究所	经济学	专业技术服务业	政府部门办
国际服务外包研究院	2009-11-01	学校自建	其他	独立研究所	经济学	商务服务业	单位自办
国际经济贸易研究中心	2006-04-18	学校主管部门批准	省级社科重点研究基地	独立研究所	经济学	社会工作	政府部门办
加拿大研究中心	2012-03-01	学校主管部门批准	其他	独立研究所	政治学	国际组织	政府部门办
外国文学文化中心	2003-10-13	学校主管部门批准	省级社科重点研究基地	独立研究所	外国文学	社会工作	政府部门办

续表

学校及机构名称	成立时间	批准部门	组成方式	机构类型	学科分类	服务的国民经济行业	组成类型
外国语言学及应用语言学研究中心	2000-09-01	学校主管部门批准	教育部社科重点研究基地	独立研究所	语言学	社会工作	政府部门办
粤商研究中心	2010-07-01	学校主管部门批准	省级社科重点研究基地	独立研究所	经济学	专业技术服务业	政府部门办
佛山科学技术学院							
动漫研究中心	2009-03-01	学校自建	校级社科重点研究基地	独立研究所	教育学	社会工作	单位自办
法治与社会发展研究中心	2010-12-16	学校自建	校级社科重点研究基地	独立研究所	法学	专业技术服务业	单位自办
佛山市青少年发展研究中心	2009-03-25	学校自建	校级社科重点研究基地	独立研究所	教育学	社会工作	单位自办
佛山文化研究中心	2009-03-01	学校自建	校级社科重点研究基地	独立研究所	中国文学	中国共产党机关	单位自办
佛山武术文化研究中心	2010-10-18	非学校主管部门批准	校级社科重点研究基地	独立研究所	体育学	国家机构	单位自办
高等教育研究所	1995-09-01	学校自建	校级社科重点研究基地	独立研究所	教育学	社会工作	单位自办
广东省广府文化研究基地	2009-07-30	学校主管部门批准	其他	独立研究室	艺术学	中国共产党机关	单位自办
酒文化研究中心	2008-07-07	学校自建	校级社科重点研究基地	独立研究所	经济学	中国共产党机关	单位自办
企业发展研究中心	2006-12-01	学校自建	校级社科重点研究基地	独立研究所	经济学	专业技术服务业	单位自办
广东科学技术职业学院							
广东省人才研究所	1999-05-13	学校主管部门批准	校级社科重点研究基地	独立研究所	管理学	教育	政府部门办
广西壮族自治区							
广西大学							
马克思主义经济学研究中心	2006-05-10	学校主管部门批准	其他	独立研究所	经济学	国际组织	单位自办
广西工学院							
高等教育科学研究所	2004-10-01	学校自建	其他	跨系所	教育学	社会工作	单位自办
经济研究中心	2003-10-31	学校自建	其他	跨系所	经济学	科技推广和应用服务业	单位自办
战略与决策研究所	2012-11-12	学校自建	其他	跨系所	管理学	研究和试验发展	单位自办
中国西部经济社会发展研究中心	2005-05-26	学校自建	其他	跨系所	经济学	科技推广和应用服务业	单位自办
桂林电子科技大学							
广西信息产业发展研究基地	2007-07-31	学校主管部门批准	省级社科重点研究基地	跨系所	管理学	科技推广和应用服务业	政府部门办
软科学研究院	2007-10-25	学校自建	校级社科重点研究基地	跨系所	管理学	科技推广和应用服务业	单位自办

续表

学校及机构名称	成立时间	批准部门	组成方式	机构类型	学科分类	服务的国民经济行业	组成类型
桂林理工大学							
大学民族文化研究所	2007-02-07	学校自建	其他	独立研究所	民族学	科技推广和应用服务业	单位自办
景观工程研究院	2009-05-11	学校主管部门批准	其他	独立研究所	经济学	水利管理业	单位自办
艺术设计研究所	2008-05-19	学校主管部门批准	其他	独立研究所	艺术学	中国共产党机关	单位自办
应用经济研究所	2007-02-09	学校自建	其他	独立研究所	经济学	科技推广和应用服务业	单位自办
广西中医药大学							
民族医药研究与发展中心	2006-12-30	学校自建	其他	独立研究室	民族学	医药制造业	单位自办
广西师范大学							
法制与社会发展研究所	2007-07-01	学校自建	其他	独立研究所	法学	教育	单位自办
古籍整理研究所	2001-09-06	非学校主管部门批准	其他	独立研究所	图书、文献与情报学	中国共产党机关	单位自办
广西地方民族史研究	1995-09-01	学校自建	其他	独立研究所	民族学	中国共产党机关	单位自办
广西人文社会科学发展研究中心	2010-01-03	学校主管部门批准	省级社科重点研究基地	独立研究所	管理学	教育	政府部门办
广西文化产业研究基地	2007-08-03	学校主管部门批准	省级社科重点研究基地	跨系所	管理学	中国共产党机关	政府部门办
国家体育总局体育文化发展中心研究基地	2010-03-24	非学校主管部门批准	其他	独立研究所	体育学	国家机构	政府部门办
环境艺术设计研究所	2002-01-02	学校自建	其他	独立研究所	艺术学	中国共产党机关	单位自办
教育部高校辅导员培训和研修基地	2007-07-31	学校主管部门批准	其他	独立研究所	教育学	社会工作	政府部门办
教育部基础教育课程研究中心	2010-10-27	学校主管部门批准	其他	独立研究所	教育学	社会工作	政府部门办
教育科学研究所	2001-12-06	学校自建	其他	独立研究所	教育学	社会工作	单位自办
经济研究所	2001-09-06	学校自建	其他	独立研究所	经济学	生态保护和环境治理业	单位自办
客家文化研究所	2004-06-01	学校自建	其他	独立研究室	民族学	中国共产党机关	单位自办
旅游研究所	2000-01-01	学校自建	其他	独立研究所	历史学	中国共产党机关	单位自办
马克思主义研究所	2001-02-21	学校自建	其他	独立研究所	马克思主义	教育	单位自办
民族音乐舞蹈研究所	2007-07-01	学校自建	其他	独立研究所	艺术学	中国共产党机关	单位自办

续表

学校及机构名称	成立时间	批准部门	组成方式	机构类型	学科分类	服务的国民经济行业	组成类型
女性发展研究所	2010-03-08	学校自建	其他	独立研究所	社会学	教育	单位自办
外国语言文学研究所	2000-01-20	学校自建	其他	独立研究所	语言学	教育	单位自办
西南城市与区域发展研究中心	2007-08-03	学校主管部门批准	省级社科重点研究基地	独立研究所	经济学	生态保护和环境治理业	单位自办
中国诗学研究中心	1999-07-01	学校自建	其他	独立研究所	中国文学	中国共产党机关	单位自办
中国语言文学研究所	1985-11-01	学校自建	其他	独立研究所	中国文学	中国共产党机关	单位自办
壮学研究所	2000-01-01	学校自建	其他	独立研究所	民族学	中国共产党机关	单位自办
广西师范学院							
高等教育研究所	2009-02-20	学校主管部门批准	校级社科重点研究基地	跨系所	教育学	社会工作	单位自办
广西马克思主义理论研究和建设工程研究基地	2006-08-15	学校主管部门批准	其他	独立研究所	马克思主义	群众团体、社会团体和其他成员组织	单位自办
教师教育研究所	2000-07-31	学校自建	校级社科重点研究基地	跨系所	教育学	社会工作	单位自办
马克思主义哲学研究中心	2000-05-18	学校自建	其他	跨系研究室	哲学	社会工作	单位自办
心理健康教育咨询中心	2005-07-05	学校自建	其他	跨系所	心理学	社会工作	单位自办
河池学院							
桂西北少数民族非物质文化资源研究基地	2007-07-31	学校主管部门批准	其他	跨系研究室	民族学	社会工作	单位自办
文学创作人才培养基地	2006-03-20	学校主管部门批准	其他	独立研究所	中国文学	社会工作	单位自办
广西民族大学							
北部湾区域经济合作研究所	2007-11-01	学校自建	其他	独立研究所	经济学	科技推广和应用服务业	单位自办
高教研究所	1985-09-01	学校自建	其他	独立研究室	教育学	社会工作	单位自办
公共管理研究所	2004-03-12	学校主管部门批准	其他	跨系所	管理学	其他服务业	单位自办
广西教育科学重点研究基地	2012-06-01	学校主管部门批准	其他	跨系所	教育学	教育	单位自办
广西民族教育研究中心	2011-12-03	学校主管部门批准	其他	跨系研究室	教育学	其他	单位自办
广西民族团结教育师资培训基地	2011-12-02	学校主管部门批准	其他	跨系所	教育学	教育	单位自办
华南与东南亚民族研究基地	2007-08-02	学校主管部门批准	其他	跨系所	民族学	中国共产党机关	单位自办

续表

学校及机构名称	成立时间	批准部门	组成方式	机构类型	学科分类	服务的国民经济行业	组成类型
马克思主义理论研究和建设工程研究基地	2007-05-28	非学校主管部门批准	其他	跨系所	马克思主义	社会保障	政府部门办
民族学人类学研究所	1964-09-09	学校自建	其他	独立研究所	民族学	其他	单位自办
民族研究中心	2003-05-01	学校主管部门批准	其他	跨系所	民族学	其他	单位自办
民族音乐表演研究所	2009-09-18	学校自建	其他	跨系所	艺术学	中国共产党机关	单位自办
民族音乐创作研究所	2009-09-18	学校自建	其他	独立研究所	艺术学	中国共产党机关	单位自办
生态审美与民族文艺学研究基地	2007-12-01	学校主管部门批准	其他	独立研究所	中国文学	中国共产党机关	单位自办
瑶学研究中心	2004-11-10	学校主管部门批准	其他	独立研究所	民族学	其他	单位自办
语言文化研究中心	2003-05-01	学校自建	其他	跨系所	语言学	其他	单位自办
中国—东盟经贸合作研究所	2007-11-01	学校自建	其他	跨系所	经济学	租赁业	单位自办
中国—东盟体育交流合作中心	2010-07-01	学校自建	其他	与校外合办研究室	体育学	国家机构	其他
中国—东盟研究中心	2005-11-04	学校主管部门批准	其他	独立研究所	管理学	研究和试验发展	单位自办
中国—东盟政治法律文化研究中心	2007-06-06	学校主管部门批准	其他	跨系所	管理学	科技推广和应用服务业	单位自办
中国身心运动(广西研究中心)	2011-12-01	非学校主管部门批准	其他	与校外合办所	体育学	国家机构	其他
壮学研究中心	2003-11-10	学校主管部门批准	其他	与校外合办所	民族学	其他	其他
贺州学院							
广西东部族群文化研究基地	2008-07-31	学校主管部门批准	校级社科重点实验室	跨系所	社会学	中国共产党机关	单位自办
海南省							
海南大学							
海南大学社会科学研究中心	2007-09-01	学校自建	校级社科重点研究基地	独立研究所	哲学	教育	单位自办
海南省历史文化研究基地	2007-01-15	非学校主管部门批准	省级社科重点研究基地	与校外合办所	历史学	文化艺术业	政府部门办
海南省南海法律研究中心	2011-12-07	非学校主管部门批准	省级社科重点研究基地	与校外合办所	法学	研究和试验发展	政府部门办
热带农业发展研究所	2007-09-01	学校主管部门批准	校级社科重点研究基地	独立研究所	经济学	研究和试验发展	单位自办
琼州学院							
海南省民族研究基地	2008-12-29	非学校主管部门批准	省级社科重点研究基地	独立研究所	民族学	社会工作	其他

续表

学校及机构名称	成立时间	批准部门	组成方式	机构类型	学科分类	服务的国民经济行业	组成类型
海南师范大学							
海南当代文学研究所	2009-07-08	学校自建	其他	独立研究所	中国文学	中国共产党机关	单位自办
海南省基础教育课程与教学研究基地	2006-04-13	学校自建	省级社科重点研究基地	独立研究所	教育学	社会工作	其他
海南省南海区域文化研究基地	2008-07-10	学校主管部门批准	省级社科重点研究基地	独立研究所	历史学	社会工作	其他
海南省中国特色社会主义理论体系研究中心	1998-03-11	学校主管部门批准	省级社科重点研究基地	跨系所	马克思主义	社会工作	单位自办
海南师范大学金融研究中心	2009-05-06	学校自建	其他	独立研究所	经济学	租赁业	单位自办
海南师范大学媒介发展研究中心	2007-10-09	学校主管部门批准	其他	跨系研究室	新闻与传播学	教育	单位自办
海南师范大学民族民间音乐研究所	2009-11-02	学校自建	其他	独立研究所	艺术学	中国共产党机关	单位自办
中国散文研究中心	2002-07-09	学校自建	其他	独立研究所	中国文学	中国共产党机关	单位自办
海口经济学院							
海南省旅游商品研究基地	2005-10-18	非学校主管部门批准	省级社科重点研究基地	独立研究所	社会学	科技推广和应用服务业	其他
重庆市							
重庆大学							
工商管理与经济发展研究中心	2003-03-10	非学校主管部门批准	省级社科重点研究基地	独立研究所	管理学	社会工作	政府部门办
区域经济与科教战略研究中心	2010-09-09	学校主管部门批准	其他	跨系所	经济学	科技推广和应用服务业	政府部门办
人口、资源、环境经济与管理研究中心	2003-03-08	非学校主管部门批准	省级社科重点研究基地	独立研究所	管理学	社会工作	政府部门办
西部环境资源法制建设研究中心	2006-12-25	非学校主管部门批准	省级社科重点研究基地	独立研究所	法学	社会工作	政府部门办
现代物流重庆市市级重点实验室	2010-10-10	非学校主管部门批准	其他	跨系所	管理学	软件和信息技术服务业	政府部门办
语言认知及语言应用研究基地	2006-12-25	非学校主管部门批准	省级社科重点研究基地	独立研究所	语言学	社会工作	政府部门办
重庆邮电大学							
巴文化研究所	2004-09-16	学校自建	校级社科重点实验室	独立研究所	民族学	中国共产党机关	单位自办
司法鉴定中心	2003-06-30	非学校主管部门批准	省级社科重点研究基地	独立研究所	法学	其他服务业	单位自办
外国语言文化研究所	2005-07-30	学校自建	校级社科重点实验室	独立研究所	外国文学	社会工作	单位自办
网络社会发展研究中心	2004-06-02	学校主管部门批准	省级社科重点研究基地	独立研究所	社会学	科技推广和应用服务业	政府部门办

续表

学校及机构名称	成立时间	批准部门	组成方式	机构类型	学科分类	服务的国民经济行业	组成类型
信息产业发展研究中心	2005-04-29	非学校主管部门批准	省级社科重点实验室	独立研究所	管理学	邮政业	单位自办
应用语言学研究所	2005-07-30	学校自建	校级社科重点实验室	独立研究所	语言学	科技推广和应用服务业	单位自办
重庆交通大学							
西部交通与经济社会发展研究中心	2004-02-10	学校主管部门批准	省级社科重点研究基地	独立研究所	经济学	水利管理业	单位自办
重庆医科大学							
医学与社会发展研究中心	2002-01-01	学校主管部门批准	省级社科重点研究基地	独立研究室	社会学	社会工作	单位自办
西南大学							
汉语言文献研究所	1984-10-06	学校主管部门批准	其他	独立研究所	语言学	研究和试验发展	单位自办
基础教育研究中心	1995-10-04	非学校主管部门批准	省级社科重点研究基地	独立研究所	教育学	教育	政府部门办
建筑艺术研究所	1984-10-06	学校自建	其他	独立研究所	艺术学	建筑安装业	单位自办
科学教育研究中心	2006-12-25	非学校主管部门批准	省级社科重点研究基地	独立研究所	教育学	教育	政府部门办
历史地理研究所	1995-12-12	学校自建	其他	跨系所	历史学	公共设施管理业	单位自办
逻辑与智能研究中心	2005-04-20	非学校主管部门批准	省级社科重点研究基地	独立研究所	逻辑学	文化艺术业	政府部门办
马克思主义理论研究中心	2003-01-08	非学校主管部门批准	省级社科重点研究基地	独立研究所	马克思主义	研究和试验发展	单位自办
农村经济与管理研究中心	2003-01-08	非学校主管部门批准	省级社科重点研究基地	独立研究所	经济学	农业	政府部门办
农业教育发展研究中心	2006-12-25	非学校主管部门批准	省级社科重点研究基地	独立研究所	教育学	农业	政府部门办
三峡库区经济社会发展研究中心	2003-01-08	非学校主管部门批准	省级社科重点研究基地	独立研究所	社会学	研究和试验发展	政府部门办
外国语言研究所	1996-10-24	学校自建	其他	跨系所	外国文学	文化艺术业	其他
西南民族教育与心理研究中心	2004-12-20	学校主管部门批准	教育部社科重点研究基地	独立研究所	教育学	教育	政府部门办
心理健康教育研究中心	2006-12-25	非学校主管部门批准	省级社科重点研究基地	独立研究所	心理学	教育	政府部门办
心理学与社会管理研究中心	2003-01-08	非学校主管部门批准	省级社科重点研究基地	独立研究所	心理学	教育	政府部门办
中国诗学研究中心	1986-06-10	非学校主管部门批准	省级社科重点研究基地	独立研究所	中国文学	文化艺术业	单位自办
重庆师范大学							
三峡文化与社会发展研究院	2003-12-18	学校主管部门批准	省级社科重点研究基地	与校外合办所	历史学	中国共产党机关	与国内高校合办
文物保护技术重点实验室	2006-01-01	学校自建	校级社科重点实验室	独立研究室	考古学	教育	单位自办

续表

学校及机构名称	成立时间	批准部门	组成方式	机构类型	学科分类	服务的国民经济行业	组成类型
重庆市抗战文史研究基地	2007-12-03	学校主管部门批准	省级社科重点研究基地	独立研究所	社会学	中国共产党机关	单位自办
重庆市课程与教学研究基地	2003-12-18	学校主管部门批准	省级社科重点研究基地	独立研究所	教育学	社会工作	单位自办
重庆市小学教师教育研究基地	2007-12-03	学校主管部门批准	省级社科重点研究基地	独立研究所	教育学	教育	单位自办
重庆文理学院							
品牌科学研究所	2007-04-24	学校自建	校级社科重点研究基地	独立研究所	管理学	专业技术服务业	单位自办
重庆市非物质文化遗产研究基地	2006-11-08	非学校主管部门批准	其他	独立研究所	社会学	中国共产党机关	单位自办
重庆三峡学院							
三峡库区与可持续发展研究中心	2006-12-01	学校主管部门批准	省级社科重点研究基地	独立研究室	经济学	科技推广和应用服务业	政府部门办
长江师范学院							
乌江流域社会经济文化研究中心	2006-05-10	学校主管部门批准	省级社科重点研究基地	独立研究所	民族学	科技推广和应用服务业	单位自办
四川外语学院							
国别经济与国际商务研究中心	2007-09-28	学校自建	校级社科重点研究基地	跨系所	经济学	社会工作	单位自办
外国语文研究中心	2003-01-08	学校主管部门批准	省级社科重点研究基地	独立研究所	外国文学	社会工作	政府部门办
中外文化比较研究中心	2006-12-25	学校主管部门批准	省级社科重点研究基地	独立研究所	外国文学	社会工作	政府部门办
西南政法大学							
毒品犯罪与对策研究中心	2003-01-01	学校主管部门批准	省级社科重点研究基地	独立研究所	法学	国家机构	政府部门办
市场交易法律制度研究基地	2003-01-01	学校主管部门批准	省级社科重点研究基地	独立研究所	法学	国家机构	政府部门办
诉讼法与司法改革研究中心	2004-09-01	学校主管部门批准	省级社科重点研究基地	独立研究所	法学	国家机构	政府部门办
西南民族法文化研究中心	2005-12-25	学校主管部门批准	省级社科重点研究基地	独立研究所	法学	国家机构	政府部门办
中国农村经济法制创新研究中心	2003-01-01	学校主管部门批准	省级社科重点研究基地	独立研究所	法学	国家机构	政府部门办
四川美术学院							
重庆当代视觉艺术研究中心	2006-12-20	学校主管部门批准	省级社科重点研究基地	独立研究室	艺术学	文化艺术业	单位自办
重庆理工大学							
财会研究与开发中心	2003-01-08	学校主管部门批准	省级社科重点研究基地	独立研究所	经济学	教育	政府部门办
劳动经济与人力资源研究中心	2006-12-31	学校主管部门批准	省级社科重点研究基地	独立研究所	经济学	教育	政府部门办

续表

学校及机构名称	成立时间	批准部门	组成方式	机构类型	学科分类	服务的国民经济行业	组成类型
企业管理研究所	2002-10-09	学校自建	其他	独立研究所	管理学	教育	其他
新视野管理咨询与企业诊断研究中心	2003-04-01	学校自建	其他	跨系所	管理学	其他服务业	其他
重庆工商大学							
巴渝文化研究所	2002-07-01	学校自建	其他	跨系所	中国文学	中国共产党机关	单位自办
产业经济研究院	2006-12-25	学校主管部门批准	省级社科重点研究基地	独立研究所	经济学	专业技术服务业	单位自办
长江上游经济研究中心	2004-11-15	学校主管部门批准	部省共建社科重点研究基地	独立研究所	经济学	科技推广和应用服务业	单位自办
大学生发展研究中心	1995-02-01	学校自建	其他	跨系所	教育学	社会工作	单位自办
法学研究所	2002-07-01	学校自建	其他	跨系所	法学	教育	单位自办
高等教育研究所	2002-07-01	学校自建	其他	独立研究所	教育学	社会工作	单位自办
技术经济与管理研究中心	2002-07-01	学校自建	其他	跨系所	经济学	教育	单位自办
金融研究所	2002-07-01	学校自建	其他	跨系所	经济学	教育	单位自办
廉政研究中心	2006-06-30	学校自建	校级社科重点研究基地	独立研究所	政治学	群众团体、社会团体和其他成员组织	单位自办
企业管理研究中心	2006-12-25	学校主管部门批准	省级社科重点研究基地	独立研究所	管理学	教育	单位自办
区域经济研究院	2003-01-07	学校主管部门批准	省级社科重点研究基地	跨系所	经济学	科技推广和应用服务业	单位自办
商务策划研究所	2002-07-01	学校自建	其他	跨系所	管理学	专业技术服务业	单位自办
现代会计研究所	2002-07-01	学校自建	其他	跨系所	经济学	教育	单位自办
重庆电力高等专科学校							
高等教育研究室	1996-10-01	学校自建	其他	独立研究室	教育学	教育	单位自办
			四川省				
四川大学							
道教与宗教文化研究所	1980-08-01	学校主管部门批准	教育部社科重点研究基地	独立研究所	宗教学	教育	政府部门办
古籍整理研究所	1983-09-20	学校主管部门批准	其他	独立研究所	历史学	教育	政府部门办

续表

学校及机构名称	成立时间	批准部门	组成方式	机构类型	学科分类	服务的国民经济行业	组成类型
南亚研究所	1964-08-29	学校主管部门批准	教育部社科重点研究基地	独立研究所	管理学	教育	政府部门办
儒学研究中心	2011-11-01	非学校主管部门批准	省级社科重点研究基地	独立研究所	历史学	教育	政府部门办
社会发展与社会风险控制研究中心	2012-01-01	非学校主管部门批准	省级社科重点研究基地	独立研究所	管理学	研究和试验发展	政府部门办
系统科学与企业发展研究中心	2011-12-01	非学校主管部门批准	省级社科重点研究基地	独立研究所	管理学	商务服务业	政府部门办
中国藏学研究所	1999-10-30	学校主管部门批准	教育部社科重点研究基地	独立研究所	民族学	教育	政府部门办
中国俗文化研究所	1999-12-10	学校主管部门批准	教育部社科重点研究基地	独立研究所	中国文学	教育	政府部门办
西南交通大学							
西部交通战略与区域发展研究中心	2010-11-10	非学校主管部门批准	省级社科重点研究基地	跨系所	经济学	国家机构	单位自办
心理健康教育研究中心	2010-11-10	非学校主管部门批准	省级社科重点研究基地	独立研究所	心理学	教育	单位自办
电子科技大学							
公共管理研究所	2001-01-23	学校自建	其他	跨系所	管理学	科技推广和应用服务业	单位自办
管理科学与工程研究中心	2002-07-11	学校自建	其他	独立研究所	管理学	科技推广和应用服务业	单位自办
先进管理技术与电子商务研究所	2002-06-20	学校自建	其他	独立研究所	经济学	科技推广和应用服务业	单位自办
西南石油大学							
四川石油天然气发展研究中心	2006-09-15	非学校主管部门批准	省级社科重点研究基地	跨系所	管理学	石油和天然气开采业	政府部门办
成都理工大学							
川剧艺术研究所	2011-11-03	学校自建	校级社科重点研究基地	独立研究所	艺术学	文化艺术业	单位自办
传媒艺术教育研究所	2011-11-03	学校自建	校级社科重点研究基地	独立研究所	新闻与传播学	广播、电视、电影和影视录音制作业	单位自办
大学生犯罪预防研究所	2011-11-03	学校自建	校级社科重点研究基地	独立研究所	法学	研究和试验发展	单位自办
电视科教纪录片研究所	2011-11-03	学校自建	校级社科重点研究基地	独立研究所	新闻与传播学	广播、电视、电影和影视录音制作业	单位自办
电子商务研究所	2011-11-03	学校自建	校级社科重点研究基地	独立研究所	管理学	电信、广播电视和卫星传输服务	单位自办
翻译研究所	2011-11-03	学校自建	校级社科重点研究基地	独立研究所	语言学	新闻和出版业	单位自办

续表

学校及机构名称	成立时间	批准部门	组成方式	机构类型	学科分类	服务的国民经济行业	组成类型
辅导员教育培训研究基地	2011-11-03	学校自建	校级社科重点研究基地	独立研究所	教育学	教育	单位自办
国际关系与国际问题研究中心	2011-11-03	学校自建	校级社科重点研究基地	独立研究所	政治学	社会保障	单位自办
旅游与城镇规划研究所	2011-11-03	学校自建	校级社科重点研究基地	独立研究所	管理学	群众团体、社会团体和其他成员组织	单位自办
日本语言文化研究所	2011-11-03	学校自建	校级社科重点研究基地	独立研究所	语言学	教育	单位自办
四川矿产资源研究中心	2009-09-01	非学校主管部门批准	其他	跨系研究室	经济学	公共设施管理业	政府部门办
体育人文社会科学研究所	2011-11-03	学校自建	校级社科重点研究基地	独立研究所	体育学	体育	单位自办
应用社会学研究所	2011-11-03	学校自建	校级社科重点研究基地	跨系所	社会学	中国共产党机关	单位自办
职业经理研究所	2011-11-03	学校自建	校级社科重点研究基地	独立研究所	管理学	商务服务业	单位自办
资源与环境经济普及基地	2011-03-02	非学校主管部门批准	其他	独立研究所	经济学	生态保护和环境治理业	政府部门办
西南科技大学							
四川犯罪防控研究中心	2006-03-09	非学校主管部门批准	省级社科重点研究基地	独立研究所	法学	科技推广和应用服务业	单位自办
四川外国语言文学研究中心	2008-03-14	非学校主管部门批准	省级社科重点研究基地	独立研究所	语言学	科技推广和应用服务业	单位自办
四川循环经济研究中心	2007-10-25	非学校主管部门批准	省级社科重点研究基地	独立研究所	经济学	科技推广和应用服务业	单位自办
成都信息工程学院							
统计信息技术与数据挖掘实验室	2006-08-16	非学校主管部门批准	其他	与校外合办研究室	统计学	群众团体、社会团体和其他成员组织	政府部门办
网络文化研究中心	2011-12-01	非学校主管部门批准	省级社科重点研究基地	独立研究所	马克思主义	社会工作	政府部门办
四川理工学院							
川酒发展研究中心	2010-11-05	非学校主管部门批准	省级社科重点研究基地	与校外合办所	经济学	酒、饮料和精制茶制造业	与境内注册其他企业合办
川酒文化国际传播研究中心	2012-11-05	学校主管部门批准	其他	与校外合办所	新闻与传播学	文化艺术业	政府部门办
基层司法能力研究中心	2012-11-05	学校主管部门批准	其他	与校外合办所	法学	社会工作	政府部门办
中国盐文化研究中心	2005-09-01	非学校主管部门批准	省级社科重点研究基地	与校外合办所	历史学	食品制造业	与境内注册其他企业合办
西华大学							

续表

学校及机构名称	成立时间	批准部门	组成方式	机构类型	学科分类	服务的国民经济行业	组成类型
地方文化资源开发与保护研究中心	2006-04-10	非学校主管部门批准	省级社科重点研究基地	独立研究所	中国文学	中国共产党机关	政府部门办
区域社会经济研究所	1998-01-01	学校自建	校级社科重点研究基地	独立研究所	经济学	科技推广和应用服务业	单位自办
四川农业大学							
四川省农村发展研究中心	2003-11-01	非学校主管部门批准	省级社科重点研究基地	独立研究所	经济学	农业	政府部门办
西昌学院							
彝族文化研究中心	2008-12-26	非学校主管部门批准	省级社科重点研究基地	独立研究所	民族学	社会工作	政府部门办
泸州医学院							
四川医事卫生法治研究中心	2007-08-15	非学校主管部门批准	省级社科重点研究基地	独立研究所	法学	社会工作	政府部门办
成都中医药大学							
高教研究与评价中心	1992-07-05	学校自建	校级社科重点研究基地	独立研究所	教育学	社会工作	单位自办
中医药文化中心、古籍文献研究所	1986-10-15	学校自建	校级社科重点研究基地	独立研究所	图书、文献与情报学	社会工作	单位自办
四川师范大学							
巴蜀文化研究中心	2002-02-01	非学校主管部门批准	教育部社科重点研究基地	独立研究所	中国文学	教育	政府部门办
四川多元文化研究中心	2009-03-01	非学校主管部门批准	省级社科重点研究基地	独立研究所	教育学	教育	政府部门办
四川省教师教育研究中心	2001-03-01	非学校主管部门批准	省级社科重点研究基地	独立研究所	教育学	教育	政府部门办
西华师范大学							
巴蜀文化研究所	1992-02-15	学校自建	校级社科重点研究基地	独立研究所	中国文学	社会工作	单位自办
高等教育研究所	1988-07-01	学校自建	其他	独立研究所	教育学	社会工作	单位自办
公共行政与政府法制研究所	2003-12-31	学校自建	其他	独立研究所	法学	社会工作	单位自办
古籍整理研究所	2003-12-31	学校自建	校级社科重点研究基地	独立研究所	中国文学	社会工作	单位自办
经济与管理研究所	1994-10-28	学校自建	其他	独立研究所	经济学	社会工作	单位自办
马列主义研究所	1993-02-15	学校自建	校级社科重点研究基地	独立研究所	马克思主义	社会工作	单位自办
民间美术与文化研究所	2003-12-31	学校自建	其他	独立研究所	艺术学	社会工作	单位自办
四川省大学生思想政治教育研究中心	2010-11-05	非学校主管部门批准	省级社科重点研究基地	独立研究所	政治学	社会工作	政府部门办

续表

学校及机构名称	成立时间	批准部门	组成方式	机构类型	学科分类	服务的国民经济行业	组成类型
四川省教育发展研究中心	2003-10-29	非学校主管部门批准	省级社科重点研究基地	独立研究所	教育学	教育	政府部门办
四川新型农村城镇化研究中心	2012-11-25	学校自建	校级社科重点研究基地	独立研究所	政治学	居民服务业	单位自办
西部区域文化研究中心	2007-10-18	非学校主管部门批准	省级社科重点研究基地	独立研究所	历史学	社会工作	政府部门办
现代化研究所	2003-12-31	学校自建	其他	独立研究所	政治学	社会工作	单位自办
政治学研究所	2003-12-31	学校自建	校级社科重点研究基地	独立研究所	政治学	社会工作	单位自办
中国文学文化译介研究中心	2012-11-15	学校自建	校级社科重点研究基地	独立研究所	中国文学	文化艺术业	单位自办
绵阳师范学院							
李白文化研究中心	2006-04-06	非学校主管部门批准	省级社科重点研究基地	独立研究所	社会学	中国共产党机关	政府部门办
民间文化研究中心	2005-09-01	非学校主管部门批准	省级社科重点研究基地	独立研究所	社会学	中国共产党机关	政府部门办
内江师范学院							
四川张大千研究中心	2007-03-28	非学校主管部门批准	省级社科重点研究基地	独立研究所	艺术学	中国共产党机关	政府部门办
宜宾学院							
典籍文化研究所	2004-11-10	学校自建	校级社科重点研究基地	独立研究所	中国文学	中国共产党机关	单位自办
高等教育教研究所	1980-01-01	学校自建	校级社科重点研究基地	独立研究所	教育学	其他服务业	单位自办
抗战大后方文化研究所	2009-07-16	学校自建	校级社科重点研究基地	独立研究所	历史学	群众团体、社会团体和其他成员组织	单位自办
社会学研究所	2012-10-18	学校自建	校级社科重点研究基地	独立研究所	社会学	社会工作	单位自办
设计学研究所	2012-10-18	学校自建	校级社科重点研究基地	独立研究所	艺术学	文化艺术业	单位自办
水运经济研究中心	2012-12-27	学校主管部门批准	其他	独立研究所	经济学	水上运输业	政府部门办
四川省农村幼儿教育研究中心	2012-12-27	学校主管部门批准	其他	独立研究所	教育学	教育	政府部门办
四川省思想家研究中心	2003-10-24	非学校主管部门批准	省级社科重点研究基地	独立研究所	哲学	国家机构	政府部门办
四川省新建院校改革与发展研究中心	2012-12-27	学校主管部门批准	其他	独立研究所	教育学	教育	政府部门办
新闻传播学研究所	2012-10-18	学校自建	其他	独立研究所	新闻与传播学	新闻和出版业	单位自办
应用经济学研究所	2012-10-24	学校自建	其他	独立研究所	经济学	国家机构	单位自办
中国语言文学研究所	2012-10-18	学校自建	其他	独立研究所	中国文学	中国共产党机关	单位自办

续表

学校及机构名称	成立时间	批准部门	组成方式	机构类型	学科分类	服务的国民经济行业	组成类型
四川文理学院							
四川革命老区发展研究中心	2009-03-09	非学校主管部门批准	省级社科重点研究基地	独立研究室	经济学	科技推广和应用服务业	政府部门办
阿坝师范高等专科学校							
藏羌民族文化艺术研究所	2003-02-01	学校自建	校级社科重点研究基地	独立研究所	民族学	社会工作	单位自办
乐山师范学院							
非物质文化遗产与文化产业研究中心	2010-03-29	学校自建	校级社科重点研究基地	独立研究所	社会学	文化艺术业	单位自办
农村教育研究中心	2011-03-01	学校自建	校级社科重点研究基地	独立研究所	教育学	教育	单位自办
社区发展研究中心	2006-03-06	学校自建	校级社科重点研究基地	独立研究所	社会学	卫生	单位自办
思想政治教育研究中心	2008-10-22	学校自建	校级社科重点研究基地	独立研究所	马克思主义	社会工作	单位自办
四川郭沫若研究中心	2005-11-16	非学校主管部门批准	省级社科重点研究基地	独立研究所	中国文学	文化艺术业	政府部门办
四川旅游发展研究中心	2002-06-28	非学校主管部门批准	省级社科重点研究基地	独立研究所	社会学	中国共产党机关	政府部门办
外语教师教育研究中心	2008-10-15	学校自建	校级社科重点研究基地	独立研究所	语言学	社会工作	单位自办
预防职务犯罪研究中心	2011-03-01	学校自建	校级社科重点研究基地	独立研究所	法学	国家机构	单位自办
西南财经大学							
公共政策创新研究基地	2011-10-30	非学校主管部门批准	省级社科重点研究基地	独立研究室	经济学	社会工作	政府部门办
金融法研究中心	2011-11-23	非学校主管部门批准	省级社科重点研究基地	与校外合办所	法学	研究和试验发展	政府部门办
中国金融研究中心	2000-01-01	学校主管部门批准	教育部社科重点研究基地	独立研究所	经济学	货币金融服务	政府部门办
中国西部经济研究中心	2008-05-23	学校自建	校级社科重点研究基地	独立研究所	经济学	研究和试验发展	单位自办
中国政府审计研究中心	2012-06-05	非学校主管部门批准	省级社科重点研究基地	独立研究所	经济学	国家机构	政府部门办
成都体育学院							
体育社会科学研究中心	2007-05-24	非学校主管部门批准	省级社科重点研究基地	独立研究所	体育学	体育	单位自办
西南民族大学							
羌学研究中心	2010-11-05	非学校主管部门批准	省级社科重点研究基地	独立研究所	民族学	教育	政府部门办
少数民族双语教育普及基地	2011-04-07	非学校主管部门批准	省级社科重点研究基地	跨系所	民族学	教育	政府部门办
西南民族研究院	2002-06-10	学校自建	校级社科重点研究基地	独立研究所	民族学	教育	单位自办

续表

学校及机构名称	成立时间	批准部门	组成方式	机构类型	学科分类	服务的国民经济行业	组成类型
西南民族研究中心	2009-12-31	非学校主管部门批准	其他	独立研究所	民族学	教育	政府部门办
西南少数民族研究基地	2011-06-13	学校主管部门批准	其他	独立研究所	民族学	教育	政府部门办
成都学院							
四川动漫研究中心	2009-12-21	非学校主管部门批准	省级社科重点研究基地	独立研究室	艺术学	教育	政府部门办
成都工业学院							
四川性社会学与性教育研究中心	2006-05-28	非学校主管部门批准	省级社科重点研究基地	独立研究所	社会学	社会工作	政府部门办
四川民族学院							
康巴发展研究中心	1986-09-01	学校自建	校级社科重点研究基地	独立研究所	民族学	社会工作	单位自办
成都医学院							
四川应用心理学研究中心	2006-07-06	非学校主管部门批准	省级社科重点研究基地	独立研究所	心理学	教育	政府部门办
贵州省							
贵州大学							
喀斯特地区发展战略研究中心	2007-11-08	学校主管部门批准	省级社科重点研究基地	独立研究所	经济学、	教育	政府部门办
马克思主义经济学发展与应用研究中心	2007-03-08	学校主管部门批准	省级社科重点研究基地	独立研究所	经济学	教育	政府部门办
人口、社会、法制研究中心	2003-03-06	学校主管部门批准	省级社科重点研究基地	独立研究所	法学	教育	政府部门办
中国西部发展能力研究中心	2010-03-15	学校主管部门批准	省级社科重点研究基地	独立研究所	经济学	教育	政府部门办
中华传统文化与贵州地域文化研究中心	2004-03-18	学校主管部门批准	省级社科重点研究基地	独立研究所	历史学	教育	政府部门办
遵义医学院							
贵州省高校人文医学研究中心	2007-12-07	学校主管部门批准	其他	独立研究所	社会学	社会工作	单位自办
贵州师范大学							
贵州文化与自然遗产保护研究中心	2007-12-07	学校主管部门批准	省级社科重点研究基地	独立研究所	管理学	科技推广和应用服务业	政府部门办
喀斯特生态文明研究中心	2010-08-25	学校主管部门批准	省级社科重点研究基地	独立研究所	经济学	科技推广和应用服务业	政府部门办
马克思主义理论与思想政治教育研究中心	2007-12-07	学校主管部门批准	省级社科重点研究基地	独立研究所	马克思主义	教育	政府部门办

续表

学校及机构名称	成立时间	批准部门	组成方式	机构类型	学科分类	服务的国民经济行业	组成类型
文学教育与文化传播研究中心	2003-12-15	学校主管部门批准	省级社科重点研究基地	独立研究所	中国文学	教育	政府部门办
遵义师范学院							
红色文化研究中心	2010-01-04	学校主管部门批准	省级社科重点研究基地	跨系所	民族学	中国共产党机关	单位自办
毕节学院							
毕节试验区研究院	2006-12-29	学校主管部门批准	省级社科重点研究基地	跨系所	哲学	社会工作	单位自办
彝学研究院	2006-12-29	学校自建	其他	独立研究所	民族学	社会工作	单位自办
凯里学院							
贵州原生态民族文化研究中心	2006-10-06	学校主管部门批准	其他	独立研究所	民族学	教育	其他
黔南民族师范学院							
地方民族文化与教育研究中心	2007-12-28	学校主管部门批准	教育部社科重点研究基地	跨系所	民族学	社会工作	单位自办
民族研究所	2003-08-28	非学校主管部门批准	校级社科重点实验室	独立研究所	民族学	社会工作	单位自办
牙舟陶艺重点实验室	2012-11-20	学校主管部门批准	省级社科重点实验室	独立研究室	艺术学	文教、工美、体育和娱乐用品制造业	单位自办
贵州财经大学							
经济研究所	1998-01-01	非学校主管部门批准	其他	独立研究所	经济学	教育	单位自办
欠发达地区经济发展研究中心	2006-10-01	学校主管部门批准	省级社科重点研究基地	独立研究所	经济学	教育	政府部门办
中国西部现代化发展研究中心	2007-10-09	学校主管部门批准	省级社科重点研究基地	独立研究所	经济学	教育	政府部门办
贵州民族大学							
法制与民族地区发展研究中心	2007-11-30	学校主管部门批准	其他	独立研究所	法学	社会工作	单位自办
贵州世居民族研究中心	2007-11-30	学校主管部门批准	其他	独立研究所	民族学	社会工作	单位自办
民族文化生态研究中心	2009-07-15	学校主管部门批准	其他	跨系所	民族学	社会工作	单位自办
贵阳学院							
阳明学与地方文化研究中心	2007-07-18	学校主管部门批准	其他	独立研究所	中国文学	中国共产党机关	单位自办
云南省							
云南大学							

续表

学校及机构名称	成立时间	批准部门	组成方式	机构类型	学科分类	服务的国民经济行业	组成类型
发展研究院	1998-02-04	学校自建	其他	独立研究所	经济学	社会工作	单位自办
国际关系研究院	2002-04-03	学校自建	校级社科重点研究基地	独立研究所	管理学	社会工作	单位自办
民族研究院	2006-11-08	学校主管部门批准	其他	独立研究所	民族学	社会工作	单位自办
昆明理工大学							
云南现代化管理与新型工业化研究基地	2007-05-01	非学校主管部门批准	省级社科重点研究基地	独立研究所	管理学	社会工作	政府部门办
云南农业大学							
科学技术史研究所	2001-03-03	学校自建	校级社科重点研究基地	独立研究室	哲学	农业	单位自办
农村发展研究所	1995-02-16	学校自建	校级社科重点实验室	独立研究室	社会学	农业	单位自办
农村发展政策研究中心	2008-12-10	学校自建	校级社科重点研究基地	独立研究所	社会学	农业	单位自办
农业教育研究所	1994-09-08	学校自建	校级社科重点实验室	独立研究室	教育学	社会工作	单位自办
西南林业大学							
云南省森林资产管理及林权制度研究基地	2010-03-05	非学校主管部门批准	省级社科重点研究基地	跨系所	管理学	林业	单位自办
大理学院							
民族文化研究所	2003-03-01	学校自建	校级社科重点研究基地	跨系所	民族学	中国共产党机关	单位自办
云南省南诏大理历史文化传承与发展研究基地	2007-05-03	非学校主管部门批准	省级社科重点研究基地	跨系研究室	民族学	中国共产党机关	政府部门办
云南师范大学							
国家体育总局体育文化研究基地	2008-10-01	非学校主管部门批准	其他	独立研究所	体育学	社会工作	政府部门办
云南教育发展与西南联大研究基地	2007-01-01	非学校主管部门批准	省级社科重点研究基地	独立研究所	教育学	社会工作	政府部门办
云南旅游产业发展研究基地	2009-10-01	非学校主管部门批准	省级社科重点研究基地	独立研究所	经济学	社会工作	政府部门办
云南人力资源开发与管理研究基地	2009-10-01	非学校主管部门批准	省级社科重点研究基地	独立研究所	经济学	社会工作	政府部门办
云南省舆情研究基地	2009-10-01	非学校主管部门批准	省级社科重点研究基地	独立研究所	新闻与传播学	社会工作	政府部门办
红河学院							

续表

学校及机构名称	成立时间	批准部门	组成方式	机构类型	学科分类	服务的国民经济行业	组成类型
滇越合作研究基地	2009-12-01	非学校主管部门批准	省级社科重点研究基地	独立研究所	管理学	研究和试验发展	单位自办
云南财经大学							
财政税收研究所	2005-01-01	学校自建	其他	独立研究所	管理学	教育	其他
公共政策研究中心	2006-06-28	学校自建	其他	独立研究所	管理学	教育	单位自办
国土资源与持续发展研究所	2009-02-10	学校主管部门批准	校级社科重点研究基地	独立研究所	管理学	农、林、牧、渔服务业	单位自办
旅游文化产业研究院	2012-07-20	学校主管部门批准	其他	独立研究所	管理学	其他服务业	单位自办
区域发展研究所	2002-09-01	学校自建	其他	独立研究所	经济学	商务服务业	单位自办
社会与经济行为研究中心	2006-06-28	学校自建	其他	独立研究所	哲学	社会工作	单位自办
印度洋地区研究中心	2011-12-20	学校主管部门批准	其他	独立研究所	经济学	教育	单位自办
云南艺术学院							
民族艺术研究所	1989-01-01	学校主管部门批准	省级社科重点研究基地	独立研究所	艺术学	文化艺术业	单位自办
云南民族大学							
民族研究所	1978-09-11	学校主管部门批准	省级社科重点研究基地	独立研究所	民族学	社会工作	单位自办
玉溪师范学院							
民族文化与社会发展研究所	2002-01-10	学校主管部门批准	其他	独立研究所	民族学	社会工作	单位自办
楚雄师范学院							
地方民族文化研究所	1999-03-18	学校自建	其他	独立研究所	民族学	社会工作	单位自办
昆明学院							
昆明科学发展研究院	2009-11-01	非学校主管部门批准	其他	与校外合办研究室	经济学	科技推广和应用服务业	其他
文山学院							
民族文化传承创新研究中心	2002-06-06	学校自建	其他	独立研究所	民族学	科技推广和应用服务业	单位自办
西藏自治区							
西藏大学							
《格萨尔》研究所	1979-08-16	学校自建	其他	独立研究室	民族学	社会工作	单位自办
中国藏学研究所	2002-12-21	非学校主管部门批准	教育部社科重点研究基地	独立研究所	民族学	国际组织	与国内高校合办

续表

学校及机构名称	成立时间	批准部门	组成方式	机构类型	学科分类	服务的国民经济行业	组成类型
西藏民族学院							
民族研究所	1985-01-03	学校主管部门批准	其他	独立研究所	民族学	社会工作	单位自办
西藏经济与社会发展研究基地	2011-09-01	学校主管部门批准	省级社科重点研究基地	跨系所	经济学	群众团体、社会团体和其他成员组织	单位自办
西藏社会经济与文化发展研究基地	2011-03-01	非学校主管部门批准	其他	跨系所	民族学	群众团体、社会团体和其他成员组织	单位自办
陕西省							
西北大学							
汉唐文化与陕西文学发展研究中心	2010-12-01	学校主管部门批准	省级社科重点研究基地	独立研究所	中国文学	文教、工美、体育和娱乐用品制造业	与国内高校合办
市场经济与企业制度研究中心	2004-01-01	学校主管部门批准	省级社科重点研究基地	跨系所	经济学	社会工作	政府部门办
文化遗产保护与考古学研究中心	2004-01-01	学校主管部门批准	省级社科重点研究基地	跨系所	考古学	社会工作	政府部门办
西北历史研究所	1960-06-06	学校自建	其他	独立研究所	历史学	社会工作	政府部门办
中东研究所	2004-01-01	学校自建	省级社科重点研究基地	独立研究所	历史学	社会工作	政府部门办
中国思想文化研究所	1986-01-01	学校主管部门批准	省级社科重点研究基地	独立研究所	历史学	社会工作	政府部门办
中国西部经济发展研究中心	2001-04-28	学校主管部门批准	教育部社科重点研究基地	独立研究所	经济学	社会工作	政府部门办
西安交通大学							
高教研究所	2002-04-30	学校自建	其他	独立研究所	教育学	科技推广和应用服务业	单位自办
金融发展研究所	2002-04-30	学校自建	其他	独立研究所	经济学	科技推广和应用服务业	单位自办
人口与发展研究所	2002-04-30	学校自建	其他	独立研究所	社会学	科技推广和应用服务业	单位自办
陕西经济研究中心	2005-10-15	非学校主管部门批准	省级社科重点研究基地	独立研究所	经济学	研究和试验发展	其他
陕西省电子商务与电子政务重点实验室	2004-06-01	非学校主管部门批准	省级社科重点实验室	独立研究室	经济学	科技推广和应用服务业	单位自办
陕西省高校德育研究中心	2005-10-15	非学校主管部门批准	省级社科重点研究基地	独立研究所	马克思主义	教育	其他
社会医学与卫生事业管理研究所	2002-04-30	学校自建	其他	跨系所	管理学	科技推广和应用服务业	单位自办
实证社会科学研究所	2009-10-12	学校自建	其他	独立研究所	社会学	教育	单位自办

续表

学校及机构名称	成立时间	批准部门	组成方式	机构类型	学科分类	服务的国民经济行业	组成类型
丝绸之路国际法与比较法研究所	2006-05-10	学校自建	其他	独立研究所	法学	教育	单位自办
公共管理与复杂性科学研究中心	2007-03-12	学校自建	其他	独立研究所	管理学	科技推广和应用服务业	单位自办
绩效管理研究中心	2007-04-12	学校自建	其他	独立研究所	管理学	研究和试验发展	单位自办
社会保障统计与精算研究中心	2007-03-12	学校自建	其他	跨系所	管理学	科技推广和应用服务业	单位自办
社会调查研究中心	2009-11-20	学校自建	其他	独立研究所	社会学	科技推广和应用服务业	单位自办
中国能源经济研究所	2008-09-02	学校自建	其他	独立研究所	经济学	科技推广和应用服务业	单位自办
新闻与传播研究所	2008-11-12	学校自建	其他	独立研究所	新闻与传播学	教育	单位自办
信息安全法学研究所	2008-07-01	学校自建	其他	独立研究所	法学	教育	单位自办
知识产权研究中心	2005-10-15	非学校主管部门批准	省级社科重点研究基地	独立研究所	法学	教育	其他
中国管理问题研究中心	2002-04-30	学校自建	其他	独立研究所	管理学	科技推广和应用服务业	单位自办
资本市场与企业发展研究中心	2002-04-30	学校自建	其他	独立研究所	经济学	科技推广和应用服务业	单位自办
西北工业大学							
西部国防科技工业发展研究中心	2004-11-01	非学校主管部门批准	部省共建社科重点研究基地	跨系所	管理学	科技推广和应用服务业	政府部门办
西安理工大学							
城市经济发展战略研究所	1995-05-01	非学校主管部门批准	省级社科重点研究基地	跨系所	管理学	科技推广和应用服务业	政府部门办
城市经济与管理研究中心	2009-11-30	学校主管部门批准	省级社科重点研究基地	跨系所	经济学	社会工作	政府部门办
大学生人文素质教育研究中心	2005-01-06	学校主管部门批准	省级社科重点研究基地	跨系所	马克思主义	社会工作	政府部门办
西安电子科技大学							
陕西信息资源研究中心	2009-02-02	非学校主管部门批准	省级社科重点研究基地	独立研究所	管理学	科技推广和应用服务业	单位自办
西安工业大学							
陕西当代文学与艺术研究中心	2010-03-11	学校主管部门批准	省级社科重点研究基地	独立研究所	中国文学	教育	政府部门办
西安建筑科技大学							
建筑经济与管理研究中心	2005-01-01	学校主管部门批准	省级社科重点研究基地	跨系所	管理学	房屋建筑业	单位自办
西安科技大学							
能源经济与管理研究中心	2008-10-28	学校主管部门批准	省级社科重点研究基地	独立研究所	管理学	煤炭开采和洗选业	政府部门办

续表

学校及机构名称	成立时间	批准部门	组成方式	机构类型	学科分类	服务的国民经济行业	组成类型
西安石油大学							
油气资源经济管理研究中心	1998-10-10	学校主管部门批准	省级社科重点研究基地	独立研究所	经济学	社会工作	单位自办
陕西科技大学							
陕西轻工产业发展战略研究中心	2009-08-05	学校主管部门批准	省级社科重点研究基地	独立研究所	管理学	教育	单位自办
西安工程大学							
纺织经济管理研究中心	2012-03-01	学校主管部门批准	省级社科重点研究基地	独立研究所	管理学	纺织业	政府部门办
长安大学							
长安文化产业研究中心	2009-01-01	非学校主管部门批准	省级社科重点研究基地	独立研究所	社会学	教育	单位自办
交通投融资研究所	2008-09-15	学校自建	其他	跨系所	经济学	零售业	单位自办
交通运输发展研究所	2008-09-15	学校自建	其他	跨系所	管理学	零售业	单位自办
区域与城市运输经济研究所	2008-09-15	学校自建	校级社科重点研究基地	跨系所	经济学	零售业	单位自办
物流与供应链研究所	2008-09-15	学校自建	其他	跨系所	管理学	零售业	单位自办
综合运输经济管理研究中心	2008-09-15	非学校主管部门批准	省级社科重点研究基地	独立研究所	经济学	零售业	单位自办
西北农林科技大学							
西部农村发展研究中心	2008-08-05	非学校主管部门批准	省级社科重点研究基地	跨系所	管理学	农业	单位自办
中国农业历史文化研究所	2008-08-05	非学校主管部门批准	省级社科重点研究基地	跨系所	历史学	农业	单位自办
陕西中医学院							
身心健康研究室	2008-05-27	学校自建	其他	跨系所	心理学	卫生	单位自办
中医药文化传承与发展研究中心	2009-12-21	学校主管部门批准	省级社科重点研究基地	跨系研究室	民族学	社会工作	政府部门办
陕西师范大学							
宗教研究中心	2007-12-20	非学校主管部门批准	省级社科重点研究基地	独立研究所	宗教学	教育	单位自办
体育人文社会科学研究中心	2003-11-10	非学校主管部门批准	其他	独立研究所	体育学	体育	单位自办
西北国土资源研究中心	2005-03-18	非学校主管部门批准	省级社科重点研究基地	独立研究所	社会学	生态保护和环境治理业	单位自办
西北历史环境与经济社会发展研究中心	2000-10-12	学校主管部门批准	教育部社科重点研究基地	独立研究所	历史学	生态保护和环境治理业	政府部门办

续表

学校及机构名称	成立时间	批准部门	组成方式	机构类型	学科分类	服务的国民经济行业	组成类型
西北民族研究中心	2001-10-01	非学校主管部门批准	省级社科重点研究基地	独立研究所	民族学	教育	单位自办
西部基础教育与教师教育研究中心	2012-01-10	非学校主管部门批准	省级社科重点研究基地	独立研究所	教育学	教育	单位自办
延安大学							
陕北历史文化研究中心	2010-03-19	学校主管部门批准	省级社科重点研究基地	跨系研究室	历史学	社会工作	单位自办
延安大学邓小平理论研究所	1999-03-01	学校自建	其他	跨系所	哲学	社会工作	单位自办
中共党史与延安学研究中心	2007-05-20	学校主管部门批准	省级社科重点研究基地	与校外合办所	马克思主义	社会工作	政府部门办
陕西理工学院							
汉水文化研究中心	2005-01-01	学校主管部门批准	省级社科重点研究基地	跨系所	社会学	中国共产党机关	政府部门办
宝鸡文理学院							
城乡经济研究所	2000-07-09	学校自建	其他	跨系所	经济学	专业技术服务业	单位自办
关陇方言与民俗研究中心	2010-01-02	学校主管部门批准	省级社科重点研究基地	独立研究所	语言学	社会工作	单位自办
关陇民间美术研究所	2011-03-26	学校自建	校级社科重点研究基地	独立研究所	艺术学	中国共产党机关	单位自办
关中—天水经济区发展研究中心	2011-03-26	学校自建	校级社科重点研究基地	跨系所	经济学	群众团体、社会团体和其他成员组织	单位自办
横渠书院	2011-10-27	学校自建	校级社科重点实验室	独立研究所	哲学	中国共产党机关	单位自办
教育科学研究所	2002-04-28	学校自建	其他	跨系所	教育学	社会工作	单位自办
体育科学研究所	2011-03-24	学校自建	其他	独立研究所	体育学	国家机构	单位自办
周秦伦理文化与现代道德价值研究中心	2005-12-23	学校主管部门批准	省级社科重点研究基地	跨系所	哲学	社会工作	单位自办
周秦文化研究所	2002-05-18	学校自建	其他	跨系所	历史学	社会工作	单位自办
咸阳师范学院							
长安画派艺术研究所	2009-09-16	学校自建	校级社科重点研究基地	独立研究所	艺术学	社会工作	单位自办
关中古代陵寝文化研究中心	2010-09-22	学校主管部门批准	省级社科重点研究基地	独立研究所	历史学	国家机构	单位自办
汉文化研究中心	2009-10-09	学校自建	校级社科重点研究基地	独立研究室	历史学	社会工作	单位自办
西部儿童文学研究中心	2009-09-15	学校自建	校级社科重点研究基地	独立研究所	中国文学	社会工作	单位自办
咸阳发展研究院	2009-03-10	非学校主管部门批准	校级社科重点研究基地	与校外合办所	经济学	科技推广和应用服务业	政府部门办

续表

学校及机构名称	成立时间	批准部门	组成方式	机构类型	学科分类	服务的国民经济行业	组成类型
渭南师范学院							
秦东历史文化研究中心	2011-06-15	学校主管部门批准	省级社科重点研究基地	跨系所	历史学	教育	单位自办
陕西大秦岭文化艺术研究中心	2012-02-13	非学校主管部门批准	校级社科重点研究基地	跨系所	艺术学	文化艺术业	单位自办
陕西地方戏剧研究中心	2005-11-20	非学校主管部门批准	校级社科重点研究基地	跨系所	艺术学	文化艺术业	单位自办
西部军民融合技术产业发展研究院	2011-05-30	非学校主管部门批准	校级社科重点研究基地	与校外合办所	管理学	科技推广和应用服务业	与国内高校合办
中国特色社会主义理论体系研究中心	2011-03-07	非学校主管部门批准	校级社科重点研究基地	跨系所	马克思主义	教育	单位自办
西安外国语大学							
欧美文学研究中心	2005-01-08	学校主管部门批准	省级社科重点研究基地	独立研究所	外国文学	社会工作	单位自办
人文地理研究所	1985-03-18	学校自建	其他	独立研究所	社会学	社会工作	单位自办
外国语言学及应用语言学研究中心	2009-12-15	学校主管部门批准	省级社科重点研究基地	独立研究所	语言学	社会工作	单位自办
西北政法大学							
法学研究所	1986-05-25	学校主管部门批准	其他	独立研究所	法学	社会工作	单位自办
高教研究所	1985-12-18	学校主管部门批准	其他	独立研究所	教育学	社会工作	单位自办
国际法研究中心	2012-06-13	学校主管部门批准	省级社科重点研究基地	独立研究所	法学	教育	政府部门办
刑事法律科学研究中心	2007-09-12	学校主管部门批准	省级社科重点研究基地	独立研究所	法学	社会工作	政府部门办
西安体育学院							
国家体育总局体育人文社科研究基地	2006-01-10	学校主管部门批准	省级社科重点研究基地	独立研究室	体育学	社会工作	政府部门办
国家体育总局体育文化发展研究基地	2007-12-15	学校主管部门批准	省级社科重点研究基地	独立研究室	体育学	社会工作	政府部门办
体育法学研究中心	2008-10-28	非学校主管部门批准	省级社科重点研究基地	跨系研究室	体育学	社会工作	政府部门办
西安音乐学院							
西北民族音乐研究中心	2008-10-21	学校主管部门批准	省级社科重点研究基地	独立研究所	艺术学	文化艺术业	单位自办
西安美术学院							
中国传统美术与西部美术研究中心	2005-01-05	学校主管部门批准	省级社科重点研究基地	独立研究所	艺术学	社会工作	政府部门办
西安文理学院							
长安历史文化研究中心	2008-10-28	学校主管部门批准	省级社科重点研究基地	独立研究所	历史学	中国共产党机关	单位自办

续表

学校及机构名称	成立时间	批准部门	组成方式	机构类型	学科分类	服务的国民经济行业	组成类型
国际民生文化研究所	2012-01-04	学校自建	校级社科重点研究基地	与校外合办所	管理学	社会工作	单位自办
区域教育发展研究中心	2013-01-25	学校自建	校级社科重点研究基地	与校外合办所	教育学	教育	单位自办
西安经济社会发展研究中心	2012-09-10	学校自建	校级社科重点研究基地	独立研究所	经济学	科技推广和应用服务业	单位自办
榆林学院							
陕北生态文化研究中心	2010-02-11	学校主管部门批准	省级社科重点研究基地	跨系所	历史学	教育	单位自办
安康学院							
陕南民间文化研究中心	2010-07-01	学校主管部门批准	省级社科重点研究基地	跨系所	中国文学	中国共产党机关	政府部门办
西安财经学院							
陕西省国防科技与经济发展研究中心	2006-12-01	非学校主管部门批准	省级社科重点研究基地	独立研究所	经济学	科技推广和应用服务业	政府部门办
陕西省统计研究中心	2006-10-23	学校主管部门批准	省级社科重点研究基地	独立研究所	统计学	科技推广和应用服务业	政府部门办
陕西省信用研究中心	2010-09-15	非学校主管部门批准	省级社科重点研究基地	独立研究所	经济学	科技推广和应用服务业	政府部门办
西安统计研究院	2002-10-20	非学校主管部门批准	部省共建社科重点研究基地	与校外合办研究室	统计学	专业技术服务业	政府部门办
现代企业管理研究中心	1997-09-10	学校主管部门批准	省级社科重点研究基地	独立研究所	经济学	科技推广和应用服务业	政府部门办
资源环境与区域经济研究中心	2009-12-21	学校主管部门批准	省级社科重点研究基地	独立研究所	经济学	科技推广和应用服务业	政府部门办
西安邮电大学							
信息产业发展研究中心	2009-12-21	学校主管部门批准	省级社科重点研究基地	跨系所	经济学	邮政业	单位自办
甘肃省							
兰州大学							
藏缅—阿尔泰民族非物质文化遗产研究所	2005-10-14	学校自建	校级社科重点研究基地	跨系所	民族学	教育	单位自办
东西方比较文学与比较文化研究所	2000-03-31	学校自建	其他	独立研究所	外国文学	教育	单位自办
敦煌学研究所	1999-12-26	学校主管部门批准	教育部社科重点研究基地	独立研究所	历史学	教育	政府部门办
翻译研究所	2009-01-07	学校自建	其他	跨系所	语言学	教育	单位自办
妇女/性别研究中心	2010-04-29	学校自建	其他	独立研究所	社会学	教育	单位自办
国土与区域规划研究中心(院)	2005-09-03	学校自建	校级社科重点研究基地	跨系所	经济学	教育	单位自办

续表

学校及机构名称	成立时间	批准部门	组成方式	机构类型	学科分类	服务的国民经济行业	组成类型
近代中国人物研究中心	2007-04-09	学校自建	其他	独立研究所	历史学	教育	单位自办
经学所	1996-05-30	学校自建	其他	独立研究所	语言学	教育	单位自办
民族宗教研究所	2012-09-20	学校自建	其他	跨系所	民族学	教育	单位自办
人口与可持续发展研究中心	1997-05-16	学校自建	其他	独立研究所	经济学	教育	单位自办
社会科学调查与数据分析中心	2012-09-20	学校自建	其他	独立研究所	社会学	教育	单位自办
社会与经济发展研究评价中心	2002-08-14	学校自建	校级社科重点研究基地	跨系所	社会学	教育	单位自办
社区与生物多样性保护研究中心	2004-11-20	学校自建	校级社科重点研究基地	跨系所	经济学	教育	单位自办
数量经济研究所	1996-06-29	学校自建	其他	独立研究所	经济学	教育	单位自办
文物鉴定与修复中心	2009-05-13	学校自建	其他	跨系所	考古学	教育	单位自办
西北开发综合研究所	1984-11-30	学校自建	其他	独立研究所	经济学	教育	单位自办
西北民族体育文化研究所	2005-10-14	学校自建	其他	跨系所	体育学	教育	单位自办
西北少数民族研究中心	2000-12-20	学校主管部门批准	教育部社科重点研究基地	独立研究所	民族学	教育	政府部门办
西部基础教育研究与培训中心	2005-06-22	学校自建	其他	跨系所	教育学	教育	单位自办
西部文化发展研究中心	2010-04-29	学校自建	其他	跨系所	中国文学	教育	单位自办
现代咨询策划研究所	1999-08-28	学校自建	其他	独立研究所	新闻与传播学	教育	单位自办
虚拟组织与服务科学研究中心	2010-04-29	学校自建	其他	独立研究所	管理学	教育	单位自办
伊斯兰文化研究所	2006-10-06	学校自建	其他	跨系所	宗教学	教育	单位自办
意大利文化研究中心	2010-04-29	学校自建	其他	跨系所	外国文学	教育	单位自办
中国边疆安全研究中心	2012-09-20	学校自建	其他	独立研究所	民族学	教育	单位自办
中国地方政府绩效评价中心	2004-11-12	学校自建	校级社科重点研究基地	跨系所	管理学	教育	单位自办
中亚研究所	1994-03-19	学校主管部门批准	其他	跨系所	政治学	教育	其他
宗教文化研究中心	2010-04-29	学校自建	其他	独立研究所	宗教学	教育	单位自办
兰州理工大学							
甘肃省工业经济发展研究院	2004-08-01	非学校主管部门批准	其他	独立研究所	经济学	科技推广和应用服务业	单位自办

续表

学校及机构名称	成立时间	批准部门	组成方式	机构类型	学科分类	服务的国民经济行业	组成类型
国家体育总局体育文化发展中心体育文化研究基地	2007-08-07	学校主管部门批准	其他	独立研究所	体育学	中国共产党机关	单位自办
中小企业管理创新研究中心	2011-03-10	学校自建	其他	独立研究所	管理学	科技推广和应用服务业	单位自办
兰州交通大学							
比较文学研究所	2007-03-15	学校自建	校级社科重点研究基地	独立研究所	中国文学	中国共产党机关	单位自办
房地产研究所	2000-04-07	学校自建	校级社科重点研究基地	独立研究所	管理学	商务服务业	单位自办
高等教育研究所	1998-05-06	学校自建	校级社科重点研究基地	独立研究所	教育学	社会工作	单位自办
经济管理研究所	1999-02-13	学校自建	校级社科重点研究基地	独立研究所	管理学	教育	单位自办
社会发展研究所	1999-02-01	学校自建	校级社科重点研究基地	独立研究所	社会学	教育	单位自办
西北交通经济研究中心	2010-05-25	学校主管部门批准	其他	跨系所	管理学	科技推广和应用服务业	政府部门办
英美文字与翻译研究所	2002-05-05	学校自建	校级社科重点研究基地	独立研究所	语言学	中国共产党机关	单位自办
西北师范大学							
敦煌学研究所	1983-03-26	学校自建	校级社科重点研究基地	独立研究所	历史学	中国共产党机关	单位自办
高等教育研究所	1999-05-16	学校自建	校级社科重点研究基地	独立研究所	教育学	社会工作	单位自办
古籍整理研究所	1983-03-27	学校自建	校级社科重点研究基地	独立研究所	中国文学	中国共产党机关	单位自办
教育部西北师范大学基础教育课程研究中心	2000-01-20	非学校主管部门批准	其他	跨系所	教育学	社会工作	单位自办
诗赋研究所	2002-06-11	学校自建	其他	跨系所	中国文学	中国共产党机关	单位自办
西北少数民族教育发展研究中心	1999-10-01	非学校主管部门批准	其他	独立研究所	教育学	社会工作	单位自办
陇东学院							
教育科学研究所	2003-06-12	学校自建	校级社科重点研究基地	独立研究所	教育学	社会工作	单位自办
区域经济研究所	2003-06-12	学校自建	校级社科重点研究基地	独立研究所	经济学	科技推广和应用服务业	单位自办
天水师范学院							
敦煌研究所	2002-05-09	学校自建	校级社科重点实验室	独立研究所	图书、文献与情报学	教育	单位自办

续表

学校及机构名称	成立时间	批准部门	组成方式	机构类型	学科分类	服务的国民经济行业	组成类型
伏羲文化研究院	2007-12-10	学校自建	校级社科重点实验室	独立研究所	历史学	教育	单位自办
陇右文化研究中心	2002-01-12	学校主管部门批准	其他	跨系所	历史学	中国共产党机关	单位自办
体育科学研究所	2003-03-01	学校自建	其他	独立研究所	体育学	科技推广和应用服务业	单位自办
兰州商学院							
法学研究所	2009-05-20	学校自建	校级社科重点研究基地	独立研究所	法学	群众团体、社会团体和其他成员组织	单位自办
甘肃经济发展数量分析研究中心	2010-05-30	学校主管部门批准	其他	跨系所	经济学	科技推广和应用服务业	单位自办
甘肃商务发展研究中心	2010-05-30	学校主管部门批准	其他	跨系所	管理学	科技推广和应用服务业	单位自办
经济研究所	1986-08-01	学校自建	其他	独立研究所	经济学	专业技术服务业	单位自办
西北民族大学							
伊斯兰文化研究所	2005-06-15	学校自建	其他	独立研究所	民族学	社会工作	单位自办
甘肃政法学院							
甘肃省经济法制研究中心	2010-12-07	学校主管部门批准	省级社科重点研究基地	与校外合办所	法学	教育	其他
甘肃省证据科学技术研究与应用重点实验室	2010-10-06	学校主管部门批准	省级社科重点实验室	独立研究室	管理学	科技推广和应用服务业	其他
西北民族地区侦查理论与实务研究中心	2010-11-07	学校主管部门批准	省级社科重点研究基地	与校外合办所	法学	教育	其他
甘肃民族师范学院							
藏文化研究中心	2008-08-01	学校自建	校级社科重点研究基地	独立研究所	民族学	社会工作	单位自办
青海省							
青海大学							
青藏高原可持续发展与企业战略研究所	2008-04-23	学校自建	校级社科重点研究基地	跨系研究室	管理学	科技推广和应用服务业	单位自办
青海师范大学							
教育科学研究所	2007-01-05	学校主管部门批准	其他	跨系所	教育学	社会工作	政府部门办
青藏高原体育训练研究所	2003-01-10	学校主管部门批准	其他	独立研究室	体育学	国家机构	政府部门办

续表

学校及机构名称	成立时间	批准部门	组成方式	机构类型	学科分类	服务的国民经济行业	组成类型
青藏高原文化研究所(非物质文化研究所)	2004-06-15	学校主管部门批准	其他	独立研究所	民族学	科技推广和应用服务业	政府部门办
青海省高校辅导员培训基地	2002-03-21	学校主管部门批准	省级社科重点研究基地	独立研究所	教育学	教育	政府部门办
青海省心理学综合实验室	2005-06-15	学校自建	省级社科重点实验室	独立研究室	心理学	教育	单位自办
青海省学生心理健康教育培训与咨询中心	2006-03-15	学校主管部门批准	省级社科重点研究基地	独立研究所	心理学	研究和试验发展	单位自办
青海民族大学							
《格萨尔》研究中心	1998-05-15	非学校主管部门批准	校级社科重点研究基地	与校外合办所	中国文学	中国共产党机关	政府部门办
青藏高原民族研究基地	1980-06-10	学校主管部门批准	部省共建社科重点研究基地	独立研究所	民族学	教育	单位自办
青海省藏学研究中心	1996-10-20	学校主管部门批准	省级社科重点研究基地	独立研究所	中国文学	社会工作	单位自办
青海省法学研究所	2003-05-09	学校主管部门批准	省级社科重点研究基地	独立研究所	法学	教育	单位自办
青海省非物质文化遗产研究所	2007-01-05	非学校主管部门批准	省级社科重点研究基地	独立研究所	艺术学	教育	单位自办
宁夏回族自治区							
宁夏大学							
回族研究院	1986-09-01	学校主管部门批准	省级社科重点研究基地	独立研究所	民族学	社会工作	单位自办
西部发展研究中心	2001-01-12	学校主管部门批准	校级社科重点研究基地	独立研究所	经济学	社会工作	单位自办
西夏学研究院	1990-06-01	学校主管部门批准	教育部社科重点研究基地	独立研究所	历史学	中国共产党机关	单位自办
宁夏师范学院							
大学生思想政治教育研究所	2001-03-01	学校自建	校级社科重点研究基地	独立研究室	政治学	社会工作	单位自办
地方语言民俗文化研究所	2008-03-01	学校自建	校级社科重点研究基地	独立研究所	语言学	中国共产党机关	单位自办
基础教育研究所	2002-03-01	学校主管部门批准	校级社科重点研究基地	独立研究室	教育学	社会工作	单位自办
健康与体育科学研究所	2006-03-01	学校自建	校级社科重点研究基地	独立研究室	体育学	国家机构	单位自办
宁南区域经济研究所	2004-03-01	学校自建	校级社科重点研究基地	独立研究所	经济学	租赁业	单位自办
外语教学行动研究所	2000-03-01	学校自建	校级社科重点实验室	独立研究所	语言学	社会工作	单位自办
西北回族社会历史研究所	2011-03-24	学校自建	校级社科重点研究基地	独立研究所	历史学	国际组织	单位自办

续表

学校及机构名称	成立时间	批准部门	组成方式	机构类型	学科分类	服务的国民经济行业	组成类型
西海固民间美术研究所	2005-03-01	学校自建	校级社科重点研究基地	独立研究室	艺术学	中国共产党机关	单位自办
西海固民间音乐研究所	2005-03-01	学校自建	校级社科重点研究基地	独立研究室	艺术学	中国共产党机关	单位自办
西海固文学研究所	2008-03-01	学校自建	校级社科重点研究基地	独立研究所	中国文学	中国共产党机关	单位自办
北方民族大学							
北方语言研究院	2007-04-05	学校自建	其他	独立研究所	语言学	中国共产党机关	单位自办
非物质文化遗产研究所	2011-03-04	学校自建	校级社科重点研究基地	独立研究所	民族学	中国共产党机关	单位自办
回族与伊斯兰文化研究所	2011-03-04	学校自建	校级社科重点研究基地	独立研究所	民族学	中国共产党机关	单位自办
社会学与民族学研究所	2001-03-10	学校自建	校级社科重点研究基地	独立研究所	民族学	中国共产党机关	单位自办
西北少数民族社会发展研究基地	2011-06-01	学校主管部门批准	校级社科重点研究基地	独立研究所	社会学	中国共产党机关	其他
西夏研究所	2011-03-04	学校自建	校级社科重点研究基地	独立研究所	民族学	中国共产党机关	单位自办
宁夏工商职业技术学院							
高等职业教育研究所	2010-06-10	非学校主管部门批准	校级社科重点研究基地	独立研究所	教育学	社会工作	政府部门办
新疆维吾尔族自治区							
新疆大学							
经济研究所	1997-09-01	学校主管部门批准	其他	独立研究所	经济学	群众团体、社会团体和其他成员组织	单位自办
人口研究所	1987-09-01	学校主管部门批准	其他	独立研究所	经济学	群众团体、社会团体和其他成员组织	与境外机构合办
西北少数民族研究中心	2001-12-02	学校主管部门批准	教育部社科重点研究基地	独立研究所	民族学	群众团体、社会团体和其他成员组织	政府部门办
西域文明发展研究基地	2011-11-23	学校主管部门批准	省级社科重点研究基地	独立研究所	历史学	社会工作	政府部门办
新疆创新管理研究中心	2011-11-23	学校主管部门批准	省级社科重点研究基地	独立研究所	管理学	科技推广和应用服务业	政府部门办
新疆宏观经济预警系统研究基地	2011-11-23	学校主管部门批准	省级社科重点实验室	独立研究所	经济学	卫生	政府部门办
新疆民汉语文翻译研究中心	2011-11-23	学校主管部门批准	省级社科重点实验室	独立研究所	中国文学	社会工作	政府部门办
新疆民俗文化研究中心	2011-11-23	学校主管部门批准	省级社科重点研究基地	独立研究所	法学	中国共产党机关	政府部门办

续表

学校及机构名称	成立时间	批准部门	组成方式	机构类型	学科分类	服务的国民经济行业	组成类型
新疆民族文献研究基地	2011-11-23	学校主管部门批准	省级社科重点研究基地	独立研究所	中国文学	社会工作	政府部门办
新疆稳定与地区经济发展法制保障研究基地	2011-11-23	学校主管部门批准	省级社科重点研究基地	独立研究所	法学	广播、电视、电影和影视录音制作业	政府部门办
中外文化比较与跨文化交际研究基地	2011-11-23	学校主管部门批准	省级社科重点研究基地	独立研究所	中国文学	中国共产党机关	政府部门办
中亚地缘政治研究中心	2011-11-23	学校主管部门批准	省级社科重点研究基地	独立研究所	法学	社会保障	政府部门办
塔里木大学							
非传统安全与边疆民族发展研究中心	2011-11-23	非学校主管部门批准	省级社科重点研究基地	跨系研究室	民族学	教育	政府部门办
西域文化研究所	2001-10-20	学校自建	校级社科重点研究基地	独立研究所	民族学	教育	单位自办
新疆农业大学							
干旱区农村发展研究中心	2012-05-01	学校主管部门批准	省级社科重点研究基地	独立研究室	经济学	农业	政府部门办
石河子大学							
兵团屯垦经济研究中心	2012-05-21	非学校主管部门批准	省级社科重点研究基地	跨系所	经济学	农业	单位自办
公司治理与管理创新研究中心	2012-05-21	非学校主管部门批准	省级社科重点研究基地	跨系所	管理学	资本市场服务	单位自办
新疆少数民族教育发展与教育政策研究中心	2012-05-21	非学校主管部门批准	省级社科重点研究基地	跨系所	教育学	教育	单位自办
新疆师范大学							
西域文史研究中心	2012-01-12	学校主管部门批准	省级社科重点研究基地	独立研究所	历史学	国家机构	单位自办
新疆教师教育研究中心	2012-01-12	学校主管部门批准	省级社科重点研究基地	独立研究所	教育学	国家机构	单位自办
新疆民族民间美术研究中心	2012-01-12	学校主管部门批准	省级社科重点研究基地	独立研究所	艺术学	文化艺术业	单位自办
新疆民族体育文化研究中心	2012-01-12	学校主管部门批准	省级社科重点研究基地	独立研究所	体育学	体育	单位自办
新疆少数民族双语教育研究中心	2012-01-12	学校主管部门批准	省级社科重点研究基地	独立研究所	语言学	国家机构	单位自办
新疆少数民族现代化研究中心	2012-01-12	学校主管部门批准	省级社科重点研究基地	独立研究室	民族学	教育	单位自办
中亚汉语国际教育研究中心	2012-01-12	学校主管部门批准	省级社科重点研究基地	独立研究所	语言学	教育	单位自办
中亚音乐文化研究中心	2012-01-12	学校主管部门批准	省级社科重点研究基地	独立研究所	艺术学	文化艺术业	单位自办

续表

学校及机构名称	成立时间	批准部门	组成方式	机构类型	学科分类	服务的国民经济行业	组成类型
中亚与中国西北边疆政治经济研究中心	2012-01-12	学校自建	省级社科重点研究基地	独立研究所	政治学	国家机构	单位自办
喀什师范学院							
南疆教育发展研究中心	2011-11-23	非学校主管部门批准	省级社科重点研究基地	独立研究所	教育学	社会工作	其他
伊犁师范学院							
新疆哈萨克文化与民族现代化研究中心	2011-11-26	学校主管部门批准	省级社科重点研究基地	跨系所	中国文学	中国共产党机关	政府部门办
新疆财经大学							
新疆企业发展研究中心	2011-11-23	学校主管部门批准	省级社科重点研究基地	跨系所	管理学	社会工作	与国内高校合办
新疆社会经济统计研究中心	2011-11-23	学校主管部门批准	省级社科重点研究基地	跨系所	经济学	社会工作	与国内高校合办
中国(新疆)与中亚区域经济合作研究中心	2011-11-23	学校主管部门批准	省级社科重点研究基地	跨系所	经济学	其他金融业	与国内高校合办
新疆农业职业技术学院							
新疆职业院校思想政治教育研究中心	2006-06-24	学校主管部门批准	校级社科重点研究基地	独立研究所	马克思主义	社会工作	政府部门办
昌吉学院							
昌吉学院公共经济研究所	2007-12-08	学校自建	校级社科重点研究基地	独立研究所	经济学	科技推广和应用服务业	单位自办
昌吉学院西域文化研究所	2002-09-09	学校自建	校级社科重点研究基地	独立研究所	民族学	教育	单位自办
女性文学研究所	2002-09-09	学校自建	校级社科重点研究基地	独立研究所	中国文学	中国共产党机关	单位自办
西域体育研究所	2008-07-08	学校自建	校级社科重点研究基地	独立研究所	体育学	国家机构	单位自办

2. 全国高等学校人文、社会科学研究与发展研究机构一览表(二)

学校及机构名称	R&D 活动人员(人)			R&D 经费支出(百元)	仪器设备原价(百元)	其中:进口(百元)
	合计	其中:博士毕业	硕士毕业			
北京市						
北京大学	794	348	361	141 857.82	100 615	3 870
东方文学研究中心	95	60	35	7 813.08	2 500	0
教育经济研究所	60	34	18	8 252	2 000	120
美学与美育研究中心	15	6	5	7 800	480	0
外国哲学研究所	85	48	37	11 078	3 042	50
宪法与行政法研究中心	60	18	28	7 760	450	0
政治发展与政府管理研究所	56	25	30	16 200	2 200	0
中国都市经济研究中心	21	16	5	1 500	1 000	0
中国古代史研究中心	35	15	17	10 500	2 663	0
中国古文献研究中心	45	15	15	14 085.8	5 000	0
中国经济研究中心	60	15	30	14 109.94	36 800	1 200
中国考古学研究中心	45	18	27	14 370	27 200	500
中国社会与发展研究中心	92	28	51	13 189	7 780	0
中国特色社会主义理论体系研究中心	45	15	18	5 200	3 500	0
中国语言学研究中心	80	35	45	10 000	6 000	2 000
中国人民大学	368	319	38	213 829.89	74 802.51	10 162.1
北京社会建设研究院	23	22	1	6 200	600	0
伦理学与道德建设研究中心	19	19	0	4 198.49	4 746.11	0
马克思主义研究基地	35	34	1	5 660	9 800	0
民商事法律科学研究中心	24	20	2	4 268.46	1 200	0
欧洲问题研究中心	39	38	1	10 000	3 702.48	2 493.7
清史研究所	36	30	4	73 200	11 390.47	6 668.4
人口与发展研究中心	22	18	2	10 000	3 100	0
人文北京研究中心	15	10	5	4 325	1 252	0
社会学理论与方法研究中心	11	8	2	1 000	4 000	1 000
新闻与社会发展研究中心	12	7	3	6 000	2 017	0
刑事法律科学研究中心	33	28	5	6 000	1 000	0
应用统计科学研究中心	28	23	3	29 177.94	1 904.45	0
中国财政金融政策研究中心	21	18	3	36 400	7 590	0
中国经济改革与发展研究院	22	20	2	11 200	700	0
中国特色社会主义理论体系研究中心	28	24	4	6 200	21 800	0
清华大学	650	470	166	989 057.63	635 770.99	249 702.89

续表

学校及机构名称	R&D 活动人员(人)			R&D 经费支出(百元)	仪器设备原价(百元)	其中:进口(百元)
	合计	其中:博士毕业	硕士毕业			
北京市应急管理研究基地	7	6	1	9 830	3 484	0
产业发展与环境治理研究中心	15	12	2	14 900	7 700	2 200
出土文献与中国古代文明研究中心	15	9	3	8 200	3 200	0
当代国际关系研究院	25	25	0	60 000	1 000	0
高校德育研究中心	34	27	2	2 580	27 767	0
工程教育研究中心	27	17	10	9 000	3 000	500
国际问题研究所	18	18	0	5 600	9 300	0
国家体育总局体育社会科学重点研究基地	15	8	2	1 200	2 500	0
国家文化产业研究中心	13	10	3	6 500	2 000	0
国情研究院	7	7	0	35 000	11 000	0
技术创新研究中心	18	16	2	8 381.73	11 239.94	0
教育部—清华大学教育战略决策与国家规划研究中心	25	22	3	2 000	300	0
科技—教育发展战略研究中心	16	15	1	3 516	45	0
科技史暨古文献研究所	10	3	7	12 954.6	2 142.35	0
科学技术与社会研究中心	20	18	2	26 000	2 000	0
农村研究院	13	13	0	17 700	108.4	0
清华大学—伯克利心理学研究中心	13	13	0	19 314.86	972.1	0
清华人文与社会科学高等研究所	3	3	0	1 079.85	242.08	0
商法研究中心	11	10	1	1 500	900	0
台湾研究所	7	6	1	9 100	5 300	0
体育健康科学研究中心	34	29	5	5 000	20 000	15 000
现代管理研究中心	26	25	1	110 000	2 939.82	0
艺术与科学研究中心	119	29	90	450 000	474 300	230 900
语言学研究中心	0	0	0	2 300	600	0
中国财政与税收研究所	24	21	3	63 500	3 000	0
中国发展规划研究中心	15	14	1	8 765	2 362	0
中国金融研究中心	9	6	3	14 765	17 009	0
中国经济社会数据中心	43	38	5	58 738.59	1 698.3	0
中国经济研究中心	19	8	11	1 500	202	0
中国科学技术政策研究中心	7	6	1	2 759	779	0
中国科学院学部—清华大学科学与社会协同发展研究中心	18	16	2	7 250	400	0

续表

学校及机构名称	R&D活动人员(人)			R&D经费支出(百元)	仪器设备原价(百元)	
	合计	其中:				其中:进口(百元)
		博士毕业	硕士毕业			
中国企业成长与经济安全研究中心	9	7	2	6 000	2 000	0
中国与世界经济研究中心	15	13	2	4 123	16 280	1 102.89
北京交通大学	150	88	62	62 810	7 679.4	0
北京产业安全与发展研究基地	9	5	4	820	400	0
北京社会建设研究院	34	25	9	900	85	0
北京交通发展研究基地	14	9	5	3 650	1 500	0
北京人文交通、科技交通、绿色交通研究基地	23	19	4	400	50	0
基础产业研究中心	14	6	8	4 300	1 500	0
首都大学生思想政治教育研究基地	3	2	1	550	460	0
首都大学生思想政治教育研究中心	2	1	1	450	480	0
司法裁判研究中心	2	1	1	400	19.4	0
中国产业安全研究中心	30	12	18	45 000	2 545	0
中国交通运输价格中心	5	2	3	2 300	0	0
中国企业兼并重组研究中心	10	4	6	840	520	0
中国企业竞争力研究中心	4	2	2	3 200	120	0
北京工业大学	117	52	57	32 782	5 770	0
北京社会管理研究基地	30	30	0	492	960	0
北京现代制造业发展研究基地	41	20	13	31 000	2 210	0
博物馆展陈设计与空间实现北京市重点实验室	46	2	44	1 290	2 600	0
北京理工大学	17	11	5	15 281	8 113	766
国民经济动员中心	10	7	2	9 742	5 260	523
教育科学研究所	7	4	3	5 539	2 853	243
北京科技大学	40	29	8	8 900	9 500	1 000
北京企业低碳运营战略研究基地	29	22	7	2 900	6 000	0
金属与矿冶文化遗产研究国家文物局重点科研基地	11	7	1	6 000	3 500	1 000
北方工业大学	26	16	10	23 645	11 620	0
高技术企业发展研究中心	3	1	2	1 600	800	0
管理研究所	9	6	3	9 720	4 800	0
经济法研究所	2	1	1	2 225	1 110	0
经济研究所	5	3	2	2 680	1 300	0
审美文化研究所	3	2	1	3 220	1 600	0

续表

学校及机构名称	R&D 活动人员(人)			R&D 经费支出(百元)	仪器设备原价(百元)	其中:进口(百元)
	合计	其中:博士毕业	硕士毕业			
宪法与行政法研究中心	2	1	1	1 980	900	0
知识产权研究中心	2	2	0	2 220	1 110	0
北京化工大学	142	68	41	24 760	9 740	500
安全管理研究所	7	7	0	5 300	1 260	490
北京知识产权研究基地	16	6	3	2 000	600	0
低碳经济与管理研究中心	14	14	0	60	0	0
法学与知识产权研究所	10	7	2	1 400	500	0
高等教育研究所	5	0	4	800	1 000	0
科学技术与社会(STS)研究所	10	4	2	1 000	400	0
廉政研究中心	10	2	6	200	100	0
绿色创新与可持续发展研究中心	5	4	0	2 000	800	0
社会保障中心	10	3	5	200	80	0
思想政治教育调研基地	10	2	6	600	400	0
运营管理与战略决策研究中心	20	5	3	8 000	3 000	10
政治与行政研究所	12	4	8	600	500	0
知识产权研究基地	8	6	2	600	400	0
中国信息化绩效评估中心	5	4	0	2 000	700	0
北京工商大学	48	25	23	7 021	5 803	0
首都流通业服务基地	48	25	23	7 021	5 803	0
北京服装学院	17	5	12	5 000	200	200
首都服饰文化与服装产业研究基地	17	5	12	5 000	200	200
北京邮电大学	43	34	9	63 000	5 000	0
高校网络舆情研究咨询中心	9	7	2	13 000	1 000	0
互联网治理与法律研究中心	17	14	3	30 000	1 500	0
网络文化研究中心	17	13	4	20 000	2 500	0
北京印刷学院	20	7	13	14 218.37	97 627.02	35 993.4
北京出版产业与文化研究基地	7	3	4	3 101.05	35 752.4	7 313.25
跨媒体出版实验室	6	2	4	4 158.9	2 412.3	786.5
数字媒体艺术设计研究室	7	2	5	6 958.42	59 462.32	27 893.65
北京建筑工程学院	31	9	20	1 000	800	0
北京建筑文化研究基地	31	9	20	1 000	800	0
北京农学院	40	2	31	4 000	11 270.1	0
北京新农村建设研究基地	40	2	31	4 000	11 270.1	0

续表

学校及机构名称	R&D 活动人员(人)			R&D 经费支出(百元)	仪器设备原价(百元)	
	合计	其中:				其中:进口(百元)
		博士毕业	硕士毕业			
北京林业大学	113	52	61	59 090	14 050	8 190
林业财务会计研究室	7	6	1	5 300	1 250	1 250
林业经济研究所	24	9	15	5 200	3 250	900
森林生态经济研究所	5	4	1	14 600	2 450	1 600
生态文明研究中心	30	20	10	7 700	1 650	1 470
外国语言与应用语言学研究所	39	8	31	620	2 950	1 900
性与性别研究所	4	1	3	6 370	1 430	0
自然资源经济与政策研究中心	4	4	0	19 300	1 070	1 070
首都医科大学	111	52	21	600	30 000	0
首都卫生管理与政策研究基地	111	52	21	600	30 000	0
北京中医药大学	26	12	14	1 000	0	0
卫生法学研究中心	11	8	3	500	0	0
中医英语研究传播中心	15	4	11	500	0	0
北京师范大学	401	308	71	821 702. 38	643 393. 03	364 325. 2
北京文化发展研究基地	3	2	1	60	500	0
比较教育研究中心	18	17	0	24 280	820	0
发展心理研究所	21	17	1	43 554	22 900	1 859
古籍与传统文化研究院	14	9	2	10 676	130	0
国民核算研究院	10	10	0	29 323. 13	1 554. 76	0
价值与文化研究中心	29	27	2	7 061. 79	2 480	856. 2
教师教育研究中心	20	20	0	15 534. 2	1 681. 3	0
经济与资源管理研究院	17	17	0	12 500	11 000	0
民俗典籍文字研究中心	24	21	0	100	80	0
脑与认知科学研究院	54	52	1	532 580	571 870	361 610
社会发展与公共政策研究所	44	40	4	84 600	17 400	0
史学理论与史学史研究中心	33	19	11	6 160	60	0
文艺学研究中心	52	27	20	12 123. 26	1 935. 97	0
刑事法律科学研究院	45	20	25	2 000	9 700	0
中国社会管理研究院	17	10	4	41 150	1 281	0
首都师范大学	87	76	11	9 000	5 400	0
北京基础教育研究基地	32	28	4	3 000	2 000	0
文明区划研究中心	25	22	3	3 000	1 500	0
中国诗歌研究中心	30	26	4	3 000	1 900	0

续表

学校及机构名称	R&D 活动人员(人)			R&D 经费支出(百元)	仪器设备原价(百元)	
	合计	其中:				其中:进口(百元)
		博士毕业	硕士毕业			
首都体育学院	103	28	52	5 340	405 636	288 080
国家体育总局体育人文社会科学研究基地	45	12	23	1 350	2 000	1 000
国家体育总局重点实验室	11	2	7	1 300	136 036	103 580
体育赛事管理与营销研究基地	16	6	10	890	12 000	3 500
运动机能评定与技术分析实验室	31	8	12	1 800	255 600	180 000
北京外国语大学	74	56	11	30 431.98	73 074.69	35 240.59
北京对外文化交流与世界文化研究基地	9	7	2	962.15	760	0
国际问题研究所	8	6	0	292.41	1 309.4	100.4
日本学研究中心	16	13	2	244.86	47 802.23	34 612.69
文学研究所	9	7	1	58.6	1 387.04	35
语言研究所	5	4	1	394.33	1 660.04	0
中国海外汉学研究中心	13	9	2	21 695.78	7 171.81	0
中国外语教育研究中心	14	10	3	6 783.85	12 984.17	492.5
北京第二外国语学院	38	28	10	30 343.09	39 900	0
北京旅游研究基地	15	10	5	8 000	7 600	0
国家文化发展国际战略研究院	2	1	1	12 566.51	8 000	0
跨文化研究院	8	8	0	4 809.46	12 000	0
旅游发展研究院	11	7	4	4 544.62	7 100	0
中国旅游人才发展研究院	2	2	0	422.5	5 200	0
北京语言大学	66	34	24	28 860.65	49 131.89	4 960
对外汉语研究中心	16	16	0	14 052	19 108	4 500
汉语水平考试中心	33	5	22	3 530.87	20 370.89	0
首都国际文化研究基地	5	4	1	5 819.78	8 900	0
应用语言研究所	4	3	0	1 998	41	0
语言研究所	8	6	1	3 460	712	460
中国传媒大学	52	28	24	14 548	6 391	0
高等教育研究所	5	5	0	132	230	0
公关舆情研究所	3	1	2	560	401	0
广播电视研究中心	8	8	0	1 500	340	0
国家语言资源监测与研究中心有声媒体语言分中心	4	1	3	256	70	0
商务品牌战略研究所	5	1	4	2 000	1 200	0

续表

学校及机构名称	R&D 活动人员(人) 合计	其中:博士毕业	其中:硕士毕业	R&D 经费支出(百元)	仪器设备原价(百元)	其中:进口(百元)
首都传媒经济研究基地	8	4	4	3 200	2 000	0
文化发展研究院	13	7	6	6 000	1 700	0
亚洲传媒研究中心	6	1	5	900	450	0
中央财经大学	104	100	2	196 826.92	6 208.27	103.33
财经研究院(北京财经研究基地)	16	12	2	90 916	0	0
国防经济与管理研究院	8	8	0	6 220	0	0
中国公共财政与政策研究院	15	15	0	1 062.8	0	0
中国金融发展研究院	14	14	0	8 800	353.33	103.33
中国经济与管理研究院	28	28	0	71 400	5 400	0
中国精算研究院	20	20	0	9 221.12	454.94	0
中国人力资本与劳动经济研究中心	3	3	0	9 207	0	0
对外经济贸易大学	118	85	30	45 520.63	42 787.6	0
北京企业国际化经营研究基地	52	42	10	16 405	31 510	0
国际经济研究院	39	23	13	9 774	4 344	0
教育与开放经济研究中心	12	9	3	3 511.63	1 440.1	0
中国开放经济与国际科技合作战略研究中心	7	4	3	3 630	450	0
中国世界贸易组织研究院	8	7	1	12 200	5 043.5	0
北京物资学院	45	31	12	35 501	168 764.9	0
北京物流系统与技术实验室	41	28	11	28 691	167 471.8	0
北京现代物流研究基地	4	3	1	6 810	1 293.1	0
首都经济贸易大学	57	36	20	61 720.82	34 031.41	0
北京市哲学社会科学 CBD 发展研究基地中心	25	15	10	28 457.5	17 801.41	0
北京市哲学社会科学经济社会发展政策研究基地	7	5	2	3 218	5 312	0
不动产研究所	4	3	1	3 018.66	2 649	0
人口研究所	8	6	2	3 668.66	3 250	0
首都经济研究所	13	7	5	23 358	5 019	0
外交学院	20	8	6	2 630	0	0
北京对外交流与外事管理研究基地	20	8	6	2 630	0	0
中国人民公安大学	30	5	15	5	0	0
首都社会安全研究基地	30	5	15	5	0	0
国际关系学院	12	6	6	4 000	3 000	0

续表

学校及机构名称	R&D 活动人员(人)			R&D 经费支出(百元)	仪器设备原价(百元)	
	合计	其中:				其中:进口(百元)
		博士毕业	硕士毕业			
公共市场与政府采购研究所	5	1	4	1 000	1 000	0
国际战略与安全研究中心	2	1	1	1 000	1 000	0
中国与国际关系研究中心	5	4	1	2 000	1 000	0
北京体育大学	76	39	35	2 385	108 800	70 000
北京市机能评定与技术分析重点实验室	20	12	8	270	3 000	0
国家体育总局社会科学研究基地	22	13	9	100	300	0
国家体育总局体能训练与身体机能恢复重点实验室	8	3	5	235	2 000	0
国家体育总局运动训练重点实验室	2	1	0	200	1 000	0
国家体育总局运动应激适应重点实验室	4	2	1	200	1 000	0
运动营养北京市高等学校工程研究中心	7	3	4	230	1 500	0
运动与体质健康重点实验室	13	5	8	1 150	100 000	70 000
中央音乐学院	17	13	0	523.16	1 104.61	0
中央音乐学院音乐学研究所	17	13	0	523.16	1 104.61	0
中央美术学院	8	4	2	3 714.31	734.47	0
非物质文化遗产研究中心	3	2	1	275.7	110	0
国家艺术与文化政策研究所	2	1	1	1 197.32	211.5	0
建筑学院设计研究中心	1	0	0	1 672.88	296.25	0
美术教育研究中心	2	1	0	568.41	116.72	0
中央戏剧学院	3	1	2	7 324.35	9.5	0
戏剧艺术研究所	3	1	2	7 324.35	9.5	0
北京电影学院	75	30	32	7 741.02	676 860.81	372 995.8
北京影视艺术研究基地	30	20	10	3 000	616 886.41	372 995.8
电影研究所	15	6	9	1 000	34 628.41	0
数字电影技术与艺术实验室	30	4	13	3 741.02	25 345.99	0
中央民族大学	255	104	148	26 027	12 525.5	4 620
藏学研究所	23	5	15	75	320	0
民族理论政策研究所	75	35	40	6 230	5 231	581
民族学人类学研究所	19	8	11	10 500	2 005.5	1 000
少数民族经济研究所	38	16	22	1 865	1 550	1 340
中国少数民族研究中心	57	25	32	354	219	199

续表

学校及机构名称	R&D 活动人员(人)			R&D 经费支出(百元)	仪器设备原价(百元)	其中:进口(百元)
	合计	其中:博士毕业	硕士毕业			
中国少数民族语言研究所	23	7	16	6 803	3 000	1 500
宗教研究所	20	8	12	200	200	0
中国政法大学	74	60	14	126 472. 91	187 796. 66	54 629. 8
比较法研究院	14	10	4	10 833. 29	10 259. 17	0
法和经济学研究所	8	7	1	3 895. 76	3 134. 46	0
法律古籍整理研究所	7	5	2	2 575. 46	2 340. 73	0
法律史学研究院	11	9	2	4 575. 35	9 657. 79	0
法学教育研究与评估中心	8	5	3	2 920. 41	2 989. 31	0
法治政府研究院	5	5	0	30 258. 66	3 610. 06	0
全球化与全球问题研究所	1	1	0	391. 64	2 965. 98	0
人权研究院	5	3	2	19 009. 21	7 195. 46	0
诉讼法学研究院	9	9	0	47 801. 33	17 278. 87	0
证据科学研究院	6	6	0	4 211. 8	128 364. 83	54 629. 8
华北电力大学	49	25	22	2 600	3 800	0
北京市能源发展研究基地	49	25	22	2 600	3 800	0
中华女子学院	0	0	0	0	0	0
儿童保护研究中心	0	0	0	0	0	0
儿童发展与教育研究中心	0	0	0	0	0	0
翻译研究中心	0	0	0	0	0	0
妇女儿童法律研究服务与研究中心	0	0	0	0	0	0
妇女发展与经济研究	0	0	0	0	0	0
妇女口述历史研究	0	0	0	0	0	0
高等职业教育研究中心	0	0	0	0	0	0
国学教育与发展研究中心	0	0	0	0	0	0
婚姻家庭咨询研究中心	0	0	0	0	0	0
计算机应用技术研究所	0	0	0	0	0	0
家事法研究中心	0	0	0	0	0	0
旅游发展研究中心	0	0	0	0	0	0
女大学生思想政治教育研究中心	0	0	0	0	0	0
女大学生艺术素质教育研究中心	0	0	0	0	0	0
女性人力资源开发与创业研究中心	0	0	0	0	0	0
女性文学研究中心	0	0	0	0	0	0
社会工作行动研究中心	0	0	0	0	0	0

续表

学校及机构名称	R&D 活动人员(人)			R&D 经费支出(百元)	仪器设备原价(百元)	
	合计	其中:				其中:进口(百元)
		博士毕业	硕士毕业			
数码艺术教学与实践研究中心	0	0	0	0	0	0
性别平等教育研究与推广中心	0	0	0	0	0	0
性别研究信息中心	0	0	0	0	0	0
性别与哲学研究中心	0	0	0	0	0	0
性与性别研究中心	0	0	0	0	0	0
职业形象研究中心	0	0	0	0	0	0
中国女性教育研究中心	0	0	0	0	0	0
中华女子学院社区发展研究中心	0	0	0	0	0	0
北京信息科技大学	35	21	14	34 320	12 560	0
北京市哲学社会科学知识管理研究基地	35	21	14	34 320	12 560	0
北京青年政治学院	25	9	13	17 533.98	3 800.31	0
北京东方道德研究所	6	3	2	5 527	2 259.03	0
北京青年政治学院社区发展研究所	12	3	9	3 581	0	0
北京青少年研究所	4	2	1	7 117	974.45	0
北京职业教育与人文北京研究中心	3	1	1	1 308.98	566.83	0
北京戏曲艺术职业学院	14	3	6	0	0	0
艺术研究中心	14	3	6	0	0	0
北京经济管理职业学院	3	1	2	801.1	540	0
高等职业教育研究所	3	1	2	801.1	540	0
北京社会管理职业学院	10	2	8	3 000	800	0
社会工作研究所	10	2	8	3 000	800	0
天津市						
南开大学	373	359	12	192 331	157 838	0
APEC 研究中心	5	5	0	15 574	38 758	0
滨海开发研究院	12	11	1	14 583	980	0
城市与区域经济研究所	9	9	0	5 890	4 716	0
高等教育研究所	15	15	0	1 025	3 670	0
公司治理研究中心	37	37	0	16 760	10 398	0
古籍与文化研究所	8	5	1	1 485	2 370	0
国际经济研究所	20	20	0	6 896	6 608	0
环境与社会发展研究中心	19	17	2	12 379	4 329	0
教育与产业、区域发展研究中心	9	9	0	3 547	3 096	0

续表

学校及机构名称	R&D 活动人员(人)			R&D 经费支出(百元)	仪器设备原价(百元)	
	合计	其中:				其中:进口(百元)
		博士毕业	硕士毕业			
金融发展研究院	1	1	0	3 480	560	0
经济研究所	25	23	2	8 034	5 049	0
经济与社会发展研究院	16	16	0	37 532	26 374	0
跨国公司研究中心	12	12	0	8 597	12 355	0
跨文化交流研究院	5	3	2	8 360	1 845	0
历史研究所	6	5	1	2 057	3 146	0
欧洲问题研究中心	15	15	0	6 038	1 660	0
人口与发展研究所	9	9	0	1 238	3 562	0
人权研究中心	36	34	2	1 521	480	0
日本研究院	13	13	0	6 958	10 349	0
世界近现代史研究中心	17	17	0	4 583	1 968	0
数量经济研究所	9	9	0	1 810	938	0
台湾经济研究所	4	4	0	390	1 485	0
现代管理研究所	17	17	0	3 700	1 130	0
亚洲研究中心	20	20	0	6 510	780	0
政治经济学研究中心	15	14	1	6 924	7 983	0
中国社会史研究中心	19	19	0	6 460	3 249	0
天津大学	60	51	9	11 300	2 450	0
公共资源管理研究中心	8	8	0	1 500	300	0
教育科学研究中心	8	6	2	500	100	0
科学技术与社会研究中心	5	5	0	500	50	0
天津市反腐倡廉理论研究	5	4	1	800	200	0
中国民间美术遗产保护与研究中心	10	7	3	2 500	500	0
中国木板年画研究基地	10	7	3	2 500	500	0
中国社会计算研究中心	8	8	0	2 000	500	0
中国文化遗产保护国际研究中心	6	6	0	1 000	300	0
天津科技大学	39	24	15	4 100	3 800	1 200
食品安全战略与管理研究中心	39	24	15	4 100	3 800	1 200
中国民航大学	30	19	11	55 800	81 982	8 260
航空法律与政策研究中心	13	9	4	1 500	1 900	0
航空运输经济与管理研究基地	17	10	7	54 300	80 082	8 260
天津理工大学	73	21	46	5 600	4 600	0
公共项目与工程造价研究中心	38	12	24	3 200	2 600	0

续表

学校及机构名称	R&D 活动人员(人)			R&D 经费支出(百元)	仪器设备原价(百元)	其中:进口(百元)
	合计	其中:				
		博士毕业	硕士毕业			
循环经济与企业可持续发展研究中心	35	9	22	2 400	2 000	0
天津师范大学	509	140	296	17 961	170 619	100 942
大众传播与社会发展研究所	18	6	8	860	320	0
东方文学文化研究中心	22	8	12	863	500	0
翻译研究所	25	4	18	53	120	0
公共管理研究所	30	9	17	52	60	0
公益影像研究中心	8	3	1	360	500	0
古典文献研究所	10	6	2	180	160	0
国际关系与全球问题研究所	15	3	6	50	49	0
国际中国文学研究中心	18	5	10	780	1 500	0
韩国文化研究中心	12	4	6	120	860	0
华梅服饰文化学研究所	22	1	18	350	280	0
精益生产研究中心	10	4	4	1 000	120	0
课程与教学研究中心	10	3	5	310	60	0
历史地理与区域变迁研究中心	15	5	8	320	160	0
挪威戏剧文化研究中心	10	3	5	190	50	0
欧洲经济社会史研究中心	28	22	4	2 810	220	0
社会主义研究所	20	6	12	210	120	0
思想政治教育研究所	20	8	10	198	50	0
天津地方新闻史研究所	12	4	6	700	150	0
天津近现代文化研究中心	14	1	10	230	500	0
心理与行为研究院	102	12	86	2 155	162 700	100 942
语言学研究所	29	8	15	690	450	0
政治文化与政治文明建设研究院	21	7	12	2 500	1 050	0
中共党史党建研究所	18	5	11	800	290	0
中国标志设计研究中心	10	3	4	1 830	200	0
中国词曲音乐研究所	10	0	6	350	150	0
天津职业技术师范大学	9	6	3	3 300	8 364.21	1 086.66
师范能力与职业能力研究中心	6	4	2	2 880	6 987	0
职业教育研究所	3	2	1	420	1 377.21	1 086.66
天津外国语大学	54	16	25	560	0	0
比较文学研究所	3	2	1	20	0	0
翻译研究所	6	1	3	11	0	0

续表

学校及机构名称	R&D 活动人员(人)			R&D 经费支出(百元)	仪器设备原价(百元)	其中:进口(百元)
	合计	其中:博士毕业	硕士毕业			
高教研究所	2	1	1	28	0	0
国际教育政策研究基地	3	1	2	16	0	0
拉美研究中心	0	0	0	0	0	0
美国黑人文学研究所	3	1	2	16	0	0
美国研究中心	3	1	1	11	0	0
欧美文化哲学研究所	4	1	3	17	0	0
天津国际发展战略研究院	3	2	1	22	0	0
外国语言文学文化研究中心	21	4	8	390	0	0
语言符号应用传播研究中心	3	1	2	13	0	0
中央文献翻译研究基地	3	1	1	16	0	0
天津商业大学	18	12	5	2 461	5 000	0
管理创新与评价研究中心	18	12	5	2 461	5 000	0
天津财经大学	94	68	3	9 280	26 428	0
滨海新区发展战略研究中心	3	2	1	330	1 213	0
创新与创业研究中心	6	2	0	300	300	0
法律经济分析与政策评价中心	22	20	0	2 200	640	0
法学研究中心	5	5	0	150	480	0
房地产研究所	6	2	0	1 500	2 100	0
工商管理研究中心	5	5	0	1 200	3 200	0
公共经济与公共管理研究中心	6	3	0	300	2 300	0
国际经济贸易研究中心	6	6	0	450	350	0
会计与财务研究中心	7	7	0	500	3 250	0
金融与保险研究中心	5	2	0	500	4 501	0
社会问题研究中心	6	0	0	320	3 250	0
数学经济研究中心	3	3	0	150	120	0
天津现代无形资产研究所	3	0	2	100	100	0
现代经济学研究中心	6	6	0	780	4 524	0
中国经济统计研究中心	5	5	0	500	100	0
天津体育学院	80	31	35	45 607.3	422 407.5	224 797
国家体育总局竞技运动心理与生理调控重点实验室	13	4	5	5 707	53 170	39 270
体育人文社科研究中心(体育哲学社会科学研究基地)	32	15	17	8 960	5 467.5	1 247

续表

学校及机构名称	R&D 活动人员(人)			R&D 经费支出(百元)	仪器设备原价(百元)	其中:进口(百元)
	合计	其中:博士毕业	硕士毕业			
体育文化研究中心(天津市非物质文化遗产传统体育研究中心)	5	4	1	1 057.2	1 100	0
天津市运动生理学与运动医学重点实验室(天津市运动医学研究所)	27	7	10	24 026	222 670	173 430
天津体育学院运动与健康科普教育基地	3	1	2	5 857.1	140 000	10 850
天津音乐学院	35	11	18	24 092	0	0
艺术创作与表演研究中心	35	11	18	24 092	0	0
河北省						
河北大学	144	83	61	6 742.46	7 920.39	0
传媒与社会发展研究基地	51	16	35	500	1 000	0
华夏文化产业研究院	20	12	8	0	0	0
区域经济研究所	7	7	0	1 300	2 300	0
社会计算与社会发展研究中心	24	18	6	1 200	1 000	0
宋史研究中心	32	21	11	1 332.46	1 320.39	0
现代汉字研究中心	10	9	1	2 410	2 300	0
石家庄经济学院	25	8	12	8 700	1 600	0
经济研究所	12	4	7	4 000	700	0
现代管理研究所	13	4	5	4 700	900	0
河北工业大学	32	25	5	2 820	6 380	0
企业信息化与管理创新研究中心	32	25	5	2 820	6 380	0
河北联合大学	32	10	16	2 000	5 000	0
河北省城乡统筹及一体化发展研究基地	32	10	16	2 000	5 000	0
河北科技大学	6	0	4	200	600	0
高等教育研究所	6	0	4	200	600	0
河北农业大学	50	6	16	65	5 800	660
“农村、农业和农民”精品生产基地	20	3	6	50	5 000	600
河北省农业经济发展战略研究基地	30	3	10	15	800	60
河北师范大学	19	7	10	10 000	3 500	1 500
燕赵文化遗产保护与研究	19	7	10	10 000	3 500	1 500
河北民族师范学院	48	0	7	761.3	0	0
避暑山庄文化国际推广研究中心	4	0	1	110	0	0
承德本土作家研究室	5	0	1	100	0	0

续表

学校及机构名称	R&D 活动人员(人)			R&D 经费支出(百元)	仪器设备原价(百元)	其中:进口(百元)
	合计	其中:博士毕业	硕士毕业			
承德旅游区土地生态研究室	4	0	2	11.3	0	0
承德文化旅游规划研究所	5	0	1	90	0	0
旅游产品开发研究室	8	0	1	110	0	0
满族音乐舞蹈研究室	7	0	0	100	0	0
纳兰性德研究室	6	0	0	130	0	0
少数民族传统体育研究室	9	0	1	110	0	0
唐山师范学院	6	1	5	440	500	0
城市文化与可持续发展研究基地	0	0	0	0	0	0
教育科学研究所	2	0	2	20	100	0
区域经济研究所	3	0	3	50	100	0
史学研究所	1	1	0	10	100	0
文学与文化研究所	0	0	0	300	100	0
语言与文献研究所	0	0	0	60	100	0
廊坊师范学院	40	11	24	500	0	0
党建与思想政治教育研究所	8	4	2	100	0	0
教育科学研究所	11	0	9	100	0	0
史学与区域史研究所	6	2	4	100	0	0
文学与文化研究所	6	3	2	100	0	0
现代管理研究所	9	2	7	100	0	0
邯郸学院	25	3	18	240	70	0
赵文化研究中心	25	3	18	240	70	0
燕山大学	175	5	130	2 350	250	0
邓小平理论研究中心	50	0	50	0	0	0
地方政府改革与发展研究基地	0	0	0	0	0	0
管理科学与工程研究所	25	5	0	2 100	150	0
国际政治与经济研究所	30	0	30	0	0	0
逻辑与认知科学研究所	50	0	50	0	0	0
职业经济研究所	20	0	0	250	100	0
中国人民武装警察部队学院	43	1	19	317	11 300	500
警卫学术中心	38	0	15	250	10 000	500
消防软科学中心	5	1	4	67	1 300	0
河北体育学院	28	6	14	1 120	1 505	0
高等教育研究中心	4	0	2	220	105	0

续表

学校及机构名称	R&D 活动人员(人)			R&D 经费支出(百元)	仪器设备原价(百元)	其中:进口(百元)
	合计	其中:博士毕业	硕士毕业			
河北民间武术文化研究中心	5	0	4	270	300	0
体育教育训练学研究中心	8	2	3	200	450	0
体育人文社会学研究中心	5	1	3	200	150	0
运动人体科学研究中心	6	3	2	230	500	0
河北金融学院	9	3	4	3 300	15 450	0
河北省金融研究基地	1	0	0	100	150	0
河北省科技金融重点实验室	6	3	3	3 000	15 000	0
金融研究所	2	0	1	200	300	0
河北经贸大学	17	9	3	1 805	3 100	0
经济研究所	17	9	3	1 805	3 100	0
山西省						
山西大学	113	79	32	68 891.45	60 365.2	0
地方高等教育研究中心	12	8	4	5 215	3 425	0
方言与口传文化典藏研究中心	5	4	1	8 792.1	2 356	0
管理与决策研究中心	5	4	1	6 514.2	3 213	0
国学研究中心	12	7	3	7 879.3	2 315.4	0
晋商学研究所	10	6	4	3 223.6	2 756.1	0
科学技术哲学研究中心	30	23	7	17 834.2	36 520	0
旅游研究中心	11	7	4	343.45	1 243.2	0
马克思主义哲学研究所	5	2	3	2 587	454.3	0
马克思主义中国化研究中心	6	4	2	2 587.2	1 550	0
区域社会史研究中心	11	10	1	13 243.2	5 245	0
体育科学研究所	6	4	2	672.2	1 287.2	0
太原理工大学	33	10	15	2 700	1 100	0
煤炭产业科学发展研究中心	14	6	8	1 500	500	0
人文素质研究与教育中心	19	4	7	1 200	600	0
山西农业大学	8	2	2	300	100	0
新农村建设研究中心	8	2	2	300	100	0
山西师范大学	102	57	26	30 017.34	87 446.8	50 483.45
产业转型与升级研究中心	14	10	2	4 364.63	3 113.84	727.8
教师教育研究中心	16	12	2	4 767.35	580.8	50.36
教育科学研究院	6	3	0	854.84	42 952.14	42 247.79
晋学研究中心	9	7	1	1 195.58	3 341.75	92.6

续表

学校及机构名称	R&D 活动人员（人） 合计	其中：博士毕业	其中：硕士毕业	R&D 经费支出（百元）	仪器设备原价（百元）	其中：进口（百元）
马克思主义理论与思想政治教育研究所	8	4	2	1 433	1 132.4	28.8
社会学研究所	5	1	3	1 148.73	698.74	15
戏曲文物研究中心	19	6	7	13 059.63	26 212.07	6 355.71
亚洲区域发展研究中心	18	14	4	2 410.61	1 339.34	372.74
中国书画文化研究所	7	0	5	782.97	8 075.72	592.65
太原师范学院	50	23	20	8 005	12 000	0
汾河流域科学发展研究中心	35	15	15	7 150	12 000	0
区域文学研究中心	15	8	5	855	0	0
晋中学院	11	4	5	300	0	0
晋中文化生态研究中心	11	4	5	300	0	0
长治学院	5	2	3	100	30	0
太行山生态与旅游研究中心	5	2	3	100	30	0
运城学院	20	3	0	429	150	0
河东文化研究中心	20	3	0	429	150	0
忻州师范学院	7	0	3	640	900	0
方言文化研究所	2	0	1	22	240	0
五台山文化研究所	3	0	1	18	340	0
元好问研究所	2	0	1	600	320	0
山西财经大学	24	9	12	2 900	21 200	0
晋商研究院	11	4	6	1 600	15 800	0
旅游经济研究中心	13	5	6	1 300	5 400	0
内蒙古自治区						
内蒙古大学	150	101	49	16 100	31 000	0
马克思主义中国化与民族发展研究中心	34	20	14	600	1 700	0
蒙古学学院蒙古史研究所	13	12	1	2 100	1 500	0
蒙古学学院内蒙古近现代史研究所	10	7	3	2 000	2 300	0
蒙古学学院周边国家研究所	8	3	5	1 200	3 000	0
蒙古学研究中心	8	8	0	3 800	10 000	0
蒙古学院蒙古文化研究所	5	3	2	500	2 500	0
蒙古学院蒙古语文研究所	17	14	3	2 000	10 000	0
民族自治地方法制建设与社会发展研究基地	14	9	5	800	0	0

续表

学校及机构名称	R&D 活动人员(人)			R&D 经费支出(百元)	仪器设备原价(百元)	其中:进口(百元)
	合计	其中:博士毕业	其中:硕士毕业			
内蒙古地区经济可持续发展研究基地	22	18	4	2 000	0	0
内蒙古地区社会历史文化研究中心	19	7	12	1 100	0	0
内蒙古工业大学	18	8	10	1 650	895	0
管理现代化研究中心	18	8	10	1 650	895	0
内蒙古农业大学	103	9	94	18 000	0	0
林业经济研究中心	5	0	5	200	0	0
贸易与经济发展研究所	5	0	5	7 000	0	0
蒙古族工艺美术研究中心	6	0	6	2 000	0	0
内蒙古农村牧区发展研究所	69	4	65	6 000	0	0
畜牧业经济研究中心	11	4	7	1 500	0	0
农业信息研究中心	3	0	3	800	0	0
投资研究咨询中心	4	1	3	500	0	0
内蒙古师范大学	132	57	68	5 831	130	0
民族学重点研究基地	30	14	16	701	130	0
内蒙古民俗文化研究基地	21	16	5	610	0	0
内蒙古自治区高校思想政治教育理论与实践研究基地	35	10	20	2 500	0	0
心理教育研究中心	25	9	16	420	0	0
中国边疆史地研究中心	21	8	11	1 600	0	0
赤峰学院	17	3	6	0	0	0
北方民族文化研究所	8	1	2	0	0	0
比较文学研究中心	1	0	0	0	0	0
赤峰市经济与信息文化发展研究中心	0	0	0	0	0	0
红山文化暨契丹辽文化基地	5	0	4	0	0	0
伦理学研究所	3	2	0	0	0	0
内蒙古财经大学	113	33	80	2 800	0	0
内蒙古产业发展研究基地	30	10	20	800	0	0
内蒙古社情民意调研中心	30	5	25	500	0	0
内蒙古中小企业发展研究基地	53	18	35	1 500	0	0
辽宁省						
辽宁大学	93	68	19	6 016	1 340	0
经济法制研究中心	20	12	4	200	50	0
人口研究所	14	11	3	4 800	560	0
日本研究所	8	3	3	216	300	0

续表

学校及机构名称	R&D 活动人员(人)			R&D 经费支出(百元)	仪器设备原价(百元)	
	合计	其中:				其中:进口(百元)
		博士毕业	硕士毕业			
现代公司治理与成长研究中心	18	16	2	120	60	0
哲学基础理论研究中心	15	14	1	300	250	0
中国文艺思想史研究中心	7	4	3	320	100	0
转型国家经济政治研究中心	11	8	3	60	20	0
大连理工大学	50	43	7	5 937.46	2 700	0
财务管理研究所	14	13	1	1 640	400	0
德国技术哲学中心	5	4	1	980	300	0
金融风险与系统评价管理研究中心	5	5	0	1 000	1 000	0
科技伦理与科技管理研究中心	9	8	1	646.8	200	0
欧盟研究中心	6	5	1	868	300	0
中国特色社会主义研究中心	11	8	3	802.66	500	0
沈阳工业大学	55	25	27	217	129	0
微观管理理论与应用研究中心	55	25	27	217	129	0
沈阳航空航天大学	12	6	4	1 880	800	0
辽宁省产业经济研究所	12	6	4	1 880	800	0
东北大学	127	99	27	76 630	14 250	0
985 工程—经济管理创新研究哲学社会科学创新基地	34	20	14	23 000	2 800	0
985 工程—科技与社会(STS)哲学社会科学创新研究基地	12	9	3	15 000	3 100	0
国家科技政策东北研究中心	17	16	0	3 400	2 500	0
科技与社会研究中心	13	12	1	2 500	2 000	0
科技政策研究战略培育基地	14	10	4	28 500	1 500	0
先进管理研究中心	25	20	5	4 000	2 000	0
校府合作研究基地	12	12	0	230	350	0
大连海事大学	128	64	64	21 500	41 880	0
大学英语研究基地	50	7	43	2 000	22 500	0
国际海事法律研究中心	31	27	4	17 000	16 300	0
辽宁沿海开放与经济发展研究基地	28	20	8	1 000	80	0
马克思主义中国化研究中心	19	10	9	1 500	3 000	0
大连工业大学	27	2	21	2 693.6	1 260	0
创意产业与设计创新研究所	7	0	5	400	360	0
大连工业大学创新创业研究中心	3	2	1	18.6	120	0
建筑空间环境艺术研究所	4	0	4	1 240	300	0

续表

学校及机构名称	R&D 活动人员(人)			R&D 经费支出(百元)	仪器设备原价(百元)	其中:进口(百元)
	合计	其中:博士毕业	硕士毕业			
日韩企业经营研究所	5	0	3	1 000	300	0
外语教学与研究研究所	8	0	8	35	180	0
沈阳农业大学	40	17	14	7 820	2 002	0
高等教育研究所	7	2	1	130	30	0
农村经济研究所	10	7	3	1 895	700	0
新农村发展研究院	23	8	10	5 795	1 272	0
大连海洋大学	68	16	46	2 500	1 600	700
大连海洋经济与文化研究中心	68	16	46	2 500	1 600	700
辽宁医学院	6	1	3	800	800	0
医学教育研究所	6	1	3	800	800	0
辽宁师范大学	158	103	52	5 910	720	45
海洋经济与可持续发展研究中心	15	11	4	2 000	150	0
基础教育课程评价研究基地	8	6	2	300	30	0
教育部国家基础课程研究辽宁师范大学中心	16	10	5	260	50	0
辽海历史与旅游文化研究中心	12	9	3	400	100	0
辽宁沿海经济带发展研究基地	8	6	2	150	100	0
马克思主义理论与思想政治教育研究基地	24	13	10	400	20	0
特殊需要儿童发展与教育研究基地	9	5	4	200	20	0
体育社会科学研究基地	15	9	6	500	20	0
体育文化研究基地	13	7	6	200	30	0
心理发展与教育研究中心	20	16	3	700	100	0
学校道德教育研究中心	18	11	7	800	100	45
沈阳师范大学	29	1	28	935.89	121 546.5	14 811
国家体育社会科学重点研究基地	6	1	5	387.2	510	91
国家体育总局体育文化发展中心体育文化研究基地	5	0	5	22.4	76.5	0
辽宁省妇女理论研究基地	6	0	6	51.5	1 000	800
辽宁省基础教育信息化研究基地	5	0	5	86.81	108 200	12 800
学前教育理论与实践研究基地	5	0	5	58.55	10 000	1 000
职业教育专业建设与人才培养模式研究基地	2	0	2	329.43	1 760	120
渤海大学	142	39	62	6 214	9 660	2 970

续表

学校及机构名称	R&D活动人员(人)			R&D经费支出(百元)	仪器设备原价(百元)	
	合计	其中:				其中:进口(百元)
		博士毕业	硕士毕业			
课程理论与教学实践研究基地	43	10	22	454	1 500	300
古生物化石实验室	6	1	4	1 200	1 450	600
古生物中心	3	1	2	750	1 200	360
辽宁省大学生心理健康教育研究基地	28	4	11	700	950	350
辽宁省农村教育区域统筹与均衡发展研究基地	20	11	6	960	1 360	450
应用语言学研究基地	24	9	5	1 400	1 700	260
职业社会能力培养研究与实践基地	18	3	12	750	1 500	650
大连外国语学院	67	15	48	2 316	96	15
德语语言文化研究所	4	1	3	300	20	15
俄罗斯文化研究所	7	3	4	150	5	0
韩国学研究所	10	3	7	120	5	0
汉学研究所	12	2	10	160	5	0
加拿大研究所	3	0	3	110	5	0
日本诗歌研究所	3	0	3	200	16	0
日本语教育研究所	5	1	3	500	5	0
英语翻译研究所	2	0	1	42	5	0
英语教育研究所	12	3	8	160	20	0
英语文学研究所	3	1	2	74	5	0
中日比较语言文化研究所	6	1	4	500	5	0
东北财经大学	227	198	27	49 364.85	13 872.2	0
产业组织与企业组织研究中心	18	14	4	5 800	3 200	0
地方财政研究中心	25	25	0	1 912.5	2 010.2	0
公共政策研究中心	23	17	6	27 102	3 500	0
国民核算研究中心	22	19	3	2 115.35	200	0
经济计量分析与预测研究中心	30	27	3	1 956.6	1 320	0
劳动就业与人力资本开发研究中心	18	17	1	200	150	0
区域经济一体化与上海合作组织研究中心	19	15	4	1 012.1	505	0
应用金融研究中心	40	35	4	2 200	1 200	0
中国内部控制研究中心	32	29	2	7 066.3	1 787	0
沈阳体育学院	96	42	50	21 106.8	150 350	101 700
冬季项目技术诊断与机能评定实验室	29	13	12	12 704.52	120 000	88 500
沈阳体育学院体育教育科学研究中心	20	4	16	1 631.23	350	0

续表

学校及机构名称	R&D活动人员(人)			R&D经费支出(百元)	仪器设备原价(百元)	其中:进口(百元)
	合计	其中:博士毕业	硕士毕业			
沈阳体育学院体育社会科学研究中心	47	25	22	6 771.05	30 000	13 200
沈阳音乐学院	12	2	1	240	50	0
东北亚音乐舞蹈文化研究中心	12	2	1	240	50	0
辽宁对外经贸学院	82	10	62	5 965.9	4 653.7	0
国际商品交易分析与模拟重点实验室	22	4	14	1 721.2	1 201.3	0
辽宁对外经贸学院高等教育研究室	10	1	6	1 451.1	1 236.2	0
辽宁对外经贸学院国际经济与贸易研究所	31	4	26	1 583.2	1 053.1	0
辽宁对外经贸学院社会福利研究所	19	1	16	1 210.4	1 163.1	0
大连大学	44	26	8	11 390	2 720	0
电子商务物流研究中心	4	3	1	7 199	320	0
东北史研究中心	4	1	1	60	350	0
高教研究所	7	3	1	370	1 060	0
体育研究所	14	6	3	1 063	430	0
语言文学研究所	4	3	1	756	260	0
中国古代社会与思想文化研究中心	11	10	1	1 942	300	0
沈阳工程学院	12	4	6	200	1 000	0
辽宁省社会管理创新研究基地	12	4	6	200	1 000	0
大连民族学院	67	25	42	840	3 150	0
东北少数民族研究院	21	10	11	320	1 000	0
国际语言文化研究中心	13	5	8	220	650	0
民族地区可持续发展研究中心	33	10	23	300	1 500	0
沈阳职业技术学院	3	0	2	220	175	0
高职教育研究所	3	0	2	220	175	0
吉林省						
吉林大学	362	325	37	73 949.7	4 037.2	0
边疆考古研究中心	24	19	5	11 403.2	280.3	0
创新管理研究中心	32	28	4	1 002.8	112.3	0
东北文化与社会发展研究中心	36	29	7	501.1	64.1	0
东北亚研究院	59	54	5	820.8	148.8	0
东北亚研究中心	28	27	1	12 001.9	163.2	0
高等教育研究所	14	12	2	500.8	114.5	0
古籍研究所	22	22	0	821.3	608.3	0
国际关系研究所	31	24	7	502.4	15.6	0

续表

学校及机构名称	R&D 活动人员（人）			R&D 经费支出（百元）	仪器设备原价（百元）	其中：进口（百元）
	合计	其中：博士毕业	硕士毕业			
理论法学研究中心	23	22	1	11 190.4	604.3	0
社会公正与政府治理研究中心	18	16	2	1 003.8	153.4	0
数量经济研究中心	22	20	2	11 207.2	280.6	0
哲学基础理论研究中心	18	18	0	11 384.6	688.3	0
中国国有经济研究中心	21	20	1	11 108.2	789.4	0
中国特色社会主义理论体系研究中心	14	14	0	501.2	14.1	0
长春理工大学	76	27	37	6 220	0	0
高等教育研究所	14	3	10	290	0	0
吉林省企业经济研究中心	19	12	7	2 100	0	0
马克思主义理论研究中心	24	6	13	1 500	0	0
知识产权研究中心	19	6	7	2 330	0	0
长春工业大学	22	3	19	3 430	1 150	0
吉林产业发展与企业环境研究中心	8	1	7	1 580	360	0
吉林省人才测评研究中心	6	1	5	870	450	0
民生问题研究基地	8	1	7	980	340	0
吉林建筑工程学院	0	0	0	0	0	0
吉林建筑文化研究基地	0	0	0	0	0	0
中国东北建筑文化研究中心	0	0	0	0	0	0
吉林农业大学	21	7	14	5 170	3 400	0
东北亚农业与农村发展研究中心	3	2	1	90	50	0
家政研究所	4	0	4	80	45	0
粮食经济研究所	3	2	1	500	75	0
农村发展研究中心	2	1	1	500	110	0
中国粮食主产区农村经济研究中心	9	2	7	4 000	3 120	0
东北师范大学	252	180	56	49 935	9 829	2 771
比较文学研究中心	7	6	1	205	410	230
当代中国马克思主义研究中心	9	8	1	1 110	220	0
东北工作站	4	3	1	2 100	360	120
儿童发展研究中心	13	11	2	890	220	0
古籍整理研究所	13	9	4	2 600	670	220
国际与比较教育研究所	15	14	1	3 900	560	260
国家基础教育实验中心	15	11	2	1 200	180	0
教育部高校辅导员培训和研修基地	8	5	3	3 100	890	310

续表

学校及机构名称	R&D活动人员(人)			R&D经费支出(百元)	仪器设备原价(百元)	
	合计	其中:				其中:进口(百元)
		博士毕业	硕士毕业			
美国史研究所	8	4	1	1 350	130	0
明清史研究所	6	4	2	1 200	220	0
农村教育研究所	26	22	3	8 600	1 250	325
女性研究中心	14	8	6	980	200	0
全国中小学教师继续教育东北师范大学研究中心	22	12	10	3 500	880	310
日本研究所	9	6	2	3 100	670	185
社会学研究所	6	4	2	430	89	0
世界古典文明史研究所	12	7	1	3 300	640	230
世界文明史研究中心	25	20	5	6 800	870	261
世界中古史研究所	8	5	3	1 650	230	0
亚洲文明研究院	9	5	4	2 300	460	0
中国东北研究院	23	16	2	1 620	680	320
北华大学	89	45	44	10 634	7 240	0
东亚历史与文献研究中心	10	2	8	6 384	4 040	0
吉林省长吉图旅游产业发展研究中心	21	11	10	1 560	1 630	0
吉林省特色文化(长吉图旅游文化)研究基地	35	19	16	1 020	980	0
吉林特色文化研究基地—吉林市文化研究中心	23	13	10	1 670	590	0
通化师范学院	36	3	24	2 930	13 350	0
长白山文化研究院	4	0	2	80	150	0
高等教育研究所	8	1	7	210	550	0
高句丽文化研究基地	3	0	0	150	600	0
高句丽与东北民族研究中心	14	2	10	1 800	7 700	0
心理健康教育中心	5	0	5	240	550	0
中国满族民间美术研究中心	2	0	0	450	3 800	0
吉林师范大学	79	24	55	7 300	17 100	0
东北文化研究中心	10	0	10	1 000	500	0
吉林省东北谱牒文化研究基地	10	2	8	1 200	400	0
吉林省高校德育研究中心	24	8	16	1 400	1 000	0
吉林省马克思主义中国化研究中心	12	6	6	1 000	400	0
吉林省满族文化研究基地	15	5	10	1 700	500	0
吉林省语言文字应用研究中心	8	3	5	1 000	14 300	0

续表

学校及机构名称	R&D 活动人员(人)			R&D 经费支出(百元)	仪器设备原价(百元)	
	合计	其中:				其中:进口(百元)
		博士毕业	硕士毕业			
吉林工程技术师范学院	7	1	4	6 000	800	0
服装设计与加工技术吉林省高等学校重点建设工程研究中心	3	0	2	1 500	100	0
吉林省高校人文社科重点研究基地	4	1	2	4 500	700	0
长春师范学院	17	10	7	0	0	0
东北民族与疆域研究中心	3	2	1	0	0	0
满族文化研究所	4	2	2	0	0	0
女性发展研究所	1	1	0	0	0	0
萨满文化与东北民族研究中心	4	3	1	0	0	0
武术搏技研究训练中心	1	0	1	0	0	0
昭明文选研究所	4	2	2	0	0	0
白城师范学院	167	18	133	2 292	810	0
大学生经济管理实训中心	16	0	11	20	0	0
大学生思想政治理论教育研究中心	10	1	8	25	0	0
当代思想政治教育与文化研究中心	14	5	8	20	0	0
吉林省创业教育与草原文化研究中心	25	3	22	1 205	450	0
吉林省创业文化研究基地	25	2	22	450	210	0
吉林西部草原文化研究基地	28	1	25	200	50	0
吉林西部湿地文化研究中心	8	3	5	32	0	0
农村法治与发展研究中心	16	1	15	30	0	0
湿地与草原文学研究中心	7	1	5	60	50	0
体育教育研究所	8	0	5	50	50	0
英美文学研究所	10	1	7	200	0	0
吉林财经大学	23	10	12	10 600	3 800	0
吉林经济研究中心	5	5	0	6 300	2 500	0
马克思主义经济学研究中心	18	5	12	4 300	1 300	0
吉林艺术学院	14	2	12	1 050	5 100	2 050
东北民间艺术研究中心	2	0	2	50	100	50
艺术设计研究中心	12	2	10	1 000	5 000	2 000
吉林华桥外国语学院	6	0	3	181	3 314	0
吉林省外语类应用型人才培养研究中心	2	0	1	100	3 000	0
民办高等教育研究所	2	0	1	26	181	0

续表

学校及机构名称	R&D 活动人员(人)			R&D 经费支出(百元)	仪器设备原价(百元)	
	合计	其中:				其中:进口(百元)
		博士毕业	硕士毕业			
中西文化研究中心	2	0	1	55	133	0
长春工程学院	16	6	8	60	2 000	0
吉林省城市发展研究中心	16	6	8	60	2 000	0
长春金融高等专科学校	10	5	0	500	0	0
吉林省金融文化研究中心	10	5	0	500	0	0
吉林工业职业技术学院	2	0	0	60	0	0
高职教育研究所	2	0	0	10	0	0
吉林市社会科学院职业教育研究所	0	0	0	50	0	0
黑龙江省						
黑龙江大学	263	174	36	65 767	15 134.7	0
东北亚经济研究中心	14	10	1	3 500	1 959	0
俄罗斯研究院	25	8	6	11 100	2 024	0
俄罗斯语言文学与文化研究中心	21	16	3	19 517	5 928	0
法学理论与法治发展研究中心	13	10	1	1 070	500	0
汉语研究中心	16	9	3	170	353.7	0
黑龙江流域文明研究中心	24	15	3	2 635	240	0
黑龙江旅游产业发展研究中心	10	7	3	3 400	280	0
满族语言文化研究中心	11	4	3	2 400	479.6	0
民商法学研究中心	15	12	3	2 430	248.2	0
社会管理研究基地	14	8	0	2 580	403	0
生产力研究中心	15	10	2	2 970	459	0
省俄语语言文学研究基地	7	6	0	170	267.4	0
省马克思主义哲学研究基地	9	7	1	496	407	0
文化哲学研究中心	15	15	0	2 110	112	0
信息资源管理研究中心	15	8	5	3 057	356.8	0
行政管理研究中心	14	8	0	2 580	403	0
中国古代戏曲与宋金文化研究中心	15	11	2	2 052	324	0
中国近现代思想文化研究中心	10	10	0	3 530	390	0
哈尔滨理工大学	24	15	9	212	1 123	520
高新技术发展与管理研究中心	12	9	3	112	540	300
科学学与科技管理研究所	6	3	3	53	223	170
系统工程研究所	6	3	3	47	360	50
哈尔滨工程大学	137	66	71	11 290	1 520	0

续表

学校及机构名称	R&D 活动人员(人)			R&D 经费支出(百元)	仪器设备原价(百元)	其中:进口(百元)
	合计	其中:				
		博士毕业	硕士毕业			
船舶工业经济管理研究所	32	18	14	1 170	230	0
大学德育与青年心理研究中心	35	14	21	1 500	270	0
技术管理研究所	29	13	16	970	220	0
企业创新研究所	25	14	11	4 200	460	0
灾难与危机管理研究所	16	7	9	3 450	340	0
黑龙江科技学院	23	5	14	1 390	1 890	0
德育研究所	2	0	1	80	120	0
高等教育研究所	3	1	2	120	350	0
国际贸易研究所	2	0	0	70	200	0
会计与财务管理研究所	3	0	3	50	200	0
煤炭资源研究中心	6	2	3	890	450	0
区域经济与安全经济研究所	3	1	2	80	320	0
资源经济与安全管理研究所	4	1	3	100	250	0
东北石油大学	101	24	63	1 000	278	0
大庆精神研究中心	34	9	21	500	158	0
石油经济管理研究所	67	15	42	500	120	0
佳木斯大学	15	6	9	1 700	200	0
赫哲族研究基地	15	6	9	1 700	200	0
黑龙江八一农垦大学	4	2	2	100	45	0
经济研究所	4	2	2	100	45	0
东北农业大学	62	17	45	3 472	2 412	0
东北农业大学农业法律研究与服务中心	19	3	16	432	300	0
黑龙江省高校农业经济研究发展中心	16	6	10	1 500	1 002	0
黑龙江省农村贫困地区发展研究中心	11	4	7	720	490	0
农业与农村经济研究基地	16	4	12	820	620	0
哈尔滨师范大学	60	26	33	4 060	877	0
边疆经济与文化基地	8	2	6	550	98	0
俄语教育研究中心	12	6	6	1 360	330	0
高校思想政治教育研究中心	12	4	8	530	102	0
基础教育课程与教学研究中心	11	4	7	420	95	0
审美文化与龙江文学研究中心	8	5	3	610	122	0
中国古代小说与诗歌研究中心	9	5	3	590	130	0

续表

学校及机构名称	R&D 活动人员(人)			R&D 经费支出(百元)	仪器设备原价(百元)	其中:进口(百元)
	合计	其中:博士毕业	硕士毕业			
齐齐哈尔大学	28	7	11	500	400	0
黑龙江省西部地域文化传承与发展研究中心	6	1	3	100	100	0
嫩江流域科技与社会(STS)研究中心	12	4	4	200	100	0
嫩江流域历史文化研究基地	10	2	4	200	200	0
大庆师范学院	68	6	62	590	780	0
大庆精神研究中心	6	0	6	60	100	0
法与社会研究所	12	1	11	90	60	0
汉语文化研究基地	6	1	5	45	50	0
教师教育研究所	3	0	3	35	200	0
经济发展研究所	7	2	5	35	30	0
民商法学研究中心	4	0	4	25	50	0
现代营销管理研究中心	6	1	5	45	40	0
学前教育研究所	5	0	5	60	50	0
英语应用语言学研究所	5	0	5	70	50	0
油田文化研究中心	5	0	5	35	50	0
中国古代文学研究所	6	0	6	70	50	0
中国近现代史研究中心	3	1	2	20	50	0
哈尔滨商业大学	26	14	11	7 000	1 800	0
法经济学研究中心	11	5	6	4 000	1 000	0
现代商品流通研究中心	15	9	5	3 000	800	0
哈尔滨体育学院	34	16	18	750	220	0
冰雪运动文化研究中心	17	8	9	50	20	0
国家体育总局体育人文社会科学重点研究基地	17	8	9	700	200	0
黑龙江工程学院	53	7	44	3 893	106 400	0
黑龙江省漆画创作基地	8	0	8	215	22 000	0
环境艺术工作室	6	0	6	1 513	17 300	0
经济管理研究所	13	5	8	200	5 600	0
人文社会科学实训中心	8	0	8	1 130	8 000	0
艺术设计创作中心	6	0	6	320	4 000	0
语言实验中心	12	2	8	515	49 500	0
黑河学院	24	0	14	70	1 180	0
俄罗斯研究所	6	0	3	20	230	0

续表

学校及机构名称	R&D 活动人员（人）			R&D 经费支出（百元）	仪器设备原价（百元）	其中：进口（百元）
	合计	其中：				
		博士毕业	硕士毕业			
黑龙江流域历史与文化研究所	8	0	3	20	200	0
中俄比较教育研究所	5	0	4	20	250	0
中国知青研究所	5	0	4	10	500	0
上海市						
复旦大学	558	383	154	273 745.91	43 400.62	0
出土文献与古文字研究中心	14	12	2	105	20	0
当代国外马克思主义研究中心	21	19	1	3 000	500	0
党的建设理论与实践	15	15	0	95	95	0
高教研究所	12	9	3	2 500	105	0
公共管理与公共政策研究国家哲学社会科学创新基地	22	19	3	15 505	2 100	0
古籍研究所	20	7	13	7 327.24	84.42	0
国外马克思主义与国外思潮研究国家哲学社会科学创新基地	25	23	1	2 100	575	0
韩国研究中心	7	6	0	75 000	850	0
历史地理研究国家哲学社会科学创新基地	32	12	20	9 000	1 500	0
历史地理研究中心	32	12	20	6 500	820	0
美国研究国家哲学社会科学创新基地	18	12	1	16 200	6 500	0
美国研究中心	19	9	10	18 000	7 500	0
欧洲问题研究中心	6	6	0	1 550	500	0
日本研究中心	6	4	2	2 250	950	0
上海产业结构调整	36	33	2	2 300	250	0
上海物流研究院	6	5	1	5 800	1 450	0
社会科学高等研究院	8	7	0	7 760	865	0
社会主义核心价值体系	17	17	0	1 700	600	0
世界经济研究所	42	12	30	650	650	0
文化繁荣与新媒体发展	10	8	2	2 600	2 350	0
文史研究院国家哲学社会科学创新基地	13	12	1	12 000	3 000	0
新闻传播与媒介社会研究国家哲学社会科学创新基地	18	18	0	1 000	678.5	0
信息与传播研究中心	35	32	3	62 500	115	0
语言文学研究所	19	12	3	47	320	0

续表

学校及机构名称	R&D 活动人员(人)			R&D 经费支出(百元)	仪器设备原价(百元)	
	合计	其中:				其中:进口(百元)
		博士毕业	硕士毕业			
中国古代文学研究中心	22	13	9	3 756.67	82.7	0
中国经济竞争力研究国家哲学社会科学创新基地	38	38	0	10 500	9 910	0
中国社会主义市场经济研究中心	19	3	16	850	510	0
中外现代化进程研究中心	26	8	11	3 150	520	0
同济大学	55	32	18	33 000	15 787	0
城市发展战略和管理研究院	39	25	12	28 674	8 783	0
联邦德国问题研究所	10	5	3	3 246	4 387	0
亚洲太平洋研究中心	6	2	3	1 080	2 617	0
上海交通大学	92	85	5	83 100	3 150	0
城市科学研究院	3	3	0	600	50	0
党的建设理论与实践创新研究基地	25	23	2	20 000	400	0
地方文献研究中心	8	7	1	8 000	500	0
东亚边缘海联合研究所	3	3	0	2 500	0	0
国家文化产业创新研究基地	4	3	0	1 500	100	0
国家形象与城市文化创新战略研究基地	13	10	2	10 000	100	0
科技史与科技文化研究院	12	12	0	2 000	200	0
上海战略发展研究所陈宪工作室	3	3	0	2 500	200	0
上海战略发展研究所顾海英工作室	5	5	0	8 000	600	0
上海战略发展研究所潘英丽工作室	3	3	0	3 000	300	0
世界一流大学研究中心	10	10	0	20 000	400	0
知识竞争力与区域发展研究中心	3	3	0	5 000	300	0
华东理工大学	35	19	10	18 728.2	7 100	0
电子商务研究所	7	6	1	5 372.22	500	0
经济发展研究所	6	4	2	2 499.8	500	0
设计与艺术研究所	13	1	6	7 343.35	3 200	0
应用社会学研究所	9	8	1	3 512.83	2 900	0
上海海事大学	61	40	17	43 800	25 650.78	0
海商法研究中心	22	18	4	8 200	8 500	0
上海发展战略研究所汪传旭工作室	22	20	2	4 000	1 000	0
上海国际航运研究中心	17	2	11	31 600	16 150.78	0
东华大学	50	29	19	19 600	8 388	0

续表

学校及机构名称	R&D活动人员(人)			R&D经费支出(百元)	仪器设备原价(百元)	
	合计	其中:				其中:进口(百元)
		博士毕业	硕士毕业			
纺织服装经济管理研究中心	9	3	5	5 400	4 000	0
人文社会科学研究所	10	8	2	1 800	1 488	0
日本研究中心	14	5	8	6 500	1 000	0
时尚与创意经济研究中心	8	6	2	5 000	1 200	0
旭日管理研究	2	2	0	400	500	0
瀚洋投资银行研究所	7	5	2	500	200	0
上海中医药大学	7	2	3	5 200	5 800	0
中医药文化研究与传播中心	7	2	3	5 200	5 800	0
华东师范大学	626	420	138	168 798.66	44 919.29	6 600
课程与教学研究所	21	18	1	16 000	2 000	0
俄罗斯研究中心	27	11	15	11 631.1	1 599	0
中国现代思想文化研究所	33	28	1	10 000	0	0
中国文字研究与应用中心	11	4	7	13 700	1 607	0
基础教育改革与发展研究所	24	22	2	12 500	20 150	0
中国现代城市研究中心	20	8	12	660	20	0
古籍研究所	14	9	4	14 078	496	0
思勉人文高等研究院	9	6	3	15 407	1 113	0
艺术研究所	8	6	1	2 000	500	0
世博研究院	32	2	3	3 000	1 000	0
上海市社会科学创新基地“长三角区域一体化”	18	16	2	4 000	1 000	300
上海市社会科学创新基地“社会主义核心价值体系创新基地”	15	12	3	4 000	1 000	0
上海市政府发展研究中心“房地产与城市管理政策研究”工作室	15	14	0	4 000	300	0
上海社会调查研究中心华东师范大学分中心	16	10	6	1 200	500	0
冷战与当代世界研究所	11	6	5	1 000	8 000	6 000
国际金融与风险管理研究中心	28	26	2	1 300	200	0
教育人力资源开发与管理研究所	17	13	4	1 502.56	43.6	0
人口研究所	5	5	0	3 000	1 000	0
中国行政区划研究中心	10	1	4	2 000	1 000	0
高等教育研究所	17	16	1	4 800	166.69	0
职业教育与成人教育研究所	13	11	1	4 000	1 500	0

续表

学校及机构名称	R&D 活动人员(人)			R&D 经费支出(百元)	仪器设备原价(百元)	其中:进口(百元)
	合计	其中:博士毕业	硕士毕业			
华东师范大学—康乃尔大学比较人文研究中心	10	10	0	390	40	0
公民发展与现代德育研究中心	19	11	2	1 200	0	0
软科学研究中心	5	3	2	4 000	1 000	300
品牌文化与公共关系研究中心	20	5	15	200	0	0
旅游规划与发展研究中心	24	20	3	5 000	200	0
学前教育研究所	22	18	2	200	0	0
哲学研究所	7	7	0	2 000	0	0
非洲研究所	12	2	5	500	0	0
学生事务研究中心	30	13	17	30	0	0
中国非物质文化遗产保护研究中心	10	2	4	500	0	0
自闭症研究中心	10	8	2	500	0	0
经典与诠释研究中心	20	20	0	500	0	0
觉群佛教文化研究所	20	15	0	3 000	30	0
自然辩证法自然科学史研究所	6	4	2	1 000	0	0
诠释学研究所	7	6	1	10 000	0	0
周边合作与发展协同创新中心	40	32	6	10 000	454	0
上海师范大学	202	74	127	27 900	61 135	0
地域研究所	7	2	4	1 050	2 215	0
都市文化研究中心	30	10	20	5 050	4 750	0
高等教育研究所	5	3	2	350	9 500	0
古籍研究所	14	3	11	3 000	1 360	0
教育科学研究所	8	2	6	1 800	1 350	0
慰安妇研究中心	8	3	5	1 000	460	0
文学研究所	20	5	15	1 600	1 200	0
小学教育研究所	3	0	3	1 300	1 000	0
学科教育研究所	16	6	10	950	9 600	0
应用语言学研究所	35	15	20	1 800	5 000	0
语言研究所	12	5	7	2 200	17 800	0
中国传统思想研究所	12	5	7	1 500	2 200	0
中国近代社会研究中心	32	15	17	6 300	4 700	0
上海外国语大学	197	137	58	28 691	6 016. 63	0
俄罗斯研究中心	17	10	7	4 596	304	0

续表

学校及机构名称	R&D活动人员(人)			R&D经费支出(百元)	仪器设备原价(百元)	
	合计	其中:				其中:进口(百元)
		博士毕业	硕士毕业			
国际关系与外交事务研究院	22	20	2	1 100	300	0
跨文化研究中心	3	1	2	500	300	0
欧盟研究中心	78	45	33	5 411	350	0
文学研究院	16	16	0	4 800	404	0
英国研究中心	32	20	12	4 284	423	0
语言研究院	9	9	0	6 200	3 051	0
中东研究所	10	8	0	1 100	409.05	0
中国国际舆情研究中心	7	6	1	100	91.68	0
中亚研究中心	3	2	1	600	383.9	0
上海财经大学	193	167	26	153 289	11 250	0
500强企业研究中心	4	4	0	4 223	380	0
财经研究所	35	28	7	18 790	560	0
高等教育研究所	5	4	1	1 100	300	0
高等研究院	8	8	0	5 800	560	0
公共政策研究中心	4	3	1	2 950	320	0
海派经济研究中心	4	3	1	1 020	250	0
会计与财务研究院	18	13	5	38 590	1 250	0
经济法与社会法研究中心	6	5	1	1 200	300	0
马克思主义研究院	7	5	2	1 459	300	0
区域经济研究中心	6	5	1	6 400	200	0
商务汉语研究中心	12	10	2	3 400	890	0
上海发展战略研究所胡怡建工作室	3	3	0	2 000	300	0
上海发展战略研究所王洪卫工作室	3	3	0	2 000	300	0
上海发展战略研究所赵晓雷工作室	5	5	0	2 000	300	0
上海国际金融中心研究院	8	8	0	20 000	500	0
上海社会调查研究中心上财分中心	6	6	0	3 000	800	0
上海市金融信息技术研究重点实验室	18	18	0	5 000	800	0
现代服务经济研究院	4	3	1	5 462	300	0
现代服务科学与技术研究中心	3	3	0	6 500	300	0
现代金融研究中心	5	5	0	3 200	250	0
现代经济哲学研究中心	6	5	1	3 700	200	0
现代市场营销研究中心	5	3	2	3 890	240	0
应用统计研究中心	6	5	1	5 800	450	0

续表

学校及机构名称	R&D 活动人员(人)			R&D 经费支出(百元)	仪器设备原价(百元)	其中:进口(百元)
	合计	其中:博士毕业	硕士毕业			
中国公共财政研究院	6	6	0	3 000	600	0
中国教育支出绩效评价(研究)中心	6	6	0	2 805	600	0
上海对外贸易学院	19	6	2	5 983	251	0
国际经贸研究所	19	6	2	5 983	251	0
上海海关学院	13	10	3	1 200. 71	1 500	0
上海贸易中心建设研究基地暨石良平工作室	13	10	3	1 200. 71	1 500	0
华东政法大学	101	40	51	13 680	3 950	0
电子商务法研究所	15	4	9	500	300	0
经济法研究中心	32	12	18	6 250	450	0
青少年犯罪研究所	10	5	4	450	300	0
外国法与比较法研究院	32	12	16	980	1 500	0
知识产权研究中心	12	7	4	5 500	1 400	0
上海体育学院	48	14	33	58 484	470	0
体育赛事研究中心	22	6	15	28 234	220	0
体育社会科学重点研究基地	26	8	18	30 250	250	0
上海音乐学院	64	24	14	15 900	17 950	0
钢琴艺术	18	5	5	4 500	11 500	0
音乐新媒体研究实践创新团队	13	1	5	1 000	600	0
音乐学研究创新团队	21	14	0	5 600	1 200	0
音乐研究所	3	1	0	2 200	450	0
中国仪式音乐研究中心	4	3	1	1 100	2 200	0
周小燕大师工作室	5	0	3	1 500	2 000	0
上海戏剧学院	41	2	20	31 074. 56	897. 86	0
表演艺术创新工作室	14	0	7	9 477	0	0
舞蹈艺术创新工作室	7	0	4	7 490	0	0
舞台美术创新工作室	9	0	5	9 397	5. 96	0
戏剧艺术研究所	6	1	2	15	0	0
余秋雨大师工作室	5	1	2	4 695. 56	891. 9	0
上海大学	131	25	45	45 524. 4	1 929. 08	0
产业经济研究中心	18	2	6	9 003. 31	280. 23	0
上海市发展战略研究所	31	7	5	3 770	128. 28	0
影视与传媒产业研究基地	29	8	6	10 500	634. 28	0

续表

学校及机构名称	R&D 活动人员(人)			R&D 经费支出(百元)	仪器设备原价(百元)	
	合计	其中:				其中:进口(百元)
		博士毕业	硕士毕业			
中国服务经济研究中心	25	0	12	7 217.95	328.61	0
中国社会转型与社会组织研究中心	28	8	16	15 033.14	557.68	0
上海工程技术大学	17	6	10	7 000	3 340	0
会展艺术与技术创新中心	6	2	4	1 500	700	0
经济研究所	4	2	2	3 100	1 780	0
上海社会保障问题研究中心	7	2	4	2 400	860	0
上海立信会计学院	61	44	9	7 956	51 170	0
开放经济与贸易研究中心	11	9	2	2 135	19 176	0
立信会计研究院	31	21	5	3 835	23 452	0
中国立信风险管理研究院	19	14	2	1 986	8 542	0
上海金融学院	11	6	4	1 600	500	0
国际金融研究院	11	6	4	1 600	500	0
上海政法学院	7	5	1	5 158.48	1 886.28	0
司法研究所	2	2	0	1 125.6	769.2	0
应用社会科学研究院	5	3	1	4 032.88	1 117.08	0
上海第二工业大学	7	0	3	280.29	700	0
高等教育研究所	7	0	3	280.29	700	0
江苏省						
南京大学	207	137	62	48 100	12 450	600
长江三角洲经济社会发展研究中心	16	12	3	6 000	500	100
当代外国文学与文化研究中心	4	2	2	500	100	0
当代资本主义研究中心	5	2	3	400	200	0
公共事务与地方治理研究中心	6	2	3	600	100	0
国家文化产业研究中心	4	2	2	500	100	0
国家信息资源管理南京研究基地	5	3	2	500	100	0
汉语言文学与民族认同研究中心	2	2	0	300	100	0
江苏基层组织建设研究基地	3	1	2	300	200	0
江苏经济国际化研究基地	4	4	0	500	200	0
江苏历史文化研究基地	10	7	3	2 500	1 200	0
江苏两个率先研究基地	4	3	1	600	200	0
江苏民生幸福研究基地	3	3	0	500	100	0
江苏企业人才发展研究基地	16	10	6	12 000	1 500	0
江苏社会管理创新研究基地	3	3	0	800	200	0

续表

学校及机构名称	R&D 活动人员（人）			R&D 经费支出（百元）	仪器设备原价（百元）	其中：进口（百元）
	合计	其中：				
		博士毕业	硕士毕业			
江苏省城市现代化研究中心	3	2	1	500	100	0
江苏省社会风险管理研究中心	6	3	2	1 000	200	0
经济全球化与国际关系研究中心	3	1	2	300	100	0
经济转型和发展研究中心	6	2	3	500	200	0
马克思主义社会理论研究中心	16	10	5	3 000	1 000	0
南京大屠杀史研究所	3	2	1	200	50	0
儒佛道与中国传统文化研究中心	7	3	4	1 000	200	0
社会科学计算实验中心	15	12	3	5 000	3 000	500
社会语言学实验室	5	4	1	300	100	0
政府新闻学研究所	5	2	3	500	100	0
中国社会科学评价研究中心	4	3	0	1 000	500	0
中国新文学研究中心	24	18	5	2 500	500	0
中国语言战略研究中心	6	5	1	3 000	1 000	0
中华民国史研究中心	14	11	2	3 000	500	0
宗教与文化研究中心	5	3	2	300	100	0
苏州大学	212	121	78	45 100	29 920	0
公法研究中心	46	19	27	4 500	500	0
国家体育总局机能评定与体能训练重点实验室	15	5	10	3 000	2 500	0
国家体育总局体育社会科学重点研究基地	17	6	11	3 000	3 500	0
红十字运动与慈善文化研究中心	16	9	4	4 000	2 000	0
江苏省吴文化研究基地	16	10	5	700	1 000	0
社会公共文明研究所	9	6	3	600	200	0
苏南发展研究院	20	15	4	5 000	6 000	0
苏州基层党建研究所	15	12	1	10 900	500	0
台商投资与发展研究所	7	4	3	400	120	0
新媒介与青年文化研究中心	15	11	4	800	200	0
中国昆曲研究中心	15	9	4	2 200	400	0
中国特色城镇化研究中心	21	15	2	10 000	13 000	0
东南大学	168	110	42	35 175	9 775	1 490
产业经济研究中心	7	5	2	3 000	340	0
道德哲学与中国道德发展研究所	11	9	2	2 775	950	260
集团经济与产业组织研究中心	4	4	0	1 200	500	0

续表

学校及机构名称	R&D 活动人员(人)			R&D 经费支出(百元)	仪器设备原价(百元)	其中:进口(百元)
	合计	其中:				
		博士毕业	硕士毕业			
江苏创新驱动研究基地	9	5	3	1 000	550	0
江苏经济全球化研究中心	10	4	6	1 500	460	0
江苏民生幸福研究基地	7	4	2	1 500	400	0
江苏省交通运输行业政策法规重点研究基地	35	30	5	9 700	550	150
江苏省科技创新体系建设思想库	8	5	2	1 500	325	0
江苏省区域经济与发展研究基地	15	8	4	2 000	800	200
江苏省重点物流研究基地	10	7	2	1 800	620	200
科技发展研究中心	9	4	3	2 000	1 600	180
科学技术伦理学研究所	6	3	2	1 600	700	100
情报科学技术研究所	7	5	2	1 200	800	200
外国语言学与应用语言学研究所	5	2	2	800	80	0
刑事法研究所	8	5	1	600	300	0
艺术学研究中心	17	10	4	3 000	800	200
南京航空航天大学	106	66	39	35 520	31 340	100
国防经济与科技研究中心	5	3	2	420	180	0
国家文化产业研究中心	20	10	10	1 000	750	0
江苏省后评价研究中心	10	6	4	5 000	8 500	0
科技与经济法制研究中心	2	2	0	50	60	0
科学发展研究中心	20	16	4	11 000	16 000	0
能源软科学研究中心	27	23	4	15 800	5 000	100
企业战略与竞争力研究中心	12	4	8	1 000	200	0
舞台美术研究所	5	0	4	800	450	0
中西语言与文化对比研究中心	5	2	3	450	200	0
南京理工大学	91	15	36	8 400	2 400	0
江苏产业集群研究基地	15	2	5	300	100	0
江苏服务型政府建设研究基地	20	2	7	400	200	0
江苏省科技人才思想库	15	2	5	400	200	0
江苏省知识产权发展研究中心	15	2	5	300	100	0
网络舆情研究中心	8	2	4	2 000	1 000	0
现代管理研究所	8	2	5	2 000	500	0
现代物流研究所	10	3	5	3 000	300	0
中国矿业大学	95	23	50	1 910	4 426	0

续表

学校及机构名称	R&D 活动人员(人)			R&D 经费支出(百元)	仪器设备原价(百元)	其中:进口(百元)
	合计	其中:				
		博士毕业	硕士毕业			
安生生产行政管理研究所	30	5	14	400	2 140	0
江苏省能源经济与管理研究中心	46	12	24	900	1 230	0
经济与管理复杂性研究所	19	6	12	610	1 056	0
南京工业大学	20	12	8	500	300	0
江苏省社会管理法制建设研究基地	20	12	8	500	300	0
常州大学	17	13	2	2 000	880	0
常州科教城产学研创新研究中心	7	5	0	1 000	380	0
江苏石油石化发展研究基地	10	8	2	1 000	500	0
南京邮电大学	101	59	42	9 800	2 110	0
电子商务与政务研究所	13	8	5	3 900	500	0
江苏农业信息化研究基地	21	14	7	1 600	300	0
江苏现代信息服务业研究基地	23	15	8	1 500	110	0
物联网产业发展研究基地	40	22	18	1 800	800	0
知识产权与信息法律中心	4	0	4	1 000	400	0
河海大学	206	152	50	24 250	2 947	240
东部资源环境与持续发展研究中心	56	30	26	3 500	460	0
江苏企业国际化发展研究基地	20	16	0	350	125	0
江苏省科技体制改革科技思想库	10	8	2	500	100	0
江苏省水资源与可持续发展研究中心	12	11	1	8 400	450	0
江苏省循环经济工程研究中心	26	19	7	1 500	230	0
江苏沿海资源经济研究中心	16	14	2	1 500	400	0
水库移民经济研究中心	10	9	1	1 600	236	120
水利部人力资源研究院	20	15	5	2 000	246	0
水利经济研究所	9	7	2	1 600	360	120
水利政策法制研究与培训中心	12	10	2	2 500	200	0
中国(南京)人才发展研究中心	15	13	2	800	140	0
江南大学	178	69	107	52 600	18 690	0
江南大学区域发展与规划研究中心	8	4	3	300	100	0
江苏党风廉政建设创新研究基地	25	5	20	500	90	0
江苏省产品创意与设计文化重点研究基地	30	5	25	7 000	2 000	0
江苏省食品安全重点研究基地	29	20	9	32 000	2 400	0
无锡创意产品研发中心	4	1	3	1 000	1 000	0

续表

学校及机构名称	R&D 活动人员(人)			R&D 经费支出(百元)	仪器设备原价(百元)	其中:进口(百元)
	合计	其中:博士毕业	硕士毕业			
无锡节能与循环经济研究中心	15	6	9	2 000	1 000	0
无锡金融研究中心	10	4	6	1 500	750	0
无锡人才与人力资源研究中心	9	2	7	500	250	0
无锡市旅游发展研究中心	12	5	6	2 100	500	0
无锡预防腐败研究中心	15	3	12	700	100	0
无锡中小企业管理和发展研究中心	12	5	7	1 500	500	0
中国物联网发展战略研究基地	9	9	0	3 500	10 000	0
南京林业大学	44	20	21	5 868	12 002	2 818
江苏环境与发展研究中心	18	4	13	3 347	8 542	2 460
生态经济研究中心	26	16	8	2 521	3 460	358
江苏大学	25	16	9	8 450	2 900	0
高等教育研究所	2	1	1	400	100	0
江苏省统计应用研究基地	3	3	0	1 000	100	0
江苏省知识产权研究中心	4	2	2	800	200	0
江苏省中小企业发展研究基地	4	2	2	900	100	0
能源发展与环境保护战略研究中心	4	4	0	2 800	1 000	0
现代农业经济研究所	4	2	2	800	100	0
中小企业研究中心	4	2	2	1 750	1 300	0
南京信息工程大学	168	79	62	12 444	7 841	0
江苏人才强省建设研究基地	14	8	6	547	306	0
马克思主义研究院	11	7	1	1 453	625	0
民国文学研究院	20	11	6	826	413	0
气候变化与公共政策研究院	18	9	4	1 328	367	0
气象工程管理研究中心	16	13	3	1 455	882	0
清华大学技术创新研究中心分中心	11	8	3	623	297	0
体育科学研究所	27	2	14	795	513	0
中国科协科技人力资源研究基地	19	5	10	1 052	747	0
中国制造业发展研究院	32	16	15	4 365	3 691	0
南通大学	39	17	12	19 685	8 766	0
楚辞研究中心	10	6	2	3 845	2 289	0
江苏先进典型研究中心	8	5	2	4 325	1 231	0
江苏沿海沿江发展研究院	4	1	2	3 215	1 356	0
南通廉政文化研究所	11	3	5	6 980	2 136	0

续表

学校及机构名称	R&D 活动人员(人)			R&D 经费支出(百元)	仪器设备原价(百元)	其中:进口(百元)
	合计	其中:				
		博士毕业	硕士毕业			
张謇研究所	6	2	1	1 320	1 754	0
南京农业大学	307	110	191	141 878.14	159 040	4 900
财政金融研究所	16	4	12	9 850	3 000	0
国际食品与农业经济研究中心	34	14	20	21 580	10 000	0
海峡两岸农业经济研究所	18	9	9	14 550	3 000	0
江苏农村金融发展研究中心	7	4	3	2 150	3 300	0
江苏农业现代化研究基地	8	3	5	3 000	5 690	0
江苏省农村发展与土地政策研究基地	8	6	2	3 785	1 169	0
江苏省新农村科技创新思想库	8	3	5	3 000	5 690	0
农业转基因生物安全管理政策研究中心	7	1	6	7 400	3 600	0
日本语言文化研究所	18	1	11	249.84	206	0
体育与健康研究所	7	0	7	632	950	0
统筹城乡发展与土地管理创新研究基地	11	5	6	3 975	2 467	0
现代信息技术研究中心	29	14	15	2 000	50 000	0
英语语言文化研究所	42	4	38	1 070.3	1 921	0
中国农业历史研究中心	15	3	12	3 600	6 500	0
中国农业遗产研究室	18	3	15	4 215	5 219	0
中国区域经济与金融研究中心	8	2	6	12 380	560	0
中国土地问题研究中心	29	16	13	46 810	53 500	4 900
中国新农村建设研究院	24	18	6	1 631	2 268	0
南京师范大学	552	433	119	80 172	6 522	3 498
词学研究中心	7	7	0	500	200	0
道德教育研究所	17	15	2	3 000	750	750
东方社会主义研究所	11	8	3	3 300	200	50
发展与教育心理研究所	13	11	2	5 000	30	30
法制现代化研究中心	15	12	3	1 200	500	0
符号学研究中心	25	20	5	2 100	35	35
古典文献研究中心	10	6	4	500	20	20
国家体育总局体育社会科学研究中心	13	7	6	5 000	200	200
国家体育总局体育文化研究中心	12	6	6	3 000	100	100
汉语国际教育研究所	4	4	0	500	200	0
汉语言文字学研究中心	6	5	1	378	350	60

续表

学校及机构名称	R&D 活动人员(人) 合计	其中:博士毕业	其中:硕士毕业	R&D 经费支出(百元)	仪器设备原价(百元)	其中:进口(百元)
江苏城乡一体化研究基地	9	7	2	2 800	30	10
江苏创新经济研究院	18	14	4	2 000	50	50
江苏法治发展研究院	54	45	9	4 300	30	30
江苏民营经济研究基地	15	12	3	1 500	30	30
江苏省老年学研究基地	15	11	4	2 500	5	5
江苏省学生体质健康促进研究中心	14	13	1	2 000	300	200
教育科学研究院	9	8	1	512	700	100
教育社会学研究中心	25	20	5	2 000	50	50
教育信息工程研究所	6	5	1	1 820	400	100
金陵妇女发展研究中心	10	8	2	300	5	4
金融工程与管理研究所	5	5	0	500	400	100
经济伦理学研究所	7	7	0	500	100	0
抗日战争研究中心	10	7	3	200	17	15
课程与教学研究所	43	28	15	6 000	19	15
联合国教科文组织国际农村教育研究与培训中心南京基地	7	5	2	400	17	14
马克思主义研究院	16	13	3	5 000	200	200
脑认知实验与理论研究中心	14	12	2	300	30	30
司法现代化研究中心	16	11	5	3 000	500	500
外国语言文化研究所	7	6	1	4 300	300	300
现代司法研究中心	10	8	2	1 800	30	30
学前教育研究所	6	6	0	422	254	50
应用伦理学研究所	15	11	4	2 000	50	50
语言信息科技研究中心	40	30	10	4 000	100	50
中国古代文学研究中心	17	15	2	3 500	40	40
中国经济史研究所	15	13	2	3 040	260	260
中国现当代文学研究中心	16	12	4	1 000	20	20
江苏师范大学	99	47	50	36 620	94 019	46 777
汉文化研究院	10	5	3	9 800	6 650	5 000
淮海发展研究院	33	15	18	5 800	37 000	12 000
苏北农村治理创新研究基地	22	15	7	2 000	900	0
语言研究所	32	11	21	17 020	48 719	29 777
中国巴基斯坦教育文化研究中心	2	1	1	2 000	750	0

续表

学校及机构名称	R&D 活动人员(人)			R&D 经费支出(百元)	仪器设备原价(百元)	其中:进口(百元)
	合计	其中:博士毕业	硕士毕业			
淮阴师范学院	19	11	5	500	100	0
周恩来精神与青少年教育研究中心	19	11	5	500	100	0
盐城师范学院	19	9	0	7 700	7 000	0
江苏沿海发展研究基地	10	6	0	2 600	3 200	0
江苏沿海开发研究基地	9	3	0	5 100	3 800	0
南京财经大学	67	40	17	28 825	3 300	0
公共财政研究中心	5	4	1	580	200	0
江苏产业发展研究院	9	6	3	1 120	500	0
江苏省品牌研究院	5	3	2	4 000	500	0
江苏省质量安全工程研究院	7	4	3	15 000	600	0
江苏文化产业与市场研究中心	3	2	1	1 500	300	0
江苏现代服务业研究院	22	12	1	3 500	600	0
粮食安全与战略研究中心	16	9	6	3 125	600	0
江苏警官学院	17	4	7	3 000	54 300	32 992
法化学示范中心	10	3	4	1 000	53 300	32 992
江苏现代警务研究中心	7	1	3	2 000	1 000	0
南京艺术学院	16	9	6	3 650.34	2 130	0
江苏省文化艺术发展研究中心	4	4	0	1 870	850	0
江苏省艺术设计材料与工艺重点实验室	9	5	3	1 450	1 280	0
音乐学研究所	3	0	3	330.34	0	0
苏州科技学院	19	11	2	1 756	3 696	0
历史文献研究所	7	4	1	456	132	0
苏州城乡一体化改革发展研究院	12	7	1	1 300	3 564	0
南京工业职业技术学院	31	0	10	1 360	818	0
高等职业教育研究所	6	0	5	1 160	730	0
国际贸易与物流管理研究所	18	0	0	100	50	0
黄炎培职教思想研究中心	7	0	5	100	38	0
苏州工艺美术职业技术学院	10	0	3	80	300	0
桃花坞木刻年画研究所	10	0	3	80	300	0
苏州职业大学	11	5	5	720	1 450	0
管理哲学研究所	7	4	2	150	100	0
丝绸应用技术研究所	1	0	1	120	350	0

续表

学校及机构名称	R&D活动人员(人)			R&D经费支出(百元)	仪器设备原价(百元)	
	合计	其中:				其中:进口(百元)
		博士毕业	硕士毕业			
吴文化研究院	3	1	2	450	1 000	0
扬州大学	29	14	6	2 160	1 800	0
邓小平理论研究中心	4	3	1	200	300	0
淮扬文化研究中心	15	2	4	500	800	0
苏中发展研究院	5	5	0	900	300	0
中国近代史研究中心	5	4	1	560	400	0
南京审计学院	101	67	24	4 778.61	3 586.28	0
公共管理与绩效评估研究院	5	4	1	744.83	518.18	0
公共政策研究与分析中心	5	5	0	129	87.14	0
国民经济研究所	2	0	1	200	150.15	0
货币研究所	1	1	0	100	1 480.31	0
江苏科技金融体系创新研究基地	5	4	1	93.24	30.12	0
金融风险管理研究中心	20	16	3	137.73	50	0
金融工程研究中心	12	11	1	1 150	68.17	0
现代审计发展研究中心	21	13	4	110.64	170.42	0
中国内部审计发展研究中心	23	6	13	2 050	1 008.61	0
中匈学术文化研究中心	7	7	0	63.17	23.18	0
南京晓庄学院	5	0	2	120	200	0
心理健康研究所	5	0	2	120	200	0
江苏技术师范学院	18	4	7	1 150	930	0
江苏省职业技术教育研究中心	18	4	7	1 150	930	0
淮海工学院	8	4	2	2 300	2 800	0
江苏省大学生村官研究所	8	4	2	2 300	2 800	0
徐州工程学院	15	6	9	2 600	3 200	0
淮海地区非物质文化遗产研究中心	15	6	9	2 600	3 200	0
南京森林警察学院	4	0	2	4 000	1 000	0
国家林业局职业教育研究中心	4	0	2	4 000	1 000	0
常州信息职业技术学院	3	0	2	1 000	200	0
高等职业技术教育研究所	3	0	2	1 000	200	0
南京交通职业技术学院	10	1	5	80	0	0
交通经济与社会发展研究所	10	1	5	80	0	0
淮安信息职业技术学院	5	0	3	1 200	920	0
高等教育研究所	5	0	3	1 200	920	0

续表

学校及机构名称	R&D 活动人员(人) 合计	其中:博士毕业	其中:硕士毕业	R&D 经费支出(百元)	仪器设备原价(百元)	其中:进口(百元)
苏州农业职业技术学院	9	0	6	45	180	0
高职教育研究所	9	0	6	45	180	0
南京机电职业技术学院	3	0	0	30	200	0
心理健康教育中心	3	0	0	30	200	0
南京旅游职业学院	3	1	2	200	300	0
旅游高等职业教育研究所	3	1	2	200	300	0
徐州幼儿师范高等专科学校	2	0	1	500	3 000	0
徐州数字音乐中心	2	0	1	500	3 000	0
浙江省						
浙江大学	1 019	472	422	1 011 671. 5	439 409. 8	73 070
《浙江文献集成》编纂中心	10	5	3	6 000	3 000	100
财务与会计研究所	8	5	2	21 525	9 260	600
产业经济研究所	6	2	2	12 220	8 120	0
传媒与文化产业研究中心	22	13	6	48 123	8 960	5 600
创新管理与持续竞争力研究中心	15	9	5	20 000	5 000	0
德国文化研究所	8	4	4	12 000	5 600	600
地方政府与社会治理研究中心	9	5	4	9 562	5 022. 6	1 000
法理与制度研究所	7	4	3	9 000	6 000	600
法与经济学研究所	12	6	4	5 600	3 500	1 400
饭店管理研究所	8	4	4	6 000	3 000	600
风险管理与劳动保障研究所	8	6	2	7 000	3 500	700
高等教育研究所	11	7	3	9 000	3 000	1 800
公法与比较法研究所	8	4	3	19 000	5 000	1 750
公共经济与财政研究所	15	2	8	5 600	2 100	0
古籍研究所	13	8	3	7 000	3 500	2 100
管理工程研究所	15	8	7	7 000	2 000	0
管理科学与信息系统研究所	11	5	3	6 000	4 800	0
广播电影电视研究所	9	5	4	4 600	2 500	0
国际经济研究所	11	4	6	12 500	2 750	500
国际商务研究所	9	4	4	7 500	2 500	500
国际政治研究所	15	5	7	9 000	4 800	1 200
韩国研究所	15	3	8	4 800	1 200	0
汉语史研究中心	15	4	5	24 201	10 265	2 500

续表

学校及机构名称	R&D 活动人员(人)			R&D 经费支出(百元)	仪器设备原价(百元)	其中:进口(百元)
	合计	其中:				
		博士毕业	硕士毕业			
汉语言研究所	15	8	6	12 500	7 500	0
基础教育课程研究中心	11	5	4	6 205.5	3 200.2	600
基督教与跨文化研究中心	9	5	2	10 000	1 000	0
教育科学与技术研究所	10	4	6	3 000	1 800	0
金融研究所	8	5	3	7 500	5 000	1 500
经济法制研究所	19	11	5	6 000	3 000	1 800
经济研究所	13	6	6	9 000	4 800	1 500
科技与社会发展研究所	14	5	9	12 500	5 000	0
科技与文化研究所	10	2	5	4 800	1 800	600
科教发展战略研究中心	11	7	4	27 235	18 302	6 000
劳动保障与社会政策研究中心	15	4	7	8 000	4 000	800
旅游研究所	11	5	6	3 000	1 800	0
马克思主义理论与思想政治教育研究所	11	6	4	4 500	2 550	0
美学与批评理论研究所	7	2	3	3 200	1 500	0
民营经济研究中心	15	7	6	25 000	7 500	1 500
农业现代化与农村发展研究中心	13	7	5	30 500	10 500	5 000
农业与农村经济发展研究所	15	8	6	25 000	5 000	0
企业投资研究所	13	5	8	27 000	7 200	0
企业组织与战略研究所	15	7	6	25 000	7 500	0
人口与发展研究所	13	2	8	6 500	2 500	500
人类学研究所	13	5	7	20 000	5 000	1 000
人力资源管理研究所	15	10	4	25 000	7 500	2 500
社会建设研究所	9	3	4	7 200	2 700	0
社会思想研究所	16	8	7	18 000	4 800	900
社会学研究所	7	1	4	3 000	1 500	0
世界历史研究所	12	2	7	6 000	3 780	1 860
世界文学与比较文学研究所	17	5	9	6 000	2 100	2 100
宋学研究中心	20	13	7	6 000	3 000	600
台湾研究所	12	3	5	4 000	1 500	0
体育科学与技术研究所	12	6	3	32 000	12 000	12 000
体育现代化发展研究中心	20	15	5	6 000	1 200	600
土地科学与不动产研究所	10	7	3	24 000	12 000	1 000

续表

学校及机构名称	R&D 活动人员(人)			R&D 经费支出(百元)	仪器设备原价(百元)	其中:进口(百元)
	合计	其中:				
		博士毕业	硕士毕业			
外国文学研究所	13	8	5	18 000	4 800	330
外国哲学研究所	18	9	7	14 000	7 500	0
外语教学传媒研究所	10	5	4	3 000	3 000	0
文化遗产与博物馆学研究所	15	2	9	5 400	2 400	300
文艺学研究所	11	5	6	6 400	4 000	500
物流与决策优化研究所	26	9	11	30 000	6 000	300
新闻传媒与社会发展研究所	12	5	7	18 000	6 000	500
信息资源管理研究所	10	5	4	8 000	4 800	500
行政管理研究所	13	5	7	36 000	18 000	1 000
应用语言研究所	14	8	4	7 000	3 500	130
营销管理研究所	10	5	4	6 000	600	0
语言与认知研究中心	32	12	8	25 000	5 000	0
浙江省区域经济开放与发展研究中心	15	8	7	9 000	3 000	600
政府与企业研究所	20	13	7	9 000	4 800	500
政治学研究所	9	5	4	25 000	15 000	1 000
证券期货研究所	22	10	11	6 000	3 000	500
中国古代史研究所	13	6	5	6 000	3 600	300
中国古代文学与文化研究所	15	5	8	12 000	6 000	500
中国近现代史研究所	15	8	6	14 000	10 000	0
中国思想文化研究所	8	3	4	6 000	33 000	300
中国现当代文学与文化研究所	13	5	6	6 000	3 000	0
中国艺术研究所	10	5	5	11 000	6 000	600
中外教育现代化研究所	13	9	4	14 000	7 500	300
中小企业成长与城镇发展研究所	11	6	5	30 000	15 000	1 000
杭州电子科技大学	397	147	197	96 716.01	16 881.47	0
财务与财税研究所	17	7	7	14 651.8	4 362	0
产业组织与公共政策研究所	9	8	0	4 267.7	762.2	0
法制与社会发展研究所	24	8	16	5 637.42	384.16	0
翻译学研究所	34	0	28	1 169.5	212.6	0
工业工程与管理研究所	10	7	2	11 672.8	1 891.68	0
管理决策与创新研究所	21	14	6	13 512.2	1 309.84	0
管理科学与信息工程研究所	24	16	8	8 314.32	319.71	0
国际经济与贸易研究所	21	11	8	3 845.25	845.9	0

续表

学校及机构名称	R&D 活动人员(人)			R&D 经费支出(百元)	仪器设备原价(百元)	其中:进口(百元)
	合计	其中:				
		博士毕业	硕士毕业			
会计工程研究所	11	4	6	5 935.6	1 856.8	0
会计与审计研究所	16	8	5	5 123.9	883.7	0
金融研究所	12	8	3	2 960.45	667.6	0
经济与统计研究所	20	9	8	3 872.5	421.8	0
人体运动科学研究所	27	0	23	519.6	185.6	0
人文与编辑研究所	13	6	6	1 525.81	206.42	0
思想政治教育研究所	35	17	12	3 106.8	813.2	0
外国语言学及应用语言学研究所	39	3	29	1 581.7	556.9	0
英美文学研究所	36	4	21	1 026.48	132.16	0
战略与管理研究所	28	17	9	7 992.18	1 069.2	0
浙江工业大学	148	50	69	19 127.9	3 997.9	280
房地产研究所	5	3	2	7 257.89	2 188	280
国际贸易与国际投资研究中心	18	3	13	1 280	89.6	0
企业战略研究所	14	3	9	1 470	115.2	0
体育科学研究所	14	0	7	166.4	25.6	0
信息管理与决策化研究所	11	4	6	1 164.8	102.4	0
信息与传播研究所	19	3	9	104.5	276	0
循环经济研究中心	9	3	5	512	89.6	0
浙江省技术创新与企业国际化研究中心	23	18	5	5 068.61	0	0
浙江省中小企业发展研究所	10	3	4	832	128	0
之江旅游规划设计研究所	11	1	6	878.1	576	0
中国文学演变与传播研究中心	14	9	3	393.6	407.5	0
浙江理工大学	47	22	24	17 972	7 813	0
区域经济研究基地	18	11	6	4 817	1 643	0
丝绸文化研究中心	18	6	12	6 520	3 560	0
中国美学和艺术理论研究中心	11	5	6	6 635	2 610	0
浙江海洋学院	92	55	33	1 780	1 885	0
港台侨研究所	14	10	3	210	120	0
海洋管理研究所	15	8	6	290	220	0
海洋经济研究所	10	6	4	150	195	0
海洋旅游研究所	16	10	4	285	260	0
海洋文化研究所	20	10	10	415	320	0

续表

学校及机构名称	R&D 活动人员(人)			R&D 经费支出(百元)	仪器设备原价(百元)	
	合计	其中:				其中:进口(百元)
		博士毕业	硕士毕业			
教育科学研究所	9	5	4	290	620	0
金融研究中心	8	6	2	140	150	0
浙江农林大学	143	34	78	7 674.66	5 692.4	0
邓小平理论研究中心	10	2	5	313	380.4	0
妇女与自然资源管理研究中心	13	5	7	762.8	487	0
国际贸易研究所	8	2	5	401	130	0
恒星管理研究所	13	6	5	1 337	584	0
环境法治与社会发展研究中心	9	0	9	329	341	0
会计学研究所	14	3	9	1 014.5	1 387	0
林业经济研究中心	13	7	6	402.6	347	0
美术研究所	13	1	5	1 194.5	661	0
农村发展研究所	7	1	5	102	259	0
思想政治教育研究所	11	2	4	325	234	0
外国语言文化研究所	14	1	10	928.5	297	0
吴越文化研究所	9	3	5	335.76	251	0
艺术设计研究所	9	1	3	229	334	0
浙江师范大学	146	79	59	8 787	1 976	100
非洲研究中心	23	18	3	2 000	200	0
江南文化研究中心	28	10	16	580	0	0
教育学	20	10	9	1 500	678	100
马克思主义研究所	15	10	4	870	0	0
农村研究中心	13	8	5	343	0	0
心理研究所	10	4	5	600	200	0
学前教育研究中心	7	4	2	598	210	0
浙江省基础教育研究基地	15	8	7	1 536	478	0
中国语言文学	15	7	8	760	210	0
杭州师范大学	42	21	15	14 087	7 885.1	4 776.3
非物质文化遗产研究中心	9	4	5	1 213	754.3	510
汉画艺术研究所	6	3	2	1 564.4	456.2	306
弘丰中心	6	3	2	4 685	3 461.9	1 935.1
艺术教育研究基地	13	7	4	2 361.6	1 226.7	1 013.2
浙江省民国浙江史研究中心	8	4	2	4 263	1 986	1 012
湖州师范学院	56	23	28	3 995	1 600	0

续表

学校及机构名称	R&D 活动人员(人)			R&D 经费支出(百元)	仪器设备原价(百元)	其中:进口(百元)
	合计	其中:				
		博士毕业	硕士毕业			
长三角区域经济研究所	15	5	10	1 560	800	0
儿童发展研究所	3	1	2	135	30	0
江南社会与历史文化研究所	7	6	1	450	80	0
课程与教学研究所	5	2	3	180	120	0
外国语言文学研究所	3	1	2	210	30	0
文化与传播研究所	7	3	2	520	80	0
乡村旅游研究所	3	1	2	210	60	0
艺术应用研究所	4	1	2	370	120	0
应用伦理学研究所	9	3	4	360	280	0
绍兴文理学院	3	2	1	780	200	100
浙江省越文化研究中心	3	2	1	780	200	100
台州学院	69	10	42	628	2 070	0
比较文学与世界文学研究所	8	2	5	91	500	0
教育研究中心	6	1	3	93	510	0
经济研究所	15	3	9	85	180	0
社会发展研究所	9	1	7	78	180	0
台州文化研究中心	12	2	5	58	190	0
体育文化研究所	10	0	6	135	260	0
英语语言文化研究所	9	1	7	88	250	0
温州大学	84	38	27	13 587	1 280	110
产业经济研究所	2	1	1	150	12	0
创业发展研究所	3	1	1	100	15	0
创意设计研究所	3	1	1	120	20	0
公共政策与地方治理研究所	2	1	1	125	5	0
国际贸易经济合作研究所	2	1	1	85	6	0
国民经济研究所	3	2	1	200	25	0
国学研究所	3	1	2	100	6	0
韩国学研究中心	2	1	1	125	12	0
家族企业和企业家研究所	3	2	1	200	23	0
教师继续教育研究所	2	1	1	85	3	0
教育法学研究所	3	2	1	180	15	0
教育信息化研究所	3	1	2	167	25	0
马克思主义研究所	4	1	2	200	7	0

续表

学校及机构名称	R&D活动人员(人)			R&D经费支出(百元)	仪器设备原价(百元)	其中:进口(百元)
	合计	其中:博士毕业	硕士毕业			
美国文化研究所	2	0	1	150	35	30
民商经济法研究所	3	2	1	300	50	0
民营经济研究中心	2	1	0	120	6	0
欧美历史文化研究所	2	1	0	100	50	30
企业文化研究所	2	1	0	100	5	0
企业信息化研究所	2	1	0	100	12	0
区域发展与环境法治研究所	2	2	0	300	60	50
社会法学研究所	2	2	0	150	5	0
社会学民俗学研究所	2	0	2	100	3	0
生涯规划与人力资源开发研究所	3	1	2	100	6	0
思想政治教育研究所	2	1	1	100	5	0
孙诒让研究所	2	1	1	100	6	0
体育社会科学研究所	2	1	0	120	6	0
体育文化研究所	2	1	0	100	12	0
温州历史文化研究中心	2	1	0	100	4	0
温州人经济研究中心	3	1	0	8 860	780	0
文化产业研究所	2	1	0	200	5	0
文艺学研究中心	2	1	0	150	5	0
音乐表演艺术研究所	2	1	0	100	15	0
音乐艺术教育研究所	2	0	1	100	12	0
印刷文化研究所	2	0	1	100	12	0
语言与认知科学研究所	2	1	0	100	7	0
中国经济时报·传媒与经济研究中心	2	1	1	100	5	0
浙江工商大学	253	110	118	76 359.52	27 784.66	0
比较文学与文化研究中心	7	4	3	2 520.2	592.9	0
财务管理研究所	9	2	5	1 046.12	298.5	0
产业经济研究所	8	5	3	1 831.38	564.21	0
城乡发展与规划研究所	4	2	2	4 814.43	317.75	0
地方产业与企业转型发展研究所	3	1	2	645.08	196.65	0
动画与艺术设计研究中心	8	1	6	1 013.01	1 588	0
法治与伦理研究中心	5	3	1	379.53	118.65	0
翻译与文化研究所	12	2	10	3 259.18	1 018.5	0
工业设计研究所	5	1	0	456.66	381.3	0

续表

学校及机构名称	R&D活动人员(人)			R&D经费支出(百元)	仪器设备原价(百元)	
	合计	其中:				其中:进口(百元)
		博士毕业	硕士毕业			
国际法学重点研究基地	6	5	1	1 501.23	245.8	0
技术经济与管理重点研究基地	11	7	4	1 089.4	426.05	0
金融学重点研究基地	10	4	6	1 699.36	990.39	0
旅游管理重点研究基地	9	3	6	5 801.46	1 178.3	0
马克思主义基本理论重点研究基地	9	4	3	433.59	149	0
企业管理研究基地	12	7	4	6 367.81	3 016.11	0
日本文化重点研究基地	6	5	1	2 678.55	726.09	0
数量经济研究所	7	2	4	1 508.92	539.05	0
诉讼法研究基地	13	5	6	5 513.14	864.25	0
统计科学研究基地	10	5	3	7 066.33	2 913.95	0
文化产业研究所	6	2	3	829.86	199.88	0
现代会计重点研究基地	21	5	12	1 045.45	750	0
现代商贸研究中心	27	13	12	10 892.75	5 947.8	0
应用语言学研究中心	7	2	5	928.5	338.5	0
浙江经济社会发展研究中心	7	3	4	4 311.65	696.88	0
浙江文化研究所	11	8	2	664.89	355	0
浙商研究中心	14	7	7	6 457.49	2 980.5	0
政府成本与绩效评价研究所	6	2	3	1 603.55	390.65	0
嘉兴学院	50	10	25	834	503	0
财务管理研究所	5	2	2	60	28	0
民商法与环境资源保护法研究所	5	0	3	35	58	0
区域经济研究所	10	2	5	230	18	0
现代会计研究所	10	1	4	128	112	0
艺术设计研究所	6	0	4	65	32	0
语言测试研究所	6	1	4	88	65	0
政党研究所	4	1	2	156	105	0
中国古代文学与地方文献研究所	4	3	1	72	85	0
中国美术学院	91	37	25	16 380.06	3 714.77	824.34
包豪斯研究院	4	1	3	5 000	1 000	0
公共艺术研究中心	3	0	2	2 000	1 500	0
色彩研究所	25	1	2	261.21	126.2	0
万曼壁挂研究中心	6	1	3	1 737.25	474.34	474.34
文化遗产研究中心	7	0	7	397	230	100

续表

学校及机构名称	R&D 活动人员(人)			R&D 经费支出(百元)	仪器设备原价(百元)	其中:进口(百元)
	合计	其中:博士毕业	硕士毕业			
艺术史学史研究中心	6	5	1	84.6	56	0
艺术现象学研究所	40	29	7	6 900	328.23	250
中国计量学院	143	21	44	48 127	62 132	6 857
标准化与知识产权管理	15	0	0	7 100	3 100	156
标准与质量管理研究所	15	8	2	25 869	32 792	550
法治与社会发展研究中心	20	4	5	1 150	1 600	0
工业设计研究所	31	0	25	1 852	5 900	3 121
企业管理研究所	17	0	0	4 900	3 050	0
体育健康研究中心	6	0	2	1 010	3 000	1 680
应用经济研究所	20	0	5	4 010	5 200	950
浙江省产业发展政策研究中心	13	3	5	1 246	6 530	0
中国哲学研究所	6	6	0	990	960	400
浙江万里学院	75	44	27	3 365.91	1 060.1	0
创意设计产业与城市发展研究中心	9	4	5	1 183.01	120	0
民营经济研究中心	10	5	5	72.9	400.1	0
浙江省临港现代服务业与创意文化研究中心	36	26	7	1 650	300	0
甬商研究基地	20	9	10	460	240	0
宁波工程学院	24	8	9	7 300	1 030	0
国际港口与物流研究中心	6	2	4	2 450	360	0
宁波市港城关系研究基地	11	2	3	2 350	350	0
宁波市港口城市发展与环境研究中心	7	4	2	2 500	320	0
浙江财经学院	119	72	42	23 529.9	7 706.5	98.5
财经科学研究所	2	2	0	1 750	150	0
财政学	7	3	4	1 800	300	0
产业经济学	10	5	5	2 080	1 800	0
产业经济与政府管制研究所	3	3	0	250	100	0
城乡规划与环境管理研究所	3	1	1	2 890	50	0.5
经济与社会发展研究院	25	9	13	3 300	1 000	0
丽水农村金融改革研究院	5	2	3	300	130	0
民商法研究所	3	1	1	0.9	0.5	0
日本文化经济研究所	3	1	2	600	60	60
社会经济综合指数与综合评价研究中心	6	2	4	3 323	1 200	0

续表

学校及机构名称	R&D活动人员(人)			R&D经费支出(百元)	仪器设备原价(百元)	
	合计	其中:				其中:进口(百元)
		博士毕业	硕士毕业			
英语国家文学研究所	3	1	2	330	60	0
语言文字研究所	3	2	1	700	56	38
浙江省政府管制与公共政策研究中心	12	7	5	2 353	1 500	0
政府管制研究院	34	33	1	3 853	1 300	0
浙江警察学院	18	6	7	514	110	0
公共理论研究中心	10	5	3	101	40	0
现代警务机制研究所	8	1	4	413	70	0
宁波大学	504	232	184	103 965.5	32 781.82	0
城乡建设与发展研究中心	18	7	9	2 000	800	0
法治与和谐社会建设研究中心	9	5	3	14 300	1 635	0
国际经济研究中心	8	4	2	374	960	0
会计国际发展研究中心	8	3	5	2 616	81	0
民营经济研究中心	9	4	1	219	1 600	0
宁波帮研究中心	13	4	4	120	120	0
宁波发展战略研究中心	24	7	13	2 720	138	0
宁波方言与文化研究中心	10	6	3	1 652	71	0
宁波市地方政府治理研究基地	17	6	9	224	2 400	0
宁波市基础教育改革研究基地	37	18	12	182	2 600	0
宁波市区域经济研究基地	15	10	3	5 841	2 680	0
宁波市人口与社会发展研究中心	4	2	1	1 208	144.42	0
宁波市人民政府发展研究中心决策科学研究所	24	6	11	84.5	1 000	0
宁波市人民政府发展研究中心区域经济所	16	5	7	816	3 000	0
宁波市浙东文化研究基地	29	16	10	2 160	900	0
区域高等教育研究中心	14	4	5	305	180	0
区域经济与社会发展研究院	9	7	2	33 000	500	0
人类心理与行为研究中心	11	3	5	2 144	312	0
台湾研究中心	23	11	10	542	560	0
体育经济研究中心	21	9	6	3 821	2 161	0
外国语言文化与宁波国际化发展战略研究中心	22	10	6	11 513	1 430	0
现代高端服务业发展研究中心	30	9	18	2 057	1 624	0
现代管理研究中心	9	4	2	256	1 200	0

续表

学校及机构名称	R&D 活动人员(人)			R&D 经费支出(百元)	仪器设备原价(百元)	
	合计	其中:博士毕业	硕士毕业			其中:进口(百元)
现代国际贸易战略研究中心	11	4	3	2 457	3 325	0
浙东文化研究中心	23	13	5	124	120	0
浙东文化与海外华人研究院	9	7	2	9 000	6.4	0
浙东文化与宁波文化大市建设研究中心	35	22	11	244	480	0
浙东中小企业研究基地	10	4	5	343	1 350	0
浙江省海洋文化与经济研究中心	30	18	10	2 090	1 023	0
甬籍教育家研究中心	6	4	1	1 553	381	0
浙江传媒学院	71	38	23	11 035	8 407	0
国家动画教育研究基地	9	2	4	1 390	3 540	0
浙江广播电视研究院	12	4	4	2 180	3 760	0
浙江省传播与文化产业研究中心	20	14	6	2 225	463	0
浙江省非物质文化遗产研究基地	8	6	2	1 943	252	0
浙江省文化产业发展研究中心	9	8	1	1 241	122	0
浙江省影视艺术研究基地	6	1	3	241	89	0
中国广播电视协会媒介素养研究基地	7	3	3	1 815	181	0
浙江树人学院	164	29	105	18 302.4	1 878.7	0
茶文化研究中心	6	1	4	2 631	181	0
地域文化与古籍整理研究所	12	4	6	1 249.9	36	0
东亚研究所	15	3	10	660	32	0
翻译研究所	6	0	3	61	43	0
国际贸易研究所	23	1	14	2 104.5	68	0
会展经济研究所	7	0	5	999	39.7	0
旅游与休闲研究所	7	2	5	493	126	0
民办高等教育研究所	13	3	9	1 436.4	105	0
民营中小企业研究所	10	2	8	1 308	156	0
社会工作与社会建设研究所	10	2	8	589.6	20	0
设计艺术与墙文化传播研究所	8	1	4	1 719.9	380	0
学生体质健康指导研究中心	12	0	6	1 286.5	80	0
浙江省现代服务业研究中心	24	8	14	3 448.6	542	0
中国服务经济研究中心	11	2	9	315	70	0
浙江越秀外国语学院	26	3	17	1 200	1 100	0
大禹文化研究所	12	2	9	500	300	0

续表

学校及机构名称	R&D 活动人员(人)			R&D 经费支出(百元)	仪器设备原价(百元)	
	合计	其中：博士毕业	硕士毕业			其中：进口(百元)
高教研究所	7	1	2	250	300	0
区域经济研究所	5	0	4	350	400	0
网络传播研究所	2	0	2	100	100	0
宁波大红鹰学院	83	11	43	170.2	550	0
地方历史文化研究所	12	1	8	14	50	0
区域金融研究所	9	2	6	48.28	50	0
设计艺术研究所	10	0	5	0	127	0
数字媒体艺术研究所	9	0	3	10	123	0
现代服务业发展研究所	11	1	9	0	50	0
应用传播研究所	9	3	2	67.68	50	0
语言翻译研究所	11	1	5	0	50	0
中小企业管理与发展研究所	12	3	5	30.24	50	0
浙江大学城市学院	12	5	7	2 000	200	0
旅游发展与法制研究中心	12	5	7	2 000	200	0
安徽省						
安徽大学	122	58	64	25 504.9	18 857	0
徽学研究中心	35	15	20	8 422	8 909	0
经济法制研究中心	24	10	14	6 144.8	3 215	0
科学发展观研究中心	19	13	6	3 342	2 267	0
农村社会发展研究中心	26	10	16	5 736.1	2 213	0
中国哲学与安徽思想家研究中心	18	10	8	1 860	2 253	0
中国科学技术大学	15	8	4	500	4 000	0
科学传播研究与发展中心	15	8	4	500	4 000	0
合肥工业大学	15	6	9	10 465	3 080	0
产业转移与创新发展研究中心	10	4	6	8 260	1 650	0
现代科技发展与马克思主义理论研究中心	5	2	3	2 205	1 430	0
安徽工业大学	52	17	27	18 030	5 690	0
ERP 研究中心	10	3	6	4 860	2 480	0
大学生思想政治教育与管理研究中心	9	3	5	1 120	160	0
公司治理与运营研究中心	15	5	6	5 870	1 400	0
皖江城市带承接产业转移与区域发展研究中心	18	6	10	6 180	1 650	0
安徽工程大学	51	7	36	1 717	683	78

续表

学校及机构名称	R&D 活动人员(人)			R&D 经费支出(百元)	仪器设备原价(百元)	
	合计	其中:				其中:进口(百元)
		博士毕业	硕士毕业			
经济发展研究中心	25	3	18	884	223	66
设计艺术研究中心	26	4	18	833	460	12
安徽农业大学	12	8	4	150	150	0
农科教结合研究中心	5	3	2	50	30	0
新农村发展研究院	0	0	0	0	0	0
中华茶文化研究中心	7	5	2	100	120	0
安徽医科大学	13	2	6	110	0	0
医学哲学研究所	13	2	6	110	0	0
安徽师范大学	107	75	29	3 228	0	0
旅游发展与规划研究中心	28	13	15	30	0	0
马克思主义理论与思想政治教育研究中心	50	39	9	0	0	0
皖南历史文化研究中心	13	9	3	198	0	0
中国诗学研究中心	16	14	2	3 000	0	0
阜阳师范学院	47	18	29	19 000	7 000	0
安徽武术文化研究中心	10	1	9	5 000	2 000	0
农民工研究中心	17	5	12	4 000	2 000	0
皖北文化研究中心	20	12	8	10 000	3 000	0
安庆师范学院	30	8	13	2 800	0	0
安徽省“三个代表”重要思想研究安庆师范学院研究基地	5	2	3	100	0	0
欧美研究所	10	3	5	1 200	0	0
皖江历史文化研究中心	15	3	5	1 500	0	0
淮北师范大学	8	3	1	260	150	0
安徽文献整理与研究中心	8	3	1	260	150	0
黄山学院	12	2	2	189	0	0
非物质文化遗产研究中心	12	2	2	189	0	0
皖西学院	6	4	2	0	0	0
教师教育研究所	4	2	2	0	0	0
皖西文化艺术中心(皖西文化研究所)	2	2	0	0	0	0
安徽财经大学	18	4	13	5 300	10 430	0
合作经济研究中心	9	2	7	5 000	10 000	0
经济发展研究中心	9	2	6	300	430	0
宿州学院	179	26	127	6 880	723	0

续表

学校及机构名称	R&D 活动人员(人)			R&D 经费支出(百元)	仪器设备原价(百元)	
	合计	其中:				其中:进口(百元)
		博士毕业	硕士毕业			
布克研究所	27	3	20	600	68	0
大学文化研究中心	25	6	17	1 000	60	0
孟二冬精神与传统文化研究所	25	3	17	650	55	0
赛珍珠研究所	17	3	10	950	86	0
宿州书画·灵璧石研究中心	15	0	10	970	68	0
皖北城乡一体化研究中心	30	3	25	1 000	200	0
现代教育研究室	11	2	8	720	56	0
应用型高校大学文化研究中心	29	6	20	990	130	0
淮南师范学院	6	0	2	0	0	0
《淮南子》文化研究中心	0	0	0	0	0	0
发展与教育心理研究室	0	0	0	0	0	0
高校应急管理研究中心	0	0	0	0	0	0
淮南地域文化研究中心	0	0	0	0	0	0
教师教育研究与培训中心	4	0	2	0	0	0
老龄问题研究中心	0	0	0	0	0	0
区域政治社会治理研究中心	0	0	0	0	0	0
芍陂历史文化研究中心	0	0	0	0	0	0
少儿艺术研究中心	2	0	0	0	0	0
资源型城市发展研究中心	0	0	0	0	0	0
铜陵学院	23	4	13	543	0	0
教育教学研究所	3	0	0	40	0	0
区域经济研究所	2	0	1	380	0	0
皖江经济发展研究中心	18	4	12	123	0	0
安徽建筑工业学院	32	15	13	1 000	1 000	0
建筑经济与房地产管理研究中心	32	15	13	1 000	1 000	0
安徽科技学院	41	7	31	4 140	1 470	0
安徽省大学生创业教育研究中心	13	2	11	1 260	460	0
明文化研究所	7	1	6	750	260	0
农村经济发展研究所	12	2	8	1 300	430	0
现代企业管理研究所	9	2	6	830	320	0
安徽三联学院	14	0	9	200	10	0
贸易与竞争政策研究中心	8	0	5	150	10	0
企业创新与发展研究中心	6	0	4	50	0	0

续表

学校及机构名称	R&D 活动人员(人)			R&D 经费支出(百元)	仪器设备原价(百元)	其中:进口(百元)
	合计	其中:				
		博士毕业	硕士毕业			
合肥学院	66	17	39	800	400	0
房地产研究所	10	2	6	100	50	0
环巢湖文化与经济社会发展研究中心	9	3	5	100	50	0
基础教育研究所	9	2	4	100	50	0
江淮文化研究所	7	2	3	100	50	0
旅游咨询与规划研究所	9	2	6	100	50	0
现代管理研究所	7	2	4	100	50	0
知识产权研究所	8	2	6	100	50	0
中小企业发展研究中心	7	2	5	100	50	0
池州学院	0	0	0	600	0	0
皖南民俗文化研究中心	0	0	0	600	0	0
安徽商贸职业技术学院	16	1	9	160	0	0
财贸经济研究所	16	1	9	160	0	0
安徽新华学院	52	2	50	700	300	0
大学生素质教育研究中心	52	2	50	700	300	0
安徽文达信息工程学院	0	0	0	0	0	0
淮军研究所	0	0	0	0	0	0
亳州师范高等专科学校	5	2	2	163	0	0
亳文化研究中心	5	2	2	163	0	0
合肥师范学院	23	5	18	835	585	0
动画创意与策划研究中心	5	0	5	750	500	0
翻译研究所	2	1	1	5	5	0
古籍研究所	1	1	0	10	10	0
徽派版画艺术研究所	3	0	3	15	15	0
基础教育改革与发展协同创新中心	0	0	0	0	0	0
教师教育研究中心	4	1	3	20	20	0
教育科学研究所	3	0	3	10	10	0
马克思主义中国化研究所	3	1	2	10	10	0
中国画艺术研究所	1	0	1	5	5	0
中国诗学研究所	1	1	0	10	10	0
河海大学文天学院	12	3	5	500	150	0
河海大学文天人力资源研究院	12	3	5	500	150	0
桐城师范高等专科学校	10	0	8	300	0	0

续表

学校及机构名称	R&D 活动人员(人)			R&D 经费支出(百元)	仪器设备原价(百元)	其中:进口(百元)
	合计	其中:博士毕业	硕士毕业			
桐城派学术研究中心	10	0	8	300	0	0
福建省						
厦门大学	353	279	57	198 677.6	151 632.96	2 100
财务管理与会计研究院	3	3	0	2 380	5 340	0
财政科学研究所	6	5	1	2 525	200	0
传播研究所	2	2	0	1 750	100	0
道学与传统文化研究中心	2	1	1	980	100	0
东南亚华文文学研究中心	1	1	0	350	0	0
东南亚研究中心	8	8	0	820	450	0
佛学研究中心	3	3	0	110	112	0
福建经济研究中心	10	10	0	2 340	0	0
高等教育发展研究中心	10	10	0	4 020	3 210	0
高教质量与评估研究所	5	5	0	5 750	0	0
公共财政研究中心	1	1	0	140	200	0
公共管理与政策分析研究中心	6	6	0	4 560	0	0
古籍整理研究所	2	0	1	22	0	0
国际经济法研究所	23	19	3	46.4	503.6	0
国际税法与比较税制研究中心	2	2	0	250	120	0
国家语言资源监测与研究中心教育教材语言分中心	11	2	9	1 500	1 500	0
国民经济与核算研究所	4	4	0	4 331	30	0
国术与健身研究中心	5	0	5	400	400	0
国学研究院	3	3	0	3 500	1 000	0
海外华文教育研究所	4	4	0	730	200	0
海峡媒体中心	8	3	4	1 000	300	0
海洋考古学研究中心	3	3	0	5 530	8 700	2 100
宏观经济研究中心	21	21	0	5 280	2 000	0
会计发展研究中心	16	13	0	10 201	4 908.36	0
经济法学研究中心	3	3	0	340	210	0
经济研究所	15	12	2	1 120	1 000	0
考试研究中心	2	2	0	230	10	0
劳动经济研究中心	3	1	2	288	210	0
历史研究所	4	3	1	920	210	0

续表

学校及机构名称	R&D 活动人员(人)			R&D 经费支出(百元)	仪器设备原价(百元)	
	合计	其中:				其中:进口(百元)
		博士毕业	硕士毕业			
旅游管理与规划研究所	3	2	1	1 520	540	0
旅游人类学研究中心	2	1	1	241	0	0
美国史研究所	3	3	0	212	110	0
民间历史文献研究中心	1	1	0	100	240	0
闽商研究中心	2	2	0	130	100	0
南海研究院	6	4	2	7 000	1 900	0
南洋研究院	14	11	1	1 121	500	0
评估研究中心	7	2	5	3 120	700	0
企业发展战略研究中心	1	1	0	1 000	0	0
人类学研究中心	22	20	2	623	400	0
社会发展研究中心	5	4	1	110	20	0
世界经济研究中心	2	2	0	2 600	500	0
数据挖掘研究中心	6	6	0	2 086	0	0
台湾研究中心	19	14	5	12 885	109 239	0
王亚南经济研究院	15	15	0	13 212	1 500	0
文化创意产业研究中心	5	0	5	12 280	2 110	0
现代管理科学研究所	1	1	0	1 000	0	0
现代企业运营与技术管理研究中心	1	1	0	50	0	0
哲学研究所	5	3	2	150	40	0
政府绩效管理研究中心	2	2	0	1 802	100	0
政治学与行政学研究所	8	0	0	3 100	120	0
证券研究中心	3	3	0	27 671.2	0	0
中国国际发展研究中心	6	6	0	775	0	0
中国海洋文明与战略发展研究中心	5	4	1	121	0	0
中国民营企业战略投资与资本运作研究中心	1	1	0	9 800	200	0
中国能源经济研究中心	6	6	0	28 500	1 200	0
中国特色社会主义理论体系研究与培训基地	6	6	0	4 560	0	0
中国语言文学研究所	8	6	2	1 220	1 000	0
中外合作办学研究中心	1	1	0	100	100	0
中小企业与经济发展研究中心	1	1	0	175	0	0
华侨大学	7	2	5	2 700	250	110
旅游景观规划设计研究中心	7	2	5	2 700	250	110

续表

学校及机构名称	R&D 活动人员(人)			R&D 经费支出(百元)	仪器设备原价(百元)	其中:进口(百元)
	合计	其中:博士毕业	硕士毕业			
福州大学	64	23	35	12 410	1 492	0
C3(创新·创意·创业)研究所	8	3	4	626	181	0
邓小平理论基地	7	1	3	850	242	0
福建省高校决策科学与科教管理研究基地	5	2	3	2 560	106	0
福建省软科学研究基地	8	3	5	2 250	352	0
福建省物流行业技术开发基地	7	4	3	3 620	200	0
高等教育研究所	5	0	3	320	35	0
经济管理研究所	4	2	2	261	86	0
决策科学研究所	8	3	5	1 560	200	0
循环经济研究所	6	3	3	203	60	0
中国思想文化史研究所	6	2	4	160	30	0
福建中医药大学	21	6	8	92	1 280.9	219.9
闽台中医药文化文献研究中心	21	6	8	92	1 280.9	219.9
福建师范大学	167	59	57	25 570	12 760	0
福建师大区域经济综合竞争力研究中心	24	15	6	10 000	8 000	0
福建师范大学慈善研究所	10	0	0	810	1 200	0
跨文化研究中心	10	3	4	500	300	0
美洲史研究院	18	8	7	500	120	0
闽台区域研究中心	40	8	15	10 900	2 600	0
体育科学研究所	15	6	6	1 000	210	0
中国基督教研究中心	20	8	10	860	150	0
中琉关系研究所	15	5	5	700	80	0
宗教文化研究所	15	6	4	300	100	0
宁德师范学院	1	0	1	20	100	0
畲族文化研究所	1	0	1	20	100	0
厦门理工学院	120	33	66	446.78	107.74	0
720 品牌研究所	11	3	8	37.84	4.34	0
创新方法研究所	14	6	5	70	20	0
大学英语研究中心	9	2	5	29.3	8.3	0
工业设计研究所	5	0	4	23.89	9	0
闽商与家族企业研究所	5	2	1	5.43	0	0
闽台金融发展研究所	10	2	6	23.75	5	0

续表

学校及机构名称	R&D 活动人员(人)			R&D 经费支出(百元)	仪器设备原价(百元)	
	合计	其中:				其中:进口(百元)
		博士毕业	硕士毕业			
日本语言文化研究中心	15	1	10	35.3	12	0
社会体育研究所	10	0	8	81.69	15	0
太极文化研究所	4	2	2	55.59	11.5	0
投资与发展研究所	9	3	5	41.29	6	0
厦门地方史研究所	9	5	4	11.6	9	0
信用研究所	10	4	4	2.8	0	0
知识管理研究所	9	3	4	28.3	7.6	0
龙岩学院	60	2	39	1 077	844	0
古田会议精神研究所	7	0	5	112	89	0
教育科学研究所	4	1	3	83	112	0
客家文化研究所	4	0	2	157	109	0
客家研究中心	4	0	2	135	207	0
闽西人口与家庭发展研究基地	16	0	11	85	30	0
企业管理研究所	9	0	5	231	136	0
区域经济研究所	8	1	6	132	76	0
中外语言文化研究所	8	0	5	142	85	0
福建商业高等专科学校	3	2	1	230	60	0
闽商文化研究室	3	2	1	230	60	0
莆田学院	8	2	6	230	43 510	0
妈祖文化研究中心	8	2	6	230	43 510	0
江西省						
南昌大学	25	12	10	55 500	8 501	1 000
江西省大学生思想政治教育研究中心	2	1	1	5 000	2 000	0
江右哲学研究中心	3	1	2	2 500	1	0
南昌大学客赣方言及语言应用中心	5	2	2	4 000	500	0
影视艺术研究中心	2	0	1	3 000	0	0
中国中部经济发展研究中心	13	8	4	41 000	6 000	1 000
华东交通大学	5	2	2	400	1 560	0
交通运输与经济研究所	4	2	2	200	1 000	0
女性研究中心	1	0	0	200	560	0
东华理工大学	38	20	13	20 000	8 486	0
地质资源经济管理研究中心	20	12	8	16 800	8 200	0
江西戏剧资源研究中心	18	8	5	3 200	286	0

续表

学校及机构名称	R&D 活动人员(人)			R&D 经费支出(百元)	仪器设备原价(百元)	
	合计	其中:				其中:进口(百元)
		博士毕业	硕士毕业			
南昌航空大学	72	13	49	1 616	66	0
国家体育总局体育文化研究基地	37	4	29	860	38	0
江西省思想政治理论课教育教学研究中心	35	9	20	756	28	0
景德镇陶瓷学院	15	3	6	2 000	1 000	0
中国陶瓷文化研究所	15	3	6	2 000	1 000	0
江西农业大学	65	23	36	11 660	0	0
边缘法学研究中心	8	2	3	1 445	0	0
邓小平理论研究中心	11	4	4	1 570	0	0
江西农业大学“三农”问题研究中心	19	10	9	3 645	0	0
江西农业大学高等教育研究所	11	1	10	1 750	0	0
江西农业大学景观与环境生态研究中心	8	3	5	1 580	0	0
江西农业大学移民研究中心	8	3	5	1 670	0	0
江西师范大学	25	17	8	1 112	1 173	0
传统社会与江西现代化研究中心	5	3	2	540	75	0
当代形态文艺学研究中心	5	4	1	124	254	0
江西省红色资源开发与教育研究中心	6	4	2	132	254	0
教师教育研究中心	4	3	1	102	470	0
区域创新与创业研究中心	5	3	2	214	120	0
上饶师范学院	15	1	9	1 324.8	635.2	0
朱子学研究所	15	1	9	1 324.8	635.2	0
宜春学院	4	2	0	440	190	0
赣西民俗文化研究所	2	2	0	280	100	0
高等教育研究所	2	0	0	160	90	0
赣南师范学院	57	21	19	10 700	6 490	2 710
教育经济研究中心	18	7	5	3 090	1 490	780
客家研究中心	20	8	6	3 990	2 880	810
中央苏区研究中心	19	6	8	3 620	2 120	1 120
井冈山大学	38	26	2	2 800	760	0
井冈山研究中心	18	10	2	1 400	360	0
庐陵文化研究所	20	16	0	1 400	400	0
江西财经大学	70	56	14	1 736	2 000	0
产业集群与企业发展研究中心	5	4	1	70	300	0

续表

学校及机构名称	R&D 活动人员(人)			R&D 经费支出(百元)	仪器设备原价(百元)	其中:进口(百元)
	合计	其中:博士毕业	硕士毕业			
产业经济研究院	7	7	0	820	360	0
会计发展研究中心	15	11	4	600	450	0
江西经济发展研究院	9	9	0	120	320	0
金融发展与风险防范研究中心	19	13	6	76	350	0
生态文明与生态经济研究院	15	12	3	50	220	0
江西科技师范大学	7	2	5	120	6 320	0
八一精神研究中心	2	1	1	25	0	0
江西艺海设计研究所	0	0	0	35	5 800	0
客家音乐艺术中心	0	0	0	25	0	0
文科综合实验中心	0	0	0	0	0	0
职教所	5	1	4	35	520	0
南昌工程学院	5	4	1	1 210	10 000	1 350
马克思主义社会发展理论研究所	2	2	0	1 100	5 400	680
水文化研究中心	3	2	1	110	4 600	670
江西警察学院	28	5	23	300	0	0
公共安全研究中心	5	2	3	100	0	0
江西经济犯罪侦查研究中心	3	0	3	70	0	0
江西警察法治研究中心	5	2	3	10	0	0
江西警察学院公安民警忠诚教育研究中心	2	0	2	70	0	0
江西警察学院管理研究中心	2	0	2	10	0	0
江西警察学院计算机犯罪侦查研究中心	3	1	2	10	0	0
江西警察学院物证鉴定所	2	0	2	10	0	0
江西警察学院应急管理及群体性事件研究中心	2	0	2	10	0	0
鄱阳湖生态经济区安全研究中心	4	0	4	10	0	0
九江学院	2	0	1	0	0	0
庐山文化研究中心	2	0	1	0	0	0
山东省						
山东大学	117	74	27	2 720	0	0
当代社会主义研究所	16	8	4	220	0	0
经济研究院	16	10	4	160	0	0
儒学高等研究院	9	8	1	180	0	0

续表

学校及机构名称	R&D 活动人员(人)			R&D 经费支出(百元)	仪器设备原价(百元)	其中:进口(百元)
	合计	其中:				
		博士毕业	硕士毕业			
山东发展研究院	0	0	0	0	0	0
卫生管理与政策研究中心	11	7	3	260	0	0
文史哲研究院	27	16	6	380	0	0
文艺美学研究中心	11	7	2	410	0	0
易学与中国古代哲学研究中心	13	8	3	450	0	0
犹太教与跨宗教研究中心	8	5	3	510	0	0
宗教科学与社会问题研究所	6	5	1	150	0	0
山东科技大学	99	49	50	3 270	17 100	2 301
山东省矿区和谐发展研究基地	43	21	22	210	9 500	695
山东省生态文明与经济社会发展研究基地	29	11	18	2 300	6 000	1 300
山东省资源管理与环境保护软科学研究基地	27	17	10	760	1 600	306
中国石油大学(华东)	21	9	10	1 072	13 000	0
马克思主义中国化研究中心	11	6	3	483	8 000	0
人才发展研究中心	10	3	7	589	5 000	0
济南大学	164	58	75	5 425.3	25 647	0
高等教育研究中心	37	25	12	2 000	1 000	0
软实力研究中心	19	10	9	3 000	1 000	0
山东省城市发展研究基地	1	1	0	50	10	0
山东省民俗与非物质文化遗产研究基地	50	16	20	0	300	0
山东省饮食文化产业开发研究基地	40	3	24	0	23 300	0
音乐发展研究中心	17	3	10	375.3	37	0
山东建筑大学	47	5	24	170	113 769	0
齐鲁建筑文化研究中心	8	1	7	0	0	0
齐鲁建筑文化与景观艺术研究基地	39	4	17	170	113 769	0
山东轻工业学院	46	17	29	52 697.29	27 577.1	0
道学与传统文化研究中心	2	2	0	100.42	112.4	0
技术经济研究所	5	2	3	7 698.4	508	0
马克思主义中国化研究中心	6	1	5	3 079.07	740.9	0
美术研究所	2	0	2	784	205	0
企业管理研究所	2	0	2	2 920	424	0
区域创新与可持续发展研究基地	14	7	7	27 540.7	23 007	0

续表

学校及机构名称	R&D活动人员(人)			R&D经费支出(百元)	仪器设备原价(百元)	
	合计	其中:				其中:进口(百元)
		博士毕业	硕士毕业			
文化翻译研究所	3	1	2	71.2	178	0
艺术理论研究所	4	2	2	10 115.5	1 561	0
语言文学研究所	3	0	3	149.5	369.8	0
中国政党研究中心	2	1	1	38.5	231	0
资本运营研究所	3	1	2	200	240	0
山东农业大学	35	10	16	3 610	2 180	0
农村金融研究所	7	2	3	600	400	0
农村社会发展研究所	7	2	4	850	580	0
三农问题研究中心	14	4	6	1 700	980	0
语言研究室	7	2	3	460	220	0
青岛农业大学	52	15	37	990	290	0
财务与会计研究所	9	3	6	200	50	0
韩国产业经济研究所	4	3	1	150	30	0
农村经济研究所	9	3	6	150	50	0
农村文化研究所	5	3	2	80	30	0
农业国际化研究室	4	1	3	110	30	0
外国语言学及应用语言学研究所	7	2	5	90	30	0
应用统计研究所	5	0	5	110	40	0
知识产权研究所	9	0	9	100	30	0
泰山医学院	0	0	0	0	0	0
卫生政策与管理研究所	0	0	0	0	0	0
医学人文研究所	0	0	0	0	0	0
滨州医学院	37	6	29	2 500	500	0
医学人文研究中心	37	6	29	2 500	500	0
山东师范大学	257	120	78	16 662.5	11 685	271
WTO研究中心	20	12	6	450	900	0
东北亚发展研究中心	18	12	6	720	700	0
古籍所	9	3	6	754.5	632	0
国际问题研究所	10	7	2	800	200	0
环境资源法研究所	40	2	7	850	500	0
基础教育课程研究中心	5	4	0	210	182	0
教育科学研究所	18	5	11	2 580	1 000	0
马克思主义理论研究中心	44	27	15	1 800	700	0

续表

学校及机构名称	R&D活动人员(人)			R&D经费支出(百元)	仪器设备原价(百元)	
	合计	其中:				其中:进口(百元)
		博士毕业	硕士毕业			
齐鲁文化研究中心	17	10	1	4 000	1 000	0
山东省可持续发展研究中心	18	4	5	400	3 000	0
山东省文化建设研究基地	28	14	11	850	968	124
语言文学研究所	25	15	8	1 148	1 583	147
仲裁疑难问题研究中心	5	5	0	2 100	320	0
曲阜师范大学	54	28	20	3 700	1 050	0
国家体育总局体育社会科学重点研究基地	12	5	7	1 500	500	0
山东省马克思主义中国化研究基地	9	5	3	600	100	0
山东省儒学研究基地	11	8	3	700	200	0
山东省体育人文社会科学研究基地	13	5	4	700	200	0
语言文学研究所	5	3	2	100	0	0
中西语言文化交流研究基地	4	2	1	100	50	0
滨州学院	51	7	41	1 418	1 282.4	0
安全文化研究中心	12	2	8	500	152.4	0
黄河三角洲经济研究中心	13	0	12	198	180	0
黄河三角洲文化研究所	8	2	6	500	600	0
中国孙子研究院	18	3	15	220	350	0
鲁东大学	47	17	18	14 824	9 470	0
辞书研究中心	18	12	6	6 480	5 440	0
环渤海发展研究中心	16	0	8	7 620	2 430	0
胶东文化研究所	6	1	2	192	950	0
教育科学研究所	7	4	2	532	650	0
临沂大学	34	9	24	0	480	0
高等教育研究院	6	1	5	0	0	0
山东省羲之书法研究基地	10	1	8	0	480	0
沂蒙文化研究所	8	5	3	0	0	0
中国特色社会主义理论研究所	10	2	8	0	0	0
泰山学院	100	33	32	5 233	58 644	27 000
教育科学研究所	10	1	5	212	407	0
旅游研究所	12	5	5	410	790	0
旅游与资源环境实验室	10	6	2	2 726	55 000	27 000
泰山书画艺术研究所	14	0	3	110	362	0

续表

学校及机构名称	R&D活动人员(人)			R&D经费支出(百元)	仪器设备原价(百元)	其中:进口(百元)
	合计	其中:博士毕业	硕士毕业			
泰山文化研究中心	20	14	2	1 203	780	0
泰山研究院	9	3	3	230	467	0
泰山中小企业研究所	8	0	7	80	246	0
中国现当代文学研究所	9	2	3	102	282	0
中小城市社区研究所	8	2	2	160	310	0
山东财经大学	21	17	4	12 107.5	6 370	0
财税金融研究所	3	3	0	260	108	0
经济研究所	7	5	2	8 872.5	3 820	0
山东区域经济研究院	7	6	1	2 015	2 217	0
数理经济研究所	4	3	1	960	225	0
山东体育学院	32	11	15	6 500	1 600	758
体育人文社会科学研究中心	32	11	15	6 500	1 600	758
烟台大学	49	33	16	8 050	2 705	0
东亚研究所	8	5	3	500	200	0
理论与应用经济研究所	7	7	0	1 500	5	0
民族问题研究基地	9	5	4	2 000	900	0
山东半岛蓝色经济研究院	15	9	6	2 500	1 000	0
山东省知识产权研究院	5	4	1	1 000	500	0
中国学术研究所	5	3	2	550	100	0
潍坊学院	103	30	54	24 075	9 150	0
WTO法研究所	8	1	7	1 880	500	0
北海文化研究院	5	2	3	6 000	2 500	0
比较文学与世界文学研究所	12	3	6	450	400	0
低碳经济研究中心	6	1	3	4 400	500	0
民俗文化研究中心	10	3	5	1 300	500	0
山东半岛经济与社会发展研究院	22	8	10	7 450	500	0
山东省海盐文化研究基地	6	4	2	145	3 000	0
山东省民俗文化产业开发研究基地	17	5	8	820	450	0
外国语言文学研究所	6	1	4	1 030	500	0
潍坊旅游经济研究所	11	2	6	600	300	0
山东警察学院	26	0	11	0	15	0
侦查对策研究中心	26	0	11	0	15	0
山东工商学院	10	7	2	20 000	0	0

续表

学校及机构名称	R&D 活动人员(人)			R&D 经费支出(百元)	仪器设备原价(百元)	其中:进口(百元)
	合计	其中:				
		博士毕业	硕士毕业			
半岛经济研究基地	5	4	1	10 000	0	0
煤炭产业发展与创新研究基地	5	3	1	10 000	0	0
淄博师范高等专科学校	11	2	4	763	0	0
教育科学研究中心	6	0	3	342	0	0
社会科学研究中心	5	2	1	421	0	0
山东青年政治学院	70	9	40	1 043	0	0
服装研究所	4	0	0	56	0	0
广播电视研究中心	20	3	13	91	0	0
旅游企业管理研究所	14	1	8	86	0	0
山东省青少年研究所	7	2	3	643	0	0
文化传播研修所	20	3	13	91	0	0
职业教育与成人教育研究所	5	0	3	76	0	0
河南省						
郑州大学	85	13	24	15 380	1 292	0
公共管理研究中心	7	1	2	390	167	0
公民教育研究中心	19	2	2	5 900	65	0
近现代河南与中国研究中心	6	4	2	300	100	0
历史文化遗产保护研究中心	7	1	2	900	210	0
马克思主义哲学研究中心	7	1	1	750	190	0
私法研究中心	5	2	2	870	100	0
系统经济学研究所	8	1	3	600	100	0
宪法与行政法研究中心	8	0	3	4 800	132	0
英美文学研究中心	9	0	5	290	96	0
中原文化资源与发展研究中心	9	1	2	580	132	0
河南理工大学	9	4	5	3 000	650	0
安全与应急管理研究中心	9	4	5	3 000	650	0
郑州轻工业学院	24	11	12	250	120	0
社会发展研究中心	24	11	12	250	120	0
河南工业大学	30	9	17	1 200	0	0
粮食经济研究中心	15	5	10	600	0	0
物流研究中心	15	4	7	600	0	0
河南科技大学	9	5	3	5 000	1 800	0
高等教育与区域经济发展研究中心	9	5	3	5 000	1 800	0

续表

学校及机构名称	R&D 活动人员(人)			R&D 经费支出(百元)	仪器设备原价(百元)	其中:进口(百元)
	合计	其中:				
		博士毕业	硕士毕业			
中原工学院	14	6	8	1 550	310	0
系统与工业工程技术研究中心	14	6	8	1 550	310	0
河南农业大学	19	5	12	3 000	0	0
农业政策与农村发展研究中心	19	5	12	3 000	0	0
河南科技学院	8	1	5	300	0	0
教育科学研究所	8	1	5	300	0	0
河南大学	116	92	10	51 748	30 250	8 000
黄河文明与可持续发展研究中心	21	16	3	15 000	7 000	2 500
教育改革与发展研究中心	9	8	0	4 900	2 500	1 000
区域发展与规划研究中心	21	18	2	4 100	8 000	2 000
文艺学研究中心	7	5	0	4 130	2 000	0
英语语言文学研究中心	13	8	0	4 268	3 000	1 500
中国古代史研究中心	16	13	2	4 350	3 000	0
中国现当代文学研究中心	15	11	2	5 000	4 000	1 000
中原发展研究院	14	13	1	10 000	750	0
河南师范大学	50	33	15	23 000	16 800	13 100
公共政策与社会研究中心	12	8	4	5 500	4 000	3 600
科技与社会研究所	16	11	4	8 500	6 000	4 500
青少年问题研究中心	22	14	7	9 000	6 800	5 000
信阳师范学院	33	11	5	4 155	9 400	0
当代马克思主义研究所	8	3	0	995	3 280	0
淮河文明研究中心	17	5	3	1 510	3 340	0
课程与教学改革研究所	8	3	2	1 650	2 780	0
周口师范学院	20	10	0	2 000	2 000	0
豫东南文化传承与发展研究中心	20	10	0	2 000	2 000	0
安阳师范学院	14	4	5	505	296	0
甲骨学与殷商文化研究中心	14	4	5	505	296	0
南阳师范学院	8	5	3	100	0	0
汉文化研究中心	8	5	3	100	0	0
洛阳师范学院	62	17	41	3 000	1 200	0
河洛文化国际研究中心	24	5	19	1 400	800	0
河南文化传播与社会发展研究中心	38	12	22	1 600	400	0
商丘师范学院	9	3	4	5 000	2 000	0

续表

学校及机构名称	R&D 活动人员(人)			R&D 经费支出(百元)	仪器设备原价(百元)	其中:进口(百元)
	合计	其中:博士毕业	其中:硕士毕业			
汉梁文化研究中心	9	3	4	5 000	2 000	0
河南财经政法大学	35	22	13	4 000	230	0
产业与金融发展研究中心	8	6	2	1 000	50	0
河南经济伦理研究中心	10	6	4	1 000	60	0
河南经济研究中心	9	5	4	1 000	60	0
诉讼法研究中心	8	5	3	1 000	60	0
河南工程学院	7	0	7	50	0	0
经济研究所	7	0	7	50	0	0
湖北省						
武汉大学	1 252	390	804	123 700	64 839	299
财政金融研究中心	7	3	4	800	1 000	5
发展研究院	20	5	13	2 000	500	2
法国问题研究中心	12	4	8	1 300	700	5
妇女与性别研究中心	0	0	0	0	300	2
国际法研究所	90	60	30	4 000	2 500	20
国际问题研究院	20	3	15	3 000	2 000	11
汉语言文学典籍整理与研究中心	24	7	17	2 000	1 400	10
环境法研究所	40	10	30	2 000	1 300	5
会计信息质量研究中心	8	0	8	1 000	200	1
基督宗教与西方宗教文化研究中心	43	14	29	4 000	600	2
简帛研究中心	14	5	9	10 000	2 500	21
金融研究中心	30	9	21	5 000	500	1
经济发展研究中心	60	20	40	4 000	2 000	18
经济思想史研究所	42	17	25	3 000	300	1
科技考古研究中心	10	6	4	7 000	5 000	20
媒体发展研究中心	39	9	25	3 000	1 500	9
欧洲问题研究中心	70	20	50	9 000	4 500	21
企业战略管理研究所	40	10	30	5 000	500	1
人口·资源·环境经济研究中心	40	13	27	800	1 300	10
社会保障研究中心	24	5	19	3 800	4 500	29
世界史研究所	27	9	18	1 900	1 000	8
文化创新研究中心	5	0	3	600	600	5
金融工程与风险管理研究中心	38	10	17	3 000	4 000	0

续表

学校及机构名称	R&D 活动人员(人)			R&D 经费支出(百元)	仪器设备原价(百元)	其中:进口(百元)
	合计	其中:				
		博士毕业	硕士毕业			
科学评价研究中心	31	11	20	4 000	1 000	7
全球健康研究中心	55	40	13	10 000	5 000	10
中国产学研合作问题研究中心	13	8	5	3 500	3 039	0
宪政与法治国家研究中心	13	2	11	700	500	1
信息资源研究中心	107	39	60	3 500	2 000	11
刑事法研究中心	13	3	9	2 300	1 000	5
语言与信息研究中心	12	0	8	5 500	1 200	5
政治文明与政治发展研究中心	28	6	22	1 000	300	1
知识产权高级研究中心	20	5	13	2 000	600	1
质量发展研究院	125	0	125	5 000	3 000	15
中国边界研究院	26	5	21	400	700	5
中国传统文化研究中心	18	7	11	3 500	4 600	23
中国高校哲学社会科学发展与评价研究中心	43	15	16	4 000	2 000	5
中国中部发展研究院	10	0	8	1 000	800	2
中西比较哲学研究中心	35	10	20	1 100	400	1
华中科技大学	292	192	95	46 511.35	14 229.8	0
非传统安全研究中心	31	26	3	27 611.35	5 329.8	0
公共传播研究所	8	5	3	1 000	0	0
近代法学研究所	12	4	8	2 100	0	0
媒介技术与传播发展研究中心	34	31	3	1 900	0	0
南亚经济与管理研究所	22	6	16	200	0	0
农村健康服务研究中心	20	15	3	3 400	2 400	0
区域高等教育发展研究中心	19	12	7	800	2 200	0
生命伦理学研究所	8	8	0	500	0	0
现代信息管理研究中心	52	14	38	500	0	0
应用现象学研究所	6	6	0	500	0	0
院校发展研究基地	18	16	1	4 000	4 300	0
哲学研究所	26	24	2	800	0	0
知识产权与知识创新研究中心	18	17	1	3 000	0	0
中国南方减贫与发展研究院	18	8	10	200	0	0
武汉科技大学	112	37	67	2 590	394	0
湖北产业政策与管理研究中心	30	16	13	1 009	187	0

续表

学校及机构名称	R&D 活动人员(人)			R&D 经费支出(百元)	仪器设备原价(百元)	其中:进口(百元)
	合计	其中:博士毕业	硕士毕业			
湖北非营利组织研究中心	30	5	18	480	10.5	0
湖北省中小企业研究中心	52	16	36	1 101	196.5	0
长江大学	15	6	9	1 000	1 000	0
湖北省荆楚文化研究中心	8	3	5	500	500	0
湖北省农村经济发展研究中心	7	3	4	500	500	0
武汉工程大学	28	10	18	12 266	2 700	0
湖北企业竞争力研究中心	28	10	18	12 266	2 700	0
中国地质大学	71	24	47	21 000	509	0
大学生发展与创新教育研究中心	32	9	23	5 000	500	0
资源环境经济研究中心	39	15	24	16 000	9	0
武汉纺织大学	89	49	40	4 920	1 380	0
湖北省服饰艺术文化研究中心	27	11	16	1 100	250	0
湖北省服装技术研究开发中心	7	5	2	200	260	0
科学发展观与两型社会研究基地	17	10	7	200	90	0
企业决策研究中心	11	6	5	2 100	400	0
时尚与美学研究中心	14	7	7	320	90	0
武汉纺织大学企业信息管理研究中心	13	10	3	1 000	290	0
武汉工业学院	57	42	13	3 760	1 422.51	0
湖北省非传统安全研究中心	17	12	3	1 700	558.04	0
湖北县域经济发展研究中心	40	30	10	2 060	864.47	0
武汉理工大学	70	61	9	20 252.2	6 720	0
湖北省产品创新管理研究中心	13	11	2	7 325	3 221	0
湖北省危机与灾害应急管理研究中心	19	16	3	9 714	1 483	0
科技创新与经济发展研究中心	38	34	4	3 213.2	2 016	0
湖北工业大学	117	38	66	8 606	14 890	1 915
湖北农村社会管理创新研究中心	17	9	8	2 612	1 540	150
湖北文化创意产业化设计研究中心	28	8	17	2 804	2 500	600
湖北循环经济发展研究中心	51	12	30	3 190	9 500	1 100
湖北职业教育发展研究院	21	9	11	0	1 350	65
华中农业大学	44	12	20	46	0	0
湖北农村发展研究中心	44	12	20	46	0	0
华中师范大学	224	163	58	78 600	79 100	25 400
长江书法研究院	11	10	0	10 000	5 000	0

续表

学校及机构名称	R&D 活动人员(人)			R&D 经费支出(百元)	仪器设备原价(百元)	其中:进口(百元)
	合计	其中:博士毕业	硕士毕业			
城市社区建设研究中心	23	12	9	3 000	500	0
地方政府治理与地方发展研究中心	13	13	0	5 400	1 200	0
国家文化产业研究中心	16	3	13	2 000	300	0
汉语国际推广工作研究基地	6	5	1	2 000	6 000	3 200
湖北省道家道教研究中心	13	10	3	1 800	9 000	300
湖北省电子商务研究中心	10	8	2	4 500	3 000	1 200
湖北省基础教育研究中心	13	11	2	2 800	3 300	2 300
湖北省社会发展与社会政策研究中心	14	6	8	4 200	5 000	1 200
湖北省文学理论与批评研究中心	21	21	0	5 000	3 200	0
青少年心理健康教育中心	13	4	9	5 600	13 500	6 500
体育文化产业研究中心	6	2	4	1 200	2 000	1 500
语言与语言教育研究中心	10	10	0	2 800	6 000	3 400
中国近代史研究所	12	6	6	2 800	5 800	3 400
中国旅游研究院武汉分院	12	11	1	8 500	4 500	0
中国农村研究院	20	20	0	12 000	7 800	2 400
中国农村综合改革协同创新研究中心	11	11	0	5 000	3 000	0
湖北大学	136	19	68	14 081.44	1 860	0
湖北当代文化研究中心	12	2	8	1 500	800	0
湖北青少年思想道德教育研究中心	27	3	10	315	10	0
湖北省道德与文明研究中心	22	4	12	1 516.44	0	0
湖北省开放经济研究中心	22	5	14	850	150	0
湖北省旅游开发与管理研究中心	29	4	12	8 900	600	0
湖北休闲体育发展研究中心	24	1	12	1 000	300	0
湖北师范学院	64	29	25	10 000	3 500	0
长江中游矿冶文化与经济社会发展研究中心	24	15	8	2 000	800	0
湖北师范学院语言学研究中心	15	6	7	5 000	1 200	0
资源枯竭城市转型与发展研究中心	25	8	10	3 000	1 500	0
黄冈师范学院	76	18	56	1 620	1 200	0
大别山红色文化研究中心	6	1	5	300	300	0
大别山旅游经济与文化研究中心	52	15	35	400	300	0
鄂东教育与文化研究中心	12	2	10	540	300	0
黄梅戏艺术研究中心	6	0	6	380	300	0

续表

学校及机构名称	R&D活动人员(人)			R&D经费支出(百元)	仪器设备原价(百元)	
	合计	其中:				其中:进口(百元)
		博士毕业	硕士毕业			
湖北民族学院	18	10	8	34	16	0
鄂西生态旅游文化研究中心	9	5	4	11	5	0
湖北民族民间文化艺术研究中心	4	2	2	10	5	0
湖北民族研究所、南方少数民族研究中心	5	3	2	13	6	0
湖北文理学院	14	6	5	4 000	0	0
鄂北区域发展研究中心	2	1	0	2 000	0	0
神学美学研究所	4	3	1	1 000	0	0
宋玉研究所	5	1	3	500	0	0
襄阳及三国文化历史研究所	3	1	1	500	0	0
中南财经政法大学	153	52	91	7 100	7 200	0
WTO与湖北发展研究中心	38	10	22	1 000	1 000	0
创业与就业研究中心	21	2	18	1 000	1 000	0
法治发展与司法改革研究中心	32	22	10	1 000	1 000	0
湖北财政与发展研究中心	9	2	6	1 000	1 000	0
湖北金融研究中心	30	4	25	1 000	1 000	0
科技金融创新软科学研究基地	12	10	2	100	200	0
知识产权研究中心	11	2	8	2 000	2 000	0
武汉体育学院	17	9	8	6 800	17 000	10 200
国家体育总局体育工程重点实验室	3	3	0	1 200	5 000	2 000
湖北体育产业研究中心	3	1	2	1 200	0	0
体育社会科学研究中心	3	1	2	1 200	0	0
体育文化研究中心	2	1	1	800	0	0
运动训练监控实验室	3	2	1	1 200	10 000	7 000
运动与健康创新发展研究中心	3	1	2	1 200	2 000	1 200
湖北美术学院	80	17	63	58 300	157 000	108 000
长江流域文化遗产研究所	7	2	5	10 000	8 000	5 000
当代版画研究及应用研究所	4	1	3	1 500	15 000	10 000
雕塑艺术研究所	7	1	6	10 000	15 000	12 000
湖北民间美术研究所	7	1	6	800	12 000	8 000
环境艺术研究所	6	1	5	1 000	15 000	10 000
民俗艺术研究所	6	1	5	4 000	6 000	0
少数民族艺术研究所	5	1	4	3 000	5 000	0

续表

学校及机构名称	R&D 活动人员(人)			R&D 经费支出(百元)	仪器设备原价(百元)	其中:进口(百元)
	合计	其中:				
		博士毕业	硕士毕业			
时尚艺术研究所	7	2	5	1 000	13 000	10 000
数字图像研究所	8	1	7	1 800	20 000	16 000
水彩艺术研究所	4	1	3	400	2 000	0
陶瓷艺术研究所	5	2	3	1 800	12 000	10 000
纤维艺术研究所	4	1	3	8 000	16 000	12 000
现代公共视觉艺术设计研究中心	10	2	8	15 000	18 000	15 000
中南民族大学	169	85	76	3 350	1 180	0
高校风险预警防控研究中心	29	12	17	200	0	0
管理信息工程研究中心	9	6	3	300	150	0
湖北民族地区经济社会发展研究中心	15	7	8	300	100	0
民族法制研究中心	15	5	10	200	0	0
民族政策与社会发展研究中心	11	6	4	200	0	0
南方少数民族研究中心	14	5	9	300	150	0
企业管理研究所	8	5	3	400	230	0
少数民族大学生思想教育研究中心	11	4	5	500	150	0
少数民族教育发展研究基地	26	17	7	300	100	0
思想政治教育研究中心	11	5	4	200	100	0
中国共产党与民族问题研究中心	10	5	4	250	100	0
中南少数民族审美文化研究中心	10	8	2	200	100	0
湖北工程学院	25	6	12	3 200	300	0
湖北小城镇发展研究中心	18	4	8	2 000	200	0
中华孝文化研究中心	7	2	4	1 200	100	0
江汉大学	28	16	7	7 500	2 320	0
高等教育研究所	8	4	3	2 200	1 000	0
武汉城市圈制造业发展研究中心	10	6	2	3 500	1 200	0
武汉语言文化研究中心	10	6	2	1 800	120	0
三峡大学	74	33	24	72 840	5 228	0
长江三峡发展研究中心	43	19	15	36 700	1 980	0
高等教育研究所	6	4	2	360	68	0
湖北省非物质文化遗产保护基地	8	5	2	3 160	261	0
区域社会管理创新与发展研究中心	0	0	0	0	0	0
三峡文化与经济社会发展研究中心	12	2	3	1 020	93	0
水库移民研究中心	5	3	2	31 600	2 826	0

续表

学校及机构名称	R&D 活动人员(人)			R&D 经费支出(百元)	仪器设备原价(百元)	其中:进口(百元)
	合计	其中:				
		博士毕业	硕士毕业			
鄂州职业大学	37	0	19	400	0	0
鄂州经济社会改革发展研究中心	37	0	19	400	0	0
湖南省						
湘潭大学	447	217	174	77 377	42 155	25 910
传媒科学研究所	20	6	12	1 800	1 450	850
大学生心理健康研究所	4	0	3	1 100	600	500
非洲法律与社会研究中心	15	6	8	1 350	900	600
公共管理研究基地	16	6	8	3 500	1 500	1 200
湖南省调解理论研究与人才培训	18	8	6	4 500	2 513	1 522
湖南省法学研究基地	21	8	12	4 400	2 213	1 022
湖南省检查理论研究基地	14	5	7	3 500	1 650	980
湖南省经济安全研究基地	15	7	5	3 500	2 400	1 546
湖南省旅游研究基地	10	2	6	2 564	1 456	850
湖南省湘学研究基地	15	9	2	2 241	1 230	850
湖南省政府绩效评估研究中心	14	8	4	4 200	2 214	1 200
湖南省知识产权司法保护理论研究基地	15	9	3	3 566	1 200	980
湖南省中外文学与文化研究基地	20	12	7	4 522	2 100	650
湖南省专利分析与评估中心	12	8	2	1 856	960	460
旅游科学应用研究所	12	4	5	3 566	1 548	680
毛泽东思想研究中心	24	10	12	4 500	2 500	1 250
企业管理研究中心	9	5	3	1 000	650	420
人口、资源与环境经济研究所	11	4	6	1 500	850	650
人力资源管理研究所	10	6	3	1 500	680	450
社会主义经济理论研究中心	13	7	5	3 566	2 240	1 850
诉讼法学研究中心	20	12	7	3 000	1 544	960
湘潭大学知识产权研究中心	21	18	2	2 100	1 500	1 200
湘学研究所	12	4	6	1 200	650	350
消费经济研究所	12	5	5	1 500	850	550
信息资源管理研究所	9	3	4	1 000	550	350
英语语言文学研究基地	10	6	3	1 000	650	550
语言文字学研究所	9	4	3	1 000	650	450
曾国藩研究中心	12	6	5	1 200	650	450

续表

学校及机构名称	R&D 活动人员(人)			R&D 经费支出(百元)	仪器设备原价(百元)	其中:进口(百元)
	合计	其中:				
		博士毕业	硕士毕业			
政府绩效评估与管理创新研究基地	18	10	7	2 546	1 544	680
中国农村发展研究中心	10	6	3	1 000	750	550
中国特色社会主义理论体系研究中心	15	8	5	2 600	1 213	750
中国韵文与古籍研究所	11	5	5	1 000	750	560
吉首大学	155	48	82	12 700	70 022	0
差异与和谐社会研究中心	16	7	9	700	1 900	0
湖南省高校科技创新团队“区域旅游发展与管理”	20	7	11	500	1 050	0
湖南省民族学研究基地	37	11	14	3 000	6 846	0
湖南省自然与文化遗产研究基地	15	8	6	7 500	2 200	0
湖南西部经济研究中心	22	8	12	500	0	0
民族传统体育研究所	45	7	30	500	58 026	0
湖南大学	374	146	183	83 071	22 610	0
财政税收研究所	4	1	2	100	120	0
产业经济研究所	3	2	1	865	340	0
产业与区域发展战略研究所	5	1	3	100	120	0
城镇发展规划研究所	4	1	1	550	220	0
池田大作研究中心	2	0	2	430	120	0
创新与创业管理研究所	3	1	2	1 300	320	0
创业投资研究所	3	1	2	560	120	0
大学英语教学研究所	4	1	3	860	120	0
低碳经济与社会发展研究所	4	1	2	560	200	0
对外汉语教学研究中心	3	1	2	560	200	0
多媒体日语教学研究中心	3	1	2	350	120	0
多元文化与应用哲学研究所	4	1	3	360	120	0
法律援助与诊断教育中心	4	1	2	600	120	0
非营利组织研究所	4	2	1	500	200	0
风险管理与保险精算研究所	4	1	2	800	200	0
公共安全研究中心	3	0	2	200	60	0
公共艺术研究所	3	0	2	400	100	0
管理科学研究院	5	2	2	1 200	400	0
国际问题研究所	3	0	2	350	100	0
国家麻类产业现代技术体系——产业经济研究中心	6	2	3	2 300	860	0

续表

学校及机构名称	R&D 活动人员(人)			R&D 经费支出(百元)	仪器设备原价(百元)	
	合计	其中:博士毕业	硕士毕业			其中:进口(百元)
国民经济学研究所	2	1	1	200	60	0
湖南经济与社会发展法律研究中心	5	2	3	1 200	400	0
湖南省"两型社会"研究基地	4	2	2	1 200	400	0
湖南省风险导向审计研究基地	4	2	2	1 000	350	0
湖南省国际贸易研究基地	4	2	2	2 000	560	0
湖南省湖湘文化研究基地	4	2	2	2 000	560	0
湖南省廉政研究基地	5	2	3	1 500	510	0
湖南省思想政治工作研究基地	4	2	2	900	300	0
湖南省文化产业研究基地	5	2	3	1 500	450	0
湖南省物流信息与仿真技术重点实验室	5	2	3	2 000	400	0
湖南省信用研究基地	4	2	2	3 000	560	0
湖南省语言与认知研究基地	4	2	2	1 100	220	0
会计研究所	5	2	2	860	210	0
活动产业研究中心	3	1	1	400	120	0
纪实文学研究所	2	1	0	300	100	0
交通运输与物流研究所	3	2	1	600	210	0
金融法研究所	4	1	2	560	120	0
金融管理研究中心	4	1	2	450	120	0
金融与投资管理研究中心	3	1	1	1 680	330	0
金融政策研究中心	3	1	1	300	50	0
经济法与社会法研究中心	2	1	1	650	200	0
经济研究中心	3	1	1	300	100	0
竞争法研究中心	3	1	2	500	210	0
科技、经济与社会发展研究所	2	0	2	450	100	0
科技新闻与传播研究所	4	1	2	900	200	0
快乐购媒体零售研究中心	3	2	1	500	200	0
旅游可持续发展研究所	2	1	1	300	100	0
罗马法系研究中心	3	1	1	350	110	0
毛泽东思想与邓小平理论研究所	2	0	2	960	120	0
媒介文化研究中心	2	1	1	200	80	0
能源经济研究中心	6	2	4	1 500	120	0
诺丁汉国际金融研究中心	3	1	1	500	110	0

续表

学校及机构名称	R&D 活动人员(人)			R&D 经费支出(百元)	仪器设备原价(百元)	其中:进口(百元)
	合计	其中:				
		博士毕业	硕士毕业			
品牌形象研究所	3	1	1	450	120	0
期货证券研究中心	4	1	1	1 200	220	0
企业并购研究中心	2	1	1	1 100	340	0
企业管理与决策支持技术实验室	4	2	2	1 100	300	0
企业国有资产管理研究所	3	2	1	1 000	200	0
企业绩效评价研究中心	2	1	1	560	100	0
企业领导力研究所	2	1	1	460	100	0
人才战略与经济发展国际研究中心	3	2	1	860	200	0
人口发展战略研究基地	2	1	1	600	120	0
人口资源环境与区域经济研究所	3	0	2	1 150	520	0
人力资源管理与开发研究中心	4	1	1	260	0	0
人权与教育中心	3	2	1	700	120	0
认知科学研究所	4	1	2	450	220	0
日本研究中心	3	1	2	350	100	0
日本语言文化研究所	2	1	1	300	80	0
商事法与投资法研究所	3	1	2	400	100	0
社会保障研究所	4	2	2	760	200	0
社会经济统计研究中心	4	2	1	660	120	0
审计研究中心	2	1	1	400	100	0
市场调查研究所	3	2	0	400	120	0
数理经济研究所	4	1	2	500	120	0
税收筹划研究所	2	1	1	400	100	0
碳金融研究中心	3	2	1	1 100	320	0
体育科学研究所	2	0	2	500	80	0
投资研究中心	4	2	2	500	100	0
图像传媒研究所	2	1	1	400	100	0
文化创意产业研究中心	3	1	2	650	220	0
文化建设与思想政治工作研究所	3	0	2	850	120	0
物联网研究中心	5	3	2	1 200	200	0
物流管理与电子商务中心	3	0	2	450	120	0
项目管理研究中心	3	2	1	2 300	500	0
校园网络文化研究中心	6	2	3	800	220	0
校园文化艺术研究所	3	1	1	300	100	0

续表

学校及机构名称	R&D 活动人员(人)			R&D 经费支出(百元)	仪器设备原价(百元)	
	合计	其中:				其中:进口(百元)
		博士毕业	硕士毕业			
信息工程研究所	3	1	2	350	160	0
信息研究所	2	1	1	1 000	420	0
刑事法律科学研究中心	2	1	1	560	220	0
亚太研究所	2	1	1	200	80	0
应用统计研究所	4	2	2	700	330	0
营销战略与品牌研究所	3	1	1	1 000	220	0
影视艺术研究所	2	1	1	400	100	0
战略新兴产业发展研究中心	3	1	2	400	100	0
政府财务管理咨询研究中心	4	1	2	660	220	0
知识产权法研究中心	5	3	1	400	120	0
中澳报酬递增与经济组织研究中心	3	3	0	1 500	300	0
中国村落文化研究基地	3	1	2	1 600	300	0
中国法制评价研究中心	4	2	2	450	130	0
中国公益创业研究中心	5	2	3	900	220	0
中国近现代史研究所	4	1	3	400	100	0
中国历史研究所	5	2	2	276	100	0
中国书院研究中心	4	1	2	560	220	0
中国思想文化研究所	2	1	1	650	100	0
中国特色社会主义理论体系研究基地	4	2	2	1 000	420	0
中国文化软实力研究基地	5	3	2	1 500	500	0
中国哲学研究所	4	3	1	800	300	0
中科预测科学研究中心	4	2	1	1 000	130	0
中西语言文化比较研究所	5	2	3	400	200	0
资本市场研究中心	3	1	1	450	100	0
中南大学	74	31	43	2 550	0	0
湖南省翻译研究基地	6	2	4	150	0	0
湖南省社会主义核心价值体系建设研究基地	5	4	1	200	0	0
湖南省网络德育研究基地	11	5	6	150	0	0
湖南省网络文学研究基地	7	2	5	200	0	0
湖南省中部崛起发展战略研究基地	14	6	8	500	0	0
湖南省中小企业研究基地	11	5	6	300	0	0
应用伦理学研究中心	15	5	10	300	0	0

续表

学校及机构名称	R&D 活动人员(人)			R&D 经费支出(百元)	仪器设备原价(百元)	其中:进口(百元)
	合计	其中:博士毕业	硕士毕业			
中国特色社会主义理论体系研究中心	5	2	3	250	0	0
中南大学知识产权研究院	0	0	0	500	0	0
湖南科技大学	119	49	70	13 149.4	8 826.9	3 304.5
湖南省党建理论研究基地	15	7	8	1 568	1 110.3	320
湖南省高校农村教育改革与发展研究基地	16	7	9	1 675	1 054.2	580
湖南省高校中国古代文学与社会文化研究基地	16	6	10	1 612	1 109.3	357
湖南省思想政治工作研究基地	13	4	9	1 210.7	951.9	384
湖南省湘方言与民俗文化研究基地	15	7	8	1 356	901.8	322
湖南省新型工业化研究基地	15	7	8	1 859.5	1 195.8	458
湖南省战略性新兴产业研究基地	16	7	9	2 062.2	1 465	529
湖南省中国特色社会主义理论体系研究中心湖南科技大学基地	13	4	9	1 806	1 038.6	354.5
长沙理工大学	53	20	19	14 669	163	0
湖南服务业发展研究中心	5	2	2	2 414	30	0
湖南省邓小平理论研究中心	4	3	1	670	20	0
湖南省现代服务业研究基地	5	3	2	1 826	18	0
湖南循环经济研究基地	9	2	4	1 133	15	0
教育与应用心理研究所	5	1	2	1 682	16	0
金融工程与金融管理研究中心	6	3	2	1 773	17	0
企业战略管理与投资决策研究基地	8	2	3	3 490	32	0
现代企业管理研究中心	11	4	3	1 681	15	0
湖南农业大学	160	43	115	6 870	1 670	0
高等教育研究所	22	3	19	410	200	0
湖南省“三农”问题研究基地	26	7	19	1 650	200	0
湖南省人口发展战略研究基地	14	2	12	0	410	0
湖南省涉农企业发展研究中心	43	14	27	1 720	500	0
湖南省新农村建设研究基地	16	5	11	1 550	260	0
农村发展研究所	23	7	16	910	0	0
省中国特色社会主义理论体系研究中心湖南农业大学基地	16	5	11	630	100	0
中南林业科技大学	28	8	19	2 100	0	0
湖南绿色发展研究院	3	2	0	400	0	0

续表

学校及机构名称	R&D 活动人员(人)			R&D 经费支出(百元)	仪器设备原价(百元)	
	合计	其中:				其中:进口(百元)
		博士毕业	硕士毕业			
湖南省旅游业可持续发展研究基地	6	2	4	500	0	0
环境法研究所	5	0	5	200	0	0
农林经济管理中心	5	2	3	500	0	0
商学研究所	3	1	2	100	0	0
语言与教育研究所	3	0	3	300	0	0
中南城市经济发展与房地产管理研究院	3	1	2	100	0	0
湖南师范大学	504	333	131	91 816	55 791	35 796
WTO 法律保护研究中心	24	19	4	3 166	3 050	2 136
比较文学与世界文学研究所	12	8	4	2 040	1 610	1 320
池田大作研究所	7	7	0	1 385	1 220	650
出版科学研究所	7	4	3	1 480	880	640
传媒伦理与法制研究所	7	5	2	1 589	1 320	1 010
高等教育学研究所	14	10	3	2 220	1 540	850
公民道德建设研究基地	10	7	2	1 460	1 180	980
古典文献研究所	6	5	1	780	450	220
国际法研究所	15	11	3	5 010	3 150	1 350
汉文佛经语言研究所	7	7	0	2 550	1 220	1 110
湖南方言研究所	10	8	0	1 300	670	300
湖南省传媒发展研究基地	13	7	5	2 415	2 276	1 090
湖南师范大学道德文化研究中心	13	10	2	4 220	2 170	1 540
湖南师范大学体育社会科学重点研究中心	20	8	10	3 156	2 280	1 670
湖湘文化研究基地	16	11	3	1 820	1 370	850
环境与资源法研究所	7	4	3	1 480	1 100	790
会展与休闲文化研究中心	14	8	4	5 530	2 230	1 890
基础教育课程研究中心	8	4	4	2 224	1 250	820
科技哲学与科技政策研究所	10	5	5	2 110	1 280	860
科学社会主义研究所	15	12	1	1 250	580	440
课程与教学改革研究基地	20	18	2	1 490	730	270
旅游研究所	13	7	5	3 170	1 450	780
旅游与休闲研究基地	20	11	8	2 675	1 180	1 040
社会学研究所	10	3	1	1 317	1 150	980
史学研究所	17	8	8	2 890	1 270	890

续表

学校及机构名称	R&D 活动人员(人)			R&D 经费支出(百元)	仪器设备原价(百元)	
	合计	其中:				其中:进口(百元)
		博士毕业	硕士毕业			
外国哲学研究所	6	5	1	1 820	1 230	850
文化与传播研究所	7	4	3	2 103	1 160	860
文学研究所	15	8	5	1 972	1 358	980
县域发展研究中心	24	18	5	2 760	1 960	1 480
消费经济研究所	17	13	1	2 160	1 550	670
心理学研究所	12	10	2	2 768	1 680	1 100
中共党史研究所	11	8	3	3 400	1 800	860
中国传播与现代化研究中心	15	8	7	2 670	1 265	690
中国近现代史研究所	14	9	3	2 256	1 376	550
中国生态文明发展战略研究中心	12	6	6	4 100	2 450	1 560
中国文学研究所	22	15	4	2 830	1 330	540
中国现代文学研究中心	20	16	4	1 690	870	320
中外文化传播研究基地	14	6	4	2 560	1 156	860
湖南理工学院	37	23	14	10 900	4 400	0
湖南省公共艺术教育研究基地	15	8	7	5 630	2 600	0
中国当代学术史研究基地	10	7	3	1 300	600	0
中国文学批评学研究中心	12	8	4	3 970	1 200	0
衡阳师范学院	50	30	12	11 740	15 500	0
湖南省船山学研究基地	17	11	2	2 890	600	0
湖南省环境教育研究中心	18	9	6	3 550	11 300	0
湖南省人居环境学研究基地	15	10	4	5 300	3 600	0
邵阳学院	166	20	112	12 720	28 490	9 200
湖南省民营经济研究基地	22	4	16	7 800	5 200	1 500
湖南省全民健身服务体系建设研究基地	16	2	10	900	4 100	1 200
龙狮文化研究所	12	1	6	120	2 100	600
民营经济研究所	13	2	7	150	1 600	500
区域经济研究中心	21	3	15	1 300	3 200	1 650
社会哲学与人本工程研究所	14	0	10	110	600	0
魏源研究所	12	2	8	150	1 300	0
魏源与湘西南文史研究基地	22	5	15	1 600	3 150	600
湘西南民间美术研究所	10	0	7	210	1 580	0
湘西南民族民间音乐研究所	9	0	6	160	2 450	1 500

续表

学校及机构名称	R&D 活动人员(人)			R&D 经费支出(百元)	仪器设备原价(百元)	其中:进口(百元)
	合计	其中:博士毕业	硕士毕业			
英语语言文学研究所	15	1	12	220	3 210	1 650
怀化学院	59	19	35	5 200	3 342	0
湖南民族民间非物质文化研究基地	15	6	9	1 000	342	0
湖南省和平文化研究基地	20	6	10	2 200	300	0
湖南省教育科学农村学前教育	10	2	8	1 000	300	0
民族民间文化艺术研究中心	14	5	8	1 000	2 400	0
湖南文理学院	72	20	30	3 280	1 465	0
产业经济研究所	7	4	2	120	210	0
城市文化研究所	5	1	4	310	120	0
古籍整理研究所	7	2	4	250	95	0
湖南省农村居民社会化发展研究基地	8	3	3	800	500	0
环洞庭湖社会发展研究所	6	1	3	190	80	0
经济法学研究所	7	1	3	220	70	0
美术研究所	7	1	2	200	70	0
文艺鉴赏美学研究所	7	4	3	420	110	0
细菌战罪行研究所	6	1	2	200	80	0
英语语言文学研究所	6	1	2	320	60	0
中国常德诗墙文化研究所	6	1	2	250	70	0
湖南科技学院	53	11	33	600	0	0
教育科学研究所	11	2	8	100	0	0
柳宗元研究所	7	2	4	100	0	0
女书暨瑶文化研究所	12	2	8	100	0	0
舜文化研究所	8	1	5	100	0	0
新农村建设研究所	5	2	2	100	0	0
濂溪研究所	10	2	6	100	0	0
湖南人文科技学院	59	16	35	3 393	784	0
核心价值视域下的湖湘生态文化研究基地	21	6	11	653	151	0
区域文化研究基地	21	5	14	1 537	422	0
曾国藩研究基地	17	5	10	1 203	211	0
湖南商学院	109	94	15	8 151.03	1 655.18	0
湖南经济改革与发展研究中心	28	23	5	2 630	413.3	0
湖南省廉政建设研究基地	17	14	3	1 367	340.79	0

续表

学校及机构名称	R&D 活动人员(人)			R&D 经费支出(百元)	仪器设备原价(百元)	其中:进口(百元)
	合计	其中:博士毕业	硕士毕业			
湖南省区域战略与规划研究基地	23	22	1	1 617.23	361.43	0
湖南省现代流通理论研究基地	23	21	2	1 632.9	288.17	0
湖南省现代物流研究基地	18	14	4	903.9	251.49	0
南华大学	105	31	36	20 800	35 900	0
船山学研究所	7	3	1	900	5 000	0
发展战略与区域经济研究所	9	5	2	2 800	2 300	0
国家贸易研究室	6	1	2	800	1 200	0
核能经济与管理研究中心	8	4	1	3 000	3 200	0
衡湘文化研究所	15	4	9	800	500	0
会计研究所	7	2	2	1 000	900	0
企业经济与管理研究所	6	2	1	800	1 000	0
人权与公法理论研究所	5	0	3	1 200	300	0
人文社科研究所	5	2	1	1 000	2 100	0
人因研究所	7	3	2	2 400	8 700	0
审计与内部控制研究所	6	2	2	800	1 200	0
信息管理研究中心	7	1	3	1 200	3 500	0
英语语言文化研究所	6	1	2	1 100	2 100	0
应急管理研究所	5	1	2	1 300	2 700	0
应用语言研究所	4	0	2	900	700	0
政策法规研究室	2	0	1	800	500	0
长沙学院	0	0	0	5 000	0	0
长沙市文化研究基地	0	0	0	500	0	0
长沙文化研究所	0	0	0	500	0	0
长沙学院应用法学(法律事务)研究所	0	0	0	500	0	0
翻译文化研究所	0	0	0	500	0	0
高等教育研究所	0	0	0	500	0	0
国学与思想政治教育研究所	0	0	0	500	0	0
物业管理研究所	0	0	0	500	0	0
学习型社会研究基地	0	0	0	500	0	0
循环经济与复杂性管理研究所	0	0	0	500	0	0
艺术设计研究所	0	0	0	500	0	0
湖南工程学院	12	1	5	264	0	0
物流研究所	12	1	5	264	0	0

续表

学校及机构名称	R&D活动人员(人)			R&D经费支出(百元)	仪器设备原价(百元)	
	合计	其中:				其中:进口(百元)
		博士毕业	硕士毕业			
湖南城市学院	52	7	44	0	0	0
湖南城市化战略研究基地	26	3	23	0	0	0
湖南省城市经济研究基地	26	4	21	0	0	0
湖南工学院	6	3	3	900	600	0
大学生发展研究中心	2	1	1	300	200	0
衡阳经济发展研究中心	2	1	1	300	200	0
旅游规划与设计研究所	2	1	1	300	200	0
湖南财政经济学院	140	30	84	13 745.94	12 472.35	0
产权财务与会计研究所	7	2	5	65	653	0
工程与项目管理研究所	10	2	7	8	37	0
国际经济与贸易标准化研究所	8	2	4	58	37	0
湖南财税发展研究中心	5	3	2	65	568	0
湖南财政与会计研究基地	13	5	8	5 911.5	3 566.9	0
湖南省法务会计研究基地	10	2	5	406	358	0
湖南省政府非税收入研究基地	9	4	5	5 233.53	4 866	0
经济法研究所	6	2	3	80	37	0
经济数学研究所	6	0	4	100	68.3	0
能源经济研究所	6	3	3	32	63	0
企业财务信息与资本效应湖南省重点实验室	9	3	0	1 157.1	1 865.2	0
人力资源管理研究所	6	0	5	56	37	0
审计理论与实务研究所	7	1	4	35	63	0
思想政治教育研究所	9	1	6	52.28	58	0
体育经济与产业研究所	12	0	10	372.58	120.95	0
中小企业营销研究所	8	0	6	42.5	37	0
专门用途英语(ESP)教学与应用研究所	9	0	7	71.45	37	0
湖南警察学院	68	6	27	480	0	0
湖南省公安理论与公共安全研究基地	11	3	4	100	0	0
警察公共关系研究所	8	0	5	50	0	0
警务射击研究所	12	1	1	50	0	0
警务心理研究所	5	1	2	30	0	0
恐怖犯罪对策研究所	6	0	2	50	0	0
青少年犯罪研究所	10	1	7	50	0	0

续表

学校及机构名称	R&D 活动人员(人)			R&D 经费支出(百元)	仪器设备原价(百元)	其中:进口(百元)
	合计	其中:博士毕业	硕士毕业			
群体性事件预防与处置研究所	12	0	5	100	0	0
侦查对策研究所	4	0	1	50	0	0
湖南工业大学	15	0	3	1 350	1 500	0
包装设计理论与应用研究基地	3	0	1	200	400	0
高等教育研究所	4	0	0	300	300	0
湖南省包装经济研究基地	2	0	1	250	200	0
湖南省包装设计艺术研究基地	2	0	1	200	200	0
湖南省体育文化研究基地	2	0	0	300	200	0
省中国特色社会主义理论体系研究中心	2	0	0	100	200	0
湖南女子学院	94	21	47	13 921	5 099	0
妇女/性别研究与女性教育中心	14	4	7	1 000	650	0
高等教育学科(女性教育)基地	3	1	2	500	100	0
湖南女子学院中国重彩艺术研究所	8	1	3	200	200	0
湖南省公民礼仪素质研究基地	4	1	2	2 000	500	0
湖南省湖湘女性文化研究基地	5	1	2	2 000	500	0
湖南省教育科学现代家政教育研究基地	10	2	6	500	100	0
女性经济研究所	4	1	1	500	200	0
女性人类学研究所	4	1	2	800	260	0
女性体育研究所	4	1	2	430	273	0
女性政治与人才学研究所	4	1	2	591	376	0
全国妇联、中国妇女研究会妇女性别研究与培训湖南女子大学基地	6	2	2	3 600	1 340	0
生活科学教育与管理研究所	5	1	2	500	200	0
心理健康教育研究中心	10	2	6	800	300	0
应用数学与数字技术研究所	13	2	8	500	100	0
湖南第一师范学院	30	10	11	1 800	140	0
湖南省青年毛泽东研究基地	5	3	1	1 000	140	0
小学教师教育研究基地	25	7	10	800	0	0
湖南大众传媒职业技术学院	30	4	26	0	200	200
传媒管理研究所	6	1	5	0	200	200
传媒教育与职业研究所	4	0	4	0	0	0
传媒艺术研究所	3	1	2	0	0	0

续表

学校及机构名称	R&D活动人员(人)			R&D经费支出(百元)	仪器设备原价(百元)	其中:进口(百元)
	合计	其中:博士毕业	硕士毕业			
动漫游戏研究所	1	0	1	0	0	0
网络传播与舆情研究所	4	1	3	0	0	0
现代传播研究所	5	0	5	0	0	0
现代远程教育研究所	7	1	6	0	0	0
长沙师范学校	0	0	0	0	0	0
徐特立研究所	0	0	0	0	0	0
学期教育研究所	0	0	0	0	0	0
艺术研究所	0	0	0	0	0	0
广东省						
中山大学	281	257	21	31 212	40 377.42	6 793.9
城市社会研究中心	24	22	1	1 500	500	0
法学理论与法律实践研究中心	22	20	1	1 500	170	0
港澳珠江三角洲研究中心	14	9	5	3 600	12 145.6	0
华南农村研究中心	17	16	1	500	0	0
金融工程与风险管理研究中心	15	15	0	3 412	2 294	0
经济研究所	16	14	2	1 500	1 000	800
历史人类学研究中心	27	26	1	2 300	2 242.65	0
廉政与治理研究中心	16	14	2	1 500	500	0
逻辑与认知研究所	23	21	2	3 600	13 500	1 790
马克思主义哲学与中国现代化研究所	10	9	1	1 500	789.89	0
现代会计与财务研究中心	25	25	0	1 500	742	442
移民与族群研究中心	15	15	0	1 500	500	0
中国非物质文化遗产研究中心	23	22	1	1 500	1 200	0
中国公共管理研究中心	34	29	4	5 800	4 793.28	3 761.9
暨南大学	201	151	38	122 626.21	51 129	0
产业经济研究院	13	11	2	16 971.37	5 829	0
东南亚研究所	26	16	8	4 736.24	4 939	0
古籍研究所	18	13	3	3 506.43	3 412	0
广东产业发展与粤港澳台区域合作研究中心	15	12	3	27 720.11	1 183	0
海外华文文学与汉语传媒研究中心	21	16	3	10 051.71	1 500	0
汉语方言研究中心	12	8	3	1 657.24	3 107	0
华侨华人研究院	16	10	4	2 822.1	7 434	0

学校及机构名称	R&D 活动人员(人)			R&D 经费支出(百元)	仪器设备原价(百元)	其中:进口(百元)
	合计	其中:博士毕业	其中:硕士毕业			
金融研究所	14	13	0	7 990.39	8 825	0
企业发展研究所	12	10	2	15 916.62	8 911	0
特区港澳经济研究所	14	6	6	14 615	1 189	0
应急管理研究中心	22	19	3	10 387.4	300	0
知识产权与法治研究中心	18	17	1	6 251.6	4 500	0
资源环境与可持续发展研究所	0	0	0	0	0	0
汕头大学	77	57	13	45 208.08	2 228.5	0
地方政府发展研究所	25	17	6	128.78	0	0
妇女研究中心	2	1	1	4 500	544	0
高等教育研究所	6	6	0	2 000	1 000	0
国际研究中心	7	6	1	1 000	0	0
海外华文文学研究中心	3	1	0	1 800	520	0
台湾研究所	11	6	3	1 026.3	164.5	0
新国学研究中心	5	4	1	28	0	0
粤台企业合作研究院	18	16	1	34 725	0	0
华南理工大学	216	149	66	267 073.42	22 637.38	312
广东地方法制研究中心	42	33	9	13 578.63	1 340	0
广东省软科学研究基地	6	4	2	2 850	200	0
广东省体育产业发展研究基地	7	4	3	6 532.51	0	0
广东省中小企业研究咨询中心	11	7	4	9 836	50	0
广东现代服务业研究基地	6	4	2	2 100	2 100	0
广州国际旅游研究中心	7	2	5	6 589.65	520	0
技术创新评估研究中心	6	3	2	15 811.26	216.36	0
建筑历史文化研究中心	21	16	5	89 546.26	16 802.3	0
金融工程研究中心	15	8	7	41 836	0	0
新媒体发展研究中心	12	10	2	5 364	415	312
新型工业化发展研究院	34	31	3	42 598.36	589.26	0
政府决策与绩效评价研究所	20	14	6	18 265.15	50.26	0
中国企业战略管理研究中心	29	13	16	12 165.6	354.2	0
华南农业大学	182	120	62	26 124.51	28 830	820
广东农村经济研究中心	9	9	0	1 995.85	450	50
广东农村政策研究中心	9	7	2	1 933.44	450	50
广东农业企业发展研究中心	11	11	0	3 862.99	5 500	150

续表

学校及机构名称	R&D 活动人员(人)			R&D 经费支出(百元)	仪器设备原价(百元)	
	合计	其中:				其中:进口(百元)
		博士毕业	硕士毕业			
广东省地方法制研究中心	14	7	7	1 562.92	200	0
广东省科技管理与规划研究院	23	5	18	3 455	16 520	0
广东新农村法制服务研究中心	10	7	3	1 703	200	0
经济发展研究所	9	9	0	1 842.16	450	150
劳资关系研究中心	12	7	5	3 362.85	350	0
林业经济研究中心	15	9	6	830.5	650	250
农业文化与乡村旅游研究中心	16	10	6	190.78	3 000	0
人力资源与战略发展研究中心	7	6	1	1 878.12	450	0
土地与经济管理研究中心	15	9	6	2 812.1	250	100
中国农业历史遗传研究室	15	9	6	551.31	210	70
宗教与文化交流研究中心	17	15	2	143.49	150	0
广东海洋大学	22	13	9	3 500	1 800	0
海洋经济与管理研究中心	22	13	9	3 500	1 800	0
华南师范大学	113	79	32	82 842	178 600	60 300
城市休闲与旅游规划研究中心	12	0	12	4 400	0	0
华南市场经济研究中心	12	10	2	13 800	18 000	2 300
经济行为与制度研究中心	9	8	1	600	0	0
劳动法和社会保障法研究所	9	3	6	800	0	0
现代教育研究与开发中心	26	23	3	21 600	15 600	0
心理应用研究中心	20	17	2	36 800	145 000	58 000
信息传播与文化创意研究中心	25	18	6	4 842	0	0
韶关学院	5	1	4	3 000	1 000	0
韶文化研究院	5	1	4	3 000	1 000	0
韩山师范学院	9	2	6	1 000	0	0
潮学研究中心	9	2	6	1 000	0	0
湛江师范学院	20	9	11	1 340	0	0
广州湾研究所	3	1	2	50	0	0
海上丝绸之路研究所	2	1	1	30	0	0
雷州美术研究所	3	0	3	150	0	0
雷州民间艺术研究所	2	0	2	80	0	0
雷州体育文化研究所	2	1	1	50	0	0
吴川文化研究所	1	1	0	600	0	0
粤西教师教育研究中心	5	4	1	230	0	0

续表

学校及机构名称	R&D活动人员(人)			R&D经费支出(百元)	仪器设备原价(百元)	其中:进口(百元)
	合计	其中:博士毕业	硕士毕业			
粤西宗教研究所	2	1	1	150	0	0
肇庆学院	21	9	12	1 440	1 440	0
广东省砚文化研究基地	4	2	2	550	550	0
广东实践科学发展观研究基地	17	7	10	890	890	0
嘉应学院	9	2	4	2 560	3 533	0
客家研究院	9	2	4	2 560	3 533	0
广州美术学院	55	12	27	162 320.84	104 998.39	60 000
港台文化艺术研究所	3	1	1	831.22	0	0
广东省创意产业研发中心	3	1	2	8 668.19	384	0
广东省工业设计创意与应用研究重点实验室	8	3	5	10 791.52	0	0
广东现代广告创意中心(国家广告产业园)	7	1	4	60 233	24 000	0
家具研究院	5	0	1	71 000	0	0
岭南中国画研究院	3	0	3	2 012.4	0	0
美术教育研究所	1	0	0	30.78	150	0
视觉文化研究所	1	1	0	10	0	0
视觉与媒体设计研究所	5	0	2	1 982	0	0
书法研究所	3	1	0	2.5	0	0
数字化影像创意产学研结合示范基地	6	0	6	170.37	80 000	60 000
陶瓷艺术与科学研究所	3	1	0	5 981.73	464.39	0
艺术学研究所	7	3	3	607.13	0	0
星海音乐学院	14	1	5	4 500	0	0
岭南音乐文化研究中心	14	1	5	4 500	0	0
广东技术师范学院	15	8	7	750	650	200
民族研究所	15	8	7	750	650	200
深圳大学	80	39	41	80 348	22 792	0
传媒与文化发展研究中心	14	8	6	21 000	2 081	0
当代中国政治研究所	13	6	7	9 433	2 211	0
港澳基本法研究中心	7	2	5	2 035	1 716	0
深圳国际化发展研究中心	5	2	3	2 000	840	0
深圳现代艺术与设计研究中心	10	5	5	10 200	3 500	0
体育文化研究所	6	2	4	1 300	3 100	0
文化产业研究院	5	3	2	8 170	4 814	0

续表

学校及机构名称	R&D 活动人员(人)			R&D 经费支出(百元)	仪器设备原价(百元)	其中:进口(百元)
	合计	其中:博士毕业	硕士毕业			
印度研究中心	4	1	3	1 200	200	0
中国经济特区研究中心	10	7	3	20 010	3 310	0
中国知识产权司法保护理论研究基地	6	3	3	5 000	1 020	0
广东商学院	25	12	6	21 504.67	7 311.48	0
法治与经济发展研究所	6	5	0	4 000	2 003.7	0
国民经济研究中心	5	3	2	1 128.67	1 701.49	0
流通经济研究所	4	0	2	3 000	2 330	0
旅游管理与规划所	3	1	0	6 838	840.5	0
民营经济研究所	4	1	1	530	253.49	0
县域经济研究所	3	2	1	6 008	182.3	0
顺德职业技术学院	4	2	1	500	500	0
高职教育研究所	4	2	1	500	500	0
广州大学	130	79	36	97 148	44 255	1 590
法治广州研究中心	16	12	0	6 670	2 874	0
高等教育研究所	8	4	3	3 153	1 183	0
广府文化研究基地	12	7	5	4 186	1 633	0
广州发展研究院	14	10	2	41 864	19 379	932
广州市“十三行”重点研究基地	10	7	0	3 856	1 564	0
广州市廉政建设重点研究基地	15	7	3	3 523	1 885	0
广州市社会工作研究中心	13	10	3	14 126	6 626	0
国家人权教育与培训基地	9	7	2	7 529	3 874	0
人权研究中心	9	7	2	4 253	1 914	658
俗文化研究中心	17	7	10	5 855	2 634	0
体育产业研究中心	7	1	6	2 133	689	0
深圳职业技术学院	108	24	72	26 484.1	5 037.02	0
创新设计研究中心	30	3	24	4 428.75	389.5	0
经济与社会发展研究中心	6	3	2	5 952.62	1 140.96	0
农业文化创意与营销研发中心	15	0	11	1 926.3	201	0
人文社会科学研究室	9	2	6	553.3	1 000.01	0
台湾研究室	4	3	1	47.5	376.55	0
现代产业研究中心	35	10	23	12 024.72	325	0
职业技术教育研究所	9	3	5	1 550.91	1 604	0
五邑大学	30	14	12	8 600	1 140	320

续表

学校及机构名称	R&D活动人员(人)			R&D经费支出(百元)	仪器设备原价(百元)	其中:进口(百元)
	合计	其中:博士毕业	硕士毕业			
广东侨乡文化研究中心	21	9	8	6 500	350	0
企业管理研究中心	9	5	4	2 100	790	320
广东金融学院	38	25	12	3 409	1 084	0
保险研究所	4	2	2	580	230	0
广州区域金融政策研究中心	15	10	5	550	190	0
国际经济与贸易研究所	4	2	1	380	125	0
华南金融研究所	7	5	2	1 280	370	0
劳动经济与人力资源研究所	4	3	1	220	87	0
知识产权研究所	4	3	1	399	82	0
广东石油化工学院	25	3	13	2 526.2	4 220	0
南方诗歌研究所	3	0	1	172	200	0
粤西经济发展研究所	7	1	6	1 453.2	3 000	0
冼夫人文化研究中心	15	2	6	901	1 020	0
东莞理工学院	17	8	9	2 600	3 390	0
城市文化发展研究中心	5	3	2	300	3 010	0
东莞经济法律研究咨询中心	2	1	1	320	40	0
东莞市生命教育研究中心	4	1	3	200	30	0
高等教育发展研究中心	2	0	2	300	200	0
社会发展研究院	4	3	1	1 480	110	0
广东外语外贸大学	42	33	8	105 373.6	21 885.3	2 503.3
词典学研究中心	6	3	3	4 194	2 404	800
翻译学研究中心	2	2	0	4 530.4	1 401.91	0
广东国际战略研究院	8	7	1	40 000	1 000	240
广州国际商贸研究中心	2	2	0	2 125.2	536	100
国际服务外包研究院	4	2	2	36 555.2	2 250	100
国际经济贸易研究中心	2	0	2	3 504.2	1 000	200
加拿大研究中心	1	1	0	0	100	0
外国文学文化中心	4	3	0	3 044.3	11 048.69	200
外国语言学及应用语言学研究中心	11	11	0	9 339.9	1 144.7	363.3
粤商研究中心	2	2	0	2 080.4	1 000	500
佛山科学技术学院	126	41	54	21 148	6 214	0
动漫研究中心	13	4	6	3 864	1 737	0
法治与社会发展研究中心	20	10	4	3 697	906	0

续表

学校及机构名称	R&D 活动人员(人)			R&D 经费支出(百元)	仪器设备原价(百元)	
	合计	其中:				其中:进口(百元)
		博士毕业	硕士毕业			
佛山市青少年发展研究中心	16	4	8	2 320	760	0
佛山文化研究中心	32	9	15	3 115	273	0
佛山武术文化研究中心	6	1	3	1 590	728	0
高等教育研究所	3	1	1	388	20	0
广东省广府文化研究基地	20	6	9	2 710	680	0
酒文化研究中心	9	4	3	2 529	220	0
企业发展研究中心	7	2	5	935	890	0
广东科学技术职业学院	6	1	1	2 300	220	0
广东省人才研究所	6	1	1	2 300	220	0
广西壮族自治区						
广西大学	25	17	6	2 000	0	0
马克思主义经济学研究中心	25	17	6	2 000	0	0
广西工学院	56	20	30	891	20 813	0
高等教育科学研究所	10	0	6	6	4 388	0
经济研究中心	8	2	5	795	4 533	0
战略与决策研究所	29	15	13	40	9 850	0
中国西部经济社会发展研究中心	9	3	6	50	2 042	0
桂林电子科技大学	45	22	20	8 674.33	2 362.7	0
广西信息产业发展研究基地	13	7	6	4 597.02	1 063.1	0
软科学研究院	32	15	14	4 077.31	1 299.6	0
桂林理工大学	17	7	10	1 200	400	0
大学民族文化研究所	4	1	3	300	0	0
景观工程研究院	3	2	1	400	400	0
艺术设计研究所	5	2	3	300	0	0
应用经济研究所	5	2	3	200	0	0
广西中医药大学	4	1	3	45	220	0
民族医药研究与发展中心	4	1	3	45	220	0
广西师范大学	371	229	133	154 281.13	58 628.87	0
法制与社会发展研究所	18	9	9	1 399	2 308.07	0
古籍整理研究所	10	10	0	855	916.4	0
广西地方民族史研究	8	8	0	690	985.84	0
广西人文社会科学发展研究中心	52	41	11	69 975.67	5 418.8	0
广西文化产业研究基地	23	15	8	2 434.11	3 398.6	0

续表

学校及机构名称	R&D 活动人员(人)			R&D 经费支出(百元)	仪器设备原价(百元)	
	合计	其中:				其中:进口(百元)
		博士毕业	硕士毕业			
国家体育总局体育文化发展中心研究基地	12	4	8	1 150	1 231.93	0
环境艺术设计研究所	12	2	10	4 100.78	2 008.1	0
教育部高校辅导员培训和研修基地	12	5	7	891.34	1 800	0
教育部基础教育课程研究中心	18	5	13	14 012.84	5 801.11	0
教育科学研究所	21	15	6	16 331.9	4 465.93	0
经济研究所	23	17	6	12 581	3 175.03	0
客家文化研究所	10	6	4	1 599.91	1 043.2	0
旅游研究所	17	10	7	13 000	1 501.35	0
马克思主义研究所	14	11	3	1 572.03	512.5	0
民族音乐舞蹈研究所	13	0	7	1 135.95	2 637.98	0
女性发展研究所	17	13	4	899.5	1 140	0
外国语言文学研究所	25	8	15	737.07	1 755.5	0
西南城市与区域发展研究中心	27	20	7	9 155.64	16 086.2	0
中国诗学研究中心	15	13	2	603.33	497.21	0
中国语言文学研究所	12	9	2	543.09	498.12	0
壮学研究所	12	8	4	612.97	1 447	0
广西师范学院	67	20	28	5 730	1 040	0
高等教育研究所	6	4	2	400	100	0
广西马克思主义理论研究和建设工程研究基地	22	2	10	4 000	600	0
教师教育研究所	9	5	2	450	120	0
马克思主义哲学研究中心	20	5	10	580	120	0
心理健康教育咨询中心	10	4	4	300	100	0
河池学院	51	0	10	76	2 060	0
桂西北少数民族非物质文化资源研究基地	25	0	4	40	960	0
文学创作人才培养基地	26	0	6	36	1 100	0
广西民族大学	258	102	113	30 810	3 610	560
北部湾区域经济合作研究所	12	8	4	10 000	0	0
高教研究所	3	1	2	150	50	0
公共管理研究所	10	2	4	450	130	0
广西教育科学重点研究基地	6	3	3	1 500	500	0
广西民族教育研究中心	6	2	4	1 000	300	0

续表

学校及机构名称	R&D 活动人员(人)			R&D 经费支出(百元)	仪器设备原价(百元)	
	合计	其中:				其中:进口(百元)
		博士毕业	硕士毕业			
广西民族团结教育师资培训基地	4	2	2	800	100	0
华南与东南亚民族研究基地	14	8	6	860	320	0
马克思主义理论研究和建设工程研究基地	43	16	21	1 000	30	0
民族学人类学研究所	46	16	25	5 600	780	560
民族研究中心	5	2	3	90	0	0
民族音乐表演研究所	6	0	2	250	0	0
民族音乐创作研究所	5	0	1	300	0	0
生态审美与民族文艺学研究基地	18	10	3	3 000	0	0
瑶学研究中心	12	10	1	2 000	120	0
语言文化研究中心	10	2	5	450	100	0
中国—东盟经贸合作研究所	12	4	8	120	0	0
中国—东盟体育交流合作中心	5	4	1	80	0	0
中国—东盟研究中心	18	3	6	560	180	0
中国—东盟政治法律文化研究中心	8	3	5	2 040	1 000	0
中国身心运动(广西研究中心)	5	4	1	60	0	0
壮学研究中心	10	2	6	500	0	0
贺州学院	14	3	5	1 020	320	0
广西东部族群文化研究基地	14	3	5	1 020	320	0
海南省						
海南大学	72	26	22	27 200	0	0
海南大学社会科学研究中心	17	8	3	1 200	0	0
海南省历史文化研究基地	17	4	5	4 500	0	0
海南省南海法律研究中心	22	9	11	9 500	0	0
热带农业发展研究所	16	5	3	12 000	0	0
琼州学院	6	2	1	350	0	0
海南省民族研究基地	6	2	1	350	0	0
海南师范大学	69	12	37	830	100	0
海南当代文学研究所	16	4	10	100	0	0
海南省基础教育课程与教学研究基地	8	1	4	10	0	0
海南省南海区域文化研究基地	7	1	4	200	0	0
海南省中国特色社会主义理论体系研究中心	8	2	4	180	0	0
海南师范大学金融研究中心	10	0	5	80	0	0

续表

学校及机构名称	R&D 活动人员(人)			R&D 经费支出(百元)	仪器设备原价(百元)	其中:进口(百元)
	合计	其中:博士毕业	硕士毕业			
海南师范大学媒介发展研究中心	8	1	5	90	0	0
海南师范大学民族民间音乐研究所	7	0	3	80	100	0
中国散文研究中心	5	3	2	90	0	0
海口经济学院	1	0	1	220	0	0
海南省旅游商品研究基地	1	0	1	220	0	0
重庆市						
重庆大学	159	125	24	10 452.9	161 741.2	0
工商管理与经济发展研究中心	49	45	4	612.3	72 109.3	0
区域经济与科教战略研究中心	12	6	3	2 013.1	879.9	0
人口、资源、环境经济与管理研究中心	32	23	3	498.6	10 495	0
西部环境资源法制建设研究中心	12	8	3	501.3	1 695	0
现代物流重庆市市级重点实验室	43	33	10	6 331.8	75 194.5	0
语言认知及语言应用研究基地	11	10	1	495.8	1 367.5	0
重庆邮电大学	79	9	34	8 105	6 316	0
巴文化研究所	8	1	3	430	190	0
司法鉴定中心	10	3	2	1 886	300	0
外国语言文化研究所	8	0	1	362	210	0
网络社会发展研究中心	34	4	24	2 906	4 130	0
信息产业发展研究中心	11	1	3	2 280	1 220	0
应用语言学研究所	8	0	1	241	266	0
重庆交通大学	57	20	36	7 385	3 863	0
西部交通与经济社会发展研究中心	57	20	36	7 385	3 863	0
重庆医科大学	36	5	31	4 536	865	0
医学与社会发展研究中心	36	5	31	4 536	865	0
西南大学	218	166	50	84 541.08	95 178.64	44 563.67
汉语言文献研究所	21	16	5	5 233.56	4 865	1 235
基础教育研究中心	10	8	2	8 898.33	7 952.32	4 561
建筑艺术研究所	3	0	2	1 045.45	789.33	356.77
科学教育研究中心	16	11	5	5 678.45	5 878.11	1 423.45
历史地理研究所	10	8	2	5 879.45	5 486.32	3 890.45
逻辑与智能研究中心	25	16	9	3 896.23	4 689.45	3 456
马克思主义理论研究中心	20	16	4	6 895.12	7 568.23	3 456
农村经济与管理研究中心	14	10	3	9 365.44	7 897.52	3 456

续表

学校及机构名称	R&D 活动人员(人)			R&D 经费支出(百元)	仪器设备原价(百元)	其中:进口(百元)
	合计	其中:				
		博士毕业	硕士毕业			
农业教育发展研究中心	15	10	5	3 256.12	3 125.22	1 589
三峡库区经济社会发展研究中心	11	9	2	3 245.66	3 145.44	1 235
外国语言研究所	19	17	2	6 789.12	7 523.44	6 782
西南民族教育与心理研究中心	17	15	2	6 789.15	5 412.11	2 564
心理健康教育研究中心	12	11	1	7 546.66	8 794.45	4 561
心理学与社会管理研究中心	11	10	1	5 461.22	18 795.56	5 642
中国诗学研究中心	14	9	5	4 561.12	3 256.14	356
重庆师范大学	144	42	81	19 656	9 107	5 012
三峡文化与社会发展研究院	30	7	18	2 850	3 340	2 040
文物保护技术重点实验室	10	4	6	4 050	2 240	1 540
重庆市抗战文史研究基地	40	15	18	4 756	761	0
重庆市课程与教学研究基地	42	10	25	4 460	1 840	962
重庆市小学教师教育研究基地	22	6	14	3 540	926	470
重庆文理学院	20	3	16	50 220	686	0
品牌科学研究所	11	0	11	26 500	250	0
重庆市非物质文化遗产研究基地	9	3	5	23 720	436	0
重庆三峡学院	35	11	22	1 205	4 125	0
三峡库区与可持续发展研究中心	35	11	22	1 205	4 125	0
长江师范学院	6	1	5	520	3 525	0
乌江流域社会经济文化研究中心	6	1	5	520	3 525	0
四川外语学院	26	21	5	10 872	8 560	1 856
国别经济与国际商务研究中心	10	9	1	7 207	2 548	207
外国语文研究中心	9	7	2	2 065	3 911	1 136
中外文化比较研究中心	7	5	2	1 600	2 101	513
西南政法大学	193	140	52	12 115	5 300	0
毒品犯罪与对策研究中心	45	30	15	3 800	1 000	0
市场交易法律制度研究基地	41	31	10	2 520	1 500	0
诉讼法与司法改革研究中心	38	30	8	2 295	1 500	0
西南民族法文化研究中心	24	14	9	1 500	300	0
中国农村经济法制创新研究中心	45	35	10	2 000	1 000	0
四川美术学院	17	4	5	1 210	520	0
重庆当代视觉艺术研究中心	17	4	5	1 210	520	0
重庆理工大学	42	19	23	16 858	16 343	4 522

续表

学校及机构名称	R&D 活动人员(人)			R&D 经费支出(百元)	仪器设备原价(百元)	其中:进口(百元)
	合计	其中:				
		博士毕业	硕士毕业			
财会研究与开发中心	14	6	8	5 796	4 952	2 850
劳动经济与人力资源研究中心	12	5	7	3 106	5 010	1 672
企业管理研究所	10	4	6	1 978	3 298	0
新视野管理咨询与企业诊断研究中心	6	4	2	5 978	3 083	0
重庆工商大学	221	101	74	104 320	30 820	10 200
巴渝文化研究所	14	0	10	2 800	1 250	110
产业经济研究院	36	21	9	13 000	3 200	1 200
长江上游经济研究中心	38	22	15	62 110	12 190	6 510
大学生发展研究中心	5	2	2	40	440	0
法学研究所	14	6	5	2 220	500	0
高等教育研究所	5	0	3	600	430	0
技术经济与管理研究中心	8	3	2	1 290	630	0
金融研究所	6	2	2	1 500	450	0
廉政研究中心	18	7	3	4 200	2 800	620
企业管理研究中心	38	18	14	6 530	2 610	980
区域经济研究院	16	7	5	5 400	4 210	690
商务策划研究所	15	8	3	2 950	1 300	90
现代会计研究所	8	5	1	1 680	810	0
重庆电力高等专科学校	3	0	0	0	940	0
高等教育研究室	3	0	0	0	940	0
四川省						
四川大学	208	95	93	54 280	16 022	0
道教与宗教文化研究所	33	10	15	5 230	1 000	0
古籍整理研究所	16	1	4	1 450	400	0
南亚研究所	22	5	17	15 000	3 000	0
儒学研究中心	13	10	3	1 000	0	0
社会发展与社会风险控制研究中心	25	5	20	1 600	0	0
系统科学与企业发展研究中心	61	50	11	11 000	2 100	0
中国藏学研究所	15	4	10	9 000	6 000	0
中国俗文化研究所	23	10	13	10 000	3 522	0
西南交通大学	43	15	27	3 000	0	0
西部交通战略与区域发展研究中心	25	10	15	1 500	0	0
心理健康教育研究中心	18	5	12	1 500	0	0

续表

学校及机构名称	R&D 活动人员(人)			R&D 经费支出(百元)	仪器设备原价(百元)	
	合计	其中:				其中:进口(百元)
		博士毕业	硕士毕业			
电子科技大学	44	8	32	12 872	32 060	0
公共管理研究所	14	2	11	4 362	16 780	0
管理科学与工程研究中心	12	3	8	3 024	8 860	0
先进管理技术与电子商务研究所	18	3	13	5 486	6 420	0
西南石油大学	7	3	4	2 900	500	0
四川石油天然气发展研究中心	7	3	4	2 900	500	0
成都理工大学	219	35	159	47 448	15 250	2 650
川剧艺术研究所	9	2	5	21	800	200
传媒艺术教育研究所	10	2	6	22	860	200
大学生犯罪预防研究所	21	2	17	350	750	0
电视科教纪录片研究所	10	2	6	200	3 000	1 000
电子商务研究所	10	3	7	960	3 000	1 000
翻译研究所	6	1	5	200	0	0
辅导员教育培训研究基地	17	4	13	375	0	0
国际关系与国际问题研究中心	8	1	6	200	0	0
旅游与城镇规划研究所	30	3	22	40 000	5 000	0
日本语言文化研究所	13	1	9	200	0	0
四川矿产资源研究中心	30	8	20	1 100	1 340	0
体育人文社会科学研究所	16	1	15	20	0	0
应用社会学研究所	12	2	10	3 000	200	0
职业经理研究所	15	1	13	600	300	250
资源与环境经济普及基地	12	2	5	200	0	0
西南科技大学	35	3	20	1 460	2 470	0
四川犯罪防控研究中心	12	1	8	450	904	0
四川外国语言文学研究中心	8	0	6	450	588	0
四川循环经济研究中心	15	2	6	560	978	0
成都信息工程学院	14	4	7	4 850	1 100	0
统计信息技术与数据挖掘实验室	8	3	3	4 650	1 000	0
网络文化研究中心	6	1	4	200	100	0
四川理工学院	141	18	79	16 548	166 475	69 920
川酒发展研究中心	24	6	16	2 851	157 900	69 920
川酒文化国际传播研究中心	36	2	25	1 845	2 120	0
基层司法能力研究中心	29	3	21	6 850	4 510	0

续表

学校及机构名称	R&D 活动人员(人)			R&D 经费支出(百元)	仪器设备原价(百元)	其中:进口(百元)
	合计	其中:博士毕业	其中:硕士毕业			
中国盐文化研究中心	52	7	17	5 002	1 945	0
西华大学	38	4	29	3 730	1 485.6	0
地方文化资源开发与保护研究中心	22	4	17	1 210	1 470	0
区域社会经济研究所	16	0	12	2 520	15.6	0
四川农业大学	2	2	0	2 145	289	0
四川省农村发展研究中心	2	2	0	2 145	289	0
西昌学院	4	2	1	100	510	0
彝族文化研究中心	4	2	1	100	510	0
泸州医学院	22	0	16	100	50	0
四川医事卫生法治研究中心	22	0	16	100	50	0
成都中医药大学	18	4	6	1 250	380	0
高教研究与评价中心	6	1	2	450	180	0
中医药文化中心、古籍文献研究所	12	3	4	800	200	0
四川师范大学	45	10	35	13 800	0	0
巴蜀文化研究中心	12	3	9	10 000	0	0
四川多元文化研究中心	15	3	12	3 000	0	0
四川省教师教育研究中心	18	4	14	800	0	0
西华师范大学	78	36	33	4 890	2 435	0
巴蜀文化研究所	5	3	1	350	200	0
高等教育研究所	5	3	1	250	150	0
公共行政与政府法制研究所	5	2	2	250	200	0
古籍整理研究所	5	2	2	320	165	0
经济与管理研究所	5	2	2	260	150	0
马列主义研究所	5	2	2	250	140	0
民间美术与文化研究所	5	1	2	260	150	0
四川省大学生思想政治教育研究中心	5	2	3	500	350	0
四川省教育发展研究中心	6	3	3	350	200	0
四川新型农村城镇化研究中心	8	5	3	550	100	0
西部区域文化研究中心	6	3	3	350	200	0
现代化研究所	5	1	3	350	180	0
政治学研究所	6	3	3	300	150	0
中国文学文化译介研究中心	7	4	3	550	100	0
绵阳师范学院	6	1	3	2 450	247	0

续表

学校及机构名称	R&D活动人员(人)			R&D经费支出(百元)	仪器设备原价(百元)	
	合计	其中:				其中:进口(百元)
		博士毕业	硕士毕业			
李白文化研究中心	4	1	2	970	112	0
民间文化研究中心	2	0	1	1 480	135	0
内江师范学院	33	2	14	3 760	1 240	0
四川张大千研究中心	33	2	14	3 760	1 240	0
宜宾学院	150	18	76	6 265	1 877	0
典籍文化研究所	12	1	6	250	240	0
高等教育研究所	21	4	8	340	550	0
抗战大后方文化研究所	9	1	3	300	50	0
社会学研究所	9	0	8	550	100	0
设计学研究所	23	0	11	200	150	0
水运经济研究中心	13	0	8	230	123	0
四川省农村幼儿教育研究中心	0	0	0	350	40	0
四川省思想家研究中心	8	1	4	900	300	0
四川省新建院校改革与发展研究中心	3	2	1	430	20	0
新闻传播学研究所	11	3	6	650	85	0
应用经济学研究所	16	0	9	2 000	200	0
中国语言文学研究所	25	6	12	65	19	0
四川文理学院	2	0	1	420	200	0
四川革命老区发展研究中心	2	0	1	420	200	0
阿坝师范高等专科学校	4	0	1	250	130	0
藏羌民族文化艺术研究所	4	0	1	250	130	0
乐山师范学院	114	20	72	4 350	1 540	0
非物质文化遗产与文化产业研究中心	20	7	11	320	150	0
农村教育研究中心	6	2	3	180	120	0
社区发展研究中心	20	4	8	400	120	0
思想政治教育研究中心	19	1	16	370	160	0
四川郭沫若研究中心	7	1	3	680	185	0
四川旅游发展研究中心	10	2	7	1 850	520	0
外语教师教育研究中心	25	3	20	300	105	0
预防职务犯罪研究中心	7	0	4	250	180	0
西南财经大学	105	76	14	6 003.5	2 976	0
公共政策创新研究基地	33	28	5	240	600	0
金融法研究中心	22	14	4	1 235	523	0

续表

学校及机构名称	R&D 活动人员(人)			R&D 经费支出(百元)	仪器设备原价(百元)	其中:进口(百元)
	合计	其中:博士毕业	其中:硕士毕业			
中国金融研究中心	17	11	3	1 870	625	0
中国西部经济研究中心	13	7	0	1 385	650	0
中国政府审计研究中心	20	16	2	1 273.5	578	0
成都体育学院	61	12	36	1 600	999	180
体育社会科学研究中心	61	12	36	1 600	999	180
西南民族大学	97	31	31	19 050	5 750	0
羌学研究中心	8	3	3	2 000	1 050	0
少数民族双语教育普及基地	15	0	0	1 000	300	0
西南民族研究院	63	24	23	14 050	4 000	0
西南民族研究中心	6	2	2	1 000	200	0
西南少数民族研究基地	5	2	3	1 000	200	0
成都学院	16	4	12	2 135	1 150	0
四川动漫研究中心	16	4	12	2 135	1 150	0
成都工业学院	4	0	3	500	200	0
四川性社会学与性教育研究中心	4	0	3	500	200	0
四川民族学院	6	0	4	2 604	2 000	0
康巴发展研究中心	6	0	4	2 604	2 000	0
成都医学院	19	6	8	262	6 100	770
四川应用心理学研究中心	19	6	8	262	6 100	770
贵州省						
贵州大学	82	22	18	5 000	1 800	0
喀斯特地区发展战略研究中心	22	9	2	1 000	300	0
马克思主义经济学发展与应用研究中心	20	5	4	1 000	300	0
人口、社会、法制研究中心	10	2	3	1 000	300	0
中国西部发展能力研究中心	16	3	5	1 000	500	0
中华传统文化与贵州地域文化研究中心	14	3	4	1 000	400	0
遵义医学院	32	7	25	294	0	0
贵州省高校人文医学研究中心	32	7	25	294	0	0
贵州师范大学	94	41	40	11 947	7 598	0
贵州文化与自然遗产保护研究中心	16	4	9	3 013	1 604	0
喀斯特生态文明研究中心	24	8	12	4 573	2 550	0

续表

学校及机构名称	R&D 活动人员(人)			R&D 经费支出(百元)	仪器设备原价(百元)	
	合计	其中:				其中:进口(百元)
		博士毕业	硕士毕业			
马克思主义理论与思想政治教育研究中心	25	15	10	2 418	1 802	0
文学教育与文化传播研究中心	29	14	9	1 943	1 642	0
遵义师范学院	41	0	21	305	80	0
红色文化研究中心	41	0	21	305	80	0
毕节学院	7	1	5	80	0	0
毕节试验区研究院	5	1	3	50	0	0
彝学研究院	2	0	2	30	0	0
凯里学院	4	1	2	690	200	100
贵州原生态民族文化研究中心	4	1	2	690	200	100
黔南民族师范学院	51	3	11	900	700	0
地方民族文化与教育研究中心	33	3	5	200	100	0
民族研究所	6	0	2	100	100	0
牙舟陶艺重点实验室	12	0	4	600	500	0
贵州财经大学	16	11	2	2 870	550	0
经济研究所	5	5	0	1 500	100	0
欠发达地区经济发展研究中心	5	2	1	820	300	0
中国西部现代化发展研究中心	6	4	1	550	150	0
贵州民族大学	25	9	9	8 900	3 450	0
法制与民族地区发展研究中心	9	3	4	3 000	1 000	0
贵州世居民族研究中心	9	3	2	3 000	950	0
民族文化生态研究中心	7	3	3	2 900	1 500	0
贵阳学院	12	1	3	2 000	600	100
阳明学与地方文化研究中心	12	1	3	2 000	600	100
云南省						
云南大学	19	9	10	1 670	0	0
发展研究院	6	4	2	1 000	0	0
国际关系研究院	6	2	4	510	0	0
民族研究院	7	3	4	160	0	0
昆明理工大学	9	4	5	900	800	0
云南现代化管理与新型工业化研究基地	9	4	5	900	800	0
云南农业大学	27	3	21	948	467	0
科学技术史研究所	8	1	7	16	34	0

续表

学校及机构名称	R&D 活动人员(人)			R&D 经费支出(百元)	仪器设备原价(百元)	其中:进口(百元)
	合计	其中:博士毕业	硕士毕业			
农村发展研究所	12	1	8	900	24	0
农村发展政策研究中心	4	1	3	21	342	0
农业教育研究所	3	0	3	11	67	0
西南林业大学	15	2	10	1 850	500	0
云南省森林资产管理及林权制度研究基地	15	2	10	1 850	500	0
大理学院	9	1	3	2 721	0	0
民族文化研究所	5	0	0	1 765	0	0
云南省南诏大理历史文化传承与发展研究基地	4	1	3	956	0	0
云南师范大学	20	10	10	21 700	0	0
国家体育总局体育文化研究基地	3	2	1	3 000	0	0
云南教育发展与西南联大研究基地	4	1	3	4 000	0	0
云南旅游产业发展研究基地	5	3	2	5 000	0	0
云南人力资源开发与管理研究基地	5	3	2	6 500	0	0
云南省舆情研究基地	3	1	2	3 200	0	0
红河学院	5	0	2	1 405	300	0
滇越合作研究基地	5	0	2	1 405	300	0
云南财经大学	34	23	8	31 476.99	0	0
财政税收研究所	5	1	4	4 851.47	0	0
公共政策研究中心	4	3	1	748	0	0
国土资源与持续发展研究所	5	5	0	4 980.71	0	0
旅游文化产业研究院	4	2	1	11 370	0	0
区域发展研究所	8	5	1	3 564.54	0	0
社会与经济行为研究中心	5	4	1	656.67	0	0
印度洋地区研究中心	3	3	0	5 305.6	0	0
云南艺术学院	0	0	0	0	0	0
民族艺术研究所	0	0	0	0	0	0
云南民族大学	34	12	11	340	451	0
民族研究所	34	12	11	340	451	0
玉溪师范学院	4	1	3	150	25	0
民族文化与社会发展研究所	4	1	3	150	25	0
楚雄师范学院	6	1	4	8 826	500	0
地方民族文化研究所	6	1	4	8 826	500	0

续表

学校及机构名称	R&D 活动人员(人)			R&D 经费支出(百元)	仪器设备原价(百元)	其中:进口(百元)
	合计	其中:博士毕业	硕士毕业			
昆明学院	6	3	2	2 954.25	0	0
昆明科学发展研究院	6	3	2	2 954.25	0	0
文山学院	4	2	2	200	1 600	300
民族文化传承创新研究中心	4	2	2	200	1 600	300
西藏自治区						
西藏大学	12	3	5	2 440	220	0
《格萨尔》研究所	5	1	2	40	10	0
中国藏学研究所	7	2	3	2 400	210	0
西藏民族学院	45	11	22	2 880	0	0
民族研究所	15	0	14	780	0	0
西藏经济与社会发展研究基地	13	5	4	900	0	0
西藏社会经济与文化发展研究基地	17	6	4	1 200	0	0
陕西省						
西北大学	84	61	23	29 400	21 000	0
汉唐文化与陕西文学发展研究中心	29	19	10	13 000	9 900	0
市场经济与企业制度研究中心	14	12	2	4 200	2 800	0
文化遗产保护与考古学研究中心	9	6	3	4 600	3 600	0
西北历史研究所	6	3	3	1 300	800	0
中东研究所	11	9	2	1 600	1 100	0
中国思想文化研究所	12	10	2	2 100	1 000	0
中国西部经济发展研究中心	3	2	1	2 600	1 800	0
西安交通大学	160	70	90	41 300	9 190	300
高教研究所	7	5	2	2 500	400	0
金融发展研究所	8	5	3	1 600	300	0
人口与发展研究所	11	9	2	3 700	520	0
陕西经济研究中心	15	6	9	1 500	300	0
陕西省电子商务与电子政务重点实验室	8	4	4	2 000	500	0
陕西省高校德育研究中心	9	3	6	2 800	350	0
社会医学与卫生事业管理研究所	7	2	5	3 200	900	300
实证社会科学研究所	15	4	11	1 500	450	0
丝绸之路国际法与比较法研究所	12	8	4	3 500	800	0

续表

学校及机构名称	R&D 活动人员(人)			R&D 经费支出(百元)	仪器设备原价(百元)	其中:进口(百元)
	合计	其中:				
		博士毕业	硕士毕业			
公共管理与复杂性科学研究中心	5	4	1	2 400	500	0
绩效管理研究中心	7	3	4	2 000	500	0
社会保障统计与精算研究中心	10	2	8	3 500	890	0
社会调查研究中心	5	2	3	1 200	300	0
中国能源经济研究所	5	2	3	1 000	250	0
新闻与传播研究所	6	2	4	1 000	280	0
信息安全法学研究所	8	2	6	2 500	600	0
知识产权研究中心	7	2	5	1 000	200	0
中国管理问题研究中心	7	2	5	1 900	550	0
资本市场与企业发展研究中心	8	3	5	2 500	600	0
西北工业大学	24	12	12	690	620	0
西部国防科技工业发展研究中心	24	12	12	690	620	0
西安理工大学	55	33	22	1 422	243	0
城市经济发展战略研究所	9	7	2	212	85	0
城市经济与管理研究中心	21	15	6	356	72	0
大学生人文素质教育研究中心	25	11	14	854	86	0
西安电子科技大学	11	7	4	11 199	1 075	0
陕西信息资源研究中心	11	7	4	11 199	1 075	0
西安工业大学	8	3	4	300	850	0
陕西当代文学与艺术研究中心	8	3	4	300	850	0
西安建筑科技大学	14	3	11	1 400	3 667	0
建筑经济与管理研究中心	14	3	11	1 400	3 667	0
西安科技大学	25	16	8	8 640	15 000	0
能源经济与管理研究中心	25	16	8	8 640	15 000	0
西安石油大学	45	10	30	28 985.96	8 359	0
油气资源经济管理研究中心	45	10	30	28 985.96	8 359	0
陕西科技大学	8	1	7	7 525	28 145	0
陕西轻工产业发展战略研究中心	8	1	7	7 525	28 145	0
西安工程大学	10	5	5	3 000	500	0
纺织经济管理研究中心	10	5	5	3 000	500	0
长安大学	129	43	63	17 476	1 812	0

续表

学校及机构名称	R&D 活动人员(人)			R&D 经费支出(百元)	仪器设备原价(百元)	
	合计	其中:				其中:进口(百元)
		博士毕业	硕士毕业			
长安文化产业研究中心	15	9	6	500	300	0
交通投融资研究所	27	0	6	3 030	0	0
交通运输发展研究所	9	2	6	420	410	0
区域与城市运输经济研究所	15	9	5	10 265	652	0
物流与供应链研究所	42	4	38	3 261	450	0
综合运输经济管理研究中心	21	19	2	0	0	0
西北农林科技大学	27	12	14	14 200	420	0
西部农村发展研究中心	19	7	12	14 000	350	0
中国农业历史文化研究所	8	5	2	200	70	0
陕西中医学院	25	5	14	214	5 300	700
陕西中医学院身心健康研究室	10	2	6	41	3 000	0
中医药文化传承与发展研究中心	15	3	8	173	2 300	700
陕西师范大学	136	75	44	15 260	10 123	0
陕西师范大学宗教研究中心	7	5	1	2 375	1 860	0
体育人文社会科学研究中心	15	4	9	850	530	0
西北国土资源研究中心	13	8	4	790	230	0
西北历史环境与经济社会发展研究中心	30	20	3	4 895	3 662	0
西北民族研究中心	17	11	2	5 320	3 011	0
西部基础教育与教师教育研究中心	54	27	25	1 030	830	0
延安大学	17	5	7	2 700	1 017	0
陕北历史文化研究中心	7	3	2	1 500	950	0
延安大学邓小平理论研究所	5	1	3	200	17	0
中共党史与延安学研究中心	5	1	2	1 000	50	0
陕西理工学院	40	5	30	6 800	8 950	0
汉水文化研究中心	40	5	30	6 800	8 950	0
宝鸡文理学院	23	6	16	1 860	0	0
城乡经济研究所	4	1	2	150	0	0
关陇方言与民俗研究中心	4	2	2	320	0	0
关陇民间美术研究所	1	1	0	120	0	0
关中—天水经济区发展研究中心	2	0	2	200	0	0

续表

学校及机构名称	R&D 活动人员(人)			R&D 经费支出(百元)	仪器设备原价(百元)	其中:进口(百元)
	合计	其中:博士毕业	硕士毕业			
横渠书院	2	1	1	200	0	0
教育科学研究所	2	0	2	220	0	0
体育科学研究所	3	0	3	180	0	0
周秦伦理文化与现代道德价值研究中心	2	0	2	260	0	0
周秦文化研究所	3	1	2	210	0	0
咸阳师范学院	62	14	41	3 630	522	0
长安画派艺术研究所	5	2	2	50	0	0
关中古代陵寝文化研究中心	17	4	11	1 500	200	0
汉文化研究中心	13	2	11	45	22	0
西部儿童文学研究中心	7	1	4	35	0	0
咸阳发展研究院	20	5	13	2 000	300	0
渭南师范学院	34	9	25	2 400	1 200	0
秦东历史文化研究中心	8	3	5	700	250	0
陕西大秦岭文化艺术研究中心	4	0	4	400	200	0
陕西地方戏剧研究中心	5	0	5	300	200	0
西部军民融合技术产业发展研究院	10	4	6	600	300	0
中国特色社会主义理论体系研究中心	7	2	5	400	250	0
西安外国语大学	38	20	17	5 571.8	3 254.7	0
欧美文学研究中心	14	7	6	383.2	111	0
人文地理研究所	9	3	6	4 931.9	2 952.4	0
外国语言学及应用语言学研究中心	15	10	5	256.7	191.3	0
西北政法大学	69	34	34	10 000	3 170	0
法学研究所	10	3	7	2 000	500	0
高教研究所	6	2	3	2 000	670	0
国际法研究中心	25	19	6	4 000	1 500	0
刑事法律科学研究中心	28	10	18	2 000	500	0
西安体育学院	18	11	7	2 700	1 150	0
国家体育总局体育人文社科研究基地	7	4	3	2 000	1 000	0
国家体育总局体育文化发展研究基地	6	3	3	200	100	0
体育法学研究中心	5	4	1	500	50	0
西安音乐学院	5	2	3	500	180	0

续表

学校及机构名称	R&D活动人员(人)			R&D经费支出(百元)	仪器设备原价(百元)	
	合计	其中:				其中:进口(百元)
		博士毕业	硕士毕业			
西北民族音乐研究中心	5	2	3	500	180	0
西安美术学院	7	3	2	482	23	0
中国传统美术与西部美术研究中心	7	3	2	482	23	0
西安文理学院	14	5	4	4 260	509	0
长安历史文化研究中心	7	3	2	1 020	150	0
国际民生文化研究所	3	0	1	3 098	145	0
区域教育发展研究中心	3	1	1	32	94	0
西安经济社会发展研究中心	1	1	0	110	120	0
榆林学院	2	1	1	500	1 650	0
陕北生态文化研究中心	2	1	1	500	1 650	0
安康学院	6	0	4	400	280	0
陕南民间文化研究中心	6	0	4	400	280	0
西安财经学院	85	44	34	24 040	12 000	0
陕西省国防科技与经济发展研究中心	7	6	1	1 350	100	0
陕西省统计研究中心	7	2	3	720	600	0
陕西省信用研究中心	14	6	8	10 040	500	0
西安统计研究院	13	5	4	3 520	5 000	0
现代企业管理研究中心	29	13	15	5 750	5 400	0
资源环境与区域经济研究中心	15	12	3	2 660	400	0
西安邮电大学	2	1	1	1 000	550	0
信息产业发展研究中心	2	1	1	1 000	550	0
甘肃省						
兰州大学	90	51	27	135 300	10 330	0
藏缅—阿尔泰民族非物质文化遗产研究所	1	1	0	2 500	300	0
东西方比较文学与比较文化研究所	1	1	0	200	50	0
敦煌学研究所	7	4	3	8 000	500	0
翻译研究所	2	0	2	200	50	0
妇女/性别研究中心	5	2	2	3 000	350	0
国土与区域规划研究中心(院)	5	2	1	10 000	1 000	0
近代中国人物研究中心	1	0	0	800	100	0

续表

学校及机构名称	R&D 活动人员(人)			R&D 经费支出(百元)	仪器设备原价(百元)	其中:进口(百元)
	合计	其中:博士毕业	其中:硕士毕业			
经学所	1	0	0	300	50	0
民族宗教研究所	4	3	0	2 000	200	0
人口与可持续发展研究中心	1	0	0	200	30	0
社会科学调查与数据分析中心	1	0	1	3 000	300	0
社会与经济发展研究评价中心	4	2	2	10 000	500	0
社区与生物多样性保护研究中心	3	1	2	5 000	500	0
数量经济研究所	1	0	0	6 000	500	0
文物鉴定与修复中心	1	1	0	3 000	600	0
西北开发综合研究所	5	3	1	3 000	400	0
西北民族体育文化研究所	1	1	0	500	50	0
西北少数民族研究中心	11	10	1	8 000	800	0
西部基础教育研究与培训中心	1	0	1	10 000	100	0
西部文化发展研究中心	1	0	0	1 500	100	0
现代咨询策划研究所	2	1	1	6 000	200	0
虚拟组织与服务科学研究中心	4	3	0	20 000	1 000	0
伊斯兰文化研究所	2	2	0	2 000	800	0
意大利文化研究中心	3	1	1	500	50	0
中国边疆安全研究中心	1	1	0	800	200	0
中国地方政府绩效评价中心	6	2	4	20 000	1 000	0
中亚研究所	12	8	4	8 000	500	0
宗教文化研究中心	3	2	1	800	100	0
兰州理工大学	21	1	16	2 070	0	0
甘肃省工业经济发展研究院	12	0	8	1 570	0	0
国家体育总局体育文化发展中心体育文化研究基地	3	0	3	0	0	0
中小企业管理创新研究中心	6	1	5	500	0	0
兰州交通大学	54	7	32	6 623	9 570	0
比较文学研究所	4	2	2	200	150	0
房地产研究所	7	1	3	3 255	180	0
高等教育研究所	4	0	1	167	285	0
经济管理研究所	16	0	8	938	1 890	0

续表

学校及机构名称	R&D 活动人员(人)			R&D 经费支出(百元)	仪器设备原价(百元)	其中:进口(百元)
	合计	其中:				
		博士毕业	硕士毕业			
社会发展研究所	4	0	3	427	4 450	0
西北交通经济研究中心	13	4	9	1 436	2 385	0
英美文字与翻译研究所	6	0	6	200	230	0
西北师范大学	25	9	13	14 215	3 283	0
敦煌学研究所	3	0	1	280	100	0
高等教育研究所	1	0	1	900	300	0
古籍整理研究所	3	1	2	1 310	160	0
教育部西北师范大学基础教育课程研究中心	4	2	2	1 896	360	0
诗赋研究所	3	1	2	933	230	0
西北少数民族教育发展研究中心	11	5	5	8 896	2 133	0
陇东学院	50	1	10	690	0	0
教育科学研究所	32	0	5	354	0	0
区域经济研究所	18	1	5	336	0	0
天水师范学院	40	8	13	695	350	0
敦煌研究所	6	2	0	13	8	0
伏羲文化研究院	9	1	0	18	15	0
陇右文化研究中心	16	4	9	647	323	0
体育科学研究所	9	1	4	17	4	0
兰州商学院	23	9	12	867	444	0
法学研究所	7	4	3	157	62	0
甘肃经济发展数量分析研究中心	6	1	4	250	142	0
甘肃商务发展研究中心	5	3	2	310	140	0
经济研究所	5	1	3	150	100	0
西北民族大学	6	0	3	1 000	200	0
伊斯兰文化研究所	6	0	3	1 000	200	0
甘肃政法学院	40	10	21	423.5	363.5	0
甘肃省经济法制研究中心	11	4	5	20	0	0
甘肃省证据科学技术研究与应用重点实验室	23	5	12	383.5	363.5	0
西北民族地区侦查理论与实务研究中心	6	1	4	20	0	0

续表

学校及机构名称	R&D 活动人员(人)			R&D 经费支出(百元)	仪器设备原价(百元)	其中:进口(百元)
	合计	其中:博士毕业	其中:硕士毕业			
甘肃民族师范学院	2	0	2	300	0	0
藏文化研究中心	2	0	2	300	0	0
青海省						
青海大学	16	1	15	200	0	0
青藏高原可持续发展与企业战略研究所	16	1	15	200	0	0
青海师范大学	65	7	37	1 670	26 370	0
教育科学研究所	11	1	5	500	140	0
青藏高原体育训练研究所	12	0	4	500	120	0
青藏高原文化研究所(非物质文化研究所)	15	3	8	600	110	0
青海省高校辅导员培训基地	8	1	5	0	6 000	0
青海省心理学综合实验室	13	1	11	50	12 000	0
青海省学生心理健康教育培训与咨询中心	6	1	4	20	8 000	0
青海民族大学	64	7	57	16 600	0	0
格萨尔研究中心	2	0	2	1 580	0	0
青藏高原民族研究基地	21	3	18	5 100	0	0
青海省藏学研究中心	23	3	20	5 260	0	0
青海省法学研究所	10	0	10	2 800	0	0
青海省非物质文化遗产研究所	8	1	7	1 860	0	0
宁夏回族自治区						
宁夏大学	34	10	14	10 235	170	0
回族研究院	12	3	9	2 964	20	0
西部发展研究中心	7	1	3	4 525	50	0
西夏学研究院	15	6	2	2 746	100	0
宁夏师范学院	0	0	0	0	0	0
大学生思想政治教育研究所	0	0	0	0	0	0
地方语言民俗文化研究所	0	0	0	0	0	0
基础教育研究所	0	0	0	0	0	0
健康与体育科学研究所	0	0	0	0	0	0
宁南区域经济研究所	0	0	0	0	0	0

续表

学校及机构名称	R&D 活动人员(人)			R&D 经费支出(百元)	仪器设备原价(百元)	其中:进口(百元)
	合计	其中:				
		博士毕业	硕士毕业			
外语教学行动研究所	0	0	0	0	0	0
西北回族社会历史研究所	0	0	0	0	0	0
西海固民间美术研究所	0	0	0	0	0	0
西海固民间音乐研究所	0	0	0	0	0	0
西海固文学研究所	0	0	0	0	0	0
北方民族大学	28	6	7	13 800	34 420	7 000
北方语言研究院	2	1	1	800	2 650	1 000
非物质文化遗产研究所	1	1	0	2 300	500	0
回族与伊斯兰文化研究所	1	0	0	1 000	500	0
社会学与民族学研究所	2	1	1	6 500	30 270	6 000
西北少数民族社会发展研究基地	21	3	5	2 000	0	0
西夏研究所	1	0	0	1 200	500	0
宁夏工商职业技术学院	4	1	2	1 420	120	0
高等职业教育研究所	4	1	2	1 420	120	0
新疆维吾尔族自治区						
新疆大学	99	55	21	8 438.1	0	0
经济研究所	4	1	1	150	0	0
人口研究所	3	2	1	175.6	0	0
西北少数民族研究中心	10	5	2	2 712.5	0	0
西域文明发展研究基地	11	5	3	600	0	0
新疆创新管理研究中心	11	8	3	600	0	0
新疆宏观经济预警系统研究基地	8	5	0	600	0	0
新疆民汉语文翻译研究中心	10	6	2	600	0	0
新疆民俗文化研究中心	10	7	1	600	0	0
新疆民族文献研究基地	9	6	2	600	0	0
新疆稳定与地区经济发展法制保障研究基地	9	3	2	600	0	0
中外文化比较与跨文化交际研究基地	5	2	1	600	0	0
中亚地缘政治研究中心	9	5	3	600	0	0
塔里木大学	13	1	7	3 500	6 000	1 300
非传统安全与边疆民族发展研究中心	6	1	4	2 000	3 000	800

续表

学校及机构名称	R&D 活动人员(人)			R&D 经费支出(百元)	仪器设备原价(百元)	其中:进口(百元)
	合计	其中:博士毕业	硕士毕业			
西域文化研究所	7	0	3	1 500	3 000	500
新疆农业大学	37	16	14	3 550	1 500	0
干旱区农村发展研究中心	37	16	14	3 550	1 500	0
石河子大学	84	38	40	8 400	2 300	0
兵团屯垦经济研究中心	28	16	12	2 800	800	0
公司治理与管理创新研究中心	41	15	24	2 800	1 000	0
新疆少数民族教育发展与教育政策研究中心	15	7	4	2 800	500	0
新疆师范大学	65	24	38	36 000	0	0
西域文史研究中心	4	3	1	4 000	0	0
新疆教师教育研究中心	9	5	4	4 000	0	0
新疆民族民间美术研究中心	8	2	4	4 000	0	0
新疆民族体育文化研究中心	8	2	5	4 000	0	0
新疆少数民族双语教育研究中心	8	2	6	4 000	0	0
新疆少数民族现代化研究中心	8	3	5	4 000	0	0
中亚汉语国际教育研究中心	7	3	4	4 000	0	0
中亚音乐文化研究中心	5	2	3	4 000	0	0
中亚与中国西北边疆政治经济研究中心	8	2	6	4 000	0	0
喀什师范学院	24	4	16	3 610	680.61	0
南疆教育发展研究中心	24	4	16	3 610	680.61	0
伊犁师范学院	28	10	15	1 050	0	0
新疆哈萨克文化与民族现代化研究中心	28	10	15	1 050	0	0
新疆财经大学	65	20	29	5 580	0	0
新疆企业发展研究中心	20	3	12	2 040	0	0
新疆社会经济统计研究中心	18	4	7	1 620	0	0
中国(新疆)与中亚区域经济合作研究中心	27	13	10	1 920	0	0
新疆农业职业技术学院	2	0	0	80	0	0
新疆职业院校思想政治教育研究中心	2	0	0	80	0	0
昌吉学院	18	4	11	1 120	400	0

续表

学校及机构名称	R&D 活动人员(人)			R&D 经费支出(百元)	仪器设备原价(百元)	
	合计	其中:				其中:进口(百元)
		博士毕业	硕士毕业			
昌吉学院公共经济研究所	4	1	3	800	100	0
昌吉学院西域文化研究所	4	2	2	100	100	0
女性文学研究所	4	1	2	120	100	0
西域体育研究所	6	0	4	100	100	0

3. 全国高等学校人文、社会科学研究与发展研究机构情况表

	编号	机构数	R&D 活动人员(人)			R&D 经费支出(百元)	仪器设备原价(百元)	
			合计	其中:				其中:进口(百元)
				博士毕业	硕士毕业			
合计	0	3 128	39 924	18 751	16 446	11 715 821.12	9 605 453.46	2 768 676.63
管理学	1	509	7 462	3 741	2 995	2 570 588.57	1 495 648.13	121 055.19
马克思主义	2	91	1 278	618	506	138 193.67	126 787.02	7 629.3
哲学	3	96	1 293	768	406	282 156.55	169 443.15	14 220.2
逻辑学	4	4	117	42	73	10 496.23	18 189.45	5 246
宗教学	5	21	209	104	82	19 406.91	14 824.4	301
语言学	6	159	1 865	717	924	415 730.37	386 600.77	64 249.8
中国文学	7	154	1 866	872	740	305 871.4	121 300.25	10 442.1
外国文学	8	39	397	220	136	56 509.5	38 997.47	12 631
艺术学	9	197	1 900	470	1 000	1 056 748.7	1 808 222.63	828 621.12
历史学	10	206	2 534	1 251	934	638 014.02	263 388.31	32 889.19
考古学	11	9	119	66	49	52 653.2	48 770.3	5 740
经济学	12	594	7 701	3 931	2 994	2 688 427.34	1 387 069.51	149 904.02
政治学	13	86	1 274	634	507	359 331.01	111 784.89	9 055
法学	14	200	2 656	1 361	1 023	571 488.35	411 337.32	105 175.8
社会学	15	173	2 151	941	949	551 005.05	210 357.81	16 616
民族学	16	105	1 306	504	569	180 859.53	168 781.54	12 280
新闻与传播学	17	65	804	372	330	247 426.73	93 465.78	14 610.75
图书、文献与情报学	18	18	321	133	152	36 940	72 165.3	2 138.9
教育学	19	245	2 640	1 215	1 123	495 152.39	423 839.48	83 821.26
统计学	20	23	197	120	48	105 404.17	17 984.01	0
心理学	21	36	566	261	252	679 488.24	981 553.11	542 694
体育学	22	98	1 268	410	654	253 929.19	1 234 942.83	729 356

4. 各省、市、自治区高等学校人文、社会科学研究与发展研究机构情况表

	编号	机构数	R&D活动人员(人) 合计	其中:博士毕业	其中:硕士毕业	R&D经费支出(百元)	仪器设备原价(百元)	其中:进口(百元)
合计	0	3 128	39 924	18 751	16 446	11 715 821.12	9 605 453.46	2 768 676.63
北京市	1	260	4 604	2 740	1 544	3 186 726.01	3 515 411.67	1 505 339.11
天津市	2	100	1 374	758	478	372 392.3	883 488.71	336 285.66
河北省	3	51	699	178	348	41 360.76	62 975.39	2 660
山西省	4	33	373	189	118	114 282.79	183 292	50 483.45
内蒙古自治区	5	31	533	211	307	44 381	32 025	0
辽宁省	6	99	1 545	806	620	230 697.5	374 754.4	120 241
吉林省	7	94	1 199	666	465	180 311.7	71 930.2	4 821
黑龙江省	8	76	922	385	442	101 794	134 259.7	520
上海市	9	177	2 596	1 570	770	1 049 694.21	317 141.54	6 600
江苏省	10	240	3 059	1 685	1 106	636 227.09	497 738.28	93 415
浙江省	11	336	3 879	1 579	1 671	1 509 889.56	639 649.22	86 216.14
安徽省	12	87	987	302	565	104 074.9	54 678	78
福建省	13	104	804	408	275	241 453.38	212 037.6	2 429.9
江西省	14	54	471	207	198	110 918.8	47 181.2	5 060
山东省	15	121	1 483	566	656	186 830.59	302 514.5	30 330
河南省	16	43	552	251	189	123 238	66 348	21 100
湖北省	17	163	3 262	1 324	1 708	512 476.99	383 988.31	145 814
湖南省	18	359	3 071	1 241	1 408	418 547.37	312 785.43	74 410.5
广东省	19	169	1 871	1 151	582	1 127 438.63	555 272.49	132 839.2
广西壮族自治区	20	62	908	421	358	204 727.46	89 454.57	560
海南省	21	14	148	40	61	28 600	100	0
重庆市	22	65	1 256	667	458	331 995.98	347 889.84	66 153.67
四川省	23	102	1 535	409	816	219 022.5	263 435.6	73 520
贵州省	24	24	364	96	136	32 986	14 978	200
云南省	25	30	192	71	91	75 141.24	4 643	300
西藏自治区	26	5	57	14	27	5 320	220	0
陕西省	27	101	1 183	516	577	247 855.76	140 759.7	1 000
甘肃省	28	59	351	96	149	162 183.5	24 540.5	0

续表

	编号	机构数	R&D 活动人员(人)合计	其中:博士毕业	其中:硕士毕业	R&D 经费支出(百元)	仪器设备原价(百元)	其中:进口(百元)
青海省	29	12	145	15	109	18 470	26 370	0
宁夏回族自治区	30	20	66	17	23	25 455	34 710	7 000
新疆维吾尔自治区	31	37	435	172	191	71 328.1	10 880.61	1 300

5. 各省、市、自治区所属高等学校人文、社会科学研究与发展研究机构情况表

	编号	机构数	R&D 活动人员(人)合计	其中:博士毕业	其中:硕士毕业	R&D 经费支出(百元)	仪器设备原价(百元)	其中:进口(百元)
合计	0	2 067	24 959	9 893	11 284	4 715 522.95	5 583 087.4	1 775 197.15
北京市	1	48	902	433	367	293 567.38	1 511 383.55	697 269.2
天津市	2	64	911	329	446	112 961.3	641 218.71	328 025.66
河北省	3	49	656	177	329	41 043.76	51 675.39	2 160
山西省	4	33	373	189	118	114 282.79	183 292	50 483.45
内蒙古自治区	5	31	533	211	307	44 381	32 025	0
辽宁省	6	79	1 173	575	480	125 790.04	312 774.4	120 241
吉林省	7	60	585	161	372	56 427	58 064	2 050
黑龙江省	8	71	785	319	371	90 504	132 739.7	520
上海市	9	51	777	288	339	269 540.73	175 630	0
江苏省	10	134	1 697	1 003	527	284 393.95	255 670.28	86 085
浙江省	11	257	2 860	1 107	1 249	498 218.06	200 239.42	13 146.14
安徽省	12	84	957	288	552	93 109.9	47 598	78
福建省	13	44	444	127	213	40 075.78	60 154.64	219.9
江西省	14	54	471	207	198	110 918.8	47 181.2	5 060
山东省	15	109	1 345	483	619	183 038.59	289 514.5	30 330
河南省	16	43	552	251	189	123 238	66 348	21 100
湖北省	17	69	987	345	508	211 917.44	210 210.51	120 115
湖南省	18	241	2 623	1 064	1 182	332 926.37	290 175.43	74 410.5
广东省	19	129	1 173	594	457	706 527	441 128.69	125 733.3
广西壮族自治区	20	62	908	421	358	204 727.46	89 454.57	560
海南省	21	14	148	40	61	28 600	100	0

续表

	编号	机构数	R&D 活动人员(人) 合计	其中:博士毕业	硕士毕业	R&D 经费支出(百元)	仪器设备原价(百元)	其中:进口(百元)
重庆市	22	44	879	376	384	237 002	90 970	21 590
四川省	23	79	1 038	184	619	123 817	206 627.6	73 520
贵州省	24	24	364	96	136	32 986	14 978	200
云南省	25	30	192	71	91	75 141.24	4 643	300
西藏自治区	26	5	57	14	27	5 320	220	0
陕西省	27	66	696	297	350	147 730.76	117 519.7	700
甘肃省	28	30	255	45	119	25 883.5	14 010.5	0
青海省	29	12	145	15	109	18 470	26 370	0
宁夏回族自治区	30	14	38	11	16	11 655	290	0
新疆维吾尔自治区	31	37	435	172	191	71 328.1	10 880.61	1 300

6. 国务院各部委所属高等学校人文、社会科学研究与发展研究机构情况表

	编号	机构数	R&D 活动人员(人) 合计	其中:博士毕业	硕士毕业	R&D 经费支出(百元)	仪器设备原价(百元)	其中:进口(百元)
合计	0	1 061	14 965	8 858	5 162	7 000 298.17	4 022 366.06	993 479.48
外交部	1	1	20	8	6	2 630	0	0
国家民族事务委员会	2	34	622	251	307	64 067	57 225.5	11 620
公安部	3	3	73	6	34	322	11 300	500
工业和信息化部	4	24	375	170	163	71 181	43 993	866
交通部	5	4	128	64	64	21 500	41 880	0
教育部	6	944	13 401	8 130	4 490	6 651 386.25	3 619 306.56	902 123.48
海关总署	7	1	13	10	3	1 200.71	1 500	0
中国民用航空总局	8	2	30	19	11	55 800	81 982	8 260
国家林业局	9	1	4	0	2	4 000	1 000	0
国务院侨务办公室	10	14	208	153	43	125 326.21	51 379	110
国家体育总局	11	7	76	39	35	2 385	108 800	70 000
中国科学院	12	1	15	8	4	500	4 000	0
中华全国妇女联合会	13	25	0	0	0	0	0	0

7. 本科院校人文、社会科学研究与发展研究机构情况表

	编号	机构数	R&D 活动人员(人)			R&D 经费支出(百元)	仪器设备原价(百元)	其中:进口(百元)
			合计	其中:博士毕业	其中:硕士毕业			
合计	0	3 071	39 503	18 677	16 220	11 652 940.94	9 585 213.13	2 768 476.63
管理学	1	500	7 347	3 722	2 940	2 552 107.55	1 493 332.13	121 055.19
马克思主义	2	90	1 276	618	506	138 113.67	126 787.02	7 629.3
哲学	3	94	1 278	763	398	276 076.25	166 184.11	14 220.2
逻辑学	4	4	117	42	73	10 496.23	18 189.45	5 246
宗教学	5	21	209	104	82	19 406.91	14 824.4	301
语言学	6	159	1 865	717	924	415 730.37	386 600.77	64 249.8
中国文学	7	154	1 866	872	740	305 871.4	121 300.25	10 442.1
外国文学	8	39	397	220	136	56 509.5	38 997.47	12 631
艺术学	9	190	1 840	463	963	1 051 739.95	1 804 533.13	828 621.12
历史学	10	205	2 531	1 250	932	637 564.02	262 388.31	32 889.19
考古学	11	9	119	66	49	52 653.2	48 770.3	5 740
经济学	12	590	7 644	3 920	2 972	2 681 527.22	1 385 552	149 904.02
政治学	13	86	1 274	634	507	359 331.01	111 784.89	9 055
法学	14	199	2 644	1 356	1 016	569 488.35	411 137.32	105 175.8
社会学	15	167	2 105	929	923	536 643.05	208 583.36	16 616
民族学	16	103	1 299	502	567	180 379.53	168 591.54	12 280
新闻与传播学	17	61	782	369	311	247 426.73	93 265.78	14 410.75
图书、文献与情报学	18	17	311	133	144	36 640	72 165.3	2 138.9
教育学	19	227	2 571	1 206	1 083	486 444.4	417 945.65	83 821.26
统计学	20	23	197	120	48	105 404.17	17 984.01	0
心理学	21	35	563	261	252	679 458.24	981 353.11	542 694
体育学	22	98	1 268	410	654	253 929.19	1 234 942.83	729 356

8. 专科院校人文、社会科学研究与发展研究机构情况表

	编号	机构数	R&D 活动人员(人) 合计	其中:博士毕业	其中:硕士毕业	R&D 经费支出(百元)	仪器设备原价(百元)	其中:进口(百元)
合计	0	57	421	74	226	62 880. 18	20 240. 33	200
管理学	1	9	115	19	55	18 481. 02	2 316	0
马克思主义	2	1	2	0	0	80	0	0
哲学	3	2	15	5	8	6 080. 3	3 259. 04	0
逻辑学	4	0	0	0	0	0	0	0
宗教学	5	0	0	0	0	0	0	0
语言学	6	0	0	0	0	0	0	0
中国文学	7	0	0	0	0	0	0	0
外国文学	8	0	0	0	0	0	0	0
艺术学	9	7	60	7	37	5 008. 75	3 689. 5	0
历史学	10	1	3	1	2	450	1 000	0
考古学	11	0	0	0	0	0	0	0
经济学	12	4	57	11	22	6 900. 12	1 517. 51	0
政治学	13	0	0	0	0	0	0	0
法学	14	1	12	5	7	2 000	200	0
社会学	15	6	46	12	26	14 362	1 774. 45	0
民族学	16	2	7	2	2	480	190	0
新闻与传播学	17	4	22	3	19	0	200	200
图书、文献与情报学	18	1	10	0	8	300	0	0
教育学	19	18	69	9	40	8 707. 99	5 893. 83	0
统计学	20	0	0	0	0	0	0	0
心理学	21	1	3	0	0	30	200	0
体育学	22	0	0	0	0	0	0	0

9. 教育部直属院校人文、社会科学研究与发展研究机构情况表

	编号	机构数	R&D 活动人员(人) 合计	其中:博士毕业	其中:硕士毕业	R&D 经费支出(百元)	仪器设备原价(百元)	其中:进口(百元)
合计	0	944	13 401	8 130	4 490	6 651 386. 25	3 619 306. 56	902 123. 48
管理学	1	195	3 036	1 791	1 117	1 487 001. 9	697 978. 43	70 840. 69
马克思主义	2	25	348	232	84	60 861. 98	88 089. 22	3 766
哲学	3	40	639	454	159	192 339. 88	72 542. 41	2 940. 2
逻辑学	4	2	48	37	11	7 496. 23	18 189. 45	5 246
宗教学	5	12	124	59	51	16 355	13 672	301
语言学	6	56	739	334	332	249 693. 35	157 157. 5	25 467. 5
中国文学	7	22	327	220	94	107 532. 8	34 925. 22	576
外国文学	8	10	169	116	50	27 715. 8	13 424. 48	7 047
艺术学	9	27	348	138	183	595 653. 62	516 587. 91	238 156. 77
历史学	10	71	951	563	301	409 525. 01	150 723. 99	24 126. 85
考古学	11	6	94	55	36	42 803. 2	41 480. 3	3 600
经济学	12	203	2 670	1 655	839	1 400 673. 92	533 267. 99	21 682. 22
政治学	13	40	702	416	249	282 797. 59	74 900. 69	5 501
法学	14	61	873	537	292	304 781. 46	236 830. 98	58 965. 8
社会学	15	50	632	385	208	244 543. 49	90 950. 04	5 242
民族学	16	12	130	97	23	32 946. 15	13 371	0
新闻与传播学	17	27	303	200	93	171 974	24 868. 18	821
图书、文献与情报学	18	9	223	93	118	26 700	62 800	1 919
教育学	19	45	701	507	169	241 631. 55	94 845. 45	17 252. 45
统计学	20	12	81	63	11	76 728. 07	5 709. 21	0
心理学	21	9	159	124	30	622 816. 74	638 482. 11	380 172
体育学	22	10	104	54	40	48 814. 51	38 510	28 500

10. 教育部直属综合大学人文、社会科学研究与发展研究机构情况表

	编号	机构数	R&D活动人员(人) 合计	其中:博士毕业	其中:硕士毕业	R&D经费支出(百元)	仪器设备原价(百元)	其中:进口(百元)
合计	0	560	7 405	4 291	2 659	2 894 165.4	1 436 089.35	143 248.67
管理学	1	101	1 515	840	599	698 148.2	398 456.82	28 527.6
马克思主义	2	18	247	160	68	45 586.32	48 712.22	3 456
哲学	3	19	352	218	121	77 276.09	55 561.41	614
逻辑学	4	2	48	37	11	7 496.23	18 189.45	5 246
宗教学	5	10	104	44	47	12 180	2 812	1
语言学	6	36	463	210	198	185 178.16	78 222.5	11 515
中国文学	7	13	183	116	62	44 576.13	11 809.36	356
外国文学	8	6	123	82	40	16 152.2	10 223.44	6 782
艺术学	9	14	136	53	70	103 748.45	29 039.33	7 256.77
历史学	10	50	651	392	206	243 458.15	95 248.34	13 795.85
考古学	11	5	83	48	35	36 803.2	37 980.3	2 600
经济学	12	128	1 426	870	472	618 904.08	399 414.42	15 236
政治学	13	22	358	207	136	208 919.8	39 718.4	3 101
法学	14	37	543	316	196	116 686.56	33 017.9	4 336
社会学	15	31	353	188	134	112 269.66	51 191.04	3 437
民族学	16	9	94	77	15	26 164	9 600	0
新闻与传播学	17	15	173	103	60	115 950	14 470.5	509
图书、文献与情报学	18	7	184	71	101	20 200	9 800	719
教育学	19	22	267	189	66	119 455.35	49 597.46	13 557.45
统计学	20	9	59	42	10	38 604.94	2 904.45	0
心理学	21	2	23	21	2	13 007.88	27 590.01	10 203
体育学	22	4	20	7	10	33 400	12 530	12 000

11. 教育部直属工科院校人文、社会科学研究与发展研究机构情况表

	编号	机构数	R&D活动人员（人） 合计	其中：博士毕业	其中：硕士毕业	R&D经费支出（百元）	仪器设备原价（百元）	其中：进口（百元）
合计	0	191	3 181	1 874	1 160	1 969 618.4	998 171.57	264 844.89
管理学	1	74	1 195	735	419	627 554.97	208 652.38	7 600
马克思主义	2	4	65	48	10	9 865.66	38 267	0
哲学	3	11	145	116	25	58 505	12 118	1 470
逻辑学	4	0	0	0	0	0	0	0
宗教学	5	0	0	0	0	0	0	0
语言学	6	5	114	17	91	4 740.14	5 677	1 900
中国文学	7	1	3	3	0	1 079.85	242.08	0
外国文学	8	1	14	5	8	6 500	1 000	0
艺术学	9	4	152	44	102	462 343.35	478 500	230 900
历史学	10	7	93	45	44	119 715.86	34 233.65	0
考古学	11	1	11	7	1	6 000	3 500	1 000
经济学	12	35	651	368	243	441 382.59	85 554.7	6 042.89
政治学	13	7	90	48	29	34 965.15	18 130.26	0
法学	14	10	141	99	34	54 578.63	5 459.4	0
社会学	15	10	153	107	40	29 973.83	13 670	120
民族学	16	0	0	0	0	0	0	0
新闻与传播学	17	6	93	76	17	47 764	5 915	312
图书、文献与情报学	18	1	29	14	15	2 000	50 000	0
教育学	19	7	134	82	50	22 100	11 400	500
统计学	20	0	0	0	0	0	0	0
心理学	21	3	35	19	15	27 184.86	2 402.1	0
体育学	22	4	63	41	17	13 364.51	23 450	15 000

12. 教育部直属师范院校人文、社会科学研究与发展研究机构情况表

	编号	机构数	R&D活动人员(人)			R&D经费支出(百元)	仪器设备原价(百元)	其中:进口(百元)
			合计	其中:				
				博士毕业	硕士毕业			
合计	0	95	1 639	1 146	367	1 134 296.04	787 364.32	399 096.2
管理学	1	8	174	107	60	76 883.66	5 077.6	0
马克思主义	2	3	36	24	6	5 410	1 110	310
哲学	3	9	136	115	12	52 858.79	4 663	856.2
逻辑学	4	0	0	0	0	0	0	0
宗教学	5	2	20	15	4	4 175	10 860	300
语言学	6	4	51	40	8	18 600	13 687	6 600
中国文学	7	6	123	88	29	34 361.26	6 801.97	220
外国文学	8	1	7	6	1	205	410	230
艺术学	9	2	19	16	1	12 000	5 500	0
历史学	10	14	207	126	51	46 351	21 242	10 331
考古学	11	0	0	0	0	0	0	0
经济学	12	7	142	94	20	33 960	18 020	300
政治学	13	5	94	57	30	22 030	12 300	2 400
法学	14	1	45	20	25	2 000	9 700	0
社会学	15	9	126	90	34	102 300	26 089	1 685
民族学	16	2	27	13	6	5 820	3 011	0
新闻与传播学	17	0	0	0	0	0	0	0
图书、文献与情报学	18	1	10	8	2	4 500	3 000	1 200
教育学	19	14	290	227	52	98 844.2	33 317.99	3 195
统计学	20	1	10	10	0	29 323.13	1 554.76	0
心理学	21	4	101	84	13	582 624	608 490	369 969
体育学	22	2	21	6	13	2 050	2 530	1 500

13. 教育部直属语言院校人文、社会科学研究与发展研究机构情况表

	编号	机构数	R&D 活动人员（人） 合计	其中：博士毕业	其中：硕士毕业	R&D 经费支出（百元）	仪器设备原价（百元）	其中：进口（百元）
合计	0	30	389	255	117	102 531.63	134 614.21	40 200.59
管理学	1	2	24	19	2	537.27	49 111.63	34 713.09
马克思主义	2	0	0	0	0	0	0	0
哲学	3	0	0	0	0	0	0	0
逻辑学	4	0	0	0	0	0	0	0
宗教学	5	0	0	0	0	0	0	0
语言学	6	10	99	57	33	37 775.05	58 681	5 452.5
中国文学	7	2	18	13	3	27 515.56	16 071.81	0
外国文学	8	2	25	23	1	4 858.6	1 791.04	35
艺术学	9	1	13	7	6	6 000	1 700	0
历史学	10	0	0	0	0	0	0	0
考古学	11	0	0	0	0	0	0	0
经济学	12	0	0	0	0	0	0	0
政治学	13	5	159	103	54	16 491	1 786.05	0
法学	14	0	0	0	0	0	0	0
社会学	15	0	0	0	0	0	0	0
民族学	16	1	9	7	2	962.15	760	0
新闻与传播学	17	6	37	21	16	8 260	4 482.68	0
图书、文献与情报学	18	0	0	0	0	0	0	0
教育学	19	1	5	5	0	132	230	0
统计学	20	0	0	0	0	0	0	0
心理学	21	0	0	0	0	0	0	0
体育学	22	0	0	0	0	0	0	0

14. 教育部直属财经院校人文、社会科学研究与发展研究机构情况表

	编号	机构数	R&D 活动人员（人）			R&D 经费支出（百元）	仪器设备原价（百元）	其中：进口（百元）
			合计	其中：博士毕业	其中：硕士毕业			
合计	0	49	673	480	163	408 740.05	70 421.87	103.33
管理学	1	8	121	85	35	80 877.8	34 680	0
马克思主义	2	0	0	0	0	0	0	0
哲学	3	1	6	5	1	3 700	200	0
逻辑学	4	0	0	0	0	0	0	0
宗教学	5	0	0	0	0	0	0	0
语言学	6	1	12	10	2	3 400	890	0
中国文学	7	0	0	0	0	0	0	0
外国文学	8	0	0	0	0	0	0	0
艺术学	9	0	0	0	0	0	0	0
历史学	10	0	0	0	0	0	0	0
考古学	11	0	0	0	0	0	0	0
经济学	12	32	446	322	100	305 427.25	29 278.87	103.33
政治学	13	0	0	0	0	0	0	0
法学	14	4	71	43	23	5 435	3 823	0
社会学	15	0	0	0	0	0	0	0
民族学	16	0	0	0	0	0	0	0
新闻与传播学	17	0	0	0	0	0	0	0
图书、文献与情报学	18	0	0	0	0	0	0	0
教育学	19	1	5	4	1	1 100	300	0
统计学	20	2	12	11	1	8 800	1 250	0
心理学	21	0	0	0	0	0	0	0
体育学	22	0	0	0	0	0	0	0

15. 教育部直属政法院校人文、社会科学研究与发展研究机构情况表

	编号	机构数	R&D 活动人员(人) 合计	其中:博士毕业	其中:硕士毕业	R&D 经费支出(百元)	仪器设备原价(百元)	其中:进口(百元)
合计	0	13	86	66	20	130 472.91	190 796.66	54 629.8
管理学	1	2	7	5	2	3 000	2 000	0
马克思主义	2	0	0	0	0	0	0	0
哲学	3	0	0	0	0	0	0	0
逻辑学	4	0	0	0	0	0	0	0
宗教学	5	0	0	0	0	0	0	0
语言学	6	0	0	0	0	0	0	0
中国文学	7	0	0	0	0	0	0	0
外国文学	8	0	0	0	0	0	0	0
艺术学	9	0	0	0	0	0	0	0
历史学	10	0	0	0	0	0	0	0
考古学	11	0	0	0	0	0	0	0
经济学	12	1	5	1	4	1 000	1 000	0
政治学	13	1	1	1	0	391.64	2 965.98	0
法学	14	9	73	59	14	126 081.27	184 830.68	54 629.8
社会学	15	0	0	0	0	0	0	0
民族学	16	0	0	0	0	0	0	0
新闻与传播学	17	0	0	0	0	0	0	0
图书、文献与情报学	18	0	0	0	0	0	0	0
教育学	19	0	0	0	0	0	0	0
统计学	20	0	0	0	0	0	0	0
心理学	21	0	0	0	0	0	0	0
体育学	22	0	0	0	0	0	0	0

16. 教育部直属艺术院校人文、社会科学研究与发展研究机构情况表

	编号	机构数	R&D 活动人员(人)			R&D 经费支出(百元)	仪器设备原价(百元)	其中:进口(百元)
			合计	其中:博士毕业	其中:硕士毕业			
合计	0	6	28	18	4	11 561.82	1 848.58	0
管理学	1	0	0	0	0	0	0	0
马克思主义	2	0	0	0	0	0	0	0
哲学	3	0	0	0	0	0	0	0
逻辑学	4	0	0	0	0	0	0	0
宗教学	5	0	0	0	0	0	0	0
语言学	6	0	0	0	0	0	0	0
中国文学	7	0	0	0	0	0	0	0
外国文学	8	0	0	0	0	0	0	0
艺术学	9	6	28	18	4	11 561.82	1 848.58	0
历史学	10	0	0	0	0	0	0	0
考古学	11	0	0	0	0	0	0	0
经济学	12	0	0	0	0	0	0	0
政治学	13	0	0	0	0	0	0	0
法学	14	0	0	0	0	0	0	0
社会学	15	0	0	0	0	0	0	0
民族学	16	0	0	0	0	0	0	0
新闻与传播学	17	0	0	0	0	0	0	0
图书、文献与情报学	18	0	0	0	0	0	0	0
教育学	19	0	0	0	0	0	0	0
统计学	20	0	0	0	0	0	0	0
心理学	21	0	0	0	0	0	0	0
体育学	22	0	0	0	0	0	0	0

17. 其他部委院校人文、社会科学研究与发展研究机构情况表

	编号	机构数	R&D 活动人员(人)			R&D 经费支出(百元)	仪器设备原价(百元)	其中:进口(百元)
			合计	其中:博士毕业	其中:硕士毕业			
合计	0	117	1 564	728	672	348 911.92	403 059.5	91 356
管理学	1	22	353	179	141	89 473.02	58 341	1 233
马克思主义	2	4	40	20	17	1 950	3 200	0
哲学	3	1	0	0	0	0	0	0
逻辑学	4	0	0	0	0	0	0	0
宗教学	5	1	20	8	12	200	200	0
语言学	6	6	105	30	74	11 930.24	32 107	2 500
中国文学	7	1	21	16	3	10 051.71	1 500	0
外国文学	8	1	0	0	0	0	0	0
艺术学	9	5	25	10	14	1 800	1 200	0
历史学	10	2	34	23	7	6 328.53	10 846	0
考古学	11	0	0	0	0	0	0	0
经济学	12	15	202	113	78	126 517.58	100 998	8 260
政治学	13	2	37	22	12	4 936.24	4 939	0
法学	14	9	124	67	39	25 306.6	22 860	0
社会学	15	9	41	5	12	2 400	200	0
民族学	16	18	365	145	177	50 894	48 295.5	9 120
新闻与传播学	17	1	15	8	4	500	4 000	0
图书、文献与情报学	18	1	8	2	4	2 000	1 000	0
教育学	19	10	48	25	17	10 339	4 103	243
统计学	20	1	15	2	5	400	200	0
心理学	21	1	35	14	21	1 500	270	0
体育学	22	7	76	39	35	2 385	108 800	70 000

18. 地方院校人文、社会科学研究与发展研究机构情况表

	编号	机构数	R&D 活动人员(人) 合计	其中:博士毕业	其中:硕士毕业	R&D 经费支出(百元)	仪器设备原价(百元)	其中:进口(百元)
合计	0	2 067	24 959	9 893	11 284	4 715 522. 95	5 583 087. 4	1 775 197. 15
管理学	1	292	4 073	1 771	1 737	994 113. 65	739 328. 7	48 981. 5
马克思主义	2	62	890	366	405	75 381. 69	35 497. 8	3 863. 3
哲学	3	55	654	314	247	89 816. 67	96 900. 74	11 280
逻辑学	4	2	69	5	62	3 000	0	0
宗教学	5	8	65	37	19	2 851. 91	952. 4	0
语言学	6	97	1 021	353	518	154 106. 78	197 336. 27	36 282. 3
中国文学	7	131	1 518	636	643	188 286. 89	84 875. 03	9 866. 1
外国文学	8	28	228	104	86	28 793. 7	25 572. 99	5 584
艺术学	9	165	1 527	322	803	459 295. 08	1 290 434. 72	590 464. 35
历史学	10	133	1 549	665	626	222 160. 48	101 818. 32	8 762. 34
考古学	11	3	25	11	13	9 850	7 290	2 140
经济学	12	376	4 829	2 163	2 077	1 161 235. 84	752 803. 52	119 961. 8
政治学	13	44	535	196	246	71 597. 18	31 945. 2	3 554
法学	14	130	1 659	757	692	241 400. 29	151 646. 34	46 210
社会学	15	114	1 478	551	729	304 061. 56	119 207. 77	11 374
民族学	16	75	811	262	369	97 019. 38	107 115. 04	3 160
新闻与传播学	17	37	486	164	233	74 952. 73	64 597. 6	13 789. 75
图书、文献与情报学	18	8	90	38	30	8 240	8 365. 3	219. 9
教育学	19	190	1 891	683	937	243 181. 84	324 891. 03	66 325. 81
统计学	20	10	101	55	32	28 276. 1	12 074. 8	0
心理学	21	26	372	123	201	55 171. 5	342 801	162 522
体育学	22	81	1 088	317	579	202 729. 68	1 087 632. 83	630 856

19. 综合院校人文、社会科学研究与发展研究机构情况表

	编号	机构数	R&D活动人员(人) 合计	其中:博士毕业	其中:硕士毕业	R&D经费支出(百元)	仪器设备原价(百元)	其中:进口(百元)
合计	0	1 197	15 089	7 475	5 809	4 508 252.59	2 325 760.66	259 159.17
管理学	1	171	2 376	1 188	971	963 781.17	558 515.62	66 301.6
马克思主义	2	36	474	266	153	74 366.32	63 307.82	6 360.5
哲学	3	47	656	384	217	135 703.03	117 658.72	8 254
逻辑学	4	2	48	37	11	7 496.23	18 189.45	5 246
宗教学	5	12	110	49	48	13 460	2 912	1
语言学	6	64	773	356	302	260 488.5	123 382.6	16 467
中国文学	7	69	877	415	311	154 192.04	66 289.06	7 383
外国文学	8	15	191	115	62	26 421.2	17 045.84	10 182
艺术学	9	39	393	100	208	130 178.4	48 940.83	8 756.77
历史学	10	112	1 360	721	455	360 909.34	156 867.13	16 075.85
考古学	11	7	98	55	42	42 603.2	43 030.3	3 200
经济学	12	244	2 905	1 495	1 089	1 046 240.58	549 205.67	31 317
政治学	13	38	599	317	219	265 226.44	65 272.6	6 035
法学	14	79	1 077	597	385	239 632.96	78 491.1	16 994
社会学	15	69	839	366	357	244 349.5	80 691.54	4 467
民族学	16	41	428	195	159	68 623.5	89 492	300
新闻与传播学	17	32	417	191	175	163 618	25 705.06	4 999
图书、文献与情报学	18	8	198	80	106	21 000	9 800	719
教育学	19	75	893	408	381	176 260.66	87 231.66	19 077.45
统计学	20	10	62	45	10	39 604.94	3 004.45	0
心理学	21	7	81	39	25	19 819.88	31 138.01	12 153
体育学	22	20	234	56	123	54 276.7	89 589.2	14 870

20. 理工农医院校人文、社会科学研究与发展研究机构情况表

	编号	机构数	R&D 活动人员(人) 合计	其中:博士毕业	其中:硕士毕业	R&D 经费支出(百元)	仪器设备原价(百元)	其中:进口(百元)
合计	0	713	10 367	4 310	4 900	3 076 092.21	2 257 716.29	409 745.19
管理学	1	230	3 595	1 803	1 443	1 095 602.28	535 460.38	14 630
马克思主义	2	22	321	123	162	25 840.73	49 439.3	680
哲学	3	22	311	164	111	69 599.8	28 577.2	5 060
逻辑学	4	2	69	5	62	3 000	0	0
宗教学	5	2	19	17	2	243.91	262.4	0
语言学	6	27	411	47	304	15 372.62	81 207.76	1 900
中国文学	7	14	154	65	68	18 515.26	7 365	0
外国文学	8	2	22	5	9	6 862	1 210	0
艺术学	9	39	579	122	376	511 241.66	719 068.32	262 726.65
历史学	10	18	230	96	97	127 951.55	41 329.65	70
考古学	11	1	11	7	1	6 000	3 500	1 000
经济学	12	142	2 215	919	1 090	759 996.55	462 186.58	93 468.89
政治学	13	13	171	65	80	37 056.65	19 962.26	0
法学	14	41	507	222	224	116 391.55	55 764.4	0
社会学	15	42	641	259	328	99 102.48	52 853.5	120
民族学	16	9	59	13	33	8 048	11 910	2 000
新闻与传播学	17	17	234	107	93	58 146.73	54 764.04	9 611.75
图书、文献与情报学	18	5	77	27	34	10 092	58 280.9	219.9
教育学	19	42	389	139	197	52 215.29	33 742	808
统计学	20	3	43	14	16	8 922.5	1 621.8	0
心理学	21	7	102	41	50	29 017.86	11 972.1	770
体育学	22	13	207	50	120	16 872.79	27 238.7	16 680

21. 师范院校人文、社会科学研究与发展研究机构情况表

	编号	机构数	R&D 活动人员(人) 合计	其中:博士毕业	其中:硕士毕业	R&D 经费支出(百元)	仪器设备原价(百元)	其中:进口(百元)
合计	0	587	7 491	3 586	3 000	1 995 656	1 812 380.61	704 908.61
管理学	1	25	464	237	203	177 596.44	34 589	3 600
马克思主义	2	28	410	199	159	36 103.03	13 660.9	588.8
哲学	3	20	293	198	69	60 143.59	8 248.2	906.2
逻辑学	4	0	0	0	0	0	0	0
宗教学	5	6	60	30	20	5 503	11 450	300
语言学	6	31	399	186	188	64 683.07	106 194.5	36 654
中国文学	7	62	730	360	301	91 518.68	29 819.5	2 949.1
外国文学	8	6	69	39	23	7 495	1 095	565
艺术学	9	40	287	57	140	65 915.33	64 676.77	13 267.56
历史学	10	74	927	421	379	145 809.69	64 110.44	16 743.34
考古学	11	1	10	4	6	4 050	2 240	1 540
经济学	12	48	656	332	224	138 465.57	124 265.07	15 507.8
政治学	13	24	301	132	139	35 122	18 464	2 400
法学	14	14	256	119	102	18 094	14 378.07	560
社会学	15	38	502	273	171	168 071.23	60 295.74	12 029
民族学	16	22	241	74	98	27 114.88	12 137.04	300
新闻与传播学	17	5	66	30	27	9 692	470	0
图书、文献与情报学	18	5	46	26	12	5 848	4 084.4	1 200
教育学	19	95	1 194	607	472	245 350.26	294 694.79	63 935.81
统计学	20	1	10	10	0	29 323.13	1 554.76	0
心理学	21	18	354	176	160	629 340.5	937 870	529 771
体育学	22	24	216	76	107	30 416.6	8 082.43	2 091

22. 语言院校人文、社会科学研究与发展研究机构情况表

	编号	机构数	R&D 活动人员(人) 合计	其中:博士毕业	其中:硕士毕业	R&D 经费支出(百元)	仪器设备原价(百元)	其中:进口(百元)
合计	0	132	896	467	339	304 069.1	230 030.52	44 574.89
管理学	1	11	89	61	19	57 375.39	70 133.63	34 953.09
马克思主义	2	1	0	0	0	0	0	0
哲学	3	5	22	13	7	12 353.46	14 759.03	0
逻辑学	4	0	0	0	0	0	0	0
宗教学	5	0	0	0	0	0	0	0
语言学	6	27	188	96	73	57 954.05	67 015.91	6 630.8
中国文学	7	4	42	17	22	28 175.56	16 376.81	0
外国文学	8	14	105	56	37	12 881.1	18 993.73	1 884
艺术学	9	6	27	9	12	6 441	1 989	0
历史学	10	0	0	0	0	0	0	0
考古学	11	0	0	0	0	0	0	0
经济学	12	10	34	19	12	64 910.51	15 934	1 107
政治学	13	7	164	105	56	17 082	2 262.05	0
法学	14	2	0	0	0	0	0	0
社会学	15	15	59	17	31	23 529.9	6 876.85	0
民族学	16	1	9	7	2	962.15	760	0
新闻与传播学	17	11	87	44	35	15 970	12 526.68	0
图书、文献与情报学	18	0	0	0	0	0	0	0
教育学	19	16	56	20	25	5 203.98	1 829.83	0
统计学	20	0	0	0	0	0	0	0
心理学	21	2	14	3	8	1 230	573	0
体育学	22	0	0	0	0	0	0	0

23. 财经院校人文、社会科学研究与发展研究机构情况表

	编号	机构数	R&D 活动人员(人)			R&D 经费支出(百元)	仪器设备原价(百元)	其中:进口(百元)
			合计	其中:博士毕业	其中:硕士毕业			
合计	0	263	3 098	1 791	1 020	1 030 574. 59	558 110. 53	10 401. 83
管理学	1	59	771	414	281	268 469. 79	281 756	1 070. 5
马克思主义	2	1	9	4	3	433. 59	149	0
哲学	3	2	11	9	2	4 356. 67	200	0
逻辑学	4	0	0	0	0	0	0	0
宗教学	5	0	0	0	0	0	0	0
语言学	6	6	46	17	27	8 959. 13	2 400	98
中国文学	7	2	20	2	13	3 629. 86	1 449. 88	110
外国文学	8	2	10	5	5	2 850. 2	652. 9	0
艺术学	9	2	13	2	6	1 469. 67	1 969. 3	0
历史学	10	2	17	13	3	3 343. 44	1 081. 09	0
考古学	11	0	0	0	0	0	0	0
经济学	12	142	1 784	1 121	521	665 783. 13	232 643. 19	8 503. 33
政治学	13	2	27	8	9	4 252. 28	2 858	620
法学	14	19	193	115	61	26 671. 97	9 998. 87	0
社会学	15	6	74	18	48	6 919. 06	7 723. 1	0
民族学	16	1	3	2	1	230	60	0
新闻与传播学	17	0	0	0	0	0	0	0
图书、文献与情报学	18	0	0	0	0	0	0	0
教育学	19	8	38	10	18	5 652. 2	3 366. 2	0
统计学	20	9	82	51	22	27 553. 6	11 803	0
心理学	21	0	0	0	0	0	0	0
体育学	22	0	0	0	0	0	0	0

24. 政法院校人文、社会科学研究与发展研究机构情况表

	编号	机构数	R&D 活动人员(人) 合计	其中:博士毕业	其中:硕士毕业	R&D 经费支出(百元)	仪器设备原价(百元)	其中:进口(百元)
合计	0	59	740	324	298	183 465.89	272 991.44	88 121.8
管理学	1	8	93	12	43	4 213.5	13 733.5	500
马克思主义	2	0	0	0	0	0	0	0
哲学	3	0	0	0	0	0	0	0
逻辑学	4	0	0	0	0	0	0	0
宗教学	5	0	0	0	0	0	0	0
语言学	6	0	0	0	0	0	0	0
中国文学	7	0	0	0	0	0	0	0
外国文学	8	0	0	0	0	0	0	0
艺术学	9	0	0	0	0	0	0	0
历史学	10	0	0	0	0	0	0	0
考古学	11	0	0	0	0	0	0	0
经济学	12	1	5	1	4	1 000	1 000	0
政治学	13	1	1	1	0	391.64	2 965.98	0
法学	14	42	589	300	227	164 697.87	251 704.88	87 621.8
社会学	15	2	15	5	9	7 032.88	1 917.08	0
民族学	16	0	0	0	0	0	0	0
新闻与传播学	17	0	0	0	0	0	0	0
图书、文献与情报学	18	0	0	0	0	0	0	0
教育学	19	2	10	2	5	6 000	1 670	0
统计学	20	0	0	0	0	0	0	0
心理学	21	2	15	2	9	80	0	0
体育学	22	1	12	1	1	50	0	0

25. 艺术院校人文、社会科学研究与发展研究机构情况表

	编号	机构数	R&D活动人员(人)			R&D经费支出(百元)	仪器设备原价(百元)	其中:进口(百元)
			合计	其中:博士毕业	其中:硕士毕业			
合计	0	67	578	177	246	339 082.64	971 573.41	543 870.14
管理学	1	0	0	0	0	0	0	0
马克思主义	2	0	0	0	0	0	0	0
哲学	3	0	0	0	0	0	0	0
逻辑学	4	0	0	0	0	0	0	0
宗教学	5	0	0	0	0	0	0	0
语言学	6	0	0	0	0	0	0	0
中国文学	7	0	0	0	0	0	0	0
外国文学	8	0	0	0	0	0	0	0
艺术学	9	67	578	177	246	339 082.64	971 573.41	543 870.14
历史学	10	0	0	0	0	0	0	0
考古学	11	0	0	0	0	0	0	0
经济学	12	0	0	0	0	0	0	0
政治学	13	0	0	0	0	0	0	0
法学	14	0	0	0	0	0	0	0
社会学	15	0	0	0	0	0	0	0
民族学	16	0	0	0	0	0	0	0
新闻与传播学	17	0	0	0	0	0	0	0
图书、文献与情报学	18	0	0	0	0	0	0	0
教育学	19	0	0	0	0	0	0	0
统计学	20	0	0	0	0	0	0	0
心理学	21	0	0	0	0	0	0	0
体育学	22	0	0	0	0	0	0	0

26. 民族院校人文、社会科学研究与发展研究机构情况表

	编号	机构数	R&D 活动人员(人)			R&D 经费支出(百元)	仪器设备原价(百元)	其中:进口(百元)
			合计	其中:博士毕业	其中:硕士毕业			
合计	0	71	1 072	402	531	126 235	66 752.5	12 180
管理学	1	5	74	26	35	3 550	1 460	0
马克思主义	2	3	64	26	29	1 450	230	0
哲学	3	0	0	0	0	0	0	0
逻辑学	4	0	0	0	0	0	0	0
宗教学	5	1	20	8	12	200	200	0
语言学	6	4	48	15	30	8 273	6 400	2 500
中国文学	7	3	43	13	25	9 840	0	0
外国文学	8	0	0	0	0	0	0	0
艺术学	9	4	23	3	12	2 420	5	0
历史学	10	0	0	0	0	0	0	0
考古学	11	0	0	0	0	0	0	0
经济学	12	7	102	44	54	12 031	1 835	0
政治学	13	1	11	6	4	200	0	0
法学	14	3	34	8	24	6 000	1 000	0
社会学	15	1	21	3	5	2 000	0	0
民族学	16	31	566	213	276	75 881	54 422.5	9 680
新闻与传播学	17	0	0	0	0	0	0	0
图书、文献与情报学	18	0	0	0	0	0	0	0
教育学	19	6	56	29	23	4 250	1 200	0
统计学	20	0	0	0	0	0	0	0
心理学	21	0	0	0	0	0	0	0
体育学	22	2	10	8	2	140	0	0

27. 体育院校人文、社会科学研究与发展研究机构情况表

	编号	机构数	R&D 活动人员(人)			R&D 经费支出(百元)	仪器设备原价(百元)	其中:进口(百元)
			合计	其中:博士毕业	其中:硕士毕业			
合计	0	39	593	219	303	152 393.1	1 110 137.5	695 715
管理学	1	0	0	0	0	0	0	0
马克思主义	2	0	0	0	0	0	0	0
哲学	3	0	0	0	0	0	0	0
逻辑学	4	0	0	0	0	0	0	0
宗教学	5	0	0	0	0	0	0	0
语言学	6	0	0	0	0	0	0	0
中国文学	7	0	0	0	0	0	0	0
外国文学	8	0	0	0	0	0	0	0
艺术学	9	0	0	0	0	0	0	0
历史学	10	0	0	0	0	0	0	0
考古学	11	0	0	0	0	0	0	0
经济学	12	0	0	0	0	0	0	0
政治学	13	0	0	0	0	0	0	0
法学	14	0	0	0	0	0	0	0
社会学	15	0	0	0	0	0	0	0
民族学	16	0	0	0	0	0	0	0
新闻与传播学	17	0	0	0	0	0	0	0
图书、文献与情报学	18	0	0	0	0	0	0	0
教育学	19	1	4	0	2	220	105	0
统计学	20	0	0	0	0	0	0	0
心理学	21	0	0	0	0	0	0	0
体育学	22	38	589	219	301	152 173.1	1 110 032.5	695 715

六、社科研究与发展课题

1. 各类高等学校人文、社会科学研究与发展课题情况表

		课题数	当年投入人数(人年)	其中:研究生	当年拨入经费(百元)	当年支出经费(百元)
	合计	291 606	81 206.3	9 703.5	63 619 953.34	53 699 133.86
按学校隶属关系划分	教育部直属院校	78 597	18 934.6	4 751	31 387 545.72	26 187 696.83
	其他部委院校	9 833	3 031	550	2 893 910.31	2 556 887.7
	地方院校	203 176	59 240.7	4 402.5	29 338 497.31	24 954 549.33
按学校规格划分	本科院校	276 830	76 770	9 698.5	62 843 195.54	53 064 435.3
	专科院校	14 776	4 436.3	5	776 757.8	634 698.56
按学校类型划分	综合大学	98 053	25 544.2	3 711.2	25 251 751.98	20 705 507.05
	理工农医院校	77 761	22 453.8	2 951.2	17 622 695.61	15 951 157.81
	师范院校	55 299	15 770.5	1 391.9	9 035 786.1	7 883 843.92
	语言院校	8 029	2 099.3	173.6	1 286 909.34	867 292.71
	财经院校	30 734	8 915.7	850.8	5 873 786.47	4 626 565.01
	政法院校	8 668	2 290.7	161.6	1 312 231.02	1 055 680.18
	体育院校	3 702	1 290.6	140.2	681 252.06	546 859.94
	艺术院校	4 879	1 481.9	177.9	1 566 628.98	1 358 782.03
	民族院校	4 481	1 359.6	145.1	988 911.78	703 445.21

2. 各省、市、自治区高等学校人文、社会科学研究与发展课题情况表

	课题数	当年投入人数（人年）	其中：研究生	当年拨入经费（百元）	当年支出经费（百元）
合计	291 606	81 206.3	9 703.5	63 619 953.34	53 699 133.86
北京市	30 642	8 309.2	1 897.8	13 656 992.27	10 879 884.81
天津市	7 124	2 766.7	630.9	1 561 189	1 430 782.26
河北省	8 895	2 678.3	202.2	573 898.86	619 221.32
山西省	3 593	1 622.4	215.6	492 570.02	401 398.07
内蒙古自治区	2 465	549.2	12.4	401 521.1	266 800.83
辽宁省	11 047	3 316.1	332.5	1 645 614.59	1 345 712.64
吉林省	7 919	2 934	322	1 321 748.52	1 084 632.21
黑龙江省	4 582	2 374.2	91.5	463 557.35	405 493.94
上海市	18 176	4 570.2	907	5 050 572.26	4 030 729.09
江苏省	19 393	5 741.8	1 135.6	4 334 342.17	4 039 439.79
浙江省	21 700	4 747.1	412.4	4 900 426.65	4 484 187.33
安徽省	10 173	2 923.1	202	994 819.52	854 791.62
福建省	8 037	2 002.2	199.9	1 498 772.75	1 311 703.52
江西省	8 028	1 119.2	3.1	797 158	621 772.58
山东省	11 263	3 403.9	112	1 874 476.89	1 707 342.31
河南省	11 563	2 389.9	43.3	882 450.7	799 601.68
湖北省	15 225	4 039.8	648.1	4 911 341.65	4 513 900.59
湖南省	16 015	4 026.8	380.7	1 957 565.55	1 528 141.23
广东省	19 342	5 148.7	406.4	6 412 239.53	5 353 390.1
广西壮族自治区	6 711	1 927.5	94.8	960 668.85	723 399.06
海南省	1 489	372.7	5.3	149 849	130 881.06
重庆市	7 436	2 771	294.7	1 964 105.62	1 808 408.65
四川省	13 712	3 650.6	356.6	2 509 556.34	1 823 521.44
贵州省	4 240	1 120.8	1.2	460 108.94	408 101.47
云南省	5 099	1 652.9	143.7	790 336.5	634 563.19
西藏自治区	418	190	1.9	79 180	58 500.8
陕西省	9 766	2 234.8	366.7	1 701 302.45	1 397 318.2
甘肃省	3 286	965.2	220.8	602 646.46	594 919.38
青海省	347	192.3	17.2	69 420	50 961.5
宁夏回族自治区	1 114	342.6	11.7	106 920	90 295.54
新疆维吾尔自治区	2 806	1 123.1	33.5	494 601.8	299 337.65

3. 各省、市、自治区所属高等学校人文、社会科学研究与发展课题情况表

	课题数	当年投入人数（人年）	其中：研究生	当年拨入经费（百元）	当年支出经费（百元）
合计	203 176	59 240.7	4 402.5	29 338 497.31	24 954 549.33
北京市	7 346	2 563.5	482	1 905 911.75	1 504 294.46
天津市	4 364	1 637.4	156.2	631 588.58	513 504.44
河北省	8 747	2 600.4	196.5	564 528.86	611 060.32
山西省	3 593	1 622.4	215.6	492 570.02	401 398.07
内蒙古自治区	2 465	549.2	12.4	401 521.1	266 800.83
辽宁省	9 019	2 797.5	256.1	1 029 113.03	704 879.71
吉林省	4 200	1 987.7	108.1	350 231	311 505.6
黑龙江省	4 044	2 116.3	48.3	268 413.35	187 735.94
上海市	7 730	1 773.7	205	1 767 874.4	1 424 966.48
江苏省	13 610	4 135	589.8	1 912 221.76	1 727 869.19
浙江省	17 420	4 476.5	355.7	2 725 439.87	2 631 602.06
安徽省	9 428	2 737.4	90.4	821 132.52	710 235.22
福建省	4 610	1 283.5	55.5	596 783.61	538 653.92
江西省	8 028	1 119.2	3.1	797 158	621 772.58
山东省	9 613	3 159.9	104.7	1 276 270.07	1 101 992.8
河南省	11 563	2 389.9	43.3	882 450.7	799 601.68
湖北省	6 419	1 909.9	147.2	1 737 279.26	1 575 730.97
湖南省	13 429	3 295.5	261.7	1 262 192.55	1 014 371.41
广东省	12 934	3 875.4	299.3	3 738 652.01	3 168 303.03
广西壮族自治区	6 711	1 927.5	94.8	960 668.85	723 399.06
海南省	1 489	372.7	5.3	149 849	130 881.06
重庆市	4 843	1 722.1	128.6	1 019 498.3	936 287.63
四川省	8 924	2 542.2	127.7	956 537.71	881 237.96
贵州省	4 240	1 120.8	1.2	460 108.94	408 101.47
云南省	5 099	1 652.9	143.7	790 336.5	634 563.19
西藏自治区	418	190	1.9	79 180	58 500.8
陕西省	6 714	1 460.4	131.2	822 687.37	680 128.95
甘肃省	2 195	638	76.2	315 526.4	273 047.81
青海省	347	192.3	17.2	69 420	50 961.5
宁夏回族自治区	828	268.4	10.3	58 750	61 823.54
新疆维吾尔自治区	2 806	1 123.1	33.5	494 601.8	299 337.65

4. 国务院各部委所属高等学校人文、社会科学研究与发展课题情况表

	课题数	当年投入人数（人年）	其中：研究生	当年拨入经费（百元）	当年支出经费（百元）
合计	88 430	21 965.6	5 301	34 281 456.03	28 744 584.53
外交部	145	42.8	0.7	58 100	50 904.07
国家民族事务委员会	2 644	651.6	86.6	561 783.79	435 863.79
公安部	926	252.2	10.7	64 533	43 213.89
工业和信息化部	1 474	736.8	234	765 816	729 134.91
交通部	403	82.1	13.8	102 874.5	86 958.58
教育部	78 597	18 934.6	4 751	31 387 545.72	26 187 696.83
海关总署	104	37	0	16 170	27 074.78
中国民用航空总局	320	105.2	24.1	139 242.42	168 501.22
国家林业局	118	16.9	0	8 387.2	8 511.09
国务院侨务办公室	2 270	646.9	87	670 141.12	580 378.33
国家体育总局	309	110.7	7.4	191 913	162 073.51
中国科学院	103	102.7	69.6	63 589	43 668.4
中华全国总工会	371	77.7	0	66 840	66 840
共青团中央	413	74.6	15.6	153 495.28	135 118.76
中华全国妇女联合会	233	93.8	0.5	31 025	18 646.37

5. 全国高等学校人文、社会科学研究课题来源情况表

		合计	国家社科基金项目	国家社科基金单列学科项目	教育部人文、社科研究项目	高校古籍整理研究项目	国家自然科学基金项目	中央其他部门社科专门项目
	编号	L01	L02	L03	L04	L05	L06	L07
课题数(项)	1	291 606	14 135	1 087	21 917	577	3 154	10 369
当年投入人数(人年)	2	81 206. 3	6 170. 6	483. 4	8 367. 6	148. 6	1 356. 6	2 889. 3
其中:研究生(人年)	3	9 703. 5	1 147. 6	92. 6	1 536. 1	25. 2	470. 6	595
当年拨入经费(百元)	4	63 620 153. 34	7 301 322. 69	302 788. 8	4 842 396. 59	105 201. 07	3 272 542. 31	3 983 790. 69
其中:当年立项项目拨入经费(百元)	5	49 492 875. 2	6 097 296. 65	227 402. 8	2 969 437. 28	53 933. 27	2 573 711. 99	2 831 594. 72
当年支出经费(百元)	6	53 699 413. 86	5 024 666. 94	248 624. 08	4 248 652. 92	101 241. 51	2 295 208. 78	3 362 281. 61
当年新开课题数(项)	7	95 472	3 959	268	5 193	112	1 068	2 842
当年新开课题批准经费(百元)	8	121 365 102. 1	8 790 811. 94	397 200	4 795 365. 77	62 235. 4	4 372 780. 4	4 049 350. 4
当年完成课题数(项)	9	70 757	1 586	134	2 699	68	393	2 391

课题来源

省、市、自治区社科基金项目	省教育厅社科项目	地、市厅、局等政府部门项目	国际合作研究项目	与港、澳、台合作研究项目	企事业单位委托项目	学校社科项目	外资项目	其他项目
L08	L09	L10	L11	L12	L13	L14	L15	L16
41 926	43 805	37 002	957	270	48 445	61 730	599	5 633
12 801. 1	13 198. 2	9 301. 8	239. 3	77. 2	10 129. 7	14 607	141. 7	1 294. 2
1 432. 5	812. 9	856	66. 1	18. 5	1 730. 5	824. 8	26	69. 1
2 866 434. 7	2 281 143. 1	6 003 291. 33	1 059 131. 02	155 399. 52	26 331 153. 03	3 701 160. 78	323 066. 02	1 091 331. 69
2 188 850. 36	1 859 522. 59	4 665 315. 26	716 589. 25	84 803. 14	21 271 719. 36	2 871 724. 6	228 363. 92	852 610. 01
2 448 141. 18	1 891 140. 41	5 625 662. 82	916 382. 66	169 994. 69	22 918 743. 42	3 249 635. 26	363 691. 91	835 345. 67
12 213	14 229	14 683	310	67	19 588	19 120	129	1 691
3 023 616. 1	2 368 594. 45	5 922 337. 86	23 625 160. 29	107 643. 48	58 047 295. 59	4 323 149. 95	255 749. 81	1 223 810. 67
8 219	9 119	11 233	323	95	17 250	15 799	207	1 241

6. 全国高等学校人文、社会科学研究课题情况表

学科门类	总数					基础研究				
	课题数	当年投入人数（人年）	其中：研究生	当年拨入经费（百元）	当年支出经费（百元）	课题数	当年投入人数（人年）	其中：研究生	当年拨入经费（百元）	当年支出经费（百元）
	L01	L02	L03	L04	L05	L06	L07	L08	L09	L10
合计	291 606	81 206. 3	9 704	63 619 955	53 699 133	152 972	43 218. 3	4 684	24 386 457	20 176 467
管理学	54 152	15 086. 5	2 525	17 880 356	15 427 081	18 416	5 397. 9	892	4 610 561	3 737 424
马克思主义	9 197	2 654. 6	274	1 051 267	833 356	6 522	1 893. 6	205	756 989	596 682
哲学	5 010	1 433. 3	205	975 466	783 104	4 154	1 199. 5	174	770 971	620 045
逻辑学	252	68. 6	9	62 377	58 245	203	53. 9	8	53 232	53 263
宗教学	860	261. 4	33	195 417	155 787	712	220. 7	29	164 494	129 674
语言学	19 123	5 886. 4	403	2 260 951	1 882 586	12 960	3 970. 2	284	1 373 039	1 128 084
中国文学	11 266	3 241. 4	294	1 749 391	1 384 235	9 878	2 868. 6	267	1 540 018	1 211 727
外国文学	4 733	1 369. 1	95	422 865	356 796	3 871	1 118. 2	80	336 661	292 958
艺术学	21 316	5 896. 2	437	6 032 481	5 387 028	12 449	3 468. 3	218	1 726 065	1 436 873
历史学	8 387	2 399. 1	349	2 020 247	1 632 272	7 275	2 094. 9	313	1 671 426	1 367 840
考古学	988	249	70	804 041	598 249	580	149. 9	34	394 802	304 429
经济学	44 993	12 282. 2	1 955	11 465 788	9 726 312	15 395	4 357. 8	628	2 803 540	2 396 031
政治学	7 630	2 012. 9	242	1 435 120	1 186 368	4 824	1 249. 9	135	683 813	589 314
法学	18 683	4 891. 5	601	3 403 252	2 780 726	10 137	2 591. 1	292	1 510 360	1 271 382
社会学	16 704	4 275. 2	520	3 539 901	2 946 345	8 321	2 146. 9	217	1 296 183	1 102 878
民族学	3 396	1 103. 3	81	1 099 932	734 023	2 326	762. 7	63	712 756	486 412
新闻与传播学	7 002	1 704	206	1 810 030	1 346 410	3 259	849. 2	98	631 357	442 268
图书、文献与情报学	5 380	1 688. 5	172	877 741	786 853	2 873	859. 4	90	360 490	332 411
教育学	34 708	9 387. 7	751	4 020 337	3 579 409	19 509	5 250. 3	427	2 062 368	1 913 654
统计学	2 087	587. 2	80	537 597	427 480	704	198. 1	24	146 857	101 949
心理学	3 830	1 095. 6	140	645 692	559 090	2 107	616. 1	86	335 599	291 227
体育学	11 909	3 632. 6	262	1 329 706	1 127 378	6 497	1 901. 1	120	444 876	369 942

应用研究					实验与发展				
课题数	当年投入人数（人年）	其中：研究生	当年拨入经费（百元）	当年支出经费（百元）	课题数	当年投入人数（人年）	其中：研究生	当年拨入经费（百元）	当年支出经费（百元）
L11	L12	L13	L14	L15	L16	L17	L18	L19	L20
136 119	37 344.5	4 949	38 487 482	32 947 279	2 515	643.5	69	746 010	575 386
35 192	9 562.1	1 613	13 146 970	11 580 623	544	126.5	19	122 825	109 034
2 649	753.9	69	288 287	233 569	26	7.1	0	5 990	3 106
843	229.8	29	201 045	162 211	13	4	2	3 450	848
47	11.3	1	8 845	4 682	2	3.4	0	300	300
142	40.3	4	30 923	25 990	6	0.4	0	0	123
6 073	1 889.5	118	870 618	747 945	90	26.7	0	17 293	6 557
1 376	368.4	26	208 523	171 689	12	4.4	1	850	820
854	248.8	16	86 119	63 773	8	2.1	0	85	65
8 670	2 386.7	216	4 269 883	3 912 785	197	41.2	2	36 533	37 370
1 087	300	37	345 441	262 171	25	4.2	0	3 380	2 260
377	89.6	30	396 903	270 376	31	9.5	7	12 336	23 444
29 090	7 817.8	1 320	8 482 874	7 192 997	508	106.6	7	179 373	137 284
2 766	749.3	107	743 477	590 749	40	13.7	0	7 831	6 305
8 425	2 266.7	307	1 868 037	1 488 012	121	33.7	3	24 854	21 332
8 245	2 090.2	299	2 181 348	1 804 295	138	38.1	3	62 369	39 171
1 048	332.3	18	369 087	230 809	22	8.3	0	18 090	16 802
3 696	843.2	107	1 084 316	855 138	47	11.6	1	94 357	49 004
2 454	809.3	77	495 250	437 336	53	19.8	5	22 001	17 106
14 873	4 054.1	316	1 917 624	1 635 103	326	83.3	7	40 344	30 652
1 357	383.9	56	387 439	321 242	26	5.2	0	3 300	4 288
1 637	447	47	261 445	232 423	86	32.5	6	48 647	35 440
5 218	1 670.3	136	843 028	723 361	194	61.2	6	41 802	34 075

7. 本科院校人文、社会科学研究课题情况表

学科门类	总数					基础研究				
	课题数	当年投入人数（人年）	其中：研究生	当年拨入经费（百元）	当年支出经费（百元）	课题数	当年投入人数（人年）	其中：研究生	当年拨入经费（百元）	当年支出经费（百元）
	L01	L02	L03	L04	L05	L06	L07	L08	L09	L10
合计	276 830	76 770	9 698	62 843 195	53 064 434	147 433	41 616.7	4 683	24 179 986	20 013 488
管理学	51 651	14 332.9	2 524	17 674 296	15 258 428	17 649	5 185.1	892	4 584 882	3 715 906
马克思主义	8 752	2 525.3	274	1 037 816	822 512	6 302	1 826.9	205	751 252	592 431
哲学	4 940	1 406.4	205	972 700	781 329	4 115	1 184.9	174	770 069	619 418
逻辑学	245	67.5	9	61 697	57 625	202	53.7	8	53 152	53 263
宗教学	847	258.4	33	195 177	155 469	703	218.4	29	164 334	129 419
语言学	18 269	5 609.1	402	2 236 995	1 862 700	12 593	3 854.4	284	1 361 951	1 120 377
中国文学	10 908	3 126.3	294	1 731 406	1 373 254	9 652	2 794.1	267	1 527 050	1 203 741
外国文学	4 570	1 324	95	415 827	351 340	3 776	1 093.6	80	334 621	291 243
艺术学	20 383	5 593.7	437	5 944 977	5 308 419	12 138	3 360.4	218	1 713 213	1 422 743
历史学	8 296	2 377.2	349	2 014 536	1 628 448	7 210	2 080	313	1 666 551	1 364 855
考古学	980	245.9	70	803 841	598 143	577	148.4	34	394 802	304 423
经济学	43 359	11 821.8	1 955	11 366 371	9 643 143	14 857	4 218.9	628	2 778 373	2 377 953
政治学	7 380	1 945.7	242	1 428 221	1 180 621	4 687	1 215.2	135	680 102	585 808
法学	18 242	4 759.3	601	3 377 296	2 762 018	9 953	2 541.8	291	1 504 374	1 268 403
社会学	16 057	4 094	520	3 493 803	2 908 445	8 046	2 078.2	217	1 282 656	1 089 903
民族学	3 273	1 071	81	1 078 059	721 575	2 255	742.2	63	707 347	483 659
新闻与传播学	6 819	1 655.1	206	1 796 256	1 334 470	3 217	840	98	629 855	440 196
图书、文献与情报学	5 151	1 622.6	172	871 282	779 529	2 790	840.7	90	358 892	330 909
教育学	29 696	7 882.3	750	3 854 152	3 442 124	17 733	4 730.7	427	1 997 700	1 861 098
统计学	2 050	578.6	80	536 244	426 227	697	196.4	24	146 680	101 902
心理学	3 566	1 012.9	140	639 923	554 312	1 987	579.8	86	333 008	289 309
体育学	11 396	3 460	259	1 312 320	1 114 303	6 294	1 832.9	120	439 122	366 529

应用研究					实验与发展				
课题数	当年投入人数（人年）	其中：研究生	当年拨入经费（百元）	当年支出经费（百元）	课题数	当年投入人数（人年）	其中：研究生	当年拨入经费（百元）	当年支出经费（百元）
L11	L12	L13	L14	L15	L16	L17	L18	L19	L20
126 962	34 537.2	4 946	37 921 888	32 479 110	2 435	616.1	69	741 321	571 836
33 467	9 024.2	1 613	12 967 174	11 433 796	535	123.6	19	122 240	108 725
2 424	691.3	69	280 573	226 976	26	7.1	0	5 990	3 106
812	217.5	29	199 181	161 064	13	4	2	3 450	848
41	10.4	1	8 245	4 062	2	3.4	0	300	300
138	39.6	4	30 843	25 927	6	0.4	0	0	123
5 590	1 728.8	118	857 751	735 766	86	25.9	0	17 293	6 557
1 244	327.8	26	203 506	168 693	12	4.4	1	850	820
786	228.3	16	81 121	60 031	8	2.1	0	85	65
8 054	2 193.4	216	4 197 032	3 849 454	191	39.9	2	34 733	36 223
1 061	293	37	344 605	261 333	25	4.2	0	3 380	2 260
372	88	30	396 703	270 276	31	9.5	7	12 336	23 444
28 005	7 499.9	1 320	8 409 050	7 128 552	497	103	7	178 948	136 638
2 654	717.3	107	740 288	588 537	39	13.2	0	7 831	6 276
8 171	2 187.2	307	1 848 597	1 472 339	118	30.3	3	24 324	21 277
7 877	1 978.7	299	2 149 028	1 779 490	134	37.1	3	62 119	39 051
998	321.2	18	352 683	221 154	20	7.6	0	18 030	16 762
3 557	805.2	107	1 072 108	845 504	45	9.9	1	94 293	48 770
2 309	762.8	77	490 389	431 614	52	19.1	5	22 001	17 006
11 667	3 077.3	316	1 816 973	1 551 164	296	74.3	7	39 479	29 862
1 328	378	56	386 264	320 057	25	4.2	0	3 300	4 268
1 494	401	47	258 268	229 582	85	32.1	6	48 647	35 420
4 913	1 566.3	133	831 506	713 739	189	60.8	6	41 692	34 035

8. 专科院校人文、社会科学研究课题情况表

学科门类	总数					基础研究				
	课题数	当年投入人数（人年）	其中：研究生	当年拨入经费（百元）	当年支出经费（百元）	课题数	当年投入人数（人年）	其中：研究生	当年拨入经费（百元）	当年支出经费（百元）
	L01	L02	L03	L04	L05	L06	L07	L08	L09	L10
合计	14 776	4 436.3	5	776 756	634 698	5 539	1 601.6	0	206 477	162 979
管理学	2 501	753.6	1	206 060	168 653	767	212.8	0	25 679	21 517
马克思主义	445	129.3	0	13 451	10 844	220	66.7	0	5 737	4 251
哲学	70	26.9	0	2 766	1 775	39	14.6	0	902	628
逻辑学	7	1.1	0	680	620	1	0.2	0	80	0
宗教学	13	3	0	240	318	9	2.3	0	160	255
语言学	854	277.3	0	23 956	19 887	367	115.8	0	11 089	7 708
中国文学	358	115.1	0	17 986	10 981	226	74.5	0	12 969	7 986
外国文学	163	45.1	0	7 038	5 457	95	24.6	0	2 040	1 714
艺术学	933	302.5	0	87 503	78 608	311	107.9	0	12 852	14 130
历史学	91	21.9	0	5 711	3 824	65	14.9	0	4 875	2 985
考古学	8	3.1	0	200	106	3	1.5	0	0	6
经济学	1 634	460.4	0	99 416	83 170	538	138.9	0	25 168	18 078
政治学	250	67.2	0	6 899	5 747	137	34.7	0	3 711	3 506
法学	441	132.2	0	25 956	18 707	184	49.3	0	5 986	2 979
社会学	647	181.2	0	46 097	37 899	275	68.7	0	13 527	12 975
民族学	123	32.3	0	21 873	12 448	71	20.5	0	5 409	2 753
新闻与传播学	183	48.9	0	13 774	11 940	42	9.2	0	1 502	2 072
图书、文献与情报学	229	65.9	0	6 459	7 324	83	18.7	0	1 598	1 502
教育学	5 012	1 505.4	1	166 185	137 285	1 776	519.6	0	64 669	52 556
统计学	37	8.6	0	1 352	1 253	7	1.7	0	178	48
心理学	264	82.7	0	5 768	4 778	120	36.3	0	2 592	1 917
体育学	513	172.6	3	17 386	13 074	203	68.2	0	5 754	3 413

应用研究					实验与发展				
课题数	当年投入人数（人年）	其中：研究生	当年拨入经费（百元）	当年支出经费（百元）	课题数	当年投入人数（人年）	其中：研究生	当年拨入经费（百元）	当年支出经费（百元）
L11	L12	L13	L14	L15	L16	L17	L18	L19	L20
9 157	2 807.3	3	565 594	468 167	80	27.4	0	4 689	3 551
1 725	537.9	0	179 796	146 827	9	2.9	0	585	309
225	62.6	0	7 714	6 593	0	0	0	0	0
31	12.3	0	1 864	1 147	0	0	0	0	0
6	0.9	0	600	620	0	0	0	0	0
4	0.7	0	80	63	0	0	0	0	0
483	160.7	0	12 867	12 179	4	0.8	0	0	0
132	40.6	0	5 017	2 995	0	0	0	0	0
68	20.5	0	4 998	3 742	0	0	0	0	0
616	193.3	0	72 851	63 331	6	1.3	0	1 800	1 147
26	7	0	836	839	0	0	0	0	0
5	1.6	0	200	100	0	0	0	0	0
1 085	317.9	0	73 823	64 445	11	3.6	0	425	646
112	32	0	3 189	2 212	1	0.5	0	0	29
254	79.5	0	19 440	15 673	3	3.4	0	530	55
368	111.5	0	32 320	24 804	4	1	0	250	120
50	11.1	0	16 404	9 654	2	0.7	0	60	40
139	38	0	12 208	9 634	2	1.7	0	64	234
145	46.5	0	4 861	5 722	1	0.7	0	0	100
3 206	976.8	0	100 652	83 939	30	9	0	865	791
29	5.9	0	1 175	1 185	1	1	0	0	20
143	46	0	3 177	2 841	1	0.4	0	0	20
305	104	3	11 522	9 622	5	0.4	0	110	40

9. 教育部直属院校人文、社会科学研究课题情况表(一)

学科门类	总数					基础研究				
	课题数	当年投入人数(人年)	其中:研究生	当年拨入经费(百元)	当年支出经费(百元)	课题数	当年投入人数(人年)	其中:研究生	当年拨入经费(百元)	当年支出经费(百元)
	L01	L02	L03	L04	L05	L06	L07	L08	L09	L10
合计	78 597	18 934.6	4 751	31 387 544	26 187 697	34 517	8 955.6	2 151	10 542 967	8 685 717
管理学	18 451	4 303.2	1 328	9 612 507	8 069 012	5 109	1 379.6	454	2 238 069	1 773 909
马克思主义	2 095	561.2	129	401 769	313 404	1 419	395.7	98	275 219	211 178
哲学	2 000	521	114	552 132	448 780	1 669	445.9	96	442 412	349 936
逻辑学	136	36.4	8	46 655	43 980	119	32.6	8	39 765	41 589
宗教学	302	92.2	21	78 534	66 980	253	77.1	17	65 675	59 035
语言学	3 784	1 117.6	154	763 956	660 393	2 543	748.6	107	469 539	378 984
中国文学	2 152	553.1	114	574 304	481 889	1 882	488.8	104	501 666	426 700
外国文学	964	297.6	45	173 713	124 236	818	250.5	36	133 357	103 764
艺术学	3 131	736	119	2 102 752	1 878 105	1 322	337.7	51	570 591	471 504
历史学	2 857	784	199	1 111 695	904 549	2 450	680.6	180	920 053	755 824
考古学	528	115.1	30	593 577	440 927	252	53.7	10	253 132	188 092
经济学	14 082	3 429.7	1 056	6 169 225	5 162 492	4 044	1 042.8	334	1 288 651	1 056 163
政治学	2 540	609.4	142	838 465	691 409	1 437	325.4	67	331 266	290 730
法学	6 208	1 433.2	334	1 811 436	1 469 809	2 785	663.3	150	652 831	554 609
社会学	5 130	1 050.2	288	1 959 147	1 585 078	1 955	402.6	103	547 783	449 446
民族学	309	77.6	16	167 416	132 878	174	41.4	11	106 120	92 152
新闻与传播学	2 985	557.7	107	1 151 438	820 143	1 026	235.9	47	376 860	243 272
图书、文献与情报学	1 496	477	111	565 560	481 057	640	219.2	58	195 764	171 023
教育学	6 661	1 478.9	310	1 928 149	1 774 483	3 455	804.1	157	852 434	838 030
统计学	641	139.9	30	265 656	192 788	186	46.7	10	75 617	41 854
心理学	946	250	56	336 316	281 544	466	137.7	34	144 488	131 225
体育学	1 199	313.6	40	183 142	163 761	513	145.7	19	61 675	56 698

应用研究					实验与发展				
课题数	当年投入人数（人年）	其中：研究生	当年拨入经费（百元）	当年支出经费（百元）	课题数	当年投入人数（人年）	其中：研究生	当年拨入经费（百元）	当年支出经费（百元）
L11	L12	L13	L14	L15	L16	L17	L18	L19	L20
43 453	9 843.6	2 569	20 473 040	17 216 462	627	135.4	30	371 538	285 518
13 156	2 885.7	863	7 326 991	6 247 178	186	37.9	12	47 447	47 925
673	164.2	31	123 550	100 725	3	1.3	0	3 000	1 500
327	74.8	18	109 300	98 843	4	0.3	0	420	0
17	3.8	0	6 890	2 391	0	0	0	0	0
47	15	4	12 859	7 946	2	0.1	0	0	0
1 231	366.9	47	293 017	280 815	10	2.1	0	1 400	593
270	64.3	10	72 639	55 189	0	0	0	0	0
145	47	10	40 356	20 471	1	0.1	0	0	0
1 793	395	68	1 522 062	1 396 712	16	3.3	0	10 100	9 889
401	103.3	19	191 502	147 498	6	0.1	0	140	1 228
262	59.6	20	334 644	231 366	14	1.8	0	5 800	21 470
9 923	2 367.5	720	4 804 374	4 051 563	115	19.4	2	76 201	54 766
1 097	282.9	75	504 092	398 225	6	1.1	0	3 106	2 455
3 375	753.2	181	1 145 975	904 287	48	16.7	2	12 630	10 913
3 135	638	182	1 370 471	1 110 279	40	9.6	2	40 893	25 354
131	35.7	5	60 796	40 040	4	0.5	0	500	686
1 944	319.4	60	684 079	530 936	15	2.4	0	90 500	45 934
838	248.3	48	352 210	295 467	18	9.5	5	17 586	14 567
3 119	657.9	147	1 065 716	928 538	87	16.9	5	9 998	7 915
447	92.1	20	190 039	150 269	8	1.1	0	0	665
448	103.9	20	150 021	120 732	32	8.4	2	41 807	29 586
674	165.1	21	111 457	96 992	12	2.8	0	10 010	10 072

10. 教育部直属院校人文、社会科学研究课题情况表(二)

	总数				基础研究			
	课题数	当年投入人数（人年）	当年拨入经费（百元）	当年支出经费（百元）	课题数	当年投入人数（人年）	当年拨入经费（百元）	当年支出经费（百元）
合计	78 597	18 934.6	31 387 545	26 187 697	34 517	8 955.6	10 542 966	8 685 717
北京大学	1 324	505.2	1 626 603	1 348 488	441	159.2	457 072	293 293
中国人民大学	3 305	628.4	1 547 583	1 035 876	1 298	283.3	355 371	241 785
清华大学	1 760	515.3	2 338 096	2 042 511	768	264.1	824 737	668 477
北京交通大学	1 552	216.9	541 627	284 039	501	66.3	125 847	65 518
北京科技大学	505	82.3	169 116	150 480	312	56.9	77 842	88 103
北京化工大学	59	61.6	24 765	19 647	46	49.5	22 405	14 876
北京邮电大学	416	147.5	85 837	76 655	195	59.3	46 712	34 932
中国农业大学	848	209.3	407 180	332 393	170	35	52 228	54 070
北京林业大学	246	48.8	109 402	116 937	224	45.7	92 212	102 338
北京中医药大学	36	17.2	2 740	4 165	10	4.7	10	942
北京师范大学	2 789	567	1 278 142	1 220 749	2 213	475.3	954 609	913 130
北京外国语大学	366	88.8	68 666	38 581	356	86.8	48 666	15 136
北京语言大学	531	188.6	104 312	60 959	296	121.6	42 896	24 810
中国传媒大学	1 669	162.6	344 639	206 182	319	31.6	111 642	53 194
中央财经大学	1 641	206.8	560 964	415 198	216	30.2	81 771	55 620
对外经济贸易大学	673	437.6	398 834	230 979	181	120.4	66 796	39 318
国际关系学院	122	47.9	19 156	10 856	78	33.4	7 006	8 095
中央音乐学院	103	36.9	12 240	21 536	100	34.5	12 240	20 072
中央美术学院	144	24.8	63 416	36 084	106	15.3	30 697	8 615
中央戏剧学院	29	11	8 807	5 131	29	11	8 807	5 131
中国政法大学	1 625	391.1	421 754	349 825	495	114.6	90 717	96 813
华北电力大学	186	72	59 910	53 213	134	54.8	28 771	26 392
南开大学	2 347	906.5	708 350	687 503	1 279	520.1	266 918	347 769
天津大学	187	150.7	88 898	66 658	72	62.8	13 778	11 308
大连理工大学	576	105.6	140 534	176 937	312	61.3	43 324	77 649
东北大学	579	192.3	334 637	350 566	318	115.2	86 940	102 153
吉林大学	2 317	492	650 044	488 683	702	130.5	217 402	140 549
东北师范大学	1 402	454.3	321 474	284 444	924	303.8	106 461	113 134
东北林业大学	152	82	24 910	26 765	130	71.2	24 020	25 621

应用研究				实验与发展			
课题数	当年投入人数（人年）	当年拨入经费（百元）	当年支出经费（百元）	课题数	当年投入人数（人年）	当年拨入经费（百元）	当年支出经费（百元）
43 453	9 843.6	20 473 039	17 216 462	627	135.4	371 540	285 519
859	336	1 048 021	987 562	24	10	121 510	67 633
2 007	345.1	1 192 212	794 090	0	0	0	0
974	242.9	1 479 420	1 353 912	18	8.3	33 939	20 122
1 051	150.6	415 780	218 521	0	0	0	0
193	25.4	91 274	62 377	0	0	0	0
13	12.1	2 360	4 772	0	0	0	0
221	88.2	39 124	41 723	0	0	0	0
678	174.3	354 952	278 323	0	0	0	0
21	3	15 190	12 899	1	0.1	2 000	1 700
26	12.5	2 730	3 223	0	0	0	0
546	84	257 105	262 777	30	7.7	66 428	44 842
10	2	20 000	23 445	0	0	0	0
235	67	61 416	36 149	0	0	0	0
1 350	131	232 997	152 989	0	0	0	0
1 416	174.9	477 753	357 859	9	1.7	1 440	1 720
492	317.2	332 038	191 554	0	0	0	107
44	14.5	12 150	2 760	0	0	0	0
3	2.4	0	1 464	0	0	0	0
38	9.5	32 719	27 469	0	0	0	0
0	0	0	0	0	0	0	0
1 104	264.7	327 087	249 592	26	11.8	3 950	3 420
48	15	29 834	25 562	4	2.2	1 305	1 258
1 067	386	432 432	337 734	1	0.4	9 000	2 000
114	85.9	75 020	55 250	1	2	100	100
260	43.8	96 860	98 912	4	0.5	350	376
259	76.5	247 697	248 283	2	0.6	0	130
1 615	361.5	432 642	348 134	0	0	0	0
475	150.2	213 463	170 845	3	0.3	1 550	465
22	10.8	890	1 144	0	0	0	0

	总数				基础研究			
	课题数	当年投入人数（人年）	当年拨入经费（百元）	当年支出经费（百元）	课题数	当年投入人数（人年）	当年拨入经费（百元）	当年支出经费（百元）
复旦大学	2 835	924.4	686 922	419 071	2 373	742.4	632 624	364 317
同济大学	935	209.9	285 502	277 882	361	69.5	72 798	63 898
上海交通大学	1 390	204.1	519 763	494 028	338	28.9	26 510	22 036
华东理工大学	462	79.2	157 110	104 873	137	26.6	16 541	17 157
东华大学	274	183.1	239 856	170 407	6	1.5	1 990	494
华东师范大学	2 912	742.5	821 302	720 532	1 637	435.2	360 192	356 325
上海外国语大学	489	164.3	73 714	37 162	361	121.2	52 424	25 756
上海财经大学	1 045	252	482 359	354 733	89	26.6	45 560	29 130
南京大学	1 474	335.7	736 174	751 571	718	168.6	269 796	287 965
东南大学	547	269.9	137 916	104 511	321	179.4	89 037	56 842
中国矿业大学	365	99.4	161 526	159 216	125	35.1	20 448	19 638
河海大学	819	209.2	490 342	393 962	239	63.3	84 926	65 760
江南大学	894	218.5	365 006	332 433	283	73.6	24 292	12 785
南京农业大学	748	191.5	368 352	385 280	363	80.9	166 997	154 573
中国药科大学	133	25.4	7 024	28 046	50	10	1 932	5 393
浙江大学	4 280	270.6	2 174 987	1 852 585	1 233	68.8	395 511	263 139
合肥工业大学	642	83	110 098	100 888	16	2.4	2 020	1 950
厦门大学	2 666	527.6	788 741	651 926	982	156.8	162 176	136 307
山东大学	1 089	172.3	453 769	464 642	707	110.8	292 003	239 139
中国海洋大学	275	25.4	44 744	28 821	116	10.9	10 890	6 895
中国石油大学(华东)	286	46.3	99 693	111 887	94	16.2	15 199	12 712
武汉大学	3 098	687.3	1 244 186	1 080 684	1 789	421.3	521 843	475 951
华中科技大学	874	212.5	157 927	232 113	241	76.1	34 650	24 692
中国地质大学	706	89.7	170 039	175 602	218	28.2	41 580	34 410
武汉理工大学	533	74.6	90 058	61 623	206	22.9	30 548	21 376
华中农业大学	454	143.7	121 180	115 784	147	86.8	74 550	69 879
华中师范大学	1 107	403	859 193	824 293	751	271.3	558 713	529 743
中南财经政法大学	1 548	367	417 429	383 282	224	58.8	77 961	48 611
湖南大学	1 701	425.4	325 773	309 070	1 462	376	306 291	293 963

续表

应用研究				实验与发展			
课题数	当年投入人数（人年）	当年拨入经费（百元）	当年支出经费（百元）	课题数	当年投入人数（人年）	当年拨入经费（百元）	当年支出经费（百元）
449	176.4	46 818	53 402	13	5.6	7 480	1 352
574	140.4	212 704	213 984	0	0	0	0
1 044	174.3	487 053	467 625	8	0.9	6 200	4 366
325	52.6	140 569	87 716	0	0	0	0
267	181.2	235 866	167 913	1	0.4	2 000	2 000
1 252	300.1	457 910	358 957	23	7.2	3 200	5 250
128	43.1	21 290	11 406	0	0	0	0
956	225.4	436 798	325 604	0	0	0	0
756	167.1	466 378	463 606	0	0	0	0
226	90.5	48 879	47 670	0	0	0	0
240	64.3	141 078	139 578	0	0	0	0
580	145.9	405 416	328 202	0	0	0	0
611	144.9	340 714	319 648	0	0	0	0
385	110.6	201 356	230 707	0	0	0	0
83	15.4	5 092	22 653	0	0	0	0
3 044	201.7	1 775 369	1 585 340	3	0.1	4 106	4 106
626	80.6	108 078	98 938	0	0	0	0
1 670	369.8	625 405	514 051	14	1	1 160	1 568
369	59.3	156 956	222 253	13	2.2	4 810	3 250
154	14.3	31 454	20 906	5	0.2	2 400	1 020
165	26.5	79 044	92 974	27	3.6	5 450	6 200
1 236	252.3	700 914	556 619	73	13.7	21 430	48 115
586	131.6	122 277	205 606	47	4.8	1 000	1 815
388	54.7	111 104	126 433	100	6.8	17 355	14 760
327	51.7	59 510	40 247	0	0	0	0
305	56.7	46 580	45 903	2	0.2	50	2
342	125.1	265 940	264 010	14	6.6	34 540	30 540
1 270	296	335 768	325 676	54	12.2	3 700	8 994
239	49.4	19 482	15 107	0	0	0	0

	总数				基础研究			
	课题数	当年投入人数（人年）	当年拨入经费（百元）	当年支出经费（百元）	课题数	当年投入人数（人年）	当年拨入经费（百元）	当年支出经费（百元）
中南大学	885	305.9	369 600	204 700	213	108.5	114 400	47 200
中山大学	2 442	541	1 406 245	1 104 886	421	91.8	229 556	113 812
华南理工大学	2 379	259.1	705 890	617 863	1 435	166	532 620	366 102
四川大学	2 598	470.9	1 082 516	477 508	1 035	190.9	140 801	97 086
重庆大学	698	302.8	505 787	419 245	74	45.7	24 552	18 336
西南交通大学	507	164.6	181 805	201 371	280	96.1	73 880	80 359
电子科技大学	151	86.9	81 610	107 652	106	64	22 625	33 397
西南大学	1 895	746.1	438 821	452 876	1 023	460	95 513	106 835
西南财经大学	972	243.8	114 038	65 397	154	37.8	14 155	5 494
西安交通大学	1 059	283.1	378 578	362 348	379	113.8	160 994	145 094
西安电子科技大学	187	132	48 738	51 612	101	75.5	26 548	29 856
长安大学	568	53.4	129 190	129 243	406	39	94 658	95 252
西北农林科技大学	169	45.8	52 206	53 933	89	27.5	19 420	11 896
陕西师范大学	1 020	193	262 612	114 292	647	115.1	123 656	45 406
兰州大学	664	254.5	253 200	301 441	295	114.5	155 663	183 716
中国矿业大学（北京）	76	20	29 487	13 792	7	1.5	1 500	555
中国石油大学	65	66.7	100 651	64 371	7	7	9 200	7 429
中国地质大学（北京）	192	76.5	193 250	176 220	33	12.4	15 326	8 213

续表

应用研究				实验与发展			
课题数	当年投入人数（人年）	当年拨入经费（百元）	当年支出经费（百元）	课题数	当年投入人数（人年）	当年拨入经费（百元）	当年支出经费（百元）
672	197.4	255 200	157 500	0	0	0	0
2 021	449.2	1 176 689	991 073	0	0	0	0
944	93.1	173 270	251 761	0	0	0	0
1 563	280	941 715	380 422	0	0	0	0
623	256.9	480 815	400 602	1	0.2	420	307
227	68.5	107 925	121 012	0	0	0	0
45	22.9	58 985	74 255	0	0	0	0
801	268.7	338 788	345 232	71	17.4	4 520	809
818	206	99 883	59 904	0	0	0	0
680	169.3	217 584	217 254	0	0	0	0
86	56.5	22 191	21 756	0	0	0	0
160	14.4	34 532	33 991	2	0	0	0
79	18.2	32 786	41 966	1	0.1	0	71
347	72.9	137 176	67 493	26	5	1 780	1 393
369	140	97 537	117 725	0	0	0	0
63	16.9	19 620	7 509	6	1.6	8 367	5 728
58	59.7	91 451	56 942	0	0	0	0
159	64.1	177 924	168 007	0	0	0	0

11. 教育部直属综合大学人文、社会科学研究课题情况表

学科门类	总数					基础研究				
	课题数	当年投入人数（人年）	其中：研究生	当年拨入经费（百元）	当年支出经费（百元）	课题数	当年投入人数（人年）	其中：研究生	当年拨入经费（百元）	当年支出经费（百元）
	L01	L02	L03	L04	L05	L06	L07	L08	L09	L10
合计	39 783	9 497.6	2 420	16 445 306	13 372 895	17 482	4 555.8	1 212	4 949 211	3 894 813
管理学	9 015	1 943.5	584	5 159 693	4 154 578	2 164	577.4	205	984 333	705 891
马克思主义	994	285.7	65	198 414	143 552	673	202.6	53	137 028	98 630
哲学	1 215	311.4	58	301 550	256 518	1 009	266	50	243 824	200 235
逻辑学	91	26.8	7	36 007	28 025	84	24.9	6	34 547	27 209
宗教学	228	67.3	16	58 278	58 596	195	59.3	16	48 409	51 778
语言学	1 777	487.2	68	365 257	333 412	1 239	315.7	47	217 250	181 721
中国文学	1 409	341.1	80	417 667	362 236	1 223	295.2	74	357 081	320 401
外国文学	540	149	22	107 424	76 796	438	126.8	19	75 848	62 094
艺术学	1 246	324.7	51	571 298	485 430	552	151.3	26	121 658	97 486
历史学	1 946	551.1	159	719 922	560 955	1 635	469.2	145	589 734	462 853
考古学	485	102.9	27	561 919	424 402	224	47.3	9	236 332	178 335
经济学	7 648	1 870.2	599	3 697 192	3 112 601	2 276	629.7	227	634 141	496 120
政治学	1 501	367.1	89	533 768	386 943	787	183.1	46	173 944	137 635
法学	3 136	656.8	133	873 923	721 330	1 546	331.5	71	312 636	276 276
社会学	2 739	542.6	132	999 751	803 055	1 040	207.9	41	270 919	212 706
民族学	206	57.9	12	83 487	55 407	103	27.6	8	36 919	28 623
新闻与传播学	1 173	272.9	61	475 881	351 787	515	132.3	30	135 528	86 405
图书、文献与情报学	1 089	321.3	80	471 659	384 723	433	127.8	43	142 004	111 969
教育学	2 240	554.3	136	529 644	466 634	953	274.6	72	114 201	108 047
统计学	285	54.4	7	136 777	96 024	95	20.4	4	35 096	22 137
心理学	320	88.1	24	87 446	56 523	122	45.5	16	35 816	19 700
体育学	500	121.3	10	58 349	53 368	176	39.7	4	11 963	8 562

应用研究					实验与发展				
课题数	当年投入人数（人年）	其中：研究生	当年拨入经费（百元）	当年支出经费（百元）	课题数	当年投入人数（人年）	其中：研究生	当年拨入经费（百元）	当年支出经费（百元）
L11	L12	L13	L14	L15	L16	L17	L18	L19	L20
22 075	4 890.1	1 195	11 313 058	9 343 555	226	51.7	12	183 036	134 524
6 802	1 355.6	376	4 157 130	3 435 278	49	10.5	3	18 230	13 409
320	82	12	58 386	43 422	1	1.1	0	3 000	1 500
205	45.1	8	57 306	56 282	1	0.3	0	420	0
7	1.9	0	1 460	816	0	0	0	0	0
33	8	0	9 869	6 817	0	0	0	0	0
535	170	21	147 007	151 641	3	1.5	0	1 000	50
186	45.9	6	60 586	41 835	0	0	0	0	0
102	22.2	3	31 576	14 702	0	0	0	0	0
690	172.7	25	448 241	387 044	4	0.7	0	1 400	900
308	81.9	14	130 048	96 913	3	0	0	140	1 190
249	53.9	17	319 786	224 597	12	1.7	0	5 800	21 470
5 326	1 232.8	371	3 042 380	2 607 752	46	7.7	1	20 670	8 729
711	183.9	43	358 718	248 202	3	0.1	0	1 106	1 106
1 578	322.9	62	555 457	438 998	12	2.4	0	5 830	6 055
1 688	331.1	90	717 832	575 863	11	3.6	1	11 000	14 485
102	30.2	3	46 569	26 577	1	0.1	0	0	206
652	139	30	250 053	219 648	6	1.6	0	90 300	45 734
640	184.3	32	312 069	258 447	16	9.2	5	17 586	14 307
1 240	270.9	63	410 009	354 434	47	8.8	2	5 434	4 153
190	34	4	101 680	73 887	0	0	0	0	0
190	41.6	9	50 510	35 593	8	1	0	1 120	1 230
321	80.2	6	46 386	44 807	3	1.4	0	0	0

12. 教育部直属理工农医院校人文、社会科学研究课题情况表

学科门类	总数					基础研究				
	课题数	当年投入人数（人年）	其中：研究生	当年拨入经费（百元）	当年支出经费（百元）	课题数	当年投入人数（人年）	其中：研究生	当年拨入经费（百元）	当年支出经费（百元）
	L01	L02	L03	L04	L05	L06	L07	L08	L09	L10
合计	18 627	4 454	1 320	8 309 187	7 434 588	7 859	1 955.3	525	2 798 783	2 397 372
管理学	6 680	1 624.7	555	3 539 585	3 166 211	2 295	598.6	197	1 036 541	892 820
马克思主义	687	169.6	47	126 942	109 779	451	118	31	76 381	61 647
哲学	420	112.5	33	138 886	118 875	336	92.6	25	100 547	84 741
逻辑学	14	4.7	1	1 440	1 926	11	4.1	1	480	1 777
宗教学	28	11.7	3	3 881	4 500	19	5.6	0	3 736	4 221
语言学	856	246.5	37	132 175	141 740	533	152.6	26	63 570	64 194
中国文学	140	31.2	3	20 006	18 240	125	28.5	2	19 646	17 820
外国文学	146	53.7	14	23 826	19 802	126	39.6	9	21 031	17 922
艺术学	917	194.7	40	1 230 428	1 137 650	253	59.4	13	349 175	298 107
历史学	233	67.2	15	94 155	74 881	180	55.8	12	70 450	58 703
考古学	15	6.5	3	19 210	7 295	5	1.2	0	7 510	3 306
经济学	3 087	713.2	256	1 166 393	1 079 933	1 047	239.1	74	397 172	344 740
政治学	458	98.1	27	158 849	170 499	282	55.4	11	58 095	60 452
法学	1 004	244.6	70	308 742	235 894	554	149.4	48	162 296	115 117
社会学	1 398	317.2	105	626 987	503 198	454	103.1	33	137 042	123 119
民族学	35	8.2	2	5 272	8 866	18	4	1	2 272	3 099
新闻与传播学	503	110.9	23	240 819	212 963	206	55.2	13	62 679	52 587
图书、文献与情报学	225	90.6	23	54 092	54 092	101	44.5	9	27 934	26 140
教育学	1 207	209.4	37	268 949	243 493	607	84.7	10	133 129	109 672
统计学	61	17.6	5	24 955	14 865	40	12	3	12 315	6 216
心理学	157	40.2	6	68 988	60 203	78	18.8	2	38 899	34 845
体育学	356	81	15	54 607	49 683	138	33.1	5	17 883	16 127

应用研究					实验与发展				
课题数	当年投入人数（人年）	其中：研究生	当年拨入经费（百元）	当年支出经费（百元）	课题数	当年投入人数（人年）	其中：研究生	当年拨入经费（百元）	当年支出经费（百元）
L11	L12	L13	L14	L15	L16	L17	L18	L19	L20
10 552	2 467.5	789	5 438 490	4 982 954	216	31.2	10	71 916	54 263
4 297	1 013.9	354	2 481 017	2 249 611	88	12.2	5	22 027	23 780
234	51.4	16	50 561	48 133	2	0.2	0	0	0
81	19.9	9	38 339	34 134	3	0	0	0	0
3	0.6	0	960	149	0	0	0	0	0
8	6.1	3	145	279	1	0	0	0	0
317	93.4	12	68 205	77 003	6	0.5	0	400	543
15	2.7	1	360	421	0	0	0	0	0
20	14.1	6	2 795	1 880	0	0	0	0	0
655	133.8	27	876 053	833 353	9	1.5	0	5 200	6 189
51	11.3	3	23 705	16 140	2	0.1	0	0	38
10	5.3	2	11 700	3 988	0	0	0	0	0
1 994	470.4	182	763 532	730 742	46	3.7	0	5 690	4 452
175	42	16	99 254	108 847	1	0.7	0	1 500	1 200
445	93.7	22	145 446	120 488	5	1.5	0	1 000	290
923	210.4	70	465 166	373 849	21	3.7	2	24 779	6 230
15	3.8	1	2 500	5 287	2	0.4	0	500	480
288	54.9	10	177 940	160 176	9	0.8	0	200	200
123	46.1	14	26 159	27 952	1	0	0	0	0
590	120	25	135 570	133 432	10	4.7	3	250	389
19	5.2	2	12 640	8 518	2	0.4	0	0	130
78	21.4	4	29 729	24 998	1	0	0	360	360
211	47.1	10	26 714	23 574	7	0.8	0	10 010	9 982

13. 教育部直属师范院校人文、社会科学研究课题情况表

学科门类	总数					基础研究				
	课题数	当年投入人数（人年）	其中：研究生	当年拨入经费（百元）	当年支出经费（百元）	课题数	当年投入人数（人年）	其中：研究生	当年拨入经费（百元）	当年支出经费（百元）
	L01	L02	L03	L04	L05	L06	L07	L08	L09	L10
合计	9 230	2 359.8	479	3 542 723	3 164 313	6 172	1 600.7	304	2 103 630	1 957 739
管理学	630	150.9	41	186 690	186 247	367	95	27	105 811	112 974
马克思主义	230	67.3	13	57 234	49 026	199	58.7	12	51 739	46 955
哲学	272	76.1	20	89 795	59 563	259	72.9	19	88 569	58 717
逻辑学	9	2.3	0	1 440	1 888	7	1.7	0	240	1 384
宗教学	33	10.5	1	13 220	2 674	30	10.1	1	13 180	2 624
语言学	311	118	21	126 713	102 857	240	90.5	16	111 737	91 760
中国文学	433	141.3	28	107 095	81 789	406	133.5	25	101 872	75 959
外国文学	83	29.7	4	13 245	13 531	80	29.3	4	12 045	12 324
艺术学	356	107.6	15	153 037	144 970	213	56.6	7	36 423	36 733
历史学	600	151.6	22	270 271	242 234	575	143.8	20	254 098	229 091
考古学	27	5.6	0	12 448	7 207	22	5.1	0	9 290	4 427
经济学	980	252.8	58	478 419	426 225	445	87.5	20	181 359	167 348
政治学	346	76.5	18	118 098	109 957	247	51.8	8	87 598	83 109
法学	293	82.9	9	73 263	68 946	216	60.3	5	58 199	53 434
社会学	752	146.1	45	253 369	222 817	408	80.8	28	115 602	103 404
民族学	62	9.2	2	76 937	67 590	49	8.2	2	66 610	59 705
新闻与传播学	150	40.9	6	159 960	86 785	78	18.4	2	87 925	63 934
图书、文献与情报学	133	53.7	8	35 258	37 906	93	41.3	6	24 391	31 640
教育学	2 773	615.7	123	1 052 203	1 008 221	1 785	414.2	74	594 280	610 569
统计学	64	18.1	6	24 450	27 358	21	4.7	2	5 020	5 230
心理学	413	109.2	24	175 476	159 958	250	68.3	16	67 235	74 891
体育学	280	93.8	15	64 102	56 564	182	68	10	30 407	31 527

应用研究					实验与发展				
课题数	当年投入人数（人年）	其中：研究生	当年拨入经费（百元）	当年支出经费（百元）	课题数	当年投入人数（人年）	其中：研究生	当年拨入经费（百元）	当年支出经费（百元）
L11	L12	L13	L14	L15	L16	L17	L18	L19	L20
2 962	732. 3	171	1 331 595	1 124 083	96	26. 8	4	107 497	82 489
254	53. 2	13	77 639	71 169	9	2. 7	1	3 240	2 104
31	8. 6	1	5 495	2 071	0	0	0	0	0
13	3. 2	1	1 226	846	0	0	0	0	0
2	0. 6	0	1 200	504	0	0	0	0	0
2	0. 3	0	40	50	1	0. 1	0	0	0
70	27. 4	6	14 976	11 097	1	0. 1	0	0	0
27	7. 8	3	5 223	5 830	0	0	0	0	0
2	0. 3	0	1 200	1 207	1	0. 1	0	0	0
140	49. 9	8	113 114	105 436	3	1. 1	0	3 500	2 800
25	7. 8	2	16 173	13 143	0	0	0	0	0
3	0. 4	0	3 158	2 780	2	0. 1	0	0	0
523	158. 4	38	248 409	219 149	12	6. 9	0	48 651	39 728
99	24. 7	10	30 500	26 848	0	0	0	0	0
74	21. 1	4	12 714	14 072	3	1. 5	0	2 350	1 439
336	63	17	132 652	114 775	8	2. 3	0	5 114	4 639
12	1	0	10 327	7 885	1	0	0	0	0
72	22. 5	4	72 035	22 850	0	0	0	0	0
39	12. 1	1	10 867	6 006	1	0. 3	0	0	260
960	198. 2	48	453 608	394 278	28	3. 3	1	4 315	3 373
42	13. 1	4	19 430	22 069	1	0. 3	0	0	60
140	33. 5	6	67 914	57 071	23	7. 4	2	40 327	27 996
96	25. 2	5	33 695	24 947	2	0. 6	0	0	90

14. 教育部直属语言院校人文、社会科学研究课题情况表

学科门类	总数					基础研究				
	课题数	当年投入人数（人年）	其中：研究生	当年拨入经费（百元）	当年支出经费（百元）	课题数	当年投入人数（人年）	其中：研究生	当年拨入经费（百元）	当年支出经费（百元）
	L01	L02	L03	L04	L05	L06	L07	L08	L09	L10
合计	3 055	604.3	51	591 332	342 887	1 332	361.2	22	255 627	118 896
管理学	169	36.2	3	29 804	15 974	75	19.1	0	12 160	7 034
马克思主义	33	7.7	0	2 252	1 090	15	4.8	0	830	592
哲学	8	1.6	0	1 150	192	7	1.5	0	1 150	192
逻辑学	0	0	0	0	0	0	0	0	0	0
宗教学	8	1.8	0	200	25	7	1.7	0	100	25
语言学	668	217.3	19	121 280	61 451	441	163.1	14	68 416	31 139
中国文学	118	26.2	2	14 709	7 686	93	23	2	14 109	5 983
外国文学	163	48.8	1	21 803	9 046	150	45.5	1	19 523	8 273
艺术学	315	32.4	6	56 435	39 406	64	7.9	1	11 470	4 626
历史学	23	3.1	0	21 115	20 961	21	2.7	0	1 115	571
考古学	0	0	0	0	0	0	0	0	0	0
经济学	73	17.9	1	4 255	4 330	44	10.9	0	2 745	2 348
政治学	123	35.2	1	17 130	9 843	74	18.2	1	8 610	5 710
法学	42	7.7	0	3 102	1 924	22	5.3	0	2 840	649
社会学	44	9.9	0	21 652	9 118	28	6.3	0	19 680	8 730
民族学	3	1.1	0	320	628	3	1.1	0	320	628
新闻与传播学	1 023	105.7	14	243 402	140 911	188	22.3	1	82 937	35 038
图书、文献与情报学	24	6.8	0	1 785	1 670	10	3.4	0	1 135	784
教育学	180	34.2	3	25 612	17 006	70	17.9	1	4 651	5 621
统计学	6	0.8	0	1 446	380	2	0.6	0	1 446	380
心理学	12	4.2	1	2 198	1 049	6	2	1	1 268	541
体育学	20	5.7	0	1 682	197	12	3.9	0	1 122	32

应用研究					实验与发展				
课题数	当年投入人数（人年）	其中：研究生	当年拨入经费（百元）	当年支出经费（百元）	课题数	当年投入人数（人年）	其中：研究生	当年拨入经费（百元）	当年支出经费（百元）
L11	L12	L13	L14	L15	L16	L17	L18	L19	L20
1 723	243. 1	29	335 704	223 989	0	0	0	0	0
94	17. 1	3	17 644	8 940	0	0	0	0	0
18	2. 9	0	1 422	498	0	0	0	0	0
1	0. 1	0	0	0	0	0	0	0	0
0	0	0	0	0	0	0	0	0	0
1	0. 1	0	100	0	0	0	0	0	0
227	54. 2	5	52 864	30 312	0	0	0	0	0
25	3. 2	0	600	1 703	0	0	0	0	0
13	3. 3	0	2 280	773	0	0	0	0	0
251	24. 5	5	44 964	34 780	0	0	0	0	0
2	0. 4	0	20 000	20 390	0	0	0	0	0
0	0	0	0	0	0	0	0	0	0
29	7	0	1 510	1 982	0	0	0	0	0
49	17	0	8 520	4 133	0	0	0	0	0
20	2. 4	0	262	1 274	0	0	0	0	0
16	3. 6	0	1 972	388	0	0	0	0	0
0	0	0	0	0	0	0	0	0	0
835	83. 4	13	160 465	105 873	0	0	0	0	0
14	3. 4	0	650	886	0	0	0	0	0
110	16. 3	2	20 961	11 384	0	0	0	0	0
4	0. 2	0	0	0	0	0	0	0	0
6	2. 2	1	930	508	0	0	0	0	0
8	1. 8	0	560	165	0	0	0	0	0

15. 教育部直属财经院校人文、社会科学研究课题情况表

学科门类	总数					基础研究				
	课题数	当年投入人数（人年）	其中：研究生	当年拨入经费（百元）	当年支出经费（百元）	课题数	当年投入人数（人年）	其中：研究生	当年拨入经费（百元）	当年支出经费（百元）
	L01	L02	L03	L04	L05	L06	L07	L08	L09	L10
合计	5 879	1 507.2	358	1 973 622	1 449 588	864	273.8	58	286 244	178 172
管理学	1 835	517.4	138	667 591	526 463	176	79.4	23	93 434	51 944
马克思主义	126	24.2	2	14 976	8 983	61	7.6	0	7 540	2 811
哲学	47	11.4	2	11 580	9 309	32	7.1	2	4 840	3 273
逻辑学	17	1.7	0	7 128	11 743	14	1.4	0	3 858	10 996
宗教学	2	0.2	0	1 400	462	1	0	0	50	180
语言学	121	33.7	7	15 933	18 009	72	22.2	5	7 161	8 781
中国文学	38	10.5	1	13 826	10 289	25	6.5	1	8 856	6 436
外国文学	27	14	3	7 115	4 860	20	7	2	4 610	3 021
艺术学	22	4.9	1	6 110	7 639	7	2.8	0	140	741
历史学	21	4.5	1	3 906	3 213	16	3.9	1	3 366	3 005
考古学	0	0	0	0	0	0	0	0	0	0
经济学	2 224	554.2	134	813 103	530 379	212	68.6	11	71 854	44 316
政治学	44	10.9	3	8 280	9 498	12	2.9	0	1 400	763
法学	610	159.5	42	201 766	155 887	120	37.1	10	42 374	25 317
社会学	165	29.2	3	52 748	41 924	16	2.9	0	4 540	844
民族学	2	0.7	0	1 400	290	0	0	0	0	0
新闻与传播学	58	11	0	16 440	12 226	24	3.7	0	6 840	4 297
图书、文献与情报学	20	2.2	0	2 465	2 010	0	0	0	0	0
教育学	219	53.5	10	44 955	36 656	25	9.9	1	2 672	2 681
统计学	221	48.4	11	77 428	53 819	26	8.7	2	21 639	7 763
心理学	20	4.1	0	1 370	2 430	3	1.9	0	1 070	1 003
体育学	40	11	0	4 102	3 499	2	0.2	0	0	0

应用研究					实验与发展				
课题数	当年投入人数（人年）	其中：研究生	当年拨入经费（百元）	当年支出经费（百元）	课题数	当年投入人数（人年）	其中：研究生	当年拨入经费（百元）	当年支出经费（百元）
L11	L12	L13	L14	L15	L16	L17	L18	L19	L20
4 952	1 219.5	298	1 682 239	1 260 597	63	13.9	3	5 140	10 821
1 620	425.8	112	570 207	466 177	39	12.2	3	3 950	8 343
65	16.6	2	7 436	6 172	0	0	0	0	0
15	4.3	1	6 740	6 036	0	0	0	0	0
3	0.3	0	3 270	747	0	0	0	0	0
1	0.2	0	1 350	282	0	0	0	0	0
49	11.5	2	8 773	9 228	0	0	0	0	0
13	4	0	4 970	3 852	0	0	0	0	0
7	7	1	2 505	1 840	0	0	0	0	0
15	2.1	0	5 970	6 898	0	0	0	0	0
4	0.6	0	540	208	1	0	0	0	0
0	0	0	0	0	0	0	0	0	0
2 001	484.5	123	740 059	484 207	11	1.1	0	1 190	1 856
32	8	3	6 880	8 735	0	0	0	0	0
485	122.3	31	159 392	130 423	5	0.1	0	0	147
149	26.3	3	48 208	41 080	0	0	0	0	0
2	0.7	0	1 400	290	0	0	0	0	0
34	7.3	0	9 600	7 929	0	0	0	0	0
20	2.2	0	2 465	2 010	0	0	0	0	0
192	43.5	10	42 283	33 975	2	0.1	0	0	0
190	39.3	10	55 789	45 582	5	0.4	0	0	475
17	2.2	0	300	1 427	0	0	0	0	0
38	10.8	0	4 102	3 499	0	0	0	0	0

16. 教育部直属政法院校人文、社会科学研究课题情况表

学科门类	总数					基础研究				
	课题数	当年投入人数（人年）	其中：研究生	当年拨入经费（百元）	当年支出经费（百元）	课题数	当年投入人数（人年）	其中：研究生	当年拨入经费（百元）	当年支出经费（百元）
	L01	L02	L03	L04	L05	L06	L07	L08	L09	L10
合计	1 747	439	109	440 910	360 680	573	148	25	97 723	104 907
管理学	122	30.5	7	29 145	19 539	32	10.1	2	5 790	3 246
马克思主义	23	5.8	1	1 750	873	18	3.1	1	1 500	443
哲学	38	8	1	9 171	4 322	26	5.8	0	3 481	2 777
逻辑学	5	0.9	0	640	398	3	0.5	0	640	223
宗教学	3	0.7	0	1 556	725	1	0.4	0	200	207
语言学	51	14.9	1	2 599	2 923	18	4.5	0	1 406	1 389
中国文学	14	2.8	0	1 000	1 649	10	2.1	0	100	100
外国文学	5	2.4	1	300	200	4	2.3	1	300	130
艺术学	2	0.2	0	1 180	363	1	0.1	0	180	95
历史学	34	6.5	2	2 326	2 306	23	5.2	2	1 290	1 601
考古学	1	0.1	0	0	2 023	1	0.1	0	0	2 023
经济学	70	21.4	8	9 864	9 024	20	7	2	1 380	1 293
政治学	68	21.6	4	2 340	4 669	35	14	2	1 620	3 061
法学	1 123	281.7	80	350 639	285 829	327	79.7	15	74 486	83 816
社会学	32	5.2	1	4 640	4 966	9	1.6	0	0	642
民族学	1	0.5	0	0	98	1	0.5	0	0	98
新闻与传播学	78	16.3	2	14 936	15 471	15	4	0	950	1 010
图书、文献与情报学	5	2.4	0	300	657	3	2.2	0	300	490
教育学	42	11.8	1	6 785	2 473	15	2.8	0	3 500	1 440
统计学	4	0.6	0	600	341	2	0.3	0	100	127
心理学	23	3.9	0	839	1 381	6	0.9	0	200	246
体育学	3	0.8	0	300	450	3	0.8	0	300	450

应用研究					实验与发展				
课题数	当年投入人数（人年）	其中：研究生	当年拨入经费（百元）	当年支出经费（百元）	课题数	当年投入人数（人年）	其中：研究生	当年拨入经费（百元）	当年支出经费（百元）
L11	L12	L13	L14	L15	L16	L17	L18	L19	L20
1 148	279. 2	81	339 238	252 351	26	11. 8	2	3 950	3 420
89	20. 1	6	23 355	16 003	1	0. 3	0	0	289
5	2. 7	0	250	430	0	0	0	0	0
12	2. 2	0	5 690	1 545	0	0	0	0	0
2	0. 4	0	0	175	0	0	0	0	0
2	0. 3	0	1 356	518	0	0	0	0	0
33	10. 4	1	1 193	1 534	0	0	0	0	0
4	0. 7	0	900	1 549	0	0	0	0	0
1	0. 1	0	0	70	0	0	0	0	0
1	0. 1	0	1 000	268	0	0	0	0	0
11	1. 3	0	1 036	704	0	0	0	0	0
0	0	0	0	0	0	0	0	0	0
50	14. 4	6	8 484	7 731	0	0	0	0	0
31	7. 3	2	220	1 459	2	0. 3	0	500	149
773	190. 8	63	272 704	199 032	23	11. 2	2	3 450	2 982
23	3. 6	1	4 640	4 324	0	0	0	0	0
0	0	0	0	0	0	0	0	0	0
63	12. 3	2	13 986	14 461	0	0	0	0	0
2	0. 2	0	0	167	0	0	0	0	0
27	9	0	3 285	1 033	0	0	0	0	0
2	0. 3	0	500	213	0	0	0	0	0
17	3	0	639	1 135	0	0	0	0	0
0	0	0	0	0	0	0	0	0	0

17. 教育部直属艺术院校人文、社会科学研究课题情况表

学科门类	总数					基础研究				
	课题数	当年投入人数（人年）	其中：研究生	当年拨入经费（百元）	当年支出经费（百元）	课题数	当年投入人数（人年）	其中：研究生	当年拨入经费（百元）	当年支出经费（百元）
	L01	L02	L03	L04	L05	L06	L07	L08	L09	L10
合计	276	72.7	6	84 463	62 750	235	60.8	4	51 744	33 817
管理学	0	0	0	0	0	0	0	0	0	0
马克思主义	2	0.9	0	200	101	2	0.9	0	200	101
哲学	0	0	0	0	0	0	0	0	0	0
逻辑学	0	0	0	0	0	0	0	0	0	0
宗教学	0	0	0	0	0	0	0	0	0	0
语言学	0	0	0	0	0	0	0	0	0	0
中国文学	0	0	0	0	0	0	0	0	0	0
外国文学	0	0	0	0	0	0	0	0	0	0
艺术学	273	71.5	6	84 263	62 649	232	59.6	4	51 544	33 716
历史学	0	0	0	0	0	0	0	0	0	0
考古学	0	0	0	0	0	0	0	0	0	0
经济学	0	0	0	0	0	0	0	0	0	0
政治学	0	0	0	0	0	0	0	0	0	0
法学	0	0	0	0	0	0	0	0	0	0
社会学	0	0	0	0	0	0	0	0	0	0
民族学	0	0	0	0	0	0	0	0	0	0
新闻与传播学	0	0	0	0	0	0	0	0	0	0
图书、文献与情报学	0	0	0	0	0	0	0	0	0	0
教育学	0	0	0	0	0	0	0	0	0	0
统计学	0	0	0	0	0	0	0	0	0	0
心理学	1	0.3	0	0	0	1	0.3	0	0	0
体育学	0	0	0	0	0	0	0	0	0	0

应用研究					实验与发展				
课题数	当年投入人数（人年）	其中：研究生	当年拨入经费（百元）	当年支出经费（百元）	课题数	当年投入人数（人年）	其中：研究生	当年拨入经费（百元）	当年支出经费（百元）
L11	L12	L13	L14	L15	L16	L17	L18	L19	L20
41	11.9	2	32 719	28 933	0	0	0	0	0
0	0	0	0	0	0	0	0	0	0
0	0	0	0	0	0	0	0	0	0
0	0	0	0	0	0	0	0	0	0
0	0	0	0	0	0	0	0	0	0
0	0	0	0	0	0	0	0	0	0
0	0	0	0	0	0	0	0	0	0
0	0	0	0	0	0	0	0	0	0
0	0	0	0	0	0	0	0	0	0
41	11.9	2	32 719	28 933	0	0	0	0	0
0	0	0	0	0	0	0	0	0	0
0	0	0	0	0	0	0	0	0	0
0	0	0	0	0	0	0	0	0	0
0	0	0	0	0	0	0	0	0	0
0	0	0	0	0	0	0	0	0	0
0	0	0	0	0	0	0	0	0	0
0	0	0	0	0	0	0	0	0	0
0	0	0	0	0	0	0	0	0	0
0	0	0	0	0	0	0	0	0	0
0	0	0	0	0	0	0	0	0	0
0	0	0	0	0	0	0	0	0	0
0	0	0	0	0	0	0	0	0	0
0	0	0	0	0	0	0	0	0	0

18. 其他部委院校人文、社会科学研究课题情况表

学科门类	总数					基础研究				
	课题数	当年投入人数（人年）	其中：研究生	当年拨入经费（百元）	当年支出经费（百元）	课题数	当年投入人数（人年）	其中：研究生	当年拨入经费（百元）	当年支出经费（百元）
	L01	L02	L03	L04	L05	L06	L07	L08	L09	L10
合计	9 833	3 031	547	2 893 909	2 556 887	5 446	1 627. 1	266	1 278 027	1 147 185
管理学	2 080	716. 2	152	1 016 406	1 037 914	833	295. 1	56	296 691	329 984
马克思主义	340	96. 9	14	70 025	55 408	246	69. 3	11	59 237	50 032
哲学	129	54. 3	14	25 453	19 070	109	42. 6	10	17 668	14 891
逻辑学	4	1. 4	0	0	1 367	3	1	0	0	367
宗教学	70	16. 3	1	23 047	19 163	57	14	1	14 840	12 814
语言学	663	235. 2	47	142 619	110 768	449	157. 3	18	75 862	56 783
中国文学	317	88. 7	12	107 105	74 854	274	71. 9	8	96 748	70 849
外国文学	123	44. 5	4	13 679	10 350	92	38. 7	4	10 101	7 446
艺术学	326	102. 5	10	40 585	34 118	185	53. 7	4	22 471	16 532
历史学	276	79	19	97 446	64 629	238	67. 4	16	91 112	61 871
考古学	63	44. 4	32	41 719	36 067	40	27. 5	18	25 279	28 147
经济学	1 179	337. 1	57	314 723	282 902	553	142. 5	18	126 012	119 580
政治学	279	78. 5	12	62 778	54 027	187	49. 3	7	34 182	30 664
法学	1 283	344. 7	43	222 962	155 984	744	189. 5	22	85 174	74 999
社会学	635	152	26	148 849	142 464	359	90. 5	18	87 228	79 905
民族学	399	101. 2	14	130 146	99 770	266	72. 1	11	75 009	54 736
新闻与传播学	324	105. 7	33	84 895	68 041	193	60. 8	18	47 183	40 014
图书、文献与情报学	142	68. 2	12	36 181	28 958	61	23. 4	2	7 856	6 392
教育学	646	186. 5	28	94 012	75 861	339	97. 8	17	52 212	46 759
统计学	74	26. 3	6	18 877	15 940	27	9. 8	2	5 117	4 930
心理学	91	22. 2	3	10 596	8 142	34	6	0	3 833	2 679
体育学	390	129. 2	8	191 806	161 090	157	46. 9	5	44 212	36 811

应用研究					实验与发展				
课题数	当年投入人数（人年）	其中：研究生	当年拨入经费（百元）	当年支出经费（百元）	课题数	当年投入人数（人年）	其中：研究生	当年拨入经费（百元）	当年支出经费（百元）
L11	L12	L13	L14	L15	L16	L17	L18	L19	L20
4 326	1 371.9	270	1 564 886	1 376 722	61	32	13	50 999	32 984
1 237	416.2	96	709 690	705 064	10	4.9	0	10 026	2 866
94	27.6	4	10 788	5 376	0	0	0	0	0
19	9.4	3	4 785	3 649	1	2.3	2	3 000	530
1	0.4	0	0	1 000	0	0	0	0	0
13	2.3	0	8 207	6 349	0	0	0	0	0
214	77.9	29	66 757	53 553	0	0	0	0	432
43	16.8	4	10 357	4 005	0	0	0	0	0
31	5.8	0	3 578	2 905	0	0	0	0	0
141	48.8	6	18 115	17 586	0	0	0	0	0
38	11.6	3	6 334	2 759	0	0	0	0	0
16	9.2	7	11 254	6 645	7	7.7	7	5 186	1 275
618	191.4	39	179 823	155 315	8	3.2	0	8 888	8 007
92	29.2	6	28 596	23 363	0	0	0	0	0
539	155.2	21	137 788	80 985	0	0	0	0	0
273	58.6	7	55 506	57 236	3	2.9	0	6 116	5 324
131	27.5	2	55 137	45 004	2	1.6	0	0	30
129	43.4	14	36 819	27 567	2	1.5	1	893	460
80	44.7	10	28 325	22 565	1	0.1	0	0	0
299	85.2	11	40 840	28 259	8	3.5	1	960	844
47	16.5	4	13 760	11 010	0	0	0	0	0
56	15.7	2	6 763	5 463	1	0.5	0	0	0
215	78.5	2	131 664	111 064	18	3.8	2	15 930	13 216

19. 地方院校人文、社会科学研究课题情况表

学科门类	总数					基础研究				
	课题数	当年投入人数（人年）	其中：研究生	当年拨入经费（百元）	当年支出经费（百元）	课题数	当年投入人数（人年）	其中：研究生	当年拨入经费（百元）	当年支出经费（百元）
	L01	L02	L03	L04	L05	L06	L07	L08	L09	L10
合计	203 176	59 240.7	4 402	29 338 495	24 954 550	113 009	32 635.6	2 265	12 565 466	10 343 571
管理学	33 621	10 067.1	1 044	7 251 442	6 320 155	12 474	3 723.2	382	2 075 801	1 633 532
马克思主义	6 762	1 996.5	130	579 473	464 545	4 857	1 428.6	97	422 534	335 471
哲学	2 881	858	77	397 881	315 255	2 376	711	68	310 892	255 218
逻辑学	112	30.8	1	15 722	12 898	81	20.3	1	13 467	11 307
宗教学	488	152.9	11	93 836	69 643	402	129.6	10	83 979	57 825
语言学	14 676	4 533.6	201	1 354 376	1 111 426	9 968	3 064.3	158	827 639	692 318
中国文学	8 797	2 599.6	167	1 067 982	827 492	7 722	2 307.9	155	941 605	714 178
外国文学	3 646	1 027	46	235 473	222 210	2 961	829	40	193 203	181 748
艺术学	17 859	5 057.7	307	3 889 143	3 474 805	10 942	3 076.9	163	1 133 003	948 837
历史学	5 254	1 536.1	131	811 106	663 093	4 587	1 346.9	116	660 261	550 146
考古学	397	89.5	9	168 745	121 255	288	68.7	6	116 390	88 190
经济学	29 732	8 515.4	843	4 981 839	4 280 918	10 798	3 172.5	276	1 388 878	1 220 288
政治学	4 811	1 325	88	533 878	440 932	3 200	875.2	61	318 364	267 920
法学	11 192	3 113.6	224	1 368 853	1 154 933	6 608	1 738.3	119	772 355	641 775
社会学	10 939	3 073	206	1 431 904	1 218 802	6 007	1 653.8	96	661 172	573 528
民族学	2 688	924.5	51	802 370	501 375	1 886	649.2	40	531 626	339 524
新闻与传播学	3 693	1 040.6	66	573 696	458 226	2 040	552.5	33	207 314	158 982
图书、文献与情报学	3 742	1 143.3	49	276 000	276 838	2 172	616.8	30	156 870	154 996
教育学	27 401	7 722.3	413	1 998 176	1 729 065	15 715	4 348.4	253	1 157 722	1 028 865
统计学	1 372	421	44	253 063	218 752	491	141.6	12	66 124	55 166
心理学	2 793	823.4	81	298 779	269 405	1 607	472.4	52	187 278	157 323
体育学	10 320	3 189.8	213	954 758	802 527	5 827	1 708.5	97	338 989	276 434

应用研究					实验与发展				
课题数	当年投入人数（人年）	其中：研究生	当年拨入经费（百元）	当年支出经费（百元）	课题数	当年投入人数（人年）	其中：研究生	当年拨入经费（百元）	当年支出经费（百元）
L11	L12	L13	L14	L15	L16	L17	L18	L19	L20
88 340	26 129	2 109	16 449 556	14 354 096	1 827	476. 1	27	323 473	256 887
20 799	6 260. 2	654	5 110 289	4 628 381	348	83. 7	7	65 352	58 243
1 882	562. 1	34	153 949	127 468	23	5. 8	0	2 990	1 606
497	145. 6	9	86 959	59 719	8	1. 4	0	30	318
29	7. 1	0	1 955	1 291	2	3. 4	0	300	300
82	23	0	9 857	11 696	4	0. 3	0	0	123
4 628	1 444. 7	42	510 844	413 577	80	24. 6	0	15 893	5 531
1 063	287. 3	12	125 527	112 494	12	4. 4	1	850	820
678	196	6	42 185	40 398	7	2	0	85	65
6 736	1 942. 9	142	2 729 706	2 498 487	181	37. 9	2	26 433	27 481
648	185. 1	14	147 605	111 915	19	4. 1	0	3 240	1 032
99	20. 8	3	51 005	32 365	10	0	0	1 350	700
18 549	5 258. 9	561	3 498 677	2 986 120	385	84	6	94 284	74 511
1 577	437. 2	26	210 789	169 161	34	12. 6	0	4 725	3 850
4 511	1 358. 3	105	584 274	502 739	73	17	0	12 224	10 419
4 837	1 393. 6	110	755 372	636 780	95	25. 6	1	15 360	8 494
786	269. 1	11	253 154	145 765	16	6. 2	0	17 590	16 086
1 623	480. 4	33	363 419	296 634	30	7. 7	0	2 964	2 610
1 536	516. 3	19	114 715	119 303	34	10. 2	0	4 415	2 539
11 455	3 311	158	811 068	678 307	231	62. 9	1	29 386	21 894
863	275. 3	32	183 639	159 963	18	4. 1	0	3 300	3 623
1 133	327. 4	25	104 661	106 228	53	23. 6	5	6 840	5 854
4 329	1 426. 7	113	599 907	515 305	164	54. 6	4	15 862	10 788

20. 综合院校人文、社会科学研究课题情况表

学科门类	总数					基础研究				
	课题数	当年投入人数（人年）	其中：研究生	当年拨入经费（百元）	当年支出经费（百元）	课题数	当年投入人数（人年）	其中：研究生	当年拨入经费（百元）	当年支出经费（百元）
	L01	L02	L03	L04	L05	L06	L07	L08	L09	L10
合计	98 053	25 544.2	3 708	25 251 753	20 705 507	50 300	13 732.7	1 905	9 056 110	7 232 522
管理学	17 745	4 404.9	886	7 053 405	5 840 563	5 326	1 481.6	303	1 455 631	1 096 177
马克思主义	3 019	847.7	102	384 594	297 610	2 144	621.7	81	272 587	201 737
哲学	2 423	639.7	85	481 553	389 685	2 027	550.4	75	381 322	303 694
逻辑学	146	42	7	43 942	35 135	127	37.1	7	41 647	33 094
宗教学	436	132.8	20	107 206	93 628	371	116.8	20	92 677	81 937
语言学	6 412	1 891.4	128	912 305	769 267	4 384	1 293.4	96	553 547	446 705
中国文学	4 655	1 253.3	150	859 550	687 602	4 074	1 122.8	140	735 578	599 652
外国文学	1 698	480.9	42	199 075	154 879	1 351	397.7	35	147 109	122 054
艺术学	5 460	1 532.8	94	1 222 683	1 033 370	3 060	892.1	54	367 528	296 383
历史学	4 257	1 196.4	225	1 115 740	854 540	3 638	1 036.6	202	908 076	700 875
考古学	747	151.1	32	709 420	519 399	411	83.8	13	332 599	244 000
经济学	15 935	4 078.6	855	5 132 624	4 376 089	5 326	1 422	317	1 070 840	892 210
政治学	3 126	819.2	135	753 107	571 747	1 808	472.6	74	293 270	244 839
法学	6 393	1 521.4	211	1 341 572	1 111 835	3 463	829.8	119	564 620	492 097
社会学	5 967	1 293.2	179	1 435 039	1 147 865	2 813	609.4	63	472 034	375 008
民族学	1 247	397.2	23	288 916	208 194	776	240.9	15	170 140	123 240
新闻与传播学	2 577	638	95	804 011	586 504	1 221	315.1	48	252 115	171 437
图书、文献与情报学	2 344	705.6	99	596 026	491 370	1 144	335.6	55	217 429	168 706
教育学	9 135	2 330.7	235	1 142 205	1 013 362	4 723	1 260.6	133	467 518	440 564
统计学	517	125.2	18	197 707	141 723	184	45.7	7	53 121	35 824
心理学	1 070	300.7	44	198 207	157 998	507	159.8	27	113 165	91 400
体育学	2 744	761.4	43	272 866	223 142	1 422	407.2	21	93 557	70 889

应用研究					实验与发展				
课题数	当年投入人数（人年）	其中：研究生	当年拨入经费（百元）	当年支出经费（百元）	课题数	当年投入人数（人年）	其中：研究生	当年拨入经费（百元）	当年支出经费（百元）
L11	L12	L13	L14	L15	L16	L17	L18	L19	L20
46 957	11 610.3	1 785	15 896 639	13 231 951	796	201.2	21	299 004	241 031
12 281	2 891.3	578	5 558 061	4 709 715	138	32	6	39 713	34 671
868	223.6	21	108 107	93 620	7	2.4	0	3 900	2 253
395	89	11	99 811	85 991	1	0.3	0	420	0
19	4.9	0	2 295	2 041	0	0	0	0	0
63	15.7	0	14 529	11 568	2	0.3	0	0	123
2 006	589.1	32	356 113	320 501	22	8.9	0	2 645	2 061
581	130.5	10	123 972	87 950	0	0	0	0	0
345	82.8	7	51 946	32 825	2	0.4	0	20	0
2 337	623.6	39	840 885	723 920	63	17.1	1	14 271	13 067
613	159.1	24	207 524	152 474	6	0.7	0	140	1 190
316	65.6	19	369 671	253 229	20	1.7	0	7 150	22 170
10 395	2 610.7	533	3 997 883	3 434 058	214	45.9	5	63 900	49 821
1 305	343.2	61	457 816	324 737	13	3.4	0	2 021	2 171
2 891	685.2	91	768 622	611 277	39	6.4	0	8 330	8 460
3 105	668.1	116	945 024	752 849	49	15.7	1	17 980	20 007
462	151.3	8	109 297	76 977	9	5	0	9 480	7 978
1 340	317.9	47	459 331	367 731	16	5	0	92 564	47 336
1 172	357	39	359 341	306 865	28	13	5	19 256	15 798
4 298	1 043.4	99	663 904	564 230	114	26.7	2	10 784	8 568
328	78.5	11	141 516	103 744	5	1	0	3 070	2 155
539	134.2	16	82 192	64 098	24	6.7	1	2 850	2 500
1 298	345.6	23	178 799	151 551	24	8.6	0	510	702

21. 理工农医院校人文、社会科学研究课题情况表

学科门类	总数					基础研究				
	课题数	当年投入人数（人年）	其中：研究生	当年拨入经费（百元）	当年支出经费（百元）	课题数	当年投入人数（人年）	其中：研究生	当年拨入经费（百元）	当年支出经费（百元）
	L01	L02	L03	L04	L05	L06	L07	L08	L09	L10
合计	77 761	22 453.8	2 951	17 622 696	15 951 157	35 327	10 364.3	1 264	5 966 797	5 193 675
管理学	21 070	6 261.1	1 157	7 067 814	6 506 059	7 545	2 353.7	444	2 123 392	1 850 805
马克思主义	3 031	887.1	114	314 618	262 004	1 935	574.5	79	204 852	164 353
哲学	1 137	369.6	65	227 809	188 771	877	284.3	49	168 602	142 671
逻辑学	25	7.6	1	3 037	3 056	19	5.5	1	1 977	2 762
宗教学	93	28	5	8 583	7 715	62	17.2	2	7 856	6 586
语言学	5 385	1 691.2	109	447 737	424 125	3 230	1 016.9	64	213 566	205 576
中国文学	1 302	359.5	14	139 928	114 330	1 041	293	13	111 185	91 130
外国文学	1 070	318.3	19	71 399	61 017	804	227.5	12	53 234	46 607
艺术学	5 721	1 564.3	140	2 549 599	2 400 855	2 010	586.9	40	594 431	499 466
历史学	803	251	44	229 673	205 024	602	196.4	34	182 930	163 274
考古学	82	53.5	33	59 464	46 892	41	29.1	16	30 878	34 511
经济学	11 376	3 268.1	552	2 705 940	2 448 581	4 292	1 217.9	186	858 617	768 183
政治学	1 665	430.6	48	258 498	259 721	942	237.8	23	116 540	110 105
法学	3 624	999.4	164	679 640	566 597	1 984	554.7	97	321 749	275 037
社会学	5 240	1 481.2	205	1 134 535	959 259	2 353	675.3	85	334 154	280 463
民族学	564	172.2	7	198 365	110 489	348	102.9	3	62 444	39 098
新闻与传播学	1 462	404.1	58	354 864	316 049	672	200.5	30	109 162	93 094
图书、文献与情报学	1 457	490.1	49	140 732	149 815	670	217.2	18	48 485	56 894
教育学	8 792	2 308.3	104	633 121	578 570	4 068	1 031.4	45	267 914	233 259
统计学	380	108.9	12	63 310	52 644	162	49.2	5	23 195	18 131
心理学	975	298.2	21	145 162	115 364	509	156.5	9	73 138	55 912
体育学	2 507	701.5	30	188 868	174 220	1 161	335.9	9	58 496	55 758

应用研究					实验与发展				
课题数	当年投入人数（人年）	其中：研究生	当年拨入经费（百元）	当年支出经费（百元）	课题数	当年投入人数（人年）	其中：研究生	当年拨入经费（百元）	当年支出经费（百元）
L11	L12	L13	L14	L15	L16	L17	L18	L19	L20
41 501	11 895. 4	1 660	11 468 910	10 610 076	933	194. 1	28	186 992	147 406
13 246	3 852. 4	705	4 884 717	4 601 041	279	55	8	59 705	54 213
1 079	308. 2	35	109 426	97 069	17	4. 4	0	340	583
252	82. 5	14	56 207	45 541	8	2. 8	2	3 000	560
6	2. 1	0	1 060	294	0	0	0	0	0
28	10. 8	4	727	1 129	3	0	0	0	0
2 117	666. 6	44	232 856	217 133	38	7. 7	0	1 315	1 417
253	62. 6	1	28 093	22 580	8	3. 9	1	650	620
262	89. 3	6	18 100	14 345	4	1. 5	0	65	65
3 631	964. 2	100	1 942 828	1 887 027	80	13. 2	1	12 340	14 361
188	52	10	43 573	40 700	13	2. 6	0	3 170	1 050
32	16. 7	10	23 400	11 106	9	7. 7	7	5 186	1 275
6 898	2 026. 1	366	1 807 381	1 649 240	186	24. 1	1	39 942	31 158
709	186. 7	25	139 608	147 799	14	6. 1	0	2 350	1 817
1 619	439. 5	66	354 621	288 869	21	5. 2	0	3 270	2 690
2 834	795. 5	118	773 603	671 090	53	10. 4	2	26 779	7 707
213	68. 6	4	127 371	62 861	3	0. 7	0	8 550	8 530
764	199	27	244 402	221 794	26	4. 6	1	1 300	1 161
772	269. 7	31	91 278	92 315	15	3. 2	0	970	605
4 646	1 253. 7	56	362 087	338 445	78	23. 2	3	3 120	6 865
213	59. 1	7	40 115	34 167	5	0. 6	0	0	346
454	135. 9	10	71 565	58 945	12	5. 8	2	460	507
1 285	354. 2	21	115 892	106 586	61	11. 4	0	14 480	11 876

22. 师范院校人文、社会科学研究课题情况表

学科门类	总数					基础研究				
	课题数	当年投入人数（人年）	其中：研究生	当年拨入经费（百元）	当年支出经费（百元）	课题数	当年投入人数（人年）	其中：研究生	当年拨入经费（百元）	当年支出经费（百元）
	L01	L02	L03	L04	L05	L06	L07	L08	L09	L10
合计	55 299	15 770.5	1 392	9 035 786	7 883 844	40 865	11 412.4	904	5 521 939	4 919 479
管理学	4 059	1 081.4	112	979 003	860 368	2 417	605.4	53	422 687	385 513
马克思主义	1 902	570.9	42	219 982	181 644	1 629	476.4	37	183 276	160 748
哲学	1 046	308.6	46	200 052	160 596	963	281.6	42	181 996	144 664
逻辑学	32	7.5	0	5 260	4 816	25	5.3	0	3 260	3 606
宗教学	201	68.5	6	48 091	29 580	184	61.6	6	45 961	26 170
语言学	3 922	1 220.7	82	486 166	397 980	3 178	956.8	67	362 445	302 275
中国文学	4 208	1 291.7	103	592 760	469 914	3 918	1 188	93	559 145	426 481
外国文学	1 172	345.1	20	68 194	83 304	1 053	307.8	19	63 444	76 884
艺术学	4 655	1 269.4	50	572 578	496 034	3 555	957.4	36	245 244	229 319
历史学	2 930	832.7	66	593 846	503 561	2 730	765.9	63	528 152	460 546
考古学	108	33	4	30 242	24 171	90	28.8	3	26 464	18 983
经济学	5 094	1 446.1	149	1 164 867	1 046 021	2 645	710.8	49	400 404	348 160
政治学	1 803	468.4	36	278 373	240 569	1 432	367.6	23	202 883	183 154
法学	1 709	478.6	43	180 693	167 238	1 262	342.4	19	120 184	112 567
社会学	3 274	907.2	97	562 611	527 959	2 105	570.6	49	304 757	304 803
民族学	752	240.5	13	239 490	182 968	625	192.1	11	184 263	152 870
新闻与传播学	1 002	277.5	24	225 510	147 402	699	179.5	12	128 709	99 007
图书、文献与情报学	1 027	292.8	15	96 120	105 628	784	211.3	13	73 221	86 337
教育学	12 138	3 387.4	355	1 954 615	1 756 134	8 558	2 348.2	224	1 205 117	1 129 215
统计学	168	49.7	10	34 573	35 957	86	22	5	10 055	8 883
心理学	1 401	394.1	70	282 940	267 420	933	262.6	48	139 461	137 507
体育学	2 696	798.7	49	219 820	194 580	1 994	570.3	32	130 811	121 787

应用研究					实验与发展				
课题数	当年投入人数（人年）	其中：研究生	当年拨入经费（百元）	当年支出经费（百元）	课题数	当年投入人数（人年）	其中：研究生	当年拨入经费（百元）	当年支出经费（百元）
L11	L12	L13	L14	L15	L16	L17	L18	L19	L20
14 087	4 260.4	480	3 358 242	2 858 182	347	97.7	6	155 603	106 184
1 617	469.9	58	548 690	471 938	25	6.1	1	7 626	2 917
272	94.3	5	36 706	20 890	1	0.2	0	0	5
82	26.6	4	18 026	15 910	1	0.4	0	30	22
7	2.2	0	2 000	1 210	0	0	0	0	0
16	6.8	0	2 130	3 410	1	0.1	0	0	0
725	257.3	14	111 616	93 750	19	6.6	0	12 105	1 955
288	103.5	10	33 615	43 303	2	0.2	0	0	130
118	37.2	1	4 750	6 420	1	0.1	0	0	0
1 066	303.9	14	322 552	262 637	34	8.1	0	4 782	4 078
195	65.9	3	65 624	42 995	5	0.9	0	70	20
16	4.1	1	3 778	5 188	2	0.1	0	0	0
2 410	718.9	100	712 892	655 108	39	16.4	0	51 571	42 754
363	98.3	13	75 090	55 904	8	2.5	0	400	1 511
439	134	24	58 099	53 152	8	2.2	0	2 410	1 519
1 143	328.5	48	250 360	217 697	26	8.1	0	7 494	5 459
123	48.1	2	55 227	29 873	4	0.3	0	0	225
301	97.2	12	96 701	48 336	2	0.8	0	100	60
238	80.6	3	22 723	18 926	5	0.9	0	175	365
3 483	1 017.2	129	727 227	615 113	97	22	1	22 271	11 806
80	26.4	5	24 517	26 994	2	1.3	0	0	80
426	116.9	18	98 141	97 504	42	14.6	4	45 337	32 409
679	222.6	16	87 778	71 924	23	5.8	0	1 232	869

23. 语言院校人文、社会科学研究课题情况表

学科门类	总数					基础研究				
	课题数	当年投入人数（人年）	其中：研究生	当年拨入经费（百元）	当年支出经费（百元）	课题数	当年投入人数（人年）	其中：研究生	当年拨入经费（百元）	当年支出经费（百元）
	L01	L02	L03	L04	L05	L06	L07	L08	L09	L10
合计	8 029	2 099.3	175	1 286 911	867 293	4 344	1 278.5	99	559 473	368 699
管理学	956	263.6	21	199 517	138 795	387	111.3	7	42 944	39 381
马克思主义	139	30.5	1	8 260	5 315	99	22.8	0	6 343	4 236
哲学	60	13.6	0	7 379	4 826	47	12.4	0	5 925	4 214
逻辑学	5	0.6	0	220	177	2	0.5	0	100	57
宗教学	11	2.2	0	690	124	10	2.1	0	590	124
语言学	1 679	527.3	49	249 059	149 302	1 196	384.7	35	158 237	98 259
中国文学	331	83.7	10	29 557	18 658	283	76.3	9	26 312	15 733
外国文学	496	127.4	7	48 574	32 245	450	115.9	6	45 989	30 647
艺术学	495	92.3	6	68 782	50 954	172	53.3	1	18 523	11 323
历史学	48	12	1	24 545	23 561	40	10	1	4 545	3 112
考古学	1	0.1	0	100	100	1	0.1	0	100	100
经济学	668	219.4	35	126 696	92 881	292	110.6	20	35 607	32 597
政治学	234	78.9	7	50 345	32 873	148	46.1	5	28 183	17 001
法学	207	53.6	6	29 020	22 380	99	28.9	4	9 135	9 928
社会学	308	79.4	4	51 230	30 733	152	38.2	1	32 950	16 275
民族学	30	11	0	3 090	2 720	29	10.6	0	2 690	2 656
新闻与传播学	1 217	176.8	17	301 872	195 786	321	64	3	97 207	47 612
图书、文献与情报学	79	32.1	1	4 498	4 598	38	13.3	1	2 430	2 287
教育学	895	247	7	72 629	54 750	503	152.9	5	36 442	30 439
统计学	26	7	1	4 016	2 491	7	2	0	1 446	485
心理学	62	14.7	2	3 508	2 807	27	7	1	2 008	1 672
体育学	82	26.1	0	3 324	1 217	41	15.5	0	1 767	561

应用研究					实验与发展				
课题数	当年投入人数（人年）	其中：研究生	当年拨入经费（百元）	当年支出经费（百元）	课题数	当年投入人数（人年）	其中：研究生	当年拨入经费（百元）	当年支出经费（百元）
L11	L12	L13	L14	L15	L16	L17	L18	L19	L20
3 669	816. 9	71	723 274	495 332	16	3. 9	1	4 162	3 261
566	151. 8	14	155 663	98 949	3	0. 5	0	910	465
40	7. 7	0	1 917	1 079	0	0	0	0	0
13	1. 2	0	1 454	612	0	0	0	0	0
3	0. 1	0	120	120	0	0	0	0	0
1	0. 1	0	100	0	0	0	0	0	0
477	141. 6	14	89 774	50 024	6	1	0	1 048	1 019
48	7. 4	0	3 245	2 924	0	0	0	0	0
45	11. 4	0	2 585	1 598	1	0. 1	0	0	0
323	39	5	50 259	39 631	0	0	0	0	0
8	2	0	20 000	20 449	0	0	0	0	0
0	0	0	0	0	0	0	0	0	0
374	107. 3	14	91 089	60 284	2	1. 5	1	0	0
86	32. 8	1	22 162	15 872	0	0	0	0	0
107	24. 6	2	18 680	11 820	1	0. 1	0	1 204	632
155	40. 7	3	17 280	13 933	1	0. 5	0	1 000	525
1	0. 4	0	400	64	0	0	0	0	0
895	112. 7	14	204 664	148 099	1	0. 1	0	0	75
41	18. 8	0	2 068	2 311	0	0	0	0	0
391	94	2	36 187	23 766	1	0. 1	0	0	545
19	5	1	2 570	2 006	0	0	0	0	0
35	7. 7	1	1 500	1 135	0	0	0	0	0
41	10. 6	0	1 557	656	0	0	0	0	0

24. 财经院校人文、社会科学研究课题情况表

学科门类	总数					基础研究				
	课题数	当年投入人数（人年）	其中：研究生	当年拨入经费（百元）	当年支出经费（百元）	课题数	当年投入人数（人年）	其中：研究生	当年拨入经费（百元）	当年支出经费（百元）
	L01	L02	L03	L04	L05	L06	L07	L08	L09	L10
合计	30 734	8 915.7	848	5 873 789	4 626 569	8 742	2 689.2	173	1 203 571	899 353
管理学	8 775	2 657.7	320	2 306 843	1 898 114	2 011	656.7	70	419 868	276 150
马克思主义	623	188.7	9	62 823	37 775	326	96.6	3	33 908	19 568
哲学	185	52.9	3	30 879	20 676	110	28.9	2	13 210	8 888
逻辑学	29	5.5	0	8 978	13 808	22	4.4	0	5 408	12 761
宗教学	12	1.9	0	3 700	2 810	3	0.1	0	50	180
语言学	973	315.9	13	66 550	61 097	483	163.2	10	26 091	28 498
中国文学	348	106.2	4	38 784	26 081	204	63.9	3	25 572	16 377
外国文学	189	66.3	4	22 277	14 845	124	41.3	3	16 225	8 586
艺术学	511	145.4	1	56 283	50 205	188	48.8	0	11 171	9 377
历史学	141	41.2	3	18 285	13 708	95	29	3	12 746	10 898
考古学	13	3.3	0	0	1 666	5	0.8	0	0	856
经济学	11 015	3 029.7	338	2 208 768	1 659 370	2 353	767.3	45	371 974	302 231
政治学	326	81.3	4	52 675	44 225	157	34.8	1	9 524	6 941
法学	1 948	568.1	68	353 997	274 920	716	221.2	19	102 318	79 711
社会学	1 036	271.6	11	169 699	126 489	365	100.7	2	43 024	30 107
民族学	127	36.5	2	19 064	15 080	52	15.1	1	7 224	5 563
新闻与传播学	337	99.2	5	63 989	47 993	130	34.5	1	13 907	9 266
图书、文献与情报学	236	84.7	3	17 803	15 898	81	26	1	7 480	8 012
教育学	2 436	724	20	116 462	92 875	856	227.8	3	19 468	23 326
统计学	924	278.5	38	231 004	188 736	236	71	6	56 018	36 294
心理学	115	32.2	1	4 803	5 743	39	11.7	0	2 194	1 649
体育学	435	124.9	1	20 123	14 455	186	45.4	0	6 191	4 114

应用研究					实验与发展				
课题数	当年投入人数（人年）	其中：研究生	当年拨入经费（百元）	当年支出经费（百元）	课题数	当年投入人数（人年）	其中：研究生	当年拨入经费（百元）	当年支出经费（百元）
L11	L12	L13	L14	L15	L16	L17	L18	L19	L20
21 772	6 168	671	4 625 849	3 696 794	220	58. 5	5	44 365	30 418
6 679	1 975. 1	246	1 877 560	1 608 842	85	25. 9	4	9 415	13 122
296	92	5	27 164	17 941	1	0. 1	0	1 750	265
73	23. 7	1	17 669	11 522	2	0. 3	0	0	266
6	0. 5	0	3 270	747	1	0. 6	0	300	300
9	1. 8	0	3 650	2 630	0	0	0	0	0
486	150. 8	4	40 309	32 514	4	1. 9	0	150	85
142	42	1	13 012	9 634	2	0. 3	0	200	70
65	25	1	6 052	6 259	0	0	0	0	0
318	95. 6	1	44 612	40 244	5	1	0	500	584
45	12. 2	0	5 539	2 810	1	0	0	0	0
8	2. 5	0	0	810	0	0	0	0	0
8 598	2 245	292	1 817 483	1 346 529	64	17. 4	1	19 310	10 610
167	45. 7	3	40 591	36 634	2	0. 8	0	2 560	650
1 217	345. 3	49	249 278	194 314	15	1. 6	0	2 400	894
669	170. 6	10	123 674	96 232	2	0. 3	0	3 000	150
75	21. 4	1	11 840	9 517	0	0	0	0	0
206	64. 1	4	50 082	38 727	1	0. 6	0	0	0
151	56. 1	1	8 723	7 547	4	2. 6	0	1 600	338
1 567	494. 2	18	94 094	68 211	13	2	0	2 900	1 337
674	205. 2	32	174 756	150 734	14	2. 3	0	230	1 707
75	20. 1	1	2 609	4 074	1	0. 4	0	0	20
246	79. 1	1	13 882	10 322	3	0. 4	0	50	20

25. 政法院校人文、社会科学研究课题情况表

学科门类	总数					基础研究				
	课题数	当年投入人数（人年）	其中：研究生	当年拨入经费（百元）	当年支出经费（百元）	课题数	当年投入人数（人年）	其中：研究生	当年拨入经费（百元）	当年支出经费（百元）
	L01	L02	L03	L04	L05	L06	L07	L08	L09	L10
合计	8 668	2 290.7	162	1 312 232	1 055 680	4 691	1 094.6	60	697 274	556 550
管理学	870	243.1	13	111 817	85 251	352	83.9	4	42 500	32 677
马克思主义	244	52.9	4	40 029	34 234	207	42.3	3	39 269	33 220
哲学	108	27.6	2	18 051	9 955	85	21.8	1	10 861	7 880
逻辑学	13	5.4	0	740	1 143	6	1.1	0	640	873
宗教学	16	4.7	0	3 441	3 526	11	2.9	0	480	1 442
语言学	259	77.7	2	17 161	14 985	150	38.6	1	13 806	11 433
中国文学	89	20.8	1	5 731	5 855	68	15.2	1	4 221	3 851
外国文学	18	7.2	1	760	616	16	7.1	1	760	546
艺术学	22	8.4	0	6 000	5 172	17	7	0	2 700	2 603
历史学	64	14.4	2	17 071	13 417	52	11.6	2	15 935	12 676
考古学	1	0.1	0	0	2 023	1	0.1	0	0	2 023
经济学	334	88.8	11	41 662	32 980	171	43.6	4	24 602	16 572
政治学	361	94.8	6	31 028	27 098	242	57.7	3	26 748	20 661
法学	4 466	1 163.9	104	777 650	605 367	2 362	541.3	30	359 678	276 942
社会学	486	132.3	8	116 756	104 508	279	69.9	6	80 819	72 673
民族学	33	13.9	0	4 250	2 642	15	4.1	0	3 235	1 720
新闻与传播学	211	53.9	4	37 482	31 108	96	25.4	2	16 667	9 529
图书、文献与情报学	85	26	1	7 610	5 889	45	14.4	0	2 650	2 324
教育学	679	164.9	3	55 045	50 279	385	82.2	2	44 865	41 269
统计学	40	7.8	0	3 025	2 899	16	3.1	0	325	446
心理学	112	28.6	0	4 819	5 599	38	6.1	0	1 850	1 228
体育学	157	53.5	0	12 104	11 134	77	15.2	0	4 663	3 962

应用研究					实验与发展				
课题数	当年投入人数（人年）	其中：研究生	当年拨入经费（百元）	当年支出经费（百元）	课题数	当年投入人数（人年）	其中：研究生	当年拨入经费（百元）	当年支出经费（百元）
L11	L12	L13	L14	L15	L16	L17	L18	L19	L20
3 897	1 148.4	98	606 567	490 177	80	47.7	2	8 390	8 954
512	153.9	9	68 936	51 781	6	5.3	0	380	793
37	10.6	1	760	1 015	0	0	0	0	0
22	5.6	0	7 190	2 075	1	0.2	0	0	0
6	1.5	0	100	270	1	2.8	0	0	0
5	1.8	0	2 961	2 084	0	0	0	0	0
109	39.1	1	3 355	3 551	0	0	0	0	0
21	5.6	0	1 510	2 004	0	0	0	0	0
2	0.1	0	0	70	0	0	0	0	0
5	1.4	0	3 300	2 568	0	0	0	0	0
12	2.8	0	1 136	742	0	0	0	0	0
0	0	0	0	0	0	0	0	0	0
163	45.2	7	17 059	16 408	0	0	0	0	0
117	36.8	2	3 780	6 288	2	0.3	0	500	149
2 069	605.1	72	410 832	321 379	35	17.5	2	7 140	7 046
201	60	1	35 937	31 710	6	2.4	0	0	125
14	7.5	0	955	852	4	2.3	0	60	70
115	28.5	2	20 816	21 579	0	0	0	0	0
39	11.5	1	4 960	3 565	1	0.1	0	0	0
277	75	2	9 870	8 295	17	7.7	0	310	716
24	4.7	0	2 700	2 453	0	0	0	0	0
69	19.6	0	2 969	4 366	5	2.9	0	0	5
78	32.1	0	7 441	7 122	2	6.2	0	0	50

26. 艺术院校人文、社会科学研究课题情况表

学科门类	总数					基础研究				
	课题数	当年投入人数（人年）	其中：研究生	当年拨入经费（百元）	当年支出经费（百元）	课题数	当年投入人数（人年）	其中：研究生	当年拨入经费（百元）	当年支出经费（百元）
	L01	L02	L03	L04	L05	L06	L07	L08	L09	L10
合计	4 879	1 481.9	177	1 566 630	1 358 782	3 782	1 078.6	110	495 066	395 180
管理学	151	37.5	2	4 136	4 072	88	19.9	0	2 816	1 687
马克思主义	56	18.3	0	2 574	2 024	49	15.6	0	2 465	1 910
哲学	5	1.1	0	150	150	5	1.1	0	150	150
逻辑学	0	0	0	0	0	0	0	0	0	0
宗教学	1	0.3	0	0	0	1	0.3	0	0	0
语言学	50	26.1	6	1 400	1 352	36	20	6	1 000	1 046
中国文学	40	13.3	1	1 404	1 736	32	11.4	1	1 300	1 581
外国文学	1	0.4	0	200	200	1	0.4	0	200	200
艺术学	4 143	1 205.1	141	1 529 095	1 326 944	3 255	880.1	84	469 829	376 135
历史学	20	12.4	4	880	835	13	10.6	4	600	555
考古学	9	1.8	0	570	320	9	1.8	0	570	320
经济学	12	6.3	1	3 710	3 191	9	3.6	0	510	179
政治学	9	4.1	0	400	372	7	3.4	0	400	342
法学	11	4.8	0	400	385	10	4.4	0	400	385
社会学	25	10.4	1	2 330	805	21	8.9	1	2 120	715
民族学	30	19.2	6	5 215	3 575	24	17.6	6	5 215	3 560
新闻与传播学	25	9.5	1	605	653	19	7.5	1	545	510
图书、文献与情报学	59	25.4	2	6 075	6 259	47	17.7	1	1 125	1 269
教育学	165	59.2	8	4 496	3 708	105	33.9	2	2 976	2 519
统计学	1	0.7	0	0	0	0	0	0	0	0
心理学	22	6.1	0	580	526	17	4.5	0	580	492
体育学	44	19.9	4	2 410	1 675	34	15.9	4	2 265	1 625

应用研究					实验与发展				
课题数	当年投入人数（人年）	其中：研究生	当年拨入经费（百元）	当年支出经费（百元）	课题数	当年投入人数（人年）	其中：研究生	当年拨入经费（百元）	当年支出经费（百元）
L11	L12	L13	L14	L15	L16	L17	L18	L19	L20
1 079	400. 2	67	1 066 893	958 297	18	3. 1	0	4 670	5 308
63	17. 6	2	1 320	2 385	0	0	0	0	0
7	2. 7	0	109	114	0	0	0	0	0
0	0	0	0	0	0	0	0	0	0
0	0	0	0	0	0	0	0	0	0
0	0	0	0	0	0	0	0	0	0
13	5. 5	0	370	286	1	0. 6	0	30	20
8	1. 9	0	104	156	0	0	0	0	0
0	0	0	0	0	0	0	0	0	0
873	323. 2	56	1 054 625	945 529	15	1. 8	0	4 640	5 280
7	1. 8	0	280	280	0	0	0	0	0
0	0	0	0	0	0	0	0	0	0
3	2. 7	1	3 200	3 012	0	0	0	0	0
1	0. 1	0	0	23	1	0. 6	0	0	8
1	0. 4	0	0	0	0	0	0	0	0
4	1. 5	0	210	90	0	0	0	0	0
6	1. 6	0	0	15	0	0	0	0	0
6	2	0	60	144	0	0	0	0	0
12	7. 7	2	4 950	4 990	0	0	0	0	0
59	25. 2	6	1 520	1 189	1	0. 1	0	0	0
1	0. 7	0	0	0	0	0	0	0	0
5	1. 6	0	0	34	0	0	0	0	0
10	4	0	145	50	0	0	0	0	0

27. 民族院校人文、社会科学研究课题情况表

学科门类	总数					基础研究				
	课题数	当年投入人数（人年）	其中：研究生	当年拨入经费（百元）	当年支出经费（百元）	课题数	当年投入人数（人年）	其中：研究生	当年拨入经费（百元）	当年支出经费（百元）
	L01	L02	L03	L04	L05	L06	L07	L08	L09	L10
合计	4 481	1 359.6	145	988 910	703 445	3 158	1 026.8	106	715 120	488 686
管理学	451	117.5	12	129 072	79 542	260	77.3	10	90 132	51 450
马克思主义	130	44.3	2	15 443	10 374	101	33.4	1	11 683	8 724
哲学	42	18.7	4	8 625	7 623	37	18.1	4	8 025	7 137
逻辑学	2	0	0	200	110	2	0	0	200	110
宗教学	90	23	1	23 707	18 404	70	19.7	1	16 880	13 235
语言学	385	120.9	14	79 558	63 798	273	90.3	5	43 649	33 883
中国文学	279	106.8	10	80 278	59 613	244	91.9	6	75 306	56 476
外国文学	87	22.1	3	12 387	9 544	70	19.1	3	9 701	7 287
艺术学	297	74.4	3	26 164	23 389	187	40.6	2	15 473	12 202
历史学	119	37.8	5	20 207	17 438	101	34	5	18 442	15 716
考古学	27	6.1	1	4 245	3 679	22	5.4	1	4 191	3 636
经济学	542	141.8	14	81 008	66 919	301	81.1	8	40 976	35 887
政治学	102	33.1	6	10 302	9 405	86	28.1	5	5 917	5 970
法学	312	98.7	6	38 320	31 059	235	67	3	30 897	24 131
社会学	324	86.5	13	52 464	40 112	214	68.5	10	24 776	21 656
民族学	609	211.6	30	341 453	208 133	455	179.1	26	277 544	157 705
新闻与传播学	120	29.7	1	14 229	13 928	78	20.2	1	9 902	9 369
图书、文献与情报学	63	21	0	8 340	6 973	48	19.1	0	7 365	6 307
教育学	310	106.5	17	28 604	21 785	247	88.9	13	15 137	10 814
统计学	20	8	1	2 432	2 418	8	4.5	0	1 167	1 275
心理学	31	6.6	1	1 173	964	19	4	1	843	584
体育学	139	44.5	1	10 699	8 235	100	36.5	1	6 914	5 132

应用理论研究					应用研究				
课题数	当年投入人数（人年）	其中：研究生	当年拨入经费（百元）	当年支出经费（百元）	课题数	当年投入人数（人年）	其中：研究生	当年拨入经费（百元）	当年支出经费（百元）
L11	L12	L13	L14	L15	L16	L17	L18	L19	L20
1 307	326.9	37	265 468	209 775	16	5.9	1	8 323	4 986
187	38.7	2	35 760	26 517	4	1.5	0	3 180	1 575
29	10.9	0	3 760	1 650	0	0	0	0	0
5	0.6	0	600	486	0	0	0	0	0
0	0	0	0	0	0	0	0	0	0
20	3.3	0	6 827	5 169	0	0	0	0	0
112	30.6	9	35 909	29 916	0	0	0	0	0
35	14.9	3	4 972	3 137	0	0	0	0	0
17	3	0	2 686	2 257	0	0	0	0	0
110	33.8	1	10 692	11 187	0	0	0	0	0
18	3.8	0	1 765	1 722	0	0	0	0	0
5	0.7	0	54	43	0	0	0	0	0
238	59.4	7	35 381	28 092	3	1.3	0	4 650	2 940
16	5	1	4 385	3 435	0	0	0	0	0
75	31	3	7 324	6 838	2	0.7	0	100	90
110	18	3	27 688	18 456	0	0	0	0	0
152	32.5	4	63 909	50 428	2	0	0	0	0
41	9	0	3 934	4 188	1	0.5	0	393	372
15	1.9	0	975	666	0	0	0	0	0
61	16.8	3	13 467	10 971	2	0.8	1	0	0
12	3.5	1	1 265	1 143	0	0	0	0	0
12	2.6	0	330	380	0	0	0	0	0
37	6.9	0	3 785	3 094	2	1.1	0	0	9

28. 体育院校人文、社会科学研究课题情况表

学科门类	总数					基础研究				
	课题数	当年投入人数（人年）	其中：研究生	当年拨入经费（百元）	当年支出经费（百元）	课题数	当年投入人数（人年）	其中：研究生	当年拨入经费（百元）	当年支出经费（百元）
	L01	L02	L03	L04	L05	L06	L07	L08	L09	L10
合计	3 702	1 290.6	140	681 251	546 860	1 763	541.2	55	171 111	122 323
管理学	75	19.7	1	28 749	14 318	30	8.1	1	10 591	3 584
马克思主义	53	14.2	1	2 943	2 376	32	10.3	0	2 605	2 187
哲学	4	1.5	0	968	823	3	0.9	0	880	748
逻辑学	0	0	0	0	0	0	0	0	0	0
宗教学	0	0	0	0	0	0	0	0	0	0
语言学	58	15.2	0	1 015	680	30	6.3	0	700	410
中国文学	14	6.1	0	1 400	446	14	6.1	0	1 400	446
外国文学	2	1.4	0	0	146	2	1.4	0	0	146
艺术学	12	4.1	0	1 296	106	5	2.1	0	1 166	64
历史学	5	1.2	0	0	188	4	0.8	0	0	188
考古学	0	0	0	0	0	0	0	0	0	0
经济学	17	3.4	0	514	280	6	0.9	0	9	12
政治学	4	2.5	0	392	358	2	1.8	0	348	302
法学	13	3	0	1 960	945	6	1.4	0	1 380	584
社会学	44	13.4	0	15 238	8 615	19	5.4	0	1 550	1 178
民族学	4	1.2	0	88	222	2	0.3	0	0	0
新闻与传播学	51	15.3	1	7 468	6 987	23	2.5	0	3 142	2 444
图书、文献与情报学	30	10.8	1	537	424	16	4.8	1	305	274
教育学	158	59.7	2	13 161	7 946	64	24.4	0	2 933	2 249
统计学	11	1.4	0	1 530	611	5	0.6	0	1 530	611
心理学	42	14.4	1	4 500	2 670	18	3.9	0	2 360	782
体育学	3 105	1 102.1	133	599 492	498 719	1 482	459.2	53	140 212	106 114

应用研究					实验与发展				
课题数	当年投入人数（人年）	其中：研究生	当年拨入经费（百元）	当年支出经费（百元）	课题数	当年投入人数（人年）	其中：研究生	当年拨入经费（百元）	当年支出经费（百元）
L11	L12	L13	L14	L15	L16	L17	L18	L19	L20
1 850	718	78	475 638	396 696	89	31.4	6	34 502	27 841
41	11.4	0	16 262	9 456	4	0.2	0	1 896	1 277
21	3.9	0	338	190	0	0	0	0	0
1	0.6	0	88	75	0	0	0	0	0
0	0	0	0	0	0	0	0	0	0
0	0	0	0	0	0	0	0	0	0
28	8.9	0	315	270	0	0	0	0	0
0	0	0	0	0	0	0	0	0	0
0	0	0	0	0	0	0	0	0	0
7	2	0	130	42	0	0	0	0	0
1	0.4	0	0	0	0	0	0	0	0
0	0	0	0	0	0	0	0	0	0
11	2.5	0	505	267	0	0	0	0	0
2	0.7	0	44	56	0	0	0	0	0
7	1.6	0	580	362	0	0	0	0	0
24	7.3	0	7 572	2 238	1	0.7	0	6 116	5 199
2	0.9	0	88	222	0	0	0	0	0
28	12.8	1	4 326	4 543	0	0	0	0	0
14	6	0	232	150	0	0	0	0	0
91	34.6	1	9 268	4 881	3	0.7	0	960	816
6	0.8	0	0	0	0	0	0	0	0
22	8.4	1	2 140	1 888	2	2.1	0	0	0
1 544	615.2	75	433 750	372 056	79	27.7	6	25 530	20 549

1. 各类高等学校人文、社会科学学术交流情况表(一)

		国内学术会议			国际学术会议			国内受聘讲学		国外受聘讲学	
		参加人次	其中赴境外人次	提交论文(篇)	参加人次	其中赴境外人次	提交论文(篇)	派出人次	来校人次	派出人次	来校人次
	合计	113 041	5 826	58 074	37 749	10 761	21 526	17 538	26 981	4 035	9 245
按学校隶属关系划分	教育部直属院校	39 393	1 983	16 722	18 085	6 163	8 837	6 077	6 416	1 929	3 915
	其他部委院校	3 939	294	2 489	1 148	514	621	602	1 175	127	352
	地方院校	69 709	3 549	38 863	18 516	4 084	12 068	10 859	19 390	1 979	4 978
按学校规格划分	本科院校	108 967	5 701	57 016	37 139	10 622	21 220	16 873	25 950	3 983	9 166
	专科院校	4 074	125	1 058	610	139	306	665	1 031	52	79
按学校类型划分	综合大学	38 893	2 226	19 031	13 745	4 908	6 898	6 295	8 663	1 662	3 617
	理工农医院校	27 735	1 566	12 505	8 507	1 926	5 412	3 895	5 310	694	1 753
	师范院校	19 681	1 008	11 902	6 628	1 690	3 654	3 221	6 255	849	1 767
	语言院校	2 775	158	1 114	1 345	347	793	379	616	100	300
	财经院校	9 377	519	5 260	3 684	878	2 921	1 805	2 972	358	697
	政法院校	4 483	146	2 369	1 555	287	658	588	927	80	275
	体育院校	2 349	75	2 751	545	271	645	321	426	97	212
	艺术院校	5 638	83	1 826	1 363	349	356	702	963	173	594
	民族院校	2 110	45	1 316	377	105	189	332	849	22	30

国内社科考察		国外社科考察		国内进修学习		国外进修学习		国内合作研究		国外合作研究	
派出人次	来校人次	派出人次	来校人次	派出人次	来校人次	派出人次	来校人次	派出人次	来校人次	派出人次	来校人次
28 988	28 988	8 043	10 040	22 408	17 250	7 199	6 242	8 527	7 676	2 813	2 424
6 353	7 182	3 022	3 793	2 780	6 134	2 153	2 412	2 366	2 490	1 605	1 253
988	918	228	352	648	560	224	172	496	449	56	96
21 647	20 732	4 793	5 895	18 980	10 556	4 822	3 658	5 665	4 737	1 152	1 075
26 440	26 877	7 746	9 841	18 738	16 029	6 646	6 075	8 110	7 361	2 788	2 412
2 548	1 955	297	199	3 670	1 221	553	167	417	315	25	12
9 230	11 087	2 642	3 098	6 614	5 956	2 229	1 956	2 943	2 424	1 092	945
7 642	5 972	1 847	2 171	6 499	3 027	1 699	811	2 255	1 939	798	595
5 118	5 261	1 396	1 903	4 326	3 720	1 541	1 456	1 453	1 470	440	435
916	449	293	440	460	289	244	63	138	52	37	25
2 972	2 416	854	891	2 678	1 878	903	475	873	899	274	256
799	881	280	418	620	936	184	793	194	193	35	31
667	730	114	308	186	509	113	138	235	271	73	72
945	893	579	684	571	563	236	508	217	221	45	52
699	1 143	38	127	454	372	50	42	219	207	19	13

2. 各类高等学校人文、社会科学学术交流情况表(二)

		港澳台学术会议			港澳台受聘讲学	
		参加人次	其中赴境外人次	提交论文(篇)	派出人次	来校人次
	合计	7 583	3 163	2 951	1 452	2 276
按学校隶属关系划分	教育部直属院校	4 675	2 048	1 426	633	963
	其他部委院校	129	83	74	92	119
	地方院校	2 779	1 032	1 451	727	1 194
按学校规格划分	本科院校	7 429	3 109	2 904	1 418	2 243
	专科院校	154	54	47	34	33
按学校类型划分	综合大学	4 115	1 888	1 423	689	950
	理工农医院校	1 145	360	379	216	384
	师范院校	1 406	494	698	319	511
	语言院校	105	63	52	12	26
	财经院校	410	164	222	91	211
	政法院校	170	62	45	27	62
	体育院校	68	32	97	52	55
	艺术院校	146	92	23	37	70
	民族院校	18	8	12	9	7

港澳台社科考察		港澳台进修学习		港澳台合作研究	
派出人次	来校人次	派出人次	来校人次	派出人次	来校人次
2 878	3 917	1 862	1 537	888	840
1 024	1 602	645	830	513	501
134	150	66	123	43	66
1 720	2 165	1 151	584	332	273
2 662	3 347	1 604	1 480	876	834
216	570	258	57	12	6
946	1 875	774	520	378	385
641	980	411	232	185	135
542	570	360	610	141	130
106	35	102	0	1	2
248	150	111	52	110	92
109	76	46	45	14	30
99	129	28	43	45	47
168	86	25	35	14	19
19	16	5	0	0	0

3. 各省、市、自治区高等学校人文、社会科学学术交流情况表(一)

	国内学术会议			国际学术会议			国内受聘讲学		国外受聘讲学	
	参加人次	其中:赴境外人次	提交论文(篇)	参加人次	其中:赴境外人次	提交论文(篇)	派出人次	来校人次	派出人次	来校人次
合计	113 041	5 826	58 074	37 749	10 761	21 526	17 538	26 981	4 035	9 245
北京市	18 796	485	6 190	9 019	2 279	3 598	2 340	2 080	700	1 603
天津市	3 296	302	1 501	1 493	308	1 076	349	370	196	251
河北省	1 303	0	1 072	266	50	249	307	434	52	59
山西省	659	21	293	66	23	43	177	596	11	49
内蒙古自治区	662	11	270	97	44	34	8	82	0	11
辽宁省	3 394	54	2 282	1 745	328	1 088	372	583	119	188
吉林省	2 142	65	1 251	1 373	421	753	661	672	191	246
黑龙江省	1 502	14	831	477	107	245	296	519	27	94
上海市	6 842	344	4 307	3 439	1 395	1 848	1 643	1 758	414	1 161
江苏省	10 281	682	6 515	2 792	1 094	1 604	1 209	3 414	358	866
浙江省	7 329	0	2 794	2 490	991	1 464	987	1 294	142	682
安徽省	3 492	413	1 245	308	170	275	728	1 165	109	299
福建省	2 725	165	1 886	721	268	497	678	751	167	291
江西省	2 880	734	2 004	799	65	521	463	709	86	119
山东省	8 359	22	3 454	2 393	501	1 575	777	1 406	221	395
河南省	4 309	359	3 447	719	136	571	700	1 117	112	230
湖北省	5 441	215	4 052	2 093	411	1 553	944	1 890	298	433
湖南省	4 779	143	2 644	1 243	288	408	736	1 164	184	476
广东省	6 073	450	2 927	1 463	467	1 342	1 092	1 657	169	377
广西壮族自治区	1 354	14	719	433	68	313	261	608	42	80
海南省	115	1	56	30	9	15	127	39	9	41
重庆市	4 252	19	2 311	1 475	306	733	632	969	86	392
四川省	5 868	647	1 949	837	361	638	807	1 541	76	330
贵州省	823	44	479	80	36	35	146	325	2	14
云南省	2 094	412	1 044	833	187	296	287	542	54	61
西藏自治区	93	0	75	6	0	5	21	60	0	0
陕西省	2 453	158	1 752	557	204	509	494	734	142	319
甘肃省	628	18	373	202	184	162	124	244	53	100
青海省	287	6	47	32	1	2	76	56	0	0
宁夏回族自治区	79	0	24	122	15	29	18	87	6	7
新疆维吾尔自治区	731	28	280	146	44	45	78	115	9	71

国内社科考察		国外社科考察		国内进修学习		国外进修学习		国内合作研究		国外合作研究	
派出人次	来校人次	派出人次	来校人次	派出人次	来校人次	派出人次	来校人次	派出人次	来校人次	派出人次	来校人次
28 988	28 832	8 043	10 040	22 408	17 250	7 199	6 242	8 527	7 676	2 813	2 424
3 283	3 464	1 581	1 998	1 072	1 839	803	938	1 076	930	441	511
385	385	425	430	210	191	217	125	115	127	123	112
492	502	115	106	440	291	75	133	109	90	15	15
199	257	20	31	231	66	96	35	119	55	7	8
126	46	24	20	38	1	9	4	35	21	8	15
662	585	157	176	664	701	188	103	289	234	58	66
769	486	255	219	625	597	347	446	212	330	94	104
413	304	100	45	453	194	125	4	187	127	11	15
1 933	1 857	809	1 287	879	982	824	795	545	753	490	362
2 191	2 755	607	553	2 308	2 045	661	481	836	704	215	186
1 297	1 666	423	824	766	259	337	541	348	294	111	82
1 190	1 139	170	215	1 448	466	346	93	238	197	123	83
931	816	206	283	732	516	168	111	202	188	68	61
491	542	85	161	1 167	764	138	85	257	233	45	24
1 093	1 446	405	386	925	395	298	131	370	320	156	111
1 205	884	286	274	1 110	806	192	93	558	382	50	55
1 984	1 898	437	351	1 463	2 347	500	827	505	474	281	92
2 089	1 493	357	394	1 682	1 185	269	293	496	439	105	114
1 864	2 079	357	351	1 269	870	363	92	439	324	95	87
1 015	1 132	151	503	643	195	181	114	216	188	38	23
134	49	59	64	144	37	73	5	13	10	10	7
926	814	210	285	476	633	186	213	286	269	57	55
1 771	1 255	302	399	880	381	304	153	509	385	46	51
363	246	22	12	330	375	34	9	14	10	0	0
688	1 426	151	255	777	140	167	206	154	211	49	84
27	46	0	0	53	251	2	0	18	18	2	0
671	581	227	319	383	461	204	87	93	46	55	52
323	219	24	48	266	80	53	122	104	111	38	40
104	58	0	0	252	27	0	0	19	14	0	0
86	130	14	12	152	107	6	0	27	21	0	0
283	272	64	39	570	48	33	3	138	171	22	9

4. 各省、市、自治区高等学校人文、社会科学学术交流情况表(二)

	港澳台学术会议			港澳台受聘讲学	
	参加人次	其中:赴境外人次	提交论文(篇)	派出人次	来校人次
合计	7 583	3 163	2 951	1 452	2 276
北京市	1 343	602	448	141	204
天津市	49	17	42	10	17
河北省	44	8	29	10	15
山西省	8	0	0	14	4
内蒙古自治区	4	0	1	0	1
辽宁省	213	56	54	24	54
吉林省	131	9	81	27	36
黑龙江省	17	3	4	9	11
上海市	639	304	346	141	233
江苏省	606	207	256	121	357
浙江省	840	723	160	53	97
安徽省	81	51	55	45	48
福建省	731	187	350	150	248
江西省	59	4	26	9	22
山东省	1 037	173	282	141	124
河南省	20	11	8	11	0
湖北省	354	214	275	219	250
湖南省	257	132	71	43	74
广东省	435	162	205	144	191
广西壮族自治区	13	6	2	1	6
海南省	9	9	6	1	1
重庆市	83	39	48	43	72
四川省	240	128	74	27	77
贵州省	12	2	0	0	0
云南省	140	55	51	20	22
西藏自治区	7	2	6	0	0
陕西省	176	54	61	46	89
甘肃省	6	5	2	1	0
青海省	13	0	0	1	2
宁夏回族自治区	4	0	1	0	0
新疆维吾尔自治区	12	0	7	0	21

港澳台社科考察		港澳台进修学习		港澳台合作研究	
派出人次	来校人次	派出人次	来校人次	派出人次	来校人次
2 878	3 917	1 862	1 537	888	840
560	490	124	204	143	147
24	23	32	3	8	9
15	24	6	5	2	1
2	2	1	0	0	0
0	0	0	0	0	0
62	41	38	16	21	12
38	43	59	81	12	16
29	25	18	0	0	2
242	313	203	488	217	249
122	194	181	128	73	60
218	232	70	41	14	9
67	56	70	37	33	32
297	665	229	149	71	70
4	6	4	3	0	0
146	125	133	63	75	70
24	11	13	9	14	7
238	538	219	83	57	39
151	110	124	33	25	13
315	453	152	81	66	47
36	131	16	20	6	7
1	13	22	0	0	1
86	58	37	32	14	6
65	72	17	10	8	9
2	1	0	0	0	0
29	40	16	12	9	10
3	0	0	0	0	0
88	123	77	39	18	24
12	126	1	0	0	0
0	1	0	0	0	0
2	0	0	0	0	0
0	1	0	0	2	0

5. 各省、市、自治区所属高等学校人文、社会科学学术交流情况表(一)

	国内学术会议			国际学术会议			国内受聘讲学		国外受聘讲学	
	参加人次	其中:赴境外人次	提交论文(篇)	参加人次	其中:赴境外人次	提交论文(篇)	派出人次	来校人次	派出人次	来校人次
合计	69 709	3 549	38 863	18 516	4 084	12 068	10 859	19 390	1 979	4 978
北京市	4 140	154	1 312	1 465	209	894	405	538	88	159
天津市	2 127	248	1 068	1 227	238	927	157	194	148	162
河北省	1 255	0	1 015	237	39	219	278	404	52	54
山西省	659	21	293	66	23	43	177	596	11	49
内蒙古自治区	662	11	270	97	44	34	8	82	0	11
辽宁省	2 970	35	1 931	1 529	240	953	302	505	92	151
吉林省	1 066	35	560	500	192	307	248	311	51	70
黑龙江省	1 174	9	684	285	41	160	262	450	25	91
上海市	2 940	170	2 008	1 118	344	604	318	478	109	415
江苏省	6 646	76	4 164	1 552	440	952	801	2 674	240	632
浙江省	4 335	0	2 469	1 728	229	1 210	809	1 061	88	573
安徽省	3 245	411	1 225	296	158	261	719	1 144	108	283
福建省	1 907	3	1 238	402	96	228	369	471	46	131
江西省	2 880	734	2 004	799	65	521	463	709	86	119
山东省	3 325	22	2 134	662	193	693	698	1 212	141	275
河南省	4 309	359	3 447	719	136	571	700	1 117	112	230
湖北省	2 681	104	1 763	568	143	369	399	1 037	63	152
湖南省	4 108	118	2 084	868	192	280	614	1 086	126	391
广东省	5 239	240	2 532	1 051	321	1 156	894	1 447	119	256
广西壮族自治区	1 354	14	719	433	68	313	261	608	42	80
海南省	115	1	56	30	9	15	127	39	9	41
重庆市	3 584	18	1 716	1 196	190	577	374	625	51	202
四川省	3 653	136	1 224	208	84	125	514	842	33	164
贵州省	823	44	479	80	36	35	146	325	2	14
云南省	2 094	412	1 044	833	187	296	287	542	54	61
西藏自治区	93	0	75	6	0	5	21	60	0	0
陕西省	1 001	134	825	245	94	206	251	468	40	125
甘肃省	277	6	173	36	18	38	85	157	28	14
青海省	287	6	47	32	1	2	76	56	0	0
宁夏回族自治区	29	0	24	102	10	29	18	37	6	2
新疆维吾尔自治区	731	28	280	146	44	45	78	115	9	71

国内社科考察		国外社科考察		国内进修学习		国外进修学习		国内合作研究		国外合作研究	
派出人次	来校人次	派出人次	来校人次	派出人次	来校人次	派出人次	来校人次	派出人次	来校人次	派出人次	来校人次
21 647	20 732	4 793	5 895	18 980	10 556	4 822	3 658	5 665	4 737	1 152	1 075
1 351	1 021	420	468	557	351	240	124	222	174	19	51
227	251	356	361	149	130	181	104	68	74	102	93
450	412	93	68	412	149	70	64	80	62	15	15
199	257	20	31	231	66	96	35	119	55	7	8
126	46	24	20	38	1	9	4	35	21	8	15
435	417	132	148	562	557	156	91	194	165	44	58
328	215	81	116	268	94	129	116	90	96	27	19
357	256	94	44	408	140	117	4	158	86	11	15
839	643	248	319	327	194	301	419	125	119	54	42
1 643	1 978	416	446	1 996	1 539	518	314	523	386	87	64
1 158	1 503	288	679	728	179	274	498	256	208	32	36
1 190	1 132	170	197	1 443	462	343	93	237	193	120	81
741	588	108	104	661	278	98	31	155	123	31	23
491	542	85	161	1 167	764	138	85	257	233	45	24
1 037	1 346	350	328	859	345	255	101	291	273	93	85
1 205	884	286	274	1 110	806	192	93	558	382	50	55
1 344	906	174	177	989	593	196	469	248	213	42	21
1 568	1 028	269	224	1 457	794	200	226	428	361	76	65
1 801	2 050	295	253	1 159	824	309	90	371	278	67	72
1 015	1 132	151	503	643	195	181	114	216	188	38	23
134	49	59	64	144	37	73	5	13	10	10	7
568	568	138	222	369	517	129	166	168	198	27	38
1 328	784	174	171	694	236	214	97	340	295	20	30
363	246	22	12	330	375	34	9	14	10	0	0
688	1 426	151	255	777	140	167	206	154	211	49	84
27	46	0	0	53	251	2	0	18	18	2	0
307	425	90	185	273	294	108	47	54	27	16	2
264	131	21	14	222	63	53	50	89	72	38	40
104	58	0	0	252	27	0	0	19	14	0	0
76	120	14	12	132	107	6	0	27	21	0	0
283	272	64	39	570	48	33	3	138	171	22	9

6. 各省、市、自治区所属高等学校人文、社会科学学术交流情况表(二)

	港澳台学术会议			港澳台受聘讲学	
	参加人次	其中:赴境外人次	提交论文(篇)	派出人次	来校人次
合计	2 779	1 032	1 451	727	1 194
北京市	106	40	49	30	33
天津市	1	1	4	0	3
河北省	34	3	27	10	15
山西省	8	0	0	14	4
内蒙古自治区	4	0	1	0	1
辽宁省	67	10	50	21	24
吉林省	45	1	55	17	22
黑龙江省	17	3	4	9	11
上海市	215	73	153	38	45
江苏省	363	134	187	85	302
浙江省	213	96	63	29	46
安徽省	78	48	52	43	45
福建省	308	88	190	80	154
江西省	59	4	26	9	22
山东省	224	73	172	91	84
河南省	20	11	8	11	0
湖北省	89	29	67	21	43
湖南省	152	80	45	37	36
广东省	377	140	176	111	161
广西壮族自治区	13	6	2	1	6
海南省	9	9	6	1	1
重庆市	20	10	12	25	43
四川省	100	87	8	7	18
贵州省	12	2	0	0	0
云南省	140	55	51	20	22
西藏自治区	7	2	6	0	0
陕西省	66	22	27	16	30
甘肃省	6	5	2	0	0
青海省	13	0	0	1	2
宁夏回族自治区	1	0	1	0	0
新疆维吾尔自治区	12	0	7	0	21

港澳台社科考察		港澳台进修学习		港澳台合作研究	
派出人次	来校人次	派出人次	来校人次	派出人次	来校人次
1 720	2 165	1 151	584	332	273
216	124	25	18	11	13
8	0	27	0	0	0
10	14	6	5	2	1
2	2	1	0	0	0
0	0	0	0	0	0
24	11	14	3	6	5
11	20	33	67	1	3
29	25	18	0	0	2
85	78	51	57	20	17
87	158	144	98	24	13
155	183	62	27	0	0
67	55	70	37	32	32
187	173	117	37	51	35
4	6	4	3	0	0
136	115	111	48	50	59
24	11	13	9	14	7
83	448	87	11	18	9
135	49	121	21	17	11
290	443	124	80	57	39
36	131	16	20	6	7
1	13	22	0	0	1
52	40	21	21	2	0
12	6	2	0	3	2
2	1	0	0	0	0
29	40	16	12	9	10
3	0	0	0	0	0
30	17	46	10	7	7
0	0	0	0	0	0
0	1	0	0	0	0
2	0	0	0	0	0
0	1	0	0	2	0

7. 国务院各部委所属高等学校人文、社会科学学术交流情况表(一)

	国内学术会议			国际学术会议			国内受聘讲学		国外受聘讲学	
	参加人次	其中:赴境外人次	提交论文(篇)	参加人次	其中:赴境外人次	提交论文(篇)	派出人次	来校人次	派出人次	来校人次
合计	43 332	2 277	19 211	19 233	6 677	9 458	6 679	7 591	2 056	4 267
外交部	60	0	16	95	57	14	11	11	11	30
国家民族事务委员会	1 223	12	681	134	32	75	135	435	9	14
公安部	136	24	129	69	51	50	72	43	1	20
工业和信息化部	957	23	585	438	159	227	93	240	14	78
交通部	26	1	45	19	19	19	12	9	6	3
教育部	39 393	1 983	16 722	18 085	6 163	8 837	6 077	6 416	1 929	3 915
海关总署	34	0	4	10	3	8	0	0	0	2
中国民用航空总局	136	3	24	20	3	12	35	48	0	4
国家林业局	12	0	7	0	0	0	0	0	0	0
国务院侨务办公室	475	231	270	186	125	100	140	122	32	53
国家体育总局	636	0	665	79	44	87	81	154	51	114
中国科学院	47	0	0	12	12	14	7	21	1	16
共青团中央	20	0	18	6	3	5	5	73	1	13
中华全国妇女联合会	177	0	45	80	6	10	11	19	1	5

国内社科考察		国外社科考察		国内进修学习		国外进修学习		国内合作研究		国外合作研究	
派出人次	来校人次	派出人次	来校人次	派出人次	来校人次	派出人次	来校人次	派出人次	来校人次	派出人次	来校人次
7 341	8 100	3 250	4 145	3 428	6 694	2 377	2 584	2 862	2 939	1 661	1 349
5	5	4	9	0	1	7	1	0	0	0	0
251	195	5	7	186	66	21	7	157	128	2	3
74	115	25	43	36	171	13	74	29	38	2	3
176	154	83	36	97	93	33	12	104	76	25	52
57	66	9	15	33	16	7	1	7	9	1	0
6 353	7 182	3 022	3 793	2 780	6 134	2 153	2 412	2 366	2 490	1 605	1 253
0	0	0	0	84	0	0	0	0	0	0	0
50	21	5	2	56	22	13	0	21	16	0	0
3	0	0	0	6	0	0	0	0	0	0	0
69	55	31	30	74	99	41	14	23	9	2	1
211	285	35	165	46	86	56	63	115	168	21	35
0	7	0	18	1	4	3	0	1	4	3	2
31	13	25	26	2	2	14	0	0	0	0	0
61	2	6	1	27	0	16	0	39	1	0	0

8. 国务院各部委所属高等学校人文、社会科学学术交流情况表(二)

	港澳台学术会议			港澳台受聘讲学	
	参加人次	其中:赴境外人次	提交论文(篇)	派出人次	来校人次
合计	4 804	2 131	1 500	725	1 082
外交部	6	6	2	0	0
国家民族事务委员会	4	0	4	3	3
公安部	32	27	4	0	15
工业和信息化部	12	2	4	3	10
交通部	2	2	2	0	0
教育部	4 675	2 048	1 426	633	963
国务院侨务办公室	64	40	52	49	57
国家体育总局	0	0	0	35	26
中国科学院	3	3	3	2	3
共青团中央	3	3	3	0	3
中华全国妇女联合会	3	0	0	0	2

港澳台社科考察		港澳台进修学习		港澳台合作研究	
派出人次	来校人次	派出人次	来校人次	派出人次	来校人次
1 158	1 752	711	953	556	567
0	0	1	0	0	0
15	4	5	0	0	0
8	13	0	12	0	0
8	8	9	8	10	14
1	3	0	0	0	0
1 024	1 602	645	830	513	501
36	35	40	85	8	16
58	82	11	18	24	36
0	1	0	0	1	0
0	3	0	0	0	0
8	1	0	0	0	0

9. 全国高等学校人文、社会科学学术交流情况表

学术交流类别	编号	校办学术会议		学术会议			受聘讲学		社科考察		进修学习		合作研究		
		本校独办数	与外单位合办数	参加人次	其中:赴境外人次	提交论文(篇)	派出人次	来校人次	派出人次	来校人次	派出人次	来校人次	派出人次	来校人次	课题数（项）
		L01	L02	L03	L04	L05	L06	L07	L08	L09	L10	L11	L12	L13	L14
合计	1	7 140	3 524	158 373	19 750	82 551	23 025	38 502	39 909	42 789	31 469	25 029	12 228	10 940	6 731
国际学术交流	2	1 314	923	37 749	10 761	21 526	4 035	9 245	8 043	10 040	7 199	6 242	2 813	2 424	1 000
国内学术交流	3	5 457	2 378	113 041	5 826	58 074	17 538	26 981	28 988	28 832	22 408	17 250	8 527	7 676	5 385
与港澳台地区学术交流	4	369	223	7 583	3 163	2 951	1 452	2 276	2 878	3 917	1 862	1 537	888	840	346

10. 本科院校人文、社会科学学术交流情况表

学术交流类别	编号	校办学术会议		学术会议			受聘讲学		社科考察		进修学习		合作研究		
		本校独办数	与外单位合办数	参加人次	其中:赴境外人次	提交论文(篇)	派出人次	来校人次	派出人次	来校人次	派出人次	来校人次	派出人次	来校人次	课题数（项）
		L01	L02	L03	L04	L05	L06	L07	L08	L09	L10	L11	L12	L13	L14
合计	1	6 919	3 436	153 535	19 432	81 140	22 274	37 359	36 848	40 065	26 988	23 584	11 774	10 607	6 512
国际学术交流	2	1 291	914	37 139	10 622	21 220	3 983	9 166	7 746	9 841	6 646	6 075	2 788	2 412	995
国内学术交流	3	5 272	2 303	108 967	5 701	57 016	16 873	25 950	26 440	26 877	18 738	16 029	8 110	7 361	5 171
与港澳台地区学术交流	4	356	219	7 429	3 109	2 904	1 418	2 243	2 662	3 347	1 604	1 480	876	834	346

11. 专科院校人文、社会科学学术交流情况表

学术交流类别		校办学术会议		学术会议			受聘讲学		社科考察		进修学习		合作研究		
		本校独办数	与外单位合办数	参加人次	其中:赴境外人次	提交论文(篇)	派出人次	来校人次	派出人次	来校人次	派出人次	来校人次	派出人次	来校人次	课题数(项)
	编号	L01	L02	L03	L04	L05	L06	L07	L08	L09	L10	L11	L12	L13	L14
合计	1	221	88	4 838	318	1 411	751	1 143	3 061	2 724	4 481	1 445	454	333	219
国际学术交流	2	23	9	610	139	306	52	79	297	199	553	167	25	12	5
国内学术交流	3	185	75	4 074	125	1 058	665	1 031	2 548	1 955	3 670	1 221	417	315	214
与港澳台地区学术交流	4	13	4	154	54	47	34	33	216	570	258	57	12	6	0

12. 教育部直属院校人文、社会科学学术交流情况表(一)

学术交流类别		校办学术会议		学术会议			受聘讲学		社科考察		进修学习		合作研究		
		本校独办数	与外单位合办数	参加人次	其中:赴境外人次	提交论文(篇)	派出人次	来校人次	派出人次	来校人次	派出人次	来校人次	派出人次	来校人次	课题数(项)
	编号	L01	L02	L03	L04	L05	L06	L07	L08	L09	L10	L11	L12	L13	L14
合计	1	2 195	1 343	62 153	10 194	26 985	8 639	11 294	10 399	12 577	5 578	9 376	4 484	4 244	2 525
国际学术交流	2	660	490	18 085	6 163	8 837	1 929	3 915	3 022	3 793	2 153	2 412	1 605	1 253	556
国内学术交流	3	1 383	746	39 393	1 983	16 722	6 077	6 416	6 353	7 182	2 780	6 134	2 366	2 490	1 781
与港澳台地区学术交流	4	152	107	4 675	2 048	1 426	633	963	1 024	1 602	645	830	513	501	188

13. 教育部直属院校人文、社会科学学术交流情况表(二)

	国内学术会议			国际学术会议			国内受聘讲学		国外受聘讲学	
	参加人次	其中:赴境外人次	提交论文(篇)	参加人次	其中:赴境外人次	提交论文(篇)	派出人次	来校人次	派出人次	来校人次
合计	39 393	1 983	16 722	18 085	6 163	8 837	6 077	6 416	1 929	3 915
北京大学	1 933	177	1 125	1 210	358	610	309	205	128	152
中国人民大学	2 156	14	472	1 113	332	238	347	141	68	162
清华大学	1 635	22	724	1 278	207	238	405	144	128	209
北京交通大学	524	0	147	185	24	205	55	89	26	56
北京科技大学	3 370	0	30	39	18	28	20	10	0	3
北京化工大学	60	0	8	87	0	32	0	3	0	16
北京邮电大学	55	0	51	28	20	10	15	1	3	4
中国农业大学	71	4	36	110	49	7	10	22	0	34
北京林业大学	92	20	25	89	23	7	10	5	0	15
北京中医药大学	0	0	0	0	0	0	0	0	0	0
北京师范大学	1 288	31	422	1 269	418	507	146	160	72	236
北京外国语大学	133	0	91	163	53	126	110	57	16	61
北京语言大学	159	0	53	171	17	129	44	54	16	26
中国传媒大学	0	0	0	10	10	0	0	0	0	0
中央财经大学	227	30	70	136	75	47	31	21	13	25
对外经济贸易大学	385	0	121	336	80	131	30	48	14	32
国际关系学院	116	0	60	15	3	10	50	60	5	10
中央音乐学院	132	0	69	145	70	7	34	75	15	98
中央美术学院	56	0	30	78	33	42	82	40	15	18
中央戏剧学院	0	0	0	59	59	8	0	0	2	29
中国政法大学	341	0	137	189	61	105	75	86	16	55
华北电力大学	53	22	23	19	9	15	8	22	3	9
南开大学	943	51	374	235	63	135	154	128	38	70
天津大学	130	0	50	20	5	5	25	30	10	15
大连理工大学	150	0	167	50	14	51	19	32	10	11
东北大学	184	0	94	105	23	42	8	9	3	5
吉林大学	635	0	590	490	203	257	223	248	35	80
东北师范大学	441	30	101	383	26	189	190	113	105	96
东北林业大学	181	5	104	2	1	7	11	56	2	0
复旦大学	611	0	501	503	259	382	520	311	56	207
同济大学	342	0	146	246	176	145	46	50	54	67
上海交通大学	186	0	170	141	104	30	30	90	8	15
华东理工大学	77	7	71	18	2	3	32	0	2	16
东华大学	173	147	151	62	62	83	57	104	17	0
华东师范大学	1 602	0	804	1 051	309	451	223	409	79	261
上海外国语大学	234	0	154	92	49	77	50	80	11	44
上海财经大学	643	20	298	198	87	65	367	236	78	134
南京大学	978	34	394	207	150	225	90	110	46	104

国内社科考察		国外社科考察		国内进修学习		国外进修学习		国内合作研究		国外合作研究	
派出人次	来校人次	派出人次	来校人次	派出人次	来校人次	派出人次	来校人次	派出人次	来校人次	派出人次	来校人次
6 353	7 182	3 022	3 793	2 780	6 134	2 153	2 412	2 366	2 490	1 605	1 253
405	910	93	117	45	150	70	230	175	162	50	82
125	113	167	245	41	99	65	13	141	75	108	85
505	353	222	306	48	221	73	165	53	66	88	47
37	172	12	58	52	475	5	24	103	86	7	2
19	8	13	4	15	5	6	1	15	5	3	1
0	0	0	0	0	0	0	0	0	0	0	0
0	0	11	3	3	1	21	0	3	3	0	0
12	0	36	3	2	0	19	0	13	14	20	84
27	4	7	10	10	5	1	8	3	5	3	5
0	0	0	0	0	0	0	0	0	0	0	0
92	70	160	213	8	106	47	169	14	35	45	47
81	108	52	145	3	2	7	0	0	0	0	0
0	0	3	0	4	3	1	0	6	0	1	1
0	0	0	0	0	0	0	0	0	0	0	0
30	30	65	44	50	12	62	0	28	20	39	12
5	0	20	1	8	4	13	0	13	0	3	0
20	60	15	40	18	100	4	50	10	8	0	0
38	97	22	33	6	42	9	13	6	1	0	0
37	27	16	9	8	19	3	14	19	6	0	1
0	0	45	48	0	0	29	53	0	0	10	0
22	21	79	23	13	13	14	2	1	10	6	11
23	6	5	4	16	9	8	3	14	7	5	8
119	78	39	52	19	51	23	11	39	43	21	19
30	50	25	15	36	10	10	10	8	10	0	0
51	10	9	9	9	88	7	6	10	20	1	1
73	52	7	4	58	36	13	3	73	36	12	7
69	55	35	25	172	156	55	62	51	42	33	28
372	216	139	78	185	347	163	268	71	192	34	57
42	37	0	0	32	54	0	0	29	41	0	0
285	321	271	302	322	212	211	104	116	199	208	101
87	78	67	54	34	30	78	54	78	67	29	24
30	25	43	50	9	7	38	0	19	10	43	10
3	5	25	13	3	2	0	0	5	0	0	0
326	370	59	350	0	0	18	2	30	46	30	45
121	126	47	82	34	357	78	12	71	162	43	45
2	0	24	22	10	0	11	0	3	5	5	2
240	289	25	95	56	180	89	204	98	145	78	93
113	43	41	24	20	19	50	16	48	33	24	23

	国内学术会议			国际学术会议			国内受聘讲学		国外受聘讲学	
	参加人次	其中:赴境外人次	提交论文(篇)	参加人次	其中:赴境外人次	提交论文(篇)	派出人次	来校人次	派出人次	来校人次
东南大学	416	325	202	526	268	127	89	134	31	21
中国矿业大学	289	0	240	35	0	32	17	24	2	13
河海大学	203	0	201	75	75	70	42	46	12	13
江南大学	154	39	117	21	5	2	67	162	0	9
南京农业大学	1 235	185	946	263	95	91	31	30	15	34
中国药科大学	78	0	13	1	1	1	6	8	0	4
浙江大学	2 994	0	325	762	762	254	178	233	54	109
合肥工业大学	200	2	20	0	0	0	2	0	0	0
厦门大学	783	141	618	289	157	249	259	238	109	141
山东大学	4 800	0	1 230	1 700	300	860	70	180	80	120
中国海洋大学	149	0	0	20	5	0	0	0	0	0
中国石油大学(华东)	85	0	90	11	3	22	9	14	0	0
武汉大学	893	0	670	388	78	389	176	137	148	192
华中科技大学	500	0	324	679	54	411	129	230	0	0
中国地质大学	51	8	36	45	17	32	42	23	21	12
武汉理工大学	154	0	163	127	12	185	7	25	2	11
华中农业大学	186	0	153	18	10	18	8	32	0	5
华中师范大学	203	69	212	167	32	68	85	69	38	27
中南财经政法大学	186	34	156	101	65	81	73	117	26	34
湖南大学	622	0	511	362	91	122	100	34	58	60
中南大学	49	25	49	13	5	6	22	44	0	25
中山大学	3	0	0	7	5	1	32	6	27	33
华南理工大学	356	0	143	240	30	102	54	96	3	54
四川大学	964	490	276	350	166	215	98	274	25	133
重庆大学	160	1	96	69	13	11	15	25	4	138
西南交通大学	410	0	148	25	15	15	14	35	4	7
电子科技大学	46	0	44	105	18	180	8	14	5	6
西南大学	508	0	499	210	103	145	243	319	31	52
西南财经大学	360	21	254	89	70	65	98	286	9	20
西安交通大学	235	24	137	101	66	103	28	91	69	80
西安电子科技大学	10	0	20	25	7	23	6	7	1	5
长安大学	97	0	95	15	0	30	6	3	0	0
西北农林科技大学	66	0	54	0	0	0	3	7	4	3
陕西师范大学	1 044	0	621	141	7	131	200	158	27	72
兰州大学	286	0	160	166	166	124	26	31	25	86
中国矿业大学(北京)	22	5	23	7	1	9	3	15	2	10
中国石油大学	240	0	13	200	9	14	5	20	3	8
中国地质大学(北京)	60	0	0	200	0	0	0	0	0	3

续表

国内社科考察		国外社科考察		国内进修学习		国外进修学习		国内合作研究		国外合作研究	
派出人次	来校人次	派出人次	来校人次	派出人次	来校人次	派出人次	来校人次	派出人次	来校人次	派出人次	来校人次
44	249	9	10	58	344	39	119	32	138	38	19
78	23	10	10	43	18	12	3	6	5	2	2
39	29	13	7	7	5	6	4	53	48	24	16
111	277	28	0	48	36	4	0	46	34	1	1
80	116	35	23	56	30	7	13	36	21	18	37
15	10	5	0	24	0	1	0	16	0	2	0
139	163	135	145	38	80	63	43	92	86	79	46
0	0	0	0	4	0	0	0	0	0	0	0
139	187	92	171	21	163	57	68	42	59	37	38
36	70	52	52	58	36	41	30	40	30	63	26
0	0	0	0	0	0	0	0	0	0	0	0
20	30	3	6	8	14	2	0	39	17	0	0
149	209	39	42	19	1 460	72	60	47	28	5	6
150	109	0	0	74	24	0	0	42	60	182	21
36	16	24	8	15	8	9	6	12	6	9	3
23	0	51	0	20	0	23	0	7	4	21	8
28	24	6	3	26	18	8	5	0	0	0	0
128	513	92	43	224	172	158	265	45	67	8	23
96	65	51	78	43	46	24	17	34	33	14	10
415	402	85	158	218	381	58	66	40	58	26	33
106	63	3	12	7	10	11	1	28	20	3	16
0	0	22	15	3	0	13	0	0	1	14	11
12	0	15	61	35	0	3	0	29	26	12	3
249	333	74	167	59	99	57	51	75	40	15	12
24	30	14	21	4	18	8	21	4	3	3	2
0	15	1	42	30	4	5	3	6	2	2	1
13	14	8	7	6	10	10	0	0	0	0	0
334	216	58	42	103	98	49	26	114	68	27	15
12	42	45	12	9	12	11	2	26	16	9	8
103	69	88	49	31	49	34	36	15	11	30	46
0	0	0	0	5	0	0	0	3	0	0	1
20	30	0	0	17	2	5	1	0	0	0	0
86	0	0	6	14	87	24	0	0	0	0	0
155	57	45	79	43	29	33	3	21	8	9	3
45	62	3	34	29	8	0	72	9	27	0	0
12	0	8	0	7	0	0	0	0	0	3	5
15	25	4	9	25	58	5	0	41	20	0	0
0	0	5	0	0	0	0	0	0	0	0	0

14. 教育部直属院校人文、社会科学学术交流情况表(三)

	港澳台学术会议			港澳台受聘讲学	
	参加人次	其中:赴境外人次	提交论文(篇)	派出人次	来校人次
合计	4 675	2 048	1 426	633	963
北京大学	382	207	63	19	21
中国人民大学	333	137	151	13	25
清华大学	211	50	46	17	33
北京交通大学	47	5	35	7	2
北京科技大学	5	0	5	3	5
北京化工大学	2	1	0	0	0
北京邮电大学	5	5	3	1	1
中国农业大学	0	0	0	0	5
北京林业大学	0	0	0	0	0
北京中医药大学	0	0	0	0	0
北京师范大学	94	74	29	2	16
北京外国语大学	17	17	16	1	7
北京语言大学	9	9	7	0	4
中国传媒大学	6	6	0	0	0
中央财经大学	17	8	12	0	0
对外经济贸易大学	16	1	5	0	3
国际关系学院	24	1	0	0	3
中央音乐学院	9	9	3	3	3
中央美术学院	10	5	6	5	1
中央戏剧学院	0	0	0	1	0
中国政法大学	22	10	7	2	6
华北电力大学	7	4	3	2	4
南开大学	48	16	38	10	14
天津大学	0	0	0	0	0
大连理工大学	0	0	0	0	0
东北大学	124	24	0	3	15
吉林大学	12	0	10	5	5
东北师范大学	74	8	16	5	9
东北林业大学	0	0	0	0	0
复旦大学	115	88	63	17	37
同济大学	34	28	9	30	28
上海交通大学	37	0	10	1	5
华东理工大学	0	0	0	0	0
东华大学	0	0	0	0	1
华东师范大学	131	49	68	20	27
上海外国语大学	11	10	8	0	1
上海财经大学	96	56	35	35	89
南京大学	84	41	53	25	21

港澳台社科考察		港澳台进修学习		港澳台合作研究	
派出 人次	来校 人次	派出 人次	来校 人次	派出 人次	来校 人次
1 024	1 602	645	830	513	501
23	27	8	22	23	38
39	28	28	5	6	16
43	117	8	64	25	4
13	24	8	53	15	9
2	1	5	3	5	4
0	0	0	0	0	0
4	0	0	0	0	0
7	5	0	0	0	0
0	0	0	0	0	0
0	0	0	0	0	0
15	10	3	0	0	4
8	0	2	0	0	0
0	1	0	0	0	0
0	0	0	0	0	0
23	4	12	0	21	0
6	5	3	0	1	0
2	0	0	0	0	20
15	17	1	5	2	1
5	4	2	0	0	0
1	15	2	1	0	0
64	17	2	0	9	2
2	2	3	3	1	0
16	23	5	3	8	9
0	0	0	0	0	0
0	0	0	0	0	0
37	27	24	13	15	7
8	17	7	6	3	1
19	6	19	8	8	12
0	0	0	0	0	0
82	127	103	91	117	152
29	34	18	14	12	9
4	0	9	0	14	0
0	0	0	0	0	0
0	0	0	0	0	0
11	18	9	303	8	6
0	0	1	0	0	0
31	56	12	23	46	65
12	9	13	11	18	15

	港澳台学术会议			港澳台受聘讲学	
	参加人次	其中:赴境外人次	提交论文(篇)	派出人次	来校人次
东南大学	21	7	5	3	12
中国矿业大学	0	0	0	0	0
河海大学	1	1	1	0	0
江南大学	11	11	0	1	3
南京农业大学	120	13	9	3	10
中国药科大学	1	0	0	1	0
浙江大学	627	627	97	24	51
合肥工业大学	0	0	0	0	0
厦门大学	383	79	128	46	57
山东大学	800	100	110	50	40
中国海洋大学	13	0	0	0	0
中国石油大学(华东)	0	0	0	0	0
武汉大学	107	81	110	143	107
华中科技大学	49	37	27	10	24
中国地质大学	5	3	1	2	2
武汉理工大学	7	7	5	0	25
华中农业大学	37	22	29	12	10
华中师范大学	27	15	15	6	12
中南财经政法大学	32	20	20	25	27
湖南大学	88	36	25	6	19
中南大学	17	16	1	0	19
中山大学	0	0	0	8	4
华南理工大学	34	2	9	0	6
四川大学	73	23	28	5	33
重庆大学	1	1	2	3	8
西南交通大学	5	0	0	2	4
电子科技大学	6	0	0	0	0
西南大学	62	28	34	15	21
西南财经大学	56	18	35	10	19
西安交通大学	56	32	19	20	45
西安电子科技大学	0	0	0	0	0
长安大学	35	0	0	0	0
西北农林科技大学	0	0	0	0	0
陕西师范大学	19	0	15	10	14
兰州大学	0	0	0	1	0
中国矿业大学(北京)	0	0	0	0	0
中国石油大学	0	0	0	0	0
中国地质大学(北京)	0	0	0	0	0

续表

港澳台社科考察		港澳台进修学习		港澳台合作研究	
派出人次	来校人次	派出人次	来校人次	派出人次	来校人次
4	15	15	11	4	4
0	0	0	0	0	0
0	0	0	0	17	12
11	0	0	0	0	0
3	4	0	0	0	2
0	0	0	0	0	0
63	49	8	14	14	9
0	0	0	0	0	0
96	467	100	28	14	23
10	10	22	15	25	11
0	0	0	0	0	0
0	0	0	0	0	0
17	4	65	20	0	0
14	17	14	2	3	1
5	3	2	0	0	0
46	0	0	0	1	0
7	18	5	0	0	0
33	25	29	35	12	23
33	23	17	15	23	6
15	60	3	12	8	2
1	1	0	0	0	0
3	0	0	0	0	0
0	0	0	0	7	4
10	34	7	5	2	6
3	0	0	0	0	0
2	3	0	0	3	1
4	4	2	2	0	0
31	18	16	11	12	6
22	21	1	3	0	0
26	70	31	29	11	17
0	0	0	0	0	0
0	0	0	0	0	0
0	0	0	0	0	0
32	36	0	0	0	0
12	126	1	0	0	0
0	0	0	0	0	0
0	0	0	0	0	0
0	0	0	0	0	0

15. 教育部直属综合大学人文、社会科学学术交流情况表

学术交流类别		校办学术会议		学术会议			受聘讲学		社科考察		进修学习		合作研究		
		本校独办数	与外单位合办数	参加人次	其中:赴境外人次	提交论文(篇)	派出人次	来校人次	派出人次	来校人次	派出人次	来校人次	派出人次	来校人次	课题数(项)
	编号	L01	L02	L03	L04	L05	L06	L07	L08	L09	L10	L11	L12	L13	L14
合计	1	1 042	753	32 611	6 510	13 948	4 531	5 677	4 917	6 693	2 783	4 788	2 280	2 095	1 321
国际学术交流	2	285	277	8 883	3 659	4 485	1 040	1 989	1 391	1 733	1 018	1 029	828	619	292
国内学术交流	3	657	407	20 458	1 321	8 516	3 076	3 141	3 040	3 875	1 324	3 476	1 173	1 167	894
与港澳台地区学术交流	4	100	69	3 270	1 530	947	415	547	486	1 085	441	283	279	309	135

16. 教育部直属理工农医院校人文、社会科学学术交流情况表

学术交流类别		校办学术会议		学术会议			受聘讲学		社科考察		进修学习		合作研究		
		本校独办数	与外单位合办数	参加人次	其中:赴境外人次	提交论文(篇)	派出人次	来校人次	派出人次	来校人次	派出人次	来校人次	派出人次	来校人次	课题数(项)
	编号	L01	L02	L03	L04	L05	L06	L07	L08	L09	L10	L11	L12	L13	L14
合计	1	608	280	16 529	1 609	6 848	1 538	2 029	2 766	2 860	1 202	1 679	1 304	989	553
国际学术交流	2	193	86	4 409	980	2 113	332	648	686	1 015	379	311	473	321	122
国内学术交流	3	395	173	11 385	427	4 553	1 113	1 206	1 862	1 586	734	1 214	727	615	410
与港澳台地区学术交流	4	20	21	735	202	182	93	175	218	259	89	154	104	53	21

17. 教育部直属师范院校人文、社会科学学术交流情况表

学术交流类别		校办学术会议		学术会议			受聘讲学		社科考察		进修学习		合作研究		
		本校独办数	与外单位合办数	参加人次	其中：赴境外人次	提交论文（篇）	派出人次	来校人次	派出人次	来校人次	派出人次	来校人次	派出人次	来校人次	课题数（项）
	编号	L01	L02	L03	L04	L05	L06	L07	L08	L09	L10	L11	L12	L13	L14
合计	1	301	176	7 934	1 068	3 649	1 208	1 679	1 461	1 572	1 033	2 074	389	684	316
国际学术交流	2	102	70	3 011	792	1 346	321	692	483	495	479	717	139	175	115
国内学术交流	3	175	98	4 578	130	2 160	844	909	868	982	494	1 011	222	464	186
与港澳台地区学术交流	4	24	8	345	146	143	43	78	110	95	60	346	28	45	15

18. 教育部直属语言院校人文、社会科学学术交流情况表

学术交流类别		校办学术会议		学术会议			受聘讲学		社科考察		进修学习		合作研究		
		本校独办数	与外单位合办数	参加人次	其中：赴境外人次	提交论文（篇）	派出人次	来校人次	派出人次	来校人次	派出人次	来校人次	派出人次	来校人次	课题数（项）
	编号	L01	L02	L03	L04	L05	L06	L07	L08	L09	L10	L11	L12	L13	L14
合计	1	46	31	1 005	171	661	248	334	170	276	39	5	15	8	18
国际学术交流	2	18	11	436	129	332	43	131	79	167	19	0	6	3	4
国内学术交流	3	26	18	526	0	298	204	191	83	108	17	5	9	5	14
与港澳台地区学术交流	4	2	2	43	42	31	1	12	8	1	3	0	0	0	0

19. 教育部直属财经院校人文、社会科学学术交流情况表

学术交流类别		校办学术会议		学术会议			受聘讲学		社科考察		进修学习		合作研究		
		本校独办数	与外单位合办数	参加人次	其中:赴境外人次	提交论文(篇)	派出人次	来校人次	派出人次	来校人次	派出人次	来校人次	派出人次	来校人次	课题数(项)
	编号	L01	L02	L03	L04	L05	L06	L07	L08	L09	L10	L11	L12	L13	L14
合计	1	135	68	2 878	585	1 395	809	1 091	704	765	410	518	433	408	272
国际学术交流	2	41	31	860	377	389	140	245	206	230	199	223	143	123	15
国内学术交流	3	90	30	1 801	105	899	599	708	383	426	166	254	199	214	247
与港澳台地区学术交流	4	4	7	217	103	107	70	138	115	109	45	41	91	71	10

20. 教育部直属政法院校人文、社会科学学术交流情况表

学术交流类别		校办学术会议		学术会议			受聘讲学		社科考察		进修学习		合作研究		
		本校独办数	与外单位合办数	参加人次	其中:赴境外人次	提交论文(篇)	派出人次	来校人次	派出人次	来校人次	派出人次	来校人次	派出人次	来校人次	课题数(项)
	编号	L01	L02	L03	L04	L05	L06	L07	L08	L09	L10	L11	L12	L13	L14
合计	1	46	31	707	75	319	148	220	202	161	51	165	26	51	26
国际学术交流	2	15	13	204	64	115	21	65	94	63	18	52	6	11	7
国内学术交流	3	29	18	457	0	197	125	146	42	81	31	113	11	18	12
与港澳台地区学术交流	4	2	0	46	11	7	2	9	66	17	2	0	9	22	7

21. 教育部直属艺术院校人文、社会科学学术交流情况表

学术交流类别		校办学术会议		学术会议			受聘讲学		社科考察		进修学习		合作研究		
		本校独办数	与外单位合办数	参加人次	其中:赴境外人次	提交论文(篇)	派出人次	来校人次	派出人次	来校人次	派出人次	来校人次	派出人次	来校人次	课题数(项)
	编号	L01	L02	L03	L04	L05	L06	L07	L08	L09	L10	L11	L12	L13	L14
合计	1	17	4	489	176	165	157	264	179	250	60	147	37	9	19
国际学术交流	2	6	2	282	162	57	32	145	83	90	41	80	10	1	1
国内学术交流	3	11	2	188	0	99	116	115	75	124	14	61	25	7	18
与港澳台地区学术交流	4	0	0	19	14	9	9	4	21	36	5	6	2	1	0

22. 其他部委院校人文、社会科学学术交流情况表

学术交流类别		校办学术会议		学术会议			受聘讲学		社科考察		进修学习		合作研究		
		本校独办数	与外单位合办数	参加人次	其中:赴境外人次	提交论文(篇)	派出人次	来校人次	派出人次	来校人次	派出人次	来校人次	派出人次	来校人次	课题数(项)
	编号	L01	L02	L03	L04	L05	L06	L07	L08	L09	L10	L11	L12	L13	L14
合计	1	187	91	5 216	891	3 184	821	1 646	1 350	1 420	938	855	595	611	321
国际学术交流	2	35	21	1 148	514	621	127	352	228	352	224	172	56	96	34
国内学术交流	3	138	62	3 939	294	2 489	602	1 175	988	918	648	560	496	449	261
与港澳台地区学术交流	4	14	8	129	83	74	92	119	134	150	66	123	43	66	26

23. 地方院校人文、社会科学学术交流情况表

学术交流类别		校办学术会议		学术会议			受聘讲学		社科考察		进修学习		合作研究		
		本校独办数	与外单位合办数	参加人次	其中：赴境外人次	提交论文（篇）	派出人次	来校人次	派出人次	来校人次	派出人次	来校人次	派出人次	来校人次	课题数（项）
	编号	L01	L02	L03	L04	L05	L06	L07	L08	L09	L10	L11	L12	L13	L14
合计	1	4 758	2 090	91 004	8 665	52 382	13 565	25 562	28 160	28 792	24 953	14 798	7 149	6 085	3 885
国际学术交流	2	619	412	18 516	4 084	12 068	1 979	4 978	4 793	5 895	4 822	3 658	1 152	1 075	410
国内学术交流	3	3 936	1 570	69 709	3 549	38 863	10 859	19 390	21 647	20 732	18 980	10 556	5 665	4 737	3 343
与港澳台地区学术交流	4	203	108	2 779	1 032	1 451	727	1 194	1 720	2 165	1 151	584	332	273	132

24. 综合院校人文、社会科学学术交流情况表

学术交流类别		校办学术会议		学术会议			受聘讲学		社科考察		进修学习		合作研究		
		本校独办数	与外单位合办数	参加人次	其中：赴境外人次	提交论文（篇）	派出人次	来校人次	派出人次	来校人次	派出人次	来校人次	派出人次	来校人次	课题数（项）
	编号	L01	L02	L03	L04	L05	L06	L07	L08	L09	L10	L11	L12	L13	L14
合计	1	2 250	1 351	56 753	9 022	27 352	8 646	13 230	12 818	16 060	9 617	8 432	4 413	3 754	2 499
国际学术交流	2	444	369	13 745	4 908	6 898	1 662	3 617	2 642	3 098	2 229	1 956	1 092	945	424
国内学术交流	3	1 648	873	38 893	2 226	19 031	6 295	8 663	9 230	11 087	6 614	5 956	2 943	2 424	1 892
与港澳台地区学术交流	4	158	109	4 115	1 888	1 423	689	950	946	1 875	774	520	378	385	183

25. 理工农医院校人文、社会科学学术交流情况表

学术交流类别		校办学术会议		学术会议			受聘讲学		社科考察		进修学习		合作研究		
		本校独办数	与外单位合办数	参加人次	其中：赴境外人次	提交论文(篇)	派出人次	来校人次	派出人次	来校人次	派出人次	来校人次	派出人次	来校人次	课题数（项）
	编号	L01	L02	L03	L04	L05	L06	L07	L08	L09	L10	L11	L12	L13	L14
合计	1	1 619	677	37 387	3 852	18 296	4 805	7 447	10 130	9 123	8 609	4 070	3 238	2 669	1 704
国际学术交流	2	313	172	8 507	1 926	5 412	694	1 753	1 847	2 171	1 699	811	798	595	236
国内学术交流	3	1 266	472	27 735	1 566	12 505	3 895	5 310	7 642	5 972	6 499	3 027	2 255	1 939	1 433
与港澳台地区学术交流	4	40	33	1 145	360	379	216	384	641	980	411	232	185	135	35

26. 师范院校人文、社会科学学术交流情况表

学术交流类别		校办学术会议		学术会议			受聘讲学		社科考察		进修学习		合作研究		
		本校独办数	与外单位合办数	参加人次	其中：赴境外人次	提交论文(篇)	派出人次	来校人次	派出人次	来校人次	派出人次	来校人次	派出人次	来校人次	课题数（项）
	编号	L01	L02	L03	L04	L05	L06	L07	L08	L09	L10	L11	L12	L13	L14
合计	1	1 406	782	27 715	3 192	16 254	4 389	8 533	7 056	7 734	6 227	5 786	2 034	2 035	1 201
国际学术交流	2	287	168	6 628	1 690	3 654	849	1 767	1 396	1 903	1 541	1 456	440	435	201
国内学术交流	3	1 006	558	19 681	1 008	11 902	3 221	6 255	5 118	5 261	4 326	3 720	1 453	1 470	911
与港澳台地区学术交流	4	113	56	1 406	494	698	319	511	542	570	360	610	141	130	89

27. 语言院校人文、社会科学学术交流情况表

学术交流类别	编号	校办学术会议		学术会议			受聘讲学		社科考察		进修学习		合作研究		
		本校独办数	与外单位合办数	参加人次	其中:赴境外人次	提交论文(篇)	派出人次	来校人次	派出人次	来校人次	派出人次	来校人次	派出人次	来校人次	课题数(项)
	编号	L01	L02	L03	L04	L05	L06	L07	L08	L09	L10	L11	L12	L13	L14
合计	1	200	80	4 225	568	1 959	491	942	1 315	924	806	352	176	79	101
国际学术交流	2	38	31	1 345	347	793	100	300	293	440	244	63	37	25	24
国内学术交流	3	155	45	2 775	158	1 114	379	616	916	449	460	289	138	52	74
与港澳台地区学术交流	4	7	4	105	63	52	12	26	106	35	102	0	1	2	3

28. 财经院校人文、社会科学学术交流情况表

学术交流类别	编号	校办学术会议		学术会议			受聘讲学		社科考察		进修学习		合作研究		
		本校独办数	与外单位合办数	参加人次	其中:赴境外人次	提交论文(篇)	派出人次	来校人次	派出人次	来校人次	派出人次	来校人次	派出人次	来校人次	课题数(项)
	编号	L01	L02	L03	L04	L05	L06	L07	L08	L09	L10	L11	L12	L13	L14
合计	1	863	299	13 471	1 561	8 403	2 254	3 880	4 074	3 457	3 692	2 405	1 257	1 247	740
国际学术交流	2	92	92	3 684	878	2 921	358	697	854	891	903	475	274	256	61
国内学术交流	3	759	194	9 377	519	5 260	1 805	2 972	2 972	2 416	2 678	1 878	873	899	661
与港澳台地区学术交流	4	12	13	410	164	222	91	211	248	150	111	52	110	92	18

29. 政法院校人文、社会科学学术交流情况表

学术交流类别		校办学术会议		学术会议			受聘讲学		社科考察		进修学习		合作研究		
		本校独办数	与外单位合办数	参加人次	其中:赴境外人次	提交论文(篇)	派出人次	来校人次	派出人次	来校人次	派出人次	来校人次	派出人次	来校人次	课题数(项)
	编号	L01	L02	L03	L04	L05	L06	L07	L08	L09	L10	L11	L12	L13	L14
合计	1	142	126	6 208	495	3 072	695	1 264	1 188	1 375	850	1 774	243	254	119
国际学术交流	2	34	38	1 555	287	658	80	275	280	418	184	793	35	31	15
国内学术交流	3	98	84	4 483	146	2 369	588	927	799	881	620	936	194	193	97
与港澳台地区学术交流	4	10	4	170	62	45	27	62	109	76	46	45	14	30	7

30. 艺术院校人文、社会科学学术交流情况表

学术交流类别		校办学术会议		学术会议			受聘讲学		社科考察		进修学习		合作研究		
		本校独办数	与外单位合办数	参加人次	其中:赴境外人次	提交论文(篇)	派出人次	来校人次	派出人次	来校人次	派出人次	来校人次	派出人次	来校人次	课题数(项)
	编号	L01	L02	L03	L04	L05	L06	L07	L08	L09	L10	L11	L12	L13	L14
合计	1	282	119	7 147	524	2 205	912	1 627	1 692	1 663	832	1 106	276	292	117
国际学术交流	2	76	44	1 363	349	356	173	594	579	684	236	508	45	52	8
国内学术交流	3	188	73	5 638	83	1 826	702	963	945	893	571	563	217	221	105
与港澳台地区学术交流	4	18	2	146	92	23	37	70	168	86	25	35	14	19	4

31. 民族院校人文、社会科学学术交流情况表

学术交流类别		校办学术会议		学术会议			受聘讲学		社科考察		进修学习		合作研究		
		本校独办数	与外单位合办数	参加人次	其中:赴境外人次	提交论文(篇)	派出人次	来校人次	派出人次	来校人次	派出人次	来校人次	派出人次	来校人次	课题数(项)
	编号	L01	L02	L03	L04	L05	L06	L07	L08	L09	L10	L11	L12	L13	L14
合计	1	305	63	2 505	158	1 517	363	886	756	1 286	509	414	238	220	132
国际学术交流	2	10	4	377	105	189	22	30	38	127	50	42	19	13	7
国内学术交流	3	295	59	2 110	45	1 316	332	849	699	1 143	454	372	219	207	125
与港澳台地区学术交流	4	0	0	18	8	12	9	7	19	16	5	0	0	0	0

32. 体育院校人文、社会科学学术交流情况表

学术交流类别		校办学术会议		学术会议			受聘讲学		社科考察		进修学习		合作研究		
		本校独办数	与外单位合办数	参加人次	其中:赴境外人次	提交论文(篇)	派出人次	来校人次	派出人次	来校人次	派出人次	来校人次	派出人次	来校人次	课题数(项)
	编号	L01	L02	L03	L04	L05	L06	L07	L08	L09	L10	L11	L12	L13	L14
合计	1	73	27	2 962	378	3 493	470	693	880	1 167	327	690	353	390	118
国际学术交流	2	20	5	545	271	645	97	212	114	308	113	138	73	72	24
国内学术交流	3	42	20	2 349	75	2 751	321	426	667	730	186	509	235	271	87
与港澳台地区学术交流	4	11	2	68	32	97	52	55	99	129	28	43	45	47	7

八、社科研究与发展成果

1. 各类高等学校人文、社会科学研究与发展成果情况表

		出版专著(部)	发表论文(篇) 合计	国内学术刊物	国外学术刊物	港澳台刊物	研究与咨询报告 合计	其中:被采纳数
	合计	12 474	320 638	310 761	9 106	771	8 878	4 407
按学校隶属关系划分	教育部直属院校	4 039	69 173	64 453	4 373	347	3 265	1 998
	其他部委院校	536	12 298	11 727	510	61	261	102
	地方院校	7 899	239 167	234 581	4 223	363	5 352	2 307
按学校规格划分	本科院校	12 176	293 647	283 975	8 932	740	8 176	4 119
	专科院校	298	26 991	26 786	174	31	702	288
按学校类型划分	综合大学	4 537	99 407	95 545	3 527	335	3 580	2 150
	理工农医院校	2 285	85 381	82 582	2 696	103	2 017	1 045
	师范院校	2 683	66 187	65 084	989	114	1 180	497
	语言院校	447	8 934	8 432	460	42	313	97
	财经院校	1 310	33 687	32 664	966	57	1 115	446
	政法院校	525	11 226	10 930	215	81	283	54
	体育院校	86	4 072	3 922	139	11	177	16
	艺术院校	330	5 346	5 314	26	6	102	81
	民族院校	271	6 398	6 288	88	22	111	21

2. 各省、市、自治区高等学校人文、社会科学研究与发展成果情况表

	出版专著(部)	发表论文(篇) 合计	国内学术刊物	国外学术刊物	港澳台刊物	研究与咨询报告 合计	其中:被采纳数
合计	12 474	320 638	310 761	9 106	771	8 878	4 407
北京市	1 920	34 191	32 369	1 638	184	775	202
天津市	283	6 233	6 101	126	6	134	124
河北省	215	9 283	9 200	78	5	207	117
山西省	208	3 400	3 378	18	4	110	72
内蒙古自治区	163	3 476	3 420	51	5	7	4
辽宁省	603	14 015	13 298	695	22	471	104
吉林省	361	8 878	8 481	394	3	145	92
黑龙江省	234	8 030	7 895	124	11	64	22
上海市	1 106	18 944	17 704	1 142	98	430	282
江苏省	814	25 238	24 684	506	48	867	544
浙江省	697	12 914	12 155	739	20	876	260
安徽省	198	10 639	10 489	139	11	89	76

续表

	出版专著（部）	发表论文（篇）				研究与咨询报告	
		合计	国内学术刊物	国外学术刊物	港澳台刊物	合计	其中：被采纳数
福建省	287	7 261	6 934	289	38	232	159
江西省	225	6 801	6 623	170	8	84	29
山东省	692	14 110	13 670	406	34	290	195
河南省	380	16 403	16 260	124	19	451	65
湖北省	822	19 243	18 810	402	31	552	438
湖南省	464	13 112	12 897	184	31	80	41
广东省	660	18 187	17 455	672	60	999	675
广西壮族自治区	208	7 616	7 528	86	2	54	32
海南省	77	2 048	2 024	23	1	18	14
重庆市	364	9 952	9 609	318	25	886	337
四川省	365	13 560	13 138	392	30	454	277
贵州省	143	5 454	5 401	27	26	137	62
云南省	339	7 928	7 827	77	24	108	19
西藏自治区	14	498	497	1	0	0	0
陕西省	279	11 557	11 357	195	5	153	78
甘肃省	185	5 653	5 575	61	17	35	16
青海省	23	731	730	0	1	19	4
宁夏回族自治区	45	1 253	1 250	3	0	85	19
新疆维吾尔自治区	100	4 030	4 002	26	2	66	48

3. 各省、市、自治区所属高等学校人文、社会科学研究与发展成果情况表

	出版专著（部）	发表论文（篇）				研究与咨询报告	
		合计	国内学术刊物	国外学术刊物	港澳台刊物	合计	其中：被采纳数
合计	7 899	239 167	234 581	4 223	363	5 352	2 307
北京市	510	9 523	9 254	238	31	184	20
天津市	131	3 531	3 471	59	1	10	8
河北省	201	8 893	8 824	64	5	163	94
山西省	208	3 400	3 378	18	4	110	72
内蒙古自治区	163	3 476	3 420	51	5	7	4
辽宁省	512	11 627	11 157	464	6	367	87
吉林省	166	5 272	4 950	320	2	64	16
黑龙江省	194	7 351	7 255	85	11	64	22
上海市	445	8 595	8 283	293	19	64	55
江苏省	538	19 843	19 571	242	30	618	373
浙江省	579	11 675	11 146	509	20	648	187
安徽省	186	10 148	10 023	114	11	89	76
福建省	160	4 625	4 593	24	8	71	62

续表

	出版专著（部）	发表论文（篇）				研究与咨询报告	
		合计	国内学术刊物	国外学术刊物	港澳台刊物	合计	其中：被采纳数
江西省	225	6 801	6 623	170	8	84	29
山东省	511	11 670	11 402	243	25	257	180
河南省	380	16 403	16 260	124	19	451	65
湖北省	256	11 989	11 838	140	11	58	32
湖南省	379	11 558	11 400	138	20	76	38
广东省	441	14 034	13 651	341	42	558	259
广西壮族自治区	208	7 616	7 528	86	2	54	32
海南省	77	2 048	2 024	23	1	18	14
重庆市	251	7 697	7 535	145	17	560	213
四川省	232	9 737	9 611	117	9	328	176
贵州省	143	5 454	5 401	27	26	137	62
云南省	339	7 928	7 827	77	24	108	19
西藏自治区	14	498	497	1	0	0	0
陕西省	174	8 732	8 669	62	1	67	38
甘肃省	123	3 458	3 437	19	2	27	8
青海省	23	731	730	0	1	19	4
宁夏回族自治区	30	824	821	3	0	25	14
新疆维吾尔自治区	100	4 030	4 002	26	2	66	48

4. 国务院各部委所属高等学校人文、社会科学研究与发展成果情况表

	出版专著（部）	发表论文（篇）				研究与咨询报告	
		合计	国内学术刊物	国外学术刊物	港澳台刊物	合计	其中：被采纳数
合计	4 575	81 471	76 180	4 883	408	3 526	2 100
外交部	53	224	221	3	0	8	6
国家民族事务委员会	118	3 503	3 414	74	15	75	16
公安部	29	1 286	1 226	57	3	44	23
工业和信息化部	116	2 031	1 866	164	1	34	9
交通部	36	576	514	47	15	45	2
教育部	4 039	69 173	64 453	4 373	347	3 265	1 998
海关总署	4	167	153	14	0	2	1
中国民用航空总局	2	430	426	4	0	7	7
国家林业局	6	285	284	1	0	2	0
国务院侨务办公室	84	2 193	2 078	97	18	31	27
国家体育总局	7	517	491	22	4	0	0
中国科学院	6	113	107	6	0	0	0
中华全国总工会	25	279	271	5	3	0	0
共青团中央	38	437	432	4	1	1	0
中华全国妇女联合会	12	257	244	12	1	12	11

5. 全国高等学校人文、社会科学研究与发展成果情况表(一)

学科门类		出版著作(部)					古籍整理(部)	译著(部)	发表译文(篇)
		合计	专著	被译成外文	编著教材	工具书参考书			
	编号	L01	L02	L03	L04	L05	L06	L07	L08
合计	0	26 700	12 474	505	13 280	946	310	1 860	1 646
管理学	1	3 963	1 591	73	2 314	58	6	149	279
马克思主义	2	753	445	16	282	26	2	19	49
哲学	3	708	493	19	212	3	11	89	91
逻辑学	4	34	16	1	18	0	0	0	1
宗教学	5	111	69	5	41	1	12	14	14
语言学	6	3 091	879	72	1 849	363	18	313	147
中国文学	7	1 759	1 154	27	570	35	103	67	54
外国文学	8	586	272	32	263	51	0	366	114
艺术学	9	2 879	1 178	37	1 553	148	4	112	134
历史学	10	1 083	763	22	307	13	77	78	52
考古学	11	58	39	3	17	2	28	2	10
经济学	12	2 944	1 473	62	1 409	62	0	155	165
政治学	13	637	404	24	221	12	1	70	51
法学	14	2 290	1 182	42	1 067	41	19	112	134
社会学	15	685	436	19	237	12	2	59	36
民族学	16	329	214	1	110	5	4	16	16
新闻与传播学	17	646	350	2	285	11	0	29	46
图书、文献与情报学	18	329	160	4	151	18	17	13	20
教育学	19	2 243	823	23	1 373	47	4	121	126
统计学	20	119	48	1	70	1	0	4	9
心理学	21	376	144	4	226	6	0	54	24
体育学	22	1 077	341	16	705	31	2	18	74

电子出版物(件)	发表论文(篇)				获奖成果数(项)				研究与咨询报告	
	合计	国内学术刊物	国外学术刊物	港澳台刊物	合计	国家级奖	部级奖	省级奖	合计	其中:被采纳数
L09	L10	L11	L12	L13	L14	L15	L16	L17	L18	L19
490	320 638	310 761	9 106	771	3 850	0	303	3 547	8 878	4 407
51	46 327	43 396	2 862	69	560	0	39	521	2 376	1 283
4	11 288	11 212	62	14	169	0	10	159	197	107
11	7 533	7 344	147	42	164	0	8	156	69	18
0	338	317	21	0	4	0	0	4	3	2
2	995	948	24	23	25	0	4	21	9	6
23	29 122	27 968	1 076	78	185	0	4	181	271	92
24	19 119	18 869	181	69	308	0	5	303	85	27
9	8 052	7 755	280	17	52	0	0	52	27	10
206	30 856	30 470	326	60	151	0	6	145	524	223
17	10 054	9 796	204	54	223	0	10	213	89	48
1	863	833	25	5	16	0	1	15	22	11
17	36 489	35 010	1 433	46	657	0	67	590	1 911	1 047
7	7 618	7 454	125	39	172	0	5	167	347	253
5	20 004	19 461	436	107	311	0	42	269	543	258
15	9 797	9 556	224	17	152	0	13	139	577	307
6	3 516	3 455	53	8	108	0	56	52	89	42
29	8 771	8 616	132	23	76	0	7	69	363	117
7	10 338	10 158	169	11	64	0	3	61	153	88
47	35 596	35 070	478	48	324	0	18	306	734	318
1	1 736	1 586	141	9	19	0	2	17	71	25
2	4 199	3 854	341	4	45	0	1	44	95	43
6	18 027	17 633	366	28	65	0	2	63	323	82

6. 全国高等学校人文、社会科学研究与发展成果情况表(二)

课题来源		出版著作(部)					古籍整理(部)
		合计	专著	被译成外文	编著教材	工具书参考书	
	编号	L01	L02	L03	L04	L05	L06
合计	0	12 450	7 168	303	5 003	279	179
国家社科基金项目	1	1 410	1 087	30	288	35	32
国家社科基金单列学科项目	2	113	88	5	23	2	2
教育部人文社科研究项目	3	1 525	1 038	35	468	19	25
高校古籍整理研究项目	4	35	23	0	8	4	52
国家自然科学基金项目	5	222	175	12	47	0	0
中央其他部门社科专门项目	6	653	347	16	268	38	9
省、市、自治区社科基金项目	7	1 623	1 075	29	534	14	11
省教育厅社科项目	8	1 348	718	27	603	27	4
地、市、厅、局等政府部门项目	9	988	509	16	452	27	9
国际合作研究项目	10	59	33	11	21	5	1
与港、澳、台合作研究项目	11	63	29	17	34	0	1
企事业单位委托项目	12	725	319	11	379	27	10
学校社科项目	13	2 002	987	34	964	51	11
外资项目	14	158	112	10	46	0	0
其他项目	15	1 526	628	50	868	30	12

译著（部）	发表译文（篇）	电子出版物（件）	发表论文（篇）				研究与咨询报告	
			合计	国内学术刊物	国外学术刊物	港澳台刊物	合计	其中：被采纳数
L07	L08	L09	L10	L11	L12	L13	L14	L15
628	683	219	152 627	147 390	4 924	313	7 756	3 852
66	79	6	15 773	15 339	393	41	201	90
7	12	1	1 159	1 117	41	1	19	12
80	107	16	17 850	17 191	605	54	287	159
1	1	0	287	283	3	1	1	0
5	20	3	5 592	4 620	959	13	23	15
40	20	6	5 236	5 051	175	10	335	156
53	77	8	19 682	19 098	559	25	875	381
50	67	19	22 704	22 260	416	28	436	144
32	45	10	14 040	13 676	336	28	1 610	842
12	12	4	364	269	90	5	33	13
5	2	3	354	303	41	10	14	8
60	23	49	6 637	6 404	226	7	2 873	1 589
100	123	33	29 291	28 703	540	48	706	231
14	5	2	1 150	1 023	123	4	23	7
103	90	59	12 508	12 053	417	38	320	205

7. 本科院校人文、社会科学研究与发展成果情况表

学科门类	编号	出版著作(部) 合计	专著	被译成外文	编著教材	工具书参考书	古籍整理(部)	译著(部)	发表译文(篇)
		L01	L02	L03	L04	L05	L06	L07	L08
合计	0	24 504	12 176	494	11 435	893	306	1 814	1 597
管理学	1	3 449	1 533	73	1 865	51	6	147	272
马克思主义	2	705	439	16	243	23	2	18	44
哲学	3	702	490	19	209	3	11	89	91
逻辑学	4	31	15	0	16	0	0	0	1
宗教学	5	110	69	5	40	1	12	14	14
语言学	6	2 853	861	70	1 646	346	18	290	142
中国文学	7	1 694	1 125	26	534	35	99	66	52
外国文学	8	562	264	31	250	48	0	363	111
艺术学	9	2 661	1 150	36	1 369	142	4	107	130
历史学	10	1 069	755	22	301	13	77	78	52
考古学	11	57	39	3	16	2	28	2	10
经济学	12	2 587	1 445	62	1 084	58	0	154	161
政治学	13	598	398	24	188	12	1	69	51
法学	14	2 231	1 167	42	1 026	38	19	111	133
社会学	15	652	425	17	215	12	2	58	33
民族学	16	316	213	1	98	5	4	15	16
新闻与传播学	17	626	346	2	270	10	0	29	46
图书、文献与情报学	18	314	154	4	143	17	17	13	20
教育学	19	1 872	777	21	1 053	42	4	117	117
统计学	20	106	47	1	58	1	0	3	9
心理学	21	326	135	4	186	5	0	54	24
体育学	22	983	329	15	625	29	2	17	68

电子出版物(件)	发表论文(篇)				获奖成果数(项)				研究与咨询报告	
	合计	国内学术刊物	国外学术刊物	港澳台刊物	合计	国家级奖	部级奖	省级奖	合计	其中:被采纳数
L09	L10	L11	L12	L13	L14	L15	L16	L17	L18	L19
474	293 647	283 975	8 932	740	3 825	0	302	3 523	8 176	4 119
49	42 425	39 543	2 817	65	556	0	39	517	2 174	1 179
4	10 651	10 578	59	14	168	0	10	158	184	94
11	7 358	7 172	145	41	164	0	8	156	66	18
0	285	266	19	0	4	0	0	4	2	1
2	980	933	24	23	25	0	4	21	8	6
23	26 729	25 592	1 063	74	185	0	4	181	246	75
23	17 826	17 580	179	67	305	0	5	300	79	27
7	7 531	7 239	275	17	51	0	0	51	20	7
201	28 267	27 906	309	52	150	0	6	144	488	213
17	9 912	9 655	203	54	223	0	10	213	87	47
1	848	818	25	5	16	0	1	15	21	11
17	33 608	32 156	1 407	45	654	0	67	587	1 837	1 022
7	7 222	7 061	124	37	171	0	5	166	341	250
5	19 116	18 576	433	107	311	0	42	269	503	247
15	9 079	8 845	218	16	151	0	12	139	537	293
6	3 323	3 263	52	8	108	0	56	52	85	42
28	8 478	8 325	130	23	76	0	7	69	356	115
7	9 532	9 355	166	11	63	0	3	60	147	84
42	28 314	27 828	445	41	315	0	18	297	532	253
1	1 619	1 469	141	9	19	0	2	17	70	24
2	3 899	3 556	340	3	45	0	1	44	88	39
6	16 645	16 259	358	28	65	0	2	63	305	72

8. 专科院校人文、社会科学研究与发展成果情况表

学科门类		出版著作(部)					古籍整理(部)	译著(部)	发表译文(篇)
		合计	专著	被译成外文	编著教材	工具书参考书			
	编号	L01	L02	L03	L04	L05	L06	L07	L08
合计	0	2 196	298	11	1 845	53	4	46	49
管理学	1	514	58	0	449	7	0	2	7
马克思主义	2	48	6	0	39	3	0	1	5
哲学	3	6	3	0	3	0	0	0	0
逻辑学	4	3	1	1	2	0	0	0	0
宗教学	5	1	0	0	1	0	0	0	0
语言学	6	238	18	2	203	17	0	23	5
中国文学	7	65	29	1	36	0	4	1	2
外国文学	8	24	8	1	13	3	0	3	3
艺术学	9	218	28	1	184	6	0	5	4
历史学	10	14	8	0	6	0	0	0	0
考古学	11	1	0	0	1	0	0	0	0
经济学	12	357	28	0	325	4	0	1	4
政治学	13	39	6	0	33	0	0	1	0
法学	14	59	15	0	41	3	0	1	1
社会学	15	33	11	2	22	0	0	1	3
民族学	16	13	1	0	12	0	0	1	0
新闻与传播学	17	20	4	0	15	1	0	0	0
图书、文献与情报学	18	15	6	0	8	1	0	0	0
教育学	19	371	46	2	320	5	0	4	9
统计学	20	13	1	0	12	0	0	1	0
心理学	21	50	9	0	40	1	0	0	0
体育学	22	94	12	1	80	2	0	1	6

电子出版物(件)	发表论文(篇)				获奖成果数(项)				研究与咨询报告	
	合计	国内学术刊物	国外学术刊物	港澳台刊物	合计	国家级奖	部级奖	省级奖	合计	其中:被采纳数
L09	L10	L11	L12	L13	L14	L15	L16	L17	L18	L19
16	26 991	26 786	174	31	25	0	1	24	702	288
2	3 902	3 853	45	4	4	0	0	4	202	104
0	637	634	3	0	1	0	0	1	13	13
0	175	172	2	1	0	0	0	0	3	0
0	53	51	2	0	0	0	0	0	1	1
0	15	15	0	0	0	0	0	0	1	0
0	2 393	2 376	13	4	0	0	0	0	25	17
1	1 293	1 289	2	2	3	0	0	3	6	0
2	521	516	5	0	1	0	0	1	7	3
5	2 589	2 564	17	8	1	0	0	1	36	10
0	142	141	1	0	0	0	0	0	2	1
0	15	15	0	0	0	0	0	0	1	0
0	2 881	2 854	26	1	3	0	0	3	74	25
0	396	393	1	2	1	0	0	1	6	3
0	888	885	3	0	0	0	0	0	40	11
0	718	711	6	1	1	0	1	0	40	14
0	193	192	1	0	0	0	0	0	4	0
1	293	291	2	0	0	0	0	0	7	2
0	806	803	3	0	1	0	0	1	6	4
5	7 282	7 242	33	7	9	0	0	9	202	65
0	117	117	0	0	0	0	0	0	1	1
0	300	298	1	1	0	0	0	0	7	4
0	1 382	1 374	8	0	0	0	0	0	18	10

9. 教育部直属院校人文、社会科学研究与发展成果情况表

学科门类		出版著作(部)					古籍整理(部)	译著(部)	发表译文(篇)
		合计	专著	被译成外文	编著教材	工具书参考书			
	编号	L01	L02	L03	L04	L05	L06	L07	L08
合计	0	7 570	4 039	252	3 238	293	134	774	543
管理学	1	1 054	512	44	530	12	3	68	65
马克思主义	2	268	170	10	88	10	0	10	17
哲学	3	368	266	16	99	3	7	60	69
逻辑学	4	11	7	0	4	0	0	0	1
宗教学	5	69	45	4	24	0	2	11	10
语言学	6	1 001	266	21	598	137	6	64	31
中国文学	7	538	377	15	147	14	48	25	21
外国文学	8	173	74	13	83	16	0	140	43
艺术学	9	531	251	13	263	17	1	30	34
历史学	10	422	303	17	116	3	50	36	35
考古学	11	30	16	2	13	1	0	0	6
经济学	12	767	457	33	284	26	0	93	37
政治学	13	236	178	15	58	0	1	36	23
法学	14	772	410	23	349	13	6	66	43
社会学	15	202	137	7	63	2	1	24	7
民族学	16	43	26	1	16	1	2	3	10
新闻与传播学	17	274	153	2	116	5	0	11	20
图书、文献与情报学	18	93	50	1	34	9	3	4	8
教育学	19	469	226	11	222	21	4	56	40
统计学	20	29	16	1	13	0	0	0	1
心理学	21	103	44	2	57	2	0	36	15
体育学	22	117	55	1	61	1	0	1	7

电子出版物(件)	发表论文(篇)				获奖成果数(项)				研究与咨询报告	
	合计	国内学术刊物	国外学术刊物	港澳台刊物	合计	国家级奖	部级奖	省级奖	合计	其中:被采纳数
L09	L10	L11	L12	L13	L14	L15	L16	L17	L18	L19
157	69 173	64 453	4 373	347	881	0	108	773	3 265	1 998
22	12 116	10 647	1 445	24	136	0	8	128	963	581
1	2 850	2 827	21	2	32	0	2	30	76	56
9	3 261	3 150	96	15	57	0	7	50	34	10
0	70	63	7	0	2	0	0	2	1	1
2	411	378	19	14	9	0	0	9	2	2
14	4 341	3 922	389	30	36	0	1	35	31	15
19	3 642	3 528	81	33	57	0	2	55	26	13
3	1 419	1 305	107	7	8	0	0	8	0	0
55	3 574	3 453	97	24	16	0	0	16	106	32
3	3 742	3 560	147	35	54	0	4	50	37	29
1	493	470	18	5	5	0	0	5	15	9
2	10 416	9 589	806	21	177	0	31	146	683	450
4	2 213	2 100	85	28	55	0	1	54	223	191
3	5 520	5 228	229	63	87	0	29	58	202	131
5	2 040	1 893	139	8	28	0	2	26	194	141
0	490	471	16	3	6	0	5	1	19	14
3	2 938	2 879	47	12	29	0	4	25	255	81
0	1 960	1 864	92	4	15	0	2	13	69	51
8	4 575	4 415	147	13	60	0	9	51	222	136
1	377	292	81	4	3	0	0	3	24	7
1	1 212	963	249	0	4	0	1	3	31	16
1	1 513	1 456	55	2	5	0	0	5	52	32

10. 教育部直属综合大学人文、社会科学研究与发展成果情况表

学科门类	编号	出版著作(部) 合计	专著	被译成外文	编著教材	工具书参考书	古籍整理(部)	译著(部)	发表译文(篇)
		L01	L02	L03	L04	L05	L06	L07	L08
合计	0	3 627	2 046	160	1 497	84	83	346	315
管理学	1	509	254	18	251	4	0	28	21
马克思主义	2	155	102	8	47	6	0	4	15
哲学	3	244	168	13	73	3	4	32	51
逻辑学	4	9	6	0	3	0	0	0	1
宗教学	5	58	35	4	23	0	1	10	5
语言学	6	348	114	8	205	29	2	25	14
中国文学	7	272	195	14	74	3	34	15	15
外国文学	8	75	24	8	39	12	0	47	20
艺术学	9	150	79	7	66	5	0	8	9
历史学	10	298	200	15	96	2	38	25	28
考古学	11	29	15	2	13	1	0	0	6
经济学	12	371	221	23	149	1	0	46	22
政治学	13	136	97	11	39	0	0	21	18
法学	14	396	211	17	182	3	0	35	25
社会学	15	125	87	5	37	1	1	17	3
民族学	16	34	20	0	13	1	0	2	10
新闻与传播学	17	113	69	2	43	1	0	3	7
图书、文献与情报学	18	79	44	1	27	8	2	4	6
教育学	19	141	64	2	75	2	1	18	26
统计学	20	13	7	1	6	0	0	0	1
心理学	21	47	21	1	25	1	0	6	11
体育学	22	25	13	0	11	1	0	0	1

电子出版物(件)	发表论文(篇)				获奖成果数(项)				研究与咨询报告	
	合计	国内学术刊物	国外学术刊物	港澳台刊物	合计	国家级奖	部级奖	省级奖	合计	其中:被采纳数
L09	L10	L11	L12	L13	L14	L15	L16	L17	L18	L19
33	33 890	31 361	2 341	188	567	0	56	511	2 021	1 369
2	5 493	4 712	770	11	77	0	2	75	682	398
0	1 425	1 412	11	2	16	0	2	14	50	44
3	1 895	1 822	61	12	41	0	5	36	4	4
0	60	53	7	0	2	0	0	2	1	1
1	326	294	19	13	8	0	0	8	1	1
11	1 551	1 373	165	13	23	0	1	22	16	6
3	2 081	1 997	60	24	47	0	2	45	16	11
1	505	447	55	3	6	0	0	6	0	0
4	1 212	1 179	24	9	11	0	0	11	41	26
1	2 387	2 245	119	23	40	0	3	37	16	11
0	471	449	17	5	5	0	0	5	15	9
0	5 541	5 152	378	11	107	0	11	96	466	335
1	1 243	1 171	53	19	42	0	1	41	129	107
1	2 838	2 708	116	14	60	0	15	45	133	94
1	1 058	965	90	3	18	0	1	17	158	123
0	399	381	15	3	5	0	5	0	12	10
0	1 447	1 412	24	11	28	0	3	25	76	63
0	1 420	1 333	83	4	10	0	2	8	53	42
3	1 408	1 343	59	6	17	0	3	14	116	67
1	207	146	59	2	1	0	0	1	7	5
0	486	350	136	0	0	0	0	0	15	9
0	437	417	20	0	3	0	0	3	14	3

11. 教育部直属理工农医院校人文、社会科学研究与发展成果情况表

学科门类		出版著作(部)					古籍整理(部)	译著(部)	发表译文(篇)
		合计	专著	被译成外文	编著教材	工具书参考书			
	编号	L01	L02	L03	L04	L05	L06	L07	L08
合计	0	1 269	657	37	554	58	6	108	70
管理学	1	316	169	20	143	4	3	13	26
马克思主义	2	56	35	2	18	3	0	2	1
哲学	3	50	42	0	8	0	0	7	2
逻辑学	4	0	0	0	0	0	0	0	0
宗教学	5	6	6	0	0	0	0	1	1
语言学	6	166	33	2	105	28	0	19	10
中国文学	7	52	26	0	25	1	0	3	0
外国文学	8	18	9	1	9	0	0	17	5
艺术学	9	122	36	1	80	6	0	5	6
历史学	10	28	22	1	6	0	3	4	1
考古学	11	0	0	0	0	0	0	0	0
经济学	12	115	77	2	35	3	0	13	3
政治学	13	20	15	3	5	0	0	2	1
法学	14	107	65	1	38	4	0	8	3
社会学	15	35	28	2	7	0	0	3	3
民族学	16	1	1	0	0	0	0	0	0
新闻与传播学	17	67	37	0	28	2	0	3	0
图书、文献与情报学	18	7	2	0	4	1	0	0	2
教育学	19	39	18	1	16	5	0	5	3
统计学	20	4	3	0	1	0	0	0	0
心理学	21	10	7	0	2	1	0	3	0
体育学	22	50	26	1	24	0	0	0	3

电子出版物(件)	发表论文(篇)				获奖成果数(项)				研究与咨询报告	
	合计	国内学术刊物	国外学术刊物	港澳台刊物	合计	国家级奖	部级奖	省级奖	合计	其中:被采纳数
L09	L10	L11	L12	L13	L14	L15	L16	L17	L18	L19
61	15 339	14 330	991	18	116	0	12	104	461	277
4	4 581	4 090	489	2	44	0	2	42	177	124
1	759	757	2	0	6	0	0	6	13	3
4	680	666	14	0	7	0	0	7	23	5
0	3	3	0	0	0	0	0	0	0	0
0	25	25	0	0	0	0	0	0	0	0
0	1 220	1 132	84	4	7	0	0	7	2	2
2	380	366	12	2	1	0	0	1	3	1
0	418	393	24	1	0	0	0	0	0	0
42	1 065	1 007	57	1	1	0	0	1	11	3
1	364	359	5	0	5	0	0	5	16	13
0	11	11	0	0	0	0	0	0	0	0
0	1 764	1 596	167	1	12	0	2	10	62	31
2	292	273	16	3	3	0	0	3	18	12
1	1 000	972	26	2	10	0	5	5	28	19
0	585	559	26	0	7	0	0	7	18	10
0	21	20	1	0	0	0	0	0	6	4
1	560	547	13	0	1	0	1	0	22	10
0	308	303	5	0	4	0	0	4	10	4
2	650	630	19	1	6	0	2	4	13	8
0	32	31	1	0	0	0	0	0	3	1
0	92	82	10	0	1	0	0	1	1	0
1	529	508	20	1	1	0	0	1	35	27

12. 教育部直属师范院校人文、社会科学研究与发展成果情况表

学科门类		出版著作(部)					古籍整理(部)	译著(部)	发表译文(篇)
		合计	专著	被译成外文	编著教材	工具书参考书			
	编号	L01	L02	L03	L04	L05	L06	L07	L08
合计	0	1 291	710	20	526	55	36	127	80
管理学	1	64	29	2	34	1	0	1	14
马克思主义	2	35	19	0	16	0	0	4	0
哲学	3	58	41	2	17	0	3	17	11
逻辑学	4	1	1	0	0	0	0	0	0
宗教学	5	4	4	0	0	0	1	0	3
语言学	6	151	42	4	86	23	4	8	0
中国文学	7	172	131	1	32	9	13	0	3
外国文学	8	38	21	2	16	1	0	11	6
艺术学	9	107	49	1	54	4	0	8	10
历史学	10	77	66	1	10	1	9	6	6
考古学	11	1	1	0	0	0	0	0	0
经济学	12	53	31	1	22	0	0	8	1
政治学	13	58	50	0	8	0	0	4	3
法学	14	63	32	1	31	0	0	2	0
社会学	15	34	19	0	14	1	0	2	1
民族学	16	5	3	1	2	0	2	0	0
新闻与传播学	17	28	11	0	16	1	0	0	8
图书、文献与情报学	18	5	3	0	2	0	1	0	0
教育学	19	270	134	3	122	14	3	30	9
统计学	20	2	1	0	1	0	0	0	0
心理学	21	38	12	1	26	0	0	25	2
体育学	22	27	10	0	17	0	0	1	3

电子出版物(件)	发表论文(篇)				获奖成果数(项)				研究与咨询报告	
	合计	国内学术刊物	国外学术刊物	港澳台刊物	合计	国家级奖	部级奖	省级奖	合计	其中:被采纳数
L09	L10	L11	L12	L13	L14	L15	L16	L17	L18	L19
54	10 327	9 951	332	44	115	0	10	105	372	211
16	592	553	39	0	3	0	0	3	53	27
0	401	400	1	0	6	0	0	6	3	2
2	515	500	14	1	8	0	1	7	7	1
0	1	1	0	0	0	0	0	0	0	0
1	45	44	0	1	1	0	0	1	1	1
3	656	610	38	8	6	0	0	6	5	2
14	874	862	8	4	9	0	0	9	7	1
2	177	173	4	0	2	0	0	2	0	0
1	606	589	5	12	4	0	0	4	37	3
1	890	866	15	9	9	0	1	8	5	5
1	10	9	1	0	0	0	0	0	0	0
1	803	780	23	0	13	0	2	11	38	26
1	333	328	4	1	6	0	0	6	66	64
1	413	404	8	1	2	0	0	2	14	6
4	317	304	11	2	3	0	1	2	14	5
0	61	61	0	0	1	0	0	1	0	0
2	291	290	0	1	0	0	0	0	5	0
0	176	174	2	0	1	0	0	1	6	5
3	2 241	2 185	52	4	37	0	4	33	88	58
0	29	27	2	0	0	0	0	0	9	0
1	570	471	99	0	3	0	1	2	11	3
0	326	320	6	0	1	0	0	1	3	2

13. 教育部直属语言院校人文、社会科学研究与发展成果情况表

学科门类		出版著作(部)					古籍整理(部)	译著(部)	发表译文(篇)
		合计	专著		编著教材	工具书参考书			
				被译成外文					
	编号	L01	L02	L03	L04	L05	L06	L07	L08
合计	0	459	181	8	237	41	1	103	39
管理学	1	21	9	3	12	0	0	8	3
马克思主义	2	2	1	0	0	1	0	0	0
哲学	3	1	1	0	0	0	0	2	3
逻辑学	4	1	0	0	1	0	0	0	0
宗教学	5	0	0	0	0	0	0	0	1
语言学	6	243	61	5	143	39	0	7	5
中国文学	7	23	12	0	11	0	1	4	3
外国文学	8	26	10	0	16	0	0	59	10
艺术学	9	32	18	0	14	0	0	5	4
历史学	10	8	5	0	3	0	0	0	0
考古学	11	0	0	0	0	0	0	0	0
经济学	12	10	10	0	0	0	0	6	1
政治学	13	10	7	0	3	0	0	3	1
法学	14	7	6	0	1	0	0	1	0
社会学	15	1	1	0	0	0	0	2	0
民族学	16	2	1	0	1	0	0	1	0
新闻与传播学	17	60	33	0	26	1	0	4	5
图书、文献与情报学	18	0	0	0	0	0	0	0	0
教育学	19	6	3	0	3	0	0	1	2
统计学	20	0	0	0	0	0	0	0	0
心理学	21	1	0	0	1	0	0	0	1
体育学	22	5	3	0	2	0	0	0	0

电子出版物(件)	发表论文(篇)				获奖成果数(项)				研究与咨询报告	
	合计	国内学术刊物	国外学术刊物	港澳台刊物	合计	国家级奖	部级奖	省级奖	合计	其中:被采纳数
L09	L10	L11	L12	L13	L14	L15	L16	L17	L18	L19
0	3 129	2 944	165	20	4	0	0	4	195	27
0	221	200	19	2	0	0	0	0	4	1
0	40	37	3	0	0	0	0	0	2	2
0	24	23	1	0	0	0	0	0	0	0
0	0	0	0	0	0	0	0	0	0	0
0	11	11	0	0	0	0	0	0	0	0
0	722	650	67	5	0	0	0	0	7	5
0	220	216	1	3	0	0	0	0	0	0
0	269	246	20	3	0	0	0	0	0	0
0	330	326	4	0	0	0	0	0	17	0
0	55	48	6	1	0	0	0	0	0	0
0	0	0	0	0	0	0	0	0	0	0
0	209	192	13	4	0	0	0	0	2	0
0	172	166	6	0	4	0	0	4	6	6
0	63	60	3	0	0	0	0	0	1	1
0	16	12	4	0	0	0	0	0	0	0
0	6	6	0	0	0	0	0	0	1	0
0	534	527	7	0	0	0	0	0	151	8
0	36	35	1	0	0	0	0	0	0	0
0	108	103	4	1	0	0	0	0	0	0
0	3	2	1	0	0	0	0	0	0	0
0	15	13	2	0	0	0	0	0	4	4
0	75	71	3	1	0	0	0	0	0	0

14. 教育部直属财经院校人文、社会科学研究与发展成果情况表

学科门类		出版著作(部)					古籍整理(部)	译著(部)	发表译文(篇)
		合计	专著	被译成外文	编著教材	工具书参考书			
	编号	L01	L02	L03	L04	L05	L06	L07	L08
合计	0	607	272	20	285	50	0	51	20
管理学	1	133	46	1	84	3	0	15	0
马克思主义	2	15	8	0	7	0	0	0	0
哲学	3	10	10	0	0	0	0	1	1
逻辑学	4	0	0	0	0	0	0	0	0
宗教学	5	0	0	0	0	0	0	0	0
语言学	6	76	13	2	47	16	0	4	1
中国文学	7	15	9	0	5	1	0	3	0
外国文学	8	9	4	2	2	3	0	3	2
艺术学	9	0	0	0	0	0	0	0	0
历史学	10	9	8	0	1	0	0	1	0
考古学	11	0	0	0	0	0	0	0	0
经济学	12	214	115	7	77	22	0	19	10
政治学	13	5	4	1	1	0	0	1	0
法学	14	80	35	2	40	5	0	3	6
社会学	15	5	2	0	3	0	0	0	0
民族学	16	1	1	0	0	0	0	0	0
新闻与传播学	17	5	3	0	2	0	0	0	0
图书、文献与情报学	18	0	0	0	0	0	0	0	0
教育学	19	11	7	5	4	0	0	0	0
统计学	20	10	5	0	5	0	0	0	0
心理学	21	2	0	0	2	0	0	1	0
体育学	22	7	2	0	5	0	0	0	0

电子出版物(件)	发表论文(篇)				获奖成果数(项)				研究与咨询报告	
	合计	国内学术刊物	国外学术刊物	港澳台刊物	合计	国家级奖	部级奖	省级奖	合计	其中:被采纳数
L09	L10	L11	L12	L13	L14	L15	L16	L17	L18	L19
2	4 731	4 254	457	20	72	0	23	49	208	106
0	1 118	983	126	9	12	0	4	8	47	31
0	184	181	3	0	4	0	0	4	8	5
0	76	73	3	0	0	0	0	0	0	0
0	3	3	0	0	0	0	0	0	0	0
0	2	2	0	0	0	0	0	0	0	0
0	155	135	20	0	0	0	0	0	1	0
0	70	70	0	0	0	0	0	0	0	0
0	33	30	3	0	0	0	0	0	0	0
1	19	19	0	0	0	0	0	0	0	0
0	40	37	2	1	0	0	0	0	0	0
0	0	0	0	0	0	0	0	0	0	0
1	2 048	1 822	221	5	45	0	16	29	115	58
0	62	58	3	1	0	0	0	0	4	2
0	433	405	28	0	9	0	3	6	18	3
0	48	40	7	1	0	0	0	0	4	3
0	1	1	0	0	0	0	0	0	0	0
0	55	53	2	0	0	0	0	0	1	0
0	14	13	1	0	0	0	0	0	0	0
0	132	118	13	1	0	0	0	0	5	3
0	102	82	18	2	2	0	0	2	5	1
0	10	9	1	0	0	0	0	0	0	0
0	126	120	6	0	0	0	0	0	0	0

15. 教育部直属政法院校人文、社会科学研究与发展成果情况表

学科门类		出版著作（部）					古籍整理（部）	译著（部）	发表译文（篇）
		合计	专著	被译成外文	编著教材	工具书参考书			
	编号	L01	L02	L03	L04	L05	L06	L07	L08
合计	0	196	103	3	90	3	7	35	14
管理学	1	11	5	0	6	0	0	3	1
马克思主义	2	5	5	0	0	0	0	0	1
哲学	3	5	4	1	1	0	0	1	1
逻辑学	4	0	0	0	0	0	0	0	0
宗教学	5	1	0	0	1	0	0	0	0
语言学	6	16	3	0	11	2	0	1	1
中国文学	7	4	4	0	0	0	0	0	0
外国文学	8	6	5	0	1	0	0	3	0
艺术学	9	1	0	0	1	0	0	0	0
历史学	10	2	2	0	0	0	0	0	0
考古学	11	0	0	0	0	0	0	0	0
经济学	12	4	3	0	1	0	0	1	0
政治学	13	7	5	0	2	0	1	5	0
法学	14	119	61	2	57	1	6	17	9
社会学	15	2	0	0	2	0	0	0	0
民族学	16	0	0	0	0	0	0	0	0
新闻与传播学	17	1	0	0	1	0	0	1	0
图书、文献与情报学	18	2	1	0	1	0	0	0	0
教育学	19	2	0	0	2	0	0	2	0
统计学	20	0	0	0	0	0	0	0	0
心理学	21	5	4	0	1	0	0	1	1
体育学	22	3	1	0	2	0	0	0	0

电子出版物(件)	发表论文(篇)				获奖成果数(项)				研究与咨询报告	
	合计	国内学术刊物	国外学术刊物	港澳台刊物	合计	国家级奖	部级奖	省级奖	合计	其中:被采纳数
L09	L10	L11	L12	L13	L14	L15	L16	L17	L18	L19
0	1 398	1 263	80	55	7	0	7	0	8	8
0	111	109	2	0	0	0	0	0	0	0
0	41	40	1	0	0	0	0	0	0	0
0	71	66	3	2	1	0	1	0	0	0
0	3	3	0	0	0	0	0	0	0	0
0	2	2	0	0	0	0	0	0	0	0
0	37	22	15	0	0	0	0	0	0	0
0	17	17	0	0	0	0	0	0	0	0
0	17	16	1	0	0	0	0	0	0	0
0	2	2	0	0	0	0	0	0	0	0
0	6	5	0	1	0	0	0	0	0	0
0	1	1	0	0	0	0	0	0	0	0
0	50	46	4	0	0	0	0	0	0	0
0	110	103	3	4	0	0	0	0	0	0
0	773	679	48	46	6	0	6	0	8	8
0	16	13	1	2	0	0	0	0	0	0
0	2	2	0	0	0	0	0	0	0	0
0	51	50	1	0	0	0	0	0	0	0
0	6	6	0	0	0	0	0	0	0	0
0	26	26	0	0	0	0	0	0	0	0
0	3	3	0	0	0	0	0	0	0	0
0	39	38	1	0	0	0	0	0	0	0
0	14	14	0	0	0	0	0	0	0	0

16. 教育部直属艺术院校人文、社会科学研究与发展成果情况表

学科门类		出版著作(部)					古籍整理(部)	译著(部)	发表译文(篇)
		合计	专著	被译成外文	编著教材	工具书参考书			
	编号	L01	L02	L03	L04	L05	L06	L07	L08
合计	0	121	70	4	49	2	1	4	5
管理学	1	0	0	0	0	0	0	0	0
马克思主义	2	0	0	0	0	0	0	0	0
哲学	3	0	0	0	0	0	0	0	0
逻辑学	4	0	0	0	0	0	0	0	0
宗教学	5	0	0	0	0	0	0	0	0
语言学	6	1	0	0	1	0	0	0	0
中国文学	7	0	0	0	0	0	0	0	0
外国文学	8	1	1	0	0	0	0	0	0
艺术学	9	119	69	4	48	2	1	4	5
历史学	10	0	0	0	0	0	0	0	0
考古学	11	0	0	0	0	0	0	0	0
经济学	12	0	0	0	0	0	0	0	0
政治学	13	0	0	0	0	0	0	0	0
法学	14	0	0	0	0	0	0	0	0
社会学	15	0	0	0	0	0	0	0	0
民族学	16	0	0	0	0	0	0	0	0
新闻与传播学	17	0	0	0	0	0	0	0	0
图书、文献与情报学	18	0	0	0	0	0	0	0	0
教育学	19	0	0	0	0	0	0	0	0
统计学	20	0	0	0	0	0	0	0	0
心理学	21	0	0	0	0	0	0	0	0
体育学	22	0	0	0	0	0	0	0	0

电子出版物(件)	发表论文(篇)				获奖成果数(项)				研究与咨询报告	
	合计	国内学术刊物	国外学术刊物	港澳台刊物	合计	国家级奖	部级奖	省级奖	合计	其中:被采纳数
L09	L10	L11	L12	L13	L14	L15	L16	L17	L18	L19
7	359	350	7	2	0	0	0	0	0	0
0	0	0	0	0	0	0	0	0	0	0
0	0	0	0	0	0	0	0	0	0	0
0	0	0	0	0	0	0	0	0	0	0
0	0	0	0	0	0	0	0	0	0	0
0	0	0	0	0	0	0	0	0	0	0
0	0	0	0	0	0	0	0	0	0	0
0	0	0	0	0	0	0	0	0	0	0
0	0	0	0	0	0	0	0	0	0	0
7	340	331	7	2	0	0	0	0	0	0
0	0	0	0	0	0	0	0	0	0	0
0	0	0	0	0	0	0	0	0	0	0
0	1	1	0	0	0	0	0	0	0	0
0	1	1	0	0	0	0	0	0	0	0
0	0	0	0	0	0	0	0	0	0	0
0	0	0	0	0	0	0	0	0	0	0
0	0	0	0	0	0	0	0	0	0	0
0	0	0	0	0	0	0	0	0	0	0
0	0	0	0	0	0	0	0	0	0	0
0	10	10	0	0	0	0	0	0	0	0
0	1	1	0	0	0	0	0	0	0	0
0	0	0	0	0	0	0	0	0	0	0
0	6	6	0	0	0	0	0	0	0	0

17. 其他部委院校人文、社会科学研究与发展成果情况表

学科门类		出版著作(部)					古籍整理(部)	译著(部)	发表译文(篇)
		合计	专著	被译成外文	编著教材	工具书参考书			
	编号	L01	L02	L03	L04	L05	L06	L07	L08
合计	0	1 110	536	18	522	52	9	70	61
管理学	1	171	80	1	87	4	0	12	9
马克思主义	2	35	26	1	5	4	0	1	1
哲学	3	22	18	0	4	0	1	1	1
逻辑学	4	0	0	0	0	0	0	0	0
宗教学	5	6	4	0	2	0	0	1	1
语言学	6	113	33	3	60	20	0	14	3
中国文学	7	33	25	0	8	0	2	1	0
外国文学	8	14	9	2	5	0	0	9	3
艺术学	9	51	28	0	22	1	0	2	0
历史学	10	34	26	1	6	2	5	4	0
考古学	11	0	0	0	0	0	0	0	0
经济学	12	129	70	5	57	2	0	2	6
政治学	13	62	30	1	28	4	0	4	7
法学	14	180	71	2	100	9	0	12	14
社会学	15	42	24	0	16	2	0	0	1
民族学	16	23	15	0	8	0	1	2	3
新闻与传播学	17	58	34	0	23	1	0	3	1
图书、文献与情报学	18	9	5	0	3	1	0	0	0
教育学	19	42	17	0	24	1	0	1	1
统计学	20	2	2	0	0	0	0	0	0
心理学	21	8	7	0	1	0	0	1	0
体育学	22	76	12	2	63	1	0	0	10

电子出版物(件)	发表论文(篇)				获奖成果数(项)				研究与咨询报告	
	合计	国内学术刊物	国外学术刊物	港澳台刊物	合计	国家级奖	部级奖	省级奖	合计	其中:被采纳数
L09	L10	L11	L12	L13	L14	L15	L16	L17	L18	L19
7	12 298	11 727	510	61	154	0	68	86	261	102
2	2 318	2 107	204	7	35	0	9	26	58	17
0	580	569	11	0	5	0	3	2	10	0
0	234	229	2	3	3	0	1	2	4	0
0	9	9	0	0	0	0	0	0	0	0
0	72	71	0	1	4	0	3	1	0	0
2	1 071	1 017	45	9	6	0	1	5	14	3
0	478	471	3	4	4	0	0	4	0	0
0	220	189	31	0	0	0	0	0	0	0
1	475	466	8	1	1	0	0	1	0	0
0	332	323	5	4	3	0	1	2	8	8
0	45	41	4	0	1	0	0	1	0	0
1	1 338	1 277	52	9	16	0	8	8	37	16
0	267	266	1	0	8	0	2	6	21	20
0	1 600	1 528	60	12	13	0	5	8	22	7
1	430	420	10	0	10	0	5	5	28	7
0	357	347	8	2	32	0	24	8	16	6
0	565	543	19	3	2	0	2	0	3	1
0	338	333	5	0	0	0	0	0	10	6
0	701	690	8	3	8	0	4	4	25	11
0	68	61	7	0	1	0	0	1	0	0
0	81	78	3	0	1	0	0	1	2	0
0	719	692	24	3	1	0	0	1	3	0

18. 地方院校人文、社会科学研究与发展成果情况表

学科门类		出版著作(部)					古籍整理(部)	译著(部)	发表译文(篇)
		合计	专著	被译成外文	编著教材	工具书参考书			
	编号	L01	L02	L03	L04	L05	L06	L07	L08
合计	0	18 020	7 899	235	9 520	601	167	1 016	1 042
管理学	1	2 738	999	28	1 697	42	3	69	205
马克思主义	2	450	249	5	189	12	2	8	31
哲学	3	318	209	3	109	0	3	28	21
逻辑学	4	23	9	1	14	0	0	0	0
宗教学	5	36	20	1	15	1	10	2	3
语言学	6	1 977	580	48	1 191	206	12	235	113
中国文学	7	1 188	752	12	415	21	53	41	33
外国文学	8	399	189	17	175	35	0	217	68
艺术学	9	2 297	899	24	1 268	130	3	80	100
历史学	10	627	434	4	185	8	22	38	17
考古学	11	28	23	1	4	1	28	2	4
经济学	12	2 048	946	24	1 068	34	0	60	122
政治学	13	339	196	8	135	8	0	30	21
法学	14	1 338	701	17	618	19	13	34	77
社会学	15	441	275	12	158	8	1	35	28
民族学	16	263	173	0	86	4	1	11	3
新闻与传播学	17	314	163	0	146	5	0	15	25
图书、文献与情报学	18	227	105	3	114	8	14	9	12
教育学	19	1 732	580	12	1 127	25	0	64	85
统计学	20	88	30	0	57	1	0	4	8
心理学	21	265	93	2	168	4	0	17	9
体育学	22	884	274	13	581	29	2	17	57

电子出版物(件)	发表论文(篇)				获奖成果数(项)				研究与咨询报告	
	合计	国内学术刊物	国外学术刊物	港澳台刊物	合计	国家级奖	部级奖	省级奖	合计	其中:被采纳数
L09	L10	L11	L12	L13	L14	L15	L16	L17	L18	L19
326	239 167	234 581	4 223	363	2 815	0	127	2 688	5 352	2 307
27	31 893	30 642	1 213	38	389	0	22	367	1 355	685
3	7 858	7 816	30	12	132	0	5	127	111	51
2	4 038	3 965	49	24	104	0	0	104	31	8
0	259	245	14	0	2	0	0	2	2	1
0	512	499	5	8	12	0	1	11	7	4
7	23 710	23 029	642	39	143	0	2	141	226	74
5	14 999	14 870	97	32	247	0	3	244	59	14
6	6 413	6 261	142	10	44	0	0	44	27	10
150	26 807	26 551	221	35	134	0	6	128	418	191
14	5 980	5 913	52	15	166	0	5	161	44	11
0	325	322	3	0	10	0	1	9	7	2
14	24 735	24 144	575	16	464	0	28	436	1 191	581
3	5 138	5 088	39	11	109	0	2	107	103	42
2	12 884	12 705	147	32	211	0	8	203	319	120
9	7 327	7 243	75	9	114	0	6	108	355	159
6	2 669	2 637	29	3	70	0	27	43	54	22
26	5 268	5 194	66	8	45	0	1	44	105	35
7	8 040	7 961	72	7	49	0	1	48	74	31
39	30 320	29 965	323	32	256	0	5	251	487	171
0	1 291	1 233	53	5	15	0	2	13	47	18
1	2 906	2 813	89	4	40	0	0	40	62	27
5	15 795	15 485	287	23	59	0	2	57	268	50

19. 综合院校人文、社会科学研究与发展成果情况表

学科门类		出版著作(部)					古籍整理(部)	译著(部)	发表译文(篇)
		合计	专著	被译成外文	编著教材	工具书参考书			
	编号	L01	L02	L03	L04	L05	L06	L07	L08
合计	0	8 530	4 537	210	3 741	252	182	625	530
管理学	1	1 110	499	23	596	15	2	40	48
马克思主义	2	289	177	8	101	11	0	6	23
哲学	3	343	238	13	102	3	7	39	60
逻辑学	4	14	8	0	6	0	0	0	1
宗教学	5	78	44	5	34	0	6	12	7
语言学	6	876	306	21	475	95	8	104	38
中国文学	7	741	505	17	226	10	64	28	30
外国文学	8	176	85	14	71	20	0	100	44
艺术学	9	663	313	12	318	32	2	21	26
历史学	10	586	411	18	171	4	52	39	36
考古学	11	41	24	3	16	1	28	2	7
经济学	12	853	491	26	349	13	0	58	38
政治学	13	277	188	16	88	1	0	33	21
法学	14	696	376	18	311	9	4	44	45
社会学	15	239	161	7	73	5	1	28	10
民族学	16	137	94	0	41	2	0	5	11
新闻与传播学	17	258	148	2	107	3	0	9	12
图书、文献与情报学	18	133	70	3	54	9	7	7	9
教育学	19	660	255	2	396	9	1	32	43
统计学	20	25	10	1	15	0	0	0	1
心理学	21	111	48	1	62	1	0	11	14
体育学	22	224	86	0	129	9	0	7	6

电子出版物(件)	发表论文(篇)				获奖成果数(项)				研究与咨询报告	
	合计	国内学术刊物	国外学术刊物	港澳台刊物	合计	国家级奖	部级奖	省级奖	合计	其中:被采纳数
L09	L10	L11	L12	L13	L14	L15	L16	L17	L18	L19
106	99 407	95 545	3 527	335	1 577	0	88	1 489	3 580	2 150
12	12 942	11 791	1 131	20	170	0	3	167	1 041	593
0	3 738	3 711	18	9	54	0	5	49	79	60
5	3 363	3 254	83	26	92	0	5	87	8	7
0	137	128	9	0	2	0	0	2	1	1
1	511	474	24	13	13	0	0	13	3	2
12	8 326	7 963	321	42	88	0	1	87	84	34
3	7 240	7 113	92	35	146	0	4	142	31	17
1	2 538	2 442	92	4	25	0	0	25	12	7
22	8 020	7 921	79	20	56	0	1	55	149	69
13	4 860	4 685	145	30	122	0	4	118	43	25
0	612	589	18	5	8	0	0	8	18	11
2	11 567	11 016	529	22	256	0	17	239	804	507
3	3 086	2 991	68	27	85	0	3	82	195	144
1	5 865	5 679	158	28	150	0	16	134	222	150
2	3 098	2 978	114	6	66	0	2	64	272	200
3	1 354	1 318	32	4	29	0	14	15	36	19
17	3 318	3 242	62	14	53	0	4	49	109	84
1	4 190	4 081	103	6	30	0	2	28	89	62
6	8 548	8 404	131	13	91	0	5	86	287	115
1	355	287	66	2	4	0	0	4	13	9
0	1 368	1 214	153	1	16	0	0	16	36	20
1	4 371	4 264	99	8	21	0	2	19	48	14

20. 理工农医院校人文、社会科学研究与发展成果情况表

学科门类		出版著作(部)					古籍整理(部)	译著(部)	发表译文(篇)
		合计	专著	被译成外文	编著教材	工具书参考书			
	编号	L01	L02	L03	L04	L05	L06	L07	L08
合计	0	5 931	2 285	95	3 409	237	23	350	294
管理学	1	1 278	514	34	751	13	3	40	70
马克思主义	2	236	124	4	105	7	2	6	10
哲学	3	136	98	1	38	0	0	12	7
逻辑学	4	6	3	0	3	0	0	0	0
宗教学	5	6	6	0	0	0	0	1	1
语言学	6	761	140	9	526	95	0	93	35
中国文学	7	182	102	1	76	4	7	6	3
外国文学	8	114	44	7	55	15	0	58	12
艺术学	9	673	194	5	438	41	0	21	37
历史学	10	104	73	2	30	1	4	7	2
考古学	11	0	0	0	0	0	0	0	0
经济学	12	707	295	7	398	14	0	25	26
政治学	13	91	46	5	44	1	0	8	2
法学	14	358	188	4	158	12	2	21	13
社会学	15	207	134	5	71	2	0	13	10
民族学	16	31	17	0	12	2	0	5	0
新闻与传播学	17	133	66	0	63	4	0	4	10
图书、文献与情报学	18	104	33	1	68	3	5	1	5
教育学	19	410	98	6	297	15	0	18	32
统计学	20	23	5	0	18	0	0	1	1
心理学	21	98	36	1	59	3	0	7	1
体育学	22	273	69	3	199	5	0	3	17

电子出版物(件)	发表论文(篇)				获奖成果数(项)				研究与咨询报告	
	合计	国内学术刊物	国外学术刊物	港澳台刊物	合计	国家级奖	部级奖	省级奖	合计	其中:被采纳数
L09	L10	L11	L12	L13	L14	L15	L16	L17	L18	L19
118	85 381	82 582	2 696	103	688	0	40	648	2 017	1 045
16	18 405	17 260	1 127	18	222	0	17	205	691	412
3	3 633	3 606	25	2	54	0	2	52	55	23
4	1 772	1 740	28	4	29	0	0	29	35	7
0	57	55	2	0	0	0	0	0	0	0
0	112	109	0	3	0	0	0	0	3	3
4	9 340	9 019	310	11	28	0	1	27	83	29
6	2 452	2 414	30	8	20	0	0	20	17	4
3	1 976	1 903	72	1	3	0	0	3	5	2
53	8 088	7 923	155	10	22	0	2	20	117	52
1	1 021	1 010	6	5	13	0	0	13	21	14
0	68	65	3	0	2	0	0	2	2	0
11	9 152	8 710	435	7	111	0	7	104	370	216
2	1 416	1 388	25	3	22	0	0	22	39	23
1	3 876	3 762	106	8	52	0	6	46	84	47
6	3 166	3 114	51	1	41	0	1	40	140	53
1	552	545	7	0	8	0	0	8	18	7
1	1 771	1 741	29	1	8	0	2	6	54	14
2	2 876	2 848	25	3	9	0	0	9	37	13
2	9 790	9 634	142	14	28	0	2	26	138	70
0	363	343	20	0	1	0	0	1	15	10
0	822	795	26	1	6	0	0	6	24	7
2	4 673	4 598	72	3	9	0	0	9	69	39

21. 师范院校人文、社会科学研究与发展成果情况表

学科门类		出版著作(部)					古籍整理(部)	译著(部)	发表译文(篇)
		合计	专著	被译成外文	编著教材	工具书参考书			
	编号	L01	L02	L03	L04	L05	L06	L07	L08
合计	0	5 206	2 683	74	2 389	134	75	385	271
管理学	1	326	132	3	191	3	1	10	24
马克思主义	2	127	85	0	40	2	0	5	6
哲学	3	156	101	4	55	0	3	24	17
逻辑学	4	3	3	1	0	0	0	0	0
宗教学	5	18	14	0	4	0	6	0	3
语言学	6	543	217	17	292	34	7	48	19
中国文学	7	660	431	8	210	19	26	24	15
外国文学	8	173	86	6	76	11	0	70	24
艺术学	9	652	274	8	355	23	0	33	34
历史学	10	330	233	2	93	4	18	27	13
考古学	11	15	13	0	1	1	0	0	3
经济学	12	243	142	5	101	0	0	11	18
政治学	13	139	90	1	43	6	0	10	7
法学	14	240	147	1	93	0	0	4	7
社会学	15	122	80	5	41	1	1	10	9
民族学	16	69	42	1	27	0	3	1	2
新闻与传播学	17	92	41	0	50	1	0	4	11
图书、文献与情报学	18	59	35	0	21	3	5	3	4
教育学	19	911	391	9	498	22	3	59	35
统计学	20	8	5	0	2	1	0	2	0
心理学	21	127	48	1	77	2	0	34	7
体育学	22	193	73	2	119	1	2	6	13

电子出版物(件)	发表论文(篇)				获奖成果数(项)				研究与咨询报告	
	合计	国内学术刊物	国外学术刊物	港澳台刊物	合计	国家级奖	部级奖	省级奖	合计	其中:被采纳数
L09	L10	L11	L12	L13	L14	L15	L16	L17	L18	L19
211	66 187	65 084	989	114	869	0	19	850	1 180	497
20	3 649	3 503	141	5	28	0	0	28	144	77
1	2 101	2 091	8	2	49	0	0	49	23	6
2	1 634	1 607	23	4	33	0	1	32	19	2
0	70	70	0	0	1	0	0	1	0	0
1	211	207	0	4	5	0	0	5	2	1
7	5 850	5 698	140	12	55	0	0	55	63	16
14	7 472	7 408	47	17	124	0	1	123	30	4
5	2 062	2 029	33	0	19	0	0	19	6	0
98	7 899	7 832	46	21	44	0	1	43	118	18
3	3 537	3 489	34	14	78	0	2	76	21	9
1	151	148	3	0	4	0	1	3	0	0
2	4 208	4 126	81	1	65	0	2	63	220	113
2	1 827	1 817	9	1	44	0	0	44	87	70
1	2 180	2 155	17	8	35	0	0	35	32	16
7	1 847	1 819	25	3	26	0	1	25	73	27
2	781	777	3	1	13	0	3	10	8	7
5	1 498	1 483	13	2	7	0	0	7	16	0
2	2 045	2 030	13	2	16	0	0	16	14	6
35	11 522	11 374	137	11	182	0	6	176	225	107
0	131	127	4	0	2	0	0	2	12	0
2	1 597	1 448	148	1	22	0	1	21	19	5
1	3 915	3 846	64	5	17	0	0	17	48	13

22. 语言院校人文、社会科学研究与发展成果情况表

学科门类	编号	出版著作(部) 合计	专著	被译成外文	编著教材	工具书参考书	古籍整理(部)	译著(部)	发表译文(篇)
		L01	L02	L03	L04	L05	L06	L07	L08
合计	0	1 183	447	29	632	104	2	208	110
管理学	1	113	47	5	62	4	0	18	18
马克思主义	2	6	1	0	4	1	0	0	1
哲学	3	16	9	0	7	0	0	3	4
逻辑学	4	1	0	0	1	0	0	0	0
宗教学	5	2	1	0	1	0	0	0	1
语言学	6	449	109	13	247	93	0	33	13
中国文学	7	42	28	1	14	0	2	4	5
外国文学	8	67	26	1	41	0	0	92	21
艺术学	9	52	27	0	25	0	0	12	9
历史学	10	15	9	0	5	1	0	3	0
考古学	11	0	0	0	0	0	0	0	0
经济学	12	115	49	5	64	2	0	13	7
政治学	13	53	29	0	23	1	0	7	8
法学	14	67	32	1	35	0	0	1	6
社会学	15	19	10	1	9	0	0	5	2
民族学	16	10	5	0	5	0	0	2	0
新闻与传播学	17	84	45	0	38	1	0	9	7
图书、文献与情报学	18	0	0	0	0	0	0	1	0
教育学	19	50	14	0	36	0	0	5	4
统计学	20	0	0	0	0	0	0	0	0
心理学	21	3	0	0	3	0	0	0	1
体育学	22	19	6	2	12	1	0	0	3

电子出版物(件)	发表论文(篇)				获奖成果数(项)				研究与咨询报告	
	合计	国内学术刊物	国外学术刊物	港澳台刊物	合计	国家级奖	部级奖	省级奖	合计	其中:被采纳数
L09	L10	L11	L12	L13	L14	L15	L16	L17	L18	L19
11	8 934	8 432	460	42	11	0	2	9	313	97
0	868	806	58	4	4	0	1	3	35	18
0	180	176	4	0	0	0	0	0	4	2
0	85	83	2	0	0	0	0	0	2	1
0	21	11	10	0	0	0	0	0	0	0
0	17	16	0	1	0	0	0	0	0	0
0	2 080	1 875	196	9	2	0	0	2	23	9
0	477	464	8	5	0	0	0	0	1	1
0	673	616	48	9	0	0	0	0	1	1
5	642	635	6	1	0	0	0	0	21	4
0	109	94	12	3	0	0	0	0	2	0
0	2	2	0	0	0	0	0	0	0	0
0	818	778	35	5	0	0	0	0	20	6
0	293	280	13	0	4	0	0	4	9	8
0	243	239	3	1	1	0	1	0	6	6
0	199	189	10	0	0	0	0	0	8	8
0	59	55	3	1	0	0	0	0	4	2
5	787	776	11	0	0	0	0	0	159	16
0	148	146	2	0	0	0	0	0	0	0
0	891	864	25	2	0	0	0	0	9	7
0	16	14	2	0	0	0	0	0	0	0
0	76	68	8	0	0	0	0	0	9	8
1	250	245	4	1	0	0	0	0	0	0

23. 财经院校人文、社会科学研究与发展成果情况表

学科门类		出版著作（部）					古籍整理（部）	译著（部）	发表译文（篇）
		合计	专著	被译成外文	编著教材	工具书参考书			
	编号	L01	L02	L03	L04	L05	L06	L07	L08
合计	0	3 288	1 310	57	1 864	114	3	179	319
管理学	1	1 014	342	8	652	20	0	36	114
马克思主义	2	56	28	3	27	1	0	1	6
哲学	3	31	25	0	6	0	0	9	1
逻辑学	4	0	0	0	0	0	0	0	0
宗教学	5	0	0	0	0	0	0	0	0
语言学	6	328	64	9	232	32	1	23	38
中国文学	7	62	37	0	23	2	1	4	1
外国文学	8	32	14	3	13	5	0	37	13
艺术学	9	89	34	3	49	6	0	3	3
历史学	10	25	20	0	4	1	1	1	1
考古学	11	0	0	0	0	0	0	0	0
经济学	12	953	446	19	474	33	0	46	69
政治学	13	26	19	1	7	0	0	6	11
法学	14	297	132	5	155	10	0	6	19
社会学	15	34	12	0	21	1	0	2	4
民族学	16	16	10	0	5	1	0	1	0
新闻与传播学	17	42	28	0	13	1	0	0	2
图书、文献与情报学	18	17	12	0	5	0	0	1	2
教育学	19	130	39	5	90	1	0	1	10
统计学	20	59	25	0	34	0	0	1	7
心理学	21	19	5	1	14	0	0	1	0
体育学	22	58	18	0	40	0	0	0	18

电子出版物(件)	发表论文(篇)				获奖成果数(项)				研究与咨询报告	
	合计	国内学术刊物	国外学术刊物	港澳台刊物	合计	国家级奖	部级奖	省级奖	合计	其中:被采纳数
L09	L10	L11	L12	L13	L14	L15	L16	L17	L18	L19
8	33 687	32 664	966	57	411	0	39	372	1 115	446
2	8 711	8 327	366	18	118	0	7	111	426	171
0	895	888	6	1	5	0	0	5	19	11
0	333	328	4	1	5	0	0	5	1	1
0	12	12	0	0	1	0	0	1	1	1
0	21	20	0	1	0	0	0	0	0	0
0	2 100	2 041	58	1	4	0	0	4	7	2
1	742	740	1	1	3	0	0	3	3	1
0	506	489	15	2	2	0	0	2	2	0
1	1 082	1 069	12	1	2	0	1	1	23	7
0	258	251	6	1	0	0	0	0	1	0
0	7	7	0	0	0	0	0	0	0	0
2	9 560	9 223	328	9	196	0	26	170	457	197
0	366	357	7	2	5	0	0	5	7	3
2	2 124	2 074	48	2	33	0	3	30	44	15
0	735	716	15	4	6	0	0	6	33	11
0	118	118	0	0	1	0	0	1	1	1
0	646	640	4	2	6	0	0	6	9	2
0	593	590	3	0	2	0	0	2	3	2
0	2 927	2 893	32	2	8	0	0	8	41	11
0	800	747	46	7	12	0	2	10	30	6
0	132	130	1	1	1	0	0	1	3	3
0	1 019	1 004	14	1	1	0	0	1	4	1

24. 政法院校人文、社会科学研究与发展成果情况表

学科门类	编号	出版著作(部) 合计	专著	被译成外文	编著教材	工具书参考书	古籍整理(部)	译著(部)	发表译文(篇)
		L01	L02	L03	L04	L05	L06	L07	L08
合计	0	1 090	525	17	533	32	20	61	65
管理学	1	81	28	0	50	3	0	4	2
马克思主义	2	25	19	0	2	4	0	0	2
哲学	3	20	17	1	3	0	1	2	2
逻辑学	4	8	2	0	6	0	0	0	0
宗教学	5	1	0	0	1	0	0	0	1
语言学	6	72	19	1	45	8	2	3	2
中国文学	7	31	21	0	10	0	2	0	0
外国文学	8	10	8	0	2	0	0	5	0
艺术学	9	6	4	0	2	0	0	0	1
历史学	10	12	9	0	2	1	1	0	0
考古学	11	0	0	0	0	0	0	0	0
经济学	12	33	20	0	13	0	0	1	2
政治学	13	45	27	1	15	3	1	5	2
法学	14	605	290	13	305	10	13	35	42
社会学	15	39	21	0	16	2	0	0	1
民族学	16	1	1	0	0	0	0	0	0
新闻与传播学	17	16	10	0	5	1	0	2	4
图书、文献与情报学	18	6	3	0	3	0	0	0	0
教育学	19	25	7	1	18	0	0	3	1
统计学	20	3	2	0	1	0	0	0	0
心理学	21	15	7	0	8	0	0	1	1
体育学	22	36	10	0	26	0	0	0	2

电子出版物(件)	发表论文(篇)				获奖成果数(项)				研究与咨询报告	
	合计	国内学术刊物	国外学术刊物	港澳台刊物	合计	国家级奖	部级奖	省级奖	合计	其中:被采纳数
L09	L10	L11	L12	L13	L14	L15	L16	L17	L18	L19
2	11 226	10 930	215	81	40	0	11	29	283	54
1	984	958	24	2	4	0	1	3	27	8
0	321	320	1	0	1	0	0	1	6	0
0	218	209	5	4	1	0	1	0	4	0
0	38	38	0	0	0	0	0	0	1	0
0	13	13	0	0	0	0	0	0	1	0
0	598	569	29	0	1	0	0	1	8	2
0	269	267	1	1	0	0	0	0	2	0
0	119	116	2	1	0	0	0	0	1	0
1	97	94	0	3	0	0	0	0	2	0
0	75	74	0	1	0	0	0	0	1	0
0	2	2	0	0	0	0	0	0	1	0
0	504	495	9	0	0	0	0	0	8	0
0	463	455	3	5	4	0	0	4	9	4
0	5 210	5 050	104	56	22	0	7	15	144	22
0	457	449	6	2	2	0	2	0	21	5
0	42	41	1	0	0	0	0	0	1	0
0	326	321	1	4	0	0	0	0	5	0
0	182	159	23	0	1	0	0	1	9	5
0	773	768	3	2	4	0	0	4	25	7
0	21	21	0	0	0	0	0	0	0	0
0	129	127	2	0	0	0	0	0	4	0
0	385	384	1	0	0	0	0	0	3	1

25. 艺术院校人文、社会科学研究与发展成果情况表

学科门类		出版著作(部)					古籍整理(部)	译著(部)	发表译文(篇)
		合计	专著	被译成外文	编著教材	工具书参考书			
	编号	L01	L02	L03	L04	L05	L06	L07	L08
合计	0	758	330	9	382	46	2	25	25
管理学	1	4	0	0	4	0	0	0	1
马克思主义	2	1	0	0	1	0	0	1	0
哲学	3	0	0	0	0	0	0	0	0
逻辑学	4	2	0	0	2	0	0	0	0
宗教学	5	0	0	0	0	0	0	0	0
语言学	6	8	1	0	6	1	0	0	0
中国文学	7	10	4	0	6	0	0	0	0
外国文学	8	1	1	0	0	0	0	0	0
艺术学	9	703	315	9	343	45	2	22	23
历史学	10	0	0	0	0	0	0	0	0
考古学	11	0	0	0	0	0	0	0	0
经济学	12	0	0	0	0	0	0	0	0
政治学	13	1	0	0	1	0	0	0	0
法学	14	0	0	0	0	0	0	0	0
社会学	15	2	2	0	0	0	0	0	0
民族学	16	2	2	0	0	0	0	0	0
新闻与传播学	17	4	3	0	1	0	0	0	0
图书、文献与情报学	18	0	0	0	0	0	0	0	0
教育学	19	12	0	0	12	0	0	2	1
统计学	20	0	0	0	0	0	0	0	0
心理学	21	2	0	0	2	0	0	0	0
体育学	22	6	2	0	4	0	0	0	0

电子出版物(件)	发表论文(篇)				获奖成果数(项)				研究与咨询报告	
	合计	国内学术刊物	国外学术刊物	港澳台刊物	合计	国家级奖	部级奖	省级奖	合计	其中:被采纳数
L09	L10	L11	L12	L13	L14	L15	L16	L17	L18	L19
28	5 346	5 314	26	6	27	0	1	26	102	81
0	74	74	0	0	0	0	0	0	1	1
0	94	94	0	0	1	0	0	1	5	5
0	12	10	0	2	0	0	0	0	0	0
0	2	2	0	0	0	0	0	0	0	0
0	0	0	0	0	0	0	0	0	0	0
0	83	82	1	0	0	0	0	0	0	0
0	48	48	0	0	0	0	0	0	0	0
0	11	11	0	0	0	0	0	0	0	0
26	4 413	4 387	23	3	25	0	1	24	91	73
0	12	12	0	0	0	0	0	0	0	0
0	0	0	0	0	0	0	0	0	0	0
0	18	18	0	0	0	0	0	0	1	1
0	9	9	0	0	0	0	0	0	0	0
0	19	19	0	0	0	0	0	0	0	0
0	16	16	0	0	0	0	0	0	1	1
0	20	20	0	0	0	0	0	0	1	0
1	24	24	0	0	0	0	0	0	1	0
1	67	67	0	0	1	0	0	1	1	0
0	287	286	0	1	0	0	0	0	0	0
0	6	6	0	0	0	0	0	0	0	0
0	10	10	0	0	0	0	0	0	0	0
0	121	119	2	0	0	0	0	0	0	0

26. 民族院校人文、社会科学研究与发展成果情况表

学科门类		出版著作(部)					古籍整理(部)	译著(部)	发表译文(篇)
		合计	专著	被译成外文	编著教材	工具书参考书			
	编号	L01	L02	L03	L04	L05	L06	L07	L08
合计	0	405	271	4	126	8	3	24	16
管理学	1	32	27	0	5	0	0	1	2
马克思主义	2	10	10	1	0	0	0	0	1
哲学	3	6	5	0	1	0	0	0	0
逻辑学	4	0	0	0	0	0	0	0	0
宗教学	5	6	4	0	1	1	0	1	1
语言学	6	45	23	2	19	3	0	8	1
中国文学	7	30	25	0	5	0	1	1	0
外国文学	8	13	8	1	5	0	0	4	0
艺术学	9	37	17	0	19	1	0	0	1
历史学	10	9	6	0	2	1	1	1	0
考古学	11	2	2	0	0	0	0	0	0
经济学	12	38	30	0	8	0	0	1	5
政治学	13	5	5	0	0	0	0	1	0
法学	14	27	17	0	10	0	0	1	2
社会学	15	19	14	0	4	1	0	1	0
民族学	16	63	43	0	20	0	1	2	3
新闻与传播学	17	10	7	0	3	0	0	1	0
图书、文献与情报学	18	8	7	0	0	1	0	0	0
教育学	19	31	17	0	14	0	0	1	0
统计学	20	1	1	0	0	0	0	0	0
心理学	21	1	0	0	1	0	0	0	0
体育学	22	12	3	0	9	0	0	0	0

电子出版物(件)	发表论文(篇)				获奖成果数(项)				研究与咨询报告	
	合计	国内学术刊物	国外学术刊物	港澳台刊物	合计	国家级奖	部级奖	省级奖	合计	其中:被采纳数
L09	L10	L11	L12	L13	L14	L15	L16	L17	L18	L19
0	6 398	6 288	88	22	208	0	103	105	111	21
0	590	578	10	2	14	0	10	4	8	2
0	237	237	0	0	4	0	3	1	1	0
0	115	112	2	1	3	0	1	2	0	0
0	1	1	0	0	0	0	0	0	0	0
0	110	109	0	1	7	0	4	3	0	0
0	634	617	15	2	7	0	2	5	2	0
0	406	402	2	2	15	0	0	15	1	0
0	146	128	18	0	3	0	0	3	0	0
0	552	546	5	1	2	0	0	2	0	0
0	174	173	1	0	10	0	4	6	0	0
0	21	20	1	0	2	0	0	2	1	0
0	651	633	16	2	28	0	15	13	30	7
0	150	149	0	1	8	0	2	6	1	1
0	472	468	0	4	18	0	9	9	11	2
0	250	247	2	1	11	0	7	4	26	2
0	586	577	7	2	57	0	39	18	20	6
0	244	241	3	0	1	0	1	0	2	1
0	189	189	0	0	4	0	1	3	0	0
0	582	574	5	3	11	0	5	6	8	0
0	16	16	0	0	0	0	0	0	0	0
0	21	21	0	0	0	0	0	0	0	0
0	251	250	1	0	3	0	0	3	0	0

27. 体育院校人文、社会科学研究与发展成果情况表

学科门类	编号	出版著作(部) 合计	专著	被译成外文	编著教材	工具书参考书	古籍整理(部)	译著(部)	发表译文(篇)
	编号	L01	L02	L03	L04	L05	L06	L07	L08
合计	0	309	86	10	204	19	0	3	16
管理学	1	5	2	0	3	0	0	0	0
马克思主义	2	3	1	0	2	0	0	0	0
哲学	3	0	0	0	0	0	0	0	0
逻辑学	4	0	0	0	0	0	0	0	0
宗教学	5	0	0	0	0	0	0	0	0
语言学	6	9	0	0	7	2	0	1	1
中国文学	7	1	1	0	0	0	0	0	0
外国文学	8	0	0	0	0	0	0	0	0
艺术学	9	4	0	0	4	0	0	0	0
历史学	10	2	2	0	0	0	0	0	0
考古学	11	0	0	0	0	0	0	0	0
经济学	12	2	0	0	2	0	0	0	0
政治学	13	0	0	0	0	0	0	0	0
法学	14	0	0	0	0	0	0	0	0
社会学	15	4	2	1	2	0	0	0	0
民族学	16	0	0	0	0	0	0	0	0
新闻与传播学	17	7	2	0	5	0	0	0	0
图书、文献与情报学	18	2	0	0	0	2	0	0	0
教育学	19	14	2	0	12	0	0	0	0
统计学	20	0	0	0	0	0	0	0	0
心理学	21	0	0	0	0	0	0	0	0
体育学	22	256	74	9	167	15	0	2	15

电子出版物(件)	发表论文(篇)				获奖成果数(项)				研究与咨询报告	
	合计	国内学术刊物	国外学术刊物	港澳台刊物	合计	国家级奖	部级奖	省级奖	合计	其中:被采纳数
L09	L10	L11	L12	L13	L14	L15	L16	L17	L18	L19
6	4 072	3 922	139	11	19	0	0	19	177	16
0	104	99	5	0	0	0	0	0	3	1
0	89	89	0	0	1	0	0	1	5	0
0	1	1	0	0	1	0	0	1	0	0
0	0	0	0	0	0	0	0	0	0	0
0	0	0	0	0	0	0	0	0	0	0
0	111	104	6	1	0	0	0	0	1	0
0	13	13	0	0	0	0	0	0	0	0
0	21	21	0	0	0	0	0	0	0	0
0	63	63	0	0	0	0	0	0	3	0
0	8	8	0	0	0	0	0	0	0	0
0	0	0	0	0	0	0	0	0	0	0
0	11	11	0	0	1	0	0	1	1	0
0	8	8	0	0	0	0	0	0	0	0
0	15	15	0	0	0	0	0	0	0	0
0	29	28	1	0	0	0	0	0	3	0
0	4	4	0	0	0	0	0	0	0	0
0	157	148	9	0	1	0	0	1	8	0
1	48	48	0	0	1	0	0	1	0	0
4	276	273	3	0	0	0	0	0	1	1
0	28	25	3	0	0	0	0	0	1	0
0	44	41	3	0	0	0	0	0	0	0
1	3 042	2 923	109	10	14	0	0	14	151	14

28. 各类高等学校人文、社会科学研究与发展成果获奖情况表

单位:项

		合计	国家级奖	部级奖	省级奖
	合计	3 850	0	303	3 547
按学校隶属关系划分	教育部直属院校	881	0	108	773
	其他部委院校	154	0	68	86
	地方院校	2 815	0	127	2 688
按学校规格划分	本科院校	3 825	0	302	3 523
	专科院校	25	0	1	24
按学校类型划分	综合大学	1 577	0	88	1 489
	理工农医院校	688	0	40	648
	师范院校	869	0	19	850
	语言院校	11	0	2	9
	财经院校	411	0	39	372
	政法院校	40	0	11	29
	体育院校	19	0	0	19
	艺术院校	27	0	1	26
	民族院校	208	0	103	105

29. 各省、市、自治区高等学校人文、社会科学研究与发展成果获奖情况表

单位:项

	合计	国家级奖	部级奖	省级奖
合计	3 850	0	303	3 547
北京市	78	0	71	7
天津市	1	0	1	0
河北省	153	0	1	152
山西省	159	0	0	159
内蒙古自治区	164	0	1	163
辽宁省	192	0	22	170
吉林省	243	0	0	243
黑龙江省	334	0	1	333
上海市	340	0	8	332
江苏省	373	0	2	371
浙江省	178	0	3	175
安徽省	8	0	7	1
福建省	4	0	4	0
江西省	0	0	0	0
山东省	252	0	7	245
河南省	170	0	10	160
湖北省	49	0	47	2
湖南省	161	0	8	153
广东省	11	0	10	1
广西壮族自治区	268	0	19	249
海南省	85	0	0	85
重庆市	18	0	2	16
四川省	285	0	33	252
贵州省	28	0	3	25
云南省	139	0	20	119
西藏自治区	6	0	5	1
陕西省	6	0	5	1
甘肃省	4	0	4	0
青海省	2	0	1	1
宁夏回族自治区	11	0	8	3
新疆维吾尔自治区	128	0	0	128

30. 各省、市、自治区所属高等学校人文、社会科学研究与发展成果获奖情况表

单位:项

	合计	国家级奖	部级奖	省级奖
合计	2 815	0	127	2 688
北京市	5	0	5	0
天津市	0	0	0	0
河北省	153	0	1	152
山西省	159	0	0	159
内蒙古自治区	164	0	1	163
辽宁省	153	0	13	140
吉林省	103	0	0	103
黑龙江省	303	0	1	302
上海市	106	0	3	103
江苏省	227	0	0	227
浙江省	118	0	1	117
安徽省	8	0	7	1
福建省	0	0	0	0
江西省	0	0	0	0
山东省	204	0	7	197
河南省	170	0	10	160
湖北省	15	0	15	0
湖南省	136	0	7	129
广东省	4	0	3	1
广西壮族自治区	268	0	19	249
海南省	85	0	0	85
重庆市	11	0	0	11
四川省	114	0	2	112
贵州省	28	0	3	25
云南省	139	0	20	119
西藏自治区	6	0	5	1
陕西省	3	0	3	0
甘肃省	0	0	0	0
青海省	2	0	1	1
宁夏回族自治区	3	0	0	3
新疆维吾尔自治区	128	0	0	128

31. 国务院各部委所属高等学校人文、社会科学研究与发展成果获奖情况表

单位:项

	合计	国家级奖	部级奖	省级奖
合计	1 035	0	176	859
国家民族事务委员会	99	0	64	35
公安部	2	0	2	0
工业和信息化部	45	0	0	45
交通部	6	0	0	6
教育部	881	0	108	773
国务院侨务办公室	2	0	2	0

32. 教育部直属院校人文、社会科学研究与发展成果获奖情况表

单位:项

	合计	国家级奖	部级奖	省级奖
合计	881	0	108	773
北京大学	7	0	7	0
中国人民大学	15	0	15	0
清华大学	6	0	6	0
北京交通大学	0	0	0	0
北京科技大学	2	0	2	0
北京化工大学	0	0	0	0
北京邮电大学	0	0	0	0
中国农业大学	0	0	0	0
北京林业大学	0	0	0	0
北京中医药大学	0	0	0	0
北京师范大学	9	0	9	0
北京外国语大学	0	0	0	0
北京语言大学	0	0	0	0
中国传媒大学	0	0	0	0
中央财经大学	9	0	9	0
对外经济贸易大学	6	0	6	0

续表

	合计	国家级奖	部级奖	省级奖
国际关系学院	0	0	0	0
中央音乐学院	0	0	0	0
中央美术学院	0	0	0	0
中央戏剧学院	0	0	0	0
中国政法大学	7	0	7	0
华北电力大学	7	0	0	7
南开大学	1	0	1	0
天津大学	0	0	0	0
大连理工大学	16	0	0	16
东北大学	3	0	0	3
吉林大学	82	0	0	82
东北师范大学	58	0	0	58
东北林业大学	0	0	0	0
复旦大学	103	0	2	101
同济大学	9	0	0	9
上海交通大学	33	0	2	31
华东理工大学	6	0	0	6
东华大学	3	0	0	3
华东师范大学	48	0	1	47
上海外国语大学	4	0	0	4
上海财经大学	28	0	0	28
南京大学	73	0	2	71
东南大学	14	0	0	14
中国矿业大学	3	0	0	3
河海大学	15	0	0	15
江南大学	11	0	0	11
南京农业大学	16	0	0	16
中国药科大学	0	0	0	0
浙江大学	60	0	2	58
合肥工业大学	0	0	0	0
厦门大学	4	0	4	0
山东大学	38	0	0	38

续表

	合计	国家级奖	部级奖	省级奖
中国海洋大学	7	0	0	7
中国石油大学(华东)	3	0	0	3
武汉大学	5	0	5	0
华中科技大学	1	0	1	0
中国地质大学	0	0	0	0
武汉理工大学	0	0	0	0
华中农业大学	0	0	0	0
华中师范大学	0	0	0	0
中南财经政法大学	3	0	3	0
湖南大学	21	0	1	20
中南大学	4	0	0	4
中山大学	5	0	5	0
华南理工大学	0	0	0	0
四川大学	72	0	3	69
重庆大学	5	0	0	5
西南交通大学	11	0	0	11
电子科技大学	11	0	0	11
西南大学	2	0	2	0
西南财经大学	26	0	5	21
西安交通大学	2	0	2	0
西安电子科技大学	1	0	0	1
长安大学	0	0	0	0
西北农林科技大学	0	0	0	0
陕西师范大学	0	0	0	0
兰州大学	3	0	3	0
中国矿业大学(北京)	0	0	0	0
中国石油大学	1	0	1	0
中国地质大学(北京)	2	0	2	0

33. 各省、市、自治区高等学校专利情况表

	专利申请数(件)	其中:发明专利	专利授权数(件)	其中:发明专利
合计	6 716	413	5 579	147
北京市	32	6	73	5
天津市	136	0	45	0
河北省	224	16	186	10
山西省	0	0	0	0
内蒙古自治区	0	0	0	0
辽宁省	79	9	80	6
吉林省	4	2	2	2
黑龙江省	220	2	208	0
上海市	100	10	88	2
江苏省	3 886	46	3 145	36
浙江省	557	13	474	3
安徽省	553	241	241	42
福建省	1	1	0	0
江西省	215	16	147	7
山东省	147	4	124	5
河南省	32	3	10	0
湖北省	194	26	447	6
湖南省	40	4	34	4
广东省	253	8	233	8
广西壮族自治区	5	1	9	5
海南省	0	0	0	0
重庆市	12	3	9	2
四川省	4	0	6	3
贵州省	1	0	1	0
云南省	3	1	1	0
西藏自治区	0	0	0	0
陕西省	17	0	15	0
甘肃省	1	1	1	1
青海省	0	0	0	0
宁夏回族自治区	0	0	0	0
新疆维吾尔自治区	0	0	0	0

有效发明专利数（件）	专利所有权转让及许可数（件）	专利所有权转让及许可收入（百元）	集成电路布图设计登记数（件）	植物新品种权授予数（项）	形成国家或行业标准数（项）
193	23	14 060	3	1	8
8	0	0	0	0	2
0	0	0	0	0	0
23	0	0	0	0	0
0	0	0	0	0	0
0	0	0	0	0	0
33	7	9 600	0	0	0
0	2	0	0	0	0
15	0	0	0	0	0
12	0	0	0	0	0
40	0	0	0	0	0
2	0	0	0	0	0
10	12	4 260	0	1	0
0	0	0	0	0	0
10	0	0	2	0	0
5	0	0	0	0	2
1	0	0	0	0	0
8	0	0	0	0	0
0	0	0	0	0	2
5	0	0	0	0	0
4	2	200	0	0	0
0	0	0	0	0	0
14	0	0	0	0	0
3	0	0	0	0	2
0	0	0	0	0	0
0	0	0	0	0	0
0	0	0	0	0	0
0	0	0	0	0	0
0	0	0	1	0	0
0	0	0	0	0	0
0	0	0	0	0	0
0	0	0	0	0	0

郑重声明

反盗版举报电话　（010）58581897　58582371　58581879

反盗版举报传真　（010）82086060

反盗版举报邮箱　dd@ hep. com. cn

通信地址　北京市西城区德外大街 4 号　高等教育出版社法务部

邮政编码　100120